U0930205

《中国新材料发展年鉴》名誉主编、两院院士师昌绪荣获2010年度国家最高科学技术奖

2011年1月14日，“2010年度国家最高科学技术奖颁奖大会”在北京人民大会堂召开，国家主席胡锦涛亲自颁奖

《中国新材料发展年鉴》主编李义春博士同师老讨论工作

师老及夫人同部分材料专家在一起欢度春节

2012年中国高校材料院长论坛举行，众学者论剑东莞

2012年(第五届)中国高校材料院长论坛于2012年4月26-27日在东莞塘厦半山酒店隆重举行。

中国工程院院士左铁镛、黄伯云、周可崧、徐惠彬、黄维,中国科学院院士王曦、李亚栋,国家科技部重大项目办副司长刘玉兰,广东省科技厅副厅长叶景图,东莞市政府副市长唐庆涛等领导,以及30多名国内知名高校校长、100多名材料学院院长等约160多人出席了会议。

“中国材料界第一人”
中国工程院院士黄伯云

中国工程院院士左铁镛

李义春教授主持论坛

中国科学院院士王曦

中国工程院院士周可崧(中)

GRAPHENE INDUSTRY TECHNOLOGY INNOVATION STRATEGIC ALLIANCE

石墨烯产业技术创新战略联盟

July 14,2013,Beijing China

联盟秘书处热线：010-62773655

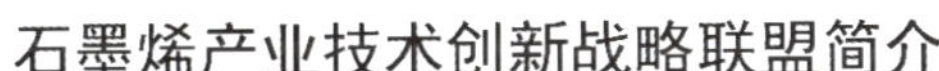

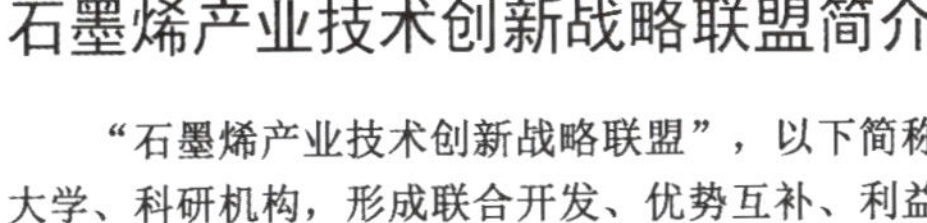

石墨烯产业技术创新战略联盟简介

“石墨烯产业技术创新战略联盟”，以下简称“联盟”，是在中国产学研合作促进会的积极支持下，联合国内从事石墨烯技术研发的主流企业、大学、科研机构，形成联合开发、优势互补、利益共享、风险共担的技术创新合作组织。

联盟的组建宗旨是为了整合协调产业资源；以推进低成本石墨烯及装备的技术进步和产业化为目标，建立上下游、产学研信息、知识产权等资源共享机制；建立与政府沟通的渠道及人才培养、国际合作的平台；推动标准、评价、质量检测体系的建立，促进成员单位的自身发展，提升低成本石墨烯的整体竞争力，从而达到推动石墨烯产业发展的目的。

目前联盟已经吸引到20多家单位加入，包括国内一流的高校、研究院所以及主流的企业。联盟以“技术为本、市场引导、产业优先”为基本指导思想，优先将最有应用前景的技术转化为高回报率的商业产品，快速并持续地为石墨烯功能材料产业注入创新活力，创造经济价值。着力推动我国绿色高端新材料产业在21世纪的稳步发展。

石墨烯产业技术创新战略联盟组织机构

- 核心发起单位：

清华大学
中国科学院金属研究所
南京科孚纳米技术有限公司
中国科学院宁波材料技术与工程研究所
北京现代华清材料科技发展中心

- 秘书长单位：

北京现代华清材料科技发展中心

- 发起单位：

浙江大学
同济大学
吉林大学
青岛大学
上海交通大学
中国科学院上海微系统与信息技术研究所
中国科学院山西煤炭化学研究所
深圳市贝特瑞新能源材料股份有限公司
厦门凯纳石墨烯技术有限公司
上海新池能源科技有限公司
伟星集团有限公司
江苏杰宜环保材料研究院有限公司
丰域科技（北京）有限公司
济宁利特纳米技术有限责任公司
贵州新碳高科有限责任公司
青岛赛瑞达电子装备股份有限公司
青岛乾运高科新材料有限公司

中国

新材料发展年鉴

（2011～2012）

李义春　主编

哈爾濱工業大學出版社

图书在版编目(CIP)数据

中国新材料发展年鉴.2011～2012/李义春主编.—哈尔滨:哈尔滨工业大学出版社,2013.8
ISBN 978-7-5603-4164-4

Ⅰ.①中… Ⅱ.①李… Ⅲ.①工程材料-中国-2011～2012-年鉴 Ⅳ.①TB3-54

中国版本图书馆 CIP 数据核字(2013)第 165254 号

材料科学与工程
图书工作室

封面设计 高永利
出版发行 哈尔滨工业大学出版社
社　　址 哈尔滨市南岗区复华四道街 10 号　邮编 150006
传　　真 0451-86414749
网　　址 http://hitpress.hit.edu.cn
印　　刷 哈尔滨市工大节能印刷厂
开　　本 880mm×1230mm　1/16　印张 43.5　插页 8　字数 1740 千字
版　　次 2013 年 8 月第 1 版　2013 年 8 月第 1 次印刷
书　　号 ISBN 978-7-5603-4164-4
定　　价 500.00 元

《中国新材料发展年鉴(2011～2012)》编辑委员会

序　言

材料是国民经济的基础，新材料产业是材料工业发展的先导，是重要的战略性新兴产业。近年来我国的新材料产业发展取得了举世瞩目的成就，产业技术水平日益提高，产业结构日趋完善，产业规模不断扩大。一方面，钢铁、有色金属、化工、建材等传统材料行业依靠自主创新和技术引进，产品结构不断完善，不仅满足了国内发展的需求，也在国际市场上占据了重要地位；另一方面，在电子信息、新能源、生物等下游应用领域，新材料、新产品、新应用层出不穷，取得了一批关键性突破，产业化和应用水平不断提高。新材料产业的蓬勃发展，不仅推动了我国传统材料工业结构调整与转型升级，也带动了高技术产业快速发展，为国民经济重大工程建设与国防科技工业发展提供了坚强保障。

自国务院做出加快培育和发展战略性新兴产业的决定以来，国家对新材料产业的发展支持也日益加大，发布了建国以来第一部新材料产业五年发展规划《新材料产业“十二五”发展规划》，描绘了新材料产业发展的宏伟蓝图，还制定了标准化工作三年行动计划，发布了中长期人才发展规划等系列配套措施。可以预见，随着规划措施的进一步细化与落实，新材料产业将迎来快速发展的春天。

《中国新材料发展年鉴(2011～2012)》主要记述了2010～2011年期间国家新材料领域在科技、教育、产业等方面的宏观发展数据和分析，以及国家有关部门、行业发布的新材料技术及产业发展相关政策、管理办法和标准等内容。作为全面记载中国新材料发展轨迹的大型史料性、信息性年刊，该年鉴通过大量信息的收集、整理和分析，向世人展现了我国新材料的发展状况，具有较强的参考价值。我衷心祝愿《中国新材料发展年鉴》越办越好。

工业和信息化部原材料工业司副司长

2013年7月20日

编辑说明

一、《中国新材料发展年鉴》是唯一全面、系统、如实辑录中国新材料发展历史的大型资料性、史册性年刊。《中国新材料发展年鉴(2011~2012)》是《中国新材料发展年鉴》的第七卷。

二、《中国新材料发展年鉴(2011~2012)》主要反映了2010~2011年期间我国新材料的发展情况。原则上,前六卷已有的、至今没有任何改变的内容不再纳入本卷。

三、全书共四大部分,包括综合发展篇、科技计划与项目篇、教育与人才篇和产业发展篇。综合发展篇以科技、教育、产业和大事记为分类,主要记述了2010~2011年期间国家在科技、教育、产业等方面的宏观发展数据和分析,以及发布的相关政策、管理办法和标准等内容,材料相关的科技成果也收录在这部分;科技计划与项目篇主要记述了我国科技计划在新材料领域方面取得的成效、项目执行情况以及主要的项目名称、承担单位、负责人等情况;教育与人才篇主要记述了我国高校在材料科学与工程学科的教育情况,包括开设材料相关学科的高校本科生、硕士研究生、博士研究生的培养情况和招生、毕业人数等信息,以及材料领域的中国科学院院士、中国工程院院士、教育部长江学者、国家自然科学基金委员会的人才基金项目入选和部分材料学科的博士生导师情况等信息;产业发展篇主要记述了新材料领域产业发展情况和部分材料行业的发展状况等。

四、本书所涉及的全国性统计数据,除特别说明外,均不包括香港特别行政区、澳门特别行政区及台湾省。

五、本年鉴在内容上力求做到资料丰富、材料翔实、数字准确。但由于编辑水平有限,资料来源不全,加之时间紧迫,在材料筛选、文字加工、体例统一等方面难免有疏漏和欠妥之处,甚至可能是比较重要的疏漏或错误,恳请读者提出批评与建议,以便在下一期中补正。

六、本年鉴在编纂和出版过程中,承蒙不少单位和很多同志的大力支持,在此一并致以诚挚的谢意。

《中国新材料发展年鉴》编辑委员会

2013年6月

目 录

综合发展篇

科技发展与政策

教育发展与政策

产业发展与政策

大事记

科技计划与项目篇

科技计划

科技项目

教育与人才篇

材料教育

人才培养

产业发展篇

综合发展篇

科技发展与政策

2010～2011 年中国科技统计数据

一、科学研究与试验发展经费

全国 R&D 经费支出(2005～2010)

年　度	2005	2006	2007	2008	2009	2010
R&D 经费支出(亿元)	2450.0	3003.1	3710.2	4616.0	5802.1	7062.6
R&D 经费支出/国内生产总值(%)	1.32	1.39	1.40	1.47	1.70	1.76

全国 R&D 经费支出按来源和执行部门分(2009)　亿元

经费来源＼执行部门	合计	企业	研究机构	高等学校	其他事业单位
合计	5802.1	4248.6	995.9	468.2	89.4
企业	4162.7	3944.9	29.8	171.7	16.3
政府	1358.3	183.9	849.5	262.2	62.6
国外	78.1	68.7	4.2	4.8	0.5
其他	203.0	51.1	112.4	29.5	9.9

全国 R&D 经费支出按来源和执行部门分(2010)　亿元

经费来源＼执行部门	合计	企业	研究机构	高等学校	其他事业单位
合计	7062.6	5185.5	1186.4	597.3	93.4
企业	5063.1	4809.0	34.2	198.5	21.4
政府	1696.3	236.8	1036.5	358.8	64.2
国外	92.1	82.8	3.4	5.4	0.4
其他	211.0	56.9	34.5	34.5	7.4

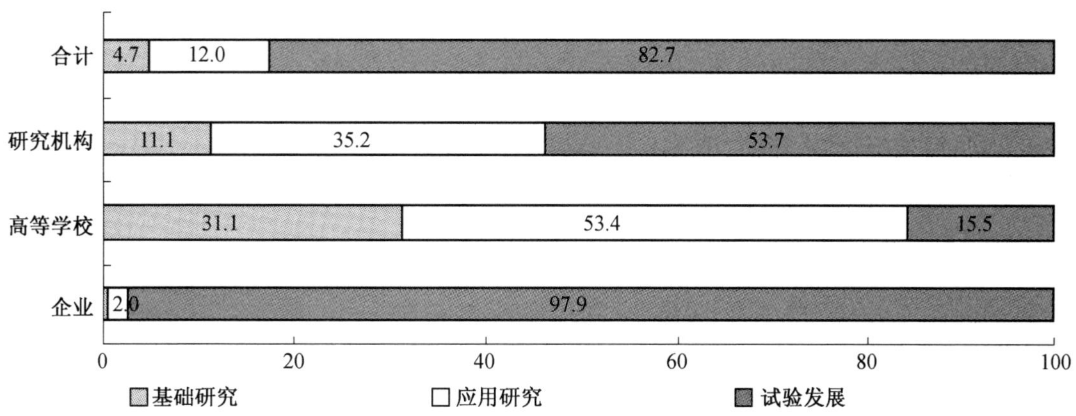

全国 R&D 经费支出按活动类型分(2009)

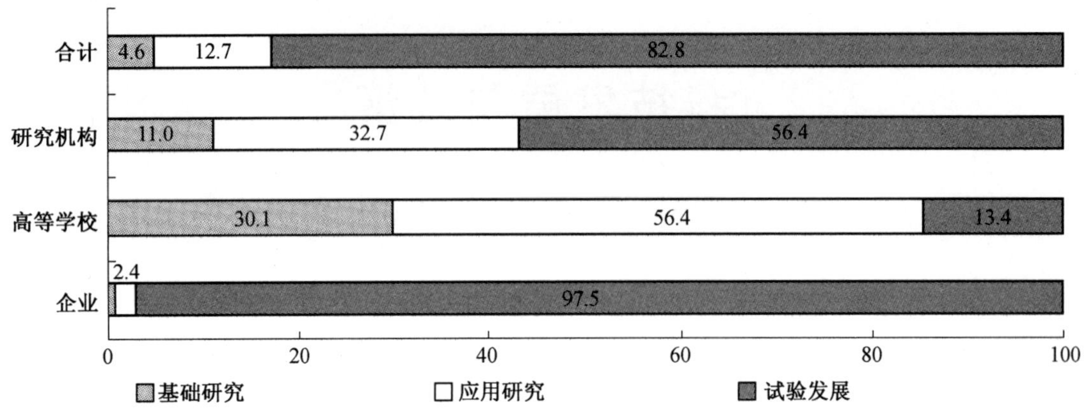

全国 R&D 经费支出按活动类型分(2010)

高技术产业 R&D 经费支出及其与工业总产值之比(2009)

	R&D 经费支出(亿元)	与工业总产值之比(%)
全部高技术产业	892.1	1.48
航空航天器制造业	66.3	4.90
电子计算机及办公设备制造业	104.8	0.64
电子及通信设备制造业	501.2	1.73
医疗设备及仪器仪表制造业	85.4	1.94
医药制造业	134.5	1.42

高技术产业 R&D 经费支出及其与工业总产值之比(2010)

	R&D 经费支出(亿元)	与工业总产值之比(%)
全部高技术产业	967.8	1.30
航空航天器制造业	92.8	5.81
电子计算机及办公设备制造业	117.6	0.59
电子及通信设备制造业	572.4	1.59
医疗设备及仪器仪表制造业	62.4	1.11
医药制造业	122.6	1.04

全国 R&D 经费支出按地域分(2009)

地区	R&D 经费支出(亿元)	地区	R&D 经费支出(亿元)
合计	5802.1		
北京	668.6	上海	423.4
天津	178.5	江苏	702.0
河北	134.8	浙江	398.8
山西	80.9	安徽	136.0
内蒙古	52.1	福建	135.4
辽宁	232.4	江西	75.9
吉林	81.4	山东	519.6
黑龙江	109.2	河南	174.8
湖北	213.4	云南	37.2

续表

地区	R&D 经费支出(亿元)	地区	R&D 经费支出(亿元)
湖南	153.5	西藏	Tibet 1.4
广东	653.0	陕西	189.5
广西	47.2	甘肃	37.3
海南	5.8	青海	7.6
重庆	79.5	宁夏	10.4
四川	214.5	新疆	21.8
贵州	26.4		

全国 R&D 经费支出按地域分(2010)

地区	R&D 经费支出(亿元)	地区	R&D 经费支出(亿元)
合计	7062.6		
北京	821.8	上海	481.7
天津	229.6	江苏	857.9
河北	155.4	浙江	494.2
山西	89.9	安徽	163.7
内蒙古	63.7	福建	170.9
辽宁	287.5	江西	87.2
吉林	75.8	山东	672.0
黑龙江	123.0	河南	211.2
湖北	264.1	云南	44.2
湖南	186.6	西藏	1.5
广东	808.7	陕西	217.5
广西	62.9	甘肃	41.9
海南	7.0	青海	9.9
重庆	100.3	宁夏	11.5
四川	264.3	新疆	26.7
贵州	30.0		

二、财政科技拨款

国家财政科技拨款(2005～2010)

年　度	2005	2006	2007	2008	2009	2010
国家财政科技拨款(亿元)	1334.9	1688.5	2113.5	2581.8	3224.9	4114.4
与国家财政总支出的比值(%)	3.93	4.18	4.25	4.12	4.23	4.58

注:2007 年政府收支分类体系改革后,财政科技支出包括"科学技术"科目下支出和其他功能支出中用于科学技术的支出;前后年度财政科技支出涵盖范围基本一致,但分项数据不具有可比性。

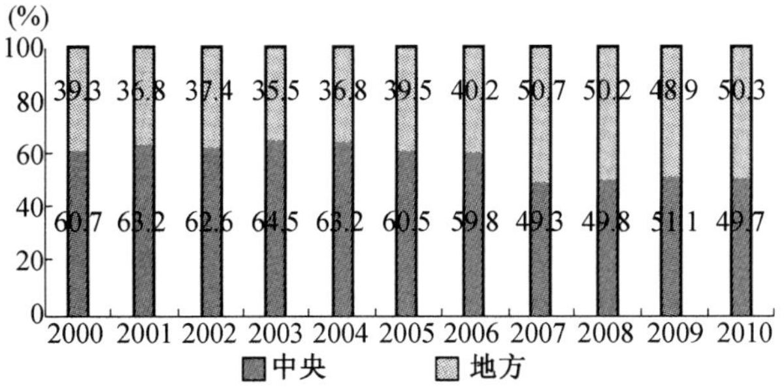

中央和地方财政科技拨款(2000～2010)

地方财政科技拨款(2009)

地区	A(百万元)	B(%)	地区	A(百万元)	B(%)
合计	131070	2.15			
北京	12631	5.45	上海	21531	7.20
天津	3400	3.02	江苏	11702	2.91
河北	2643	1.13	浙江	9930	3.74
山西	1761	1.13	安徽	3647	1.70
内蒙古	1807	0.94	福建	2789	1.98
辽宁	5749	2.14	江西	1340	0.86
吉林	1898	1.28	山东	6288	1.92
黑龙江	1996	1.06	河南	3552	1.22
湖北	2533	1.21	云南	1899	0.97
湖南	2962	1.34	西藏	269	0.57
广东	16850	3.89	陕西	2084	1.13
广西	1807	1.11	甘肃	1018	0.82
海南	607	1.25	青海	478	0.98
重庆	1555	1.20	宁夏	440	1.02
四川	2864	0.80	新疆	1614	1.20
贵州	1427	1.04			

地方财政科技拨款(2010)

地区	A(百万元)	B(%)	地区	A(百万元)	B(%)
合计	158888	2.15			
北京	17892	6.58	上海	20203	6.12
天津	4325	3.14	江苏	15035	3.06
河北	2965	1.05	浙江	12140	3.78
山西	2012	1.04	安徽	5798	2.24
内蒙古	2139	0.94	福建	3231	1.91
辽宁	6890	2.16	江西	1826	0.95
吉林	1912	1.07	山东	8436	2.04
黑龙江	2769	1.23	河南	4467	1.31
湖北	3009	1.20	云南	2143	0.94
湖南	3505	1.30	西藏	271	0.49
广东	21444	3.96	陕西	2525	1.14
广西	2166	1.08	甘肃	1089	0.74
海南	747	1.28	青海	408	0.55
重庆	1790	1.05	宁夏	597	1.07
四川	3471	0.82	新疆	2019	1.19
贵州	1666	1.02			

注:A:地方财政科技拨款。

B:地方财政科技拨款占地方财政总支出的百分比。

仅为"科学技术"科目下支出。

数据来源:国家统计局,《中国统计年鉴 2010》及《中国统计年鉴 2011》。

三、科技人力资源

全国 R&D 人员总量(2005～2010)

年　度	2005	2006	2007	2008	2009	2010
R&D 人员(万人/年)	136.5	150.3	173.6	196.5	229.1	255.4
每万个劳动力中 R&D 人员(人/年)	17.53	19.20	22.08	24.80	28.71	33.56

全国 R&D 人员按地域分(2009)

地区	R&D 人员(千人/年)	地区	R&D 人员(千人/年)
合计	2291.25		
北京	191.78	上海	132.86
天津	52.04	江苏	273.27
河北	56.51	浙江	185.07
山西	47.77	安徽	59.70
内蒙古	21.68	福建	63.27
辽宁	80.93	江西	33.06
吉林	39.39	山东	164.62
黑龙江	54.16	河南	92.57
湖北	91.16	云南	21.11
湖南	63.84	西藏	1.33

续表

地区	R&D 人员（千人/年）	地区	R&D 人员（千人/年）
广东	283.65	陕西	68.04
广西	29.86	甘肃	21.16
海南	4.21	青海	4.60
重庆	35.01	宁夏	6.92
四川	85.92	新疆	12.66
贵州	13.09		

全国 R&D 人员按地域分(2010)

地区	R&D 人员（千人/年）	地区	R&D 人员（千人/年）
合计	2553.8		
北京	193.7	上海	135.0
天津	58.8	江苏	315.8
河北	62.3	浙江	223.5
山西	46.3	安徽	64.2
内蒙古	24.8	福建	76.7
辽宁	84.7	江西	34.8
吉林	45.3	山东	190.3
黑龙江	61.9	河南	101.5
湖北	97.9	云南	22.6
湖南	72.6	西藏	1.3
广东	344.7	陕西	73.2
广西	34.0	甘肃	21.7
海南	4.9	青海	4.9
重庆	37.1	宁夏	6.4
四川	83.8	新疆	14.4
贵州	15.1		

全国普通高等学校分学科学生数(2009～2010) 千人

	2009 年		2010 年	
	毕业生	在校学生	毕业生	在校学生
大学生数	5311.0	21446.6	5754.2	22317.9
理学	266.0	1206.8	270.5	1258.0
工学	1918.4	7741.6	2120.4	8031.2
农学	97.4	385.4	102.5	399.6
医学	390.5	1652.5	444.6	1730.2
管理学	1047.1	4295.0	1157.9	4583.0
哲学	1.7	8.9	2.0	9.0
经济学	258.3	1080.2	279.0	1119.3
法学	200.9	694.1	195.5	696.7
教育学	328.4	1051.1	333.3	1036.3
文学	788.7	3270.3	835.0	3389.6
历史学	13.5	60.6	13.7	64.9

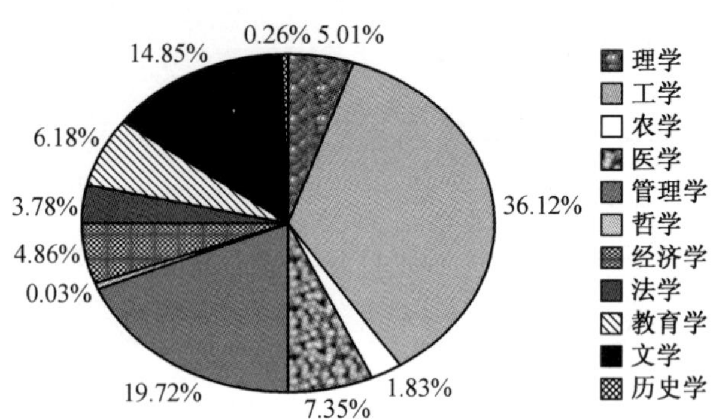

全国普通高等学校毕业生按学科分(2009)

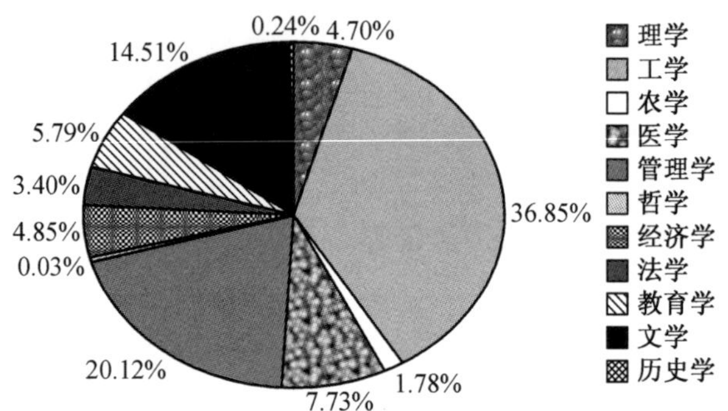

全国普通高等学校毕业生按学科分(2010)

出国留学人员和学成回国人员(2005～2010)

年 度	2005	2006	2007	2008	2009	2010
出国留学人员（万人）	11.9	13.4	14.4	18.0	22.9	28.5
学成回国人员（万人）	3.5	4.2	4.4	6.9	10.8	13.5

四、科技产出

国家知识产权局专利申请受理量及授权量(2009～2010) 件

	2009 年			2010 年		
	合计	国内	国外	合计	国内	国外
申请量	976686	877611	99075	1222286	1109428	112858
发明	314573	229096	85477	391177	293066	98111
实用新型	310771	308861	1910	409836	407238	2598
外观设计	351342	339654	11688	421273	409124	12149
授权量	581992	501786	80206	814825	740620	74205
发明	128489	65391	63098	135110	79767	55343
实用新型	203802	202113	1689	344472	342256	2216
外观设计	249701	234282	15419	335243	318597	16646

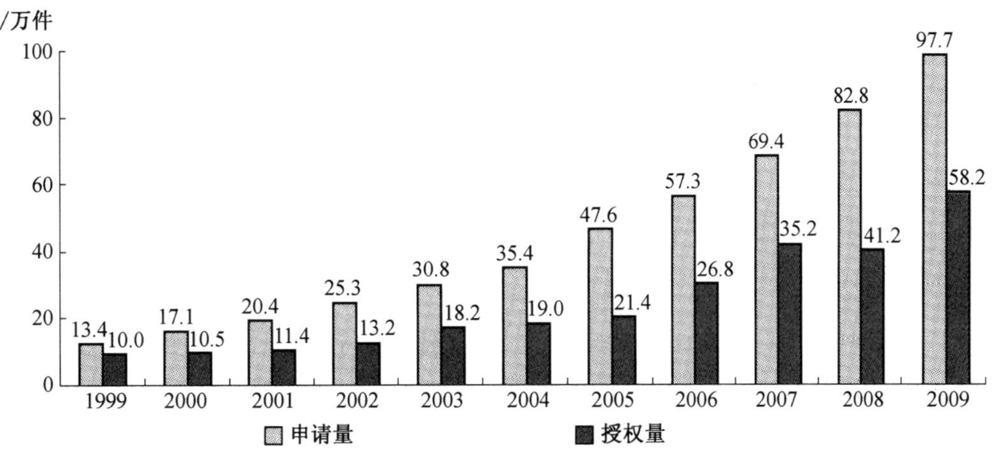

国家知识产权局专利申请受理及授权量(2000～2010)

国内职务发明专利按部门分(2007～2010)　件

	申请量				授权量			
年度	2007	2008	2009	2010	2007	2008	2009	2010
合计	107664	140452	172181	223754	24488	36955	52265	66149
大专院校	23001	30808	37965	48294	8214	10265	14391	19036
科研单位	9748	12435	14332	18254	3173	3945	5299	6557
企业	73893	95619	118257	154581	12851	22493	32160	40049
机关团体	1022	1590	1627	2625	250	252	415	507

国内科技论文按机构类型分(2005～2010)　万篇

年度	2005	2006	2007	2008	2009	2010
合计	35.5	40.5	46.3	47.2	52.1	53.1
高等学校	23.5	24.3	30.6	31.8	34.2	34.3
研究机构	3.8	4.2	4.7	5.0	5.6	5.7
企业	1.4	1.3	1.5	1.6	1.8	2.0
医疗机构	5.2	9.1	7.6	7.1	8.7	8.9
其他	1.6	1.4	1.9	1.7	1.8	2.1

国际科技论文发表数(2005～2010)　万篇

年度	2005	2006	2007	2008	2009	2010
SCI	6.8	7.1	8.9	9.6	12.0	12.2
EI	5.4	6.5	7.6	8.9	9.3	11.2
ISTP	3.1	3.6	4.3	6.5	5.2	3.8

五、高技术

全国高技术产品进出口(2005～2010)

续表

	2005	2006	2007	2008	2009	2010
高技术产品出口额(亿美元)	2182.5	2814.5	3478.0	4156.1	3769.3	4923.8
占商品出口总额的比重(%)	28.6	29.0	28.6	29.1	31.4	31.2
占工业制成品出口额的比重(%)	30.6	30.7	30.1	30.8	33.1	32.9
高技术产品进口额(亿美元)	1977.1	2473.0	2870.0	3418.2	3098.5	4126.6
占商品进口总额的比重(%)	30.0	31.2	30.0	30.2	30.8	29.6
占工业制成品进口额的比重(%)	38.6	40.9	40.3	44.4	43.3	42.9

全国高技术产品进出口按领域分(2009)　百万美元

	出口	进口	差额
合计	376931	309853	67077
计算机与通信技术	282465	73585	208880
生命科学技术	11059	9477	1581
电子技术	51075	148481	-97406
计算机集成制造技术	5097	19691	-14594
航空航天技术	2684	14034	-11350
光电技术	20927	38538	-17611
生物技术	296	360	-64
材料技术	2963	5074	-2112
其他技术	365	613	-248

全国高技术产品进出口按领域分(2010)　百万美元

	出口	进口	差额
合计	492379	412655	79724
计算机与通信技术	356015	93722	262293
生命科学技术	13861	11683	2178
电子技术	77468	196218	-118751
计算机集成制造技术	7716	34920	-27205

续表

	出口	进口	差额
航空航天技术	3494	16699	-13205
光电技术	28625	52303	-23678
生物技术	355	422	-67
材料技术	4424	5796	-1372
其他技术	422	891	-469

全国高技术产业主要经济指标(2005～2010) 亿元

年度	2005	2006	2007	2008	2009	2010
总产值	34367	41996	50461	57087	60430	74709
主营业务收入	33922	41585	49714	55729	59567	74483
利润	1423	1777	2396	2725	3279	4880
利税	2090	2611	3353	4024	4660	6753
出口交货值	17636	23476	28423	31504	29500	37002

全国高技术产业主要经济指标按行业分(2009) 亿元

	总产值	主营业务收入	利润	利税
航空航天器制造业	1353	1323	90	113
电子计算机及办公设备制造业	16293	16432	487	608
电子及通信设备制造业	28947	28465	1310	1858
医疗设备及仪器仪表制造业	4394	4259	398	563
医药制造业	9443	9087	994	1518

全国高技术产业主要经济指标按行业分(2010) 亿元

	总产值	主营业务收入	利润	利税
航空航天器制造业	1598.1	1592.4	81.3	107.0
电子计算机及办公设备制造业	19822.5	19957.7	690.5	918.3
电子及通信设备制造业	35929.8	35984.4	2233.7	3019.2
医疗设备及仪器仪表制造业	5617.3	5530.9	543.2	752.7
医药制造业	11741.3	11417.3	1331.1	1955.9

六、国际比较

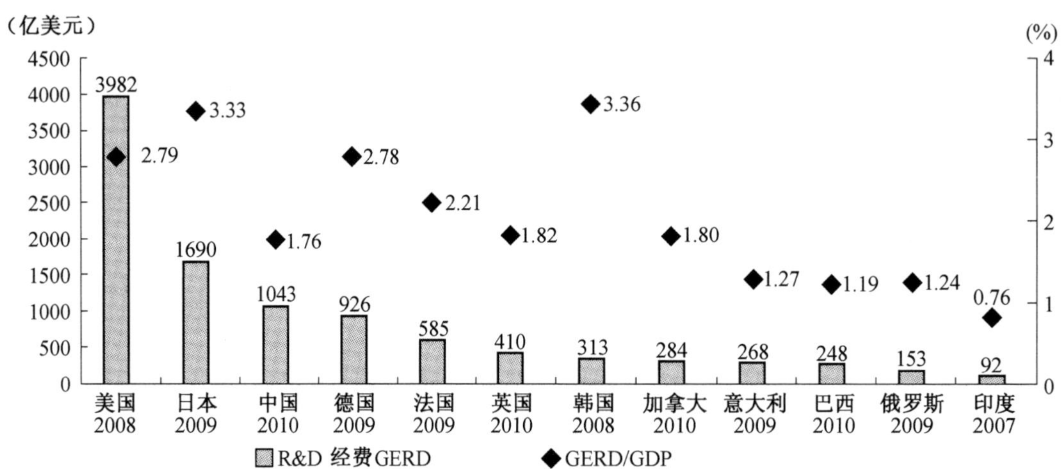

部分国家 R&D 经费支出

数据来源:中国科技部;OECD《主要科学技术指标 2011/1》;巴西科技部;联合国教科文组织

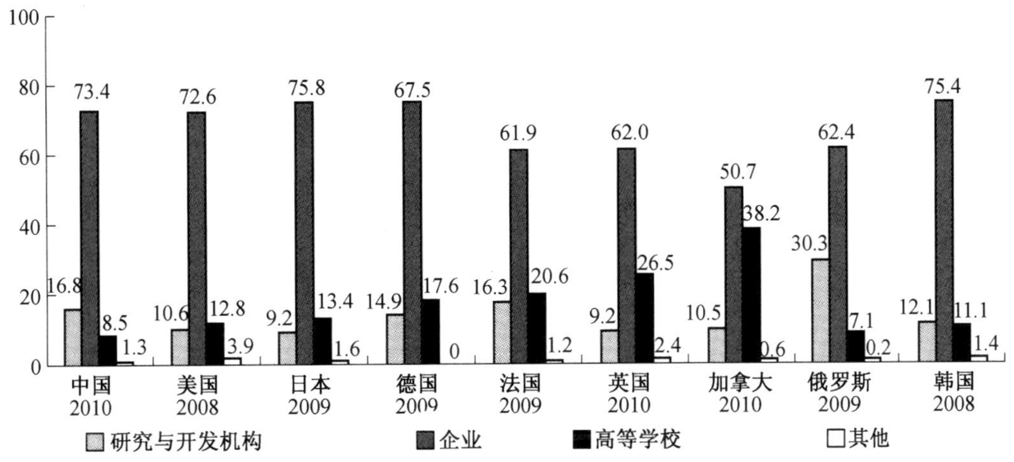

部分国家 R&D 经费支出按执行部门分

数据来源：中国科技部；OECD《主要科学技术指标 2011/1》

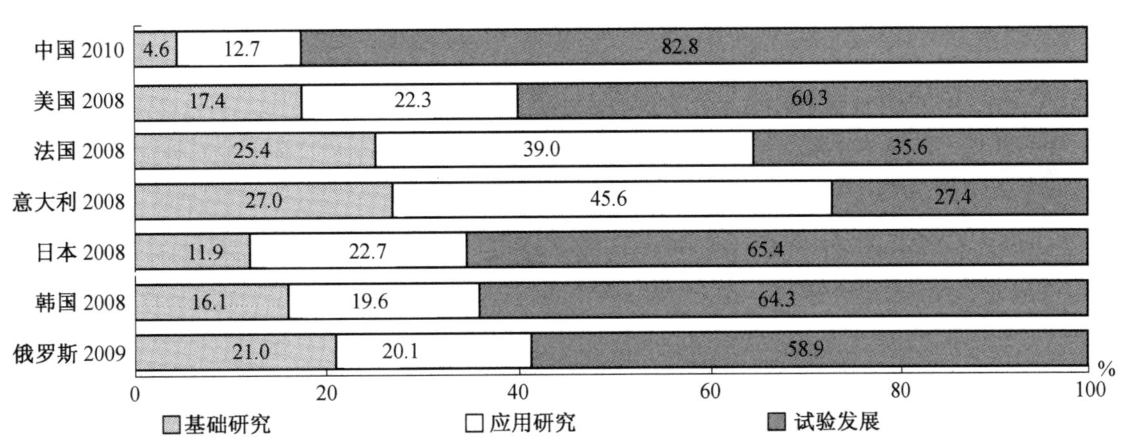

部分国家 R&D 经费支出按活动类型分

数据来源：中国科技部；OECD《研究与发展统计 2011》

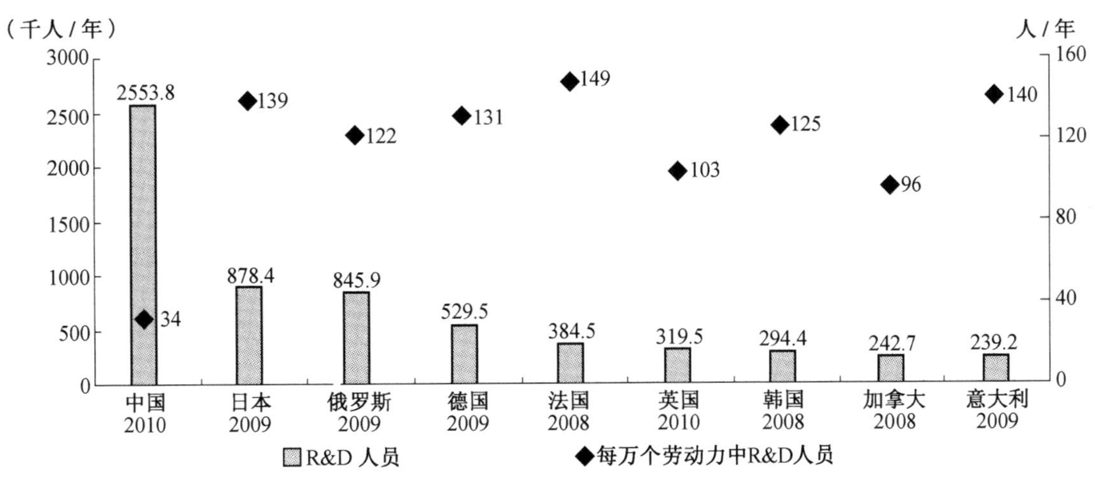

部分国家 R&D 人员

数据来源：中国科技部；OECD《主要科学技术指标 2011/1》

部分国家发明专利授权量(2009)　件

	中国	日本	美国	韩国	欧洲专利局	俄罗斯	加拿大	意大利	德国	法国
国内	65391	164459	82382	42129	-	26294	2029	16319	10284	9228
国外	63098	28890	84967	14603	51969	8530	17468	1958	4151	1301
合计	128489	193349	167349	56732	51969	34824	19497	18277	14435	10529
合计位次	3	1	2	4	5	6	7	8	9	10

数据来源:世界知识产权组织工业产权统计(2011)。

部分国家科技论文数(2010)

国别	科学引文索引 SCI		工程索引 EI		科学技术会议录索引 ISTP	
	万篇	位次	万篇	位次	万篇	位次
世界合计	142.1		48.0		30.2	
中国	12.2	2	11.2	1	3.8	2
美国	39.0	1	9.5	2	8.4	1
英国	11.4	5	2.6	5	2.1	4
德国	10.5	4	2.9	4	2.2	3
日本	8.7	3	3.5	3	2.0	5
法国	7.3	6	2.4	6	1.4	7
意大利	6.3	10	1.6	10	1.4	6
加拿大	6.0	9	1.8	9	1.1	8
印度	4.6	7	2.0	7	0.5	14
韩国	4.5	8	2.0	8	0.8	10
巴西	3.5	17	0.7	17	0.5	13
俄罗斯	2.9	13	1.3	13	0.4	18

2010 年全国科技成果统计年度报告

一、总体概况

2010 年全国科技成果统计范围共涉及 31 个省、自治区、直辖市,16 个计划单列市及副省级城市,以及 28 个国务院有关部门。现将 2010 年全国科技成果统计情况发布如下:

1. 成果总量

2010 年全国登记的科技成果总量增长明显。2010 年全国共登记科技成果 42108 项,比上年增长(下同)8.84%。其中,地方登记 33118 项,增长 7.54%;国务院有关部门登记 8990 项,增长 13.90%。地方登记成果和部门登记成果分别占成果总数的 78.65% 和 21.35%。

2010 年全国科技成果登记数量分布状况

	基础理论成果		应用技术成果		软科学成果		合计	
	成果数	增长(%)	成果数	增长(%)	成果数	增长(%)	成果数	增长(%)
全国总计	3288	9.71	37029	9.21	1791	0.28	42108	8.84
部门	1034	14.89	7492	13.74	464	14.29	8990	13.90
地方	2254	7.49	29537	8.12	1327	-3.84	33118	7.54
东部地区	1205	-1.95	17833	6.12	729	-6.78	19767	5.05
中部地区	610	30.34	6696	7.08	328	-5.75	7634	7.99
西部地区	439	9.75	5008	17.56	270	8.00	5717	16.44
环渤海	649	-8.07	8841	-2.23	410	-17.51	9900	-3.38
长三角	457	-10.04	6946	13.68	229	10.10	7632	11.81
珠三角	58	31.82	1534	8.49	30	-11.76	1622	8.71
东北	372	47.62	2583	4.24	174	10.83	3129	8.38

2010年获得国家科学技术奖励的成果共351项。其中，国家最高科学技术奖2项；国家自然科学奖二等奖授奖项目30项；国家技术发明奖授奖项目46项，其中：一等奖2项（专用项目），二等奖44项（通用项目33项，专用项目11项）；国家科学技术进步奖授奖项目273项，其中：特等奖3项（通用项目1项，专用项目2项），一等奖31项（通用项目16项，专用项目15项），二等奖239项（通用项目197项，专用项目42项）；授予5名外籍专家中华人民共和国国际科学技术合作奖。

在年度登记的37029项应用科技成果中，共获得19062项发明专利授权。其中，企业占64.48%，大专院校占24.12%，独立科研机构占7.92%。新制定标准数为3754项，其中：国际标准335项，国家标准953项，行业标准948项，地方标准372项，企业标准1146项。

2. 成果来源

登记成果仍以各级财政支持的各类计划项目成果为主，其中，科技计划项目和自选项目占有较大的比重。2010年登记的科技成果中，来源于各级科技计划项目的成果20799项，占49.39%；自选项目成果12497项，占29.68%。各级科技计划项目中，国家科技计划项目成果占13.52%，地方科技计划项目成果占总数的25.04%，部门科技计划项目成果占10.83%。国家科技计划项目成果中，基础研究计划项目1490项，占登记成果比例3.54%；国家科技支撑计划项目696项，占登记成果比例1.65%；高技术研究发展计划项目578项，占登记成果比例1.37%；科技基础条件平台计划116项，占登记成果比例0.28%；政策引导类计划及专项251项，占登记成果比例0.60%。

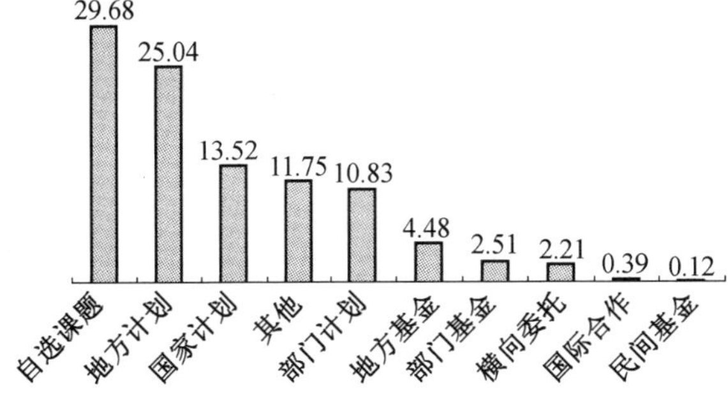

成果来源构成（%）

（注：由于课题来源为国家计划的成果还可复选其他计划，故各类课题来源的比例之和不为100%）

（1）科技计划项目成果的完成单位分布

据统计，各级科技计划项目成果完成单位分布主要集中在企业、大专院校和独立科研机构，其中，企业获得成果所占比例最高，为28.46%；其次是大专院校，为25.12%；再次是独立科研机构，为24.03%。国家计划项目成果中独立科研机构所占的比例最高，为38.40%；其次是大专院校，为28.25%。部门计划项目成果中企业所占的比例最高，为29%；其次是独立科研机构，为23.78%。地方计划项目成果中企业和大专院校所占的比例较高，分别为31.24%和24.43%；医疗机构的比例也相对较高，为17.70%。

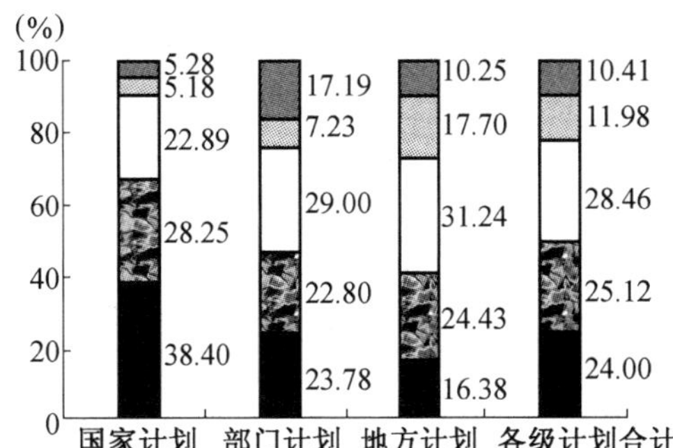

科技计划项目成果的完成单位分布

（2）自选类项目成果的完成单位分布

自选类项目成果主要来自企业，占64.64%，其次是医疗机构，占13.89%。

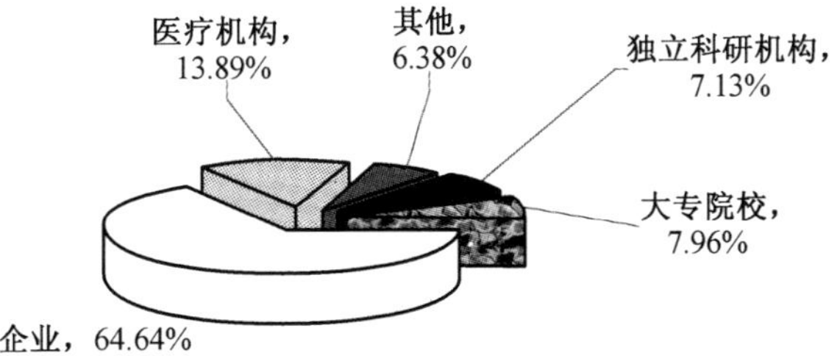

自选类项目成果在不同属性单位的比例分布

3. 成果类别

2010年全国登记的科技成果以应用技术类成果为主，其成果数量与上年相比有较大幅度的增长，基础理论成果和软科学成果数量与上年相比也有所增长。2010年全国共登记应用技术成果37029项，增长9.21%，占登记成果总数的87.94%；共登记基础理论成果3288项，增长9.71%，占登记成果总数的7.81%；共登记软科学成果1791项，增长0.28%，占登记成果总数的4.25%。

4. 成果评价方式

2010年科技成果评价方式仍然呈现以鉴定为主，验收为辅，其他评价方式并存的状态，其中，验收项目比例逐年提高，比2008年提高4.9%，比2009年提高2.91%。

2008～2010年科技成果评价方式构成

	2008年		2009年		2010年	
	成果数	构成(%)	成果数	构成(%)	成果数	构成(%)
鉴定	22614	65.49	23187	63.41	24590	62.14
验收	7278	21.08	8437	23.07	10282	25.98
评审	2168	6.28	2164	5.92	2056	5.20
行业准入	597	1.73	730	2.00	536	1.35
评估	845	2.45	869	2.38	815	2.06
结题	1028	2.97	1178	3.22	1294	3.27

5. 成果评价水平

根据对2010年上报的应用技术成果的评价水平进行统

计,达到国际先进水平以上的成果10262项,占28.38%,其中达到国际领先水平的成果占6.55%;达到国内领先和国内先进水平的成果共23273项,占64.36%;国内一般水平的成果占7.26%。

科技成果总体评价水平与上年相比略有下降,国际领先和国际先进水平的成果分别比上年下降0.33和0.69%。

2008～2010年应用技术成果评价水平构成

成果评价水平	2008年		2009年		2010年	
	成果数	构成(%)	成果数	构成(%)	成果数	构成(%)
国际领先	1947	6.31	2238	6.88	2367	6.55
国际先进	7199	23.34	7321	22.52	7895	21.83
国内领先	14922	48.37	16468	50.65	17687	48.91
国内先进	5993	19.43	5212	16.03	5586	15.45
国内一般	786	2.55	1274	3.92	2625	7.26
总计	30847	100	32513	100	36160	100

注:(1)该成果评价水平统计包括技术改造成果;(2)由于2010年"成果评价水平"为成果登记表中的非必填项,故此项统计仅在36160项有成果评价水平描述的应用技术成果中进行。

据统计,2010年在成果完成单位中,大专院校、科研机构转制企业和独立科研机构成果评价水平相对较高,其国际先进水平以上成果分别达到41.08%、38.74%和34.22%,高于其他类成果完成单位;企业和医疗机构处于国内领先水平的成果比例较高,分别为53.22%和53.09%。

各类成果完成单位的应用技术成果评价水平构成 (%)

成果评价水平	独立科研机构	大专院校	企业	其中:科研机构转制企业	医疗机构	其他	合计
国际领先	6.16	10.29	7.06	9.04	2.95	3.81	6.55
国际先进	28.06	30.78	21.13	29.69	10.92	15.47	21.83
国内领先	42.00	42.96	53.22	45.05	53.09	44.58	48.91
国内先进	12.67	10.91	14.12	13.48	23.23	22.57	15.45
国内一般	11.11	5.06	4.47	2.74	9.81	13.57	7.26
总计	100	100	100	100	100	100	100

6. 成果完成单位

企业仍是成果的主要完成单位。在2010年统计的42108项科技成果中,成果完成单位按成果数量排序依次是:企业16704项,比上年增长16.44%;大专院校8536项,比上年增长0.45%;独立科研机构7141项,比上年增长4.61%;医疗机构5963项,比上年增长12.57%。

2008～2010年科技成果完成单位构成

完成单位类型	2008年		2009年		2010年	
	成果数	构成(%)	成果数	构成(%)	成果数	构成(%)
独立科研机构	6047	16.81	6826	17.64	7141	16.96
大专院校	7700	21.41	8498	21.97	8536	20.27
企业	13301	36.98	14345	37.08	16704	39.67
其中:科研机构转制企业	514	1.43	479	1.24	606	1.44
医疗机构	4783	13.30	5297	13.69	5963	14.16
其他	4140	11.50	3722	9.62	3764	8.94
合计	35971	100	38688	100	42108	100

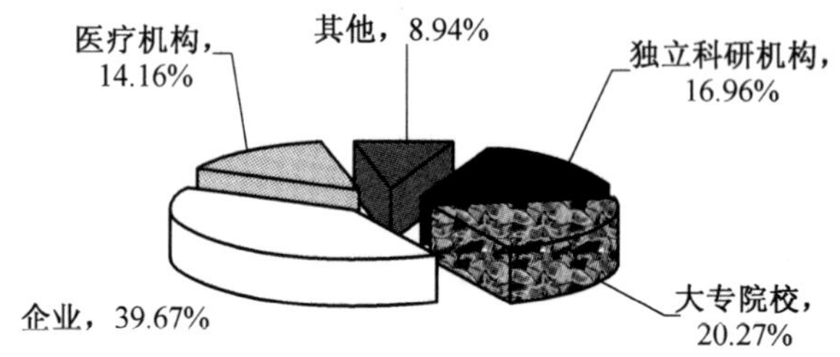

2010年科技成果完成单位构成

7. 成果完成人员

2010年登记的科技成果涉及到的完成人员共351818人次。从单位属性看,企业科技人员是科学技术研究的主体。2010年科技成果完成人中,企业科技人员为139138人次,占登记总数的39.55%;大专院校研究人员为78483人次,占登记总数的22.31%;独立科研机构和医疗机构成果完成人员分别为49607和47355人次,分别占登记总数的14.10%和13.46%。

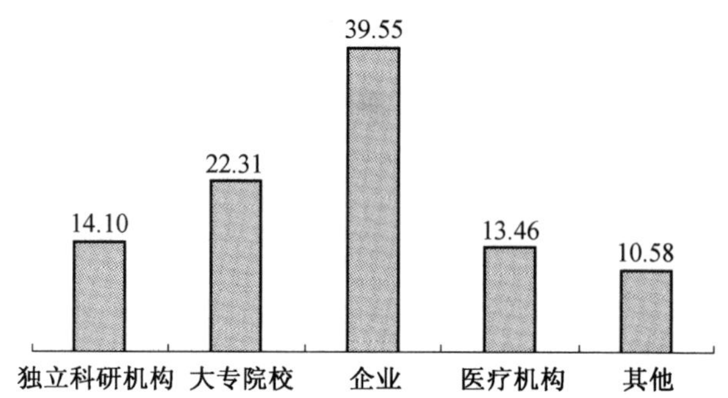

科技成果完成人员的单位属性构成(%)

从年龄结构看,中青年是科技成果研究人员的主体。55岁以下的科研人员为331378人次,占全部登记成果完成人总数的94.19%,比上年略有增长。

科技成果完成人员年龄结构 (%)

年龄结构	2008年	2009年	2010年
35岁以下(含35岁)	34.00	34.78	35.43
36～45岁	39.63	36.83	35.02
46～55岁	20.22	22.44	23.74
56～65岁	4.26	4.33	4.38
65岁以上	1.89	1.62	1.43
合计	100	100	100

从学历构成看，2010年登记的科技成果完成者中硕士研究生比例保持增长趋势。据2010年登记数据统计，科技成果完成人中博士研究生为53494人次，占15.21%，比上年提高0.82%；硕士研究生为86057人次，占24.46%，比上年提高1.42%；大本和大专学历人员构成都有不同幅度的下降。

科技成果完成人员学历构成 (%)

学历结构	2008年	2009年	2010年
博士研究生	14.72	14.39	15.21
硕士研究生	22.82	23.04	24.46
大本	49.02	48.46	47.74
大专	10.33	9.92	9.26
中专	2.20	1.87	2.57
其他	0.91	2.32	0.76
合计	100	100	100

从职称构成看，具备正高、副高、中级职称的研究人员保持较高的比例。与2009年比，2010年登记的成果完成人员正高级职称的比例有所提高。院士为383人次，占0.11%；正高、副高级技术职称的完成人为154697人次，占43.97%；中级技术职称的研究人员132813人次，占37.75%。

科技成果完成人员职称构成 (%)

职称	2008年	2009年	2010年
院士	0.14	0.11	0.11
正高	18.37	17.47	17.91
副高	27.21	26.26	26.06
中级	35.63	36.28	37.75
初级	11.43	11.91	11.85
其他	7.22	7.97	6.32
合计	100	100	100

8. 经费投入

2010年登记的科技成果累计投入比上年减少，国家投入、部门投入、自有资金和国外资金比例上升。

2010年登记的科技成果累计投入30948.31亿元，比上年减少7.58%。其中，国家累计投入3042.72亿元，占投入总额的9.83%，比上年提高1.82%；部门累计投入1604.19亿元，占5.18%，提高2.11%；地方累计投入3931.27亿元，占12.70%，下降4.53%；自有资金累计投入19051.96亿元，占总投入的61.56%，提高3.98%；基金累计投入649.96亿元，占2.10%，下降1.44%。

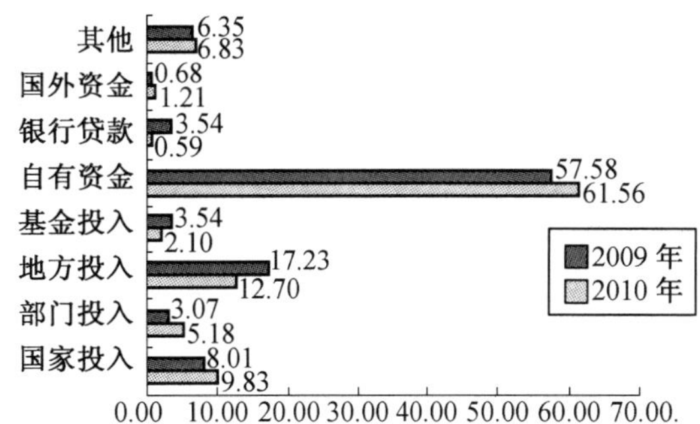

2009～2010年各类经费累计投入比例分布(%)

在全部经费投入中，2010年地方登记科技成果累计资金投入23416.14亿元，占全部登记科技成果投入总额的75.66%，比上年下降13.37%；部门登记科技成果累计投入共7532.17亿元，占全国投入总额的24.34%，比上年提高13.37%。

比较不同属性成果完成单位的登记成果经费累计投入情况，在全部登记科技成果经费投入中，企业登记成果的累计投入最高，2010年企业登记成果累计投入19159.06亿元，占总投入的61.91%，比上年下降3.27%；大专院校成果累计投入3341.67亿元，占总投入的10.80%，比上年提高0.54%；独立科研机构登记成果的累计投入2546.28亿元，占总投入的8.23%，比上年下降2.8%；医疗机构登记成果的累计投入2406.3亿元，占总投入的7.78%，比上年提高0.83%。

2008-2010年科技成果累计投入分布

完成单位类型	2008年		2009年		2010年	
	投入(亿元)	构成(%)	投入(亿元)	构成(%)	投入(亿元)	构成(%)
企业	14177.14	53.71	21828.96	65.18	19159.06	61.91
大专院校	4622.63	17.51	3436.58	10.26	3341.67	10.80
独立科研机构	3986.31	15.10	3695.14	11.03	2546.28	8.23
医疗机构	814.57	3.09	2328.92	6.95	2406.30	7.78
其他	2794.65	10.59	2198.36	6.58	3495.00	11.28
合计	26395.31	100	33487.96	100	30948.31	100

注：科技成果的经费投入是指科研项目从立项到登记成果期间，该项目在研究、开发、应用和推广过程中实际投入的全部资金。由于科技成果从投入研究到成果登记要历时数年，且不同项目研究时间长短不一，这些数据仅反映某阶段研究成果投入，不反映当年的投入情况。

比较科技投入在不同属性单位的分布情况，2010年登记成果的各类科技投入中，国家投入和部门投入主要集中在独立科研机构和企业，基金投入主要集中在大专院校和医疗机构，地方投入、自有资金投入和银行贷款主要集中于企业，国外资金投入主要集中在医疗机构。

2010 年科技投入在不同单位属性的分布 (%)

	独立科研机构	大专院校	企业	医疗机构	其他	合计
总投入	8.23	10.80	61.91	7.78	11.28	100
国家投入	32.18	27.88	32.75	0.82	6.37	100
部门投入	30.43	15.51	30.61	7.72	15.73	100
地方投入	4.90	12.71	24.15	7.39	50.85	100
基金投入	17.91	43.77	9.09	29.20	0.03	100
自有资金	2.36	2.36	6.78	80.29	3.90	100
银行贷款	0.47	0.47	0.90	96.74	1.80	100
国外资金	16.60	16.60	0.72	0.16	0.12	100
其他	12.18	12.18	7.79	56.37	14.36	100

二、基础理论成果

1. 成果来源

国家计划项目仍占主导地位。2010 年国家科技成果库登记的基础理论成果来源构成中,国家计划、部门计划、地方计划项目占 59.32%,比上年提高 5.48%。国家科技计划项目成果比例比上年下降 0.43%,为 31.83%。部门项目(部门计划 + 部门基金项目)所占比例比上年提高 1.98%,占 18.65%;地方项目(地方计划 + 地方基金项目)比例比上年提高 0.54%,为 33.32%。

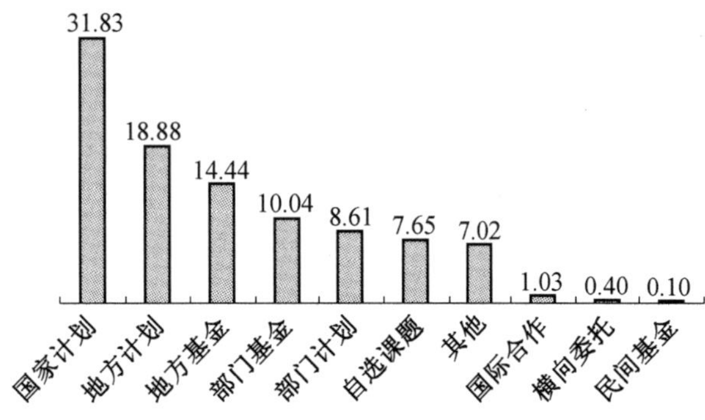

2010 年基础理论成果来源构成(%)

2. 成果评价方式

2010 年基础理论成果以结题为主要评价方式,评审所占比例继续下降。2010 年国家科技成果库收录的 2796 项基础理论成果中,结题所占的比例为 37.09%,比上年提高 1.89%;评审所占比例为 33.98%,比上年下降 6.25%;验收所占比例为 28.93%,比上年提高 4.36%。

3. 成果评价水平

2010 年登记的基础理论成果,处于国内领先和国际先进水平的成果比例较高,分别占 33.12% 和 31.44%,绝大部分处于国内领先水平以上,占全年登记成果总数的 83.42%。

2008～2010 年基础理论成果评价水平构成 (%)

成果评价水平	2008 年	2009 年	2010 年
国际领先	16.36	18.32	18.87
国际先进	34.96	36.15	31.44
国内领先	35.05	32.09	33.12
国内先进	11.39	11.91	15.24
国内一般	2.24	1.53	1.33
总计	100	100	100

4. 成果分布

社会领域成果数量远大于经济领域成果数量(社会领域、经济领域所包含的行业详见后附统计说明)。2010 年登记的基础理论成果中,属于社会领域的成果占 72.85%,属于经济领域的成果占 27.15%;社会领域成果高出经济领域成果 45.7%。

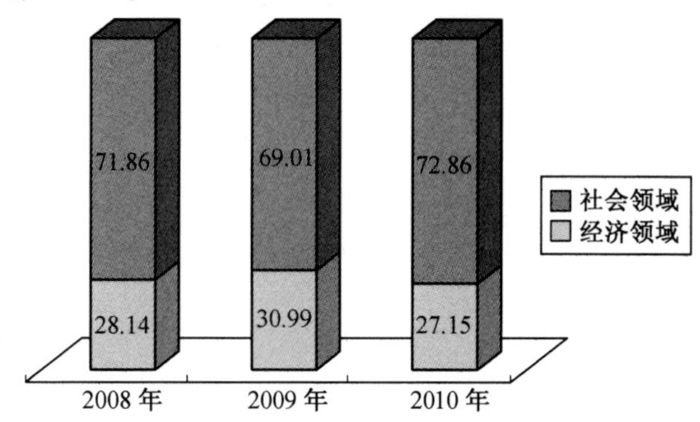

2008～2010 年基础理论成果分布(%)

2010 年登记的基础理论成果属于第一产业即农、林、牧、渔业的占 10.47%,比上年下降 0.04%;属于第二产业即采矿业、制造业、电力、燃气及水的生产和供应业、建筑业的占 8.98%,下降 3.64%;属于第三产业即除第一、二产业外的其他行业的占 80.55%,提高 3.68%。

三、软科学成果

1. 成果来源

2010 年登记的软科学成果共 1791 项,以地方登记的成果为主。其中,地方项目(地方计划和地方基金项目)占 50.46%,比上年下降 1.35%;部门项目(部门计划和部门基金项目)占 19.77%,比上年提高 2.25%;国家计划项目占 5.64%,比上年提高 0.15%。国家计划、部门计划和地方计划项目成果合计占成果总数的 64.53%,比上年下降0.21%。

2. 成果评价方式

软科学成果的评价方式仍以评审为主。2010 年国家科技成果库收录的 1364 项软科学成果中,评审占 54.77%,比上年下降 5.09%;其他的评价方式中,验收占 34.46%,比上年提高 3.67%;结题占 10.77%,比上年提高 1.42%。

3. 成果评价水平

成果总体评价水平比上年略有提高。2010 年登记的软科学类成果处于国内领先水平以上的成果占软科学类登记

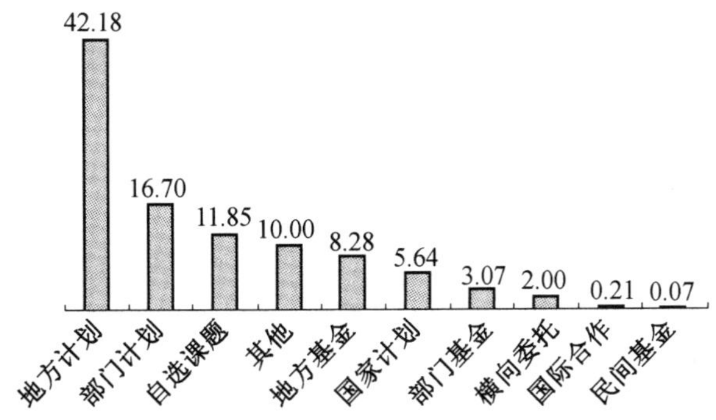

2010 年软科学成果来源构成(%)

成果总数 72.41%,比上年提高 3.71%;处于国际先进水平以上的成果占登记成果总数的 8.49%,比上年提高 1.27%。

2008~2010 年软科学成果评价水平构成　(%)

成果评价水平	2008 年	2009 年	2010 年
国际领先	2.15	1.84	2.18
国际先进	6.39	5.38	6.31
国内领先	57.68	61.49	63.92
国内先进	28.42	26.88	23.87
国内一般	5.36	4.41	3.72
总计	100	100	100

4. 成果分布

软科学成果中社会领域成果居多。2010 年登记的软科学成果中,社会领域的成果占登记总数的 61.99%,比上年下降 3.51%;经济领域的成果占 38.01%。

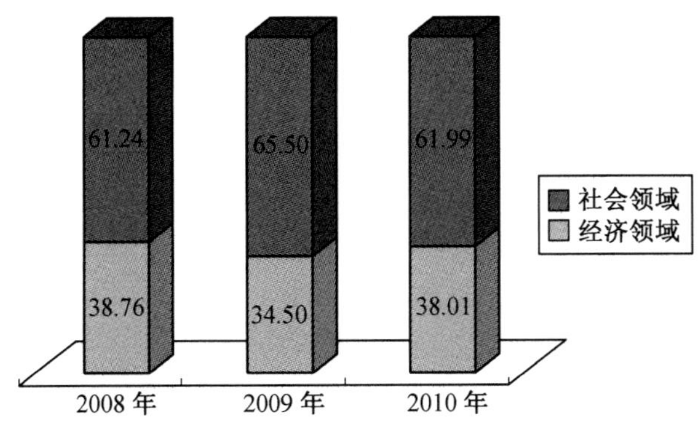

2008~2010 年软科学成果分布(%)

第一产业软科学成果略有增长。2010 年登记的软科学成果中,第一产业占 12.02%,比上年下降 0.07%;第二产业占 13.61%,提高 1.31%;第三产业占 74.36%,下降 1.24%。

四、应用技术成果

1. 成果来源

2010 年,全国登记的应用技术成果共 37029 项,其中地方登记 29537 项,占 79.77%;部门登记 7492 项,占 20.23%。

2010 年登记的应用技术成果主要来自自选课题和地方计划,二者的比例分别为 31.26% 和 28.21%;其次是国家计划和部门计划,所占比例分别为 9.57% 和 9.02%。

2. 成果体现形式

2010 年登记的应用技术成果仍以新技术、新产品为主要体现形式,比例分别为 42.11% 和 20.54%,二者合计占登记总量的 62.65%。

2008~2010 年营业技术成果体现形式比例分布　(%)

成果体现形式	2008 年	2009 年	2010 年
新技术	46.60	43.84	42.11
新产品	17.14	19.81	20.54
新工艺	6.54	6.68	6.41
农业、生物新品种	5.19	4.82	4.50
新材料	2.79	3.31	3.10
新装备	2.31	2.26	2.73
矿产新品种	0.10	0.13	0.14
其他应用技术	19.33	19.15	20.47
合计	100	100	100

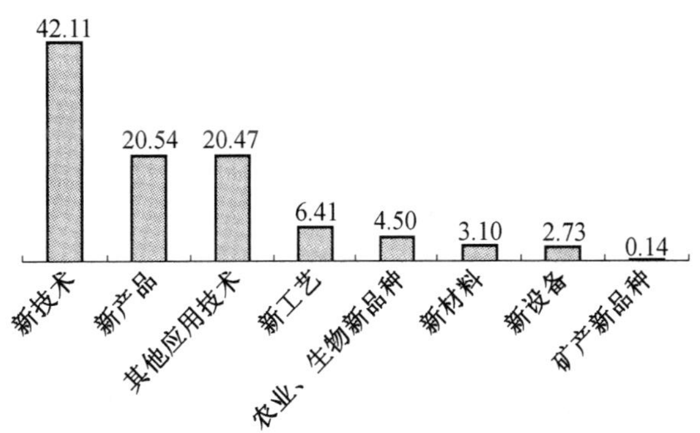

2010 年应用技术成果体现形式比例分布(%)

2010 年地方应用技术成果的体现形式均以新技术、新产品为主。

从东、中、西部来看,东部地区新技术和新产品的比例最高,二者之和为 65.70%;西部地区新技术和新产品的比例相对较低,二者之和为 56.93%;中部地区的新技术和新产品的比例为 60.35%。西部地区农业、生物新品种的比例相对较高,达到 11.07%。

从经济地带来看,各经济地带应用技术成果体现形式为新技术和新产品的比例都在 60% 以上。其中,环渤海经济地带新技术比例最高,达到 49.26%;珠三角经济地带新产品的比例相对较高,达到 24.46%;长三角经济地带新工艺和新材料的比例相对较高,分别为 9.63% 和 5.37%;东北地区农业、生物新品种比例相对较高,为 8.04%。

地区成果体现形式比例分布 (%)

成果体现形式	东部	中部	西部	环渤海	长三角	珠三角	东北
新技术	46.82	40.31	41.10	49.26	43.90	40.60	42.13
新产品	18.88	20.04	15.83	18.90	21.59	24.46	20.10
新工艺	8.01	6.17	6.55	6.25	9.63	6.61	6.03
农业、生物新品种	5.34	6.39	11.07	4.14	2.04	3.03	8.04
新材料	3.22	3.24	2.20	2.08	5.37	4.56	4.69
新装备	1.35	2.60	2.36	1.53	2.10	2.03	3.27
矿产新品种	0.05	0.05	0.37	0.21	0.03	-	0.11
其他应用技术	16.33	21.20	20.52	17.63	15.34	18.71	15.63
合计	100	100	100	100	100	100	100

从2010年登记的成果数据中可以看出，不同属性成果完成单位的成果体现形式都以新技术为主，比例均在30%以上，其中，医疗机构的比例最高，达到54.35%。在企业成果的体现形式中，新产品的比例最高，为39.31%；其次是新技术，比例为32.73%；新工艺的比例相对较高，为10.37%。独立科研机构除新技术外另一个比较重要的成果体现形式是农业、生物新品种，占15.83%。

各属性完成单位成果体现形式比例分布 (%)

成果体现形式	独立科研机构	大专院校	企业	医疗机构	其他
新技术	43.84	52.95	32.73	54.35	37.83
新工艺	4.12	5.95	10.37	0.63	3.30
新产品	9.34	10.00	39.31	2.76	5.76
新材料	4.56	3.47	4.06	0.36	0.85
农业、生物新品种	15.83	4.60	1.40	1.57	6.89
矿产新品种	0.17	0.06	0.14	0.07	0.36
新装备	4.14	3.33	3.39	0.18	1.09
其他应用技术	18.00	19.64	8.60	40.08	43.92
合计	100	100	100	100	100

3. **技术标准构成**

2010年登记的应用技术成果中，以技术标准体现的有3754项，其中，以企业标准、国家标准、行业标准为主，比例分别为30.53%、25.39%和25.25%；其次是地方标准和国际标准。

从成果完成单位的构成来看，独立科研机构制订的地方标准的比例最高，达到28.11%；国际标准、国家标准和行业标准的比例也比较高，分别为20.65%、19.65%和21.89%。大专院校的技术标准构成中，国家标准和行业标准的比例较高，分别为30.55%和31.99%。企业的技术标准构成以企业标准为主，比例达50.77%；其次是国家标准和行业标准，比例分别为21.38%和20.29%。医疗机构的技术标准构成中，以国家标准和行业标准为主，比例分别为41.19%和38.14%。

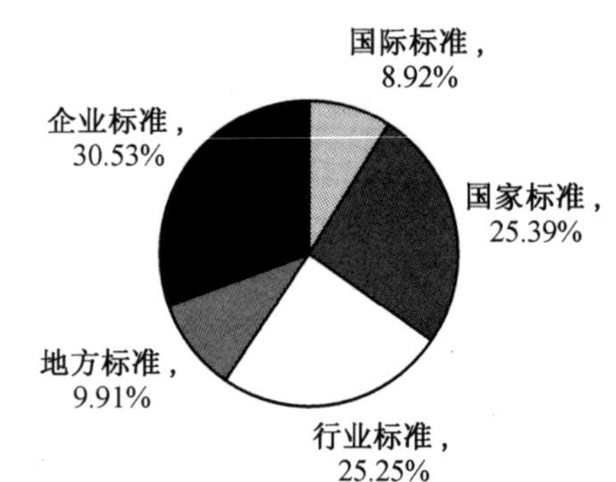

2010年应用技术成果标准构成

不同属性成果完成单位应用技术成果标准构成 (%)

技术标准构成	独立科研机构	大专院校	企业	其中:科研机构转制企业	医疗机构	其他
国际标准	20.65	14.70	4.92	-	12.54	6.93
国家标准	19.65	30.55	21.38	26.56	41.19	23.51
行业标准	21.89	31.99	20.29	17.19	38.14	28.71
地方标准	28.11	11.24	2.64	20.31	6.78	31.44
企业标准	9.70	11.52	50.77	35.94	1.35	9.41
合计	100	100	100	100	100	100

4. **成果所处阶段**

2010年全国登记应用技术成果37029项，处于成熟应用阶段的成果占75.26%，比上年略有提高；处于中期阶段和初期阶段的成果所占比例分别为14.92%和9.82%。

2008~2010年应用技术成果阶段分布

类别	2008年		2009年		2010年	
	成果数	比例(%)	成果数	比例(%)	成果数	比例(%)
初期阶段	3171	10.28	3346	9.87	3636	9.82
中期阶段	4777	15.49	5303	15.64	5525	14.92
成熟应用阶段	22899	74.23	25256	74.49	27868	75.26
合计	30847	100	33905	100	37029	100

5. **成果评价方式**

2010年,应用技术成果仍以鉴定为主要评价方式,鉴定和验收评价方式所占比例有所提高。鉴定评价方式所占比例为65.66%,比上年下降9.31%;验收评价方式所占比例为22.57%,比上年提高2.51%。

6. **成果分布**

2010年登记的应用技术成果主要分布在生物、医药和医疗器械,农业,光机电一体化,新材料,电子信息等高新技术领域;这些领域的应用技术成果占登记的应用技术成果总数的72.27%。

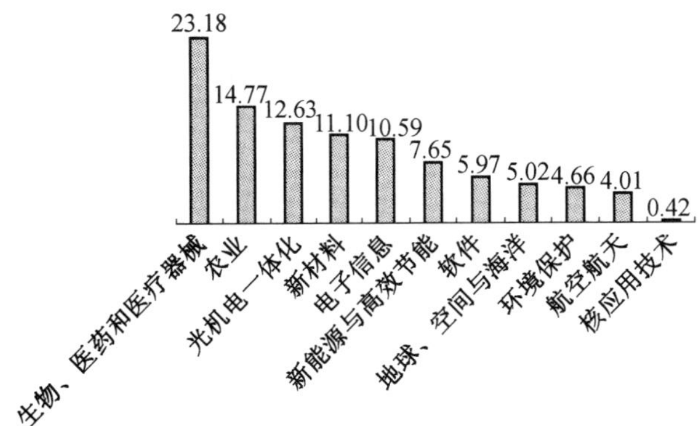

2010年应用技术成果在高新技术领域的分布(%)

2010年登记的自然、生态、环境领域的高新技术类应用技术成果占登记成果总数的40.52%,比上年下降0.43%。

第三产业应用技术成果比例有所增长。2010年登记的应用技术成果中,第一产业占15.82%,比例比上年下降0.22%;第二产业占35.37%,比上年提高1.79%;第三产业占48.81%,比上年下降1.57%。

经济领域应用技术成果比例略有提高。2010年登记的应用技术成果中,经济领域的成果比例为61.62%。

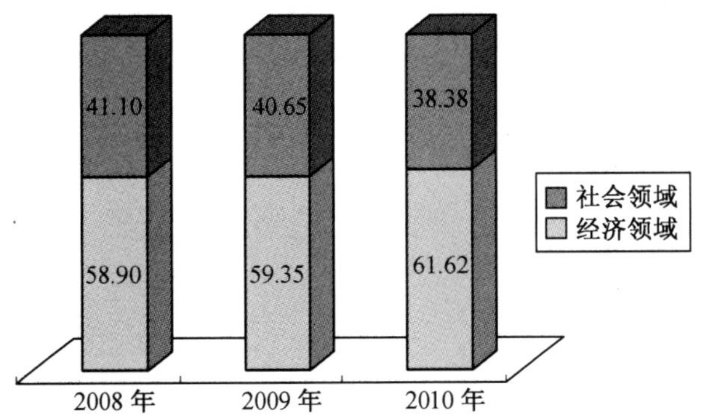

2008~2010年应用技术成果分布(%)

五、地方科技成果

1. **成果总量构成**

地方科技成果总量增长。2010年,由地方登记的科技成果共33118项,增长7.54%,占全国登记总数的78.65%。

地方科技成果登记中区域差异显著,东部地区和环渤海经济地带成果登记数量遥遥领先于其他地区。在地方登记成果中,东部地区的成果共有19767项,占地方登记成果总数的59.69%;中部地区7634项,占地方登记成果的23.05%;西部地区5717项,占17.26%。

几大重点经济地带:2010年环渤海经济地带登记成果9900项,占地方登记成果总数的29.89%,比上年下降3.38%;长三角经济地带登记成果7632项,占地方登记成果总数的23.04%,比上年提高0.87%;珠三角经济地带共登记成果1622项,占地方登记成果总数的4.90%,近三年呈现逐步增长的趋势;东北地区共登记成果3129项,占地方登记成果总数的9.45%,比上年略有提高。

2008~2010年地方科技成果经济地带分布

经济地带	2008年		2009年		2010年	
	成果数	比例(%)	成果数	比例(%)	成果数	比例(%)
环渤海	10023	36.25	10246	33.27	9900	29.89
长三角	4009	14.50	6826	22.17	7632	23.04
珠三角	964	3.49	1492	4.84	1622	4.90
东北	2990	10.81	2887	9.37	3129	9.45

地方科技成果评价方式仍以鉴定为主,但鉴定成果的比例略有下降。在33118项地方科技成果中,鉴定成果20160项,占60.87%,比上年下降1.46%;验收成果7157项,占21.61%,比上年增长2.3%。

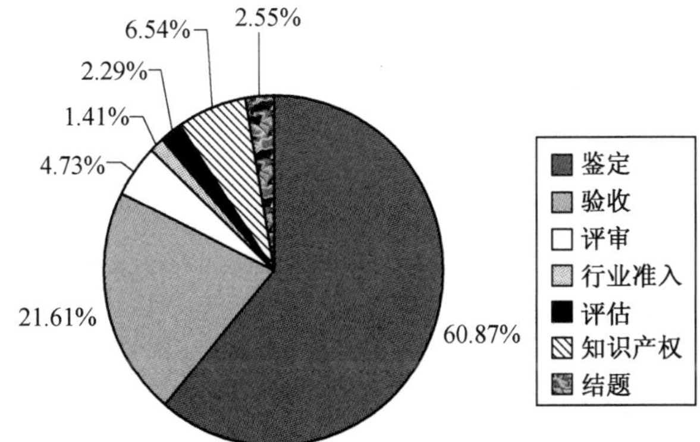

2010年地方科技成果评价方式比例分布

2. **成果来源**

成果来源以自选课题和地方计划项目为主。据2010年地方登记成果统计,自选课题和地方计划两类成果分别占地方登记成果总数的31.64%和29.92%,比上年分别下降0.95和0.18%;其他成果来源中,国家计划项目占8.38%,部门计划项目占7.69%,与上年相比分别提高1.74和0.2%。

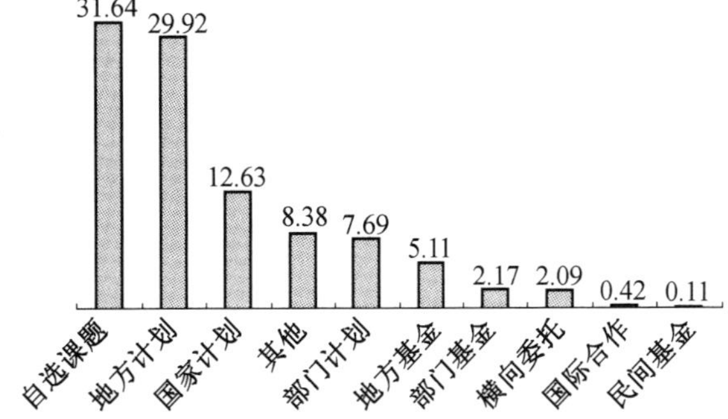

2010年地方科技成果来源分布(%)

(注:由于课题来源为国家计划的成果还可复选其他计划,故各类课题来源的比例之和不为100%)

东、中、西部地区自选课题和地方计划项目合计分别占各地区登记成果总量的61.46%、62.80%和66.50%,比上年分别提高1.23、下降2.73和下降1.69%;东、中、西部地区国家科技计划项目成果比例分别占各地区登记成果总量的8.37%、7.06%和9.29%,比上年分别提高1.19、1.81和2.71%。

从几个主要经济地带看,珠三角经济地带和环渤海经济地带自选课题比例相对较高,分别占各经济地带登记成果总量的45.46%和34.75%;长三角和东北经济地带地方计划比例相对较高,分别占各经济地带登记成果总量的38.49%和38.45%。

3. **成果所处阶段**

成熟应用阶段成果达七成以上。据对地方应用技术成果进行的分类统计,在29537项应用技术成果中,处于大规模、大范围应用阶段的科技成果为21870项,占全部地方应用技术成果的74.04%,比上年提高0.31%。

从东、中、西部地区看,2010年成熟应用阶段成果比例最高的是西部地区,达到76.39%;东部地区成熟应用阶段成果比例为74.93%;中部地区成熟应用阶段的成果比例相对最低,为69.93%。与去年相比,东部地区成熟应用阶段的成果比例略有提高,增加0.8%。

2010年东、中、西部地区科技成果所处阶段构成

成果所处阶段	东部		中部		西部	
	构成(%)	比例增加	构成(%)	比例增加	构成(%)	比例增加
初期阶段	9.87	-0.34	11.45	0.98	9.09	-0.56
中期阶段	15.20	-0.46	18.62	-0.38	14.52	1.05
成熟应用阶段	74.93	0.80	69.93	-0.60	76.39	-0.49

从主要经济地带看,各经济地带的成熟应用阶段的应用技术成果比例最高的是珠三角经济地带,与上年相比提高了3.79%,达到82.85%;成熟应用阶段的应用技术成果比例最低的是东北地区,为68.30%。

2010年主要经济地带科技成果所处阶段构成

阶段构成	环渤海		长三角		珠三角		东北	
	构成(%)	比例增加	构成(%)	比例增加	构成(%)	比例增加	构成(%)	比例增加
初期阶段	10.86	-0.62	9.93	1.40	3.59	-2.92	13.74	0.26
中期阶段	15.64	-0.28	14.84	-0.17	13.56	-0.87	17.96	-2.74
成熟应用阶段	73.50	0.90	75.23	-1.23	82.85	3.79	68.30	2.48

4. **成果评价水平**

2010年,地方成果评价水平与上年相比有所下降,国内领先水平以上的应用技术成果比例为76.80%,比上年下降2.59%

2010年,在地方的应用技术成果中,国内领先水平成果占地方登记应用技术成果总数的51.56%,国际先进和国内先进水平的成果所占比例分别为19.11%和16.21%,国际领先和国内一般水平的成果分别占地方应用技术成果总量的6.13%和6.99%。

从东、中、西部看,东部地区的应用技术成果评价水平最高,其次是中部地区,西部地区的应用技术成果评价水平相对较低。东部地区国际先进水平以上的成果占该地区应用技术成果总数的27.84%,中部地区的占22.73%,西部地区的占19.35%;国内领先水平以上的成果比重,东部地区为80.35%,中部地区为74.70%,西部地区为66.95%。

2010年东、中、西部地区科技成果评价水平构成

成果所处阶段	东部		中部		西部	
	构成(%)	比例增加	构成(%)	比例增加	构成(%)	比例增加
国际领先	7.07	-0.43	4.81	-0.13	4.55	0.54
国际先进	20.77	-0.55	17.92	-2.10	14.80	0.97
国内领先	52.51	-2.05	51.97	-1.54	47.60	0.72
国内先进	13.47	-0.29	17.46	-1.28	24.28	-2.50
国内一般	6.18	3.32	7.84	5.05	8.77	0.27

从几个主要经济地带看,2010年登记的应用技术成果中,环渤海地带的成果评价水平相对较高,国内领先水平以上的成果比例达到83.68%;长三角和珠三角地带成果评价水平与上年相比下降明显,国际先进水平以上的科技成果比例比上年分别下降3.01和5.83%。

2010 年主要经济地带科技成果评价水平构成

成果水平	环渤海		长三角		珠三角		东北	
	构成(%)	比例增加	构成(%)	比例增加	构成(%)	比例增加	构成(%)	比例增加
国际领先	8.01	0.35	6.68	-1.32	4.63	-3.29	6.97	0.80
国际先进	22.85	-0.35	19.62	-1.69	15.65	-2.53	19.32	0.19
国内领先	52.82	-1.42	52.56	-2.38	52.87	1.24	44.95	-1.98
国内先进	10.99	-1.17	14.11	0.36	22.62	4.23	18.43	-6.11
国内一般	5.33	2.59	7.03	5.03	4.23	0.35	10.33	7.10

5. **成果分布**

(1)高新技术领域分布

地方应用技术成果仍然主要分布在四大高新技术领域,依次是:生物、医药和医疗器械(比重为27.60%),农业(比重为16.55%),光机电一体化(比重为13.19%),新材料(比重为11.93%),四大高新技术领域合计达69.27%。

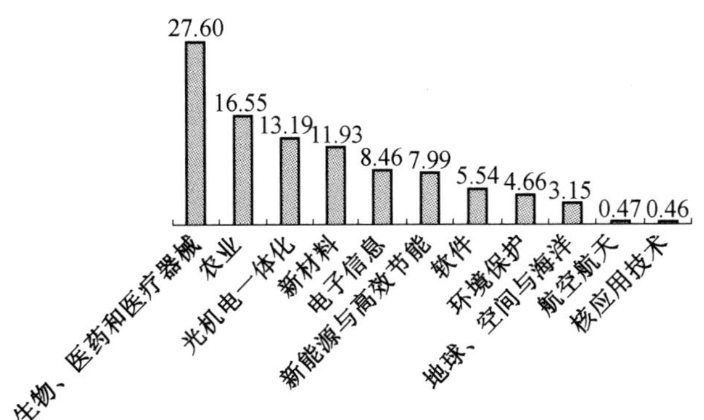

地方应用技术成果在高新技术领域的分布(%)

从东、中、西部地区看,普遍以生物、医药和医疗器械类高新技术成果最多,东、中、西部比例分别为27.25%、27.58%和28.91%。另外,中部和西部地区还偏重农业,分别占21.09%和23.81%。

从几个主要经济地带看,环渤海经济地带偏重生物、医药和医疗器械(33.54%),农业(13.81%)和光机电一体化(12.19%);长三角地区偏重生物、医药和医疗器械(21.87%),光机电一体化(19.54%),新材料(18.44%)和农业(11.16%);珠三角地区偏重生物、医药和医疗器械(20.56%),电子信息(17.02%),光机电一体化(13.03%),新材料(12.80%),农业(11.44%)和软件(10.17%);东北地区偏重生物、医药和医疗器械(29.95%),农业(24.07%)和光机电一体化(10.85%)。

各地区、各经济地带应用技术成果在高新技术领域的分布　(%)

高新技术领域	地方合计	东部	中部	西部	环渤海	长三角	珠三角	东北
电子信息	8.46	9.44	7.58	6.06	8.38	8.46	17.02	5.47
软件	5.54	6.06	5.04	4.34	5.32	5.64	10.17	3.77
航空航天	0.47	0.43	0.39	0.71	0.35	0.67	-	0.33
光机电一体化	13.19	15.04	11.81	8.36	12.19	19.54	13.03	10.85
生物、医药和医疗器械	27.60	27.25	27.58	28.91	33.54	21.87	20.56	29.95
新材料	11.93	12.77	11.06	10.08	8.38	18.44	12.80	9.25
新能源与高效节能	7.99	8.37	7.33	7.47	8.67	8.06	7.68	8.63
环境保护	4.66	4.47	4.83	5.12	4.59	4.30	4.97	5.14
地球、空间与海洋	3.15	2.85	2.78	4.75	4.48	1.37	1.13	2.45
核应用技术	0.46	0.45	0.51	0.39	0.29	0.49	1.20	0.09
农业	16.55	12.87	21.09	23.81	13.81	11.16	11.44	24.07
总计	100	100	100	100	100	100	100	100

(2)自然、生态和环境分布

2010年地方登记的高新技术成果中,自然、生态和环境领域的高新技术成果占43.40%,比上年提高0.41%。

从东、中、西部看,西部地区的自然、生态和环境领域的高新技术成果比例最高,达到46.25%,东部和中部分别为42.94%和42.51%。

从几个主要经济地带看,环渤海地区的自然、生态和环境领域的高新技术比例最高,达51.28%,其次为东北地区(46.18%)、长三角地区(35.61%)、珠三角地区(34.34%)。

(3)经济、社会领域分布和产业分布

2010年地方应用技术成果在经济领域的分布与上年相比有所提高,经济领域和社会领域分布比例分别为65.44%和34.56%。

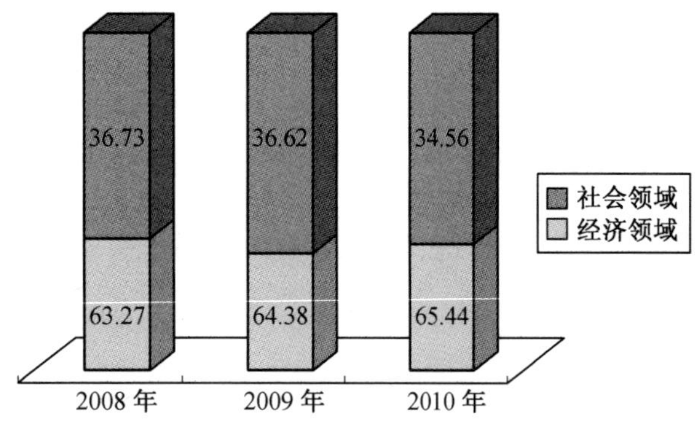

2008～2010地方应用技术成果分布(%)

对地方的应用技术成果按应用行业进行分类统计,第三产业的比例最高,达到45.98%,第一产业和第二产业的比例分别为17.15%和36.87%。

按东、中、西部地区统计,第一产业在三个地区的分布比例分别是13.43%、21.97%、23.93%,与上年相比变化不大,中部和西部地区较为偏重农、林、牧、渔业;第二产业的比例分别是38.71%、33.52%、34.83%,东部地区较为偏重第二产业;第三产业的比例分别是47.86%、44.52%、41.24%,东部地区较为偏重第三产业。

从几个主要经济地带看,环渤海经济地带第三产业的比重相对最高,达到52.69%;长三角经济地带第二产业的比重相对最高,达到46.07%;东北地区相对偏重第一产业,比例为27.41%。

从社会、经济领域看,四大经济地带2010年登记成果在经济领域的分布依次是:环渤海56.99%、长三角71.69%、珠三角71.85%和东北65.82%。

六、部门科技成果

1. 成果总量构成

部门登记成果总量增加。2010年,由国务院有关部门科技成果管理机构登记的科技成果共8990项,比上年增长13.90%;占全国登记成果总数的21.35%,比例比上年提高0.95%。其中,基础理论成果1034项,占全国基础理论成果登记总数的31.45%;应用技术成果7492项,占全国应用技术成果登记总数的20.23%;软科学成果464项,占全国软科学成果登记总数的25.91%。

应用技术成果比例下降。2010年部门登记的科技成果中,基础理论成果、应用技术成果、软科学成果在部门登记的科技成果总量中所占比例分别为11.50%、83.34%和5.16%,比上一年分别提高0.1、下降0.11和提高0.02%。

2008～2010年部门科技成果构成

	2008年		2009年		2010年	
	成果数	比例*(%)	成果数	比例*(%)	成果数	比例*(%)
基础理论成果	1503	46.58	900	30.03	1034	31.45
应用技术成果	6435	20.86	6587	19.43	7492	20.23
软科学成果	380	20.03	406	22.73	464	25.91
合计	8318	23.12	7893	20.40	8990	21.35

注:*指部门登记成果在当年全国登记的同类成果中所占比例。

2010年部门科技成果的评价方式仍以鉴定和验收为主,分别占成果总数的49.28%和34.76%。

2. 成果来源

成果来源以国家计划、自选课题和部门计划为主。2010年部门登记的科技成果来源构成中,国家计划、自选课题和部门计划的比例较高,分别为32.44%、22.45%和22.40%;其中自选课题和国家计划的比例与上年相比增长明显,分别提高12.14和5.86%。

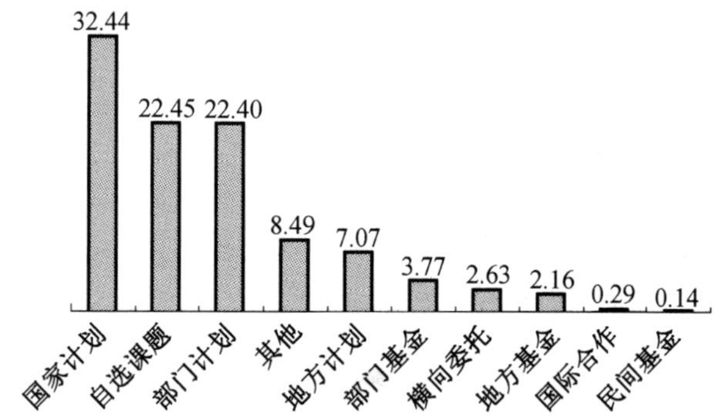

2010年部门科技成果来源分布(%)

(注:由于课题来源为国家计划的成果还可复选其他计划,故各类课题来源的比例之和不为100%)

3. 成果所处阶段

成熟应用阶段成果是主体,且比例有所增长。据统计,在国务院有关部门的7492项应用技术成果中,处于初期阶段的成果654项,占8.73%;处于中期阶段的成果840项,占11.21%;处于大规模、大范围应用阶段的成果5998项,占81.06%,比上年提高2.42%。

2008～2010年部门科技成果阶段构成

	2008年		2009年		2010年	
	成果数	比例*(%)	成果数	比例*(%)	成果数	比例*(%)
初期阶段	446	6.93	564	8.56	654	8.73
中期阶段	583	9.06	909	13.80	840	11.21
成熟应用阶段	5406	84.01	5114	77.64	5998	80.06

4. 成果评价水平

2010年部门登记的科技成果总体评价水平与上年相比有所下降。国际先进水平以上的成果比例比上年减少了

4.76%；国内领先和国际先进水平的成果比例较高，分别占部门成果总量的37.14%和33.97%；其他水平成果按所占比例高低依次是：国内先进、国际领先和国内一般。

2008～2010年部门科技成果评价水平构成　（%）

成果评价水平	2008年		2009年		2010年	
	成果数	比例*（%）	成果数	比例*（%）	成果数	比例*（%）
国际领先	524	8.14	476	9.71	557	8.41
国际先进	1956	30.40	1834	37.42	2251	33.97
国内领先	2339	36.35	1795	36.63	2461	37.14
国内先进	1500	23.31	546	11.14	800	12.07
国内一般	116	1.80	250	5.10	558	8.41

5. **成果分布**

自然、生态、环境领域的高新技术成果比例下降。2010年部门登记的自然、生态、环境领域的高新技术成果比例为29.25%，比上年下降2.28%。

部门近六成应用技术成果处于第三产业，第二产业的比例大幅提高。2010年登记的部门应用技术成果中，第一产业成果比例为10.75%，比上年下降1.24%；第二产业成果比例为29.60%，比上年提高13.12%；第三产业成果比例为59.65%，比上年下降11.88%。

部门五成以上的应用技术成果处于社会领域。2010年部门应用技术成果中，经济领域成果所占比例为46.97%，比上年提高14.6%；社会领域成果所占比例为53.03%。

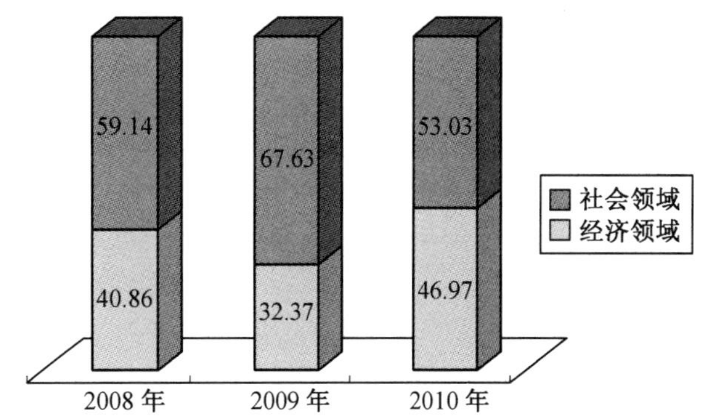

2008～2010年部门应用技术成果分布（%）

2011年全国科技成果统计年度报告

一、总体概况

2011年全国科技成果统计范围共涉及31个省、自治区、直辖市，16个计划单列市和副省级城市，以及33个国务院有关部门、行业协会和中央企事业单位。2011年全国科技成果统计情况如下。

1. **成果总量**

2011年全国登记的科技成果总量增长明显。2011年全国共登记科技成果44208项，比上年增长（下同）4.99%。其中，地方登记35038项，增长5.80%；国务院有关部门登记9170项，增长2.00%。地方登记成果和部门登记成果分别占成果总数的79.26%和20.74%。

2011年全国科技成果登记数量分布状况

	基础理论成果		应用技术成果		软科学成果		合计	
	成果数	增长（%）	成果数	增长（%）	成果数	增长（%）	成果数	增长（%）
全国总计	3083	-6.23	39218	5.91	1907	6.48	44208	4.99
部门	908	-12.19	7693	2.68	569	22.63	9170	2.00
地方	2175	-3.50	31525	6.73	1338	0.83	35038	5.80
东部地区	1208	0.25	18499	3.73	716	-1.78	20423	3.32
中部地区	554	-9.18	7271	8.59	365	11.28	8190	7.28
西部地区	413	-5.92	5755	14.92	257	-4.81	6425	12.38
环渤海	618	-4.78	8963	1.38	327	-20.24	9908	0.08
长三角	497	8.75	7185	3.44	250	9.17	7932	3.93
珠三角	59	1.72	1856	20.99	52	73.33	1967	21.27
东北	357	-4.03	2601	0.70	135	-22.41	3093	-1.15

2011年度获得国家科学技术奖励的成果共374项。其中，国家自然科学奖二等奖项目36项；国家技术发明奖项目55项，其中一等奖2项、二等奖53项；国家科学技术进步奖项目283项，其中特等奖1项、一等奖20项、二等奖262项。

在年度登记的39218项应用科技成果中，共获得29122项专利授权。其中，企业占65.67%，大专院校占22.41%，独立科研机构占7.34%。新制定标准数为4132项，其中：国际标准281项，国家标准1101项，行业标准1125项，地方标准451项，企业标准1174项。

2. **成果来源**

2011年全国登记的科技成果仍以各级财政支持的各类计划项目成果为主，自选项目成果占有较大的比重。2011年登记的科技成果中，来源于各级科技计划项目的成果21651项，占48.97%；自选项目成果12982项，占29.37%。各级科技计划项目中,国家科技计划项目成果占登记总量的13.73%,地方科技计划项目成果占24.63%,部门科技计划项目成果占10.61%。国家科技计划项目成果中,基础研究计划项目1289项,占登记总量的2.92%;国家科技支撑计划项目1098项,占2.48%;高技术研究发展计划项目562项,占1.27%;科技基础条件平台计划117项,占0.26%;政策引导类计划及专项364项,占0.82%。

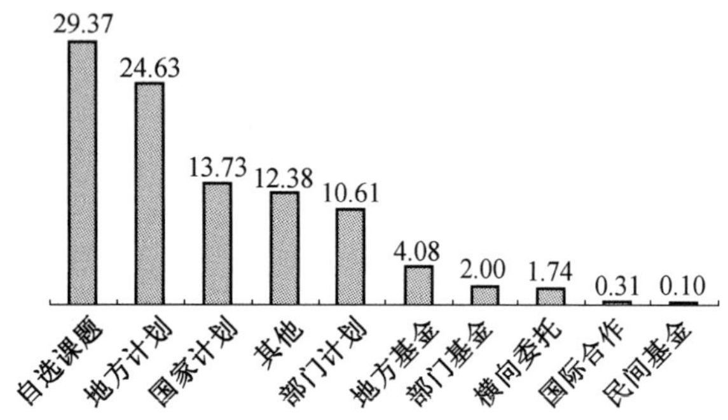

成果来源构成(%)

(注:由于统计中课题来源为复选项,故各类课题来源的比例之和大于100%)

(1)科技计划项目成果的完成单位分布

据统计,各级科技计划项目成果完成单位分布主要集中在企业、大专院校和独立科研机构,其中,企业所占比例最高,为28.18%;其次是大专院校,为23.92%;再次是独立科研机构,为23.20%。国家计划项目成果中独立科研机构所占的比例最高,为34.77%;其次是大专院校,为28.46%。部门计划项目成果中企业所占的比例最高,为26.73%;其次是独立科研机构,为26.37%。地方计划项目成果中企业和大专院校所占的比例较高,分别为30.55%和23.06%;医疗机构的比例也相对较高,为19.77%。

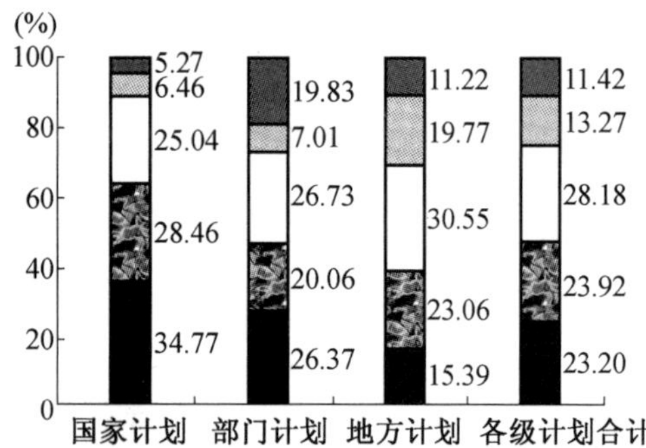

科技计划项目成果的完成单位分布(%)

(2)自选类项目成果的完成单位分布

自选类项目成果主要来自企业,占67.28%,其次是医疗机构,占14.79%。

3.成果类别

2011年全国登记的科技成果以应用技术类为主,数量与上年相比有所增长;软科学成果数量与上年相比也有较大幅度增长。2011年全国共登记应用技术成果39218项,增长

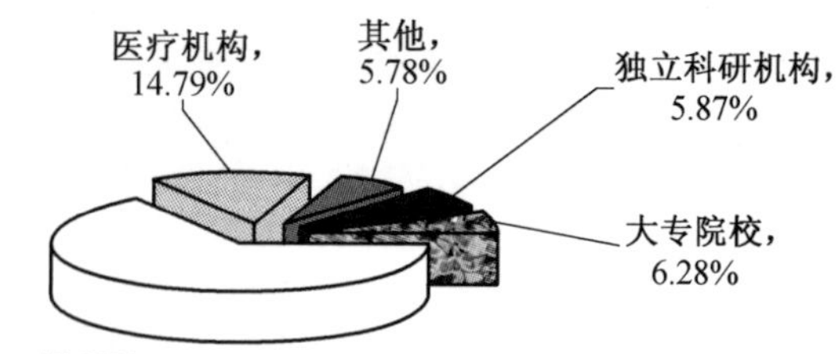

自选类项目成果在不同属性单位的比例分布

5.91%,占登记成果总数的88.71%;共登记基础理论成果3083项,下降6.23%,占登记成果总数的6.97%;共登记软科学成果1907项,增长6.48%,占登记成果总数的4.32%。

4.成果评价方式

2011年科技成果评价方式仍然呈现以鉴定为主、验收为辅,其他评价方式并存的状态,并且评价机构首次参与到成果评价中来。其中,鉴定项目比例逐年下降,验收项目比例逐年提高;登记成果中,由评价机构进行评价的成果数为1443项,占3.26%。

2009～2011年科技成果评价方式构成

	2009年		2010年		2011年	
	成果数	构成(%)	成果数	构成(%)	成果数	构成(%)
鉴定	23187	63.41	24590	62.14	26459	59.85
验收	8437	23.07	10282	25.98	11563	26.16
评审	2164	5.92	2056	5.20	1955	4.42
行业准入	730	2.00	536	1.35	630	1.43
评估	869	2.38	815	2.06	1140	2.58
结题	1178	3.22	1294	3.27	1018	2.30
评价机构评价	–	–	–	–	1443	3.26

5.成果评价水平

根据对2011年上报的应用技术成果的评价水平进行统计,其中达到国际领先水平的成果2195项,占5.60%;达到国际先进水平的成果7550项,占19.25%;达到国内领先和国内先进水平的成果共23008项,占58.66%;国内一般水平的成果占10.20%;另有6.29%的应用技术成果未进行成果水平评价。

科技成果总体评价水平与上年相比略有下降,国际领先和国际先进水平的成果分别比上年下降0.95和2.58%。

2009～2011年应用技术成果评价水平构成

	2009年		2010年		2011年	
	成果数	构成(%)	成果数	构成(%)	成果数	构成(%)
国际领先	2238	6.88	2367	6.55	2195	5.60
国际先进	7321	22.52	7895	21.83	7550	19.25
国内领先	16468	50.65	17687	48.91	17508	44.64
国内先进	5212	16.03	5586	15.45	5500	14.02
国内一般	1274	3.92	2625	7.26	4000	10.20
未评价	–	–	–	–	2465	6.29
总计	32513	100	36160	100	39218	100

注:(1)该成果评价水平统计包括技术改造成果;(2)从2011年度统计开始,成果水平描述中增加"未评价"选项。

据统计,2011 年在成果完成单位中,科研机构转制企业、大专院校和独立科研机构成果评价水平相对较高,其国际先进水平以上成果分别达到 39.23%、34.94% 和 33.54%,高于其他类成果完成单位;医疗机构和企业处于国内领先水平的成果比例较高,分别为 50.60% 和 47.60%。

各类成果完成单位的应用技术成果评价水平构成 (%)

成果评价水平	独立科研机构	大专院校	企业	其中:科研机构转制企业	医疗机构	其他	合计
国际领先	7.29	7.79	5.65	7.19	2.32	4.41	5.60
国际先进	26.25	27.15	18.57	32.04	8.64	15.69	19.25
国内领先	36.89	40.99	47.60	42.96	50.60	39.14	44.64
国内先进	11.18	9.89	12.58	9.58	21.65	19.84	14.02
国内一般	9.97	11.27	7.52	4.94	14.00	15.52	10.20
未评价	8.42	2.91	8.08	3.29	2.79	5.40	6.29
总计	100	100	100	100	100	100	100

6. 成果完成单位

企业仍是成果的主要完成单位。在 2011 年统计的 44208 项科技成果中,成果完成单位按成果数量排序依次是:企业 18064 项,比上年增长 8.14%;大专院校 8288 项,比上年下降 2.91%;独立科研机构 6998 项,比上年下降 2.00%;医疗机构 6769 项,比上年增长 13.52%。

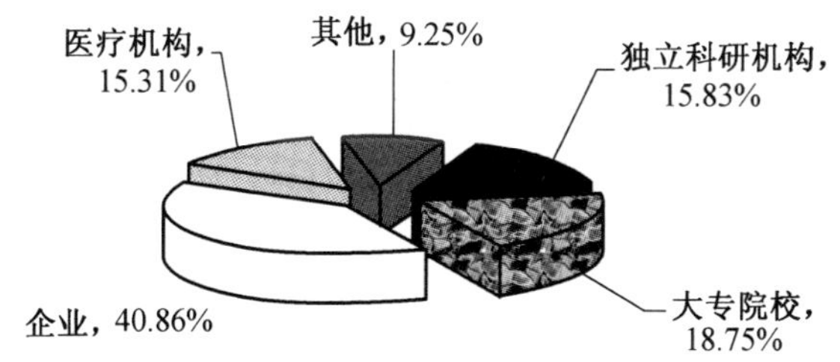

2011 年科技成果完成单位构成

2009~2011 年科技成果完成单位构成

完成单位类型	2009 年		2010 年		2011 年	
	成果数	构成(%)	成果数	构成(%)	成果数	构成(%)
独立科研机构	6826	17.64	7141	16.96	6998	15.83
大专院校	8498	21.97	8536	20.27	8288	18.75
企业	14345	37.08	16704	39.67	18064	40.86
其中:科研机构转制企业	479	1.24	606	1.44	683	1.54
医疗机构	5297	13.69	5963	14.16	6769	15.31
其他	3722	9.62	3764	8.94	4089	9.25
合计	38688	100	42108	100	44208	100

7. 成果完成人员

2011 年登记的科技成果涉及到的完成人员共 373600 人次。从单位属性看,企业科技人员是科学技术研究开发的主体。2011 年科技成果完成人中,企业科技人员为 148964 人次,占全部人次的 39.87%;大专院校研究人员为 77443 人次,占 20.73%;医疗机构和独立科研机构成果完成人员分别为 53524 和 50811 人次,分别占 14.33% 和 13.60%。

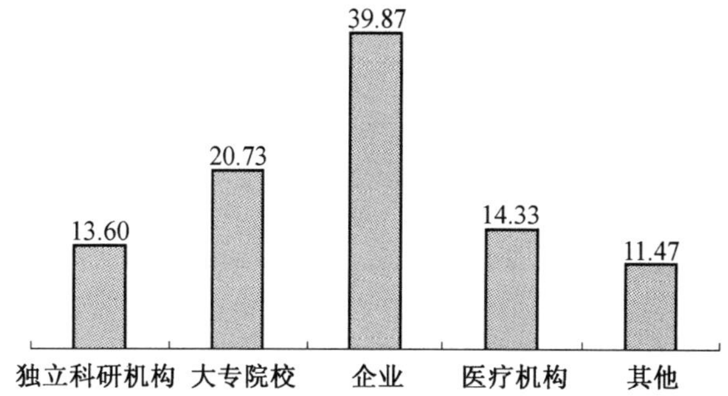

科技成果完成人员的单位属性构成(%)

从年龄结构看,中青年是科技成果研究人员的主体。55 岁以下的科研人员为 351553 人次,占登记成果全部完成人次的 94.10%,与上年基本持平。

科技成果完成人员年龄结构 (%)

年龄结构	2009 年	2010 年	2011 年
35 岁以下(含 35 岁)	34.78	35.43	35.01
36~45 岁	36.83	35.02	34.81
46~55 岁	22.44	23.74	24.28
56~65 岁	4.33	4.38	4.63
65 岁以上	1.62	1.43	1.27
合计	100	100	100

从学历构成看,2011 年登记的科技成果完成者中硕士研究生比例保持增长趋势。据 2011 年登记数据统计,科技成果完成人中博士研究生为 55626 人次,占全部人次的 14.89%,比上年下降 0.32%;硕士研究生为 94236 人次,占 25.22%,比上年提高 0.76%;大本和大专学历人员构成都有小幅提高。

科技成果完成人员学历构成 (%)

学历结构	2009 年	2010 年	2011 年
博士研究生	14.39	15.21	14.89
硕士研究生	23.04	24.46	25.22
大本	48.46	47.74	48.13
大专	9.92	9.26	9.39
中专	1.87	2.57	1.56
其他	2.32	0.76	0.81
合计	100	100	100

从职称构成看,具备正高、副高、中级职称的研究人员保持较高的比例。2011 年登记的成果完成人员,院士为 306 人次,占 0.08%;正高、副高级技术职称的完成人为 162144 人次,占 43.40%;中级技术职称的研究人员 143598 人次,占 38.44%,中级职称的比例有所提高。

科技成果完成人员职称构成 (%)

职称	2009 年	2010 年	2011 年
院士	0.11	0.11	0.08
正高	17.47	17.91	17.50
副高	26.26	26.06	25.90
中级	36.28	37.75	38.44
初级	11.91	11.85	11.63
其他	7.97	6.32	6.45
合计	100	100	100

8. 经费投入

2011 年登记的科技成果累计投入比上年增长显著,国家投入、地方投入和基金投入比例上升。

2011 年登记的科技成果累计投入 34410.77 亿元,比上年增长 11.19%。其中,国家累计投入 4158.40 亿元,占投入总额的 12.08%,比上年提高 2.25%;部门累计投入 1518.53 亿元,占 4.41%,下降 0.77%;地方累计投入 5185.31 亿元,占 15.07%,提高 2.37%;自有资金累计投入 18918.12 亿元,占总投入的 54.98%,下降 6.58%;基金累计投入 1474.23 亿元,占 4.28%,提高 2.18%。

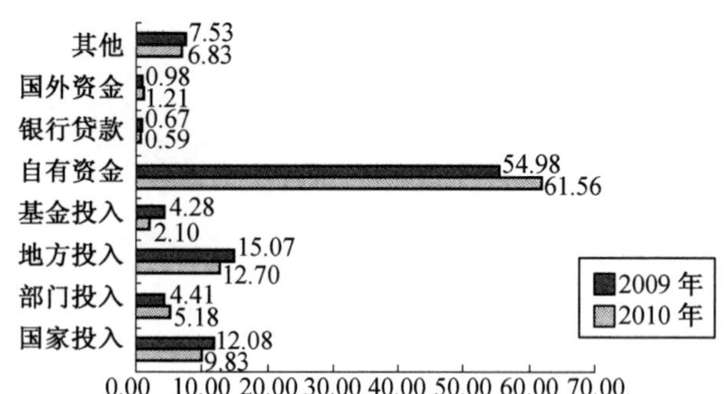

2010～2011 年各类经费累计投入比例分布(%)

在全部经费投入中,2011 年地方登记科技成果累计资金投入 29465.87 亿元,占全部登记科技成果投入总额的 85.63%,比上年提高 9.97%;部门登记科技成果累计投入共 4944.90 亿元,占全国投入总额的 14.37%,比上年下降 9.97%。

按照成果完成单位属性统计,在全部登记科技成果经费投入中,企业登记成果的累计投入最高,2011 年企业登记成果累计投入 19453.32 亿元,占总投入的 56.53%,比上年下降 5.38%;大专院校成果累计投入 3341.82 亿元,占总投入的 9.71%,比上年下降 1.09%;独立科研机构登记成果的累计投入 5705.18 亿元,占总投入的 16.58%,比上年提高 8.35%;医疗机构登记成果的累计投入 2304.20 亿元,占总投入的 6.70%,比上年下降 1.08%。

2009～2011 年科技成果累计投入分布

完成单位类型	2009 年		2010 年		2011 年	
	投入(亿元)	构成(%)	投入(亿元)	构成(%)	投入(亿元)	构成(%)
企业	21828.96	65.18	19159.06	61.91	19453.32	56.53
大专院校	3436.58	10.26	3341.67	10.80	3341.82	9.71
独立科研机构	3695.14	11.03	2546.28	8.23	5705.18	16.58
医疗机构	2328.92	6.95	2406.30	7.78	2304.20	6.70
其他	2198.36	6.58	3495.00	11.28	3606.25	10.48
合计	33487.96	100	30948.31	100	34410.77	100

注:科技成果的经费投入是指科研项目从立项到登记成果期间,该项目在研究、开发、应用和推广过程中实际投入的全部资金。由于科技成果从投入研究到成果登记要历时数年,且不同项目研究时间长短不一,这些数据仅反映某阶段研究成果投入,不反映当年的投入情况。

比较科技投入在不同属性单位的分布情况,2011 年登记成果的各类科技投入中,国家投入主要集中在独立科研机构和大专院校,部门投入主要集中在企业和独立科研机构,地方投入、基金投入、自有资金投入和银行贷款主要集中在企业,国外资金投入主要集中在独立科研机构。

2011 年科技投入在不同单位属性的分布 (%)

	独立科研机构	大专院校	企业	医疗机构	其他	合计
总投入	16.58	9.71	56.53	6.70	10.48	100
国家投入	54.21	37.45	5.68	0.33	2.33	100
部门投入	36.16	7.17	37.37	6.25	13.05	100

续表

	独立科研机构	大专院校	企业	医疗机构	其他	合计
地方投入	14.54	12.22	33.52	12.83	26.89	100
基金投入	0.60	16.06	73.53	0.81	9.00	100
自有资金	9.25	2.82	77.87	7.07	2.99	100
银行贷款	0.24	2.25	97.02	0.18	0.30	100
国外资金	98.98	0.29	0.55	0.07	0.11	100
其他	2.10	10.24	33.58	6.93	47.15	100

二、基础理论成果

1. 成果来源

国家计划项目仍占主导地位。2011 年国家科技成果库登记的基础理论成果来源构成中，国家计划、部门计划、地方计划项目占 58.90%，比上年下降 0.42%。国家科技计划项目成果比例比上年下降 2.89%，为 28.94%。部门项目（部门计划 + 部门基金项目）所占比例比上年下降 2.8%，占 15.76%；地方项目（地方计划 + 地方基金项目）比例比上年提高 4.19%，为 37.51%。

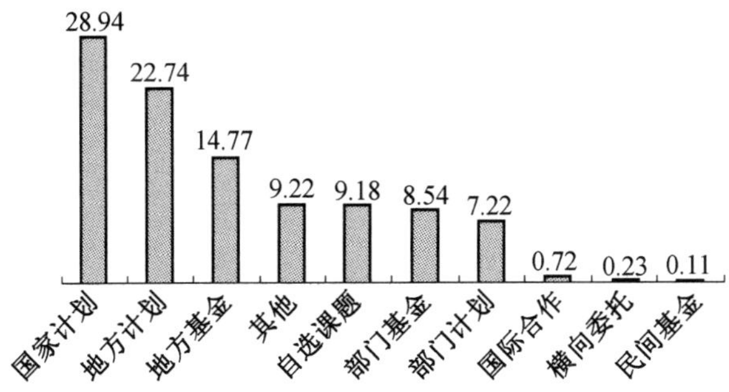

2011 年基础理论成果来源构成（%）

（注：由于统计中课题来源为复选项，故各类课题来源的比例之和大于 100%）

2. 成果评价方式

2011 年基础理论成果以评审、验收和结题为主要评价方式。2011 年国家科技成果库收录的 2647 项基础理论成果中，评审所占比例为 35.25%，比上年提高 1.27%；验收所占比例为 31.77%，比上年提高 2.84%；结题所占的比例为 30.75%，比上年下降 6.34%。

3. 成果评价水平

2011 年登记的基础理论成果，处于国内领先和国际先进水平的成果比例较高，分别占 37.36% 和 24.52%，大部分处于国内领先水平以上，占全年登记成果总数的 76.36%。

2009～2011 年基础理论成果评价水平构成　　（%）

成果评价水平	2009 年	2010 年	2011 年
国际领先	18.32	18.87	14.48
国际先进	36.15	31.44	24.52
国内领先	32.09	33.12	37.36
国内先进	11.91	15.24	12.26
国内一般	1.53	1.33	1.37
未评价	-	-	10.01
总计	100	100	100

4. 成果分布

应用于社会领域的成果数量远大于经济领域成果数量（社会领域、经济领域所包含的行业详见附后统计说明）。2011 年登记的基础理论成果中，应用于社会领域的成果占 72.03%，应用于经济领域的成果占 27.97%；社会领域成果高出经济领域成果 44.06%。

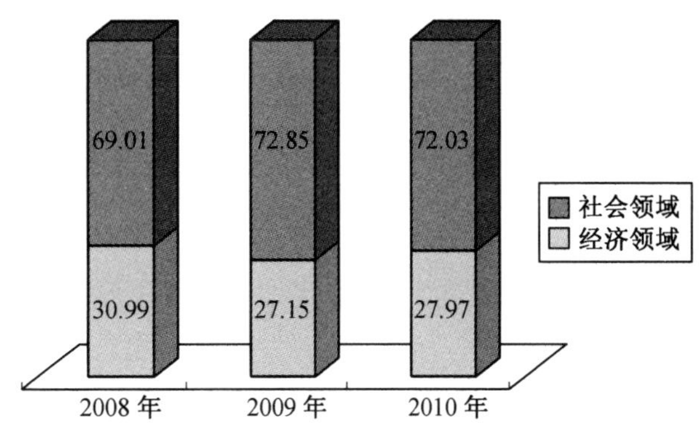

2009～2011 年基础理论成果分布（%）

2011 年登记的基础理论成果属于第一产业即农、林、牧、渔业的占 10.12%，比上年下降 0.35%；属于第二产业即采矿业、制造业、电力、燃气及水的生产和供应业、建筑业的占 11.17%，提高 2.19%；属于第三产业即除第一、二产业外的其他行业的占 78.71%，下降 1.84%。

三、软科学成果

1. 成果来源

2011 年登记的软科学成果共 1907 项，以地方登记的成果为主。其中，地方项目（地方计划和地方基金项目）占 49.21%，比上年下降 1.25%；部门项目（部门计划和部门基金项目）占 20.05%，比上年提高 0.28%；国家计划项目占 7.06%，比上年提高 1.42%。国家计划、部门计划和地方计划项目成果合计占成果总数的 65.90%，比上年提高 1.37%。

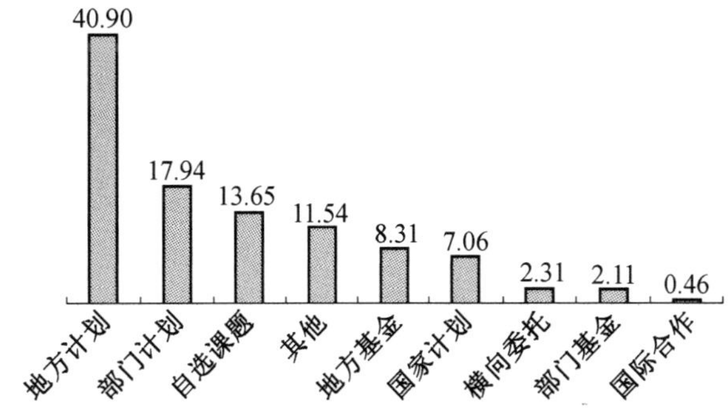

2011 年软科学成果来源构成（%）

（注：由于课题来源为国家计划的成功还可复选其他计划，故各类课题来源的比例之和不为 100%）

2. 成果评价方式

软科学成果的评价方式仍以评审为主，但比例持续下降；验收的比例逐年提高。2011 年国家科技成果库收录的 1516 项软科学成果中，评审占 51.98%，比上年下降 2.79%；其他的评价方式中，验收占 37.07%，比上年提高 2.61%；结题占 9.63%，比上年下降 1.14%。

3. 成果评价水平

成果总体评价水平比上年略有提高。1516 项软科学成果中，处于国内领先水平以上的成果占软科学类登记成果总数 64.84%，处于国际先进水平以上的成果占登记成果总数的 6.88%。

2009～2011年软科学成果评价水平构成 (%)

成果评价水平	2009年	2010年	2011年
国际领先	1.84	2.18	2.01
国际先进	5.38	6.31	4.87
国内领先	61.49	63.92	57.96
国内先进	26.88	23.87	24.03
国内一般	4.41	3.72	3.32
未评价	–	–	7.81
总计	100	100	100

4. 成果分布

软科学成果中应用于社会领域的成果居多。1516项软科学成果中,应用于社会领域的成果占登记总数的66.26%,比上年提高4.27%;应用于经济领域的成果占33.74%。

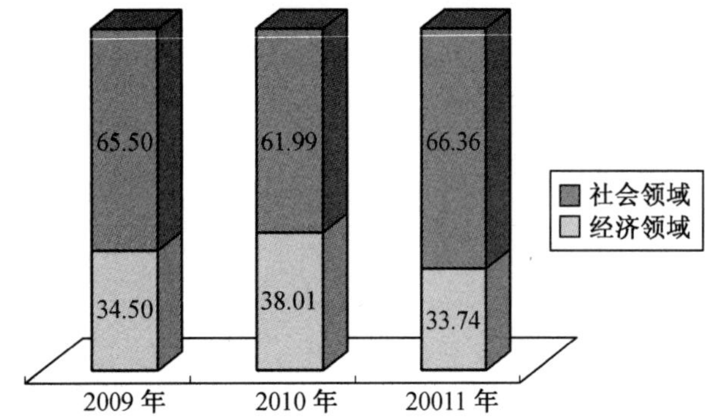

2009～2011年软科学成果分布(%)

第一产业软科学成果略有增长。1516项软科学成果中,第一产业占9.15%,比上年下降2.87%;第二产业占11.14%,下降2.47%;第三产业占79.71%,提高5.34%。

四、应用技术成果

1. 成果来源

2011年,全国登记的应用技术成果共39218项,其中地方登记31525项,占80.38%;部门登记7693项,占19.62%。

2011年登记的应用技术成果主要来自自选课题和地方计划,二者的比例分别为33.14%和27.73%;其次是国家计划和部门计划,所占比例分别为10.25%和9.01%。

2. 成果体现形式

2011年登记的应用技术成果仍以新技术、新产品为主要体现形式,比例分别为41.59%和20.40%,二者合计占登记总量的61.99%。

2009～2011年营业技术成果体现形式比例分布 (%)

成果体现形式	2009年	2010年	2011年
新技术	43.84	42.11	41.59
新产品	19.81	20.54	20.40
新工艺	6.68	6.41	6.55
农业、生物新品种	4.82	4.50	4.36
新材料	3.31	3.10	3.37
新装备	2.26	2.73	2.53
矿产新品种	0.13	0.14	0.12
其他应用技术	19.15	20.47	21.08
合计	100	100	100

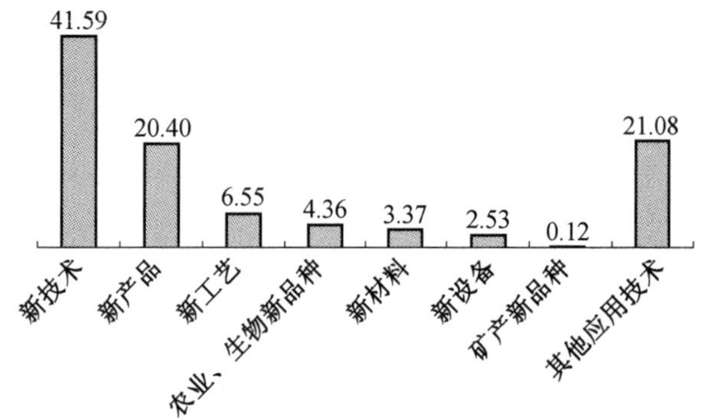

2011年应用技术成果体现形式比例分布(%)

从东、中、西部来看,东部地区新技术和新产品的比例最高,二者之和为64.84%;西部地区新技术和新产品的比例相对较低,二者之和为57.11%;中部地区的新技术和新产品的比例为61.20%。西部地区农业、生物新品种的比例相对较高,达到10.99%。

从经济地带来看,各经济地带应用技术成果体现形式为新技术和新产品的比例都在60%以上。其中,环渤海经济地带新技术比例最高,达到48.85%;珠三角经济地带新产品的比例相对较高,达到24.25%;长三角经济地带新工艺和新材料的比例相对较高,分别为10.01%和5.41%;东北地区农业、生物新品种比例相对较高,为8.24%。

地区成果体现形式比例分布 (%)

成果体现形式	东部	中部	西部	环渤海	长三角	珠三角	东北
新技术	45.79	41.22	41.21	48.85	44.21	41.05	42.96
新产品	19.05	19.98	15.90	18.95	20.77	24.25	19.93
新工艺	8.20	6.27	6.68	6.30	10.01	6.88	6.89
农业、生物新品种	5.48	6.13	10.99	4.31	1.99	3.48	8.24
新材料	3.25	3.30	2.41	2.15	5.41	4.69	4.17
新装备	1.29	2.59	2.38	1.78	1.98	2.14	3.25
矿产新品种	0.05	0.06	0.35	0.20	0.03	–	0.12
其他应用技术	16.89	20.45	20.08	17.46	15.60	17.51	14.44
合计	100	100	100	100	100	100	100

从2011年登记的成果数据可以看出，不同属性成果完成单位的成果体现形式都以新技术为主，比例均在30%以上，其中，医疗机构的比例最高，达到52.75%。在企业成果的体现形式中，新产品的比例最高，为38.10%；其次是新技术，比例为32.80%；新工艺的比例相对较高，为10.46%。独立科研机构除新技术外另一个比较重要的成果体现形式是农业、生物新品种，占16.21%。

各属性完成单位成果体现形式比例分布　（%）

成果体现形式	独立科研机构	大专院校	企业	医疗机构	其他
新技术	42.43	52.37	32.80	52.75	39.76
新工艺	4.10	6.48	10.46	0.97	2.47
新产品	8.02	10.01	38.10	3.31	6.89
新材料	5.06	4.18	4.37	0.28	0.81
农业、生物新品种	16.21	3.79	1.70	1.70	6.85
矿产新品种	0.21	0.08	0.07	0.07	0.41
新装备	2.54	2.49	3.65	0.21	1.84
其他应用技术	21.43	20.60	8.85	40.71	40.97
合计	100	100	100	100	100

3. **技术标准构成**

2011年登记的应用技术成果中，以技术标准体现的有4132项，其中，以企业标准、行业标准、国家标准为主，比例分别为28.41%、27.23%和26.65%；其次是地方标准和国际标准。

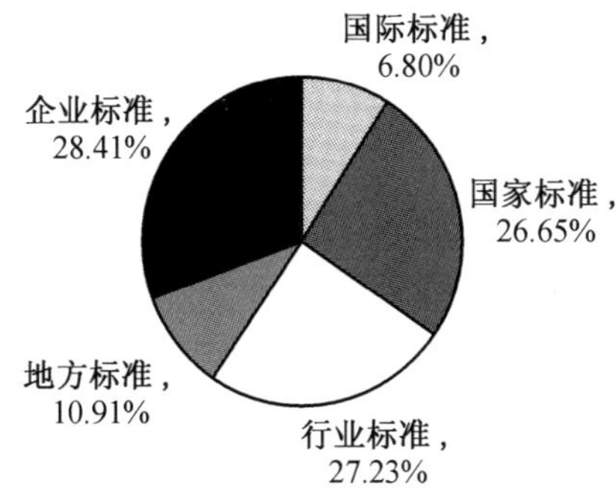

2011年应用技术成果标准构成

从成果完成单位的构成来看，独立科研机构制订的地方标准的比例最高，达到31.42%；国家标准和行业标准的比例也比较高，分别为29.78%和24.59%。大专院校的技术标准构成中，行业标准和国家标准的比例较高，分别为33.71%和28.86%。企业的技术标准构成以企业标准为主，比例达到46.74%；其次是国家标准和行业标准，比例分别为23.06%和21.54%。医疗机构的技术标准构成中，以行业标准和国家标准为主，比例分别为41.37%和35.57%。

不同属性成果完成单位应用技术成果标准构成　（%）

技术标准构成	独立科研机构	大专院校	企业	其中：科研机构转制企业	医疗机构	其他
国际标准	4.92	14.00	4.73	3.03	12.21	5.39
国家标准	29.78	28.86	23.06	37.88	35.57	27.17
行业标准	24.59	33.71	21.54	16.67	41.37	31.41
地方标准	31.42	11.71	3.93	6.06	9.77	27.55
企业标准	9.29	11.71	46.74	36.36	1.07	8.48
合计	100	100	100	100	100	100

4. **成果所处阶段**

2011年全国登记应用技术成果39218项，处于成熟应用阶段的成果占76.36%，比上年略有提高；处于中期阶段和初期阶段的成果所占比例分别为13.27%和10.37%。

2009～2011年应用技术成果阶段分布

类别	2009年		2010年		2011年	
	成果数	比例(%)	成果数	比例(%)	成果数	比例(%)
初期阶段	3346	9.87	3636	9.82	4068	10.37
中期阶段	5303	15.64	5525	14.92	5206	13.27
成熟应用阶段	25256	74.49	27868	75.26	29944	76.36
合计	33905	100	37029	100	39218	100

5. **成果评价方式**

2011年，应用技术成果仍以鉴定为主要评价方式，鉴定和验收评价方式所占比例有所提高。鉴定评价方式所占比例为67.56%，比上年提高1.9%；验收评价方式所占比例为24.32%，比上年提高1.75%；另有3.89%的应用技术成果为评价机构进行的评价。

6. **成果分布**

2011年登记的应用技术成果主要分布在生物、医药和医疗器械，农业，光机电一体化，新材料等高新技术领域；这些领域的应用技术成果占登记的应用技术成果总数的76.22%。

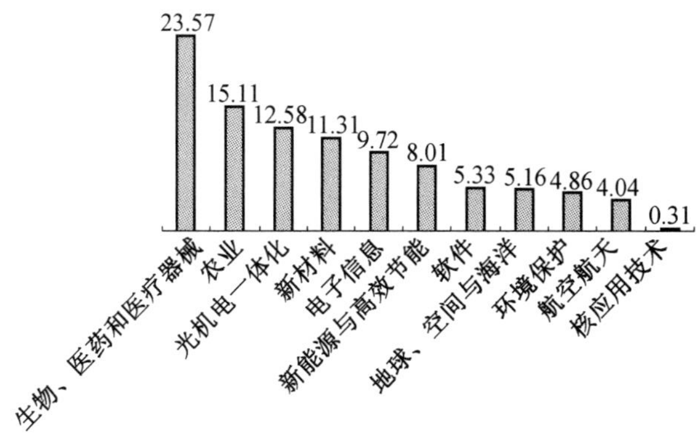

2011年应用技术成果在高新技术领域的分布(%)

2011年登记的自然、生态、环境领域的高新技术类应用技术成果占登记成果总数的41.60%，比上年提高1.08%。

第二产业应用技术成果比例有所增长。2011年登记的应用技术成果中,第一产业占15.73%,比例比上年下降0.09%;第二产业占35.49%,比上年提高0.12%;第三产业占48.78%,比上年下降0.03%。

经济领域应用技术成果比例略有下降。2011年登记的应用技术成果中,经济领域的成果比例为60.72%。

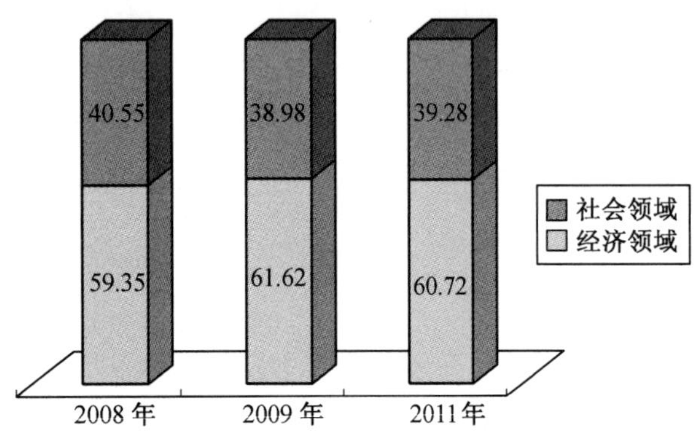

2009～2011年应用技术成果分布(%)

五、地方科技成果

1. 成果总量构成

地方科技成果总量增长。2011年,由地方登记的科技成果共35038项,增长5.80%,占全国登记总数的79.26%。

地方科技成果登记中区域差异显著,东部地区和环渤海经济地带成果登记数量遥遥领先于其他地区。在地方登记成果中,东部地区的成果共有20423项,占地方登记成果总数的58.29%;中部地区8190项,占地方登记成果的23.37%;西部地区6425项,占18.34%。

几大重点经济地带:2011年环渤海经济地带登记成果9908项,占地方登记成果总数的28.28%,比上年下降1.61%;长三角经济地带登记成果7932项,占地方登记成果总数的22.64%,比上年下降0.4%;珠三角经济地带共登记成果1967项,占地方登记成果总数的5.61%,近三年呈现逐步增长的趋势;东北地区共登记成果3093项,占地方登记成果总数的8.83%,比上年下降0.62%。

2009～2011年地方科技成果经济地带分布

经济地带	2009年		2010年		2011年	
	成果数	比例(%)	成果数	比例(%)	成果数	比例(%)
环渤海	10246	33.27	9900	29.89	9908	28.28
长三角	6826	22.17	7632	23.04	7932	22.64
珠三角	1492	4.84	1622	4.90	1967	5.61
东北	2887	9.37	3129	9.45	3093	8.83

地方科技成果评价方式仍以鉴定为主,且比例略有提高。在35038项地方科技成果中,鉴定成果21464项,占61.26%,比上年提高0.39%;验收成果8593项,占24.52%,比上年提高2.91%;评价机构评价的成果1362项,占3.89%。

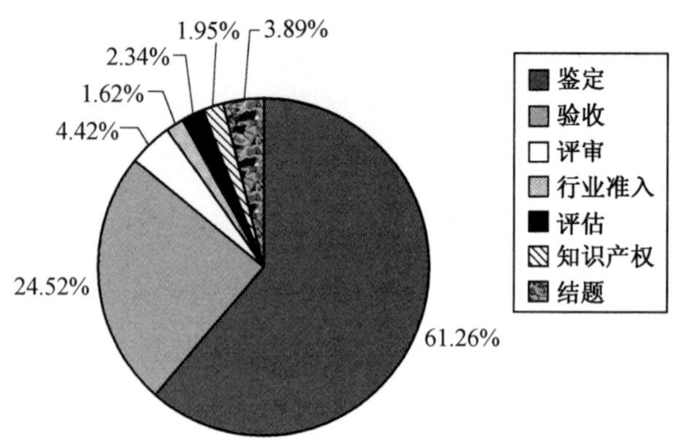

2011年地方科技成果评价方式比例分布

2. 成果来源

成果来源以自选课题和地方计划项目为主。据2011年地方登记成果统计,自选课题和地方计划两类成果分别占地方登记成果总数的32.09%和29.60%,比上年分别提高0.45%和下降0.32%;其他成果来源中,国家计划项目占9.43%,部门计划项目占6.97%,与上年相比分别提高1.05%和下降0.72%。

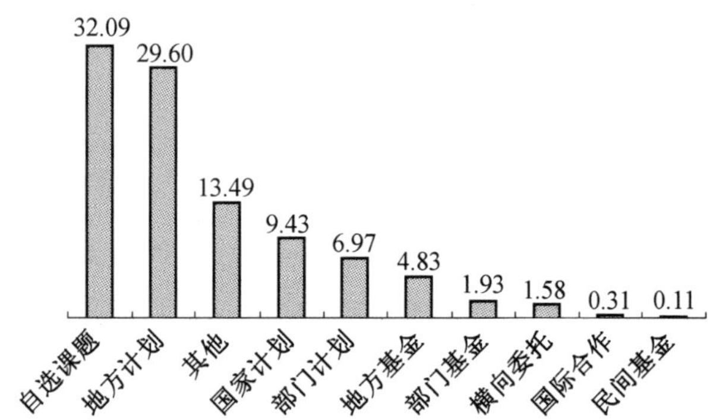

2011年地方科技成果来源分布(%)

(注:由于统计中课题来源为复选项,故各类课题来源的比例之和大于100%)

东、中、西部地区自选课题和地方计划项目合计分别占各地区登记成果总量的58.72%、63.72%和68.48%,比上年分别下降2.74%、提高0.92%和提高1.98%;东、中、西部地区国家科技计划项目成果比例分别占各地区登记成果总量的9.60%、8.97%和9.46%,比上年分别提高1.23%、1.91%和0.17%。

从几个主要经济地带看,珠三角经济地带和环渤海经济地带自选课题比例相对较高,分别占各经济地带登记成果总量的52.72%和31.04%;长三角和东北经济地带地方计划比例相对较高,分别占各经济地带登记成果总量的37.72%和36.40%。

3. 成果所处阶段

成熟应用阶段成果达七成以上。据对地方应用技术成果进行的分类统计,在31525项应用技术成果中,处于大规模、大范围应用阶段的科技成果为23821项,占全部地方应用技术成果的75.56%,比上年提高1.52%。

从东、中、西部地区看,2011 年成熟应用阶段成果比例最高的是西部地区,达到 76.86%;东部地区成熟应用阶段成果比例为 76.46%;中部地区成熟应用阶段的成果比例相对最低,为 72.25%。与去年相比,各地区成熟应用阶段的成果比例均有不同程度提高,其中,提高幅度最大的是中部地区,比上年增加 2.32%。

2010 年东、中、西部地区科技成果所处阶段构成

成果所处阶段	东部		中部		西部	
	构成(%)	比例增加	构成(%)	比例增加	构成(%)	比例增加
初期阶段	10.48	0.61	11.22	-0.23	9.83	0.74
中期阶段	13.06	-2.14	16.53	-2.09	13.31	-1.21
成熟应用阶段	76.46	1.53	72.25	2.32	76.86	0.47

从主要经济地带看,各经济地带的成熟应用阶段的应用技术成果比例最高的是珠三角经济地带,与上年相比提高了 3.41%,达到 86.26%;成熟应用阶段的应用技术成果比例最低的是东北地区,为 67.20%。

2011 年主要经济地带科技成果所处阶段构成

阶段构成	环渤海		长三角		珠三角		东北	
	构成(%)	比例增加	构成(%)	比例增加	构成(%)	比例增加	构成(%)	比例增加
初期阶段	12.77	1.91	8.88	-1.05	4.53	0.94	14.73	0.99
中期阶段	14.21	-1.43	12.37	-2.47	9.21	-4.35	18.07	0.11
成熟应用阶段	73.02	-0.48	78.75	3.52	86.26	3.41	67.20	-1.10

4. 成果评价水平

2011 年,地方成果评价水平与上年相比有所下降,国内领先水平以上的应用技术成果比例为 70.34%,比上年下降 6.46%。

2011 年,在地方的应用技术成果中,国内领先水平成果占地方登记应用技术成果总数的 48.28%,国际先进和国内先进水平的成果所占比例分别为 16.92% 和 15.06%,国际领先和国内一般水平的成果分别占地方应用技术成果总量的 5.14% 和 10.96%,未进行成果水平评价的成果占3.64%。

从东、中、西部看,东部地区的应用技术成果评价水平最高,其次是中部地区,西部地区的应用技术成果评价水平相对较低。东部地区国际先进水平以上的成果占该地区应用技术成果总数的 24.53%,中部地区占 20.20%,西部地区占 16.47%;国内领先水平以上的成果比重,东部地区为 73.46%,中部地区为 68.33%,西部地区为 62.83%。

2011 年东、中、西部地区科技成果评价水平构成

成果所处阶段	东部		中部		西部	
	构成(%)	比例增加	构成(%)	比例增加	构成(%)	比例增加
国际领先	5.91	-1.16	4.30	-0.51	3.72	-0.83
国际先进	18.62	-2.15	15.90	-2.02	12.75	-2.05
国内领先	48.93	-3.58	48.12	-3.85	46.36	-1.24
国内先进	12.35	-1.12	14.78	-2.68	24.14	-0.14
国内一般	8.77	2.59	15.10	7.26	12.74	3.97
未评价	5.42	-	1.80	-	0.29	-

注:从 2011 年度统计 5.42 开始,成果水平描述中增加“未评价”选项。

从几个主要经济地带看,2011 年登记的应用技术成果中,环渤海地带的成果评价水平相对较高,国内领先水平以上的成果比例达到 79.83%;东北地区的成果评价水平相对较低,国内领先水平以上的成果比例为 57.55%。

2011 年主要经济地带科技成果评价水平构成

成果水平	环渤海		长三角		珠三角		东北	
	构成(%)	比例增加	构成(%)	比例增加	构成(%)	比例增加	构成(%)	比例增加
国际领先	5.96	-2.05	6.15	-0.53	5.71	1.08	4.69	-2.28
国际先进	21.70	-1.15	16.80	-2.82	13.15	-2.50	19.72	0.40
国内领先	52.17	-0.65	47.14	-5.42	45.15	-7.72	33.14	-11.81
国内先进	10.70	-0.29	12.57	-1.54	19.50	-3.12	14.61	-3.82
国内一般	7.51	2.18	8.21	1.18	7.49	3.26	21.76	11.43
未评价	1.96	-	9.13	-	9.00	-	6.08	-

注:从 2011 年度统计 5.42 开始,成果水平描述中增加“未评价”选项。

5. 成果分布

(1)高新技术领域分布

地方应用技术成果仍然主要分布在四大高新技术领域,依次是:生物、医药和医疗器械(比例为 27.99%),农业(比例为 16.87%),光机电一体化(比例为 13.24%),新材料(比例为 12.13%),四大高新技术领域合计达 70.23%。

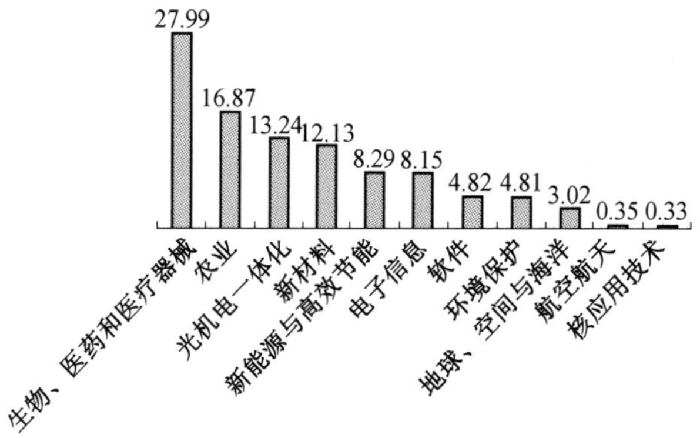

地方应用技术成果在高新技术领域的分布(%)

从东、中、西部地区看,普遍以生物、医药和医疗器械类高新技术成果最多,东、中、西部比例分别为 27.41%、30.22% 和 27.11%。另外,中部和西部地区还偏重农业,分别占 20.98% 和 23.98%。

从几个主要经济地带看,环渤海经济地带偏重生物、医药和医疗器械(33.79%),农业(13.74%)和光机电一体化(10.95%);长三角地区偏重生物、医药和医疗器械(21.26%),光机电一体化(20.80%),新材料(18.75%)和农业(11.62%);珠三角地区偏重生物、医药和医疗器械(23.64%),电子信息(18.48%),农业(10.66%),新材料(10.60%)和新能源与高效节能(10.33%);东北地区偏重生物、医药和医疗器械(32.21%),农业(24.61%)和光机电一体化(10.37%)。

各地区、各经济地带应用技术成果在高新技术领域的分布 (%)

高新技术领域	地方合计	东部	中部	西部	环渤海	长三角	珠三角	东北
电子信息	8.15	9.74	5.84	5.97	9.30	8.05	18.48	4.98
软件	4.82	5.13	4.56	4.18	4.61	4.50	8.76	3.27
航空航天	0.33	0.28	0.39	0.44	0.34	0.28	0.07	0.78
光机电一体化	13.24	14.75	11.58	10.52	10.95	20.80	9.85	10.37
生物、医药和医疗器械	27.99	27.41	30.22	27.11	33.79	21.26	23.64	32.21
新材料	12.13	13.06	11.40	10.10	8.95	18.76	10.60	9.86
新能源与高效节能	8.29	8.67	7.32	8.24	8.74	8.44	10.33	7.28
环境保护	4.81	4.80	4.75	4.93	5.25	4.41	4.42	5.21
地球、空间与海洋	3.02	2.71	2.83	4.20	4.01	1.61	1.56	1.11
核应用技术	0.35	0.44	0.13	0.33	0.32	0.28	1.63	0.32
农业	16.87	13.01	20.98	23.98	13.74	11.62	10.66	24.61
总计	100	100	100	100	100	100	100	100

(2)自然、生态和环境分布

2011年地方登记的高新技术成果中,自然、生态和环境领域的高新技术成果占44.11%,比上年提高0.71%。

从东、中、西部看,中部地区的自然、生态和环境领域的高新技术成果比例最高,达到45.11%,东部和西部分别为43.59%和44.48%。

从几个主要经济地带看,环渤海地区的自然、生态和环境领域的高新技术比例最高,达51.78%,其次为东北地区(45.81%)、珠三角地区(39.95%)、长三角地区(35.72%)。

(3)经济、社会领域分布和产业分布

2011年地方应用技术成果在经济领域的分布与上年相比略有下降,经济领域和社会领域分布比例分别为64.99%和35.01%。

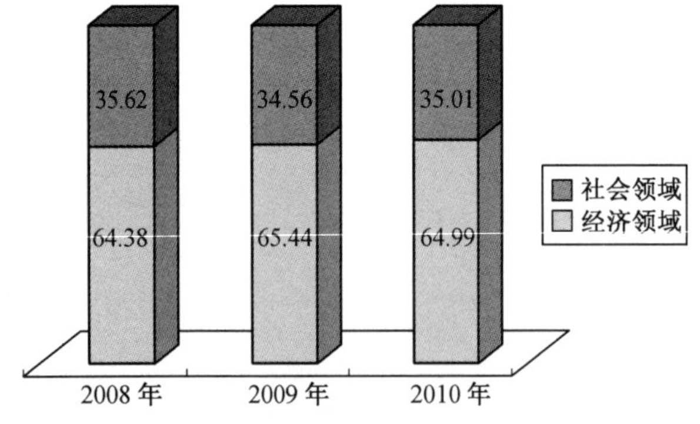

2009～2011地方应用技术成果分布(%)

对地方的应用技术成果按应用行业进行分类统计,第三产业的比例最高,达到45.21%,第一产业和第二产业的比例分别为17.12%和37.67%。

按东、中、西部地区统计,第一产业在三个地区的分布比例分别是13.04%、21.77%、24.38%,与上年相比变化不大,中部和西部地区较为偏重农、林、牧、渔业;第二产业的比例分别是39.93%、33.60%、35.50%,东部地区较为偏重第二产业;第三产业的比例分别是47.03%、44.63%、40.12%,东部地区较为偏重第三产业。

从几个主要经济地带看,环渤海经济地带第三产业的比例相对最高,达到53.12%;长三角经济地带第二产业的比例相对最高,达到47.10%;东北地区相对偏重第一产业,比例为27.91%。

从社会、经济领域看,四大经济地带2011年登记成果在经济领域的分布依次是:珠三角71.98%、长三角71.62%、东北65.71%和环渤海56.28%。

六、部门科技成果

1. 成果总量构成

部门登记成果总量增加。2011年,由国务院有关部门科技成果管理机构登记的科技成果共9170项,比上年增长2.00%;占全国登记成果总数的20.74%,比例比上年下降0.61%。其中,基础理论成果908项,占全国基础理论成果登记总数的29.45%;应用技术成果7693项,占全国应用技术成果登记总数的19.62%;软科学成果569项,占全国软科学成果登记总数的29.84%。

应用技术成果比例略有提高。2011年部门登记的科技成果中,基础理论成果、应用技术成果、软科学成果在部门登记的科技成果总量中所占比例分别为9.90%、83.89%和6.21%,比上一年分别下降1.6、提高0.55和提高1.05%。

2009-2011 年部门科技成果构成

	2009 年		2010 年		2011 年	
	成果数	比例*(%)	成果数	比例*(%)	成果数	比例*(%)
基础理论成果	900	30.03	1034	31.45	908	29.45
应用技术成果	6587	19.43	7492	20.23	7693	19.62
软科学成果	406	22.73	464	25.91	569	29.84
合计	7893	20.40	8990	21.35	9170	20.74

注:*指部门登记成果在当年全国登记的同类成果中所占比例。

2011 年部门科技成果的评价方式仍以鉴定和验收为主,分别占成果总数的 54.47% 和 32.39%;评价机构参与评价的部门成果占 0.88%。

2. **成果来源**

成果来源以国家计划、部门计划和自选课题为主。2011 年部门登记的科技成果来源构成中,国家计划、部门计划和自选课题的比例较高,分别为 30.17%、24.54% 和 18.97%;其中部门计划的比例与上年相比增长明显,提高了 2.14%。

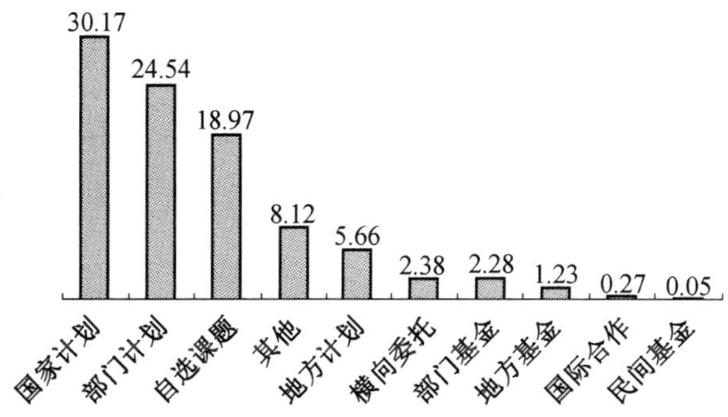

2011 年部门科技成果来源分布(%)

(注:由于统计中课题来源为复选项,故各类课题来源的比例之和大于 100%)

3. **成果所处阶段**

成熟应用阶段成果是主体,且比例有所增长。据统计,在国务院有关部门的 7693 项应用技术成果中,处于初期阶段的成果 748 项,占 9.72%;处于中期阶段的成果 822 项,占 10.69%;处于大规模、大范围应用阶段的成果 6123 项,占 79.59%,比上年略有下降。

2009~2011 年部门科技成果阶段构成

	2009 年		2010 年		2011 年	
	成果数	比例*(%)	成果数	比例*(%)	成果数	比例*(%)
初期阶段	564	8.56	654	8.73	748	9.72
中期阶段	909	13.80	840	11.21	822	10.69
成熟应用阶段	5114	77.64	5998	80.06	6123	79.59

4. **成果评价水平**

2011 年部门登记的科技成果总体评价水平与上年相比有所下降。国际先进水平以上的成果比例比上年减少了 6.1%;国内领先和国际先进水平的成果比例较高,分别占部门成果总量的 29.75% 和 28.81%;其他水平成果按所占比例高低依次是:国内先进、国际领先和国内一般;另有 17.09% 的部门应用技术成果未进行成果水平评价。

2009~2011 年部门科技成果评价水平构成　(%)

成果评价水平	2009 年		2010 年		2011 年	
	成果数	比例(%)	成果数	比例(%)	成果数	比例(%)
国际领先	476	9.71	557	8.41	575	7.47
国际先进	1834	37.42	2251	33.97	2216	28.81
国内领先	1795	36.63	2461	37.14	2289	29.75
国内先进	546	11.14	800	12.07	752	9.78
国内一般	250	5.10	558	8.41	546	7.10
未评价	-	-	-	-	1315	17.09

注:从 2011 年度统计开始,成果水平描述中增加"未评价"选项。

5. **成果分布**

自然、生态、环境领域的高新技术成果比例提高。2011 年部门登记的自然、生态、环境领域的高新技术成果比例为 31.36%,比上年提高 2.11%。

部门 60% 以上的应用技术成果属于第三产业,比例大幅提高。2011 年登记的部门应用技术成果中,第一产业成果比例为 10.04%,比上年下降 0.71%;第二产业成果比例为 26.60%,比上年下降 3%;第三产业成果比例为 63.36%,比上年提高 3.71%。

部门五成以上的应用技术成果属于社会领域。2011 年部门应用技术成果中,经济领域成果所占比例为 43.23%,比上年下降 3.74%;社会领域成果所占比例为 56.77%。

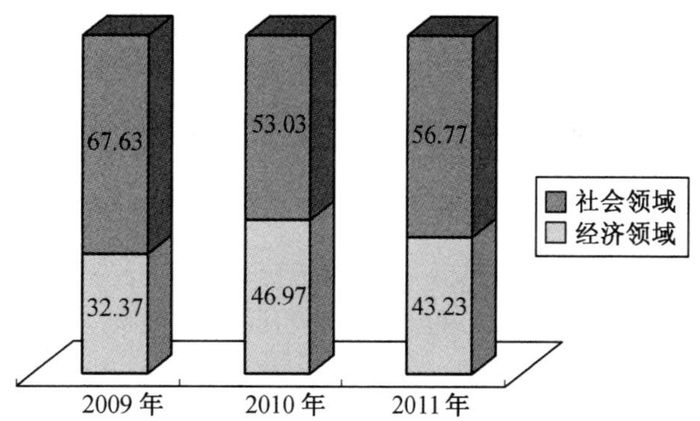

2009~2011 年部门应用技术成果分布(%)

"十一五"期间科技成果统计

1. **"十一五"期间科技成果总量分析**

"十一五"期间全国共登记科技成果 184581 项,比"十五"期间全国科技成果登记总量(149710 项)增长了 23.29%。其中,地方登记 143637 项,国务院有关部门登记 40944 项,分别占成果总数的 77.82% 和 22.18%。

"十一五"期间,全国科技成果登记数稳步上升,从 2006 年的 33644 项增长到 2010 年的 42108 项,增长了 25.16%;其中,部门登记成果数量变化不大,地方登记成果数量稳步增长。

从“十五”和“十一五”整个阶段来看,各年度科技成果登记总数平稳快速增长,2010年全国登记科技成果数比2001年增长了48.02%。

“十一五”期间地方、部门登记成果数　项

	2006年	2007年	2008年	2009年	2010年	总计
地方	25795	26276	27653	30795	33118	143637
部门	7849	7894	8318	7893	8990	40944
合计	33644	34170	35971	38688	42108	184581

“十五”期间地方、部门登记成果数　项

	2001年	2002年	2003年	2004年	2005年	总计
地方	20537	20787	22708	23736	25066	112834
部门	7911	5910	7778	7984	7293	36876
合计	28448	26697	30486	31720	32359	149710

2.“十一五”期间科技成果来源统计

“十一五”期间登记的科技成果中,地方计划项目成果一直占有较高的比例,各年比例均在25%上下浮动;国家计划项目成果比例呈现先下降后上升的趋势,从2006年的10.37%下降到2008年的8.42%,又上升到2010年的13.52%;部门计划项目成果比例在2006～2008年逐年上升,从2006年的12.67%上升到2008年的13.10%,2009年下跌了2.77%,达到10.33%,2010年变化不大。

比较“十五”和“十一五”两个时间段,“十一五”期间的国家计划和部门计划项目成果比例整体略低于“十五”期间的比例,而“十一五”期间的地方计划项目成果比例则高于“十五”期间的比例。

“十一五”期间国家、地方、部门计划项目成果占当年登记成果总数的比例　(%)

	2006年	2007年	2008年	2009年	2010年
国家计划	10.37	9.32	8.42	10.71	13.52
地方计划	24.31	25.60	25.00	25.22	25.04
部门计划	12.67	12.71	13.10	10.33	10.83

“十五”期间国家、地方、部门计划项目成果占当年登记成果总数的比例　(%)

	2001年	2002年	2003年	2004年	2005年
国家计划	18.28	15.32	13.07	9.60	14.80
地方计划	20.09	22.34	23.61	24.03	24.09
部门计划	15.98	12.97	17.21	15.47	13.03

3.“十一五”期间科技成果类别统计

“十一五”期间登记的成果以应用技术类成果为主,所占比例保持在85%以上,2006～2008年应用技术成果比例逐年下降,从2006年的89.48%下降到2008年的85.76%,达到“十一五”期间的最低值;之后又升,到2010年比例为87.94%。逐年回与“十五”期间相比,成果类别的比例构成变化不大。

“十一五”期间三大类成果构成　(%)

	2006年	2007年	2008年	2009年	2010年
基础理论成果	6.26	7.34	8.97	7.75	7.81
应用技术成果	89.48	87.67	85.76	87.64	87.94
软科学成果	4.26	4.99	5.27	4.61	4.25
合计	100	100	100	100	100

“十五”期间三大类成果构成　(%)

	2001年	2002年	2003年	2004年	2005年
基础理论成果	6.92	6.77	6.58	8.95	6.58
应用技术成果	88.30	88.58	88.03	86.26	88.26
软科学成果	4.78	4.65	5.39	4.79	5.16
合计	100	100	100	100	100

4.“十一五”期间科技成果评价方式统计

“十一五”期间登记的科技成果评价方式以鉴定为主,各年鉴定项目比例均在60%以上,但呈现逐年下降的趋势。2006年鉴定项目比例最高,为71.97%;2010年鉴定项目比例最低,为62.14%。验收项目比例则逐年上升,从2006年的15.68%增长到2010年的25.98%,增加了10.3%。其他评价方式的比例变化不大,各年均在8%以下。

与“十五”期间相比,“十一五”期间鉴定项目比例明显降低,从“十五”期间的72%～76%之间降低到62%～72%以内,而验收项目比例则从“十五”期间的8%～13%之间提高到15%～26%之间。

“十一五”期间科技成果评价方式构成

评价方式	2006年		2007年		2008年		2009年		2010年	
	项目数	构成(%)	项目数	构成(%)	项目数	构成(%)	项目数	构成(%)	项目数	构成(%)
鉴定	23422	71.97	22403	68.38	22614	65.49	23187	63.41	24590	62.14
验收	5104	15.68	5663	17.28	7278	21.08	8437	23.07	10282	25.98
评审	1957	6.01	2402	7.33	2168	6.28	2164	5.92	2056	5.20
行业准入	747	2.30	681	2.08	597	1.73	730	2.00	536	1.35
评估	661	2.03	721	2.20	845	2.45	869	2.38	815	2.06
结题	655	2.01	893	2.73	1028	2.97	1178	3.22	1294	3.27

“十五”期间科技成果评价方式构成

评价方式	2001 年		2002 年		2003 年		2004 年		2005 年	
	项目数	构成(%)	项目数	构成(%)	项目数	构成(%)	项目数	构成(%)	项目数	构成(%)
鉴定	21124	74.25	1963	74.78	22885	75.07	23071	72.73	23223	72.54
验收	3168	11.14	2372	8.89	2997	9.83	3543	11.17	4115	12.85
评审	2126	7.47	1867	6.99	2166	7.10	2221	7.00	2216	6.92
行业准入	286	1.01	399	1.49	672	2.20	1039	3.28	810	2.53
评估	–	–	–	–	1011	3.32	1103	3.48	1031	3.22
结题	–	–	–	–	755	2.48	743	2.34	617	1.94
其他	1744	6.13	2096	7.85	–	–	–	–	–	–

5.“十一五”期间科技成果评价水平统计

“十一五”期间登记的应用技术成果总体水平变化不大，处于国际先进水平以上的成果比例逐年下降，从 2006 年的 31.14% 下降到 2010 年的 28.38%；国内领先水平以上的成果保持在 76% ~81% 之间。

“十一五”期间应用技术成果评价水平构成

评价方式	2006 年		2007 年		2008 年		2009 年		2010 年	
	项目数	构成(%)	项目数	构成(%)	项目数	构成(%)	项目数	构成(%)	项目数	构成(%)
国际领先	2056	6.83	1731	5.78	1947	6.31	2238	6.88	2367	6.55
国际先进	7318	24.31	7169	23.93	7199	23.34	7321	22.52	7895	21.83
国内领先	14902	49.5	13987	46.69	14922	48.37	16468	50.65	17687	48.91
国内先进	5037	16.73	6207	20.72	5993	19.43	5212	16.03	5586	15.45
国内一般	790	2.63	862	2.88	786	2.55	1274	3.92	2625	7.26
总计	30103	100	29956	100	30847	100	32513	100	36160	100

“十五”期间应用技术成果评价水平构成

评价方式	2001 年		2002 年		2003 年		2004 年		2005 年	
	项目数	构成(%)	项目数	构成(%)	项目数	构成(%)	项目数	构成(%)	项目数	构成(%)
国际领先	1148	4.57	942	3.98	1170	4.36	1196	4.37	1781	6.24
国际先进	5649	22.49	5848	24.73	6136	22.86	6267	22.90	6785	23.76
国内领先	10743	42.77	10929	46.21	12112	45.13	13215	48.30	14202	49.73
国内先进	5772	22.98	4881	20.64	6146	22.90	5487	20.05	5023	17.59
国内一般	1807	7.19	1049	4.44	1273	4.75	1198	4.38	768	2.68
总计	25119	100	23649	100	26837	100	27363	100	28559	100

与“十五”期间相比，“十一五”期间成果评价水平明显提高，“十五”期间国际先进水平以上的成果比例除 2005 年以外，均未达到 28%；而国内领先水平以上的成果比例各年均未达到 80%，2001 年最低，为 69.83%。

6.“十一五”期间科技成果完成单位统计

企业是主要的成果完成单位，“十一五”期间，企业作为完成单位的成果比例最高，保持在 35% 以上，且逐年增长：从 2006 年的 35.42% 增长到 2010 年的 39.67%，提高了 4.25%。大专院校的比例也比较高，各年基本保持在 20% ~23% 之间。独立科研机构的比例呈现逐年下降的趋势，从 2006 年的 19.31% 下降到 2010 年的 16.96%，下降了 2.35%。医疗机构的比例各年度保持在 13% ~15% 之间。

与“十五”期间相比，“十一五”期间企业的比例明显提高，独立科研机构的比例则明显下降。“十五”期间各年度企业的比例均不超过 36%，而独立科研机构的比例除 2005 年以外均在 20% 以上。

“十一五”期间科技成果完成单位构成

完成单位	2006 年		2007 年		2008 年		2009 年		2010 年	
	项目数	构成(%)	项目数	构成(%)	项目数	构成(%)	项目数	构成(%)	项目数	构成%
独立科研机构	6495	19.31	6263	18.33	6047	16.81	6826	17.64	7141	16.96
大专院校	7064	21.00	7592	22.22	7700	21.41	8498	21.97	8536	20.27
企业	11918	35.42	12220	35.76	13301	36.98	14345	37.08	16704	39.67
其中科研机构转制企业	738	2.19	550	1. 61	514	1.43	479	1.24	606	1.44
医疗机构	4584	13.63	4789	14.02	4783	13.30	5297	13.69	5963	14.16
其他	3583	10.64	3306	9.67	4140	11.50	3722	9.62	3764	8.94
合计	33644	100	34170	100	35971	100	38688	100	42108	100

“十五”期间科技成果完成单位构成

评价方式	2001 年		2002 年		2003 年		2004 年		2005 年	
	项目数	构成(%)	项目数	构成(%)	项目数	构成(%)	项目数	构成(%)	项目数	构成%
独立科研机构	6244	21.95	5543	20.76	6794	22.28	6869	21.66	6140	18.97
大专院校	6156	21.64	5640	21.13	6546	21.47	6857	21.62	7469	23.08
企业	9371	32.94	8821	33.04	10084	33.08	10286	32.43	11525	35.62
其中科研机构转制企业	529	1.86	616	2.31	438	1.44	648	2.04	733	2.27
医疗机构	3664	12.88	3766	14.11	3783	12.41	4115	12.97	3878	11.98
其他	3013	10.59	2927	10.96	3279	10.76	3593	11.32	3347	10.35
合计	28448	100	26697	100	30486	100	31720	100	32359	100

7.“十一五”期间科技成果完成人员统计

“十一五”期间登记的科技成果完成人员共 1467412 人次,比“十五”期间(903360 人次)增长了 62.44%。

从单位属性看,企业的科研人员是研究的主体,“十一五”期间各年度企业的科研人员比例均在 31%以上,且呈现逐年上升的趋势:从 2006 年的 31.90%上升到 2010 年的 39.55%,提高了 7.65%。大专院校的科研人员比例也比较高,在 22%以上,但从 2007 年开始逐年下降,从 2007 年的 25.28%下降到 2010 年的 22.31%,下降了 2.97%。独立科研机构的科研人员比例也呈现下降趋势,从 2006 年的 17.27%下降到 2010 年的 14.10%,下降了 3.17%。医疗机构的科研人员比例保持在 13%～14%之间。

与“十五”期间相比,“十一五”期间企业科研人员的比例明显提高,大专院校和独立科研机构的科研人员比例则有所下降,医疗机构的科研人员比例略有提高。“十五”期间企业科研人员的比例均在 34%以下,大专院校的科研人员比例最高达到了 27.20%,独立科研机构的科研人员比例最高达到了 21.05%,医疗机构的科研人员比例除 2004 年以外,均不超过 13%。

“十一五”期间科技成果完成人员的单位属性构成 (%)

单位属性	2006 年	2007 年	2008 年	2009 年	2010 年
独立科研机构	17.27	16.24	14.93	13.73	14.10
大专院校	24.09	25.28	24.40	23.07	22.31
企业	31.90	31.98	33.47	39.54	39.55
其中:科研转制企业	2.12	1.66	1.57	1.60	1.70
医疗机构	13.50	13.92	13.05	13.32	13.46
其他	13.24	12.58	14.15	10.34	10.58
合计	100	100	100	100	100

“十五”期间科技成果完成人员的单位属性构成 (%)

单位属性	2001 年	2002 年	2003 年	2004 年	2005 年
独立科研机构	21.05	18.57	19.05	19.92	16.10
大专院校	27.20	23.62	24.29	24.6	26.75
企业	30.96	33.48	33.05	33.45	31.93
其中:科研转制企业	2.31	2.27	1.77	2.37	1.85
医疗机构	10.74	12.70	11.82	13.06	12.18
其他	10.05	11.63	11.79	8.97	13.04
合计	100	100	100	100	100

从年龄结构看,“十一五”期间科研人员以中青年为主,九成以上的科技成果完成人员处于 55 岁以下。从 2006 年到 2010 年,55 岁以下成果完成人员的比例逐年增长,从 2006 年的 92.73%增长到 2010 年的 94.19%,提高了 1.46%。

与“十五”期间相比,科研人员的年轻化趋势比较明显,“十五”期间 55 岁以下成果完成人员的比例均不超过 92%。

"十一五"期间科技成果完成人员年龄结构　（%）

年龄结构	2006 年	2007 年	2008 年	2009 年	2010 年
35 岁及以下	33.59	33.87	34.00	34.78	35.43
36～45 岁	42.47	41.20	39.63	36.83	35.02
46～55 岁	16.67	18.31	20.22	22.44	23.74
56～65 岁	4.91	4.53	4.26	4.33	4.38
65 岁以上	2.36	2.09	1.89	1.62	1.43
合计	100	100	100	100	100

"十五"期间科技成果完成人员年龄结构　（%）

年龄结构	2001 年	2002 年	2003 年	2004 年	2005 年
35 岁及以下	19.09	38.93	33.11	35.00	33.30
36～45 岁	41.03	36.04	38.69	39.51	40.87
46～55 岁	21.26	14.31	17.91	16.51	16.71
56～65 岁	11.57	8.35	7.37	6.13	5.07
65 岁以上	7.05	2.37	2.92	2.85	4.05
合计	100	100	100	100	100

从学历构成看，"十一五"期间科技成果完成人员的学历稳步攀升，硕士以上的学历比重逐年增加，从 2006 年的 34.42% 增长到 2010 年的 39.67%，提高了 5.52%。

与"十五"期间相比，"十一五"期间科技成果完成人员的高学历化趋势明显，"十五"期间硕士以上成果完成人员的比例均不超过 33%。

"十一五"期间科技成果完成人员学历构成　（%）

学历结构	2006 年	2007 年	2008 年	2009 年	2010 年
博士研究生	13.59	14.65	14.72	14.39	15.21
硕士研究生	20.83	21.43	22.82	23.04	24.46
大本	49.09	49.00	49.02	48.46	47.74
大专	12.15	11.35	10.33	9.92	9.26
中专	2.87	2.57	2.20	1.87	2.57
其他	1.47	1.00	0.91	2.32	0.76
合计	100	100	100	100	100

"十五"期间科技成果完成人员学历构成　（%）

学历结构	2001 年	2002 年	2003 年	2004 年	2005 年
博士研究生	9.85	9.56	10.43	12.40	12.87
硕士研究生	16.23	15.76	18.15	18.47	19.14
大本	48.62	51.08	50.09	48.89	48.88
大专	15.45	16.41	15.01	14.10	12.91
中专	5.84	5.36	4.38	4.06	3.21
其他	4.01	1.83	1.94	2.08	2.99
合计	100	100	100	100	100

从职称构成看，"十一五"期间中级职称的成果完成人员的比例较高，各年均在 34% 以上，且呈现逐年上升的趋势：从 2006 年的 34.57% 增长到 2010 年的 37.75%，提高了 3.18%。

与"十五"期间相比，"十一五"期间拥有中级职称的成果完成人员的比例明显增长，成为科研人员的生力军。"十五"期间中级职称的人员比例均在 35% 以下。

"十一五"期间科技成果完成人员职称构成　（%）

职称结构	2006 年	2007 年	2008 年	2009 年	2010 年
院士	0.16	0.17	0.14	0.11	0.11
正高	18.45	18.94	18.37	17.47	17.91
副高	27.86	27.36	27.21	26.26	26.06
中级	34.57	34.63	35.63	36.28	37.75
初级	11.11	11.35	11.43	11.91	11.85
其他	7.85	7.55	7.22	7.97	6.32
合计	100	100	100	100	100

"十五"期间科技成果完成人员职称构成　（%）

职称结构	2001 年	2002 年	2003 年	2004 年	2005 年
院士	0.40	0.29	0.29	0.26	0.21
正高	17.50	17.30	19.18	18.81	18.39
副高	26.76	29.53	29.54	27.64	27.38
中级	32.32	34.75	33.06	34.01	33.75
初级	12.17	11.51	10.83	11.45	11.28
其他	10.85	6.62	7.10	7.83	8.99
合计	100	100	100	100	100

8."十一五"期间科技成果累计经费投入统计

"十一五"期间科技成果累计经费投入与"十五"期间相比显著增长，各年度总投入中，最高是 2009 年（33487.96 亿元），最低是 2006 年（22700.25 亿元）；而"十五"期间，经费总投入最高值出现在 2005 年，仅为 16954.71 亿元。

"十一五"期间，各类经费投入以自有资金为主，各年度比例均在 46% 以上，且呈上升趋势：从 2006 年的 49.49% 上升到 2010 年的 61.56%，提高了 12.07%。地方投入的比例也呈现上升趋势，而国家投入和部门投入的比例则呈下降趋势。

与"十五"期间相比，"十一五"期间国家投入和部门投入的比例有所减少，而自有资金的比例则大幅提高。"十五"期间自有资金的比例均在 46% 以下。

"十一五"期间科技成果累计投入情况 亿元

经费类别	2006 年		2007 年		2008 年		2009 年		2010 年	
	投入	构成(%)	投入	构成(%)	投入	构成(%)	投入	构成(%)	投入	构成%
总投入	22700.25	100	26450.01	100	26395.31	100	33487.96	100	30948.31	100
国家投入	2880.32	12.69	3268.38	12.36	2757.73	10.45	2680.99	8.01	3042.72	9.83
部门投入	3439.19	15.15	3283.56	12.41	1963.49	7.44	1026.66	3.07	1604.19	5.18
地方投入	1924.24	8.48	2839.78	10.74	4205.02	15.93	5769.68	17.23	3931.27	12.70
基金投入	317.10	1.40	912.91	3.45	554.46	2.10	1185.28	3.54	649.96	2.10
自有资金	11235.31	49.49	12180.95	46.05	13213.81	50.06	19283.43	57.58	19051.96	61.56
银行贷款	621.13	2.74	96.76	0.37	289.53	1.10	1185.63	3.54	181.96	0.59
国外资金	110.57	0.49	431.25	1.63	382.83	1.45	227.97	0.68	375.05	1.21
其他	2172.40	9.57	3436.42	12.99	3028.43	11.47	2128.32	6.35	2111.21	6.83

"十五"期间科技成果累计投入情况 亿元

经费类别	2001 年		2002 年		2003 年		2004 年		2005 年	
	投入	构成(%)	投入	构成(%)	投入	构成(%)	投入	构成(%)	投入	构成%
总投入	2285.80	100	2228.46	100	5383.05	100	11253.38	100	16954.71	100
国家投入	290.95	12.73	400.77	17.98	1395.74	25.93	1450.21	12.89	2210.20	13.04
部门投入	242.69	10.62	282.20	12.66	1287.65	23.92	984.58	8.75	309.57	7.72
地方投入	188.41	8.24	259.33	11.64	767.77	14.26	1210.04	10.75	1958.00	11.55
基金投入	48.48	2.12	21.19	0.95	81.40	1.51	165.14	1.47	645.94	3.81
自有资金	821.05	35.92	896.24	40.22	1357.06	25.21	3065.63	27.24	7675.86	45.27
其他	694.22	30.37	368.73	16.55	493.43	9.17	4377.78	38.90	3155.14	18.61

注:"十五"期间的经费投入中"银行贷款"、"国外资金"均列入"其他"项。

9."十一五"期间科技成果体现形式统计

"十一五"期间登记的应用技术成果以新技术和新产品为主,新技术的比例在42%～47%之间,新产品的比例在17%～21%之间,二者所占比例之和各年均超过62%。

与"十五"期间相比,新技术的比例有所增加,新产品的比例有所减少,"十五"期间新技术的比例在40%～44%之间,新产品的比例在19%～24%之间。

"十一五"期间应用技术成果体现形式比例分布 (%)

成果体现形式	2006 年	2007 年	2008 年	2009 年	2010 年
新技术	45.84	44.97	46.60	43.84	42.11
新产品	19.25	17.87	17.14	19.81	20.54
新工艺	5.85	6.67	6.54	6.68	6.41
农业、生物新品种	5.16	5.45	5.19	4.82	4.50
新材料	3.33	3.28	2.79	3.31	3.10
新装备	2.03	2.16	2.31	2.26	2.73
矿产新品种	0.05	0.13	0.10	0.13	0.14
其他应用技术	18.49	19.47	19.33	19.15	20.47
合计	100	100	100	100	100

"十五"期间应用技术成果体现形式比例分布 (%)

成果体现形式	2001 年	2002 年	2003 年	2004 年	2005 年
新技术	42.79	42.76	40.75	42.98	43.06
新产品	23.97	23.02	23.97	19.02	19.20
新工艺	5.68	5.60	5.31	5.74	5.23
农业、生物新品种	4.68	5.12	5.37	5.64	5.18
新材料	3.55	3.37	3.57	3.14	2.96
新装备	1.87	1.58	1.64	1.91	2.53
矿产新品种	0.07	0.09	0.04	0.03	0.14
其他应用技术	17.39	18.46	19.35	21.54	21.70
合计	100	100	100	100	100

10."十一五"期间高新技术领域成果统计

"十一五"期间,全国共登记高新技术领域成果112370项,比"十五"期间(106576项)增长了5.44%。

纵观2001到2010年间,2001～2004年,高新技术领域成果数基本保持在一个平稳的水平,2005年大幅下降,又从2006年开始逐年增长。"十一五"期间高新技术领域成果增长趋势显著,从2006年的13684项,到2010年的28601项,增长了109.01%。

"十一五"期间登记的高新技术领域成果数　　项

	2006 年	2007 年	2008 年	2009 年	2010 年	总计
电子信息	1903	2042	2268	2471	3029	11713
软件	897	1195	1324	1488	1708	6612
航空航天	1109	885	896	915	1146	4951
光机电一体化	1679	2443	2701	3526	3611	13960
生物、医药和医疗器械	2505	5212	5456	6187	6631	25991
新材料	1787	2297	2686	2878	3175	12823
新能源与高效节能	860	1265	1659	1896	2189	7869
环境保护	636	1078	1247	1233	1332	5526
地球、空间与海洋	591	1194	1577	1237	1437	6036
核应用技术	30	46	56	96	120	348
农业	1687	3319	3469	3843	4223	16541
合计	13684	20976	23339	25770	28601	112370

"十五"期间登记的高新技术领域成果数　　项

	2001 年	2002 年	2003 年	2004 年	2005 年	总计
电子信息	3265	3310	3737	3748	1857	15917
软件	2332	1861	2381	1925	800	9299
航空航天	1876	1545	870	1051	985	6327
光机电一体化	2346	2452	2548	2846	1603	11795
生物、医药和医疗器械	4642	4700	4733	5121	2266	21462
新材料	2320	2432	2595	2647	1606	11600
新能源与高效节能	1729	1579	1243	1341	659	6551
环境保护	1446	1409	1618	1593	635	6701
地球、空间与海洋	870	739	755	723	475	3562
核应用技术	215	269	86	86	20	676
农业	2660	2703	2596	3223	1504	12686
合计	23701	22999	23162	24304	12410	106576

11."十一五"期间科技成果知识产权情况统计

"十一五"期间，全国登记的科技成果中，获得知识产权的成果有 72237 项，与"十五"期间（17702 项）相比，增长了 308.07%，这些成果共获得 57698 项已授权发明专利，与"十五"期间（14801 项）相比，增长了 289.83%。

从 2001 年到 2010 年，获得知识产权的成果数及发明专利授权数呈现逐年上升的趋势。尤其是"十一五"期间，各年度均有较大幅度的增长，获得知识产权的成果数及发明专利授权数平均增幅分别达到了 25.63% 和 33.86%。

"十一五"期间登记科技成果知识产权情况　　项

	2006 年	2007 年	2008 年	2009 年	2010 年	总计
获得知识产权的成果数	8091	11800	15088	17511	19747	72237
发明专利授权数	5961	7648	10284	14743	19062	57698

"十五"期间登记科技成果知识产权情况　　项

	2001 年	2002 年	2003 年	2004 年	2005 年	总计
获得知识产权的成果数	2411	2430	2855	3815	6191	17702
发明专利授权数	2404	2712	2501	2865	4319	14801

注："发明专利授权数"指登记的科技成果获得已授权发明专利的数量，并非成果的数量。

12."十一五"期间科技成果应用情况统计

"十一五"期间登记的应用技术成果绝大部分都处于稳定应用状态，比例保持在 89% 以上，与"十五"期间相比略有提高。

"十一五"期间应用技术成果应用状态比例　　（%）

应用状态	2006 年	2007 年	2008 年	2009 年	2010 年
稳定应用	91.14	89.70	89.49	91.38	91.78
应用后停用	0.46	0.61	0.50	0.42	0.34
未应用	8.40	9.69	10.01	8.20	7.88
合计	100	100	100	100	100

"十五"期间应用技术成果应用状态比例　　（%）

应用状态	2001 年	2002 年	2003 年	2004 年	2005 年
稳定应用	88.71	88.86	91.21	90.67	90.90
应用后停用	11.29	0.77	0.70	0.65	0.52
未应用	–	10.37	8.09	8.68	8.58
合计	100	100	100	100	100

"十一五"期间，资金问题和技术问题一直是成果未应用或停用的最重要原因，各年比例之和在 73% 以上；资金问题的比例呈下降趋势，而技术问题的比例则呈现上升趋势。

与"十五"期间相比，"十一五"期间技术问题的比例明显增长，而市场问题的比例则明显下降。"十五"期间技术问题的比例各年均在 13% 以下，而"十一五"期间技术问题的比例各年均在 21% 以上；"十五"期间市场问题的比例最高达到了 21.97%（2005 年），而"十一五"期间市场问题的比例各年均在 14% 以下。

"十一五"期间应用技术成果未应用或停用原因比例 (%)

原因	2006年	2007年	2008年	2009年	2010年
资金问题	56.85	50.60	48.62	50.20	43.75
技术问题	21.82	27.63	28.47	26.27	30.19
市场问题	9.68	10.57	10.89	9.83	13.08
管理问题	4.13	3.11	2.42	4.16	5.89
政策因素	7.52	8.09	9.60	9.54	7.09
合计	100	100	100	100	100

"十五"期间应用技术成果未应用或停用原因比例 (%)

原因	2001年	2002年	2003年	2004年	2005年
资金问题	36.44	36.99	54.98	51.91	58.52
技术问题	8.95	5.66	10.12	11.72	10.33
市场问题	10.86	8.69	17.02	19.65	21.97
管理问题	3.96	4.48	9.26	7.20	2.46
政策因素	2.94	3.14	8.62	9.52	6.72
其他因素	36.85	41.04	-	-	-
合计	100	100	100	100	100

注:从2003年开始应用技术成果未应用或停用原因中取消了"其他因素"选项。

2010年度国家自然科学奖

2010年度国家自然科学奖共30项,全部为二等奖,其中 与材料相关共11项。

二等奖

编号	项目名称	主要完成人	推荐单位
Z-101-2-03	电磁固体的变形与断裂	方岱宁(清华大学) 刘金喜(石家庄铁道学院) 刘 彬(清华大学) 李法新(清华大学) 黄克智(清华大学)	中国科协
Z-102-2-01	定量电子显微学方法与氧化钛纳米结构研究	彭练矛(北京大学) 陈 清(北京大学) 杜高辉(中国科学院物理研究所)	北京市
Z-102-2-03	非晶合金形成机理研究及新型稀土基块体非晶合金研制	汪卫华(中国科学院物理研究所) 潘明祥(中国科学院物理研究所) 赵德乾(中国科学院物理研究所) 白海洋(中国科学院物理研究所)	中国科学院
Z-103-2-01	新型稀土杂化及纳米复合光电功能材料的基础研究及应用探索	张洪杰(中国科学院长春应用化学研究所) 武志坚(中国科学院长春应用化学研究所) 张思远(中国科学院长春应用化学研究所) 苏 锵(中国科学院长春应用化学研究所)	吉林省
Z-103-2-02	具有微、纳结构特征的聚合物复合光功能材料的合成与构筑	杨 柏(吉林大学) 张俊虎(吉林大学) 张 皓(吉林大学) 崔占臣(吉林大学) 沈家骢(吉林大学)	教育部
Z-103-2-03	离子液体的构效关系及其化学工程基础研究	张锁江(中国科学院过程工程研究所) 王键吉(河南师范大学) 张香平(中国科学院过程工程研究所) 吕兴梅(中国科学院过程工程研究所) 董 坤(中国科学院过程工程研究所)	中国科学院
Z-103-2-04	具有重要生理活性的复杂糖缀合物的化学合成	俞 飚(中国科学院上海有机化学研究所) 惠永正(中国科学院上海有机化学研究所) 王来曦(中国科学院上海有机化学研究所) 邓绍江(中国科学院上海有机化学研究所) 卢寿福(中国科学院上海有机化学研究所)	上海市

续表

编号	项目名称	主要完成人	推荐单位
Z-103-2-05	复杂形态和结构的无机功能材料的构筑、自组装原理及性能研究	俞书宏(中国科学技术大学) 杨　剑(中国科学技术大学) 刘　标(中国科学技术大学) 郭晓辉(中国科学技术大学) 崔先进(中国科学技术大学)	安徽省
Z-103-2-06	环糊精的分子识别与组装	刘　育(南开大学) 张衡益(南开大学) 陈　湧(南开大学)	天津市
Z-108-2-01	新型高分子光电功能材料及发光器件	曹　镛(华南理工大学) 杨　伟(华南理工大学) 彭俊彪(华南理工大学) 陈军武(华南理工大学) 黄　飞(华南理工大学)	广东省
Z-109-2-03	塑料的复合结构、注射成型过程与机械破坏行为的研究	解孝林(华中科技大学) 李德群(华中科技大学) 周华民(华中科技大学) 周兴平(华中科技大学) 李国耀(香港城市大学)	教育部

2011 年度国家自然科学奖

2011 年度国家自然科学奖共 36 项，全部为二等奖，其中与材料相关共 10 项。

二等奖

编号	项目名称	主要完成人	推荐单位
Z-102-2-01	薄膜/纳米结构的控制生长和量子操纵	贾金锋(中国科学院物理研究所) 马旭村(中国科学院物理研究所) 陈　曦(清华大学) 赵忠贤(中国科学院物理研究所) 薛其坤(中国科学院物理研究所)	中国科学院
Z-102-2-02	轻元素新纳米结构的构筑、调控及其物理特性研究	王恩哥(中国科学院物理研究所) 白雪冬(中国科学院物理研究所) 于　杰(中国科学院物理研究所) 马旭村(中国科学院物理研究所) 刘　双(中国科学院物理研究所)	北京市
Z-103-2-01	稀土纳米功能材料的可控合成、组装及构效关系研究	严纯华(北京大学) 张亚文(北京大学) 孙聆东(北京大学) 高　松(北京大学)	教育部
Z-103-2-02	超临界流体、离子液体及其混合体系相行为与分子间相互作用研究	韩布兴(中国科学院化学研究所) 刘志敏(中国科学院化学研究所) 张建玲(中国科学院化学研究所) 姜　涛(中国科学院化学研究所) 闫海科(中国科学院化学研究所)	中国科学院
Z-103-2-03	几类无机材料的氢、锂、镁储存与电池性能研究	陈　军(南开大学) 李玮瑒(南开大学) 陶占良(南开大学) 程方益(南开大学) 马　华(南开大学)	天津市

续表

编号	项目名称	主要完成人	推荐单位
Z-103-2-04	大分子自组装的新路线及其运用	江　明(复旦大学) 陈道勇(复旦大学) 姚　萍(复旦大学)	上海市
Z-103-2-05	催化材料的紫外拉曼光谱研究	李　灿(中国科学院大连化学物理研究所) 冯兆池(中国科学院大连化学物理研究所) 张　静(中国科学院大连化学物理研究所) 范峰滔(中国科学院大连化学物理研究所) 杨启华(中国科学院大连化学物理研究所)	辽宁省
Z-108-2-01	介孔基复合材料设计合成、非均相催化性能与应用探索	施剑林(中国科学院上海硅酸盐研究所) 陈航榕(中国科学院上海硅酸盐研究所) 高秋明(中国科学院上海硅酸盐研究所) 张文华(中国科学院上海硅酸盐研究所) 严东生(中国科学院上海硅酸盐研究所)	中国科协
Z-108-2-03	生物矿化纤维的分级组装机理研究	崔福斋(清华大学) 王秀梅(清华大学) 李恒德(清华大学) 蔡　强(清华大学) 孔祥东(清华大学)	工业和信息化部
Z-108-2-04	亚稳纳米材料生长的基础研究	杨国伟(中山大学) 王成新(中山大学) 欧阳钢(中山大学) 杨玉华(中山大学) 王　冰(中山大学)	广东省

2010 年度国家技术发明奖(通用项目)

2010 年度国家技术发明奖(通用项目)全部为二等奖,共 33 项,与材料相关奖项共 12 项。

二等奖

编号	项目名称	主要完成人	推荐单位
F-211-2-01	环保增强增韧型皮革鞣制整饰化学品的关键制备技术	马建中(陕西科技大学) 王学川(陕西科技大学) 鲍　艳(陕西科技大学) 高党鸽(陕西科技大学) 吕　斌(陕西科技大学) 任龙芳(陕西科技大学)	中国轻工业联合会
F-212-2-01	黄麻纤维精细化与纺织染整关键技术及产业化	俞建勇(东华大学) 刘国忠(江苏紫荆花纺织科技股份有限公司) 蔡再生(东华大学) 张熙明(江苏紫荆花纺织科技股份有限公司) 程隆棣(东华大学) 张振华(江苏紫荆花纺织科技股份有限公司)	中国纺织工业协会
F-212-2-02	耐高温相变材料微胶囊、高储热量储热调温纤维及其制备技术	张兴祥(天津工业大学) 唐国翌(清华大学) 田素峰(山东海龙股份有限公司) 苗晓光(北京雪莲羊绒股份有限公司) 王学晨(天津工业大学) 石海峰(天津工业大学)	天津市

续表

编号	项目名称	主要完成人	推荐单位
F-213-2-01	脂溶性维生素及类胡萝卜素的绿色合成新工艺及产业化	李浩然(浙江大学) 陈志荣(浙江大学) 胡柏剡(浙江新和成股份有限公司) 王从敏(浙江大学) 胡兴邦(浙江大学) 黄国东(浙江新和成股份有限公司)	中国石油和化学工业协会
F-213-2-02	亚胺培南/西司他丁钠化学-酶法合成关键技术及产业化	郑裕国(浙江工业大学) 沈寅初(浙江工业大学) 郑仁朝(浙江工业大学) 白　骅(浙江海正药业股份有限公司) 杨仲毅(浙江海正药业股份有限公司) 杨志清(浙江海正药业股份有限公司)	中国石油和化学工业协会
F-213-2-03	催化氧化新材料——空心钛硅分子筛	林　民(中国石化石油化工科学研究院) 朱　斌(中国石化石油化工科学研究院) 舒兴田(中国石化石油化工科学研究院) 汪燮卿(中国石化石油化工科学研究院) 沈　刚(湖南建长石化股份有限公司) 李　斌(湖南建长石化股份有限公司)	中国石油化工集团公司
F-214-2-01	典型高分子材料无卤阻燃化关键技术及应用	王玉忠(四川大学) 王德义(四川大学) 曲铭海(四川大学) 陈　力(四川大学) 汪秀丽(四川大学) 杨科珂(四川大学)	教育部
F-214-2-02	硫铝酸钡(锶)钙基特种水泥的制备技术及海工工程应用	程　新(济南大学) 芦令超(济南大学) 常　钧(济南大学) 叶正茂(济南大学) 周宗辉(济南大学) 于京华(济南大学)	中国建筑材料联合会
F-215-2-01	新型微波冶金反应器及其应用的关键技术	彭金辉(昆明理工大学) 张利波(昆明理工大学) 郭胜惠(昆明理工大学) 华一新(昆明理工大学) 黄　铭(云南大学) 刘纯鹏(昆明理工大学)	云南省
F-215-2-02	高强韧铸造耐磨材料制备技术及应用	邢建东(西安交通大学) 高义民(西安交通大学) 符寒光(北京工业大学) 鲍崇高(西安交通大学) 皇志富(西安交通大学) 雷永平(北京工业大学)	教育部
F-216-2-02	高速数控机床陶瓷电主轴单元	吴玉厚(沈阳建筑大学) 张　珂(沈阳建筑大学) 李颂华(沈阳建筑大学) 郭　桦(沈阳工程学院) 张丽秀(沈阳建筑大学) 王　贺(沈阳建筑大学)	辽宁省

续表

编号	项目名称	主要完成人	推荐单位
F-219-2-01	纳米尺度硅基集成电路新器件与新工艺技术及其应用	黄　如(北京大学) 张　兴(北京大学) 张盛东(北京大学) 韩汝琦(北京大学) 刘晓彦(北京大学) 许铭真(北京大学)	北京市

2011年度国家技术发明奖(通用项目)

2011年度国家技术发明奖(通用项目)一等奖2项和二等奖39项。与材料相关的奖项中一等奖1项、二等奖9项。

一等奖

编号	项目名称	主要完成人	推荐单位
F-214-1-01	有机发光显示材料、器件与工艺集成技术和应用	邱　勇(清华大学) 段　炼(清华大学) 王立铎(清华大学) 张德强(清华大学) 高裕弟(昆山维信诺显示技术有限公司) 李银奎(北京维信诺科技有限公司)	教育部

二等奖

编号	项目名称	主要完成人	推荐单位
F-213-2-01	全氟离子交换材料制备技术及其应用	张永明(上海交通大学) 高自宏(山东东岳高分子材料有限公司) 王　婧(山东东岳高分子材料有限公司) 唐军柯(山东东岳神舟新材料有限公司) 张建宏(山东东岳高分子材料有限公司) 张　恒(山东东岳高分子材料有限公司)	山东省
F-213-2-02	适应原料多样性的乙苯清洁生产催化技术及工业应用	杨为民(中国石化上海石油化工研究院) 邵百祥(中国石化上海石油化工研究院) 孙洪敏(中国石化上海石油化工研究院) 花尚元(江苏丹化集团有限责任公司) 钟思青(中国石化上海石油化工研究院) 杨　栋(中国石化广州分公司)	中国石油化工集团公司
F-213-2-03	纤维/树脂浸润增效关键技术及工程化应用	黄玉东(哈尔滨工业大学) 刘　丽(哈尔滨工业大学) 张春华(哈尔滨工业大学) 张　翔(中国航天科技集团公司四院四十三所) 姜　波(哈尔滨工业大学) 宋元军(哈尔滨工业大学)	工业和信息化部
F-213-2-04	杂萘联苯聚醚腈砜系列高性能树脂及其应用新技术	蹇锡高(大连理工大学) 王锦艳(大连理工大学) 张守海(大连理工大学) 刘　程(大连理工大学) 杨大令(大连理工大学) 廖功雄(大连理工大学)	中国石油和化学工业联合会

续表

编号	项目名称	主要完成人	推荐单位
F-214-2-01	连续梯度材料的共沉降可控制备新技术及其在动高压领域的应用	张联盟(武汉理工大学) 沈　强(武汉理工大学) 杨中民(武汉理工大学) 叶　菁(武汉理工大学) 王传彬(武汉理工大学) 罗国强(武汉理工大学)	中国建筑材料联合会
F-215-2-01	高性能低成本细晶粒无钴金属陶瓷制备技术	熊惟皓(华中科技大学) 郑　勇(华中科技大学) 崔　崑(华中科技大学) 杨青青(华中科技大学) 余立新(华中科技大学) 王赛玉(华中科技大学)	工业和信息化部
F-216-2-01	高耐磨性、高耐蚀性、环保型钨合金电镀技术研发及应用	何凤姣(湖南大学) 高　晖(湖南英才科技有限公司) 黄宇宁(湖南纳菲尔新材料科技股份有限公司) 雷同鑫(湖南纳菲尔新材料科技股份有限公司) 苏长伟(湖南大学) 王二立(湖南大学)	中国机械工业联合会
F-219-2-01	基于微纳米技术的新型超级电容器及其实现	尤　政(清华大学) 王晓峰(清华大学) 阮殿波(北京集星联合电子科技有限公司) 陈胜军(北京集星联合电子科技有限公司) 陈照平(北京集星联合电子科技有限公司) 孙贯英(凯迈嘉华(洛阳)新能源技术有限公司)	北京市
F-219-2-02	高可靠性氮化镓基半导体发光二极管材料技术及应用	陆　卫(中国科学院上海技术物理研究所) 张　涛(中国科学院上海技术物理研究所) 张　波(中国科学院上海技术物理研究所) 陈效双(中国科学院上海技术物理研究所) 王少伟(中国科学院上海技术物理研究所) 冯雅清(上海蓝宝光电材料有限公司)	上海市

2010 年度国家科学技术进步奖(通用项目)

2010 年度国家科技进步奖(通用项目)特等奖 1 项、一等奖 16 项和二等奖 197 项。与材料相关的奖项中无特等奖和一等奖,有二等奖 24 项。

二等奖

编号	项目名称	主要完成人	主要完成单位	推荐单位
J-205-2-01	钢轨焊缝双频正火设备及工艺	郭晋龙	呼和浩特铁路局焊轨段	全国总工会
J-205-2-02	一种防脱落的超薄石材复合板	郭镇义	福建省泉州万龙石业有限公司	中国发明协会
J-206-2-05	稀有金属材料技术创新工程		西北有色金属研究院	科学技术部

续表

编号	项目名称	主要完成人	主要完成单位	推荐单位
J-212-2-01	聚苯硫醚(PPS)纤维产业化成套技术开发与应用	王桦，黄庆，蒲宗耀，戴厚益，陈松，崔宁，覃俊，代晓徽，冯军，徐鸣风	四川得阳科技股份有限公司，四川省纺织科学研究院，中国纺织科学研究院，江苏瑞泰科技有限公司，四川得阳特种新材料有限公司，武汉科技学院，四川华通特种工程塑料研究中心有限公司	四川省
J-212-2-04	聚间苯二甲酰间苯二胺纤维与耐高温绝缘纸制备关键技术及产业化	胡祖明，陈蕾，钟洲，陈伟英，刘兆峰，于俊荣，潘婉莲，诸静	东华大学，圣欧(苏州)安全防护材料有限公司，广东彩艳股份有限公司	中国纺织工业协会
J-213-2-06	钴酸镧等高性能超细氧化物催化剂的制备和应用技术	汪信，刘孝恒，朱俊武，姚超，杨绪杰，陆路德，纪俊玲，颜永庆，宗建平，王联合	南京理工大学，常州大学(原江苏工业学院)，西安北方惠安化学工业有限公司，华润包装材料有限公司，南通星辰合成材料有限公司	江苏省
J-213-2-08	高效汽油抗爆剂MMT的开发及应用	廖维林，夏剑辉，许招会，胡石金，熊斌，钟前，朱笃，林春花，涂媛鸿，杨杰	江西西林科实业有限公司，江西师范大学，江西西林科新材料有限公司	江西省
J-214-2-01	骨外科用生物降解复合材料制备关键技术及商品化开发应用	李世普，闫玉华，陈晓明，黄继锋，王欣宇，江昕，贺建华，万涛，戴红莲，汪国栋	武汉理工大学，中国人民解放军广州军区武汉总医院	中国建筑材料联合会
J-214-2-02	钢管高强混凝土膨胀控制与制备技术及其在大跨度结构的应用	胡曙光，丁庆军，吕林女，王发洲，何永佳，李悦，牟廷敏，黄绍龙，马立军，何真	武汉理工大学，湖北大学	中国建筑材料联合会
J-214-2-03	多层陶瓷电容器用钛酸钡基介电陶瓷材料的产业化关键技术及应用	陈代荣，张兵，唐浩，焦秀玲，宋锡滨，祝忠勇，孙正贵，陈长云，张曦，安可荣	山东大学，山东国瓷功能材料有限公司，广东风华高新科技股份有限公司	山东省
J-215-2-01	废弃钴镍材料的循环再造关键技术及产业化应用	聂祚仁，许开华，席晓丽，郭学益，刘沙，何显达，叶红齐，夏定国，王志宏，王敏	深圳市格林美高新技术股份有限公司，北京工业大学，中南大学，荆门市格林美新材料有限公司	中国有色金属工业协会
J-215-2-02	大型链篦机-回转窑赤铁矿氧化球团生产的关键技术开发和应用	朱德庆，赵荣坤，舒方华，潘建，李启厚，祁超英，徐五七，刘俭，尹小鹏，郑皓	中南大学，武汉钢铁集团矿业有限责任公司鄂州球团厂，江苏沙钢集团有限公司，铜陵有色金属集团控股有限公司铜冠冶化公司，中国珠海裕嘉矿产品有限公司，柳州钢铁股份有限公司烧结厂，武汉钢铁集团矿业有限责任公司程潮铁矿	教育部
J-215-2-03	铝电解用优质炭阳极生产关键技术开发及产业化	刘风琴，路增进，周新林，史生文，王金合，蒙建德，杨宏杰，王振才，陈开斌，肖劲	中国铝业股份有限公司，中南大学	中国有色金属工业协会
J-215-2-04	大型高炉高效生产综合技术的开发与应用	张寿荣，邓崎琳，傅连春，熊亚飞，于仲洁，李怀远，毕学工，杨佳龙，陈令坤，连城	武汉钢铁(集团)公司，武汉科技大学	中国钢铁工业协会
J-215-2-05	高品质中高碳特殊钢棒线材连续生产技术与工艺开发	张文基，蒋建清，李国忠，阮小江，许晓红，耿克，涂益友，傅金明，张剑锋，李英	江阴兴澄特种钢铁有限公司，东南大学，南京信息工程大学	江苏省
J-215-2-06	100米长尺钢轨在线热处理生产线工艺及装备集成技术开发	战金龙，周一平，梅东生，陈亚平，黄启益，邹明，雷永周，王彦忠，路建英，王江	攀钢集团有限公司，攀钢集团攀枝花钢钒有限公司，攀钢集团冶金工程技术有限公司	中国钢铁工业协会

续表

编号	项目名称	主要完成人	主要完成单位	推荐单位
J-215-2-07	宽带钢热连轧生产成套关键技术与应用	徐金梧，王岑，沙孝春，何安瑞，吕志民，吴胜田，王平，郭强，宋勇，杨荃	北京科技大学，武汉钢铁（集团）公司，鞍山钢铁（集团）公司	中国钢铁工业协会
J-215-2-08	耐久型超高强度平行钢丝拉索关键技术及产业化	刘礼华，赵军，宁世伟，薛花娟，朱建龙，周祝兵，江焕宏，高科，强强，吴琼	法尔胜集团有限公司，江苏法尔胜新日制铁缆索有限公司	中华全国工商业联合会
J-215-2-09	高强韧耐磨铝青铜合金的研制及其应用	李元元，张卫文，罗宗强，张大童，张文，朱权利，夏伟，邵明，邱诚，陈维平	华南理工大学	广东省
J-216-2-05	轻量化整体构件内高压成形技术	苑世剑，刘钢，王小松，韩聪，何祝斌，王仲仁，曹健，滕步刚，付庄，徐永超	哈尔滨工业大学	黑龙江省
J-216-2-08	大型高端燃气轮机铸件研发及产业化	彭凡，原晓雷，王向阳，张守全，陈阵，熊六一，张生存，付龙，扈广麒，撖俊虎	宁夏共享集团有限责任公司，宁夏长城须崎铸造有限公司，宁夏共享铸钢有限公司	宁夏回族自治区
J-220-2-04	铜冶炼生产全流程自动化关键技术及应用	李贻煌，桂卫华，周俊武，文辉煌，王福利，阳春华，李晋宏，马英奕，朱劲洁，徐宁	江西铜业集团公司，中国瑞林工程技术有限公司，北京矿冶研究总院，中南大学，东北大学，北方工业大学	中国有色金属工业协会
J-239-2-01	含钒页岩高效提取在线循环资源化新技术及工业应用	张一敏，李先旺，傅连春，刘涛，孔建益，陈铁军，陈奎生，黄晶，熊敬超，包申旭	武汉科技大学，武汉都市环保工程技术股份有限公司，武汉钢铁（集团）公司，武汉理工大学，华西能源工业股份有限公司，合肥中亚建材装备有限责任公司	湖北省
J-252-2-12	矽卡岩型极低品位难选多金属共伴生矿高效综合回收新技术	邱显扬，高文翔，胡真，许志安，汤玉和，姚建伟，李汉文，张富，陈志强，袁经中	广州有色金属研究院，云南锡业集团（控股）有限责任公司	中国有色金属工业协会

2011 年度国家科学技术进步奖（通用项目）

2011 年度国家科技进步奖（通用项目）特等奖 1 项、一等奖 9 项和二等奖 208 项。与材料相关的奖项中无特等奖，有一等奖 1 项、二等奖 19 项。

一等奖

编号	项目名称	主要完成人	主要完成单位	推荐单位
J-215-1-01	难冶钨资源深度开发应用关键技术	赵中伟，刘咏，贺跃辉，吴冲浒，姜文伟，周建华，王社权，杨金洪，方奇，钟军，梁卫东，周永贵，张忠健，张立，李洪桂	中南大学，厦门钨业股份有限公司，株洲硬质合金集团有限公司，自贡硬质合金有限公司，仁化县泰和元有限公司	湖南省

二等奖

编号	项目名称	主要完成人	主要完成单位	推荐单位
J-211-2-08	塑料精密成型技术与装备的研发及产业化	杨卫民，吴大鸣，张建国，谢鹏程，李大寅，应济，刘颖，丁玉梅，刘勇，高世权	北京化工大学，海天塑机集团有限公司，浙江大学	中国石油和化学工业联合会

续表

编号	项目名称	主要完成人	主要完成单位	推荐单位
J-211-2-10	L-乳酸的产业化关键技术与应用	于培星,任秀莲,崔耀军,王然明,张云飞,刘喆,张兴龙,朱守林,钮涛,石从亮	河南金丹乳酸科技有限公司,哈尔滨工业大学(威海)	河南省
J-212-2-02	高品质熔体直纺超细旦涤纶长丝关键技术开发	王华平,陈建华,丁建中,丁永生,王朝生,刘志立,王山水,张玉梅,刘建,郝矿荣	东华大学,江苏恒力化纤有限公司	教育部
J-213-2-04	连续陶瓷膜反应器的研制与工程应用	邢卫红,徐南平,范益群,陈日志,金万勤,景文珩,仲兆祥,漆虹,刘飞,杨刚	南京工业大学,南京九思高科技有限公司	中国石油和化学工业联合会
J-213-2-05	大型精对苯二甲酸装置节能降耗的优化运行技术	钱锋,邢建良,王振新,钟伟民,李维新,杜文莉,沈品德,王铭松,赵玲,彭昌军	华东理工大学,中国石化扬子石油化工有限公司,中国石油化工股份有限公司天津分公司	教育部
J-214-2-02	太阳能电池用微铁高透过率玻璃成套技术及产业化开发	彭寿,吴晓,方强,马立云,张冲,左泽方,王宗伟,李友情,陆莹,茆令文	蚌埠玻璃工业设计研究院,中国建材国际工程集团有限公司,信义光伏产业(安徽)控股有限公司	中国建筑材料联合会
J-214-2-03	触媒法合成高品级金刚石关键设备与成套工艺技术开发	赵清国,王秦生,杨晋中,郭留希,刘明耀,穆云超,卢金斌,陈亦工,张旺玺,王志新	郑州华晶金刚石股份有限公司,中原工学院,郑州磨料磨具磨削研究所	河南省
J-214-2-04	高质量晶体元器件和模块与全固态激光技术	林文雄,洪茂椿,吴少凡,兰国政,谢发利,庄健,黄见洪,陈伟,郑晖,吴先云	中国科学院福建物质结构研究所,福建福晶科技股份有限公司	福建省
J-214-2-05	洁净钢冶炼用耐火材料关键技术与工业应用	李楠,顾华志,柯昌明,汪宁,邹继新,牟济宁,赵继增,刘百宽,王周福,杭文明	武汉科技大学,宝山钢铁股份有限公司,武汉钢铁股份有限公司,濮阳濮耐高温材料(集团)股份有限公司,北京利尔高温材料股份有限公司,浙江自立股份有限公司,上海彭浦特种耐火材料厂	湖北省
J-215-2-01	降低薄带钢生产消耗的关键技术	李友荣,项明武,丁文红,高全杰,王志刚,陈声鹤,张鹏,李玉清,田中捷,盛杰	中冶南方工程技术有限公司,武汉科技大学,武汉钢铁(集团)公司	中国冶金科工集团有限公司
J-215-2-04	两片易拉罐用镀锡钢板的开发与应用	李海平,张世云,曹清,彭俊,杜传军,郑贻裕,刘永勤,黄邦霖,周俊,方百友	宝山钢铁股份有限公司,宝钢金属有限公司	中国钢铁工业协会
J-215-2-05	冷轧板形控制核心技术自主研发与工业应用	张晓刚,姚林,王国栋,刘宏民,刘军,俞小峰,刘相华,王军生,蔡恒君,彭艳	鞍山钢铁集团公司,燕山大学,东北大学	中国钢铁工业协会
J-215-2-06	大型铝合金型材挤压成套工模具设计制造技术与应用	谢建新,刘静安,谢水生,赵云路,李静媛,杨文敏,黄国杰,薛荣敬,刘雪峰,朱鸣峰	北京科技大学,西南铝业(集团)有限责任公司,北京有色金属研究总院,沈阳新鑫模具有限公司,佛山市顺德区北滘镇万红模具有限公司	中国有色金属工业协会
J-215-2-07	高品质镁合金集成与循环应用技术	潘复生,龙思远,马季,游国强,彭建,王敬丰,曹建勇,张丁非,任龙太,杨明波	重庆大学,重庆长安汽车股份有限公司,山西闻喜银光镁业(集团)有限责任公司,重庆硕龙科技有限公司,重庆博奥镁铝金属制造有限公司,重庆科学技术研究院,重庆理工大学	教育部
J-215-2-08	铅高效清洁冶金及资源循环利用关键技术与产业化	杨安国,郭学益,李卫锋,赵传合,王拥军,田庆华,张小国,余刚,李贵,陈会成	河南豫光金铅股份有限公司,中南大学,长沙有色冶金设计研究院	中国有色金属工业协会

续表

编号	项目名称	主要完成人	主要完成单位	推荐单位
J-219-2-01	GaN 基蓝绿光 LED 的关键技术及产业化	肖志国,罗毅,陈弘,武胜利,杨天鹏,韩彦军,贾海强,汪莱,王强,郭建华	大连美明外延片科技有限公司,中国科学院物理研究所,清华大学,大连路美芯片科技有限公司	辽宁省
J-219-2-04	50W 级全固态激光器及其核心部件产业化关键技术	樊仲维,张国新,石朝辉,张晶,牛岗,王培峰,赵天卓,麻云凤,王鹏,张志刚	北京国科世纪激光技术有限公司,中国科学院光电研究院,北京大学	北京市
J-252-2-10	国产铁精矿提铁降硅(杂)的系统研究与实践	余永富,邵安林,张泾生,张兆元,秦同文,陈毅琳,胡义明,刘洋洲,陈雯,祁超英	长沙矿冶研究院,鞍山钢铁集团公司,太原钢铁(集团)有限公司,酒泉钢铁(集团)有限责任公司,中钢集团马鞍山矿山研究院有限公司,武汉钢铁(集团)公司,本溪钢铁(集团)矿业有限责任公司	中国钢铁工业协会
J-253-2-09	新型消化道支架的研发与应用	滕皋军,郭金和,郭圣荣,茅爱武,冷德嵘,王忠敏,刘春俊,朱光宇,刘诗义,何仕诚	东南大学,上海长宁区同仁医院,上海交通大学,南京微创医学科技有限公司	教育部

2010 年度国家最高科学技术奖

2010 年度国家最高科学技术奖获奖人共 2 人,即师昌绪院士(材料科学家,中国科学院和中国工程院两院院士,国家自然科学基金委员会特邀顾问,中国科学院金属研究所名誉所长)和王振义院士(血液学专家,中国工程院院士,上海交通大学医学院附属瑞金医院终身教授),其中与材料相关科学家 1 人。

2011 年度国家最高科学技术奖

2011 年度国家最高科学技术奖获奖人共 2 人,即谢家麟院士(物理学家,中国科学院院士,中国科学院原子能研究所和高能物理研究所)和吴良镛院士(建筑学家、城乡规划学家和教育家,中国科学院和中国工程院两院院士,清华大学建筑与城市研究所所长、人居环境研究中心主任),无与材料相关科学家。

2010 年度中华人民共和国国际科学技术合作奖

2010 年度中华人民共和国国际科学技术合作奖有 5 名科学家获得,分别是艾伯特·赫尔曼·格哈德·伯纳(Albert Hermann Gerhard Boerner)、甘中学(Zhongxue Gan)、罗格·博奈(Roger M. Bonnet)、克劳斯·托普弗(Klaus Toepfer)和福克·荷弗里德·维特曼(Folker Helfrid Wittmann),其中与材料相关科学家 1 人。

福克·荷弗里德·维特曼

福克·荷弗里德·维特曼,男,1936 年 4 月出生,德国籍,俄罗斯科学院外籍院士,建筑材料专家。在建筑物维护与古建筑保护、建筑材料研究与测试、水泥基材料断裂力学及混凝土耐久性研究等方面享有国际盛誉。由青岛市推荐。自 2002 年受聘于青岛理工大学以来,维特曼教授培养了博士、博士后 40 余名,在促进该校混凝土材料及相关领域的科研、实验室建设、人才培养及国际学术交流等方面发挥了重要作用。在青岛工作期间,他参与解决了一些重大工程的技术问题,对保证工程结构的耐久性,延长使用寿命发挥了重要作用。

2011 年度中华人民共和国国际科学技术合作奖

2011 年度中华人民共和国国际科学技术合作奖有 8 名科学家获得,分别是德乐思、江见俊彦、戴宇阁、约翰·巴士威、栗原博、斯蒂芬·波特、岩本爱吉和逯高清,其中与材料相关科学家 2 人。

1. 江见俊彦

江见俊彦,日本籍,男,1935 年 2 月出生,国际著名冶金专家。因其在钢铁冶金领域的卓越贡献,曾先后荣获瑞典工程院 Brinell 金质奖章等 27 项奖励。由江苏省推荐。

2006 年,江见俊彦教授加入江苏省沙钢集团有限公司,任沙钢集团钢铁研究院院长,全面负责研究院的建设与运营。同时,他还亲自指导研发项目的开展,先后建立科研项目 101 项。截止 2010 年 12 月底,项目产品销售总量达 200 万吨,销售收入 88 亿元人民币;项目成果申请专利 29 项,其中发明专利 24 项,已获授权 8 项。他还积极推动与国内外高等院校和科研院所的合作,建立了多项国际科技合作项目。

2. 逯高清

逯高清,澳大利亚籍,男,1963 年 11 月出生,纳米材料专家,澳大利亚工程院院士、昆士兰大学副校长。由中国科学院推荐。

逯高清教授与中国科学院金属研究所等多家单位建立了长久的合作关系,特别是2003年他成为中国科学院海外创新团队——沈阳界面材料研究中心的核心成员并任中国科学院金属研究所特聘研究员以来,与金属研究所在清洁能源用材料等领域进行密切合作,共同完成了多项国际合作项目,促进了中国科学院在太阳能光催化、储能、储氢等清洁能源用材料领域的快速发展。逯教授还致力于中国新能源材料领域青年人才的培养,并积极推动澳大利亚科学院、澳大利亚工程院与中国的交流合作。

中国科学院院士增选工作实施细则(2010年)

(1992年12月4日学部主席团会议通过,1994年12月16日、1996年11月6日、1998年12月14日、2000年9月29日、2002年12月19日、2004年10月18日、2006年11月2日、2008年11月6日、2010年9月25日学部主席团会议修订)

第一章 总则

第一条 为做好中国科学院院士(以下简称院士)增选工作,根据《中国科学院院士章程》的相关规定,特制订本细则。

第二条 中国科学院院士是国家设立的科学技术方面的最高学术称号,为终身荣誉。

第三条 在科学技术领域做出系统的、创造性的成就和重大贡献,热爱祖国,学风正派,具有中国国籍的研究员、教授或同等职称的学者、专家,可被推荐并当选为中国科学院院士。被推荐人应从事自然科学、技术科学和工程科学方面的研究工作。

第四条 院士增选每两年进行一次,每次增选总名额不超过60名。各学部每次增选名额的分配,由中国科学院学部主席团(以下简称学部主席团)根据学科布局和学科发展趋势确定。

第五条 要特别注意推选符合标准和条件的优秀中青年科技专家。被推荐人年龄(按增选年6月30日实足年龄计算,下同)一般不超过65岁。在各学部正式候选人中,60岁(含60岁)以下的应不少于三分之一。

第六条 香港、澳门特别行政区和侨居他国的中国籍学者、专家,其推荐、评审、选举的程序和办法适用本细则,但第二章第十二条除外。

第七条 院士增选工作分为院士和归口初选部门推荐、学部评审及选举等阶段。

第八条 资深院士不参加对院士候选人的推荐和学部的评审与选举。

第九条 在院士增选过程中,任何部门、单位和个人不得有违背《中国科学院院士章程》及有关规定的不正当活动。若有违反将严肃处理,直至终止对相关候选人的评审,并暂停推荐单位或推荐人的推荐资格。

第二章 推荐和确定院士候选人

第十条 推荐院士候选人包括院士推荐和归口初选部门推荐两种途径,不受理本人申请。

第十一条 院士推荐候选人

(一)每次增选,每位院士最多推荐2名候选人。获得3名或3名以上院士推荐,且至少有2名院士所在学部与该候选人被推荐的学部相同方为有效。

(二)对65周岁以上的候选人,需要6名或6名以上院士推荐,且至少有4名院士所在学部与该候选人被推荐的学部相同方为有效。

(三)院士必须按照中国科学院院士的标准和条件,独立推荐候选人,防止被动推荐。推荐人必须确实了解候选人的研究领域、学术水平和贡献、科学道德和学风等,独立填写《中国科学院院士候选人推荐书(院士推荐用)》(以下简称《院士候选人推荐书》),并附"中国科学院院士增选被推荐人附件材料"(以下简称"被推荐人附件材料")。

被推荐人附件材料包括:附件1为被推荐人基本情况表;附件2为被推荐人当前有效的中国国籍证明(香港、澳门特别行政区被推荐人还须提供香港特区政府入境事务处或澳门特区政府身份证明局的国籍证明并填写《香港、澳门特别行政区被推荐人国籍情况说明》);附件3为"被推荐人基本情况表"中列出的10篇(册)以内有代表性的论文、著作、研究技术报告、重要学术会议邀请报告的全文;附件4为主要论著目录;附件5为重要引用和评价情况相关内容的复印件(注明出处,应为公开出版的学术刊物和著作的引用和评价);附件6为获奖证书复印件、发明专利证书复印件及其专利实施情况证明材料。

推荐院士对《院士候选人推荐书》所填内容负责,使用院士增选信息系统填写,生成电子文件并打印。

"被推荐人附件材料"的提供者对材料的真实性负责,其中"被推荐人附件材料的附件1"使用院士增选信息系统填写,生成电子文件并打印;自行编辑"被推荐人附件材料的附件2～6"并制成电子文件(PDF格式)。以上材料寄送中国科学院院士工作局(以下简称院士工作局)。

(四)院士应在增选年的4月30日前(以寄出邮戳为准),将《院士候选人推荐书》和"被推荐人附件材料"及其相应的电子文件,以邮寄并互联网在线传输的方式提交院士工作局。

第十二条 归口初选部门推荐候选人

(一)国务院各部委、直属机构、办事机构、直属事业单位、部委管理的国家局,中国人民解放军四总部,各省、自治区、直辖市,中国科协等为归口初选部门。其所属单位或一级学会均可按组织系统推荐本单位、本学会的候选人。归口初选部门报送的院士候选人年龄不得超过65周岁。

(二)归口初选部门所属单位推荐院士候选人时需填写《中国科学院院士候选人推荐书(部门推荐用)》(以下简称《院士候选人推荐书》),并附"被推荐人附件材料"(附件材料包括的内容同第二章第二条第3款)。

推荐单位对《院士候选人推荐书》所填内容负责,使用院士增选信息系统填写，生成电子文件并打印。

"被推荐人附件材料"的提供者对材料的真实性负责，其中"被推荐人附件材料的附件1"使用院士增选信息系统填写，生成电子文件并打印；自行编辑"被推荐人附件材料的附件2～6"并制成电子文件（PDF格式）。以上材料寄送院士工作局。

（三）各归口初选部门应严格按照院士的标准和条件，认真负责地组织对其所属单位推荐的院士候选人进行初选。

归口初选部门对所属单位推荐院士候选人的程序要做出严格的规定。

归口初选部门应组成初选委员会，委员不少于11人，必须是由从事科学技术研究工作的研究员、教授级专家组成。初选委员会对推荐的院士候选人进行会议评审并无记名投票，产生初选结果，在规定的名额内获得赞成票超过投票人数二分之一的候选人方为有效。委员会应如实将评审意见以及组成人员名单、投票结果、推荐意见等填入《院士候选人推荐书》中"归口初选委员会评审情况"栏，并须有初选委员会负责人的签名或印章。

（四）各归口初选部门填写"归口初选部门推荐意见"，并按中国科学院各学部分别列出名单，正式行文并连同《院士候选人推荐书》（由负责人签名，加盖省、部级印章）和"被推荐人附件材料"及其相应的电子文件，一并于增选年4月30日前（以寄出邮戳为准）以邮寄并互联网在线传输的方式提交院士工作局。

（五）凡双重领导的单位推荐院士候选人，由主管业务的部门负责组织初选；非业务主管部门推荐院士候选人无效。

第十三条　所有推荐材料均不得含有涉密内容。确需提供涉密材料的，按《中国科学院院士候选人涉密材料的评审和管理办法》执行。推荐材料违反国家保密规定的，将取消候选人的评审资格。

第十四条　凡已连续3次被推荐为中国科学院和被提名为中国工程院的有效候选人，停止1次院士候选人资格。

第十五条　院士工作局对被推荐人的材料进行形式审查，将审查结果上报学部主席团审议。由学部主席团确认后，方为院士有效候选人。

第十六条　院士工作局将有效候选人名单通告全体院士，并在学部网页和有关媒体上公布。同时通知归口部门或有效候选人所在单位，将本单位的有效候选人以及相同专业的外单位的其他有效候选人的相关材料一并公示。候选人在5年之内调动工作单位的应同时在调出单位公示。由各学部常委会确定3～5个公示单位，各公示单位要将公示方式、时间等情况及时报院士工作局备案，院士工作局在学部网页上公布公示单位名单、公示方式和时间等汇总情况。公示时间为1个月。

第十七条　有效候选人名单公布后，如推荐院士或归口初选部门发现候选人存在不符合院士标准与条件的严重问题，可及时提出书面材料提交院士工作局。经有关学部常委会讨论决定并报学部主席团（或主席团执委会）批准，可终止对该候选人的评审。

第三章　学部评审和选举

第十八条　院士候选人的评审和选举，由各学部常委会组织本学部院士进行。

评审必须严格坚持标准，遵循公正、客观的原则，超脱本部门、本单位、本学科专业的利益，从国家科技事业发展的全局出发，对候选人进行全面、科学的评价。

要注意院士候选人专业的学科涵盖面，要注意新兴学科和交叉学科。

对于长期不在国内工作的院士候选人，在坚持院士标准的同时，还应特别考虑其对国家社会、经济和科学技术事业发展所作的贡献。

第十九条　各学部常委会组织本学部院士对有效候选人进行通信评审和会议评审，分别产生初步候选人和正式候选人，最后选举出院士。

第二十条　各学部参加投票的院士人数，必须超过本学部应参加增选工作院士人数的二分之一，评审和选举有效。

第二十一条　通信评审，产生初步候选人

（一）各学部常委会将本学部院士按学科专业划分为若干评审组（每个评审组应不少于15人），同时将本学部的有效候选人按相应的学科进行分组，并确定初步候选人名额（不超过各学部增选名额的2.5倍）以及监票小组人员名单。

（二）评审组评审：各学部办公室于6月5日前将本学部有效候选人的《院士候选人推荐书》、"被推荐人附件材料"有关内容、评审组选票等分别寄送本学部相应评审组院士。院士对本评审组的有效候选人进行评审打分，于7月5日前将评审组选票寄送到本学部办公室（以寄出邮戳为准）。7月15日前，本学部主任会议确认打分结果。

各学部常委会根据院士要求，如认为确有必要交流有关情况，可由各评审组组织召开非正式会议。院士自愿参加会议。会议于6月30日在同一地点召开。

（三）学部评审：各学部办公室于7月21日前将评审组打分结果和初步候选人选票寄送本学部院士。院士对本学部的全部有效候选人进行评审打分，于8月5日前将选票寄送到本学部办公室（以寄出邮戳为准）。

（四）各学部常委会于8月15日前确认本学部评审打分结果，按初步候选人名额，以得分多少为序产生初步候选人。与规定名额的最后一名分数相同者，均为初步候选人。

（五）各学部常委会确定初步候选人的主审小组。主审小组一般为3人，其中可有1位推荐院士或与被推荐人同一单位的院士。主审小组对初步候选人系统性、创造性的成就和重大贡献等提出评价意见，对初步候选人的学风、提供材料的准确性等提出审查意见，供本学部会议评审时参考。如有必要，主审小组可以适当方式征求国内外同行专家的意见。

（六）院士工作局将初步候选人名单印发全体院士，同时在学部网页和有关媒体上公布。

第二十二条　会议评审，产生正式候选人

（一）各学部常委会组织召开本学部评审会议，对初步候选人逐一进行评审。

(二)主审小组介绍初步候选人情况和主审小组意见。

(三)在院士讨论评议的基础上,全体与会院士进行无记名投票,按得票数多少为序产生本学部正式候选人。正式候选人名额为各学部应增选名额的1.2倍。

如遇有获得赞同票数相同而超过正式候选人名额时,则对票数相同者再投票表决,取票数多者入选。

第二十三条　选举院士

(一)学部常委会组织本学部院士对本学部的正式候选人进行无记名投票选举。

(二)获得赞成票不少于投票人数三分之二的候选人,按照本学部的增选名额,根据获得赞成票数多少为序依次入选,满额为止。如遇有获得赞成票数相同而超过应增选名额时,则对票数相同者再投票表决,以增选名额为限,取票数多者入选。

第二十四条　各学部常委会审查确认本学部的选举结果,经学部主席团审议批准后,呈报国务院备案。

新当选院士需签署承诺书,履行院士的义务。不签署承诺书者,视为不接受院士称号。

中国科学院将院士增选结果书面告知当选院士和归口初选部门,并以书面形式向全体院士通报,同时在学部网页和有关媒体上公布。

第二十五条　其他事项

(一)出席评审会议不足三分之二会议时间的院士,不能参加投票。

(二)因故不能到会的院士,如提供书面意见,可在对有关候选人进行情况介绍和讨论时宣读或说明。

(三)评审会议期间,经学部常委会同意,可邀请其他学部的院士到本学部介绍有关候选人的情况。

(四)评审过程实行回避制度,回避范围为直系亲属和主要旁系亲属。在介绍和评议某候选人时,需要回避的院士应暂时离席。

(五)各学部选举院士初步候选人、正式候选人和院士使用的选票,由院士工作局统一印制,票面加盖本学部印章有效。选票栏目为:圈选栏、编号、候选人姓名(性别)、年龄、专业,其中编号依次按照学部、学科组、候选人姓氏和名字的拼音音序排列。

(六)投票选举前,各学部推选监票院士2～4人,负责监督本学部的投票选举工作。投票结束后,在监票人监督下开箱验票、计票。计票结果需由监票人签字确认,并报各学部常委会认定。

(七)会议评审暨会议选举院士一般于增选年11月的第一周各学部同时进行。

第四章　附则

第二十六条　对候选人投诉信的处理,按《中国科学院院士增选投诉信处理办法》办理。

第二十七条　院士增选工作的保密问题,按《中国科学院院士增选工作保密守则》执行。

第二十八条　推荐材料的审查办法

(一)推荐材料和推荐手续必须按照《中国科学院院士章程》和本细则的有关规定,经过审查验收,以确定其是否有效。

(二)审查验收的内容包括:推荐书、附件材料以及电子文件是否齐全,推荐手续是否完备;被推荐人的国籍、专业技术职务以及所从事的学科专业范围是否符合规定等。

第二十九条　推荐学部的确定

(一)院士候选人推荐学部的确定,原则上应尊重推荐人和归口初选部门的意见。

(二)不同渠道推荐同一院士候选人,在推荐的学部不一致时,如有3位或3位以上院士推荐且均推荐到同一学部,以院士推荐的学部为准,否则,以其归口初选部门推荐的学部为准。

(三)仅有院士推荐或仅有部门推荐,若推荐的学部发生矛盾时,则以该被推荐人的学科专业划归为原则,确定其所属学部;学科划归不明确或有异议的,可与推荐人或推荐部门商定。

(四)如被推荐人学科专业明显不属于推荐书填写的学部,则由相关学部办公室对其学科专业进行核对,共同协商,提出书面调整建议,分别报请各自学部主任同意后,作相应调整。调整时,应符合第二章第十一条第(一)、(二)款的规定。

(五)根据以上原则,对院士候选人被推荐的学部作出调整后,由院士工作局分别通知其推荐人或归口初选部门,说明调整的原因。

第三十条　本细则经学部主席团批准实施,由学部主席团负责修订和解释。

中国工程院院士增选工作实施办法(2010年)

(2010年12月5日主席团会议审议通过)

中国工程院院士(以下简称院士)是国家设立的工程科学技术方面的最高学术称号,为终身荣誉。为了规范中国工程院院士增选工作的组织实施,根据《中国工程院章程》(以下简称《章程》),制定本办法。

第一章　院士的标准和条件

第一条　在工程科学技术方面做出重大的、创造性的成就和贡献,热爱祖国,学风正派,品行端正,具有中国国籍的高级工程师、研究员、教授或具有同等职称的专家,可被提名并当选为院士。

"在工程科学技术方面做出重大的、创造性的成就和贡献"主要是指:在某工程科技领域有重大发明创造和取得重要研究成果,并有显著应用成效;或在重大工程设计、研制、建造、运行、管理及工程技术应用中,创造性地解决关键科学技术问题,做出重大贡献;或为重要工程科技领域的奠基者和开拓者。以上各项中包括其在培养工程科技人才方面做出的成就和贡献。

"重大工程管理"的内容主要是指:重大工程建设(包括规划、论证、勘设、施工、运行等)中的管理;或重要、复杂的新型产品、设备、装备在开发、制造、生产过程中的管理；或重大技术革新、改造、转型、转轨、与国际接轨方面的管理；或重大产业、工程、科技布局和战略发展研究、管理。

在工程管理领域做出“重大贡献”主要是指：被提名人在上述领域具体组织、参加工程项目的实践，并在实践中以先进的管理理论为指导，创造性地发挥管理科学的作用，促使工程项目优质、高效实施，取得众所公认的成就；或在工程管理理论上有重大建树，并通过实践取得具体业绩。

“学风正派”主要是指院士应具备的职业道德、科学态度和献身精神等。

“品行端正”主要是指院士应具备优良的科学道德与学风，良好的行为品德和端正的生活作风。

第二章　增选名额、增选程序及对候选人的有关要求

第二条　院士增选每两年（奇数年）进行一次，每次增选总名额及各学部的名额分配，由主席团决定。

第三条　增选程序：提名院士候选人（以下简称候选人）、归口部门遴选、院士评审和选举。

第四条　候选人的年龄原则上不超过70周岁（以增选当年6月30日为计算的截止日期）。凡已合计连续3次被提名至中国工程院和被推荐至中国科学院的有效候选人，停止1次候选人资格。

第五条　候选人专业范围包括工程科学技术（含农、医）的各专业学科。各学部所涵盖的专业领域，按照《中国工程院院士增选学部专业划分标准（试行）》确定。

第六条　根据中国科学院院士和中国工程院院士可依据各自的标准和程序交叉当选的原则，符合中国工程院院士标准的中国科学院院士，可被提名为候选人。

第三章　提名候选人

第七条　候选人只能通过院士提名、单位提名和全国性学会提名三种渠道进行，不受理个人申请。

第八条　院士提名：每次增选每位院士至多可提名2位候选人，院士可单独或联名提名。候选人获得不少于本学部3位院士的提名方为有效。提名工程管理学部候选人，至少要有2位是工程管理学部的院士，另有1位所在学部与候选人工程科技背景所属学部相同。院士要对提名行为负责。

居住在香港、澳门特别行政区和台湾地区以及侨居他国的中国籍专家，只能由院士提名。

年龄超过70周岁的被提名人，须经其专业所属学部至少6位院士提名，方为有效。工程管理学部候选人，至少要有4位工程管理学部院士提名，另有2位提名院士所在学部与候选人工程科技背景所属学部相同。这样的提名对候选人仅限1次。

第九条　单位提名：中央、国务院各有关部委、直属机构、直属事业单位，各省、自治区、直辖市和中国人民解放军系统，所属范围和地区内的设计、研究、建造、运行单位和高等院校、企业、事业单位等可按组织系统提名候选人。

第十条　全国性学会提名：中国科协所属的有关全国性学会可按学术团体组织系统提名候选人。

第十一条　有关要求

（一）各单位提名候选人要做到公开透明。对拟提名的候选人，应在本单位范围内征求意见，特别是同行专家的意见。为保证被提名人材料的真实客观，各提名单位要成立由同行专家组成的材料审查委员会，负责对被提名人材料的真实性进行审查。

各单位提名的候选人《提名书》及有关材料，必须报送归口部门进行遴选。

（二）各渠道提名候选人，应特别注意对长期工作在工程技术第一线并做出重大成就和贡献的工程科技专家，尤其是优秀中青年工程科技专家的提名。

（三）提名候选人时，必须按规定和不涉密的要求填写《中国工程院院士候选人提名书》（以下简称《提名书》）内容，并附有被提名者有代表性的成果、著作、论文（重大工程勘探、规划、设计、施工、运行方面的重要报告和总结）等，以及重要奖项获奖证书、实施的发明专利证书及其实施情况的复印件等证明材料。

（四）院士提名的候选人《提名书》及有关材料，按当年增选通知规定，直接寄送中国工程院。若被提名人为居住在香港、澳门特别行政区、台湾地区以及侨居他国的中国籍专家，须提交其中国籍身份证明。香港、澳门特别行政区的候选人，还须提供香港特别行政区入境事务处或澳门特别行政区身份证明局的国籍证明。对于台湾地区候选人，必须提供支持“一个中国”原则的申明。

第四章　归口部门遴选

第十二条　中央和国务院各有关部委、直属机构、直属事业单位分别对其所属范围的单位提名的候选人，负责组织遴选。

各省、自治区、直辖市人民政府对其所属范围和地区内的单位（不含中央和国家有关部委、直属机构在地方的单位）提名的候选人，负责组织遴选。

中国人民解放军系统各单位提名的候选人，由总政治部负责组织遴选。

中国科协所属的有关全国性学会提名的候选人，由中国科协负责组织遴选。

上述负责组织遴选的部门为候选人归口遴选部门。

第十三条　中国工程院委托有关归口遴选部门负责对中央管理企业提名的候选人组织遴选。具体归口方案以当年增选通知为准。

第十四条　为了保证遴选工作的质量，控制候选人的数量，中国工程院可根据每次院士增选的名额，对归口遴选部门报送候选人的名额做出规定。

第十五条　有双重领导的单位提名的候选人，由其主管的一方负责组织遴选，非主管部门报送的候选人无效。

第十六条　各归口遴选部门应组成遴选委员会，对所属范围和地区内单位提名的候选人进行遴选。遴选委员会的组成不少于9人，其中现从事专业技术工作的正高级专家不少于80%。委员会以无记名投票方式，产生遴选结果。委员会成员名单、投票结果应如实填入候选人《提名书》，并须有

遴选委员会负责人的签名或盖章。

第十七条　各归口遴选部门在规定的报送名额之内,获得赞成票超过投票人数二分之一的候选人方可报送中国工程院,报送的候选人年龄不得超过70周岁,60岁以下(含60岁)的应不少于三分之一。归口遴选部门应在《提名书》中填写"推荐意见",按当年增选通知要求,将《提名书》及有关材料报送中国工程院。

除了提名候选人外,各归口遴选部门还需提供其他所有参加遴选的候选人名单。

第五章　材料验收与公示

第十八条　中国工程院学部工作局负责对候选人的材料进行形式验收,经院士增选政策委员会审查,合格者报主席团审议通过后为有效候选人。

第十九条　在中国工程院网站和有关媒体上公布全部有效候选人名单(姓名、工作单位、专业专长、遴选部门、提名人)。归口遴选部门负责组织本系统有效候选人(包括院士和中国科协提名的有效候选人)《提名书》材料的公示,公示材料需在有效候选人所在基层工作单位展示,同时在单位内网上公布,接受同事、同行的监督。具体要求按《中国工程院院士候选人材料公示办法》执行。公示情况和反映意见在规定时间内反馈中国工程院。

第六章　院士评审与选举

第二十条　评审原则

(一)参加评审的院士必须准确把握院士的标准和条件,从国家科技事业的全局出发,超脱本部门、本地区、本专业的局限;遵循实事求是的原则,全面客观分析候选人的工作及获奖等情况;发扬民主,充分讨论,科学评价候选人的工程科技成就和贡献。

(二)在坚持院士标准条件的前提下,要始终注意候选人的年龄结构,在各个阶段的候选人名单中,60岁以下(含60岁)的应不少于三分之一;应特别注意长期工作在第一线的工程技术专家;加强对交叉、边缘和新兴学科以及尚无院士的学科、地区、部门的候选人的了解和重视,促进学科协调发展。

(三)评审中实行回避制度。凡与候选人有直系亲属或主要旁系亲属关系的院士(如:父母、夫妻、子女、岳父母、婿媳、兄弟、姊妹、叔侄、甥舅等),评审时应回避。回避的办法是:当小组和大会介绍、讨论某候选人情况时,凡属与该候选人有以上关系的院士,应暂时离席,待对该候选人介绍、讨论完毕,再进入会场参加对其他候选人的评审,投票时不回避。

(四)评审过程中发表的意见及讨论情况,对外必须严格保密。与会人员必须严格遵守《中国工程院院士增选评审和选举保密规定》。

(五)对候选人的投诉按《中国工程院院士增选投诉信处理办法》处理。受理投诉信的截止日期为增选年的8月15日,逾期投诉原则上不予受理。

第二十一条　评审程序:各学部常委会负责组织本学部院士对属于本学部专业学科范围内的全部有效候选人进行评审。

学部常委会组织各专业组和学部全体会议,采取审阅材料、介绍情况、酝酿讨论和无记名投票表决等方式,对候选人进行两轮评审,分别产生本学部进入第二轮评审和选举的正式候选人名单。

对工程管理学部候选人的第一轮评审,按其专业背景在相关学部进行。

第一、二轮评审会议由全院组织,一般分别安排在增选年6月份和10月份的最后一周进行。第一轮评审是否采用通信评审方式,由学部常委会研究确定,报主席团批准。无论采取何种评审方式应符合本《办法》的规程。

第二十二条　第一轮评审:本轮评审的任务是从全部有效候选人中,产生进入第二轮评审的候选人名单。

(一)审阅材料:候选人的材料是评审的基本依据,与会院士除重点审阅本专业组候选人材料外,还应认真审阅本学部其他候选人的材料。

(二)专业组评审:专业组对本组候选人充分讨论评议,投票产生进入学部评审会介绍的候选人名单,各组进入学部评审的名额由学部常委会决定。

(三)学部评审:学部召开全体会议,介绍各专业组进入学部评审的候选人情况,充分讨论评议。

(四)产生第二轮候选人:学部投票,产生进入第二轮评审的候选人名单。进入第二轮评审的限额为学部增选名额的2～3倍,具体人数由学部常委会研究决定。

(五)第一轮评审会后,在中国工程院网站和有关媒体上公布进入第二轮评审的候选人名单,并通知本人届时到会介绍情况。

第二十三条　各学部常委会对本学部第二轮候选人中受到投诉以及有疑点的问题组织调查核实,对本学部第二轮候选人考察对象、考察方式和内容由学部常委会研究决定。

第二十四条　第二轮评审:通过本轮评审,从进入第二轮评审的候选人中,产生正式候选人名单。为了对候选人更直接地考察了解,进入第二轮评审的候选人,须到会自我介绍、回答问题。除此之外,评审程序和办法与第一轮评审基本相同,但须注意以下几点:

(一)进入第二轮评审的候选人在评审会上进行自我介绍,围绕《提名书》主要成就贡献的范围,实事求是地介绍本人在完成重要工程项目中所发挥的作用、解决的工程技术难点、创新之处等。候选人应严格按通知时间准时到会,及时离会。

(二)对被投诉候选人的调查核实材料连同其投诉信和对候选人的考察意见,一并提交评审会议参考。有关院士应将投诉调查结果或考察意见向评审会议进行说明。

(三)学部评审会要对进入第二轮评审的全部候选人进行评审。经学部评审会认真、全面评议后,进行无记名投票,按增选名额120%的比例,依得分顺序,产生正式候选人名单。

(四)工程管理学部有跨学部院士,由学部常委会统筹安排适当时间,组织本学部院士集中评审。

第二十五条　院士选举

（一）各学部根据确定的增选名额，对正式候选人实行差额无记名投票，差额比例为20%。各学部在遵守《章程》和本《办法》的前提下，为提高增选质量，可采取预投票等选举操作措施。

（二）各学部必须用工程院统一印制的选举票进行预投票和正式选举，参加选举的院士必须不少于本学部应投票院士人数的三分之二，选举方为有效。

（三）获得赞同票达到《章程》规定三分之二票数的候选人，按学部增选名额，根据获得票数多少依次当选，满额为止，不足额时空缺。

（四）选举结果经主席团会议审定报国务院备案。中国工程院向新当选院士和归口遴选部门发出通知，并以书面形式向全体院士通报。

第七章　增选工作行为规范

第二十六条　在增选的全过程中，院士、被提名人、提名单位和归口遴选部门都必须坚持实事求是的科学态度，高度重视道德和学风问题。

第二十七条　院士要严格遵守《中国工程院院士增选工作中院士行为规范》。院士提名候选人时，必须对所提名的候选人的工程科学技术成就和科学道德等方面情况有确切地了解，要对所提供的候选人材料负责，并有责任在评审会中答复提问和对有关投诉信件做出回答与澄清。

第二十八条　被提名人必须向提名人或提名单位实事求是地提供本人的有关情况，并对《提名书》中签名确认的内容负责。一旦发现材料不实、弄虚作假，经审核后以学风和道德问题做出处理，终止该被提名人的评审与选举。

第二十九条　提名单位报送的候选人材料，特别是对候选人成就、贡献的介绍和评价，必须依据充分，如实说明该候选人所起的实际作用。一旦发现材料有严重不实、弄虚作假等情况，经审查审核，将终止该候选人的评审与选举、取消下一次提名的资格。

第三十条　各归口遴选部门在组织对候选人遴选时，应保证遴选的公正性、客观性，切实根据工程院院士的标准和条件严格把关。

第三十一条　任何单位和个人不得通过不正当方式为被提名人当选院士进行活动，一旦发现此类问题，经查实后做出严肃处理，终止对该候选人的评审与选举。

第三十二条　对发生本章第二十八条、第二十九条、第三十一条之一的问题，由学部常委会提出处理意见，院常务会议审定后作出相应的决定，列入诚信记录。

第八章　附则

第三十三条　本办法自2011年1月1日起实施，由中国工程院主席团负责解释。

国家中长期新材料人才发展规划（2010～2020年）

科学技术部、人力资源和社会保障部、教育部、中国科学院、中国工程院、国家自然科学基金委员会、中国科协近日联合印发了《国家中长期新材料人才发展规划（2010－2020年）》。这是我国第一个新材料人才发展中长期规划，也是当前及今后一段时期我国新材料人才发展的指导性文件。

序　言

为贯彻落实《国家中长期人才发展规划纲要（2010–2020年）》、《国家中长期科学和技术发展规划纲要（2006－2020年）》和《国家中长期教育改革和发展规划纲要（2010－2020年）》，制定本规划。

材料是发展现代工业的基石，是现代高新技术发展的基础和先导，推动着人类文明的进步。它涉及国民经济和社会发展的方方面面，有力支撑着创新型国家的建设。“一代材料，一代技术，一代装备”正在成为人们的共识，“材料先行”成为这一时期的重要特征。

新材料指通过新思想、新技术、新工艺、新装备等的应用，使传统材料性能有明显提升或产生新功能，或是设计开发出传统材料所不具备的优异性能和特殊功能的材料。传统材料是新材料发展的基础和土壤，新材料的发展又促进了传统材料产业的优化升级，两者密不可分。随着国民经济与社会发展阶段的不同，在不同区域、不同时间，新材料的内涵也在不断发展和深化，其发展重点和热点都有所不同。

新材料人才是指具有一定的新材料专业知识或专门技能，从事新材料领域创造性劳动，并对新材料事业及经济社会发展做出贡献的人，是人力资源中能力和素质较高的劳动者。新材料人才资源是我国新材料发展的根本。

新材料科技发展的根本是人才的竞争。本规划以实现新材料人才资源总量翻番、提高新材料人才整体素质、优化人才资源结构为目标，通过实施若干人才工程，培养一批世界水平的科学家、科技创新创业领军人才和高水平创新团队，建立人才培养示范基地，推进人才、团队、项目、基地的一体化建设，完善产学研用联合培养人才机制，启动新材料人才强企行动、新材料西部人才行动，为全面落实人才强国战略和加快转变经济发展方式提供有力的新材料人才支撑。

一、新材料领域发展现状与人才需求

（一）领域发展现状

1. 我国已成为基础材料的生产和消费大国

经过建国六十年的发展，在党和政府的关怀和支持下，我国形成了较为完整的材料工业体系，材料工业有力地支撑了我国经济社会发展和国防安全。据统计，2007年我国材料行业骨干企业约7万家，工业增加值达5.7万亿元，约占我国GDP的22.8%。钢铁、水泥、铝、聚氯乙烯、稀土等60多种材料的产量位居世界首位，我国已成为名符其实的材料生产与消费大国，在国际上占有重要地位。特别是基础材料中的新材料部分，在汽车工业、能源工业、信息产业的带动下发展迅猛。根据钢铁、有色、石化、建材、轻工、纺织、电子等行业协会的统计表明，基础材料中新材料的产值约占到上述各材料行业总产值的20～30%。

2. 我国新兴材料领域创新发展活跃

进入新世纪,国家产业政策导向明显向以新材料为代表的高新技术产业倾斜,对新材料产业的发展起到了重要的推动作用,我国新材料得到蓬勃发展,取得了一批具有国际先进水平的自主知识产权成果。在微电子与光电子材料、先进金属材料、电池材料、磁性材料、新型高分子材料、高性能陶瓷材料和复合材料等方面,形成了一批高科技材料产业。在传统材料方面,通过采用新技术对材料性能进行了提升,有力地促进了传统材料产业结构优化升级。在光电功能材料、稀土永磁材料、无机非线性光学晶体和功能陶瓷等领域,研发水平进入国际先进行列并形成特色。新材料领域整体上已处于发展中国家的领先水平。

3. 技术创新体系初步形成

新材料领域建立了完善的研发体系,成为我国材料领域创新体系的重要组成部分。中国科学院系统等中央级材料类研发机构超过 100 家;全国设置材料类专业的高等学校 420 余所,占本科高等学校的 66%,"211 工程"高等学校中有材料相关专业的达 84 所,占总数的 75%。已建立材料领域国家级重点实验室 20 余个、国家级工程中心近 100 家、国家工程实验室 25 家、国家级新材料产业化基地 200 余个、国家级企业技术中心 60 余家,材料领域发表论文数已占据世界第一位(含化学、物理相关专业)。我国材料领域发展的特点比较突出,人才队伍比较壮大,已初步形成了门类齐全、专业配套、能够支撑新材料领域持续健康发展的技术创新体系。

(二)领域人才挑战

伴随我国材料领域技术创新与产业发展,领域人才队伍建设也取得了长足进步,为材料领域创新发展提供了强大的智力支撑。但受整体发展阶段和水平的制约,领域人才队伍在总量、结构及发展环境等方面,还存在一系列问题,主要表现在以下三个方面:

1. 人才资源总量相对不足

改革开放以来,材料领域虽然取得了飞速发展,但也面临着人才总量不足的问题。目前,我国材料领域工业增加值已占全国 GDP 总量的四分之一左右,而领域技能以上人才资源占全国总量的比例还不到 17%,人才资源总量与领域发展地位不符。材料领域研发机构科技人员比例(65.9%)、科学家和工程师比例(46.4%),明显低于全国工业领域总体水平(81.0%、56.6%)和制造业水平(71.1%,50.9%),存在比较明显的差距。

2. 人才资源结构不尽合理

材料领域人才资源结构不合理,突出表现在:

一是人才供应结构与人才需求失配。高端和领军人才的严重不足与实现"材料强国"目标要求不相适应,也与更好支撑未来信息、能源、生物、空间等领域创新突破的需求不相匹配。新材料跨学科、跨领域的不断融合、交叉和相互渗透的发展特征,突显出人才特别是高端人才的引领作用,新材料人才队伍的高端化才能引领产业的高端化。同时,面向企业需求的工程技术人才相对薄弱,企业高技能人才缺乏、队伍不稳定,尤其是企业一线人才更为缺乏,很大程度上影响了新材料产业发展。

二是人才的区域分布不平衡。我国有色矿产、稀土等关键原材料呈"西高东低"的分布特征。国家西部大开发战略的实施,使材料产业成为西部省市的规划重点。而我国材料领域人才较集中在东部地区,"东高西低"的特征明显,与材料资源的分布情况相反,人才在区域分布上存在严重的不平衡。

3. 人才使用及评价不完善

新材料领域在人才培养、引进、使用及评价各环节及其衔接上,还有不少实际问题,存在与创新型人才发展规律不尽符合的地方。我国高校过于强调基础教学,尤其是近年来因企业接纳大学生实习、实践的实际困难,学校在教学安排上重课堂教学,轻实践教学,重理论知识灌输,轻实践能力培养,人才培养方式不利于实践能力的提升。科研院所和高等学校的基础研究以项目为中心,队伍不稳定,研究不持续;在工程化与应用开发人才使用方面,由于内部研发机构较多导致流动性不够,造成技术扩散和成果推广受阻;而对于成长中的新兴产业,企业人才流动过大,加剧了行业的低水平重复与恶性竞争,不利于领域整体健康发展。目前人才评价和激励机制的缺乏,很大程度上影响了人才作用的充分发挥。

(三)急需人才的主要方面

新材料领域人才具有鲜明的科学、技术、工程方面的积累性与跨学科的复合性、团队性等特征。新材料领域人才队伍建设要与新材料领域的战略需求及未来发展趋势相适应。一方面,国内外经济与科技发展新的需求,为新材料人才建设提出了更高的要求;另一方面,未来新材料领域发展趋势,也为人才队伍建设指明了培养方向。就目前所处的历史阶段来分析,国内新材料领域发展及人才的战略需求,主要集中在以下四个方面:

1. 实施国家科技重大专项

《国家中长期科学和技术发展规划纲要(2006－2020年)》已确定了十六个国家科技重大专项,对核心电子器件、极大规模集成电路、大型飞机、载人航天与探月工程、核电等材料人才提出了紧迫的需求。

为满足国家科技重大专项和国防建设急需、支撑高新技术领域发展和解决经济社会重大紧迫问题,加快新材料开发的进程,对综合素质高、科研能力强,具有跨学科知识结构的复合型高层次领军人才提出了迫切需求。

2. 培育战略性新兴产业生长点

新材料是国家确定的战略性新兴产业之一。半导体照明、新型显示系统、高性能电池关键材料、稀土功能材料、高性能纤维及其复合材料、高品质特殊钢、高性能膜材料、军民两用材料等高成长、高带动性新兴材料产业发展,对新材料科学、技术、工程的跨学科人才提出了迫切需求。

同时,新材料又要为信息、新能源、节能环保、高端装备等战略性新兴产业提供材料支撑。新材料领域作为战略性新兴产业发展的基础和先导,对新材料及其产业化提出的迫切需求,实质上是对创新创业人才提出了迫切需求。

3. 抢占前沿技术制高点

新材料的创新难度大、持续时间长,需要具有科学战略眼光的超前决策部署、适当且稳定的引导和支持、长期的努力探索和积累，才能在发展中不断寻求新的突破。例如，单晶硅材料从科学家首次提出制备工艺到第一个晶体管出现历时30年；GaN材料从开始研发到第一支可发光二极管LED出现历时40年。

一种新材料从基础研究、研制到商业应用通常要经历一个漫长的过程，需要一代人甚至几代人的传承积累与紧密协作。微电子/光电子材料与器件、新型功能与智能材料、高性能结构材料、纳米材料和器件、超导和高效能源材料、生态环境材料等新材料技术的开发，对创新型领军人才和高精尖的创新团队建设提出了迫切需求。

4. 支撑重点产业结构调整和升级

我国钢铁、有色、石化、轻工、纺织、建材等基础原材料量大面广，涉及到国民经济方方面面，但我国优质钢材、高质量水泥、高性能纤维及高档纺织品还难以满足需求，高端产品依赖进口。

传统材料产业的结构调整与产业升级的重点是实现材料高性能、低能耗、低污染和绿色制备，提高能源利用效率，降低污染物排放，这都有赖于材料技术的快速发展。新技术成果的工程转化和产业化需要工程技术人员的配合，新工艺技术应用需要技能人员的操作使用。新一轮人才培养已成为新一轮产业结构调整和产业升级的关键，对工程技术人才、技能人才提出了迫切需求。

二、指导思想、基本原则与发展目标

（一）指导思想

以邓小平理论和“三个代表”重要思想为指导，深入贯彻落实科学发展观，尊重劳动、尊重知识、尊重人才、尊重创造，大力实施人才强国战略。落实《国家中长期人才发展规划纲要（2010-2020年）》、《国家中长期科学和技术发展规划纲要（2006-2020年）》和《国家中长期教育改革和发展规划纲要（2010-2020年）》的重大任务，贯彻“服务发展、人才优先，以用为本、创新机制，高端引领、整体开发”的人才发展指导方针，紧紧围绕新材料领域发展需求，加强新材料人才资源的总量培养与能力建设，优化人才资源结构，统筹各类人才队伍建设。遵循社会主义市场经济规律、人才成长规律和科技创新规律，坚持以人为本，科学评价，加大人才发展体制机制创新和政策落实力度，持续稳定地对世界水平的科学家、科技创新创业领军人才、高水平创新团队给予支持，统筹推进人才、团队、项目、基地一体化建设，开发利用国内国际人才资源，逐步形成领域特色，建成领域人才高地，满足产业发展需求，为加快转变经济发展方式和建设创新型国家提供人才支撑。

（二）基本原则

1. 体制机制创新，形成领域特色，建成领域人才优先高地

通过重点工程行动，培养一批新材料科技创新创业领军人才和产学研用紧密结合的高水平创新团队，建设创新人才培养示范基地，统筹领域人才、团队、项目、基地建设，扶持西部地区急需紧缺的新材料科技人才，支撑新材料领域快速发展。

2. 高端重点突破，整体优化推进，加强人才稳定持续支持

坚持高层次创新型人才队伍建设的战略方针，立足培养、定向引进、需求导向、优化环境、稳定支持，开发利用国际国内人才资源，加大知识创新人才培养力度，突出培养世界水平的科学家和科技创新创业领军人才，力求重点突破战略性新兴材料产业创业型人才和前沿技术创新型人才。

3. 满足领域需求，人才服务发展，保障共性技术供给能力

把面向国家经济社会发展重大需求放在人才培养的首位；把面向前沿技术制高点作为人才培养的核心；把培育战略性新兴产业生长点作为人才培养的突破口；把面向产业结构调整作为人才培养的重点。加强共性技术和公共科技服务平台建设，提高可持续发展能力。

4. 体现领域特点，优化培养评价，实现微观宏观机制协调

突出新材料创新创业的发展实际，针对基础性、前沿性研发人才和产业化创新创业人才的不同需求，在人才培养、使用管理及成果评价等方面体现各环节的不同特点，营造有利于人才整体涌现、健康成长的发展环境。加大人才资源的投入，形成稳定的新材料人才投入开发体制和机制。

（三）发展目标

1. 总体目标

建设一支规模、结构、素质与实现“材料强国”目标要求相适应的新材料人才队伍，为从材料大国向材料强国转变提供人才支撑；造就一批本领域国际一流的科学家和科技创新创业领军人才，在新材料领域建成人才集聚高地；培养高水平创新团队，形成人才竞争比较优势。实现新材料人才资源总量翻番和“五个三”工程的目标。

——实现新材料人才资源总量翻番

不断壮大人才队伍。重点围绕量大面广的基础性原材料的高性能、低消耗和绿色制备方面，培养造就数十万计的产业工程技术人才和千万计的高技能人才。

统筹各类人才协调发展。建成人才集聚的高地，为实现若干前沿领域的重大原创性突破，围绕战略性新兴材料产业和前沿科学技术，培育出新材料领域高层次创新创业型科技人才2万人，其中包括世界水平的科学家和科技创新创业领军人才1000人。

大幅度提高企业人才素质。突出新材料企业技术技能人才队伍建设，促进人才向企业聚集，进一步优化结构。

——落实新材料人才“五个三”工程

落实“创新人才推进计划”。以国家需求为牵引，结合“十二五”新材料领域科技发展规划重点任务，瞄准世界新材料科技前沿和战略性新兴产业，到2020年重点支持和培养300名有发展潜力的中青年科技创新领军人才，造就一批世界水平的科学家；着眼于推动企业成为技术创新主体，到2020年重点扶持300名有发展潜力的科技创业领军人才；依托国家科技计划，结合国家技术创新工程，到2020年建设300个产学研紧密结合、高水平的创新团队；以高等学校、科研院所和高新技术产业开发区为依托，建设30个产学研用结合的创新人才培养示范基地；引导鼓励科技创新创业领军

人才到西部地区工作或提供服务,到2020年引进和重点扶持300名西部地区急需紧缺的科技创新创业领军人才。

2. 阶段目标

——从现在起到2015年:突出新材料企业人才队伍建设,新材料领域创新创业型科技人才新增1万人,其中包括跨学科、跨领域战略型领军人才500人。

——从2016年到2020年:新材料领域创新创业型科技人才再新增1万人,其中包括跨学科、跨领域战略型领军人才500人。

——从2010年起到2020年,每年重点支持和培养30名有发展潜力的中青年科技创新领军人才;每年重点扶持30名有发展潜力的科技创业领军人才;依托国家科技计划,结合国家技术创新工程,每年建设30个产学研紧密结合、高水平的创新团队;以高等学校、科研院所和高新技术产业开发区为依托,每年建设3个产学研用结合的创新人才培养示范基地。

——从2010年起到2020年,每年引导和重点扶持30名西部地区急需紧缺的科技创新创业领军人才到西部地区工作或提供服务。

三、发展重点与主要任务

(一)发展重点

1. 实现新材料人才资源"总量翻番",满足领域发展人才需求

——坚持创新和创业人才培养并重、研究开发与工程技术人才培养并重。依托重大科研项目和科研基地,充分利用国际交流项目,培养提高新材料领域研究开发人才的创新创业能力,突出培养新材料领域急需紧缺的前沿技术创新型人才和战略性新兴产业创业型人才;重点围绕钢铁、有色、石化、轻工、纺织、建材等基础材料高性能、低能耗、低污染和绿色制备、新兴材料产业科技创新等方面加强工程技术人才培养。

——重视技能人才培养,加强领域各类人才队伍建设。充分利用各类专业技术职业学校和技工院校培养大批高技能人才,解决技能人才缺乏的问题,从技术集成的角度、适应新材料发展趋势的要求,改革新材料技术人才继续教育和新一代材料技术人才的培养方法。

2. 实施新材料人才"五个三"工程,优化领域人才资源结构

——突出领军人才培养。加大新材料领域战略型领军人才的培养和引进力度,以需求为导向和紧缺人才优先,定向培养、引进领域领军人才,培养造就一批世界水平的科学家。加强创新创业精神教育,提高综合素质,强化复合型新材料人才的培养,着力补充工程技术型领军人才,充分发挥各类领军人才的作用。

——建设层次分明、结构合理的人才团队。充分发挥科技创新创业领军人才的引领带动作用,突出其"团队核心"定位,以此建设高水平"核心团队",树立系统的观念和团队精神,大力协同、合作攻关,提升新材料领域集成创新的能力和水平;同时处理好人才的合理流动,用活、用好人才。

3. 发挥政府、企业、社会的作用,改善领域人才发展环境

——发挥政府引导和宏观调控作用。以政策和制度引导新材料领域人才队伍的建设,通过优化体制和各层面的机制创新,不断加大人才投入力度,不断提高人才工作管理的科学化水平,逐步引导各类人才合理流动与有效配置。

——发挥企业在使用人才中的主体作用。企业要建立有效的人才工作机制,加大投入力度,解决微观层面人才培养和发展的问题,吸引人才向企业聚集,并留住人才,着力提高企业人才数量和质量。

——遵循领域特点培养使用人才,营造人才辈出的社会环境。对新材料的基础研究、关键技术、产业化开发各环节不同类型人才,要建立健全不同的评价体系、投入方式、管理服务,调整和完善人才培养、使用、评价、激励机制,坚持高端引领,加强组织领导,依靠制度环境出人才、依靠创新创业发展机会吸引人才。

(二)主要任务

主要任务要与新材料领域"十二五"发展战略相衔接,实现人才队伍建设与新材料发展需求保持动态一致,务实创新,突出特色,强化支撑。为抢占前沿技术制高点,建设领域人才优先特区;为满足国家重大需求,优化新材料人才结构;为培育战略性新兴产业,建设领域人才聚集高地;为产业结构调整和升级换代,扩大领域人才资源总量。

1. 建设领域人才优先特区——瞄准学科前沿和前沿技术领域,培养创新型领军人才和高精尖的创新团队

通过重点突破,探求新材料科学前沿和技术制高点发展中人才的培育与引进、聚集与流动、开发与利用等规律,努力营造优良环境,激发创造活力,育好才、聚好才、用好才,在高校和科研院所建成若干人才优先小特区,抢占新材料前沿技术制高点。

针对纳米材料与器件、微电子/光电子材料与器件、新型功能与智能材料、高性能结构材料、生物医用材料、高效能源材料、生态环境材料等新材料技术制高点;以及材料的设计、制备加工与评价,材料高效利用、材料服役行为和工程化关键技术研发,重点培育、引进并聚集跨学科、跨领域战略型领军人才、前沿技术创新型人才,培养世界水平科学家,建设创新团队,为本领域发展提供高端人才支持。

——围绕解决我国国民经济重大问题,瞄准纳米材料与器件技术发展的热点和最有可能实现技术突破及应用的领域,培养一批纳米材料与器件创新研发人才和工程技术骨干人才,形成新的经济增长点;

——为突破信息材料与器件关键技术,提升我国微电子、光电子技术实力和产业核心竞争力,满足光通信和量子通信以及量子信息处理等领域的迫切需求,形成规模化产业集群,造就一批高水平中青年学术带头人,为我国信息功能新材料与器件研发及产业发展提供技术支撑和人才储备;

——为满足新型功能材料前沿技术发展和应用需要,引领高效能源新技术发展方向,不断提高人民健康品质和生命质量,改善人类生活环境,提升我国材料整体上的环境协调性,促进资源节约、环境友好型社会建设,形成具有自主知识产权的核心技术和标准体系,培养出一批新型功能材料的创新人才;

——针对国家科技重大专项、重大建设工程、战略性新兴产业、前沿技术领域的需求，选择具有重大支柱作用的先进结构材料重点方向，发展超高强韧性等高性能和高附加值的新型结构材料，突出战略性、前瞻性和共用性，突破工程化关键技术，实现跨越发展，培养一批高性能结构材料研发人才和工程技术骨干人才；

——为满足我国高新技术产业发展对材料设计、制备与加工新技术的需求，快速提升我国材料高效利用关键技术的水平，赶超国际先进水平，培养出一批高水平的人才队伍。

2. 优化领域人才资源结构——面向国民经济社会发展和国家安全重大需求，培养紧缺急需的高层次领军人才和高水平创新团队

以国家战略目标为牵引，以服务人才强国战略作为人才工作的出发点和落脚点，保障国家重大专项、重点工程和国防建设重大任务的顺利完成，提供高层次、高技能的人才支撑，满足国家经济社会可持续发展对领域人才的重大需求。

——落实核心电子器件、高端通用芯片及基础软件、极大规模集成电路制造技术及成套工艺、大型飞机、载人航天与探月工程、高分辨率对地观测系统、大型先进压水堆及高温气冷堆核电站、水体污染控制与治理等十六个重大专项的相关新材料人才队伍建设；

——为保障国家重点工程和国防建设，支撑新能源、信息、新医药、先进制造等战略高新技术领域的产业发展，培养国防工程以及高新技术领域相关的新材料人才队伍；

——为促进循环经济、解决资源能源环境等经济社会发展的紧迫问题，服务于提高人民生活健康水平、民生社会关注的重大问题，培养支撑可持续发展的新材料人才队伍。

3. 建设领域人才聚集高地——为培育和发展战略性新兴产业，培养面向新兴市场的创新创业人才队伍

把握战略性新兴产业的发展态势和人才需求，确立各类新材料人才优先发展的战略地位，以国际化视野，突出国家目标，提前储备，优先布局，建设领域人才聚集高地，壮大新材料创新创业人才资源队伍，为国家战略性新兴产业发展提供人才资源保障。

大力培育半导体照明、新型显示系统、高性能电池关键材料、稀土功能材料、高性能纤维及复合材料、高品质特殊钢、高性能膜材料、军民两用材料等高成长、高带动、就业机会多、资源消耗低和综合效益好的战略性新兴产业的创新创业型人才队伍。

——培养半导体照明、新型显示等战略性新兴产业的创新创业型人才队伍。为突破引领未来白光照明自主创新技术，实现半导体照明技术应用的人才支撑；为激光和有机发光等显示技术的突破、产业技术体系的形成和大规模商业应用，培养创新创业人才和团队；

——引领高性能电池技术发展和新兴高端电池产业，针对太阳能电池、燃料电池等发电电池和锂离子电池、液流电池等储能电池的关键材料技术突破和系统集成技术的完善，培养创新创业型人才和团队；

——解决高端稀土功能材料的产业化关键技术，形成具有国际竞争力的高端稀土功能材料产业，催生战略型高端新兴产业链，培育创新创业人才和团队；

——突破高性能纤维和复合材料规模制备稳定化和低成本制备关键技术，以及高品质特殊钢、高性能膜材料、军民两用材料技术发展和应用，培养创新创业人才和团队。

4. 扩大领域人才资源总量——为基础性原材料产业结构调整、升级换代，培养一批工程型技术创新人才

立足基础性原材料产业量大面广的现状和领域特点，充分了解行业状况，体现产业需求，统筹兼顾，为量大面广的基础性原材料产业的结构调整与产业升级，培养工程型技术创新人才，落实企业的人才队伍建设。

——进一步推进钢铁、有色、石化、轻工、纺织、建材等材料产业国家振兴规划的实施，实现高性能、低能耗、低污染和绿色制备的清洁生产，提升能源利用效率，降低污染物排放，为应对气候变化，落实节能减排，培养工程型技术创新人才和团队，推进基础材料重点产业人才结构不断优化、整体水平逐步提升；

——围绕国民经济社会发展、国家重大战略任务和重点工程配套等对高性能基础性原材料产品的重大需求，推动产业向高端延伸，加快我国基础性原材料产业自主创新技术的发展，提升材料行业整体的国际竞争力，培养钢铁、有色、石化、纺织、轻工、建材等高性能先进技术与关键产业技术，以及极端环境制备新技术和装备等方面的工程型技术创新人才。

四、政策措施

全面落实《国家中长期人才发展规划纲要（2010－2020年）》和《国家中长期科学和技术发展规划纲要（2006－2020年）》的各项重大政策措施。在新材料领域先行先试，实施以“科技创新创业领军人才”为核心的“五个三”工程，落实创新人才推进计划，启动新材料人才强企行动、新材料西部人才行动，推进人才、团队、项目、基地的一体化建设，完善产学研用联合人才培养机制，重点在以下方面进行突破：

（一）统筹推进“人才、团队、项目、基地”一体化建设

以人才为核心，统筹产业创新链整体推进，以领军人才培养带动创新团队建设为主线，以科研项目部署推动示范基地建设为抓手，按照“领军人才+创新团队+科研项目+示范基地”的总体思路，加强“人才、团队、项目、基地”的有机结合；以重大项目实施为试点，注重对领域创新创业领军人才与创新团队的遴选认定，遵循人才发展与科技创新规律，完善科技项目评审与管理机制，在项目中体现人才团队任务与考核指标，评估中对人才建设有评价，并配以长期、稳定、大强度的持续支持；实施有利于科研人才潜心研究和产业人才创新创业的政策。在实践中不断探索科研管理的新机制、新模式，不断总结人才建设的新做法、新经验，切实推进以人才培养与创新团队建设为主的“人才、项目、基地”一体化建设，不断开创人才培养与团队建设的新局面。

（二）进一步发挥国家科技计划培养新材料领军人才的作用

以积极落实“创新人才推进计划”为导向，坚持在重大创新实践中加强新材料领军人才和创新团队培养。重点以国

家973、863、科技支撑计划等为依托,支持和培育一批具有发展潜力的中青年科技创新领军人才,推进实施"科技创新创业领军人才"等工程,将科研项目与领军人才培养目标紧密结合,逐步强化科技计划中的人才培养要求,在科技计划项目中通过遴选优秀人才团队,实施稳定支持,将新材料领军人才的培养与科技研发目标相结合,以此作为领军人才培养与创新团队建设的重要途径和措施,着重加大对高端复合型、交叉型、工程化领军人才的支持与培养力度。

注重结合新材料领域海外高层次创新创业人才的引进,继续做好已有人才支持计划的工作,加大"千人计划"、"百人计划"、"长江学者奖励计划"、"国家杰出青年科学基金"等人才项目在新材料领域的组织实施力度。

(三)进一步完善产学研用联合培养创新创业人才的机制

围绕国家技术创新工程的实施,发挥部门、地方、行业的作用,针对行业重大前沿技术与产业化关键共性技术,引导企业、大学、科研机构共同组成以企业为主体、产学研用紧密结合的产业技术创新战略联盟,依托创新型企业和产业技术创新战略联盟实施重大创新项目,吸引和凝聚更多各类高层次创新型科技人才,支持企业、科研院所与高等学校通过实质性研发合作,联合培养高层次领军人才和创新团队;注重创新型企业的人才培育,探索工程科技人员继续教育与培训的新机制,进一步完善以企业为主、产学研用联合培养材料工程硕士、工程博士的"双导师制"。不断完善学校教育和实践锻炼相结合的开放式人才培养体系。

(四)进一步加强领域急需的工程技术人才教育培养机制

围绕领域人才紧缺与企业实际需求,配合"卓越工程师教育培养计划",加大工程师的培养力度,加强材料工程及相关领域硕士及博士研究生教育,满足高层次工程化人才需求。

以市场需求为导向,建设继续教育基地,建立终生学习机制,促进工程技术人才知识更新。颁布实施继续教育法,通过法律明确企事业单位继续教育与培训的义务与职责,切实促进用人单位加强继续教育与培训;鼓励按照股份方式建立不同行业、不同层次的各类人才继续教育与培训基地。鼓励企业接纳学生实习、实践,鼓励具备条件的国家工程技术中心开展高级工程技术人员的培训工作。

(五)引导和鼓励新材料人才向企业集聚

加强产学研合作,重视企业工程技术与管理人才的培养,推动科技人才向企业集聚,加快制定人才向企业流动的引导政策,实施"新材料人才强企行动"。引导广大企业不断改善人才工作环境与条件,为一线用人单位充实大批用得上、留得住的人才;加大对企业教育培训的税收优惠政策力度,进一步加大企业提取职工教育经费在所得税前扣除的力度,并适当放宽使用限制;有条件的企业要制定吸纳、留住急需紧缺人才的优惠政策和配套措施,建设形成若干企业人才高地。

(六)引导新材料人才向西部地区流动

针对我国材料资源很大比例分布在西部地区,而西部现有人才密度很低等问题,实施"新材料西部人才行动",落实边远贫困和边疆民族等地区人才支持计划;结合西部地区的发展需要和资源禀赋,通过加大投入力度,实施人才继续教育、职务职称晋升等政策,鼓励人才向西部流动,改善人才分布与产业资源分布极不合理的状况;对到西部地区工作的人才达到一定时限要求的,在项目立项、科研经费支持等方面实行倾斜政策,每年重点扶持一批西部地区急需紧缺的新材料创新创业人才;制定西部地区生源高校毕业生回西部地区创业就业扶持政策;完善科技特派员到西部地区服务和锻炼的派遣、轮调政策等,切实改善西部地区新材料人才资源状况。

五、组织实施

(一)加强新材料人才工作的统筹协调

科技部在中央人才工作协调小组的领导下,加强在新材料领军人才的遴选标准、认定条件、考核办法等方面的组织协调;同时,统筹地方政府、行业部门等新材料人才资源,积极落实人才发展的各项配套政策。加强各部门、各单位在人才引进、培养、配置和使用等各方面的统筹协调服务,切实把各项任务和政策措施落到实处。

(二)建立中央与地方在人才队伍建设中的联动机制

建立健全新材料领域人才队伍建设的长效机制,加强中央主管部委与地方政府的紧密衔接,形成部门和地方有效集成的、持续化的新材料人才开发与建设投入机制;通过政策引导,建立有利于人才成长的良好环境,形成符合人才发展规划的人才培养机制和使用机制,形成与科技发展需求相适应、与产业发展需求相衔接的人才评价机制,保证人才队伍建设与新材料创新发展的协调一致。

(三)建立政府、企业与社会的多元化人才投入体系

人才队伍的建设是全社会的共同任务。在新材料领域人才建设上,必须发挥政府和企业在人才培养和使用上相互补充的作用,在加强制度化、常态化、持续化政府人才投入的同时,要通过财税政策及资金支持,鼓励企业加大对人才资源的投入,尤其要鼓励非公经济组织和社会组织的人才投入,不断扩大人才资本投资渠道,形成多元化人才投入体系。

(四)加强人才基础性工作,营造良好发展环境

不断推进和完善人才基础性工作。一方面,加强新材料人才资源统计工作,完善人才统计指标体系,加强与统计、产业部门的合作与配合,建立人才资源统计渠道,完善人才资源统计体系。另一方面,推进人才信息网络和各类数据库建设,不断提高人才信息化服务水平,为人才工作提供全面的信息支撑。同时,坚持市场机制在新材料人才资源配置中的基础性作用,并不断加快人才市场化进程,进一步完善新材料人才的市场配置机制,为人才的充分竞争、合理流动、规范发展、高效配置营造良好的社会环境。

教育发展与政策

2010年全国教育经费执行情况统计公告

一、全国教育经费情况

2010年,全国教育经费为19561.85亿元,比上年的16502.71亿元增长18.54%。其中,国家财政性教育经费(主要包括公共财政预算教育经费,各级政府征收用于教育的税费,企业办学中的企业拨款,校办产业和社会服务收入用于教育的经费等)为14670.07亿元,比上年的12231.09亿元增长19.94%。

二、落实《教育法》规定的"三个增长"情况

1.中央和地方各级政府公共财政预算教育拨款(不包括教育费附加)为13489.56亿元,比上年的11419.30亿元增长18.13%。其中,中央财政教育支出2547.34亿元,按同口径比较,比上年增长28.60%,高于中央财政经常性收入9.90%的增长幅度。

2.各级教育生均公共财政预算教育事业费支出增长情况。2010年全国普通小学、普通初中、普通高中、中等职业学校、普通高等学校生均公共财政预算教育事业费支出情况是:

(1)全国普通小学为4012.51元,比上年的3357.92元增长19.49%。其中,农村普通小学为3802.91元,比上年的3178.08元增长19.66%。普通小学增长最快的是海南省(43.34%)。

(2)全国普通初中为5213.91元,比上年的4331.62元增长20.37%。其中,农村普通初中为4896.38元,比上年的4065.63元增长20.43%。普通初中增长最快的是江苏省(42.04%)。

(3)全国普通高中为4509.54元,比上年的3757.60元增长20.01%,增长最快的是海南省(53.44%)。

(4)全国中等职业学校为4842.45元,比上年的4262.52元增长13.61%,增长最快的是青海省(54.02%)。

(5)全国普通高等学校为9589.73元,比上年的8542.30元增长12.26%,增长最快的是新疆维吾尔自治区(84.03%)。

3.各级教育生均公共财政预算公用经费支出增长情况。2010年全国普通小学、普通初中、普通高中、中等职业学校、普通高等学校生均公共财政预算公用经费支出情况是:

(1)全国普通小学为929.89元,比上年的743.70元增长25.04%。其中,农村普通小学为862.08元,比上年的690.56元增长24.84%。普通小学增长最快的是西藏自治区(75.01%)。

(2)全国普通初中为1414.33元,比上年的1161.98元增长21.72%。其中,农村普通初中为1348.43元,比上年的1121.12元增长20.28%。普通初中增长最快的是青海省(111.43%)。

(3)全国普通高中为1071.78元,比上年的831.59元增长28.88%,增长最快的是青海省(177.91%)。

(4)全国中等职业学校为1468.03元,比上年的1164.43元增长26.07%,增长最快的是西藏自治区(216.63%)。

(5)全国普通高等学校为4362.73元,比上年的3802.49元增长14.73%,增长最快的是新疆维吾尔自治区(138.54%)。

三、公共财政预算教育经费占公共财政支出比例情况

按公共财政预算教育经费包含教育费附加的口径计算,2010年全国公共财政预算教育经费为14163.90亿元,占公共财政支出89874.16亿元的比例为15.76%,比上年15.69%增加了0.07%。从全国情况看,有22个省、自治区、直辖市公共财政预算教育经费占公共财政支出比例比上年有不同程度的下降。

四、国家财政性教育经费占国内生产总值比例情况

据统计,2010年全国国内生产总值为401202亿元,国家财政性教育经费占国内生产总值比例为3.66%,比上年的3.59%增加了0.07%。

2010年全国教育经费执行情况监测结果表明,政府教育投入总量继续增加,国家财政性教育经费占GDP的比例以及公共财政预算教育经费占公共财政支出比例均比上年有所增加。

附　F2010年全国教育经费执行情况统计表

(1)2010年预算内教育拨款增长与财政经常性收入增长比较

地　区	预算内教育拨款本年比上年增长(%)	财政经常性收入本年比上年增长(%)	增长幅度比较
中　央	28.60	9.90	18.70
北京市	17.15	16.34	0.81
天津市	25.39	24.83	0.56
河北省	19.15	22.62	-3.47
山西省	18.49	15.63	2.86
内蒙古自治区	33.87	27.77	6.10

续表

地　区	预算内教育拨款本年比上年增长(%)	财政经常性收入本年比上年增长(%)	增长幅度比较
辽宁省	15.21	24.04	-8.83
吉林省	14.51	14.43	0.08
黑龙江省	11.75	10.48	1.27
上海市	15.90	13.11	2.79
江苏省	24.35	22.57	1.78
浙江省	17.72	16.50	1.22
安徽省	23.17	19.10	4.07
福建省	19.54	17.20	2.34
江西省	15.24	15.10	0.14
山东省	26.49	22.10	4.39
河南省	15.20	14.90	0.30
湖北省	12.70	12.60	0.10
湖南省	11.84	18.49	-6.65
广东省	14.66	14.61	0.05
广西壮族自治区	28.01	12.20	15.81
海南省	28.87	47.14	-18.27
重庆市	22.39	18.95	3.44
四川省	9.20	17.61	-8.41
贵州省	15.52	15.04	0.48
云南省	17.51	18.23	-0.72
西藏自治区	8.66	6.16	2.50
陕西省	8.21	21.61	-13.40
甘肃省	10.77	9.00	1.77
青海省	34.49	17.71	16.78
宁夏回族自治区	21.77	28.67	-6.90
新疆维吾尔自治区	23.31	22.66	0.65

注:预算内教育拨款包括教育事业费、科研经费、基建经费和其他经费。

(2)2010年公共财政预算教育经费占公共财政支出比例情况

地　区	公共财政预算教育经费(亿元)			公共财政预算教育经费占财政支出比例(%)		
	2009年	2010年	增长比例(%)	2009年	2010年	增减百分点
总　计	11974.98	14163.90	18.28	15.69	15.76	0.07
北京市	431.03	505.78	17.34	18.58	18.61	0.03
天津市	179.83	225.28	25.27	16.00	16.36	0.36
河北省	456.93	543.70	18.99	19.46	19.28	-0.18
山西省	289.02	341.34	18.10	18.51	17.67	-0.84
内蒙古自治区	265.48	351.37	32.35	13.78	15.46	1.68
辽宁省	400.33	464.99	16.15	14.92	14.55	-0.37
吉林省	235.36	270.18	14.79	15.91	15.12	-0.79
黑龙江省	267.33	302.69	13.23	14.24	13.43	-0.81

续表

地　区	公共财政预算教育经费(亿元)			公共财政预算教育经费占财政支出比例(%)		
	2009 年	2010 年	增长比例%	2009 年	2010 年	增减百分点
上海市	375.07	435.75	16.18	12.55	13.19	0.64
江苏省	710.05	877.82	23.63	17.67	17.86	0.19
浙江省	543.91	639.27	17.53	20.50	19.93	-0.57
安徽省	354.76	437.84	23.42	16.56	16.92	0.36
福建省	316.27	378.99	19.83	22.40	22.36	-0.04
江西省	268.24	311.04	15.96	17.17	16.17	-1.00
山东省	615.11	773.66	25.78	18.82	18.66	-0.16
河南省	586.23	674.56	15.07	20.17	19.75	-0.42
湖北省	332.29	373.51	12.40	15.89	14.93	-0.96
湖南省	395.94	443.55	12.02	17.91	16.41	-0.15
广东省	903.57	1033.70	14.40	20.85	19.07	-0.78
广西壮族自治区	298.36	386.88	29.67	18.40	19.27	0.87
海南省	83.91	107.74	28.40	17.26	18.53	1.27
重庆市	230.55	280.66	21.73	17.84	16.42	-1.42
四川省	601.40	661.86	10.05	16.75	15.54	-1.21
贵州省	265.26	307.03	15.75	19.33	18.82	-0.51
云南省	369.88	442.58	19.66	18.95	19.36	0.41
西藏自治区	57.71	63.35	9.77	12.28	11.50	-0.78
陕西省	340.18	370.44	8.90	18.47	16.70	-1.77
甘肃省	233.81	258.97	10.76	18.76	17.63	-1.13
青海省	72.29	97.30	34.60	14.85	13.09	-1.76
宁夏回族自治区	67.19	81.97	22.00	15.54	14.70	-0.84
新疆维吾尔自治区	256.02	316.62	23.67	19.01	18.64	-0.37

注:表中公共财政预算教育经费含教育费附加。

(3)-1 各级教育生均公共财政预算教育事业费增长情况(单位:元)

地　区	普通小学			普通初中			普通高中		
	2009 年	2010 年	增长率(%)	2009 年	2010 年	增长率(%)	2009 年	2010 年	增长率(%)
总　计	3357.92	4012.51	19.49	4331.62	5213.91	20.37	3757.60	4509.54	20.01
北京市	11662.02	14482.39	24.18	15581.06	20023.04	28.51	16312.03	20619.66	26.41
天津市	9131.43	11505.42	26.00	11083.16	14819.48	33.71	10222.49	13233.87	29.46
河北省	3343.17	3783.13	13.16	4257.98	5227.19	22.76	3385.12	3997.89	18.10
山西省	3430.75	4049.43	18.03	4036.01	4739.37	17.43	3536.40	4245.34	20.05
内蒙古自治区	5278.61	6691.86	26.77	6130.16	7684.29	25.35	4416.94	5611.80	27.05
辽宁省	4359.81	5174.19	18.68	5590.81	6978.02	24.81	4104.89	5334.80	29.96
吉林省	4708.85	6220.61	32.10	5315.29	6826.55	28.43	3988.47	5104.32	27.98
黑龙江省	4916.89	5484.50	11.54	4786.26	5594.01	16.88	4613.53	4411.34	-4.38
上海市	14792.68	16143.85	9.13	18224.25	19809.98	8.70	16853.72	20346.58	20.72
江苏省	5820.20	7252.39	24.61	5903.74	8385.89	42.04	4391.55	5595.47	27.41

续表

地　区	普通小学			普通初中			普通高中		
	2009 年	2010 年	增长率(%)	2009 年	2010 年	增长率(%)	2009 年	2010 年	增长率(%)
浙江省	5611.99	6723.41	19.96	6886.53	8382.49	21.72	5674.83	6415.40	13.05
安徽省	2480.81	3192.12	28.67	3048.55	3963.55	30.01	2234.22	2817.27	26.10
福建省	4023.47	4785.85	18.95	4501.61	5715.61	26.97	4366.44	5221.83	19.59
江西省	2141.81	2470.25	15.33	3113.75	3375.17	8.40	2674.33	3016.21	12.78
山东省	3221.62	3936.26	22.18	4907.13	6137.13	25.07	3948.69	5067.80	28.57
河南省	1949.00	2186.14	12.17	2965.13	3410.02	15.00	2205.48	2457.82	11.44
湖北省	2936.79	3208.29	9.24	4006.63	4514.41	12.67	2192.67	2563.33	16.90
湖南省	2791.13	3013.99	7.98	4508.75	4932.57	9.40	2814.96	3288.30	16.82
广东省	2896.53	3487.02	20.39	3418.71	3920.97	14.69	4834.38	5312.93	9.90
广西壮族自治区	2672.80	3355.57	25.55	3364.14	4299.73	27.81	2723.16	3428.11	25.89
海南省	3891.90	5578.47	43.34	4333.22	5801.61	33.89	4185.10	6421.43	53.44
重庆市	2963.17	3633.96	22.64	3559.90	4297.92	20.73	3011.78	3606.59	19.75
四川省	2824.93	3372.56	19.39	3438.86	4076.96	18.56	2247.42	2590.74	15.28
贵州省	2302.56	2758.61	19.81	2698.18	3204.20	18.75	2830.25	3317.10	17.20
云南省	2773.42	3286.24	18.49	3716.27	4349.07	17.03	3897.78	4315.79	10.72
西藏自治区	6302.33	8164.32	29.54	7157.09	7242.81	1.20	6127.22	7245.76	18.26
陕西省	4247.65	4723.88	11.21	4798.54	5256.90	9.55	3441.39	4491.15	30.50
甘肃省	2832.09	3306.41	16.75	3636.33	4129.87	13.57	3097.27	3798.17	22.63
青海省	4126.95	5011.76	21.44	5366.32	7423.16	38.33	5221.28	7983.63	52.91
宁夏回族自治区	3029.88	3819.14	26.05	4608.13	6009.40	30.41	5231.43	6672.23	27.54
新疆维吾尔自治区	4420.89	5868.61	32.75	6341.59	7788.66	22.82	5828.23	7249.22	24.38

(3)-1 各级教育生均公共财政预算教育事业费增长情况(续)(单位:元)

地　区	中等职业学校			普通高等学校		
	2009 年	2010 年	增长率(%)	2009 年	2010 年	增长率(%)
总　计	4262.52	4842.45	13.61	8542.30	9589.73	12.26
北京市	13123.39	15583.79	18.75	29772.87	34546.43	16.03
天津市	7422.35	10322.84	39.08	10858.31	12395.91	14.16
河北省	3589.56	4195.75	16.89	5148.06	5238.50	1.76
山西省	4259.36	4278.06	0.44	5881.77	6681.89	13.60
内蒙古自治区	5999.45	8231.72	37.21	7072.47	10147.22	43.47
辽宁省	6765.71	6536.11	-3.39	5202.53	5896.08	13.33
吉林省	5625.29	7266.12	29.17	6183.19	9845.50	59.23
黑龙江省	6420.43	6029.69	-6.09	6137.91	6742.70	9.85
上海市	10825.45	12609.79	16.48	16423.87	21258.08	29.43
江苏省	3645.61	4314.28	18.34	8352.23	10089.18	20.80
浙江省	5998.75	6643.12	10.74	9423.45	10508.34	11.51
安徽省	2275.14	2972.06	30.63	4422.34	4854.69	9.78
福建省	4276.02	4433.29	3.68	6179.36	6666.99	7.89

续表

地　区	中等职业学校			普通高等学校		
	2009 年	2010 年	增长率(%)	2009 年	2010 年	增长率(%)
江西省	2895.49	3192.15	10.25	4481.14	6156.30	37.38
山东省	4367.89	5436.04	24.45	5539.03	6913.92	24.82
河南省	3394.56	3609.54	6.33	4216.83	4276.64	1.42
湖北省	2236.49	2728.00	21.98	4708.70	5947.88	26.32
湖南省	3483.73	3963.30	13.77	4975.08	5074.68	2.00
广东省	4888.52	4815.30	-1.50	10914.96	11200.22	2.61
广西壮族自治区	3898.69	5278.65	35.40	6228.73	6902.44	10.82
海南省	4797.47	4903.97	2.22	5778.16	8877.30	53.64
重庆市	3135.36	3666.64	16.94	5241.45	7135.63	36.14
四川省	3326.84	3792.69	14.00	4766.95	6481.06	35.96
贵州省	3070.90	3974.26	29.42	6834.87	8823.65	29.10
云南省	4264.97	4728.43	10.87	8551.99	8515.23	-0.43
西藏自治区	6672.89	7618.66	14.17	14275.98	17155.04	20.17
陕西省	4313.26	4607.49	6.82	5468.89	7106.90	29.95
甘肃省	4136.69	4347.86	5.10	5944.18	6868.73	15.55
青海省	4217.79	6496.27	54.02	8165.93	10944.41	34.03
宁夏回族自治区	4048.96	4426.93	9.33	10083.40	10741.24	6.52
新疆维吾尔自治区	5664.94	7996.67	41.16	7169.94	13194.92	84.03

(3)-2 各级教育生均公共财政预算公用经费增长情况(单位:元)

地　区	普通小学			普通初中			普通高中		
	2009 年	2010 年	增长率(%)	2009 年	2010 年	增长率(%)	2009 年	2010 年	增长率(%)
总　计	743.70	929.89	25.04	1161.98	1414.33	21.72	831.59	1071.78	28.88
北京市	4722.87	5636.99	23.59	6352.23	8247.66	29.84	6994.58	8864.84	26.74
天津市	1144.08	1691.80	47.87	1689.62	2521.05	49.21	1807.56	2160.81	19.54
河北省	689.53	892.25	29.40	989.82	1305.69	31.91	701.21	859.72	22.61
山西省	832.20	954.87	14.74	1208.41	1415.17	17.11	868.00	1119.31	28.95
内蒙古自治区	1141.08	1560.76	36.78	1669.06	2209.10	32.36	1243.23	1827.40	46.99
辽宁省	998.76	1263.55	26.51	1532.85	2041.43	33.18	769.45	1220.04	58.56
吉林省	1208.72	1462.37	20.99	1749.11	1906.29	8.99	1147.62	1451.46	26.48
黑龙江省	813.25	978.30	20.30	1086.33	1418.34	30.56	1171.52	1029.27	-12.14
上海市	3453.12	426469.	23.50	4495.26	5298.45	17.87	4107.46	5485.57	33.55
江苏省	689.08	853.55	23.87	864.03	1088.54	25.98	496.90	604.82	21.72
浙江省	792.66	870.54	9.83	1072.22	1209.80	12.83	1073.62	1326.93	23.59
安徽省	609.38	922.50	51.38	920.06	1338.99	45.53	453.82	689.63	51.96
福建省	681.58	1071.25	57.17	949.86	1454.07	53.08	620.62	983.41	58.46
江西省	646.95	697.25	7.77	1099.63	1074.41	-2.29	565.28	658.64	16.52
山东省	573.47	917.66	60.02	1011.90	1782.46	76.15	576.30	1070.92	85.83
河南省	573.32	700.84	22.24	932.93	1174.95	25.94	558.22	595.87	6.74

续表

地　区	普通小学			普通初中			普通高中		
	2009 年	2010 年	增长率(%)	2009 年	2010 年	增长率(%)	2009 年	2010 年	增长率(%)
湖北省	652.44	701.09	7.46	1121.94	1130.42	0.76	379.69	482.04	21.21
湖南省	840.30	928.48	10.49	1522.89	1544.50	1.42	530.77	555.14	4.59
广东省	652.87	735.85	12.71	899.23	976.19	8.34	1281.70	1508.96	17.73
广西壮族自治区	453.28	670.36	47.89	727.95	1127.29	54.86	430.25	735.97	71.06
海南省	878.95	1358.73	54.59	1543.84	2037.29	31.96	1069.11	2561.42	139.58
重庆市	853.23	1166.45	36.71	1249.99	1566.86	25.35	973.28	1239.23	27.33
四川省	629.34	770.81	22.48	933.71	1033.77	10.72	401.54	429.94	7.07
贵州省	439.49	579.26	31.80	624.13	827.24	32.54	369.67	502.21	35.85
云南省	584.91	802.56	37.21	995.32	1162.33	16.78	876.71	1026.96	17.14
西藏自治区	1187.31	2077.95	75.01	2200.34	1431.91	-34.92	824.76	1313.31	59.24
陕西省	1140.47	1071.28	-6.07	1732.43	1516.97	-12.44	829.68	1041.46	25.53
甘肃省	781.16	820.64	5.05	1250.75	1292.78	3.36	719.44	927.11	28.87
青海省	1235.14	1850.49	49.82	1630.56	3447.57	111.43	1278.63	3553.46	177.91
宁夏回族自治区	777.41	1304.51	67.80	1763.65	2777.83	57.50	2268.76	3234.27	42.56
新疆维吾尔自治区	1122.87	1145.49	2.01	2483.64	2447.24	-1.47	1923.02	1852.33	-3.68

(3)-2 各级教育生均公共财政预算公用经费增长情况(续)(单位:元)

地　区	中等职业学校			普通高等学校		
	2009 年	2010 年	增长率(%)	2009 年	2010 年	增长率(%)
总　计	1164.43	1468.03	26.07	3802.49	4362.73	14.73
北京市	6525.69	7962.78	22.02	19828.66	19896.42	0.34
天津市	1352.36	1422.43	5.18	4820.81	5237.56	8.64
河北省	513.46	880.25	71.37	1086.22	1616.21	48.79
山西省	878.86	1103.43	25.55	1670.54	1850.42	10.77
内蒙古自治区	1330.93	2989.16	124.59	2621.41	5042.42	92.36
辽宁省	2880.46	2376.57	-17.49	1912.14	2287.49	19.63
吉林省	1338.85	1660.44	24.02	2333.22	4909.68	110.43
黑龙江省	1413.26	1104.21	-21.87	1534.85	2029.52	32.23
上海市	3726.25	4553.20	22.19	10679.17	15438.48	44.57
江苏省	616.22	965.23	56.64	4173.32	5213.14	24.92
浙江省	621.09	1777.39	9.64	3109.79	3819.66	22.83
安徽省	464.13	807.42	73.96	1326.59	1672.96	26.11
福建省	872.56	1003.48	15.00	3014.64	2983.48	-1.03
江西省	625.72	1070.89	71.15	1544.50	1975.10	27.88
山东省	753.87	1393.75	84.88	1128.31	2225.89	97.28
河南省	840.09	739.34	-11.99	1625.92	1441.28	-11.36
湖北省	439.98	610.33	38.72	1473.63	2199.08	49.23
湖南省	598.51	837.71	39.97	1463.52	1495.88	2.21
广东省	2143.74	1975.10	-7.87	5235.49	5864.76	12.02

续表

地　区	中等职业学校			普通高等学校		
	2009 年	2010 年	增长率(%)	2009 年	2010 年	增长率(%)
广西壮族自治区	1319.76	2214.77	67.82	1978.94	2702.68	36.57
海南省	1873.94	1958.49	4.51	2294.70	3732.34	62.65
重庆市	1052.51	1521.83	44.59	2786.35	4625.17	65.99
四川省	892.39	1099.19	23.17	2386.99	4084.40	71.11
贵州省	739.47	1635.90	121.23	2609.70	4161.00	59.44
云南省	1400.26	1853.42	32.36	5151.27	4606.43	-10.58
西藏自治区	1052.86	3333.69	216.63	4279.24	6679.70	56.10
陕西省	1183.51	1502.23	26.93	2273.70	3779.75	66.24
甘肃省	1009.76	1071.54	6.12	1898.26	2764.49	45.63
青海省	1477.41	3535.38	139.30	1700.54	3661.77	115.33
宁夏回族自治区	1587.47	1777.79	11.99	4699.20	4336.72	-7.71
新疆维吾尔自治区	1438.28	2626.15	82.59	2973.35	7092.75	138.54

注:1. 公告中所涉及的全国性统计数据,均不包括台湾省、香港特别行政区、澳门特别行政区。
2. 公告中的 2010 年全国国内生产总值 401202 亿元和公共财政支出 89874.16 亿元等数据来源于《中国统计年鉴—2011》。

2010 年全国教育事业发展统计公报(高等教育)

2010 年,党中央、国务院颁布了国家中长期教育改革和发展规划纲要,召开了新世纪第一次全国教育工作会议,中国教育改革和发展进入新的阶段。教育战线按照优先发展、育人为本、改革创新、促进公平、提高质量的要求,全面落实教育规划纲要,稳步实施国家重大教育发展项目和改革试点,着力促进教育公平、提高教育质量,深入推进教育事业科学发展,办好人民满意的教育,教育事业的改革发展取得了新进展。

高等教育稳步发展。全国各类高等教育总规模达到 3105 万人,高等教育毛入学率达到 26.5%。全国共有普通高等学校和成人高等学校 2723 所,比上年增加 34 所。其中,普通高等学校 2358 所(含独立学院 323 所),比上年增加 53 所,成人高等学校 365 所,比上年减少 19 所。普通高校中本科院校 1112 所,比上年增加 22 所;高职(专科)院校 1246 所,比上年增加 31 所。全国共有培养研究生单位 797 个,其中高等学校 481 个,科研机构 316 个。

高等教育招生数和在校生规模持续增加。全国招收研究生 53.82 万人,比上年增加 2.72 万人,增长 5.33%,其中招收博士生 6.38 万人,招收硕士生 47.44 万人。在学研究生 153.84 万人,比上年增加 13.35 万人,增长 9.50%,其中在学博士生 25.89 万人,在学硕士生 127.95 万人。毕业研究生 38.36 万人,比上年增加 1.23 万人,增长 3.31%,其中毕业博士生 4.90 万人,毕业硕士生 33.46 万人。

普通高等教育本专科共招生 661.76 万人,比上年增加 22.27 万人,增长 3.48%;在校生 2231.79 万人,比上年增加 87.13 万人,增长 4.06%;毕业生 575.42 万人,比上年增加 44.32 万人,增长 8.34%。

成人高等教育本专科共招生 208.43 万人,比上年增加 6.95 万人;在校生 536.04 万人,比上年减少 5.31 万人;毕业生 197.29 万人,比上年增加 2.90 万人。

全国高等教育自学考试学历教育报考 965 万人次,取得毕业证书 62 万人;非学历教育报考 1103 万人次。

普通高等学校本科、高职(专科)全日制在校生平均规模为 9298 人,其中,本科学校为 13100 人,高职(专科)学校为 5904 人。

普通高等学校教职工 215.66 万人,比上年增加 4.51 万人,其中专任教师 134.31 万人,比上年增加 4.79 万人。普通高校生师比为 17.33∶1。成人高等学校教职工 7.71 万人,比上年减少 0.71 万人,其中专任教师 4.59 万人,比上年减少 0.45 万人。

普通高等学校校舍总建筑面积为 74604 万平方米(含非产权独立使用),比上年增加 2732 万平方米;教学科研仪器设备总值为 2279 亿元,比上年增加 233 亿元。

全国接受各种非学历高等教育的学生 332.89 万人次,当年已结业 712.56 万人次。

民办教育持续发展。全国共有各级各类民办学校(教育机构)11.90 万所,比上年增加 1.25 万所;招生 1300.45 万人,比上年增加 143.68 万人;各类教育在校生达 3392.96 万人,比上年增加 327.57 万人。其中,民办高校 676 所(含独立学院 323 所),比上年增加 18 所;招生 146.74 万人,比上年增加 6.60 万人;在校生 476.68 万人,比上年增加 30.55 万人,其中本科在校生 280.99 万人,专科在校生 195.70 万人。另有自考助学班学生、预科生、进修及培训学生 20.61 万人;民办的非学历高等教育机构 836 所,各类注册学生 92.18 万人。

产业发展与政策

2010 年度中国企业 100 强

排名	公司名称	营业收入(百万元)	行业
1	中国石油化工股份有限公司	1345052	石油、天然气、化工
2	中国石油天然气股份有限公司	1019275	石油、天然气、化工
3	中国移动有限公司	452103	通讯和通讯设备
4	中国铁建股份有限公司	355520	基建、建筑
5	中国中铁股份有限公司	346367	基建、建筑
6	中国人寿保险股份有限公司	342026	金融
7	中国工商银行股份有限公司	309454	金融
8	中国建设银行股份有限公司	267184	金融
9	中国建筑股份有限公司	260379	基建、建筑
10	中国银行股份有限公司	232198	金融
11	中国交通建设股份有限公司-H 股	226920	建筑
12	中国电信股份有限公司-H 股	209370	通讯和通讯设备
13	中国冶金科工股份有限公司	165294	基建、建筑
14	中国联合通信股份有限公司	158368	通讯和通讯设备
15	宝山钢铁股份有限公司	148525	金属
16	中国平安保险(集团)股份有限公司	147835	金融
17	上海汽车集团股份有限公司	139635	汽车
18	中国神华能源股份有限公司	121312	煤炭
19	中国人民财产保险股份有限公司-H 股	119771	金融
20	联想集团有限公司	113369	计算机及相关产品
21	中国海洋石油有限公司	105195	石油、天然气、化工
22	中国太平洋保险(集团)股份有限公司	104313	金融
23	五矿发展股份有限公司	94305	批发零售
24	东风汽车集团股份有限公司	91758	汽车制造业
25	唐山钢铁股份有限公司	87185	金属
26	交通银行股份有限公司	80937	金融
27	华能国际电力股份有限公司	79742	电力
28	山西太钢不锈钢股份有限公司	71828	金属
29	中国铝业股份有限公司	70268	金属
30	鞍钢股份有限公司	70126	金属
31	华润创业有限公司	62764	综合企业
32	中兴通讯股份有限公司	60272	通讯和通讯设备
33	苏宁电器股份有限公司	58300	批发零售
34	上海电气集团股份有限公司	57790	机械设备制造
35	中国南方航空股份有限公司	56043	交通运输、仓储业

续表

排名	公司名称	营业收入(百万元)	行业
36	中国远洋控股股份有限公司	55734	交通运输、仓储业
37	中国中煤能源股份有限公司	53729	煤炭
38	武汉钢铁股份有限公司	53714	金属
39	马鞍山钢铁股份有限公司	51859	金属
40	中国石化上海石油化工股份有限公司	51722	石油、天然气、化工
41	江西铜业股份有限公司	51714	金属
42	招商银行股份有限公司	51446	金融
43	中国国际航空股份有限公司	51095	交通运输、仓储业
44	富士康国际控股有限公司	49251	电子元器件制造业
45	万科企业股份有限公司	48881	房地产
46	大唐国际发电股份有限公司	47942	电力
47	广东美的电器股份有限公司	47278	家用电器
48	国药控股股份有限公司-H 股	47045	医药、生物制品、医疗保健
49	中国南车股份有限公司	46392	机械设备制造
50	上海物资贸易股份有限公司	45799	批发零售
51	北汽福田汽车股份有限公司	44839	汽车
52	TCL 集团股份有限公司	44295	家用电器
53	国美电器控股有限公司	42667	家用电器
54	珠海格力电器股份有限公司	42637	家用电器
55	中国民生银行股份有限公司	42060	金融
56	湖南华菱管线股份有限公司	41503	金属
57	中信银行股份有限公司	40801	金融
58	中铁二局股份有限公司	40619	基建、建筑
59	中信泰富有限公司	40593	综合企业
60	厦门建发股份有限公司	40550	批发零售
61	中国北车股份有限公司	40515	机械设备制造
62	上海建工股份有限公司	40187	基建、建筑
63	中国东方航空股份有限公司	39831	交通运输、仓储业
64	中国通信服务股份有限公司-H 股	39499	电讯设备制造及服务业
65	比亚迪股份有限公司-H 股	39469	汽车
66	攀枝花新钢钒股份有限公司	38507	金属
67	中国粮油控股有限公司	38336	食品饮料
68	长城科技股份有限公司-H 股	37085	计算机及配件
69	上海浦东发展银行股份有限公司	36823	金融
70	华电国际电力股份有限公司	36661	电力
71	甘肃酒钢集团宏兴钢铁股份有限公司	35948	金属
72	本钢板材股份有限公司	35597	金属
73	潍柴动力股份有限公司	35525	汽车
74	内蒙古包钢钢联股份有限公司	34016	金属

续表

排名	公司名称	营业收入(百万元)	行业
75	中国建材股份有限公司-H股	33297	建材
76	东方电气股份有限公司	33223	机械设备制造
77	神州数码控股有限公司	33086	电子信息
78	青岛海尔股份有限公司	32979	家用电器
79	中国海外发展有限公司	32645	房地产
80	兴业银行股份有限公司	31679	金融
81	四川长虹电器股份有限公司	31458	家用电器
82	铜陵有色金属集团股份有限公司	30755	金属
83	中国中材股份有限公司-H股	30367	建材
84	上海友谊集团股份有限公司	29186	批发零售
85	中银香港(控股)有限公司	29163	金融
86	华润电力控股有限公司	29052	电力
87	哈尔滨动力设备股份有限公司-H股	28629	电力设备
88	河南双汇投资发展股份有限公司	28351	食品饮料
89	莱芜钢铁股份有限公司	28276	金属
90	中国化学工程股份有限公司	28054	基建、建筑
91	一汽轿车股份有限公司	27744	汽车
92	中国外运股份有限公司-H股	27635	交通运输、仓储业
93	上海振华港口机械(集团)股份有限公司	27564	机械设备制造
94	中国重汽(香港)有限公司	27222	汽车
95	中国太平保险控股有限公司	27135	金融
96	中化化肥控股有限公司	26832	化学原料及化学制品制造业
97	中国葛洲坝集团股份有限公司	26601	基建、建筑
98	柳州钢铁股份有限公司	26565	金属
99	TCL多媒体科技控股有限公司	26540	家用电器
100	中国蒙牛乳业有限公司	25710	食品饮料

2010年度全球企业500强

排名	公司名称	营业收入(百万美元)
1	沃尔玛(Wal-Mart Stores)	408214
2	荷兰皇家壳牌石油公司(Royal Dutch Shell)	285129
3	埃克森美孚(Exxon Mobil)	284650
4	英国石油公司(BP)	246138
5	丰田汽车公司(Toyota Motor)	204106
6	日本邮政控股(Japan Post Holdings)	202196
7	中国石油化工集团公司(Sinopec)	187518
8	国家电网公司(State Grid)	184496
9	安盛(AXA)	175257

续表

排名	公司名称	营业收入(百万美元)
10	中国石油天然气集团公司(China National Petroleum)	165496
11	雪佛龙(Chevron)	163527
12	荷兰国际集团(ING Group)	163204
13	通用电气(General Electric)	156779
14	道达尔(Total)	155887
15	美国银行(Bank of America Corp.)	150450
16	大众公司(Volkswagen)	146205
17	康菲石油(ConocoPhillips)	139515
18	法国巴黎银行(BNP Paribas)	130708
19	意大利忠利保险公司(Assicurazioni Generali)	126012

续表

排名	公司名称	营业收入（百万美元）
20	安联保险集团(Allianz)	125999
21	美国电话电报公司(AT&T)	123018
22	家乐福(Carrefour)	121452
23	福特汽车公司(Ford Motor)	118308
24	埃尼集团(ENI)	117235
25	摩根大通（J. P. Morgan Chase & Co.）	115632
26	惠普(Hewlett-Packard)	114552
27	意昂集团(E. ON)	113849
28	伯克希尔-哈撒韦公司（Berkshire Hathaway）	112493
29	法国燃气苏伊士集团（GDF Suez）	111069
30	戴姆勒股份公司(Daimler)	109700
31	日本电报电话公司（Nippon Telegraph & Telephone）	109656
32	三星电子（Samsung Electronics）	108927
33	花旗集团(Citigroup)	108785
34	麦克森公司(McKesson)	108702
35	威瑞森电信（Verizon Communications）	107808
36	法国农业信贷银行（Credit Agricole）	106538
37	西班牙国家银行（Banco Santander）	106345
38	通用汽车(General Motors)	104589
39	汇丰控股(HSBC Holdings)	103736
40	西门子(Siemens)	103605
41	美国国际集团(American International Group)	103189
42	英国劳埃德银行集团（Lloyds Banking Group）	102967
43	卡地纳健康集团（Cardinal Health）	99613
44	雀巢(Nestlé)	99114
45	CVS Caremark 公司(CVS Caremark)	98729
46	富国银行(Wells Fargo)	98636
47	日立(Hitachi)	96593
48	IBM（International Business Machines）	95758
49	德克夏集团(Dexia Group)	95144
50	俄罗斯国家天然气公司（Gazprom）	94472
51	本田汽车(Honda Motor)	92400
52	法国电力集团（électricité de France）	92204
53	英杰华集团(Aviva)	92140
54	巴西国家石油公司(Petrobras)	91869
55	苏格兰皇家银行（Royal Bank of Scotland）	91767
56	委内瑞拉国家石油公司(PDVSA)	91182

续表

排名	公司名称	营业收入（百万美元）
57	麦德龙(Metro)	91152
58	乐购(Tesco)	90234
59	德国电信（Deutsche Telekom）	89794
60	意大利国家电力公司(Enel)	89329
61	联合健康集团（UnitedHealth Group）	87138
62	法国兴业银行（Société Générale）	84157
63	日产汽车(Nissan Motor)	80963
64	墨西哥国家石油公司(Pemex)	80722
65	松下(Panasonic)	79893
66	宝洁(Procter & Gamble)	79697
67	乐金公司(LG)	78892
68	西班牙电信（Tlefónica）	78853
69	索尼(Sony)	77696
70	克罗格(Kroger)	76733
71	法国 BPCE 银行集团（Groupe BPCE）	76464
72	保诚集团(Prudential)	75010
73	慕尼黑再保险集团（Munich Re Group）	74764
74	挪威国家石油公司(Statoil)	74000
75	日本生命保险公司（Nippon Life Insurance）	72051
76	美源伯根公司(AmerisourceBergen)	71789
77	中国移动通信集团公司（China Mobile Communications）	71749
78	现代汽车(Hyundai Motor)	71678
79	好市多(Costco Wholesale)	71422
80	沃达丰(Vodafone)	70899
81	巴斯夫公司(BASF)	70461
82	宝马(BMW)	70444
83	苏黎世金融服务公司（Zurich Financial Services）	70272
84	瓦莱罗能源公司（Valero Energy）	70035
85	菲亚特(Fiat)	69639
86	德国邮政(Deutsche Post)	69427
87	中国工商银行(Industrial & Commercial Bank of China)	69295
88	ADM 公司（Archer Daniels Midland）	69207
89	东芝(Toshiba)	68731
90	英国法通保险公司（Legal & General Group）	68290
91	波音(Boeing)	68281
92	美国邮政（U. S. Postal Service）	68090
93	卢克石油公司(Lukoil)	68025
94	标致(Peugeot)	67297

续表

排名	公司名称	营业收入（百万美元）
95	法国国家人寿保险公司（CNP Assurances）	66556
96	巴克莱银行(Barclays)	66533
97	家得宝公司(Home Depot)	66176
98	塔吉特公司(Target)	65357
99	阿塞洛-米塔尔（ArcelorMittal）	65110
100	Wellpoint 公司(WellPoint)	65028
101	莱茵集团(RWE)	64795
102	联合信贷集团(UniCredit Group)	64709
103	荷兰全球保险集团(Aegon)	64506
104	SK 集团(SK Holdings)	64396
105	法国电信(France Télécom)	63860
106	沃尔格林公司(Walgreen)	63335
107	马来西亚国家石油公司(Petronas)	62577
108	强生(Johnson & Johnson)	61897
109	州立农业保险公司(State Farm Insurance)	61480
110	美可保健公司(Medco Health Solutions)	59804
111	欧洲航空防务与航天集团(EADS)	59520
112	鸿海科技集团(Hon Hai Precision Industry)	59324
113	德意志银行(Deutsche Bank)	58998
114	雷普索尔-YPF 公司(Repsol YPF)	58571
115	微软(Microsoft)	58437
116	中国建设银行(China Construction Bank)	58361
117	巴西伊塔乌投资银行（Itaúsa-Investimentos Itaú）	57859
118	中国人寿保险(集团)公司(China Life Insurance)	57019
119	日本第一生命保险公司(Dai-ichi Life Insurance)	57018
120	诺基亚(Nokia)	56966
121	联合利华(Unilever)	55352
122	欧尚集团(Groupe Auchan)	55141
123	蒂森克虏伯(ThyssenKrupp)	54816
124	Seven & I 控股公司（Seven & I Holdings）	54701
125	印度石油公司(Indian Oil)	54288
126	三菱日联金融集团(Mitsubishi UFJ Financial Group)	54285
127	日本永旺集团(AEON)	54092
128	东京电力公司（Tokyo Electric Power）	54026
129	博世集团(Robert Bosch)	53060
130	联合技术公司（United Technologies）	52920
131	戴尔(Dell)	52902
132	圣戈班集团(Saint-Gobain)	52521

续表

排名	公司名称	营业收入（百万美元）
133	中国铁建股份有限公司(China Railway Construction)	52044
134	高盛集团（Goldman Sachs Group）	51673
135	巴西布拉德斯科银行（Banco Bradesco）	51608
136	JX 控股公司（JX Holdings）	51405
137	中国中铁股份有限公司(China Railway Group)	50704
138	富士通(Fujitsu)	50399
139	必和必拓(BHP Billiton)	50211
140	辉瑞(Pfizer)	50009
141	中国农业银行（Agricultural Bank of China）	49742
142	百思买(Best Buy)	49694
143	中国银行(Bank of China)	49682
144	马拉松石油公司（Marathon Oil）	49403
145	威立雅集团（Veolia Environnement）	49142
146	三菱(Mitsubishi)	48913
147	马士基集团（A. P. Moller - Maersk）	48824
148	巴西银行(Banco do Brasil)	48122
149	西班牙对外银行（Banco Bilbao Vizcaya Argentaria）	48074
150	瑞士信贷(Credit Suisse)	47658
151	意大利联合圣保罗银行(Intesa Sanpaolo)	47282
152	美国劳氏公司(Lowe´s)	47220
153	瑞士罗氏公司(Roche Group)	47109
154	雷诺(Renault)	46858
155	泰国国家石油公司(PTT)	46220
156	中国南方电网(China Southern Power Grid)	45735
157	联合包裹速递服务公司（United Parcel Service）	45297
158	日本明治安田生命保险公司(Meiji Yasuda Life Insurance)	45262
159	洛克希德-马丁（Lockheed Martin）	45189
160	诺华公司(Novartis)	45103
161	陶氏化学(Dow Chemical)	44945
162	万喜集团(Vinci)	44378
163	英国葛兰素史克公司(GlaxoSmithKline)	44240
164	三井物产(Mitsui)	44120
165	西尔斯控股(Sears Holdings)	44043
166	日本住友生命保险公司（Sumitomo Life Insurance）	43780
167	国际资产控股公司（International Assets Holding）	43604

续表

排名	公司名称	营业收入（百万美元）
168	法国布伊格集团(Bouygues)	43579
169	赛诺菲-安万特集团(Sanofi-Aventis)	43405
170	拜耳集团(Bayer)	43322
171	百事公司(PepsiCo)	43232
172	邦吉公司(Bunge)	41926
173	力拓集团(Rio Tinto Group)	41825
174	大都会人寿保险公司(MetLife)	41098
175	信实工业公司(Reliance Industries)	41085
176	美国西夫韦公司(Safeway)	40851
177	德国联邦铁路公司 (Deutsche Bahn)	40774
178	美国超价商店公司(Supervalu)	40597
179	卡夫食品(Kraft Foods)	40386
180	法切莱公司 (Foncière Euris)	40385
181	意大利电信 (Telecom Italia)	39764
182	东风汽车公司 (Dongfeng Motor)	39402
183	瑞士银行(UBS)	39356
184	荷兰皇家阿霍德集团 (Royal Ahold)	38814
185	日本电气公司(NEC)	38591
186	东京海上日动火灾保险公司(Tokio Marine Holdings)	38458
187	中国建筑工程总公司 (China State Construction Engineering)	38117
188	英国森特理克集团(Centrica)	37927
189	法国维旺迪集团(Vivendi)	37712
190	房地美(Freddie Mac)	37614
191	新日本制铁公司 (Nippon Steel)	37563
192	西农 (Wesfarmers)	37466
193	日本 KDDI 电信公司(KDDI)	37073
194	西斯科公司(Sysco)	36853
195	日本伊藤忠商事株式会社(Itochu)	36798
196	安海斯-布希英博(Anheuser-Busch InBev)	36758
197	苹果公司(Apple)	36537
198	澳大利亚伍尔沃斯公司(Woolworths)	36523
199	华特迪士尼公司 (Walt Disney)	36149
200	思科公司(Cisco Systems)	36117
201	三菱电机股份有限公司(Mitsubishi Electric)	36116
202	美国康卡斯特电信公司(Comcast)	35756
203	中国中化集团公司 (Sinochem Group)	35577
204	中国电信集团公司 (China Telecommunications)	35557

续表

排名	公司名称	营业收入（百万美元）
205	联邦快递(FedEx)	35497
206	丸红株式会社(Marubeni)	35326
207	美国诺斯洛普格拉曼公司(Northrop Grumman)	35291
208	宏利金融(Manulife Financial)	35144
209	英特尔公司(Intel)	35127
210	安泰保险(Aetna)	34764
211	俄罗斯石油公司(Rosneft Oil)	34695
212	德国中央合作银行(DZ Bank)	34633
213	德国商业银行(Commerzbank)	34611
214	法国国营铁路公司(SNCF)	34585
215	南苏格兰电力公司 (Scottish & Southern Energy)	34357
216	佳能(Canon)	34292
217	Iberdrola 公司(Iberdrola)	34136
218	日本三井住友金融集团 (Sumitomo Mitsui Financial Group)	34104
219	弗朗茨海涅尔公司 (Franz Haniel)	34087
220	英国耆卫保险公司 (Old Mutual)	34072
221	美国纽约人寿保险公司 (New York Life Insurance)	34014
222	英国电信集团(BT Group)	33860
223	上海汽车工业(集团)总公司 (Shanghai Automotive)	33629
224	中国交通建设股份有限公司 (China Communications Construction)	33465
225	荷兰合作银行(Rabobank)	33396
226	阿斯利康(AstraZeneca)	32804
227	保德信金融集团(Prudential Financial)	32688
228	加拿大皇家银行 (Royal Bank of Canada)	32610
229	卡特彼勒(Caterpillar)	32396
230	斯普林特 Nextel 公司(Sprint Nextel)	32260
231	皇家飞利浦电子公司 (Royal Philips Electronics)	32232
232	电装公司(Denso)	32060
233	好事达(Allstate)	32013
234	通用动力 (General Dynamics)	31981
235	丹麦丹斯克银行 (Danske Bank Group)	31851
236	J. Sainsbury 公司(J. Sainsbury)	31828
237	瑞士 ABB 集团(ABB)	31797
238	BAE 系统公司 (BAE Systems)	31773
239	日本三菱重工业股份有限公司 (Mitsubishi Heavy Industries)	31674

续表

排名	公司名称	营业收入（百万美元）
240	摩根士丹利(Morgan Stanley)	31515
241	日本新日矿集团(Nippon Mining Holdings)	31512
242	来宝集团(Noble Group)	31183
243	美国利宝相互保险公司(Liberty Mutual Insurance Group)	31094
244	住友商事(Sumitomo)	31063
245	可口可乐公司(Coca-Cola)	30990
246	汉莎集团(Lufthansa Group)	30972
247	哈门那公司(Humana)	30960
248	霍尼韦尔国际公司(Honeywell International)	30908
249	利安德巴塞尔工业公司(LyondellBasell Industries)	30829
250	雅培公司(Abbott Laboratories)	30765
251	瑞士再保险公司(Swiss Reinsurance)	30745
252	中国海洋石油总公司(China National Offshore Oil)	30680
253	日本钢铁工程控股公司(JFE Holdings)	30634
254	中国中信集团公司(Citic Group)	30605
255	新闻集团(News Corp.)	30423
256	俄罗斯联邦储蓄银行(Sberbank)	30394
257	日本瑞穗金融集团(Mizuho Financial Group)	30346
258	中国第一汽车集团公司(China FAW Group)	30237
259	德国巴登-符腾堡州银行(Landesbank Baden-Württemberg)	30062
260	HCA 公司(HCA)	30052
261	德国艾德卡公司(Edeka Zentrale)	29976
262	联合博姿(Alliance Boots)	29848
263	软银(Softbank)	29762
264	夏普(Sharp)	29682
265	法航荷航集团(Air France-KLM Group)	29644
266	美国太阳石油公司(Sunoco)	29630
267	美国阿美拉达赫斯公司(Hess)	29569
268	美国英格雷姆麦克罗公司(Ingram Micro)	29515
269	美洲电信(América Móvil)	29233
270	房利美(Fannie Mae)	29065
271	加拿大鲍尔集团(Power Corp. of Canada)	29050
272	韩国浦项制铁公司(POSCO)	28883
273	KOC 集团(Ko Holding)	28845
274	时代华纳(Time Warner)	28842
275	中国南方工业集团公司(China South Industries Group)	28757

续表

排名	公司名称	营业收入（百万美元）
276	宝钢集团有限公司(Baosteel Group)	28591
277	日本出光兴产株式会社(Idemitsu Kosan)	28560
278	沃尔沃汽车公司(Volvo)	28551
279	法国邮政(La Poste)	28532
280	江森自控有限公司(Johnson Controls)	28497
281	国泰人寿保险股份有限公司(Cathay Life Insurance)	28315
282	印度国家银行(State Bank of India)	28213
283	关西电力(Kansai Electric Power)	28074
284	达美航空(Delta Air Lines)	28063
285	加拿大乔治威斯顿公司(George Weston)	28009
286	意大利邮政集团(Poste Italiane)	27935
287	德国大陆集团(Continental)	27932
288	英国标准人寿保险公司(Standard Life)	27803
289	普利司通(Bridgestone)	27750
290	阿尔斯通(Alstom)	27739
291	德尔海兹集团(Delhaize Group)	27732
292	东日本旅客铁道株式会社(East Japan Railway)	27720
293	沙特基础工业公司(Sabic)	27481
294	美国默克集团(Merck)	27428
295	Medipal 控股公司(Medipal Holdings)	27421
296	杜邦公司(DuPont)	27328
297	泰森食品(Tyson Foods)	27165
298	澳大利亚联邦银行(Commonwealth Bank of Australia)	27162
299	日本三菱化学公司(Mitsubishi Chemical Holdings)	27088
300	韩国 GS 控股集团(GS Holdings)	27066
301	爱立信(L. M. Ericsson)	26997
302	和记黄埔有限公司(Hutchison Whampoa)	26938
303	Vattenfall 公司(Vattenfall)	26857
304	美国运通公司(American Express)	26730
305	澳大利亚国民银行(National Australia Bank)	26708
306	韩国电力公司(Korea Electric Power)	26640
307	巴拉特石油公司(Bharat Petroleum)	26596
308	铃木汽车(Suzuki Motor)	26592
309	巴黎春天集团(PPR)	26534
310	芬梅卡尼卡集团(Finmeccanica)	26335
311	美国教师退休基金会(TIAA-CREF)	26278
312	中粮集团有限公司(COFCO)	26098

续表

排名	公司名称	营业收入（百万美元）
313	中国华能集团公司（China Huaneng Group）	26019
314	河北钢铁集团（Hebei Iron & Steel Group）	25924
315	中国冶金科工集团（China Metallurgical Group）	25868
316	三星人寿保险（Samsung Life Insurance）	25805
317	CHS 公司（CHS）	25730
318	俄罗斯秋明英国石油控股公司（TNK－BP Holding）	25696
319	美国来爱德公司（Rite Aid）	25669
320	西太平洋银行（Westpac Banking）	25623
321	德国复兴信贷银行（KFW Bankengruppe）	25582
322	豪赫蒂夫公司（Hochtief）	25563
323	法国安盟保险公司（Groupama）	25539
324	西班牙石油公司（Cepsa）	25526
325	Enterprise GP 控股公司（Enterprise GP Holdings）	25511
326	荷兰 GasTerra 能源公司（GasTerra）	25449
327	广达电脑公司（Quanta Computer）	25429
328	美国麻省人寿保险公司（Massachusetts Mutual Life Insurance）	25424
329	日本 T&D 控股公司（T&D Holdings）	25299
330	中国航空工业集团公司（Aviation Industry Corp. of China）	25189
331	菲利普－莫里斯国际公司（Philip Morris International）	25035
332	中国五矿集团公司（China Minmetals）	24956
333	奥地利石油天然气集团（OMV Group）	24904
334	雷神公司（Raytheon）	24881
335	美国快捷药方公司（Express Scripts）	24749
336	美国哈特福德金融服务公司（Hartford Financial Services）	24701
337	圣保罗旅行者保险公司（Travelers Cos.）	24680
338	迪奥（Christian Dior）	24665
339	大众超级市场公司（Publix Super Markets）	24515
340	亚马逊（Amazon. com）	24509
341	英国沃斯利集团（Wolseley）	24461
342	欧莱雅（L´Oréal）	24286
343	史泰博（Staples）	24276
344	威廉莫里斯超市连锁公司（William Morrison Supermarkets）	24263
345	巴伐利亚银行（Bayerische Landesbank）	24255
346	西班牙 ACS 集团（ACS）	24245
347	加拿大永明人寿保险公司（Sun Life Financial）	24160

续表

排名	公司名称	营业收入（百万美元）
348	中国北方工业（集团）总公司（China North Industries Group）	24150
349	CRH 集团（CRH）	24148
350	伟创力（Flextronics International）	24111
351	日本中部电力（Chubu Electric Power）	24110
352	中国中钢集团公司（Sinosteel）	24014
353	丰益国际（Wilmar International）	23885
354	印度斯坦石油公司（Hindustan Petroleum）	23881
355	谷歌（Google）	23651
356	神华集团（Shenhua Group）	23605
357	曼弗雷集团（Mapfre Group）	23526
358	韩华集团（Hanwha）	23521
359	富士胶片控股株式会社（Fujifilm Holdings）	23497
360	梅西百货（Macy´s）	23489
361	比利时联合银行（KBC Group）	23376
362	国际纸业（International Paper）	23366
363	巴西淡水河谷公司（Vale）	23311
364	马自达汽车（Mazda Motor）	23306
365	Ageas 集团（Ageas）	23254
366	甲骨文公司（Oracle）	23252
367	北德意志州银行（Norddeutsche Landesbank）	23201
368	中国联合网络通信集团有限公司（China United Network Communications）	23183
369	埃森哲（Accenture）	23171
370	3M 公司（3M）	23123
371	中国人民保险集团股份有限公司（People´s Insurance Co. of China）	23116
372	迪尔公司（Deere）	23112
373	科斯莫石油（Cosmo Oil）	23068
374	Migros 集团（Migros）	22976
375	韩国现代重工集团（Hyundai Heavy Industries）	22926
376	Maruhan 公司（Maruhan）	22843
377	帝国烟草公司（Imperial Tobacco Group）	22760
378	麦当劳（McDonald´s）	22745
379	Xstrata 公司（Xstrata）	22732
380	斯伦贝谢公司（Schlumberger）	22702
381	贺利氏控股集团（Heraeus Holding）	22545
382	怡和集团（Jardine Matheson）	22501
383	平安保险（Ping An Insurance）	22374
384	英国国家电力供应公司（National Grid）	22331

续表

排名	公司名称	营业收入（百万美元）
385	森科能源公司(Suncor Energy)	22327
386	阿弗瑞萨控股公司 (Alfresa Holdings)	22179
387	英美烟草集团 (British American Tobacco)	22157
388	爱信精机 (Aisin Seiki)	22127
389	技术数据公司 (Tech Data)	22100
390	拉法基集团(Lafarge)	22078
391	摩托罗拉(Motorola)	22063
392	贝塔斯曼集团(Bertelsmann)	22036
393	福陆公司(Fluor)	21990
394	施耐德电气(Schneider Electric)	21952
395	中国华润总公司 (China Resources National)	21902
396	礼来公司(Eli Lilly)	21836
397	华为(Huawei Technologies)	21821
398	波兰国营石油公司 (PKN Orlen Group)	21797
399	澳新银行 (Australia & New Zealand Banking)	21778
400	Onex 公司(Onex)	21758
401	多伦多道明银行(Toronto-Dominion Bank)	21733
402	理光集团(Ricoh)	21716
403	山田电机 (Yamada Denki)	21714
404	可口可乐企业公司(Coca-Cola Enterprises)	21645
405	百时美施贵宝公司(Bristol-Myers Squibb)	21634
406	巴登-符滕堡州能源公司(Energie Baden-Württemberg)	21634
407	昭和壳牌石油公司 (Showa Shell Sekiyu)	21612
408	西北互助人寿保险公司(Northwestern Mutual)	21603
409	北欧联合银行 (Nordea Bank)	21600
410	印度塔塔钢铁公司 (Tata Steel)	21582
411	美国直播电视集团(DIRECTV)	21565
412	中国大唐集团公司 (China Datang Group)	21460
413	印度石油天然气公司 (Oil & Natural Gas)	21448
414	加拿大丰业银行 (Bank of Nova Scotia)	21428
415	江苏沙钢集团 (Jiangsu Shagang Group)	21419
416	日本烟草公司 (Japan Tobacco)	21335
417	MS & AD 保险集团控股有限公司 (MS & AD Insurance Group Holdings)	21139
418	阿尔卡特-朗讯(Alcatel-Lucent)	21068
419	渣打集团 (Standard Chartered Group)	20941
420	艾默生电气公司 (Emerson Electric)	20915
421	英美资源集团 (Anglo American)	20858
422	达能集团(Danone)	20824

续表

排名	公司名称	营业收入（百万美元）
423	全美互惠保险公司(Nationwide)	20751
424	康帕斯集团 (Compass Group)	20747
425	Gas Natural Fenosa 公司 (Gas Natural Fenosa)	20681
426	米其林公司(Michelin)	20581
427	Adecco 公司(Adecco)	20567
428	武汉钢铁(集团)公司 (Wuhan Iron & Steel)	20543
429	麒麟控股株式会社 (Kirin Holdings)	20503
430	喜力控股公司 (Heineken Holding)	20491
431	仁宝电脑工业股份有限公司(Compal Electronics)	20448
432	Premafin Finanziaria 公司 (Premafin Finanziaria)	20424
433	TJX 公司(TJX)	20288
434	台湾中油股份有限公司(CPC)	20253
435	美利坚航空公司(AMR)	19917
436	中国铝业公司 (Aluminum Corp. of China)	19851
437	索迪斯集团(Sodexo)	19818
438	住友电气工业株式会社(Sumitomo Electric Industries)	19778
439	德国费森尤斯集团(Fresenius)	19687
440	中国交通银行 (Bank of Communications)	19568
441	阿海珐集团(AREVA)	19548
442	印度塔塔汽车公司 (Tata Motors)	19501
443	美国合众银行(U. S. Bancorp)	19490
444	Co-operative 集团(Co-operative Group)	19477
445	日本 NKSJ 控股 (NKSJ Holdings)	19470
446	霍尔希姆公司(Holcim)	19462
447	通用汽车金融服务公司(GMAC)	19403
448	庞巴迪公司(Bombardier)	19366
449	德国国际旅游联盟集团(TUI)	19344
450	阿克苏诺贝尔 (Akzo Nobel)	19311
451	美国 PNC 金融服务集团(PNC Financial Services Group)	19231
452	台塑石化股份有限公司 (Formosa Petrochemical)	19204
453	耐克公司(Nike)	19176
454	墨菲石油公司 (Murphy Oil)	19138
455	金佰利公司(Kimberly-Clark)	19115
456	埃法日集团(Eiffage)	18958
457	汉高公司(Henkel)	18866
458	澳大利亚电信(Telstra)	18824

续表

排名	公司名称	营业收入（百万美元）
459	荷兰皇家 KPN 集团（Royal KPN）	18777
460	俄罗斯 Sistema 公司(Sistema)	18750
461	美铝公司(Alcoa)	18745
462	Suzuken 公司（Suzuken）	18692
463	德国勃林格殷格翰公司(Boehringer Ingelheim)	18630
464	Plains All American Pipeline 公司(Plains All American Pipeline)	18520
465	华硕电脑公司(Asustek Computer)	18474
466	奥地利第一储蓄银行（Erste Group Bank）	18468
467	信诺(Cigna)	18414
468	日本邮船（Nippon Yusen）	18281
469	美国家庭人寿保险公司（Aflac）	18254
470	赢创工业（Evonik Industries）	18175
471	Ultrapar 控股公司（Ultrapar Holdings）	18064
472	Gruppo Mediolanum 公司（Gruppo Mediolanum）	18057
473	神户制钢（Kobe Steel）	17997
474	日本东北电力公司（Tohoku Electric Power）	17915
475	法国泰利斯集团（Thales Group）	17905
476	Skanska 公司(Skanska)	17887
477	中国国电集团公司（China Guodian）	17871
478	时代华纳有线电视公司（Time Warner Cable）	17868
479	三洋电机(Sanyo Electric)	17850
480	西班牙营建集团（Fomento de Construcciones）	17652
481	鹿岛建设株式会社(Kajima)	17635
482	Cie Nationale à Portefeuille 公司（Cie Nationale à Portefeuille）	17571
483	美国汽车协会联合服务银行(United Services Automobile Association)	17558
484	美国彭尼公司(J. C. Penney)	17556
485	住友化学工业株式会社(Sumitomo Chemical)	17458
486	Strabag 集团（Strabag）	17447
487	宏碁(Acer)	17380
488	麦格纳国际（Magna International）	17367
489	日本大和房建（Daiwa House Industry）	17339
490	曼恩集团(MAN Group)	17320
491	Exelon 公司(Exelon)	17318
492	泰科国际（Tyco International）	17240
493	瑞士 Coop 集团（Coop）	17238
494	任仕达控股公司（Randstad Holding）	17235
495	美国科尔士百货公司(Kohl's)	17178

续表

排名	公司名称	营业收入（百万美元）
496	巴西 JBS 公司（JBS）	17161
497	清水株式会社(Shimizu)	17117
498	惠而浦(Whirlpool)	17099
499	苏伊士环境集团（Suez Environnement）	17091
500	大日本印刷公司（Dai Nippon Printing）	17053

2011 年度中国企业 100 强

排名	公司名称	营业收入(百万元)
1	中国石油化工股份有限公司	1913182
2	中国石油天然气股份有限公司	1465415
3	中国移动有限公司	485231
4	中国中铁股份有限公司	473663
5	中国铁建股份有限公司	470159
6	中国人寿保险股份有限公司	388791
7	中国工商银行股份有限公司	380821
8	中国建筑股份有限公司	370418
9	中国建设银行股份有限公司	323489
10	上海汽车集团股份有限公司	313376
11	中国农业银行股份有限公司	290418
12	中国银行股份有限公司	276817
13	中国交通建设股份有限公司	272734
14	中国电信股份有限公司	219864
15	中国冶金科工股份有限公司	206792
16	宝山钢铁股份有限公司	202413
17	中国平安保险(集团)股份有限公司	189439
18	中国海洋石油有限公司	183053
19	中国联合网络通信股份有限公司	176168
20	中国人民财产保险股份有限公司	154307
21	中国神华能源股份有限公司	152063
22	联想集团有限公司	143252
23	中国太平洋保险(集团)股份有限公司	141662
24	五矿发展股份有限公司	131466
25	东风汽车集团股份有限公司	122395
26	中国铝业股份有限公司	120995
27	河北钢铁股份有限公司	116919
28	长城科技股份有限公司	104932
29	华能国际电力股份有限公司	104308
30	交通银行股份有限公司	104234

续表

排名	公司名称	营业收入(百万元)
31	鞍钢股份有限公司	92431
32	山西太钢不锈钢股份有限公司	87198
33	中国长城计算机深圳股份有限公司	83444
34	中国国际航空股份有限公司	80963
35	中国远洋控股股份有限公司	80578
36	中国南方航空股份有限公司	77788
37	中国石化上海石油化工股份有限公司	77591
38	江西铜业股份有限公司	76441
39	华润创业有限公司	76253
40	武汉钢铁股份有限公司	75597
41	苏宁电器股份有限公司	75505
42	中国东方航空股份有限公司	74958
43	广东美的电器股份有限公司	74559
44	招商银行股份有限公司	71377
45	中国中煤能源股份有限公司	71268
46	上海建工集团股份有限公司	71062
47	中兴通讯股份有限公司	70264
48	国药控股股份有限公司	69234
49	厦门建发股份有限公司	66096
50	马鞍山钢铁股份有限公司	64981
51	中国南车股份有限公司	64909
52	潍柴动力股份有限公司	63280
53	上海电气集团股份有限公司	63176
54	中国北车股份有限公司	62184
55	中信泰富有限公司	62085
56	珠海格力电器股份有限公司	60807
57	大唐国际发电股份有限公司	60672
58	湖南华菱钢铁股份有限公司	60602
59	青岛海尔股份有限公司	60588
60	广州汽车集团股份有限公司	59848
61	上海物资贸易股份有限公司	57953
62	中信银行股份有限公司	55765
63	中国民生银行股份有限公司	54768
64	中铁二局股份有限公司	54688
65	北汽福田汽车股份有限公司	53492
66	中国建材股份有限公司	51988
67	TCL 集团股份有限公司	51870
68	中国国际海运集装箱(集团)股份有限公司	51768
69	铜陵有色金属集团股份有限公司	51304

续表

排名	公司名称	营业收入(百万元)
70	国美电器控股有限公司	50910
71	万科企业股份有限公司	50714
72	上海浦东发展银行股份有限公司	49856
73	神州数码控股有限公司	48124
74	中国粮油控股有限公司	47031
75	比亚迪股份有限公司	46685
76	恒大地产集团有限公司	45801
77	本钢板材股份有限公司	45688
78	华电国际电力股份有限公司	45449
79	中国通信服务股份有限公司	45417
80	中国太平保险控股有限公司	45303
81	复星国际有限公司	44644
82	中国中材股份有限公司	44246
83	华域汽车系统股份有限公司	44063
84	兴业银行股份有限公司	43456
85	攀钢集团钢铁钒钛股份有限公司	43272
86	华润电力控股有限公司	42711
87	中国外运股份有限公司	42547
88	大秦铁路股份有限公司	42014
89	四川长虹电器股份有限公司	41712
90	国电电力发展股份有限公司	40772
91	内蒙古包钢钢联股份有限公司	40546
92	莱芜钢铁股份有限公司	40291
93	中化国际(控股)股份有限公司	39692
94	中国重汽(香港)有限公司	39656
95	甘肃酒钢集团宏兴钢铁股份有限公司	39525
96	中国海外发展有限公司	38961
97	山煤国际能源集团股份有限公司	38644
98	东方电气股份有限公司	38080
99	新兴铸管股份有限公司	37621
100	上海医药集团股份有限公司	37411

2011 年度全球企业 500 强

排名	公司名称	营业收入(百万美元)
1	沃尔玛(Wal-Mart Stores)	421849
2	荷兰皇家壳牌石油公司(Royal Dutch Shell)	378152
3	埃克森美孚(Exxon Mobil)	354674
4	英国石油公司(BP)	308928

续表

排名	公司名称	营业收入（百万美元）
5	中国石油化工集团公司(Sinopec Group)	273421
6	中国石油天然气集团公司(China National Petroleum)	240192
7	国家电网公司(State Grid)	226294
8	丰田汽车公司(Toyota Motor)	221760
9	日本邮政控股公司(Japan Post Holdings)	203958
10	雪佛龙(Chevron)	196337
11	道达尔公司(Total)	186055
12	康菲石油公司(Conocophillips)	184966
13	大众公司(Volkswagen)	168041
14	安盛(AXA)	162235
15	房利美(Fannie Mae)	153825
16	通用电气公司(General Electric)	151628
17	荷兰国际集团(Ing Group)	147052
18	嘉能可国际(Glencore International)	144978
19	伯克希尔-哈撒韦公司(Berkshire Hathaway)	136185
20	通用汽车公司(General Motors)	135592
21	美国银行(Bank Of America Corp.)	134194
22	三星电子(Samsung Electronics)	133780
23	埃尼石油公司(Eni)	131756
24	戴姆勒(Daimler)	129480
25	福特汽车公司(Ford Motor)	128954
26	法国巴黎银行(Bnp Paribas)	128725
27	安联保险集团(Allianz)	127378
28	惠普(Hewlett-Packard)	126033
29	意昂集团(E. On)	125063
30	美国电话电报公司(At&T)	124629
31	日本电报电话公司(Nippon Telegraph & Telephone)	120315
32	家乐福(Carrefour)	120296
33	意大利忠利保险公司(Assicurazioni Generali)	120233
34	巴西国家石油公司(Petrobras)	120052
35	俄罗斯天然气工业股份公司(Gazprom)	118656
36	摩根大通(J. P. Morgan Chase & Co.)	115475
37	麦克森公司(Mckesson)	112084
38	苏伊士集团(Gdf Suez)	111887
39	花旗集团(Citigroup)	111055
40	日立(Hitachi)	108766
41	威瑞森电信(Verizon Communications)	106565
42	雀巢公司(Nestlé)	105266

续表

排名	公司名称	营业收入（百万美元）
43	法国农业信贷银行(Crédit Agricole)	105003
44	美国国际集团(American International Group)	104417
45	本田汽车(Honda Motor)	104342
46	汇丰银行控股公司(Hsbc Holdings)	102680
47	西门子(Siemens)	102657
48	日产汽车(Nissan Motor)	102430
49	墨西哥石油公司(Pemex)	101506
50	松下(Panasonic)	101491
51	西班牙国家银行(Banco Santander)	100349
52	国际商业机器公司(International Business Machines)	99870
53	卡地纳健康(Cardinal Health)	98601
54	房地美(Freddie Mac)	98368
55	现代汽车(Hyundai Motor)	97408
56	意大利国家电力公司(Enel)	97185
57	Cvs Caremark 公司(Cvs Caremark)	96413
58	Jx 控股公司(Jx Holdings)	95964
59	英国劳埃德银行集团(Lloyds Banking Group)	95681
60	鸿海科技集团(Hon Hai Precision Industry)	95190
61	特易购(Tesco)	94185
62	联合健康集团(Unitedhealth Group)	94155
63	美国富国银行(Wells Fargo)	93249
64	英杰华集团(Aviva)	90210
65	麦德龙(Metro)	89080
66	委内瑞拉国家石油公司(Pdvsa)	88361
67	挪威国家石油公司(Statoil)	87645
68	法国电力公司(Électricité De France)	86308
69	卢克石油公司(Lukoil)	86078
70	瓦莱罗能源公司(Valero Energy)	86034
71	巴斯夫公司(Basf)	84597
72	法国兴业银行(Société Générale)	84349
73	索尼(Sony)	83844
74	阿塞洛-米塔尔(Arcelormittal)	83443
75	德国电信(Deutsche Telekom)	82674
76	克罗格(Kroger)	82189
77	中国工商银行(Industrial & Commercial Bank Of China)	80501
78	西班牙电信(Telefónica)	80443
79	宝马(BMW)	80099
80	宝洁公司(Procter & Gamble)	79689

续表

排名	公司名称	营业收入(百万美元)
81	日本生命保险公司(Nippon Life Insurance)	78571
82	Sk 集团(Sk Holdings)	78435
83	Exor 集团(Exor Group)	78123
84	美源伯根公司(Amerisourcebergen)	77954
85	好市多(Costco Wholesale)	77946
86	马来西亚国家石油公司(Petronas)	76875
87	中国移动通信集团公司(China Mobile Communications)	76673
88	慕尼黑再保险公司(Munich Re Group)	76220
89	东芝(Toshiba)	74705
90	标致(Peugeot)	74250
91	保诚集团(Prudential)	73597
92	沃达丰(Vodafone)	71344
93	德国邮政(Deutsche Post)	71120
94	雷普索尔-Ypf 公司(Repsol Ypf)	70456
95	中国中铁股份有限公司(China Railway Group)	69973
96	德克夏银行集团(Dexia Group)	69490
97	法国 bpce 银行集团(Groupe Bpce)	69297
98	印度石油公司(Indian Oil)	68836
99	马拉松石油公司(Marathon Oil)	68413
100	苏格兰皇家银行(Royal Bank Of Scotland)	68087
101	家得宝(Home Depot)	67997
102	苏黎世金融服务集团(Zurich Financial Services	67850
103	辉瑞制药有限公司(Pfizer)	67809
104	沃尔格林公司(Walgreen)	67420
105	中国铁建股份有限公司(China Railway Construction)	67414
106	塔吉特公司(Target)	67390
107	莱茵集团(Rwe)	67179
108	中国建设银行(China Construction Bank)	67081
109	美国邮政(U. S. Postal Service)	67052
110	美可保健公司(Medco Health Solutions)	65968
111	苹果公司(Apple)	65225
112	荷兰全球保险集团(Aegon)	65135
113	中国人寿保险(集团)公司(China Life Insurance)	64634
114	波音(Boeing)	64306
115	巴克莱(Barclays)	63660
116	州立农业保险公司(State Farm Insurance Cos.)	63176
117	巴西银行(Banco Do Brasil)	62890

续表

排名	公司名称	营业收入(百万美元)
118	东京电力公司(Tokyo Electric Power)	62680
119	博世公司(Robert Bosch)	62592
120	微软(Microsoft)	62484
121	法国电信(France Télécom)	61964
122	ADM 公司(Archer Daniels Midland)	61682
123	强生(Johnson & Johnson)	61587
124	戴尔(Dell)	61494
125	三菱(Mitsubishi)	60792
126	欧洲航空防务与航天集团(Eads)	60596
127	中国农业银行(Agricultural Bank Of China)	60535
128	泰国石油(Ptt)	59930
129	英国法通保险公司(Legal & General Group)	59377
130	法国国家人寿保险公司(Cnp Assurances)	59319
131	Seven & I 控股公司(Seven & I Holdings)	59251
132	中国银行(Bank Of China)	59212
133	日本永旺集团(Aeon)	58983
134	信实工业公司(Reliance Industries)	58899
135	Wellpoint 公司(Wellpoint)	58801
136	联合利华(Unilever)	58623
137	百事公司(Pepsico)	57838
138	蒂森克虏伯(Thyssenkrupp)	57585
139	来宝集团(Noble Group)	56696
140	力拓集团(Rio Tinto Group)	56576
141	日本明治安田生命保险公司(Meiji Yasuda Life Insurance)	56308
142	欧尚集团(Groupe Auchan)	56279
143	诺基亚(Nokia)	56218
144	马士基集团(A. P. Möller-Mærsk Group)	56177
145	东风汽车公司(Dongfeng Motor)	55748
146	德意志银行(Deutsche Bank)	55313
147	中国建筑工程总公司(China State Construction Engineering)	54721
148	三井物产(Mitsui)	54634
149	中国南方电网有限责任公司(China Southern Power Grid)	54448
150	联合技术公司(United Technologies)	54326
151	上海汽车工业(集团)总公司(Shanghai Automotive)	54257
152	陶氏化学(Dow Chemical)	53674
153	日本第一生命保险(Dai-Ichi Life Insurance)	53375
154	联合信贷集团(Unicredit Group)	53337

续表

排名	公司名称	营业收入（百万美元）
155	圣戈班集团(Saint-Gobain)	53136
156	巴西布拉德斯科银行(Banco Bradesco)	53010
157	三菱日联金融集团(Mitsubishi Ufj Financial Group)	52877
158	富士通(Fujitsu)	52871
159	必和必拓(Bhp Billiton)	52798
160	大都会保险公司(Metlife)	52717
161	韩国浦项制铁公司(Posco)	52461
162	中国海洋石油总公司(China National Offshore Oil)	52408
163	雷诺(Renault)	51615
164	诺华公司(Novartis)	51561
165	百思买(Best Buy)	50272
166	联合包裹速递服务公司(United Parcel Service)	49545
167	卡夫食品(Kraft Foods)	49542
168	中国中化集团公司(Sinochem Group)	49537
169	美国劳氏公司(Lowe´s)	48815
170	瑞士信贷(Credit Suisse Group)	48314
171	LG 电子(LG Electronics)	48236
172	美洲电信(América Movil)	48126
173	新日本制铁公司(Nippon Steel)	47983
174	瑞士罗氏公司(Roche Group)	47170
175	法国威立雅环境集团(Veolia Environnement)	47169
176	国际资产控股公司(Intl Fcstone)	46940
177	洛克希德-马丁(Lockheed Martin)	46890
178	拜耳集团(Bayer)	46472
179	俄罗斯石油公司(Rosneft Oil)	46304
180	默克(Merck)	45987
181	高盛(Goldman Sachs Group)	45967
182	邦吉公司(Bunge)	45707
183	西农(Wesfarmers)	45658
184	澳大利亚伍尔沃斯公司(Woolworths)	45621
185	德国联邦铁路公司(Deutsche Bahn)	45574
186	巴西淡水河谷公司(Vale)	45293
187	赛诺菲-安万特集团(Sanofi-Aventis)	45055
188	美国快捷药方公司(Express Scripts)	44989
189	日本三井住友金融集团(Sumitomo Mitsui Financial Group)	44902
190	瑞士联合银行(UBS)	44811
191	意大利联合圣保罗银行(Intesa Sanpaolo)	44284
192	万喜集团(Vinci)	44204
193	南苏格兰电力公司(Scottish & Southern Energy)	44056
194	英国葛兰素史克公司(Glaxosmithkline)	43856
195	英特尔公司(Intel)	43623
196	西班牙对外银行(Banco Bilbao Vizcaya Argentaria)	43464
197	中国第一汽车集团公司(China Faw Group)	43434
198	西尔斯控股(Sears Holdings)	43326
199	丸红株式会社(Marubeni)	43010
200	住友生命保险公司(Sumitomo Life Insurance)	42832
201	日本伊藤忠商事株式会社(Itochu)	42611
202	卡特彼勒(Caterpillar)	42588
203	三菱电机股份有限公司(Mitsubishi Electric)	42560
204	佳能(Canon)	42246
205	克莱斯勒集团(Chrysler Group)	41946
206	法国布伊格集团(Bouygues)	41547
207	利安德巴塞尔工业公司(Lyondellbasell Industries)	41151
208	美国西夫韦公司(Safeway)	41050
209	法国国营铁路公司(Sncf)	40574
210	沙特基础工业公司(Sabic)	40526
211	中国交通建设股份有限公司(China Communications Construction)	40414
212	宝钢集团有限公司(Baosteel Group)	40327
213	Iberdrola 公司(Iberdrola)	40304
214	日本 kddi 电信公司(Kddi)	40099
215	思科公司(Cisco Systems)	40040
216	Ms&Ad 保险集团控股有限公司(Ms&Ad Insurance Group Holdings)	39754
217	法切莱公司(Foncière Euris)	39449
218	摩根士丹利(Morgan Stanley)	39320
219	荷兰皇家阿霍德集团(Royal Ahold)	39111
220	韩国现代重工集团(Hyundai Heavy Industries)	38996
221	中国中信集团公司(Citic Group)	38984
222	中国电信集团公司(China Telecommunications)	38469
223	保德信金融集团(Prudential Financial)	38414
224	东京海上日动火灾保险公司(Tokio Marine Holdings)	38396
225	法国维旺迪集团(Vivendi)	38247
226	华特迪士尼公司(Walt Disney)	38063

续表

排名	公司名称	营业收入(百万美元)
227	中国南方工业集团公司(China South Industries Group)	37996
228	美国康卡斯特电信公司(Comcast)	37937
229	中国五矿集团公司(China Minmetals)	37555
230	美国超价商店公司(Supervalu)	37534
231	日本钢铁工程控股公司(Jfe Holdings)	37309
232	西斯科公司(Sysco)	37243
233	日本出光兴产株式会社(Idemitsu Kosan)	37195
234	三菱化学控股(Mitsubishi Chemical Holdings)	36973
235	俄罗斯秋明英国石油控股公司(Tnk－Bp International)	36881
236	意大利电信(Telecom Italia)	36854
237	沃尔沃汽车公司(Volvo)	36748
238	韩国 gs 控股集团(Gs Holdings)	36570
239	电装公司(Denso)	36561
240	宏利金融(Manulife Financial)	36533
241	日本电气公司(NEC)	36374
242	弗朗茨海涅尔公司(Franz Haniel)	36332
243	安海斯-布希英博(Anheuser-Busch Inbev)	36297
244	住友商事(Sumitomo)	36217
245	汉莎集团(Lufthansa Group)	36189
246	英国耆卫保险公司(Old Mutual)	35808
247	广达电脑公司(Quanta Computer)	35721
248	KOC 集团(Ko Holding)	35713
249	澳洲联邦银行(Commonwealth Bank Of Australia)	35709
250	中国兵器工业集团公司(China North Industries Group)	35629
251	英国森特理克集团(Centrica)	35547
252	美国太阳石油公司(Sunoco)	35453
253	夏普(Sharp)	35283
254	西太平洋银行(Westpac Banking)	35281
255	雅培公司(Abbott Laboratories)	35166
256	可口可乐公司(Coca-Cola)	35119
257	软银(Softbank)	35080
258	美国纽约人寿保险公司(New York Life Insurance)	34947
259	国泰人寿保险股份有限公司(Cathay Life Insurance)	34795
260	美国诺斯洛普格拉曼公司(Northrop Grumman)	34757
261	联邦快递(Fedex)	34734

续表

排名	公司名称	营业收入(百万美元)
262	加拿大皇家银行(Royal Bank Of Canada)	34716
263	美国阿美拉达赫斯公司(Hess)	34613
264	美国英格雷姆麦克罗公司(Ingram Micro)	34589
265	德国大陆集团(Continental)	34498
266	澳大利亚国民银行(National Australia Bank)	34349
267	江森自控有限公司(Johnson Controls)	34305
268	森科能源公司(Suncor Energy)	34251
269	安泰保险(Aetna)	34246
270	亚马逊(Amazon. Com)	34204
271	韩国电力公司(Korea Electric Power)	34109
272	巴拉特石油公司(Bharat Petroleum)	34101
273	日本三菱重工业股份有限公司(Mitsubishi Heavy Industries)	33902
274	哈门那公司(Humana)	33868
275	Enterprise Products Partners 公司(Enterprise Products Partners)	33739
276	中国华能集团公司(China Huaneng Group)	33681
277	皇家飞利浦电子公司(Royal Philips Electronics)	33666
278	德国中央合作银行(Dz Bank)	33610
279	河北钢铁集团(Hebei Iron & Steel Group)	33548
280	霍尼韦尔国际公司(Honeywell International)	33370
281	阿斯利康(Astrazeneca)	33269
282	美国利宝相互保险公司(Liberty Mutual Insurance Group)	33193
283	J. Sainsbury 公司(J. Sainsbury)	32811
284	新闻集团(News Corp.)	32778
285	杜邦公司(Dupont)	32733
286	荷兰合作银行(Rabobank Group)	32671
287	普利司通(Bridgestone)	32612
288	Bae 系统公司(Bae Systems)	32588
289	中国人民保险公司(People´s Insurance Co. of China)	32579
290	斯普林特 nextel 公司(Sprint Nextel)	32563
291	通用动力(General Dynamics)	32466
292	印度国家银行(State Bank Of India)	32449
293	神华集团(Shenhua Group)	32446
294	德国商业银行(Commerzbank)	32420
295	关西电力(Kansai Electric Power)	32338
296	美国教师退休基金会(Tiaa-Cref)	32224
297	中国冶金科工集团公司(China Metallurgical Group)	32076

续表

排名	公司名称	营业收入（百万美元）
298	俄罗斯联邦储蓄银行(Sberbank)	32066
299	加拿大鲍尔集团(Power Corp. Of Canada)	32022
300	联合博姿(Alliance Boots)	31997
301	英国电信集团(Bt Group)	31795
302	达美航空(Delta Air Lines)	31755
303	日本瑞穗金融集团(Mizuho Financial Group)	31719
304	瑞士 ABB 集团(ABB)	31589
305	好事达(Allstate)	31400
306	法国邮政(La Poste)	31377
307	巴西 JBS 公司(JBS)	31278
308	法航荷航集团(Air France-Klm Group)	31199
309	Medipal 控股公司(Medipal Holdings)	31089
310	加拿大乔治威斯顿公司(George Weston)	31073
311	中国航空工业集团公司(Aviation Industry Corp. Of China)	31006
312	奥地利石油天然气集团(OMV Group)	30891
313	HCA 公司(HCA Holdings)	30683
314	日本 nksj 控股(Nksj Holdings)	30609
315	Xstrata 公司(Xstrata)	30499
316	铃木汽车(Suzuki Motor)	30452
317	丰益国际(Wilmar International)	30377
318	英力士集团(Ineos Group Holdings)	30347
319	美国运通公司(American Express)	30242
320	怡和集团(Jardine Matheson)	30053
321	韩华集团(Hanwha)	30041
322	Vattenfall 公司(Vattenfall)	29645
323	东日本旅客铁道株式会社(East Japan Railway)	29624
324	德国艾德卡公司(Edeka Zentrale)	29392
325	谷歌(Google)	29321
326	首钢集团(Shougang Group)	29181
327	贺利氏控股集团(Heraeus Holding)	29171
328	平安保险(Ping An Insurance)	28927
329	意大利邮政集团(Poste Italiane)	28922
330	英国标准人寿保险公司(Standard Life)	28877
331	中国铝业公司(Aluminum Corp. Of China)	28871
332	瑞士再保险公司(Swiss Reinsurance)	28835
333	三星人寿保险(Samsung Life Insurance)	28773
334	伟创力(Flextronics International)	28679
335	Phoenix Pharmahandel 公司(Phoenix Pharmahandel)	28641

续表

排名	公司名称	营业收入（百万美元）
336	印度斯坦石油公司(Hindustan Petroleum)	28593
337	泰森食品(Tyson Foods)	28430
338	澳新银行(Australia & New Zealand Banking)	28275
339	爱立信(L. M. Ericsson)	28225
340	仁宝电脑工业股份有限公司(Compal Electronics)	28171
341	武汉钢铁(集团)公司(Wuhan Iron & Steel)	28170
342	俄罗斯 sistema 公司(Sistema)	28098
343	中国邮政集团公司(China Post Group)	28093
344	迪奥(Christian Dior)	27976
345	英美资源集团(Anglo American)	27960
346	中国华润总公司(China Resources)	27820
347	波兰国营石油公司(Pkn Orlen Group)	27703
348	阿尔斯通(Alstom)	27634
349	德尔海兹集团(Delhaize Group)	27615
350	台湾中油股份有限公司(Cpc)	27570
351	斯伦贝谢公司(Schlumberger)	27447
352	华为(Huawei Technologies)	27355
353	豪赫蒂夫公司(Hochtief)	27334
354	中国中钢集团公司(Sinosteel)	27265
355	日本中部电力(Chubu Electric Power)	27214
356	菲利普-莫里斯国际公司(Philip Morris International)	27208
357	马自达汽车(Mazda Motor)	27153
358	科斯莫石油(Cosmo Oil)	27106
359	印度塔塔汽车公司(Tata Motors)	27045
360	巴西伊塔乌投资银行(Itaúsa-Investimentos Itaú)	26981
361	印度石油天然气公司(Oil & Natural Gas)	26944
362	和记黄埔有限公司(Hutchison Whampoa)	26925
363	时代华纳(Time Warner)	26888
364	甲骨文公司(Oracle)	26820
365	3m 公司(3m)	26662
366	中粮集团有限公司(Cofco)	26468
367	江苏沙钢集团(Jiangsu Shagang Group)	26387
368	爱信精机(Aisin Seiki)	26356
369	西班牙石油公司(Cepsa)	26150
370	印度塔塔钢铁公司(Tata Steel)	26064
371	中国联合网络通信集团有限公司(China United Network Communications)	26025
372	迪尔公司(Deere)	26004

续表

排名	公司名称	营业收入(百万美元)
373	Gas Natural Fenosa 公司(Gas Natural Fenosa)	25999
374	施耐德电气(Schneider Electric)	25932
375	中国大唐集团公司(China Datang)	25915
376	Plains All American Pipeline 公司(Plains All American Pipeline)	25893
377	富士胶片控股株式会社(Fujifilm Holdings)	25885
378	欧莱雅(L′oréal)	25821
379	美国麻省人寿保险公司(Massachusetts Mutual Life Insurance)	25647
380	芬梅卡尼卡集团(Finmeccanica)	25591
381	阿弗瑞萨控股公司(Alfresa Holdings)	25491
382	威廉莫里斯超市连锁公司(Wm. Morrison Supermarkets)	25405
383	大众超级市场公司(Publix Super Markets)	25328
384	Chs 公司(Chs)	25267
385	美国来爱德公司(Rite Aid)	25214
386	雷神公司(Raytheon)	25183
387	国际纸业(International Paper)	25179
388	山田电机(Yamada Denki)	25140
389	圣保罗旅行者保险公司(Travelers Cos.)	25112
390	梅西百货(Macy′s)	25003
391	Adecco 公司(Adecco Group)	24709
392	史泰博(Staples)	24545
393	多伦多道明银行(Toronto-Dominion Bank)	24485
394	比利时联合银行(KBC Group)	24473
395	曼弗雷集团(Mapfre Group)	24387
396	技术数据公司(Tech Data)	24376
397	荷兰 gasterra 能源公司(Gasterra)	24312
398	交通银行(Bank Of Communications)	24264
399	中国远洋运输集团(China Ocean Shipping)	24249
400	Ultrapar 控股公司(Ultrapar Holdings)	24135
401	麦格纳国际(Magna International)	24102
401	美国直播电视集团(Directv)	24102
403	麦当劳(Mcdonald′s)	24074
404	Migros 集团(Migros Group)	24023
405	中国国电集团公司(China Guodian)	24016
406	加拿大永明人寿保险公司(Sun Life Financial)	23920
407	Maruhan 公司(Maruhan)	23805
408	中国电子信息产业集团有限公司(China Electronics)	23761

续表

排名	公司名称	营业收入(百万美元)
409	住友电气工业株式会社(Sumitomo Electric Industries)	23745
410	台塑石化股份有限公司(Formosa Petrochemical)	23734
411	米其林公司(Michelin)	23695
412	Onex 公司(Onex)	23654
413	帝国烟草公司(Imperial Tobacco Group)	23385
414	西北互助人寿保险公司(Northwestern Mutual)	23384
415	墨菲石油公司(Murphy Oil)	23345
416	日本 t&D 控股公司(T&D Holdings)	23270
417	United Continental 控股公司(United Continental Holdings)	23229
418	巴登－符滕堡州能源公司(Energie Baden－Württemberg)	23190
419	住友化学工业株式会社(Sumitomo Chemical)	23145
420	法国安盟保险公司(Groupama)	23143
421	巴黎春天集团(PPR)	23101
422	埃森哲(Accenture)	23094
423	礼来公司(Eli Lilly)	23076
424	英美烟草集团(British American Tobacco)	22989
425	加拿大丰业银行(Bank Of Nova Scotia)	22910
426	日本烟草公司(Japan Tobacco)	22844
427	摩托罗拉(Motorola Solutions)	22823
428	CRH 集团(CRH)	22745
429	理光集团(Ricoh)	22673
430	中国铁路物资股份公司(China Railway Materials Commercial)	22630
431	中国航空油料集团公司(China National Aviation Fuel Group)	22630
432	康帕斯集团(Compass Group)	22529
433	达能集团(Danone)	22529
434	日本邮船(Nippon Yusen Kabushiki Kaisha)	22524
435	中国机械工业集团有限公司(Sinomach)	22486
436	美国哈特福德金融服务公司(Hartford Financial Services)	22383
437	英国国家电力供应公司(National Grid)	22301
438	美利坚航空公司(AMR)	22170
439	国际旅游联盟(TUI)	22090
440	LG Display 公司(LG Display)	22071
441	澳大利亚电信(Telstra)	22050
442	TJX 公司(TJX)	21942
443	艾默生电气公司(Emerson Electric)	21866

续表

排名	公司名称	营业收入（百万美元）
444	贝塔斯曼集团(Bertelsmann)	21791
445	哥伦比亚国家石油公司(Ecopetrol)	21742
446	河南煤业化工集团有限责任公司(Henan Coal & Chemical)	21714
447	神户制钢(Kobe Steel)	21699
448	喜力控股公司(Heineken Holding)	21684
449	施乐公司(Xerox)	21633
450	联想集团(Lenovo Group)	21594
451	西班牙 ACS 集团(ACS)	21558
452	赢创工业(Evonik Industries)	21545
453	小松公司(Komatsu)	21519
454	丹麦丹斯克银行(Danske Bank Group)	21424
455	拉法基集团(Lafarge)	21415
456	渣打集团(Standard Chartered Group)	21410
457	三菱汽车(Mitsubishi Motors)	21348
458	冀中能源集团(Jizhong Energy Group)	21255
459	信诺(Cigna)	21253
460	荷兰 shv 公司(Shv Holdings)	21202
461	阿尔卡特-朗迅(Alcatel-Lucent)	21186
462	德国费森尤斯集团(Fresenius)	21154
463	中国船舶重工集团公司(China Shipbuilding Industry)	21054
464	德国巴登-符腾堡州银行(Landesbank Baden-Württemberg)	21035
465	美铝公司(Alcoa)	21013
466	麒麟控股株式会社(Kirin Holdings)	20916
467	中国太平洋保险(集团)股份有限公司(China Pacific Insurance (Group))	20878
468	福陆公司(Fluor)	20849
469	匈牙利炼油厂(Mol Hungarian Oil & Gas)	20798
470	索迪斯集团(Sodexo)	20793
471	霍尔希姆公司(Holcim)	20773
472	Petroleum Holdings 公司(Petroplus Holdings)	20747

续表

排名	公司名称	营业收入（百万美元）
473	美国家庭人寿保险公司(Aflac)	20732
474	英国沃斯利集团(Wolseley)	20729
475	中国化工集团公司(Chemchina)	20715
476	Co-Operative 集团(Co-Operative Group)	20566
477	美国合众银行(U.S. Bancorp)	20518
478	Suzuken 公司(Suzuken)	20454
479	阿克苏诺贝尔(Akzo Nobel)	20419
480	Cie Nationale à Portefeuille 公司(Cie Nationale à Portefeuille)	20372
481	全美互惠保险公司(Nationwide)	20265
482	Tesoro 公司(Tesoro)	20253
483	CFE 公司(CFE)	20143
484	浙江物产集团(Zhejiang Materials Industry Group)	20001
485	中国建筑材料集团有限公司(China National Building Materials Group)	19995
486	汉高公司(Henkel)	19988
487	宏碁(Acer)	19978
488	日本东北电力公司(Tohoku Electric Power)	19950
489	斗山(Doosan)	19937
490	Rim 公司(Research In Motion)	19907
491	美国西方石油公司(Occidental Petroleum)	19857
492	三星 c&T 公司(Samsung C&T)	19765
493	Premafin Finanziaria 公司(Premafin Finanziaria)	19750
494	金佰利公司(Kimberly-Clark)	19746
495	日本大和房建(Daiwa House Industry)	19733
496	Surgutneftegas 公司(Surgutneftegas)	19656
497	德国复兴信贷银行(Kfw Bankengruppe)	19584
498	韩国天然气公司(Korea Gas)	19562
499	昭和壳牌石油公司(Showa Shell Sekiyu)	19557
500	纬创集团(Wistron)	19538

2010 年全国进口重点商品量值表(材料相关)

商品名称	计量单位	1 至 12 月累计		累计比去年同期(%)	
		数量	金额(千美元)	数量	金额(千美元)
铁矿砂及其精矿	万吨	61863	79427005	-1.4	58.4
原油	万吨	23931	135151090	17.5	51.4
成品油	万吨	3688	22343018	-0.1	31.3
肥料	万吨	718	2596498	74.6	29.3

续表

商品名称	计量单位	1至12月累计		累计比去年同期(%)	
		数量	金额(千美元)	数量	金额(千美元)
农药	吨	50701	421274	14.7	26
初级形状的塑料	万吨	2391	43562721	0.4	25.2
ABS树脂	吨	2169958	4216964	0.2	24.2
聚酯切片	吨	237755	334635	-4.8	21.2
天然橡胶(包括胶乳)	万吨	186	5666878	8.8	101.4
合成橡胶(包括胶乳)	吨	1565440	4269755	6.3	42.3
原木	万立方米	3435	6071094	22.4	48.6
锯材	立方米	1476	3868635	49.3	66.8
木质胶合板	万立方米	17	91446	13.6	24.7
纸浆	万吨	1137	8817786	-16.9	28.8
纸及纸板(未切成形的)	万吨	331	3696411	0.2	17.5
纺织用合成纤维	万吨	37	944679	3.6	35.2
合成纤维纱线	万吨	506244	1869681	1.6	24.4
钢坯及粗锻件	万吨	64	579119	-86.1	-71.5
钢材	万吨	1643	20112471	-6.8	3.3
未锻造的铜及铜材	吨	4292486	32736605	0	44.4
废铜	吨	436	12236478	9.2	100.9
氧化铝	万吨	431	1498562	-16.1	14.9
未锻造的铝及铝材	吨	955432	3926194	-58.8	-26.5
废铝	万吨	285	4293668	8.7	56
金属加工机床	台	114496	9424386	80.6	60.1
汽车和汽车底盘	辆	811902	30664612	93.4	99.1
飞机	架	344	10870376	6.8	17
*机电产品	—	-	660312552	-	34.4
*高新技术产品	—	-	412673100	-	33.2

注：*“机电产品”和“高新技术产品”包括本表中已列名的有关商品。

2010年全国出口重点商品量值表(材料相关)

商品名称	计量单位	1至12月累计		累计比去年同期(%)	
		数量	金额(千美元)	数量	金额(千美元)
煤	万吨	1903	2252219	-15	-5.2
焦炭及半焦炭	万吨	335	1392666	513.5	591.4
原油	万吨	303	1651152	-40.2	-23.4
成品油	万吨	2688	17044039	7.5	35.9
塑料制品	吨	7426674	18657574	13.2	29.5
锯材	立方米	53	340425	-4.1	-1.3
生丝	吨	8509	338850	-7.8	39.1
纺织纱线、织物及制品	—	-	77051474	-	28.4

续表

商品名称	计量单位	1至12月累计		累计比去年同期(%)	
		数量	金额(千美元)	数量	金额(千美元)
箱包及类似容器	—	-	18015172	-	40.8
服装及衣着附件	—	-	129478318	-	20.9
鞋类	—	-	35631261	-	27.1
贵金属或包贵金属的首饰	千克	640693	4776166	9.1	86.9
钢坯及粗锻件	万吨	14	81304	229.1	263.9
钢材	万吨	4256	36819320	73	65.3
未锻轧铝	吨	754378	1535610	143.2	203.1
手持无线电话机及其零件	—	-	68502715	-	23.2
彩色电视接收机	万台	6628	14832811	21.4	38.1
集成电路	万个	8315386	29245560	46.9	25.5
集装箱	万个	250	7231671	263.7	274.9
摩托车及有动力装置的脚踏车	万辆	1068	4391187	43.3	43.5
自行车	万辆	5816	2612102	26.1	22
手表	万只	67138	1420976	20	19.9
玩具	—	-	10075834	-	29.4
自动数据处理设备及其部件	万台	166724	163952991	27.4	34
电动机及发电机	万台	352969	7304938	25.9	39.3
家具及其零件	—	-	32986489	-	30.3
灯具、照明装置及零件	—	-	10108863	-	33.7
*机电产品	—	-	933434046	-	30.9
*高新技术产品	—	-	492413917	-	30.7

注：*“机电产品”和“高新技术产品”包括本表中已列名的有关商品。

2011年全国进口重点商品量值表(材料相关)

商品名称	计量单位	1至12月累计		累计比去年同期(%)	
		数量	金额(千美元)	数量	金额(千美元)
铁矿砂及其精矿	万吨	68606	112406539	10.9	40.9
原油	万吨	25378	196664467	6	45.3
成品油	万吨	4060	32698702	10.1	45.5
肥料	万吨	795	3465118	10.7	33.5
农药	吨	52890	488698	4.3	16
初级形状的塑料	万吨	2304	47206973	-3.7	8.3
ABS 树脂	吨	1852818	4119957	-14.7	-2.4
聚酯切片	吨	196912	350103	-17.2	4.6
天然橡胶(包括胶乳)	万吨	210	9379818	12.9	65.5
合成橡胶(包括胶乳)	吨	1444985	5361740	-7.7	25.5
原木	万立方米	4233	8273132	23.2	36.2
锯材	万立方米	2156	5711886	46.1	47.6

续表

商品名称	计量单位	1至12月累计		累计比去年同期(%)	
		数量	金额(千美元)	数量	金额(千美元)
木质胶合板	万立方米	15	91520	-13.1	0.1
纸浆	万吨	1445	11939627	27.1	35.3
纸及纸板(未切成形的)	万吨	328	4076117	-1.1	10.2
纺织用合成纤维	万吨	35	1116906	-5.9	18.2
合成纤维纱线	吨	458915	2030271	-9.4	8.5
钢坯及粗锻件	万吨	64	681208	-0.1	17.7
钢材	万吨	1558	21575915	-5.2	7.3
未锻造的铜及铜材	吨	4073092	36804751	-5.1	12
废铜	万吨	469	16351959	7.4	33.5
氧化铝	万吨	188	777809	-56.4	-48.1
未锻造的铝及铝材	吨	910487	4420735	-4.7	12.6
废铝	万吨	269	4625509	-5.9	7.7
金属加工机床	台	115227	13240215	5.5	40.6
汽车和汽车底盘	辆	1037445	43183217	27.8	40.8
飞机	架	421	11649243	22.4	7.2
*机电产品	—	-	753289181	-	14.1
*高新技术产品	—	-	462992361	-	12.2

注：*“机电产品”和“高新技术产品”包括本表中已列名的有关商品。

2011年全国出口重点商品量值表(材料相关)

商品名称	计量单位	1至12月累计		累计比去年同期(%)	
铁矿砂及其精矿	万吨	数量	金额(千美元)	数量	金额(千美元)
煤	万吨	1466	2716845	-23	20.6
焦炭及半焦炭	万吨	330	1487346	-1.4	7.1
原油	万吨	252	1907008	-16.9	15.9
成品油	万吨	2570	20766030	-4.3	22
塑料制品	吨	7950725	23468254	7.1	25.8
锯材	万立方米	54	358950	1	5.4
生丝	吨	7122	366724	-16.3	8.2
纺织纱线、织物及制品	—	-	94668682	-	22.9
箱包及类似容器	—	3268693	23943491	-	32.9
服装及衣着附件	—	-	153220089	-	18.3
鞋类	—	-	41722888	-	17.1
贵金属或包贵金属的首饰	千克	768047	10079452	19.9	111
钢坯及粗锻件	万吨	0	4870	-96.5	-94
钢材	万吨	4888	51266217	14.9	39.2
未锻轧铝	吨	766122	1789057	1.6	16.5

续表

商品名称	计量单位	1至12月累计		累计比去年同期(%)	
铁矿砂及其精矿	万吨	数量	金额(千美元)	数量	金额(千美元)
手持无线电话机及其零件	—	—	90696718	—	32.4
彩色电视接收机	万台	6537	13666081	-1.4	-7.9
集成电路	万个	9044239	32565756	8.8	11.4
集装箱	万个	324	11404006	29.6	57.7
摩托车及有动力装置的脚踏车	万辆	1283	5821861	20.2	32.6
自行车	万辆	5572	2904553	-4.2	11.2
手表	万只	68175	1589166	1.5	11.8
玩具	—	-	10826211	-	7.3
自动数据处理设备及其部件	万台	183427	176284836	10.1	7.5
电动机及发电机	万台	337146	8790377	-4.5	20.3
家具及其零件	—	-	37941777	-	15
灯具、照明装置及零件	—	-	12646452	-	25.1
*机电产品	—	-	876075317	-	16.3
*高新技术产品	—	-	548788376	-	11.5

注：*“机电产品”和“高新技术产品”包括本表中已列名的有关商品。

国家发展改革委关于组织实施2010年新型电力电子器件产业化专项的通知

各省、自治区、直辖市及计划单列市、新疆生产建设兵团发展改革委，有关中央管理企业：

为贯彻落实“十一五”高技术产业发展规划和信息产业发展规划，推进节能降耗，促进电力电子技术和产业的发展，2010年我委将组织实施新型电力电子器件产业化专项。根据《中央预算内投资补助和贴息项目管理暂行办法》(国家发展改革委第31号令)，以及《国家高技术产业发展项目管理办法》(国家发展改革委第43号令)，现将项目申报有关事项通知如下：

一、主要任务

大力推进新型电力电子器件产业发展，努力掌握自主知识产权的芯片和器件的设计、制造技术，以市场带动产业，尽快形成芯片和器件的规模化生产能力和产业配套能力，拓展电力电子技术在国民经济各领域的应用，为建设资源节约型和环境友好型社会奠定坚实基础。

二、专项重点

(一)芯片和器件的设计开发及产业化

支持金属氧化物半导体场效应晶体管(MOSFET)、集成门极换流晶闸管(IGCT)、绝缘栅双极晶体管(IGBT)、超快恢复二极管(FRD)等量大面广的新型电力电子芯片和器件的产业化，重点解决芯片设计、制造和封装技术，包括结构设计、可靠性设计，以及光刻、刻蚀、表面钝化、背面研磨、背面金属化、测试等工艺技术，提高产品档次。

(二)功率模块产业化

围绕电机节能、冶金、新能源、输变电、汽车电子、轨道交通等领域对功率模块的实际需求，支持采用自主技术芯片和器件的功率模块产业化，主要包括：大功率模块、智能功率模块(IPM)和用户专用功率模块(ASPM)等，重点解决散热关键技术、电磁兼容(EMC)技术和智能功率模块的驱动及保护技术等。

(三)电力电子应用装置示范

支持采用自主技术芯片、器件和功率模块的应用装置产业化和示范应用，包括变频装置、逆变装置、感应加热装置、无功补偿、有源滤波、通信(网络)电源等。

(四)配套材料产业化

支持配套材料产业化，重点支持陶瓷覆铜板、铝碳化硅基板等新型电力电子器件生产所需专用材料。

三、具体要求

(一)项目主管部门应根据投资体制改革精神和《国家高技术产业发展项目管理暂行办法》的有关规定，按照专项实施重点的要求，结合本单位、本地区实际情况，认真做好项目组织和备案工作，组织编写项目资金申请报告并协调落实项目建设资金、节能、环保、土地、规划等相关建设条件。

(二)项目主管部门应对资金申请报告及相关附件(如银行贷款承诺、自有资金证明等)进行认真核实，并负责对其真实性予以确认。

(三)项目建设单位应实事求是制定建设方案,严格控制征地、新增建筑面积和投资规模。电力电子应用装置示范项目应提供项目建设单位与相关单位的合作协议。

(四)本次专项采取纸质材料申报和网上申报并行的组织实施方式。请各项目主管部门于2010年5月31日前,将项目的资金申请报告和有关附件、项目简介和基本情况表、项目的备案材料等一式二份(同时须附各项目简介及所有项目汇总表的电子文本)报送我委高技术产业司。

请项目主管部门登陆国家发展改革委高技术产业发展项目管理系统 http://ndrc.jhgl.org/xxcyh(新兴产业一处入口),履行相关网上申报手续。纸质材料申报和网上申报的截止时间相同,项目信息应完全一致,未履行网上申报手续的项目将不予受理。

(五)在项目主管部门申报的基础上,我委将按照公正、公平的原则,组织专家评审,择优支持。

特此通知。

国家发展改革委等关于清理对高耗能企业优惠电价等问题的通知

各省、自治区、直辖市发展改革委、物价局、经贸委(经委),各区域电监局、城市电监办,国家电网公司、南方电网公司:

为了抑制高耗能企业盲目发展,促进经济发展方式转变和经济结构调整,根据国务院《关于进一步加大工作力度确保实现"十一五"节能减排目标的通知》(国发[2010]12号)精神,决定取消对高耗能企业的优惠电价措施。现将有关事项通知如下:

一、取消对高耗能企业的用电价格优惠

国家颁布的目录电价表中,铁合金、氯碱、电石等高耗能企业用电价格低于大工业电价10%以上的,暂时调整到比大工业电价低10%的水平。其中,两者价差在每千瓦时5分钱以内的,自2010年6月1日起调整到位;价差大于5分钱的,自2010年6月1日起,每年取消5分钱优惠,直至达到比大工业电价低10%的水平。上述高耗能企业用电价格低于大工业电价不足10%的,维持现行电价不变。

辽宁抚顺铝厂、山东铝厂、福建南平铝厂和浙江华东铝业公司电价优惠,按国家发展改革委、国家电监会《关于取消电解铝等高耗能行业电价优惠有关问题的通知》(发改价格[2007]3550号)确定的原则取消,具体实施方案另行下达。

取消上述电价优惠后电网企业增加的电费收入,用于疏导电价矛盾和电力需求侧管理。

二、坚决制止各地自行出台的优惠电价措施

各省(区、市)价格主管部门要会同电力监管等部门对国家电价政策执行情况进行自查自纠。凡是自行对高耗能企业(包括多晶硅)实行电价优惠,或未经批准以电力用户与发电企业直接交易、双边交易等名义变相对高耗能企业实行优惠电价的,要立即停止执行。各地要将自查自纠情况于6月10日前上报国家发展改革委、国家电监会和国家能源局。

符合国家规定条件的大型工业企业,可以按国家电监会、国家发展改革委、国家能源局联合下发的《关于完善电力用户与发电企业直接交易试点工作有关问题的通知》(电监市场[2009]20号)规定,申请与发电企业进行直接交易试点,但要按规定程序履行审批手续,并且遵循自愿原则,当地政府及其有关部门不得强制规定交易对象、电量和电价。

三、加大差别电价政策实施力度

继续对电解铝、铁合金、电石、烧碱、水泥、钢铁、黄磷、锌冶炼8个行业实行差别电价政策,并进一步提高差别电价加价标准,自2010年6月1日起,将限制类企业执行的电价加价标准由现行每千瓦时0.05元提高到0.10元,淘汰类企业执行的电价加价标准由现行每千瓦时0.20元提高到0.30元。在此基础上,各地可根据需要,进一步提高对淘汰类和限制类企业的加价标准。各地要严格执行差别电价政策,并加强对高耗能企业的动态甄别工作,及时更新执行差别电价的企业名单,确保差别电价政策全面落实到位。

四、对超能耗产品实行惩罚性电价

对能源消耗超过国家和地方规定的单位产品能耗(电耗)限额标准的,实行惩罚性电价。超过限额标准一倍以上的,比照淘汰类电价加价标准执行;超过限额标准一倍以内的,由省级价格主管部门会同电力监管机构制定加价标准。省级节能主管部门要会同有关单位在2010年6月底以前提出超能耗(电耗)企业和产品名单,省级价格主管部门会同电力监管机构按企业和产品名单落实惩罚性电价政策。

五、整顿电价秩序

各级价格主管部门、电力管理部门和电网企业要严格执行国家电价政策,不得擅自改变国家规定的上网电价和销售电价标准;不得违反规定对发电企业规定电量基数,降低基数外电量上网电价;不得强制规定电力直接交易的对象和电价标准;不得自行改变峰谷电价、丰枯电价的时段和电价标准,不得假借大用户与发电企业直接交易等名义对高耗能企业实行优惠电价。电网企业不得以跨省、跨区域电能交易名义,强迫发电企业降低上网电价;不得违反规定相互进行没有电能物理流量的虚假交易和接力送电;不得执行地方政府违反国家规定自行出台的优惠电价措施。省级价格主管部门和电力监管机构要加强对跨省、跨区域交易情况的监管,将电网企业购外省电价低于本省平均购电价的部分,用于疏导电价矛盾。

六、加强监督检查

省级价格主管部门要尽快向省级人民政府汇报,并会同有关部门按照以上要求进行自查自纠,立即停止执行自行出台的优惠电价措施;国家电网公司、南方电网公司要督促所属电网企业严格执行国家电价政策,自觉抵制各种违规出台的优惠电价措施。国家发展改革委、国家电监会和国家能源局将会同有关部门组成工作组,对各地执行差别电价情况和

对自行出台优惠电价的自查自纠情况进行督查，并将督查情况报告国务院。对继续保留电价优惠或变相优惠的，不按国家规定对高耗能企业严格执行差别电价政策的，以及继续以各种名目降低发电企业上网电价的，将严肃查处；情节严重的，将追究有关责任人责任。

国家发展改革委、国土资源部、环境保护部关于清理钢铁项目的通知

各省、自治区、直辖市、计划单列市发展改革委、国土资源厅(局)、环境保护厅(局)：

为贯彻落实《国务院关于进一步加大工作力度确保实现“十一五”节能减排目标的通知》(国发〔2010〕12号)和《国务院办公厅关于进一步加大节能减排力度加快钢铁工业结构调整若干意见》(国办发〔2010〕34号)文件精神，国家发展改革委、国土资源部、环境保护部将会同有关部门，对钢铁项目进行一次性清理。现将有关事项通知如下：

一、清理目的

为“十二五”钢铁产业布局、结构调整和产业升级提供第一手资料，为钢铁产业宏观调控、能耗和环保指标分配、资源和土地配给、企业融资、差别电价、联合重组、淘汰落后、技术改造等政策的制订提供重要依据。

二、清理范围

根据国办发〔2010〕34号文件精神，此次项目清理的范围为2005年以来开工建设(含在建和已建成)的钢铁项目(包括新建、改扩建的铁矿开发项目和钢铁生产项目)。

三、清理内容

此次钢铁项目的清理内容，主要包括产能总体情况，项目核准情况，项目用地情况，以及项目节能环保等情况。

四、清理方式

请各省级发展改革委牵头，对辖区内现有钢铁企业总体情况和2005年以来开工建设的钢铁项目(包括经国务院投资主管部门核准和未经国务院投资主管部门核准的全部钢铁项目)进行清理，并填写钢铁产能情况表，达到产业政策准入条件的钢铁项目填写钢铁项目基本情况表，其中具备完整“炼铁—炼钢—热轧”或“电炉—热轧”流程的综合项目要填写钢铁综合项目情况表，清理结果报告和附表(附光盘)于12月31日前报送国家发展改革委、国土资源部、环境保护部。

各单位要认真清理，如实填报，严禁瞒报和弄虚作假，一经查实，涉及的项目将取消下一步整顿核准资格，所涉及地区“十二五”产业布局将实行“区域限批”。

五、清理结果处理

国家发展改革委、国土资源部、环境保护部将会同有关部门，研究出台《钢铁建设项目清理整顿处理意见》，对各省上报的钢铁项目清理结果，进行分类处理，并对外公布清理结果。

国家发改委关于产业结构调整指导目录(2011年本)

为加快转变经济发展方式，推动产业结构调整和优化升级，完善和发展现代产业体系，根据《国务院关于发布实施<促进产业结构调整暂行规定>的决定》(国发[2005]40号)，我委会同国务院有关部门对《产业结构调整指导目录(2005年本)》进行了修订，形成了《产业结构调整指导目录(2011年本)》，现予公布，自2011年6月1日起施行。《产业结构调整指导目录(2005年本)》同时废止。法律、行政法规和国务院文件对产业结构调整另有规定的，从其规定。

国家发展改革委关于产业结构调整指导目录(2011年本)

其中，材料相关部分如下。

第一类　鼓励类

一、钢铁

1、黑色金属矿山接替资源勘探及关键勘探技术开发

2、煤调湿、风选调湿、捣固炼焦、配型煤炼焦、干法熄焦、导热油换热、焦化废水深度处理回用、煤焦油精深加工、苯加氢精制、煤沥青制针状焦、焦油加氢处理、焦炉煤气高附加值利用等先进技术的研发与应用

3、非高炉炼铁技术

4、先进压水堆核电管、百万千瓦火电锅炉管、耐蚀耐压耐温油井管、耐腐蚀航空管、高耐腐蚀化工管生产

5、高性能、高质量及升级换代钢材产品技术开发与应用。包括600兆帕级及以上高强度汽车板、油气输送高性能管线钢、高强度船舶用宽厚板、海洋工程用钢、420兆帕级及以上建筑和桥梁等结构用中厚板、高速重载铁路用钢、低铁损高磁感硅钢、耐腐蚀耐磨损钢材、节约合金资源不锈钢(现代铁素体不锈钢、双相不锈钢、含氮不锈钢)、高性能基础件(高性能齿轮、12.9级及以上螺栓、高强度弹簧、长寿命轴承等)用特殊钢棒线材、高品质特钢锻轧材(工模具钢、不锈钢、机械用钢等)等

6、在线热处理、在线性能控制、在线强制冷却的新一代热机械控制加工(TMCP)工艺技术应用

7、直径600毫米及以上超高功率电极、高炉用微孔和超微孔碳砖、特种石墨(高强、高密、高纯、高模量)、石墨(质)化阴极、内串石墨化炉开发与生产

8、焦炉、高炉、热风炉用长寿节能环保耐火材料生产工艺；精炼钢用低碳、无碳耐火材料和高效连铸用功能环保性耐火材料生产工艺

9、生产过程在线质量检测技术应用

10、利用钢铁生产设备处理社会废弃物

11、烧结烟气脱硫、脱硝、脱二恶英等多功能干法脱除，以及副产物资源化、再利用化技术

12、难选贫矿、(共)伴生矿综合利用先进工艺技术

13、冶金固体废弃物(含冶金矿山废石、尾矿，钢铁厂产生的各类尘、泥、渣、铁皮等)综合利用先进工艺技术

14、利用低品位锰矿冶炼铁合金的新工艺技术，以及高效利用红土镍矿炼精制镍铁的回转窑-矿热炉(RKEF)工艺技术

15、冶金废液(含废水、废酸、废油等)循环利用工艺技术与设备

16、新一代钢铁可循环流程(在做好钢铁产业内部循环的基础上，发展钢铁与电力、化工、装备制造等相关产业间的横向、纵向物流和能流的循环流程)工艺技术开发与应用

17、高炉、转炉煤气干法除尘

二、有色金属

1、有色金属现有矿山接替资源勘探开发，紧缺资源的深部及难采矿床开采

2、高效、低耗、低污染、新型冶炼技术开发

3、高效、节能、低污染、规模化再生资源回收与综合利用。(1)废杂有色金属回收(2)有价元素的综合利用(3)赤泥及其他冶炼废渣综合利用(4)高铝粉煤灰提取氧化铝

4、信息、新能源有色金属新材料生产。(1)信息：直径200mm以上的硅单晶及抛光片、直径125mm以上直拉或直径50mm以上水平生长化合物半导体材料、铝铜硅钨钼等大规格高纯靶材、超大规模集成电路铜镍硅和铜铬锆引线框架材料、电子焊料等。(2)新能源：核级海绵锆及锆材、高容量长寿命二次电池电极材料

5、交通运输、高端制造及其他领域有色金属新材料生产。(1)交通运输：抗压强度不低于500MPa、导电率不低于80%IACS的铜合金精密带材和超长线材制品等高强高导铜合金、交通运输工具主承力结构用的新型高强、高韧、耐蚀铝合金材料及大尺寸制品(航空用铝合金抗压强度不低于650MPa，高速列车用铝合金抗压强度不低于500MPa)。(2)高端制造及其他领域：高性能纳米硬质合金刀具和大晶粒硬质合金盾构刀具及深加工产品、稀土及贵金属催化剂材料、低模量钛合金材及记忆合金等生物医用材料、耐蚀热交换器用铜合金及钛合金材料、高性能稀土磁性材料和储氢材料及高端应用

三、石化化工

1、含硫含酸重质、劣质原油炼制技术，高标准油品生产技术开发与应用

2、硫、钾、硼、锂等短缺化工矿产资源勘探开发及综合利用，中低品位磷矿采选与利用，磷矿伴生资源综合利用

3、零极距、氧阴极等离子膜烧碱电解槽节能技术、废盐酸制氯气等综合利用技术、铬盐清洁生产新工艺的开发和应用，气动流化塔生产高锰酸钾，全热能回收热法磷酸生产，大型脱氟磷酸钙生产装置

4、20万吨/年及以上合成气制乙二醇、10万吨/年及以上离子交换法双酚A、15万吨/年及以上直接氧化法环氧丙烷、20万吨/年及以上共氧化法环氧丙烷、5万吨/年及以上丁二烯法己二腈生产装置，万吨级脂肪族异氰酸酯生产技术开发与应用

5、优质钾肥及各种专用肥、缓控释肥的生产，氮肥企业节能减排和原料结构调整，磷石膏综合利用技术开发与应用，10万吨/年及以上湿法磷酸净化生产装置

6、高效、安全、环境友好的农药新品种、新剂型(水基化剂型等)、专用中间体、助剂(水基化助剂等)的开发与生产，甲叉法乙草胺、水相法毒死蜱工艺、草甘膦回收氯甲烷工艺、定向合成法手性和立体结构农药生产、乙基氯化物合成技术等清洁生产工艺的开发和应用，生物农药新产品、新技术的开发与生产

7、水性木器、工业、船舶涂料，高固体分、无溶剂、辐射固化、功能性外墙外保温涂料等环境友好、资源节约型涂料生产；单线产能3万吨/年及以上、并以二氧化钛含量不小于90%的富钛料(人造金红石、天然金红石、高钛渣)为原料的氯化法钛白粉生产

8、高固着率、高色牢度、高提升性、高匀染性、高重现性、低沾污性以及低盐、低温、小浴比染色用和湿短蒸轧染用的活性染料，高超细旦聚酯纤维染色性、高洗涤牢度、高染着率、高光牢度和低沾污性(尼龙、氨纶)、小浴比染色用的分散染料，用于聚酰胺纤维、羊毛和皮革染色的不含金属的弱酸性染料，高耐晒牢度、高耐气候牢度有机颜料的开发与生产

9、染料及染料中间体清洁生产、本质安全的新技术(包括催化、三氧化硫磺化、连续硝化、绝热硝化、定向氯化、组合增效、溶剂反应、循环利用等技术，以及取代光气等剧毒原料的适用技术，膜过滤和原浆干燥技术)的开发与应用

10、乙烯-乙烯醇树脂(EVOH)、聚偏氯乙烯等高性能阻隔树脂，聚异丁烯(PI)、聚乙烯辛烯(POE)等特种聚烯烃开发与生产

11、6万吨/年及以上非光气法聚碳酸酯生产装置，液晶聚合物(LCP)等工程塑料生产以及共混改性、合金化技术开发和应用，吸水性树脂、导电性树脂和可降解聚合物的开发与生产，尼龙11、尼龙1414、尼龙46、长碳链尼龙、耐高温尼龙等新型聚酰胺开发与生产

12、3万吨/年及以上丁基橡胶、乙丙橡胶、异戊橡胶，溶聚丁苯橡胶、稀土系顺丁橡胶、丙烯酸酯橡胶及低多芳含量填充油丁苯橡胶等生产装置，合成橡胶化学改性技术开发与应用

13、聚丙烯热塑性弹性体(PTPE)、热塑性聚酯弹性体(TPEE)、苯乙烯-异戊二烯-苯乙烯热塑性嵌段共聚物(SIS)、热塑性聚氨酯弹性体等热塑性弹性体材料开发与生产

14、改性型、水基型胶粘剂和新型热熔胶，环保型吸水剂、水处理剂，分子筛固汞、无汞等新型高效、环保催化剂和助剂，安全型食品添加剂、饲料添加剂，纳米材料，功能性膜材料，超净高纯试剂、光刻胶、电子气、高性能液晶材料等新型精细化学品的开发与生产

15、苯基氯硅烷、乙烯基氯硅烷等新型有机硅单体，苯基硅油、氨基硅油、聚醚改性型硅油等，苯基硅橡胶、苯撑硅橡胶等高性能橡胶及杂化材料，甲基苯基硅树脂等高性能树脂，三乙氧基硅烷等系列高效偶联剂

16、全氟烯醚等特种含氟单体，聚全氟乙丙烯、聚偏氟乙烯、聚三氟氯乙烯、乙烯-四氟乙烯共聚物等高品质氟树脂，氟醚橡胶、氟硅橡胶、四丙氟橡胶、高含氟量246氟橡胶等高性能氟橡胶，含氟润滑油脂，消耗臭氧潜能值(ODP)为零、全球变暖潜能值(GWP)低的消耗臭氧层物质(ODS)替代品，全氟辛基磺酰化合物(PFOS)和全氟辛酸(PFOA)及其盐类替代品和替代技术的开发和应用，含氟精细化学品和高品质含氟无机盐

17、高性能子午线轮胎(包括无内胎载重子午胎，低断面和扁平化(低于55系列)、大轮辋高性能轿车子午胎(15吋以上)，航空轮胎及农用子午胎)及配套专用材料、设备生产，新型天然橡胶开发与应用

18、生物高分子材料、填料、试剂、芯片、干扰素、传感器、纤维素酶、碱性蛋白酶、诊断用酶等酶制剂、纤维素生化产品开发与生产

19、四氯化碳、四氯化硅、一甲基氯硅烷、三甲级氯硅烷等副产物综合利用，二氧化碳的捕获与应用

四、建材

1、利用现有2000吨/日及以上新型干法水泥窑炉处置工业废弃物、城市污泥和生活垃圾，纯低温余热发电；粉磨系统等节能改造

2、电子工业用超薄(1.3mm以下)、太阳能产业用超白(折合5mm厚度可见光透射率>90%)、在线镀膜玻璃和低辐射等特殊浮法玻璃生产线；现有浮法生产线采用纯氧燃烧技术、低温余热发电技术；玻璃熔窑用高档耐火材料；玻璃深加工工艺装备技术开发与应用

3、新型墙体和屋面材料、绝热隔音材料、建筑防水和密封等材料的开发与生产

4、150万平方米/年及以上、厚度小于6毫米的陶瓷板生产线和工艺装备技术开发与应用

5、一次冲洗用水量6升及以下的坐便器、蹲便器、节水型小便器及节水控制设备开发与生产

6、5万吨/年及以上无碱玻璃纤维池窑拉丝技术和高性能玻璃纤维及制品技术开发与生产

7、使用合成矿物纤维、芳纶纤维等作为增强材料的无石棉摩擦、密封材料新工艺、新产品开发与生产

8、信息、新能源、国防、航天航空等领域用高品质人工晶体材料、制品和器件生产装备技术开发；高纯石英原料、石英玻璃材料及其制品制造技术开发与生产；航天航空等领域所需的特种玻璃制造技术开发与生产

9、高新技术领域需求的高纯、超细、改性等精细加工的高岭土、石墨、硅藻土等非金属矿深加工材料生产及其技术装备开发与制造

10、30万平方米/年以上超薄复合石材生产；机械化石材矿山开采；矿石碎料和板材边角料综合利用生产及工艺装备开发

11、废矿石、尾矿和建筑废弃物的综合利用

12、农用田间建设材料技术开发与生产

13、利用工业副产石膏生产新型墙体材料及技术装备开发与制造

14、应急安置房屋开发与生产

第二类　限制类

一、石化化工

1、新建1000万吨/年以下常减压、150万吨/年以下催化裂化、100万吨/年以下连续重整(含芳烃抽提)、150万吨/年以下加氢裂化生产装置

2、新建80万吨/年以下石脑油裂解制乙烯、13万吨/年以下丙烯腈、100万吨/年以下精对苯二甲酸、20万吨/年以下乙二醇、20万吨/年以下苯乙烯(干气制乙苯工艺除外)、10万吨/年以下己内酰胺、乙烯法醋酸、30万吨/年以下羰基合成法醋酸、天然气制甲醇、100万吨/年以下煤制甲醇生产装置(综合利用除外)，丙酮氰醇法丙烯酸、粮食法丙酮/丁醇、氯醇法环氧丙烷和皂化法环氧氯丙烷生产装置，300吨/年以下皂素(含水解物，综合利用除外)生产装置

3、新建7万吨/年以下聚丙烯(连续法及间歇法)、20万吨/年以下聚乙烯、乙炔法聚氯乙烯、起始规模小于30万吨/年的乙烯氧氯化法聚氯乙烯、10万吨/年以下聚苯乙烯、20万吨/年以下丙烯腈/丁二烯/苯乙烯共聚物(ABS，本体连续法除外)、3万吨/年以下普通合成胶乳一羧基丁苯胶(含丁苯胶乳)生产装置，新建、改扩建溶剂型氯丁橡胶类、丁苯热塑性橡胶类、聚氨酯类和聚丙烯酸酯类等通用型胶粘剂生产装置

4、新建纯碱、烧碱、30万吨/年以下硫磺制酸、20万吨/年以下硫铁矿制酸、常压法及综合法硝酸、电石(以大型先进工艺设备进行等量替换的除外)、单线产能5万吨/年以下氢氧化钾生产装置

5、新建三聚磷酸钠、六偏磷酸钠、三氯化磷、五硫化二磷、饲料磷酸氢钙、氯酸钠、少钙焙烧工艺重铬酸钠、电解二氧化锰、普通级碳酸钙、无水硫酸钠(盐业联产及副产除外)、碳酸钡、硫酸钡、氢氧化钡、氯化钡、硝酸钡、碳酸锶、白炭黑(气相法除外)、氯化胆碱生产装置

6、新建黄磷，起始规模小于3万吨/年、单线产能小于1万吨/年氰化钠(折100%)，单线产能5千吨/年以下碳酸锂、氢氧化锂，单线产能2万吨/年以下无水氟化铝或中低分子比冰晶石生产装置

7、新建以石油(高硫石油焦除外)、天然气为原料的氮肥，采用固定层间歇气化技术合成氨，磷铵生产装置，铜洗法氨合成原料气净化工艺

8、新建高毒、高残留以及对环境影响大的农药原药(包括氧乐果、水胺硫磷、甲基异柳磷、甲拌磷、特丁磷、杀扑磷、溴甲烷、灭多威、涕灭威、克百威、敌鼠钠、敌鼠酮、杀鼠灵、杀鼠醚、溴敌隆、溴鼠灵、肉毒素、杀虫双、灭线磷、硫丹、磷化铝、三氯杀螨醇，有机氯类、有机锡类杀虫剂，福美类杀菌剂，

复硝酚钠(钾)等)生产装置

9、新建草甘膦、毒死蜱(水相法工艺除外)、三唑磷、百草枯、百菌清、阿维菌素、吡虫啉、乙草胺(甲叉法工艺除外)生产装置

10、新建硫酸法钛白粉、铅铬黄、1万吨/年以下氧化铁系颜料、溶剂型涂料(不包括鼓励类的涂料品种和生产工艺)、含异氰脲酸三缩水甘油酯(TGIC)的粉末涂料生产装置

11、新建染料、染料中间体、有机颜料、印染助剂生产装置(不包括鼓励类的染料产品和生产工艺)

12、新建氟化氢(HF)(电子级及湿法磷酸配套除外),新建初始规模小于20万吨/年、单套规模小于10万吨/年的甲基氯硅烷单体生产装置,10万吨/年以下(有机硅配套除外)和10万吨/年及以上、没有副产四氯化碳配套处置设施的甲烷氯化物生产装置,全氟辛基磺酰化合物(PFOS)和全氟辛酸(PFOA),六氟化硫(SF6)(高纯级除外)生产装置

13、新建斜交轮胎和力车胎(手推车胎)、锦纶帘线、3万吨/年以下钢丝帘线、常规法再生胶(动态连续脱硫工艺除外)、橡胶塑解剂五氯硫酚、橡胶促进剂二硫化四甲基秋兰姆(TMTD)生产装置

二、钢铁

1、未同步配套建设干熄焦、装煤、推焦除尘装置的炼焦项目

2、180平方米以下烧结机(铁合金烧结机除外)

3、有效容积400立方米以上1200立方米以下炼铁高炉;1200立方米及以上但未同步配套煤粉喷吹装置、除尘装置、余压发电装置,能源消耗大于430公斤标煤/吨、新水耗量大于2.4立方米/吨等达不到标准的炼铁高炉

4、公称容量30吨以上100吨以下炼钢转炉;公称容量100吨及以上但未同步配套煤气回收、除尘装置,新水耗量大于3立方米/吨等达不到标准的炼钢转炉

5、公称容量30吨以上100吨(合金钢50吨)以下电炉;公称容量100吨(合金钢50吨)及以上但未同步配套烟尘回收装置,能源消耗大于98公斤标煤/吨、新水耗量大于3.2立方米/吨等达不到标准的电炉

6、1450毫米以下热轧带钢(不含特殊钢)项目

7、30万吨/年及以下热镀锌板卷项目

8、20万吨/年及以下彩色涂层板卷项目

9、含铬质耐火材料

10、普通功率和高功率石墨电极压型设备、焙烧设备和生产线

11、直径600毫米以下或2万吨/年以下的超高功率石墨电极生产线

12、8万吨/年以下预焙阳极(炭块)、2万吨/年以下普通阴极炭块、4万吨/年以下炭电极生产线

13、单机120万吨/年以下的球团设备(铁合金球团除外)

14、顶装焦炉炭化室高度<6.0米、捣固焦炉炭化室高度<5.5米,100万吨/年以下焦化项目,热回收焦炉的项目,单炉7.5万吨/年以下、每组30万吨/年以下、总年产60万吨以下的半焦(兰炭)项目

15、3000千伏安及以上,未采用热装热兑工艺的中低碳锰铁、电炉金属锰和中低微碳铬铁精炼电炉

16、300立方米以下锰铁高炉;300立方米及以上,但焦比高于1320千克/吨的锰铁高炉;规模小于10万吨/年的高炉锰铁企业

17、1.25万千伏安以下的硅钙合金和硅钙钡铝合金矿热电炉;1.25万千伏安及以上,但硅钙合金电耗高于11000千瓦时/吨的矿热电炉

18、1.65万千伏安以下硅铝合金矿热电炉;1.65万千伏安及以上,但硅铝合金电耗高于9000千瓦时/吨的矿热电炉

19、2×2.5万千伏安以下普通铁合金矿热电炉(中西部具有独立运行的小水电及矿产资源优势的国家确定的重点贫困地区,矿热电炉容量<2×1.25万千伏安);2×2.5万千伏安及以上,但变压器未选用有载电动多级调压的三相或三个单相节能型设备,未实现工艺操作机械化和控制自动化,硅铁电耗高于8500千瓦时/吨,工业硅电耗高于12000千瓦时/吨,电炉锰铁电耗高于2600千瓦时/吨,硅锰合金电耗高于4200千瓦时/吨,高碳铬铁电耗高于3200千瓦时/吨,硅铬合金电耗高于4800千瓦时/吨的普通铁合金矿热电炉

20、间断浸出、间断送液的电解金属锰浸出工艺;10000吨/年以下电解金属锰单条生产线(一台变压器),电解金属锰生产总规模为30000吨/年以下的企业

三、有色金属

1、新建、扩建钨、钼、锡、锑开采、冶炼项目,稀土开采、选矿、冶炼、分离项目以及氧化锑、铅锡焊料生产项目

2、单系列10万吨/年规模以下粗铜冶炼项目

3、电解铝项目(淘汰落后生产能力置换项目及优化产业布局项目除外)

4、铅冶炼项目(单系列5万吨/年规模及以上,不新增产能的技改和环保改造项目除外)

5、单系列10万吨/年规模以下锌冶炼项目(直接浸出除外)

6、镁冶炼项目(综合利用项目除外)

7、10万吨/年以下的独立铝用炭素项目

8、新建单系列生产能力5万吨/年及以下、改扩建单系列生产能力2万吨/年及以下、以及资源利用、能源消耗、环境保护等指标达不到行业准入条件要求的再生铅项目

四、建材

1、2000吨/日以下熟料新型干法水泥生产线,60万吨/年以下水泥粉磨站

2、普通浮法玻璃生产线

3、150万平方米/年及以下的建筑陶瓷生产线

4、60万件/年以下的隧道窑卫生陶瓷生产线

5、3000万平方米/年以下的纸面石膏板生产线

6、中碱玻璃球生产线、铂金坩埚球法拉丝玻璃纤维生产线

7、粘土空心砖生产线(陕西、青海、甘肃、新疆、西藏、宁

夏除外）

8、15万平方米/年以下的石膏（空心）砌块生产线、单班2.5万立方米/年以下的混凝土小型空心砌块以及单班15万平方米/年以下的混凝土铺地砖固定式生产线、5万立方米/年以下的人造轻集料（陶粒）生产线

9、10万立方米/年以下的加气混凝土生产线

10、3000万标砖/年以下的煤矸石、页岩烧结实心砖生产线

11、10000吨/年以下岩（矿）棉制品生产线和8000吨/年以下玻璃棉制品生产线

12、100万米/年及以下预应力高强混凝土离心桩生产线

13、预应力钢筒混凝土管（简称PCCP管）生产线：PCCP-L型：年设计生产能力≤50千米，PCCP-E型：年设计生产能力≤30千米

第三类 淘汰类

一、石化化工

1、200万吨/年及以下常减压装置（2013年，青海格尔木、新疆泽普装置除外），废旧橡胶和塑料土法炼油工艺，焦油间歇法生产沥青

2、10万吨/年以下的硫铁矿制酸和硫磺制酸（边远地区除外），平炉氧化法高锰酸钾，隔膜法烧碱（2015年）生产装置，平炉法和大锅蒸发法硫化碱生产工艺，芒硝法硅酸钠（泡花碱）生产工艺

3、单台产能5000吨/年以下和不符合准入条件的黄磷生产装置，有钙焙烧铬化合物生产装置（2013年），单线产能3000吨/年以下普通级硫酸钡、氢氧化钡、氯化钡、硝酸钡生产装置，产能1万吨/年以下氯酸钠生产装置，单台炉容量小于12500千伏安的电石炉及开放式电石炉，高汞催化剂（氯化汞含量6.5%以上）和使用高汞催化剂的乙炔法聚氯乙烯生产装置（2015年），氨钠法及氰熔体氰化钠生产工艺

4、单线产能1万吨/年以下三聚磷酸钠、0.5万吨/年以下六偏磷酸钠、0.5万吨/年以下三氯化磷、3万吨/年以下饲料磷酸氢钙、5000吨/年以下工艺技术落后和污染严重的氢氟酸、5000吨/年以下湿法氟化铝及敞开式结晶氟盐生产装置

5、单线产能0.3万吨/年以下氰化钠（100%氰化钠）、1万吨/年以下氢氧化钾、1.5万吨/年以下普通级白炭黑、2万吨/年以下普通级碳酸钙、10万吨/年以下普通级无水硫酸钠（盐业联产及副产除外）、0.3万吨/年以下碳酸锂和氢氧化锂、2万吨/年以下普通级碳酸钡、1.5万吨/年以下普通级碳酸锶生产装置

6、半水煤气氨水液相脱硫、天然气常压间歇转化工艺制合成氨、一氧化碳常压变化及全中温变换（高温变换）工艺、没有配套硫磺回收装置的湿法脱硫工艺，没有配套建设吹风气余热回收、造气炉渣综合利用装置的固定层间歇式煤气化装置

7、钠法百草枯生产工艺，敌百虫碱法敌敌畏生产工艺，小包装（1公斤及以下）农药产品手工包（灌）装工艺及设备，雷蒙机法生产农药粉剂，以六氯苯为原料生产五氯酚（钠）装置

8、用火直接加热的涂料用树脂、四氯化碳溶剂法制取氯化橡胶生产工艺，100吨/年以下皂素（含水解物）生产装置，盐酸酸解法皂素生产工艺及污染物排放不能达标的皂素生产装置，铁粉还原法工艺（4,4-二氨基二苯乙烯-二磺酸[DSD酸]、2-氨基-4-甲基-5-氯苯磺酸[CLT酸]、1-氨基-8-萘酚-3,6-二磺酸[H酸]三种产品暂缓执行）

9、50万条/年及以下的斜交轮胎和以天然棉帘子布为骨架的轮胎、1.5万吨/年及以下的干法造粒炭黑（特种炭黑和半补强炭黑除外）、3亿只/年以下的天然胶乳安全套，橡胶硫化促进剂N-氧联二(1,2-亚乙基)-2-苯并噻唑次磺酰胺（NOBS）和橡胶防老剂D生产装置

10、氯氟烃（CFCs）、含氢氯氟烃（HCFCs）、用于清洗的1,1,1-三氯乙烷（甲基氯仿）、主产四氯化碳（CTC）、以四氯化碳（CTC）为加工助剂的所有产品、以PFOA为加工助剂的含氟聚合物、含滴滴涕的油漆、采用滴滴涕为原料非封闭生产三氯杀螨醇生产装置（根据国家履行国际公约总体计划要求进行淘汰）

二、钢铁

1、土法炼焦（含改良焦炉）；单炉产能5万吨/年以下或无煤气、焦油回收利用和污水处理达不到准入条件的半焦（兰炭）生产装置

2、炭化室高度小于4.3米焦炉（3.8米及以上捣固焦炉除外）（西部地区3.8米捣固焦炉可延期至2011年）；无化产回收的单一炼焦生产设施

3、土烧结矿

4、热烧结矿

5、90平方米以下烧结机（2013年）、8平方米以下球团竖炉；铁合金生产用24平方米以下带式锰矿、铬矿烧结机

6、400立方米及以下炼铁高炉（铸造铁企业除外，但需提供企业工商局注册证明、三年销售凭证和项目核准手续等），200立方米及以下铁合金、铸铁管生产用高炉

7、用于地条钢、普碳钢、不锈钢冶炼的工频和中频感应炉

8、30吨及以下转炉（不含铁合金转炉）

9、30吨及以下电炉（不含机械铸造电炉）

10、化铁炼钢

11、复二重线材轧机

12、横列式线材轧机

13、横列式棒材及型材轧机

14、叠轧薄板轧机

15、普钢初轧机及开坯用中型轧机

16、热轧窄带钢轧机

17、三辊劳特式中板轧机

18、直径76毫米以下热轧无缝管机组

19、三辊式型线材轧机（不含特殊钢生产）

20、环保不达标的冶金炉窑

21、手工操作的土沥青焦油浸渍装置,矿石原料与固体原料混烧、自然通风、手工操作的土竖窑,以煤直接为燃料、烟尘净化不能达标的倒焰窑

22、6300 千伏安以下铁合金矿热电炉,3000 千伏安以下铁合金半封闭直流电炉、铁合金精炼电炉(钨铁、钒铁等特殊品种的电炉除外)

23、蒸汽加热混捏、倒焰式焙烧炉、艾奇逊交流石墨化炉、10000 千伏安及以下三相桥式整流艾奇逊直流石墨化炉及其并联机组

24、冷轧带肋钢筋生产装备

25、生产预应力钢丝的单罐拉丝机生产装备

26、预应力钢材生产消除应力处理的铅淬火工艺

27、2.5 万吨/年及以下的单套粗(轻)苯精制装置(酸洗蒸馏法苯加工工艺及装置)

28、5 万吨/年及以下的单套煤焦油加工装置(2012 年)

29、100 立方米及以下铁合金锰铁高炉

30、煅烧石灰土窑

31、每炉单产 5 吨以下的钛铁熔炼炉、用反射炉焙烧钼精矿的钼铁生产线及用反射炉还原、煅烧红矾钠、铬酐生产金属铬的生产线

32、燃煤倒焰窑耐火材料及原料制品生产线

33、单条生产线规模小于 20 万吨的铸铁管项目

34、环形烧结机

35、一段式固定煤气发生炉项目(不含粉煤气化炉)

36、电解金属锰用 5000 千伏安及以下的整流变压器、150 立方米以下的化合槽(2011 年),化合槽有效容积 150 立方米以下的生产设备

37、单炉产能 7.5 万吨/年以下的半焦(兰炭)生产装置(2012 年)

38、未达到焦化行业准入条件要求的热回收焦炉(2012 年)

39、6300 千伏安铁合金矿热电炉(2012 年)(国家贫困县、利用独立运行的小水电,2014 年)

40、还原二氧化锰用反射炉(包括硫酸锰厂用反射炉、矿粉厂用反射炉等)

41、电解金属锰一次压滤用除高压隔膜压滤机以外的板框、箱式压滤机

42、电解金属锰用 5000 千伏安以上、6000 千伏安及以下的整流变压器;150 立方米以上、170 立方米及以下的倾倒槽(2014 年)

43、有效容积 18 立方米及以下轻烧反射窑

44、有效容积 30 立方米及以下重烧镁砂竖窑

三、有色金属

1、采用马弗炉、马槽炉、横罐、小竖罐等进行焙烧、简易冷凝设施进行收尘等落后方式炼锌或生产氧化锌工艺装备

2、采用铁锅和土灶、蒸馏罐、坩埚炉及简易冷凝收尘设施等落后方式炼汞

3、采用土坑炉或坩埚炉焙烧、简易冷凝设施收尘等落后方式炼制氧化砷或金属砷工艺装备

4、铝自焙电解槽及 100KA 及以下预焙槽(2011 年

5、鼓风炉、电炉、反射炉炼铜工艺及设备(2011 年)

6、烟气制酸干法净化和热浓酸洗涤技术

7、采用地坑炉、坩埚炉、赫氏炉等落后方式炼锑

8、采用烧结锅、烧结盘、简易高炉等落后方式炼铅工艺及设备

9、利用坩埚炉熔炼再生铝合金、再生铅的工艺及设备

10、铝用湿法氟化盐项目

11、1 万吨/年以下的再生铝、再生铅项目

12、再生有色金属生产中采用直接燃煤的反射炉项目

13、铜线杆(黑杆)生产工艺

14、未配套制酸及尾气吸收系统的烧结机炼铅工艺

15、烧结-鼓风炉炼铅工艺

16、无烟气治理措施的再生铜焚烧工艺及设备

17、50 吨以下传统固定式反射炉再生铜生产工艺及设备

18、4 吨以下反射炉再生铝生产工艺及设备

19、离子型稀土矿堆浸和池浸工艺

20、独居石单一矿种开发项目

21、稀土氯化物电解制备金属工艺项目

22、氨皂化稀土萃取分离工艺项目

23、湿法生产电解用氟化稀土生产工艺

24、矿石处理量 50 万吨/年以下的轻稀土矿山开发项目;1500 吨(REO)/年以下的离子型稀土矿山开发项目(2013 年)

25、2000 吨(REO)/年以下的稀土分离项目

26、1500 吨/年以下、电解槽电流小于 5000A、电流效率低于 85% 的轻稀土金属冶炼项目

四、建材

1、窑径 3 米及以上水泥机立窑(2012 年)、干法中空窑(生产高铝水泥、硫铝酸盐水泥等特种水泥除外)、立波尔窑、湿法窑

2、直径 3 米以下水泥粉磨设备

3、无复膜塑编水泥包装袋生产线

4、平拉工艺平板玻璃生产线(含格法)

5、100 万平方米/年以下的建筑陶瓷砖、20 万件/年以下低档卫生陶瓷生产线

6、建筑卫生陶瓷土窑、倒焰窑、多孔窑、煤烧明焰隧道窑、隔焰隧道窑、匣钵装卫生陶瓷隧道窑

7、建筑陶瓷砖成型用的摩擦压砖机

8、陶土坩埚玻璃纤维拉丝生产工艺与装备

9、1000 万平方米/年以下的纸面石膏板生产线

10、500 万平方米/年以下的改性沥青类防水卷材生产线;500 万平方米/年以下沥青复合胎柔性防水卷材生产线;100 万卷/年以下沥青纸胎油毡生产线

11、石灰土立窑

12、砖瓦 24 门以下轮窑以及立窑、无顶轮窑、马蹄窑等土窑(2011 年)

13、普通挤砖机

14、SJ1580-3000 双轴、单轴制砖搅拌机

15、SQP400500-700500 双辊破碎机

16、1000 型普通切条机

17、100 吨以下盘转式压砖机

18、手工制作墙板生产线

19、简易移动式砼砌块成型机、附着式振动成型台

20、单班 1 万立方米/年以下的混凝土砌块固定式成型机、单班 10 万平方米/年以下的混凝土铺地砖固定式成型机

21、人工浇筑、非机械成型的石膏(空心)砌块生产工艺

22、真空加压法和气炼一步法石英玻璃生产工艺装备

23、6×600 吨六面顶小型压机生产人造金刚石

24、手工切割加气混凝土生产线、非蒸压养护加气混凝土生产线

25、非烧结、非蒸压粉煤灰砖生产线

26、装饰石材矿山硐室爆破开采技术、吊索式大理石土拉锯

国家发展改革委等关于发布鼓励进口技术和产品目录(2011 年版)的通知

各省、自治区、直辖市及计划单列市发展改革委、财政厅(局)、商务主管部门,新疆生产建设兵团发展改革委、财务局、商务局:

为积极扩大先进技术、关键零部件、国内短缺资源和节能环保产品进口,更好的发挥进口贴息政策对促进自主创新和结构调整的积极作用,现修订印发《鼓励进口技术和产品目录(2011 年版)》,自发布之日起实施。

国家发展改革委、财政部、商务部《关于发布鼓励进口技术和产品目录(2009 年版)的通知》(发改产业〔2009〕1926 号)所附《鼓励进口技术和产品目录(2009 年版)》同时废止。国家发展改革委会同财政部、商务部将根据情况需要,适时对目录进行调整。

附:《鼓励进口技术和产品目录(2011 年版)》(仅列出与材料相关产品条目)

一、鼓励引进的先进技术

序号	技 术 名 称
A2	渗碳淬火高精度硬齿面齿轮装置加工制造技术
A3	强力液压支架高强度钢板焊接工艺与质量检验技术
A4	重型铠装刮板输送机中部槽焊接技术
A14	TFT-LCD、PDP、OLED 面板、配套材料制造技术和专用设备的设计制造技术,3D 显示、激光显示制造技术和专用设备的设计制造技术
A61	功率型、高亮度半导体发光二极管外延片、芯片设计制造技术,关键材料和设备设计制造技术

续表

序号	技 术 名 称
A62	新型电力电子器件设计、制造技术
A63	电子纸、触控显示面板新型显示器件制造技术
A64	新能源及节能装备用高压电子元件设计、制造技术
A65	微型片式元件设计、制造技术
A67	新能源汽车专用关键零部件设计制造技术
A90	吸油纤维工程化关键技术和装备制造技术
A103	高效碱回收设备制造技术
A105	氢动力电池,锂离子电池高性能/低成本正负极材料、高性能隔膜材料设计制造技术
A106	定向分离与物性修饰生产技术
A109	直接浸出炼锌技术
A110	单台炉直接炼铅技术(基夫塞特 Kivcet 炼铅技术)
A111	非高炉炼铁技术
A112	冶金矿山选矿分级设备的设计制造技术
A113	纯净钢冶炼技术
A114	高强度汽车板、高牌号取向硅钢等关键钢材品种制造技术
A115	烧结机烟气脱硫、脱氮、脱二恶英等联合脱除技术
A119	风力发电用及环保型环氧树脂生产技术
A120	液氢产品的生产技术
A121	用于电子级产品的包装的加工设备及原材料技术
A122	T500 以上碳纤维(简称 CF)成套装备的设计制造技术
A123	有机硅下游深加工产品生产技术
A124	20 万吨/年以上大规模甲苯硝化及二硝基甲苯加氢成套技术
A125	20 万吨/年以上过氧化氢催化氧化制环氧丙烷绿色成套技术
A126	10 万吨/年 TDI 产品生产技术,ADI 生产技术
A127	异戊橡胶制造技术
A128	非光气法聚碳酸酯制造技术
A129	高吸水性纤维生产技术
A133	搪塑镍合金电铸模具制造技术
A137	核电锻件制造技术
A138	核材料及装置的设计制造技术
A139	太阳能热发电设备的设计制造技术
A140	可再生能源、氢能等新能源领域关键设备的设计制造技术
A142	煤炭液化、地下气化关键设备的设计制造技术
A145	高性能海水淡化用反渗透膜制造技术
A146	聚乳酸纤维材料(简称 PLA)产业链成套装备的设计制造技术
A147	环保型新溶剂法纤维素纤维(即 LYOCELL、离子液等)成套装备的设计制造技术
A148	新型聚酯 PTT 成套装备的设计制造技术

续表

序号	技　术　名　称
A149	新型聚酯 PEN 成套装备的设计制造技术
A150	高强高模芳纶 1414(学名聚对苯二甲酰对苯二胺,简称PPTA)成套装备的设计制造技术
A151	聚酰亚胺耐高温纤维成套装备的设计制造技术
A152	聚亚酰胺(简称 P84)成套装备的设计制造技术
A153	丙烷(R290)制冷空调器技术
A154	高性能纤维的产品设计和加工技术
A155	新型聚酯 PBT 成套装备的设计制造技术
A156	生物法多元醇成套装备的设计制造技术
A157	用于碳纤维生产的 PAN 基碳纤维原丝技术
A158	20 万吨/年以上乙烯氧氯化法 VCM 工艺技术
A159	高浓度二氧化硫转化技术
A160	45 万吨/年以上丙烷脱氢制丙烯成套技术
A161	50 万吨/年以上丁烷分离异构成套技术
A174	苏氨酸生产技术
A184	化学纤维的清洁生产和环境污染控制技术
A185	废旧纤维制品回收利用制造技术
A187	废玻璃自动分色分选技术
A188	含汞照明器具无害化回收利用技术
A189	二恶英污染防治技术
A190	废弃滤袋处理处置技术
A191	重金属污染防治技术
A192	钢铁污水深度处理和零排放技术
A193	有色金属工业废水处理循环利用系统
A199	低汞型高效照明产品制造技术
A200	高效换热器、蓄能器、冷凝器制造技术
A201	环保型废电器电子稀贵金属提纯还原技术
A202	玻璃全氧燃烧技术
A203	玻璃瓶罐轻量化生产技术
A204	耐热微晶玻璃餐具生产技术
A205	二氧化碳热泵热水器技术
A206	航空航天用高性能铝合金、钛合金制备技术
A207	高性能铟锡耙材制备技术
A208	高性能硬质合金制备技术
A209	高性能稀土材料制备技术

二、鼓励进口的重要装备

序号	商品编码	商　品　名　称
B22	84171000	多膛焙烧炉(氧化钼)
B23	84629910	精锻机(钼)
B24	851484171000	金属注射成型脱脂烧结炉
B25	841790	自动剥锌机
B26		铜冶炼无种板精炼工艺及装备
B27	845430900084543022	铜板带加工用立式连续铸造机列
B47		连铸连轧铝板带生产线:混合炉(84541000)容积≥120t ;连铸连轧机(热轧)(84552110) 铸机板宽≥2286mm、热轧机辊宽≥2150mm ;铝合金熔体在线处理装置 ALPUR TS-75(84542010),包括在线处气装置 ALPUR TS-75,处理流量≥75t/h,深床过滤器 PDBF-70,处理流量≥55t/h
B57	8444	高强高模芳纶 1414(学名聚对苯二甲酰对苯二胺,简称 PPTA)成套装备(包括聚合、纺丝、后加工技术等)
B58	8444	T500 及以上碳纤维(简称 CF)关键装备(包括碳纤维原丝、碳化、予浸布及复合材料等)
B59	8444	聚酰亚胺耐高温纤维成套装备(包括以 P84 为代表品种的各类纤维)
B70	84391000	纸浆生产的大型机器:年产 30 万吨以上化学浆生产设备;年产 10 万吨以上化机浆生产设备
B71	84392000	浆板机:幅宽≥3500mm,工作车速≥300m/min
B72	8439200084393000	造纸机:幅宽≥5000mm,工作车速≥800m/min
B73	84392000	年产 30 万吨以上纸板生产机器
B74	84414000	纸浆、纸或纸板制品模制成型机器
B81	844130844140844180	瓦楞板生产设备:速度>140m/min,板宽>2.2m,七层以上
B82	8444	氟聚合物聚合反应器及后处理关键设备、挤出加工设备(包括微米级粉碎、高效洗涤、脱水、连续干燥、挤膜、1600mm 以上双向拉伸、浸渍、烘烤等)
B83	90248000	聚合物序列结构测试表征仪器
B84	84198990	20 万吨/年以上乙烯氧氯化法 VCM 关键设备(氯化反应器、氧氯化反应器、裂解炉等)
B85	84193990	分散聚四氟乙烯连续密闭式干燥设备
B86	38011000	高温碳化炉用人造石墨板、石墨保温硬毡
B90	846184638475	陶瓷金属卤化物灯生产设备
B103	90158000	磁力仪:测量范围 25000 ~80000nT,测量精度±0.2nT,分辨率 0.02nT,梯度范围 5000nT/m,存贮数据 25000 个以上读数

续表

序号	商品编码	商　品　名　称
B104	90314100	制造半导体器件时检验半导体晶片、元器件或检测光掩模及光栅用的光学仪器
B105		光刻机、刻蚀机、气相沉淀、离子注入、金属沉淀等集成电路芯片制造设备和仪器
B106		TFT-LCD、PDP、OLED 面板生产用专用设备和仪器
B107		片式元件、新型电力电子器件、半导体照明等专用设备和仪器
B113	84741000	碎玻璃分选设备:处理能力≥12T/h;剔除物/破碎玻璃处理量≥1%;处理后碎玻璃质量要求:磁性金属杂质≤0.1%,非磁性金属杂质≤2颗/25kg,石英、陶瓷、沙子等杂质≤1颗/25kg(杂质 Φ>2.5mm 的)且≤4颗/25kg(杂质 Φ>0.9mm 的)
B114	84752919	玻璃热加工设备:玻璃器皿压吹生产设备(机速≥35个/分钟,16工位以上);高脚杯挺焊接拉伸机(机速≥35个/分钟,48工位以上);激光爆口机(机速≥35个/分钟,36工位以上)
B115	8439100084399100	大型化学机械浆:年产10万吨以上;制浆设备和高速造纸机:工作车速1000m/min 以上
B117	84798990	全自动镀膜设备:用于树脂镜片专用镀膜
B118	90318090	高折射的镜片材料研发、检测设备:光谱分析设备、光谱反射检测设备
B119	85433000	阴阳极制造机(大型、自动化程度高、湿法冶金电积设备)
B120		直接法长纤维增强热塑性复合材料生产线
B121		大型摩擦密封材料关键生产设备
B122		大型摩擦密封材料测试设备
B123		浮法玻璃熔窑全氧燃烧装备
		飞机制造用关键件
B135		发动机系统
B139		起落架系统
B142		防火系统
B143		液压系统
		汽车整车和关键总成设计、试验装置
B145	9024800090241010	汽车非金属材料性能试验装置(皮带性能试验台、燃油管、水管性能试验台等)

三、鼓励发展的重点行业

序号	行　业　名　称
C2	大型、精密模具及汽车模具设计与制造项目
C7	清洁能源发电设备及制造(核电、太阳能、潮汐等)
C8	低温核供热堆、快中子增殖堆、聚变堆、先进研究堆、高温气冷堆
C9	100万吨/年及以上乙烯成套设备制造技术开发及应用
C13	汽车重要部件的精密锻压、多工位压力成型及铸造
C15	新能源汽车专用零部件开发及制造
C19	交流传动核心元器件制造(含 IGCT、IGBT 元器件)
C27	新型电子元器件(片式元器件、频率元器件、混合集成电路、电力电子器件、光电子器件、敏感元器件及传感器、新型机电元件、高密度印刷电路板和柔性电路板等)制造
C30	电子专用材料制造
C31	8英寸及以上单晶硅、多晶硅及硅片制造
C35	PDP、OLED、TFT-LCD 显示器件制造
C39	高性能核燃料元件制造项目
C40	高技术绿色电池产品制造(无汞碱锰电池、氢镍电池、锂离子电池、高容量密封型免维护铅酸蓄电池、燃料电池、锌空气电池、太阳能电池)
C43	稀有、稀土金属深加工及其应用

四、资源性产品、原材料

序号	商品编码	商　品　名　称
D1	26040000	镍矿砂及其精矿
D2	26100000	铬矿砂及其精矿
D3	26140000	钛矿砂及其精矿
D4	2615901026159090	铌矿砂及其精矿
D5	2615901026159090	钽矿砂及其精矿
D6	26030000	铜精矿:铜含量≥20%
D7	26070000	铅精矿:铅含量≥55%
D8	26080000	锌精矿:锌含量≥40%
D9	26050000	钴精矿:钴含量≥6%
D10	26131000	钼精矿:钼含量≥51%
D11	26171000	锑精矿:锑含量≥30%
D12	72026000	镍铁
D13		聚亚酰胺(简称 P84)颗粒
D14	28441000	天然铀

国家发展改革委等关于集中开展限制生产销售使用塑料购物袋专项行动的通知

各省、自治区、直辖市及计划单列市、副省级省会城市、新疆生产建设兵团发展改革委、物价局、工信厅、环保厅(局)、商务厅、工商局、质量技术监督局,深圳市市场监督管理局:

《国务院办公厅关于限制生产销售使用塑料购物袋的通知》(国办发[2007]72 号)被国内外媒体称为中国的“限塑令”,自 2008 年 6 月 1 日起实施。三年来,各地各部门积极贯彻落实,加强组织协调,出台配套政策,广泛开展宣传,部署专项检查,确保“限塑令”实施取得阶段性成果。为全面总结“限塑令”实施情况,深入推动限塑工作,重点解决突出问题,进一步巩固限塑成果,定于 7 月至 8 月在全国集中开展限制生产销售使用塑料购物袋专项行动,现就有关事项通知如下:

一、高度重视,认真总结“限塑令”实施的良好效果

(一)“限塑令”的实施既有利于节约资源,又有利于治理白色污染,各地各部门要充分认识“限塑令”的重要意义,把限制生产销售使用塑料购物袋工作作为“节能减排 全民行动”的一项重要内容,认真抓好落实。

(二)各地发展改革部门要切实承担牵头责任,协调有关部门对本地区执行“限塑令”取得的积极成效进行认真调查分析,全面总结本地区“限塑令”实施在减少塑料消耗、节约石油资源、减少环境污染,促进节能减排及改变社会消费习惯等方面的积极作用。

二、加大宣传教育力度,营造良好限塑氛围

(一)各地商务部门会同发展改革、工商等部门加大在商品零售场所特别是集贸市场的宣传力度,通过电子展板、公告栏、横幅等多种形式,提示经营者和消费者有偿提供、合理使用合格塑料购物袋,引导市场开办者在市场内设立专营(或兼营)塑料购物袋经营摊位,实行塑料购物袋统一采购、销售。

(二)各地环保部门要会同有关部门大力宣传超薄塑料袋带来的环境问题,使消费者认清超薄塑料购物袋的危害,自觉少用、不用塑料袋。

三、加强联动执法,强化源头治理

(一)各地质监部门要在专项行动期间,在塑料购物袋生产集中的重点地区,加大执法人力和物力的投入,进行专项执法检查。对生产塑料购物袋及同类产品的企业和场所进行认真排查,依照法律法规和 GB21660-2008《塑料购物袋的环保、安全和标识通用技术要求》等标准规定,对生产超薄等不合格塑料购物袋的违法行为进行严厉查处。

(二)各地工商、价格部门要继续加大对集贸市场的检查力度,严厉查处屡禁不止、不履行管理责任的市场开办者,督促落实集贸市场开办者管理责任。

(三)各地工信部门要加强对生产企业的引导,督促企业严格按照国家标准组织生产,保证塑料购物袋的质量,杜绝超薄塑料购物袋的生产,积极支持塑料生产企业进行技术升级改造,生产高附加值产品。

四、加大处罚力度,严格落实《商品零售场所塑料购物袋有偿使用管理办法》

(一)各地价格、工商部门要依照《商品零售场所塑料购物袋有偿使用管理办法》(以下简称《办法》)对违反规定的商品零售场所经营者,特别是集贸市场开办者给予严厉处罚,禁止无偿或变相无偿提供塑料购物袋,在专项行动期间集中查处一批违规案件,形成震慑和警示作用。

(二)对于集贸市场经营户销售超薄塑料购物袋的,由工商部门依据《办法》第十三条、第十七条以及《中华人民共和国产品质量法》的有关规定,对市场开办者予以处罚。

(三)对于集贸市场经营户不标明价格或不按规定的内容和方式标明价格销售塑料购物袋的,由价格部门依据《办法》第十三条、第十四条,责令市场开办者改正,并视情节依法予以处罚。

五、有关要求

(一)各地要高度重视此项工作,要密切配合、明确分工,形成发展改革部门牵头、工信、环保、商务、价格、工商、质监等各部门各司其职、各负其责的长效机制。要借本次专项行动契机,不断加大监督检查和宣传教育力度,切实推进集贸市场限塑工作,使“限塑令”的积极效果得到全面体现。

(二)各地发展改革部门要会同有关部门认真总结此次专项行动中好的经验做法、取得的成效以及存在的突出问题,于 8 月底前将专项行动情况总结连同附表一、附表二,联合上报国家发展改革委(资源节约和环境保护司)、工业和信息化部(节能司)、环境保护部(污防司)、商务部(流通业发展司)、工商总局(市场司)、质检总局(执法督查司)。

(三)结合各地工作情况,国家有关部门将组成联合检查组,对各地限制生产销售使用塑料购物袋工作进行重点督查,具体事项另行通知。

国家发展改革委关于开展平板玻璃建设项目专项清理的通知

各省、自治区、直辖市及计划单列市、新疆生产建设兵团发展改革委:

2009 年 9 月,国务院以国发[2009]38 号文批转了我委等部门《关于抑制部分行业产能过剩和重复建设引导产业健康发展的若干意见》,要求将坚决抑制平板玻璃等行业产能过剩和重复建设作为结构调整的重点工作抓紧抓好。文件下发后,各地区、各相关部门和单位积极贯彻落实,有力促进了产业健康发展。但近期,部分地区和企业未按国发[2009]38 号文要求,报经我委组织论证和核准,擅自建设了一批平板玻璃生产线项目,重复建设态势严峻,产能过剩问题更加

凸显，市场严重供大于求，产品价格大幅下降，全行业处于亏损的边缘，这与国家要求的控制总量、调整产业结构、提高经济发展质量和效益的宏观调控政策取向相悖。为贯彻落实国务院领导批示精神，了解地方执行国发[2009]38 号文件情况，决定对平板玻璃建设项目进行专项清理。现将有关事项通知如下：

一、清理范围

对国发[2009]38 号文出台后审批建设以及拟建平板玻璃生产线项目进行全面清理。

二、清理内容

平板玻璃生产线项目建设内容、审批手续、是否符合国发[2009]38 号文件精神及相关产业政策等。

三、清理要求

各省、自治区、直辖市、计划单列市、新疆生产建设兵团发展改革委对辖区内拟建项目一律要求不得开工建设，对未按规定核准建成但未投产项目一律要求不得点火，对现有、在建平板玻璃生产线项目进行逐线检查。根据清理情况，撰写内容完整、情况清楚、分析深入、建议针对性强的清理报告，并按附件一、附件二要求，填写情况表。清理报告和附表（附光盘）请于 2011 年 10 月 31 日前报送我委。

在开展清理工作的同时，我委将组织有关部门和单位，赴平板玻璃重复建设问题突出、新增产能情况严重的地区，进行实地检查。

各地要切实把思想和行动统一到国家宏观调控的决策部署上来，增强大局意识、责任意识和忧患意识，高度重视此项工作，进行认真而不是敷衍的清理。对于故意瞒报和弄虚作假的，一经查实，严格责任追究制度，对相关单位和当事人施行问责。

国家发展改革委等关于《当前优先发展的高技术产业化重点领域指南（2011 年度）》

其中，与材料相关部分：

1. 生物医学材料

骨、牙及关节系统用生物活性修复替换材料，牙用人工材料和体内植入物，组织工程血管、人工心瓣膜等心血管系统替换材料和制品，心血管支架，软骨、骨、肌腱、周围神经、皮肤、眼角膜等组织工程支架及干细胞或其他体细胞结构和功能性再生组织，用于微创手术的材料和结构，介入导管和器件，介入性治疗材料，血浆代用品，血液净化材料和体外循环装置，医学材料表面处理设备。

2. 生物材料及产品

利用生物质生产聚乳酸、聚羟基烷酸、聚氨基酸和聚有机酸等可降解材料，生物可降解聚酯，可降解高分子材料与淀粉共混的环境友好材料，新型炭质吸附材料，新型绿色生态可降解聚乳酸纤维、多元醇纤维，生物乙烯、1，3-丙二醇、丁醇系列产品，乳酸、丁二酸、琥珀酸以及各种具有特定性能的有机酸产品和医药中间体。

3. 纳米材料

纳米钨粉及纳米硬质合金材料、纳米膜材料、纳米催化材料和纳米晶金属材料，材料表面纳米化技术，纳米能源材料与技术，纳米生物医用材料与技术，包括重大疾病早期诊断与治疗用纳米材料与器件，纳米环境材料与技术，纳米多孔气凝胶材料，纳米电子、光子、传感材料及器件，纳米材料与器件的制备、加工、计量、评价技术与装备。

4. 高性能、低成本钢铁材料

超细组织钢铁材料的轧制工艺、先进微合金化、高均质连铸坯及高洁净的冶炼工艺，高强度耐热合金钢及铸锻工艺和焊接技术，高强度轿车用钢、超超临界机组用钢、高性能工模具钢、960MPa 以上高韧性工程机械用钢、耐腐蚀及耐高温、高压高强钢，经济型奥氏体及铁素体不锈钢，高质量大型轴承钢，高速铁路用钢，特殊品质高级无缝管。

5. 高性能镁、铝、钛合金材料

高性能铝合金、镁合金、钛合金、钨合金及其复合材料，钛合金及铝合金大型宽厚板，镁及镁合金的液态铸轧技术，镁、铝、钛、钨合金的线、棒、板、带、薄板、铸件、锻件、异型材等系列化产品的加工与焊接技术，大型复杂构件成形技术，着色、防腐技术及相关配套设备。

6. 特种功能材料

特种功能焊接材料、特种功能喷涂材料、特种功能密封材料、超导材料，智能材料，功能陶瓷、功能薄膜，气敏、湿敏、磁性液体、光敏材料、巨磁阻抗等传感材料，氢的制备及分离、储氢合金和储氢容器、太阳能电池、高性能二次锂电池和新型电容器等能量转换和储能材料，烯烃等聚合物及清洁生产所需催化材料，稀贵金属高纯材料，非晶材料，特种阳极材料，稀有金属粉末及制品，多孔材料及元器件，特种功能金属纤维及其制品，新型超硬材料及设备，贵金属催化剂。

7. 稀土材料

高纯度稀土氧化物和稀土单质的分离、提取技术，高性能稀土（永）磁性材料及其制品，稀土催化材料，稀土贮氢材料，稀土发光材料，稀土转换膜，超磁致伸缩材料，稀土光导纤维，稀土激光晶体和玻璃，稀土精密陶瓷材料，高性能稀土抛光材料，稀土磁光存储材料，稀土磁致冷材料，稀土生物功能材料，高性能稀土合金材料。

8. 高温结构材料

陶瓷-金属复合材料，高温过滤及净化用多孔陶瓷材料，连续陶瓷纤维及其复合材料，高性能、细晶氧化铝产品，低温烧结复相陶瓷、碳化硅陶瓷产品，单晶高温合金低成本制备技术，TiAl 基和高熔点金属间化合物材料，粉末高温合金成型产品、复杂高温合金铸件。

9. 新型建筑节能材料

高性能外墙自保温墙体材料、功能墙体材料、热反射涂料、相变储能材料、外墙隔火防热材料，高效屋面保温材料，楼地面隔热保温材料，高性能节能玻璃和门窗，低辐射玻璃。

10. 重交通道路沥青

利用环烷基原油资源生产重交通道路沥青,用重油和含硫原油生产高质量的AH-70、AH-90等牌号的重交通道路沥青,抗紫外线、防冻道路改性沥青,路面再生及有机大分子废弃物在改性沥青中的应用。

11. 高分子材料及新型催化剂

新型工程塑料与塑料合金,新型特种工程塑料,阻燃改性塑料,通用塑料改性技术,汽车轻量化热塑性复合材料,农林等纤维素原料提取高分子材料-酶解木质素技术,氟塑料成形加工技术,聚烯烃催化剂、高效硝基苯加氢催化剂及原位聚合聚烯烃纳米复合材料催化剂,交联聚乙烯材料和电器用合成树脂材料,高性能聚芳醚酮类树脂材料,硅树脂、异戊橡胶、乙丙橡胶、硅橡胶材料及改性技术,邻甲酚环氧树脂,万吨级聚碳酸酯塑料、千吨级尼龙11塑料、万吨级通信和电力电缆用及油气输送用聚烯烃管材生产技术及设备,超低密度材料。

12. 复合材料

双金属材料及多金属复合材料,高性能铜合金复合材料,金属基复合材料,碳-碳复合材料,陶瓷基复合材料,先进树脂基复合材料及其低成本制备技术,新型特殊结构复合材料制备技术。绿色玻璃钢-热塑性复合材料制品,输气管道、轴承、渔船、汽车覆盖件用玻璃钢。高强高导铜基纳米陶瓷弥散增强复合材料。

13. 特种纤维材料

高性能碳纤维、无碱玻璃纤维、氨纶纤维、芳纶纤维、芳砜纶纤维、超高分子量聚乙烯纤维、聚苯硫醚纤维、聚四氟乙烯纤维、聚酰亚胺纤维,陶瓷纤维,高性能、高感性、高功能和环保型纤维,晶须材料,低成本、高性能、特种用途玻璃纤维及其制品。

14. 环境友好材料

生态环境材料,环境友好及特殊用途光学玻璃材料,环保型可降解塑料,建筑与海洋防护用工程环保涂料,无机高分子絮凝剂,电子电器产品限用物质替代材料,可降解汽车内饰材料技术,材料的可循环回收技术,高分子材料环境友好技术,低碳型和环境友好型包装材料,建筑材料环境友好技术,环境友好材料的分析检测技术和方法及标准物质。

15. 膜材料及组件

功能高分子膜材料及成套装置,均相系列荷电膜及装备,聚烯烃类微滤膜及应用,纳米结构敏感膜、液体脱气膜、汽液相分离膜材料,模内转印(IMD)用膜材料,氯碱用膜材料,高性能复合纳米滤膜材料,无机分离催化膜材料,生物功能和仿生分离膜材料,海水、苦咸水及中水处理用反渗透膜材料及组件,陶瓷分离膜材料与技术,渗透气化和蒸汽渗透分离膜材料与技术。

16. 金属粉体材料及粉末冶金技术

超高温、高压惰性气体雾化制粉技术,超声振动雾化制粉技术,注射成形、温压成形、喷射成形等先进粉末冶金技术,系列化高性能粉末冶金产品,纳米粉末冶金材料,低成本触点材料,复合粉体材料,高性能镍基高温合金粉体材料。

17. 表面涂、镀层材料

环保型防腐涂料,环保型高性能工业涂料,高温陶瓷涂敷材料,高档汽车用金属颜料,水性重防腐涂料,耐高温抗强碱涂料,防火阻燃涂料,磁性热敏涂层材料,先进高能束表面改性技术,复合表面技术,锡系无铅可焊性电沉积环保工艺材料,超低表面能含氟表面保护材料与技术。

18. 盐湖及海水提锂、提镁技术

万吨级碳酸锂和高纯氯化锂技术,千吨级高纯度碳酸锂和单水氢氧化锂、万吨级氧化镁和高纯金属锂,电解镁、高纯镁砂、高纯度无水氯化镁和氢氧化镁技术,锂电池电解质、空调用溴化锂等相关产品,锂、钾盐精细加工工业过程二次资源的综合回收利用,锂、镁盐产品的绿色过程优化集成系统和技术。

19. 新型纺织材料及印染后整理技术

新型合成纤维与纯棉、丝绸、麻、竹等天然纤维复合面料,天然纤维素的绿色制浆技术和溶剂法纤维素纤维技术,新型纺丝技术,少水、少污染的清洁生产技术,微悬浮体染色技术,可降解上浆剂,数字喷射印花技术和自动制网技术,四分色印花技术,激光处理技术,等离子体处理技术,高附着力、高牢度的高档染料,高效短流程染色技术及配套的活性染料和助剂,生物酶加工技术,多功能染后整理技术,天然纤维织物的防皱整理技术以及环保型、功能性助染剂。

20. 高性能密封材料

轿车及中高档轻型车覆盖件、结构件及动力传动、减振、制动系统用密封材料,大型成套设备高压、液压、气动系统用密封件,电力设备高温、高压机械用密封件,石油化学工业用高速透平压缩机的非接触气膜密封件,金属磁流体密封件,高性能无石棉密封材料,高性能碳石墨密封材料,高性能无压烧结碳化硅材料,航空航天用聚硫密封剂材料。

21. 子午线轮胎生产技术和关键原材料

低碳、节能、安全、高性能子午线轮胎制造技术,异戊橡胶、杜仲橡胶生产技术及装备,新型环保、节能、高性能纤维(金属)骨架材料,5万吨/年节能、低耗、环保、高性能软质新工艺炭黑,高性能、低能耗特种炭黑,低耗、低排、绿色、高性能橡胶助剂。

22. 金属、无机非金属多孔复合催化材料

能源工业净化燃煤烟气用金属催化过滤材料,多孔过滤催化材料,金属多孔材料表面预处理技术,载体复合、催化剂活性组分附着等表面技术,金属复合催化材料的制备技术,催化过滤材料的制备技术,催化反应膜技术。

23. 油田用助剂

万吨级耐高温、耐盐聚合物驱油剂,驱油表面活性剂,万吨级钻井液用化学品,万吨级高效清防蜡剂和降凝降粘剂,千吨级高温原油破乳剂,千吨级石油压裂液增稠剂、采油和炼油缓蚀剂,千吨级采油用稠油降粘剂,千吨级高效杀菌剂,石油开采中的环境友好型高分子驱油材料,原油脱硫化氢剂。

24. 造纸用助剂

2万吨/年造纸专用增强剂,万吨级涂布纸用专用化学品,万吨级造纸用树脂障碍控制剂,2万吨/年高留着型淀粉表面施胶剂,5 千吨级印刷适应性改进剂,万吨级造纸增强填料石膏晶须产品,新型功能表面活性剂。

25. 新型选矿设备及药剂

铜矿、铁矿等大型金属矿山和铝土矿、钨矿、锡矿、钛矿及低品位的氧化锌矿、锶矿等难处理矿成套选矿设备,大型选矿、冶炼自动控制技术与装备,千米深井采矿技术与装备,大深度精细勘查技术与装备,数字矿山关键技术,高效低毒的捕收剂、调整剂、起泡剂等选矿药剂。

26. 核工程用特种材料

高纯海绵锆及核级锆与锆合金、锆合金的表面改性,核级不锈钢,耐晶间腐蚀和应力腐蚀的镍基合金,抗液体钠腐蚀材料,抗氢脆材料,抗高温热腐蚀低合金钢,高纯、抗辐照各向同性石墨,中子屏蔽用石墨,耐腐蚀、抗辐照脆化、具有良好焊接性能的高强度压力壳体钢,核二、核三级设备超厚超宽钢板和锻件,安全运行监测控制用低熔点材料。

27. 动力电池及储能电池

高性能锂离子电池正极材料、隔膜材料、电解质材料制备技术,大容量锂动力电池成组技术与设备、电池管理系统设计与生产,大容量钠硫电池模块制备、储能系统、电网接入系统与控制技术,全钒液流储能电池制备、电池系统设计、集成与运行控制技术,质子交换膜燃料电池及关键材料制备技术,直接醇类燃料电池,中低温固体氧化物燃料电池及微型燃料电池。

28. 氢开发与利用

高效天然气制氢、化工、冶金副产煤气制氢,低能耗电解水制氢。

29. 油品加工技术及设备

加氢裂化催化剂和相关技术,劣质原油和渣油加氢技术,催化裂化原料预加氢技术,煤液化油加氢提质技术,费-托合成油加氢改质技术,特种油品的加氢技术,电脱盐、常减压蒸馏等一次加工技术,催化裂化、焦化、重整、异构化、烷基化、S-Zorb 等二次加工技术,油品精制技术,润滑油加氢技术,生产超清洁汽柴油的油品加氢技术,油浆、石油焦的加工利用技术。

30. 核电及核燃料循环

百万千瓦级先进压水堆核电站关键技术与成套设备,铀纯化转化、铀矿勘查和采冶、铀浓缩技术及关键设备,高性能燃料元件,铀钚混合氧化物燃料,先进乏燃料后处理技术,核辐射安全与监测技术,核设施退役与放射性废物处理和处置技术,快中子堆和高温气冷堆核电站技术及设备,模块化小型核能装置,核应急技术。

31. 核技术应用

辐照交联电线电缆、热缩材料、辐照材料、发泡材料、交联聚烯烃管材及附件、橡胶硫化、高分子 PIC 器件、绿色环保涂料,用辐射技术处理三废,电子束固化等辐射加工,医疗保健用品辐射灭菌消毒,同位素辐照设备、大功率辐照加速器、电子加速器及成套设备等辐射装置及成套设备,以同位素 γ 源和加速器为射线源的大型工业在线检测、危险物品的安全检测装备,同位素药物及辐射治疗。

商务部、发展改革委等关于促进战略性新兴产业国际化发展的指导意见

各省、自治区、直辖市、计划单列市及新疆生产建设兵团商务、发展改革、科技、工业和信息、财政、环境保护、税务、质量技术监督、知识产权主管部门,海关广东分署,各直属海关,各直属检验检疫局:

加快培育和发展战略性新兴产业是党中央、国务院面向未来,为推动我国经济发展方式转变和产业结构升级作出的重大战略决策,国际化是培育和发展战略性新兴产业的必然选择。根据《国务院关于加快培育和发展战略性新兴产业的决定》(国发[2010]32 号),现就促进战略性新兴产业国际化发展提出如下指导意见:

一、突出产业特点,明确发展方向

促进战略性新兴产业国际化发展就是要把握经济全球化的新特点,逐步深化国际合作,积极探索合作新模式,在更高层次上参与国际合作,从而提升战略性新兴产业自主发展能力与核心竞争力。促进我国战略性新兴产业国际化发展应准确定位,明确方向。一是提高战略性新兴产业研发、制造、营销等各环节的国际化发展水平,提升全产业链竞争力;二是提高战略性新兴产业人才、企业、产业联盟、创新基地的国际化发展能力,提升市场主体竞争力;三是营造有利于战略性新兴产业国际化发展的良好环境,完善支撑保障体系;四是处理好两个市场的相互关系,夯实战略性新兴产业国际化发展的国内基础。

(一)指导思想。以邓小平理论和“三个代表”重要思想为指导,深入贯彻落实科学发展观,准确把握战略性新兴产业的国际发展趋势,按照加快培育和发展战略性新兴产业的总体要求,把国际化作为推动战略性新兴产业发展的重要途径,增强自主创新能力,加大政策扶持力度,夯实国内市场基础,着力营造良好环境,鼓励和引导企业积极开拓国际市场,在更宽领域、更大范围利用全球创新资源,努力提升战略性新兴产业总体发展水平。

(二)基本原则。

——坚持市场导向原则。根据当前国际竞争态势和发展趋势,充分发挥市场机制的基础性作用,切实调动市场主体的积极性,引导产业发展方向和发展重点,明确产业优先发展次序和关键环节。

——坚持提升优势原则。在积极促进战略性新兴产业贸易和投资发展的同时,着重提升发展质量和国际分工地位,形成我国参与国际竞争新的比较优势。

——坚持重点推进原则。在积极提升战略性新兴产业国际化总体水平的同时,集中力量加大对重点环节、重点企业、重点市场的扶持,形成重点带动、整体推进。

——坚持统筹发展原则。统筹国内、国际两个市场、两

种资源,促进贸易、投资协调发展,实现国际化与产业化的良性互动。

(三)工作目标。通过政府引导、上下联动等方式,力争到"十二五"末期,战略性新兴产业国际分工地位明显提升,国际化主体的竞争实力显著增强,贸易和投资规模稳步增长,全方位、多层次的国际化发展体系初步形成。

——建设国际化示范基地。结合科技兴贸创新基地建设,在战略性新兴产业的重点门类集中力量建设一批国际化发展示范基地,形成集群效应。

——培育国际化领军企业。重点支持一批具有较强创新能力和国际竞争力的领军企业,发挥带动作用。

——促进对外贸易快速增长。积极支持具有知识产权、品牌、营销渠道和良好市场前景的战略性新兴产业开拓国际市场,促进我国战略性新兴产业对外贸易快速增长。

(四)国际化推进重点。推进重点包括节能环保产业、新能源产业、新一代信息技术产业、生物产业、高端装备制造产业、新材料产业及新能源汽车产业。

其中,新材料产业重点支持如下:

支持国内企业并购国外新材料企业和研发机构,加强国际化经营;鼓励生产高附加值产品的国外企业来华投资建厂;优化进出口商品结构,完善进出口管理措施,加大对新材料产品和技术进口的支持力度,鼓励高附加值新材料产品开拓国际市场;鼓励新材料企业兼并重组,提高企业国际竞争力。

二、利用全球创新资源,提升产业创新能力

在全球范围内,加强技术交流与合作,有效利用全球创新资源,不断提升我国战略性新兴产业的原始创新能力、集成创新能力和引进消化吸收再创新能力。

(五)鼓励技术引进和合作研发。修订《中国鼓励引进技术目录》和《鼓励进口技术和产品目录》,大力支持战略性新兴产业先进技术设备、关键零部件进口。支持国内企业与境外企业联合研发共性关键技术、开发新产品以及科技成果向现实生产力转化。

(六)鼓励引进消化吸收与再创新。鼓励引进项目的前期研发、再创新成果的产业化、消化吸收与再创新产品开拓国际市场、消化吸收与再创新的技术或者产品申请国内外专利。

(七)鼓励参与国际标准制定和推动国际互认。积极参与战略性新兴产业领域国际标准的制定,在基础较好、产业和技术优势明显的领域,积极探索推广使用中国标准的新途径。支持企业采用国际标准,取得相关认证,推动签署政府间产品标准和认证认可结果的相互认可协议,促进国外政府和相关机构对我国检测认证机构测试认证结果的采信。

(八)促进知识产权创造、运用、保护和管理。支持企业在境外申请专利、注册商标;加强科技成果、专利等无形资产的评估,促进技术创新和技术转让健康发展;逐步完善国际贸易领域知识产权相关法律法规;妥善处理知识产权纠纷;加大对知识产权侵权行为的打击力度,防范知识产权滥用行为。

(九)加大高端人才引进力度。加快高端人才的培养开发。畅通吸纳高端领军人才的绿色通道,按照国家规定在居留、入出境、物品通关、工作生活条件等方面,为海外高层次人才来内地工作创业提供便利。采取持股、技术入股、提供创业基金等灵活方式,积极吸引各类高端人才,营造有利于战略性新兴产业领军人才跨境流动的良好环境。

三、开拓和利用国际市场,转变贸易发展方式

支持企业开拓和利用国际市场,提升企业适应国际市场的能力,增强企业国际竞争力,不断拓展战略性新兴产业的国际化发展空间。

(十)加强对重点市场分类指导。根据战略性新兴产业的发展水平,结合不同市场需求,支持新能源汽车、光伏等产业开拓发达国家市场,推动节能环保、生物育种、生物医药等产业开拓亚洲、非洲、拉美等新兴市场,支持风电产业开拓发达国家市场和新兴市场。研究推动与20个重点国家的双边产业合作规划,确定合作重点领域,明确合作具体形式,制定有针对性的贸易投资指南,支持各类经营主体开展多种形式的国际化经营活动。

(十一)充分发挥双多边机制作用。将促进战略性新兴产业的国际交流与合作纳入双多边合作机制框架。建立战略性新兴产业专项合作协议,充分发挥中英航空等专项合作协议作用。有效运用对外投资、对外援助、对外工程承包等多种方式,提升双多边合作的质量和水平。继续通过中美、中欧、中日高技术战略合作机制,加大政府间高技术领域磋商力度,推动发达国家放宽对华出口限制,扩大高技术产品贸易。

(十二)加大对鼓励类商品对外贸易的支持力度。制订战略性新兴产业进出口产品目录,对列入目录且符合条件的产品在通关、检验检疫等方面给予支持。加强资源综合利用,通过政策引导,鼓励外商把终端产品生产转移到国内来,提高出口产品技术含量。

(十三)大力支持不同贸易方式优化发展。在大力支持战略性新兴产业一般贸易发展的同时,推动航空航天产业扩大转包生产规模,促进平板显示和高性能集成电路等产业加工贸易转型升级,支持在高附加值环节开展国际合作,提升参与国际分工能力。

(十四)积极承接服务外包。在生物医药、工业设计、软件和信息服务等与战略性新兴产业相关的领域积极承接服务外包,充分发挥国内人才、设备与成本等优势,开展生物制药研发及试验检测、传感网相关数据处理、金融后台服务、信息及软件技术研发类外包等服务外包业务,发挥服务贸易高附加值优势,提高货物贸易技术含量和附加值,延长货物贸易价值链。

(十五)加强出口促进体系建设。发挥驻外机构、行业组织等相关中介机构作用,为企业提供国际市场信息服务。有

针对性地鼓励和扶持各类专业展会和重要出口商品宣传活动，促进中外企业信息交流和项目对接。在生物医药、新能源、新材料等领域规范出口秩序。

四、创新利用外资方式，促进对外投资发展

“引进来”与“走出去”相结合，切实提高国际投融资合作的质量和水平，促进战略性新兴产业在国际分工新格局中占据有利地位。

（十六）积极引导投资方向。修订《当前优先发展的高技术产业化指南》等，补充和完善战略性新兴产业相关内容，鼓励外商投资战略性新兴产业。制订国别产业导向目录，为企业开展跨国投资提供指导。积极探索在海外建设科技型产业园区。

（十七）拓宽利用外资渠道。鼓励外商投资设立创业投资企业，完善退出机制。支持企业根据国家发展战略及自身发展需要到境外上市，创新利用外资手段。

（十八）鼓励研发合作。继续积极鼓励外商设立研发中心，支持中外企业联合研发，申请重大项目。

（十九）扩大企业境外投资自主权。简化企业境外投资审批程序。进一步加大对企业境外投资的外汇支持。鼓励有条件的企业在境外以发行股票和债券等多种方式融资。

（二十）鼓励建立海外生产体系。鼓励新能源、航空航天、新能源汽车、高端装备制造等行业符合条件的企业在国外投资建厂。鼓励生物育种业在海外设立生产示范园区，加强海外推广。支持符合条件的环保企业加强国际合作。

（二十一）鼓励设立海外研发中心。鼓励符合条件的企业通过并购、合资、合作、参股等多种方式在海外设立研发中心，重点扶持风能、太阳能、新型平板显示和高性能集成电路、新能源汽车、生物育种等行业与国外研究机构、产业集群建立战略合作关系。

（二十二）鼓励建立海外营销网络体系。针对不同国际市场，支持符合条件的企业采取自建、与渠道商合作等方式建立境外营销中心、维修服务网点等海外营销体系。支持企业通过境外注册商标、境外收购等方式，培育国际化品牌。

五、推动创新基地建设，发挥国际化发展示范带动作用

大力支持科技兴贸创新基地建设，促进国内外行业领军企业集聚发展，充分发挥科技兴贸创新基地对促进战略性新兴产业国际化发展的示范带动作用。

（二十三）发挥国际化发展示范带动作用。引导科技兴贸创新基地结合各自优势，加大对特色产业支持力度，培育若干具备行业领军优势的基地或基地企业。在积极利用好国家各项扶持政策的同时，鼓励对基地内企业给予配套政策支持，并在适当条件下，扩大至与基地相关联的企业或区域。

（二十四）推动国际合作。依托科技兴贸创新基地，结合产业特点，分行业领域深化国际合作。推动科技兴贸创新基地与国外研发机构和相关高技术产业园区建立战略伙伴关系。适时建设战略性新兴产业国际化发展示范基地，充分激发其引领、示范和促进作用。

（二十五）加强公共服务平台建设。促进共性、关键技术研发，加快国际孵化器、检验检测、信息服务、人才培训等公共服务平台建设，建设以科技兴贸创新基地为载体的国际化发展促进体系。

六、加大扶持促进力度，完善支撑保障体系

促进战略性新兴产业国际化发展，必须加大财税金融政策支持力度，完善便利化措施，加强产业预警体系建设，积极应对国际贸易保护主义。

（二十六）积极利用财税支持政策。充分利用好现行促进战略性新兴产业国际化发展的有关财税政策。结合战略性新兴产业发展特点，积极落实《国务院关于加快培育和发展战略性新兴产业的决定》确定的各项财税支持政策。

（二十七）用好出口信贷和出口信用保险。利用出口信贷和出口信用保险，积极支持战略性新兴产业领域的重点产品、技术和服务开拓国际市场，对航空航天、高端装备制造等金额较大或能带动国内专利技术和标准出口的战略性新兴产业产品，在出口信贷和出口信用保险方面给予重点支持。

（二十八）完善便利化措施。落实海关企业分类管理措施，大力推进分类通关改革，鼓励战略性新兴产业重点培育企业申请成为海关高资信管理企业，享受相关通关便利措施。战略性新兴产业领域海外科技专家来华工作，按有关规定给予通关便利。推进进出口检验检疫企业分类管理，对获得生态原产地标记保护的产品给予检验检疫便利。

（二十九）加强产业预警体系建设。重点对生物育种、生物医药等外资加速进入的产业，加强国内、国外产业发展动态监测与研究，尽快完善产业预警体系。

（三十）加强海外信用风险防范。引导企业增强风险意识，防范国际贸易和投资活动中的各类风险。积极利用保险工具，对战略性新兴产业的海外市场拓展及对外投资提供全面的风险保障和风险信息管理咨询服务。

（三十一）积极应对贸易保护主义。鼓励企业做好反倾销、反补贴、保障措施应对工作，指导企业积极利用世界贸易组织通报咨询机制等方式应对国外各种非关税壁垒。重点在生物医药等重要领域加强多双边磋商，减少国际贸易摩擦。

（三十二）完善和推进知识产权海外维权机制。继续完善和推进以政府为主导，企业、行业中介组织、研究机构和驻外经商机构共同参加的海外知识产权保护服务网络，通过培训、信息支持和服务、宣传等手段，提高企业的知识产权保护意识和海外维权能力。

（三十三）充分发挥行业组织的作用。引导和鼓励各类商协会、产业联盟、技术联盟等行业组织，在企业开拓国际市场、应对国际知识产权纠纷、防止恶性竞争、促进国内国际标准制定等方面充分发挥协调指导作用。

七、夯实国内市场基础，营造良好发展环境

夯实国内市场基础，培育国内市场需求，创造有利于国

内外企业公平竞争的良好环境,为有效促进战略性新兴产业国际化发展奠定良好基础。

(三十四)促进商业模式创新。支持借鉴和引进国际先进商业模式,鼓励合同能源管理、专业化环保服务等商业模式的创新和发展。

(三十五)加强市场准入和价格管理。完善生物医药行业准入管理,进一步健全药品注册管理的体制机制,完善药品集中采购制度,完善新能源产品价格形成机制,完善生物育种行业准入管理及转基因农产品管理,完善并严格执行节能环保法规标准,推动形成与国际接轨的市场准入制度和价格形成机制。

(三十六)加强质量诚信体系建设。大力推进以质取胜战略,培育一批具有自主知识产权和知名品牌、国际竞争力强的优势企业,建设一批具有国际水平和带动能力的现代产业集群,积极推进质量诚信体系建设。加大质量失信行为的惩戒力度,提高战略性新兴产业产品的质量水平和国际信誉。

国家发展改革委
关于印发"十二五"墙体材料
革新指导意见的通知

各省、自治区、直辖市发展改革委、经贸委(经信委、工信委)、墙体材料革新主管部门:

为贯彻《国民经济和社会发展第十二个五年规划纲要》,落实节约资源和保护环境基本国策,深入开展"十二五"时期墙体材料革新工作,有效保护耕地和环境、节约能源,提高资源利用效率,促进经济发展方式转变,缓解经济社会发展与资源环境矛盾,增强可持续发展能力。我委组织编制了《"十二五"墙体材料革新指导意见》,研究提出了"十二五"墙体材料革新的指导思想、基本原则、主要目标、重点工作以及政策措施。现印发你们,请认真贯彻执行。

附:"十二五"墙体材料革新指导意见

"十二五"时期,是我国工业化、城镇化进程加快的关键时期,一方面固体废弃物大量排放和堆存占用宝贵土地,污染环境和危害人体健康,另一方面城乡建设发展对建材产品需求急剧增加,资源环境的约束矛盾日益突出。进一步推进墙体材料革新是保护耕地,节约能源,提高资源利用效率、转变经济发展方式,维护人民群众权益,缓解经济社会发展与资源环境矛盾,增强可持续发展能力的重要措施。为了深入推进墙体材料革新,制订本指导意见。

一、"十一五"墙体材料革新取得显著成效

(一)城市城区"禁实"任务基本完成。截至2010年底,全国600多个城市已基本实现城市(城区)禁止使用实心粘土砖(以下简称"禁实")。部分地区在完成城市"禁实"的基础上,开始向县城推进,已有16省(区、市)的487个县城实现"禁实"。部分地区已经开展禁止生产和限制使用粘土制品(以下简称"禁粘")工作。

(二)新型墙体材料快速发展。2010年全国新型墙体材料产量已占墙体材料总量的55%,比2005年提高11%,以新型墙体材料为主的生产和应用格局基本形成。应用新型墙体材料新建节能建筑累计面积48亿平方米,比"十五"末增加3倍多。新型墙体材料年产能6000万块标砖以上的企业达到5000多家,比"十五"末增加50%以上,改变了传统墙体材料企业以砖瓦窑为主小而散的局面。

(三)技术水平大幅提升。新型墙体材料装备产业得到壮大,全国年产值过亿的新型墙体材料装备企业从无到有发展到30多家。新型墙体材料的产品质量和应用水平明显提高,呈现出系列化、标准化、规范化生产和应用,满足了城乡建设对墙体材料日益增长的需求。一批拥有自主知识产权、技术先进、自动化程度高的成套技术装备已达国际先进水平,目前已出口到80多个国家。

(四)节能减排成效明显。通过淘汰落后产能、企业技术改造、建筑应用,共实现节约标准煤约2500万吨,减少二氧化碳排放约5500万吨,减少二氧化硫排放约50万吨。全国共关停粘土砖瓦企业1.4万家,淘汰落后产能1000多亿块标砖。

(五)利废节地效果突出。新型墙体材料发展消纳煤矸石、粉煤灰、尾矿等大宗固体废弃物约15亿吨,减少毁田烧砖、堆存占地、关停企业腾退、淘汰粘土砖产能,合计节约耕地300多万亩,为守住18亿亩耕地红线作出了积极贡献。

"十一五"期间墙体材料革新工作虽然取得显著成效,但实心粘土砖在城镇和农村居民建房中仍有较大市场;新型墙体材料品质需进一步提高;墙体材料革新推进能力有待加强。随着"十二五"时期工业化、城镇化进程加快,大宗固体废弃物产生和堆存占用大量土地,污染环境的问题仍相当严重。同时随着城乡建设的快速发展,人民生活居住水平的不断提高,迫切需要大量品质优良的新型墙体材料,满足绿色节能建筑发展的需求,墙体材料革新面临着新形势和新挑战。

二、指导思想、基本原则、发展目标

(一)指导思想

全面贯彻落实科学发展观,树立绿色、低碳发展理念,以推进节能减排、促进循环经济发展为重心,以技术创新和制度创新为动力,以服务建筑、保护耕地、资源综合利用为目标,强化政策调控,发挥市场导向,深入推进"城市限粘、县城禁实"工作,大力发展节能、节地、利废的新型墙体材料,推动产业优化升级,促进资源节约型、环境友好型社会建设,实现经济效益、社会效益和环境效益的有机统一。

(二)基本原则

坚持政府主导与市场调节结合。充分发挥政府宏观调控作用,加强部门协调配合,完善法规政策,依法推进;发挥

企业的主动性和创造性，满足经济社会发展对新型墙体材料的市场需求。

坚持因地制宜与区域特色相结合。统筹兼顾各地资源状况、气候条件以及建筑结构等因素，积极发展适合当地实际的新型墙体材料；综合考虑区域经济水平、文化风俗，打造不同区域、不同民族独具特色的建筑文化。

坚持技术创新与节能环保相结合。加强共性和关键性技术的研发，引进、吸收、推广先进实用技术，促进先进装备生产的国产化；适应建筑使用功能和绿色节能建筑的新要求，不断提升新型墙体材料节能环保等性能。

（三）发展目标

到2015年，全国30%以上的城市实现“限粘”、50%以上县城实现“禁实”；全国实心粘土砖产量控制在3000亿块标准砖（折合）以下，新型墙体材料产量所占比重达65%以上，建筑应用比例达75%以上；新型墙体材料产品生产能耗下降20%；新型墙体材料技术装备整体水平显著提升，产品质量明显提高，产品结构进一步优化。

三、“十二五”墙体材料革新重点工作

（一）深入推进“禁实”工作

在巩固城市城区“禁实”成果基础上，向广度和深度推进。新型墙体材料能够满足工程建设需要的地区开展城市城区限制使用粘土制品（以下简称：“限粘”）工作，限制使用粘土成分在20%以上的墙体材料，分批发布“限粘”城市名单；推动县城“禁实”，分批发布“禁实”县城名单，确保2015年全国半数以上县城实现“禁实”目标；有条件的地区开展“禁粘”，有序推进乡镇、农村“禁实”工作。

（二）加快新型墙体材料发展步伐

鼓励新型墙体材料向轻质化、高强化、复合化发展，重点推进节能保温、高强防火、利废环保的多功能复合一体化新型墙体材料生产应用。大力发展以煤矸石、粉煤灰、脱硫石膏等为主要原料的新型墙体材料产品。在大宗固体废弃物产生和堆存量大的地区优先发展高档次、高掺量的利废新型墙体材料产品；在人均耕地少、沙石资源比较丰富地区优先发展混凝土制品；在自然资源匮乏、粘土资源比较丰富地区适当发展空心化、多功能的粘土砌块制品。各地区要根据当地实际情况，进一步明确区域主导产品，提高产品档次，促进新型墙体材料产业又好又快发展。

（三）推动新型墙体材料产业升级

认真贯彻执行国家产业政策，适时调整发布鼓励、限制、淘汰的墙体材料生产技术、工艺、设备及产品目录。提高行业准入门槛，建立墙体材料落后产能退出机制，加快落后产品、技术和设备的淘汰，推进结构调整，转变发展方式，重点做好烧结制品企业的整合改造提升。实施节能技术改造，大力推广大断面隧道窑、节能变频技术、窑炉余热利用等先进生产工艺技术，提高企业节能减排水平。开展清洁生产审核，从源头减少污染排放。积极推进品牌战略，引导企业争创品牌产品，鼓励规模企业、优质产品走品牌经营之路。鼓励企业多元化发展，支持各种形式的重组联合，提高产业集中度，推动新型墙体材料产业规模化、管理现代化、装备自动化、生产标准化。

（四）组织新型墙体材料示范

组织实施示范工程，强化生产和应用示范，提升新型墙体材料整体水平。一是实施利废新型墙体材料示范工程，推进大宗固体废弃物综合利用示范基地建设，通过技术研发，支持企业利用建筑废弃物、城市污泥、尾矿、磷石膏等固体废弃物生产新型墙体材料，提高综合利用效率。二是实施新型墙体材料推广示范工程，在县城及周边加大新型墙体材料推广力度，结合安居工程、保障房建设和新农村建设，大力发展节能环保、阻燃防火的新型墙体材料；在有条件的乡镇农村，引导农村自建房使用节能环保的新型墙体材料，加大在新农村示范工程的应用。三是实施多功能复合一体化新型墙体材料示范工程，选择若干中心城市，有重点、有目标地培育建设多功能复合一体化新型墙体材料生产基地，推动多功能复合一体化新型墙体材料在城市建筑中的应用示范。四是实施龙头企业示范工程，选择骨干企业和规模以上企业，采取扶优扶强政策，增强企业核心竞争力，培育具有技术优势、品牌优势、管理优势、文化优势的10家装备制造、100家生产示范龙头企业。

（五）强化基金和税收政策引导

充分发挥专项基金和税收政策的引导作用。严格执行财政部、国家发展改革委《关于印发新型墙体材料专项基金征收使用管理办法的通知》（财综［2007］77号）规定，进一步加强专项基金征缴工作管理，确保应缴尽缴，不得随意减免，杜绝挤占、挪用专项基金。加大专项基金对新型墙体材料发展的支持力度，提高专项基金投入新型墙体材料生产和科研开发的比例。进一步研究完善和落实有关税收政策，引导企业，引导社会资金投入新型墙体材料发展领域。

（六）增强能力建设

健全墙体材料革新工作管理机制，形成管理、监察、服务“三位一体”的管理体系，加强行业管理能力建设，强化基础管理。加强墙体材料革新工作队伍建设，确保机构稳定，人员充实，完善目标管理机制。强化人员培训，培养一批高水平墙体材料革新专业人才和管理人才，提高执法能力，增强服务意识，提升技术、管理和服务水平。建立健全统计制度，完善统计体系。构建墙体材料革新工作信息化平台，提升管理水平。建立科学规范的墙体材料革新工作评价机制。

四、政策措施

（一）加强组织领导

完善由国家发展改革委牵头，各有关部门密切配合的墙体材料革新工作协调机制，指导和推进墙体材料革新工作。各级地方人民政府要将墙体材料革新工作列入政府工作的议事日程，制定发展规划，并结合本地区的实际情况，研究制定墙体材料革新的发展目标、政策措施等，抓好各项工作的落实。各地墙体材料革新主管部门要加强对墙体材料革新

工作的组织领导,健全机构,落实责任,建立健全目标管理责任制,完善考核机制。

(二)完善政策措施

贯彻落实《循环经济促进法》的有关要求,研究制定促进新型墙体材料发展的法规政策,加快依法"禁实",依法"推新"的步伐,依法推进墙体材料革新工作。适时修订《新型墙体材料目录》,促进优化产业结构。制定和完善新型墙体材料产业发展的有关财税激励政策,研究出台取用粘土资源烧砖课以较高资源税的限制性政策。逐步拓宽财政、金融、投资支持渠道,加大对新型墙体材料发展的支持力度。各地要完善墙体材料革新的相关配套政策。

(三)强化技术支撑

鼓励产学研、生产应用的结合,加强共性和关键性技术的研发,组织引进、消化、吸收国外先进技术,研究、开发科技含量高、利废效果好、节能效果显著、拥有自主知识产权的优质新型墙体材料生产技术和装备。加大科技研发投入,支持骨干企业设立技术研发中心,提高科技创新能力,促进先进装备生产的国产化。

(四)健全标准体系

进一步加强新型墙体材料产品标准体系建设,完善新型墙体材料产品标准,提高标准的技术水平,研究制定多功能复合一体化新型墙体材料技术标准。加快完善新型墙体材料产品应用的技术标准、规程和图集,满足绿色节能建筑设计、施工对新型墙体材料提出的更高要求,促进新材料、新技术、新工艺的推广应用,拓宽新型墙体材料应用范围。

(五)加强监督管理

加强对粘土砖生产用地的监督管理,要依照《中华人民共和国土地管理法》、《循环经济促进法》等有关法律法规的规定和土地利用总体规划的要求,严格控制粘土砖生产企业取土范围和规模,严禁占用耕地建窑或擅自在耕地上取土;加强对墙体材料生产企业的监管,规范新型墙体材料的认定管理,加大监督检查力度,对无照生产经营、销售使用国家明令淘汰产品的行为,要坚决依法严肃处理;加强对墙体材料生产企业的环境监督执法,依法处罚污染环境的违法违规行为;依据有关国家标准或行业标准,严格监督墙体材料生产企业的销售行为,禁止质量未达标的墙体材料产品出厂销售。

(六)加强交流合作

研究出台相关措施,加快各地墙体材料革新工作在管理、标准、检测、应用等领域的交流与合作,充分发挥协会的作用。开展新型墙体材料国际技术交流,与相关国际组织和国家建立合作机制,引进国外的先进技术和管理经验,不断拓展新型墙体材料国际合作的领域和范围。

(七)加大宣传力度

进一步加大对墙体材料革新的宣传力度,充分发挥广播、电视、报刊等新闻媒体的舆论导向作用,大力宣传墙体材料革新有关的政策、法规和措施,普及新型墙体材料相关知识,宣传新型墙体材料节约能源资源,保护耕地和环境,维护人民权益的重要性和迫切性,宣传新型墙体材料优越性能、种类、标准、特点和正确的使用方法。推动全社会都来关心、关注和支持墙体材料革新工作,努力营造墙体材料革新工作良好的社会舆论氛围。

磷铵行业准入条件

为有效遏制磷复肥行业盲目投资,防止低水平重复建设,规范磷复肥行业发展,促进产业结构优化升级,依据国家有关法律、法规和产业政策,遵循调整结构、有序竞争、降低消耗、保护环境和安全生产的原则,现对磷铵行业提出如下准入条件。

一、生产企业布局

(一)根据资源、能源状况和市场需求情况,各磷肥主要生产省(自治区、直辖市)要制定磷复肥行业发展规划,引导本地区磷复肥行业有序发展,抑制盲目扩张。

(二)在国务院、国家有关部门和省、自治区、直辖市县级以上人民政府划定的生态保护区、风景旅游区、自然保护区、文化遗产保护区、饮用水源保护区内和国家及地方所规定的环保、安全防护距离内,不得新建磷复肥生产装置,已在上述区域内投产运营的磷复肥生产装置,要根据该区域规划要求,通过搬迁、转产等方式逐步退出。

(三)三年内,原则上不再新建或扩建湿法磷酸及配套的磷酸一铵、磷酸二铵装置(按照区域规划搬迁项目除外)。搬迁的新建或改扩建项目须符合国家产业政策及有关政策规定。

(四)新建和改扩建磷酸及配套的磷铵生产企业,必须符合各省、自治区、直辖市工业总体规划和磷复肥行业发展规划,必须符合国家及各级政府制定的土地利用总体规划、环境保护规划或污染防治规划。

二、工艺条件

按照区域规划需搬迁的企业再新建湿法磷酸及配套的磷酸一铵、磷酸二铵装置时,必须有磷、硫资源保障,鼓励利用冶炼副产硫酸资源,鼓励磷酸梯级利用,项目建设同时必须配套建设氟回收装置和磷石膏综合利用项目,磷石膏要做到全部利用。

与项目配套建设的硫酸装置采用硫磺制酸的,必须同期采用低温位热能回收技术;采用硫铁矿制酸的,必须采用稀酸洗净化流程。

三、能源消耗和资源综合利用

(一)按照区域规划需搬迁的企业再新建湿法磷酸及配套的磷酸一铵、磷酸二铵装置时,其单位产品综合能耗应满足下表指标要求:

新建或改扩建磷铵及配套硫酸装置综合能耗指标

装置名称	生产工艺	产品类型	综合能耗指标
磷酸二铵	传统法	粒状	≤280kgce/t, P_2O_5
	料浆法	粒状	≤208kgce/t, P_2O_5
磷酸一铵	料浆法	粉状	≤183kgce/t, P_2O_5
		粒状	≤203kgce/t, P_2O_5
硫酸	硫磺制酸		≤-110kgce/t, H_2SO_4
	硫铁矿制酸		≤-90kgce/t, H_2SO_4

（二）现有湿法磷酸及配套的磷酸一铵、磷酸二铵装置，其单位产品综合能耗应满足下表指标要求：

现有磷铵及配套硫酸装置综合能耗指标

装置名称	生产工艺	产品类型		综合能耗指标
磷酸二铵	传统法	粒状		≤325kgce/t, P_2O_5
	料浆法	粒状		≤260kgce/t, P_2O_5
磷酸一铵	料浆法	粉状	Ⅰ类磷矿	≤230kgce/t, P_2O_5
			Ⅱ类磷矿	≤310kgce/t, P_2O_5
		粒状	Ⅰ类磷矿	≤240kgce/t, P_2O_5
			Ⅱ类磷矿	≤340kgce/t, P_2O_5
硫酸	硫磺制酸			≤-80kgce/t, H_2SO_4
	硫铁矿制酸			≤-60kgce/t, H_2SO_4

注1：Ⅰ类磷矿系指用于生产湿法磷酸及磷铵的磷矿原矿或经选别后矿粉（或矿浆），其 P_2O_5 含量>28.5%，主要杂质含量 Fe_2O_3 + AL_2O_3<6.5%。

注2：Ⅱ类磷矿系指用于生产湿法磷酸及磷铵的磷矿原矿或经选别后矿粉（或矿浆），其 P_2O_5 含量≤28.5%，主要杂质含量 Fe_2O_3 + AL_2O_3≥6.5%。

（三）现有硫铁矿制酸企业副产的矿渣必须全部回收利用；现有磷铵企业必须配套建有规范的磷石膏堆场，未建磷石膏堆场的企业三年内必须完成装置建设，且磷石膏利用率在三年内必须达到年产生量的15%。达不到以上要求的企业必须关停。

四、环境保护

磷复肥生产必须达到国家环保要求，企业正常生产时污水必须做到封闭循环，确需排放时须经处理后达标排放；未建氟回收装置的三年内必须完成装置建设，并保证装置的正常使用。

新建或改扩建项目的环保指标必须达到下表要求：

新建或改扩建磷铵项目的环保指标

污染物控制项目	直接排放限值
废水排放量（不包括氟加工装置）	≤0.2m³/t
废水中总磷（以磷计）	≤15mg/l
废水中氟化物（以氟计）	≤15mg/l
废水中氨氮	≤15mg/l
废气中颗粒物	≤80mg/Nm³

现有磷铵装置的环保指标必须达到下表要求：

现有磷铵项目的环保指标

污染物控制项目	直接排放限值
废水排放量（不包括氟加工装置）	≤0.3m³/t
废水中总磷（以磷计）	≤20mg/l
废水中氟化物（以氟计）	≤15mg/l
废水中氨氮	≤15mg/l
废气中颗粒物	≤120mg/Nm³

自2013年1月1日起，现有磷铵装置也执行上述指标要求，达不到要求的企业必须关停。

磷石膏堆场建设应符合《一般工业固体废物贮存、处置污染控制标准》中第Ⅱ类一般工业固体废物的要求，同时按照国家有关部门发布的指南、规范等文件加强堆场的建设和运行管理，防止磷石膏污染。

搬迁、新建或改扩建企业需要达到《磷肥行业清洁生产评价指标体系（试行）》中的"清洁生产先进企业水平"。现有企业2014年前需达到"清洁生产先进企业水平"。

五、安全生产

磷肥生产企业必须严格执行国家安全生产法律、法规，并建立、健全安全生产责任制，依法取得安全生产许可证。

六、监督与管理

（一）新建或改扩建的磷酸及配套的磷酸一铵、磷酸二铵装置，必须符合上述准入条件。相关部门在磷复肥生产项目的投资管理、土地供应、节能评估、环境评估、信贷融资、产品出口等工作中要依据本准入条件。

（二）新建或改扩建湿法磷酸及配套的磷酸二铵、磷酸一铵生产装置建成投产前，要经省级及以上工业、土地、节能、环保、安全、质检等管理部门及有关专家组成的联合检查组，按照准入条件要求进行监督检查。经检查未达到准入条件的，工业和信息化主管部门应责令限期完成符合准入条件（企业备案材料提供）的有关建设内容；节能、安全、环保行政执法部门要根据国家有关法律、法规加大处罚力度，同时限期整改。

（三）按照国家已发布的《产业结构调整目录》必须淘汰的，企业应主动选择转产或改产等方式，加紧淘汰步伐。

（四）各级磷复肥行业主管部门要加强对磷酸二铵、磷酸一铵生产企业执行准入条件情况进行督促检查。各级中介组织和行业协会要宣传国家产业政策，加强行业自律，协助政府有关部门做好行业监督、管理工作。

（五）对不符合本准入条件的新建或改扩建湿法磷酸及磷酸二铵、磷酸一铵生产项目，节能、安全、环保部门不得办理审批手续，金融机构不得提供信贷支持，电力供应部门要依法停止供电。地方人民政府依法责令关闭的企业，工商行政管理部门依法责令其办理注销登记或吊销营业执照。

七、附则

（一）本准入条件适用于中华人民共和国关境内所有类

型的磷酸二铵、磷酸一铵生产企业。

(二)本准入条件自发布之日起实施,并根据磷复肥行业发展情况和国家宏观调控要求适时修订。

(三)本准入条件由中华人民共和国工业和信息化部负责解释。

镁行业准入条件

为加强镁行业管理,规范生产经营秩序和投资行为,促进镁行业产业结构调整和优化升级,依据国家有关法律法规和产业政策,制定本准入条件。

一、企业布局及规模

(一)新建或改扩建的镁冶炼项目应靠近具有资源、能源优势地区,应符合有关法律法规规定,符合国家产业政策和行业规划要求,符合城市建设发展规划、土地利用规划、环境保护和污染防治规划、矿产资源规划等规划要求。

(二)在国家法律、法规、行政规章及规划确定或县级以上人民政府批准的饮用水水源保护区、基本农田保护区、自然保护区、风景名胜区、生态功能保护区等需要特殊保护的地区,城市市区及周边、居民集中区、疗养地、医院和食品、药品、电子等对环境质量要求高的企业周边1公里内,不得新建镁冶炼项目。已在上述区域内投产运营的镁冶炼企业要根据该区域规划,依法通过搬迁、转产、停产等方式限期退出。

(三)开采镁矿资源,应遵守《矿产资源法》等相关规定,应依法取得采矿许可证、安全生产许可证等相关证照,严格按照批准的开发利用方案和开采设计进行开采,严禁无证开采、乱采滥挖和破坏浪费资源。

(四)现有镁冶炼企业生产能力准入规模应不低于1.5万吨/年;改造、扩建镁冶炼项目,生产能力应不低于2万吨/年;新建镁及镁合金项目,生产能力应不低于5万吨/年。鼓励大中型优势镁冶炼企业并购小型镁厂。

二、工艺装备

(一)工艺

新建镁及镁合金项目,选择符合镁冶炼要求的白云石资源,采用热法炼镁且生产效率高、工艺先进、能耗低、环保达标、资源综合利用效果好的生产工艺系统。其工艺技术指标为:还原镁收率≥80%、硅铁中硅利用率≥70%、粗镁精炼收率≥95%。必须拥有资源综合利用、节能、冶炼尾气余热回收、收尘和低SO2尾气浓度治理的工艺及设备;创造条件对还原渣进行综合利用。必须满足国家《节约能源法》、《清洁生产促进法》、《环境保护法》等法律法规的要求。

(二)装备

煅烧系统:采用节能环保型回转窑,必须余热利用;以气体为燃料的可控竖窑。

配料制球系统:采用微机配料,实现机械化操作,输料系统全封闭。

还原系统:采用蓄热式高温空气燃烧技术还原炉,用气有计量,实现机械化出渣。

精炼系统:采用坩埚熔化,用气体燃料;合金用电炉保温,连铸机浇注,有气体保护。

所有炉窑均采用PCL或DCS计算机远程控制系统,使镁冶炼装备高效、节能、环保、安全、自动化控制,达到目前国内先进水平。

鼓励积极研发节能、环保的新技术、新工艺、新装备。

三、产品质量

(一)原生镁锭

原镁质量应达到GB/T3499—2003标准。

(二)铸造镁合金锭

铸造镁合金质量应达到GB/T19078—2003标准

四、资源、能源消耗

企业准入值	现有企业	改、扩建企业	新建企业
白云石	11.5	11.0	10.5
硅铁(Si>75%)	1.1	1.05	1.04
新水量	15	12	10
吨镁综合能耗 tcc/t	6	5.5	5

注:根据气体燃料的热值和用量或煤制气用煤量折成标煤。

禁止用原煤直接加热各种炉窑(部分企业回转窑喷煤粉除外)。应采用清洁能源(焦炉煤气、半焦煤气、天然气、煤层气、两段式发生炉煤气和电等),采用蓄热式高温空气燃烧技术和余热利用技术。

五、资源、能源综合利用

镁还原渣综合利用率≥70%。镁还原渣中氧化镁的含量≤8%。要积极利用镁还原渣生产镁渣硅酸盐水泥等建材产品,减少废渣排放。

生产全过程余热综合利用率≥80%。包括回转窑窑头窑尾的余热及镁还原渣的余热等。

六、环境保护

(一)镁矿山和冶炼生产企业应严格执行环境影响评价制度,按照环境保护主管部门的相关规定报批环境影响评价文件。按照环境保护"三同时"的要求建设矿山、冶炼项目,并经环保部门验收后,方可投入生产。依法履行矿山地质环境恢复治理义务,严格执行矿山地质环境治理恢复制度;严格执行土地复垦规定,履行土地复垦法定义务。严格执行国家和地方污染物总量控制的要求,将污染物排放控制在计划目标内。

(二)废气

在原料处理、转运、熔炼、加工等过程中所有产生粉尘的部位,必须配备收尘及烟气净化装置,安装环保部门认可的烟气在线监测装置。废气排放达到《镁、钛工业污染物排放标准》的要求。

（三）废水

废水排放达到《镁、钛工业污染物排放标准》的要求。

（四）废渣

设有专用的废渣堆存处置场地，并符合《一般工业固体废物贮存、处置场污染控制标准》。危险污染物的产生、收集、贮存、运输及处置应严格执行危险废物相关管理规定。

（五）噪声

厂内噪声符合《工业企业厂界噪声标准》。采用低噪音设备和设置隔声屏障等进行噪声治理。

（六）推行清洁生产，降低产污强度，镁生产企业应依法定期实施清洁生产审核，并通过评估验收。

（七）国家发布行业污染物排放标准后按新的标准执行。向有相关地方污染物标准的地区排放污染物的，应满足地方污染物排放标准要求。

七、安全生产与职业危害防护

（一）遵守《安全生产法》、《矿山安全法》、《职业病防治法》等法律法规，执行保障安全生产和职业危害防护的国家标准或行业标准。遵守安全评价和职业危害评价制度，安全设施和职业卫生"三同时"制度。新、改、扩建镁矿山项目安全设施和职业危害防护设施必须经安全监管部门验收合格并取得安全生产许可证后方可投入生产。

（二）使用危险化学品必须遵守《危险化学品安全管理条例》等相关法规。

八、劳动保险

遵守国家相关法律法规，依法参加养老、失业、医疗、工伤等各类保险，并为从业人员足额缴纳相关保险费用。

九、监督管理

（一）新建和改扩建项目应当符合准入条件要求；现有生产企业要尽快达到准入条件中规定的生产规模、工艺装备、产品质量、资源能源消耗与综合利用、环境保护、安全生产和职业危害防护、劳动保险等方面的要求。

各有关部门在对镁生产企业进行投资管理、土地供应、环保审批、信贷融资等工作要以准入条件为依据。对不符合准入条件的新建和改扩建项目，有关部门不予备案，金融机构不得提供贷款和其他形式的授信支持，土地管理、城市规划和建设、环境保护、消防、安全监管等部门不得办理有关手续。

（二）各级工业主管部门会同有关部门对镁生产企业执行准入条件的情况进行监督检查。行业协会协助国家有关部门做好监督和管理工作。

（三）工业和信息化部负责公告符合准入条件的企业名单。

十、附则

本准入条件适用于中华人民共和国境内（香港、澳门、台湾地区除外）所有硅热法镁冶炼企业，电解法镁冶炼准入条件另行制定。

本准入条件将依据国家法规标准和产业政策进行修订，由工业和信息化部负责解释。

本准入条件自2011年3月7日起实施。

氟化氢行业准入条件

氟化氢是萤石等含氟资源实现化学深加工、发展氟化工的关键中间产品。为优化氟资源配置，提高氟资源综合利用水平，大力构建资源节约、环境友好、本质安全的氟化工产业体系，促进产业健康可持续发展，根据国家有关法律法规和产业政策要求，按照"控制总量，优化配置，节能降耗，安全环保，技术创新，持续发展"原则，制定本准入条件。

一、产业布局

（一）新建氟化氢生产装置、新设立氟化工企业应当符合当地产业发展规划和土地利用总体规划，应当有稳定可靠的萤石等资源保障，必须进入具有环境容量和安全容量、拥有含氟污染物（包括含氟渣料、液体和气体，下同）治理和资源化综合利用设施以及危险化学品存储、运输设施，大力发展循环经济的开发区（包括产业园区、产业聚集区，下同）。

（二）在县级及以上人民政府规定的风景名胜区、自然保护区、饮用水源保护区和其他需要特别保护的区域内，城市规划区边界外2公里以内，主要河流两岸、公路、铁路、水路干线两侧，及居民聚集区和其他严防污染的企业周边1公里以内，国家及地方政府规定的环保、安全防护距离内，禁止新建、改扩建氟化氢生产装置。

（三）虽然满足上述各种边界要求，但不在开发区内的现有氟化氢生产企业，除开展安全环保改造外，不得新增氟化氢产能，鼓励这些企业停产退出或向开发区搬迁。

（四）除开发生产高纯、超净的电子等行业专用氟化氢产品和生产自用的氟化氢原料外，不得新建、扩建非原料用的氟化氢生产装置。

二、规模、工艺与装备

（一）为满足节能、环保以及安全生产要求，提高氟资源利用率，实现合理的规模经济，新建生产企业的氟化氢总规模不得低于5万吨/年，新建氟化氢生产装置单套生产能力不得低于2万吨/年（资源综合利用方式生产氟化氢的除外）。

（二）新建、改扩建氟化氢生产装置应当采用先进的工艺技术，选用节能、环保、安全的设备，主要工段、关键设备应当实现在线控制和远程视频监控，整个生产线应当建立综合控制性能先进的DCS等在线远程自控系统。

（三）新建、改扩建氟化氢生产装置应当同时配套建设含氟粉尘收集利用系统、含氟污水治理系统和含氟渣料资源化系统。

（四）禁止以萤石为原料，采用水直接吸收工艺新建、扩建氢氟酸生产装置。

氢氟酸应用企业应当根据生产平衡实际需要，就地以氟化氢为原料建设氢氟酸生产装置，实现氢氟酸生产的清洁化。

三、节能降耗与资源综合利用

(一)新建、改扩建的氟化氢生产装置,经连续72小时生产考核,每吨氟化氢产品萤石(粉)(标准号YB/T 5217,氟化钙含量不低于97%)消耗不得高于2.25吨、综合水耗不得高于1吨、年均综合能耗不得超过450千克标煤。

(二)氟化氢生产企业应当发展循环经济,提高能源梯次利用和萤石、含氟石膏渣等资源综合利用水平。

含氟石膏渣硫酸钙含量不得低于90%、氟化钙含量不得超过2%、硫酸含量不得超过0.5%,年综合利用率必须在90%(包括签订长期合同委托加工利用)以上。

(三)新建、改扩建的氟化氢生产装置,水循环利用率不得低于95%。

现有氟化氢生产企业应通过改造,在2013年年底前达到上述要求;通过改造达不到的,要按期停产或退出。

四、环境保护

新建、改扩建氟化氢生产装置,应当严格遵守环境影响评价制度,采取清洁生产工艺,按照环保"三同时"原则同步建设配套的环境设施和资源化设施。

废渣排放应当达到GB 18599《一般工业固体废物贮存、处置场污染控制标准》要求,废液排放应当达到GB8978《污水综合排放标准》要求,废气排放应当达到GB 16297《大气污染物综合排放标准》要求。相关地方有更为严格污染物排放标准的,应同时满足地方污染物排放标准要求。

含氟石膏渣应当有效回收并综合利用,禁止随意堆存、填埋。含氟石膏渣应当封闭存放,存放区必须进行防渗漏处理。

现有氟化氢生产企业应当按规定开展清洁生产审核并通过清洁生产评估,应当在2013年年底前达到上述要求;通过改造达不到的,要按期停产或退出。

五、主要产品质量

新建、改扩建的氟化氢生产装置,氟化氢产品质量应当满足GB7746《工业无水氟化氢》要求。

利用氟化氢生产的氢氟酸产品质量应当达到GB7744《工业氢氟酸》或生产企业内控使用要求。

六、安全生产、职业健康和社会责任

(一)新建、改扩建氟化氢生产装置应当由有甲级资质的设计单位进行设计,由具有相应资质的单位组织环境、健康、安全评价和节能评估,由有甲级资质的单位进行施工,严格执行国家、行业、地方各项管理规范和规定,健全管理制度。

(二)氟化氢生产企业应当通过质量管理体系、环境管理体系和职业健康安全管理体系认证;必须建立健全危险化学品安全管理制度和氟骨病等职业病防治制度;积极推进能源管理体系建设。

七、监督与管理

(一)新建、改扩建氟化氢生产项目的投资管理、土地供应、环境评价、安全许可、节能评估、信贷融资、生产许可等,应当依据本准入条件。

对不符合本准入条件的,国土资源管理部门不得办理土地使用手续,环境保护管理部门不得办理环保审批手续,安全监管部门不得办理安全许可,金融机构不得提供信贷支持,质检部门不得办理工业产品生产许可,地方人民政府或相关主管部门可依法决定撤销或责令暂停项目的建设。

(二)新建、改扩建氟化氢生产装置建成投产前,要经省级及以上工业、投资、国土资源、环保、安全、质检等管理部门和有关专家组成的联合检查组,按照本准入条件要求进行检查,经检查未达到准入条件的,应责令限期整改。

(三)省级工业和信息化主管部门要加强对氟化氢生产企业执行本准入条件情况进行督促检查。有关行业协会要积极宣传贯彻国家产业政策,加强行业自律,协助政府有关部门做好行业监督、管理工作。

(四)符合本准入条件的氟化氢生产企业名单,工业和信息化部将定期向社会公告,并实行动态管理。

(五)萤石(粉)生产企业不得向不符合本准入条件的氟化氢生产企业提供萤石(粉)产品;氟化氢生产企业不得向不符合萤石行业准入条件的萤石(粉)生产企业购买萤石(粉)产品。

八、附则

(一)本准入条件适用于中华人民共和国关境内所有类型的氟化氢生产企业。

(二)本准入条件涉及的法律法规、国家标准若进行修订,则按修订后的执行。

(三)本准入条件自发布之日起实施,由工业和信息化部负责解释。工业和信息化部将根据氟化工产业发展状况和经济社会发展要求对本准入条件进行修订。

日用玻璃行业准入条件

为加快推进日用玻璃行业结构调整和产业升级,防止盲目投资和低水平重复建设,加强节能减排,保护生态环境,提高资源综合利用效率,依据国家有关法规和产业政策,制定本准入条件。

一、生产企业和新建、改扩建项目布局

(一)新建生产企业和新建、改扩建项目选址必须符合本地区城乡建设规划、生态环境规划、土地利用整体规划要求和用地标准。在下述区域内不得建设日用玻璃生产企业及新建、改扩建项目:

1. 自然保护区、风景名胜区和饮用水水源地保护区等依法实行特殊保护的地区。

2. 城镇规划中确定的居民居住区、商业交通居民混合区、文化区。

3. 国家核准的耕地红线范围内的农田保护区。

(二)严格限制新建保温瓶项目,重点对现有生产线进行技术改造和升级。

(三)严格控制东中部及产能较为集中的地区新建日用玻璃生产项目。建设项目重点是对现有生产线进行技术改

造和升级以及发展轻量化玻璃瓶罐、高档玻璃器皿和特殊品种的玻璃制品。

二、生产工艺与装备

企业应拥有与生产日用玻璃产品相适应的的技术文件和工艺文件；执行质量保证体系规定；整体技术和装备水平应达到国内先进水平或接近国际水平。

（一）燃料

鼓励新建、改扩建企业使用优质高热值燃料和清洁燃料。对《土壤环境质量标准》（GB15618）规定的土壤环境质量类别为Ⅰ类、Ⅱ类的地区和《环境空气质量标准》（GB3095）规定的Ⅰ类、Ⅱ类区域，严格限制使用发生炉煤气燃料。

（二）配合料制备系统

1. 硅质原料采用粉料进厂并建有硅质原料均化库。

2. 采用高精度电子称量系统（动态精度优于1/500）。

3. 对岗位粉尘无组织排放进行控制，达到国家规定相应排放标准。

4. 采用优质配合料混合设备和加水、加蒸汽过程的自动检测与控制。

5. 配合料制备系统应配置快速分析仪器（例如：在线水分测量、离线成分分析、原料和碎玻璃中 COD 值的测定、均匀度测定）和可追溯的记录系统。

6. 玻璃器皿、玻璃仪器及高档白料玻璃瓶生产线的配合料制备系统应采用无铁生产工艺技术。

7. 使用的碎玻璃应经过清洁处理并达到一定粒度要求。

（三）玻璃熔窑

1. 熔窑设计应符合玻璃熔窑设计的相关标准和规范。

2. 以重油、天然气、发生炉煤气为主要燃料的玻璃熔窑规模应达到《新建或改扩建玻璃熔窑的规模》各项指标要求。

3. 熔窑要做到设计合理、材质优良，并定期检查保养，确保达到《新建和改扩建日用玻璃熔窑的玻璃熔制质量》和《新建或改扩建日用玻璃熔窑能源消耗限额》所列的指标要求。

4. 优化和配置计算机控制系统，控制熔窑温度、窑压、换向、液面及空燃比等参数，确保玻璃熔制过程中各类工艺参数的稳定性和精确性，使熔制温度控制精度达到±3℃，实现低空燃比燃烧，蓄热室底部废气中 O_2 含量≤1.6%。

5. 严禁新建燃煤和发生炉煤气坩埚窑。

（四）供料道

1. 新建或改扩建玻璃啤酒瓶、玻璃瓶罐、玻璃器皿、玻璃保温瓶胆等生产项目，应采用整体顶砖结构及纵向冷却的新型供料道。

2. 新建或改扩建玻璃仪器生产项目，应采用密闭式供料道并设有溢料和泄料装置。

3. 供料道温度参数采用智能仪表进行实时控制，同时和主计算机保持实时通讯。供料道均化段末端同一断面各点的玻璃液温度差不应大于9℃。

（五）成型机

大批量生产的玻璃瓶罐、玻璃器皿、保温瓶胆，应采用自动化程度高的多组（工位）、多滴成型机械。小口径玻璃瓶罐新建或改扩建生产项目，应有采用压吹法工艺生产轻量瓶的成型机械。

（六）退火窑

1. 采用天然气、液化石油气、电等清洁加热能源，严格限制采用洗涤冷煤气和水煤气为加热热源。

2. 采用保温、热风循环、网带炉内返回、分区自动控温等节能技术。

3. 退火窑温度控制精度为±2℃。

（七）检验与包装

1. 玻璃瓶罐新建或改扩建生产项目，应配备在线自动检测设备。

2. 玻璃瓶罐新建或改扩建生产项目，应采用托盘、纸箱等适当包装方式。淘汰麻袋及塑料编织袋包装。

（八）理化检验室

新建或改扩建生产项目，必须有设施完善的理化检验室，具备完成相应产品标准规定所要求的自检项目、玻璃生产工艺控制所必须的检测项目的能力。

（九）其他

1. 选用国家推荐的节能环保型风机、泵类等机电产品。

2. 采用变频、永磁等电机调速技术，改善风机及泵类电机系统调节方式，取代传统的闸板、阀门等机械节流调节方式。

3. 采用螺杆式空气压缩机，严格限制选用低压活塞式空气压缩机。

三、产品质量与品种

（一）产品质量

1. 日用玻璃制品质量必须符合国家标准或行业标准。

2. 企业应建立产品质量可追溯和责任追究体系，有健全的产品质量保证体系。

（二）鼓励发展的产品品种

1. 轻量化度不超过1.0的轻量化玻璃瓶罐。（轻量化度 $L=0.44\times$瓶重/满口容量(0.810)）

2. Fe_2O_3 含量不超过0.02%的高档玻璃器皿。

3. 特殊品种玻璃

主要指以下品种：

（1）特殊品种优质医药玻璃。抗水一级模制瓶、玻管成分达到 ASTM E438 一级 A 或 B 的玻管，并且其玻管尺寸精度达到 YBB 标准、预灌装 K 型或 S 型管制瓶。

（2）新型电光源玻璃。无铅高精度机制节能灯管、T5 及以下荧光灯高速制灯线专用玻管、卤素灯专用高铝无碱玻管。

（3）耐热硼硅玻璃。3.3 硼硅玻璃板、3.8 硼硅玻璃压制扳、3.3 硼硅玻璃瓶罐。

（4）钢化玻璃。化学钢化高铝高碱面板玻璃（免研磨）、夹层钢化玻璃器皿。

（5）无氟乳白玻璃。

（6）太阳能热发电用高温集热管。

四、能源资源消耗和综合利用

（一）新建或改扩建项目单位产品综合能耗应达到《新

建或改扩建日用玻璃生产项目综合能耗限额指标》。

(二)新建或改扩建项目单位制品主要资源消耗应达到《新建或改扩建日用玻璃生产项目资源消耗限额指标》。

(三)新建或改扩建日用玻璃生产项目能源资源综合利用水平应达到《新建或改扩建日用玻璃生产项目能源资源综合利用指标》。

五、环境保护

(一)清洁生产

日用玻璃行业应符合清洁生产要求,不断改进设计,使用低含硫量的优质燃料,控制硫酸盐和硝酸盐原料的使用、禁止使用三氧化二砷、三氧化二锑、含铅、含氟、铬矿渣及其他有害原辅材料,产品后加工工序应使用环保型颜料和制剂;采用先进工艺技术与设备、改善管理、综合利用等措施,从源头降低污染,提高资源利用效率。新建或改扩建项目须达到《日用玻璃行业清洁生产评价指标体系》中的清洁生产先进企业水平。

1. 新建或改扩建项目清洁生产污染物产生指标应达到《新建或改扩建日用玻璃生产项目主要污染物控制指标》中的限额指标。

2. 开展清洁生产审核,对生产全过程进行控制,鼓励企业积极通过 GB/T24001 环境管理体系认证。

(二)末端治理

1. 主要污染物未达到当地排放标准和总量控制指标的新建或改扩建生产项目,必须对其主要污染物采取烟气脱硫除尘、外排废水处理等末端治理措施。废水原则上应自行处理或接入集中工业废水处理设施处理后达标排放,不得接入城镇污水处理系统。确需接入城镇污水处理系统的,必须报经城镇污水处理行业主管部门充分论证、领取《城市排水许可证》后方可接入。接入城镇污水处理系统的日用玻璃生产企业,其排放的废水污染物指标应达到集中污水处理厂或《污水排入城市下水道水质标准》规定的要求。

2. 以发生炉煤气为主要燃料的新建或改扩建玻璃熔窑,必须在烟道上设置除尘或含有除尘的末端治理装置,以保证熔窑换向期间,烟气排放达到《工业炉窑大气污染物排放标准》(GB9078)规定的限制要求。

3. 新建或改扩建玻璃熔窑,应预留烟气脱硝治理设施场地。

(三)污染物在线监测

污水排放和熔窑烟气排放应按照环保部门要求,设置在线监测系统。

(四)对各项污染物排放进行控制,污染物排放要符合国家和地方污染物排放(控制)标准,主要污染物排放总量符合总量控制要求。

(五)新建、改扩建项目应严格执行《中华人民共和国环境影响评价法》,依法向有审批权的环境保护行政主管部门报批环境影响评价文件。按照环境保护"三同时"要求建设与项目相配套的环境保护设施并依法申请项目竣工环境保护验收。

六、安全生产和工业卫生

(一)严格遵守《中华人民共和国安全生产法》、《中华人民共和国消防法》等安全生产、消防方面的法律、法规、规章和标准。建立健全安全生产责任制度,完善安全生产条件,确保安全生产。

(二)严格遵守《中华人民共和国职业病防治法》等职业病防治方面的法律、法规和标准。建立健全职业病防治责任制,为员工配备岗位必需的劳动防护用品和职业病防护设施,工作场所的有害气体、粉尘浓度、噪声等指标符合国家要求。

(三)新建、改扩建项目的安全设施和职业病防护设施投资应纳入建设项目概算,按照国家有关规定和要求,进行安全预评价和安全设施竣工验收,确保安全设施与主体工程建设同时设计、同时施工、同时投入生产和使用。

(四)有重大危险源检测、评估、监控措施和应急预案。

(五)采用先进的工艺及设备,提升安全生产水平和产品质量,严禁采用国家明令淘汰和限制的技术和设备;禁止在玻璃熔窑底部架设燃料输送管道和设置燃料加热、换向等装置。

七、劳动者权益保障

(一)企业应认真遵守国家相关法律法规,切实保障劳动者合法权益。

(二)依法与劳动者签订劳动合同,严格遵守国家关于工时休假、最低工资标准等相关规定,按时足额支付劳动者工资。

(三)按照国家有关规定,按时足额为劳动者缴纳养老保险、医疗保险、工伤保险、失业保险、生育保险费和住房公积金。

(四)认真执行国家关于女职工和未成年工特殊劳动保护规定,严禁使用童工。

八、监督与管理

(一)政府职能部门依据本准入条件,对新建、改扩建日用玻璃项目,从投资管理、土地供应、环境影响评价、职业病危害评价、安全生产评价、节能评估、信贷融资等各环节加强管理。

(二)新建或改扩建项目,符合本准入条件的,方可投入生产。工业、投资、国土资源、建设、安全监管等主管部门应当通过联合检查等方式,监督本准入条件的执行。

(三)对不符合准入条件的新建或改扩建项目,投资管理部门不予备案;国土资源管理部门不得办理土地使用手续;环保部门不予办理环保审批手续;城乡规划和建设、卫生、安全监管等部门不予办理有关手续;金融机构不提供任何形式的新增授信支持;电力监管机构要监督供电企业依法实施停、限电措施。

(四)各级工业主管部门和安全、质检等部门负责对辖区内日用玻璃生产企业执行日用玻璃行业准入情况进行监督检查,并将情况报工业和信息化部。有关行业协会应协助政府职能部门做好行业监督和管理工作。

(五)国家相关管理部门依据本准入条件制定相应的配套监管措施。

九、附则

（一）本准入条件适用于中华人民共和国境内（除港、澳、台地区）所有日用玻璃生产企业。

（二）本准入条件涉及到的规范性引用文件若被修订，应使用最新版本。本准入条件的内容需要调整时，由工业和信息化部会同有关部门适时修订并公布。

（三）本准入条件由工业和信息化部负责解释。

（四）本准入条件自 2011 年 3 月 1 日起实施。

附 新建或改扩建玻璃熔窑的规模

指标 / 产品分类	玻璃熔窑规模（熔化面积：m^2）
玻璃啤酒瓶	≥60
玻璃瓶罐	普通玻璃瓶罐≥50
	高档玻璃瓶罐≥25
玻璃器皿	≥40
玻璃保温瓶胆	≥40

注：高档玻璃瓶罐指吨制品产值为 6000 元以上的玻璃瓶罐。

附 新建和改扩建日用玻璃熔窑的玻璃熔制质量

指标 / 产品分类	气泡	相对密度差	环切均匀度
玻璃啤酒瓶、玻璃瓶罐、玻璃器皿、玻璃保温瓶胆	<40 个/30g	$\leq 5\times10^{-4}$	B^- 以上
玻璃仪器	<5 个/100g	$\leq 2\times10^{-4}$	B 以上

附新建或改扩建日用玻璃熔窑能源消耗限额

指标 / 产品分类	玻璃熔化能耗（kgce/t 玻璃液）		窑炉周期熔化率（t 玻璃液/m^2）	
玻璃啤酒瓶	①≤172 ②≤220		①≥5000 ②≥4000	
玻璃瓶罐	①	③≤172	①	③≥5000
		④≤200		④≥4200
	②	③≤220	②	③≥4000
		④≤260		④≥3400
玻璃器皿	①≤200 ②≤260		①≥4200 ②≥3400	
玻璃保温瓶胆	≤300		≥3700	
玻璃仪器	①≤800 ⑤≤440		①≥1350 ⑤≥2680	

注：kgce = 千克标准煤。

①指用重油、天然气等作为主要燃料的玻璃熔窑；

②指用发生炉煤气作为主要燃料的玻璃熔窑；

③指 $Fe_2O_3 \geq 0.06\%$ 的玻璃料；

④指 $Fe_2O_3 < 0.06\%$ 的玻璃料；

⑤指全电熔窑；

本表中未包括高档玻璃瓶罐和高档玻璃器皿玻璃熔窑的能源消耗限额。

附 新建或改扩建日用玻璃生产项目综合能耗限额指标

指标 / 产品分类	单位产品综合能耗（kgce/t 产品）		万元产值综合能耗（kgce/万元）
玻璃啤酒瓶	①≤320 ②≤370		≤1600
玻璃瓶罐	①	③≤320	≤1600
		④≤350	
	②	③≤370	
		④≤390	
玻璃器皿	①	机压和压吹≤350	≤900
		吹制≤420	
	②	机压和压吹≤390	
		吹制≤470	
玻璃保温瓶胆	≤1050		≤1800
玻璃仪器	①	压、拉制≤1060	压、拉制≤650
		吹制≤1620	吹制≤990
	⑤	压、拉制≤650	压、拉制≤400
		吹制≤950	吹制≤590

注：kgce = 千克标准煤。

①指用重油、天然气等作为主要燃料的玻璃熔窑；

②指用发生炉煤气作为主要燃料的玻璃熔窑；

③指 $Fe_2O_3 \geq 0.06\%$ 的玻璃料；

④指 $Fe_2O_3 < 0.06\%$ 的玻璃料；

⑤指全电熔窑。

高档玻璃瓶罐和高档玻璃器皿只考核万元产值综合能耗限额。

附 新建或改扩建日用玻璃生产项目资源消耗限额指标

指标指标 / 产品分类	企业纯碱消耗（kg/t 产品）	企业硝酸钠消耗（kg/t 产品）	企业硝酸银消耗（kg/万只瓶胆）	企业吨产品耗新水（m^3/t 产品）
玻璃啤酒瓶	≤115	—	—	≤0.62
玻璃瓶罐	①≤116 ②≤204	—	—	≤0.62
玻璃器皿	机压≤225 吹制≤230	≤6.3	—	≤0.62
玻璃保温瓶胆	≤228	—	≤2.0	≤3.3
玻璃仪器	—	—	—	≤0.63

注：①指 $Fe_2O_3 \geq 0.06\%$ 的玻璃料；

②指 $Fe_2O_3 < 0.06\%$ 的玻璃料。

附 新建或改扩建日用玻璃生产项目能源资源综合利用指标

产品分类 \ 指标	本厂废玻璃回收率(%)	硝酸银回收率(%)	碎玻璃加入量(%)	窑炉余热利用率(%)	工业水重复利用率(%)
啤酒瓶	100	—	≥60	≥3	≥90
玻璃瓶罐	100	—	①≥55 ②≥20	≥3	≥90
玻璃器皿	100	—	机压≥20 吹制≥40	≥3	≥90
玻璃保温瓶胆	100	100	≥45	≥3	≥90
玻璃仪器	100	—	压、拉制≥20 吹制≥50	≥3	≥90

注:①指 Fe_2O_3≥0.06%的玻璃料;

②指 Fe_2O_3<0.06%的玻璃料。

附 新建或改扩建日用玻璃生产项目主要污染物控制指标

指标 \ 产品分类	玻璃啤酒瓶	玻璃瓶罐	玻璃器皿	玻璃保温瓶胆	玻璃仪器
外排废水量(m^3/t 产品)	≤0.6	≤0.6	≤0.6	≤3.1	≤0.6
废水 PH 值	6~9	6~9	6~9	6~9	6~9
COD 产生量(g/t 产品)	≤90	≤90	≤90	≤465	≤90
SS 产生量(g/t 产品)	≤90	≤90	≤90	≤465	≤90
烟尘产生量(kg/t 产品)	≤0.5	≤0.6	机压、压吹≤0.6 吹制≤0.8	≤0.9	③≤0.3 ④≤1.2
SO_2 产生量(kg/t 产品)	≤2.6	≤2.6	机压、压吹≤2.6 吹制≤3.5	≤4.8	③0 ④≤2.85
NO_x 产生量(kg/t 产品)	≤3.1	①≤3.1 ②≤5.1	机压、压吹≤7.3 吹制≤8.5	≤6.8	③≤4.5 ④≤16.3
企业厂界噪声(昼)Leq[dB(A)]	≤65	≤65	≤65	≤65	≤65
企业厂界噪声(夜)Leq[dB(A)]	≤55	≤55	≤55	≤55	≤55

注:①指 Fe_2O_3≥0.06%的玻璃料;

②指 Fe_2O_3<0.06%的玻璃料;

③指全电熔窑;

④指用重油、天然气等作为主要燃料的玻璃熔窑。

水泥行业准入条件

一、总则

(一)为贯彻落实科学发展观,抑制产能过剩和重复建设,加快结构调整,引导水泥行业健康发展,根据国家有关法律法规和产业政策,特制定水泥行业准入条件。

二、项目建设条件与生产线布局

(二)投资新建或改扩建水泥(熟料)生产线、水泥粉磨站,要符合国家产业政策和产业规划,符合省级水泥行业发展规划及区域、产业规划环评要求,和项目当地资源、能源、环境、经济发展、市场需求等情况相适应,其用地必须符合土地供应政策和土地使用标准。

(三)各省、自治区、直辖市要根据水泥产能总量控制、有序发展原则,严格控制新建水泥(熟料)生产线项目。

对新型干法水泥熟料年产能超过人均900公斤的省份,原则上应停止核准新建扩大水泥(熟料)产能生产线项目,新建水泥熟料生产线项目必须严格按照"等量或减量淘汰"的原则执行。

(四)鼓励现有水泥(熟料)企业兼并重组,支持不以新增产能为目的的技术改造项目。

(五)投资新建水泥(熟料)生产线项目的企业应是在国内大陆地区现有从事生产经营的水泥(熟料)企业。

(六)严禁在风景名胜区、自然保护区、饮用水保护区和其他需要特别保护的区域内新建水泥(熟料)项目。禁止在无大气环境容量的区域内新建水泥(熟料)生产项目,对该区域已有水泥(熟料)生产企业的改造项目要做到"以新代老、减排治污"。

(七)新建项目要取得土地预审、矿山开采许可、环境影响评价批复后方可立项核准,必须依法取得国有建设用地使用权后方可开工。

(八)鼓励对现有水泥(熟料)生产线进行低温余热发电、粉磨系统节能、变频调速和以消纳城市生活垃圾、污泥、工业废弃物可替代原料、燃料等节能减排的技术改造投资项目。

(九)投资水泥(熟料)新、改、扩、迁建项目自有资本金的比例不得低于项目总投资的35%。

三、生产线规模、工艺与装备

(十)新建水泥(熟料)生产线要采用新型干法生产工艺。单线建设要达到日产4000吨级水泥熟料规模,经济欠发达、交通不便、市场容量有限的边远地区单线最低规模不得小于日产2000吨级水泥熟料(利用电石渣生产水泥熟料和特种水泥生产除外)。

(十一)新建水泥(熟料)生产线要配置纯低温余热发电,有可供设计开采年限30年以上的水泥用灰岩资源保证,并做到规范矿山勘探、设计、开采。做好资源综合利用,加强环境保护,及时复垦绿化,严防水土流失。

（十二）新建水泥粉磨站的规模要达到年产水泥60万吨及以上。边远省份单线粉磨系统不得低于年产30万吨规模。

粉磨站的建设应靠近市场、有稳定的熟料供应源和就近工业废渣等大宗混合材的来源地，要配套70%以上散装能力。

（十三）水泥（熟料）生产线项目的建设要发包给具有相应资质等级的工程勘探、设计、施工、监理等单位。

（十四）新建水泥（熟料）项目要采用先进成熟、节能环保型技术装备，保证系统的安全、稳定和长期运转。具体要求如下：

1、采用先进的矿山安全爆破和均化开采、原料预均化、生料均化技术和设施；

2、采用立磨、辊压机、高效选粉机等先进节能环保粉磨工艺技术和装备；

3、采用节能降耗的窑炉、预热器、分解炉、篦冷机等煅烧工艺技术和装备；

4、采用先进的破碎、冷却、输送、计量及烘干技术和装备；

5、采用先进、高效及可靠的环保技术和装备；

6、采用先进的计算机生产监视控制和管理控制系统。

四、能源消耗和资源综合利用

（十五）新建水泥（熟料）生产线可比熟料综合煤耗、综合电耗、综合能耗和可比水泥综合电耗、综合能耗要达到国家规定的单位水泥能耗限额标准。

（十六）水泥粉磨站可比水泥综合电耗≤38 kWh/t。

（十七）利用工业废渣作为水泥混合材的，其废渣品种、品质和掺加量要符合国家标准。

（十八）年耗标准煤5000吨及以上的企业，应按国家《节约能源法》规定，开展能源审计和能效环保评价检验测试，提供准确可靠的能耗数据和环境污染的基本数据。

五、环境保护

（十九）水泥（熟料）建设项目环境影响评价要符合环保部门的有关规定。

新建或改扩建水泥（熟料）生产线项目，必须依法编制环境影响评价文件；严格执行环境保护设施与主体工程同时设计、同时施工、同时投入使用的环境保护“三同时”制度，严格落实各项环保措施；新建或改扩建水泥（熟料）生产线项目未经环保部门验收的不得投产。

（二十）严格执行《水泥工业大气污染物排放标准》和《水泥工业除尘工程技术规范》以及可替代原料、燃料处理的污染控制标准。对水泥行业大气污染物实行总量控制，新建或改扩建水泥（熟料）生产线项目须配置脱除NOx效率不低于60%的烟气脱硝装置。新建水泥项目要安装在线排放监控装置，并采用高效污染治理设备。

（二十一）要遵守《中华人民共和国清洁生产促进法》，按国家发布的《水泥行业清洁生产评价指标体系和标准》的规定，建立清洁生产机制，依法定期实施清洁生产审核。

（二十二）水泥用灰岩开采应符合矿产资源规划，并严格按照业经批复的矿产资源开发利用方案进行。要分别制定矿山生态、地质环境保护方案和土地复垦方案，严格执行矿山生态恢复治理保证金制度，并按照审查通过的方案进行矿山生态、地质环境恢复治理和矿区土地复垦。

（二十三）原料和产品破碎、储运等过程产生的无组织排放含尘气体，要达标排放。新建或改扩建水泥（熟料）生产线项目须严格执行《水泥厂卫生防护距离标准》的要求。

（二十四）新建水泥粉磨站和已有水泥粉磨站除粉尘和大气污染指标应该达标外，要增设和完善噪音防治设施。

六、产品质量

（二十五）水泥（熟料）生产企业要按《水泥产品生产许可证实施细则》的要求取得产品生产许可证，出厂水泥（熟料）产品质量要符合相关产品标准。

（二十六）水泥（熟料）企业要建立完善的质量管理体系，对生产全过程实施严格的质量管理。参照国家颁布的《水泥企业质量管理规程》建立本企业全过程的质量控制指标体系，严格执行。

（二十七）水泥（熟料）企业要按国家颁布的《水泥企业质量管理规程》建立完善的化验室，并取得化验室合格证。

（二十八）水泥（熟料）企业要执行国家颁布的《水泥企业质量管理规程》，建立水泥产品质量对比验证和内部抽查制度，参加国家和省组织的产品质量检验和化学分析对比验证检验和抽查对比活动。

（二十九）凡在水泥粉磨过程中添加水泥助磨剂后，应在水泥产品出厂检验报告单上注明所添加助磨剂的类型（液体或粉体）、主要化学成分。

七、安全、卫生和社会责任

（三十）水泥（熟料）生产过程要符合《安全生产法》、《矿山安全法》、《职业病防治法》等法律法规，具备相应的安全生产和职业危害防治条件，并建立、健全安全生产责任制度和各项规章制度。

新建或改扩建水泥（熟料）生产线项目安全设施和职业危害防治设施要与主体工程同时设计、同时施工、同时投入使用。

（三十一）要建立职业危害防治设施，配备符合国家有关标准的个人劳动防护用品和安全事故防范设施，建立健全相关制度，并通过地方行政主管部门的专项验收。

（三十二）不得拖欠国家税收、职工工资和医疗费，按期交纳国家规定的养老、医疗、工伤、失业保险金。

八、监督与管理

（三十三）新建或改扩建水泥（熟料）生产项目必须符合上述相关准入条件。对不符合准入条件的项目，投资和工业主管部门不得核准；土地部门不得办理供地手续；环保部门不得批准环境影响评价报告；质检部门不得发放生产许可证；金融机构不得提供新增信贷支持；电力部门依法停止供电。

(三十四)新建或改扩建水泥(熟料)生产项目建成投产前,要经省级工业主管部门组织同级有关部门、行业协会、水泥专家,按照准入条件要求进行检查验收,验收合格后方可正常生产。

凡达不到上述准入条件的新建和改扩建水泥(熟料)项目不得投入生产,已经生产的应限期整改,整改后仍不符合准入条件的,要停止生产和收回生产许可证。

(三十五)准入条件发布前已投产运营的水泥(熟料)企业和生产线应通过技术改造、加强管理达到准入条件规定的各项标准。

(三十六)工业和信息化部定期公告符合准入条件的水泥(熟料)生产企业和生产线名单,实行社会监督、动态管理。公告管理办法由工业和信息化部另行制定发布。

中国建筑材料联合会、中国水泥协会及相关技术、认证和检验机构按照相关规定和要求协助、配合政府有关部门做好行业准入管理。

九、附 则

(三十七)本准入条件适用于中华人民共和国境内(台湾、香港、澳门特殊地区除外)所有水泥(熟料)生产企业。

(三十八)本准入条件所涉及的国家标准和行业政策、法规若进行修订,则按修订后的规定执行。

(三十九)本条件自2011年1月1日起实施,由工业和信息化部负责解释。

轮胎产业政策

为贯彻落实科学发展观,促进轮胎产业转方式、调结构,提高综合竞争力,指导轮胎产业健康、可持续发展,依据国家有关法律法规,制定本政策。

第一章 政策目标

第一条 根据经济社会发展需要,按照石化行业发展的总体规划和目标,通过兼并重组、优化布局、控制总量、淘汰落后、技术改造、节能减排等措施,积极推进轮胎产业结构调整,实现由大变强。

第二条 坚持市场为主导,鼓励具有比较优势的骨干企业,通过强强联合、品牌共享、产销一体等方式,兼并重组困难企业和落后企业,促进资源向优势企业集中,促进企业向集团化发展,提高产业集中度,优化组织结构;引导生产企业集聚发展,优化布局结构;加快淘汰落后生产能力,推动产品结构调整和优化升级。

第三条 鼓励轮胎生产企业提高自主研发能力,加大研发投入,开展技术创新,实施品牌战略,提高产品技术水平,提高企业核心竞争力。

第四条 规范各类经济主体在轮胎生产、流通、消费等方面的行为,创造公平、统一的市场环境,建立轮胎召回制度,提高行业服务水平。

第五条发展循环经济,提高节能降耗、减排治污和资源综合利用水平;建立完善废旧轮胎回收利用管理制度,促进新轮胎生产、旧轮胎翻新和废轮胎再生利用协调发展。

第二章 产品调整

第六条鼓励发展安全、节能、环保的高性能子午线轮胎,巨型工程子午线轮胎,宽断面、扁平化的乘用子午线轮胎以及无内胎载重子午线轮胎。2015年,乘用车胎子午化率达到100%,轻型载重车胎子午化率达85%,载重车胎子午化率达90%;注重工程子午线轮胎、航空子午线轮胎和低速车辆子午线轮胎的开发。

第七条 鼓励汽车企业装配新型轮胎产品,提高国产大型客车和载重车装配轮胎的子午化率,2015年基本实现装配轮胎子午化和无内胎化。

第八条 严格限制斜交轮胎发展,除航空轮胎外,不再新增斜交轮胎产能。淘汰年产50万条及其以下的斜交轮胎和以天然棉帘子布为骨架的轮胎生产线。限制发展有内胎载重子午线轮胎。

第三章 技术政策

第九条 坚持引进技术和自主创新相结合,跟踪并开发轮胎前沿技术,鼓励通过原始创新、集成创新和引进消化吸收再创新,不断开发具有自主知识产权的先进适用技术,推动自主创新技术的产业化。

第十条 引导和鼓励轮胎生产企业加强技术中心建设,利用技术集成和新技术工程化应用开发,提升自主创新能力和新产品开发能力,鼓励开展"产学研用"联合开发和委托开发。按照税收法律法规的规定,企业用于开发新技术、新产品、新工艺发生的费用,可享受相关税收优惠政策。

第十一条 引导和鼓励轮胎生产企业实施人才战略,与相关科研院所、高等院校联合培养和委托培养急需的技术人才;建立博士后流动站,引进高水平人才,聚集智力资源。

第十二条 根据我国轮胎和轮胎翻新产业技术发展状况和国际轮胎标准发展趋势,及时制修订我国轮胎和轮胎翻新相关标准和技术规范。引导和鼓励建设服务于全行业的轮胎性能检测中心、评价试验场和工程技术中心。

第十三条 引导轮胎企业联合上下游企业,特别是汽车生产企业,共同研发轮胎新品种。

第十四条 大力推进节能减排和资源综合利用。引导和鼓励轮胎生产企业推进信息化与工业化融合,开展以增加品种、提升质量、节能降耗、减排治污和安全生产为重点的技术改造。

开发可回收再利用的橡胶、环保型助剂等原材料,废轮胎回收利用技术;完善推广低温炼胶和充氮硫化工艺;强化密炼粉尘、炼胶和硫化烟气的治理,推进清洁生产技术;简化并逐步取消轮胎外包装。

第十五条 鼓励轮胎企业推进条码技术、射频识别等信息化技术在轮胎产品及其生产过程中的应用,建设覆盖企业生产经营管理各环节的信息化集成系统,创新轮胎产品的信息化管理和服务模式。

第四章　配套条件建设

第十六条　鼓励轮胎企业参与天然橡胶种植和加工，优化天然橡胶的初加工，提高工艺技术、产品质量和物流服务水平；引导企业“走出去”建立境外天然橡胶种植和加工基地。

健全完善天然橡胶储备机制，加强天然橡胶期货市场建设，保持国内天然橡胶市场的平稳运行。

第十七条　加快开发异戊橡胶、卤化丁基橡胶等品种，增加顺丁橡胶和丁苯橡胶等合成橡胶品种牌号，逐步提高合成橡胶使用比例和研制生产能力。

第十八条　积极鼓励新型结构钢丝帘线和高模量、低收缩涤纶帘子布、高强力尼龙帘子布等轮胎骨架材料的开发和使用，加快芳纶纤维的产业化与应用开发。

第十九条　鼓励发展环保型橡胶助剂和专用炭黑、白炭黑等原料。

第二十条　鼓励大型和新型密炼机组、胎面复合挤出机组、钢丝压延机、钢丝帘布裁断机、子午线轮胎成型机械和轮胎半成品、产品无损检测及在线检测设备等子午线轮胎专用关键设备的研发，提高生产装备及监测控制水平。

第五章　行业准入

第二十一条　新建、改扩建轮胎生产及轮胎翻新企业，必须符合国家轮胎产业发展规划和省、自治区、直辖市工业总体发展规划；必须符合国家和省级政府制定的环境保护规划或污染防治规划。

第二十二条　在依法设立的风景名胜区、自然保护区、饮用水源保护区内及居民聚集区周边，不得新建轮胎生产企业、旧轮胎翻新企业和废轮胎再生利用企业。已在上述区域内投产运营的轮胎生产、旧轮胎翻新和废轮胎再生利用企业，要根据该区域规划要求，通过搬迁、转产等方式逐步退出。

第二十三条　新建、改扩建载重汽车子午线轮胎项目，一次形成生产能力应达到年产 120 万条以上；新建、改扩建轻型载重汽车子午线轮胎和轿车子午线轮胎项目，一次形成生产能力应达到年产 600 万条以上。新建、改扩建载重、轻型载重、轿车子午线轮胎混合型项目，单品种生产能力也必须达到上述要求。

新建、改扩建工程机械轮胎（巨型工程机械轮胎除外）项目，一次形成生产能力应达到年产 3 万条以上。

第二十四条　新建、改扩建轮胎项目，应选用节能、环保型工艺设备，炼胶采用大容量密闭式炼胶机，轮胎硫化选用充氮工艺。

第二十五条　新建、改扩建轮胎项目，综合能源消耗应低于 950 千克标准煤/吨三胶（注：三胶是指天然胶、合成胶和再生胶）。

第二十六条　新建、改扩建轮胎项目，环境保护措施应达到《橡胶工厂环境保护设计规范》GB50469 的要求，企业生产用水循环使用率应达到 90% 以上。

第二十七条　现有轮胎生产企业应在 2012 年底前达到第二十四条、第二十五条和第二十六条的要求。

第二十八条　旧轮胎翻新企业应当具备执行产品“三包”、保证产品质量所必需的试验和检测、以及废轮胎综合利用和实现固体废弃物资源化的能力。

废轮胎综合利用企业应当具备实现固体废弃物资源化的能力。

鼓励旧轮胎翻新企业和废轮胎综合利用企业依据《国家鼓励的资源综合利用认定管理办法》开展资源综合利用认定。

第二十九条　轮胎企业必须通过质量管理体系、环境管理体系认证和职业健康安全管理体系认证。

第三十条　符合第二十三条、第二十四条、第二十五条、第二十六条、第二十七条规定的轮胎生产企业，其达到技术规范并实行“三包”服务的产品，方能进入市场。

按规定必须开展强制性认证的轮胎产品，只有通过强制性认证后才能进行销售。

三轮汽车和低速货车轮胎（包括农用轮胎）执行相应的技术规范，专用于三轮汽车和低速货车的轮胎必须有明显区别于其他轮胎的标志。

第三十一条　从事轮胎检测、认证的机构，要严格按照国家有关规定开展工作，并对检测、认证结果负责。检测机构和认证机构不得对同一产品进行重复检测和收费，因工作失误，致使消费者、生产者利益受到损害的，要依据有关法律和规定承担相应责任。对不能按国家有关规定通过考核的机构要及时撤销其资格。

第三十二条　从事军用轮胎科研生产，应根据国家有关规定纳入武器装备科研生产许可管理。

第三十三条　摩托车胎、力车胎行业准入条件，旧轮胎翻新和废轮胎再生利用行业准入条件将另行适时制定。

第六章　投资管理

第三十四条　根据《国务院关于投资体制改革的决定》和《外商投资项目核准暂行管理办法》等文件规定，内资轮胎建设项目实行备案制，外资轮胎项目实行核准制。

第三十五条　为积极应对轮胎发展环境的变化，除搬迁和现有企业技术改造（含兼并重组）外，在产业调整和振兴规划期（2009-2011 年）内，不再新建、扩建轮胎项目。

第三十六条　内资企业投资新建、改扩建轮胎项目（包括在异地兼并重组建设和由异地非独立法人分公司建设），由省级人民政府确认的有关部门备案。

鼓励有实力的内资优势企业到境外设立轮胎分厂，内资企业投资境外轮胎生产项目按国家有关规定办理。

第三十七条　外商投资新建、改扩建轮胎项目，总投资 3 亿美元以下的项目由省级人民政府确认的有关部门核准；总投资 3 亿美元及以上的项目由省级人民政府确认的有关部门报国家主管部门核准。

第七章　进出口管理

第三十八条　充分发挥税率对产业发展的调控作用，科学制定轮胎产品、轮胎生产原料的关税税目和税率，统筹轮胎行业与相关产业的发展。

第三十九条　在国家有关部门的指导下,建立健全轮胎行业产业损害预警体系,维护我国轮胎产业安全。

第四十条　出口轮胎必须从符合本政策行业准入条件的企业采购,产品必须符合我国标准;进口国有更高标准要求的,还需同时符合进口国的标准。

第四十一条　进口轮胎必须符合我国相关国家标准和管理规定。

第八章　品牌与服务

第四十二条　轮胎生产企业必须使用合法商标,严禁生产割标轮胎、改标轮胎和假冒伪劣轮胎。

第四十三条　引导和鼓励轮胎企业制定品牌培育规划,实施品牌经营战略。发展自有商标产品,维护自主品牌形象,提高品牌知名度和美誉度,不断提升品牌价值。

第四十四条　鼓励轮胎生产企业和品牌营销商建立长期稳定的合作关系,促进品牌产品销售和服务体系建设。

第四十五条　鼓励轮胎生产企业与汽车生产企业、轮胎营销商建立战略协作关系,创新服务理念,转变轮胎经营方式。

允许外国投资者依照中国法律、行政法规设立从事轮胎销售和售后服务企业。

第四十六条　严禁营销走私轮胎、不合格轮胎、割标轮胎、改标轮胎以及无强制性产品认证标识的载货轮胎和乘用轮胎;严禁经销无三包轮胎。

第四十七条　引导轮胎生产企业与营销企业、大型运输集团、废旧轮胎综合利用企业合作,建立以旧翻新、以旧换新等轮胎营销模式。

第四十八条　建立轮胎(包括翻新轮胎)召回制度。召回制度先从M1类车辆用轮胎(驾驶员座位在内,座位数不超过9座的载客车辆)开始实施,逐步在全部轮胎产品中施行。

第四十九条　严禁向试图违法生产和改装的超载车辆提供轮胎产品。

第五十条　倡导轮胎消费者使用品牌产品,自觉规范使用行为;为了维护交通安全,杜绝使用已达到磨耗极限的轮胎。

第九章　废旧轮胎回收与利用

第五十一条　建立健全废旧轮胎回收利用管理制度,规范废旧轮胎回收利用市场体系建设。

第五十二条　引导和鼓励轮胎生产企业发展循环经济,开发旧轮胎翻新、废轮胎再利用技术,参与废旧轮胎回收利用体系建设。

科学合理地提高载重车胎、工程轮胎和航空轮胎的翻新率和翻新次数,延长轮胎全寿期行驶里程;新设计制造的轮胎产品应当具备可翻新性,新轮胎设计制造应逐步提高可翻新性和翻新次数;翻新轮胎应当视同新轮胎按规定执行强制性认证制度,翻新轮胎进入市场前,需要开展强制性认证的产品,必须先通过认证。

第五十三条　从事旧轮胎翻新和废轮胎再利用的企业必须采用满足环境保护要求、符合节能减排要求的清洁生产技术和工艺装备,杜绝二次污染。严禁利用废轮胎土法炼油,依法取缔已建设的用废轮胎土法炼油装置。

第五十四条　从事废旧轮胎回收利用的企业,废旧轮胎的来源应立足国内。为防止境外污染向我国转移,旧轮胎进口应严格按照国家有关法律法规执行,防止变相违规进口废轮胎。

第十章　其他

第五十五条　积极发挥行业协会等中介组织在政府与企业间的桥梁和纽带作用,加强行业自律,规范行业经营,维护行业秩序,监测行业运行,强化行业服务,开展行业交流,促进行业健康发展。

推动行业协会与国外同业协会、产业界建立对话磋商和信息交流机制,加强沟通,建立互信,增进合作,化解贸易摩擦。

第五十六条　本产业政策中涉及的标准和技术规范若进行了修订,则按照修订后的执行。

第五十七条　本产业政策自发布之日起实施,由工业和信息化部负责解释,并根据行业发展情况适时修订。

纯碱行业准入条件

为规范纯碱行业发展,防止重复建设,提高行业综合竞争力,根据国家有关法律法规和产业政策,按照“优化布局、控制总量、调整结构、节约能源、保护环境、安全生产”的可持续发展原则,制定纯碱行业准入条件。

一、生产企业布局

(一)新建和扩建纯碱生产企业,厂址应靠近工业盐、石灰石、能源、天然碱资源所在地,必须符合各省、自治区、直辖市工业总体规划和纯碱行业发展规划,必须符合国家及各级政府制定的土地利用总体规划、环境保护规划或污染防治规划。

(二)在依法设立的生态保护区、风景旅游区、自然保护区、文化遗产保护区、饮用水源保护区内和国家及地方所规定的环保、安全防护距离内,不得新建纯碱生产企业;已在上述区域内投产运营的纯碱生产企业,应根据该区域规划要求,通过搬迁、转产等方式逐步退出。

(三)中、东部地区,西南地区不再审批新建、扩建氨碱项目。不再审批不靠近能源产地、没有能保证原盐全部自给的自备盐场、不靠近纯碱和氯化铵市场、交通运输不便的新建、扩建联碱项目。

(四)西北地区不再审批新建、扩建联碱项目。不再审批不靠近能源、原料、水源,没有渣场基底防渗、防漏,没有全面实现碱渣综合利用的新建、扩建氨碱项目。

二、规模与技术装备

(一)新建、扩建纯碱项目应符合下列规模要求:氨碱厂设计能力不得小于120万吨/年,其中重质纯碱设计能力不得小于80%。联碱厂设计能力不得小于60万吨/年,其中重质纯碱设计能力不得小于60%,必须全部生产干氯化铵。天然碱厂设计能力不得小于40万吨/年,其中重质纯碱设计能力不得小于80%。

(二)新建、扩建纯碱项目,应积极采用先进的工艺技术,选用节能、环保的设备,主要工段、设备参数应实现在线检测并采用DCS控制系统。

三、节能降耗

新建、扩建纯碱项目,应达到以下能耗、消耗要求:

(一)氨碱法:轻质纯碱综合能耗小于等于370千克标准煤/吨碱,氨耗小于等于3.5千克/吨碱,盐耗小于等于1500千克/吨碱(不含海水化盐)。

(二)联碱法:双吨综合能耗小于等于245千克标准煤,氨耗小于等于340千克/吨碱,盐耗小于等于1150千克/吨碱。

(三)天然碱法:综合能耗小于等于550千克标准煤/吨碱。

现有的纯碱生产企业应在2015年底以前达到上述要求。

四、环境保护

(一)新建、扩建的纯碱项目,应同步建设完善的环保设施,废渣排放达到(GB18599-2001)、废液排放达到(GB8978-1996)、废气排放达到(GB16297-1996)的要求。新建、扩建氨碱法纯碱生产企业的碱渣综合利用率应达到20%以上。

(二)新建、扩建的纯碱项目,应达到国家发展改革委公布的《纯碱行业清洁生产评价指标体系》中的“清洁生产先进企业”水平以及《清洁生产标准纯碱行业》(HJ474-2009)的要求。

(三)新建、扩建的纯碱项目,水循环利用率应达到95%以上。

(四)新建、扩建的纯碱项目,凡有自备电厂的,应有完善的脱硫装置,并达到国家标准(GB13223-2003)的要求。

现有的纯碱生产企业应在2015年底以前达到上述要求。

五、产品质量

新建、扩建的氨碱装置,纯碱质量应达到国家标准(GB210.2-2004)二类优等品率100%。

新建、扩建的联碱装置,纯碱质量应达到国家标准(GB210.2-2004)二类一等品率100%,优等品率85%以上。

新建、扩建的天然碱装置,纯碱质量应达到国家标准(GB210.2-2004)二类一等品率100%,优等品率85%以上。

现有的纯碱生产企业应在2015年底以前达到上述要求。

六、监督与管理

(一)新建、扩建纯碱项目的投资管理、土地供应、环境评价、节能评估、信贷融资、电力供应等,应依据本准入条件。

(二)新建、扩建的纯碱项目建成投产前,应经省级及以上工业等主管部门组织检查组,按照本准入条件一、二条要求进行监督检查,经检查未达到准入条件要求的,应要求限期完成未达到准入条件要求的相关建设内容。经检查组核查符合准入条件要求后,才能开工试生产。

(三)新建、扩建纯碱项目投产半年后,应由检查组按照本准入条件三、四、五条的要求进行监督检查,不符合准入条件要求的,应要求限期整改。经检查组核查符合准入条件要求后,才能重新开工生产。

(四)现有纯碱生产企业,应按本准入条件三、四、五条的要求进行自查,未能达到上述条件的企业应采取工艺调整、技术改造等有效措施提高生产水平,确保尽快达到准入条件的要求。工业主管部门和环境保护部门应督促企业进行整改,对2015年底前仍不能达到准入条件要求的企业,应予停产、转产。

七、附则

(一)本准入条件适用于在中华人民共和国关境内各类所有制现有、新建、扩建的纯碱企业。

(二)本准入条件中涉及的国家标准和行业标准若进行了修订,则按照修订后的新标准执行。

(三)本准入条件自2010年6月1日开始实施,并根据宏观调控和行业发展情况适时修订。

本准入条件由中华人民共和国工业和信息化部负责解释。

粘胶纤维行业准入条件

为促进粘胶纤维产业结构调整和升级,防止低水平重复建设,减少资源浪费,实现可持续健康发展,依据国家有关法律、法规和产业政策,按照调整结构、有序竞争、节约资源、降低消耗、保护环境和安全生产的原则,特制定粘胶纤维行业准入条件。

一、生产企业布局

(一)各省、自治区、直辖市有关部门要根据当地环境、资源、能源和市场需求情况,科学合理规划本地区粘胶纤维行业的发展。新建和改扩建粘胶纤维项目要符合国家产业规划和产业政策,符合本地区生态环境和土地利用总体规划要求。

(二)在国务院、国家有关部门和省、自治区、直辖市人民政府规定的生态保护区、自然保护区、风景旅游区、文化遗产保护区、饮用水水源保护区,有关法律、法规规定禁止建设工业企业的区域内,食品、药品、精密制造等严防污染的企业周边及居民聚集区不得新建粘胶纤维生产企业。

已在上述区域内的粘胶纤维生产企业要根据区域规划和生态环境保护要求,依法通过关闭、搬迁、转产等方式限期逐步退出。对缺少环境容量的地区,要限制粘胶纤维生产企业发展。

(三)严禁新建粘胶长丝项目。严格控制新建粘胶短纤维项目,新建项目必须具备通过自主开发替代传统棉浆、木浆等新型原料,并实现浆粕、纤维一体化,或拥有与新建生产能力相配套的原料基地等条件。鼓励和支持现有粘胶短纤维生产企业整体搬迁进入工业园区。

(四)改扩建粘胶纤维项目,要充分利用资源和能源,实施清洁生产和循环利用。鼓励和支持现有粘胶纤维企业通过技术改造淘汰落后产能,优势企业并购重组,提升产业集中度和整体竞争能力。

(五)为推动行业技术进步和产品开发,允许粘胶纤维企业、科研机构等单位建设一条用于小试或中试的生产能力不大于5000吨、产品差别化率高于90%的生产线,重点用于技术研究、产品开发等。

二、工艺和装备要求

(一)新建和改扩建粘胶纤维项目要符合《产业结构调整指导目录》的要求,采用产污强度小、节能环保的工艺和设备,鼓励生产差别化、功能化、高性能、绿色环保型产品。

(二)改扩建粘胶纤维项目总生产能力要达到:连续纺粘胶长丝为年产10000吨及以上;粘胶短纤维为年产80000吨及以上,产品差别化率高于30%。

(三)新建和改扩建粘胶纤维生产装置要严格按照信息化与工业化相融合的要求,采用自动化程度高、运行稳定性好、生产成本低、劳动强度小、生产过程安全环保清洁的先进工艺技术和装备。

主要工艺装备和基本要求如下:

1、采用先进的连续浸渍压榨粉碎联合机,保证碱纤维素的合格组成和粉碎度。

2、采用先进的老成机,保证碱纤维素老成的温度和时间稳定。

3、采用自动配料、加料系统,黄化过程采用程序自动控制,黄化机应有泄压设施(泄压阀门或泄压膜)等安全装置。

4、采用先进的粘胶溶解工艺及粉碎、研磨设备,提高粘胶的溶解及过滤性能。

5、采用连续自动过滤装置和废粘胶处理装置,必要时应增加先进的板框过滤装置,保证粘胶的纺丝可纺性。

6、粘胶长丝纺丝机优先采用密闭性好的管中成型连续纺设备。

7、粘胶短纤维纺练装备按不同品种的要求进行选择,原则上采用密闭性好、变频调速的设备。

8、酸站的酸浴循环系统要采用酸浴脱气装置和废酸液回收处理装置;回收系统要采用多级闪蒸装置和芒硝结晶、焙烧制元明粉装置。

9、粘胶纤维生产要采用有效的“三废”治理或回收装置。

10、为严格生产的工艺控制,应全线采用DCS集散式自动控制系统。

(四)对现有年产2万吨及以下粘胶短纤维生产线实施限期逐步淘汰或技术改造,鼓励有条件的企业通过技术改造后,形成差别化、功能性、高性能的粘胶纤维生产线,差别化、功能性产品占全部产品的比重高于50%。

三、质量与管理

(一)鼓励和支持粘胶纤维生产企业采用ERP、DCS、DMS等信息技术系统,提升信息化水平,加强企业管理,降低生产成本,保障产品质量。

(二)粘胶纤维生产企业要建立健全产品质量保证体系,积极开发低消耗、低污染、高附加值的产品。产品质量要符合相关的国家标准和行业标准,粘胶长丝产品一等品率达到98%以上,粘胶短纤维产品一等品率达到95%以上。

(三)粘胶纤维生产企业应实行三级能源、用水计量管理,并设置专门机构或人员对能源、取水、排污情况进行监督,建立管理考核制度和数据统计系统。

四、新建和改扩建项目资源消耗指标

(一)水耗:连续纺粘胶长丝吨产品耗水量≤260吨;半连续纺粘胶长丝吨产品耗水量≤280吨;生产用水重复利用率≥95%。新建或改扩建粘胶短纤维生产装置,吨产品耗水量≤65吨;生产用水重复利用率≥90%。

(二)能耗:连续纺粘胶长丝吨产品综合能耗≤4400公斤标煤,半连续纺粘胶长丝吨产品综合能耗≤5000公斤标煤。新建或改扩建粘胶短纤维生产装置,吨产品综合能耗≤1200公斤标煤。

现有粘胶纤维生产企业要通过加强技术改造,在三年内逐步达到上述指标。

五、环境保护

(一)粘胶纤维生产企业要大力推行清洁生产技术和工艺,用消耗少、效率高、无污染或少污染的工艺设备替代消耗高、效率低、污染重的工艺设备。依法定期实施清洁生产审核,并按照有关规定开展能源审计,不断提高企业清洁生产水平。

(二)新建和改扩建粘胶纤维项目的废水原则上应自行处理或接入集中工业废水处理设施处理后达标排放,不得接入城镇污水处理系统,确需接入城镇污水处理系统的,必须报经城镇污水处理行业主管部门批准,领取《城市排水许可证》后方可接入。粘胶纤维生产企业废水排放必须达到国家和地方相关水污染物排放标准的控制要求,采用高效节能环保的污泥处理工艺,实现污泥无害化处理。

(三)粘胶纤维生产企业废气排放必须达到国家和地方相关大气污染物排放标准的控制要求。

(四)粘胶纤维生产企业厂界噪声要符合国家《工业企业厂界噪声标准》(GB12348-2008),具体标准要根据当地人民政府划定的区域类别执行。

(五)扩建粘胶长丝生产装置,纺丝机机台密封要严密可靠,在保证纺丝车间有害气体含量不超标的前提下,最大限度减少换气次数,从而有效降低能源消耗。新建和改扩建粘胶短纤维生产装置要采用先进可靠的CS2回收装置,全硫量回收达到85%以上。

(六)新建和改扩建粘胶纤维生产装置,对原液浸渍产生的压液回流碱和过滤产生的废粘胶必须确保全部回收利用,不得排放。

六、职业安全卫生与社会责任

（一）新建和改扩建粘胶纤维项目的安全设施要按照国家有关规定和要求，进行安全预评价和安全设施竣工验收，确保安全设施与主体工程同时设计、同时施工、同时投入生产和使用。建立、健全安全生产责任制，严格遵守职业卫生和安全生产的各项规定。

（二）鼓励粘胶纤维生产企业按照《纺织企业社会责任管理体系》（CSC9000-T）要求，履行社会责任。鼓励粘胶纤维生产企业进行环境管理体系认证和职业健康安全管理体系认证。

七、监督与管理

（一）新建和改扩建粘胶纤维生产项目要在省级投资或工业管理部门备案，项目建设必须符合本准入条件。粘胶纤维生产企业建设项目的投资管理、土地供应、环评审批、信贷融资等必须依据本准入条件办理有关手续。环境影响评价报告要由省级工业管理部门提出预审意见后，报省级环境保护行政管理部门审批。

（二）投资、工业、国土资源、环境保护、城乡建设、安全监管等部门，要依法加强对粘胶纤维企业的监督检查，凡不符合准入条件的，不得办理相关许可手续。新建和改扩建粘胶纤维项目达到准入条件并办理相关许可手续后，方可投入生产运营。对于违反规定的，有关部门要责令其限期整改，并依法严肃处理。

（三）各级工业管理部门要加强对粘胶纤维行业的管理，督促现有企业按照本准入条件要求，加快技术改造，加快淘汰落后产能，规范企业各项管理。根据企业自愿申请并经省级工业管理部门核实，国家工业管理部门对符合准入条件的粘胶纤维企业名单定期进行公告。

（四）有关行业协会要宣传国家产业政策，加强行业自律，推进粘胶纤维行业的技术进步，协助政府部门做好监督管理工作。

八、附则

（一）本准入条件的粘胶纤维项目是指以天然纤维素（浆粕）为基本原料，经纤维素磺酸盐溶液纺制而成的再生纤维素纤维生产线新建或改扩建的项目。

（二）本准入条件适用于中华人民共和国境内（港澳台地区除外）各类所有制的粘胶纤维生产企业。

（三）本准入条件采用的标准或数据如有修订，从其规定。

（四）本准入条件自2010年6月1日起实施。

（五）本准入条件由工业和信息化部负责解释。

印染行业准入条件（2010年修订版）

为加快印染行业结构调整，推进行业节能减排和可持续发展，根据国家有关法律、法规和产业政策，现对2008年发布的印染行业准入条件进行修订。

一、生产企业布局

（一）各省、自治区、直辖市有关部门要根据资源、能源状况和市场需求，科学规划印染行业发展。新建或改扩建印染项目必须符合国家产业规划和产业政策，符合本地区生态环境规划和土地利用总体规划要求。

（二）在国务院、国家有关部门和省（自治区、直辖市）级人民政府规定的风景名胜区、自然保护区、饮用水保护区和主要河流两岸边界外规定范围内不得新建印染项目；已在上述区域内投产运营的印染生产企业要根据区域规划和保护生态环境的需要，依法通过关闭、搬迁、转产等方式限期退出。

（三）缺水或水质较差地区原则上不得新建印染项目。水源相对充足地区新建印染项目，地方政府相关部门要科学规划，合理布局，必须在工业园区内集中建设，实行集中供热和污染物的集中处理。缺少环境容量地区，要限制发展印染项目，新建或改扩建项目要与淘汰区域内落后产能相结合。工业园区外企业要逐步搬迁入园，原地改扩建项目，不得增加污染物排放量。

二、工艺与装备要求

（一）新建或改扩建印染项目要采用先进的工艺技术，采用污染强度小、节能环保的设备，主要设备参数要实现在线检测和自动控制。禁止选用列入《产业结构调整指导目录》限制类、淘汰类的落后生产工艺和设备，限制采用使用年限超过5年以及达不到节能环保要求的二手前处理、染色设备。新建或改扩建印染生产线总体水平要接近或达到国际先进水平［棉、化纤及混纺机织物印染项目设计建设要执行《印染工厂设计规范》（GB50426-2007）］。

（二）新建或改扩建印染项目应优先选用高效、节能、低耗的连续式处理设备和工艺；连续式水洗装置要求密封性好，并配有逆流、高效漂洗及热能回收装置；间歇式染色设备浴比要能满足1:8以下的工艺要求；拉幅定形设备要具有温度、湿度等主要工艺参数在线测控装置，具有废气净化和余热回收装置，箱体隔热板外表面与环境温差不大于15℃。

（三）现有印染企业要加大技术改造力度，逐步淘汰使用年限超过15年的前处理设备、热风拉幅定形设备以及浴比大于1:10的间歇式染色设备，淘汰流程长、能耗高、污染大的落后工艺。支持采用先进技术改造提升现有设备工艺水平，凡有落后生产工艺和设备的企业，必须与淘汰落后结合才可允许改扩建。

三、质量与管理

（一）印染企业要开发生产低消耗、低污染、符合市场需求的产品，鼓励采用新技术、新工艺、新设备、新材料开发具有自主知识产权、高附加值的纺织产品。产品质量要符合国家或行业标准要求，产品合格品率达到95%以上。

（二）印染企业应实行三级用能、用水计量管理，设置专门机构或人员对能源、取水、排污情况进行监督，并建立管理考核制度和数据统计系统。

(三)印染企业要加强管理,健全企业管理制度。鼓励企业进行质量、环境以及职业健康等管理体系认证,支持企业采用信息化管理手段提高企业管理效率和水平。

四、资源消耗

(一)新建或改扩建印染项目单位产品能耗和新鲜水取水量要达到规定要求。

(二)现有印染企业应加快技术改造,单位产品能耗和新鲜水取水量要达到规定要求。

五、环境保护与资源综合利用

(一)新建或改扩建印染项目环保设施要按照《纺织工业企业环保设计规范》(GB50425-2007)的要求进行设计和建设,执行环保设施与主体工程同时设计、同时施工、同时投产的“三同时”制度。印染废水原则上应自行处理或接入集中工业废水处理设施,不得接入城镇污水处理系统,确需接入城镇污水处理系统的,须报经城镇污水处理行业主管部门充分论证,领取《城市排水许可证》后方可接入。接入城镇污水处理系统的印染企业,其排放的废水污染物指标要达到集中废水处理厂或《污水排入城市下水道水质标准》规定的要求。直接排入水体的印染企业,其排放的废水必须达到国家和地方纺织染整工业水污染物排放标准的控制要求。要采用高效节能的污泥处理工艺,实现污泥资源化和无害化处理。

(二)现有印染企业要具备废水、固体废弃物处理条件,加强废水处理及运行中的水质分析和监控,对废水及固体废弃物进行综合治理,废水排放实行在线监控。废水处理设施不能正常运行和废水排放不达标的企业,经有关部门限期整改仍不能达标的,不得继续从事生产活动。

(三)印染企业要按照环境友好和资源综合利用的原则,选择可生物降解(或易回收)浆料的坯布;使用生态环保型、高上染率染化料和高性能助剂;完善冷却水、冷凝水及余热回收装置;丝光工艺必须配置碱液自动控制和淡碱回收装置;实行生产排水清浊分流、分质处理、分质回用,水重复利用率要达到35%以上。

(四)印染企业要采用可持续发展的清洁生产技术,提高资源利用效率,从生产的源头控制污染物产生量。印染企业要依法定期实施清洁生产审核,按照有关规定开展能源审计,不断提高企业清洁生产水平。

六、安全生产与社会责任

(一)新建或改扩建印染项目要按照《纺织工业企业安全设计标准》的要求,建设安全生产设施,并按照国家有关规定和要求,进行安全预评价和安全设施竣工验收,确保安全设施与主体工程同时设计、同时施工、同时投入生产和使用。

(二)鼓励印染企业按照《纺织企业社会责任管理体系》(CSC9000-T)的要求,保障劳动者和消费者权益,履行社会责任。

七、监督管理

(一)新建和改扩建印染项目必须符合本准入条件。项目的投资备案、项目建设、土地供应、环评审批、安全许可、信贷融资等管理要依据本准入条件。新建和改扩建项目要在省级投资或工业管理部门备案。项目环境影响评价报告由省级工业管理部门提出预审意见后,报省级环境保护主管部门审批。

(二)投资、工业、国土资源、环境保护、住房和城乡建设、安全监管等管理部门,要依法加强对新建和改扩建印染项目的监督检查,凡不符合准入条件规定的,不得办理相关许可手续。新建或改扩建印染项目达到准入条件并办理相关许可手续后,才能生产运营。对于违反规定的,有关部门要责令其及时改正,并依法严肃处理。

(三)各级工业管理部门要加强对印染行业的管理,督促现有企业按照准入条件要求,加快技术改造,加快淘汰落后产能,规范企业各项管理。根据企业申请并经省级工业管理部门核实,国家工业管理部门对符合准入条件的印染企业定期进行公告。

(四)有关行业协会要宣传国家产业政策,加强行业指导和行业自律,推进印染行业技术进步,协助政府有关部门做好行业监督、管理工作。

八、附则

(一)本准入条件适用于中华人民共和国境内(港澳台地区除外)各类所有制的印染企业,具有印染能力的棉纺织、毛纺织、麻纺织、丝绸、色织、针织等企业。

(二)本准入条件采用的标准或数据如有修订,从其规定。

(三)本准入条件自2010年6月1日起实施。2008年2月4日公布的《印染行业准入条件》同时废止。

(四)本准入条件由工业和信息化部负责解释。

附:新建或改扩建印染项目印染加工过程综合能耗及新鲜水取水量

分类	综合能耗	新鲜水取水量
棉、麻、化纤及混纺机织物	≤35公斤标煤/百米	≤2吨水/百米
纱线、针织物	≤1.2吨标煤/吨	≤100吨水/吨
真丝绸机织物(含练白)	≤40公斤标煤/百米	≤2.5吨水/百米
精梳毛织物	≤190公斤标煤/百米	≤18吨水/百米

注1:机织物标准品为布幅宽度152cm、布重(10～14)kg/100m的棉染色合格产品,真丝绸机织物标准品为布幅宽度114 cm、布重(6～8)kg/100m的染色合格产品,当产品不同时,可按相关标准进行换算。

注2:针织或纱线标准品为棉浅色染色产品,当产品不同时,可按相关标准进行换算。

注3:精梳毛织物印染加工指从毛条经过条染复精梳、纺纱、织布、染整、成品入库等工序加工成合格毛织品精梳织物的全过程。粗梳毛织物单位产品能耗按照精梳毛织物1.3系数折算,新鲜水取水量按照1.15系数折算。

附　现有印染企业印染加工过程综合能耗和新鲜水取水量

分类	综合能耗	新鲜水取水量
棉、麻、化纤及混纺机织物	≤42 公斤标煤/百米	≤2.5 吨水/百米
纱线、针织物	≤1.5 吨标煤/吨	≤130 吨水/吨
真丝绸机织物(含练白)	≤45 公斤标煤/百米	≤3.0 吨水/百米
精梳毛织物	≤230 公斤标煤/百米	≤20 吨水/百米

注 1:机织物标准品为布幅宽度 152cm、布重(10～14)kg/100m 的棉染色合格产品,真丝绸机织物标准品为布幅宽度 114 cm、布重(6～8)kg/100m 的染色合格产品,当产品不同时,可按相关标准进行换算。

注 2:针织或纱线标准品为棉浅色染色产品,当产品不同时,可按相关标准进行换算。

注 3:精梳毛织物印染加工指从毛条经过条染复精梳、纺纱、织布、染整、成品入库等工序加工成合格毛织品精梳织物的全过程。粗梳毛织物单位产品能耗按照精梳毛织物 1.3 系数折算,新鲜水取水量按照 1.15 系数折算。

耐火粘土(高铝粘土)行业准入标准

一、总　则

(一)为了贯彻落实科学发展观,合理开发利用与有效保护资源和环境,促进产业结构调整,根据《国务院办公厅关于采取综合措施对耐火粘土萤石的开采和生产进行控制的通知》(国办发[2010]1 号)和相关法律法规及政策的规定,特制定本准入标准。

(二)本准入标准中的耐火粘土(高铝粘土)系指经国土资源管理部门储量备案的高铝粘土矿区的高铝粘土矿石和经过窑炉煅烧(电熔)的高铝粘土熟料。

二、生产布局条件

(三)高铝粘土矿采选、加工企业必须符合国家产业政策、矿产资源规划和产业规划,符合各省(自治区、直辖市)高铝粘土行业发展规划、城市建设规划、土地利用总体规划、矿产资源规划、环境保护和污染防治规划要求。

(四)严格限制在国家和地方规定的限采区新设高铝粘土开采矿山。禁止在禁采区内新设开采矿山,已建矿山应按照矿产资源规划和国家有关规定进行处置。

在饮用水水源保护区、自然保护区、风景名胜区、生态功能保护区、基本农田保护区等需要特殊保护的地区,大中城市及其近郊,居民集中区、学校与托幼机构、疗养地、医院和食品、药品、电子等对环境质量要求高的企业周边 1 公里内,主要河流两岸、公路、铁路干线两侧一定范围,不得新建高铝粘土生产加工企业。

三、生产规模、工艺与装备

(五)新建高铝粘土矿山开采规模应与资源储量规模相适应,并符合相关产业政策。矿山开采设计应根据资源状况、赋存条件以及开采设计方案等选择安全、节能、环保、高效、适用的采矿方法和装备。

(六)高铝粘土选矿企业单条生产线原矿年处理能力应大于 5 万吨。选矿回收率要求达到 80% 以上。

(七)高铝粘土熟料加工企业年生产能力不得小于 5 万吨,其中,单线年生产能力要求达到:

1. 回转窑≥3 万吨;
2. 隧道窑≥2 万吨;
3. 梭式窑、竖窑≥1 万吨。

四、资源综合利用和能源消耗

(八)高铝粘土采选企业露天采矿回采率要求达到 80% 以上,地下采矿回采率要求达到 70% 以上。

(九)高铝粘土矿一般情况下只能用于耐火材料、刚玉型研磨材料、高铝水泥、陶瓷匣钵等工业生产原料。对同一矿床伴生(共生)的多种耐火原料及相关矿产,必须综合开采,合理利用,严防优材劣用。

鼓励对低品位高铝粘土矿进行选矿加工提纯,分级选别、分级使用,实现资源综合利用。

(十)高铝粘土熟料煅烧平均能耗指标要求:

1. 转窑吨产品能耗小于 220 公斤标准煤;
2. 隧道窑吨产品能耗小于 230 公斤标准煤;
3. 梭式窑吨产品能耗小于 300 公斤标准煤;
4. 竖窑吨产品能耗小于 180 公斤标准煤。

(十一)熟料煅烧装备应采用通过技术改造的环保节能型窑炉,并采取余热回收利用措施。

五、环境保护和土地复垦

(十二)高铝粘土矿山采选以及熟料生产过程中要加强清洁生产,污染物排放要符合国家《工业炉窑大气污染物排放标准》(GB9078－1996)、《大气污染物综合排放标准》(GB16297-1996)、《污水综合排放标准》(GB8978－1996)、《一般工业固体废物贮存、处置场污染控制标准》(GB 18599－2001)等有关标准和主要污染物总量控制要求以及有关地方标准和要求的规定。

(十三)企业必须按照环保、水土保持和耕地保护等要求,严格执行相关法律法规和标准规范,防止土壤污染,保护生态环境,严格执行土地复垦和生态恢复规定,履行土地复垦与生态恢复义务。

六、主要产品质量

(十四)高铝粘土生料和高铝粘土熟料应满足以下标准:《铝土矿石》(GB/T24483-2009)、《高铝矾土熟料》(YB/T5179-2005)。

七、安全、卫生和社会责任

(十五)高铝粘土采选生产必须符合《安全生产法》、《矿山安全法》、《安全生产许可证条例》(国务院令第 397 号)、《金属非金属矿山安全规程》(GB16423－2006)和《尾矿库安全技术规程》(AQ2006－2005)等有关规定,依法取得安全生产许可证后方可从事生产活动。新建、改建、扩建项目安全生产设施必须与主体工程同时设计、同时施工、同时投入生产和使用,并经安全生产监督管理部门组织审查和竣工验收。

(十六)高铝粘土采选企业必须遵守《职业病防治法》,具备相应的职业病防治条件。完善职业危害防治设施,按照标准配备个人劳动防护用品,并建立各项规章制度。新、改、扩建项目职业危害防治设施必须与主体工程同时设计、同时施工、同时投入生产和使用。

(十七)矿山开采企业应设置地质测量机构,配备地质、测量专业技术人员,负责矿山资源储量的动态监测。大中型矿山应配备3～5人,小型矿山2～3人;确无条件配备专业技术人员的,应以合同(协议)的形式委托有资质的单位负责矿山地质测量工作。

(十八)矿山开采企业必须配备具有矿山开发相关专业技术职称的专职安全技术人员,大中型矿山2～3人,小型矿山1～2人。

(十九)企业应当依法参加养老、失业、医疗、工伤等各类保险,并为从业人员缴足相关保险费用。此外,企业还应遵守其他各项法律法规,做到合法经营。

八、监督与管理

(二十)重点高铝耐火粘土资源地区应制订区域产业发展规划、矿产资源规划并开展规划环境影响评价,未列入规划和未开展规划环评的建设项目不得受理审批。

新建和改扩建高铝粘土项目应当由省级工业主管部门会同有关部门组织专家进行评审,编制工业固定资产投资项目节能评估报告,充分论证和评价项目的资源回收率、综合利用水平,能源利用的科学性和合理性,以及生产工艺条件对职业病防治、安全生产、环境保护的保护程度,评审合格方可进行项目核准申请。

对不符合准入标准的项目,主管部门不得核准;金融机构不得提供贷款和其他形式的授信支持,国土资源管理、城市规划和建设、环境保护、消防、卫生、工商、质检、安监等部门不得办理有关手续;地方人民政府或相关主管部门依法决定撤销或责令关闭的企业,有关管理部门应依法撤销相关许可证件,工商行政管理部门依法责令其办理变更登记或注销登记。

(二十一)现有高铝粘土开采和生产企业应通过技术改造、资源整合、加强管理达到本准入标准。2011年7月1日以后仍达不到本准入标准要求的,应停产整顿,经验收合格后方能恢复生产。

(二十二)高铝粘土开采和生产企业必须建立生产和销售台帐,自觉接受和主动配合有关部门监督检查,按照有关部门规定报送报表。不符合准入标准的生产企业不得生产和销售高铝粘土;用户不得购买不符合准入标准的生产企业生产的相关产品。

(二十三)省级和市县级工业和信息化主管部门会同有关执法部门负责对当地生产经营企业执行本准入标准的情况进行监督检查。发现不符合本准入标准的生产企业,有关部门依照各自职能,分别取消开采总量控制指标、指令性生产计划指标、出口供货资格和产品出口许可证。工信、国土资源、环保、安全生产等行政管理和执法部门依据各自职能负责对当地高铝粘土开采和生产企业执行准入标准情况进行监督检查。

工业和信息化部会同有关部门对高铝粘土采选生产经营企业进行不定期抽查和检查。

(二十四)国土资源部定期公告符合本准入标准的高铝粘土矿开采企业名单,工业和信息化部会定期公告符合本准入标准的高铝粘土生产经营企业名单,实行社会监督、动态管理。

(二十五)充分发挥现有国家级铝粘土批发市场的产品配置功能,本着“优质优用、优质优价、综合利用”的原则,调控产品流向,统筹安排各地区、各行业对高铝粘土的需求,合理高效地配置矿产品。

(二十六)行业协会要协助、配合政府有关部门做好行业准入管理和监督工作。加强对国内外高铝粘土市场的分析研究、促进采选生产工艺技术发展,推广行业节能减排、资源综合利用、环保新技术,建立符合准入标准企业的评价体系,科学公正提出评价意见。

九、附则

(二十七)本准入标准适用于中华人民共和国境内(港澳台地区除外)所有类型的高铝粘土矿山、高铝粘土加工企业。

(二十八)本准入标准中涉及的国家标准和行业政策、法律法规若进行修订,则按修订后的规定执行。

(二十九)本准入标准自2010年3月1日起实施,由工业和信息化部会同有关部门负责解释。

萤石行业准入标准

一、总　则

(一)萤石是重要的工业基础原材料。为贯彻落实科学发展观,合理开发利用与有效保护资源和环境,促进萤石产业结构调整,根据《国务院办公厅关于采取综合措施对耐火粘土萤石的开采和生产进行控制的通知》(国办发[2010]1号)和相关法律法规及政策的规定,特制定本准入标准。

(二)本准入标准中的萤石系指萤石采选产品。

二、生产布局条件

(三)萤石矿开采、选矿生产企业必须符合国家产业政策、矿产资源规划和产业规划,符合各省(自治区、直辖市)萤石行业发展规划、城市建设规划、土地利用总体规划、矿产资源规划、环境保护和污染防治规划要求。

(四)严格限制在国家和地方规定的限采区新设开采矿山。禁止在禁采区内新设开采矿山,已建矿山应按照矿产资源规划和国家有关规定进行处置。

在饮用水水源保护区、自然保护区、风景名胜区、生态功能保护区和基本农田保护区等需要特殊保护的地区,大中城市及其近郊,居民集中区、学校与托幼机构、疗养地、医院和食品、药品、电子等对环境质量要求高的企业周边1公里内,主要河流两岸、公路、铁路干线两侧一定范围,不得新建萤石生产加工企业。

三、生产规模、工艺与装备

(五)新建萤石矿山开采规模应与资源储量规模相适应,并符合相关产业政策。矿山开采设计应根据资源状况、赋存条件以及开发利用方案等选择安全、高效、适用的采矿方法和装备。

(六)萤石选矿单条生产线日处理矿石能力应≥100吨(每年按300天计算)。矿山开采规模在3万吨/年以上的企业,要求有相应配套的选厂。

(七)新建和改(扩)建萤石选矿厂,必须具备相匹配的自备矿山、尾矿库、污水(物)处理设施,不得新建"三无"萤石浮选厂。

四、资源综合利用

(八)萤石采选企业地下开采回采率应达到75%以上;露天开采回采率应达到90%以上。选矿回收率应达到80%以上(伴生矿、尾矿利用除外)。并应贫富兼采,禁止采厚弃薄、采富弃贫。企业应制定尾矿综合利用和治理方案。

萤石原矿经选别冶金级块矿后,剩余原矿须送浮选厂浮选,提高资源利用率。

(九)鼓励对低品位萤石矿进行选矿加工提纯,分级选别、分级使用,实现资源综合利用。

(十)鼓励对矿物品位大于10%的萤石尾矿进行浮选回收。

(十一)充分利用现有矿山的资源,鼓励矿山结合生产依法开展深部地质找矿。

(十二)鼓励具有资金、技术、管理优势的萤石采选企业通过兼并重组、集约开采、综合利用相对集中的小矿山(点)。

五、主要产品质量

(十三)萤石产品质量应满足《萤石》(YB/T5217-2005)标准要求。

六、环境保护

(十四)采选生产过程中应实施清洁生产,保护环境。污染物排放要符合国家《大气污染物综合排放标准》(GB16297-1996)、《污水综合排放标准》(GB8978-1996)、《一般工业固体废物贮存、处置场污染控制标准》(GB 18599-2001)的有关要求和有关地方标准的规定。

(十五)企业必须按照环保、水土保持和耕地保护等要求,严格执行相关法律法规和标准规范,防止土壤污染,保护生态环境,严格执行土地复垦和生态恢复规定,履行土地复垦与生态恢复义务。

七、安全、卫生和社会责任

(十六)萤石采选生产必须符合《安全生产法》、《矿山安全法》、《安全生产许可证条例》(国务院令第397号)、《金属非金属矿山安全规程》(GB16423-2006)和《尾矿库安全技术规程》(AQ2006-2005)等有关规定,依法取得安全生产许可证后方可从事生产活动。新建、改建、扩建项目安全生产设施必须与主体工程同时设计、同时施工、同时投入生产和使用,并经安全生产监督管理部门组织审查和竣工验收。

(十七)萤石采选生产必须遵守《职业病防治法》,具备相应的职业病防治条件。完善职业危害防治设施,按照标准配备个人劳动防护用品,并建立各项规章制度。新、改、扩建项目职业危害防治设施必须与主体工程同时设计、同时施工、同时投入生产和使用。

(十八)矿产开采企业应设置地质测量机构,配备地质、测量专业技术人员,负责矿山资源储量的动态监测。大中型矿山应配备3~5人,小型矿山2~3人;确无条件配备专业技术人员的,应以合同(协议)的形式委托有资质的单位负责矿山地质测量工作。

(十九)矿山开采企业必须配备具有矿山开发相关专业技术职称的专职安全技术人员,大中型矿山2~3人,小型矿山1~2人。

(二十)企业应当依法参加养老、失业、医疗、工伤等各类保险,并为从业人员缴足相关保险费用。此外,企业还应遵守其他各项法律法规,做到合法经营。

八、监督与管理

(二十一)重点萤石资源地区应制订区域产业发展规划、矿产资源规划并开展规划环境影响评价,未列入规划和未开展规划环评的建设项目不得受理审批。

新建和改扩建萤石采选项目应当符合本准入标准;对不符合准入标准的项目,主管部门不得核准;金融机构不得提供贷款和授信支持,国土资源管理、城市规划和建设、环境保护、消防、卫生、工商、质检、安监等部门不得办理有关手续。

(二十二)现有萤石生产企业应通过技术改造、加强管理、资源整合限期达到本准入标准。2011年7月1日以后仍达不到本准入标准要求的,应停产整顿,经验收合格后方能恢复生产。

(二十三)萤石生产企业必须加强企业管理,建立生产和销售台帐,自觉接受和主动配合有关部门监督检查,按照有关部门的规定报送报表。不符合准入标准的生产企业不得生产和销售萤石产品;用户也不得购买其生产的相关产品。

(二十四)地方工业和信息化主管部门会同有关执法部门负责对当地生产经营企业执行本准入标准的情况进行监督检查。发现不符合本准入标准的生产企业,有关部门依照各自职能,分别取消开采总量控制指标、指令性生产计划指标。工信、国土资源、环保、安全等行政管理和执法部门依据各自职能负责对当地萤石生产企业执行准入标准情况进行监督检查。

(二十五)工业和信息化部会同有关部门对萤石采选生

产经营企业进行不定期抽查和检查。

(二十六)国土资源部定期公告符合本准入标准的萤石开采企业名单,工业和信息化部定期公告符合本准入标准的萤石生产经营企业名单,实行社会监督、动态管理。

(二十七)行业协会组织要协助、配合政府有关部门做好行业准入管理和监督工作。加强对国内外萤石市场的分析研究;促进采选生产工艺技术发展与应用;推广行业节能减排、资源综合利用、环保新技术;建立符合准入标准企业的评价体系,科学公正提出评价意见。

九、附　则

(二十八)本准入标准适用于中华人民共和国境内(港澳台地区除外)所有类型的萤石采选生产企业。

(二十九)本准入标准中涉及的国家标准和行业政策、法律法规若进行修订,则按修订后的规定执行。

(三十)本准入标准自2010年3月1日起实施,由工业和信息化部会同有关部门负责解释。

农用薄膜行业准入条件

为贯彻落实《轻工业调整和振兴规划》,促进农用薄膜(以下简称农膜)行业结构调整和产业升级,防止低水平重复建设,加强环境保护,提高资源综合利用效率,依据国家法律法规和产业政策,制定本准入条件。

一、新建农膜企业、改扩建农膜项目的基本条件

(一)新建农膜企业

1. 选址必须符合本地区城乡建设规划、生态环境规划、土地利用整体规划要求和用地标准。

2. 拥有按照国家及行业标准生产农膜的技术文件和工艺文件。

3. 拥有与上述技术、工艺文件相符的生产设备和设施。

4. 拥有产品质量保证体系和配套的检测设备。

5. 形成的农膜生产能力不低于10000吨/年。

6. 生产装置符合国家节能、节水要求,农膜吨制品耗电量不超过500千瓦时、耗水量不超过1立方米。

7. 生产过程中排放的污染物符合国家和地方污染物排放(控制)标准以及总量控制指标要求,固体废物的管理和处理处置符合国家有关法规要求。

8. 废(次)品能够回收利用,回收利用装置符合国家环保要求。

(二)改扩建农膜项目

1. 产品质量符合国家及行业标准,具备质量保证体系及检测条件。

2. 生产过程中排放的污染物符合国家和地方污染物排放(控制)标准以及总量控制指标要求,固体废物的管理和处理处置符合国家有关法规要求。

3. 农膜吨制品电耗不超过500千瓦时、耗水量不超过1立方米。

4. 实施改扩建项目后,农膜生产能力不低于10000吨/年。

5. 改扩建项目涉及新申请用地的,要严格执行国家土地使用政策,符合城乡建设规划、土地利用整体规划要求和用地标准。

二、生产工艺和装备要求

(一)生产工艺必须符合质量保证体系工艺文件要求,采用成熟的生产技术,满足农膜产品质量达到国家及行业标准的要求。

(二)棚膜生产企业应具备生产功能性母料的能力,或得到其他能够生产功能性母料企业的技术支持。

(三)配备物料混配设备,能确保生产原料(主、辅料)均匀混合。

(四)拥有先进的生产设备和完善的检测手段和检测设备,确保产品质量符合国家及行业标准。必备的产品质量检测设备包括:拉力机、熔融指数测试仪、快速流滴实验仪、水分含量测试仪等。

三、产品质量

(一)企业应设立质量检验机构,配备专职质检人员,建立健全质量检验管理制度。

(二)产品质量符合国家及行业标准。

(三)产品符合保障人体健康和保护生态环境要求。

(四)不得以废旧塑料、劣质再生塑料为原料生产农膜产品。

(五)新产品须由企业或企业委托有关部门进行两年以上的多点田间应用试验,经具有相关资质的机构评估确认达到国家标准后,方可大面积推广应用。

四、环境保护和资源节约综合利用

(一)新建、改扩建项目必须重视环境保护和资源节约利用工作,严格执行《中华人民共和国环境影响评价法》,依法向有审批权的环境保护行政主管部门报批环境影响评价文件。按照建设项目中环境保护设施必须与主体工程同步设计、同时施工、同时投产使用的要求,建设与项目相配套的环境保护设施,依法申请环境保护设施专项竣工验收。

(二)污染物排放要符合国家和地方污染物排放(控制)标准,主要污染物排放总量符合总量控制要求。

(三)严格贯彻保护耕地和节约集约用地的政策规定,用地规模和土地利用强度必须达到土地使用相关标准的规定。

(四)生产用水做到循环利用。

(五)废次品回收利用装置符合《中华人民共和国环境保护法》有关要求。

五、安全生产和职业病防治

(一)严格遵守《中华人民共和国安全生产法》、《中华人民共和国职业病防治法》,认真执行保障安全生产和职业病防治的国家标准或行业标准,做好职业病危害评价和生产安全事故预防工作。

(二)按照国家相关法律法规及标准的要求配置安全生

产和职业病防护设施，建立健全安全生产和职业病防治责任制；建立完善的安全生产和职业病防治组织管理体系，做好职工安全生产、职业卫生培训工作，落实安全生产检查制度。

（三）新建、改扩建项目的安全设施投资应纳入建设项目概算；安全生产设施和职业病防护设施不仅要与主体工程同时设计、施工和投入使用，还要进行安全评价和安全设施专项竣工验收。

（四）新建、改扩建项目应配备必要的劳动防护用品和职业病防护设施，工作场所的有害气体、粉尘浓度、噪声等指标不得超过国家规定的标准。

六、劳动者权益保障

（一）企业应认真遵守国家相关法律法规，切实保障劳动者合法权益。

（二）依法与劳动者签订劳动合同，严格遵守国家关于工时制度、最低工资标准等规定，不克扣或无故拖欠劳动者工资。

（三）按照国家相关规定及时为劳动者足额缴纳工伤保险、养老保险、医疗保险、失业保险和住房公积金。

（四）严禁使用童工，认真执行女职工和未成年工特殊劳动保护规定。

七、监督与管理

（一）依据《国务院关于投资体制改革的决定》（国发[2004]20号）及其相关实施办法，新建农膜企业、改扩建农膜项目按照建设项目管理程序，由投资主管部门实行备案制管理。

（二）农膜建设项目的投资管理、土地供应、环境影响评价、职业病危害评价、安全生产评价、节能评估、信贷融资等应参照本准入条件，按照建设项目现行管理程序进行管理。

（三）新建农膜企业或者改扩建农膜项目，符合本准入条件的，方可投入生产。工业、土地、环保、安全、质检等管理部门应当通过联合检查等方式，监督本准入条件的执行。

（四）对不符合准入条件的新建农膜企业、改扩建农膜项目，国土资源部门不得受理用地申请，环保部门不予办理环保审批手续，城乡规划和建设、消防、卫生、安全等部门不予办理有关手续；主管税务机关不予办理增值税减免手续；金融机构不提供任何形式的新增授信支持；电力监管机构要监督供电企业依法实施停、限电措施；工商行政管理部门应责令其办理变更登记或注销登记；有关部门不予办理生产经营许可证件。

（五）各级工业主管部门和安全、环保、质检等部门负责对辖区内农膜生产企业执行农膜行业准入情况进行监督检查。有关行业协会应协助政府部门做好行业监督和管理工作。

（六）国家相关管理部门可依据本准入条件制定相应的配套监管办法。

八、附则

（一）本准入条件适用于中华人民共和国境内（除港、澳、台地区）所有生产农膜产品的企业。

（二）本准入条件由工业和信息化部负责解释。

（三）本准入条件的内容需要调整时，由工业和信息化部适时修订并公布。

（四）本准入条件自2010年1月1日起实施。

大事记

2010年中国化工科技十大新闻

1. 重油利用技术取得突破

2010年4月，国家发改委组织国内13名石油化工专家，对世界首个利用渣油原料生产乙烯和丙烯项目——沈阳化工集团所属沈阳石蜡化工有限公司建设的50万吨/年CPP项目进行验收。该项目将石蜡基重油最大限度地转化为低碳烯烃，乙烯加上丙烯的收率超过36%，副产品有进一步加工利用价值，技术为国内首创、国际领先。

此外，中国石油大学（华东）石油工程学院与中国石化胜利油田分公司合作，开发的特超稠油油藏HDCS强化采油技术在胜利油田成功应用，至2010年3月中旬累计增油130多万吨，意味着我国地下长期处于沉睡中的几亿吨超稠油、特超稠油油藏将被“唤醒”。

2. 高聚物加工关键设备国产化

2010年4月，我国自主研制的20万吨级聚丙烯双螺杆挤压造粒机组在燕山石化一次开车成功。作为高聚物混炼加工关键设备，大型双螺杆挤压造粒机组首次实现国产化，反映了我国在高聚物混炼加工技术及装备研究领域的最新成就和综合实力。

大型混炼挤压造粒机组是国内大乙烯工程中唯一没有国产化的核心设备。引进一套35万吨/年生产能力的双螺杆挤压造粒机组约需1200万美元，按照我国目前乙烯产能推算，需要引进28套该机组，耗资4.5亿美元。而此前全球只有德国和日本的3家公司拥有该机组设计和制造能力。

3. 七大合成胶种全部产业化

2010年4月，我国第一套异戊橡胶工业化装置——中国石化茂名鲁华化工有限公司1.5万吨/年异戊橡胶项目顺利投产，生产出合格的异戊橡胶产品；2010年9月，青岛莱西伊科思合成橡胶新材料产业园一期项目3万吨/年稀土异戊橡胶项目建成，10月份开始试生产并生产出合格的异戊橡胶产品。

“十一五”期间，随着国内乙烯产能的增长，碳五资源极大丰富，分离技术日益成熟和完善，国内异戊二烯实现了规模化生产，消除了制约异戊橡胶发展的原料瓶颈，异戊橡胶技术研发和应用全面提速。这两个项目的投产填补了我国不能生产异戊橡胶的空白，至此我国七大合成胶种全部实现了产业化。

4. 碳纤维核心工艺攻关成功

2010年“五一”前夕,哈尔滨天顺化工科技开发有限公司自主设计并建成的年产20吨高性能聚丙烯腈碳纤维原丝的中试生产线达产,产品达到国际高性能碳纤维的指标要求,攻克了制约我国碳纤维材料原丝质量不过关的若干关键技术难题。

2010年5月,连云港中复神鹰碳纤维有限责任公司完成的碳纤维与关键设备研发项目通过国家级鉴定,标志着我国已成功实现碳纤维国产化和产业化,彻底打破了发达国家对碳纤维市场的长期垄断。

此外,作为国内最早的碳纤维研发生产单位,中国石油吉化公司的百吨级生产线目前生产稳定,并掌握了千吨级放大技术,正计划建设1000吨/年生产线。

5. 全球首套煤制草酸装置成功试车

2010年5月中旬,内蒙古通辽金煤化工有限公司10万吨/年煤制草酸项目实现联动试车,草酸生产线各工序流程全部打通,顺利试产出合格草酸产品。此举标志着全球首套煤制草酸新工艺装置成功实现工业化运行。

煤制草酸工艺的成功应用,在拉长煤化工产业链的同时,有效地降低了草酸生产成本。

6. 煤层气产业化利用迈出关键一步

由西南化工研究设计院开发的具有我国自主知识产权的低质煤层气非贵金属耐硫脱氧催化剂与工艺技术成果,于2010年5月通过四川省科技厅组织的专家鉴定。该技术突破了煤层气安全利用的瓶颈,填补了国内外煤层气催化脱氧技术的空白,对减少温室气体的排放、减少煤矿瓦斯事故的发生、促进煤层气综合利用和缓解我国天然气短缺具有重要意义。

7. 盐湖固体钾矿开采获得技术支撑

由青海盐湖工业集团股份有限公司承担的察尔汗盐湖固体钾矿溶解转化试验及工程化研究课题,于2010年6月通过了中国工程院郑绵平院士等专家的评审。专家一致认为,这项成果将为盐湖集团钾肥稳定生产及提高产能提供可靠的资源保障,对中国钾肥工业可持续发展有重要意义。

察尔汗盐湖是全国探明储量最大的可溶性钾镁盐矿。因现有开采技术所限,自上世纪80年代以来只能进行液体钾矿开采,而保有量更大的固体钾矿由于品位低、层数多、厚度薄等,一直无法进行直接开采,新技术打破了这一禁锢。

8. 国产氯碱离子膜突破国外封锁

山东东岳集团历经8年攻关开发的氯碱离子膜,于2010年6月底在其万吨级氯碱装置上应用成功。我国是全球第一大氯碱生产国,但氯碱核心设备电解装置的关键材料离子膜此前却一直由美、日等国垄断,对我国实行技术封锁。此举表明我国氯碱用离子膜已实现国产化,制约氯碱工业发展的瓶颈由此告破。

9. 大推力往复式压缩机填补空白

2010年7月中旬,沈阳鼓风机集团有限公司为中石化长岭石化分公司170万吨/年渣油加氢项目新研发的4M125(50)大型往复压缩机产品投入建设。这是继该集团制造完成中石化南京金陵石化分公司260万吨级蜡油加氢装置配套的2D125(50)往复式压缩机之后,在大推力往复式压缩机国产化开发中的又一创举。

沈鼓集团开发的两大产品,双双填补了国内世界顶级大推力往复机制造空白,证明我国完全具备实现多列、超大型往复机国产化的能力,为石油化工、煤化工行业的持续健康发展提供了强大技术支撑。

10. 煤制烯烃技术全球首次工业化

我国自主开发、具有完全自主知识产权的煤制烯烃示范工程甲醇制烯烃装置,于2010年8月在内蒙古包头市九原区哈林格尔镇全流程投料试车一次成功,生产出合格的乙烯和丙烯产品。这标志着全球首套煤制烯烃工业化示范装置打通全部流程顺利投产,表明我国已率先掌握了煤基烯烃工业化关键技术,开创了世界高碳能源低碳化发展的新途径。

该项目担负着推进国家煤化工产业发展的重大责任,也是对我国自主开发的煤制烯烃技术的一次商业化验证。

2010年度化工环保十大新闻

1. 我国磷石膏综合利用率达20%

1月,中国磷肥工业协会对外发布,我国磷石膏综合利用水平已居世界领先水平。数据显示,磷肥行业副产磷石膏5000多万吨,综合利用1000多万吨,利用率达到20%,已基本实现磷肥行业磷石膏综合利用“十一五”规划目标。我国磷石膏由于重金属含量低、放射性元素少,被广泛用于制取石膏和水泥缓凝剂等产品,实现了变废为宝。

2. 我国公布首次污染源普查结果

2月9日,环境保护部、国家统计局、农业部联合发布《第一次全国污染源普查公报》。普查结果表明,工业污染物排放主要集中在少数行业和局部地区,污染结构性问题突出。数据显示,在化学需氧量、氨氮、二氧化硫和氮氧化物4项污染物排放中,化工、石油加工、炼焦行业分别位居工业排放的前列。

3. 中橡协呼吁禁止进口旧轮胎

有外商利用我国没有明确规定旧轮胎是否可以进口的法律空子,向国家有关部门提出大量进口旧轮胎。2月22日,中国橡胶工业协会提交《关于坚决要求把旧轮胎列入禁止进口目录的报告》,向环境保护部、商务部、海关总署、国家质检总局及中国石油和化学工业协会(现中国石油和化学工业联合会)等有关部门发出紧急呼吁,如果进口大量旧轮胎,必将对我国轮胎产业造成重大损害,也将引发严重的社会问题。

4. 数千只化工原料桶冲入松花江

7月28日,受暴雨及洪水影响,吉林市永吉县新亚强化工厂、吉林众鑫集团两家企业的数千只化工原料桶冲入松花江。事发后,吉林省迅速启动应急预案,在松花江沿线设置8道防线,对继续向下游漂流的原料桶实施拦截、打捞。有关部门聘请化工专家,在现场对拦截工作进行技术指导,确保救援人员安全,确保不发生泄漏。吉林市环保局对松花江水质监测数据显示:水质pH值在6～8之间,特征污染物微量检出,其他特征污染物均未检出,说明对松花江水质影响微乎其微。

5. 工信部公布淘汰落后产能企业名单

8月8日，工业和信息化部正式对外公布了2010年焦炭、电石、酒精、味精、柠檬酸、化纤等18个工业行业2087家淘汰落后产能企业名单。其中，焦炭、电石、柠檬酸、化纤等化工或涉化企业共计303家。公告要求有关方面采取有效措施，打好工业节能降耗攻关战，确保列入淘汰落后产能名单企业的落后产能在9月底前关停完毕。

6. 五省八市成为首批低碳经济试点

国家发改委8月10日公布，将在广东、辽宁、湖北、陕西、云南5省和天津、重庆、深圳、厦门、杭州、南昌、贵阳、保定8市率先开展低碳经济试点工作。加快建立以低碳排放为特征的产业体系是试点工作的主要内容之一，此次国家正式启动低碳经济试点，就是要通过基础良好试点地区的先行先试，探索发展低碳经济的成功经验，为下一阶段的全面推进提供样板。

7. 氟硅协会澄清CDM项目延迟签发真相

8月以来，中国有7个HFC-23清洁发展机制(CDM)项目被3位联合国清洁发展机制执行理事会(EB)委员提请审议并延迟签发。此后，该事件被一些媒体解读为"中国企业存在国际碳交易中套利的舞弊情况"。对此，9月16日，中国氟硅有机材料工业协会在北京召开新闻发布会，澄清了事实真相。氟硅协会有关负责人表示，EB个别委员对中国企业为CDM项目而故意多生产甚至销毁HCFC-22的猜疑是毫无依据和不合逻辑的。中国企业实施HFC-23分解CDM项目收益的65%上交了国家，用于支持国家应对气候变化。扣除HFC-23分解CDM项目需要额外增加装置的运行成本后，企业实际所得仅为CDM项目总收益的10%～15%。而企业生产HCFC-22的成本超过企业CDM项目收益的4倍以上，因而企业不会因为CDM收益而多生产HCFC-22。

8. 化工行业超额完成"十一五"节能目标任务

10月13～14日召开的石油和化学工业节能技术交流及投融资大会透露，2010年，化工行业万元工业增加值能耗预计降至2.216吨标准煤，与2005年相比下降约38.63%，超额完成"十一五"节能目标任务。全行业"十二五"节能减排目标初定：年均工业增加值能耗递减4.07%，化学需氧量、氨氮与二氧化硫排放量分别下降8%、15%、5%。

9. 上海世博会成为低碳发展典范

上海世博会组织者很早就提出把低碳世博作为本届世博会的重要理念和目标，希望借助世博会平台，探索低碳发展路径，促进人类社会向低碳时代的迈进。世博会从筹备到举办期间，低碳世博各项措施都逐一落实，并取得了显著成效。

10. 25家石化企业入围首批"两型"试点

12月27日，工业和信息化部、财政部、科技部联合下发《关于印发资源节约型 环境友好型企业创建工作要求及试点企业名单(第一批)的通知》，公布化工、石化、建材、汽车、机械装备等9个重点行业的首批121个"两型"试点企业名单。其中，化工石化行业有25家企业，是首批试点企业最多的行业。

2010年中国橡胶工业十大新闻

1. 天然橡胶价格屡创历史新高

2010年，天然橡胶价格持续暴涨，屡创历史新高，轮胎生产成本上升30%左右，企业效益下滑，难以承受，成为业内关注的焦点问题。中国橡胶工业协会为反映企业呼声，帮助企业渡过难关，先后两次召开紧急会议，共同商讨应对措施，并多次请求国家降低天然橡胶进口关税、投放国储胶平抑胶价。

2.《轮胎产业政策》正式发布

2010年10月，国家工信部发布《轮胎产业政策》，鼓励发展高性能轮胎产品，规定准入条件和建立轮胎召回制度。该《政策》将成为规范轮胎行业发展，防止低水平重复建设，加强环境保护，提高资源综合利用效率，促进我国轮胎行业技术进步和结构升级，促进我国轮胎产业调结构、转方式，提高综合实力，指导产业健康和可持续发展的政策依据。

3. 中国橡胶工业协会组织编制《橡胶行业十二五发展规划指导纲要》

以"橡胶行业产业结构调整指导意见"为基本原则，中国橡胶工业协会组织行业、企业专家，着手编制了《橡胶行业十二五发展规划指导纲要》。《纲要》提出行业"十二五"期间的主要发展目标、总体发展思路、指导原则、重点任务和措施；分析橡胶行业发展的突出问题，提出解决问题的对策建议、战略选择和关键举措，是指导橡胶行业未来五年发展的纲领性文件。

4. 中橡协与国际橡胶研究组织首度合作会议盛况空前

中国橡胶工业协会(CRIA)与国际橡胶研究组织(IRSG)首度合作，于2010年3月15～18日在山东省青岛市举办"第五届中国橡胶市场发展论坛暨2010世界橡胶高峰论坛"。会议以"探索复苏，合作共赢，持续发展"为主题，由国内外的专家对轮胎及非轮胎工业的发展、合成橡胶工业进展、原油及原油情况、橡胶的新来源、天然橡胶生产及气候变化等作了重要报告，共商后危机时代世界橡胶工业持续发展之计。来自国内外的橡胶生产商、经销商、轮胎及其他橡胶制品生产企业、各国橡胶行业协会的近千名代表参加了会议，其中国外代表200多人，包括美国、欧洲、英国、科特迪瓦、德国、印度、日本、越南、印尼、马来西亚、新加坡等多个国家和地区橡胶行业协会的嘉宾。各国橡胶行业协会高层的聚首，会议盛况空前，同期举办的展览会展位暴满。

5. 青岛科技大学建校60周年

2010年9月16日，有"中国橡胶工业黄埔"美誉的青岛科技大学迎来建校60周年庆典。60年来，青岛科技大学为国家和社会培养了各类人才8万余人，是国内最早开设橡胶专业的学校，毕业生在橡胶、化工、石油、机械等行业领域的第一线默默奉献，成为行业的中坚和骨干力量。

6. 关注杜仲胶战略性新兴资源

鉴于我国严重依赖天然橡胶进口的现状，以及杜仲胶开发应用已具备产业化生产的基本条件，为做强我国橡胶产业，使杜仲资源的综合开发利用迅速实现产业化，中国橡胶工业协会和中国化工报社于2010年7月9~11日在北京联合举办"2010中国杜仲胶产业化高峰论坛"，发改委、工信部、国资委、科技部、农业部、林业局等六大部委的有关部门派员出席了会议,多位杜仲方面的专家及百余名代表到会。希望通过会议,引起有关政府部门、民间组织、科研院所及企业对战略性资源的关注,促进杜仲胶新兴产业的发展。会议同时发出倡议,认为我国杜仲资源具有垄断性优势,技术基础已经具备,杜仲胶新兴战略产业发展亟需提速。

7. 国内紧缺合成橡胶产品产能、技术获突破

茂名鲁华化工有限公司1.5万吨/年异戊橡胶项目顺利投产,我国合成胶七大基本胶种全部实现工业化。青岛伊科斯新材料公司3万吨/年异戊橡胶装置正在建设中。由青岛科大方泰新材料有限公司投资10亿元的青岛第派新材有限公司反式异戊橡胶项目在山东莱西市开工建设。该项目是国家"863"高技术研究发展计划"九五"项目,具有自主知识产权和核心技术。一期年产3万吨反式异戊橡胶装置预计2011年底投产,后期还将扩能到10万吨/年规模,并建设反式异戊橡胶应用工程研发中心。中国石化与日本三井化学株式会社的三元乙丙橡胶合资项目在上海设立,双方出资比例为50:50,年产规模为7.5万吨,预计2013年第四季度完工。由浙江大学教授陈甘棠等科研人员自主研发的溴化丁基橡胶生产技术,使无内胎轮胎在原料生产这一关键环节得以国产化。这项技术是基于氯化丁基橡胶生产技术和溴化丁基橡胶小试的基础上完成的,目前已申请了两项国家发明专利。

8. 安全、环保、绿色轮胎成为主流趋势

广州华南轮胎公司"20万条/年安全跑气保用子午线轮胎"生产线通过国家科学技术部验收;玲珑集团有限公司"低断面抗湿滑低噪声超高性能轿车子午线轮胎"获2010年度国家科技进步二等奖;双钱集团股份有限公司FT105系列拖车轮胎获得美国环保署(EPA)的Smart Way认证,成为中国首家获得该认证的轮胎企业;三角集团提出今后3年绿色轮胎产品将达70%以上;杭州中策为开发制造绿色轮胎已投入8000万元资金;风神股份也已在研发低滚动阻力的新型轮胎。

9. 中橡协启动推荐百强企业、品牌产品、诚信轮胎经销商及诚信橡胶贸易商活动

作为推动行业健康发展的重要措施,中国橡胶工业协会启动了推荐百强企业、品牌产品、诚信轮胎经销商及诚信橡胶贸易商活动。从2011年开始,将每年推出"中国橡胶工业百强企业"、"协会推荐品牌产品"、"诚信轮胎经销商"及"诚信橡胶贸易商",并在3月份由协会主办的"中国橡胶工业年会"上,对活动的结果进行公布和授牌,同期将在协会所辖的期刊及网站上公布,并在国内外通过各种形式进行宣传。协会通过组织这一系列的活动,要向全世界推介中国橡胶行业百强、推荐中国橡胶行业品牌,提高企业的知名度,提升品牌的竞争力,推动橡胶行业由大向强发展,同时促进建立健康的橡胶产品和市场秩序。

10. 低碳经济与科技创新促进橡胶工业结构调整

2010年11月15~17日,中国橡胶工业协会在厦门举办"全国橡胶工业信息发布会",会议以"低碳经济与科技创新促进橡胶工业结构调整"为主题,旨在通过宣传节能减排、技术改造,倡导产品科技创新,打造绿色低碳经济生产模式,促进企业可持续发展。会议提出,发展低碳经济是实现我国可持续发展战略的长期任务,我国橡胶行业要从优化原材料结构、调整产业结构、开发和推广应用节能设备技术和加强工艺管理、大力开展废旧轮胎等橡胶产品的回收和再生利用等角度探索低碳经济的发展路径。近300位橡胶行业代表参加了会议。

2010年中国有色金属行业十大新闻

1. 淘汰落后产能 推进产业优化升级

2010年3月18日,为深入贯彻落实《国务院关于进一步淘汰落后产能工作的通知》,加快有色金属工业发展方式的转变,促进产业优化升级,推进节能减排,6家有色金属企业在京共同签署《淘汰落后生产能力承诺书》。6家企业郑重承诺:到2010年年底淘汰110千伏安及以下电解铝小预焙槽;窨用鼓风炉、电炉、反射炉等落后炼铜工艺,为我国有色金属工业健康发展做出自己的贡献。

近几年来,我国有色金属工业整体技术装备水平、产品产量、质量都有很大提高。但仍有一部分落后的冶炼生产能力在运行。据不完全统计,目前有落后的铜冶炼能力20万吨、铝冶炼能力80万吨、铅冶炼能力60万吨、锌冶炼能力40万吨。有色金属工业淘汰落后产能任重道远。6家企业的率先垂范,将为我国有色金属工业加快结构调整、转变发展方式起到积极作用。

2. 中国铝业重组江钨跨界并购展实力

2010年9月26日,中国铝业公司与江西省国资委草签了《江西稀有金属钨业控股集团有限公司增资扩股协议》。根据协议,在经江西省政府批准之后,中铝将以增资扩股方式对江钨进行出资,成为其控股股东。这一事件标志着中铝深度涉足稀有稀土金属领域。

这又是一场中铝涉足其他资源领域的"跨界"演出。从将稀有稀土单独列为七大核心板块之一,到与江西省政府签署《战略合作框架协议》,再到控股江西稀有金属钨业控股集团有限公司,中铝只用了大半年时间。"跨界"到其他资源领域对于国企巨头中铝来说,已经不是新鲜事,但是在短短时间内从战略规划到具体实施,实属罕见。在此之前,中国五矿集团已在南方稀土打下一片天地。这意味着,炙手可热的中国稀土将成为国企巨头们的杀戮战场。

3. 部分有色金属产品出口退税取消

2010年6月22日,《国家税务总局关于取消部分商品出口退税通知》(以下称《通知》)发布。《通知》明确提出,自2010年7月15日起取消部分钢材、医药、化工产品、有色金属加工材等6类共406种商品的出口退税。《通知》取消出口退税的商品中涉及有色金属商品编码共57个,包括铜、铅、锌、镁、镍、钴、钨、钼、锡、铋等金属加工材。

中国政府自金融危机期间7次上调部分商品出口退税率后,首次取消出口退税。专家分析,这一政策直指节能减排。取消出口退税是推进节能减排、调整产业结构的好办法。实际上也是用经济手段增加高耗能企业的生产成本。这样做,一方面抑制生产,另一方面引导企业转向内销。竞争会导致产品价格下降,企业利润降低,一些相对实力较差的"两高一资"企业顺而被淘汰掉。通过这两方面可以达到节能减排、产业结构调整的目的。工业和信息化部原材料工业司陈燕海司长也曾在公开场合表示:限制"两高一资"产品出口,调整产业结构,淘汰落后产能,对做好节能减排具有积极的意义和作用。

4. 电解铝优惠电价取消

国家发展改革委、国家电监会、国家能源局于2010年5月12日联合下发《关于清理对高耗能企业优惠电价等问题的通知》,限期取消对电解铝、铁合金、电石等高耗能企业用电价格优惠。此外,凡是各地自行对高耗能企业实行优惠电价,或未经批准以电力用户与发电企业直接交易、双边交易等名义变相对高耗能企业实行优惠电价的,要立即停止执行。根据《通知》,电解铝、铁合金、电石、烧碱、水泥、钢铁、黄磷、锌冶炼8个行业将继续实行差别电价政策,并自2010年6月1日起,将限制类企业执行的电价加价标准由现行每千瓦时0.05元提高到0.10元,淘汰类企业执行的电价加价标准由现行每千瓦时0.20元提高到0.30元。

2010年以来,屡屡下跌的铝价已迫使电解铝企业在成本线上挣扎,而这项电价新政无非在挑战电解铝企业的成本底线。"强者愈强,弱者愈弱"的态势将逐步确立。然而,面对"十一五"节能减排任务的严峻形势,约占总用电成本40%的电解铝行业,格外受到"重视"。经测算,淘汰类企业电价加价将使得成本提高10%以上,而限制类企业的电价加价使得成本上升5%,差别电价的执行将进一步加大企业之间的成本差距。自备电厂比例较高,或者享受直购电优惠的大型企业受到的冲击较小,而小型企业普遍现金流偏紧且能耗水平偏高,因此,成本上涨的压力对其生存空间挤压作用非常明显。长此以往,将推进此类小产能关停或者寻求与大企业的并购行动。

5. 中非合作结硕果

2010年2月25日,胡锦涛主席在人民大会堂与到中国进行国事访问的赞比亚总统班达举行会谈,并在会谈后出席了中国有色集团投资建设的赞比亚中国经济贸易合作区卢萨卡分区建设合作备忘录等有关合作文件的签字仪式。中国有色集团总经理罗涛参加签字仪式并代表公司与赞比亚商工贸部部长姆塔提在赞比亚中国经济贸易合作区卢萨卡分区建设合作备忘录上签字。

会谈中,胡锦涛主席提出了把中赞友好合作关系提高到新水平的4个方面内容。其中,第二个方面内容"扩大和深化互利互惠的经贸合作"中,胡锦涛主席表示"中方愿与赞方一道,按照互利双赢、注重实效、共同发展的原则,共同搞好赞中经贸合作区建设,继续支持有实力、资信好的中国企业赴赞比亚投资,扩大双方在农业、矿业、基础设施建设等领域的合作。"对赞比亚中国经济贸易合作区及公司在赞比亚的矿业投资的重视可见一斑。

到海外去买矿。国际金融危机骤然点燃了国内企业海外淘金的热潮,一时间海外的各类矿藏成为大量中国资金追逐的对象。中国有色集团是国务院国资委直接管理的大型企业,是有色金属工业最早"走出去"、开展国际合作最成功的企业,业务遍布20多个国家和地区。中国有色集团投资的赞比亚谦比希铜矿是中国在海外投资建成的第一座也是迄今为止最大的一座有色金属矿山,被称为"中非合作的标志性项目";投资建设的赞比亚中国经济贸易合作区是中国在非洲设立的第一个境外经贸合作区和赞比亚政府设立的第一个多功能经济区,是落实中非合作论坛北京峰会上胡锦涛主席提出的对非八项举措的重要项目,开创了中国企业集群式"走出去"的新模式。

6. 五矿布局郴州 央企地方政府各取所需

2010年5月18日,中国五矿集团公司与湖南省郴州市政府在郴州举行战略合作框架协议签字仪式。根据协议,今后5年内,中国五矿在郴州境内的新增投资达到45亿元~55亿元,钨、稀土、锡、铋等有色金属资源的开采、冶炼、精深加工新增产值有望达到80亿元,预计可为郴州新增税收近10亿元。中国五矿与郴州市的战略合作,拟由湖南有色集团作为具体实施主体。通过优势资源、人才、市场、文化等方面的整合,搭建更具创新能力和可持续发展的有色产业平台。以钨、稀土、铋、锡、铅、锌等有色金属的整合、开发、利用和稀土、铋精深加工为重点,大力推进郴州有色金属工业集约化、规模化、高效化及可持续发展和双方共赢为目标,在郴州打造锡、稀土、铋、萤石等产业基地,使湖南有色成为郴州有色金属资源整合的主导者,成为带动郴州有色金属产品精深加工发展的龙头企业。

在新一轮的地方国资改革中,扮演主角的不再是民资、外资,而是财大气粗的央企。近两年,央企频频收购地方国资企业,甚至是从地方国资部门处无偿受让股权;作为"对价",央企往往会承诺加大对地方的投资,这些投资动辄数十亿元、上百亿元。这种模式对央企和地方国资而言,可谓各取所需,央企达到做大做强的目标;地方则实现了招商引资的意图。

7. 血铅、溃坝,重金属污染制约行业发展

2010年9月27日,环境保护部、国家质量监督检验检疫总局首次联合发布了《国家环境保护标准》。《标准》共涉及12个工业污染物排放标准,其中包括铝、铅、锌、铜、镍、钴、镁、钛等8种有色金属工业,规定了有色金属工业企业在生产过程中水污染物和大气污染物排放限值、监测和监控要求。

此外,拟在"十二五"开征的环境税征收方案已获得财政部、国家税务总局、环境保护部3部门的一致通过,目前已上报至国务院,相关政策方案最快将于2011年出台。

另外,铅酸蓄电池的环保许可证制度、《再生铅准入准则》、《稀土工业污染物排放标准》也在研究制定中。这些制度标准将对行业绿色生产产生重大影响。

作为"两高一资"行业的有色金属产业,一直与"污染"的标签形影不离。2010年更是有色金属行业污染环境事件多发的年份,屡屡发生的"血铅事件"、紫金矿业矿山污染和溃坝事件、中金岭南韶关冶炼厂铊超标事件,都给有色金属行业敲起了绿色、安全生产的警钟。环保对有色金属企业的影响越来越大,排放标准将越来越严格;重金属污染治理任重道远;固体废弃物如赤泥、尾矿等利用率难题仍未有大的突破。未来,有色企业在环保上的成本支出将越来越重。

8. 有色金属部分产品遭遇反倾销调查

2010年,有色金属产品出口遭遇了强烈的贸易壁垒,贸易摩擦事件不断增多。有色金属出口企业频频受到反倾销调查。

4月21日,美国商务部宣布决定对从中国进口的铝型材发起反倾销和反补贴调查。提出立案申请的是美国钢铁工会和铝型材公平贸易委员会。据美方数据显示,2007～2009年,美国从中国进口的铝型材增长了90%,2009年的进口额约为5.14亿美元。

5月29日,欧盟委员会对原产于中国的金属硅作出反倾销日落复审和期中复审终裁:继续对原产于中国的金属硅征收反倾销税,并继续对原产于中国、自韩国转运的硅金属征收反倾销税,税率为19%。

6月,加拿大边境服务署发布公告称,就原产于或出口自中国的铜制管件反倾销期中复审作出裁定。经过对涉案产品的正常价值和出口价格的重新计算,加方认定中国一家企业获得单独的正常价值,其他企业适用242%的惩罚性税率。不仅仅是铜,近年来,整个有色金属行业几乎都遇到了反倾销调查,我国出口铝材在亚洲、欧洲、美洲和大洋洲都遭遇了狙击。

10月28日,欧盟宣布,将对中国铝合金轮毂正式征收22.3%的反倾销税,欧盟的正式反倾销措施通常为期5年。

2010年,美国、欧盟、加拿大、俄罗斯、印度、巴西、韩国、秘鲁等国分别对中国的无缝铜管、铝型材、无缝不锈钢管、铝合金轮毂、铜管件、含镍不锈钢、镁粉、二氧化钛等开展反倾销调查,反倾销的案例时有所闻。国际间的反倾销案件常态化,使有色企业出口蒙受其害,调整产品结构将是有色企业应对反倾销的根本出路。

9. 中国不搞“稀土垄断”

中国加强对稀土开采和出口的管理,引发世界某些国家的高度关注,并使国际稀土价格快速上涨。

2010年,中国稀土不合理开采的弊端不断凸显:滥采滥挖、走私出口、环境污染、行业整合、价格飙涨、配额再降、美日施压等。尤其是9月初,为了保护环境,合理地利用不可再生的自然资源,国务院正式发布《关于促进企业兼并重组的意见》,首次把稀土列为重点行业兼并重组的名单,并减少稀土出口。中国政府稀土开发的调整政策却在国外引起很大争议。西方国家散布中国垄断稀土言论,指责中国限制措施对世界其他国家有“极大破坏性”,要求中国放宽对稀土产业的管制。仅占全球储量30%的中国提供全球80%～90%的生产量和贸易量,这种状况是不可持续的。商务部表示,中国将继续向世界供应稀土,同时,为了保护可用尽资源和可持续发展,中国也将继续对稀土的开采、生产和出口的各个环节实施限制措施,相关管理措施与世贸规则并不冲突。中国目前实行的出口配额、出口关税、出口企业资质管理措施,符合中国在世贸组织的承诺条款,特别是在当前稀土需要进一步管理的情况下,实行节制、合理的开采方法是有必要的。

近年来,把稀土矿当做废矿渣、水泥出口的案例不胜枚举,如果不严加防范,必定会有人利用监管漏洞,整船整船地把我国的稀土矿当做废矿石拿出去卖。这样的话,国家再怎么整合资源都没有用。因此,除了做到国内的稀土的合理、适度开采,国家还应在监管上下大力气,注意防范“家贼”。

商务部表示,2011年中国的稀土供应将会保证全球的基本需求。出于国内环境保护的考虑,政府出台了一系列的政策措施,保证稀土的合理开发,其目的是为了以后不再以“大白菜的价格”向外供应稀土,而绝非外媒所谓的要搞“中国垄断”。

10. 铜价再创历史新高

在美元持续贬值,流动性泛滥的推动下,国际市场的黄金、铜和锑价格创再历史新高。2010年,市场让投资者意识到“没有最高,只有更高”。伦铜价格从2010年6月份的6000美元左右的低点上涨到年底的9000美元以上。2010年底,铜交易型开放式基金(ETF)的成立,更剧了铜供应短缺的预期,刺激铜价短期大幅上扬。同时,欧洲债务危机的爆发让准备或已开展政策紧缩的央行乱了阵脚,紧急救援方案意味着全球流动性泛滥的时代将再次到来,市场的通胀预期有所上升。避险需求和通胀预期两方面因素推动黄金价格屡创新高。纽约商品交易所黄金期货收盘价一路上涨,屡创历史新高。供给缩紧继续推升锑价大幅上涨。由于湖南冷水江地区停产整改要延续到2011年年中,以及广西等地节能减排压力的继续影响,锑供应偏紧或将是一段时期内的常态。在供给持续偏紧情况下,外部经济复苏以及中国经济的高位发展将使得市场逐渐接受这一价格不断走高的事实。

2010年再生有色金属行业十大新闻

1. 国务院发布《关于加快培育和发展战略性新兴产业的决定》

再生金属产业作为节能环保产业领域的重要组成部分被列入国家七大战略性新兴产业之一给予重点支持。2010年10月10日国务院发布《关于加快培育和发展战略性新兴产业的决定》,明确将从财税金融等方面出台一揽子政策加快培育和发展战略性新兴产业。国务院要求各有关部门,各省、区、市人民政府要根据本决定的要求,抓紧制定实施方案和具体落实措施,加大支持力度,加快将战略性新兴产业培育成为先导产业和支柱产业,为我国现代化建设做出新的贡献。

2. 再生有色金属行业多个园区入选首批国家城市矿产示范基地

天津子牙循环经济产业区、安徽界首田营循环经济工业区、湖南汨罗循环经济工业园、广东清远华清循环经济园、宁波金田产业园等再生有色金属园区入选国家首批城市矿产示范基地。国家发改委、财政部2010年5月12日发出《关于开展城市矿产示范基地建设的通知》,决定用5年时间在全国建成30个左右技术先进、环保达标、管理规范、利用规模化、辐射作用强的"城市矿产"示范基地。推动报废机电设备、电线电缆、家电、汽车、手机、铅酸电池、塑料、橡胶等重点"城市矿产"资源的循环利用、规模利用和高值利用。开发、示范、推广一批先进适用技术和国际领先技术，提升"城市矿产"资源开发利用技术水平。探索形成适合我国国情的"城市矿产"资源化利用的管理模式和政策机制。

3.《再生有色金属利用专项规划》及《再生铜行业准入条件》、《再生铝行业准入条件》已编制完成，《再生铅行业准入条件》编制启动

工信部高度重视再生有色金属产业的发展，委托再生金属分会编制的《再生有色金属利用专项规划》(2010-2015)和《再生铜行业准入条件》、《再生铝行业准入条件》已完成，即将颁布实施。《再生铅行业准入条件》编制也已开始启动。《规划》进一步明确了"十二五"再生金属产业的主要任务，对"十二五"时期再生金属产业可持续发展具有重要指导意义。《准入条件》将为抑制再生有色金属相关品种低端产能重复建设，规范和引导产业的健康发展发挥重要作用。

4. 中国再生资源产业技术创新战略联盟被科技部确定为国家试点联盟，由联盟组织申报的国家科技支撑计划已获科技部批准

2010 年 6 月，国家科技部正式认定中国再生资源产业技术创新战略联盟等 20 个产业联盟为国家试点联盟。中国再生资源产业技术创新战略联盟自 2009 年 10 月 27 日正式成立以来，严格按照国家科技部要求，积极开展各项工作。通过开通联盟官方网站、定期编制工作简报，积极搭建联盟成员沟通交流平台。联盟相继组织召开了废旧有色金属、废旧电子电器、废旧机电产品再制造、废旧高分子材料"十二五"产业路线图研讨会，为"十二五"期间我国再生资源产业健康发展奠定了基础。由联盟组织申报的"十一五"国家科技支撑计划"废旧机电产品和塑胶资源综合利用关键技术与装备开发"项目已获科技部批准。中国再生资源产业技术创新战略联盟将为促进再生资源产业升级，实现节能减排，建设资源节约型、环境友好型社会发挥重要作用。

5. 海关总署发布公告对废金属进口实施分类装运管理

为加强对进口固体废物的管理，打击利用进口固体废物渠道进行的走私违法活动，维护固体废物进口的正常贸易秩序，海关总署 2010 年 3 月 29 日发布第 21 号《关于对重点固体废物(废金属、废塑料、废纸)进口实施分类装运管理》公告，要求进口的重点固体废物必须分类装载，必须进行压扎、打捆、包装等简单装运前处理，并按规范申报的要求逐项申报。这是海关总署对进口固体废物管理的一项重要措施，旨在"强化海关监管和服务，促进再生资源产业健康发展"，对于加强进口固体废物的监管、打击进口固体废物的违法活动，营造公平竞争环境、稳定市场秩序均具有深远而积极的意义。

6. 国家质检总局公布进口可用作原料的固体废物国外供货商延续注册登记审核通过企业名单

根据《进口可用作原料的固体废物检验检疫监督管理办法》(国家质检总局令第 119 号)及《进口可用作原料的固体废物国外供货商注册登记管理实施细则》(国家质检总局公告 2009 年第 98 号)的规定，国家质检总局加强了对进口可用作原料的固体废物国外供货商注册登记资格的管理，于 2010 年 12 月 15 日公布了经审核通过的 755 家境外企业延续注册登记企业名单，这些企业将获得新的企业注册登记证书(2011-2013 年)。同时公布了 975 家正在审核过程中的延续注册登记境外企业名单，并规定延长上述企业注册登记证书有效期至 2011 年 3 月 31 日。

7. 环境保护部出台《再生有色金属工业污染物排放标准》和编制《重金属污染防治规划(2010-2015)》

为完善和协调我国的环境标准体系，控制再生有色金属工业污染物排放、防止其污染物排放对环境造成污染和危害、促进再生有色金属工业生产技术装备和污染控制技术的进步，国家环境保护部于 2010 年 11 月发布《再生有色金属工业污染物排放标准》(征求意见稿)，以此加强对再生有色金属行业环境保护的监管。标准和规划的出台，必将对再生金属行业的污染防治产生深远影响。

8. 再生金属分会出面协调废金属进口贸易纠纷并取得很好成效

随着中国再生金属产业的快速发展，中国废金属进口量逐年持续增长，废金属进口国际贸易不断发展。由于国际有色金属市场价格持续震荡，废料贸易复杂多变，合同标的缺乏公认的标准，加之取证难、沟通难等诸多问题，近年来由此引发的国际贸易争端持续不断。中国有色金属工业协会再生金属分会为了更好地为会员提供完善和具有针对性的服务，积极探索解决国际贸易争端的有效途径。2010 年 6 月，再生金属分会出面协调国外公司与国内客户的废金属贸易争端问题，通过协会主导，组织安排了纠纷各方的会面磋商，引导纠纷各方以积极的态度解决问题，加强沟通，相互理解。最后通过协会的调解，纠纷各方在友好的气氛下解决了贸易纠纷并签订了备忘录。本次贸易纠纷的妥善解决，是再生金属分会充分利用自身在国内外行业内的影响力，尽可能地保护会员在国际贸易中的合法利益，避免不必要的损失，通过不断与各方进行沟通协商达成的，为今后解决该类贸易纠纷开辟了一条新的途径，必将为我国废金属贸易的平稳快速发展起到积极作用。

9. 第十届再生金属国际论坛暨展览交易盛会圆满召开

2010 年 11 月，以"十年风雨铸就基业，创新发展再造辉煌"为主题的第十届再生金属国际论坛暨展览交易会在宁波隆重召开。来自 20 多个国家和地区的 1800 多位再生金属行业同仁济济一堂，就产业政策、发展战略、技术装备、资本运营与投融资、国际贸易等议题展开交流，共叙再生金属行业发展大计。再生金属国际论坛及展览交易会已经召开了十届，形式和内容不断丰富，受到业内外的高度关注。这次再生金属国际论坛拓展为产业政策法规峰会、战略发展峰会、资本运营与投融资峰会、技术装备交流峰会、国际贸易峰会等五大峰会，充分满足了各界参会代表不同需求，受到大家的一致好评。

10. 多个新建"圈区管理"园区通过国家环境保护部验收并开园

2010 年，鹰潭铜拆解加工区、广西梧州进口再生资源加工园区、辽宁(东港)再生资源产业园区,通过了国家环保部等有关部委组成的联合验收组的验收,正式纳入国家再生资源产业"圈区管理"试点园区。近几年来,鹰潭铜拆解加工区紧紧依托江铜集团,全力推进世界铜都建设进程,高起点规划、高标准建设了鹰潭铜拆解加工区。梧州进口再生资源加工园区采取"政府主导、企业主体、市场化运作、圈区管理"的模式进行开发建设。辽宁(东港)再生资源产业园发展定位是建成东北地区规模最大的国家级再生资源产业园。

2010年度中国矿业十大新闻

1. 国家能源委员会成立,温家宝总理出任主任

2010年1月27日,国家能源委员会成立,国务院总理温家宝出任能源委主任、副总理李克强任副主任,外交部、财政部、国土资源部、工信部、科技部等部委领导出任委员。

2. 新一轮国土资源大调查成果丰硕,地质找矿新机制锁定"358"目标

2010年10月9日,国土资源大调查矿产资源评价成果报告会宣布,自1999年开始的新一轮国土资源大调查实施以来,累计新发现矿产地900余处,其中大型、特大型矿产地152处;新增一批重要矿产资源量,其中煤炭1300亿吨、铁矿石50亿吨、铜3850万吨、铝土矿4.49亿吨、金1830吨、钾盐4.68亿吨。

2010年11月4日,国土资源部在全面推进地质找矿新机制座谈会上明确提出"3年有重大进展,5年有重大突破,8年重塑地质矿产勘查开发格局"的"358"目标,业内将这次部署称为"全国地质找矿行动计划"。

3. 资源税改革新疆试点,石油天然气从价计征

2010年5月17日,中央新疆工作座谈会决定,新疆将原油、天然气资源税由从量计征改为从价计征,税率5%。同年6月1日,财政部、国家税务总局印发《新疆原油天然气资源税改革若干问题的规定》,这意味着我国酝酿数载的资源税改革以新疆为试点正式启动。

4. 中国稀土管理政策引关注,商务部称符合国际规范和世贸规则

2010年10月15日,中国商务部新闻发言人姚坚表示,中国近期根据国内法律法规对稀土产业采取必要的管理和限制,其核心目的是保护环境,实现可持续发展。中国对稀土的开采、生产加工和出口环节采取的管理措施,符合国际规范和世贸规则。此前,我国对稀土管理的政策引起国际社会特别是发达国家的关注。

5. 油气产量达到5000万吨,中海油建成海上大庆

2010年12月21日,我国国内海上油气产量达到5000万吨,相当于建设了一个"海上大庆"。这是中国海油发展史也是中国石油工业发展史上具有里程碑意义的一件大事。

6. 中缅油气管道开工建设,中俄原油管道竣工投产

2010年6月3日,在缅甸首都内比都,中国国务院总理温家宝和缅甸联邦政府总理登盛共同见证中缅石油天然气管道工程开工。9月27日,全长1000公里的中俄原油管道工程全线竣工,11月2日中俄原油管道漠河站投产,12月19日中俄原油管道林源末站进油投产。中俄原油管道建设是中俄能源合作新的里程碑,标志着中俄能源合作进入新阶段。

7. 国土资源部发布绿色矿业指导意见,首批37家国家级绿色矿山评出

2010年8月13日,国土资源部发布贯彻落实全国矿产资源规划,发展绿色矿业建设绿色矿山工作指导意见文件,提出发展绿色矿业的明确要求,并确定2020年基本建立绿色矿山格局的战略目标。中国矿业联合会据此组织开展了首批国家级绿色矿山的申报与评选工作。同年10月26日,在众多申请单位中评选出37家"国家级绿色矿山"示范试点矿山。

8. 全球首套煤制烯烃项目试车成功,核心装置采用具有自主知识产权技术

2010年8月8日,全球首套以煤炭为原料生产石化产品聚烯烃生产线——神华集团包头煤制烯烃工程,打通工艺全流程并且投料试车一次成功。该项目包括年产180万吨煤基甲醇联合化工装置、年产60万吨甲醇基聚烯烃联合石化装置及配套工程等,核心装置采用了我国具有自主知识产权的甲醇制烯烃技术。

9. 矿业职工郭明义事迹感动中国,全国掀起向郭明义学习热潮

2010年10月11日,郭明义同志先进事迹首场报告会在北京人民大会堂举行。此前,中共中央总书记、国家主席、中央军委主席胡锦涛就学习宣传郭明义同志先进事迹作出重要指示。

郭明义是鞍钢矿业公司职工,参加工作30多年来,在平凡的工作岗位上做出了不平凡的业绩,是人民群众心目中的"爱心使者"。2010年10月19日,中国矿业联合会向矿业界发出学习郭明义同志倡议书,全国矿业行业掀起向郭明义同志学习的热潮。

10. 第一座快中子反应堆首次临界,我国第四代核能技术实现重大突破

2010年7月21日,中国第一座快中子反应堆——中国实验快堆首次成功临界。其形成的核燃料闭合式循环,可使铀资源利用率提高至60%以上,也可使核废料产生量得到相应降低,实现放射性废物最小化。中国实验快堆首次临界是我国核电领域的重大自主创新成果,意味着我国第四代先进核能系统技术实现了重大突破,中国核能发展从此跨入新时代。

2010年中国不锈钢行业十大新闻

1. 我国不锈钢产量超千万吨,扭转了长期大量进口的局面

2010年我国不锈钢粗产量超过1000万吨,表观消费量达到900万吨以上,分别比2009年增长20%和10%。2010年预计进口不锈钢材110万吨,同比降低19%;预计出口145万吨,同比增长93.84%,扭转了长期以来大量进口的局面。

2. 核电机组蒸发器用关键特殊材料690U型管在宝钢股

份成功下线

2010年11月，核电机组蒸汽发生器用关键特殊材料690U型管成品管在宝钢股份宝银特种钢管有限公司成功下线。经检测，产品的弯曲半径、平直度等物理性能指标完全符合标准，首批产品用于防城港核电1号机组。由此，我国成为继法国、日本、瑞典之后，第四个能够生产该产品的国家，对加快我国核电关键材料国产化具有重要的战略意义。

3. 我国研制出海水换热器用超纯铁素体不锈钢，出口美国

太原维太新材料公司和太钢公司联合研发出海水换热器用超纯铁素体00Cr27Ni2Mo3（相当于海酷1号S44660）焊接钢管，从冶炼、热轧、冷轧到专用的焊管生产线已经全线畅通，并批量生产，产品力学性能和机械性能均已达到或超过美国普利茅斯的Sea-Cure钢管水平，成为全球第二家可以生产该产品的企业，目前产品已经出口美国。

4. 年产双相不锈钢达到25000吨，创历史新高，产品水平具备国际竞争力

2010年，太钢、宝钢、永兴特种不锈钢、攀钢长特等企业共生产双相不锈钢25000吨，创历史新高。新开发了2205无缝管和螺纹钢、经济型2101和超级2906不锈钢中厚板、厚度为0.5mm的2205冷轧板卷，品种和规格实现系列化。我国已经具备了按欧标、美标、日标、国标等标准生产全系列双相不锈钢的能力，可为用户提供高质量的中厚板、冷轧卷板、锻件、无缝钢管、线棒材、复合板等多种产品。无论在已有石化、水利、造船、造纸等应用领域，还是在建筑幕墙、轨道交通、核电等新领域，国产双相不锈钢具备了和外国同类产品竞争能力，可以替代进口。

5. 国产不锈钢建造亚运综合体育馆屋顶，进入大型建筑结构领域

广州亚运城综合体育馆是广州亚运会12个新建场馆中规模最大、科技含量最高的工程，也是广州目前最大的综合性体育馆。宝钢成功研发出铁素体不锈钢新品，用于建造该体育馆屋顶及装饰立墙，总面积逾2万平方米。国产不锈钢替代进口，仅此一项就为亚运会节省资金2.25亿元，也开创了国产不锈钢材料进入我国大型建筑结构领域的先河。该项目屋顶第二层及支撑系统材料也使用了国产奥氏体不锈钢。

6. 中国特钢企业协会不锈钢分会换届选举出第四届常务理事会

2010年中国不锈钢行业年会于6月17-18日在上海宝山宾馆举行。年会特别邀请了中国工程院院长徐匡迪先生莅临。会议讨论和通过第三届会长工作报告，修改了分会组织管理办法，大会选举了33个会员单位为第四届常务理事会成员。常委理事会选举宝钢集团有限公司为第四届常务理事会会长单位，选举太原钢铁（集团）有限公司、东北特殊钢集团有限责任公司、金川集团有限公司等11个单位为副会长单位。选举楼定波为第四届常务理事会会长，胡玉亭、董学东、武浚、喻恩刚、王洪生、董翰、周志江、周克明、杨尊庆、王迪、王开明为副会长。

7. 宝钢集团重组福建德盛镍业

2010年12月9日在北京举行的“福建省与中央企业项目合作洽谈会”上，宝钢集团董事长徐乐江与吴钢集团董事长陈法官签署了重组福建德盛镍业有限公司的协议。这是国内不锈钢行业国有大型企业与民营企业之间实施的跨地区的重大重组。重组有利于发挥宝钢研发、市场、生产、管理的优势和吴航的资源优势，有利于调整国内不锈钢产品结构和质量提升，有利于节能环保，推进福建罗源湾地区不锈钢产业发展和生态环境的和谐发展。

8. 江苏大明在香港成功上市

2010年12月1日，国内大型不锈钢加工配送企业大明国际（01090.HK）在香港成功挂牌上市，这是继2010年久立股份在国内上市之后，国内第一家上市的民营不锈钢加工配送企业。上市为大明公司满足大型船厂、结构件厂、压力容器厂等不断增加的配套加工服务需求，引进不锈钢扁钢生产线、龙门式五面加工中心及立式加工中心，完善机加工平台及“重装平台”的建设和完善国内布局，提供了良好的条件。

9. 中小不锈钢企业战略发展研讨会在江苏兴化成功举办

2010年10月19日～20日，“中国中小不锈钢企业战略发展研讨会”在江苏兴化成功举办，会议围绕国内不锈钢中小企业在我国工业化、信息化过程中如何抓住机遇、选好定位、全面提升企业和不锈钢产品的竞争力，创名牌战略等有关论题进行报告和研讨。会议特别邀请了全国工商联前副主席、现任中华民营企业联合会会长的保育钧先生作了题为“我国经济转型时期中小企业的发展机遇”的报告；会议还邀请了德国、台湾等国外企业和国内有特色的企业介绍国内外中小企业发展的经验和思路。大会组织代表参观了江苏兴化戴南地区的不锈钢园区和该地区不锈钢制品的展览展示。不锈钢分会会长楼定波参加会议并致辞，不锈钢分会顾问李成做总结。此次会议由国际镍协会和江苏兴化协办。

10. 我国不锈钢钢号标准首次纳入ISO标准体系

我国86个不锈钢牌号标准，2010年首次列入国际标准化组织ISO的不锈钢牌号对照标准中，这对进一步促进我国不锈钢材料、不锈钢机械设备及制成品与国际接轨具有重要意义。

2010年中国建材行业十大新闻

1. 建材业“由大变强、靠新出强”战略谱写产业升级新篇章

今年，是《中国建材“由大变强、靠新出强”战略》颁布实施15周年。一组数据充分显示了建材工业的由大变强：全行业产业规模以主营业务收入计，2010年将达2.6万亿元，是2000年的8.8倍；传统高耗能产业所占比重2010年为45%，降低了17%；新型干法水泥产量从2000年0.6亿吨、占比11%，发展到2010年的14亿吨、占比80%；新型墙体材料从2000年占比28%左右提高到2009年占比52%；建材工业万元工业增加值能耗从2000年9.53吨标准煤降低到

2010 年的 3 吨标准煤……

2. 联合会"牵手"住建部 节能建材"铸就"节能建筑

为使建材工业未来发展更符合国民经济及建筑业等相关产业发展,中国建材联合会就建材"十二五"发展总体思路听取包括住建部在内的政府有关部门意见。7 月,会长张人为等联合会领导与住建部副部长仇保兴举行会谈,双方就协同推进建设和建材两个行业健康发展达成广泛共识。张人为表示,要继续坚持以建筑业为导向、以推进产业结构调整为主线、以节能减排为重点的建材"十二五"发展目标、重点和任务。仇保兴十分赞同加强合作,责成有关司局尽快研究设立建设、建材工作协调联席会议制度,共同研讨所关心的问题,协同推进两个行业的健康发展。

【节能建筑 VS 节能建材】

17 个地级以上城市被住建部、财政部授予"全国可再生能源建筑应用示范城市"称号。其间 200 个城市申报,71 个城市"角逐"。示范城市将获 5000 万至 8000 万元专项补贴;农村示范县将获不超过 1800 万元补助资金。5 月 21 日,住房和城乡建设部与科技部联合印发了《既有建筑节能改造技术推广目录》,其中包括多项太阳能技术、供热技术、门窗材料、墙体材料、化学建材等建材类产品。烟台万华集团成为我国第 13 个国家住宅产业化基地,也是建筑墙体保温和装修板材行业一家国家级住宅产业化基地,该基地的获批是国家住建部推进聚氨酯建筑节能和人造秸秆板材两大产业发展的一项部署。

作为入选国家首批可再生能源建筑应用示范城市的深圳,在政府投资的 14 项工程中率先使用再生实心砖、再生空心砖、再生透水砖等绿色再生建材产品,并逐步在所有政府投资工程中全面使用。深圳市还要求今年推出的 5 万套保障性住房必须按照绿色建筑标准建设,并安装太阳能热水系统和使用绿色再生建材产品。上海松江区继 83 个项目、255.4 万平方米的新建民用建筑节能实施率达 100% 后,该区建交委积极引进环保建材,年内要完成 4 万平方米既有建筑的节能改造,使之节能标准达到 50% 左右。该区一些建筑近年相继入选上海市建筑节能示范项目。

河北省为促进建材行业健康发展,保障建设工程质量,对 58 类生产工艺落后、耗能高、性能差的建材产品进行淘汰和限用。积极推行新技术、新材料、新工艺、新产品,平均每年对 50 项产品组织专家推广应用。《吉林省民用建筑节能与发展新型墙体材料条例》9 月 1 日起正式施行。《条例》进一步完善了建筑节能和发展新型墙体材料工作管理制度,明确各方主体法律责任,强化激励与约束措施。大连推广建筑业节能减排新材料、新技术、新工艺,新型墙体材料应用率达到 100%,截至目前,全市累计建成节能建筑 4200 余万平方米。

3. "建材下乡"试点山东、宁夏是头班车还是末班车

自 1 月 31 日新华社首提"建材下乡"写入中央"一号文件"后,9 个月后让建材企业春心荡漾不已却一直雷声大雨点小的事儿终于有了下文。10 月 12 日,住建部、财政部、发改委、工信部、国土部和商务部六部委发布《关于开展推动建材下乡试点的通知》,明确在山东和宁夏地区试点建材下乡,水泥产品将作为主要品种,并由地方财政承担相关支出。

作为其他各省艳羡不已的山东,省建材工业协会秘书长李建国却并不十分乐观:"单从试点期间水泥下乡量来看,对缓解目前山东水泥市场过度饱和状态作用微乎其微,也不会给价格带来太大影响,水泥产能过剩的状况还将持续一段时间。"据称试点期间,全国将向 11 万农户推广有财政补贴的水泥,其中山东 10 万户、宁夏 1 万户。以此类推,试点期间,山东将有 200 万至 300 万吨水泥下乡,但这个数字对今年上半年已超 1.6 亿吨的山东水泥产能而言,确实无异于杯水车薪。

4. 工信部淘汰落后产能 铲除亿吨水泥近千万重箱平板玻璃

8 月 8 日,工信部公布了 9 月底关停 18 个工业行业 2087 家落后产能企业名单,水泥行业成为重点调控行业之一,共有 762 家水泥企业入围淘汰企业名单。本次公告中淘汰的 1.07 亿吨水泥产能中,熟料产能为 7700 万吨。其中河南和山西等地的淘汰力度最大,两地的淘汰总量分别是 862 万吨和 845 万吨。玻璃行业淘汰落后产能企业名单共涉及 19 家,总淘汰产能达 993.5 万重量箱,其中河北、河南两省淘汰量最大,二者分别占到淘汰总量的 47.7% 和 20.5%。

工业和信息化部部长李毅中公布名单时表示,对未按规定限期淘汰落后产能的企业要吊销排污许可证,银行业金融机构不得提供任何形式的新增授信支持,投资管理部门不予审批和核准新的投资项目,国土资源管理部门不予批准新增用地,相关管理部门不予办理生产许可,已颁发生产许可证、安全生产许可证的要依法撤回。必要时,政府相关部门可要求电力供应企业依法对落后产能企业停止供电。

5. 地方政府无视国家政策法规 建材企业违法占地未批先建

在内蒙古自治区阿拉善左旗,一个按国家规定不得开工建设的 2500t/d 熟料项目,瀛海建材竟称"国土资源厅不批也要建",强行顶风上马,使得国中舆论为之大哗。11 月 3 日,报道引发了国土资源部、内蒙古自治区国土厅的关注,阿拉善左旗政府被逼紧急叫停该项目。而这起违法事件与 5 月 4 日被国土资源部叫停的"佛山清新云龙陶瓷工业园"比起来,又只能算是"小巫见大巫"了。该陶瓷工业园除建设已占用的 2486 亩土地外,其余土地被要求全部复耕复绿。佛山禅城区政府等为此展开了系列公关。清远当地两级政府也加快用地申报,完善省核定园区 6768 亩的用地手续。半年过去了,除建成试产企业 8 家生产线 16 条外。其他已签约企业竟也堂而皇之地陆续进入园区。11 月 22 日,《南方日报》发表文章称:"今年 5 月份该园区被国土资源部叫停一事暂告一段落,园区再次进入正常的发展轨道"。

【背景】

中国建材行业抑制产能过剩已到了刻不容缓的地步。2008 年产量已占世界 60% 的我国陶瓷砖,2009 年第一次全面超过西班牙、巴西、意大利等陶瓷砖生产消费大国。2009 年中国水泥产能约为 20 亿吨,落后产能约 3.9 亿吨,仍然在建水泥生产线 248 条,合计水泥产能 3.5 亿吨。发改委预计 2010 年全国只能消费 16 亿～18 亿吨,水泥产能将严重过剩。2009年年均玻璃产能达6.27亿重量箱,平均产能利用率仅为79.43%。估计截至2010年底,产能可达6.85亿重箱,2010年一季度建材工业完成固定资产投资840亿元,增长36.3%,其中平板玻璃制造业和建筑卫生陶瓷制造业固定资产投资完成额增速较快,增速超过110%。

6.限电导致限产 限产导致限价 拉闸成水泥飚涨主推手

临近岁末,水泥出人意料地加入价格上涨的行列。近10年来相对稳定的水泥市场价格竟在短时间内被撼动。据媒体报道,在山水集团济南水泥厂,水泥出厂价在不到一个月内上调了7次,从340元/吨上调至420元/吨,涨幅近25%。此轮涨价已波及多地。长江三角洲地区价格创下了历史新高540元/吨,上海摸高600元/吨。据工信部统计,截至11月中旬,水泥平均价格已攀升至每吨400元,最高达每吨450元,创20年来新高。

与高价相伴,水泥荒成为困扰不少建筑商、建材商的难题。各地工程因而被迫延误乃至停工的消息亦时常见诸报端。像长丰海螺因延误了合肥高架桥(大建设重点工程)建设不但被封存了账户,甚至面临着被逐出合肥建筑市场的风险。情势所迫,地方政府调控水泥价格的政策频出。10月,芜湖市物价局发布了《关于保持水泥、沙石等价格稳定的提醒告诫通告》。对有串通涨价、哄抬价格等违法行为的生产经营单位,将依法分别处以5万元以上至100万元以下的处罚。11月,海南省出台政策对水泥价格进行临时调控干预,通知规定对水泥生产企业水泥出厂价格实行提价申报制度,同时对水泥经销环节实行差价率控制。福建省从12月1日起,省内所有水泥厂生产的水泥出厂价格不得高于本厂11月上旬的加权平均出厂价格水平。另外,在省内销售的所有水泥经营者,同城销售仅限一道批发环节,各经营者的进销差率不得超过5%(不含运杂费)。

7.欧盟掀开中国建陶"史上最大反倾销调查"

6月19日,中国瓷砖出口的第三重镇——欧盟宣布对我反倾销正式立案,这也是继印度、巴基斯坦、韩国、泰国之后,中国陶瓷十年内遭遇的第六次反倾销调查。此次反倾销涉及的有釉和无釉的墙地砖、马赛克等产品金额超过3亿,涉案企业几乎涵盖国内知名陶瓷企业。以美国为替代国进行成本计算反倾销税率高达430%,意味着中国陶瓷将全部撤离欧洲市场。

【背景】

3月4日,美国初裁对中国镁碳砖(耐火材料)征收132.74%至349%不等的临时反倾销税。

3月16日,多米尼加对中国的陶瓷马桶和洗手盆发起特保调查。

3月30日,南非对中国拉制玻璃和浮法玻璃作出反倾销日落复审终裁。

4月19日,澳大利亚对中国3~12毫米浮法玻璃进行反倾销立案调查。

5月22日,乌克兰延长对中国3.5~4.5mm平板玻璃采取临时保障措施实施期限。

5月27日,韩国对反倾销税10月到期的中国4~13毫米浮法玻璃重新进行调查。

7月8日,巴西对自中国进口的厚度为2~19mm的无色平面玻璃启动反倾销调查。

7月14日,印度对中国的玻纤征收临时从价反倾销税。

7月21日,土耳其对中国玻纤及其制品作出反倾销初裁:征收38%的临时反倾销税。

10月15号,美国贸易代表处决定对中国风电、太阳能进行反补贴调查。

10月23日,乌克兰对我出口平板玻璃征31.25%关税。

10月28日,美国初步决定对中国输美的铝型材征收59.31%的反倾销税。

11月15日,美国对中国复合地板提起反倾销和反补贴立案调查。

12月22日,欧盟终裁将向中国玻纤涉案产品征收税率为13.8%的反倾销税。

8.中国稀土出口急踩刹车 吃不上霸王餐列强抓狂

3月,国土资源部下发了《2010年钨矿锑矿和稀土矿开采总量控制指标的通知》,对全国稀土矿开采总量指标进行了严格控制。4月,《稀土工业污染物排放标准》在环保部通过审议。国土部同日下发通知,首次对高铝黏土矿和萤石矿实行开采总量控制管理。5月,国土部正式下发通知,决定于6月至11月开展全国稀土、钨、锡、锑、钼、高铝粘土、萤石七种优势矿产开发秩序专项整治。7月,国土部办公厅发布《关于开展省级稀土等矿产勘查专项规划编制工作的通知》,要求各地上报稀土等矿产资源的现有开采情况,并对下一步开采编制成文规划。8月,工业和信息化部公布了《稀土行业准入条件》(征求意见稿),向稀土行业和社会各界征求修改意见及建议。11月,国土资源部要求全国稀土等矿产开发秩序专项整治工作在2010年11月底前全面完成。

从今年9月底开始,"中国对西方发动稀土战"等论调在西方满天飞。德国《每日镜报》援引一名德国经济界驻京代表的话说,中国人玩稀土就像当年欧佩克玩石油一样;美国诺贝尔经济学奖得主克鲁格曼甚至称:"稀土禁售、迫使外国企业将生产转至中国……充分暴露了中国这个经济超级大国不肯遵守规则的无赖嘴脸。"担忧最强烈的,是自身没有稀土资源,却是世界稀土消费大国的日本。不少人认为,久拖不决的中日钓鱼岛撞船事件中秋放人的关键性筹码,就是断货的稀土。

9.居然之家交恶红星美凯龙 建材卖场惊现"360 VS QQ"

家居建材市场素有"南红星,北居然"之称,作为行业内的两大巨头,居然之家指责红星美凯龙在北京新开的北五环店取得手段不正当,9月18日其总裁汪林朋公开要求各家具经销商必须跟居然之家统一战线,不得进入红星美凯龙的北五环新店。这等于是居然之家向红星美凯龙宣战。一场恶斗正在以戏剧性的方式展开。

2009年2月20日,两家为了避免恶性竞争,红星美凯龙与居然之家在北京联合召开新闻发布会,宣布双方自2009年起结成战略合作伙伴,以身作则,为倡导与维护中国家居流通业健康稳定的发展共同努力。然而,"和平协定"签订不足一年就被打破了。业内人士认为,流通巨头的恶斗未来肯定会影响行业发展,众多家装品牌对此表示了担忧。

10. 上海11·15火灾罹难58人 再显保温材料毒焰夺命魔威

15日下午2时15分许,上海静安区胶州路728号的一幢28层民宅发生严重火灾。至19日,遇难人数上升到58人。公安部消防局副局长朱力平指出,大楼外立面上大量聚氨酯泡沫保温材料,燃烧速度快产生剧毒氰化氢气体,是导致多人被呛死的主因。住院抢救的名单中,病因多为"吸入性损伤"。已有多名被抢救者已经无法正常呼吸,只能切开气管。

【国外法规】

美国早已有20多个州禁止使用聚苯乙烯泡沫(EPS);

英国18米以上建筑不允许使用EPS板薄抹灰外墙保温系统。

德国则规定22米以上建筑严禁使用有机可燃保温材料(很多保险公司禁止给EPS保温的建筑保险),大部分使用岩棉做外墙及屋面保温。

瑞典及芬兰等西欧国家80%以上的岩棉制品用于建筑节能。

日本政府出台法规,将耐热性能好燃烧后发烟量低的酚醛泡沫作为公共建筑的标准耐燃物。耐燃烧性能低于酚醛泡沫的,不允许在公共建筑上使用。

2010年铝业十大新闻

1. 国务院令:33万吨电解铝产能三季度前关停

5月5日,国务院召开全国节能减排工作电视电话会议,并下发《国务院关于进一步加大工作力度确保实现"十一五"节能减排目标的通知》,《通知》中,其中要求了,要确保落后产能淘汰将在第三季度前关停33万吨电解铝。这是该行业在2月24日遭到国务院"点名"之后第二次被国务院重点关注淘汰情况。可见,对于电解铝行业淘汰落后迫在眉睫,节能节排任重道远。

2. 美国对我国铝型材"双反"制裁

今年,美国、澳大利亚、印度等国也纷纷向我国举起贸易保护大旗。9月7日,美国正式对中国铝型材企业发起"双反"(反倾销、反补贴)调查。美国对中国铝型材出口做出反补贴初裁,对忠旺铝型材、Miland Luck Ltd.和帝科有限公司三家公司,处以137.65%的惩罚性关税。对广亚铝业、佛山广成铝业等主动申请接受调查、应诉的公司,反补贴税率分别为6.18%~10.37%。澳大利亚对原产于中国的铝挤压材作出反倾销和反补贴终裁。判定中国铝挤压材企业倾销幅度范围从2.7%~25.7%;补贴幅度从3.8%~18.4%。

3. 中铝正式宣布:13.5亿美元资金参股西非铁矿47%

3月21日,中国铝业公司宣布与澳大利亚矿业巨头力拓集团签署非约束性合作谅解备忘录,双方将共同开发西非几内亚西芒杜铁矿项目。根据协议,中铝将向合资公司分期注入共计13.5亿美元资本金获得该项目47%的股权,并成为该合作项目唯一的资金供应商。

4. 中铝实现"红线目标"

随着6月份业绩的大幅亏损,中铝集团董事长熊维平给各单位下达的红线目标亦称之为生命线,"只有实现这个目标,我们才能确保中国铝业下半年不亏损,确保实现全年盈利的指标。如果做不到这一点,中国铝业就要进入上市公司的ST板块。"至此,中铝各分公司拉开了全年红线目标保卫战,公司上下鼓足干劲、再接再厉,各分公司全力冲刺年度红线目标,随着新年的钟声敲响,中铝也传来捷报——确保了全年红线目标任务。

5. 中铝与萨帕强强合作

2010年8月21日,中国铝业宣布与全球最大的铝型材制造商之一瑞典萨帕集团组建一家各持股50%的合资公司,共同组建一家铝型材厂,以开拓国内高铁市场,共同开发轨道交通车体铝型材。这则消息对于普通投资来说仅仅是中铝的一次小型投资,但对于铝型材行业,尤其是工业铝型材行业来说,却是众多纷云:"反对的人说,这是开门揖盗,引狼入室,是帮助强大的竞争对手来蚕食国内市场,挤垮民族工业。赞成的人说,这是鲶鱼效应,引进先进技术,加快高端产品的国产化进程,国产替代进口,是壮大民族工业之举。"总之此事,在中国铝工业激起了轩然大波。

6. 国内最大铝合金板带大项目落户镇江

10月19日,爱励国际与鼎胜铝业正式签约,双方共同投资3亿美元,打造国内最大的建设交通运输用高强度大规格铝合金板带生产基地。该合金板主要用于大飞机制造铝合金板需用。该基地位于镇江市京口区工业园,所产铝合金板带,将填补国内在高速轨道交通、高档乘用车材料上的空白。项目设计年产铝合金板带15万吨,建成达产后可实现年销售收入超200亿元。这是在东北轻合金和西南铝之后国内上的第三条制造大飞机用铝合金板带生产线,且是目前为止国内产能最大的一条生产线。

7. 鼎胜集团联手伊川电力建中国最大铝平轧企业

鼎胜集团与伊川电力集团于去年底达成协议,共同投资在伊川建一个铝平轧产品年生产能力达60万吨的特大型企业,总投资60亿元,鼎胜集团占70%,伊川电力集团出资30%,以现金投入。分三期建成投产。加上现有的镇江和杭州两个基地30万吨产能,鼎胜集团现有共计90万吨铝加工产能。已是中国当前最大的以铸轧带卷为坯料的铝平轧产品企业。

8. "铝业民企收购国企第一单"告吹

8月23日,"号称"铝业史上民营企业收购国有企业第一单公布收购失败 ,失败原因由于双方未达成共识最终"告吹"。2010年2月9日,中国忠旺通过全资子公司辽宁忠旺集团有限公司与青海国鑫铝业公司签订了收购框架协议。根据这份框架协议,中国忠旺计划用12亿元收购青海国鑫的全部股权。7月29日中国忠旺宣布,延迟两个月完成对青海国鑫铝业的收购,最后直至宣告该收购告吹。

9. 晋北铝业成为亚洲第三大氧化铝生产商

5月,山西鲁能晋北铝业有限责任公司一期100万吨氧化铝项目已经投产,二期100万吨氧化铝项目正在完美"收官"而奋力冲刺,两期工程全部投产后公司氧化铝产能共计达200万吨，届时，晋北铝业将成为亚洲第三大氧化铝生产商。且总投资320亿元的三期60万吨铝加工项目也已正式列入国家有色金属产业调整和振兴规划，正在申请核准之中。

10. 亚铝“蜕变”高调亮相

经过一年多时间，亚洲最大的铝加工产品制造商亚铝集团走出了债务重组的尴尬局面后，于12月17日，亚洲铝业（中国）有限公司隆重举办了首期40万公吨二期30万公吨年产能投产仪式。70万公吨的铝板带项目总投资将达到70亿元人民币，号称当前全亚洲规模最大、国内最先进的高端铝板带项目。这标志着亚铝集团又一次完成华丽“蜕变”，高调亮相。

2010年铅锌行业国内外十大有影响的事件

1. 2010年我国铅锌产量再上新台阶

由于国内矿山产量增幅显著、原料供应充足、去年以来新增冶炼产能明显，2010年我国铅锌产量再创新高。预计2010年全国铅精矿和锌精矿产量增幅都在20%以上，精铅产量可达420万吨，将比2009年增加43万吨；锌产量515万吨，将比2009年增加86万吨。

2. 我国炼铅技术达到国际领先水平

我国具有自主知识产权的氧气底吹炼铅技术在国内迅速推广并开始走出国门，到2010年为止，全国有15条生产线、120万吨以上产能投入使用，正在建设的生产线34条，共计240万吨以上的产能。自从氧气底吹炼铅技术产业化以来，技术还在不断完善和创新。河南济源金利熔融侧吹还原炼铅技术已经成功投产，河南安阳岷山集团正在建设的无焦炼铅项目2010年8月被国家发改委评定为有色行业低碳技术创新和产业化推广项目。氧气底吹炼铅技术技术走出国门，已经在印度和澳大利亚建设示范工厂。

3. 铅锌节能减排工作成效显著

2010年5月27日，国家工信部向各地下达18个行业淘汰落后产能的目标任务，其中锌冶炼11.3万吨，铅冶炼24.3万吨。实际上，各地已经主动采用先进技术替代落后的铅锌冶炼技术，淘汰落后冶炼产能的工作取得显著进展。其中河南省济源市的三家主要铅冶炼厂烧结机在上半年全部淘汰。

4. 工信部公布铅锌冶炼准入管理办法

工信部公布淘汰落后产能公告后，印发了铅锌冶炼企业准入公告管理暂行办法的通知，强调企业不得存有应淘汰的落后工艺、技术、装备及产品。办法规定，发生较大以上生产安全和环境污染事故，或有重大环境违法行为的，主管部门要责令其限期整改，拒不整改或者整改不合格的，报请工信部撤销公告资格。

5. 铅锌资源走出去工作取得新进展

2010年，我国铅锌企业资源“走出去”工作取得新进展，云南驰宏锌锗股份有限公司与加拿大塞尔温资源有限公司签署了合资协议，协议包括驰宏锌锗出资1亿加元获得塞尔温项目HowardsPass矿区50%的股权。豫光金铅2010年8月31日与澳大利亚KBL签署了《SORBY HILLS合营协议》，豫光将与KBL联合组建合营企业，共同对SORBY HILLS矿区项目进行勘探和开发。到2010年为止，我国共有10家以上铅锌企业走出去，分别在蒙古、加拿大、澳大利亚、阿尔及利亚、塔吉克斯坦和巴基斯坦开发铅锌矿山，获得铅锌权益资源量3500万吨金属量以上。2009年我国铅锌行业对进口精矿的依赖度达到40%以上，资源走出去战略对提高国内铅锌原料保障程度具有重要的战略意义。

6. 铅锌矿山成为行业重组重点

国内铅锌精矿多年紧张，行业利润向矿山偏移，矿山成为投资者青睐对象。2010年12月29日，西部资源公告，将以不低于21.70元/股的价格非公开发行股票，募集不超过7亿元资金，收购南京银茂铅锌矿业有限公司80%的股权。银茂矿业拥有南京市栖霞山铅锌矿的采矿权，年采选生产能力35万吨。11月6日，西部矿业集团有限公司以21.76亿元获得四川会东铅锌矿80%的股权。会东铅锌矿为采、选、冶一体化的全民所有制大型联合企业，日采选能力1350吨、年产电锌5万吨、年产硫酸6.5万吨。

7. 我国重拳出击治理重金属污染

2009年以来，环境保护部会同国家有关部门开展重金属污染企业专项检查。截至2009年底，检查涉铅、镉、汞、铬和类金属砷企业9123家，查处环境违法企业2183家，其中取缔关闭231家、停产整治641家。今年的联合专项行动，再次全面排查重金属排污企业10896家，其中有960家企业被列为今年重点整治对象。

不仅如此，环保部门还会同有关部门研究提出了涉及铅、汞、镉、铬、砷等重金属污染防治技术标准、政策措施和管理规定，制定了涉及含砷、铅、汞、铬、镉等重金属的“高污染、高环境风险”产品名录。

8. 上交所年底锌仓库扩容

12月底，上海期货交易所批准了上海同盛物流园区等6家机构增加投资有色金属交割存放点，新增锌锭库容量8万吨。锌锭库容增加凸显国内锌锭库存增加的急迫情形。由于国内产量增幅过大，融资性进口保持在较高水平，国内锌市场严重过剩，交易所不得不增加库容。

9. 道朗公司湿法炼铅工艺将产业化

道朗公司称已经研发出一种湿法铅冶炼工艺，该公司声称，这项专利技术将改变全球铅工业现状。新工艺类似铜电积法，是将精矿放入酸中，铅最终被富集到阴极板上，是一个湿法过程，对环境比较友好。道朗计划建设年产5万吨示范工厂，2011年建成投产。如果该厂产业化成功，将为全球铅冶炼业开辟一条更加清洁化的道路，和中国的氧气底吹炼铅技术一起将使全球铅冶炼业环保面貌焕然一新，从而有可能改变铅的社会形象。

10. ETF有价证券计划在2011年1月份发行铅锌ETFs

ETF有价证券（ETF Securities）12月7日宣布，将于12月10日发行以现货为基础的铜、镍和锡的ETF产品，铝、铅和锌的ETF产品将在2011新年发行。有消息称，四季度伦敦金属交易所铜、铝、镍、锌和铅等基本金属半数以上的库存均被“神秘”单一交易商持有，类似的囤积现象也存在于基本金属期货市场。这部分库存据称是为即将发行的基本金属ETFs产品做准备。ETFs产品需要有现货金属做支撑,因此将对市场的供需产生直接影响。当价格上涨的时候,基于投资/投机目的的买兴将进一步推升价格;而当价格下跌的时候,ETFs产品的抛售将加剧市场的恐慌情绪。

2010年中国平板显示行业十大新闻事件

1. 深圳华星光电8.5代液晶面板项目正式开工

由TCL集团与深超科技投资建设的"深圳华星光电8.5代液晶面板项目"2010年1月16日在深圳光明新区开工建设。

该项目总投资额245亿元,注册资本金100亿元,由TCL集团与深圳市深超科技投资有限公司各持股50%。项目玻璃基板尺寸为2200×2500mm,设计产能为月加工玻璃基板10万张,计划于2011年三季度试产。

2. 上海天马4.5代AM-OLED中试线启动

2010年1月19日上午,上海天马微电子有限公司4.5代AM-OLED中试线研发项目启动。该项目总投资5亿元,位于上海浦东张江高科技园,建设周期3年,即从2009年6月到2012年6月。2009年以来,它已经组建了技术团队、拟定净化间等设施改造方案、设备选型与招标等任务;2010年,安装设备、连线、调试,打通关键工艺等;2011年试产,2012年大规模量产。项目投产后,将形成月产玻璃基板1000张、2.0～3.5英寸AM-OLED面板15万片的能力。

3. 虹欧PDP面板线全面量产

2010年1月21日,虹欧PDP项目全面量产暨扩能增量启动仪式在四川省绵阳市长虹PDP工业园隆重举行。长虹宣布,我国首条拥有自主知识产权的国际领先的42英寸以上平板电视面板生产线实现全面量产,覆盖42～85英寸的高清和全高清产品,产品月综合良品率达到80%以上,单日最高产品综合良品率达到91.21%。长虹同时宣布启动等离子面板扩能增量工程建设,产能在现有基础上提升至300万片。

4. 北京阿格蕾雅OLED高纯材料中试线投产

2010年6月19日,北京阿格蕾雅科技发展有限公司OLED高纯材料中试线投产典礼暨OLED研究院成立大会及论坛隆重举行,相关业内产、政、研、学等各界人士应邀出席了此次典礼及论坛活动。

北京阿格蕾雅科技发展有限公司成立于2005年4月,是由留学归国人员在北京市留学人员海淀创业园创办的一家高新科技企业。阿格蕾雅科技主要致力于光/电新材料领域及相关工艺的技术创新和开发,专注于新型有机发光材料(OLED)的研发及应用。目前,已研发出并具有量产能力的OLED材料达40种以上。

5. 高世代液晶面板项目"五选二"定局

国家发改委和工信部2010年2月27日联合在北京组织召开了高世代液晶面板项目综合审查会,苏州、广州、合肥、成都、南京等5个城市的高世代液晶面板项目参加了汇报评审。会议邀请了业界知名专家从项目基本情况、技术条件、项目建设方案、地方配套条件等方面对各申报项目进行了综合评定。

2010年12月8日,发改委正式发布批文,2010年11月份相继核准了乐金显示(中国)公司广州建设1条第8.5代TFT-LCD生产线与苏州三星电子液晶显示科技公司在苏州工业园区建设1条第7.5代TFT-LCD生产线的申请报告,两项投资累计70亿美元。其中,乐金显示(中国)有限公司投资40亿美元,建设1条第8.5代TFT-LCD生产线,建成达产后将形成月加工12万片(面板尺寸2200×2500mm)玻璃基板生产能力。苏州三星电子液晶显示科技有限公司区投资30亿美元,建设1条第7.5代TFT-LCD生产线,建成达产后将形成月加工10万片(面板尺寸1950×2250mm)玻璃基板的生产能力。

6. 中国大陆首条6代线量产

2010年11月17日,中国大陆首条6代线——京东方合肥第6代TFT-LCD生产线量产仪式在合肥举行。

京东方合肥第6代TFT-LCD生产线总投资额175亿元,设计产能90K玻璃基板/月,主要生产37英寸以下电视和电脑显示器用液晶显示屏。

7. 全球首台71英寸LCoS激光显示器在武汉面世

全球首台71英寸LCoS激光显示器2010年9月11日通过了技术成果鉴定和新产品鉴定,在武汉实现批量生产。

71英寸全高清LCoS激光显示器由武汉全真光电科技有限公司联合北京中视中科光电技术有限公司研制。武汉全真光电科技有限公司已在武汉东湖国家高新区建成了71英寸全高清LCoS显示器的生产线5条,具备年产5万台的产能。

8. 平板电视能效标准实施

2010年12月1日,《平板电视能效限定值及能效等级》开始正式实施,新国标将平板电视产品分为三个能效等级,在产品上需贴上能效标识,而不达标的电视将被列入高能耗产品,按规定须在2011年3月1日前作退市处理。

9. 维信诺、彩虹集团OLED技术、投资获突破

2010年12月24日,昆山工研院新型平板显示技术中心和维信诺公司在国内率先全线打通了LTPS -TFT背板和OLED显示屏制造工艺技术,开发成功2.8英寸彩色AMOLED显示屏,实现了RGB三基色显示。

2010年12月21日,彩虹集团第一款PM-OLED产品成功点亮。彩虹二期AMOLED项目已于2010年11月8日正式开工,将建设两条4.5代AMOLED生产线,项目总投资94.6亿元人民币,建成后可年产AMOLED显示屏4000多万片。

10. 各地积极投建液晶基板玻璃项目

2010年3月29日,中建材合肥光电产业基地项目在合肥市瑶海工业园区开工。项目建设高世代TFT-LCD液晶基板玻璃生产线,设计产能为每年276万片,总投资55亿元,一期生产线2011年建成将实现收入20亿元。

5月26日,旭硝子显示玻璃(昆山)有限公司在江苏省昆山市成立。拟投建项目为6条玻璃研磨切割生产线和4个玻璃熔炉,可月产玻璃基板40万片,最终投资总额约为10亿美元。

8 月 16 日，旭飞光电液晶基板玻璃项目一期投产和二期开工仪式在河南郑州举行。旭飞一期项目总投资 9 亿元，建设一条液晶基板玻璃生产线，年产基板玻璃 78 万平方米。

8 月 30 日，成都中光电液晶基板玻璃项目一期举行点火仪式。该项目总投资 27 亿元，计划建设 3 条生产线，年产基板玻璃 300 万片。

9 月 28 日，彩虹张家港液晶基板玻璃项目举行池炉点火仪式。该项目于 2009 年 9 月 28 日破土动工，一期项目总投资 18 亿元人民币，占地 195 亩，新建 3 条 5 代兼容 5.5 代液晶基板玻璃生产线。

10 月 11 日，彩虹（合肥）液晶基板玻璃项目 CH01 生产线池炉点火。项目总投资 100 亿元人民币。一期投资 37 亿元人民币，建设六条生产线，其中：两条第 5 代线，四条第 6 代线，年产各种基板玻璃 238 万片。

11 月 1 日，彩虹咸阳液晶基板玻璃二期工程生产线点火。一期项目投资 8.34 亿元，于 2008 年 9 月 8 日建成。属国内第一条拥有自主知识产权的 5 代玻璃生产线，设计生产能力为年产 75 万平方米（52 万片）。

12 月 29 日成都中光电科技有限公司 4.5 代超薄液晶玻璃基板生产线第一批良品顺利下线。该产品的成功问世，彻底打破了国外技术壁垒，填补了国内空白，开创了中国自主研发、生产 0.5mm 超薄液晶基板玻璃的先河。

2010 年电线电缆行业十大新闻

1. 远东大面积推广碳纤维复合导线

江苏远东控股集团成功引进美国 CTC 公司的碳纤维复合架空导线技术以来，已成为全国唯一的将碳纤维复合导线商业化的企 业。远东控股集团旗下的远东复合技术公司制造的碳纤维复合导线正在国内大量推广。该公司已在十多个省市举行产品推广研讨会，受到全国各地电力部门的欢迎和关注。截止今年底，该产品已经被二十多个省区大电网采用。

2. 宝胜承接 3700 公里尼龙护套线订单

江苏宝胜股份电线事业部 11 月份承接了新加坡电信公司 3700km、2×0.6 尼龙护套线订单，这是迄今我国尼龙护套线出口量 最大的一个订单。在国内尼龙护套线生产能力强劲而推广应用受阻的情况下，宝胜将该产品大批量打入国外市场，既开创了该产 品出口先例，也为国内电缆企业指出了市场方向。

3. 柔性防火电缆 PK 矿物绝缘电缆

由多家电缆企业制造的柔性防火电缆异军突起，今年在全国逐步推广应用，叫板传统的矿物绝缘防火电缆。二者已展开市场 竞争。传统的矿物绝缘电缆是把铜导体和氧化镁绝缘粉末填充进铜管内，再拉拔到所需要的规格，也可再挤包有机外护层，其优点是结构坚固，不易损坏，可靠性高。柔性防火电缆用云母带代替氧化镁绝缘粉，再纵包铜套和挤包有机外护层，其优点是结构柔软，克服了矿物绝缘电缆结构僵硬和不便接续的缺点。

4. 上海胜华电缆集团并购原哈尔滨电缆厂

上海胜华电缆集团今年成功并购了原国营特大型企业黑龙江省哈尔滨电缆厂。哈尔滨电缆厂曾经是全国六大电缆厂之一，虽经改制仍未摆脱困境。胜华并购该厂后，将使老国企焕发青春，继续发挥该厂在中国电线电缆行业中的重要地位和作用。

5. 湖北宜昌联邦电缆公司将建 180 米交联立塔

宜昌市开发区发展和改革委员会发布的《宜昌联邦电缆有限公司项目情况公示》，宣称将建设一座高 180 米、安装 8 条立式交联生产线的立塔，用于制造 500－1100kV 交联电缆，成为国内唯一推出制造 1100kV 交联电缆口号的电缆企业。

6. 宜兴市今年在建 6 座交联立塔

江苏省宜兴市今年兴起建设交联立塔热潮，成为全国交联立塔数目做多、分布最密集的地区。江南电缆公司、东峰电缆公司 、圣安电缆公司、中超电缆公司、新远程电缆公司和长城电缆公司 6 个企业在各建一座交联立塔。这 6 座立塔共可安装 22 条立式交联生产线。

7. 紫外光交联电缆技术在国内迅速推广

黑龙江省润特科技有限公司与哈尔滨理工大学共同研发的紫外光交联电缆材料和紫外光辐照交联设备，已在国内迅速推广应用。紫外光辐照计量、材料的遮光性、材料的耐热等级等技术关键均有突破性进展。至今全国已有 60 台紫外光辐照交联装置在成功运转。

8. 采用国产挤铝机制造超高压交联电缆金属套

今年，由合肥神马科技股份有限公司研制成功的超高压电缆铝套连续挤压机，已在南平太阳电缆公司等行业内 5 个大型电缆企业推广投产。这种新型挤铝机结构简单、投资少、生产效率高、操作方便、能耗低，用于制造大截面电缆连续无缝金属铝套，既能满足电缆用户对挤压式铝套的要求，又能使电缆企业节省进口压铝机的费用，是一种经济实惠的国产超高压电缆铝套技术装备。

9. 电缆行业“交联立塔热”持续升温

迄今，我国虽然已经有 43 座交联立塔和 76 条立式生产线，新建的立塔正在相继陆续投产，但各地还在不断的上马交联立塔，并且都是“一塔多线”式建筑设计。全国“立塔热”仍在持续升温。已经出现高 180 米的“一塔八线”、制造 1100kV 交联电缆的立塔设计方案。江苏省宜兴市今年就有 6 座交联立塔在建，可安装 22 条立式交联生产线。

10. 启动交联电缆寿命研究项目

今年 12 月 16 日在上海电缆研究所举行了中压交联电缆寿命评估方案专题会议，已正式决定启动交联电缆寿命课题研究，研究项目由西安交通大学、上海交通大学、哈尔滨理工大学、上海电缆研究所共同承担，并征求某些大型电缆企业积极支持与合作。

2011 年中国石油和化工行业十大新闻

1. 58 个化学化工类项目获科技大奖

1 月 14 日，在 2010 年度国家科学技术奖励大会上，58 个化学化工类项目获得国家科技奖，大庆油田高含水后期

4000万吨以上持续稳产高效勘探开发技术项目摘得国家科技进步特等奖,显示出化工科技创新能力稳步提升。

2. 国际化学年系列活动在中国开展

1月18日,国际化学年首个全球性活动启动,包括中国在内的世界50多个国家和地区的女化学工作者在同一时刻举行早餐会议。4月9日,以"化学——我们的生活,我们的未来"为主题的"国际化学年在中国"系列活动在人民大会堂启动,一年内我国举办了多项丰富多彩的活动。

3. 我国农药经营管理体制发生重大变化

4月22日,海南省通过《海南省农药批发零售经营许可管理办法(试行)》,率先对农药经营实施许可制度。7月,《农药管理条例(征求意见稿)》公布,表示要恢复农药经营许可制度。

4. 化学矿产资源整顿提速

5月19日,国务院出台稀土产业政策"国22条";8月8日,国家6部门发出《关于开展全国稀土生产秩序专项整治行动的通知》;9月2日,工信部发布《耐火粘土(高铝粘土)萤石行业准入公告管理暂行办法》;11月16日,工信部召开耐火粘土、萤石行业管理座谈会。国家要求相关矿产开发严格准入,合理开发,高效利用。

5. 行业"十二五"发展指南出炉

5月27日,《石油和化工行业"十二五"发展指南》发布,从结构调整、科技创新、节能减排等方面提出了全行业5年的发展目标、六大战略。

6. 中海油蓬莱19-3油田发生泄漏

6月4日,由康菲公司负责开发的中海油蓬莱19-3油田漏油事发,引起全社会关注。7月5日,国家海洋局通报该事件已使周边840平方千米的海域受到污染。此后,在国家的要求下,康菲公司的该项目全面停产。

7. 福佳大化PX项目防波堤遭台风摧毁

8月8日,受台风"梅花"影响,大连福佳大化公司PX项目的防波堤被冲毁,危及储罐及厂区安全。此事引起全社会对化工项目布局的关注,并引发大连群体事件。随后,大连市政府决定该项目停产搬迁。

8. 中国轮胎企业告赢美国商务部

当地时间12月19日,美国联邦巡回上诉法院就非公路用轮胎司法诉讼案作出判决,确认美国商务部对中国出口企业进行反倾销和反补贴合并调查不合法。河北兴茂轮胎有限公司继2010年美国国际贸易法院作出判决后,再次胜诉。

9. 全年行业重大安全事故频发

据国家安监总局统计,截至12月20日,全年石化行业及危化品安全事故在500起以上,超过前3年的总和。其中大连石化公司在13个月内连续发生4次安全事故,被国务院问责。

10. 行业总产值突破11万亿元

中国石油和化学工业联合会12月27日发布信息,"十二五"开局之年,我国石油和化学工业经济运行平稳较快,效益总体良好,行业投资稳中加快,进出口贸易增幅较大,市场供需基本平稳,全行业年总产值突破11万亿元已成定局。

2011年度化工环保十大新闻

1. 一批行业环保国家标准相继出台

自2011年1月起,《硫酸工业污染物排放标准》、《硝酸工业污染物排放标准》、《废旧轮胎综合利用指导意见》、《稀土工业污染物排放标准》以及铬盐、钛白粉、涂料、黄磷、碳酸钡5个行业清洁生产技术推行方案等一批化工行业的国家环保标准陆续颁布实施,化工行业环保监管体系建设取得了重大进展。

2. "十二五"节能减排环保目标确立

2011年5月27日,《石油和化学工业"十二五"发展指南》发布,行业"十二五"节能减排、绿色发展的目标确立。9月7日,国务院办公厅公布了《"十二五"节能减排综合性工作方案》,将石化、化工行业列为推进节能减排工作重点。12月15日,国务院又发布了《国家环境保护"十二五"规划》,对包括化工在内的工业行业建设发展明确了新的要求。

3. 交通事故引发新安江苯酚污染

2011年6月4日晚,一辆装载31吨苯酚化学品的槽罐车在由上海高桥化工厂开往龙游红云化工厂的途中,一辆重型货车与其发生碰撞事故,导致苯酚泄漏,造成新安江部分水体污染,新安江及下游沿线50多万居民饮用水受到影响。

4. 中海油蓬莱19-3油田发生溢油

康菲石油中国有限公司负责开发的中海油蓬莱19-3油田发生溢油事故。2011年7月5日,国家海洋局通报:事故使油田周边海域840平方千米的海水由一类水质变为劣四类;9月2日,国家海洋局责令康菲中国执行蓬莱19-3全油田停注、停钻、停产作业等5项决定。

5. 大连福佳大化PX项目停产搬迁

受热带风暴"梅花"影响,2011年8月8日,大连福佳大化有限公司PX(对二甲苯)项目的码头防波堤发生坍塌,出现化工产品泄漏危险。8月14日,大连市委、市政府决定该项目立即停产并准备搬迁。9月29日,5部门联合发出《关于加强PX等敏感产品安全环保工作的紧急通知》,提出采取开展安全环保大检查、完善应急预案、严格执行项目审批规定、提高产业准入标准等4项措施。

6. 曲靖发生非法倾倒铬渣导致污染

2011年6月12日,云南省陆良化工实业有限公司5000多吨铬渣被承运商非法倾倒于多个乡镇,造成当地土壤和水源污染。云南省曲靖市政府新闻办于8月13日晚向媒体通报事件前期处置经过,涉事企业被停业整顿,相关责任人被移交司法部门处理。

7. 环保部暂停受理园区外化工项目

自2011年9月15日起,环保部暂停受理在工业园区外新建、改建、扩建危化品生产和储存项目的各类申请(节能减排的技术改造项目除外)。同时,将建立化学品环境管理长效机制。

8. 石化行业发布责任关怀行动宣言

2011年10月20日,由中国石油和化学工业联合会、国际化学品制造商协会联合主办的2011中国“责任关怀”促进大会在北京隆重举行。本次大会发布了行业《责任关怀行动宣言》，郑重承诺扎实推进责任关怀活动，树立和彰显中国石油和化工行业的新形象。

9. 中国POPs污染防治基本达标

2011年11月11日，中国签署《关于持久性有机污染物(POPs)的斯德哥尔摩公约》10周年纪念大会在京隆重举行。会议透露，国家实施计划确定的至2010年消除杀虫剂类POPs的生产、使用和进出口，减少或消除无意产生POPs的排放，减少或消除源自POPs库存和废物的排放等五大类16个目标已基本实现。

10. PM2.5控制将纳入大气质量监测

秋冬时节，全国一些城市接二连三的灰霾天气让PM2.5家喻户晓。2011年12月21日，在第七次全国环境保护工作大会上，环保部部长周生贤表示，新的《环境空气质量标准》即将出台，增加了细颗粒物(PM2.5)、臭氧和一氧化碳监测指标。新标准对炼油、涂料、冶金等企业的生产运营提出了更高的环保要求。

2011年中国橡胶工业十大新闻

1. 橡胶原材料价格大幅波动，企业成本难以控制

2011年，橡胶等原材料价格出现巨幅波动，天然橡胶一季度创下43500元/吨的历史最高纪录，合成橡胶2.三季度发力上攻，涨幅达10000元/吨，之后均出现大幅下跌。受橡胶价格剧烈波动影响，轮胎等主要橡胶制品企业首当其冲，生产经营成本难以控制，库存风险加大，利润空间压缩至2%~5%，行业面临严峻挑战。

2. 天津锦湖质量事件警醒轮胎行业加强自律

“3·15”天津锦湖质量事件曝出了返炼胶使用不当的问题，在行业内造成很大反响，给轮胎企业敲响了警钟。中国橡胶工业协会第一时间召开了轮胎行业提升质量及加强自律座谈会，并发出行业自律倡议。国家质检总局、工信部、工商总局三部门迅速启动了针对汽车轮胎的专项整治活动。

天津锦湖质量事件曝光后，各轮胎企业在震惊之余，都及时召开会议，对本企业轮胎质量和现场管理进行了自查。认为该事件的发生不是技术问题，而是管理出了问题，反映出近年来企业对质量管理、生产现场管理重视不够。企业领导必须提高认识，始终把质量第一放在首位，保证轮胎产品安全可靠，同时应采用现代化管理手段，引入信息化、可视化管理，实现轮胎质量可追诉，尽量减少人为因素对轮胎质量的影响。并且强烈呼吁国家加强轮胎市场监管，严格实施轮胎产业政策，规范轮胎市场，形成公平竞争、良性竞争机制。

3. 行业增速理性回落，驶入良性发展轨道

由于橡胶原材料价格大幅波动，国内外市场持续低迷，内需放缓，我国主要橡胶产品产量增幅回落、出口回落，但没有出现大起大落的局面，保持了经济运行总体平稳。同时，运行质量有所优化：产品结构调整取得进展，轮胎子午化率达到86.5%，同比提高了2.5%，其他产品结构也有较大改善；转变橡胶工业增长方式初见成效，轮胎对外需的依赖度降低；推行低碳经济效果显著，行业能耗降低，出现一批节能设备，绿色轮胎等产品和绿色原材料不断涌现。这些变化说明，当经济增长速度适度降低时，反而对调结构、推动各项改革有所帮助。我国橡胶工业经济运行开始驶入良性发展轨道。

4. 世界橡胶工业强国战略拉开序幕

我国橡胶工业经过改革开放30多年来的发展，特别是“十一五”的高速发展，为继续保证平稳较快发展奠定了坚实基础，“十二五”期间将是中国橡胶工业由世界橡胶大国向强国转变的关键时期。

中国橡胶工业协会前瞻性地提出十项建设世界橡胶工业强国的战略措施，分别是：新材料发展战略、多元化市场战略、低碳经济战略、循环经济战略、橡胶产品名牌战略、现代营销模式战略、兼并重组战略、现代企业管理战略、技术创新战略、人才战略。11月8~10日，“第十二届全国橡胶工业信息发布会暨世界橡胶工业强国战略发展论坛”在南昌召开，正式拉开了橡胶强国发展战略的序幕。

中国橡胶工业将通过大调整、大转型、大重组得到质的提升，在由大变强的进程中大大缩短与世界橡胶工业发达国家的差距，加快由橡胶大国向强国发展的进程。相信选择好努力的方向和目标，采取可行的战略措施，就有可能在“十三五”时期基本建成世界橡胶工业强国。

5. 橡胶行业掀起绿色化浪潮

随着欧盟REACH法规的实施，以及将于2012年11月正式实施的欧盟轮胎标签法，国内轮胎企业面临越来越大的安全环保压力，使用绿色原材料生产安全环保产品已经是大势所趋。为了应对全球范围的绿色制造趋势，今年以来，国内轮胎及上下游企业掀起了绿色制造的浪潮。

4月26日，国家发改委正式公布了《产业结构调整指导目录(2011年本)》，明确淘汰橡胶硫化促进剂NOBS和橡胶防老剂D生产装置，同时将橡胶塑解剂五氯硫酚、橡胶促进剂TMTD列为限制类产品，从政策上进一步保证轮胎行业的绿色制造。

双钱、中策、三角等企业的绿色轮胎产品先后获得美国环保署SMARTWAY认证。风神轮胎股份有限公司宣布自5月份起，其全钢子午胎产品全部采用绿色无毒原材料制造，全球市场销售的全钢胎均满足欧盟REACH法规要求。

齐鲁石化橡胶厂、兰州石化合成橡胶厂、独山子石化公司等先后转产及研发成功环保型合成橡胶。12月2日，朗盛集团携手中国石油和化学工业联合会在北京举办绿色橡胶日活动，中国橡胶工业协会同时给予大力支持，共同推动绿色轮胎及高性能橡胶的应用。

6. 中国橡胶谷建立，成为行业发展引擎

2011年1月，借鉴美国“硅谷”概念而提出的“中国橡胶谷”在青岛成立。该谷总规划面积约3000亩，是一个集行业协会、大学、科研机构、知名橡胶企业和相关中介服务为支撑的高端产业集聚区，具有科研教育、创业孵化、信息平台、会展商务、文化博览、中介融通等六项功能。目前，总建筑面积35万平方米的一期工程已全部建成。

有“世界橡胶城”之称的美国阿克隆市与青岛市四方区

正式签订了友好城区战略合作协议;中国橡胶工业协会、青岛市四方区人民政府、青岛科技大学、软控股份有限公司签订了战略合作协议,协会驻橡胶谷办公室、胶管胶带分会、胶鞋分会、中国杜仲胶科学研究院已入驻橡胶谷。

目前,国内橡胶行业布局较为分散,区域发展不协调。橡胶谷是我国橡胶工业发展史上的一个重要事件,将有效聚合各种资源,使行业在激烈的国际竞争中做大做强,必将对我国橡胶工业的发展起到重要的引领作用。

7. 杜仲胶成为杜仲大产业发展龙头

杜仲产业是跨行业、跨地区、跨部门、跨领域的工农业复合型产业体系,涉及到工业、农业、林业及医药保健等多部门。整个产业链只有互为依存、协调发展才会产生最大效益,才会实现可持续发展。无论是农林界、还是橡胶界人士,乃至政府有关部门,对杜仲胶的发展均已形成共识,认为要推动这个产业链发展,杜仲胶及其应用将是龙头。

2011 年 3 月,由中国橡胶工业协会牵头组建了杜仲产业技术创新战略联盟,帮助致力于杜仲产业化的联盟成员单位与相关高校和研究机构建立了产学研合作关系。10 月 16 日,中国杜仲胶科学研究院在青岛成立。这是我国第一个杜仲胶科学技术研究机构,将发展成为中国整个杜仲产业的信息平台、研发平台、应用平台、检测平台、人才培养平台,以及制订杜仲胶的生产标准重要基地。

8. 美法院判决对华工程胎反补贴不合法对行业影响积极

美国时间 2011 年 12 月 19 日,美联邦巡回上诉法院就非公路用轮胎司法诉讼案做出判决,裁定美商务部不能在视中国为非市场经济国家的情况下进行反补贴调查。商务部公平贸易局负责人就此发表谈话指出,美方多年来对中国进行的反补贴调查既违反世贸规则,也没有美国法律依据,希望美方尽快纠正其在不承认中国市场经济地位情况下对中国产品进行反补贴调查的错误做法。

在“双反”调查中,反倾销和反补贴调查针对不同类型的不公平贸易。反倾销旨在调查外国出口商是否在美国以不公平的低价销售涉案产品;反补贴旨在调查外国出口商是否获得所在国政府给予的违规补贴。

此次受益的将不仅仅是河北兴茂,以及涉及到工程轮胎出口的 10 多家企业。过去 5 年来,美方向中国所发起的 30 多项反补贴调查案例,都需要纠正。该司法诉讼案的判决颠覆了美国“双反”调查的根基,对我国轮胎橡胶行业今后应对贸易摩擦将具有积极意义。

9. 橡胶行业节能减排成绩显著

节约能源,减少污染排放,一直是橡胶行业的重要工作。2011 年,行业企业以科技为先导,节能减排成效显著。

三角集团有限公司、软控股份有限公司、益阳橡塑机械集团有限公司、特拓(青岛)轮胎技术有限公司、广州华工百川科技股份有限公司等企业开发的低温一次法炼胶工艺实现吨胶耗电降低 20% 左右,提高生产效率 200% 以上,为我国轮胎工业节能减排带来革命性的技术突破。该技术已受到广大轮胎企业的广泛关注。

近年废橡胶综合利用行业内的科技创新成果取得了实质性的进展。2011 年,各企业节能创新产品层出不穷:浙江菱正机械有限公司研制的“BP 线控废全钢子午胎胶粉成套装备”、常州市三橡机械有限公司研发的“新型、节能型再生橡胶成型自动化生产线”、江阴耐驰机械科技有限公司采用自主创新的 42 项专利技术研发的“NEZ 自动化程控废轮胎处理生产线”、河南中赢橡胶科技有限公司研发的“废轮胎自动安全切条切块综合破胶生产线”、苏州东君橡胶机械厂研制的“通用型非浇注复合式合金辊筒”、都江堰市新时代工贸有限公司研发的单螺旋脱硫专利产品“橡胶再生常压连续脱硫工艺技术及设备”等。此外,在废全钢胎粉碎用刀具的结构设计和硬质合金应用、高温常压连续再生机台设计和工艺技术、硬质合金钢结构滚筒设计和制造、再生物料连续自动化生产、中频全桥整流加热技术及新型活化剂、渗透剂研究开发等 7 个领域中都有较大创新突破。

10. 百强企业出台,促进行业由大变强

为促进行业发展,扶优扶强,从 2011 年开始,中国橡胶工业协会正式推出“中国橡胶工业百强企业”,经专家评审、行业公示,百强企业名单在 3 月中旬召开的“2011 中国橡胶工业年会暨中国橡胶工业展”上正式发布。百强企业都是行业里的排头兵,拥有超前的战略思维、持续的创新能力、响亮的商标品牌、优秀的人才队伍、独特的企业文化和强烈的社会责任感,对促进中国橡胶工业的发展作出了重要贡献。同期还发布了协会推荐品牌产品、诚信橡胶贸易商、诚信轮胎经销商,进一步推动了中国橡胶行业品牌战略的实施,帮助优秀企业提高知名度,扶持企业做大、做强、做优。

2011 年中国有色金属行业十大新闻

1. 中国有色金属工业协会第三次会员代表大会召开

4 月 8 日,中国有色金属工业协会第三次会员代表大会在京召开,选举产生了第三届理事会,陈全训当选为中国有色金属工业协会会长。会议提出了建设有色金属工业强国的目标,并提出有色金属工业强国的四个标志,即资源保障力、市场影响力、技术引导力和文化感召力。

2. 全国有色金属工业科学技术大会召开,同时成立中国有色金属工业协会专家委员会

9 月 19 日,全国有色金属工业科学技术大会在北京隆重召开,同时成立中国有色金属工业协会专家委员会。会议总结有色金属行业科技工作取得的成绩和经验,表彰在有色金属科技进步中做出突出贡献的单位和个人,谋划“十二五”行业科技工作的发展思路和重点工作,为新时期有色金属行业的发展指明了方向,吹响了激发创新精神、建设有色金属工业强国、开创全行业科技进步和自主创新新局面的号角。

3. 我国有色金属工业保持平稳发展的态势,经济效益大幅提升

根据初步预计,截至 12 月底,我国十种有色金属产量将达 3450 万吨,连续 10 年居世界第一。在国家宏观调控政策和国内外经济大环境的共同作用下,我国有色金属工业保持平稳发展的态势。规模以上有色金属企业销售收入将达到 3.8 万亿元,同比增长 40%;实现利润 1700 亿元,同比增长

50%。

4. 国家加大稀土资源管控力度

国务院常务会议2月16日研究部署促进稀土行业持续健康发展的政策措施,将统筹资源,合理确定年度稀土开采总量和出口配额。财政部、国家税务总局下发通知,决定自4月1日起,统一调整稀土矿原矿资源税税额标准,上调幅度逾10倍。5月19日,国务院发布《国务院关于促进稀土行业持续健康发展的若干意见》,将建立稀土战略储备体系,统筹稀土资源开采,划定一批国家规划矿区作为战略资源储备地,以遏制稀土产业乱采滥挖及无序竞争状况。

5. 欧债危机引发大宗商品市场大幅震荡

受国际经济因素影响,2011年有色金属市场震荡不已。特别是2011年9月下旬,受希腊等部分欧洲国家主权债务危机影响,国际金融市场再次陷入恐慌之中,股票、大宗商品期货合约等主要金融和衍生金融产品被大量抛售,价格暴跌。复杂动荡的市场,给有色企业生产经营和产品价格走势带来很多的不确定因素。国内外市场主要有色金属价格呈宽幅震荡的格局。伦敦金属交易所(LME)三月期铜价从上半年的10000美元/吨附近跌至9月下旬6600美元/吨,同期上海期货交易所三月期铜价从76000元/吨左右跌至51000元/吨左右。此后两个市场铜价呈现宽幅震荡走势。

6. 金川公司、丛林铝材公司分获中国工业大奖和表彰奖

我国工业领域最高奖项——中国工业大奖4月28日在北京人民大会堂揭晓。金川集团有限公司等6家企业和国家电网公司特高压交流试验示范工程项目荣获中国工业大奖。丛林铝材有限公司"高速轨道交通用高强超薄大型铝合金车体型材研制与产业化"项目获中国工业大奖表彰奖。

7. 孙兆学荣获"2011CCTV中国经济年度人物"奖,罗涛荣获"绿动2011中国经济十大领军人物"奖,李贻煌、李福利等11位企业家当选"第七届有色金属行业有影响力人物"

12月12日,中国黄金集团公司总经理孙兆学荣获"2011CCTV中国经济年度人物"奖;11月19日,中国有色矿业集团有限公司总经理罗涛荣获"绿动2011中国经济十大领军人物"奖;11月3日,江西铜业集团公司董事长李贻煌、中国五矿集团公司副总裁李福利、山东招金集团有限公司董事长路东尚、北京鑫恒集团董事长杨毅、浙江宏磊铜业股份有限公司董事长戚建萍、中铝广西分公司总经理武建强、中铝河南分公司总经理乔桂玲、河南神火集团有限公司董事长李崇、东营方圆有色金属有限公司董事长崔志祥、丛林集团有限公司执行总裁苏振佳、天津华北地质勘查局局长陈江等11位企业家当选"第七届有色金属行业有影响力人物"。

8. 有色行业兼并重组令人瞩目

11月25日,中铝力拓成立的合资公司获注册,将正式开展矿产勘探业务;11月28日,中铝与力拓合作的几内亚西芒杜铁矿项目中方联合体成立,该项目进入实质进展阶段。1月26日,中国有色集团重组赤峰大井子矿业公司;1月10日,深圳市中金岭南有色金属股份有限公司通过其控股子公司澳大利亚佩利雅公司成功收购加拿大全球星矿业公司100%股权,从而新增铜、金、镍、锂等有色金属资源,标志着中金岭南公司正式开始多金属国际化战略转型;4月12日,华东地勘成功收购澳上市公司51%股份;7月4日,白银有色公司出资7560澳元收购南非第一黄金公司1.426亿股票交易交割完成,成为该公司第一大控股公司。

9. 铅期货登陆上期所

备受关注的铅期货于3月24日在上海期货交易所正式挂盘上市。上市首日,受到了市场参与者的热捧,全天成交7万多手。铅期货的推出和平稳运行将对我国铅产业的持续较快平稳发展起到积极地推动作用。

10. 重金属污染引起社会关注

2011年,数起铅、铬渣等重金属污染事件发生,引起社会关注。

12月,国务院下发了《国务院关于印发国家环境保护"十二五"规划的通知》,环境保护部提出将加快实施《重金属污染综合防治"十二五"规划》,对有色金属矿采选冶炼业、含铅蓄电池业进行风险排查,妥善处理解决铬渣堆存等重金属污染历史遗留问题。部分重有色金属冶炼企业已经搬迁,或即将搬迁。

2011年再生有色金属行业十大新闻

1. 工业和信息化部等发布《再生金属产业发展推进计划》和《再生铅行业准入条件(征求意见稿)》

2011年1月24日工业和信息化部、科学技术部、财政部印发《再生金属产业发展推进计划》(工信部联节[2011]51号),作为再生金属行业面向十二五时期的纲领性文件,对加快再生金属利用步伐,进一步优化再生金属产能布局,加快结构调整,实现产业升级,推动产业规范、健康和可持续发展具有重要意义。8月17日工业和信息化部发布《再生铅行业准入条件(征求意见稿)》对落实推进计划,规范和引导再生铅行业健康发展,进一步提高准入门槛,坚决抑制行业低水平重复建设,规范行业秩序,促进优化升级,提升资源综合利用率和节能环保水平具有重要意义。再生铜、再生铝行业的准入条件(征求意见稿)也即将发布。准入条件的发布和实施,将带动相关政策措施的落实,是加速一批规模小、资源利用率低、能耗高、污染重点落后产能退出市场的有力推手,有利于提高产业集中度,有利于提升优势企业的自我发展能力,实现再生金属行业及上下游相关行业的可持续发展。

为深入贯彻落实推进计划及准入条件的有关内容,帮助再生金属行业企业准确把握政策精髓和产业发展趋势,快速推动我国再生金属产业升级、技术进步和可持续发展,中国金属工业协会再生金属分会于上半年分别组织了再生金属行业高级研修班系列培训活动。系列培训活动对推进计划及准入条件的宣传贯彻意义重大,也为行业专家和企业家提供了直接交流的机会,对整个中国再生金属行业的产业升级起到了很好的促进作用。

2. 2011年重金属污染防治加速再生铅行业洗牌

今年以来,再生铅产业分布集中的重点区域如山东、江苏、河北、安徽等地陆续受到当地环保部门抽查,血铅事件再次引发环保焦点。2月18日《重金属污染综合防治十二五规划》获得国务院正式批复。2011年3月,国务院九部门联合印发《关于2011年深入开展整治违法排污企业保障群众健康环保专项行动的通知》,将铅蓄电池企业的整治作为2011年环保专项行动的首要任务,对铅蓄电池行业企业彻底排查,全面整治环境违法问题。5月18日环保部下发《关于加强铅蓄电池及再生铅行业污染防治工作的通知》,对企业污染物稳定达标排放、落实500米的卫生防护距离、建立重金属污染责任终身追究制等做出重点要求。通知发布后环保整治在全国涉铅行业迅速开展起来,再生铅行业受到严重影响,多个再生铅企业停产整顿。

国家各部门合力打击重金属污染,从客观上促进了再生金属产业结构趋于合理。如浙江等地对其他非铅企业也进行了污染防控整治工作,取缔和关闭了许多污染情况严重的小型企业或作坊式生产,有利于推动再生金属产业结构调整。

3. 环境保护部、商务部、国家发展改革委、海关总署、国家质检总局五部委联合发布《固体废物进口管理办法》

2011年4月8日,环境保护部、商务部、国家发展改革委、海关总署、国家质检总局联合发布《固体废物进口管理办法》(五部委令第12号),《办法》对进口固体废物国外供货、装运前检验、国内收货、口岸检验检疫、海关监管、进口许可、利用企业监管等环节均提出了具体要求,完善了我国进口固体废物多部门全过程监管体系。同时《办法》明确规定九项禁止:禁止中华人民共和国境外的固体废物进境倾倒、堆放、处置;禁止经中华人民共和国过境转移危险废物;禁止进口危险废物;禁止以热能回收为目的的进口固体废物;禁止进口不能用作原料或者不能以无害化方式利用的固体废物;禁止进口境内产生量或者堆存量大且尚未得到充分利用的固体废物;禁止进口尚无适用国家环境保护控制标准或者相关技术规范等强制性要求的固体废物;禁止固体废物转口贸易;禁止以凭指示交货(TO ORDER)方式承运固体废物入境。《办法》自2011年8月1日起施行。

4. 再生金属行业多个科研项目获得国家科技部支持,以科技引领行业技术装备水平的提升

典型废旧金属综合利用及废旧机电产品再制造关键技术与应用研究项目列入十二五国家科技支撑计划,将针对废杂铜、废铝易拉罐、废钨合金材料等资源的综合利用技术展开研发,建立工程化应用示范线。废旧稀土及贵金属产品再生利用技术及示范项目列入十二五863计划,将重点突破废旧稀土永磁材料回收利用、稀土发光材料回收利用、铂族金属废催化剂、废旧高温合金再生等关键技术展开研究,项目将建成废旧稀土永磁材料和废旧贵金属回收利用的产业示范线。

5. 九大再生金属产业集聚区入选第二批国家城市矿产示范基地

2011年国家发展改革委、财政部将广西梧州再生资源循环利用园区等15个园区确定为第二批国家城市矿产示范基地,批复了其建设国家城市矿产示范基地实施方案。其中主要以再生金属为主的示范基地有广西梧州再生资源循环利用园区、江苏邳州市循环经济产业园再生铅产业集聚区、山东临沂金升金属产业基地、重庆永川工业园区港桥工业园、湖北谷城再生资源园区、大连国家生态工业示范园区、江西新余钢铁再生资源产业基地、河南大周镇再生金属回收加工区、辽宁东港再生资源产业园。国家城市矿产示范基地是列入国家十二五规划纲要的循环经济重点工程之一。十二五期间,国家将在全国建设50个左右技术先进、环保达标、管理规范、利用规模化、辐射作用强的城市矿产示范基地,目前已经确定了两批共22个国家城市矿产示范基地。

6. 海关总署明确表示对加工贸易项下出口的未锻轧铝合金无论是否使用了国产料件,均不征收出口关税

2011年上半年,一些地方海关要求再生铝出口企业补缴自2009年以来国产料件的出口关税。中国金属工业协会再生金属分会于6月16日特别组织召开了再生铝行业关税政策座谈会,组织国内再生铝企业就关税政策进行研讨,充分反映再生铝企业的实际情况和呼声,并积极向国家有关部门反映情况和建议。2011年9月海关总署明确表示对加工贸易项下出口的未锻轧铝合金无论是否使用了国产料件,均不征收出口关税。

7. 我国自主研发的先进回转炉熔炼再生铜设备成功下线

由中国瑞林工程技术有限公司设计、中铝山东分公司恒成机械制造厂生产的总重量达260余吨的NGL铜冶炼炉成功下线,创下了国内再生铜冶炼行业机械设备加工制作的最新记录,同时填补国内回转炉熔炼再生铜设备制造的空白。NGL炉具有结构简单、效率高、能耗低、自动化程度高、环保状况好等优点。

8. 再生金属行业开始实施能源管理项目

2011年11月8日,中国金属工业协会再生金属分会与中国质量认证中心就再生金属行业开展能源管理项目签署战略合作协议,同日,以浙江省重点骨干企业宁波世茂铜业股份有限公司为试点单位的再生铜企业能源管理项目启动。此次战略合作及再生铜企业能源管理项目启动,对进一步深化合作,充分利用各自的资源与优势,共同推动再生金属领域的节能减排,提高再生金属产业整体的能源利用率,促进产业健康发展具有重要意义,也标志着从能效管理入手、积极推动我国再生金属产业升级新的开端。

9. 再生金属分会与国际相关协会开展更深层次合作,共同推进中国再生金属行业加快转型升级

随着中国再生金属产业的迅速发展以及中美、中欧等国家在再生金属领域贸易的增多,也促使中美、中欧行业在技术装备、产业升级方面有更加深入的合作空间。2011年11月8日,中国金属工业协会再生金属分会(CMRA)分别与国际回收局(BIR)、美国废料回收协会(ISRI)签订合作备忘录,将就四大方面展开双方广泛深入的合作,即在为会员企业服务方面,会议及会展方面,加强双方会员企业之间交流方面,加强各方行业组织的信息交流方面。中国再生金属行业协会与国际相关协会将努力推动协会间的深入合作,充分利用各方资源与优势,推动国际再生金属行业健康可持续发展,实现多边合作共赢。

10. 财政部、国家税务总局发布《关于调整完善资源综合利用产品及劳务增值税政策的通知》

2011年11月21日,财政部 国家税务总局发布《关于调整完善资源综合利用产品及劳务增值税政策的通知》(财税[2011]115号)。《通知》决定对农林剩余物资源综合利用产品增值税政策进行调整完善,并增加部分资源综合利用产品及劳务适用增值税优惠政策。具体到再生金属行业的条款规定对以废旧电池、废感光材料、废彩色显影液、废催化剂、废灯泡(管)、电解废弃物、电镀废弃物、废线路板、烟尘灰、湿法泥、熔炼渣、废旧电机、报废汽车为原料生产金、银、钯、铑、铜、铅、汞、锡、铋、碲、铟、硒、铂族金属,上述企业销售自产货物实行增值税即征即退50%的政策,但也规定生产原料中上述再生资源的比重不低于90%,综合利用危险废弃物的企业必须取得《危险废物综合经营许可证》。

2011年度中国矿业十大新闻

1.煤矿职工工伤保险和意外伤害保险列入《煤炭法》

2011年4月22日,第十一届全国人民代表大会常务委员会第二十次会议通过了《煤炭法》部分条款修改案,国家主席胡锦涛签署第45号主席令予以公布。《煤炭法》第四十四条修改为:"煤矿企业应当依法为职工参加工伤保险缴纳工伤保险费。鼓励企业为井下作业职工办理意外伤害保险,支付保险费"。

2.国务院发布稀土行业持续健康发展22条意见

2011年5月19日,《国务院关于促进稀土行业持续健康发展的若干意见》出台,"意见"提出对稀土资源实施更为严格的保护性开采政策和生态环境保护标准,尽快完善稀土管理法律法规,依法打击违法违规行为;坚持控制总量和优化存量,加快实施大企业大集团战略,积极推进技术创新,提升技术水平,淘汰落后产能等,促进稀土行业持续健康发展。此前,国土资源部已在江西省赣州市划定设立首批11个稀土国家规划矿区。

此举显示,提高稀土产业集中度将成为国家对稀土产业调控的重点,而鼓励优势企业兼并重组则是重要举措之一。

3.页岩气探矿权首次公开招投标

2011年7月18日,国土资源部在京举行页岩气探矿权出让招标项目中标签约仪式,分别与中标企业签订了《页岩气探矿权出让合同》,并颁发了页岩气勘查许可证。

这次页岩气探矿权招标出让是我国油气资源管理制度改革的一次创新,对于构建科学合理、公开公正、高效廉政的油气资源管理新机制,促进页岩气勘探开发,加快我国页岩气产业化、规模化发展,提高我国油气资源保障能力具有重要意义。

4.我国获印度洋国际海底矿区勘探权

2011年8月2日,外交部新闻发言人马朝旭在答记者问时表示,中国大洋协会在位于西南印度洋的国际海底区域内,获得1万平方千米勘探矿区。在合同有效期内,中国大洋协会在上述矿区对多金属硫化物资源享有专属勘探权,并在未来开发该项资源时享有优先开采权。

根据《联合国海洋法公约》,国际海底区域及其资源是人类的共同财产。中方开展国际海底资源勘探活动,有助于了解和利用国际海底资源,提高对深海的科学认知水平和有效保护海底环境,服务于全人类的共同利益。

5.中石化发现我国埋藏最深的海相大气田

2011年9月16日,储量超千亿吨的大气田——元坝气田通过国土资源部矿产资源储量评审委员会专家组审定,这是迄今国内埋藏最深的海相大气田。

元坝气田位于四川省广元、南充和巴中市境内,是中石化集团继发现国内最大海相整装气田普光气田之后,在四川盆地发现的又一个大型海相气田。元坝气田探明含气面积155.33平方千米,气藏埋深6240米至6950米,平均埋深6673米。元坝气田的发现井1井在2007年11月试产时,每日获得天然气50.3万立方米。目前,已有7口井9层试获日产天然气超百万立方米。中国石化集团计划到2015年末建成34亿立方米的年生产能力。

6.国务院决定修改完善三部有关海洋石油开采的法规

2011年9月21日,国务院通过了"关于修改《对外合作开采海洋石油资源条例》"、"关于修改《对外合作开采陆上石油资源条例》"、"关于修改《资源税暂行条例》"等三项决定,这是我国在保护海洋资源方面迈出的重要一步。

2011年7月5日,国家海洋局召开新闻发布会,通报了有关蓬莱19-3油田溢油事故的调查情况,认定康菲公司为漏油事故责任者,应承担事故的法律责任。

7.我国首次发布"中国铁矿石价格指数"

由中国钢铁工业协会联合中国五矿化工进出口商会、中国冶金矿山企业协会研发并推出的"中国铁矿石价格指数"(CIOPI)正式出台。2011年10月10日,"10月份第一周的中国铁矿石价格指数首次向社会公布。"中国铁矿石价格指数"由"国产铁矿石价格指数"和"进口铁矿石价格指数"两个分项指数组成,均以1994年4月份价格为基数(100点)。从2011年10月起,该指数按周发布。以后,每月月底还将对上月的中国铁矿石价格指数变化趋势进行分析并发布。

8.《矿产资源节约与综合利用"十二五"规划》发布,首批40个矿产资源综合利用示范基地启动

2011年11月15日,国土资源部正式印发《矿产资源节约与综合利用"十二五"规划》,"规划"提出,未来五年我国矿产资源节约与综合利用工作将围绕全面调查资源节约与综合利用现状及潜力、开展先进适用关键技术研发和推广、建设综合利用示范基地和示范工程以及构建资源节约与综合利用长效机制四大任务展开。

"规划"提出的总体目标为:基本查清我国20多个重要矿种资源开发利用效率现状;全面提高矿产资源高效开发和节约利用水平;矿产资源综合利用水平和规模显著提高;建设60个矿产资源综合利用示范基地,实施600个示范工程;建立资源节约与综合利用长效机制。

2011年10月27日,国土资源部、财政部与河北、山东、湖北等21个省级人民政府以及中石油、神华集团等6个中央矿业企业签署合作协议,共同推动油气、煤炭、铀矿、黑色金属、有色金属、稀有稀土、化工非金属等7大领域的40个示范基地建设工作。

9.国务院通过找矿突破战略行动纲要

2011年10月19日,国务院总理温家宝主持召开国务院常务会议,讨论通过《找矿突破战略行动纲要(2011-2020年)》。《纲要》明确提出今后一个时期我国地质矿产勘查工作的目标任务:通过实施找矿战略,实现新的重大突破,形成一批重要矿产资源战略接续区,建立重要矿产资源储备体系,为经济平稳较快发展提供有力的资源保障和产业支撑。一要加强基础地质调查与研究;二要加强重要矿产勘查;三要实施以企业为主体的矿产资源节约与综合利用示范工程,发展矿产资源领域循环经济。

10. 我国完成深水钻井平台首次远航

2011 年 12 月 9 日,我国"海洋石油 981"深水钻井平台完成从浙江舟山顺利到达南海珠江口附近海域的首次远航,历时 8 天,行程 977 海里。"海洋石油 981"是我国自主设计、建造的第 6 代 3000 米深水半潜式钻井平台,代表了当今世界海洋石油钻井平台技术的最高水平。南海是中国主要的深海油气产区。此次顺利完成深水钻井平台远航,意味着我国有关企业将有可能在南海独立进行其深海油气生产工作。

2011 年塑料化工科技十大亮点

1. 精密塑料注射成型装备跻身国际先进

2011 年 4 月 19 日,"十一五"国家支撑计划重点项目——精密塑料注射成型装备研发课题通过验收。在 3 年多的时间里,宁波海天实力机械有限公司联合浙江大学、北京化工大学等,打破了发达国家在精密塑料注射成型装备领域的技术垄断,实现了精密塑料注射成型装备国产化,并跃居国际先进水平。在该项目的带动下,2010 年,海天集团注塑机销售收入达到 68 亿元,取得了全球注塑机销售量第一的佳绩。

2. 芳纶产业化规模跃上千吨级

2011 年 6 月 13 日,年产 1000 吨对位芳纶产业化项目在中国最大的高性能纤维生产基地——烟台氨纶股份有限公司成功投产,并稳定运行,这标志着我国芳纶纤维的国产化又向前迈出了一大步。6 月 15 日,产业化产品正式上市,首批 500 千克 3000D 对位芳纶长丝发往浙江市场,使烟台氨纶成为中国最大的芳纶纤维产业基地。

3. 饲料级 DL-蛋氨酸实现国产化

2011 年 7 月 4 日,万吨饲料级 DL-蛋氨酸关键技术研究与产业化科技成果顺利通过中国石油和化学工业联合会在北京组织的成果鉴定,我国成为世界第五个生产 DL-蛋氨酸的国家。由重庆紫光天化蛋氨酸有限公司开发的 DL-蛋氨酸国产化技术,从根本上解决了多年来制约我国蛋氨酸生产的催化剂、工艺、装备、工程化和"三废"治理等关键技术难题,实现了重大突破,填补了国内空白。

4. 自主氟碳醇工艺打破国外垄断

2011 年 6 月 21 日,"十一五"国家科技支撑计划重点项目氟碳醇及其深加工产品开发在辽宁锦州通过国家科技部组织的专家验收,辽宁惠发天合精细化工股份有限公司研发出具有自主知识产权的低温低压调聚法氟碳醇工艺,实现了该领域的重大技术突破。该成果全面打破了国外在氟碳醇领域的垄断,为我国实现氟碳醇自主生产及其下游产品深加工提供了重要的技术支撑。

5. 首套百万吨煤直接液化示范装置达产

2011 年 7 月 4 日,神华集团主要承担的百万吨级煤直接液化关键技术及示范项目在北京通过中国煤炭工业协会组织的专家鉴定。该装置的成功达产使我国成为世界唯一实现百万吨级煤直接液化技术工业化的国家,总体技术水平世界领先。神华煤直接液化项目形成了具有自主知识产权的煤直接液化成套工艺技术。同时,该项目还探索开发了 CO_2 捕集和封存(CCS)关键技术,成功实施了国内煤化工首套全流程 CCS 示范工程。

6. 橡胶型氯化聚乙烯实现绿色制造

2011 年 7 月 25 日,潍坊亚星集团有限公司承担的"十一五"国家科技支撑计划项目——高性能橡胶型氯化聚乙烯绿色制造关键技术开发与应用项目通过专家验收。潍坊亚星开发出了盐酸相法氯化聚乙烯绿色制备关键技术,并设计了大型装备,形成了具有自主知识产权的 6 万吨/年氯化聚乙烯全流程成套工艺软件包,该创新成果为我国氯化聚乙烯行业产品结构调整提供了技术支撑,并实现了氯化聚乙烯橡胶(CM)在高端产品应用的突破。

7. 全球首套 S-诱抗素原药生产线投产

2011 年 8 月 22 日,四川龙蟒福生科技公司眉山生物产业基地竣工投产,其自主开发的年产 20 吨新型生物农药 S-诱抗素成功实现产业化。这是全球首套 S-诱抗素原药规模化生产装置,标志着我国新型生物农药产业化取得重大突破。福生公司研发的 S-诱抗素应用于美国、日本等地的葡萄种植后,在全球掀起了新一轮的应用高潮。

8. 我国建成世界最大 MOCA 项目

2011 年 9 月 27 日,世界最大规模的聚氨酯弹性体交联扩链剂项目——年产万吨级 3,3'-二氯-4,4'-二氨基二苯基甲烷(MOCA)生产线正式产出成品,该项目对提升我国聚氨酯行业自主创新水平具有重要的引领作用。该项目的生产技术、装备均为自主研发,处于世界领先水平,产品纯度也为业内最高。

9. 芳烃成套技术最后堡垒被攻克

2011 年 10 月 8 日,我国芳烃成套技术的最后一个堡垒——芳烃吸附分离技术被攻克,中国石化扬子石油化工有限公司承建的芳烃吸附分离工业示范装置正式投运。这一技术打破了国外公司对芳烃成套技术的垄断,中国石化也由此成为全球第三个拥有芳烃成套技术的能源化工公司,具备了从成套技术设计、工程建设到高效吸附剂生产的全套芳烃生产装置的供应能力。

10. 高端聚氨酯原料 HDI 实现国产

2011 年 12 月 24 日,针对国内六亚甲基二异氰酸酯(HDI)和己二腈产业化技术被跨国公司垄断,导致市场供应及价格受制国外的尴尬现状,山东润兴化工科技有限公司开发的非光气法 HDI 和电合成己二腈技术通过山东省科技厅组织的专家鉴定,并分别建成 1000 吨/年生产线,一举打破了国内企业只能靠"进口米"下锅的局面。

2011年中国不锈钢行业十大新闻

1. 我国不锈钢产量超千万吨，扭转了长期大量进口的局面

2011年我国不锈钢粗产量超过1000万吨，表观消费量达到900万吨以上，分别比2009年增长20%和10%。2011年预计进口不锈钢材110万吨，同比降低19%；预计出口145万吨，同比增长93.84%，扭转了长期以来大量进口的局面。

2. 核电机组蒸发器用关键特殊材料690U型管在宝钢股份成功下线

2011年1月，核电机组蒸汽发生器用关键特殊材料690U型管成品管在宝钢股份宝银特种钢管有限公司成功下线。经检测，产品的弯曲半径、平直度等物理性能指标完全符合标准，首批产品用于防城港核电1号机组。由此，我国成为继法国、日本、瑞典之后，第四个能够生产该产品的国家，对加快我国核电关键材料国产化具有重要的战略意义。

3. 我国研制出海水换热器用超纯铁素体不锈钢，出口美国

太原维太新材料公司和太钢公司联合研发出海水换热器用超纯铁素体00Cr27Ni2Mo3（相当于海酷1号S44660）焊接钢管，从冶炼、热轧、冷轧到专用的焊管生产线已经全线畅通，并批量生产，产品力学性能和机械性能均已达到或超过美国普利茅斯的SEA-CURE钢管水平，成为全球第二家可以生产该产品的企业，目前产品已经出口美国。

4. 年产双相不锈钢达到25000吨，创历史新高，产品水平具备国际竞争力

2011年，太钢、宝钢、永兴特种不锈钢、攀钢长特等企业共生产双相不锈钢25000吨，创历史新高。新开发了2205无缝管和螺纹钢、经济型2101和超级2906不锈钢中厚板、厚度为0.5mm的2205冷轧板卷，品种和规格实现系列化。我国已经具备了按欧标、美标、日标、国标等标准生产全系列双相不锈钢的能力，可为用户提供高质量的中厚板、冷轧卷板、锻件、无缝钢管、线棒材、复合板等多种产品。无论在已有石化、水利、造船、造纸等应用领域，还是在建筑幕墙、轨道交通、核电等新领域，国产双相不锈钢具备了和外国同类产品竞争能力，可以替代进口。

5. 国产不锈钢建造亚运综合体育馆屋顶，进入大型建筑结构领域

广州亚运城综合体育馆是广州亚运会12个新建场馆中规模最大、科技含量最高的工程，也是广州目前最大的综合性体育馆。宝钢成功研发出铁素体不锈钢新品，用于建造该体育馆屋顶及装饰立墙，总面积逾2万平方米。国产不锈钢替代进口，仅此一项就为亚运会节省资金2.25亿元，也开创了国产不锈钢材料进入我国大型建筑结构领域的先河。该项目屋顶第二层及支撑系统材料也使用了国产奥氏体不锈钢。

6. 中国特钢企业协会不锈钢分会换届选举出第四届常务理事会

2011年中国不锈钢行业年会于6月17~18日在上海宝山宾馆举行。年会特别邀请了中国工程院院长徐匡迪先生莅临。会议讨论和通过第三届会长工作报告，修改了分会组织管理办法，大会选举了33个会员单位为第四届常务理事会成员。常委理事会选举宝钢集团有限公司为第四届常务理事会会长单位，选举太原钢铁（集团）有限公司、东北特殊钢集团有限责任公司、金川集团有限公司等11个单位为副会长单位。选举楼定波为第四届常务理事会会长，胡玉亭、董学东、武浚、喻恩刚、王洪生、董翰、周志江、周克明、杨尊庆、王迪、王开明为副会长。

7. 宝钢集团重组福建德盛镍业

2011年2月9日在北京举行的“福建省与中央企业项目合作洽谈会”上，宝钢集团董事长徐乐江与吴钢集团董事长陈法官签署了重组福建德盛镍业有限公司的协议。这是国内不锈钢行业国有大型企业与民营企业之间实施的跨地区的重大重组。重组有利于发挥宝钢研发、市场、生产、管理的优势和吴航的资源优势，有利于调整国内不锈钢产品结构和质量提升，有利于节能环保，推进福建罗源湾地区不锈钢产业发展和生态环境的和谐发展。

8. 江苏大明在香港成功上市

2011年2月1日，国内大型不锈钢加工配送企业大明国际（01090. HK）在香港成功挂牌上市，这是继2011年久立股份在国内上市之后，国内第一家上市的民营不锈钢加工配送企业。上市为大明公司满足大型船厂、结构件厂、压力容器厂等不断增加的配套加工服务需求，引进不锈钢扁钢生产线、龙门式五面加工中心及立式加工中心，完善机加工平台及“重装平台”的建设和完善国内布局，提供了良好的条件。

9. 中小不锈钢企业战略发展研讨会在江苏兴化成功举办

2011年1月19日~20日，“中国中小不锈钢企业战略发展研讨会”在江苏兴化成功举办，会议围绕国内不锈钢中小企业在我国工业化、信息化过程中如何抓住机遇、选好定位、全面提升企业和不锈钢产品的竞争力，创名牌战略等有关论题进行报告和研讨。会议特别邀请了全国工商联前副主席、现任中华民营企业联合会会长的保育钧先生作了题为“我国经济转型时期中小企业的发展机遇”的报告；会议还邀请了德国、台湾等国外企业和国内有特色的企业介绍国内外中小企业发展的经验和思路。大会组织代表参观了江苏兴化戴南地区的不锈钢园区和该地区不锈钢制品的展览展示。不锈钢分会会长楼定波参加会议并致辞，不锈钢分会顾问李成做总结。此次会议由国际镍协会和江苏兴化协办。

10. 我国不锈钢钢号标准首次纳入ISO标准体系

我国86个不锈钢牌号标准，2011年首次列入国际标准化组织ISO的不锈钢牌号对照标准中，这对进一步促进我国不锈钢材料、不锈钢机械设备及制成品与国际接轨具有重要意义。

2011年中国建筑防水行业十大新闻

1. 2011年是我国建筑防水行业产业结构调整最大的一年，骨干防水企业继续加大投资力度做大做强，新的产业基地推进中小企业规模化发展,加快了产业结构调整。一批骨干防水企业如东方雨虹、深圳卓宝、广东科顺、大连细扬、山东宏源、潍坊宇虹、唐山德生、北京立高、天津奇才、苏州凯伦等,加大投资力度、新建生产基地,通过改造升级装备,淘汰落后产能,扩大品种数量,促进企业做大做强。2011 年,首个“中国建筑防水产业基地”落户山东寿光市台头镇,“中国建筑防水之都”盘山县建立了“新型防水材料产业园”,支持企业向规模型、集群化发展。骨干防水企业投资力度的加大,提升了市场竞争力,行业集中度进一步提高;新的产业基地的出现,推动产业步入规模化发展,行业结构调整步伐加快。

2. 我国防水材料产品结构产生重大调整,自粘防水卷材成为工程用量最大的三类卷材之一。‘中国建筑防水行业年度经济分析报告’显示,2011 年我国自粘防水卷材产量增长幅度远大于其他防水材料,2011 年预计增长 31.60%,产量预计达到 16 871 万平方米。《中国建筑防水》杂志社‘2010 年度全国防水材料工程应用调查’显示,自 2007 年以来,自粘防水卷材的应用量整体呈现上升趋势,2010 年的应用比例由 2009 年的 18.03% 上升至 23.46%。自粘防水卷材具有施工便捷、粘结性强等特点,在地下人防、地铁隧道、水利等工程领域广泛应用。施工技术的变革推动产品的技术创新,市场的需求吸引了企业的投资,我国的防水材料产品结构因此产生重大的调整,自粘防水卷材与 SBS/APP 防水卷材、高分子防水卷材一起成为我国目前应用量最大的三类防水卷材。

3. 我国建筑防水材料及防水工程技术防火安全面临挑战。频发的建筑材料火灾事故,引发公安部和住建部对建筑设计提出严格的防火要求,使得屋面防水材料以及防水工程的防火安全面临挑战。防火安全对我国防水技术是一次重大挑战,同时将对行业内相关防水材料阻燃性能的试验方法和标准的制定,以及屋面系统的防火测试和认证制度的建立起到积极的推动作用。业内的一些企业如卓宝、天津奇才、东方雨虹等,也已行动起来,积极开发具有阻燃功能的防水建材。

4. 今年实施的《建筑防水卷材产品生产许可证实施细则》,经修改,已成为最新防水行业产业结构调整政策的实施保障。2011 年 1 月,国家质检总局发布的《建筑防水卷材产品生产许可证实施细则》正式实施;4 月,国家质检总局发布《关于公布建筑防水卷材等产品工业产品生产许可证实施细则修订单的公告》(2011 年第 46 号),在细则的 3.7 章节中增加了《部分工业行业淘汰落后生产工艺装备和产品指导目录(2010 年本)》(中华人民共和国工业和信息化部〔2010〕第 122 号公告)规定的相关内容,即将‘500 万平方米/年以下的改性沥青类防水卷材生产线、500 万平方米/年以下沥青复合胎柔性防水卷材生产线、100 万卷/年以下沥青纸胎油毡生产线’列入淘汰期限之列,要求立即淘汰。

5. 2011 年 4 月,中国建材科研总院苏州防水研究院金属屋面系统抗风揭实验室获美国 FM 认证有限公司授权。此前,国内尚无单独针对金属屋面系统抗风揭的检测方法和标准规范。该实验室由苏州防水研究院与美国 FM 公司合作建设,根据 FM 的金属屋面抗风揭试验方法开展试验和认证。该实验室的建成将为我国建立金属屋面系统抗风揭的检测方法、标准规范和认证评价体系奠定坚实的基础,对我国金属屋面系统的规范发展有着重要的意义。

6. 2011 年 9 月,住建部启动建设保障房建材采购信息平台,业内防水企业积极响应。9 月,住建部正式启动保障性住房建设材料、部品采购信息平台,其中包括了防水卷材、屋面系统和屋面瓦等产品和技术。中国建筑防水协会为配合此项工作,开展了“全国保障性住房建设防水材料优质供应商”评选活动,东方雨虹等共 3 批 41 家知名企业入选;众防水企业纷纷承诺提供质优价廉产品,投身于保障房建设项目中。

7. 2011 年 11 月,北京市中通新型建筑材料公司承包的“喷涂聚脲在济南第十一届全运会(一场三馆)看台等多部位防护工程”荣获 2010 年鲁班奖。2008 年 6 月中通公司承接了济南奥体中心第十一届全运会一场三馆的喷涂聚脲防护工程,该工程总面积达 18 万 m^2,具有施工难度大、施工部位特殊、技术及施工质量要求高等特点。中通公司将喷涂聚脲弹性体防水涂料成功运用在体育场的外檐、V 型柱、金属水槽、跳台等特殊部位,这在国内乃至国外尚属首次,也解决了多年来困扰防水行业混凝土等部位外保护层防护材料及施工的难题,拓展了喷涂聚脲的应用领域。

8. 2011 年 12 月,中国建筑防水协会六届二次理事会期间,正式发布了《建筑防水行业“十二五”发展规划》。《规划》提出了我国防水行业“十二五”期间的三大战略、七大目标和八项实施措施。《规划》的发布,将指导行业发展方向,推动产业结构调整和行业经济增长方式转变,实现行业持续健康发展。

9. 2011 年 12 月,上海台安工程实业有限公司等 28 家企业的 49 种产品入选“中国建筑防水行业知名品牌产品”。由中国建筑防水协会开展的“中国建筑防水行业知名品牌产品”评选活动,评选出上海台安、东方雨虹、格雷斯、科顺、盘锦禹王、宏源、宇虹、鑫达鲁鑫、辽宁大禹、汇源、卓宝、唐山德生、广西金雨伞、大明、天津禹红、吴江月星、新乡日月等 28 家企业的 49 种产品为“中国建筑防水行业知名品牌产品”。该活动对推动我国防水行业实施名牌战略、增强企业品牌意识,以及加强行业自律、规范防水市场、扶优打假等将发挥积极的作用。

10. 中国首个 TPO/EPDM 防水卷材柔性太阳能电池光伏屋面一体化项目成功联网发电。2011 年 12 月,Uni-Solar 津能(天津)能源公司将柔性非晶硅光伏太阳能电池组件铺设在 TPO 和 EPDM 防水卷材屋面上并成功联网发电,这是中国首个成功联网发电的 TPO/EPDM 防水卷材柔性太阳能电池光伏屋面一体化项目。Uni-Solar 公司是世界上最大的柔性非晶硅光伏太阳能电池组件制造商,该公司的柔性光伏薄膜主要应用于直立锁边金属屋面和柔性防水卷材屋面,其产品可以完美地与金属屋面、卷材屋面相结合,成为真正的光伏建筑一体化(BIPV)太阳能屋面系统。2010 年其子公司 Uni-Solar 津能(天津)能源公司向住建部申请的光伏建筑一体化太阳能屋面示范项目获批,在公司厂房 7000m^2 屋面上铺设柔性非晶硅光伏太阳能电池组件,总功率为 300 kW,每年发电量约 47 万度。

2011 年中国水泥行业十大新闻

1.（政策规划）水泥工业"十二五"发展规划正式出台

为加快水泥工业转型升级，走中国特色的新型工业化道路。依据《国民经济和社会发展第十二个五年规划纲要》和《工业转型升级规划》，工业和信息化部制定的《水泥工业"十二五"发展规划》11 月 9 日正式发布。

2.（淘汰落后）淘汰落后步伐加快，1.53 亿吨落后产能退出市场

7 月 11 日，工信部按照《国务院关于进一步加强淘汰落后产能工作的通知》（国发[2010]7 号）和《关于下达 2011 年工业行业淘汰落后产能目标任务的通知》（工信部产业[2011]161 号）要求，各省（区、市）已将 2011 年 18 个工业行业淘汰落后产能目标任务分解落实到企业，并将淘汰落后产能企业名单在当地政府网站和媒体上进行了公告。

3.（行业业绩）水泥行业全年利润将超千亿

根据国家统计局数据显示，截止 10 月份，2011 年水泥行业已实现利润 846 亿元，超过去年利润总和（去年全年 712 亿）。预计 2011 年全年利润将超千亿，全年的量价齐升是水泥行业利润增长的关键。

4.（多元发展）产业链延伸，增强市场竞争能力

各大集团转变发展方式，拓展产业链，增强竞争力。以华润、中建材、冀东、金隅等为代表大型水泥企业大步伐挺进和整合混凝土业务；3 月 22 日，中国中材装备集团有限公司挂牌成立；8 月 18 日，唐山冀东装备工程股份有限公司成立；12 月 16 日，冀东发展集团有限责任公司在唐山市玉田县兴建玉田骨料制品建材园；12 月 27 日，中国建材检验认证股份有限公司创立揭牌。

5.（兼并重组）西南市场为兼并重组热点，中国建材西南水泥公司成立

全国水泥行业兼并重组加速，西南成为 2011 年各大水泥巨头争夺焦点，中国建材、华润、海螺、华新、冀东、台泥、红狮集团纷纷进入。12 月 15 日，中国建材集团牵头注资 100 亿，在四川成都成立西南水泥有限公司，拥有西南水泥产能 5000 万吨。

6.（企业升级）中国建筑材料集团有限公司首次进入世界 500 强

7 月 7 日，美国《财富》正式公布 2011 年世界 500 强企业排行榜，中国建筑材料集团有限公司（CNBM）首次进入世界 500 强，位列第 485 位。在以水泥为主业的企业中，位于爱尔兰 CRH、法国拉法基、瑞士 Holcim 之后的第四位。

7.（资本市场）金隅回归 A 股、天瑞香港上市

1 月 21 日，金隅股份吸收合并太行水泥方案和北京金隅股份有限公司的首发申请获得证监会发审委审核通过，港股金隅股份回归 A 股 IPO 闯关成功，1 月 27 日上市流通日。

12 月 23 日，天瑞水泥在港交所挂牌上市，募集资金逾 5 亿美元。

8.（海外投资）华新投资塔吉克斯坦、海螺投资印度尼西亚

9 月 15 日，华新水泥股份有限公司在塔吉克斯坦投资的年产 100 万吨新型干法水泥生产线项目开工奠基。

海螺水泥与香港昌兴物料（国际）有限公司在印度尼西亚合资建设年产 155 万吨水泥生产线项目，项目总投资额约 4 亿美元，其中海螺水泥投资约 3.78 亿美元。

9.（管理创新）中国建材联合重组与管理整合经验成为哈佛商学院案例

10 月 25 日，中国建材股份有限公司在北京举行"哈佛商学院案例发布会"，由哈佛大学约瑟夫・鲍沃教授和 GA 邓乃文高级研究员联合撰写的"中国建材：推动中国水泥产业发展"案例正式出版，中国建材在中国水泥行业的并购整合经验进入美国哈佛大学商学院的案例库。

10.（国际交流）中国获 2015 年世界水泥化学大会主办权

7 月 7 日，在西班牙马德里第 13 届国际水泥化学大会（ICCC）的闭幕会上，大会主席 Angel Palomo 宣布：中国获得第 2015 年第 14 届 ICCC 举办权。ICCC 被誉为国际水泥学术界的"奥林匹克"，中国硅酸盐学会和中国建筑材料科学研究总院 20 年内曾五次申办，终于成功，中国几代水泥科技工作者几十年来的夙愿得以实现。

2011 年中国铝加工业十大事件

1. 中国有色金属工业协会启动全铝半挂车推广项目

根据中国铝工业"十二五"发展专项规划提出的"大力发展精深加工，重点支持汽车、航空、船舶、轨道交通、国防科技等领域高端铝材的产业化，加快组建交通用铝等产业技术创新战略联盟"主要任务，中国有色金属工业协会将下大力气推动铝制挂车的生产和应用，并以此作为扩大交通用铝的突破口。

据统计，目前我国半挂车保有量约 300 万辆，虽然占汽车总保有量的约 3%，但其燃油消耗量却占到汽车总消耗量 1.38 亿吨的 25% 以上。如果我国铝制挂车应用比例达到发达国家目前 70% 的水平（210 万辆），则年可节约燃油 900 万吨以上，减少 CO2 排放量约 2717 万吨，并为交通运输行业带来 2000 亿元以上的节油和增收效益。

2. 中国首条现代化双机架铝板带冷连轧生产线投产

2011 年 6 月 28 日，西南铝业集团有限责任公司投资建设的国内首条具有世界先进水平的双机架铝板带冷连轧生产线建成投产。该生产线主要设备包括德国西马克公司和 ABB 公司联合制造的 2000mm 双机架冷连轧生产线，西门子公司制造的 2000mm 单机架冷轧机以及高速切边机和铝卷材立体平面智能化物流管理系统等，具有 25 万吨/年的高精铝板带产能。可满足国内日益增长的罐料、瓶盖料、CTP 印刷版基、交通车辆铝板、电子电器铝板等高精铝板带市场需求。双机架铝板带冷连轧生产线建成投产在中国铝加工发展历史上具有重大意义。

3. 西南铝业集团有限责任公司 4300mm 铝合金厚板生产线投产

2011 年 11 月 11 日，西南铝业集团有限责任公司

4300mm 铝合金厚板生产线竣工投产。据报道,这条专业化铝合金厚板生产线,投资超过 10 亿元,主要有 4300mm 铝合金厚板轧机和 12000 吨拉伸机等大型现代化铝加工装备。4300mm 铝合金厚板生产线可生产厚 250mm、宽 3800mm、长 18000mm 的大规格铝合金厚板,可满足航空、航天及国防军工的需要,从而使我国成为继美、日、德、俄之后又一个能够生产大规格铝合金厚板的国家。

4. 爱励鼎胜(镇江)铝业公司特种铝合金厚板项目开工建设

2011 年 1 月 18 日,爱励鼎胜铝业(镇江)有限公司特种铝合金厚板项目在镇江京口工业区奠基。该项目由爱励国际和镇江鼎胜铝业股份有限公司合资建设,项目总投资 3 亿美元,主要生产航空航天、交通运输、石油化工、机械、模具用铝合金厚板,包括 2xxx;5xxx;6xxx;7xxx 合金及 Hokotol、Giantal 等爱励公司专利铝合金。项目的关键设备全部引进,包括:1 台 160 英寸(4064 毫米)热轧机;1 台 4m 宽中厚板预拉伸机及 1 台水平热处理炉。将形成全球配置水平最高、最完善的现代化热轧生产线。该项目将分期建设,其中一期形成产能 5 万吨/年。据了解,2011 年 9 月 27 日,爱励国际和空客公司签订了为期 5 年的合同,其航空铝合金板材将由爱励鼎胜铝业(镇江)有限公司提供。该项目的建设将缩短我国航空用铝合金板材的国产化进程。

5. 中铝萨帕特种铝材(重庆)有限公司新建项目奠基

中铝萨帕特种铝材(重庆)有限公司是由中国铝业股份有限公司与瑞典萨帕铝业集团合资建立的一家集铝合金挤压与后续深加工为一体的具有世界先进水平的铝加工企业,合资项目于 2011 年 11 月 11 日奠基,总投资超过 6 亿元,主要设备为 1 台 120MN 挤压机及 CNC 精密加工装备,计划于 2013 年初投产,生产规模为年产 2 万吨铝合金结构型材及车辆模块。该公司采用最新的挤压、热处理、摩擦搅拌焊接和机械加工技术。Sunlight 认为,该项目的建设为加快中国铝加工技术进步与加速拓展海外高端铝型材市场具有十分重要的意义。

6. 豫港龙泉铝业有限公司 25 万吨/年铝连铸连轧生产线建成试投产

河南伊川电力集团豫港龙泉铝业公司总投资 29.5 亿元的年产 25 万吨铝连铸连轧项目于 2011 年 11 月 22 日签订 FAT(Final Acceptance Test)、FAC(Final Acceptance Certificate)。标志着中国首个采用连铸连轧工艺生产冷轧坯料的项目正式投产。该项目将利用伊川电力集团的 40 万吨/年铝液直接铸轧与热轧成厚 1～2mm 的冷轧坯料,连铸连轧与热轧工艺比,减少了铝锭重熔、锭坯铣面、锯切和粗轧机开坯轧制等多道环节,降低了能源消耗。特别适合单一合金的规模化生产。豫港龙泉铝业公司铝连铸连轧项目的建成投产,使中国铝加工业拥有了热轧、连续铸轧和连铸连轧三种铝轧制供坯工艺,成为世界上少有的具备可采用全面工艺生产供应铝轧制坯料的国家。

7. 南山铝业股份有限公司集中引进 14 台现代化铝挤压机

南山铝业股份有限公司一次性向德国西马克·梅尔公司订购 14 台挤压力 11MN～165MN 的挤压机,具有双动、正向与反向先进装置,其中 165MN 挤压机可生产外接圆直径 1000mm 的大断面铝型材,是全球迄今为止挤压力最大、装机水平最高的铝挤压机。这批现代化铝挤压于 2011 年 12 月陆续投产。因此,南山铝业有限公司成为了全球拥有德国西马克·梅尔公司制造的挤压机最多的企业,高水平的挤压装备也必将成为全球生产高精密工业用铝挤压材的基地。

8. 兖矿集团轻合金公司成功生产直径 816mm 铝合金挤压用大型铸锭

2011 年 11 月 22 日,山东兖矿集团轻合金有限公司利用引进的美国阿尔麦斯公司 30 吨立式液压油滑铸造机一次成功生产出 3 支长 6m、重量约 8.5t、直径 816mm 的 7N01 铝合金铸锭。据了解,山东兖矿集团轻合金有限公司是全球首家一次性建成的最大的工业铝型材挤压企业,拥有 14 台挤压机,产能 13 万吨/年,其中有 1 台引进于德国西马克·梅尔公司(SMS Meer GmbH)的 150MN 挤压机,目前正在安装,计划 2012 年投产。该公司研制大直径铝合金铸锭是为大挤压机投产配套供坯做准备。

9. 忠旺集团斥资 38 亿美元启动超大铝压延项目

2011 年 10 月 17 日,中国及亚洲最大的工业铝型材研发制造商中国忠旺控股有限公司宣布,集团将于 2011 年至 2014 年间分四期斥资 38 亿美元(约 295 亿港元)购买包括用于生产铝中厚板及薄板带的热连轧机组及冷轧机组、熔铸生产线、用于生产中厚板及硬合金板的淬火炉、及铝箔轧机等设备,用于建设第一期年产能 180 万吨的铝压延材项目。预计主要设备从 2013 年开始分阶段交货,一期 180 吨/年项目将于 2014 年开始投产,再通过二期建设,2018 年实现铝板带总产能 300 万吨/年。中国忠旺公司董事长兼总裁刘忠田表示,忠旺公司的铝压延材项目定位高精中厚板、板带及铝箔等高附加值产品,加上工业铝型材业务已逐步回稳并形成良好的现金流,我们有信心新一轮的企业发展规划将会为忠旺注入新的发展动力,为股东创造更大的价值。

10. 国际铝协 3 个铝应用推广中文网站开通公益传播铝应用信息

2011 年,国际铝协、欧洲铝箔协会、尚轻时代金属信息咨询(北京)有限公司合作,向中国铝业界推出"交通用铝"、"绿色建筑用铝"、"铝箔包装"3 个中文界面公益网站。这 3 个网站分别以"铝——驱动未来"、"铝——构建未来"、"优异铝箔,全球共享"为主题,系统介绍了铝在交通工具、建筑、包装方面应用的优势、性能、特点,介绍了很多全球铝应用的成功案例,同时汇总并发布了国际铝业协会及相关机构的诸多有关铝与交通、建筑、包装、回收、资源可持续发展、环保、生命周期分析的研究报告,使中国铝工业上下游业界人士与国际同业实现了信息共享。3 个中文网站也成为铝行业公益信息传播的平台和风向标。

2011 年国内外铅锌行业重要事件

1. 环保核查推动铅酸蓄电池产业快速升级

2011 年,环保部、工信部等九部委重拳出击,全面整治铅酸蓄电池生产、组装和回收(再生铅)企业。各地共排查铅蓄电池生产、组装及回收(再生铅)企业1930家,其中,被取缔关闭583家、停产整治405家、停产610家,关停比例达83%。环保整治虽然导致铅酸蓄电池企业大面积关停,供应紧张,但价格适度上涨。总体来看,环保核查采取一刀切的办法,解决了行业长期存在的散、乱、差问题,行业集中度迅速提高,行业技术装备水平达到世界适用技术先进水平,全国蓄电池产能在更高水平上继续迅猛发展,预计到2012年总产能将恢复到环保核查前的水平。

2. 国家改善再生利用政策利好再生铅发展

2011年11月23日,财政部和国家税务总局发布通知,对以废旧电池为原料生产铅等有色金属再生企业,实行增值税即征即退50%的政策。我国再生资源增值税政策经历了从免征增值税、到增值税"先征后返",2009年退70%,2010年退50%,再到2011年不再享受退税优惠的过程。新政策不但将增值税退税政策恢复,且改变原来"先征后返"模式,更对增值税退税对象及其资质做了明确规定。新政策不但加强了对资源回收行业的扶持,更加对正规、有资质企业的生产活动进行保护,有助于推动再生铅等再生利用行业的健康、有序发展。

3. 湿法脱硫助推中国再生铅行业环保水平迈上新台阶

湿式钙法烟气脱硫(湿法脱硫)是成熟、适用、运行稳定常规脱硫工艺,其脱硫效率大大高于干法或半干法脱硫工艺。一直以来,主要因成本的原因,该工艺并没有在我国再生铅行业得到应用。2011年江苏新春兴再生资源有限公司、湖北金洋冶金股份有限公司等主要再生铅企业新建项目均采用湿法脱硫技术,我国再生铅行业环保水平将因此迈上一个新台阶。

4. 多管齐下 铅锌行业淘汰落后产能显著

2011年《国务院关于进一步加强淘汰落后产能工作的通知》(国发[2010]7号)和《关于下达2011年工业行业淘汰落后产能目标任务的通知》》(工信部产业[2011]161号)中提出淘汰铅冶炼产能66.4万吨,锌冶炼产能33.8万吨,涉及铅冶炼企业38家,锌冶炼企业32家。在科技部相关规划中,2012年年底前国内铅锌产业达不到10万吨生产能力的将全部实现整合。2011年是实施"十二五"规划第一年,铅锌行业淘汰力度比2010年加大。各省地市县各级政府高度重视淘汰落后产能工作,多管齐下,出台相应的工作细则和考核办法,有力地保证了落后产能淘汰任务的完成。

5. 五矿有色金属公司揭牌铅锌产量全国第一

12月16日,五矿有色金属控股有限公司(五矿有色)在长沙正式揭牌,全面投入整合运营,至此,五矿有色实现了钨资源量、硬质合金产能、锑冶炼产能、中重稀土产能、铋资源量五个世界第一,以及铅锌锌冶炼产能全国第一。

6. 国内铅期货上市

国内铅期货于2011年3月24日正式在上海期货交易所上市交易,交易单位为每手25吨,保证金8%,基准价定为18350元/吨。铅行业对国内铅期货的上市期待已久,希望期货上市能提振国内铅价,增加中国在铅定价方面的话语权。但是因交易条件比其他品种更高,适逢期货市场整体低迷,所以铅期货自上市以来交易清淡。2011年底,沪铅期货主力合约收盘价为15290元/吨,比3月份第一交易日最高价19720元/吨跌22.5%。自上市以来,国内铅期货走势基本跟随伦敦市场,相对现货价格基本呈现贴水局面。

7. 多年投资显效国内铅锌矿山生产提速

"十五"期间,我国铅锌采选业累计投资超过550亿元,矿山生产能力不断提高,2011年铅锌精矿产量增长提速。估计全年全国生产铅精矿240万吨,锌精矿422万吨,分别比2010年增长21%和14%,明显高于"十五"期间10.5%和6.8%的增速。

8. 嘉能可首次公开募股

嘉能可(Glencore)2011年4月14日宣布分别在英国伦敦和中国香港两地进行首次公开募股(IPO),计划筹资最高121亿美元,其中22亿美元用于提高对哈萨克斯坦锌业(Kazzinc)公司的持股比例至93%。本次上市工作于5月份完成,IPO发行股份达到总股本的15%-20%。五矿资源随后宣布参与配股4.99亿美元。上市后嘉能可实际融资103亿美元,市场反应低于预期。嘉能可是全球重要的商品贸易商,掌控着全球60%的第三方锌市场,50%锌精矿和铜市场,45%的铅市场,38%的铝市场。此举将有助于进一步增强其在有色金属贸易定价权上的主导地位。鉴于嘉能可推进IPO,未来其他国际商品交易商有可能步其后尘,走向资本市场,寻找长期固定的资本来源,提高收购实体资产的能力。

9. 资源民族主义兴起 铅锌生产成本上升

随着新兴国家需求快速增长,商品价格居高难下,全球资源民族主义兴起,进一步推动矿产品价格上涨,铅锌等以自然资源为主要原料的有色金属行业面临生产成本不断上升的压力。2011年8月25日,秘鲁要求境内的矿业公司每年支付约30亿新比索尔(10亿美元)新增税收,通过提高矿业税和矿业公司利润税来为社会公众项目筹集资金,新税收占矿企销售收入的1%~3%。秘鲁是全球重要铅锌矿出口国,有Antamina、Cerro de Pasco等全球知名矿山,新税收将推高该国铅锌矿生产成本和出口价格。2011年11月8日,澳大利亚议会通过吉拉德政府提出的针对企业23澳元/吨的碳排放税,主要针对500家重污染企业,含盖境内Century、Mount Isa、Cannington等全球重要铅锌矿山。南非财政部在2011年11月中期发布了关于将征收碳排放税修改文件,该税收将增加10%的企业生产成本,南非矿业对未来前景感到不满,抱怨新税种将造成灾难性后果,南非Black Mountain等铅锌矿山将受此影响。

10. 江森自控扩建再生铅产能为我国再生铅企业发展提供新思路

2011年全球最大汽车用铅酸蓄电池生产商美国江森自控有限公司在再生铅领域动作频频,以增加其原料自给率。自2010年11月在墨西哥开建第二家再生铅厂(Villa de Garcia,产能13万吨)后,2011年在美国南卡罗来纳州佛罗伦萨建设第三家再生铅厂(产能为13万吨),并宣布将对位于墨西哥北部的Cienega de Flores再生铅厂(产能为13万吨)投资逾7000万美元,以对现有设备进行升级。上述三家再生铅厂一旦全部建完,在北美地区,江森自控能够满足其铅酸蓄电池生产所需精铅的50%。2011年江森自控扩建再生铅产能的举措表明原料供给稳定是铅酸蓄电池企业自身发展和抵抗经济周期的保障。目前我国铅酸蓄电池生产企业规模普遍较小,无力依托自身力量大规模发展再生铅,但却亟盼原料供给稳定。这为我国再生铅企业提供了一个与前者合作甚至合并的巨大空间。与铅酸蓄电池企业合作或合并,既可保证产品稳定的销售,也可保证废旧蓄电池原料的稳定供给。

2011年中国平板显示行业十大新闻事件

1.京东方、华星光电8.5代线先后建成投产、量产

2011年6月29日总投资280亿元的京东方8.5代TFT-LCD生产线在北京经济技术开发区点亮投产,这是中国内地首条自主设计与建设的高世代液晶面板生产线。9月27日,京东方宣布其第8.5代液晶面板(TFT-LCD)生产线实现量产,这意味着京东方实现了从1.8英寸到55英寸全系列主流液晶面板的国产化。

华星光电:2011年8月8日,总投资245亿元的深圳华星光电技术有限公司第8.5代TFT-LCD面板生产线项目正式投产,标志着中国大陆依靠自主创新、独立建设的最高世代TFT-LCD面板项目转向全面生产经营阶段。10月12日,TCL集团高级副总裁、华星光电CEO贺成明表示,华星光电8.5代液晶面板线已正式进入量产阶段,创造了国内面板项目量产速度桂冠。

2.能效标识实施 LED背光成为液晶电视背光主流

2011年3月1日,《平板电视能效标识实施规则》开始实施,这意味着这之后生产或者进口的包括液晶电视和等离子电视在内的平板电视产品必须张贴能效标识。随着平板电视能效标识制度的推广,不能达到市场准入门槛的高耗能产品将逐渐被淘汰。随着能效新标准的实施,具技术和价格优势的LED背光电视成为主流。2011年第三季,LED背光在液晶电视出货量中占39%,2012年第二季LED背光渗透率预计超过50%,并将于第三季达到53%。

3.中国大陆发力OLED,维信诺、彩虹、天马、京东方先后投建AMOLED生产线

当前,发展OLED产业已经成为产业共识,中国大陆也积极推进OLED产业化发展,着手打造本土产业链,维信诺、天马、京东方等企业先后宣布投建AMOLED生产线,布局新兴显示技术。2011年5月16日,厦门天马微电子有限公司第5.5代低温多晶硅(LTPS)TFT-LCD及彩色滤光片(CF)生产线项目开工典礼在厦门举行,此生产线按计划将于2012年12月投片试产。6月8日,彩虹股份发布公告,佛山彩虹拟自筹3.15亿元资金建设AM-OLED中试线项目。8月8日,维信诺公司正式宣布投资建设一条4.5代以上AMOLED生产线,并计划2013年投产。8月11日京东方公告表示,将在内蒙古鄂尔多斯装备制造基地投资新建大陆第一条5.5代AMOLED生产线,主要生产以LTPS-LCD(低温多晶硅液晶显示)和AMOLED技术为主的中小尺寸显示器,建设周期29个月,总投资220亿元。

4.中电熊猫成功投产国内第二条6代TFT-LCD液晶面板生产线

2011年3月30日,经过17个月紧张的设计、施工、安装和测试,落户在南京经济技术开发区"中国南京液晶谷"的第一个大项目——中电熊猫第六代液晶面板生产线建成投产。南京液晶谷第六代液晶面板生产线建成投产,标志着中国电视液晶面板国产化进程取得实质性进展,将有效改变大尺寸液晶面板主要依赖进口的局面,成为引领南京这个电子工业老基地成功转型升级的强大引擎。

5.国外大厂国内投建面板线举棋不定:LG无限推迟 三星、友达计划变动推延

受到全球经济大环境影响,全球产业遭遇低迷景气,此前大举进军中国大陆建设高世代液晶面板生产线的国外大厂态度从坚决到诱惑,举棋不定的摇摆心态明显。2011年3月,LG突然宣布,推迟在广州建立8.5代液晶面板项目开工日期,并于8月确认无限期延后兴建计划。2011年5月,友达光电出资7.96亿美元参股昆山龙飞光电项目,而该项目也由原来规划的7.5代面板线升级为8.5代,建设时程因为项目升级而递延。2011年10月中旬,三星电子向韩国知识经济部递交申请书,计划将中国苏州的7.5代液晶面板生产线升级至8.5代,其投产日程推延之意明显。

6.旭硝子深圳建设8.5代玻璃基板生产线 配套华星光电

2011年6月23日,旭硝子第8.5代TFT-LCD玻璃基板项目在深圳市光明新区隆重举行开工仪式。作为华星光电的配套设施,旭硝子计划投资220亿日元,在光明新区高新技术产业园区新建一条月产量为12万片8.5代TFT-LCD玻璃基板的精密研磨生产线,生产的产品将是中国市场上最大尺寸的8.5代TFT-LCD玻璃。未来,旭硝子还将考虑投资建设为研磨生产线配套的玻璃窑炉生产线。

7.玻璃基板国产化步伐明显加快

随着本土高世代液晶面板生产线的建设,玻璃基板首先被国内厂商本土化攻陷。2011年,以彩虹、旭飞、东旭及成都中光电为代表,玻璃基板国产化步伐明显加快。2011年4月18日,彩虹集团与顺德签署协议,预计将投资约116亿元,在顺德建设12条8.5代及以上世代线玻璃基板生产线12条。8月16日,郑州旭飞光电科技有限公司液晶玻璃基板一期投产暨二期开工仪式在郑州举行。9月28日,东旭集团芜湖平板显示玻璃基板产业园开工建设,项目规划建设50条平板显示玻璃基板生产线,一次规划、分期实施。其中一期投资90亿元,建设10条生产线。此外,成都中光电0.5mm玻璃基板也在批量对外供货。

8.国内首条宽幅TFT偏光片生产线正式量产

2011年10月28日上午,国内首条宽幅(1490mm)TFT型偏光片生产线投产典礼在深圳市三利谱光电科技有限公司厂房内隆重举行。两年来,三利谱光电科技通过公司通过自主创新,不断打破各种技术壁垒,成功建成国内首条宽幅(1490mm)TFT型偏光片生产线。该生产线于2011年8月开始试生产，正式投产后可实现年产偏光片600万平方米。

9. 国家出台政策推动新型显示器件及关键部件产业化发展

2011年5月19日，国家发展改革委、财政部、商务部三部委公布了《鼓励进口技术和产品目录（2011年版）》。《目录》提及45个鼓励发展的重点行业，其中进一步明确了鼓励等离子显示屏（PDP）、有机发光二极管（OLED）等显示器件制造。这是继发展改革委第9号令明确推动等离子显示屏（PDP）、有机发光二极管（OLED）、3D显示等新型平板显示器件及关键部件产业优化升级和加快发展后，再次将鼓励该行业发展的重要信号。

10. 长虹3D高清等离子生产线投产

2011年4月25日，拥有自主知识产权的3D等离子显示屏在四川绵阳长虹旗下子公司虹欧公司的新型等离子显示屏生产线全面实现量产。这也是我国首条拥有自主知识产权国际领先的42英寸以上的高清和全高清3D等离子显示屏生产线的全面量产，产品月综合良品率达到90%以上，单日最高产品综合良品率达到95%，日产能实现0.6万片。标志着中国彩电产业在全球新型平板显示技术上已具有参与国际竞争的核心竞争力，并将为未来中国3D电视发展提供强大的产业带动和技术支撑。

2011年电线电缆行业十大新闻

1. 江苏亨通高压电缆公司建国内最大海底电缆专用码头

2011年2月，常熟市口岸办正式批准江苏亨通高压电缆有限公司在常熟经济开发区长江口岸开建全国最大的海缆专用码头。项目总投资10多亿元，建设8000吨泊位和2000吨泊位两个万吨级码头。公司主导产品为500kV超高压交联电力电缆、光电复合海底电缆、海底电力电缆、海底光缆等，计划年内陆续投产。

2. 国家质检总局启动电线电缆质量联动检查

2011年3月28日国家质检总局发布了《关于开展电线电缆产品质量全国联动监督抽查和生产企业调查的通知》（质检监函〔2011〕15号），开始进行大规模的电线电缆质量专项整治工作（简称“联动抽查”）。

“联动抽查”的时间是2011年4月1日至2011年11月30日，总共为期8个月。

3. 湛江吴川市建设海底电缆项目

2011年3月，广东省湛江吴川市的广东威立海底电缆项目开始建设厂房，占地面积35万平方米。该项目计划投资8亿元人民币，计划2011年下半年建成投产，年产值可达30亿元，创税收6000多万元。

4. 津成电缆公司在贵州被判罚款1195万元

2011年4月20日，贵阳市质量技术监督局对贵阳津成电缆公司和天津津成电缆公司产品涉嫌不合格，发“行政处罚决定书”，罚款额达1195万元。被处罚方不服，向省政府提请行政复议，并在北京召开维权新闻会，对贵阳质监局的行政处罚提出质疑，并对该局就此案的说法进行了回应。贵阳津成公司认为，贵阳质监局撒下弥天大谎、制造天大冤案，贵阳质监局执法没有法律依据，属违法执法。此案还在审理中。

5. 发布《电线电缆行业十二五发展指导意见》

2011年4月21日，中国电器工业协会电线电缆分会发布《电线电缆行业十二五发展指导意见》，提出了“十二五”期间行业发展的三个目标，并提出了“四个形成”的历史重任：① 形成3～5家销售额达数百亿元并且具有一定国际竞争能力的大型企业集团；② 形成6～12家销售额达100亿元并且在专业产品领域具有较强国际竞争能力的专业化特色企业；③ 形成一批产品各具特色、专业制造能力强、配套较为齐全、差异化发展的区域线缆产业集群；④ 形成一批具有专业生产特色以及区域竞争优势的中小企业。

6. 耐克森并购阳谷电力电缆事业部

2011年6月22日，法国电缆和光纤制造商耐克森集团（Nexans SA）宣布，公司已经同意收购中国山东阳谷电缆集团旗下的电力电缆业务部门75%股权，并将以合资形式继续在山东运营这项业务。耐克森集团声明指出，以净债务和现金流基础计算，交易对山东阳谷电缆集团电力电缆部门的估价是1.4亿欧元。山东阳谷电缆集团将继续持有交易后电力电缆部门25%的股权。

7. 宝胜股份高层6人集体辞职

2011年7月21日，宝胜股份发布公告称，公司董事夏礼诚、吕家国，董事兼总裁唐崇健，董事兼副总裁和董事会秘书翟立锋，副总裁江玲，监事会主席尤嘉共计6人集体提出申请辞职，在全国电线电缆行业内以及股票市场上引起很大震动。

8. 江西省瑞金市建设电线电缆产业园

2011年7月21日，江西省瑞金市委召开了电线电缆产业园项目调度会，讨论了《瑞金市2011年电线电缆产业园项目建设实施方案》，决定创建推进电缆产业园项目。电缆产业园占地1200亩，专门吸引沿海地区线缆企业前来投资办厂。瑞金市政府对电线电缆产业园开出了优惠的招商引资政策，其中包括土地补贴政策和税收优惠等。

9. 中国电线电缆商会成立

2011年8月15日，中国线缆商会在北京举行了隆重的揭牌成立仪式。上海盛华电缆集团董事长张胜飞和远东控股集团、宝胜科创、汉缆股份、上上电缆集团、中天科技及上海电缆研究所等13家单位的代表为“中国线缆商会”成立揭牌。张胜飞董事长当选为首任常任会长。会上宣读了商会的“八荣八耻”宣言。发起人于2010年上半年向全国工商联递交了《关于筹备成立中国线缆商会的申请》，2010年12月得到全国工商联的批复。

10. 发布《关于促进电线电缆产品质量提升的指导意见》

2011年10月28日，国家质检总局、工业和信息化部、中国机械工业联合会、中国电力企业联合会、国家电网公司、南方电网公司六个部门，联合发布了《关于促进电线电缆产品质量提升的指导意见》，提出成立电线电缆产品质量提升联合工作组，负责研究全国电线电缆质量总体形势，提出质量提升工作措施，督促检查各地落实情况。

2011年光伏产业新闻盘点

1. 国家发展改革委出台太阳能光伏发电标杆电价

2011年8月,国家发展改革委发布关于完善太阳能光伏发电上网电价政策的通知。通知称,2011年7月1日以前核准建设、2011年12月31日建成投产、国家发展改革委尚未核定价格的太阳能光伏发电项目,上网电价统一核定为每千瓦时1.15元。

2. 青海提出“930”计划建全球最大荒漠太阳能光伏发电基地

2011年年中,青海省宣布将以1.15元/千瓦时的价格补贴在9月30日前建成的光伏电站。截至2011年12月31日,随着青海格尔木330千伏太阳能聚明汇集站正式投运,标志着青海柴达木盆地百万千瓦太阳能示范基地全面建成,青海大型太阳能光伏电站并网容量达1003兆瓦,成为我国乃至全球规模最大的大型荒漠太阳能光伏发电基地。

3. 工信部等三部委联合发布多晶硅行业准入标准

2011年1月24日,工信部、国家发展改革委、环保部联合发布《多晶硅行业准入标准》。在政府投资项目核准新目录出台前,新建多晶硅项目原则上不再批准。

并要求太阳能级多晶硅项目每期规模大于3000吨/年,半导体级多晶硅项目规模大于1000吨/年。

4. 美对我国光伏企业提出“双反”调查

2011年10月19日,以SolarWorld公司为首的7家美国光伏电池厂商向美国政府提出申请,对来源于中国的晶硅光伏电池产品提起“双反”调查。美国国际贸易委员会和美国商务部已分别于10月19日和11月8日予以立案。美国太阳能制造商联盟在申诉文件中称,尚德等75家中资企业涉嫌从中国政府获得大量补贴,并以低于成本的价格倾销太阳能电池板,构成不公平竞争,并由此导致美国流失了数以千计的工作机会。该联盟要求美国对从中国进口的太阳能电池板征收超过100%的关税。

5. 晶科能源因污染引发群体性事件被责令停产

2011年9月中旬,晶科能源浙江海宁工厂因固废处置不规范,暴雨后部分污染物冲入河道,导致水体氟化物超标严重,造成死鱼现象,引发工厂所在地村民集体向该工厂讨要说法事件。事件发生后,经环保部门证实,企业对此负有直接责任,并责成企业承担政府先行垫付的损失赔偿。

6. 光伏行业兼并重组迫在眉睫

2011年,受全球经济形势影响,我国光伏企业业绩受损。仅在三季度,就有多家企业的业绩下滑。国内四大光伏巨头英利、尚德、天合、赛维发布的第三季度财报显示,四家公司共亏损2.9亿美元。同时,众多中小企业开工不足,面临生存之忧。

7. 我国40个太阳能光伏援助项目在非洲启动

2011年6月,中国机电产品进出口商会太阳能产品分会秘书长孙广彬表示,中国计划在40个非洲国家建设太阳能发电项目,以期降低非洲对化石燃料的依赖,并为中国制造商打开一个新的市场。该计划可能需要约1亿美元的投资,将通过竞价投标开展项目,并使用中国产的太阳能板。

8. 太阳能热利用产业实现平稳发展

在2011年11月28日举行的中国太阳能市场发展高峰论坛上,有关专家表示,我国太阳能热利用产业2011年产量将达到5760万平方米,同比增长17.6%,销售额将达到942亿,同比增长28.2%,“十二五”开局之年太阳能热水器产业实现持续平稳发展。

9. 2015年10GW、2020年50GW,光伏目标不断更新

外媒与国内媒体相继发布未来国内光伏发展目标有望翻番的消息,显示出了各方对国内光伏目标预测的热度以及对目标修改的期冀。在“十二五”新能源产业规划,原定光伏装机容量在“十二五”(2011-2015年)和“十三五”(2016-2020年)的目标分别为5 GW和20 GW,随着对“能源局和发改委正在就可再生能源发展规划提出一些新的目标”的猜测揭晓,中国“十二五”光伏目标更新为10GW,2020年光伏装机总容量50GW。而SEMI向全球发布“2011中国光伏产业发展报告”更大胆建议中国的2020和2030年的光伏安装量应分别达到60GW和270GW。

10. 北京、浙江等地强制实施新建住宅强装太阳能政策

2011年11月,北京市住建委公布《北京市既有非节能居住建筑供热计量及节能改造项目管理办法》和《北京市太阳能热水系统建筑应用管理办法》征求意见稿。其中要求,采用集中供热的既有非节能住宅完成改造后,从当年采暖季开始实行供热计量收费。安装太阳能热水系统的,将由开发商承担安装成本。而浙江、安徽、河北等地也相继出台了类似规定。

科技计划与项目篇

科技计划

“十一五”期间国家科技计划执行概况

“十一五”期间，国家科技计划围绕落实《国家中长期科学和技术发展规划纲要(2006-2020年)》(以下简称《规划纲要》)，特别是落实国务院《关于发挥科技支撑作用促进经济平稳较快发展的意见》(国发[2009]9号)的各项任务，坚持“自主创新、重点跨越、支撑发展、引领未来”的指导方针，不断深化改革，扩大开放，优化环境，自主创新能力大幅提升，取得一批重大科技创新成果，科技对经济社会发展的支撑引领作用显著增强，国际影响力显著提高。

(一)项目安排

“十一五”期间，国家科技计划共安排项目(课题)51904项，其中国家科技重大专项项目(课题)3000项，国家重点基础研究发展计划(简称“973”计划)、国家科技支撑计划、国家高技术研究发展计划(简称“863”计划)项目1612项，国家科技基础条件建设项目898项，政策引导类计划及专项46394项。

(二)资金投入

“十一五”期间，国家科技重大专项中央财政拨款近500亿元。国家科技计划中央财政拨款932.28亿元，比“十五”期间增长1.31倍，其中，“973”计划、科技支撑计划、“863”计划中央财政拨款589.38亿元，国家科技基础条件建设中央财政拨款122.58亿元，政策引导类计划及专项中央财政拨款220.32亿元。

(三)人员投入

据不完全统计，“十一五”期间参与“973”计划、科技支撑计划、“863”计划实施的科研人员约124.18万人，其中具有高级技术职称的人员45.96万人，约占37%。

(四)主要成效

“十一五”期间，“973”计划、科技支撑计划、“863”计划取得丰硕成果。出版专著215871万字，其中2010年出版专著72955万字，比上年增长18.94%；发表论文433606篇，其中发表国际论文176364篇，占发表论文总数的40.7%；共申请专利90939项，其中申请发明专利达到73206项，占申请专利数的80.5%；获得授权专利29605项，其中发明专利授权20507项，占专利授权数的69.3%；已制定技术标准14356项，正在制定技术标准15049项。

“十一五”期间“973”计划、科技支撑计划、“863”计划培养研究生情况 万人

	合计	博士	硕士
“973”计划	6.9	3.05	3.85
科技支撑计划	6.7	1.8	4.9
“863”计划	9.92	3.64	6.28
合计	23.52	8.49	15.03

1.国家科技重大专项取得初步成效

“十一五”是科技重大专项的开局阶段，2006～2008年间各专项相继部署启动，2009年以来进入全面实施阶段。截至2010年底，重大专项在电子与信息、能源与环保、生物与医药、先进制造等关键领域进行全面部署，带动社会投入500亿元以上。

目前，专项实施进展顺利，组织全国优势力量进行“大兵团”联合攻关的新型举国体制初步形成，取得一批重要成果，为应对国际金融危机、调整产业结构、培育战略性新兴产业和改善民生提供了强有力的科技支撑。

信息领域相关专项形成一批具有自主知识产权的创新产品，产业化步伐加快。飞腾-1000国产中央处理器(CPU)在千万亿次计算机系统天河一号上得到验证和应用，采用国产嵌入式CPU的数字电视机机顶盒系统(SoC)芯片已累计销售4千万颗，集成电路装备专项65纳米介质刻蚀机已销售并取得国外批量订单。时分同步码分多址系统(TD-SCDMA)客户数已突破800万户，具有自主知识产权的第四代移动通信标准(TD-LTEAdvanced)成为第四代(4G)国际候选标准之一。

生物与医药领域专项和水污染治理专项为民生改善做出了积极贡献。已有16个产品获得新药证书，10个以上自主研制新药在发达国家进行临床试验，36个药物大品种技术改造顺利实施。初步构建起符合国际标准并适合国情的人类免疫缺陷病毒(HIV)检测体系。培育转基因抗虫棉新品种66个，推广应用面积已扩大到1.26亿亩。转植酸酶基因玉米和转基因抗虫水稻已获得生产性安全证书。突破了化工、制药、粮食深加工等行业污染物控源减排关键技术，建立了一批清洁生产示范线和大型污水处理示范厂，推动了节能减排与环境保护。

油气开发、大型核电站和数控机床专项重大装备研制取得突破。研制成功3000米深水半潜式钻井平台。我国首个超万道级地震数据采集记录系统，已成功通过2000道工程样机的野外对比试验及实际生产考核。1000兆瓦非能动先进压水堆(AP1000)蒸汽发生器大锻件、主管道和钢质安全

壳容器等重大部件研制取得突破。

高温气冷堆核电站中的大型氦气工程试验回路已全面安装调试。用于百万千瓦核电装备加工的数控重型五轴联动车铣复合机床、超重型数控卧式镗车床研发成功。世界最大的3.6万吨黑色金属垂直挤压机已投入生产。

2. 基础研究取得重要突破

"十一五"期间,基础研究继续围绕国家重大需求,在农业、能源、信息、资源环境、人口与健康、材料、综合交叉与重要科学前沿领域进行战略性、前瞻性部署,取得一批具有世界水平的重大成果,对国民经济与社会发展的重要作用日益显露。

基础理论的源头创新取得重要进展,科学前沿领域取得一批原创性成果,我国基础研究的国际地位大幅度提升。完全独立自主地研制出电子回旋脉塞(回旋管)大功率太赫兹辐射源,使我国成为继俄、美、日、德后第五个独立掌握研制大功率太赫兹回旋管核心技术的国家之一。提高钢铁质量和使用寿命的冶金学基础研究突破了高氮不锈钢生产必须采用特种冶金手段的禁区,被认为是高氮不锈钢领域的重大突破。数字化制造基础研究实现了相容性约束下可制造性定量分析与高效加工工艺规划以及定位——夹持系统封闭性与定位精度的定量分析,研究成果获得2008年度国家技术发明奖一等奖1项、国家科技进步二等奖1项。对地观测数据—空间信息—地学知识的转化机理项目将卫星定轨精度提高到3～4cm,扭转了我国军事遥感卫星地面系统长期依赖国外技术的局面。分子影像关键科学技术问题项目研发的光学分子影像成像系统荣获2009年度第18届全国发明展览会金奖,并被世界知识产权组织评为WIPO国际最佳发明奖。

超强超短激光与强场超快科学中若干重大挑战性问题项目首次发现国际强场原子物理领域在过去三十年研究中丢失的重要物理现象,并第一次从理论与实验上揭示了该新现象的物理起因。人类非编码RNA及其介导的基因表达调控项目首次揭示了非编码RNA是控制癌干细胞生物学机制的重要分子机制,为寻找新肿瘤干细胞的小分子RNA标记物提供新线索。数学机械化及其在信息技术中的应用项目为不变量理论的有效符号计算奠定了基础,国际同行认为该工作是符号机器证明领域的一个重要突破。

基础研究还在节能减排、矿产资源、应对全球气候变化、应对金融危机以及地震灾害等问题方面提供支撑。大规模高效气流床煤气化技术的基础研究促进了新型水煤浆气化装置的迅速推广,目前已推广13家企业。华北大陆边缘造山过程与成矿项目促进了一批大型、超大型矿床的发现,特别是资源量巨大的东秦岭造山型银铅锌成矿省的最新发现。大气气溶胶及其气候效应研究项目预估了不同的气溶胶排放情景下的气候变化,为政府决策提供了科学支撑。复杂条件下坝堤溃决机理及风险调控理论项目为抗震救灾工作做出了实质性的贡献。

农业、人口与健康领域的基础研究为提高人民生活质量和生活水平奠定了科学基础。在国际上率先构建了水稻、小麦、大豆三大作物的核心种质。农业转基因生物安全风险评价与控制基础研究项目为阐明转基因抗虫作物对昆虫种群演化的调控机理提供了理论基础。家蚕主要经济性状功能基因组与分子改良研究项目进一步完成了9倍覆盖度的家蚕基因组精细图谱,完成了蚕类基因组遗传变异图谱,开创了我国家蚕基础研究与产业改良提升的新局面。急性早幼粒细胞白血病的系统生物学研究在理论和临床实践方面取得重大突破,该项成果为转化医学研究的典范。Ⅱ型糖尿病发生发展机制的研究和肿瘤、神经系统疾病的表观遗传机制项目为糖尿病的防治和治疗提供了新的理论指导。

国家重大科学研究计划的实施,为提升国际竞争力、促进可持续发展奠定了基础。蛋白质及其复合物的三维结构和功能研究项目为开发广谱、特异、高效的抗流感药物奠定了坚实基础。与重要疾病相关膜蛋白的结构和功能项目成功解析了重要的APC超家族转运蛋白的第一个晶体结构,也是第一次获得转运蛋白高分辨率的不同构象的结构。量子通信与量子计算的物理实现项目在商业光纤网络的基础上,组建了可自由扩充的光量子电话网,成功制备出超纠缠光子薛定谔猫态,再次刷新了纠缠态制备的世界记录。掌握了从材料生长到芯片制备到信号检测系统的全部技术,成果标志着我国继俄美日后,成为第四个能独立研制超导单光子探测器的国家。猪诱导多能干细胞(iPS)及其分化发育研究项目首先完成了猪iPS细胞的建立,又建立了西藏小型猪(Tibetan miniature pig)的iPS系。

3. 高新技术领域取得全面进展

在战略必争领域抢占一席之地,使我国在优势领域继续保持领先地位。在信息技术领域,陆续研制成功了曙光5000A、深腾7000和"天河一号"计算机系统,保持并提升了我国在高性能计算机方面的领先地位。水稻和家蚕功能基因组研究及重要基因克隆占领国际制高点,探明了水稻全基因组水平染色质修饰与基因表达模式。在激光全色显示技术方面,开发出具有自主知识产权的同频激光非相干组束技术,在国际上率先实现超过100W高功率白光合成。超导材料方面,突破了Nb_3Sn超导线材工程化制备技术瓶颈,世界上电压等级最高、容量最大的35kV/90MVA超导限流器已在云南普吉挂网运行。完成我国首个自主知识产权益生乳酸菌L. casei Zhang的全基因组测序。用于工业过程自动化的无线网络规范WIA-PA于2008年10月经过国际电工委员会全体成员国的投票获得通过,标志着我国已成为工业无线通信领域技术领先的国家之一;制定了我国第一个拥有自主知识产权的现场总线国家标准,并成功发布了实时以太网国际标准IEC61784-2/CPF14,在发达国家主导的国际标准化舞台上,夺得了难得的话语权。

突破了一批核心关键技术,为解决制约产业发展的技术瓶颈提供支撑。"万米深井钻探装备"研制项目大大提高了我国特深井石油钻井装备的技术水平。光伏技术取得系列突破,建成两座和建筑结合的兆瓦级并网光伏电站和一座500kWp荒漠并网光伏电站。中国实验快堆完成首次临界,标志着我国第四代先进核能系统技术实现了重大突破。初步构建了国产汽车正向开发平台,研制出新一代节能环保轿车动力总成,形成了重型柴油机和商用车机械自动变速器的生产能力。突破了多极化宽带有源相控阵天线技术等关键技术，成功地研制出填补国内空白的第一套极化干涉合成孔径雷达原理样机。研制成功直径6.3米的复合盾构机和直径11.2米的泥水平衡盾构机。“蛟龙号”载人潜水器成功下潜3759米。

研制了一批重大装备和关键产品，培育了新的产业生长点。节能与新能源汽车整车及关键零部件核心技术取得突破，为新能源汽车产业发展提供了坚实基础。高性能通用CPU设计、低成本计算机和网络通信等技术研发取得重要进展。突破了抗体药物生产关键技术，建成亚洲最大的基因工程抗体药物生产线，口服幽门螺杆菌疫苗获得新药证书。突破了一批半导体照明(LED)关键技术，初步形成了比较完整的研发与产业体系。建成我国首条自主研发的从熔解、成型到后加工的完整的5代TFTLCD玻璃基板生产线。首台7轴5联动车铣复合数控加工装备实现了大型舰艇螺旋桨叶片特高级精度多轴数控加工，为我国国防、运载等行业提供了关键制造装备。仿生、工业、服务、特种等各类机器人研发为未来机器人产品与产业化发展奠定技术基础。矿产资源与复杂油气资源勘探方面研制出一系列关键装备，打破了我国选矿测量和高端石油钻井装备长期依赖进口的局面。中文信息处理技术研发和应用继续保持整体优势，中文垂直搜索引擎在公安、电信、新闻出版等行业全面采用，行业中文搜索引擎国内市场占有率第一。

4.科技支撑经济社会发展能力显著增强

科技创新对经济社会发展的支撑作用日益突出，特别是在应对国际金融危机中，对于保增长、调结构、扩内需、促发展发挥了重要作用。

在能源、资源与环境保护技术和装备研发方面的成果，为促进发展循环经济，建设资源节约型和环境友好型社会提供技术支撑。大功率风电机组、风电场接入电力系统关键技术，有力支持了“我国大型风电装备自主化工程”重点任务的完成。特高压输变电系统应用于我国自主设计建设的第一条，也是世界上电压等级最高的±800kV特高压直流输电工程，打破了国际跨国公司对输变电设备技术的垄断。西气东输二线管道工程关键技术取得多项突破，新技术和装备为西气东输二线管道工程的顺利实施提供了强大技术保障，并将使我国在高钢级管线钢冶炼、大口径钢管制造及工程施工等技术方面站在世界前列，成为当今世界管道建设水平最高的国家。气象环境预测预报技术系统业务化水平大幅度提高，多项新技术在建国60周年国庆人工消减雨保障中发挥了重要科技支撑。

材料、制造、信息等产业技术突破为调整产业结构，提升产业核心竞争力和加快发展现代服务业提供强有力支撑。新一代可循环钢铁流程工艺技术在曹妃甸首钢京唐钢铁公司试运行初见成效，建立了生产规模大于15万吨/年的高精度铝合金板带热连轧生产线，结束了我国罐料板基本依赖进口的局面；200～350千米/小时高速列车铝型材的批量生产，实现了高速列车车体材料国产化。自主研制的国产首台百万吨乙烯裂解气压缩机“三缸”联动机械运转试验顺利完成，结束了长期以来少数大公司垄断的局面。

TD-SCDMA成功服务于2008年北京奥运会后，已成功商业化运营。国民健康、公共安全、城镇化与城市发展、交通运输等公共服务领域科技水平大幅提升。在重大疾病防治、中医药发展、人口数量控制等方面取得了重要进展，提高了我国人口与健康科技领域的整体技术水平和创新能力。国务院应急平台在2008年初南方雨雪冰冻灾害、“5·12”汶川大地震、四川攀枝花—会理地震、山西临汾尾矿坝溃坝事件等突发事件应急工作中得到了应用，为应急指挥与快速决策提供了技术服务。高速列车关键技术研究及装备研制取得重大突破，新一代高速列车投入京沪高速铁路运营。研制出国内第一个具有自主知识产权的城市轨道交通运行和控制系统，并在北京地铁亦庄线应用，突破了城市轨道交通信号设备完全依赖引进的被动局面。

国家高新区建设取得重要突破。2010年，56家国家高新区实现营业总收入10.6万亿元，是2005年的3.1倍；工业增加值达到1.87万亿元，占全国工业增加值的10%；产品出口额达到2300亿美元，约占全国的15%。一批市场占有率高、竞争力强、影响大的产业集群在国家高新区发展壮大。27家省级高新区升级为国家高新区，国家高新区布局更加优化，正在成为引领国民经济发展的重要力量。

5.农业科技创新为社会主义新农村建设提供有力支撑

现代农业技术加快发展，农林植物新品种选育和优质高效生产关键技术取得一系列突破，共选育出农林植物新品种1797个。种植业优质高效生产技术研究取得突破性进展，集成创新了一批具有区域特色的水稻、小麦、玉米三大作物丰产技术模式。抗病高产优质粳稻新品种选育及应用上，首次建立了规模化水稻条纹叶枯病抗性鉴定技术体系；制定栽培技术规程4个；2007～2009年新品种推广8314万亩，2009年推广面积占南方粳稻区种植面积的78%。累计推广13634万亩，社会效益190亿元。2010年该成果获国家科技进步一等奖。动物健康养殖与疫病防控技术发展迅速，培育出109个自主知识产权的畜禽、水产新品系、10多种重大动物疫病的疫苗制品。

新型农业装备与农用物资研发取得新进展，研制了113种现代农业机械，开发出新型缓释尿素等系列新产品，攻克了新型高效肥料创制技术难题。

我国牡蛎基因组序列图谱成功绘制完成，是世界上第一张养殖贝类的全基因组序列图谱。成功地绘制了黄瓜基因组的精细图谱。猪肉产品绿色供应链技术创新与设备研制取得重大成果。开发出盐酸克仑特罗ELISA检测试剂盒和免疫金标速测卡等产品。

大力推广科技特派员等新型农村科技服务模式。目前，全国已有31个省(自治区、直辖市)和新疆生产建设兵团的2225个县(市、区、旗)开展了科技特派员工作，占全国总县数的77.9%。2010年科技特派员总人数达149871人，同比增加3万余人。科技特派员参与的科技项目直接服务617.84万农户，辐射带动受益农民总数达到4481.74万人，比2009年增加7.2%。2010年，科技特派员培训农民4198.09万人次。开展科技特派员工作地区的农民人均纯收入达8714.87元，同比增长19%。

通过继续开展科技富民强县专项行动计划,加快了农业科技成果转化和农村先进适用技术推广应用,培育了一批区域特色优势产业。“十一五”期间,884 个试点县(市)共引进、转化、推广先进适用技术 13578 项,推广面积 24339.7 万亩,覆盖农民达到了 5479.9 万,新增就业 470.7 万人。截至 2010 年底,各试点县(市)共建设企业研发机构、科技成果转化示范基地、农民经济技术合作组织等各类科技服务平台 49282 个,平均每个试点县(市)建设各类科技服务平台 55.7 个。

国家农业科技园区正日益成为科技成果转化、企业孵化、产业催化、现代农业示范和农民技术培训的重要基地。2010 年,国家农业科技园区累计资助开发和引进项目 7987 项,推广应用新技术 6046 项、新品种 9015 个。入驻企业总数已达 5210 家,其中龙头企业总数达到 1530 家,占企业总数的 31.2%,带动周边农民人均年增收 600～800 元,吸纳就业人数累计超过 315 万人次。累计组织开展各类技术培训 48104 次,培训人员 430 万人次,组织科普讲座 22069 次,提高了当地农民的科技素质和经营能力,有效拓展了农民增收致富的空间。

6. 科技基础条件建设的基础支撑作用日益凸显

科技基础条件平台建设进展显著。大型仪器共享平台共整合了分布在全国 7 大区域的单台套原值 50 万元以上的大型科学仪器 1.7 万台套,形成了全国大型科学仪器协作共用网;整合了 105 个野外科学观测研究台站,初步形成了生态系统、材料腐蚀、特殊环境和特殊功能等野外观测台站网络。自然科技资源平台共收集整合了植物种质资源 39.2 万份,种质信息 135 万条;动物种质资源和遗传物质 7987 种,完成 10 个濒危野生动物体细胞资源和 77 个濒危畜禽资源的抢救性收集和保存。抢救性地保护和整理出一批南极标本、珍稀标本、模式标本和我国国家级保护动物标本等大量宝贵的科技资源。科学数据共享平台共建立地球系统科学、地震科学、农业科学、林业科学、气象科学等 14 个科学数据共享平台,形成了 800 多个数据库,共有 160TB 多的存量科学数据对外开放。整合的国外标准题录数据总量达到世界权威数据提供商 IHS 公司标准数据的 60% 以上。科技成果转化平台收集整理了 41 万余项科技成果信息,1200 套科技影像资料,1 万余条工程化中试机构信息,2000 条孵化机构类信息(包括政策类信息)。网络科技环境平台建成以 52 个虚拟博览馆、40 个专题虚拟科学体验馆为主体的中国数字科技馆。

“十一五”期间,国家重点实验室共主持和承担各类在研课题 76384 项,取得了一批具有国际先进水平的科技成果,已经成为重大原始性创新的摇篮。据统计,国家重点实验室获得了 72 项国家自然科学奖二等奖,占总授奖数的 57.6%。

国家工程技术研究中心已成为国家创新体系的一支重要力量。2010 年,工程中心共承担国家级项目 2726 项,同比增长 12.9%。获得科技成果 4434 项,同比增长 96.4%。2010 年,工程中心申请专利 6194 项,其中申请发明专利 3716 项,分别较上年增长 26.3% 和 24.9%。2010 年,工程中心累计推广科技成果 18962 项,同比增长 36.5%。

7. 国际科技合作全面深入推进

国际科技合作力度进一步加大。“十一五”期间,国际科技合作计划项目国内发表论文 5216 篇,国外发表论文 6130 篇。国内共申请发明专利 2948 项,发明专利授权数 1518 项;在国外申请发明专利 210 项,发明专利授权 110 项。制定国际标准 39 项,国家标准 182 项,行业标准 227 项。引进国外关键技术 1825 项。“十一五”期间,国际科技合作计划共转让成果 792 项,转让收入达到 10.8 亿元,创造产值259.6 亿元,创造利润 44.9 亿元,创造利税 21.8 亿元。

国际科技合作计划连续支持了我国工作组承担用于欧洲核子研究中心大型强子对撞机 LHC 的 CMS 和 ATLAS 探测器的部分研制任务。LHC 一旦研制成功,将是全世界最先进的粒子研究工具,我国作为研究参与主要成员,可以分享其部分研究成果。为发展我国粒子探测器打下了良好的基础。

国际热核聚变实验堆计划专项采购包制造进展顺利,国内企业成功掌握了铌钛(NbTi)和铌三锡(Nb_3Sn)超导股线及 TF 导体制造核心技术,具备工业化规模生产能力。国内研究机构承担的组织协议任务均如期完成或正按计划进度进行。

“十一五”期间国家科技重大专项执行情况

党中央、国务院高度重视科技重大专项工作,胡锦涛总书记和温家宝总理多次明确指示,要加快国家科技重大专项的组织实施。2010 年,中共中央政治局委员、国务委员刘延东按板块听取各专项实施情况汇报,召开专题会议听取监督评估汇报,并多次实地调研,了解进展,解决问题,部署工作,对加快专项实施起到了关键的推动作用。科技部会同发展改革委、财政部加强统筹协调、整体推进和督促检查,各部门、地方大力协同,共同推动科技重大专项实施。

(一)任务部署

“十一五”是科技重大专项的开局阶段,2006～2008 年间各专项相继部署启动,2009 年以来进入全面实施阶段。2010 年,科技部会同发展改革委、财政部加强宏观指导,年初制定发布工作计划安排,明确时间节点和工作要求,组织各专项制定 2010 年度计划,认真开展计划综合平衡,并采取多种方式督促各专项落实年度任务和预算。2010 年新立项课题 308 个,涉及中央财政经费计 62 亿元。在各部门、地方及广大科技人员的共同努力下,各专项“十一五”任务部署到位,进展顺利,基本完成了《国务院关于发挥科技支撑作用促进经济平稳较快发展的意见》(国发［2009］9 号)提出的加快科技重大专项实施的任务。截至 2010 年底,重大专项在电子与信息、能源与环保、生物与医药、先进制造等关键领域共部署各类课题 3000 多个,涉及中央财政经费近 500 亿元,带动社会投入 500 亿元以上。

（二）组织推进

1. 加强组织领导和统筹协调

在国务院领导下，科技部会同发展改革委、财政部以及各有关部门、地方精心组织实施科技重大专项，探索完善社会主义市场经济条件下体现“重、大、专”特点的举国体制，创新实施机制。一是确立领导决策机制。重大专项工作由国务院统一领导，各专项领导小组负责重大事项决策。二是完善统筹协调机制。科技部牵头，会同发展改革委和财政部，强化协同推进以及监督评估工作。科技部重大专项办公室机构和编制逐步到位，财政部专门成立了重大专项处，工作人员队伍得到进一步充实，统筹协调能力不断加强。三是强化责任落实机制。牵头组织单位是组织实施的责任主体，国务院于2009年明确了各专项第一行政责任人和专职技术责任人，强化了各方职责，形成了行政和技术两条线的管理体系。各专项进一步健全了组织机构，充实了管理人员，初步建立了一支专门的管理队伍。至2010年底，科技重大专项组织管理体系已经初步形成，有力地保障了专项工作有序开展。

2. 精心筹备板块汇报

在2009年加快任务部署和健全管理体系的基础上，2010年重点强化了过程管理和责任落实，确保专项实施成效。刘延东国务委员2010年先后听取了能源与环保、电子与信息、生物与医药、先进制造4个板块科技重大专项的进展汇报，科技部会同发展改革委、财政部以及各牵头组织单位精心筹备组织，及时向各专项实施管理办公室负责人和技术总师传达会议精神，并认真贯彻落实，同时加强专项之间的衔接互动，加快了专项实施进程。

3. 认真组织监督评估

三部门探索建立制度化的监督评估长效机制，研究制定了2010年监督评估工作方案和工作指南，完善了指标体系和工作流程，按板块成立了4个监督评估组，历时3个月进行了广泛和深入的调研与座谈研讨，考察了60余个单位，涉及500多个项目/课题，编印了49期监督评估快报，对专项实施情况进行了全面监督评估。发现了存在的问题，提出了对策建议，并及时将监督评估结果与各专项沟通反馈，各专项认真吸纳监督评估组的意见和建议，研究提出整改落实方案，认真进行整改。

4. 研究制定“十二五”发展规划

按照国民经济和社会发展“十二五”规划编制的统一部署，以国务院审议通过的专项实施方案为依据，科技部牵头成立了由高层次权威专家组成的战略规划组，赴江苏等10省市70多家单位进行深入调研，召开专题研讨会、座谈会，与各专项反复沟通、积极互动，广泛听取各方面意见和建议，历时一年半，形成了战略研究报告，在此基础上研究制定了科技重大专项“十二五”发展规划和各个专项实施计划，进一步明确了今后五年的阶段目标、战略重点、保障机制等。

5. 深入推进产学研用结合

重大专项在组织实施中突出企业的技术创新主体地位，促进创新要素向企业集聚，以产品开发和产业化为目标的任务以及示范工程，由行业骨干企业牵头实施。围绕科技重大专项任务目标，推动组建产学研用紧密结合的产业技术创新战略联盟，形成各方共同投入、分工协作、成果共享、风险共担的利益共同体，充分发挥各创新主体的作用，集成各方优势力量，开展“大兵团”联合攻关。

6. 加大人才凝聚培养和引进力度

科技重大专项吸引了一大批活跃在科研和生产一线的最优秀人才，凝聚了我国一流科研机构、高等院校和企业的核心团队，约有10万名科研人员参与了专项任务实施，一大批具有发展潜力的中青年创新创业人才正在专项任务实施中发挥重要作用，如宽带移动通信专项近80%的课题负责人年龄在45岁以下。科技部会同教育部等部门针对专项任务实施的需要，积极推动增设工程硕士和工程博士培养工作，加大后备人才培养力度。依托“千人计划”，加大海外高层次人才引进力度。

7. 建立健全规章制度和相关政策

科技部会同发展改革委、财政部制定完善了一系列规章制度，在出台《国家科技重大专项管理暂行规定》、《民口科技重大专项资金管理暂行办法》的基础上，2010年研究制定并颁布了《国家科技重大专项知识产权管理暂行规定》、《国家科技重大专项进口税收政策》、《民口科技重大专项管理工作经费管理暂行办法》等文件。为指导科技重大专项“十一五”项目/课题的验收工作，科技部牵头，会同发展改革委、财政部研究起草了《国家科技重大专项项目/课题验收暂行管理办法》；为进一步加快推动“十二五”科技重大专项实施，完善组织管理体系，在深入各地调研座谈的基础上，正在研究起草《关于加快推进国家科技重大专项的若干意见》。

8. 强化基础性工作与支撑服务体系建设

加强科技重大专项宣传工作。2010年两会前和五中全会前组织了两次集中宣传，中央电视台、新华社、人民日报、光明日报、经济日报、科技日报等均进行了重点宣传；“十一五”国家科技重大成就展的专项展区准备工作也正在顺利推进，为营造专项实施的良好环境提供了重要支撑。

以信息管理系统为主要手段，加强专项管理的规范化和信息化。基本建立科技重大专项信息管理系统，开发了项目申报、合同书填报、预算编制等软件。

（三）实施成效

国家科技重大专项实施进展顺利，取得可喜成绩。

1. 信息领域相关专项形成一批具有自主知识产权的创新产品，产业化步伐加快

核高基专项研制的飞腾-1000国产中央处理器（CPU），在千万亿次计算机系统天河一号上得到验证和应用，标志着我国超级计算机核心芯片自主研发取得重大突破。

集成电路装备专项65纳米介质刻蚀机已经多国客户近百次测试，与世界上最先进设备的芯片加工结果相比，加工质量好，单位投资产出量高，成本低。65纳米集成电路工艺技术研发也已进入产业化阶段。

宽带移动通信专项的实施，加速了我国具有自主知识产权的时分同步码分多址系统（TD-SCDMA）从芯片、终端、系

统、仪表、软件到业务应用等完整产业链的建设,客户数已突破800万户。我国主导的、具有自主知识产权的时分长期演进技术(TD-LTE)产业化进程快速推进,设备和芯片研制、仪表开发、测试验证、标准化、业务组网等方面已取得全面突破。具有自主知识产权的第四代移动通信标准(TDLTEAdvanced)已成为第四代(4G)国际候选标准之一,我国向国际标准组织提交相关标准数量大幅上升。

2. 生物与医药领域专项和水污染治理专项为民生改善做出了积极贡献

在新药创制专项的支持下,已有16个产品获得新药证书,22个产品提交新药注册申请,10个以上自主研制新药在发达国家进行临床试验,治疗类风湿性关节炎的Ⅰ类新药艾拉莫德有望于2011年获得国家食品药品监督管理局的批准,成为全球首家上市的同类新药。36个药物大品种技术改造顺利实施,降低了生产成本。

在传染病防治方面,建立了覆盖全国的传染病防控监测网络实验室,实现了传染病由点到面的应急监测和处置能力;初步构建起符合国际标准,并适合国情的人类免疫缺陷病毒(HIV)检测体系。具有自主知识产权的乙肝治疗性疫苗"乙克",有望成为世界第一个乙肝治疗性疫苗。

通过转基因专项的实施,培育转基因抗虫棉新品种66个,推广应用面积已扩大到1.26亿亩。转植酸酶基因玉米和转基因抗虫水稻已获得生产性安全证书。

水污染治理专项突破了化工、制药、粮食深加工等行业污染物控源减排关键技术,研发了节能高效污泥脱水机等污水深度处理设备,建立了一批清洁生产示范线和大型污水处理示范厂,推动了节能减排与环境保护。

3. 油气开发、大型核电站和数控机床专项重大装备研制取得突破

通过油气开发专项研制成功3000米深水半潜式钻井平台,使我国油气工业生产能力实现了从水深500米到3000米的跨越式发展,进入国际先进行列。我国首个超万道级地震数据采集记录系统,已成功通过2000道工程样机的野外对比试验及实际生产考核,其高速数据传输能力比目前国际主流产品提高2至5倍。

大型核电站专项1000兆非能动先进压水堆(AP1000)蒸汽发生器大锻件、主管道和钢质安全壳容器等重大部件研制取得突破。高温气冷堆核电站中的大型氦气工程试验回路已全面安装调试,球形燃料元件生产关键设备和工艺研究取得重要进展。

数控机床专项用于百万千瓦核电装备加工的数控重型五轴联动车铣复合机床、超重型数控卧式镗车床研发成功,在第三代核电自主化建设中发挥了关键作用。大型快速高效数控全自动冲压生产线已在奇瑞汽车成功应用。世界最大的3.6万吨黑色金属垂直挤压机已投入生产。

"十一五"期间国家重点基础研究发展计划执行情况

"十一五"期间,国家重点基础研究发展计划(以下简称"973"计划)凝聚了国内外一批优秀科学家,面向国家需求,以国家目标为导向,开展战略性基础研究,并注重和创新链下游的有机结合和互动,成绩斐然,一批阶段性研究成果在国民经济与社会发展中的重要作用日益显露,一批创新成果已在国际学术界产生重要影响。

(一)项目安排

"十一五"期间,"973"计划(含国家重大科学研究计划)共启动项目497项,结题项目247项;其中2010年启动项目145项,结题项目144项,在研项目530项。

(二)经费安排

"973"计划和国家重大科学研究计划的经费全部来自于国拨经费,"十一五"期间,总共投入经费115亿元。

(三)人员投入

据不完全统计,"十一五"期间,参与"973"计划实施的科研人员共约25.09万人。2010年承担"973"计划研究任务的科研人员总数为2.77万人,其中中科院院士177人,工程院院士76人,国家杰出青年基金885人,长江特聘教授205人,百人计划85人。

(四)主要成效

"十一五"期间,"973"计划在国际、国内学术刊物发表论文161173篇,其中SCI、EI收录98628篇,出版专著44157万字,获得授权发明专利5607项,获得国家奖224项,培养研究生6.9万人。

其中,2010年在国际、国内学术刊物发表论文33211篇,其中SCI、EI收录27649篇,出版相关研究专著549部,获得发明专利3234项,培养研究生近2万人。

(五)各领域取得的进展

1. "十一五"期间重大科技成果

(1)通过基础理论源头创新,在解决国家重大需求、服务国民经济建设方面发挥重大作用

"太赫兹重要辐射源、探测及应用的基础研究"项目首次完全独立自主地研制出电子回旋脉塞(回旋管)大功率太赫兹辐射源,完成了工作频率0.22THz、0.42THz等千瓦级以上输出功率太赫兹辐射源的研制工作。该项研究成果填补了我国在该频段大功率太赫兹辐射源的空白,也使我国成为继俄、美、日、德后第五个独立掌握研制大功率太赫兹回旋管核心技术的国家之一。

"新一代互联网体系结构和协议基础研究"项目建立了IPv4 Over IPv6新一代互联网过渡模型,解决了在full mesh环境下,IPv4节点通过IPv6主干网通信的问题。

"提高钢铁质量和使用寿命的冶金学基础研究"实现了常压下工业生产高氮奥氏体不锈钢,被认为是高氮不锈钢领域的重大突破。

"纳米材料和纳米结构的性能与应用基础"项目发展了超顺排碳纳米管阵列的可控制备方法,实现了工业化大批量

生产。

“数字化制造基础研”项目研究成果应用于高性能复杂曲面加工设备的研制以及产品的成形成性加工，获得国家技术发明奖一等奖1项（2008年度）、国家科技进步二等奖1项以及省部级科技奖一等奖5项。

“超大规模集成电路制造装备基础问题研究”项目针对IC、计算机硬盘和LED基体制造中的超光滑表面的要求，开展了近理想光滑表面的制造方法、原理和技术研究，研究成果获得国家科技进步奖二等奖1项、国际学术组织奖励3项。

“分子影像关键科学技术问题的研究”研究成果——光学分子影像成像系统荣获2009年度第18届全国发明展览会金奖，并被世界知识产权组织评为WIPO国际最佳发明奖。

（2）大幅度提升了我国基础研究的国际地位，在科学前沿领域取得一批原创性成果

“超导材料科学及应用中的基础问题研究”项目组陆续发现一些超导临界温度可达26K（空穴型）、43K、52K和55K的铁基超导材料，率先突破了麦克米兰极限（39K），并保持了铁基超导体中目前最高的超导转变温度的记录。

“超强超短激光与强场超快科学中若干重大挑战性问题”项目首次发现国际强场原子物理领域在过去三十年研究中丢失的重要物理现象，并第一次从理论与实验上揭示了该新现象的物理起因。

“人类非编码RNA及其介导的基因表达调控”项目在非编码RNA方面取得了突出进展，首次揭示了非编码RNA是控制癌干细胞生物学机制的重要分子机制。研究成果发表于《细胞》上。

“数学机械化及其在信息技术中的应用”项目建立了经典几何的高级不变量代数系统，为不变量理论的有效符号计算奠定了基础。相关成果获得国家自然科学二等奖、奥地利von Prechtl奖章、陈省身数学奖和ISSAC杰出论文奖等奖励。

“中国—喜马拉雅地区生物多样性演变和保护研究”项目结果第一次从分子生物学的角度上支持了地质学假说。

（3）关注国民经济和社会可持续发展，在节能减排、矿产资源、应对全球气候变化、应对金融危机以及地震灾害等方面提供支撑

“大规模高效气流床煤气化技术的基础研究”项目针对大规模高效气流床煤气化技术开展了系统的基础研究，促进了新型水煤浆气化装置的迅速推广。

“大面积低价长寿命太阳电池关键科学和技术问题的基础研究”项目建成了国际上首座长期运行的500W燃料敏化太阳电池示范电站，成功获得了性能稳定的电池关键材料。

“新型二次电池及相关能源材料的基础研究”项目提出了电池能量回收和废旧电池材料资源化回收再生的新技术途径；开发出具有自主知识产权的高功率镍氢动力电池（>1250W/kg）和锂离子动力电池（>1800W/kg）。

“天然气及合成气高效催化转化的基础研究”项目成功构建了表面配位不饱和亚铁结构（CUF）。

“华北大陆边缘造山过程与成矿”项目运用研究成果开展成矿预测，促进了一批大型、超大型矿床的发现。

“我国冰冻圈动态过程及其对气候、水文和生态的影响机理与适应对策”项目初步解决了由单条冰川向流域推广的两大关键问题；揭示了高寒草地植被覆盖变化对活动层土壤冻融过程的影响机理。

“大气气溶胶及其气候效应研究”项目建立了新一代气溶胶化学数值模拟系统，形成了灰霾的数值预报方法；探讨了我国大气气溶胶在气候变化中的作用，预估了不同气溶胶排放情景下的气候变化，为政府决策提供了科学支撑。

“青藏高原环境变化及其对全球变化的响应与适应对策”项目揭示了近代气候变暖已经导致青藏高原生态系统的变化揭示了南亚地区人类活动产生的大气污染物对青藏高原环境的影响。

“复杂条件下坝堤溃决机理及风险调控理论”项目提出的风险预报方法应用于堰塞湖的溃决预报及应急处置分析，为2008年汶川地震抗震救灾工作作出了实质性的贡献。

“汶川地震次生山地灾害形成机理与风险控制”项目对地震次生灾害分布规律、灾害评估、灾害治理方法等问题进行了深入研究，提出了咨询报告，有关成果对灾区震后重建起到了积极指导作用。

（4）农业、人口与健康领域的基础研究水平显著提升，解决一批重大关键科学问题，为提高人民生活质量和生活水平奠定了科学基础

“主要农作物核心种质重要功能基因多样性及其应用价值研究”项目在国际上率先构建了水稻、小麦、大豆三大作物的核心种质，为育种家深入研究和利用作物资源提供了重要的材料平台。

“水稻重要农艺性状的功能基因组和分子基础研究”项目克隆了水稻的第一个杂种雄性不育基因座Sa，对克服籼粳杂交育种不育性有重要的价值。研究成果将有助于解决水稻亚种间和种间杂交育种的杂种不育难题。

“家蚕主要经济性状功能基因组与分子改良研究”项目完成了蚕类基因组遗传变异图谱，开创了我国家蚕基础研究与产业改良提升的新局面。

“农林危险生物入侵机理与控制基础研究”项目发现了B型烟粉虱与土著烟粉虱之间存在“非对称交配互作”，为解释该害虫的广泛入侵并取代土著烟粉虱的现象和规律，以及对其进一步入侵和地域扩张的预警提供了重要的理论基础。

“多基因复杂性状疾病的系统生物学研究”项目在急性早幼粒细胞白血病（APL）的系统生物学研究在理论和临床实践方面均取得重大突破，使APL成为第一种可基本治愈的成人急性髓系白血病。

“免疫识别、免疫调节及免疫相关性疾病发生与干预的基础研究”项目自主发现并研究了34种具有重要生物学功能的新分子，其中23种分子被国际人类遗传组织（HUGO）正式命名，并且在HLDA8国际大会上获得了13种新的CD编号。

“肿瘤和神经系统疾病的表观遗传机制”项目不仅揭示了GPCR通过β-arrestin在细胞核内调节表观遗传修饰的新

功能,也揭示了受体信息由细胞膜到细胞核内传递和药物作用的一条崭新途径。

“Ⅱ型糖尿病发生发展机制的研究”和“肿瘤和神经系统疾病的表观遗传机制”项目为糖尿病的防治和治疗提供了新的理论指导。

“特征捆绑和不变性知觉的脑认识功能成像”项目成果为视觉认知基础理论的研究开创了新的思路。

(5)国家重大科学研究计划为引领未来发展、提升国际竞争力奠定了基础

“具有重大意义的蛋白质及其复合物的三维结构和功能研究”项目不仅在原子水平上清晰地展示了 PA 亚基在流感病毒转录和复制过程中的核心作用,而且为开发广谱、特异、高效的抗流感药物奠定了坚实基础。

“与重要疾病相关膜蛋白的结构和功能”项目第一次获得转运蛋白高分辨率的不同构象的结构,为理解其转运机理提供了重要线索。

“蛋白质翻译后修饰的发生与调控机制及其生理病理效应”项目研究成果启动了蛋白质乙酰化调控和代谢性疾病的研究方向。

“人类肝脏蛋白质组重要科学问题研究”项目评价了正常成人肝组织蛋白表达的个体差异,表明成人健康肝脏蛋白质组的表达水平相对稳定。在此基础上,构建了健康成人肝脏蛋白质表达谱及转录组参考谱图。

“量子通信与量子计算的物理实现”项目组建了可自由扩充的光量子电话网。量子电话网的成功,使得量子通信第一次真正展现了它的实用价值。“关联电子系统的量子调控研究”项目研究结果为理解高温超导体奇异正常态的性质,检验和建立新的理论,提供了关键的实验证据。“量子信息基本逻辑单元和关键器件的研究”项目掌握了从材料生长到芯片制备到信号检测系统的全部技术。标志着我国继俄美日后,成为第四个能独立研制超导单光子探测器的国家。

“有机功能纳米材料和结构的大尺寸、高有序自组织生长技术和基本科学问题的研究”项目合成了大面积碳的新的同素异形体——石墨炔(graphdiyne)薄膜,使得受国际科学界高度重视的碳材料“家族”又诞生了一个新的成员。

“病毒与细胞相互作用的荧光纳米实时检测新技术及动态过程可视化”项目实现了用活细胞作为反应器可控合成自然界中不能通过细胞生成的 CdSe 量子点。

“化石资源转化用新型高效纳米催化材料与结构研究”项目技术的推广应用可替代传统的石油路线制备乙二醇,将有效缓解我国乙二醇产品供需矛盾。

“纳米尺度亚光波长结构的制备、光学性质与器件研究”项目取得了多项创新性研究成果,形成一个集先进的纳米加工技术、光学设计和检验为一体的纳米光学器件研发平台。

“具有重要应用背景的纳米超分子组装体的构筑与功能研究”项目采用分子组装技术,可以将各个构筑单元的功能进行有效的组合和放大,并具备特殊的功能。

“猪诱导多能干细胞(iPS)及其分化发育研究”项目首先完成了猪 iPS 细胞的建立,又建立了西藏小型猪(Tibetan miniature pig)的 iPS 系。“胚胎操作安全性评估研究”项目发现辅助生育技术(ART)中胚胎操作导致子代小鼠发生神经系统退行性疾病的风险性增高,研究成果发表在《Mol Cell Proteomics》上。

“十一五”期间国家科技支撑计划执行情况

“十一五”国家科技支撑计划(以下简称“支撑计划”)全面落实《纲要》重点领域及其优先主题的任务,以重大公益技术和产业共性技术研究开发和应用示范为重点,在缓解经济社会发展的瓶颈制约、增强重要产业的核心竞争力、提升公共服务领域的科技水平、提高企业技术创新能力、支撑区域经济社会发展和国家重大工程建设等方面做出了重要贡献,为经济社会发展提供了强有力的科技支撑。

(一)项目安排

“十一五”期间,支撑计划共启动实施项 729 项,共设课题 4817 个。2010 年,支撑计划共实施项目 494 项,其中在研项目 422 项,新启动项目 72 项,新启动项目共设课题 326 个。

(二)经费投入

“十一五”期间,支撑计划项目(课题)实施共投入总经费 803.43 亿元。

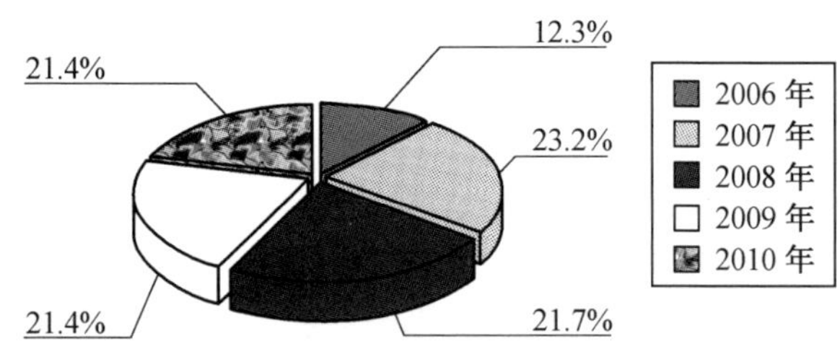

“十一五”期间支撑计划中央财政拨款按年度分布

2010 年,支撑计划共投入中央财政拨款 50 亿元,其中在研项目滚动拨款 42.7 亿元,2010 年新启动项目拨款 7.3 亿元。

(三)人员投入

支撑计划注重加强对创新人才的支持,同时把人才培养作为项目目标的重要考核内容。据统计,共有 56.99 万各类科研人员参与“十一五”支撑计划课题实施。

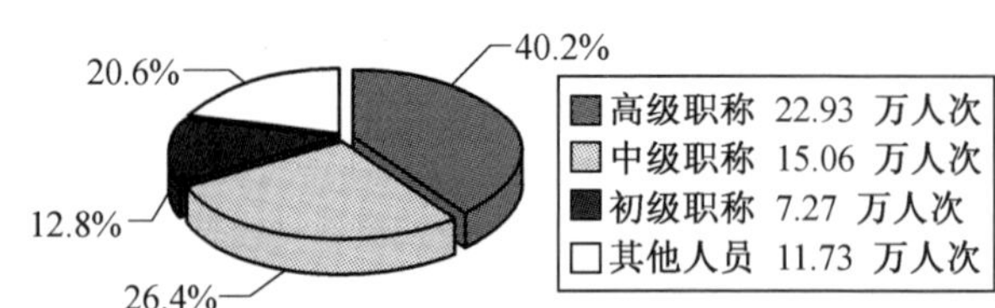

“十一五”期间支撑计划课题参与人员构成情况

(四)主要成效

1. 总体进展

“十一五”支撑计划既体现了国家的战略目标和区域发展部署,又与地方科技工作及地方经济社会发展重大问题紧密结合,在已实施的项目中,各地方党委和政府主要领导高度重视的“一把手工程”和围绕省部会商确定的重点工作的项目162项,占项目总数的22%。同时,“十一五”支撑计划立项实施的项目中,95%以上的项目都有企业参与。21%的项目用于支持国家重大工程的相关技术和装备开发,有效支撑了三峡工程、青藏铁路、京沪高铁、西气东输、南水北调等重大工程建设和北京奥运会、上海世博会的成功举办。

“十一五”期间,支撑计划共发表论文127264篇,其中在国外发表论文22997篇,出版专著115415万字;申请专利29954项,其中发明专利20872项,获得授权专利10767项,其中发明专利5932项,获得软件著作权3455项,新产品新品种等18306个;完成技术标准制定10921项,正在制定技术标准11232项;获得国家科技奖励283项,其中一等奖5项,二等奖168项;获得省部科技奖励2410项,其中一等奖441项。

(1)能源、资源与环境保护技术和装备研发取得多项重大成果,为促进发展循环经济,建设资源节约型和环境友好型社会提供技术支撑

“十一五”期间,重点抓住能源资源开源增储、高效利用、清洁生产及生态重建等4个瓶颈问题,加强能源技术与装备的开发,积极发展环保产业技术,促进生态环境质量的改善。部署大功率风电机组、特高压输变电系统、海水淡化、大型矿产基地综合勘查、典型脆弱生态系统重建等一批项目。

大功率风电机组、风电场接入电力系统关键技术,有力支持了“我国大型风电装备自主化工程”重点任务的完成。

特高压输变电系统应用于我国自主设计建设的第一条,也是世界上电压等级最高的±800kV特高压直流输电工程,打破了国际跨国公司对输变电设备技术的垄断。

西气东输二线管道工程关键技术取得多项突破,新技术和装备为西气东输二线管道工程的顺利实施提供了强大技术保障,并将使我国在高钢级管线钢冶炼、大口径钢管制造及工程施工等技术方面站在世界前列,成为当今世界管道建设水平最高的国家。

气象环境预测预报技术系统业务化水平大幅度提高,多项新技术在建国60周年国庆人工消减雨保障中发挥了重要科技支撑。

(2)现代农业技术为加快农业技术升级,提高农业综合生产能力,保障粮食安全,提高农民收入和社会主义新农村建设提供强有力科技支撑

围绕建设社会主义新农村,把增加粮食产量、改善农产品质量、提高农产品生产效益放在突出位置,重点发展农业高新技术,带动传统农业技术升级,提高农业综合生产能力;加快开发食品加工等技术,延长农业产业链,开拓农民增收和就业空间;大力发展循环农业技术,保障食品安全和农业生态安全;积极发展农村饮水安全、村镇住宅建设、高效清洁能源与农村社区整治等技术,针对性地解决新农村建设中面临的紧迫科技问题。安排农林动植物育种、粮食丰产、农林生物质等重大工程,以及林业生态建设、奶业发展、食品加工等关键技术和禽流感等重大动物疫病防控技术等一批项目。

农林植物新品种选育和优质高效生产关键技术取得一系列突破,共选育出农林植物新品种1797个。种植业优质高效生产技术研究取得突破性进展,集成创新了一批具有区域特色的水稻、小麦、玉米三大作物丰产技术模式。动物健康养殖与疫病防控技术发展迅速,培育出109个自主知识产权的畜禽、水产新品系、10多种重大动物疫病的疫苗制品。新型农业装备与农用物资研发取得新进展,研制了113种现代农业机械,开发出新型缓释尿素等系列新产品,攻克了新型高效肥料创制技术难题。

(3)材料、制造、信息等产业重大关键技术和核心技术突破,为调整产业结构,提升产业核心竞争力和加快发展现代服务业提供强有力支撑

以装备制造为突破口,提升制造业自主设计、制造和集成能力,推进制造业信息化;积极发展绿色制造,开发若干新型制造工艺和重大材料与产品,带动传统产业的改造与升级;突破信息领域的核心技术,以及支撑现代服务业发展的关键技术,切实提高信息产业与现代服务业的自主创新能力和核心竞争力。在材料、制造业、信息产业与现代服务业领域,围绕相关产业重大关键技术突破,重大装备、关键材料与关键零部件制造,组织新一代可循环钢铁流程工艺与装备、绿色制造关键技术与装备、TD-SCDMA规模网络技术等一批项目。

新一代可循环钢铁流程工艺技术取得重要突破,并在曹妃甸首钢京唐钢铁公司试运行初见成效。建立了生产规模大于15万吨/年的高精度铝合金板带热连轧生产线,结束了我国罐料板基本依赖进口的局面;200~350千米/小时高速列车铝型材的批量生产,实现了高速列车车体材料国产化。自主研制的国产首台百万吨乙烯裂解气压缩机“三缸”联动机械运转试验顺利完成,结束了长期以来该生产技术一直为世界少数几大公司垄断的局面。TD-SCDMA研究开发和产业化项目进展顺利,自成功服务于2008年北京奥运会后,已成功商业化运营。

(4)在国民健康、公共安全、城镇化与城市发展、交通运输等公共服务领域科技水平取得大幅提升

以提高人口素质、有效防治重大疾病、促进中医药现代化为重点,攻克优生优育、重大疾病防治、中医药现代化等关键技术,全面提高人口素质和国民健康水平;突破制约公共安全的关键技术,建立国家公共安全应急技术体系,提升国家应对公共安全灾害事故与突发公共事件能力;突破制约城镇化与城市发展的瓶颈技术,为建立资源节约、环境友好和适宜居住的新型城镇提供支撑;发展综合交通运输技术,掌握现代运输装备的核心技术,提高重大交通装备的自主创新和引进技术的消化吸收再创新能力。

在重大疾病防治、中医药发展、人口数量控制等方面取得了重要进展,提高了我国人口与健康科技领域的整体技术水平和创新能力。国务院应急平台在2008年初南方雨雪冰

冻灾害、“5·12”汶川大地震、四川攀枝花—会理地震、山西临汾尾矿坝溃坝事件等突发事件应急工作中得到了应用,为国务院领导同志以及国务院应急办领导进行应急指挥与快速决策提供了技术服务。高速列车关键技术研究及装备研制取得重大突破,新一代中国高速列车投入京沪高速铁路运营,在高速度、高密度和网络化运营组织条件下客运周转量达到世界第一,高速列车防灾能力、车内外噪声控制水平不低于国际先进标准。

“十一五”期间国家高技术研究发展计划执行情况

“十一五”期间,国家高技术研究发展计划(以下简称“863”计划),针对节能减排、新农村建设、装备制造业升级、抗震救灾等经济社会发展中的热点、难点和推动新军事变革的急需,突破了一批核心关键技术,研制了一批重大装备和关键产品,有力带动了我国高技术产业及武器装备的跨越发展。

(一)项目安排

“十一五”期间,“863”计划(民口)共设置10个高技术领域,并按照专题和项目两个方面进行部署。累计启动38个专题、30个重大项目和318个重点项目。共立项课题8216项,安排课题经费数252.6亿元;其中专项课题5851项,安排经费71.3亿元;项目课题2365项,安排经费181.3亿元。

2010年,“863”计划新启动了20项重点项目,新立项课题308项,其中专题课题74项,项目课题234项。

(二)经费安排

“十一五”期间,“863”计划(民口)累计已安排课题经费637.2亿元,其中已执行中央财政拨款240.61亿元,占37.8%,地方部门匹配、单位自筹、银行贷款等经费占62.2%。

2010年,“863”计划安排课题经费23.0亿元,其中专题课题经费1.2亿元,项目课题经费21.8亿元。2010年,“863”计划(民口)共完成拨款51.15亿元,年度预算执行率100%。

(三)人员投入

“十一五”期间参加“863”计划课题的研究人员42.1万人。

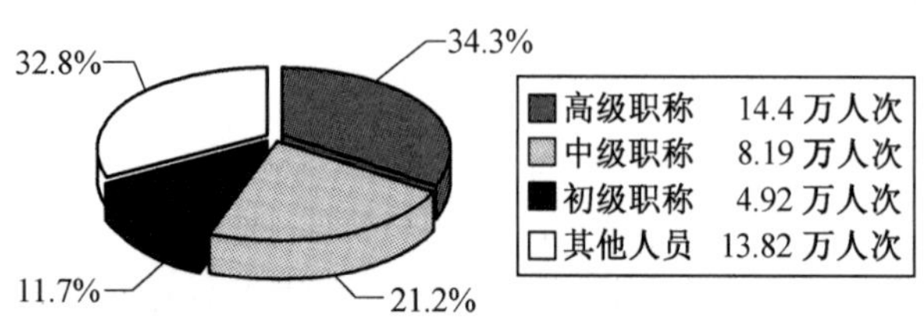

“十一五”期间“863”计划课题参加人员职称分布

(四)主要进展和成效

“十一五”期间,“863”计划共发表论文14.5万篇,其中被EI、SCI、ISPT收录4万多篇;发表专著1500多部;培养研究生9.92万人,其中博士生3.64万人,硕士生6.28万人。申请专利4.5万项,获得授权1.3万项;其中申请发明专利3.7万项,获得授权发明专利8968项;已制定技术标准3204项;获得国家科技奖励200余项,其中一等奖60余项、二等奖120余项;获得国外有关科技奖励50余项,省部级奖1000多项。完成成果转让1000多项,转让金额逾10亿元。

(五)2010年各领域主要进展情况

1.信息技术领域

2010年,我国完成了“天河一号”、“曙光星云”和“神威蓝光”等3台千万亿次高效能计算机系统的研制。“天河一号”高效能计算机在2010年11月世界超级计算机TOP 500排名中位居第一,标志着我国高性能计算机研制能力进入世界领先行列。

突破多控制器体系结构、高速I/O、高速缓存、多控I/O协调调度、高速互联交换、海量存储管理软件和新型存储器等核心关键技术,研制成功两款支持八控八活一冗余的高端磁盘阵列、324口IB交换机、PB级海量存储系统软件和应用软件、1MbSTT-RAM自旋转移矩存储芯片等,并提出了评测体系和评测规范,研制了相关评测工具与测试平台,建立了第三方评测机构。

完成了集软件协同开发平台、软件资源库、软件可信分级模型及可信证据框架、软件生产线框架、多谱系软件工具和软件生产线等多项关键技术与核心软件生产要素于一体的网络化可信软件生产公共服务环境,有效解决了网络条件下大规模软件生产要素共享、生产要素选择和生产要素协作等基础瓶颈问题,可望从根本上提升我国软件产业的生产和创新能力。

开展网络创新体制研究,制定并提交了10余项国际标准;研制完成了T比特级可重构路由器、大容量光传送网设备(OTN)、低成本接入设备等柔性试验床组网设备,并接入国家网络试验床;研制成功核心芯片和器件,大幅降低同轴、光纤、以太网等接入方式成本。相关技术为建设下一代广播电视网和推进国家三网融合战略顺利实施奠定了基础。

突破智能天线、联合检测、功率控制、动态无线资源管理等核心关键技术,研制成功TD-SCDMA集群通信系统,可为行业用户提供指挥调度、应急通信、数据采集等多种宽带多媒体数据集群业务和服务,是我国首个完全自主知识产权的数字集群系统标准,进一步拓宽TD-SCDMA的应用空间。

研制成功一批具有自主知识产权的虚拟现实关键设备和装置,部分成果已实现产业化,并应用于医疗、教育、城市建设与规划等行业。

研制成功自主知识产权的虚拟现实绘制内核和物理引擎系统,研制成功面向航空领域的高真实感全景虚拟场景生成系统,并应用于首都机场,其环境真实感、物理真实感和行为真实感均达到国际先进水平,部分成果获国家科技进步一等奖。

在可嵌入反病毒引擎、反病毒引擎解包和脱壳、网络引擎、网络病毒监控系统等方面取得新进展,形成了完整的闭环恶意代码对抗体系,从而有效地遏制大规模网络内的恶意代码传播与危害的进一步扩散。

2. 生物和医药领域

干细胞研究取得重大进展,国际地位不断提升。2010年,首次发现了一个在具有完全多能性的小鼠 iPS 细胞中高表达、而在不具有完全多能性的小鼠 iPS 细胞中表达抑制的基因组印记区——Dlk1-Dio3 区域。这一发现为进一步研究 iPS 细胞重编程的机理提供了重要依据,提升了我国干细胞研究的国际地位。

抗体药物规模化生产关键技术的突破将有力改变我国抗体类药物市场被欧美发达国家产品垄断的局面。通过联合攻关优化生产工艺,搭建起千克级抗体药物产业化技术平台,使其年产量由 10 千克提高至 15 千克,使研发的益赛普等多种抗体药物平均批产量达到公斤级,并自主设计了 2 条 3000 升规模的抗体药物生产线。

自主研发出分枝杆菌菌种鉴定芯片和结核耐药基因检测芯片等产品,为我国结核防控带来福音。新一代戊肝系列诊断试剂盒获得 2 项注册文号及 2 项欧盟 CE 认证,获 2010 年度国家发明奖二等奖。

通过对已上市的尼妥珠单抗(“泰欣生”)的生产工艺进行优化改造,大幅提高哺乳动物细胞培养工艺的单位产能。

我国自主研发的人源化单克隆抗体药物重组注射用重组人Ⅱ型肿瘤坏死因子受体——抗体融合蛋白(商品名:益赛普),拥有国家发明专利 1 项,先后获得国家技术发明奖和国家专利金奖等荣誉,是当前我国类风湿关节炎、强直性脊椎炎和银屑病的首选药物。

遗传性耳聋基因检测系统利用生物芯片技术作为检测平台,采用自主研发的等位基因特异性 PCR 结合通用芯片(Tag array)的技术对中国人群中遗传性耳聋相关的基因突变热点进行高通量检测,是国内外首款具有临床实用价值的遗传性耳聋基因检测产品。

3. 新材料技术领域

我国成功制备出国内第一根百米级钇钡铜氧(YBCO)高温超导带材,使我国跻身该领域国际先进行列,随着 YBCO 带材制备技术的发展,第二代超导带材将在电力系统、强磁场等方面得到广泛应用。

激光显示取得重要进展,红绿蓝三基色激光器件等关键技术取得突破,激光投影机、激光电影放映机、激光电视等激光显示技术正向产业化和商业化迈进。

自主研制的全固态激光治疗血管瘤设备处于国际领先地位。已获国家食品药品监督管理局批准,临床试用 2000 余例,有效率 100%。

自主研发出纳米材料绿色印刷制版技术,该技术将特制纳米复合转印材料精确打印在具有纳微复合结构的超亲水版材上,通过纳米尺度的界面调控,该技术的应用对我国印刷产业实现绿色化、数字化具有重要意义。

突破了绿色环保型钼酸铵、纳米掺杂钼合金丝及耐高温高强钼舟等的工业化生产关键制备技术,建成了我国最大的钼酸铵和钼粉生产基地。

构建了具有我国自主知识产权的高性能低成本纳微结构药物原料超重力法制备技术体系,解决了工业化放大关键技术,建成了工业示范线,实现了节能降耗和连续化生产。

4. 先进制造技术领域

深入研究了工程机械的性能状态监测、健康状态评估、故障预测诊断等关键技术,建立了泵车、起重车的远程监控、智能维护系统,并与企业 ERP、PDM 集成运行,实现了在役工程机械设备的全天候实时定位跟踪和健康监控,达到了“零延迟”、“零距离”快速响应服务和设备近“零故障”运转,大大提高了工程机械产品的技术服务水平和国际竞争力。

掌握了百万千瓦超超临界机组自动化成套控制系统的核心技术,形成了包括厂级综合控制、现场总线技术及超超临界机组优化控制策略等在内的机组整体自动化解决方案。

开发了具有自主知识产权的超超临界火电工程控制系统的硬件系统产品样机和应用软件系统。攻克了系统分层、多域技术、无服务器的多域的分布式实时数据库技术等关键技术。

以 MEMS 传感器技术为核心,建立了危化品储运网络化安全管理智能化系统——“罐箱卫士及智能管理系统”,实现了对危化品介质、危化品装载容器、危化品储存装备和运输车辆的实时检测与状态监测,提高了危化品储运安全管理水平。针对 2010 年上海世博会最重要的形象标志世博轴开发了成套的数字化加工设备——节点加工机器人,从而大大降低了制造成本,提高了效率,保证了安装精度。

5. 先进能源技术领域

高温高压完全甲烷化催化剂研发、甲烷化工艺设计获得重要突破。已开发出具有自主知识产权 2 个系列(高温、低温)共 4 种甲烷化催化剂,并申请中国发明专利 3 项。

西藏羊八井 10MWp 高压电网并网的荒漠集中光伏示范电站于 2010 年 12 月 30 日成功并网发电。电站寿命期为 25 年,可累计发电 43250 万度,每年可节约标煤 6055 吨,节约水 53630 吨。

碲化镉薄膜太阳电池成套关键技术方面,自主研发了化学浴连续沉积大面积硫化镉薄膜、近空间生化法连续沉积大面积碲化镉薄膜的生产装备及相关自动化连续生产关键设备。将为我国薄膜太阳电池品种多元化、推动产业化和进一步降低生产成本奠定基础。

完成了兆瓦级示范生产线中的关键设备——VHF-PECVD 系统的研制。自主研发的五室 VHF-PECVD 系统的中试生产线,均达到国际先进水平。

6. 资源环境技术领域

2010 年,我国首套自主研发的国产化高分辨率航空伽玛能谱测量系统试生产成功,主要技术指标达到、部分超过了国际市场上商品化的同类产品。成功突破了深部钻探工艺与装备的技术瓶颈,完成了我国拥有自主知识产权并具有国际先进水平的深部钻探技术体系建立,使勘探深度大于 2000 米。

多频阵列感应测井仪器(MIT)研制成功并工业化应用。

截至2010年底,已在长庆、华北、青海、吐哈、吉林等国内油田,以及乌兹别克等国外油田现场应用,累计测井5000多井次,新发现多个油气层系,累计新增探明储量数千万吨。

研发的汽油车及柴油车排放控制技术水平达到或超过国Ⅳ标准,部分接近国Ⅴ标准,摩托车排放控制技术水平达到或超过国Ⅲ标准,项目累计申请国家发明专利42项,使我国机动车尾气净化技术研发进入世界先进行列。

大气细粒子和超细粒子快速在线监测技术取得重大突破,所取得的成果在珠江三角洲大气复合污染立体监测网络构建中发挥了重要作用,参与了北京奥运会、上海世博会和广州亚运会的空气质量保障。

7.海洋技术领域

我国第一台自行设计和集成创新的“蛟龙号”载人潜水器于2010年5~7月成功完成3000米级海上试验,最大下潜深度达到3759.39米,使我国成为继美国、法国、俄罗斯和日本之后,世界上第五个具备3500米以上深度载人深潜和作业能力的国家。

2010年6月,我国自主研发的具有完全自主知识产权的捷联式自动垂直钻井系统在宣页1井现场工程化试验获得成功。

2010年10月,我国完全自主研制的首台深海底中深孔岩芯取样钻机在南海成功完成海底勘探钻孔取芯试验。该钻机最大海底硬岩钻孔深度达20米。目前世界上仅有三台深海钻机具有超过本钻机的孔深能力。

我国自主研制的相控阵三维声学摄像声纳取得重大突破,该系统是一种新型的实时三维图像声纳,每秒钟高达10次的更新率,使得它具备动目标的实时监测和识别能力。

8.现代农业技术领域

我国抗病高产优质粳稻新品种选育及应用,取得了创新性成果。首次建立了规模化水稻条纹叶枯病抗性鉴定技术体系;制定栽培技术规程4个;2007~2009年新品种推广8314万亩,2009年推广面积占南方粳稻区种植面积的78%;累计推广13634万亩,社会效益190亿元。2010年,该成果获国家科技进步一等奖。

我国牡蛎基因组序列图谱成功绘制完成。这是世界上第一张养殖贝类的全基因组序列图谱,各项指标已达到国际领先的基因组图谱标准。还成功地绘制了黄瓜基因组的精细图谱。

大型人造板连续平压机的成功研制,显著地提升我国木竹加工制造的技术水平。

成功研制了智能控制自走式采棉机、自走式仿形棉花打顶设备。高地隙自走式底盘采用液压技术与电控技术相结合,四轮驱动、前轮液压转向结构,电子控制的牵引控制和防滑系统,保证了喷雾机的正常行驶和作业。

9.现代交通技术领域

完成了1.8L轿车柴油发动机(YC4W110-40)的研制,形成了整机轻量化设计、多变量参数台架优化等关键技术,自主开发国产高压共轨燃油喷射系统以及具备国Ⅳ、国Ⅴ、OBD等完整功能的发动机控制器,较好地应对了我国目前和未来若干年轻型柴油车的排气变化特征。

2010年共有500辆混合动力汽车、321辆纯电动汽车、196辆燃料电池汽车服务上海世博会,创造了世界上最大规模的新能源汽车服务大型国际活动的纪录。

10.地球观测与导航技术领域

敏捷卫星以平台快速大范围姿态机动能力实现多模式多功能高效能成像应用,突破了敏捷小卫星平台主要关键技术,完成了轻小型敏捷卫星平台方案设计、小型控制力矩陀螺和微小型姿轨确定系统研制,技术指标达到国际先进水平。

突破了基于载荷的微纳探测器结构一体化技术、基于新型姿轨控器部件的先进姿轨确定和控制系统技术、三星组网编队与协同控制技术、综合电子系统功能模块化与集成化技术等创新性关键技术攻关。

突破了无人机多载荷同时装载、载荷通用适配、大容量存储、安全飞控、精密导航定位、遥测遥控和数据实时传输链路等关键技术,在国际上首次实现了高分辨率高光谱相机、大视场宽覆盖多光谱成像仪、干涉和极化合成孔径雷达同平台装载数据获取;可完成不短于10小时的巡航作业飞行,系统总体性能达到国际先进水平。

研制成功高精度轻小型航空遥感系统,可用于高分辨率对地观测、大比例尺测绘、重大自然灾害应急响应、数字城市建设等方面。

突破了系统总体与系统集成、X波段干涉SAR、P波段极化SAR、地形测图处理等关键技术,成为世界上第三个拥有先进航空SAR遥感系统的国家。

在国内首次创建了基于软件总线的分布式并行处理遥感处理软件体系架构,突破了分布式遥感并行处理算法等多项关键技术。项目成果已在国内外重大灾害遥感监测中发挥了重要作用,有效支撑了甘肃舟曲泥石流、青海玉树地震等重大灾害的减灾救灾任务。

“十一五”期间国家科技基础条件建设执行情况

(一)国家科技基础条件平台建设专项

“十一五”期间,国家科技基础条件平台建设围绕落实《2004-2010年国家科技基础条件平台建设纲要》,按照《“十一五”国家科技基础条件平台建设实施意见》总体部署,大力推动研究实验基地和大型科学仪器设备、自然科技资源、科学数据、科技文献、科技成果转化、网络科技环境6大共享平台建设,组织实施了24项重点任务,为科技创新和经济社会发展发挥了重要的支撑、保障作用。

1.“十一五”期间主要工作

(1)设立财政专项,成立专职机构,完善管理体系

中央财政于2005年设立了“国家科技基础条件平台建设专项”,首批启动了39项重点建设项目。“十一五”期间共启动了42项平台建设专项项目。

为有效组织推进平台建设,2006年12月,经中编办批准

成立了国家科技基础条件平台中心，在科技部、财政部的领导下从事科技平台建设与运行服务过程管理。

（2）扎实推进重点任务

大型仪器共享平台共整合了分布在全国7大区域的单台套原值50万元以上的大型科学仪器1.7万台套，形成了全国大型科学仪器协作共用网；推进了13个大型科学仪器中心完善建设；整合了47座风洞、8台大型天文望远镜等大科学仪器装备资源，推进了全国大型科学仪器、设备资源的开放共享。以现有的野外科学观测研究台站为基础，整合了105个野外科学观测研究台站，初步形成了生态系统、材料腐蚀、特殊环境和特殊功能等国家野外观测台站网络。

自然科技资源平台共收集整合了植物种质资源39.2万份，种质信息135万条；动物种质资源和遗传物质7987种，完成10个濒危野生动物体细胞资源和77个濒危畜禽资源的抢救性收集和保存；整合了6298种国家有证标准物质信息资源和4000余种标准物质实物资源；保存了人类遗传资源44.7万份；收集整合生物标本957.82万份，岩矿化石标本10.38万份，南北极生物和地质标本生物、地质、陨石标本1.52万个（块），冰芯和沉积物样品739米，还抢救性地保护和整理出一批南极标本、珍稀标本、模式标本和我国国家级保护动物标本等大量宝贵的科技资源。

科学数据共享平台共建立地球系统科学、地震科学、农业科学、林业科学、气象科学等14个科学数据共享平台，形成了800多个数据库，共有160TB多的存量科学数据对外开放，初步建立了遍布全国的分布式科学数据资源共享网络体系。

科技成果转化平台收集整理了41万余项科技成果信息、1200套科技影像资料、1万余条工程化中试机构信息、2000条孵化机构类信息（包括政策类信息），共培养国家技术转移示范机构134家，引导成立区域技术转移联盟17家，布局中国创新驿站站点32家。

网络科技环境平台建成以52个虚拟博览馆、40个专题虚拟科学体验馆为主体的中国数字科技馆。

建成了国家科技平台信息门户——“中国科技资源共享网”，共集成各类科技资源信息512万条，形成28类资源信息数据库，数据量超过1000TB，可提供网络计算服务、远程共享服务、虚拟实验室服务、文献服务等6大类共20余项特色服务，共享网访问量超过940万人次，注册用户1.9万余人，覆盖69个国家、国内559个城市。

（3）开展产业技术创新服务平台建设的研究与布局

科技部联合有关部门和地方开展面向产业的技术创新服务平台建设，并初步遴选出30多个技术创新服务平台作为试点备选。2008年选取基础较好且有示范带动作用的集成电路、纺织和藏医药等3个产业的技术创新服务平台开展先期筹备建设。

（4）开展科技平台评议工作，推进科技平台开放共享服务

人口与健康科学数据共享平台等25个平台通过了评议，并于2009年9月25日在中国科技资源共享网开通仪式上共同发布了《开放共享北京宣言》，正式面向全社会开放服务。科技部、财政部研究制订了科技平台评价共性指标体系和分类评价体系和科技平台运行服务实施方案，落实了科技平台理事会、专家委员会、用户委员会以及平台管理机构。

2010年共有北京、上海、重庆、广东、江苏等8个地方平台加盟共享网。组织开展了“食品安全专题”、“医药卫生专题”、“制造业信息化专题”等专题信息服务，进一步丰富和完善共享网服务内容。积极探索共享网与百度合作模式，进一步提高科技资源的使用效益和平台建设的影响力。

（5）探索军民科技条件资源共建共享新机制

积极推动国家大型空气动力试验设备设施平台建设，启动了首个军民科技条件资源开放共享试点，并发布了大型空气动力试验设备设施平台建设相关规划。目前已实现30座军口大型空气动力试验设备设施信息对外开放共享。

（6）推进政策法规和标准规范体系建设等各项基础性支撑工作

政策法规建设方面，积极推动《科学技术进步法》的修订工作，新增了科技资源

开放共享的有关条款，确保了科技资源开放共享工作有法可依。科技平台管理部门和科技平台建设单位在平台建设过程中共制定了650余项规章制度，大大推进了科技平台建设和资源共享。制（修）定了各类技术规范和标准3000余项，其中有近600项标准都成功申请或报批成为国家或行业标准。依托国家科技基础条件平台中心组建了“全国科技平台标准化技术委员会”，加强了科技平台标准化工作的国内外交流与合作。

（7）加强人才队伍建设

中央财政专项经费支持的六大科技平台体系先后共有2.6万余名科技工作者参与了平台建设工作。

（8）积极开展科技资源调查，为科技平台建设提供基础支撑

2008年3月，科技部、财政部联合启动了科技基础条件资源调查工作。共计调查科研院所和高校3200余家，基本上摸清了财政性资金设立的高校和科研院所大型仪器设备、研究实验基地、省物种质资源等重大科技基础条件资源的家底。

2010年，中央和地方属科研院所与高校完成了年度数据更新。同时，进一步完善了科技资源调查管理信息系统，开发了大型仪器设备评议决策支持系统。

目前，科技资源调查已经建立了包括大型仪器设备、研究实验基地、生物种质资源、高层次人才等在内的16个分类资源信息数据库，共收录单台套原值50万元以上大型仪器设备29000余台套，研究实验基地5402个，生物种质保藏机构481家，生物种质资源信息113万条。

（9）开展科技计划项目资源汇交工作

根据《关于加强“十一五”科技计划项目总结验收相关管理工作的通知》的要求，研究制订了《科技计划项目资源汇交实施方案》，提出了资源汇交的主要环节和管理流程，组织开发了“国家科技计划项目科技资源汇交系统”，形成既统一入口管理，又与各科技平台资源审核、加工管理有机衔接的科技资源汇交管理系统。

2. **经费安排**

“十一五”期间,中央财政累计投入科技平台建设专项经费约为14.84亿元,地方、部门配套经费约为3.75亿元。其中2010年中央财政共下拨专项经费5512万元。

3. **主要成效**

(1)初步形成了科技资源整合共享的网络体系,建成了一批运行服务高效的科技平台研发服务品牌

在大型科学仪器设备共享平台建设方面,中央财政以3000多万的平台专项投入,集成了全国七大区域31个省(自治区、直辖市)单台套原值10万元以上的大型科学仪器4万台套,撬动了总价值近300亿元的大型科学仪器资源开放共享,促进了各地大型科学仪器设备使用效率的提高。动物种质资源共享平台已向科研机构和社会公众提供实验材料29021份、活体资源7987种。国家科技图书文献中心(NSTL)的各类网络版资源全文年利用量达3600多万篇,累计提供文献检索6.09亿次。网络协同计算平台为研究人员和社会公众提供了7408.4万CPU小时的计算服务,共完成74.3万个计算作业。微束分析大型仪器远程共享平台对实时远程控制离子探针质谱计(SHRIMP II)远程共享技术进行了成熟的应用,先后协助多国科学家多次成功开展了锆石样品远程定年工作。

(2)支撑国家科技计划和重大科研活动,促进科技创新和社会进步

“十一五”期间,各领域科技平台累计向“973”计划项目/课题提供服务1037项、向“863”计划项目/课题提供服务1276项、向科技支撑(攻关)计划项目/课题提供服务1306项、向国家自然科学基金及省部级科技计划提供服务5081项,为国家重大科技创新活动提供了重要的物质与信息保障,支撑产出了一批高水平的研究成果。

(3)为国家重大工程建设、民生、政府决策等提供支撑

国家特殊环境与灾害观测研究平台、材料环境腐蚀国家野外科学观测研究平台等通过对三峡库区近坝地段的滑坡监测、地震监测、材料腐蚀试验等长期观测研究,为三峡工程和长江航运提供了科学依据。科技平台还为青藏铁路/公路运营过程中的寒冻灾害预报预警、地震观测和预报提供了大量的基础数据和历史资料,以确保青藏铁路/公路的安全运营。

汶川、玉树大地震发生后,地震科学数据、医药卫生科学数据等平台提供了包括地球物理、卫星遥感影像、地理信息、森林植被、畜牧养殖、卫生防疫等方面的大量科学数据,中国应急分析测试平台和计量基标准平台等在第一时间提供了应急分析检测技术和现场服务。“问题奶粉”事件中,国家标准物质和计量基标准体系等平台在一周内成功推出了量值准确可靠的三聚氰胺纯品标准物质,并迅速完成相关检测标准的制定。甲型H1N1流感疫情发生后,国家标准文献中心立即开展甲型H1N1流感标准应急服务,全力支持了国家甲型H1N1流感疫情的防治工作。中国人群体遗传资源平台为建立全国查找拐卖/失踪儿童信息系统提供资源服务。大型科学仪器协作网入网仪器在食品抽检、物证检验等方面为执法部门提供了大量的现场服务。“中国农村三级医疗卫生服务网”的建设开通极大推动了我国农村三级医疗卫生服务工作的开展。

林业科学数据共享平台提供了重点区域的森林和退耕还林数据,为国家退耕还林宏观决策提供了支撑和服务;国家农业科学数据共享中心利用全国农业区划数据库,为全国及区域农业发展规划、农业发展政策的制定提供了极其重要的决策支持。

(4)带动了地方科技平台的建设,推动地方科技资源共享,提升了对区域经济和产业发展的支撑能力

各省市共建成2000余个公共研发平台和近3000个企业创新研发平台;并建立了300余个产业共性技术服务平台和近400个技术转移转化服务平台;同时,各省市在大型科学仪器设备、自然科技资源、科技文献、科学数据、网络科技环境等领域整合建立了200余个公益性地方科技资源共享平台。各地方平台资源共为十万余家企业和数万家大学、科研院所等事业单位提供了科技服务,为平台带来了近百亿的服务收入,为用户带来了上千亿的经济效益。

(5)服务于企业技术创新

科技平台共为全国50余万家企业提供了服务,占到了总服务对象的60%左右。提供的科学数据和技术服务,促进了企业的自主创新能力,为企业带来了巨大的经济效益。国家科技图书文献中心和标准文献共享平台都针对大中型企业用户提供了个性化、订制化和推送式的一站式服务,解决了企业研发资料缺乏、信息闭塞的难题。

(6)服务国防建设,为保障国家安全和领土完整提供科技支撑

材料环境腐蚀国家野外观测研究台站的军工环境试验体系已经成为我国武器装备和重要重大型号环境试验的研究基地,承担了几乎所有新型型号的环境试验。林业科学数据平台为中国人民武装警察某部“武警森林指挥自动化系统”建设提供了森林分布数据和相应的技术支持服务。气象科学数据共享平台为解放军总装备部、酒泉卫星发射中心等军事部门制作并提供了大量的气象科学数据,最大限度地满足了重大气象保障和国防科研工程对气象数据的需求。

(二)国家(重点)实验室

“十一五”期间,国家重点实验室在组织高水平基础研究和应用基础研究、聚集和培养优秀科技人才、开展高水平学术交流等方面发挥了良好的示范和带动作用,推动了我国科技创新。

1. **“十一五”及2010年主要开展的工作及执行情况**

“十一五”期间,科技部组织开展了依托企业和转制院所建设国家重点实验室的工作。2007年批准建设了首批38个企业国家重点实验室;2009年批准建设了第二批56个企业国家重点实验室;2010年批准建设了2个企业国家重点实验室。这些实验室主要分布在制造、资源、材料、医学、信息、工程、农业、能源等领域,以开展行业应用基础、前沿技术、共性技术、关键技术研究和重大技术集成研究及制定行业标准为主要任务。

“十一五”期间新建了44个院校国家重点实验室。截至

2010年，正在运行的院校国家重点实验室共212个，试点国家实验室6个。院校国家重点实验室分布在全国22个省、自治区和直辖市；分为8个学科领域，其中，生物科学领域32个，医学科学领域26个，工程科学领域35个，地球科学领域37个，信息科学领域27个，化学科学领域24个，材料科学领域19个，数理科学领域12个。固定人员达到1.4万余人。

（1）进一步规范国家（重点）实验室管理，完善实验室布局

形成了《国家实验室建设与运行实施方案》征求意见稿。制定了2010年国家（重点）实验室引导经费分配方案并完成拨款，完成2011年国家（重点）实验室引导经费预算分配方案上报工作。积极推动国家重点实验室建立联合学委会的工作，推动领域内科研资源的有效配置和科研目标的聚焦。

按照国家重点实验室"十一五"规划和工作安排，重点加强在新兴、前沿、交叉学科领域，我国传统特色和优势发展学科领域，国家发展重大战略需求领域，以及促进民生发展重要领域的部署，发布45个方向指南。

继续稳步推进新建港澳伙伴实验室工作。2010年6月，科技部批准香港大学、香港理工大学两所香港地区大学建设3个国家重点实验室伙伴实验室。目前，在香港地区建设的国家重点实验室伙伴实验室总数达到12个。在澳门批准建设了2个国家重点实验室伙伴实验室。

（2）加强企业创新能力建设，推动企业国家重点实验室发展

通过"973"计划以项目形式支持了94个企业国家重点实验室。组织开展了第二批56个企业国家重点实验室建设计划可行性论证工作。完成了第一批18个企业国家重点实验室的建设计划验收工作。

（3）加大对地方实验室建设的示范与引导，强化省部共建国家重点实验室培育基地工作

批准新建"北京市脑重大疾病重点实验室"等31个实验室为省部共建国家重点实验室培育基地，使省部共建实验室数量达到108个。圆满完成了省部共建国家重点实验室的"十一五"布局工作，为区域创新体系建设提供了有力支撑。

2."十一五"及2010年经费安排

"十一五"时期，中央财政设立了国家重点实验室专项经费，由开放运行费、基本科研业务费、科研仪器设备费三部分构成，共拨付专项经费86.44亿元。另外，"十一五"期间，投入10.16亿元国家（重点）实验室运行补助费支持试点国家实验室建设。

3.主要成效

（1）国家重点实验室具备国内领先的科研条件，承担了大量国家科研任务

目前依托高校和科研院所建设的国家重点实验室共有科研仪器设备23万台（套），总价值136亿元，总建筑面积173.6万平方米。"十一五"期间国家重点实验室承担并完成了大量"973"计划、"863"计划、科技支撑、重大专项和自然科学基金等国家重要科研任务。

（2）在科学前沿探索方面作出了突出贡献

"十一五"期间，国家重点实验室取得了一批具有国际先进水平的科技成果，已经成为重大原始创新的摇篮。据统计，院校国家重点实验室获得了87项国家自然科学奖二等奖，占总授奖数的55.38%。院校国家重点实验室发表论文19.2万篇。SCI和EI收录论文比例从2006年的49.0%增长到2010年的57.3%。国家重点实验室在《科学》和《自然》杂志上发表论文占我国发表总数的25%；在各领域Top期刊上发表论文占我国发表论文总数的20%～40%。

（3）为经济社会发展和国防建设提供了强有力的科技支撑

环境模拟与污染控制国家重点实验室有关北京夏季大气颗粒物中硫酸盐形成的研究成果为我国全面兑现奥运承诺发挥了重要作用。肿瘤生物学国家重点实验室为胃癌的三级预防奠定了基础，相关研究成果获得2008年国家科技进步奖一等奖。牵引动力国家重点实验室为我国铁路大提速和高速轨道交通发展发挥了重要作用。汽车安全与节能、焊接技术、固体润滑等十多个国家重点实验室承担了载人航天工程的关键技术攻关和部件研制工作。

（4）培养和凝聚了国内外优秀人才，并形成了一批骨干创新团队

目前，院校国家重点实验室固定人员总数约占全国基础研究人员总数的9.4%。其中，中国科学院院士254人、中国工程院院士147人，分别占院士总人数的35.8%和19.6%；拥有国家杰出青年科学基金获得者953人，占总数的40.0%。

国家重点实验室为科研团队建设提供了重要的基础和良好的环境。目前，院校国家重点实验室获得国家自然科学基金委员会"创新研究群体"项目132个，占其所有资助项目总数的52.0%。

"十一五"期间，国家重点实验室涌现大批优秀人才。2006年植物细胞与染色体工程国家重点实验室李振声院士获得当年唯一的国家最高科学技术奖；2008年稀土材料化学及应用国家重点实验室徐光宪院士获得国家最高科学技术奖；2010年沈阳材料科学国家（联合）实验室师昌绪院士和医学基因组学国家重点实验室王振义院士获得国家最高科学技术奖。国家重点实验室新增中国科学院院士28人，中国工程院院15人，分别占新增院士的39.0%和14.9%，新增国家杰出青年科学基金获得者320人，获创新研究群体科学基金资助66个。

（5）进一步制定和完善相关的政策措施，营造了有利于实验室开展原始创新研究的良好环境

修订了《国家重点实验室建设与运行管理办法》和《国家重点实验室评估规则》。颁布了《国家重点实验室专项经费管理办法》，进一步规范了国家重点实验室的管理。

国家（重点）实验室被确定为实施海外高层次人才引进计划（简称"千人计划"）的四大平台之一。分四批引进海外高层次人才180人，为"千人计划"的顺利推进发挥了重要作用。

（三）国家工程技术研究中心

"十一五"时期，科技部以提高工程中心自主创新能力和

推动行业发展为目标,紧密围绕国家中长期科技发展战略目标和战略性新兴产业崛起的战略需求,进一步加大工程中心建设力度,同时结合政府职能转变要求,进一步统筹基地、人才、项目,注重与国家科技计划、重大专项工作和国家技术创新工程实施相结合,工程中心建设工作呈现出蓬勃发展的良好局面。

1. 建设情况

“十一五”时期,共新建120个工程中心;共有51个工程中心通过验收进入运行阶段,其中20个中心以优秀成绩通过验收;2007年开展的第三次运行评估工作,对2004年以前通过验收、正式投入运行两年以上的89个工程中心进行了整体运行评估,国家企业信息化应用支撑软件工程技术研究中心等17个中心被评为优秀,国家建筑工程技术研究中心等28个中心被评为良好,体现了工程中心的建设宗旨,实现了自身工程化能力和行业整体水平的共同提高。

其中,2010年新批准组建了国家辅助生殖与优生工程技术研究中心等33个工程中心。新建工程中心中,依托大学和研究院所组建的中心占51.52%,依托企业组建的中心占48.48%。

2010年,科技部继续利用科研院所技术开发研究专项资金扶优扶强,国家非晶微晶合金工程技术研究中心等18个中心得到再支持,总计1621万元。

2. 分布情况

截至2010年底,共有国家工程中心264个,包含分中心在内为277个。这些中心分布在全国29个省、市、自治区。

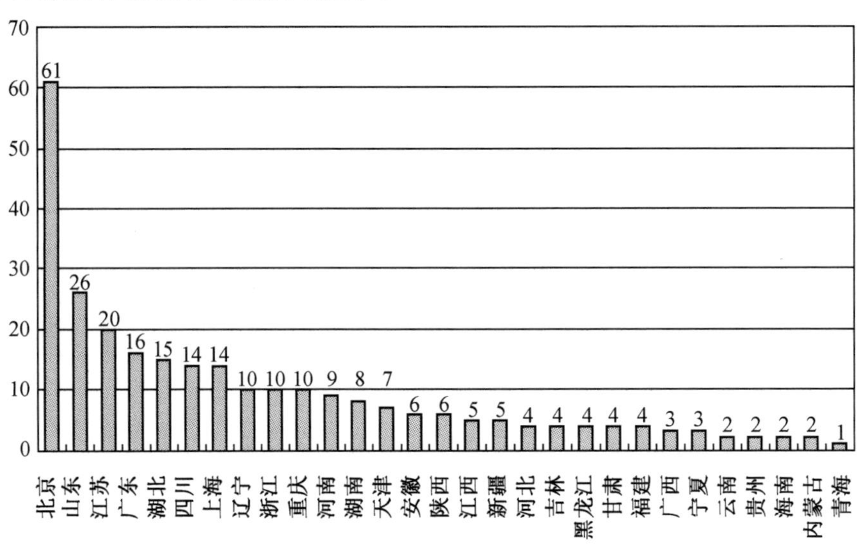

2010年国家工程技术研究中心地域分布

截至2010年底,包括分中心在内的277个工程中心分布在东部地区173个,中部地区52个,西部地区52个,分别占工程中心总数的62.46%、18.77%和18.77%。目前,264个工程中心分布在9个技术领域。

3. 人才队伍

截至2010年底,工程中心共拥有职工61544人,同比增长18.99%,其中:固定人员49804人,客座人员11740人,分别占职工总数的80.92%和19.08%。

2010年,工程中心共培养研究生6618人,其中硕士4303人,博士2315人。

4. 投资情况

2010年,工程中心批准计划投资103.89亿元,实际完成投资104.84亿元,同比增长21.15%和34.36%。

在实际完成投资中,完成政府投资36.38亿元,占34.70%。

截至2010年底,工程中心总资产达555.86亿元,同比增长43.41%。其中:固定资产177.26亿元,流动资产319.14亿元,对外投资28.46亿元,其他资产31亿元。工程中心年末负债233.80亿元;年末净资310.46亿元,同比增长34.85%。

5. 科技成果

2010年,工程中心共获得科技成果4434项,同比增长96.37%。在获得的科技成果中,自行研发成果3354项,吸收依托单位成果738项,吸收外单位成果144项,吸收其他成果98项,引进国外技术100项。

2010年,工程中心共获得地市级以上成果奖励745项,其中国家级奖54项,省部级奖504项,地市级奖187项。

6. 工程化能力

2010年,工程中心共承担科研项目13350项,同比增长28.9%。完成科研项目6769项,完成项目占承担项目总数的50.7%。

2010年,工程中心共建成中试基地344个,中试生产线292条,同比增长6.50%和6.18%。建立技术服务网点733个。

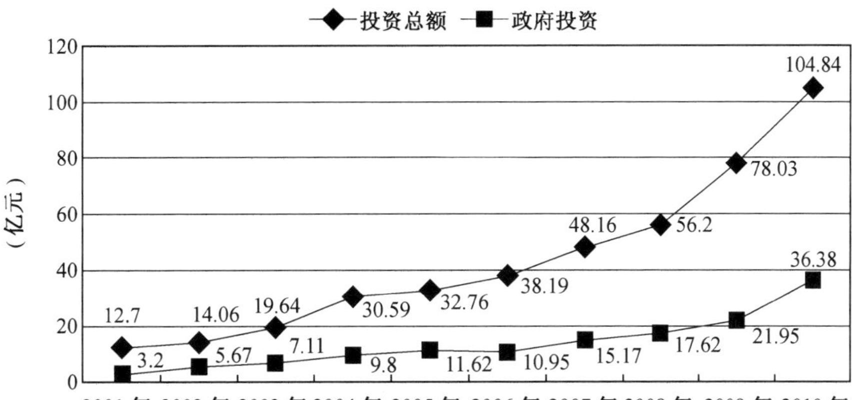

2001～2010年国家工程技术研究中心完成投资情况

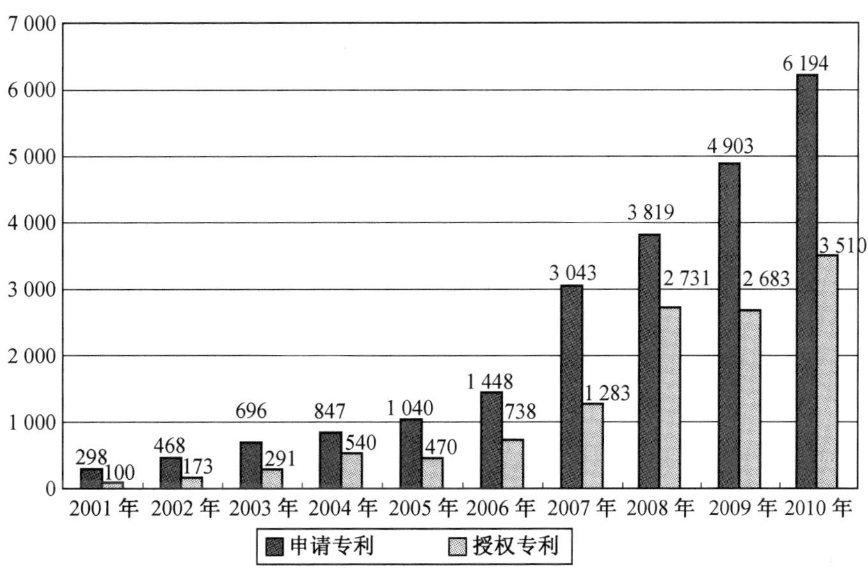

2001～2010年国家工程技术研究中心专利情况

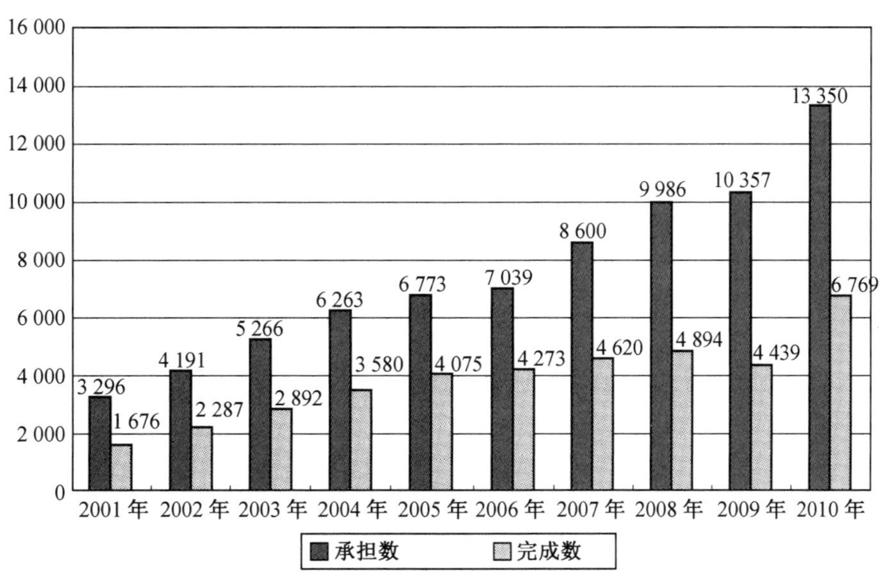

2001～2010年国家工程技术研究中心承担科研项目情况

7. **工程化成果辐射扩散**

工程中心的产出形式主要包括产品、工程承包(交钥匙工程)、工艺技术三大类。目前,单一产出形式的工程中心有184个,占66.43%;复合产出形式的工程中心有88个,占31.77%。

2010年,工程中心共转化科技成果17233项,同比增长177.38%。

2010年,建成农作物示范基地1255个,示范面积达21278万亩;建成畜牧繁育基地46个,育种35518万头(万只),畜牧出栏规模24273万头(万只)。

2010年,工程中心与9474家国内外大专院校、科研机构、企业开展技术合作,其中:大专院校1863家,科研机构1515家,企业6096家,分别占合作单位总数的19.66%、15.99%和64.35%。

2010年,工程中心主要采取共同研究开发、委托生产加工、咨询服务等合作方式,其中:共同研发4224家,委托生产加工1750家,咨询服务2219家,其他1281家;分别占合作单位总数的44.59%、18.47%、23.42%和13.52%。

2010年,工程中心共创办公司101家,其中:中心自身创办47家、与他人联合创办54家。

8. **收益情况**

2010年,工程中心总收入681.11亿元,同比增长150.82%,其中:产品销售收入545.99亿元,技术转让收入62.04亿元,承包工程收入61.94亿元,其他收入11.14亿元;创造利税105.94亿元,出口创汇7.87亿美元。

9. **开放服务与人员培训**

2010年,工程中心共对外开放实验室(试验室)801个,开放设备9598台(套),开放生产线349条;同比增长17.97%、32.64%和11.86%。共举办各类技术培训班8566期,参加人数640257人,同比增长55.66%和81.45%。为科研机构、企业等培养各类急需人才749325人,同比增长33.77%。举办国内外学术报告会与专题讲座3227期;召开国内技术交流会与展销会2894次。

10. **管理体制与运行机制**

截至2010年底,包含分中心在内的277个工程中心,具有企业属性的有148个、事业属性的有122个、企事业双重属性的有7个,分别占工程中心总数53.43%、44.04%和2.53%。

(四)科技基础性工作专项

"十一五"期间,科技基础性工作专项重点突出科学考察与调查、科技资料的深度加工与立典、标准物质与规范,以及其他对科技工作有重要影响的科技基础性工作,继续支持创新方法工作,重点培养科学思维和创新精神,促进科学工具的自主创新。

1. **科技基础性工作**

(1)主要工作及执行情况

①科学部署重点任务。"十一五"期间,实施了一批对经济、社会和科技发展具有重要支撑作用的专项项目,包括开展了全国性或区域性的专题调查,获取资源、环境、生物、能源、健康等方面最新的科学数据和资料;开展了综合科学考察,收集了大量的一手资料和数据,摸清了考察区的基本情况;开展了境外科学考察,首次对东北亚、东南亚地区进行综合科学考察,填补相关领域数据和资料的缺失和空白;延续支持了一些具有良好基础的科技基础性工作。

②集多方力量共同参与。"十一五"期间,牵头实施专项项目的部门达25个,中国科学院、教育部、农业部等部门参加了科技基础性工作,并且还有多部门合作共建的项目。

③建立专家全程跟踪机制。为提高工作水平和成效,采取了专家参与机制,要求各个重点项目成立由多学科专家组成的专家委员会,对项目的目标、任务,特别是工作方法和规范进行把关,并在立项、实施和验收的各个阶段,为项目组和管理部门提供咨询建议。

④强调数据共享。科技基础性工作的发展动力来自于科技界对基础科学数据的迫切需求,因此在专项管理中,始终把数据共享作为重要任务并纳入考核指标。

(2)经费安排

"十一五"期间,专项共支持了109个项目,经费总额4.73亿元。

(3)主要成效

①开展了空白区域考察调查,填补了数据资料空白。"中国北方及其毗邻地区综合科学考察"项目填补了我国北方及其毗邻地区经济系统资料的缺失和空白,开创了综合科学考察国际合作新模式。

"我国东部整层大气重要参数高分辨垂直分布探查"项目有效填补了气象观测站网对这些重要大气参数垂直分布测量的空白,对于国家安全战略高技术发展研究具有重大意义。

②发现新资源并抢救保存濒危资源。"东北森林植物种质资源专项调查"首次发现百合科的植物双色鹿药在中国境内的存在,完成对东北生物标本馆最具核心价值的模式标本的全面系统整理。

"青藏高原特殊生境下野生植物种质资源的调查与保存"项目采集了大量可开发利用的野生经济植物资源如野生水果、野生花卉以及药用植物,以及不少有重要学术价值的植物。

③支撑科学研究。专项支持了《中国植物志》的部分编撰和出版工作。《中国植物志》,共80卷5000多万字,是中国植物学研究的一项巨大成就,也是目前世界上规模最大、种类最多的植物志,对掌握和利用国家植物资源和发展有关学科具有重要意义。《中国植物志》获2010年国家自然科学一等奖。

"中国地层立典剖面及若干断代全球界线层型"项目建立了我国若干重要断代、不同相型的区域性典型地层剖面,并作为参考和对比的标准,服务于资源勘探和地学研究的其他领域。"中国冰川资源及其变化调查"项目为我国水资源开发利用、冰川灾害防治提供决策依据。

④促进经济社会发展。"我国1∶5万土壤图籍编撰及高精度数字土壤构建"项目已完成了1000个县土壤图件的数字化,成果在土地规划、水土保持等方面发挥了重要作用,

取得了巨大的社会经济效益。

“云南及周边地区农业生物资源调查”项目获得云南省60个县1956年、1982年和2006年3个阶段的相关数据，为国家制定农业生物资源有效保护提供了基础数据。

“中国外来入侵物种及其安全性考察”项目取得了丰硕的考察结果。构建了外来入侵物种信息管理系统和外来入侵物种生态经济影响评估体系，确定评估的方法和模式，完成了安全性评价系统的研究。

⑤支撑政府决策《中国孢子植物志》和《中国动物志》作为生物多样性研究的权威著作，为我国生物资源的保护和利用、环境保护和区域发展规划提供了重要科学依据。“中国汽车节能与减排状况调查”项目为国家“十二五”环境保护规划编制工作提供了重要的数据支持。

“中国儿童青少年心理发育特征调查”项目为《国家中长期教育改革和发展规划纲要》基础教育战略专题的制定提供了我国儿童青少年素质的区域差异、城乡差异等方面的重要信息。

2. 创新方法工作

自2006年底创新方法工作开展以来，创新方法工作紧密围绕自主创新战略和建设创新型国家的重大需求，围绕科学思维、科学方法、技术创新方法、科学工具、管理创新等方面部署了18项重点工作任务，重点推进了10000个科学难题征集、科学方法大系研究编制、技术创新方法的推广应用、创新方法试点省的建设、国产科学仪器应用示范等工作，成效显著，为深入推进科技创新提供了方法支撑，为自主创新战略、建设创新型国家提供强有力的人才、方法和工具支撑，大幅提升国家核心竞争力。

（1）项目安排

2007～2010年度创新方法工作专项共安排项目155个。截至目前在研数为140个，已验收15个。在研项目均按计划进行。

（2）经费安排

2007～2010年度创新方法工作专项共安排专项经费2.851亿元，并通过其他渠道匹配资金0.5938亿元，共计3.4448亿元。

（3）人员投入和培养情况

2007～2010年度的155个项目共有3502名主要参加人员，以高级职称和博士学历为主；共培养相关人才729名。

（4）主要进展和成效

创新方法工作专项2007～2009年度立项的121个项目，共发表中、英文论文732篇，出版专著93本；申请国内专利1027项，已获国内专利授权209项，申请国外专利15项，已获国外专利授权5项；制定1项国际标准、23项国家标准和23项行业标准；解决企业技术难题812个；创新方法项目成果应用341项，成果转让22项，所获收益为4903.8万元；项目成果获得国家科技奖励4项，省部级科技奖励41项；建成创新方法培训基地34个。

在科学思维领域，创新方法与素质教育融合初见成效。联合教育部开展了“《中小学科学探索学习实施指南》研制与实验工作”、“科学思维、科学方法在高校教学创新中的应用与实践”以及“1000个科学难题征集活动”等工作。

在科学方法领域，科学方法大系研究稳步推进。地理学、水文学、大气科学、农业科学、生物科学、中医药学以及环境科学等相关领域的科学方法梳理、总结和研究工作正在进行中。“水文科学方法”系统地提出了“自然—人工”二元水循环演变模式，分析测试方法研发取得可喜进展。

在技术创新方法领域，试点与培训工作全面展开。先后在四川、黑龙江等19个省、区（市）开展了创新方法试点工作。技术创新方法研究、推广、应用进展顺利，组建了河北省制造业创新方法工程研究中心和创新设计与创新方法四川省重点实验室，建立了一种适合我国企业技术与产品创新的系统化TRIZ体系——C-TRIZ，自主研发了Pro/Innovator、Invention Tool等软件，并在高校、科研院所以及企业开展试点应用。在科学工具领域，开展了一批科学仪器设备新原理、新方法和新技术研究，研发了一批原创性的科学仪器设备。

“十一五”期间政策引导类计划及专项执行情况

（一）星火计划

“十一五”期间，星火计划突出星火富民、惠民目标，加大对“三农”的科技支撑，在促进科技创新创业、新农村建设科技示范、农村信息化建设、城乡统筹发展等方面取得了较大成效，完成了总体目标和任务。

1. 总体情况

（1）项目安排

“十一五”期间，星火计划加大了对科技特派员基层创新创业、新农村建设科技示范（试点）、科技服务体系建设、产业带建设、科技培训、科技服务模式发展等方面的支持。星火计划共立项57087项，其中国家级项目7144项，占总数的12.51%，重点项目1737项，引导项目5407项；省级星火计划项目10427项，占总数的18.27%；市地级项目12786项，占总数的22.4%；县级项目26730项，占总数的46.82%。

2010年，星火计划完成了2010年度项目的立项和2011年度的项目申报工作。2010年国家级星火计划共1788项，其中重点项目503项（包括重大项目4项），重点突出农村科技创新创业、新农村建设科技示范（试点），星火产业带、农村科技型企业和品牌产品培育、农村信息化、农村科技服务模式等类项目的支持。

（2）经费安排和人员投入

“十一五”期间，各级投入星火项目经费总额达到1939.1亿元，其中中央财政对星火计划项目支持金额8.71亿元。2010年，星火计划重点项目共安排经费2亿元，其中新农村建设科技示范（试点）2030万元，农村科技型企业品牌产品培育4120万元，乡土科技带头人培训540万元，农村科技服务模式和星火产业带1840万元，农村信息化1800万元，科技扶贫670万元，科技特派员2200万元，农业科技园区2000万元，科技进步示范县（市）800万元，其他4000万元。

人员投入上,2010 年星火计划项目按照《规划纲要》及《关于加强农村实用科技人才培养的若干意见》要求,进一步加强农民及农民工的科技培训工作,提高农村科技创业和就业能力。星火计划以培养乡土科技带头人为重点,加强农民实用技术培训,加大对星火学校建设投入,显著提高了星火科技培训能力。

(3)主要成效

①星火计划项目实施预计成效“十一五”期间,完成各级星火计划项目 33006 项,其中县级项目共 13510 项,占总完成项目的 40.93%。基层对星火科技的需求很大。

2010 年,星火计划针对农民素质不高等问题,重点围绕“技术示范、基地建设、人才开发、能力提升”总体目标,培训了一大批农村实用人才、农村科技带头人和农村技术“二传手”,激发了农民学科技的热情,提高了农民用科技的能力。

②农村科技服务体系建设取得新的成效。星火计划大力支持大学、科研院所开展农村科技服务。据不完全统计,共有 20 多个省份在农村科技服务体系建设中与所在地区的农业大学、农科院以及各专项产品或技术研究所建立了合作关系,广大农户及相关企业获得了有效的技术支持。大学、科研院所开展农村科技服务具有广阔的发展前景。

③农村信息化试点稳步推进。目前,13 个省区市开通了星火科技 12396 信息服务电话热线。发展农村基层信息服务站点 5000 多个,村级站点近 10000 个,人才队伍 7000 多名,覆盖农民超过 2 亿人。通过基层农村信息化试点项目的实施,有效提高了基层信息服务能力。

④“星火科技 30 分”社会效益显著。完成了 52 期节目的拍摄、制作、发行和播出工作,向广大农村宣传介绍了 226 项农村先进实用技术,网站实用技术资源量累计已达到 3000 多个。据不完全统计,通过《星火科技 30 分》电视节目播出,每天平均接收的咨询电话在 20 次左右,累计年咨询量达 5000 多次。

2. 科技特派员农村科技创业

(1)项目与经费安排

2010 年,共投入 2200 万元支持了科技特派员创业链项目,各省纷纷加大了对科技特派员创业链的支持力度。以科技特派员创业链建设为核心,推动了科技特派员进入产业链的各个环节,促进种、养、加、销、运一体的创业和配套服务,共认定、建设科技特派员创业链 262 个,共有 9500 余名科技特派员进入创业链的产前、产中、产后进行创业服务。

(2)进展与成效

目前,全国已有 31 个省(自治区、直辖市)和新疆生产建设兵团的 2225 个县(市、区、旗)开展了科技特派员工作,开展工作的县占全国总县数的 77.9%,提前完成了《意见》制定的“力争用 5 年时间使开展科技特派员工作覆盖全国 75%以上的县(市、区、旗)”目标要求,大幅提高了农村基层科技创新和服务能力。2010 年科技特派员总人数达 149871 人,同比增加 3 万余人。科技特派员参与的科技项目直接服务 617.84 万农户,辐射带动受益农民总数达到 4481.74 万人,比 2009 年增加 7.2%。

2010 年,科技特派员培训农民 4198.09 万人次,发放各种科普资料 4473.6 万份,帮助安置农村剩余劳动力 1006 万人;开展科技特派员工作地区的农民人均纯收入达 8714.87 元,同比增长 19%。

2010 年全国共组建科技特派员团队 3369 个,法人科技特派员 4642 余家,共有 1.4 万余名信息科技特派员活跃在信息咨询或服务的第一线,比 2009 年增长 27.27%,从事有偿服务的科技特派员比例为 34.33%。在从事有偿服务的科技特派员中,技术入股型、承包型、实体创业型和其他利益共同体类型各占 21.99%、23.16%、23.45%和 31.39%。

3. 国家农业科技园区

2010 年,在原有 38 个国家农业科技园区的基础上,又批复了第三批国家农业科技园区 27 个,园区区域布局更趋合理,基础条件得到大幅度改善,科技示范带动作用突出,综合效益不断提高。

2010 年,国家农业科技园区专项支持 38 个项目,国拨经费 2000 万元。截至 2010 年底,中央财政累计投入 1.8 亿元,吸引各级地方政府投入 105.85 亿元,社会各类投资 769.89 亿元,实现投资总额 2011 亿元。

经过 9 年建设,国家农业科技园区正日益成为科技成果转化、企业孵化、产业催化、现代农业示范和农民技术培训的重要基地,成为探索现代农业发展新模式的样板。

一是创新能力提高,农业科技成果转化又上新台阶。2010 年,国家农业科技园区累计资助开发和引进项目 7987 项,推广应用新技术 6046 项、新品种 9015 个,均比上年有较大幅度的增长。

二是产业集聚效应显现。国家农业科技园区的入驻企业总数已达 5210 家,其中龙头企业总数达到 1530 家,占企业总数的 31.2%,带动周边农民人均年增收 600～800 元,吸纳就业人数累计超过 315 万人。截至 2010 年底,农业科技园区累计实现产值 5208 亿元,净利润总额 496.68 亿元,出口创汇 215.09 亿元。

三是加强技术培训,促进农民就业、增收。截至 2010 年,国家农业科技园区已累计组织开展各类技术培训 48104 次,培训人员 430 万人次,组织科普讲座 22069 次,提高了当地农民的科技素质和经营能力,促进了农民就业,有效拓展了农民增收致富的空间。

4. 科技兴县(市)专项

2010 年,科技兴县(市)工作进一步加强,形成了一套从工作环境建设到管理系统建设等方面较为完整的工作体系。2010 年,科技兴县(市)专项支持项目 20 个,国拨经费 800 万元。参加考核的县(市)数量由 2001 年的 1500 多个发展到 2009 年的 3219 个,示范县(市)的数量由 2004 年的 78 个发展到 2009 年的 140 个,确定了第三批 62 个国家科技进步示范县(市)的建设。

5. 科技扶贫

科技扶贫专项继续以解决农村贫困人口温饱问题为核心,大力推广一批先进实用技术;以科学开发贫困地区资源为主线,积极培育一批区域性支柱产业;以提高贫困地区和贫困家庭自我发展能力为目标,广泛开展一系列科学普及和科技培训;以构建贫困地区自身科技创新能力为根本,努力培养一批乡土科技人才和依靠科技脱贫致富的带头人。

2010 年，科技扶贫专项支持 19 个项目，国拨经费 670 万元。向定点帮扶地区选派了第 24 届科技扶贫团共 9 人，共组织实施 9 期"科技扶贫远程课堂"和 5 期"科学防艾远程科普讲堂"共 23 场培训活动，直接参与远程培训的人数达到 3 万多人次，辐射培训人数达 16 万人次。

2010 年，向 7 个定点扶贫县捐赠各类科技物资 806 万元，资助贫困学生 57 名。陕西省佳县聚光科技奖学金三年来共奖励了 270 名品学兼优的高中学生，累计奖金 15 万元。向四川巴中革命老区和山东省广饶县等地捐赠了价值 250 多万元的科技物资。

(二) 火炬计划

"十一五"期间，火炬计划项目分为产业化环境建设项目和产业化项目两大类别，服务高新技术产业园区和基地、产业化组织和科技中介机构，服务科技型企业和企业群体，通过加强对高新技术产业化环境建设的支撑，进一步推动高新技术成果转化，有效促进了高新技术成果的商品化、产业化、国际化。

1. 项目总体安排

"十一五"期间，国家级火炬计划项目总立项数 7409 项，其中产业化项目 6755 项(包括 89 项科技兴贸项目)，环境建设项目 654 项，重点支持项目 1016 项。

2. 经费安排

"十一五"期间，国家级火炬计划项目中央财政拨款共计 8.46 亿元(含 2006 年科技兴贸行动专项 0.186 亿元)，其中 2009 年和 2010 年有 1.19 亿元支持科技人员服务企业行动项目。"十一五"期间共认定重点支持项目 1016 项，安排国拨经费 60777 万元，平均支持强度为 60 万元/项。

3. 项目执行情况

"十一五"期间，国家级火炬计划年均执行项目约 5405 项。

"十一五"期间，国家级火炬计划历年执行项目共实现工业总产值 17732 亿元，产品销售收入 16875 亿元，上缴利税 3066 亿元，出口创汇 395 亿美元。

4. 科技创新基地

(1) 国家高新区

"十一五"期间，国家高新区继续坚持"四位一体"的发展定位，大力推进以提升自主创新能力为核心的"二次创业"。截至 2010 年底，全国共有国家高新区 83 家。

①国家高新区主要指标保持稳定增长，对经济平稳发展的促进作用日益显著。2010 年，原 56 家国家高新区(不含 2010 年新升级)共实现营业总收入 97180.9 亿元，工业总产值 75750.3 亿元，工业增加值 19271.7 亿元，净利润 6261.3 亿元，上缴税额 4968.2 亿元，进出口总额 4361.2 亿美元，其中出口创汇 2476.3 亿美元。

高新区对我国经济平稳较快发展发挥了较好的支撑作用。2010 年，56 家高新区工业增加值占全国第二产业增加值的 10.3%；园区生产总值达 28276.1 亿元，占全国国内生产总值的 7.1%；高新区出口创汇占全国外贸出口的比重达 15.7%；当年吸纳应届高校毕业生 30.2 万。

②高新区技术创新能力不断提高。2010 年，原 56 家国家高新区企业的 R&D 经费内部支出为 1606.2 亿元，企业内部科技活动经费支出总计为 3278.1 亿元；原 56 家国家高新区从业人员总数 859 万人，其中具有中高级职称的人员达到 114.3 万人，占到从业人员总量 13.3%。

2010 年，原 56 家国家高新区，区内企业拥有发明专利 69168 件，当年申请专利数量达到 124980 件，申请发明专利 63770 件；当年专利授权数达到 70378 件，其中，发明专利授权 23905 件，欧美日专利授权 967 件；区内企业共拥有软件著作版权 49542 项，拥有集成电路布图 2127 项，拥有植物新品种 361 项；企业各种技术性收入达到 7373.2 亿元，占营业总收入的 7.6%。

(2) 火炬计划特色产业基地

截至 2010 年，共认定国家火炬计划特色产业基地 248 家。

2010 年，基地内企业 R&D 支出为 1431.6 亿元，基地内国家工程技术中心和国家工程研究中心数量为 232 家，企业内博士后工作站共有 370 家；申请国内专利数 94053 项，其中发明专利 16407 项，实用新型专利 37833 项；拥有授权专利数 58001 项，其中发明专利数 5121 项，申请国外专利数 929 项。

(3) 火炬计划软件产业基地

以国家火炬计划软件产业基地为载体，在全国 10 多个软件产业基地形成了近 20 个联盟，推动软件产业基地从集聚向集群升级。实施中国软件出口工程，促进软件与信息服务外包的发展和软件产业国际化。支持软件产业基地建设六大类公共技术服务平台，联合开展"中国软件专业人才培养工程"，进一步优化软件产业的发展环境。

截至 2010 年底，共认定国家火炬计划软件产业基地 35 个，基地从业人数 148 万人，总收入达 9776.9 亿元，出口创汇 168 亿美元。

2010 年，基地硕士及以上学历人员数达 14.8 万人，软件研发人员 75.6 万人；拥有软件著作权登记数 57723 件，新增软件产品登记数 46871 件，自主版权软件收入为 2167.4 亿元。

(4) 科技兴贸创新基地

"十一五"期间，科技部、商务部先后分三批联合认定了 58 家国家科技兴贸创新基地(其中 21 家依托国家高新区建设)，分布在电子信息、生物医药、新能源、新材料等 10 个技术领域。

据初步统计，2009 年，58 个国家科技兴贸创新基地共实现销售收入 92282.2 亿元，其中特色产业实现销售收入 21382.5 亿元。

(5) 科技企业孵化器和大学科技园

截至 2010 年底，纳入国家火炬计划统计的全国孵化器 896 多家，国家级孵化器达到 346 家。累积毕业企业 36485 家，平均当年营业收入为注册资金的 5.2 倍，其中超过 1000 万元企业达 30% 以上，上市企业超过 150 家。在孵企业 5.6 万家，在孵企业从业人数 117.7 万人；在孵企业申请知识产权保护数达 53838 项,其中批准知识产权保护数为 32684 项,发明专利和软件类专利为 20579 项,分别占在孵企业总数的 58% 和 36%;获得投融资企业 7699 家,总额达到 66.3 亿元。

(6)生产力促进中心

2010 年,全国生产力促进中心总数达到 2032 家,其中国家级示范生产力促进中心数量达到 243 家。

(7)技术转移体系

目前,全国现有技术市场管理机构 1000 多家,技术合同认定登记机构 800 多家。有技术交易和服务机构近 2 万家,从事技术开发、转让、咨询、服务等技术交易与经营活动,有各级常设技术交易市场近 200 家,技术产权与金融资本相结合的技术产权交易机构近 40 家。有国家级技术转移示范机构 134 家,通过开展技术许可转让、产学研合作、技术集成与熟化、专业技术服务等不同模式的技术转移活动,促进科技成果转化和技术转移。

"十一五"期间,全国技术交易获得了突飞猛进的发展,2010 年全国技术合同交易额达 3906 亿元,比 1984 年的 7 亿元增长了 500 多倍。国家技术转移示范机构的总体服务能力得到提升。134 家国家技术转移示范机构共促成技术转移项目 316602 项,成交金额 790 亿元。

(三)国家重点新产品计划

"十一五"期间,国家重点新产品计划(以下简称新产品计划)按照建立"以企业为主体、市场为导向、产学研相结合的技术创新体系"的要求,采取国家政策引导和财政补助措施,在提升产品技术水平,提高企业市场竞争力,推动产业结构调整和转变经济增长方式等方面发挥了重要作用。

1. 项目申报和总体执行情况

"十一五"期间,新产品计划共受理申报项目 10043 项,其中地方科技厅(委、局)申报 9279 项 ,占申报项目总数的 92.39%,国务院有关部门科技司(局)申报 764 项,占申报项目总数的 7.61%。立项项目 6461 项,其中地方科技厅(委、局)申报立项 5982 项,占立项项目总数的 92.59%,国务院有关部门科技司(局)申报立项 479 项,占立项项目总数的 7.41%。立项项目数占申报项目数比例达 64.33%。获得经费支持项目 1316 项,支持金额 8.29 亿元(2009 年和 2010 年用来支持科技人员服务企业行动项目 4 亿元未计算在内)。

"十一五"期间,新产品计划项目重点支持电子与信息、航空航天及交通、光机电一体化、生物技术、新材料、新能源与高效节能、环境与资源利用、航空航天、地球空间及海洋工程、医药与医学工程、农业等十一个领域。新产品计划对技术领域集中支持,体现了"十一五"期间以国家战略需求为导向,加强与国家"十一五"科技发展规划相关的高技术产业衔接,进一步突出了支持重点,加大了支持力度。

2010 年,新产品计划立项项目 1530 项。

"十一五"期间,新产品计划立项项目 6461 项中有 702 项来自于国家"863"计划、"973"计划等国家计划,占立项项目总数 10.87%;企业自行开发技术 2283 项,占项目总数 44.62%。从自主知识产权看,有 5904 项获得或申报了发明专利、实用新型或其他知识产权,占项目总数 91.38%。获得国家级奖励项目 284 项,占项目总数 4.40%。从采标情况看,采用国际或国外先进标准 735 项,占项目总数 11.38%,采用国家标准、行业标准或企业标准 3549 项,占项目总数 54.93%。

2. 实施效果

新产品计划通过税收优惠、财政补助、贷款贴息、智力引进、人才培训等扶持政策,在促进企业新产品研制开发和科技成果转化及产业化、推进产业结构调整和转变经济增长方式、增强我国产品国际竞争力、带动区域经济发展等方面取得了显著成效。

通过国家重点产品计划的实施,提升了企业产品的美誉度和知名度,企业经济效益大大提升,为企业后续产品的研发、成果转化和产业化,实现发展战略目标奠定了基础,促进优势产业发展。各地方新产品计划与国家新产品计划形成了完整的体系,在不同层次上支持了地方支柱产业、优势产业的主导产品、特色产品的开发研制,对推进区域经济发展产生了影响深远的示范辐射作用,取得了巨大的经济和社会效益。

新产品计划的实施,一方面提高了企业自主开发的创新意识,增强了企业技术创新能力和综合竞争力,另一方面有效地调动了企业新产品开发的积极性,吸引和鼓励企业加大科技投入力度。

形成一批有较强竞争能力、具有自主知识产权、知名品牌的产品,促进了产业升级。"十一五"期间,新产品计划 6461 个立项项目中,91.38% 的项目具有自主知识产权并申报了专利。

(四)国家软科学研究计划

2006 年以来,国家软科学研究计划围绕贯彻落实创新型国家战略、科技支撑引领经济社会发展以及经济社会发展中的重大战略性、前瞻性问题,统筹布局,协调推进,为国家重大战略决策、科学技术发展战略、方针和政策的制定,以及促进决策科学化、民主化发挥了十分重要的作用。

1. 项目与经费

"十一五"期间,国家软科学研究计划共资助经费 10335 万元,立项 1122 项,其中重大项目 312 项,面上项目 810 项。

2. 进展与成果

"十一五"期间,国家软科学研究计划在围绕科技重大战略决策,着力研究科技自身发展的重大理论和实践问题的同时,更加注重从科技促进经济和社会发展、国民经济和社会发展的前瞻性、战略性问题等更广阔的视野选题,开展前瞻性、战略性和全局性研究,为国家、地方、部门的有关重大战略决策提供了研究支持,提升了国家软科学研究计划的战略层次,形成了一批有重要影响的研究成果。

3. 基地与人才队伍建设情况

加强软科学研究人才培养和队伍建设,初步建立了一支能够承担国家重大软科学研究任务的较高水平的软科学研究队伍。近几年,国家软科学研究计划加强了对软科学研究领军人物的培养,重点发现和支持了一批有较高学术水平和良好职业道德的软科学尖子人才，开展科技、经济和社会发展重大战略问题研究，培养和锻炼了一支服务于国家战略决策和研究的人才队伍。

加强与部委、地方和研究机构之间的合作，建立了跨部门、跨地区、跨领域的合作研究渠道和机制，形成了一批国家软科学研究的基地。在承担国家软科学研究计划项目的单位中，发现了一批基础较好、有较高研究水平的软科学研究团队，通过与部门和地方联合支持，建立了紧密配合、优势互补的合作机制。

4. 软科学成果应用与宣传情况

为了更好地发挥软科学的决策支持作用，科技部办公厅调研室和中国科学技术发展战略研究院联合有关研究单位和部门、地方软科学管理系统召开多次专题座谈会，广泛听取了专家、软科学研究机构和有关部门、地方的意见，共同研讨软科学重大问题，收到了很好的效果。此外，在部电子政务建设框架内初步建立软科学成果共享平台，促进软科学研究成果共享。通过《软科学要报》等形式，及时介绍软科学项目成果，促进软科学成果的运用。加大在中央有关媒体上宣传软科学研究成果的力度。

（五）国际科技合作计划

“十一五”期间，国际科技合作计划不断创新管理模式，立足国民经济、社会发展和民生改善的重大需求，合理布局，优化配置，集成资源，围绕新能源、节能减排、气候变化、抗震救灾以及健康等重点领域，支持国内科研单位、大学和企业参与高水平的国际科技合作，营造良好的国际合作环境，为解决人类共同面对的能源、资源、环境、健康等领域重大科技问题，推动双边、多边政府间科技合作，建设创新型国家做出了积极的贡献，取得了丰硕成果。

1. 项目安排

“十一五”期间，国际科技合作计划共安排项目 1462 项，其中 2010 年立项项目 470 项。

2. 经费安排

“十一五”期间，国际科技合作计划安排专项经费 28.02 亿元，其中，2010 年安排专项经费 15.9 亿元。

3. 人员投入

“十一五”期间，国际科技合作计划参与人数为 38871 人，其中国内参与人数为 26909，占 69.2%。

4. 主要进展和成效

“十一五”期间，国际科技合作计划项目国内发表论文数为 5216 篇，国外发表论文数为 6130 篇，SCI 收录 6310 篇，SSCI收录 168 篇，EI 收录 3914 篇，CSCI 收录 676 篇。

“十一五”期间，国际科技合作计划项目引进国外关键技术 1825 项。国内共申请发明专利 2948 项，发明专利授权数 1518 项，其他专利数 350 项；在国外申请发明专利 210 项，发明专利授权数 110 项，其他专利数 26 项。制定国际标准 39 项，国家标准 182 项，行业标准 227 项。共有计算机软件登记数 285 项，集成电路布图设计数 30 项，植物新品种登记数 147 项。

“十一五”期间，国际科技合作计划共引进博士后 279 人，引进博士 1453 人，硕士 473 人，引进工程技术人员 813 人。共培养博士后 607 人，培养博士 2226 人，硕士 3966 人，培养工程技术人员 4488 人。

（1）在节能减排方面

通过与美国合作与交流，开发了以铵盐为载体捕集和吸收燃煤烟气，具有效率高、运行费用低、综合利用率高等优点的多元控制技术与工艺，促进了我国燃煤发电的可持续发展。

通过与德国开展合作，“特大型城市区域性可再生能源柴油轿车示范工程”项目进行轿车柴油机燃用生物燃料、合成燃料（GTL、CTL）的油品匹配性能研究。该项目在上海投放 1000 辆以上先进柴油轿车进行示范运营，探索在特大型城市区域性规模使用可再生交通燃料、合成燃料和清洁燃料先进柴油轿车的可行性。

通过与意大利新技术能源与环境委员会（ENEA）开展合作，“中意合作太阳能热发电技术创新平台建设及示范工程”项目引进了 ENEA 的高温槽式太阳能热发电全套技术，并研制出具有自主知识产权的国产化装备及材料生产技术，实现了太阳能热发电集热管等关键器件的自给，为我国太阳能利用事业的发展提供了科技支撑。

（2）在推动战略性新兴产业发展方面

通过与外方合作，引进、消化和吸收具有国际先进水平的 CAD/CAM 软件内核—CRUX III，掌握了国际设计制造软件的核心技术，研发出了具有完全自主知识产权的三维 CAD/CAM 软件系统，建立了我国三维 CAD/CAM 软件系统产业体系。

2010 年 2 月成功完成了世界首款前置前驱 8AT 自动变速器的研制，2010 年 9 月顺利完成样车搭载，成功实现了由样机到搭载样车的新跨越。

合作双方共同设计并合成了一系列新型含有光致变色二噻吩乙烯单元的光电功能材料。

开展电机用热压钕铁硼永磁环的研究与开发，成功研制了适合稀土永磁材料的真空热压装置。

（3）在新农村建设方面

以华北平原典型农业区和澳大利亚 M-D 流域为对象，开展的以农业水资源高效率利用和环境可持续性为重点的国际合作研究，通过中澳比较，提出了兼顾经济效益和维持生态与耕作系统可持续性的情景分析和综合方案，为水安全评价与管理技术提供了理论和技术支撑；南京农业大学和南京市蔬菜科学研究所通过与以方合作，建成了南京—以色列农业科技园，在此平台上引进了以色列优良品种和先进农业生产技术。

“中意农业高效节水自动控制微灌示范系统”项目，通过与意大利开展合作，引进了意方微灌、滴灌、自动控制系统等设备，建设了不同形式的高效节水灌溉示范园区，对推广节水灌溉技术和促进相关学科的发展发挥了示范作用。

（4）在气候变化方面

中美印（尼）日南海与邻近海域水交换及其变异合作研究，为南海环流研究提供了最基本的数据。项目的实施对于研究太平洋—印度洋贯穿流有重要意义，并对南海与印尼海海洋环流研究以及南海环境和周边气候研究具有重要作用。

"西太平洋海域海洋灾害对气候变化的响应"项目通过与外方合作,已成功完成两次国际合作调查航次,获取了宝贵的观测数据,并推进了与印度尼西亚、马来西亚和泰国等国家之间实质性的海洋科技合作。

(5)在抗震救灾方面

通过与美国开展合作,"基于遥感和GIS的灾害信息检测、风险评估与应急响应研究"项目,在引进、消化吸收美国减灾防灾监测与决策支持最新研究成果的基础上,开发了一整套适合我国国情的基于遥感与GIS技术的突发灾害事件的监测预警技术方法体系,对于有效增强灾害应急的救助能力,多方位降低灾害造成的生命和财产损失具有重要意义。

"地震电磁卫星观测技术数据处理与应用合作研究"项目为跨越式提高我国在该领域的科学研究水平提供重要基础。

(6)在科技奥运方面

通过与德国合作,结合北京奥运场馆特点,建立了雨洪利用的综合技术体系、防洪体系、水质控制体系和运行管理体系,为其他地区体育场馆的工程建设提供了示范等等。

(7)其他方面

通过与瑞士联邦理工大学开展合作,"中瑞气固两相系统科研和设计综合数据平台的建立"项目引进了瑞士ETH气固两相流大型实验装置,建立了完善的气固两相系统实验数据库,形成了为研究和开发气固两相反应器服务的综合数据平台。该项目将我国具有优势的流态化计算技术与瑞方先进的实验装备相结合,提升了两国在流态化领域的基础研究水平。

国际科技合作计划连续支持了我国工作组承担用于欧洲核子研究中心大型强子对撞机LHC的CMS和ATLAS探测器的部分研制任务。LHC一旦研制成功,将是全世界最先进的粒子研究工具,我国作为研究参与主要成员,可以分享其部分研究成果,为发展我国粒子探测器打下了良好的基础。

(六)国家农业科技成果转化资金

"十一五"期间,农业科技成果转化工作强化农业科技自主创新能力,扎实推进现代农业建设和社会主义新农村建设。在带动地方区域经济发展、促进农业科技成果转化、提高农业综合生产能力、促进农民增加收入等方面发挥了积极作用。

1. 项目安排

2006～2010年,国家农业科技成果转化资金共支持2719个项目。

2. 经费安排

"十一五"期间,国家农业科技成果转化资金中央财政累计投入18亿元。

3. 人员投入和培养情况

2004～2007年立项的农业科技转化资金项目参与人员共计46010人次,共培养博士1229人、硕士3880人。

4. 主要进展和成效

"十一五"期间,转化资金项目实施与执行整体进展顺利。围绕农业结构战略性调整和保障国家粮食安全需要,以推动新农村建设和企业创新能力为目标,进一步提升现代农业的引领和产学研结合在农业科技成果转化中的作用。2004～2007年立项的农业科技转化资金共计获得专利权数1548项、发明专利数773项,发表论文报告数为8527篇、全国性期刊论文数为5907篇。

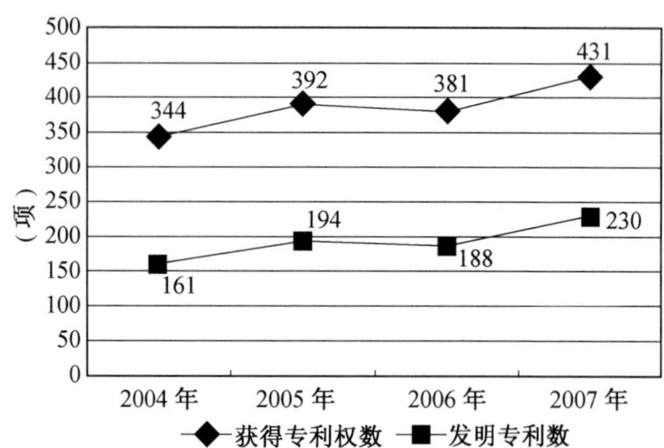

2004～2007年立项的农业科技转化资金项目获得专利权数

2004～2007年农业科技转化资金项目社会效益统计表

成果情况	2004年	2005年	2006年	2007年	合计
建立试验示范区基地个数(个)	23006	9011	133159	3880	169056
新增就业人数(人次)	44097	55160	369927	124419	593603
举办培训班(期)	10599	21131	9932	13771	55433
培训人员(人次)	1976911	2497669	2352141	2847234	9673955
带动农民(人次)	6318003	7982291	7517199	15325361	37142854
建立中试线(条)	308	346	286	335	1275
建立生产线(条)	458	475	349	514	1796

(七)科技型中小企业技术创新基金

"十一五"期间,科技型中小企业技术创新基金(以下简称"创新基金")积极探索公共财政支持科技型中小企业创新的新模式,不断加强对地方及社会资金的引导,为促进中小企业技术创新,营造科技型中小企业良好的技术创新和融资环境等方面发挥了重要作用。2006年,创新基金增设了中小企业公共服务机构补助资金(以下简称"服务机构补助资金")。2007年,创新基金设立了科技型中小企业创业投资引导基金(以下简称"创业投资引导基金"),专门用于引导创业投资机构向初创期科技型中小企业投资。

1. 项目执行情况

(1)预算执行情况

"十一五"期间,创新基金预算大幅度增长,总额达到95.5亿元。

(2)立项情况

“十一五”期间,创新基金共立项17893项,资助金额1150083万元。

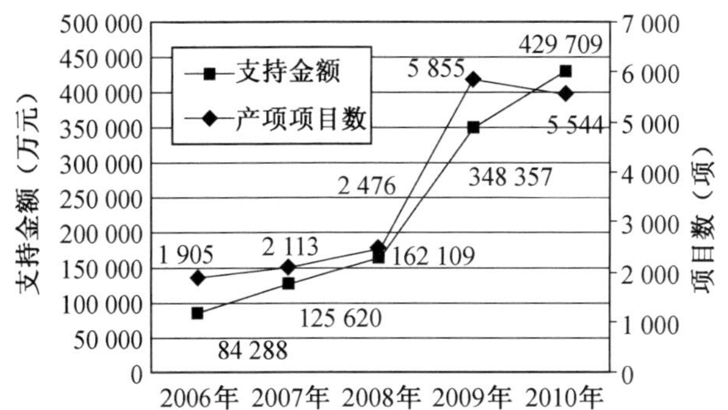

2006～2010年科技型中小企业技术创新基金立项数及支持金额

“十一五”期间,创新基金共支持技术创新项目15920项,支持总额947421万元;公共技术服务机构补助资金项目1261个,资助金额86762万元;创业投资引导基金项目712个,资助金额115900万元。

①技术创新项目。技术创新类项目主要以无偿资助和贴息贷款两种方式支持。“十一五”期间,创新基金无偿资助14978项,支持金额885754万元;贷款贴息942项,支持金额61667万元。

“十一五”期间,创新基金重点支持光机电一体化、电子信息、新材料、生物医药、资源与环境、新能源与高效节能、高技术服务业七大领域。七大技术领域获得支持项目数占总支持项目数的89%,获得支持经费占创新基金支持总额的84%。

②公共技术服务机构补助资金项目。2006年8月,财政部、科技部联合下发《关于申报中小企业公共技术服务机构补助资金项目有关问题的通知》,在创新基金中启动了对中小企业公共技术服务机构进行补助的工作。2007年,创新基金调整了中小企业公共技术服务机构补助资金项目的支持方向,即由支持机构转变为支持对中小企业服务的业务,重点支持为中小企业提供创新资源共享、专业技术服务、技术转移等三类服务业务。

“十一五”期间,公共技术服务机构补助资金项目共支持1261个项目,资助金额86762万元。

③创业投资引导项目。2007年7月,财政部、科技部制定了《科技型中小企业创业投资引导基金管理暂行办法》,启动了我国第一支国家层面的科技型中小企业创业投资引导基金,旨在为科技型中小企业提供股权融资渠道和全方位的增值服务,促进自主创新和高新技术成果产业化。

2007～2010年,创业投资引导基金共投入财政资金11.59亿元。同时,创新基金管理中心制定并不断完善了创业引导基金项目评审、监管规程,确保创业引导基金政策目标的顺利实现和财政资金的有效、规范使用。

创新基金的实施,在长三角地区极大地促进了科技型中小企业成长为经济增长和科技创新活动的主体,成为实现经济增长方式转变最直接的动力;在中部、环渤海、泛珠三角地区,促进了企业和高校、科研机构合作,有效地牵引各类科技资源向中小企业聚集,推动了区域性特色产业的集聚发展和产业结构调整,加快了科技成果转化和高新技术产业化进程;在西北地区和东北地区,扶持了一批科技人员技术创业,培育出一批具有自主创新能力科技型中小企业,提高了区域技术创新能力。

2. 项目实施成效

(1)扶持和壮大了一大批具有创新能力的中小企业

创新基金实施以来,共立项资助了12000多家科技型中小企业,其中33%是成立不足18个月的初创型企业,59.5%是员工人数在100人以内的企业。

经过创新基金扶持,包括无锡尚德、清华威视、浙大中控、中航惠腾、开米股份等一大批拥有自主知识产权的科技型中小企业快速成长壮大;受过创新基金资助的佳讯飞鸿、科通电子、泉州火炬、中地数码、浙江游龙、科兴生物、武汉高德等一批企业参与了载人航天、奥运建设、三峡工程、青藏铁路等国家重点工程和突发疾病的防治。

(2)增强科技型中小企业自主创新意识,提升了技术创新能力

在创新基金对拥有自主知识产权创新性项目重点支持的引导下,受资助企业大力加强研究开发,积极推动产学研合作,技术创新能力和竞争力得到较大提升。截至2010年3月,对执行期内的5269个项目的统计显示,项目承担企业加大了研发经费投入,创新性研发产品或技术数量增多,平均每个企业处于研发状态的产品为3.4个。

(3)促进科技成果转化和产业化,产生良好的经济和社会效益

创新基金重点和优先支持国家科技计划成果转化项目,2005-2009年,相关科技成果转化项目近3000多项;国家863、973、科技支撑等科技计划项目成果中,有22.3%被引入中小企业得到商业化和产业化应用。创新基金始终坚持明确的产业导向,在电子信息、生物医药、节能环保等七大领域进行重点部署,使这些领域中的一批科技型中小企业成为富有潜力的新的经济增长点。

(4)吸引各类社会资金多渠道、多层次共同支持中小企业技术创新

创新基金充分发挥政府资金的引导作用,帮助企业从地方政府配套资金、资本市场、社会集资以及其他渠道获得发展资金。截至2010年9月,已完成验收的创新基金项目10309项,共投入资金863.4亿元。

(5)拓宽了就业渠道,带动高端人才的创新创业

创新基金优先支持由高素质科技人员和留学归国人员创办、领办企业。创新基金资助的企业中,80%是大学本科以上人员创办,34.2%由硕士以上学位的科技人员创办,其中博士创办企业近10%。

(八)科技富民强县专项行动计划

“十一五”是科技富民强县专项行动计划(以下简称专项行动)实施的第一个完整五年,专项行动以“富民”、“强县”为宗旨,紧密围绕县域优势特色产业,通过科学决策,合

理配置资源,持续扩大实施范围,创造了新的县域经济增长点,促进了农民增收,壮大了县(市)财政实力,提升了县(市)科技工作能力,增强了科技对县域经济的引领和支撑。

1. 项目安排

“十一五”期间,专项行动安排实施县(市、区)的总数量达到884个。在稳步增加实施县(市、区)范围的同时,逐步加大了对中西部地区项目的支持力度,占支持总数的79.3%。

“十一五”期间,2006 ~ 2007年专项行动实施的第二、三批309个专项行动项目按照进度要求,基本都已完成。

2. 经费安排

“十一五”期间,专项行动投入中央财政资金共计14亿元,带动了155.22亿元其他资金。

3. 人员投入和培养情况

“十一五”期间,884个专项行动实施县均针对性的开展了多层次的科技培训。五年中,专项行动共培训农民和乡土人才超过4800万人次,平均每个试点县(市)培训超过55000人次。其中,2010年县均参加培训人员数量超过25000人次,是2006参加培训人员数量4倍多。

4. 主要成效

“十一五”期间,专项行动在全国各级科技、财政部门的指导管理下,各项目县(市)积极组织落实项目规定的各项任务,围绕县域特色优势产业中的关键科技要求,大力引进新产品、新技术,组织、集成科技资源,重点突破,开创了县(市)科技工作的新局面,取得的成绩主要包括:充分发挥示范辐射带动作用,有效促进农民增收和转移就业。“十一五”期间,884个试点县(市)共引进、转化、推广先进适用技术13578项,推广面积达24339.7万亩,覆盖农民达5479.9万,新增就业470.7万人。

扶持一批龙头企业,培育、壮大县域优势特色产业。据不完全统计,截至2010年底,企业专利申请40981项,专利授权28943项,实施县(市)优势特色产业总产值为近7000亿元。

注重科技创新与体制创新紧密结合。针对运输、采伐等成本较高等原因造成的竹林效益低问题,龙泉市开展了以竹林机耕路为主的竹林基础设施建设。四年间通过600多公里竹林机耕路建设提升的低效竹林达20万余亩,为林农增收节支近2000万元。同时积极探索多元化投入机制,全市农户投入竹林道的资金为280多万元,自筹用于竹林培育的资金近4000万元,是政府投入资金的5倍左右。

通过开展“龙泉市笋竹王擂台赛”等文化活动,激发竹农参与培育毛竹的积极性;组建了12家笋竹农民专业合作社,“穿着短袖吃冬笋、小农闯出大市场”成为项目的一大亮点,走出了一条山区竹产业化建设的新路子。

有效地推动了县级财政增收。截至2010年底,全国884个试点县(市)合计新增财政收入157亿元,平均每个试点县(市)财政增收1776万元。

推进了新型农村科技服务体系建设。截至2010年底,各试点县(市)共建设企业研发机构、科技成果转化示范基地、农民经济技术合作组织等各类科技服务平台49282个,平均每个试点县(市)建设各类科技服务平台55.7个。

(1)政府政策助力生猪产业发展。公主岭市在土地、资金、环保等方面制定了21条优惠政策,实现最大限度的优惠。市委、市政府还出台了《关于“千万头猪富民工程”的实施意见》,把这项工作纳入各级领导岗位责任制的考核内容,形成了分兵把口、齐抓共管的良好局面。

(2)企研联动,科技拉长生猪产业链条。公主岭市与省内科研院所达成合作协议,

为企业搭建产学研互动合作平台。华正牧业公司与吉林大学、吉林农业大学联合,投入资金800多万元,研制开发肉类新产品,开发出冷却保鲜肉等五大品系四十九个品种,延长了产业链,提高了产品附加值。

(3)促进成果转化,创新提高生猪产业效益。公主岭市紧密依托吉林省农科院的技术力量,开展了生猪饲养体系、环保型清洁生产体系、产品加工体系、科技服务体系等四大体系的技术示范;重点进行了种猪繁育、仔猪培育、商品猪饲养等18项关键技术的示范推广;形成了科学饲养、精深加工、技术服务等三个方面协调配合的完整链条。并引进省外食品公司,共同开发生猪屠宰深加工,年屠宰加工能力达到了400万头。

截至2009年底,全市标准化养猪小区达到275个、生猪数550万头,与2005年同期相比分别增长120%、66%;养猪业产值同比增长77%;农民人均纯收入同比增长23%。公主岭市在省内的经济综合排名从项目实施前的第11位跃升至第5位,跨入吉林省经济强县行列。

(九)科研院所技术开发研究专项资金

科研院所技术开发研究专项资金(以下简称“专项资金”)的设立与实施,对保持和提高中央级科研单位的开发研究实力和持续创新能力发挥了重大的作用。专项资金采用院所自主申报任务的方式有效支持了院所的改革和发展,确保了在专项资金管理过程中始终从院所需求出发,促进院所的科研开发实力的提升及体制改革与创新。

1. 任务安排和执行情况

“十一五”期间合计安排专项资金12亿元,承担单位匹配自筹经费23.65亿元,专项经费与自筹经费比例大约为1∶2。立项数1268项,立项数逐年增加,平均每年立项253.6项,每个任务平均经费额度281.1万元,其中专项资金94.6万元,自筹经费186.5万元。

2. 2010年度专项资金实施情况

2010年度专项资金任务申报318项,立项276项,任务总经费8.2亿元。

立项的276个任务中,中央级转制院所承担232项;部委院所承担26项;工程中心承担18项。

2010年度参与立项任务研发的科研人员总数为3558人,其中高级研发人员1685人,占47.3%。2010年度任务的专项资金人均资助强度为7.03万元/人。

3. 实施效果

(1)支持科研院所人才队伍建设,培养大量专业人才

“十一五”期间,参加专项资金任务的科研人员共14294

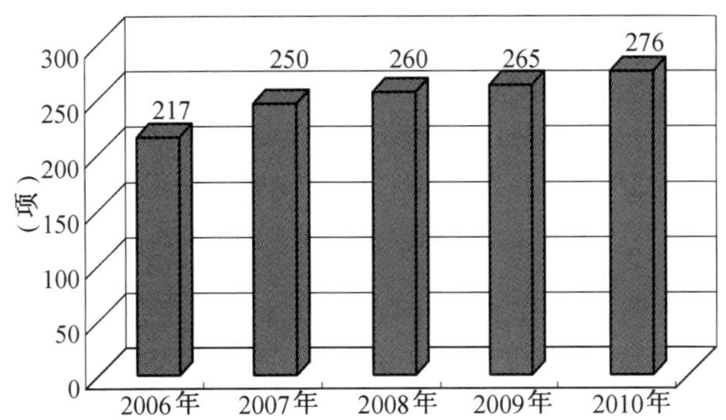

"十一五"期间科研院所技术开发研究专项资金项目数

人,其中高级职称科研人员7969人,达55.8%。通过专项资金任务培养博士169人,硕士734人。

(2)提高科研院所技术开发实力,取得一批科技成果

"十一五"期间,发表论文1447篇,其中被SCI、EI、ISTP收录230篇;获得专利授权总数405项,其中发明专利授权数155项;制定各种技术标准488个;获得国家级奖5项,省部级奖57项。

(3)创造良好的经济效益和社会效益

据不完全统计,"十一五"期间,专项资金的成果转让数325个,成果转让收入2.6亿元,创产值128亿元,出口值7.7亿元,创利润22.5亿元,创税收10.4亿元。任务实施对行业技术进步起到了带动作用,为提高所在地区经济发展水平做出了贡献。

(十)国际热核聚变实验堆(ITER)计划专项

2007年2月,国务院批准设立国际热核聚变实验堆计划专项(以下简称"ITER计划"),以履行我国参与ITER计划的各项承诺,全面掌握ITER计划产生的全部技术成果和知识产权,凝聚和培养一批高水平的科学研究和工程人才队伍,推动国内核聚变能源的研究与发展,提升我国核聚变能源领域的自主创新能力,为我国未来自主设计、制造核聚变示范堆奠定坚实基础。

1. 全面参与ITER组织的管理

作为ITER计划全权、平等的独立成员,我国积极参与ITER理事会决策,推动ITER计划执行,确保参与ITER计划的各项权益。组织第六届ITER理事会和《ITER计划及核聚变科普展览》,对管理类、技术类、政策类文件进行审核,为理事会提出决策咨询意见。2010年,科技部牵头组团参加了ITER组织召开的3次管理咨询委员会(MAC)和2次科技咨询委员会(STAC),以及相应的理事会下设筹备工作组、财务审计委员会、核不扩散与出口控制、信息传播与知识产权管理、测试包层模块项目委员会等理事会工作组会议;分别对ITER组织提交文件中管理类、技术类、政策类文件进行审核,为理事会提出决策咨询意见。

全面介入执行层面管理,选派或推荐人员参与ITER组织管理层和技术层的工作。截至2010年11月,ITER组织现有中方直接雇员21人(其中4名管理人员,17名技术人员)。我方还派遣多名访问学者或合同任务专家赴ITER组织工作、学习。

按照ITER谈判结果,作为实物贡献,我国将承担12个采购包制造任务。目前已经签署"环向场TF线圈超导磁体"、"极向场PF线圈超导磁体"、"校正场线圈"、"馈线导体和校正场线圈导体"、"磁体支撑"5个采购安排协议。

2. 总体安排

为配合ITER计划的全面实施,进一步提高我国的核聚变自主研发和创新能力,科技部于2008年启动了ITER计划专项国内研究,内容涵盖ITER计划中国采购包前期技术预研、国内研究装置的改造和扩建、核聚变人才培养和队伍建设、ITER产氚实验包层方案研究、ITER关键技术的消化吸收预研、示范堆设计和关键技术研究、聚变堆第一壁材料、次临界能源堆设计及实验等。主要工作包括:①扩建中科院等离子体物理研究所的超导托卡马克装置EAST和核工业西南物理研究院的HL-2A装置;②着手培养一批高水平的科学和工程技术人才,并积极开展核聚变能相关基础研究工作;③消化、吸收、全面掌握并创新发展ITER的关键技术;④发展ITER计划并未涵盖,但今后核聚变能示范堆所需的关键技术。

(1)项目安排

截至2010年底,ITER计划专项国内研究在ITER超导导体及校正场线圈的设计与关键技术研究、ITER大型超导磁体系统馈线研究、聚变实验堆设计研究、电子回旋二次谐波共振加热技术研究、聚变堆面向等离子体材料的基础研究、次临界能源堆物理设计及相关实验校验研究、TBM涉氚系统设计及关键技术研究以及人才培养等方向上设置的在研项目共32项。

截至2010年底,2008年及2009年立项的ITER超导导体及校正场线圈的设计与关键技术研究、ITER大型超导磁体系统馈线研究、ITER超导磁体电源系统设计研究、面向高温等离子体第一壁工艺研究、ITER中子屏蔽包层材料与工艺研究、高温等离子体诊断系统和仪器研究、ITER中国采购包标准化研究、ITER国际高速专用数据网的设计测试及构建、聚变实验堆设计研究、电子回旋二次谐波共振加热技术研究、先进等离子体控制方法与实验研究等19个项目已全部启动实施,研究进展顺利。2010年立项的HL-2A上的H-模研究、EAST先进偏滤器物理研究、聚变堆面向等离子体材料的基础研究、次临界能源堆物理设计及相关实验校验研究等13个项目已经启动实施。

(2)人员投入

参与ITER计划专项国内配套研究2008、2009、2010年度所设立项目的总人数为1254人。

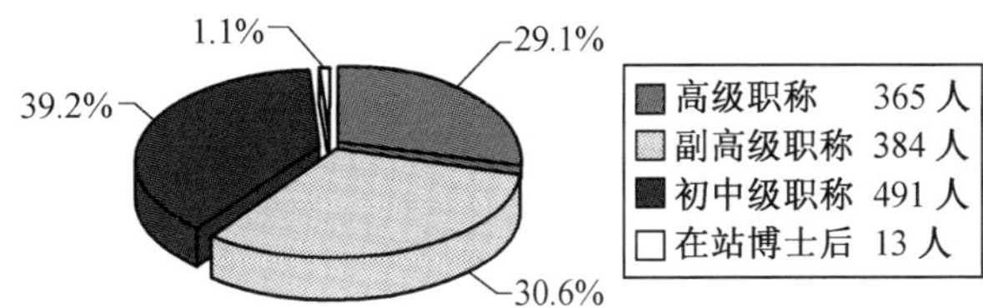

ITER计划专项国内研究项目研究人员构成

(3)经费安排和预算执行情况

截至2010年底,ITER计划专项国际部分现金贡献预算已执行1.0480亿元,国内制造任务预算已执行6.8亿元。

3.主要成效

(1)采购包制造进展顺利

2010年是导体采购包制造的关键年,环向场(TF)和极向场(PF)导体采购包制造取得突破性进展。我国企业成功掌握了铌钛(NbTi)和铌三锡(Nb3Sn)超导股线及TF导体制造核心技术,具备工业化规模生产能力。11月10日,ITER国际组织(IO)确认西部超导材料科技有限公司为合格股线供应商,标志着中方可以正式启动第二阶段导体股线生产。根据采购包安排协议要求,我方加强了对承担单位的监督和管理。

(2)促进院所、企业在委托研究、设计和非中方采购包中的参与

国内研究机构承担的ITER国际组织(IO)的协议任务(Task Agreement)均如期完成或正按计划进度进行。在保证我国承担的采购包按时完成的前提下,我方积极推荐中方企业承担ITER其他参与方的制造任务,如:俄罗斯采购中方导体包覆带,欧盟采购中方TF实验导体等;还组织国内企业参与ITER国际组织(IO)全球招标竞标,中国平安、太平洋财险成功成为ITER装置综合保险分包商。

这些成果扩大了我国研究机构和企业在ITER计划中的参与和服务面,有利于提升我国聚变研究、工程技术水平和工程服务能力,为未来我国自主建设实验堆储备人才、技术和管理、服务能力。

(3)推进预算执行管理

2010年,我方克服国际进度延后影响,努力加快采购包预算执行进度,实现了国际进度安排与国内进度安排相衔接、计划执行管理与预算执行管理相协调。2010年6月,我方根据ITER计划修订后的总体进度及时申请延缓执行2010年部分采购包制造预算。目前采购包预算执行涉及的国内采购任务合同已上报部批准。

(4)积极推进落实ITER协议框架下的财税政策支持

科技部会同财政部、国家税务总局等共同研究落实ITER计划采购包国内制造的增值税减免政策,并研究制定减免税工作流程。进出口关税的减免工作也在稳步推进。

国家"十二五"科学和技术发展规划

一、形势与需求

"十一五"是全面贯彻落实《科技规划纲要》、科技发展取得重要成就的五年。在党中央、国务院的正确领导下,我国科技工作坚持"自主创新,重点跨越,支撑发展,引领未来"的指导方针,坚定不移地走中国特色自主创新道路,把提高自主创新能力摆在全部科技工作的突出位置,顺利完成"十一五"主要目标和任务,我国科技发展进入重要跃升期。

——科技创新能力加速提升。16个科技重大专项全面实施,取得重要阶段性成效。重点领域初显跨越发展态势,取得了载人航天、探月工程、超级计算机、超级杂交水稻、高速铁路、实验快堆、量子通讯、铁基超导、载人深潜、诱导多功能干细胞等一批标志性重大成果。科技研发活动的产出快速增长,质量明显改善。"十一五"期间,我国发明专利授权量上升到世界第3位,国内发明专利申请量年均增长25.7%,授权量年均增长31%;国际科学论文总量由世界第5位上升到第2位,被引用次数由世界第13位上升到第8位。

——科技资源总量快速增加。"十一五"期间,全社会研发投入显著增加,2010年达到6980亿元,是2005年的2.8倍。国家财政科技投入年均增长20%以上。研发人员全时当量年均增长13%,2010年达到255万人年。国家(重点)实验室共新建156个,总数达到333个。国家工程(技术)研究中心新建114个,总数达到387个。新建国家工程实验室91个。国家企业技术中心发展至575个。一批标志性的重大科技基础设施、大科学工程建设完成。科技基础条件平台建设得到加强,有力促进了科技资源整合共享。

——科技支撑引领作用日益凸显。科技创新在支撑重点产业振兴、有效应对国际金融危机中作出积极贡献,为三峡工程、青藏铁路、西电东送等重大工程以及北京奥运、上海世博等重大活动提供重要支撑,在抗震救灾、粮食安全和应对气候变化中发挥了关键作用。国家高新区成为高新技术产业发展的重要力量,2010年27家省级高新区升级为国家高新区,国家高新区总数达到83家,国家高新技术产业总产值年均增长17%以上,2010年达7.6万亿元。国家自主创新示范区建设取得初步成效。全国技术市场合同交易总额年均增长20%,2010年达到3906亿元的规模。

——自主创新环境不断优化。《科学技术进步法》修订实施,《科技规划纲要》配套政策加快落实,国家中长期人才、教育规划相继出台,知识产权战略实施力度明显加强。科技体制改革不断深化,国家创新体系建设取得重要进展。技术创新工程深入实施,知识创新工程试点取得明显成效,各具特色的区域创新体系不断完善,科技中介服务能力不断增强,军民融合的国防科技创新体系建设稳步推进。科技与金融结合更加紧密。科技对外开放不断拓展,国际科技合作进一步加强。创新文化和科研诚信建设得到重视,科普工作广泛开展,全社会关注创新、支持创新、参与创新的氛围正在形成。

"十二五"时期,世界科技发展呈现新趋势,国内经济社会发展提出新要求,我国科技发展仍处于可以大有作为的重要战略机遇期。

世界科技保持快速发展态势,学科交叉和技术融合加快,创新要素和创新资源在全球范围内流动加速,科学技术正孕育着新的突破。网络和信息技术加速渗透和深度应用,将引发以智能、泛在、融合和普适为特征的新一轮信息产业变革。新型节能环保技术、新能源技术等加速突破,将推动世界进入绿色、清洁、低碳发展的新阶段。生物医药、海洋开发、空间观测、新材料等领域的研发创新和产业集聚,将成为培育新经济增长点的强大动力。科学技术的快速发展不仅深刻地影响着人们的思维方式、生活方式和就业取向,而且

将引发社会生产方式、全球竞争格局和国民财富获取方式的重大变革。国际金融危机影响深远，世界主要国家都将科技创新提升为国家发展战略，纷纷大幅增加研发投入，强化核心关键技术的研发部署，竞相争夺科技创新人才，抢占战略性新兴产业发展的先机和主动权。

我国处在工业化、信息化、城镇化、市场化、国际化深入发展的重要时期。一方面，经济结构转型加快，体制活力显著增强，国民收入稳步增加，教育水平和人才质量持续提升，经济发展将保持长期向好的趋势，综合国力将再上新台阶，必将为科技事业发展提供坚实保障。另一方面，突破能源资源环境瓶颈制约，应对人口老龄化，解决发展不平衡、不协调、不可持续的问题，对科技创新提出更加迫切的需求。

面对新的形势，必须清醒地认识到，我国科技发展仍存在一些薄弱环节和深层次问题。主要表现为：原始创新能力比较薄弱，企业技术创新活力和动力亟待加强，产学研用结合不够紧密，高层次创新型科技人才相对缺乏，科技资源配置效率有待提高，自主创新政策落实需要进一步深化。我们必须科学判断世界科技发展趋势和准确把握经济社会发展需求，着力解决科技发展中的突出问题，充分发挥科技对经济社会发展的支撑引领作用。

二、总体思路、发展目标和战略部署

（一）总体思路

高举中国特色社会主义伟大旗帜，以邓小平理论和“三个代表”重要思想为指导，深入贯彻落实科学发展观，坚持“自主创新，重点跨越，支撑发展，引领未来”的指导方针，以科学发展为主题，以支撑加快经济发展方式转变为主线，以提高自主创新能力为核心，深化改革开放，深入实施《科技规划纲要》，着力攀登科技发展制高点，着力促进产业结构优化升级，着力满足改善民生的重大科技需求，着力提升科技创新基础能力，着力培养造就创新型科技人才队伍，全面推进国家创新体系建设，实现我国科技发展的战略性跨越，为进入创新型国家行列奠定坚实基础。

突出以下基本要求：

——坚持把实现创新驱动发展作为根本任务。坚定不移地把增强自主创新能力作为科技发展的战略基点，以创新促转型，以转型促发展，推进科技创新与绿色发展、协调发展、和谐发展和扩大内需紧密结合，推动经济社会发展尽快走上创新驱动、内生增长的轨道。

——坚持把促进科技成果转化为现实生产力作为主攻方向。把科技进步和创新与产业升级紧密结合，推进先进科技成果向传统产业的转移和面向市场的商业化应用。围绕经济社会发展重大需求，努力攻克和掌握核心关键技术，推动高新技术产业化，加快培育发展战略性新兴产业，加强农业农村科技创新，支撑重点产业振兴和传统产业升级，促进现代服务业发展。

——坚持把科技惠及民生作为本质要求。坚持以人为本，把科技进步和创新与提高人民生活水平和质量、解决人民群众最关心的就业问题、提高全民科学文化素质和健康素质紧密结合，加强先进适用科技成果的推广普及，使科技进步成果能够更多地惠及广大人民群众。

——坚持把增强科技长远发展能力作为战略重点。瞄准世界科技发展前沿，前瞻部署基础研究和前沿技术研究，鼓励自由探索，持续增加科技积累，进一步提升原始创新能力。着力解决关系国家未来发展的重大科学问题和关键技术问题，推进重大科学技术突破，增强共性、核心技术突破能力。

——坚持把深化改革和扩大开放作为强大动力。加强国家中长期科技、人才、教育规划纲要实施的紧密结合，充分发挥市场配置资源的基础性作用，以建立企业主导技术研发创新的体制机制为重点，深化科技体制改革。提高科技发展的国际化程度，在更加开放的环境下推进自主创新。

（二）发展目标

“十二五”科技发展的总体目标是：自主创新能力大幅提升，科技竞争力和国际影响力显著增强，重点领域核心关键技术取得重大突破，为加快经济发展方式转变提供有力支撑。基本建成功能明确、结构合理、良性互动、运行高效的国家创新体系，国家综合创新能力世界排名由目前第21位上升至前18位，科技进步贡献率力争达到55%，创新型国家建设取得实质性进展。

努力实现以下主要目标：

——研发投入强度大幅提高。全社会研发经费与国内生产总值的比例提高到2.2%。基础研究和前沿技术研究投入持续增加，企业研发投入强度明显提升，科技创新投融资渠道进一步拓展。

——原始创新能力显著提升。科学和技术重点领域取得重大突破。国际科学论文被引用次数进入世界前5位，每万人发明专利拥有量达到3.3件，研发人员发明专利申请量达到12件/百人年。

——科技与经济结合更加紧密。产业技术创新明显加强，经济增长的科技含量明显提高。全国技术市场合同交易总额达到8000亿元，高技术产业增加值占制造业增加值的比重达到18%。

——科技创新更加惠及民生。社会公益领域科技水平整体提升，适应民生改善需求的技术和产品得到大力发展，科技支撑可持续发展和改善基本公共服务的能力显著增强。

——创新基地建设再上新台阶。符合经济社会发展要求和科技自身发展需求的创新基地布局更加合理。建设若干具有世界水平的研发机构和世界一流的研究型大学，建成一批重大科研基础设施和创新平台，形成比较完善的公共科技资源共享机制和服务体系。

——科技人才队伍进一步壮大。每万名就业人员的研发人力投入达到43人年。全民科学素质显著提高，公民具备基本科学素质的比例达到5%。

——科技创新的体制机制不断完善。科技管理改革取得明显进展，激励自主创新的政策有效落实，全社会创新环境进一步优化。

“十二五”时期科技发展主要指标

指　　标	2010 年	2015 年
研发经费与国内生产总值的比例(%)	1.75	2.2
每万名就业人员的研发人力投入(人年)	33	43
国际科学论文被引用次数(世界排名)(位次)	8	5
每万人发明专利拥有量(件)	1.7	3.3
研发人员的发明专利申请量(件/百人年)	10	12
全国技术市场合同交易总额(亿元)	3906	8000
高技术产业增加值占制造业增加值的比重(%)	13	18
公民具备基本科学素质的比例(%)	3.27	5

(三)战略部署

今后五年我国科技发展的总体部署:

——加快实施国家科技重大专项。在“十一五”全面启动实施基础上,重点突破,整体推进,力争在重点领域实现战略性跨越。

—围绕培育和发展战略性新兴产业,加强技术研发、集成应用和产业化示范,集中力量实施一批科技重点专项。

——围绕产业升级和民生改善的迫切需求,加强重点领域的科技攻关,力争突破一批核心关键技术和重大公益技术,切实支撑经济社会发展。

——前瞻部署若干重大科学问题研究,突破制约经济社会发展的8个关键领域重大科学问题,实施6个重大科学研究计划,强化重点战略高技术领域研究,加强科技创新基地和平台的建设布局。

——组织实施创新人才推进计划,加强科技领军人才、优秀专业技术人才、青年科技人才的培养、引进和使用,建立60个左右科学家工作室、300个左右重点领域创新团队和创新人才培养示范基地。

——深化科技管理体制改革和政策落实,深入实施国家技术创新工程和知识创新工程。加强知识产权的创造、应用、保护和管理。深化国际科技合作,营造更加开放的创新环境。

三、加快实施国家科技重大专项

实施国家科技重大专项是科技工作的重中之重。将实施国家科技重大专项作为深化体制改革、促进科技与经济紧密结合的重要载体,加快建立和完善社会主义市场经济条件下政产学研用相结合的新型举国体制,加强围绕产业链的系统部署和产业技术创新战略联盟建设,集中力量突破一批关键共性技术,研发一批具有自主知识产权和市场竞争力的重大战略产品,建设一批技术水平高、带动性强的技术创新平台和产业化示范基地,培育一批具有国际竞争力的创新型企业。同时,结合培育发展战略性新兴产业的紧迫需求,充实调整国家科技重大专项。

1. 核心电子器件、高端通用芯片及基础软件产品

以满足国家信息产业发展重大需求的战略性基础产品为重点,突破高端通用芯片和基础软件关键技术,研发自主可控的国产中央处理器(CPU)、操作系统和软件平台、新型移动智能终端、高效能嵌入式中央处理器、系统芯片(SOC)和网络化软件,实现产业化和批量应用,初步形成自主核心电子器件产品保障体系。

2. 极大规模集成电路制造装备及成套工艺

重点进行45-22纳米关键制造装备攻关,开发32-22纳米互补金属氧化物半导体(CMOS)工艺、90-65纳米特色工艺,开展22-14纳米前瞻性研究,形成65-45纳米装备、材料、工艺配套能力及集成电路制造产业链,进一步缩小与世界先进水平差距,装备和材料占国内市场的份额分别达到10%和20%,开拓国际市场。

3. 新一代宽带无线移动通信网

以时分同步码分多址(TD-SCDMA)后续演进为主线,完成时分同步码分多址长期演进技术(TD-LTE)研发和产业化,开展LTE演进(LTE-Advanced)和后第四代移动通信(4G)关键技术研究,提升我国在国际标准制定中的地位。加快突破移动互联网、宽带集群系统、新一代无线局域网和物联网等核心技术,推动产业应用,促进运营服务创新和知识产权创造,增强产业核心竞争力。

4. 高档数控机床与基础制造装备

重点攻克数控系统、功能部件的核心关键技术,增强我国高档数控机床和基础制造装备的自主创新能力,实现主机与数控系统、功能部件协同发展,重型、超重型装备与精细装备统筹部署,打造完整产业链。国产高档数控系统国内市场占有率达到8%～10%。研制40种重大、精密、成套装备,数控机床主机可靠性提高60%以上,基本满足航天、船舶、汽车、发电设备制造等四个领域的重大需求。

5. 大型油气田及煤层气开发

以寻找大油气田、提高采收率、打造具有国际竞争力的油田技术服务和非常规天然气战略性产业为主攻方向,加强油气资源勘探开发地质理论研究,攻克非常规天然气高效增产等13项重大技术,研制深水油田工程支持船等11项重大设备,建成8项示范工程,使老油田水驱采收率提高3%～5%,海上稠油油田聚驱采收率提高5%,勘探开发整体技术水平达到或接近国际大石油公司的水平。

6. 大型先进压水堆及高温气冷堆核电站

突破先进压水堆和高温气冷堆技术,完善标准体系,搭建技术平台,提升核电产业国际竞争力。依托装机容量为1000兆瓦的先进非能动核电技术(AP1000)核电站建设项目,全面掌握AP1000核电关键设计技术和关键设备材料制造技术,自主完成内陆厂址标准设计。完成中国的装机容量为1400兆瓦的先进非能动核电技术(CAP1400)标准体系设计并建设示范电站,2015年底具备倒送电和主控室部分投运条件。完成高温气冷堆关键技术研究,2013年前后示范电站建成并试运行。加强压水堆及高温气冷堆安全技术支撑和核电站乏燃料后处理科研攻关,保障核电安全。

7. 水体污染控制与治理

围绕“三河三湖一江一库”重点流域,重点攻克重污染行业废水全过程治理技术、重污染河流和富营养化湖泊综合治理技术、面源污染控制技术、适用于不同水源水质的净化技术、水环境风险评估与预警遥感监测等关键成套技术300项以上。重点研发监控预警设备、饮用水水质净化及输配管网检漏设备等80套以上，关键材料、设备国产化率达到70%以上，成本降低30%以上。在太湖、辽河等重点流域开展综合示范，示范流域水环境质量提高一个等级并消除劣Ⅴ类，基本建立流域水污染治理和水环境管理技术体系。

8. 转基因生物新品种培育

针对保障食物安全和发展生物育种产业的战略需要，围绕主要农作物和家畜生产，突破基因克隆与功能验证、规模化转基因、生物安全等关键技术，完善转基因生物培育和安全评价体系，获得一批具有重要应用价值和自主知识产权的功能基因，培育一批抗病虫、抗逆、优质、高产、高效的重大转基因新品种，实现新型转基因棉花、优质玉米等新品种产业化，整体提升我国生物育种水平，增强农业科技自主创新能力，促进农业增效农民增收。

9. 重大新药创制

针对满足人民群众基本用药需求和培育发展医药产业的需要，突破一批药物创制关键技术和生产工艺，研制30个创新药物，改造200个左右药物大品种，完善新药创制与中药现代化技术平台，建设一批医药产业技术创新战略联盟，基本形成具有中国特色的国家药物创新体系，增强医药企业自主研发能力和产业竞争力。

10. 艾滋病和病毒性肝炎等重大传染病防治

针对提高人口健康水平和保持社会和谐稳定的重大需求，重点围绕艾滋病、病毒性肝炎、结核病等重大传染病，突破检测诊断、监测预警、疫苗研发和临床救治等关键技术，研制150种诊断试剂，其中20种以上获得注册证书；10个以上新疫苗进入临床试验。到2015年，重大传染病的应急和综合防控能力显著提升，有效降低艾滋病、病毒性肝炎、结核病的新发感染率和病死率。

11. 组织实施大型飞机等其他国家科技重大专项

四、大力培育和发展战略性新兴产业

培育和发展战略性新兴产业对推进产业结构升级、加快经济发展方式转变具有重要意义，必须把突破一批支撑战略性新兴产业发展的关键共性技术作为科技发展的优先任务。在节能环保、新一代信息技术、生物、高端装备制造、新能源、新材料和新能源汽车等产业领域，集中优势力量进行攻关，为增强战略性新兴产业的核心竞争力奠定坚实基础。充分发挥国家科技重大专项的核心引领作用和高新区的辐射带动作用，大力推进创新成果的集成应用和商业模式创新，加快战略性新兴产业成为国民经济的先导性产业和支柱性产业的步伐。

1. 节能环保

大力发展高效节能、先进环保和循环应用等关键技术、装备及系统。实施半导体照明、煤炭清洁高效利用、“蓝天”工程、废物资源化等科技产业化工程。加强技术的集成和推广应用，快速提高我国节能环保领域整体技术能力及产业竞争力。

2. 新一代信息技术

推动下一代互联网、新一代移动通信、云计算、物联网、智能网络终端、高性能计算的发展，实施新型显示、国家宽带网、云计算等科技产业化工程。积极推进三网融合，加快网络与信息安全技术创新，保障网络与信息安全。着力发展集成电路、智慧城市、智慧工业、地理信息、软件信息服务等相关技术，促进信息化带动工业化。

3. 生物产业

大力发展创新药物、医疗器械、生物农业、生物制造等关键技术和装备。实施生物医药、生物医用材料、先进医疗设备、生物种业、农业生物药物、先进生物制造等科技产业化工程。推动传统产业制造过程的绿色化、低碳化，加快发展绿色农用生物产品，促进优质高效农业发展。

4. 高端装备制造

重点发展大型先进运输装备及系统、海洋工程装备、高端智能制造与基础制造装备等。实施高速列车、绿色制造、智能制造、服务机器人、高端海洋工程装备、科学仪器设备等科技产业化工程。研发高速列车谱系化和智能化、绿色产品设计、机器人模块化单元产品等重大关键技术，提升我国制造业的国际竞争力。

5. 新能源

积极发展风电、太阳能光伏、太阳能热利用、新一代生物质能源、海洋能、地热能、氢能、新一代核能、智能电网和储能系统等关键技术、装备及系统。实施风力发电、高效太阳能、生物质能源、智能电网等科技产业化工程。建立健全新能源技术创新体系，加强促进新能源应用的先进适用技术和模式的研发，有效衔接新能源的生产、运输与消费，促进产业持续、快速发展。

6. 新材料

大力发展新型功能与智能材料、先进结构与复合材料、纳米材料、新型电子功能材料、高温合金材料等关键基础材料。实施高性能纤维及复合材料、先进稀土材料等科技产业化工程。掌握新材料的设计、制备加工、高效利用、安全服役、低成本循环再利用等关键技术，提高关键材料的供给能力，抢占新材料应用技术和高端制造制高点。

7. 新能源汽车

全面实施“纯电驱动”技术转型战略。实施新能源汽车科技产业化工程。坚持“三纵三横”的研发布局，建立“三纵三链”产业技术创新战略联盟。全面掌握核心技术，加快整车系统技术成果的产业化和规模示范，形成整车及零部件工业体系，建设新能源汽车基础设施、产业标准体系和检验检测系统，使我国跻身新能源汽车产业先进国家行列。

五、推进重点领域核心关键技术突破

紧紧围绕我国产业转型升级和改善民生的重大需求，以突破重点领域核心关键技术和掌握自主知识产权为重点，引导产业链向高端延伸，为形成现代产业体系提供有力科技支撑，大力发展惠及民生的科学技术。

（一）加强农业农村科技创新

按照在工业化、城镇化发展中同步推进农业现代化的要求,统筹城乡发展,提高农业现代化水平,改善农村民生,有效推动农业产业发展、农民增收和社会主义新农村建设。加强农业关键技术突破和成果转化应用,为粮食单产年增长率达到0.8%提供科技支撑,保障国家粮食安全和农产品有效供给。建立健全信息化、社会化农村科技服务体系和农业科技成果转化体系,建立一支20万人左右的科技特派员队伍,推进农业农村科技创新创业。

1. 攻克农业和村镇发展的关键技术,促进现代农业发展和新农村建设

继续推进粮食丰产科技工程。加强农林动植物高产高效新品种创制,加快发展农作物种植技术、畜禽水产健康养殖技术、林业资源培育与利用技术、牧区畜牧业和草地保护技术、海洋农业技术等,保障主要农产品有效供给。加强先进多功能农业装备、食品绿色和安全加工、农产品贮藏与物流、现代农用物资、生物质能源与生物质综合利用等技术研发,构建现代农业产业体系。积极发展特色农业,加强农副产品高值化深加工及农产品质量安全控制技术研发,促进健康食品生产。加快农林生态和循环农业技术的集成应用,发展节水农业,开展农业生境控制、污染农田修复利用、农林生态工程、农业重大灾害防控关键技术等研究,提高农业生态保护能力。加强农村信息化、城镇化动态监测、村镇规划、土地节约利用与管护、农村饮水安全保障、宜居社区与安居住宅建设、农村清洁能源开发利用等科技工作,推进城镇化健康发展,加快改善农村人居环境。

2. 提高农业科技成果转化应用能力,促进农业产业发展和农民增收

把加强农业科技成果转化体系建设作为促进农业发展和农民增收的关键环节。继续加强星火计划、农业科技成果转化资金、科技富民强县专项行动的实施,促进涉农科技型企业的健康发展,发挥龙头企业、合作社和大型种养户的示范带动作用。推动科研单位同农民专业合作社、龙头企业、农户等开展多种形式技术合作。积极培育涉农科技型中小企业、科技合作组织,加强涉农产业科技服务平台建设,大力支持新型农民和农村实用人才创业和就业。

3. 深入开展农村科技创业行动,促进新型农村科技服务体系构建

深入开展科技特派员农村科技创业行动,大力支持国家农业科技园区等基地建设,加快发展杨凌国家农业高新技术示范区,建设北京现代农业科技城、山东黄河三角洲现代农业科技示范区。加强农村信息化技术集成与示范,构建覆盖全国的公益性推广服务、社会化创业服务、多元化科技服务三位一体相互促进的农村科技服务新格局。建立以现代农业龙头企业为中心、农民专业组织为依托、科技特派员服务站为中介、信息技术为支撑的新型社会化农村科技服务体系。继续完善农业高等学校和科研机构农技推广、农业专家大院、农村科技合作组织、星火科技12396等各具特色的多元化农村科技服务模式。继续推进科普惠农兴村,加强农村基层科普队伍和科普能力建设。

(二)促进重点产业技术升级

围绕发展现代产业体系和提升产业核心竞争力,加强产业关键共性技术研发,加快行业先进适用技术研发和创新成果推广应用,促进高新技术产业化,支撑重点产业振兴和传统产业改造升级,促进产业整体技术水平明显提高,科技成果转化和产业化能力不断增强,重点产业能耗和排放进一步下降,在关系国计民生的若干重点领域基本建成具有国际竞争力的现代产业技术体系。

1. 强化关键共性技术攻关,提升重点产业核心竞争力

加强技术研发与产业发展的结合,提高制造业整体技术水平。加强设计技术、可靠性技术、制造工艺、基础零部件和电子元器件、大型铸锻件、仪器仪表、计量测试设备等方面基础性、共性技术研发。加快突破机械、钢铁、有色、石化、纺织、轻工、建材等产业核心关键技术,强化新品种、新工艺开发,重点发展重大工程和重大装备急需的新型高附加值材料。加大精密加工技术及装备、百万吨乙烯/精对苯二甲酸(PTA)关键工艺与装备、硬岩推进机装备及关键技术、碳纤维及复合材料加工关键装备、发光二极管制造关键装备、高效率低成本洁净钢生产技术等研发力度,提升系统集成水平,促进装备制造高端化。推动制造业信息化服务增效和制造装备及产品“数控一代”创新应用示范,提高制造业信息化和自动化水平。

加强信息产业关键技术和基础软硬件的研发,重点突破高端容错计算机系统、海量数据存储服务系统、集成电路及关键元器件、新型传感器和智能化信息处理技术、高性能网络、宽带无线移动通信技术、网络与信息安全技术、导航与位置服务技术等关键技术。加强信息与空间技术产品的集成创新,培育新技术和新业务,推动信息与空间产业发展,全面提高国民经济和社会信息化水平。

加强现代交通运输业技术攻关。突破重大运输通道建设工程、综合交通枢纽等交通基础设施建设关键技术。加大内河航运综合能力提升关键技术研发,提升内河航运技术水平。推进交通核心重大装备研制,重点发展汽车节能减排、高性能船艇、安全高效民用飞机等关键技术,深入推进高速铁路重大装备、绿色船舶装备等现代交通领域重大装备发展。加快交通信息系统和智能化技术的发展应用,有效支撑各种运输方式的无缝衔接,提高综合运输效能。

2. 加大先进适用技术研发和推广力度,促进技术转移和成果产业化应用

围绕促进行业节能减排、提高生产效能、改善工艺流程、降低生产成本,重点研发工业节能技术、可再生能源综合利用技术、计算机辅助设计与制造技术、自动检测与控制技术、计量测试技术、环保材料规模生产技术、新型高效催化技术、绿色化无害化资源回收再利用处理技术等量大面广的行业先进适用技术,推动技术创新成果在全行业的推广应用。结合国家重大工程建设,加强工程装备制造、系统优化和控制、资源综合开发利用等工程技术的研发、集成和推广应用。充分发挥科技中介机构、企业技术研发机构、工程中心等在技术转移、工程化试验和产业化应用中的作用,加强技术的测试、验证认证许可体系建设和产业化配套能力建设。

（三）加快推动现代服务业科技创新

发展知识和技术密集型服务业，加强现代服务业重点领域技术攻关，加大技术集成和商业模式创新，推出一批系统解决方案，建设现代服务业科技创新和产业发展的支撑体系，大力提升我国现代服务业创新能力，加快形成现代服务业集群，显著提高现代服务业比重和水平。

1. 加强技术集成与模式创新，发展知识和技术密集型服务业

大力开展服务模式创新，加强网络信息技术集成应用，着力推进网络化、个性化、虚拟化条件下服务技术研发，建立支持服务全过程的技术体系，形成若干行业技术解决方案、技术平台和标准规范。重点发展电子商务、工业设计、现代物流、系统外包、制造业服务等，改造提升生产性服务业；重点发展现代化教育教学、数字文化、数字医疗与健康、数字生活、数字旅游、空间位置信息服务等，大力培育和发展新兴服务业；重点发展研发设计、技术转移转化、创新创业、科技咨询和科技金融等服务，推进科技服务业创新发展。在现代服务业的若干重点领域加强应用示范，建设一批现代服务业科技创新示范城市、示范园区、示范企业和产业化基地，构建特色明显、优势互补的现代服务业发展格局。

2. 加强创新能力建设，构建现代服务业科技创新体系

围绕现代服务业发展的重点方向，鼓励产学研合作开展共性工程技术研究和前沿技术研究。鼓励现代服务业企业通过企业技术中心建设等措施，增强现代服务业模式创新和技术集成应用的能力。发挥现代服务业科技园区（基地）在技术转化、创业孵化和企业发展服务的系统功能，打造科技园网络创新服务平台，实现创新要素的在线集成和共享。

3. 加强制度创新和支撑体系建设，优化现代服务业发展环境

拓宽融资渠道，引导社会资金投资现代服务业科技创新。探索建立现代服务业发展的评价指标体系和学科体系。支持现代服务业科技相关科研院所、高等学校、企业开展国际交流与合作。加强现代服务业创新发展的知识普及。适应现代服务业创新特点，加强对促进技术创新、商业模式发展、知识产权保护等方面的制度建设。

（四）大力加强民生科技

重点解决人民群众最关心的重大民生科技问题，集成适合不同地区不同层次人们需求的民生改善技术解决方案，以国家可持续发展实验区等为载体强化技术成果的示范和推广，全面提升科技服务民生的能力。

1. 加快人口健康科技发展，提升全民健康保障能力

针对慢性病、传染病、精神心理疾患等重大疾病，强化临床医学和转化医学研究，突破一批早诊早治技术、规范化诊疗方案和个性化诊疗技术，系统推进转化医学平台、临床协同研究网络、队列研究基地等建设，优化临床研究组织模式。针对妇女儿童、老龄人群、职业人群、残障人群以及基层常见多发病，加强综合防控方案的应用推广、新型诊疗技术研究及生活保障辅具开发。加强中医药和民族医药传承、治未病、优势诊疗技术等研究，促进中医药优势特色的发挥和推进中西医融合发展。加强优生优育、避孕节育技术产品开发。发展数字化医疗、健康管理、健康普及等技术，支撑健康服务体系建设。深入实施全民健康科技行动，大力推进创新医疗器械示范应用、农村卫生适宜技术推广、公众健康知识普及等工作。

2. 加强公共安全科技发展，提高公共安全和防灾减灾能力

加快提升自然灾害应对技术能力，建立基本地理国情监测技术体系，重点开发地震、滑坡、泥石流、台风、水灾、旱灾等重大自然灾害监测预警技术，研制重大自然灾害紧急救灾重大装备，建立重大自然灾害风险管理技术平台。继续强化生产安全保障技术能力，重点开发煤矿及非煤矿采掘、油气开发、危险化学品、特种设备等重点行业生产事故与职业危害防控技术，研发事故灾难应急处置技术及装备。开发交通安全保障和救助关键技术和设备。全面发展食品安全保障技术，逐步建立从源头到餐桌的食品生产全过程安全检测、控制及管理技术，完善食品安全保障及应急处置技术体系。大力提升国境检验检疫科技能力，加快质量安全关键技术创新。研制维护社会稳定、防范和打击犯罪、提高执法能力的技术及装备，构建社会安全保障及应急处置技术体系，强化社会安全保障能力。

3. 强化绿色城镇关键技术创新，促进城市和城镇化可持续发展

加强城镇区域规划与动态监测、城市功能提升与空间节约利用、城市生态居住环境质量保障和城市信息平台等技术研发，大力推动建筑节能与绿色建筑技术研发与示范应用。重点开发绿色建材、可再生能源材料及其与建筑一体化的应用技术，形成我国绿色建造技术体系和管理模式。发展低碳城镇规划、绿色建筑设计、建筑节能等技术。优化绿色施工控制指标体系与标准，开发大型建筑施工过程动态管理与资源配置优化仿真平台。

（五）建立支撑可持续发展的能源资源环境技术体系

针对能源资源短缺、生态环境恶化、全球气候变化等制约可持续发展的突出问题，围绕建设资源节约型和环境友好型社会的迫切需求，大力加强能源资源勘探开发与清洁高效利用、水资源优化配置与综合利用、污染控制与生态改善、清洁生产与循环经济、气候变化减缓与适应等技术开发与集成应用，提升科技对可持续发展的支撑和引领能力。

1. 发展能源勘探开发和清洁高效利用技术，提高能源安全保障能力

以提升传统能源勘探开发技术能力为目标，重点发展复杂油气藏勘探、煤炭和海洋油气安全开采、油气高效安全集输等技术，加强煤层气、页岩气、油页岩、天然气水合物等非常规油气勘探开发技术研究，保障传统能源有效供给。以提升能源的清洁高效利用能力为目标，重点发展煤炭的气化、液化、煤基化工品加工等清洁转化技术，发展超高参数超临界发电、煤气化整体联合发电、节能型循环流化床发电等技术，发展智能电网、先进核能以及风能、太阳能、生物能、海洋能、地热能等新能源利用技术，加强能源利用关键部件和装备研发。

2. 发展水资源和矿产资源开发技术，提高资源综合利用效率

以强化水资源优化配置和综合利用技术能力为目标，重点发展数字化流域、水资源合理调配和特大水利工程群联合调度技术，加强南水北调、三峡等重大水利工程建设与安全保障技术研发，强化城市节水与工业节水技术开发，加强海水淡化、雨洪利用、人工增雨、再生水等非常规水资源利用关键技术开发。以提升矿产资源勘探开采与综合利用技术能力为目标，发展深部与复杂条件下矿产资源高效勘查技术，加强三维立体勘查技术集成，扩大矿产资源有效探明储量。发展矿产资源高效开采、绿色选冶、高效利用等重大技术与装备，强化稀贵金属资源开发利用。加强海洋及极地矿产资源综合调查技术、非常规矿产资源勘探技术研究，推动矿产资源绿色可持续开发。

3. 发展生态环境保护技术，促进人与自然和谐发展

以提升循环经济和节能减排的技术支撑能力为目标，重点发展重污染行业的清洁生产工艺、大宗废弃物资源化技术、多层次循环经济构建技术。发展烟气治理、机动车尾气净化等技术，饮用水安全保障、污水高效处理与回用等技术，土壤污染治理技术，生活垃圾与危险废物处理处置技术，智能环境检测和监测技术，城市与工业生物质废物集中化燃气利用技术，核放射性污染防护与处置技术。发展近海污染防治技术、地下水污染防治技术、化学品风险控制技术、农村环境综合整治技术，推动减排约束性指标的实现和环境质量的改善。

以提升生态保护和脆弱生态修复技术能力为目标，重点发展典型生态脆弱区生态保护与恢复技术，重大工程建设区生态保护与恢复技术，城市生态保护与建设技术。开发大尺度生态系统监测技术，发展多载体新型生态环境监测与遥感技术，提升退化土地防治技术支撑能力，不断强化生态系统服务功能。开发生物多样性保护、生物安全保障、持久性有机污染物风险控制等技术，提高我国履行国际环境公约能力。

4. 加强气候变化科学研究和技术集成，全面提高应对能力

加强全球气候变化规律和观测技术研究，开发多源、多尺度观测数据同化、融合与集成技术，发展全球变化背景下极端天气及气候事件预测技术，建立温室气体排放的监测、统计和核查技术体系。加强不同尺度和相关领域气候变化影响和脆弱性评估研究。强化气候变化适应技术研发、集成与示范应用。发展林草固碳等增汇、土地利用和农业减排温室气体、二氧化碳捕集利用与封存等技术。加强应对气候变化重大战略与政策研究，围绕气候变化领域热点问题深入开展应对措施研究，为国家应对气候变化提供支撑。

六、前瞻部署基础研究和前沿技术研究

基础研究和前沿技术研究是提升我国原始创新能力和科技长远发展能力的重要基础，是推动科技进步和创新的源泉，必须依据国家重大战略需求和世界科技发展趋势，予以强化部署。

(一)继续加强基础研究

坚持面向国家重大战略需求和瞄准世界科学前沿，进一步完善学科布局，大力推动学科交叉和融合。积极营造有利于自由探索的学术环境，引导兴趣驱动的科学研究聚焦于国家战略需求。加强在若干科学前沿和事关经济社会发展重要方向的战略部署，突破一批关键科学问题，取得一批重大原始创新成果，显著增强我国在世界科学研究中的地位和影响力，为科技长远发展奠定重要基础。

1. 推动学科协调均衡发展，促进学科交叉融合

重视基础研究基本理论和学科建设，结合当前我国学科发展态势，全面协调基础学科发展。继续保持数学、材料科学、工程科学等学科在国际上的优势地位，重点支持代数数论与代数几何、材料科学基础理论、深部资源绿色开发和绿色冶金理论与技术的研究。加大对空间科学、动植物分类学、流行病学、工程海洋学等弱势学科的扶持。加强基础学科之间、基础学科与应用学科、科学与技术、自然科学与人文社会科学的交叉融合，支持医学、纳米、生物信息学等综合交叉学科的发展，积极扶持新兴学科，推动学科整体水平的提高。

2. 探索科学前沿，超前部署若干重大科学问题研究

继续深化基础科学前沿领域研究，包括生命过程的定量研究与系统整合、凝聚态物质与新效应、物质深层次结构和宇宙大尺度物理学规律、核心数学及其在交叉领域的应用、地球系统过程与资源环境和灾害效应、新物质创造与转化的化学过程、脑科学与认知科学、科学实验与观测方法、技术和设备创新等重点研究方向，加强在合成生物学、暗物质等新研究方向的部署。

3. 坚持需求导向，着力突破制约经济社会发展的重大科学问题

围绕国家战略需求，重点部署农业生物遗传改良和农业可持续发展中的基础研究、能源可持续发展中的关键科学问题、信息科学技术基础、地球和环境系统关键过程和规律、人类健康与疾病的基础研究、基础材料改性优化和新材料设计探索及服役失效机理、制造与工程的科学基础、多学科综合交叉的基础研究、空间科学和航空航天重大科学问题等事关经济社会发展的重大科学问题研究。

4. 集中优势力量，推进重大科学研究计划实施

加强顶层设计，完善管理机制，推动蛋白质研究、量子调控研究、纳米研究、发育与生殖研究、全球变化研究和干细胞研究六个重大科学研究计划的实施，力争在未来五年内取得重大突破。以参加国际热核聚变实验堆(ITER)装置建设为契机，启动实施核聚变能研究专项。根据国际科学发展前沿和我国科学发展实际需要，力争启动相关研究计划和大科学工程研究专项。

5. 加强科技基础性工作，持续增强科学研究积累

加强对三极(南极、北极、青藏高原)、三深(深海、深地、深空)、极端环境以及西部干旱地区等重点区域的生态、资源、环境等科学考察调查，积极开展对我国周边及典型区域的综合科学考察。支持对动物志、植物志、孢子志和地理志等重要科技文献、志书、典籍和图件的编研。加强对相关科

学数据的采集和保护，进一步完善不同领域和行业的科学数据库建设，扩大数据汇交试点，促进科学数据共享，提高服务能力和水平，为深入开展相关领域的科学研究和政府决策提供科学支撑。

（二）强化前沿技术研究

前沿技术是高技术领域中具有前瞻性、先导性和探索性的重大技术，是未来高技术更新换代和新兴产业发展的重要基础。加大对代表世界高技术发展方向、对国家未来新兴产业的形成和发展具有引领作用的前沿技术的前瞻部署和研发力度，积极抢占前沿技术发展的制高点。对有利于重点产业技术更新换代、实现跨越发展的前沿技术，要集中力量予以攻克，力争形成一批重大产品和技术系统。

1. 信息技术

突破光子信息处理、量子通信、量子计算、太赫兹通信、新型计算系统体系、网构软件、海量数据处理、智能感知与交互等重点技术，攻克普适服务、人机物交互等核心关键技术。研发未来网络/未来互联网、下一代广播电视、卫星移动通信、绿色通信与融合接入、高性能计算与服务环境、高端服务器、海量存储与服务环境、高可信软件与服务、虚拟现实与智能表达等重大技术系统和战略产品。

2. 生物和医药技术

重点研发基因组学及新一代测序技术、蛋白质组学技术、干细胞技术、生物合成技术、生物治疗技术、分子诊断和分子影像技术、生物信息技术、药靶发现与药物分子设计技术。大力开发诊断试剂、疫苗、抗体药物、灵长类疾病动物模型及血液制品、组织工程技术和产品、工业生物技术、生物能源技术、生物医学工程关键部件和生物医学应用材料。发展生物资源开发保护、生物安全监测防控技术及装备。建立基因测序、蛋白质组学、转化医学等研发平台、抗体库和疫苗研发基地。

3. 新材料技术

抢占微电子/光电子/磁电子材料与器件、新型功能与智能材料、高性能结构材料、先进复合材料、纳米材料和器件、超导材料、高效能源材料、生态环境材料、低碳排放材料等前沿制高点。开展材料设计制备加工与评价、材料高效利用、材料服役行为和工程化等关键技术的研发。攻克稀缺材料替代与高效利用、生物医用新材料及表面改性、高性能光电子材料与器件集成、先进晶体与全固态激光材料、国家重大工程用关键材料等核心关键技术。

4. 先进制造技术

围绕绿色制造和智能制造，在微纳制造技术、重大装备技术、智能机器人技术、系统控制技术、制造服务技术等五个方向进行前沿及核心技术攻关。重点研发面向制造业的核心软件、精密工作母机设计制造基础技术、面向全生命周期的复杂装备监测与服务支持系统、现代制造物联网服务平台、控制系统的安全防范与安全系统、工程机械装备、矿山机械装备、人工器官制造、基于微纳制造的绿色印刷技术与装备和远洋渔业装备等。

5. 先进能源技术

重点探索面向第四代核能、氢能与燃料电池、海洋能、地热能、二氧化碳捕集、利用与封存等方向的前沿技术。围绕节能减排、能源材料和装备、生物质能、储能等战略必争领域和产业核心竞争力的提升，突破核心关键技术。针对可再生能源、节能技术等重大战略技术方向进行重点部署，开发一批重大战略产品和技术系统。

6. 资源环境技术

攻克一批矿产资源与油气资源高效勘探开发与集约化利用核心关键技术与装备，提升重大关键装备的研发能力和行业核心竞争力，大幅提升我国战略性资源勘探与开发利用效率。加强新型污染物治理技术与装备开发，加快推进清洁空气技术与土壤修复技术研发，强化环境事件应急技术与装备开发。大力发展先进环境监测仪器与智能化生态环境监测技术，强化环境污染风险识别与阻断技术开发，提升生态环境监测技术水平。

7. 海洋技术

以形成海上高技术作业能力为目标，强化核心技术开发和装备研制，推进海洋技术由近浅海向深远海的战略转移。围绕海洋环境监测、海洋油气与矿产资源开发、海洋生物资源利用、深海运载与作业等方面，大力发展深水油气勘探开发、深海潜水器、深远海海洋环境监测和海底观测网等核心技术，研制一批海洋开发重大装备，初步具备深海油气勘探开发重大装备的设计与制造能力，推动国家深海公共试验场建设。

8. 现代农业技术

重点攻克农业生物功能基因组学、动物干细胞、靶标发现与药物分子设计、食品营养品质靶向设计和农业物联网等前沿技术。着力突破分子设计育种、食品加工与生物制造、海洋农业、数字农业与智能装备制造以及农产品生境控制等核心关键技术。创制优良动植物新品种、液体生物燃料、生物反应器、新型生物农药、基因工程疫苗和药物、农业智能装备、健康食品、海水养殖等重大产品。

9. 现代交通技术

重点发展大运量高速载运、新能源载运、一体化交通系统安全等技术与装备，实现高效运输服务。重点突破汽车动力系统、重型直升机和船用中速柴油机等制约交通装备发展的重大技术。重点发展交通系统信息化、智能化技术和安全高速的交通运输技术，提高运网协同能力和运输效率。突破交通运输安全保障、资源节约与环境保护、智能化养护等方面的关键技术。

10. 地球观测与导航技术

大力开展先进遥感、地理信息系统、导航定位、深空探测等前沿技术研究。重点建立全球二氧化碳监测、遥感感知网、全球空间信息主动服务、导航定位与位置服务等重大技术系统，培育以授时、导航与位置服务为核心的空间信息产业，形成遥感信息、导航定位和移动通信卫星新兴产业增长点。

七、加强科技创新基地和平台建设

科技创新基地和平台是支撑科技进步和创新的重要物质基础。要以加强自主创新能力建设为目标，优化科技资源配置,推进科技资源开放共享和高效利用,基本建成满足科技创新需求的资源和条件支撑体系。

(一)加强科技创新基地建设布局

依据国民经济和社会发展需求、科技发展的内在规律,继续完善现有各类创新基地建设布局。加强分类指导,引导各类创新基地按照各自功能要求良性发展。推动国家重大创新基地建设。

在能源科学、生命科学、地球科学、环境科学、材料科学、空间和天文科学、粒子物理和核物理、工程技术科学等领域,布局建设一批国家重大科技基础设施和大科学装置。

在能源、信息、资源环境、农业、人口健康、先进制造、交通运输和公共安全等国家战略需求领域,以及基础前沿领域和新兴交叉学科领域,按照择优布局的原则,继续在高等学校和科研院所推进国家重点实验室建设,打造国际一流水平的基础研究骨干基地。结合技术创新工程实施,加强企业国家重点实验室建设。积极推进港澳地区国家重点实验室伙伴实验室建设。促进军民共建国家实验室建设。支持部门和地方加强重点实验室建设。围绕重大科学工程和重大战略科技任务,建设若干国家实验室。继续稳步推进国家野外科学研究观测研究站(网)建设。加强国防科技重点实验室、国防科技先进技术研究中心、军民共建实验室建设。

在关键产业技术领域,结合区域特色和优势科技资源,建设一批国家工程(技术)研究中心、工程实验室,加强考核评估,调整优化建设布局。加强国家大型科学仪器中心、国家级分析测试中心、国家科技图书文献中心、国家实验动物种子中心、国家计量科技创新基地等综合实验服务基地建设。

进一步加强大学科技园、企业技术中心、生产力促进中心、技术转移示范中心、科技企业孵化器等技术创新、成果转化、创业孵化基地的建设和布局。推动国际联合研究中心、国际科技合作创新联盟和国际技术转移中心等国际科技合作基地建设。

(二)加强科技条件资源的开发应用

加强科学仪器设备自主研发和应用。以新原理、新方法为突破口,研发若干前沿重大科研仪器设备。集中力量攻克若干科学仪器设备核心技术和关键部件,研发一批重要通用科学仪器,提升科学仪器设备产业的核心竞争力。加强科学仪器的小型化、专用化研究,加快推进具有自主知识产权科学仪器的应用示范和产业化。

着力推动科研用试剂、优势实验动物资源、实验动物新品种(系)的开发与应用,加强重要分析测试技术研究和应用。加强科技文献领域的关键技术研究和应用。建立高精确度和高稳定性的计量基标准和标准物质体系,加强面向战略性新兴产业发展、民生改善以及其他重点领域的计量基标准、计量方法与计量测试技术研究。加强科学思维、科学方法和科学工具研究,强化创新方法的应用推广。加强科技条件资源的质量保障体系建设,推动科技条件资源管理的规范化和制度化。

(三)推进科技平台建设和开放共享

进一步完善科技基础条件平台和技术创新服务平台的建设布局,强化支撑服务能力建设,更加突出平台的开放运行和为研发创新提供公共服务的能力。在信息、生物、新材料、航空航天、能源、海洋、节能减排等重点领域以及新兴、前沿和交叉学科领域,推动多学科交叉集成、面向社会开放服务的共享平台建设。继续加强科学仪器设备、计量基标准装置、科技文献、科学数据、网络科技环境、自然科技资源等各类科技资源的整合和开放共享。建立健全平台运行服务的评价体系、管理模式和支持方式。鼓励科研院所、高等学校向社会开放科技资源。

加快科技资源开放共享网络建设,构建国家科技资源调查的长效机制,加强科技资源整合与共享的标准化工作。按照分层建设、分级管理的要求,加速中央和地方优质资源的衔接互动。

八、大力培养造就创新型科技人才

人才资源是第一资源,规模宏大的创新型科技人才队伍是加快我国科技进步和创新的根本保障。把科技人才队伍建设摆在科技工作的突出位置,以培养、引进和用好高层次创新型科技人才为核心,创新人才培养体制机制,营造人才成长良好环境,造就规模宏大、结构合理、素质优良的创新型科技人才队伍,为创新型国家建设提供强大的人才保障和智力支持。

(一)壮大和优化创新型科技人才队伍

继续增加科技人力资源供给,进一步优化科技人才结构,提升科技人才质量。重视高层次创新型科技人才队伍建设,加强世界一流科学家、科技领军人才的培养。加大对优秀青年科技人才的发现、培养和资助力度,建立适合青年科技人才成长的用人制度。加强面向生产一线的实用工程人才、卓越工程师和专业技能人才的培养。加强对实验技师等科研辅助人才的培养和培训。重视科技管理、科技服务和科普人才队伍建设,加快科技成果转化服务专业人才队伍培养。通过进一步调整和优化科技人才队伍布局,形成各类人才衔接有序、梯次配备的人才队伍结构。

(二)造就一批高层次科技领军人才和创新团队

以高端人才为引领,坚持整体推进与重点突破相结合,组织实施创新人才推进计划,深入推进"千人计划"、"长江学者奖励计划"、"国家杰出青年科学基金"、"百人计划"等高层次科技人才培养和引进工作。重点培养和引进各类高层次创新型科技人才2.5万人以上。推动科学家工作室建设,凝聚一批世界一流科学家。瞄准世界科技前沿和我国产业发展需求,重点支持和培养2000名左右中青年科技创新领军人才。加强高水平创新团队建设,在实施创新人才推进计划和相关科技计划中,加大对优秀创新团队的引导和支持。

(三)改革完善创新型人才的教育培养模式

深入推进科技教育结合,着力完善适应国家科技发展需求的人才培养模式。推行创新型教育方式方法,把创新教育环节融入国民教育、职业教育和继续教育体系。把提升科学研究能力作为创新型人才培养的关键环节,支持研究生参与承担科研项目,为本科生参加科研活动创造条件,突出培养各级在校学生的科学精神、创造性思维和创新能力。根据国家科技和经济发展需要，及时引导高等学校调整优化学科专业，充分发挥高等学校的人才优势和创新潜力，加强交叉学科、新兴学科领域专业人才培养。加强高等学校工程技术类专业的实践教育，推行产学研合作教育模式和“双导师”制，促进高等学校与科研院所、企业联合培养科技人才。以国家重大科研项目和重大工程、重点学科和重点科研基地、国际学术交流合作项目等为依托带动人才培养。鼓励高新区、大学生创业园等机构开展高等学校毕业生技能培训和创业培训。进一步弘扬科技工作者求真务实、勇于创新的科学精神。

（四）支持科技人员创新创业

重点依托高新区、大学科技园、科技企业孵化器、行业协会等，扶持和鼓励科技人员的创新创业活动。加强对科技型中小企业创新创业和发展的政策支持，积极为创业人才提供服务，培养杰出的创新型企业家和高级管理人才，充分发挥企业家和科技创业者在科技创新中的重要作用。支持重点产业领域中以企业为主体的产学研联盟、研发组织、技术平台等创新团队，为其共性技术研发、公益服务等活动提供支持。

九、提升科技开放与合作水平

扩大科技开放、加强合作交流是适应国内外新形势新变化、深化改革开放的重要内容。研究制定我国科技发展国际化战略，以全球视野搭建合作创新平台，营造开放创新环境，充分吸引全球创新资源，推动我国科学技术事业融入全球科技发展潮流，在更高起点上提升我国科技创新能力。

（一）大幅提高科研活动国际化程度

加强气候变化、能源、环境、粮食安全、重大疾病防控等全球性问题的国际科技合作研究，鼓励国内研发机构与世界一流科研机构建立稳定的合作伙伴关系，提升合作层次和水平。支持国外高水平科学家来华开展合作研究，支持国内优秀科研人员到国外开展合作研究与接受培训。鼓励我国企业和研发机构开展研发外包业务。支持我国企业和研发机构设立境外研发机构。逐步加大国家科技计划的开放力度。推动国际科技合作基地、区域科技合作中心和合作示范园区建设，培育一批从事国际技术转移业务的中介服务机构。积极推动民间国际科技交流与合作。支持国际学术组织、跨国公司和国外研发机构在华建立总部或分支机构。

（二）进一步完善政府间科技合作机制

巩固和深化政府间科技合作，拓展合作领域，形成层次合理、重点突出的科技合作新格局。深入推进中美创新对话、中俄全面科技合作、中欧科技伙伴计划、中日韩联合研究计划等。继续推动在能源资源开发利用、新材料与先进制造、信息网络、现代农业、生物与健康、生态环境、空间与海洋等前沿技术领域的合作研发。积极开展气候变化、重大疾病、公共安全等全球性重大科技问题的联合攻关。

（三）积极参与国际科技组织与国际大科学计划

积极参与国际科技组织和区域组织的多边科技合作和重大科研项目。支持我国优秀科学家到国际科技组织、学术组织、标准组织和学术期刊任职，提升我国参与重要国际标准制定的能力。有效参与国际大科学计划和大科学工程，继续实施我国发起的“可再生能源与新能源国际合作计划”和“中医药国际科技合作计划”，适时推动发起应对气候变化国际科技合作研究等国际和区域性大科学计划。

（四）加强与发展中国家的科技合作

组织实施面向发展中国家的“科技伙伴计划”，进一步加强与发展中国家的科技合作。在非洲、拉美、东南亚、中亚等地区建立国际技术转移示范点，探索在发展中国家推广科技服务和科技创业的经验。重点在医疗健康、粮食增产、信息通讯、资源环保、生物多样性等领域开展联合研发、技术推广、技术培训、联合考察等合作，扩大科技对外援助，帮助发展中国家加强科技创新能力建设。

（五）加强与港澳台地区的科技合作

加大内地与港澳台地区科技交流与合作的力度，形成更加紧密的科技合作关系。支持港澳地区科技人员、机构参与和承担国家科技计划项目。支持内地和港澳地区的高等学校、科研机构合作设立联合实验室、研发中心，推动研发平台和大型实验仪器设备的互相开放共享。落实“海峡两岸科技论坛共同建议”，推动建立海峡两岸科技合作机制，加强海峡两岸科技产业合作基地、对台科技合作与交流基地、海峡两岸科技园的建设。

十、深化科技体制改革，全面推进国家创新体系建设

加强科技体制改革的统筹规划和系统推进，在促进全社会科技资源高效配置和综合集成、加快科技成果向现实生产力转化、激发各类创新主体的活力等方面取得突破性进展，全面推进国家创新体系建设。

（一）加强科技宏观管理和统筹协调

强化国家对科技发展的总体部署和宏观管理，完善科技、经济协同推进机制，为创新要素的合理流动提供体制机制保障。加强财政投入对全社会科技资源优化配置的引导功能。统筹衔接科技发展战略政策制定、科技计划组织实施和科技基础设施建设。进一步完善部门之间、中央与地方之间的科技工作会商沟通机制，汇聚各方资源共同解决科技发展重大问题。加快转变政府职能，强化科技公共服务。进一步完善专家决策咨询机制和公众参与机制，促进决策的科学化和民主化。

（二）创新产学研有机结合机制

充分发挥市场机制配置资源的基础性作用，不断发展和完善产学研有机结合推动自主创新的机制。发挥企业面向市场和用户的优势，通过委托研发、联合研究、人才培养、共建研究机构等形式，建立与科研机构和高等学校合作创新的战略伙伴关系。坚持政府投入引导与政策措施激励并举，进一步增强科研机构、高等学校面向社会的创新服务功能，激发科技人员服务企业的积极性。进一步加大对产学研联合创新的支持，完善相应的组织方式和组织流程，发挥产业技术创新战略联盟组织承担科技计划项目的作用。

（三）推进科技计划和科研经费管理制度改革

把深化科技计划和科研经费管理制度改革作为科技管

理体制改革的突破口。国家重点科技计划进一步突出服务国家目标导向、聚焦重大任务的功能。加强各科技计划围绕创新链、产业链发展的系统部署,优化顶层设计和组织流程,实现资源配置的高效集成和项目、基地、人才的有机结合。财政科技投入进一步加大对基础研究、前沿技术研究、社会公益研究和重大关键共性技术的支持,加大科技成果转化的投入力度,处理好稳定性支持与竞争性支持的关系。根据科研活动的规律和特点,加强科研经费的过程监管,改进科研经费使用的绩效评价,提高科研经费管理的科学化水平。

(四)深化科技评价和奖励制度改革

按照"目标导向、分类实施、客观公正、注重实效"的要求,加强科学技术评价工作的宏观管理、统筹协调和监督检查,建立健全科学技术评价制度。针对科技计划、机构、人员等不同对象,国家、部门、地方等不同层次,基础研究、应用研究、科技产业化等不同类型科技活动的特点,确定不同的评价指标、内容和标准。坚持科研评价的创新和质量导向,避免频繁考核、过度量化,使科研人员专注于科研活动。继续开展科技成果评价试点工作,推动科学技术研究项目的标准化评价。发展第三方独立评估制度,指导和支持社会专业评价机构开展科技评价。

进一步完善科技奖励制度,充分发挥科技奖励在引导科技发展方向和创新模式、激励和表彰科技创新人才、促进社会进步和国家发展中的重要作用。加强科研诚信建设,积极营造诚信、宽松、和谐的科研学术环境,加强科技人员学术行为规范、职业道德监督和对学术不端行为的调查、惩戒。

(五)全面推进国家创新体系建设

进一步加强各类创新主体的紧密联系和有效互动,努力建设符合社会主义市场经济要求和科技发展规律的国家创新体系。

(1)深入实施国家技术创新工程,加快以企业为主体、市场为导向、产学研相结合的技术创新体系建设。以提升企业自主创新能力和产业核心竞争力为目标,以建立企业主导技术研发创新的体制机制为核心,积极引导和支持创新要素向企业集聚。围绕重点产业、战略性新兴产业以及地方支柱产业和产业集群发展,推进产业技术创新战略联盟建设,构建产业技术创新链。推动技术创新服务平台建设,形成促进企业技术创新的支持服务系统,加强面向重点产业和区域创新的公共科技服务。加快创新型企业建设,充分发挥市场作用和政府宏观引导,激励大企业加大研发投入,支持企业建立研发机构、吸引高端人才,加快发展具有高成长性与特色优势的创新型中小企业。深入开展科技人员服务企业行动。深化转制院所企业化发展,依托转制院所加强产业共性技术研发和科技成果转化。

(2)强化高水平科研院所和研究型大学建设,加快建立科学研究与高等教育有机结合的知识创新体系。深入实施知识创新工程,实施"创新 2020",推进高校创新,推动高水平研究机构和研究型大学建设,培育一批世界一流学科。稳定支持从事基础研究、前沿技术研究、产业关键共性技术研究和社会公益研究的科研机构。深化科研机构改革,扩大科研机构自主权,加快建立现代科研院所制度。增强高等学校创新活力,充分发挥高等学校在知识创新中的重要作用。在高等学校开展探索科技与教育相结合、强化基础研究的改革试点。引导高等学校、科研院所开展科研管理改革和人才培养模式创新。培育跨学科、跨领域的科研与教学相结合的团队,促进科研与教学互动、与创新人才培养相结合。支持高等学校、科研院所、企业共建研发机构、开展联合研究和人员互聘兼职,探索研究集群、虚拟实验室等新型科研组织形式。

(3)引导构建军民融合、寓军于民的国防科技创新体系。大力推进军民结合的科研设备共享平台的布局和建设,加强军地科技资源开放共享和军民两用技术相互转移。建设一批军民融合科技园区、军民两用技术创新基地,扩大军民结合的国家重点实验室建设范围,加强军民两用技术联合攻关。扩大民口科研机构和科技型企业对军用技术研发的承接范围和承接力度。

(4)推进各具特色、优势互补的区域创新体系建设。根据国家区域发展战略的总体部署,结合区域经济社会发展需求和科技基础,加强区域创新体系建设。鼓励东部地区提高原始创新能力和可持续发展能力,着力培育产业竞争新优势,加快发展战略性新兴产业、现代服务业和先进制造业。促进中部地区发展现代产业体系,强化节能减排技术支撑和先进适用技术推广,提高资源利用效率和循环经济发展水平。深入实施西部大开发战略和振兴东北老工业基地战略,引导科技资源向欠发达地区流动,加大科技援疆、援藏和支援其他民族地区力度,加强西部能源资源开发、生态环境保护和修复。围绕解决区域发展重大、共性问题,推动跨区域协同创新。引导和推进创新型省份、创新型城市(区)建设,充分发挥中心城市、科技园区在区域创新中的辐射带动作用。加大对自主创新示范区、试验区的支持力度,加强政策创新和经验总结推广。加强区域创新资源集聚和创新基础能力建设,围绕地方优势特色组建重点实验室和创新基地。

(5)构建社会化、网络化的科技中介服务体系。优化科技中介服务组织布局,完善科技中介服务体系。加强高水平科技中介服务机构建设与示范,提高生产力促进中心、大学科技园、科技企业孵化器、技术市场、技术转移机构等科技中介组织的服务功能和服务水平。建立和发展技术转移服务联盟,促进科技中介服务机构资源共享,加大对学会等科技社团的培育力度。

十一、强化科技政策落实和制定,优化全社会创新环境

进一步加强科技政策法规的落实,加强创新政策措施的衔接配套,进一步营造有利于科技进步和创新的环境。

(一)落实和完善科技政策法规

加强科技法律法规体系建设。深入落实《科学技术进步法》,加快配套法规建设。推进《促进科技成果转化法》修订。加强科技资源共享、科研机构、科技中介等方面政策法规的研究制定。强化科技法律法规的执法检查和公众监督。加强科技法律法规的普法宣传。

落实和完善自主创新政策措施。深入落实《科技规划纲要》中的有关政策及其配套政策措施。落实企业研发费用加

计扣除、科技企业孵化器、国家大学科技园、高新技术企业和技术先进型服务企业以及对科技中介服务活动的税收扶持政策。加强自主创新政策落实情况的监测评估。完善有关鼓励产学研合作创新、科技成果转化和产业化、科技型中小企业创新创业的政策措施。强化科技政策与财税、金融、产业政策等的衔接配套。制定完善更加有利于研发创新的财政性科研投入所得税征收规定。

（二）深入实施知识产权和技术标准战略

强化科技创新的知识产权目标导向和管理。深化《国家知识产权战略纲要》实施，提升知识产权创造、运用、保护和管理能力。鼓励创新主体从事知识产权创造活动，取得以发明专利为代表的核心技术知识产权，支持通过专利合作条约（PCT）申请国际专利。引导企业采取知识产权转让、许可、质押等方式实现知识产权的市场价值。强化国家科技重大专项和国家科技计划的成果和知识产权管理，建立健全对跨国并购、技术交易等重大经济活动的知识产权审查机制。加强国家重大关键技术领域专利态势分析和预警，引导重点领域形成基础性专利。强化核心技术知识产权保护，加强科技成果登记。推动知识产权管理能力建设，加强知识产权管理人才队伍建设，完善知识产权公共服务体系。

全面实施国家技术标准战略。发挥技术标准在科技创新活动中的导向和保障作用，强化国家重要技术标准包括关键共性和基础类、公益类、重大战略产品类技术标准等的研究、制定及优先采用。在国家科技重大专项和国家科技计划执行中，加强技术标准研制。发挥企业在技术标准研制中的重要作用，引导产学研各方联合推进重要技术标准的研究、制定和采用，支持企业以产业链为纽带形成标准联盟。搭建标准创制公共服务平台，支持企业主导或参与国际技术标准制定。重视技术标准战略与知识产权战略的结合，在技术标准制定中强化知识产权的反垄断审查。加强认证认可技术研究和检测评价技术研究。加强技术性贸易措施体系建设。

（三）持续增加全社会科技投入

继续加大财政科技投入。落实《科学技术进步法》，国家财政科技投入增长幅度，应当高于国家财政经常性收入的增长幅度。落实中央财政科技经费的稳定增长机制，有效带动和促进地方财政加大科技投入。

创新科技投入方式。完善多元化、多渠道科技投入体系，激励企业大幅增加研发投入，促进全社会资金更多投向科技创新。完善科技和金融结合机制，建立多渠道科技融资体系。加快发展服务科技创新的新型金融服务机构，积极探索支持科技创新的融资方式。支持具备条件的国家高新区内非上市股份公司进入代办系统，支持符合条件的高新技术企业上市融资，推动科技型中小企业通过债券市场融资。加快发展创业投资，引导社会资金加大对科技创新的投入。深化科技保险工作，加快发展科技担保等金融中介服务。促进科技型企业信用体系的建立。

（四）优化科技成果转化和产业化环境

把握科技成果转化和产业化规律，把科研攻关与市场开发紧密结合，推动技术与资本等要素的结合，引导资本市场和社会投资更加重视投向科技成果转化和产业化。加强各类高新技术产业化载体建设，增强高新区、产业化基地、大学科技园、科技企业孵化器等的服务功能，完善从企业创业孵化到产业化的全链条支撑服务体系。充分发挥国家自主创新示范区在促进高新技术产业发展中的示范引领作用。深化国家高新区二次创业，推动符合条件的省级高新区升级为国家高新区，优化国家高新区战略布局。

优化我国创新创业服务、专业技术服务和国际化服务的市场环境。加强多层次、多渠道、多元化的科技与市场对接平台和技术交易市场建设。促进高等学校、科研院所科技成果与企业特别是中小企业技术创新需求的有效对接。发展一支高水平的科技中介专业队伍。积极开展科技成果咨询、评估、经纪、推介、交易等工作。

（五）加强科学技术普及工作

深入落实《科学技术普及法》，研究制定实施条例及相关配套政策，制定实施《中国公民科学素质基准》。深入实施全民科学素质行动，动员多方力量参与科普工作，推动形成社会化科普工作格局。激励一线科研人员参与科普工作，开展院士科普行、博士科普行等活动。加强国家科普能力建设，实施《科普基础设施发展规划》，推进科技博物馆建设，启动国家科普示范基地建设。加大科普宣传力度，继续组织好科技活动周等重大科普活动。加强农村基层科普队伍和科普能力建设。加强科普人才队伍建设，建立健全国家科学传播体系的评价机制与奖励制度。建立国家科普统计制度，开展科普监测工作。广泛开展面向基层的科普活动，在全社会营造尊重劳动、尊重知识、尊重人才、尊重创造的浓厚氛围。

（六）加强和改进基层科技工作

强化对基层科技工作的指导和支持。坚持“地方党政一把手抓第一生产力”，高度重视发挥基层科技管理部门作用，加强机构编制和队伍能力建设，提升基层科技管理部门服务本地经济社会发展的能力。加快实施基层科技创新能力建设和县市民生科技专项，充分发挥农转资金、富民强县专项、创新基金等对基层科技创新的扶持作用，扩大和深化科技特派员制度建设。继续推动科技兴县（市）工作，加大全国科技进步考核工作的力度。

加强基层科研组织的能力建设。引导科研院所、高等学校、企业、各类创新基地等基层科研组织完善科技管理体系。加强科技管理人员培训，提高科技管理能力和业务素质。

十二、切实保障规划实施

为有力推进规划顺利实施，必须周密部署，落实责任，强化监督，形成规划实施的强大合力与制度保障。

（一）加强规划实施的组织领导

国家科技主管部门牵头组织实施本规划。各地方、各部门要依据本规划，结合各自实际，突出各自特色，强化本地方、本部门科技发展部署，做好与本规划提出的战略思路和主要目标的衔接，加强重大事项的会商和协调，做好重大任务的分解和落实。各级科技管理部门要加强对科技规划的贯彻宣传，做好协调服务和实施指导，调动和增强社会各方面参与的主动性、积极性。

(二)加强规划实施的衔接协调

在规划实施中,要注重国家中长期科技、人才、教育规划纲要的统筹落实,加强与贯彻实施《国民经济和社会发展第十二个五年规划纲要》的衔接部署,重视与各项国家级重点专项规划以及各地方经济社会发展规划的协调。强化规划对年度计划执行和重大项目安排的统筹指导,确保规划提出的各项任务落到实处。

(三)加强规划评估和动态调整

建立健全科技规划监测评估制度和动态调整机制。要通过监测评估,分析本规划的实施进展情况。特别是对本规划提出的重大任务的执行情况要进行制度化、规范化的检查评估,为科技规划的动态调整提供依据。

(四)加强科技管理的基础性工作

重视开展科技发展战略研究,加强技术预测和技术路线图工作,强化科技统计评估、科技成果登记和科技保密工作,加大科技宣传力度,提高科技信息服务能力,为科技战略决策和管理提供有力支撑。

本规划是深入实施《科技规划纲要》、加强创新型国家建设战略攻坚的五年规划,任务艰巨,责任重大。全国科技界、经济界、企业界等社会各界要在党中央、国务院的坚强领导下,坚定信心,奋发图强,开拓创新,为顺利实现国家“十二五”科学和技术发展规划各项目标任务、加快创新型国家建设进程而努力奋斗!

附:重要指标和名词解释

研发经费与国内生产总值的比例:研发活动是指在科学技术领域,为增加知识总量以及运用这些知识去创造新的应用进行的系统的创造性活动,包括基础研究、应用研究、试验发展三类活动。研发经费占国内生产总值比例是指全社会用于科学研究与试验发展活动的经费支出与国内生产总值的比例,是国际上通用的衡量一个国家或地区科技活动规模、科技投入水平和科技创新能力的重要指标,在一定程度上也反映了一个国家或地区的经济发展方式。

每万名就业人员的研发人力投入:每万名就业人员的研发人力投入是指在报告年度内一个国家或地区每万名就业人员中研发人员全时当量的比例。研发人员全时当量是指参与研发活动的全时人员数加非全时人员按工作量折算为全时人员数的总和。例如:有2个全时人员和3个非全时人员(工作时间分别为20%、30%和70%),则研发人员全时当量为2+0.2+0.3+0.7=3.2人年。该指标反映了一个国家或地区投入研发活动的人力资本的强度。

国际科学论文被引用次数:国际科学论文被引用次数是指被科学引文索引(SCI)收录的学术论文在发表后的一段时间内被引用的次数之和。该指标是评价国际科学论文质量的重要指标,也反映了一个国家或地区国际科学论文的影响力。

每万人发明专利拥有量:每万人发明专利拥有量是指在报告年度内一个国家或地区每万人拥有的经国内外知识产权行政部门授权且在有效期内的发明专利件数。该指标既反映了一个国家或地区拥有发明专利的数量,也体现了科技成果的市场价值和竞争力。

每百名研发人员的发明专利申请量:发明专利申请量是指在报告年度内一个国家或地区的法人或自然人向知识产权行政部门提出发明专利申请并被受理的件数。每百名研发人员的发明专利申请量是指每百人年研发人员全时当量所拥有的发明专利申请量,该指标反映了研发人员的创新意识和研发投入产出效率。

全国技术市场合同交易总额:全国技术市场合同交易总额是指全国技术合同成交项目的总金额。合同交易总额中的技术交易额可以反映技术转移和科技成果转化的总体规模。技术交易额是指从合同交易总额中扣除购置设备、仪器、零部件、原材料等非技术性费用后的剩余金额。

高技术产业增加值占制造业增加值的比重:高技术产业增加值占制造业增加值的比重是指在一定时期内高技术产业增加值与制造业增加值的比例,是衡量高技术产业对产业结构调整和经济发展方式转变贡献的重要指标。高技术产业是指制造业中技术密集度明显高于其他行业的产业,包括航天航空器制造业、电子及通信设备制造业、电子计算机及办公设备制造业、医药制造业和医疗设备及仪器仪表制造业等行业。

科技进步贡献率:科技进步贡献率是指广义技术进步对经济增长的贡献份额,即扣除了资本和劳动之外的其他因素对经济增长的贡献。这些因素不仅包括科学知识、技术发展或工艺改进,还包括劳动者素质提高和管理创新等。该指标是衡量科技竞争实力和科技成果转化为现实生产力的综合性指标,反映了科技支撑经济社会发展的整体效益。该指标数据来源于中国科学技术发展战略研究院开展的科技进步贡献率评价的测算结果。

国家综合创新能力:在本规划中国家综合创新能力由国家创新指数表征,该指数是对创新资源、知识创造与应用、企业创新、创新绩效和创新环境五个方面若干指标综合计算的结果。该指标数据来源于中国科学技术发展战略研究院发布的《国家创新指数报告》。

公民具备基本科学素质的比例:公民具备基本科学素质的比例是指一个国家或地区拥有的了解必要科学技术知识、掌握基本科学方法、崇尚科学精神的公民的比例。该指标数据来源于中国科学技术协会的中国公民科学素质调查结果。该调查参照国际通用调查题项,对我国18～69周岁公民对科学技术知识的了解程度、对科学技术感兴趣的程度、对科学技术的态度和看法以及公众获得科学技术信息的渠道等方面展开调查。

国家科技重大专项:国家科技重大专项是《科技规划纲要》确定的重大战略任务,是为了实现国家目标,通过核心技术突破和资源集成,在一定时限内完成的重大战略产品、关键共性技术和重大工程,是我国科技发展的重中之重。《科技规划纲要》确定了16个重大专项,涉及信息、生物等战略产业领域,能源资源环境和人民健康等重大紧迫问题,以及军民两用技术和国防技术。

战略性新兴产业:战略性新兴产业是指以重大技术突破

和重大发展需求为基础，对经济社会全局和长远发展具有重大引领带动作用，成长潜力巨大的产业，是新兴科技和新兴产业的深度融合，既代表着科技创新的方向，也代表着产业发展的方向，具有科技含量高、市场潜力大、带动能力强、综合效益好等特征。在《国务院关于加快培育和发展战略性新兴产业的决定》中把节能环保、信息、生物、高端装备制造、新能源、新材料、新能源汽车等作为现阶段重点发展的战略性新兴产业。

国家自主创新示范区：国家自主创新示范区是指经国务院批准，在推进自主创新和高技术产业发展方面先行先试、探索经验、做出示范的区域。目前，国务院已批准支持北京中关村科技园区、武汉东湖新技术产业开发区和上海张江高新技术产业开发区建设国家自主创新示范区。建设国家自主创新示范区对于进一步完善科技创新的体制机制，加快发展战略性新兴产业，推进创新驱动发展，加快转变经济发展方式等方面将发挥重要的引领、辐射、带动作用。

国家高新技术产业开发区：国家高新技术产业开发区，简称国家高新区，是指经国务院批准，旨在促进高新技术及其产业的形成和发展的国家级产业开发区，主要通过实施高新技术产业的优惠政策和各项改革措施，推进科技产业化进程，形成我国发展高新技术产业的重要基地。2009年国家高新技术产业开发区为56家，2010年又有27个省级高新技术产业园区升级为国家高新技术产业开发区，截至目前，我国共有国家高新技术产业开发区83家。

国家创新型试点城市：国家创新型试点城市是指通过选择一批创新基础条件好、经济社会发展水平高、对周边带动作用大的城市进行试点，在体制机制和创新政策等方面先行先试，推动其率先进入创新型城市行列，示范和引导更多城市走上创新发展的道路。主要任务包括确立城市创新发展战略、加快经济发展方式转变、促进经济社会协调可持续发展、大力增强企业自主创新能力、加强创新人才培养和创新基地建设、加强创新服务体系建设、营造激励创新的良好环境、推进体制改革和管理创新等。目前，全国已有38个城市（区）被确定为国家创新型试点城市（区）。

产业技术创新战略联盟：产业技术创新战略联盟是指由企业、大学、科研机构或其他组织机构，以企业的发展需求和各方的共同利益为基础，以提升产业技术创新能力为目标，以具有法律约束力的契约为保障，形成的联合开发、优势互补、利益共享、风险共担的技术创新合作组织。推动产业技术创新战略联盟的构建是加强产学研用结合，促进技术创新体系建设的重要举措。目前，已经批准的试点联盟为56家，集聚了1100多家行业龙头企业、重点高校和科研机构。

技术创新服务平台：技术创新服务平台是指面向产业和区域发展的重大需求，通过有效整合高等学校、科研院所、科技中介服务机构以及骨干企业等优势单位资源，面向企业技术创新共性需求提供公共服务的组织体系。技术创新服务平台主要功能包括条件资源服务、技术研发服务、技术成果转化与推广服务、产业技术人才培训与交流服务等。

创新型企业：创新型企业主要是指那些拥有自主知识产权和知名品牌，具有较强国际竞争力，依靠技术创新获取市场竞争优势和持续发展的企业。推动创新型企业建设的主要内容包括引导企业加强创新战略谋划，加强创新能力建设，建立健全技术创新内在机制，加强技术创新管理，发挥广大职工在技术创新中的重要作用等。目前，已经批准的国家创新型试点企业为550家，地方创新型试点企业达4000多家。

科技金融：科技金融是指通过创新财政科技投入方式，引导和促进银行业、证券业、保险业金融机构及创业投资等各类资本，创新金融产品，改进服务模式，搭建服务平台，实现科技创新链条与金融资本链条的有机结合，为初创期到成熟期各发展阶段的科技企业提供融资支持和金融服务的一系列政策和制度的系统安排。加强科技与金融的结合，不仅有利于发挥科技对经济社会发展的支撑作用，也有利于金融创新和金融的持续发展。

创新人才推进计划：创新人才推进计划是国家中长期人才规划纲要明确提出的一项重大人才工程。主要内容包括在我国具有相对优势的科研领域设立科学家工作室，重点支持和培养一批具有发展潜力的中青年科技创新领军人才，重点扶持科技创新创业人才，建设若干重点领域创新团队，以及建设创新人才培养示范基地等。

科技项目

2011年国家科技支撑计划重点项目“超低甲醛释放的脲醛树脂制造技术及应用”申请指南

第一章　申请须知

一、项目总体目标

本项目旨在突破新型结构脲醛树脂的分子设计与控制合成、多醛预聚体的分子结构设计与控制合成、后交联、游离甲醛的控制、后捕捉等多项关键技术，开发出超低甲醛释放的脲醛树脂胶粘剂及其人造板工业化规模生产技术，同时在脲醛树脂与人造板行业建立应用推广示范，为行业的甲醛减排提供技术支持，解决我国人造板行业甲醛污染严重的现状。通过本项目的实施，促进人造板行业的产品结构优化，满足居民在室内装修和木制家具用品方面的环保需求。

二、申请内容

本项目研究出甲醛近零释放和超低释放的脲醛树脂胶粘剂，在脲醛树脂与人造板行业建立应用推广示范，为行业的甲醛减排提供技术支持。根据我国人造板行业胶合板占40%，纤维板占30%的现状，本项目重点对脲醛树脂在胶合板和纤维板中的应用展开研究。研究内容分解为两个课题：

序号	课题名称
1	甲醛近零释放新结构脲醛树脂制造及在胶合板中的应用技术开发
2	甲醛超低释放新工艺脲醛树脂制造及在纤维板中的应用技术开发

三、申请管理

1、本项目在科技部的指导下,由中国石油和化学工业联合会负责该项目的组织实施。

2、根据《国家科技支撑计划管理暂行办法》的有关规定,遵循"公开申报、统一评审、优势优先"的原则,通过评审择优选择并落实优势承担单位。

四、项目实施期限及经费来源

本项目实施年限为3年(2011年01月～2013年12月),国拨经费3200万元。

五、申请资格

(一)申报单位的条件和要求

1、凡在中华人民共和国境内注册,具有较强科研能力和条件、运行管理规范、具有独立法人资格的内资或内资控股企业、事业单位、科研院所、高等院校等,均可单独或联合申报,不接受个人申请。

课题申报必须以某一课题整体研究内容为申请单元,积极鼓励科研单位和企业以"产、学、研、用"相结合的方式联合申报课题,实现责任和风险共担、知识产权和利益共享。每个课题的申报单位与主要参加单位须签订共同申请协议,明确规定各自所承担的工作和责任。

2、课题申报单位应具有承担相应国家级科研课题的综合能力,资产负债率低于2/3,无行政处罚或违法记录。申报企业应出具银行资信等级和资产负债证明。

申报单位还应具备以下条件:

(1)技术需求与课题的目标一致;

(2)在相关任务领域具有领先的创新能力和技术基础;

(3)所承担的任务,在完成后有能力进行应用和转化;

(4)具有稳定的研发投入、稳定的研发人才和团队,能够为课题实施提供资金及其他条件保障;

(5)通过课题实施,能够与相关企业、大学、科研机构建立紧密的技术创新与知识产权合作,通过课题成果的转让或服务,促进全行业技术和产业水平的提高。

3、申报单位经费须专款专用,设立单独账簿,独立核算,并保证配套资金及时到位,保障课题研究工作的顺利实施。

4、成果查新证明须由有资质的国家或部省级查新单位出具。

(二)申请负责人的条件和要求

1、课题负责人具有中华人民共和国国籍,年龄在55岁以下(截至2010年12月);具有高级职称,并有固定工作单位(不包括在站博士后),无不良科研行为,从事相关研究或技术开发五年以上;课题负责人用于本课题研究时间不少于本人工作时间的60%,每年在国内工作时间不少于9个月。

2. 所有参与课题申请人员均不得参与两项以上本项目课题的申报,且只能主持申报一项本项目课题。课题申报单位(包括参与申报单位)和主要申报人,对本项目课题不得进行重复或交叉申报。

3、中央和地方各级政府公务员不得主持本项目课题申报。

经形式审查,申请单位和申请负责人不符合上述规定的申请书视为无效申请,不参与后续课题评审。

六、申请文件的编制与递交

1、申请文件:以中文编写,要求语言精炼,数据真实、可靠。

2、申请文件的规格要求:一律用A4纸,仿宋体四号字打印并装订成册(白色纸质封面),同时附电子版。

3、申请文件构成:

(1)申请函。

(2)申请人资格审查文件。

(3)国家科技支撑计划课题申报书。

(4)国家科技支撑计划课题预算申报书。

(5)有关附件(申请单位承诺函、联合申请合作协议、申请单位营业执照或法人代码证复印件、申请单位资格声明函、申请单位资信证明、近两年度资产负债表、损益表及现金流量表、申请单位基本情况等)。

4、课题申报书及有关资料应有法定代表人(或委托授权人)签字并加盖公章,全部申请文件须包装完好,封皮上写明申请课题、申请单位名称、地址、邮政编码、电话、联系人及注明"不准提前启封"字样,并加盖单位公章。

5、课题申报书一式15份,课题预算申报书一式2份。其中,正本1份,在每份申请书上要注明正本和副本,正、副本分别封装并在封面上注明。一旦正本和副本不符,则以正本为准。

6、申报工作自本指南公布之日起开始,申报单位必须根据《课题申请指南》要求参与申报活动。《课题申请指南》可从科技部网站(http://www.most.gov.cn/)上直接下载。

7、寄送申请文件截止日期:2010年10月15日17时。只接收在申请截止日期前由申请人或委托代理人送至或寄至的申请文件。申请文件受理单位对申请文件在邮寄过程中出现的遗失或损坏不负责任。

单位:中国石油和化学工业联合会科技部

地点:北京市亚运村安慧里4区16号楼中国化工大厦721室

邮政编码:100723

联系人:胡迁林,李文军

联系电话:010-84885717/21/25转318

七、课题管理

1、遵循"公开、公正、公平"的原则,经专家评审、择优选定的课题承担单位,按项目管理要求与中国石油和化学工业联合会签订国家科技支撑计划课题任务书。

2、按照《国家科技支撑计划管理暂行办法》对课题承担单位进行管理，国拨经费将根据每个课题进展情况按年度分批拨付到承担单位。

3、课题执行期间，中国石油和化学工业联合会将组织对课题进展情况进行阶段性考核，对未按合同执行，达不到阶段考核目标，配套和自筹资金不到位的课题，有权终止合同。

4、课题完成后，中国石油和化学工业联合会对课题进行评估和验收。

第二章　申请课题研究内容与目标

课题1：甲醛近零释放新结构脲醛树脂制造及在胶合板中的应用技术开发

1. 研究目标

以尿素和甲醛为主要原料，通过对甲醛近零释放新结构脲醛树脂聚合物的结构设计、控制合成和聚合反应工艺条件的研究，提高产品质量和性能使之达到既定的要求。形成拥有自主知识产权的成套技术，建成不小于2万吨/年甲醛近零释放新结构脲醛树脂工业化示范线；开发相关的应用技术，形成不小于10万立方米/年胶合板的应用示范，胶合板的甲醛释放量≤0.3mg/L。

2. 研究内容

（1）新结构脲醛树脂结构设计和控制合成研究。从解决甲醛长期释放为出发点，设计结构稳定的新型脲醛树脂，消除传统脲醛树脂中亚甲基醚和羟甲基等不稳定结构；研究后交联技术以进一步提高板材强度并降低板材甲醛释放，确定新型结构树脂的合成工艺及应用于人造板制备的加工工艺，保证胶合板甲醛近零释放和产品优良的物理机械性能。

（2）开展新工艺工程放大研究。设计不小于2万吨/年新结构脲醛树脂示范工业化及生产线建设，在工业示范装置上研发并应用近红外在线树脂结构检测技术以提高产品结构的精细控制水平，提高产品品质。

（3）新结构脲醛树脂的应用技术研究。针对胶合板的应用开展研究工作，确定新型脲醛胶粘剂的使用工艺条件，完成不小于10万立方米/年胶合板生产线放大研究和示范生产线建设。

3. 考核指标

（1）开发甲醛近零释放新结构脲醛树脂制备成套工艺，采用新工艺建成不小于2万吨/年的甲醛近零释放新结构脲醛树脂示范工业化装置建设，实现稳定化生产。

（2）针对新结构树脂，开发相应的应用技术，建成不小于10万立方米/年胶合板示范应用线，实现稳定化生产。

（3）脲醛树脂产品：游离甲醛含量≤0.05%，固含量60.0%～65.0%；粘度200～300mPa·s；贮存期≥30天；外观：白色无杂质均匀液体。

（4）胶合板质量指标：满足GB/T 9846—2004，含水率6%～14%，甲醛释放量≤0.3mg/L；胶合强度≥0.7MPa。

（5）申请发明专利5项以上。

4. 课题经费

国拨经费2200万元，申请单位自筹配套不低于国拨经费的2倍。

课题二：甲醛超低释放新工艺脲醛树脂制造及在纤维板中的应用技术开发

1. 研究目标

通过对甲醛超低释放脲醛树脂制造工艺、过程控制、工程放大技术的开发，突破万吨级甲醛超低释放脲醛树脂产品制造关键技术，建成2万吨以上/年纤维板专用脲醛树脂胶粘剂生产装置，形成10万立方米以上/年纤维板的应用示范，板材甲醛释放量≤0.5mg/L。

2. 研究内容

（1）针对传统脲醛树脂合成工艺中工艺条件不稳定、工艺控制手段落后等问题，研发新型的催化剂体系，开发在线检测技术及工艺装备，形成成套的制造新工艺，大幅度降低脲醛树脂中的游离甲醛含量，稳定产品质量。

（2）不小于2万吨/年规模甲醛超低释放新工艺脲醛树脂的工业化装置设计和生产线建设，稳定化生产，形成成套生产技术。

（3）甲醛超低释放量脲醛树脂的应用技术研究，针对其在纤维板中的应用工艺开展研究工作，开发高效型后交联促进剂和低成本的甲醛高效捕捉剂在脲醛树脂中的应用，不低于10万立方米/年纤维板规模的应用示范，促进新产品的推广应用。

3. 考核指标

（1）开发成套的脲醛树脂连续化生产新工艺，采用新工艺建成不小于2万吨/年以上纤维板专用脲醛树脂示范生产线，实现稳定化生产。

（2）脲醛树脂质量指标：外观为无色、白色或淡黄色无杂质均匀液体，游离甲醛含量≤0.1%，固含量60.0%～65.0%；粘度150～300 mPa·s；固化时间25～30s；贮存期≥30天。

（3）开发高效型后交联促进剂和低成本的甲醛高效捕捉剂各1项，形成成套的脲醛树脂在纤维板制备中应用技术，建成不小于10万立方米/年以上纤维板生产线，实现稳定化生产。纤维板中甲醛释放量达到≤0.5mg/L，纤维板的物理力学性能满足（GB/T 11718—1999）的要求。

（4）申请发明专利5项以上。

4. 课题经费

国拨经费1000万元，申请单位自筹配套不低于国拨经费的2倍。

2011年国家科技支撑计划重点项目“钢铁工业节能新技术用耐火材料开发与应用”申请指南

第一章　申请须知

一、项目总体目标

项目的总体目标为：开发钢铁工业节能新技术、节能新材料所需高性能耐火材料技术，在大型高炉热风炉和焦炉、特种薄带材生产工艺和循环流化床锅炉中实现示范应用。通过技术攻关,形成具有完全自主知识产权的核心技术,整体技术水平达到国际先进水平,带动耐火材料技术进步。

本项目符合《国家中长期科学和技术发展规划纲要(2006-2020)》中能源重点领域的工业节能优先主题,符合制造业领域基础原材料优先主题。

二、申请内容

本项目研究内容:研发具有完全自主知识产权的高炉热风炉和焦炉等工业窑炉用高效蓄热体覆层材料制备生产及应用的关键技术、新型特种耐火材料关键技术开发、生产和使用的配套技术和循环流化床锅炉水冷壁管防磨关键技术研究,满足国内钢铁工业相关领域节能增效和新材料发展的迫切需求。

本项目研究内容分解为3个课题,包括:

序号	课题名称
1	高效蓄热体覆层材料生产新工艺及其在大型高炉热风炉和焦炉的应用示范
2	新型特种耐火材料关键技术开发
3	循环流化床锅炉水冷壁管防磨关键技术研究

三、申请管理

1、本项目在科技部的指导下,由中国钢铁工业协会负责该项目的组织实施。

2、根据《国家科技支撑计划管理暂行办法》的有关规定,遵循"公开申报、统一评审、优势优先"的原则,通过评审择优选择并落实优势承担单位。

四、项目实施期限及经费来源

本项目实施年限为3年(2011年1月～2013年12月),国拨经费2000万元。

五、申请资格

(一)申报单位的条件和要求

1、凡在中华人民共和国境内注册,具有较强科研能力和条件、运行管理规范、具有独立法人资格的内资或内资控股企业、事业单位、科研院所、高等院校等,均可单独或联合申报,不接受个人申请。

课题申报必须以某一课题整体研究内容为申请单元,积极鼓励科研单位和企业以"产、学、研、用"相结合的方式联合申报课题,实现责任和风险共担、知识产权和利益共享。每个课题的申报单位与主要参加单位须签订共同申请协议,明确规定各自所承担的工作和责任。

2、课题申报单位应具有承担相应国家级科研课题的综合能力,资产负债率低于2/3,无行政处罚或违法记录。申报企业应出具银行资信等级和资产负债证明。

申报单位还应具备以下条件:

(1)技术需求与课题的目标一致;

(2)在相关任务领域具有领先的创新能力和技术基础;

(3)所承担的任务,在完成后有能力进行应用和转化;

(4)具有稳定的研发投入、稳定的研发人才和团队,能够为课题实施提供资金及其他条件保障;

(5)通过课题实施,能够与相关企业、大学、科研机构建立紧密的技术创新与知识产权合作,通过课题成果的转让或服务,促进全行业技术和产业水平的提高。

3、申报单位经费须专款专用,设立单独账簿,独立核算,并保证配套资金及时到位,保障课题研究工作的顺利实施。

4、成果查新证明须由有资质的国家或部省级查新单位出具。

(二)申请负责人的条件和要求

1、课题负责人具有中华人民共和国国籍,年龄在55岁以下(截至2010年12月);具有高级职称,并有固定工作单位(不包括在站博士后),无不良科研行为,从事相关研究或技术开发五年以上;课题负责人用于本课题研究时间不少于本人工作时间的60%,每年在国内工作时间不少于9个月。

2. 所有参与课题申请人员均不得参与两项以上本项目课题的申报,且只能主持申报一项本项目课题。课题申报单位(包括参与申报单位)和主要申报人,对本项目课题不得进行重复或交叉申报。

3、中央和地方各级政府公务员不得主持本项目课题申报。

经形式审查,申请单位和申请负责人不符合上述规定的申请书视为无效申请,不参与后续课题评审。

六、申请文件的编制与递交

1、申请文件:以中文编写,要求语言精炼,数据真实、可靠。

2、申请文件的规格要求:一律用A4纸,仿宋体四号字打印并装订成册(白色纸质封面),同时附电子版。

3、申请文件构成:

(1)申请函。

(2)申请人资格审查文件。

(3)国家科技支撑计划课题申报书。

(4)国家科技支撑计划课题预算申报书。

(5)有关附件(申请单位承诺函、联合申请合作协议、申请单位营业执照或法人代码证复印件、申请单位资格声明函、申请单位资信证明、近两年度资产负债表、损益表及现金流量表、申请单位基本情况等)。

4、课题申报书及有关资料应有法定代表人(或委托授权人)签字并加盖公章,全部申请文件须包装完好,封皮上写明申请课题、申请单位名称、地址、邮政编码、电话、联系人及注明"不准提前启封"字样,并加盖单位公章。

5、课题申报书一式15份,课题预算申报书一式2份。其中,正本1份,在每份申请书上要注明正本和副本,正、副本分别封装并在封面上注明。一旦正本和副本不符,则以正本为准。

6、申报工作自本指南公布之日起开始,申报单位必须根据《课题申请指南》要求参与申报活动。《课题申请指南》可从科技部网站(http://www.most.gov.cn/)上直接下载。

6、寄送申请文件截止日期:2010 年 10 月 15 日 17 时。只接收在申请截止日期前由申请人或委托代理人送至或寄至的申请文件。申请文件受理单位对申请文件在邮寄过程中出现的遗失或损坏不负责任。

寄送地点:北京市东城区东四西大街 46 号

中国钢铁工业协会发展与科技环保部

邮政编码:100711

联 系 人:姜尚清　张临峰

联系电话:010-65131941

电子邮箱:gxpzjsc@163.com

七、课题管理

1、遵循“公开、公正、公平”的原则,经专家评审、择优选定的课题承担单位,按项目管理要求与中国钢铁工业协会签订国家科技支撑计划课题任务书。

2、按照《国家科技支撑计划管理暂行办法》对课题承担单位进行管理,国拨经费将根据每个课题进展情况按年度分批拨付到承担单位。

3、课题执行期间,中国钢铁工业协会将组织对课题进展情况进行阶段性考核,对未按合同执行,达不到阶段考核目标,配套和自筹资金不到位的课题,有权终止合同。

4、课题完成后,中国钢铁工业协会对课题进行评估和验收。

第二章　申请课题研究内容与目标

课题 1:高效蓄热体覆层材料生产新工艺及其在大型高炉热风炉和焦炉的应用示范

1、研究目标

通过大型高炉热风炉和大型焦炉高效蓄热体覆层节能新技术的研究与应用,进一步突破高效蓄热体覆层材料的材料配方、粘结技术、生产与施工工艺技术难点,提高大型高炉热风炉和大型焦炉热效率,减少能源消耗,形成高效纳微米覆层材料在 5000m^3 以上大型高炉热风炉、6.7m 以上焦炉工业示范应用。

2、研究内容

(1)蓄热体覆层材料制备工艺及性能研究;

(2)研究超大型高炉热风炉及焦炉燃烧室内恶劣条件下(高温、不利烟气成分)对覆层的影响、节能机理的数值模拟研究、覆层材料与基体附着力研究、覆层对工业炉格子砖传热性能、物理性能的影响研究等;

(3)高效蓄热体覆层材料生产关键技术研究及工艺研究。

3、考核指标

(1)蓄热体覆层材料的制备采用先进粉磨工艺,使粉体材料中位粒度≤7.0μm;改进前处理胶熬制工艺,前处理胶粘度小于 20S。

(2)研发的覆层材料性能指标为:发射率 0.90 以上,耐火度 1700℃以上,粒度 25nm~5μm,涂刷覆层的粘土砖试样加热至 1100℃后进行水急冷(10 次),覆层不发生断裂和脱落现象;

(3)完成超大型高炉热风炉、焦炉燃烧室覆层与蓄热室节能机理的数据模拟研究和热平衡诊断报告;

(4)高效蓄热体覆层材料在大型高炉热风炉示范应用,达到热风炉提高热风温度 10℃或蓄热量提高 10% 以上或节省燃料 5% 以上;高效蓄热体覆层材料在焦炉的示范应用,焦炉节能 3% 以上;

(5)设计建成年产 1500 吨以上规模蓄热体覆层材料生产示范。

4、经费安排

国拨经费 1200 万元,申请单位自筹经费不低于国拨经费的 2 倍。

课题 2:新型特种耐火材料关键技术开发

1、研究目标

通过新型特种耐火材料系统集成技术研究,突破不锈钢带或金属磁性功能材料等薄带材生产用高可靠性系列耐火材料关键制造技术,开发出高可靠性、高使用寿命、高精度成套薄带材生产用系列新型特种耐火材料产品,提升我国特种耐火材料的整体技术水平,并形成产业化示范。

2、研究内容

(1)新型特种耐火材料与不锈钢带或金属磁性功能材料等薄带材高温钢液相互作用研究;

(2)成带系统部件结构的数值模拟和物理模拟研究;

(3)整体钢包衬体、控流耐火元件的研究开发;

(4)功能元件可靠性检测方法研究。

3、考核指标

(1)开发出新型特种耐火材料,应用于不锈钢带或金属磁性功能材料薄带规模化生产,使用寿命整体 3 个小时以上;

(2)核心耐火材料物理性能指标为:气孔率≤15%;高温抗弯强度(1400℃)≥10MPa;抗热震性(1100℃,风冷)≥20 次;抗 1500℃以上高温钢液冲刷性≤0.001mm/h。

(3)耐火材料对钢液增 N<1.5ppm,增 O<1.5ppm,增 Al<0.5ppm;

(3)应用于不锈钢带或金属磁性功能材料薄带规模化生产;

(4)申报专利 4 项以上。

4、经费安排

国家拨款 600 万元,申请单位自筹经费不低于国拨经费的 2 倍。

课题 3:循环流化床锅炉水冷壁管防磨关键技术研究

1、研究目标

开发具有自主知识产权的低成本原位合成高耐磨损、耐高温复相陶瓷熔覆层的技术,解决循环流化床锅炉水冷壁管高温磨损问题,使高温耐磨熔覆层与基体达到冶金结合,大幅度提高水冷壁管寿命,降低电厂磨损部件的维修费用和对原材料的消耗,为电厂的节材、节能降耗提供新的途径。

2、研究内容

(1)高耐磨损金属陶瓷熔覆层复合锅炉管中试生产工艺设备的开发;

(2)专用复合粉芯丝的设计与制备工艺研究;

(3)熔覆层材料的相组成、显微组织、力学性能和耐磨特性研究;

(4)高耐磨损复合锅炉管的生产与应用研究。

3、考核指标

(1)耐高温磨损熔覆层显微硬度≥850HV,熔覆层厚度可控、可调节厚度区间为500～3000μm,熔覆层与基体达到冶金结合(熔覆层与基体结合强度≥150MPa)、长时间工作的抗氧化温度≥800℃,熔覆层孔隙率≤0.1%;

(2)建成专用于在锅炉管外表面制备金属陶瓷熔覆层的中试生产装备;开发的高耐磨损、耐高温金属陶瓷熔覆层复合锅炉管在循环流化床锅炉示范应用;

(3)用于循环流化床锅炉水冷壁磨损区域的复合锅炉管相对耐磨寿命为现有耐热钢锅炉管寿命4倍及以上(可通过电厂阶段运行后得到熔覆层厚度减少值或磨损实验结果来预测锅炉管全寿命),其中,熔覆层在运行工况下相对耐磨性为基材4倍及以上(例如耐热钢水冷壁管平均磨损厚度减少速率为2mm/年,则熔覆层平均磨损厚度减少速率≤0.5mm/年);

(4)申报或授权发明专利3项以上。

4、经费安排

国家拨款200万元,申请单位自筹经费不低于国拨经费。

2011年国家科技支撑计划重点项目“高性能功能化产业用纺织品关键技术及产业化”申请指南

第一章 申请须知

一、项目总体目标

本项目从我国医疗卫生防护、蓬盖材料、烟尘过滤等领域的重大需求出发,通过突破重点产业用纺织品加工的关键技术瓶颈,缩小与发达国家的差距,扩大在国民经济建设中的应用,形成新的经济增长点。

突破高效熔喷驻极体和医疗用三抗纺粘/熔喷/纺粘(SMXS)纺熔集成关键技术,实现非织造防护材料的高屏蔽性、舒适性和低成本化,完成新型高效医用防护材料规模化替代;突破聚四氟乙烯(PTFE)基树脂复配、聚氯乙烯(PVC)改性、涂层压延复合等关键技术难题,实现篷盖材料轻质化、自清洁、抗老化的目标;重点突破高性能纤维干法非织造成型、低损伤针刺水刺加固、功能性整理关键技术,实现高滤效、低阻力、长寿命、耐高温过滤材料的产业化应用。

项目完成时,建立高性能功能化产业用纺织品生产线不少于11条,产业化示范基地不少于6家,形成行业标准3项以上,受理或授权国家发明专利6项以上。

本项目符合《国家中长期科学和技术发展规划纲要(2006-2020)》制造业领域(31)基础原材料优先主题,为我国开发高性能功能化产业用纺织品提供技术支撑。同时符合《纺织工业调整和振兴规划》中的重点内容。

二、申请内容

本项目研究内容:

(1)研究熔喷模头和驻极工艺、宽幅多模头成型复合、低温三抗整理、复合导流层结构、平网热风穿透粘合工艺、节能型水刺工艺、水刺用水集成处理工艺,突破医卫防护材料关键技术。

(2)研究膜结构增强体组织设计与加工、膜结构材料涂层压延复合加工,形成轻质高强自清洁膜结构材料关键制造技术。通过表面活化作用对PVC膜材进行表面处理,优化表面改性工艺,开发抗老化PVC膜结构材料的涂层、压延复合加工技术。

(3)研究低损伤非织造加固复合工艺,优化耐高温过滤材料氟整理工艺技术,解决耐高温过滤材料易氧化结露的技术难题;结构优化设计和协同效应研究,制备出梯度型复合耐高温过滤材料,满足实际工况下过滤性能的要求。

本项目研究内容分解为三个课题,包括:

序号	课题名称
1	医卫防护材料关键加工技术及产业化
2	功能性篷盖材料制造技术及产业化
3	高性能功能性过滤材料关键技术及产业化

三、申请管理

1.本项目在科技部的指导下,由中国纺织工业协会负责该项目的组织实施。

2.根据《国家科技支撑计划管理暂行办法》的有关规定,遵循“公开申报、统一评审、优势优先”的原则,通过评审择优选择并落实优势承担单位。

四、项目实施期限及经费来源

本项目实施年限为三年(2011年1月～2013年12月),国拨经费2500万元。

五、申请资格

(一)申报单位的条件和要求

1、凡在中华人民共和国境内注册,具有较强科研能力和条件、运行管理规范、具有独立法人资格的内资或内资控股企业、事业单位、科研院所、高等院校等,均可单独或联合申报,不接受个人申请。

课题申报必须以某一课题整体研究内容为申请单元,积极鼓励科研单位和企业以“产、学、研、用”相结合的方式联合申报课题,实现责任和风险共担、知识产权和利益共享。每个课题的申报单位与主要参加单位须签订共同申请协议,明确规定各自所承担的工作和责任。

2、课题申报单位应具有承担相应国家级科研课题的综合能力,资产负债率低于2/3,无行政处罚或违法记录。申报企业应出具银行资信等级和资产负债证明。

申报单位还应具备以下条件:

(1)技术需求与课题的目标一致;

(2)在相关任务领域具有领先的创新能力和技术基础;

(3)所承担的任务,在完成后有能力进行应用和转化;

(4)具有稳定的研发投入、稳定的研发人才和团队,能够为课题实施提供资金及其他条件保障;

(5)通过课题实施,能够与相关企业、大学、科研机构建立紧密的技术创新与知识产权合作,通过课题成果的转让或服务,促进全行业技术和产业水平的提高。

3、申报单位经费须专款专用,设立单独账簿,独立核算,并保证配套资金及时到位,保障课题研究工作的顺利实施。

4、成果查新证明须由有资质的国家或部省级查新单位出具。

(二)申请负责人的条件和要求

1、课题负责人具有中华人民共和国国籍,年龄在55岁以下(截至2010年12月);具有高级职称,并有固定工作单位(不包括在站博士后),无不良科研行为,从事相关研究或技术开发五年以上;课题负责人用于本课题研究时间不少于本人工作时间的60%,每年在国内工作时间不少于9个月。

2、所有参与课题申请人员均不得参与两项以上本项目课题的申报,且只能主持申报一项本项目课题。课题申报单位(包括参与申报单位)和主要申报人,对本项目课题不得进行重复或交叉申报。

3、中央和地方各级政府公务员不得主持本项目课题申报。

经形式审查,申请单位和申请负责人不符合上述规定的申请书视为无效申请,不参与后续课题评审。

六、申请文件的编制与递交

1、申请文件:以中文编写,要求语言精炼,数据真实、可靠。

2、申请文件的规格要求:一律用A4纸,仿宋体四号字打印并装订成册(白色纸质封面),同时附电子版。

3、申请文件构成:

(1)申请函。

(2)申请人资格审查文件。

(3)国家科技支撑计划课题申报书。

(4)国家科技支撑计划课题预算申报书。

(5)有关附件(申请单位承诺函、联合申请合作协议、申请单位营业执照或法人代码证复印件、申请单位资格声明函、申请单位资信证明、近两年度资产负债表、损益表及现金流量表、申请单位基本情况等)。

4、课题申报书及有关资料应有法定代表人(或委托授权人)签字并加盖公章,全部申请文件须包装完好,封皮上写明申请课题、申请单位名称、地址、邮政编码、电话、联系人及注明“不准提前启封”字样,并加盖单位公章。

5、课题申报书一式15份,课题预算申报书一式2份。其中,正本1份,在每份申请书上要注明正本和副本,正、副本分别封装并在封面上注明。一旦正本和副本不符,则以正本为准。

6、申报工作自本指南公布之日起开始,申报单位必须根据《课题申请指南》要求参与申报活动。《课题申请指南》可从科技部网站(http://www.most.gov.cn/)上直接下载。

7、寄送申请文件截止日期:2010年10月15日17时。只接收在申请截止日期前由申请人或委托代理人送至或寄至的申请文件。申请文件受理单位对申请文件在邮寄过程中出现的遗失或损坏不负责任。

七、课题管理

1、遵循“公开、公正、公平”的原则,经专家评审、择优选定的课题承担单位,按项目管理要求与中国纺织工业协会签订国家科技支撑计划课题任务书。

2、按照《国家科技支撑计划管理暂行办法》对课题承担单位进行管理,国拨经费将根据每个课题进展情况按年度分批拨付到承担单位。

3、课题执行期间,中国纺织工业协会将组织对课题进展情况进行阶段性考核,对未按合同执行,达不到阶段考核目标,配套和自筹资金不到位的课题,有权终止合同。

4、课题完成后,中国纺织工业协会对课题进行评估和验收。

第二章　申请课题研究内容与目标

课题1:医卫防护材料关键加工技术及产业化

1. 研究目标

研究解决高效熔喷驻极体和医疗用三抗SMXS纺熔集成等技术难题,突破高屏蔽性、舒适性、低成本新型医疗卫生防护材料产业化关键技术,实现我国新型医卫防护材料规模化生产,替代进口。

2. 研究内容

(1)高效熔喷驻极体医用阻隔非织造布关键技术

研究熔喷模头、喷丝孔、高温高速气流风道设计,熔喷纤维细度及分布控制技术;研究电场对超细纤维网的驻极问题,提升熔喷过滤材料的驻极效果。

(2)医疗用三抗SMXS纺熔集成技术

研究熔体均匀流动和材料均匀性的影响因素,设计宽幅纺熔模头及熔体分配系统;研究高速气流拉伸条件下,熔体细流的加速运动轨迹和拉长细化的机理和规律;研究轻薄、低成本、高屏蔽性、非均质的纺粘和熔喷多层纤网复合技术;研究三抗整理温度的控制与纤维表面均匀成膜性能。

(3)妇婴用卫生材料导流层结构设计加工及应用技术

研究双网复合导流层结构对液体垂直渗透和平面扩散的影响,设计具有垂直渗透、纵向扩散、方向可控的透水性导流层材料;研究导流层材料纤维定向排列和杂乱排列的梳理成型复合成网工艺;研究复合纤网低能耗热固结工艺技术。

(4)节能型水刺加固技术及功能型医卫材料

研究新型医卫用差别化纤维、木浆纤维成网工艺;研究中低压高效节能水刺头和转鼓设计,优化水刺头内腔结构、喷水孔孔型和吸风口;研究水刺工艺用水集成处理技术,探索水刺卫材生产工艺用水中油剂、短绒含量较高等问题解决方案,设计完整的功能性整理工艺包。

3. 考核指标

熔喷口罩过滤材料:纤维平均直径≤2μm,过滤效率$\eta\geq$95%(N95),呼吸阻力≤35Pa;

医用三抗SMXS防护服材料:耐静水压≥60cmH_2O,抗酒精等级≥8级,无血液渗透,透湿性≥2500g/(d·m^2);

妇婴用卫生制品导流层材料:透水时间<2s,纵向扩散长度≥160mm,滑渗量<0.1g;

节能型水刺加固功能性医卫材料:强力MD+CD≥120N/5cm,纵横向强力比MD/CD≤3.5:1,单位能耗≤1.6kWh/Kg;

医用敷料:吸水时间<2s,吸水率≥800%;

形成不低于8亿只/年高效低阻口罩、不低于1200万套/年医用三抗SMXS防护服、不低于2100吨/年妇婴用卫生制品双网复合导流层材料、不低于14000吨/年节能型水刺加固功能性医卫材料的生产能力,建立生产线6条以上、产业化示范基地3家以上。课题完成时,生产高效低阻口罩不少于10亿只,医用三抗SMXS防护服不少于3000万套,妇婴用卫生制品双网复合导流层材料不少于4500吨,水刺加固功能性医卫材料不少于1万吨。

受理或授权国家发明专利2项以上,形成行业标准1项以上。

4. 经费安排

国拨经费900万元,申请单位自筹配套经费不低于1800万。

课题2:功能性篷盖材料制造技术及产业化

1. 研究目标

研究解决PTFE基树脂复配、PVC改性涂层、压延复合等技术难题,突破高端篷盖材料轻质化、自清洁、抗老化等关键技术,提供新型功能性篷盖材料产业化生产成套工艺技术。

2. 研究内容

(1)膜结构材料增强体和膜材选用

研究膜结构材料的技术要求,选择高强涤纶纤维、玻璃纤维和PTFE作为膜结构材料的主要增强体和膜材。

(2)膜结构材料增强体的组织设计与加工

研究增强体纤维规格,设计相关组织结构,采用机织或针织织造加工实现增强体织物成型。

(3)膜结构材料膜材的成份设计与复配加工

以PTFE为基础树脂,研究憎水拒油、抗紫外等功能性整理剂、和优化配比方案,完成膜结构材料复配加工。

(4)抗老化PVC篷盖材料的涂层、压延复合加工

探索抗老化PVC篷盖材料的物化性能改进方案,研究涂层压延复合加工工艺,设计抗老化PVC篷盖材料的涂层压延复合加工技术路线。

(5)膜结构材料的产业化生产与性能评价

研究现有复合加工设备技术升级方案,设计膜结构材料测试标准。

3. 考核指标

轻质高强自清洁膜结构材料:膜结构材料平方米克重≤1500g/m^2,断裂强度≥4000N/5cm,表面接触角≥100°。

抗老化PVC篷盖材料:篷盖材料平方米克重≤1200g/m^2,断裂强度≥4000N/5cm,剥离强度≥120N/5cm(IVK);紫外光人工加速老化30天强度残留率≥80%(ASTMG53-96标准)。

建立生产能力不低于200万m^2/年轻质高强自清洁PTFE膜结构材料生产线1条、不低于800万m^2/年高性能抗老化PVC篷盖材料生产线1条,产业化示范基地2家以上。课题完成时,生产PTFE膜结构材料不少于60万平方米,抗老化PVC篷盖材料不少于1100万平方米。

受理或授权国家发明专利2项以上,形成行业标准1项以上。

4. 经费安排

国拨经费800万元,申请单位自筹配套经费不低于1600万。

课题3:高性能功能性过滤材料关键技术及产业化

1. 研究目标

研究高性能纤维干法非织造成型、低损伤针刺水刺加固、功能性整理技术,突破高滤效、低阻力、长寿命、耐高温过滤材料产业化的关键技术,满足国内火电及炼钢企业大面积推广应用要求。

2. 研究内容

(1)低损伤非织造加固及关键复合技术

研究新型刺针钩刺结构、针板布针、针刺工艺,设计能够防止刺针穿刺纤网时切断高性能纤维的工艺,避免切断基布长丝造成过滤材料强度过度下降。

研究高性能PTFE为基材的干法成网高克重过滤材料工艺路线,攻克低能耗工艺条件下纤网缠结复合技术难题,探索减少高性能纤维用量达到过滤精度的方案。

(2)过滤材料功能性整理技术

研究高性能纤维网和滤料梯度变化结构的关系,针对耐高温过滤材料氟整理难题,设计不破坏纤维性能和滤材结构的前提下把氟树脂均匀包覆于纤维表层的技术路线。

开发防结露、防静电和阻燃的耐高温过滤材料的新型后整理技术,根据燃煤等复杂过滤工况要求,研究过滤材料多重性能的综合评价体系。

(3)高性能功能性过滤材料的产业化应用研究

研究功能性过滤材料的形态、强力、伸长、透气、阻力、滤尘等特性和逆清洗性能,探索过滤材料生产工艺的改进方法。

3. 考核指标

低损伤非织造加固及关键复合技术:滤料基材的强度损伤率≤15%,固结系数≥3.5,水刺单位产品能耗小于1.8kWh/kg。

过滤材料功能性整理技术:疏水特性≥6级,疏油特性≥4级,表面电阻<$10^{10}\Omega$。

高性能功能性过滤材料的产业化应用研究:高性能功能性过滤材料动态除尘率>99.99%;瞬时工作温度下,断裂强度保持率≥95%。

形成高性能功能性过滤材料生产能力不低于800万m^2/年,

建立生产线3条以上，产业化示范基地1～2家。课题完成时，生产不少于1200万m^2高性能功能性过滤材料。

受理或授权国家发明专利2项以上，形成行业标准1项以上。

4.经费安排

国拨经费800万元，申请单位自筹配套经费不低于1600万。

2011年国家科技支撑计划重点项目“关键基础件和通用部件”申报指南

一、指南说明

本项目是为贯彻落实《国家中长期科学和技术发展规划纲要（2006-2020年）》和国务院《装备制造业调整和振兴规划》等文件精神，重点围绕面向高速铁路及城市轨道交通车辆、新能源发电设备、工程机械、大型石化设备等配套所需的关键基础件，开展高速重载精密轴承、高性能液压元件、高可靠性密封件、新型高效高承载轻结构齿轮传动等关键技术研究，研发一批高性能的关键基础件产品，实现工程化应用与产业化。提升行业的自主创新能力，提高我国基础件产品在重点领域、重点装备的配套能力和国际竞争力。

项目拟设置课题7个，见下表：

序号	课题名称
1	高速铁路和城市轨道交通车辆轴承关键技术研究与应用
2	2兆瓦以上风电装备系列轴承关键技术研究与应用
3	工程机械静液传感高速高压变量液压泵和马达关键技术研究
4	先导式大流量电液比例阀关键技术研究与应用
5	高参数泵机械密封装置关键技术研究与应用
6	大型及行走式工程机械密封关键技术研究与应用
7	齿轮箱轻量化关键技术研究与应用

项目实施年限为2011年1月～2013年12月。

本次公开发布的课题申报指南，通过课题评审择优选择课题承担单位。

二、申报条件

1、对课题承担单位的要求

（1）凡在中华人民共和国境内注册、具有独立法人资格的内资或内资控股的生产企业、事业单位、大专院校等均可申报，不接受个人申报；

（2）申报单位成立时间在2008年1月1日（含）之前；

（3）申报单位须是相关领域的生产企业、科研院所、大专院校等，具备较强的研究开发能力、良好的运行管理机制，能够提供足够数量的配套资金和相关的配套条件，单位财务状况良好。鼓励“产、学、研、用”联合申报；

（4）申报单位应按照指南的要求提供相应的配套经费证明；

（5）过去三年内申报单位在申报和承担国家科技计划项目中没有不良信用记录；

（6）在本项目的课题申报中，同一法人单位最多牵头申报1项、参加1项；或参加课题申报不超过2项（含2项）。

2、对课题负责人的要求

（1）具有中华人民共和国国籍；

（2）年龄不超过55周岁（1956年1月1日及以后出生）；

（3）具有副高级（含）以上职称；

（4）每年（含跨年度连续）离职或出国的时间不超过3个月；

（5）过去三年内在申报和承担国家科技计划项目中没有不良信用记录；

（6）承担国家科技支撑计划、“863”计划、“973”计划以及科技重大专项等国家科技计划在研项目的课题负责人，不得作为本次申报的课题负责人；

（7）所有参与课题申请人员均不得参与两项以上本项目课题的申报，且只能主持申报一项本项目课题；

（8）中央和地方各级政府工作人员不得参与课题申报；

三、申报资料要求

1、课题申报单位须规定时间内提交下列申报资料，并按顺序装订：

（1）申请函；

（2）《课题申报书》，也可从科技部网站（http://program.most.gov.cn/）上直接下载；

（3）《课题预算申报书》，也可从科技部网站（http://www.most.gov.cn/）查询并下载，须单独装订；

（4）申报单位（含所有参加单位）营业执照及组织机构代码证（复印件）；

（5）自筹资金承诺函（含原件1份）；

（6）联合申报合作协议（含原件1份，包括任务分解、考核指标、经费分配比例和知识产权归属等）；

（7）由国家或部省级以上科技查新部门出具的2010年7月1日以后的查新报告（原件一份）；

（8）凡提供自筹经费的申报单位，需附2008、2009两个年度的财务报表（含资产负债表、损益表和现金流量表）复印件；

（9）地方配套资金承诺意见（如地方可承诺提供配套资金时）原件1份；

（10）其他附件。

2、课题申报书与课题预算申报书等申报文件各十五份（含原件各1份），一律用A4纸，宋体小四号字打印，双面印刷（含附件），简装，并附电子版（光盘）1份。

3、经形式审查，凡不符合上述申报条件和申报资料要求的申报文件，不进入下一阶段评审程序。

四、报送时间及地点

1、报送时间:自课题申报指南发布之日起开始受理课题申报,送达申报文件的截止时间为2010年10月15日17:00时整,过时不再受理。不受理邮寄资料。

2、报送地址:中国机械工业联合会科技工作部

北京市西城区三里河路46号院3019房间

3、联系人:刘前军、孙兴林

联系电话:010-68595234、68595013

在申报过程中,如对课题申报指南和申报程序有疑问,请及时与联系人进行联系。

五、课题申报指南内容

课题一、高速铁路和城市轨道交通车辆轴承关键技术研究与应用

1、研究目标

针对高速铁路和地铁、轻轨等城市轨道交通车辆对轴承的急需,开发高可靠性配套轴承,突破关键技术,完成可靠性试验,实现产业化。

2、研究内容

面向高速铁路客车、城市轨道交通车辆配套轴承的应用需求,开展轴承结构优化、仿真分析、表面应力分布与寿命关系、失效机理、试验测试、热处理工艺、批产工艺及智能轴承传感器集成与匹配等关键技术研究。

3、考核指标

轴承使用寿命60万公里,可靠性达到99%,轴承精度P5级,高铁轴承时速≥250km/h,轨道交通车辆轴承时速≥100km/h;形成批量生产能力,实现产业化;制定高速铁路和轨道车辆轴承试验规范和标准2项,为高速铁路和轨道车辆轴承的国产化提供设计和试验依据;申请专利6项以上,其中发明专利不少于3项;发表论文不少于3篇。

4、实施年限

2011年1月~2013年12月

5、课题设置与经费

拟支持1项课题研究,申报单位应按该课题指南发布的全部内容进行申报,不能只针对课题的部分内容进行申报。

本课题国拨专项经费不超过700万元,配套经费(自筹和地方配套)与国拨专项经费比例不低于1.2:1。

6、申报条件

课题牵头单位以国内轴承行业骨干企业为主,在该领域具有一定的研究基础和开发能力,具备完善的试验和生产条件,有较好的市场影响力。鼓励“产、学、研、用”联合申报。

课题二、2兆瓦以上风电装备系列轴承关键技术研究与应用

1、研究目标

针对2兆瓦以上风力发电机装备轴承的急需,开发高承载能力、高可靠性、高安全性、长寿命配套轴承,突破关键技术,完成可靠性试验,实现产业化。

2、研究内容

针对2兆瓦及以上风电装备的齿轮箱、电机、偏航与变桨等轴承,开展轴承寿命、额定负荷计算方法的研究;提出轴承结构设计、材料选择等提高轴承寿命的有效方法;研究风机轴承保持架的加工工艺和无损检测方法,开发2兆瓦级以上风力发电机组齿轮箱轴承的试验装置,制订专用的检测方法和检测规程。

3、考核指标

轴承精度P5,设计寿命:20年;大修期2年无故障;实现批量配套与产业化;制定风电轴承单元试验规范和标准2项,为风电轴承的国产化提供试验数据和设计依据;申报专利10项以上,其中发明专利不少于3项;发表论文不少于6篇。

4、实施年限

2011年1月~2013年12月

5、课题设置与经费

拟支持1项课题研究,申报单位应按该课题指南发布的全部内容进行申报,不能只针对课题的部分内容进行申报。

本课题国拨专项经费不超过700万元,配套经费(自筹和地方配套)与国拨专项经费比例不低于1.2:1。

6、申报条件

课题牵头单位以国内轴承行业骨干企业为主,在该领域具有一定的研究基础和开发能力,具备完善的试验和生产条件,有较好的市场影响力。鼓励“产、学、研、用”联合申报。

课题三、工程机械静液传感高速高压变量液压泵和马达关键技术研究与应用

1、研究目标

面向工程机械成套液压系统,开发高性能轴向柱塞泵和马达成套系统,突破产业化关键技术,增强自主创新能力。

2、研究内容

围绕以挖掘机、起重机等为代表的工程机械,开发研制配套的静液传动负荷传感高压高速变量液压泵和马达成套系统。重点开展结构优化设计、可靠性与寿命测试方法与装备、壳体铸造工艺、高速重载摩擦副材料及表面处理、电液变排量控制器、关键配合副制造工艺以及配套整机的性能与环境考核测试等关键技术。

3、考核指标

开发出典型工程机械静液负荷传感高压高速轴向柱塞式变量液压泵和马达成套系统,其中,排量范围为71~355ml/r,转速范围1600~3500rpm,额定工作压力25MPa和35MPa两个等级,容积效率大于95%,工作寿命大于5000小时,实现批量配套与产业化;制定试验规范和标准2项;申报专利8项以上,其中发明专利不少于2项;发表论文不少于4篇。

4、实施年限

2011年1月~2013年12月

5、课题设置与经费

拟支持1项课题研究,申报单位应按该课题指南发布的全部内容进行申报,不能只针对课题的部分内容进行申报。

本课题国拨专项经费不超过700万元,配套经费(自筹和地方配套)与国拨专项经费比例不低于1.2:1。

6、申报条件

课题牵头单位以国内液压行业骨干企业为主，须在该领域具有一定的研究基础和开发能力，具备完善的试验和生产条件，有较好的市场影响力。鼓励“产、学、研、用”联合申报。

课题四、先导式大流量电液比例阀关键技术研究与应用

1、研究目标

面向工业装备和工程机械所需的高性能电液控制系统，开发多规格配套用高性能电液比例阀，掌握核心设计与产业化关键技术，增强自主创新能力。

2、研究内容

为满足我国工业自动化装备和工程机械对高性能电液控制阀的需求，开发研制先导型大流量电液比例阀及其配套的数字式放大器；重点开展高精度数字式比例放大器及其软件补偿方法、阀体和阀芯的材料和表面处理工艺、孔系高精度加工工艺以及高频响动态试验测试技术等。研究高压液压阀的可靠性设计、测试考核技术，研制高性能的液压阀可靠性测试装备。

3、考核指标

开发面向典型工业装备和工程机械的先导式大流量电液比例液压阀产品，规格通径 NG10～35，额定压力 35MPa，额定流量 80～1000 L/min；制定电液比例阀试验规范和标准 2 项以上；形成批量生产能力和产业化应用；申报专利 7 项以上，其中发明专利不少于 2 项；发表论文不少于 5 篇。

4、实施年限

2011 年 1 月～2013 年 12 月

5、课题设置与经费

拟支持 1 项课题研究，申报单位应按该课题指南发布的全部内容进行申报，不能只针对课题的部分内容进行申报。

本课题国拨专项经费不超过 700 万元，配套经费（自筹和地方配套）与国拨专项经费比例不低于 1.2∶1。

6、申报条件

课题承担单位以国内液压行业骨干企业为主，须在该领域具有一定的技术基础和开发队伍，具备较完善的试验、生产条件，有较好的市场影响力；鼓励“产、学、研、用”联合申报。

课题五、高参数泵机械密封装置关键技术研究与应用

1、研究目标

针对大型石化装备、核电设备等典型高参数泵在服役环境、性能及可靠性方面的特殊要求，以石化装备的大型高温高压泵以及典型核二三级泵为应用对象，突破关键技术，开发典型石化泵及核级泵高性能机械密封产品，实现产业化。

2、研究内容

面向石化装备高温高压泵和典型核二三级泵，研制高可靠、高参数泵用机械密封装置；开展机械密封设计技术、结构优化技术、试验技术、抗干扰技术、机械密封的端面变形控制技术、机械密封成膜机理、热力平衡及动力学特性技术、特种密封的加工制造工艺技术、可靠性技术，以及核主泵密封的端面材料匹配试验技术等关键技术研究。

3、考核指标

大型石化成套装备的典型高参数高温高压泵（如高压加氢进料泵等）机械密封性能达到国外同类产品先进水平，满足 API682 标准要求，核电站典型二、三级泵用机械密封，产品性能达到国外同类产品水平，实现批量应用和产业化；建立高温高压机械密封试验系统和核主泵长周期运行试验平台，完成核主泵密封型式试验 1000h；制定试验规范和标准 4 项以上；申请专利 6 项以上，其中发明专利不少于 4 项；发表论文不少于 10 篇。

4、实施年限

2011 年 1 月～2013 年 12 月

5、课题设置与经费

拟支持 1 项课题研究，申报单位应按该课题指南发布的全部内容进行申报，不能只针对课题的部分内容进行申报。

本课题国拨专项经费不超过 500 万元，配套经费（自筹和地方配套）与国拨专项经费比例不低于 1.2∶1。

6、申报条件

课题牵头单位以国内密封件行业骨干企业为主，须在该领域具有一定的研究基础和开发能力，具备完善的试验和生产条件，有较好的市场影响力。鼓励“产、学、研、用”联合申报。

课题六、大型及行走式工程机械密封关键技术研究与应用

1、研究目标

围绕我国大型及行走型工程机械的需求，开展关键密封件技术研究及产品开发，提高产品性能及可靠性，实现示范应用及产业化。

2、研究内容

研制高性能、长寿命行走式工程机械高压往复油缸和大型盾构机密封件，开展密封材料配方设计及优化技术，密封结构设计及优化技术，可靠性测试方法和试验技术，超大型密封的加工工艺技术等关键技术研究。

3、考核指标

大型盾构机密封产品实现产业化，产品使用寿命达 10000 小时或工作里程达 10 公里；行走式工程机械液压油缸等高压往复运动工况的成套密封产品，耐压等级达到 60MPa，速度 0～1.5m/s，使用寿命不低于 1 年，并建立可靠性试验装置和评估方法，性能基本达到国外同类先进产品技术水平，实现示范应用和产业化；制订技术标准及规范 3 项以上；申请专利 5 项以上，其中发明专利不少于 2 项；发表论文不少于 5 篇。

4、实施年限

2011 年 1 月～2013 年 12 月

5、课题设置与经费

拟支持 1 项课题研究，申报单位应按该课题指南发布的全部内容进行申报，不能只针对课题的部分内容进行申报。

本课题国拨专项经费不超过 500 万元，配套经费（自筹和地方配套）与国拨专项经费比例不低于 1.2∶1。

6、申报条件

课题牵头单位以国内密封件行业骨干企业为主，须在该领域具有一定的研究基础和开发能力，具备完善的试验和生产条件，有较好的市场影响力。鼓励“产、学、研、用”联合申报。

课题七、齿轮箱轻量化关键技术研究与应用

1、研究目标

针对起重机械和船舶现有齿轮箱体积大、重量重的问题,通过传动箱体优化设计、轻型材料应用及新型齿轮传动的研究,明显降低齿轮箱的重量,实现批量化推广应用;攻克渐开弧面齿轮、面齿轮设计和检测关键技术,增强自主创新能力。

2、研究内容

开展高效高承载的新型渐开弧面齿轮设计、试验及应用技术研究;齿轮高可靠设计及疲劳试验技术,齿轮箱结构优化设计,非线性动力学优化与减振降噪技术,新材料应用技术,齿轮的修形设计与制造工艺技术,高精度齿轮批量生产工艺技术;面齿轮设计检测及试验技术等关键技术研究。

3、考核指标

研发≥5MW轻量化船舶齿轮箱,效率≥97%,噪声降低3~5分贝,重量降低15%~20%,技术指标达到国际同类产品先进水平;起重机械齿轮箱重量降低15%~20%;完成渐开弧面齿轮、面齿轮性能试验和工业应用示范;制定相关齿轮箱技术规范和标准2项;申请国家专利或软件著作权登记10项以上,其中发明专利不少于4项;发表论文不少于9篇。

4、实施年限

2011年1月~2013年12月

5、课题设置与经费

拟支持1项课题研究,申报单位应按该课题指南发布的全部内容进行申报,不能只针对课题的部分内容进行申报。

本课题国拨专项经费不超过700万元,配套经费(自筹和地方配套)与国拨专项经费比例不低于1.2:1。

6、申报条件

课题牵头单位以齿轮传动行业骨干企业为主,须在该领域具有一定的研究基础和开发能力,具备完善的试验和生产条件,有较好的市场影响力;鼓励“产、学、研、用”联合申报。

2011年国家科技支撑计划重点项目“国产非晶带材在电力系统中的应用开发及工程化”申请指南

第一章 申请须知

一、项目总体目标

开展基于国产非晶带材的非晶配电变压器的产业化技术开发,形成基于国产非晶带材的4万吨/年以上非晶变压器铁芯和基于国产非晶带材的6万台/年以上非晶变压器的产业能力,实现基于国产非晶带材的非晶配电变压器的挂网应用。搭建非晶节能变压器应用技术开发平台和检测评价平台,搭建非晶高效电机中试研发服务平台,开展基于国产非晶带材的非晶电机定子铁芯及非晶高效电机系统的技术开发,形成非晶高效电机的中试开发能力,为后续的产业化奠定技术基础。做强做大以国产非晶材料在电力系统中应用为发展方向的高端产业链集群。

二、申请内容

本项目研究内容:

1、开发基于国产非晶带材的非晶变压器铁芯及非晶配电变压器结构设计和产品集成技术。

2、基于国产非晶带材的4万吨/年以上非晶配电变压器铁芯的产业化工艺技术开发和制造工艺装备开发。

3、基于国产非晶带材的6万台/年以上非晶配电变压器的优化设计和工艺开发、装备技术开发及产业化。

4、基于国产非晶带材的非晶变压器挂网运行和运行状况跟踪、测试、评价。

5、基于国产非晶带材的非晶电机定子铁芯和非晶高效电机的应用开发平台和测试评价体系的建立、非晶定子铁芯的开发、非晶电机组装工艺技术开发。

6、基于国产非晶带材的非晶电机技术在新能源汽车和家用电器中的样机开发、应用评价与性能优化。

7、建设基于国产非晶带材的非晶铁芯、非晶配电变压器、非晶电机的完整产业链,建设非晶产业园。

本项目研究内容分解为一个课题,包括:

序号	课题名称
1	国产非晶带材在电力系统中的应用开发及工程化

三、申请管理

1、本项目在科技部的指导下,由北京市科学技术委员会和中关村科技园区管理委员会负责该项目的组织实施。

2、根据《国家科技支撑计划管理暂行办法》的有关规定,遵循“公开申报、统一评审、优势优先”的原则,通过评审择优选择并落实优势承担单位。

四、项目实施期限及经费来源

本项目实施年限为2年(2011年1月~2012年12月),国拨经费2000万元。

五、申请资格

(一)申报单位的条件和要求

1、凡在中华人民共和国境内注册,具有较强科研能力和条件、运行管理规范、具有独立法人资格的内资或内资控股企业、事业单位、科研院所、高等院校等,均可单独或联合申报,不接受个人申请。

课题申报必须以某一课题整体研究内容为申请单元,积极鼓励科研单位和企业以“产、学、研、用”相结合的方式联合申报课题,实现责任和风险共担、知识产权和利益共享。每个课题的申报单位与主要参加单位须签订共同申请协议,明确规定各自所承担的工作和责任。

2、课题申报单位应具有承担相应国家级科研课题的综合能力,资产负债率低于2/3,无行政处罚或违法记录。申报企业应出具银行资信等级和资产负债证明。

申报单位还应具备以下条件：

(1)技术需求与课题的目标一致；

(2)在相关任务领域具有领先的创新能力和技术基础；

(3)所承担的任务，在完成后有能力进行应用和转化；

(4)具有稳定的研发投入、稳定的研发人才和团队，能够为课题实施提供资金及其他条件保障；

(5)通过课题实施，能够与相关企业、大学、科研机构建立紧密的技术创新与知识产权合作，通过课题成果的转让或服务，促进全行业技术和产业水平的提高。

3、申报单位经费须专款专用，设立单独账簿，独立核算，并保证配套资金及时到位，保障课题研究工作的顺利实施。

4、成果查新证明须由有资质的国家或部省级查新单位出具。

(二)申请负责人的条件和要求

1、课题负责人具有中华人民共和国国籍，年龄在55岁以下(截至2010年12月)；具有高级职称，并有固定工作单位(不包括在站博士后)，无不良科研行为，从事相关研究或技术开发五年以上；课题负责人用于本课题研究时间不少于本人工作时间的60%，每年在国内工作时间不少于9个月。

2.所有参与课题申请人员均不得参与两项以上本项目课题的申报，且只能主持申报一项本项目课题。课题申报单位(包括参与申报单位)和主要申报人，对本项目课题不得进行重复或交叉申报。

3、中央和地方各级政府公务员不得主持本项目课题申报。

经形式审查，申请单位和申请负责人不符合上述规定的申请书视为无效申请，不参与后续课题评审。

六、申请文件的编制与递交

1、申请文件：以中文编写，要求语言精炼，数据真实、可靠。

2、申请文件的规格要求：一律用A4纸，仿宋体四号字打印并装订成册(白色纸质封面)，同时附电子版。

3、申请文件构成：

(1)申请函。

(2)申请人资格审查文件。

(3)国家科技支撑计划课题申报书。

(4)国家科技支撑计划课题预算申报书。

(5)有关附件(申请单位承诺函、联合申请合作协议、申请单位营业执照或法人代码证复印件、申请单位资格声明函、申请单位资信证明、近两年度资产负债表、损益表及现金流量表、申请单位基本情况等)。

4、课题申报书及有关资料应有法定代表人(或委托授权人)签字并加盖公章，全部申请文件须包装完好，封皮上写明申请课题、申请单位名称、地址、邮政编码、电话、联系人及注明“不准提前启封”字样，并加盖单位公章。

5、课题申报书一式15份，课题预算申报书一式2份。其中，正本1份，在每份申请书上要注明正本和副本，正、副本分别封装并在封面上注明。一旦正本和副本不符，则以正本为准。

6、申报工作自本指南公布之日起开始，申报单位必须根据《课题申请指南》要求参与申报活动。《课题申请指南》可从科技部网站(http://www.most.gov.cn/)上直接下载。

7、寄送申请文件截止日期：2010年10月15日17时。只接收在申请截止日期前由申请人或委托代理人送至或寄至的申请文件。申请文件受理单位对申请文件在邮寄过程中出现的遗失或损坏不负责任。

寄送地点：北京市西城区西直门南大街16号 北京市科学技术委员会

邮政编码：100035

联 系 人：郭澜涛

联系电话：66153424

七、课题管理

1、遵循“公开、公正、公平”的原则，经专家评审、择优选定的课题承担单位，按项目管理要求与北京市科学技术委员会和中关村科技园区管理委员会签订国家科技支撑计划课题任务书。

2、按照《国家科技支撑计划管理暂行办法》对课题承担单位进行管理，国拨经费将根据每个课题进展情况按年度分批拨付到承担单位。

3、课题执行期间，北京市科学技术委员会和中关村科技园区管理委员会将组织对课题进展情况进行阶段性考核，对未按合同执行，达不到阶段考核目标，配套和自筹资金不到位的课题，有权终止合同。

4、课题完成后，北京市科学技术委员会和中关村科技园区管理委员会对课题进行评估和验收。

第二章　申请课题研究内容与目标

课题1：国产非晶带材在电力系统中的应用开发及工程化

1、研究目标

(1)开展基于国产非晶带材的非晶配电变压器的产业化技术开发，形成基于国产非晶带材的4万吨/年以上非晶变压器铁芯和6万台/年以上非晶变压器的产业化能力，实现基于国产非晶带材的非晶配电变压器的挂网应用；

(2)开展基于国产非晶带材的非晶电机定子铁芯及非晶高效电机系统的技术开发，形成非晶高效电机的中试开发能力，搭建非晶高效电机中试研发服务平台，为后续的产业化奠定技术基础；

(3)做强做大以国产非晶材料在电力系统中应用为发展方向的高端产业链集群。

研究内容

(1)开发基于国产非晶带材的非晶变压器铁芯及非晶配电变压器结构设计和产品集成技术。

(2)基于国产非晶带材的4万吨/年以上非晶配电变压器铁芯的的优化设计和工艺开发、装备技术开发及产业化。

(3)基于国产非晶带材的6万台/年以上非晶配电变压器的优化设计和工艺开发、装备技术开发及产业化。

(4)基于国产非晶带材的非晶变压器挂网运行和运行状

况跟踪、测试、评价。

(5)基于国产非晶带材的非晶电机定子铁芯和非晶高效电机的应用开发平台和测试评价体系的建立、非晶定子铁芯的开发、非晶电机组装工艺技术开发。

(6)基于国产非晶带材的非晶电机技术在新能源汽车和家用电器中的应用开发、应用评价与性能优化。

(7)建设基于国产非晶带材的非晶铁芯和配电变压器的完整产业链。

3、考核指标

(1)建成基于国产非晶带材的非晶铁芯及配电变压器试验线,完成基于国产非晶带材的30~1600kVA配电变压器铁芯和配电变压器系列设计;

(2)基于国产非晶带材的配电变压器铁芯的性能水平为:Bs≥1.56T,P(50Hz,1.35T)≤0.25W/kg。

(3)基于国产非晶带材的非晶配电变压器的空载损耗满足我国JB/T 10318—2002标准的要求,噪声满足我国JB/T 1008—2004标准的要求。

(4)形成基于国产非晶带材的4万吨/年以上非晶变压器铁芯、基于国产非晶带材的6万台/年以上非晶节能配电变压器的生产能力;

(5)完成基于国产非晶带材的非晶电机在新能源汽车和家用电器中的样机开发,其中非晶电机定子铁芯的性能水平为:Bs≥1.2T,P(1kHz,1.0T)≤25W/kg;

(6)申请相关技术中国专利8项以上。

4、经费安排

国拨经费2000万元,地方配套经费1000万元,申请单位自筹配套经费不低于5000万元。

2011年国家科技支撑计划重点项目“国产全氟离子膜大规模工业应用研究”申请指南

第一章 申请须知

一、项目总体目标

围绕国民经济发展对全氟离子膜的重大需求,完善和优化全氟离子膜及相关材料的制备技术和工艺装备,形成国产全氟离子膜的工业化生产;建立相关产品国家技术标准;完成万吨级大规模氯碱离子膜的工业替代应用研究,促进国产全氟离子膜大规模工业化应用。

本项目符合《国家中长期科学和技术发展规划纲要(2006-2020)》(26)基础件和通用部件、(31)基础原材料优先主题相关,同时也符合《纲要》中(1)工业节能领域优先主题。

二、申请内容

本项目研究内容主要包括:

研究原料、中间体、功能单体、全氟聚合物纤维、成膜聚合物、聚合物后处理、挤出成膜、膜复合、膜功能化、膜表面修饰等工程化技术;氯碱全氟离子膜工业化生产技术。

完成万吨级大规模氯碱离子膜的工业替代应用,实现国产全氟离子膜在国内电解槽中的配套应用。

研究全氟离子膜检测评价技术,建设系统检测及电解评价平台,指导我国氯碱全氟离子膜的研究开发。

本项目研究内容分解为五个课题,包括:

序号	课题名称
1	全氟离子交换树脂工业生产技术研究
2	部分可溶解增强网布研究
3	全氟离子膜工业生产技术研究
4	全氟离子膜电解应用平台建设
5	全氟离子膜万吨级成套电解技术研究

三、申请管理

1、本项目在科技部的指导下,由山东省科学技术厅负责该项目的组织实施。

2、根据《国家科技支撑计划管理暂行办法》的有关规定,遵循“公开申报、统一评审、优势优先”的原则,通过评审择优选择并落实优势承担单位。

四、项目实施期限及经费来源

本项目实施年限为三年(2011年01月~2013年12月),国拨经费4000万元。

五、申请资格

(一)申报单位的条件和要求

1、凡在中华人民共和国境内注册,具有较强科研能力和条件、运行管理规范、具有独立法人资格的内资或内资控股企业、事业单位、科研院所、高等院校等,均可单独或联合申报,不接受个人申请。

课题申报必须以某一课题整体研究内容为申请单元,积极鼓励科研单位和企业以“产、学、研、用”相结合的方式联合申报课题,实现责任和风险共担、知识产权和利益共享。每个课题的申报单位与主要参加单位须签订共同申请协议,明确规定各自所承担的工作和责任。

2、课题申报单位应具有承担相应国家级科研课题的综合能力,资产负债率低于2/3,无行政处罚或违法记录。申报企业应出具银行资信等级和资产负债证明。

申报单位还应具备以下条件:

(1)技术需求与课题的目标一致;

(2)在相关任务领域具有领先的创新能力和技术基础;

(3)所承担的任务,在完成后有能力进行应用和转化;

(4)具有稳定的研发投入、稳定的研发人才和团队,能够为课题实施提供资金及其他条件保障;

(5)通过课题实施,能够与相关企业、大学、科研机构建立紧密的技术创新与知识产权合作,通过课题成果的转让或服务,促进全行业技术和产业水平的提高。

3、申报单位经费须专款专用，设立单独账簿，独立核算，并保证配套资金及时到位，保障课题研究工作的顺利实施。

4、成果查新证明须由有资质的国家或部省级查新单位出具。

（二）申请负责人的条件和要求

1、课题负责人具有中华人民共和国国籍，年龄在55岁以下（截至2010年12月）；具有高级职称，并有固定工作单位（不包括在站博士后），无不良科研行为，从事相关研究或技术开发五年以上；课题负责人用于本课题研究时间不少于本人工作时间的60%，每年在国内工作时间不少于9个月。

2.所有参与课题申请人员均不得参与两项以上本项目课题的申报，且只能主持申报一项本项目课题。课题申报单位（包括参与申报单位）和主要申报人，对本项目课题不得进行重复或交叉申报。

3、中央和地方各级政府公务员不得主持本项目课题申报。

经形式审查，申请单位和申请负责人不符合上述规定的申请书视为无效申请，不参与后续课题评审。

六、申请文件的编制与递交

1、申请文件：以中文编写，要求语言精炼，数据真实、可靠。

2、申请文件的规格要求：一律用A4纸，仿宋体四号字打印并装订成册（白色纸质封面），同时附电子版。

3、申请文件构成：

（1）申请函。

（2）申请人资格审查文件。

（3）国家科技支撑计划课题申报书。

（4）国家科技支撑计划课题预算申报书。

（5）有关附件（申请单位承诺函、联合申请合作协议、申请单位营业执照或法人代码证复印件、申请单位资格声明函、申请单位资信证明、近两年度资产负债表、损益表及现金流量表、申请单位基本情况等）。

4、课题申报书及有关资料应有法定代表人（或委托授权人）签字并加盖公章，全部申请文件须包装完好，封皮上写明申请课题、申请单位名称、地址、邮政编码、电话、联系人及注明“不准提前启封”字样，并加盖单位公章。

5、课题申报书一式15份，课题预算申报书一式2份。其中，正本1份，在每份申请书上要注明正本和副本，正、副本分别封装并在封面上注明。一旦正本和副本不符，则以正本为准。

6、申报工作自本指南公布之日起开始，申报单位必须根据《课题申请指南》要求参与申报活动。《课题申请指南》可从科技部网站（http://www.most.gov.cn/）上直接下载。

6、寄送申请文件截止日期：2010年10月15日17时。只接收在申请截止日期前由申请人或委托代理人送至或寄至的申请文件。申请文件受理单位对申请文件在邮寄过程中出现的遗失或损坏不负责任。

寄送地点：山东省济南市高新区舜华路607号

邮政编码：250101

联 系 人：张茂森

联系电话：0531-66777038

七、课题管理

1、遵循“公开、公正、公平”的原则，经专家评审、择优选定的课题承担单位，按项目管理要求与山东省科学技术厅签订国家科技支撑计划课题任务书。

2、按照《国家科技支撑计划管理暂行办法》对课题承担单位进行管理，国拨经费将根据每个课题进展情况按年度分批拨付到承担单位。

3、课题执行期间，山东省科学技术厅将组织对课题进展情况进行阶段性考核，对未按合同执行，达不到阶段考核目标，配套和自筹资金不到位的课题，有权终止合同。

4、课题完成后，山东省科学技术厅对课题进行评估和验收。

第二章　申请课题研究内容与目标

课题1：全氟离子交换树脂工业生产技术研究

1、研究目标

完成有关原料、中间体、功能单体和成膜树脂生产技术的优化和工艺装备的优化，实现全氟磺酸树脂和全氟羧酸树脂的工业化稳定生产。

2、研究内容

（1）全氟磺酸单体工业化制备技术及工艺设备优化；

（2）全氟羧酸单体工业化制备技术及工艺设备优化；

（3）全氟磺酸树脂/羧酸树脂工业化规模聚合制备技术与工艺优化。

通过质量传递、动量传递、能量传递及聚合体系均一化的优化，实现系统和装备的标准化计量、自动控制和稳定的产品生产。

3、考核指标

（1）完成全氟磺酸共聚树脂工业化生产技术，规模不小于100吨/年。产品合格率90%以上，产品质量指标达到：

离子交换容量达0.95～1.1mmol/g（范围可调），

洁净度：>100μm的杂质粒料<3个/4g树脂，

水分含量≤0.5%，

挥发份<0.5%，

CHCl3萃取物<2%，

800℃灼烧残余物<1%，

热分解温度>300℃；

（2）完成全氟羧酸共聚树脂标准化工业生产技术，规模不小于10吨/年，产品合格率90%以上，产品质量指标达到：

离子交换容量达0.8～1.0mmol/g（范围可调），

洁净度：>100μm的杂质粒料<3个/4g树脂，

水分含量≤0.5%，

挥发份<0.5%，

CHCl3萃取物<2%，

800℃灼烧残余物<1%，

热分解温度>300℃。

4、经费安排

国拨经费950万元,申请单位自筹配套经费不低于2850万元。

课题2:部分可溶解增强网布研究

1、研究目标

开发用于国产氯碱离子膜的改性聚四氟乙烯纤维与可溶解纤维编织的增强网织物。

2、研究内容

研究改性聚四氟乙烯的制备和成纤技术、超细纤维的表面形貌、力学性能与纤度的关系;研究开发80～100旦改性聚四氟乙烯细纤维制备工艺。

可溶纤维的材料选择、优化;纺丝板和配套的拉伸牵引设备的设计;纤维的后处理等。

改性聚四氟乙烯细纤维和可溶纤维的混纺技术研究;孔隙率的控制、静电的消除;可溶纤维的排布及纤维的编织结构等。

3、考核指标

(1)纤维瑕疵点:2000米无断头;

(2)500平方米网布内4分瑕疵点≤1个;

(3)改性聚四氟乙烯细纤维纤度:80～100d(旦),强度>30MPa;

(4)可溶纤维20-40d/8-15F(支/束);

(5)形成不低于20万平方米/年增强网工业生产能力,网布的开孔率>60%。

4、经费安排

国拨经费550万元,申请单位自筹配套经费不低于1100万元。

课题3:全氟离子膜工业生产技术研究

1、研究目标

主要完成有关共挤出成膜、后处理技术和装备的优化,形成我国氯碱离子膜的工业化生产技术。

2、研究内容

全氟离子交换树脂综合流变性能及加工性能研究;宽幅离子膜连续成膜技术及装备;宽幅离子膜连续复合制备技术及装备;宽幅离子膜连续功能化技术及装备;宽幅离子膜连续涂装技术及装备;完善制膜工程技术和制膜设备的设计和制造。

3、考核指标

(1)优化全氟磺酸/羧酸树脂复合成膜装备,形成离子膜连续化工业生产技术,离子膜幅宽1.35米,规模不小于20万平方米/年;

(2)离子膜成品率≥90%;

(3)性能指标达到:

拉伸强度:纵向≥25MPa、横向≥25MPa;

断裂伸长率:≥150%;

撕裂强度:纵向≥18MPa、横向≥12MPa;

耐折度:≥150次;

热稳定性:≥300℃;

厚度偏差:<10%;

电解槽中的电流效率:≥95%。

4、经费安排

国拨经费950万元,申请单位自筹配套经费不低于2850万元。

课题4:全氟离子膜电解应用平台建设

1、研究目标

建设标准的检测和电解实验研究平台,为国产全氟离子膜及新型全氟离子膜的研发提供基本性能检测和电解性能评价。

2、研究内容

离子膜基本性能检测技术研究;电解实验装置建设和电解实验条件探索;建设50cm^{2}和2.7 m^{2}的不同规格电解装置实验平台和与之相配套的控制、测试、数据采集和工程保障体系;电解性能的影响因素及控制技术研究;全氟离子膜在各种复杂工况下的工作性能考核。

3、考核指标

完成离子膜拉伸强度、撕裂强度、表面电阻率等基本性能检测规范制定,具备基本性能检测能力;

建成以下两种规格电解实验平台:

(1)50cm^{2}速测电解平台。平台可以同时连续考核10种以上的离子膜样品,分别测定槽电压、电流效率、电流密度、K系数、评价各种杂质离子对膜的影响;

(2)2.7m^{2}自然循环复极槽电解平台。平台可同时测定不同极距、不同条件下的运行参数,全自动采集电解数据。

4、经费安排

国拨经费650万元,申请单位自筹配套经费不低于3250万元。

课题5:全氟离子膜万吨级成套电解技术研究

1、研究目标

通过在万吨规模电解槽内的电解应用实验,形成国产氯碱离子膜整套应用技术,完成不少于15台(套)的替代应用。

2、研究内容

国产离子膜在电解槽中的适应性研究;国产离子膜的性能优化;通过国产全氟离子膜在电解槽的大规模应用,综合各种电解条件下的运行结果,为国产离子膜的应用提供实际指导,进而反馈指导离子膜的改进提高。

3、考核指标

在不少于15台(套)万吨级电解槽工业应用效果全部达到:

(1)电流密度3.5千安培/平方米;

(2)槽电压≤3.2伏特;

(3)电流效率>95%;

(4)吨碱耗≤2250千瓦时;

(5)碱浓度30%～32%;

(6)碱中含盐<40ppm;

(7)氯气中含氢气<0.1%。

4、经费安排

国拨经费900万元,申请单位自筹配套经费不低于4500万元。

2011年国家科技支撑计划重点项目“化学制浆造纸联产氧化铝产业化示范工程”申请指南

第一章　申请须知

一、项目总体目标

针对我国氧化铝工业面临铝土矿品位低、资源匮乏、生产成本高等问题和纸浆生产面临造纸黑液治理投资高、白泥难以回用等环保问题，开展造纸黑液配料烧结熟料、碳分母液苛化、白泥煅烧回用等技术的研究，实现氧化铝生料浆配煤全部由造纸黑液替代，显著降低烧结法生产氧化铝和造纸黑液治理成本，形成化学制浆造纸-氧化铝联产循环经济清洁生产产业链，建设“化学制浆造纸联产氧化铝示范工程”。

二、申请内容

该项目采用制浆造纸-氧化铝生产联产的方式，通过开发黑液配料烧结熟料技术和碳分母液苛化、白泥煅烧回用技术，实现氧化铝生料浆配煤全部由造纸黑液替代，降低烧结法生产氧化铝成本、彻底解决黑液治理难、成本高的问题，建成生产规模大于10万吨的化学制浆造纸-氧化铝联产的生产线一条。

本项目仅设置一个课题：

序号	课题名称
1	化学制浆造纸联产氧化铝产业化示范工程

三、申请管理

1、本项目在科技部的指导下，由中国有色金属工业协会负责该项目的组织实施。

2、根据《国家科技支撑计划管理暂行办法》的有关规定，遵循“公开申报、统一评审、优势优先”的原则，通过评审择优选择并落实优势承担单位。

四、项目实施期限及经费来源

本项目实施年限为三年(2011年1月～2013年12月)，国拨经费1785万元。

五、申请资格

(一)申报单位的条件和要求

1、凡在中华人民共和国境内注册，具有较强科研能力和条件、运行管理规范、具有独立法人资格的内资或内资控股企业、事业单位、科研院所、高等院校等，均可单独或联合申报，不接受个人申请。

课题申报必须以某一课题整体研究内容为申请单元，积极鼓励科研单位和企业以“产、学、研、用”相结合的方式联合申报课题，实现责任和风险共担、知识产权和利益共享。每个课题的申报单位与主要参加单位须签订共同申请协议，明确规定各自所承担的工作和责任。

2、课题申报单位应具有承担相应国家级科研课题的综合能力，资产负债率低于2/3，无行政处罚或违法记录。申报企业应出具银行资信等级和资产负债证明。

申报单位还应具备以下条件：

(1)技术需求与课题的目标一致；

(2)在相关任务领域具有领先的创新能力和技术基础；

(3)所承担的任务，在完成后有能力进行应用和转化；

(4)具有稳定的研发投入、稳定的研发人才和团队，能够为课题实施提供资金及其他条件保障；

(5)通过课题实施，能够与相关企业、大学、科研机构建立紧密的技术创新与知识产权合作，通过课题成果的转让或服务，促进全行业技术和产业水平的提高。

3、申报单位经费须专款专用，设立单独账簿，独立核算，并保证配套资金及时到位，保障课题研究工作的顺利实施。

4、成果查新证明须由有资质的国家或部省级查新单位出具。

(二)申请负责人的条件和要求

1、课题负责人具有中华人民共和国国籍，年龄在55岁以下(截至2010年12月)；具有高级职称，并有固定工作单位(不包括在站博士后)，无不良科研行为，从事相关研究或技术开发五年以上；课题负责人用于本课题研究时间不少于本人工作时间的60%，每年在国内工作时间不少于9个月。

2. 所有参与课题申请人员均不得参与两项以上本项目课题的申报，且只能主持申报一项本项目课题。课题申报单位(包括参与申报单位)和主要申报人，对本项目课题不得进行重复或交叉申报。

3、中央和地方各级政府公务员不得主持本项目课题申报。

经形式审查，申请单位和申请负责人不符合上述规定的申请书视为无效申请，不参与后续课题评审。

六、申请文件的编制与递交

1、申请文件：以中文编写，要求语言精炼，数据真实、可靠。

2、申请文件的规格要求：一律用A4纸，仿宋体四号字打印并装订成册(白色纸质封面)，同时附电子版。

3、申请文件构成：

(1)申请函。

(2)申请人资格审查文件。

(3)国家科技支撑计划课题申报书。

(4)国家科技支撑计划课题预算申报书。

(5)有关附件(申请单位承诺函、联合申请合作协议、申请单位营业执照或法人代码证复印件、申请单位资格声明函、申请单位资信证明、近两年度资产负债表、损益表及现金流量表、申请单位基本情况等)。

4、课题申报书及有关资料应有法定代表人(或委托授权人)签字并加盖公章，全部申请文件须包装完好，封皮上写明申请课题、申请单位名称、地址、邮政编码、电话、联系人及注明“不准提前启封”字样,并加盖单位公章。

5、课题申报书一式15份,课题预算申报书一式2份。其中,正本1份,在每份申请书上要注明正本和副本,正、副本分别封装并在封面上注明。一旦正本和副本不符,则以正本为准。

6、申报工作自本指南公布之日起开始,申报单位必须根据《课题申请指南》要求参与申报活动。《课题申请指南》可从科技部网站(http://www.most.gov.cn/)上直接下载。

7、寄送申请文件截止日期:2010年10月15日17时。只接收在申请截止日期前由申请人或委托代理人送至或寄至的申请文件。申请文件受理单位对申请文件在邮寄过程中出现的遗失或损坏不负责任。

寄送地点:北京海淀区复兴路乙12号907房间

邮政编码:100814

联 系 人:李波　王怀国

联系电话:010-63973978/1530

七、课题管理

1、遵循“公开、公正、公平”的原则,经专家评审、择优选定的课题承担单位,按项目管理要求与中国有色金属工业协会签订国家科技支撑计划课题任务书。

2、按照《国家科技支撑计划管理暂行办法》对课题承担单位进行管理,国拨经费将根据每个课题进展情况按年度分批拨付到承担单位。

3、课题执行期间,中国有色金属工业协会将组织对课题进展情况进行阶段性考核,对未按合同执行,达不到阶段考核目标,配套和自筹资金不到位的课题,有权终止合同。

4、课题完成后,中国有色金属工业协会对课题进行评估和验收。

第二章　申请课题研究内容与目标

课题1:化学制浆造纸联产氧化铝产业化示范工程

1、研究目标

针对我国氧化铝工业面临铝土矿品位低、资源匮乏、生产成本高等问题和纸浆生产面临造纸黑液治理投资高、白泥难以回用等环保问题,开展造纸黑液配料烧结熟料、碳分母液苛化、白泥煅烧回用等技术的研究,实现氧化铝生料浆配煤全部由造纸黑液替代,降低烧结法生产氧化铝和造纸黑液治理成本,形成化学制浆造纸-氧化铝联产循环经济清洁生产产业链,建设“化学制浆造纸联产氧化铝示范工程”,为实现节能减排目标提供技术支撑。

2、研究内容

(1)研究新工艺条件下的黑液蒸发、浓缩和黑液在氧化铝生料浆的配浆、混磨、输送等技术。

(2)造纸黑液替代生料煤时的熟料烧结性能和溶出性能研究。

(3)碳分母液苛化、白泥烘干煅烧回用技术研究。

(4)开发基于无线传输技术的回转窑温度监测装置,研究回转窑烧结过程的过程控制模型与算法,开发一套烧结过程控制系统和监测与分析系统。

(5)研究联合生产系统的综合节能减排效果,制定优化的清洁生产工艺方案。

3、考核指标

(1)实现联产系统化学麦草浆黑液全部治理利用,全部替代节约氧化铝生料煤,节约氧化铝生产用煤不少于300kg标准煤;氧化铝熟料中还原硫 $S^{2-}\geqslant 0.3\%$;90%氧化铝产品的质量满足国家氧化铝标准(GB/T 24487—2009)中AO-1牌号要求,其余10%满足AO-2牌号要求。

(2)纸浆吨碱回收成本由1100元降至500元以下;苛化白泥直接掺配到石灰窑生产配料中,实现苛化白泥的全部回收利用。

(3)回转窑烧结控制系统温度控制精度±20℃。

(4)形成生产规模大于10万吨的化学制浆造纸-氧化铝联产的生产线一条。

(5)制定化学制浆造纸-氧化铝联产工艺规范1套,造纸黑液浓缩企业标准以及碳分母液苛化企业标准各1套。

(6)申请发明专利4项。

4、经费安排

国拨经费1785万元,申请单位配套不低于国拨经费的4倍。

2011年国家科技支撑计划重点项目“基于拉伸流变的塑料高效节能加工成型技术”申请指南

第一章　申请须知

一、项目总体目标

本项目针对塑料加工成型过程的高能耗现状,重点解决大幅度缩短塑料加工成型热机械历程的技术瓶颈难题,通过自主创新,研究开发一系列具有自主知识产权的高效节能塑料加工成型关键技术及基础装备,并建立技术应用示范。通过技术集成与工程示范,引导和促进高效节能技术在我国塑料机械和塑料加工企业中推广应用,为我国塑料工业的可持续发展提供强有力的科技支撑。

本项目符合《国家中长期科学和技术发展规划纲要(2006-2020)》能源重点领域“工业节能”优先主题。

二、申请内容

本项目研究内容为:以具有自主知识产权的核心技术“基于拉伸流变的高分子材料塑化输运方法及工艺设备”作为突破点,借助学科交叉的优势,通过对设备机械结构、驱动与传动系统、智能控制系统进行创新设计,研究开发一系列高效节能塑料加工成型关键技术及工艺基础装备,并通过技术集成,建立与典型塑料制品加工成型工艺配套的技术应用示范装备。

本项目研究内容分解为两个课题,包括:

序号	课题名称
1	拉伸形变支配的塑料挤出成型关键技术及示范
2	塑料短热机械历程塑化注射成型关键技术及示范

三、申请管理

1、本项目在科技部的指导下，由中国轻工业联合会负责该项目的组织实施。

2、根据《国家科技支撑计划管理暂行办法》的有关规定，遵循“公开申报、统一评审、优势优先”的原则，通过评审择优选择并落实优势承担单位。

四、项目实施期限及经费来源

本项目实施年限为3年(2011年1月～2013年12月)，国拨经费1500万元。

五、申请资格

(一)申报单位的条件和要求

1、凡在中华人民共和国境内注册，具有较强科研能力和条件、运行管理规范、具有独立法人资格的内资或内资控股企业、事业单位、科研院所、高等院校等，均可单独或联合申报，不接受个人申请。

课题申报必须以某一课题整体研究内容为申请单元，积极鼓励科研单位和企业以“产、学、研、用”相结合的方式联合申报课题，实现责任和风险共担、知识产权和利益共享。每个课题的申报单位与主要参加单位须签订共同申请协议，明确规定各自所承担的工作和责任。

2、课题申报单位应具有承担相应国家级科研课题的综合能力，资产负债率低于2/3，无行政处罚或违法记录。申报企业应出具银行资信等级和资产负债证明。

申报单位还应具备以下条件：

(1)技术需求与课题的目标一致；

(2)在相关任务领域具有领先的创新能力和技术基础；

(3)所承担的任务，在完成后有能力进行应用和转化；

(4)具有稳定的研发投入、稳定的研发人才和团队，能够为课题实施提供资金及其他条件保障；

(5)通过课题实施，能够与相关企业、大学、科研机构建立紧密的技术创新与知识产权合作，通过课题成果的转让或服务，促进全行业技术和产业水平的提高。

3、申报单位经费须专款专用，设立单独账簿，独立核算，并保证配套资金及时到位，保障课题研究工作的顺利实施。

4、成果查新证明须由有资质的国家或部省级查新单位出具。

(二)申请负责人的条件和要求

1、课题负责人具有中华人民共和国国籍，年龄在55岁以下(截至2010年12月)；具有高级职称，并有固定工作单位(不包括在站博士后)，无不良科研行为，从事相关研究或技术开发五年以上；课题负责人用于本课题研究时间不少于本人工作时间的60%，每年在国内工作时间不少于9个月。

2. 所有参与课题申请人员均不得参与两项以上本项目课题的申报，且只能主持申报一项本项目课题。课题申报单位(包括参与申报单位)和主要申报人，对本项目课题不得进行重复或交叉申报。

3、中央和地方各级政府公务员不得主持本项目课题申报。

经形式审查，申请单位和申请负责人不符合上述规定的申请书视为无效申请，不参与后续课题评审。

六、申请文件的编制与递交

1、申请文件：以中文编写，要求语言精炼，数据真实、可靠。

2、申请文件的规格要求：一律用A4纸，仿宋体四号字打印并装订成册(白色纸质封面)，同时附电子版。

3、申请文件构成：

(1)申请函。

(2)申请人资格审查文件。

(3)国家科技支撑计划课题申报书。

(4)国家科技支撑计划课题预算申报书。

(5)有关附件(申请单位承诺函、联合申请合作协议、申请单位营业执照或法人代码证复印件、申请单位资格声明函、申请单位资信证明、近两年度资产负债表、损益表及现金流量表、申请单位基本情况等)。

4、课题申报书及有关资料应有法定代表人(或委托授权人)签字并加盖公章，全部申请文件须包装完好，封皮上写明申请课题、申请单位名称、地址、邮政编码、电话、联系人及注明“不准提前启封”字样，并加盖单位公章。

5、课题申报书一式15份，课题预算申报书一式2份。其中，正本1份，在每份申请书上要注明正本和副本，正、副本分别封装并在封面上注明。一旦正本和副本不符，则以正本为准。

6、申报工作自本指南公布之日起开始，申报单位必须根据《课题申请指南》要求参与申报活动。《课题申请指南》可从科技部网站(http://www.most.gov.cn/)上直接下载。

6、寄送申请文件截止日期：2010年10月15日17时。只接收在申请截止日期前由申请人或委托代理人送至或寄至的申请文件。申请文件受理单位对申请文件在邮寄过程中出现的遗失或损坏不负责任。

寄送地点：中国轻工业联合会综合业务部

北京市西城区阜成门外大街乙22号

邮政编码：100833

联 系 人：李永智　于学军

联系电话：(010)68396446　13811393769

七、课题管理

1、遵循“公开、公正、公平”的原则，经专家评审、择优选定的课题承担单位，按项目管理要求与中国轻工业联合会签订国家科技支撑计划课题任务书。

2、按照《国家科技支撑计划管理暂行办法》对课题承担单位进行管理,国拨经费将根据每个课题进展情况按年度分批拨付到承担单位。

3、课题执行期间,中国轻工业联合会将组织对课题进展情况进行阶段性考核,对未按合同执行,达不到阶段考核目标,配套和自筹资金不到位的课题,有权终止合同。

4、课题完成后,中国轻工业联合会对课题进行评估和验收。

第二章　申请课题研究内容与目标

课题1:拉伸形变支配的塑料挤出成型关键技术及示范

1、研究目标

针对塑料挤出制品包括管材、棒材、片材、薄膜、各种异型材等高效节能加工的需要,突破塑料短热机械历程、低能耗塑化挤出成型以及低速大扭矩传动技术等关键技术,开发出实现塑化挤出、驱动与传动等多方面节能的新一代无螺杆塑料挤出成型基础装备,并建立技术应用示范。

2、研究内容

拉伸形变支配的叶片塑化挤压系统的开发;负载感应型低速大扭矩驱动与传动技术研究;拉伸形变支配的塑化挤出成型过程智能化控制技术研究;高效节能复合薄膜无螺杆共挤出吹塑成型装备的研制。

3、考核指标

(1)拉伸形变支配的叶片塑化挤压系统:有效热机械历程≤650 mm,保证塑化质量的前提下,最大挤出产量≥100 kg/h、比能耗≤0.22kW·h/kg(测试物料为低密度聚乙烯、挤出压力≥15 MPa);

(2)低速大扭矩直接驱动装置:最大转矩≥4450 N·m、最大转矩转速范围5~150 rpm、负载加减速时间≤100 ms;

(3)过程智能化控制系统:负载感应动态响应时间≤22 ms、温度控制稳态精度≤±0.5℃、速度控制精度≤±0.05%;

(4)多层复合薄膜无螺杆共挤吹塑成型生产示范线:最大挤出产量≥320 kg/h、比能耗≤0.28 kW·h/kg,复合薄膜层数≥5、薄膜厚度偏差≤±3.0%、制品最大折径≥750 mm;

(5)推广应用拉伸形变支配的塑料挤出设备系列产品80台(套)以上;

(6)申请发明专利6项以上、计算机软件版权1项,形成企业或行业技术规范或标准1~2项。

4、经费安排

国拨经费800万元,申请单位自筹配套不低于国拨经费。

课题2:塑料短热机械历程塑化注射成型关键技术及示范

1、研究目标

根据成型外形复杂、尺寸精确的塑料注射成型制品高效节能加工的需要,突破塑料低能耗连续塑化与间歇注射协同、低能耗注射充模以及负载感应驱动传动等关键技术,开发出实现塑化注射成型、驱动与传动等多方面节能的新一代无螺杆塑料注射成型基础装备,并建立技术应用示范。

2、研究内容

叶片式短热机械历程塑化注射系统的开发;负载感应型液压驱动与传动技术研究;塑料无螺杆塑化注射成型过程智能化控制技术研究;高速高效PET瓶胚无螺杆注射成型装备的研制。

3、考核指标

(1)塑料短热机械历程塑化注射系统:有效热机械历程≤1000 mm,保证塑化质量的前提下,最大塑化能力≥120g/s、比能耗≤0.18kW·h/kg(测试物料为聚苯乙烯)、理论注射容积≥2600cm^3;

(2)负载感应型液压驱动与传动系统:最大流量输出响应时间≤20ms、超调压力≤2.5MPa、最大压力上升时间≤30ms、最大压力下降时间≤35ms;

(3)过程智能化控制系统:负载感应动态响应时间≤20ms、系统压力波动≤±0.05MPa、温度控制稳态精度≤±0.5℃、速度控制精度≤±0.05%、位置重复精度≤±0.1mm;

(4)高速高效PET(聚对苯二甲酸乙二醇酯)瓶胚注射成型示范生产线:1模瓶胚腔数≥72、塑化能力≥150 g/s、成型周期≤10s、制品单耗≤0.40kW·h/kg,瓶胚瓶口内径≥20mm、质量偏差≤1%、乙醛最大含量≤8 ppm、黏度降≤5%;

(5)推广应用120台(套)以上塑料短热机械历程塑化注射成型设备系列产品;

(6)申请发明专利6项以上、计算机软件版权1项,形成企业或行业技术规范或标准1~2项。

4、经费安排

国拨经费700万元,申请单位自筹配套不低于国拨经费。

2011年国家科技支撑计划重点项目“甲醇经三聚甲醛合成多醚类清洁柴油用含氧化合物关键技术及其应用示范”申请指南

第一章　申请须知

一、项目总体目标

结合国内外清洁燃油和甲醇下游行业发展趋势及我国目前能源资源结构现状和节能减排的任务,以甲醇经三聚甲醛合成聚甲氧基二甲醚(DMMn)的合成过程控制、生产工艺、工程放大、关键设备、应用技术等方面的技术需求为目标,进行三聚甲醛合成工艺优化、三聚甲醛合成聚甲氧基二甲醚的工艺开发、离子液体催化剂工业制备和再生工艺开发等关键技术的创新与集成,形成拥有自主知识产权的专有离子液体催化剂工业制备和再生技术,建成百吨级工业催化剂生产线和聚甲氧基二甲醚合成工程放大装置,实现千吨级甲醇经三聚甲醛合成聚甲氧基二甲醚全流程工业试验,编制出甲醇合成聚甲氧基二甲醚技术的万吨级工艺包。通过项目的实施,初步构建起具有中国特色、符合中国国情的煤炭清洁利用技术体系,为甲醇化工的清洁转化和能源结构调整提供有力的科技支撑。

本项目符合《国家中长期科学和技术发展规划纲要(2006-2020)》能源领域"煤的清洁高效开发利用、液化及多联产"和制造业领域"基础原材料"优先主题。

二、申请内容

本项目以离子液体为催化剂,从甲醇出发,经三聚甲醛合成多醚类清洁柴油用含氧化合物,着重突破聚甲氧基二甲醚产业化过程中的关键技术,通过系统集成与过程强化,形成成套技术,实现千吨工业试验,完成万吨级工艺包编制,并开展离子液体催化剂制备和再生工艺放大研究和聚甲氧基二甲醚产品燃油性质评价。

本项目研究内容分解为2个课题,包括:

序号	课题名称
1	甲醇合成聚甲氧基二甲醚技术工程放大与系统集成
2	离子液体催化剂工业化制备与应用

三、申请管理

1、本项目在科技部的指导下,由中国石油和化学工业联合会负责该项目的组织实施。

2、根据《国家科技支撑计划管理暂行办法》的有关规定,遵循"公开申报、统一评审、优势优先"的原则,通过评审择优选择并落实优势承担单位。

四、项目实施期限及经费来源

本项目实施年限为3年(2011年1月~2013年12月),国拨经费3000万元。

五、申请资格

(一)申报单位的条件和要求

1、凡在中华人民共和国境内注册,具有较强科研能力和条件、运行管理规范、具有独立法人资格的内资或内资控股企业、事业单位、科研院所、高等院校等,均可单独或联合申报,不接受个人申请。

课题申报必须以某一课题整体研究内容为申请单元,积极鼓励科研单位和企业以"产、学、研、用"相结合的方式联合申报课题,实现责任和风险共担、知识产权和利益共享。每个课题的申报单位与主要参加单位须签订共同申请协议,明确规定各自所承担的工作和责任。

2、课题申报单位应具有承担相应国家级科研课题的综合能力,资产负债率低于2/3,无行政处罚或违法记录。申报企业应出具银行资信等级和资产负债证明。

申报单位还应具备以下条件:

(1)技术需求与课题的目标一致;

(2)在相关任务领域具有领先的创新能力和技术基础;

(3)所承担的任务,在完成后有能力进行应用和转化;

(4)具有稳定的研发投入、稳定的研发人才和团队,能够为课题实施提供资金及其他条件保障;

(5)通过课题实施,能够与相关企业、大学、科研机构建立紧密的技术创新与知识产权合作,通过课题成果的转让或服务,促进全行业技术和产业水平的提高。

3、申报单位经费须专款专用,设立单独账簿,独立核算,并保证配套资金及时到位,保障课题研究工作的顺利实施。

4、成果查新证明须由有资质的国家或部省级查新单位出具。

(二)申请负责人的条件和要求

1、课题负责人具有中华人民共和国国籍,年龄在55岁以下(截至2010年12月);具有高级职称,并有固定工作单位(不包括在站博士后),无不良科研行为,从事相关研究或技术开发五年以上;课题负责人用于本课题研究时间不少于本人工作时间的60%,每年在国内工作时间不少于9个月。

2. 所有参与课题申请人员均不得参与两项以上本项目课题的申报,且只能主持申报一项本项目课题。课题申报单位(包括参与申报单位)和主要申报人,对本项目课题不得进行重复或交叉申报。

3、中央和地方各级政府公务员不得主持本项目课题申报。

经形式审查,申请单位和申请负责人不符合上述规定的申请书视为无效申请,不参与后续课题评审。

六、申请文件的编制与递交

1、申请文件:以中文编写,要求语言精炼,数据真实、可靠。

2、申请文件的规格要求:一律用A4纸,仿宋体四号字打印并装订成册(白色纸质封面),同时附电子版。

3、申请文件构成:

(1)申请函。

(2)国家科技支撑计划课题申报书。

(3)国家科技支撑计划课题预算申报书。

(4)有关附件(申请单位承诺函、联合申请合作协议、申请单位基本情况等)。

4、课题申报书及有关资料应有法定代表人(或委托授权人)签字并加盖公章,全部申请文件须包装完好,封皮上写明申请课题、申请单位名称、地址、邮政编码、电话、联系人及注明"不准提前启封"字样,并加盖单位公章。

5、课题申报书一式15份,课题预算申报书一式2份。其中,正本1份,在每份申请书上要注明正本和副本,正、副本分别封装并在封面上注明。一旦正本和副本不符,则以正本为准。

6、申报工作自本指南公布之日起开始,申报单位必须根据《课题申请指南》要求参与申报活动。《课题申请指南》可从科技部网站(http://www.most.gov.cn/)上直接下载。

7、寄送申请文件截止日期:2010年10月15日17时。只接收在申请截止日期前由申请人或委托代理人送至或寄至的申请文件。申请文件受理单位对申请文件在邮寄过程中出现的遗失或损坏不负责任。

单位:中国石油和化学工业联合会科技部

地点:北京市亚运村安慧里4区16号楼中国化工大厦721室

邮政编码:100723

联系人:胡迁林 李文军

联系电话:010-84885717/21/25转318

七、课题管理

1、遵循"公开、公正、公平"的原则,经专家评审、择优选定的课题承担单位,按项目管理要求与中国石油和化学工业联合会签订国家科技支撑计划课题任务书。

2、按照《国家科技支撑计划管理暂行办法》对课题承担单位进行管理,国拨经费将根据每个课题进展情况按年度分批拨付到承担单位。

3、课题执行期间,中国石油和化学工业联合会将组织对课题进展情况进行阶段性考核,对未按合同执行,达不到阶段考核目标,配套和自筹资金不到位的课题,有权终止合同。

4、课题完成后,中国石油和化学工业联合会对课题进行评估和验收。

第二章 申请课题研究内容与目标

课题1:甲醇合成聚甲氧基二甲醚技术工程放大与系统集成

1、研究目标

通过甲醇经三聚甲醛合成聚甲氧基二甲醚过程中关键工艺优化、千吨级工业试验、全流程系统集成与过程强化,形成以离子液体为催化剂高效合成聚甲氧基二甲醚的成套技术,编制出甲醇合成聚甲氧基二甲醚技术的万吨级工艺包。

2、研究内容

(1)三聚甲醛合成与分离精制工艺优化

三聚甲醛是合成聚甲氧基二甲醚的主要原料之一,合成过程中的三聚甲醛物流是一种含有多种组分的溶液,在原有工艺基础之上对三聚甲醛合成和提取、精制工艺进行优化,使得到的三聚甲醛产品满足聚甲氧基二甲醚合成的要求。

(2)聚甲氧基二甲醚合成千吨工业试验

以三聚甲醛转化率和聚甲氧基二甲醚产品合理分布为控制因素,对反应条件和工艺流程进行优化,通过工艺优化,获得合理的物耗和能耗,解决该反应放大过程中的放大效应,完成千吨工业试验,为更大规模生产和推广奠定基础。

(3)全流程系统集成与过程强化

从甲醇出发经三聚甲醛合成聚甲氧基二甲醚集成了甲醛合成及提浓、三聚甲醛合成与分离、聚甲氧基二甲醚合成三个过程,通过共性技术和关键技术优化集成,生产设备和生产过程的强化,提高全流程生产效率,有效降低生产成本,减少环境污染。

(4)甲醇经三聚甲醛合成聚甲氧基二甲醚全流程万吨级工艺包编制

借鉴聚甲氧基二甲醚千吨工业试验装置的运行经验,经过工艺优化和工程开发,确定所有工序的工业化工艺流程、设计参数及关键设备的结构和型式,完成甲醇经三聚甲醛合成聚甲氧基二甲醚成套技术万吨级工艺包的开发和编制。

3、考核指标

(1)形成成套分离新工艺,三聚甲醛分离产品:纯度≥98.5%、分解率≤5%(6个月);

(2)千吨级聚甲氧基二甲醚合成:三聚甲醛的转化率大于90%,DMM3-8的选择性大于50%(DMM3-8的单程收率>45%);物料实现循环利用,每吨DMM3-8产品消耗甲醇小于1.5吨;

(3)依据中石化成套技术工艺包(SHSG-052-2003)内容规定编制出万吨级工艺包;

(4)申报国内外发明专利4～6项。

4、经费安排

国拨经费1550万元,申请单位自筹配套不低于国拨经费的2倍。

课题2:离子液体催化剂工业化制备与应用

1、研究目标

针对甲醇经三聚甲醛合成聚甲氧基二甲醚技术,开展两种专有离子液体催化剂工业制备和再生工艺的开发和工程放大,获得拥有自主知识产权的专有离子液体催化剂工业制备和再生技术,满足全流程工业试验需要;聚甲氧基二甲醚的基本性质测试与评价,为制定产品的应用标准提供依据。

2、研究内容

(1)合成三聚甲醛离子液体催化剂和合成聚甲氧基二甲醚离子液体催化剂工业化制备工艺

通过反应条件优化、采用可采购的工业原料,经过反应工艺开发,逐步解决合成三聚甲醛离子液体催化剂和合成聚甲氧基二甲醚离子液体催化剂制备中的流程、设备、控制、检测等相关工业生产中不同批次和不同环境下的稳定制备,形成操作性强、指标可控的工业催化剂制备技术。

(2)离子液体催化剂工业评价

在合成聚甲氧基二甲醚催化剂工业评价装置上,开展工业化制备的离子液体催化剂活性、循环测试,催化剂实际性能应达到考核指标的要求。

(3)离子液体催化剂循环与再生工艺工程放大

开展离子液体催化过程的连续循环试验,及催化剂再生工艺开发,建立离子液体催化剂循环、再生工艺流程并进行工程放大。

(4)聚甲氧基二甲醚产品燃油性质评价

对聚甲氧基二甲醚产品相关性质进行检测,并对其与柴油调和的相关性质进行评价。

3、考核指标

(1)合成三聚甲醛和聚甲氧基二甲醚用两种离子液体催化剂制备中试装置规模均不小于50吨/年,编制出两种催化剂工业制备技术手册,为工业试验提供催化剂;

(2)建成离子液体催化剂百吨级工业评价装置,催化剂实现循环利用,每吨产品的催化剂消耗≤1公斤,为万吨级工艺包编制提供基础数据;

(3)离子液体催化剂再生中试装置规模不小于50吨/年,编制出催化剂再生技术手册;

(4)DMM3-8在石化柴油中的调和量超过10%,调和柴油平均十六烷值≥55，含氧量>40%；DMM3-8产品中S含量、10%蒸余物残碳、灰分、酸度、水分等指标达到世界燃料规范Ⅲ类标准（S≤30mg/kg；10%蒸余物残碳≤0.20m%；灰分≤0.01m%；总酸值≤0.08mgKOH/g；水分≤200mg/kg）；

（5）形成专有催化剂制备和再生技术3～4项；申报发明专利2～3项。

4、经费安排

国拨经费1450万元，申请单位自筹配套不低于国拨经费的2倍。

2011年国家科技支撑计划重点项目“节能绿色建筑材料开发与集成应用示范”申请指南

第一章　申请须知

一、项目总体目标

本项目通过开展离线低辐射（Low-E）玻璃、在线低辐射（Low-E）玻璃、真空玻璃、节能门窗用耐候高性能塑料型材、高性能加气混凝土、泡沫混凝土、砌块整浇墙用砌块产品、石膏复合胶凝材料和储能材料等新型绿色节能材料性能、制备关键技术及产业化生产技术研究示范，发展节能绿色建筑材料，实现建筑节能、环保、成本等综合性能最优化，满足我国节能减排、发展低碳经济的迫切需要。

本项目符合《国家中长期科学和技术发展规划纲要（2006-2020）》建筑节能与绿色建筑领域节能建材优先主题。

二、申请内容

本项目研究内容包括离线低辐射（Low-E）玻璃用银基膜系新材料、离线低辐射（Low-E）玻璃规模化生产镀膜工艺以及高性能磁控溅射镀膜关键工艺设备；在线低辐射（Low-E）玻璃表面功能镀层的膜系设计、大面积均匀制备、关键产业化工艺与设备；真空玻璃规模化生产封接工艺与装备、钢化（半钢化）真空玻璃生产工艺、夹层真空玻璃制造技术、真空玻璃性能快速检验技术；PVC耐候抗冲改性剂、耐候低温高效增韧剂、超高分子量拉伸强度增强剂、耐候抗冲共挤树脂等PVC改性剂及其在PVC型材中的协同作用；高性能加气混凝土、高强低导热泡沫混凝土、砌块整浇墙专用承重混凝土及其制备和成套应用技术；绿色高效节能淤泥轻质陶粒、废石膏复合胶凝材料陶粒轻质砌块、石膏基相变储能板材、石膏基相变储能砌块。

本项目研究内容分解为6个课题，包括：

序号	课题名称
1	离线低辐射（Low-E）玻璃产业化关键技术研究
2	在线低辐射（Low-E）玻璃的低成本制造及多功能复合关键技术研究
3	真空玻璃规模化生产关键技术研究
4	节能门窗用耐候高性能塑料型材的研究开发与应用示范
5	保温与结构一体化墙体及屋面材料制造与应用技术研究
6	石膏复合胶凝材料和储能材料的研究与开发

三、申请管理

1、本项目在科技部的指导下，由中国建筑材料联合会负责该项目的组织实施。

2、根据《国家科技支撑计划管理暂行办法》的有关规定，遵循“公开申报、统一评审、优势优先”的原则，通过评审择优选择并落实优势承担单位。

四、项目实施期限及经费来源

本项目实施年限为3年（2011年1月～2013年12月），国拨经费3200万元。

五、申请资格

（一）申报单位的条件和要求

1、凡在中华人民共和国境内注册，具有较强科研能力和条件、运行管理规范、具有独立法人资格的内资或内资控股企业、事业单位、科研院所、高等院校等，均可单独或联合申报，不接受个人申请。

课题申报必须以某一课题整体研究内容为申请单元，积极鼓励科研单位和企业以“产、学、研、用”相结合的方式联合申报课题，实现责任和风险共担、知识产权和利益共享。每个课题的申报单位与主要参加单位须签订共同申请协议，明确规定各自所承担的工作和责任。

2、课题申报单位应具有承担相应国家级科研课题的综合能力，资产负债率低于2/3，无行政处罚或违法记录。申报企业应出具银行资信等级和资产负债证明。

申报单位还应具备以下条件：

（1）技术需求与课题的目标一致；

（2）在相关任务领域具有领先的创新能力和技术基础；

（3）所承担的任务，在完成后有能力进行应用和转化；

（4）具有稳定的研发投入、稳定的研发人才和团队，能够为课题实施提供资金及其他条件保障；

（5）通过课题实施，能够与相关企业、大学、科研机构建立紧密的技术创新与知识产权合作，通过课题成果的转让或服务，促进全行业技术和产业水平的提高。

3、申报单位经费须专款专用，设立单独账簿，独立核算，并保证配套资金及时到位，保障课题研究工作的顺利实施。

4、成果查新证明须由有资质的国家或部省级查新单位出具。

(二)申请负责人的条件和要求

1、课题负责人具有中华人民共和国国籍,年龄在55岁以下(截至2010年12月);具有高级职称,并有固定工作单位(不包括在站博士后),无不良科研行为,从事相关研究或技术开发五年以上;课题负责人用于本课题研究时间不少于本人工作时间的60%,每年在国内工作时间不少于9个月。

2. 所有参与课题申请人员均不得参与两项以上本项目课题的申报,且只能主持申报一项本项目课题。课题申报单位(包括参与申报单位)和主要申报人,对本项目课题不得进行重复或交叉申报。

3、中央和地方各级政府公务员不得主持本项目课题申报。

经形式审查,申请单位和申请负责人不符合上述规定的申请书视为无效申请,不参与后续课题评审。

六、申请文件的编制与递交

1、申请文件:以中文编写,要求语言精炼,数据真实、可靠。

2、申请文件的规格要求:一律用A4纸,仿宋体四号字打印并装订成册(白色纸质封面),同时附电子版。

3、申请文件构成:

(1)申请函。

(2)申请人资格审查文件。

(3)国家科技支撑计划课题申报书。

(4)国家科技支撑计划课题预算申报书。

(5)有关附件(申请单位承诺函、联合申请合作协议、申请单位营业执照或法人代码证复印件、申请单位资格声明函、申请单位资信证明、近两年度资产负债表、损益表及现金流量表、申请单位基本情况等)。

4、课题申报书及有关资料应有法定代表人(或委托授权人)签字并加盖公章,全部申请文件须包装完好,封皮上写明申请课题、申请单位名称、地址、邮政编码、电话、联系人及注明"不准提前启封"字样,并加盖单位公章。

5、课题申报书一式15份,课题预算申报书一式2份。其中,正本1份,在每份申请书上要注明正本和副本,正、副本分别封装并在封面上注明。一旦正本和副本不符,则以正本为准。

6、申报工作自本指南公布之日起开始,申报单位必须根据《课题申请指南》要求参与申报活动。《课题申请指南》可从科技部网站(http://www.most.gov.cn/)上直接下载。

6、寄送申请文件截止日期:2010年10月15日17时。只接收在申请截止日期前由申请人或委托代理人送至或寄至的申请文件。申请文件受理单位对申请文件在邮寄过程中出现的遗失或损坏不负责任。

寄送地点:北京市海淀区三里河路11号中国建筑材料联合会

邮政编码:100831

联 系 人:周清浩

联系电话:010-88376345,13671286538

七、课题管理

1、遵循"公开、公正、公平"的原则,经专家评审、择优选定的课题承担单位,按项目管理要求与中国建筑材料联合会签订国家科技支撑计划课题任务书。

2、按照《国家科技支撑计划管理暂行办法》对课题承担单位进行管理,国拨经费将根据每个课题进展情况按年度分批拨付到承担单位。

3、课题执行期间,中国建筑材料联合会将组织对课题进展情况进行阶段性考核,对未按合同执行,达不到阶段考核目标,配套和自筹资金不到位的课题,有权终止合同。

4、课题完成后,中国建筑材料联合会对课题进行评估和验收。

第二章　申请课题研究内容与目标

课题1:离线低辐射(Low-E)玻璃产业化关键技术研究

1、研究目标

通过研发银基低辐射(Low-E)膜系新材料、规模化生产镀膜工艺以及高性能磁控溅射镀膜关键设备等,解决目前离线低辐射(Low-E)膜系热稳定性、耐环境稳定性、抗划伤能力差,关键制造设备和高端产品依赖进口等问题,开发拥有自主知识产权的高性能、可钢化、多品种的低辐射(Low-E)玻璃膜系;建立高性能低辐射(Low-E)玻璃生产示范线。

2、研究内容

(1)研究提高膜系热稳定性、耐环境稳定性、抗划伤能力的机

理与技术;

(2)研究薄膜材料与界面性能的调控途径、行为规律及相应的

制备方法,实现对薄膜材料的按需设计与可控制备;

(3)研发银基Low-E膜系新材料,实现拥有自主知识产权的高

性能、可钢化、适合我国不同地区气候特点的膜系设计与制造;

(4)研发平面阴极、旋转阴极、在线监测和软件系统,提高离线镀膜生产线的稳定性和可控性。

3、考核指标

建成年产250万m^2以上的高性能可钢化银基低辐射(Low-E)玻璃生产示范线,产品合格率98%以上。

拥有自主知识产权的可钢化离线低辐射(Low-E)玻璃产品性能:

(1)单银膜系:辐射率$E<0.1$;传热系数$K<1.6W/(m^2 \cdot K)$,选择系数(可见光透过率/遮阳系数)≥1.2;

(2)双银膜系:辐射率$E\leqslant0.05$;传热系数$K<1.45W/(m^2 \cdot K)$;选择系数(可见光透过率/遮阳系数)≥1.55;

(3)镀膜均匀性±1%;

(4)颜色均匀性 $\Delta E^* \leqslant 2.5$CIELAB

(5)单片保质期(单片玻璃到合成中空玻璃):180天;

(6)真空玻璃封接工艺(480℃加热5小时)后不氧化,

不脱膜，不产生明显雾度。

申请专利8项以上，其中拥有自主知识产权的低辐射(Low-E)膜系设计发明专利5项以上。

4、经费安排

国拨经费680万元，申请单位自筹配套不低于国拨经费的2倍。

课题2：在线低辐射(Low-E)玻璃低成本制造及多功能复合关键技术研究

1、研究目标

通过高效节能镀膜玻璃表面功能镀层的膜系设计、大面积均匀制备、关键产业化设备开发等方面的研究，解决目前在线低辐射(Low-E)玻璃产业化制造中存在的大面积均匀稳定镀膜困难、品种单一、镀膜成本较高等问题等，系统地开发低辐射、兼具阳光控制和低辐射复合功能的高效节能镀膜玻璃，建成浮法在线镀膜玻璃示范生产线，并发展低成本的浮法在线玻璃镀膜产业化技术。

2、研究内容

(1)研究高效节能镀膜玻璃表面功能镀层的膜系设计、多层匹

配和微结构调控技术，镀膜工艺对薄膜内晶粒大小、分布和生长等行为的影响；

(2)研究功能材料的多层复合机制，解决多层复合薄膜的界面

渗透抑制、薄膜间应力匹配、陡峭界面反射获取与光干涉消除等问题；

(3)研发浮法在线多层复合功能薄膜的大面积制备技术、开发

在线镀膜反应器，实时控制与全板宽扫描检测系统等关键产业化设备；

(4)开发新型低成本在线镀膜先驱体原料，提高原料的利用率，

开发在线镀膜残余原料气体的回收技术及装置，大幅度降低镀膜玻璃生产成本。

3、考核指标

建成以净色(高透)Low-E和遮阳Low-E为主导产品的两条不小于500吨/天的浮法在线镀膜玻璃示范生产线。镀膜周期≥15小时，主原料回收利用率≥75%，镀膜生产成本≤7元/平方米。

(1)辐射率E≤0.15；

(2)选择系数(可见光透过率/遮阳系数)≥1.0；

(3)传热系数(中空)K≤2.1W/(m^2·K)；

(4)钢化前后的辐射率差异≤1%；

(5)镀膜均匀性±1%；

(6)颜色均匀性 $\triangle E^*$≤2.5CIELAB

(7)稳定性、耐磨性、耐酸碱性等性能达到GB/T 18915.2—2002《镀膜玻璃》要求。

申请专利20项以上，其中发明专利10项以上。

4、经费安排

国拨经费400万元，申请单位自筹配套不低于国拨经费的2倍。

课题3：真空玻璃规模化生产关键技术研究

1、研究目标

通过研发真空玻璃规模化生产封接技术、工艺与装备、钢化(半钢化)真空玻璃生产工艺、夹层真空玻璃制造技术、真空玻璃性能快速检验技术等，解决真空玻璃强度低、安全性不满足建筑安全玻璃要求、不具备规模化生产能力等问题，建成年产大于30万m^2的真空玻璃生产线，实现长寿命、真空安全玻璃规模化制造。

2、研究内容

(1)研发真空玻璃规模化生产封接技术、工艺与装备；

(2)研发钢化(半钢化)真空玻璃生产工艺；

(3)研发夹层真空玻璃制造技术；

(4)研发真空玻璃性能快速检验技术等。

3、考核指标

建成年产大于30万m^2的真空玻璃生产示范线，产品合格率95%以上。

(1)传热系数K≤0.6W/(m^2·K)、产品寿命20年以上；

(2)钢化(半钢化)真空玻璃表面应力值≥45MPa；

(3)真空玻璃热导快速检测仪测量误差≤0.1W/(m^2·K)，测量偏差≤5%，测试周期≤10分钟；

(4)夹层真空玻璃生产合格率≥98%；

申请专利10项以上，其中发明专利5项以上。

4、经费安排

国拨经费360万元，申请单位自筹配套不低于国拨经费的2倍。

课题4：节能门窗用耐候高性能塑料型材的研究开发与应用示范

1、研究目标

通过研究开发PVC耐候抗冲改性剂、耐候低温高效增韧剂、超高分子量拉伸强度增强剂、耐候抗冲共挤树脂等PVC改性剂及其在PVC型材中的协同作用，解决节能门窗用塑料型材存在的耐候性差、易变色、脆性大和焊角开裂等问题；建成一条年产不小于2万吨耐候塑料改性剂生产线，并将新产品在年产不小于3万吨的PVC型材生产线上应用。

2、研究内容

(1)研发耐候抗冲改性剂的高核含量、低玻璃化温度制备工艺技术；

(2)研发低温耐候增韧剂制备工艺技术；

(3)研发拉伸强度增强剂制备工艺技术；

(4)研发耐候抗冲共挤树脂制备工艺技术；

(5)研究耐候高性能塑料型材配方对塑料型材耐候、抗冲击等各种性能的影响，提出改性剂在塑料型材中具有协同作用的最优化配方等。

3、考核指标

建成年产不小于2万吨耐候塑料改性剂生产线一条，产品在年产不小于3万吨的PVC型材生产线上应用。

(1)耐候抗冲击改性剂产品玻璃化温度<-65℃，橡胶核的含量>93%；

(2)耐候低温增韧剂产品断裂伸长率>1100%；

(3)拉伸强度增强剂产品的特性粘度>13；

(4)耐候共挤树脂产品的简支梁冲击强度>40kJ/m^2，熔融指数等于12±1。

(5)改性PVC型材主要技术指标:焊角强度≥45MPa;老化性能(10000小时):$\Delta E \leq 5$，$\Delta b \leq 3$;拉伸冲击强度≥800kJ/m^2;简支梁冲击强度≥55kJ/m^2;断裂伸长率≥200%。

申请专利5项以上;形成企业技术标准5个以上。

4、经费安排

国拨经费300万元,申请单位自筹配套不低于国拨经费的2倍。

课题5:保温与结构一体化墙体及屋面材料制造与应用技术研究

1、研究目标

通过研发高性能加气混凝土、高强低导热泡沫混凝土、砌块整浇墙专用承重混凝土及其制备和成套应用技术,解决保温与结构一体化墙体及屋面材料制造与应用技术中存在的轻质保温与强度难以协同,收缩开裂等问题,实现保温与结构一体化墙体及屋面材料的规模化生产和应用。

2、研究内容

(1)研发高性能加气混凝土胶凝材料体系,高性能加气混凝土用复合发气剂,料浆分散、砌块准确切割工艺,不同加气混凝土建筑体系配套材料和应用技术;

(2)研发高强低导热泡沫混凝土胶凝材料和专用外加剂、超长稳定泡沫剂,超轻低导热泡沫混凝土和自承重高强泡沫混凝土制备技术,高强低导热泡沫混凝土应用技术;

(3)研发砌块整浇墙专用承重混凝土砌块以及严寒地区全时生产节能技术,砌块整浇墙专用承重与保温复合功能混凝土砌块的复合技术,砌块整浇墙专用承重混凝土砌块评价技术。

3、考核指标

建成不小于30万m^3/年石灰砂高性能加气混凝土示范线1条;建成不小于30万m^2/年高强低导热泡沫混凝土生产线1条;建成8万m^3/年高强度等级(MU20)混凝土砌块生产线1条。

(1)400级加气混凝土抗压强度≥3.0MPa,导热系数≤0.10W/(m·K);500级加气混凝土抗压强度≥4.0MPa,导热系数≤0.12W/(m·K);加气混凝土预制部件抗弯载荷≥5000N,单点吊挂≥900N;专用抹灰砂浆粘结强度≥0.20MPa,弹性模量达到2000～2500MPa;

(2)泡沫混凝土用泡沫剂1h不沉降、不泌水,泡沫料浆沉降距≤2mm;泡沫混凝土干密度150kg/m^{3}时,导热系数≤0.048 W/(m·K),抗压强度≥0.10MPa;干密度为800kg/m^{3}时,导热系数≤0.180W/(m·K),抗压强度≥7.00MPa;

(3)砌块整浇墙专用承重混凝土孔洞率>45%、对孔率>90%、抗冻性F50;强度等级达到MU20及以上。

申请国内专利10项以上。制定《加气混凝土预制部品》、《泡沫混凝土用泡沫剂》、《砌块整浇墙结构体系用承重混凝土砌块》行业标准3项,《高强低导热泡沫混凝土围护材料应用技术规程》1部。

4、经费安排

国拨经费920万元,申请单位自筹配套不低于国拨经费的2倍。

课题6:石膏复合胶凝材料和储能材料的研究与开发

1、研究目标

通过研发绿色高效节能淤泥轻质陶粒、废石膏复合胶凝材料陶粒轻质砌块、石膏基相变储能板材、石膏基相变储能砌块等,解决目前我国建筑围护结构中大量使用的石膏制品节能效果差的问题,并实现规模化生产示范。

2、研究内容

(1)研究固体废石膏(如脱硫石膏、磷石膏等)特性及非煅烧预处理技术,开发高效保温轻质砌块用水硬性废石膏复合胶凝材料;

(2)研究木屑类生物质燃料陶粒烧成技术,研制出环保型淤泥(如河道淤泥或水厂淤泥等)轻质陶粒;

(3)研发高效保温废石膏复合胶凝材料陶粒轻质砌块;

(4)研究相变材料及相变材料与石膏材料的复合技术、制备工艺,研制出相对导热系数低的石膏基相变储能型墙体材料(条板和砌块);

(5)研究石膏基相变储能材料的热工性能测试与评估方法;

(6)研究轻质墙体材料和相变储能型复合墙体材料的热工性能测试及分析方法。

3、考核指标

建成一条年产不小于5万m^{3}的环保型轻质淤泥陶粒生产示范线,生物质燃料替代率100%;建成一条年产不小于5万m^{3}的废石膏复合胶凝材料淤泥陶粒轻质砌块生产示范线;建成一条年产不小于10万m^{2}建筑用石膏基相变储能墙板生产示范线;建成一条不小于20万m^{2}轻质石膏基相变储能砌块生产示范线。

(1)水硬性非煅烧废石膏复合胶凝材料,废石膏比例不低于35%,水泥掺入量≤10%,28d抗压强度不低于32.5MPa,软化系数不小于75%;

(2)轻质淤泥陶粒达到:淤泥利用率为100%,干密度≤500kg/m^3,筒压强度≥2.0MPa;

(3)高效保温废石膏复合胶凝材料淤泥陶粒轻质砌块,其导热系数≤0.15W/(m·K);干体积密度≤650kg/m^3,抗压强度≥5.0MPa;

(4)石膏基相变储能墙板:抗折强度/自重≥1.5、抗压强度≥3.5MPa、相对导热系数降低20%;

(5)石膏基相变储能砌块:断裂荷载≥1.6kN、相对导热系数降低20%。

申请国家发明专利10项以上;制定相关产品行业标准、应用技术规程4项。

4、经费安排

国拨经费540万元,申请单位自筹配套不低于国拨经费的2倍。

2011年国家科技支撑计划重点项目“聚氨酯中间体生产过程氯循环利用减排技术”申请指南

第一章　申请须知

一、项目总体目标

本项目针对聚氨酯中间体生产过程中副产氯化氢有效利用急需攻克的关键技术难题，以解决工程化、产业化的技术需求为目标，依托聚氨酯关键中间体MDI（二苯基甲烷二异氰酸酯）的重大工程建设，在国内已有技术和产业基础上，重点突破催化剂、反应器、过程强化工艺以及聚氨酯中间体制造过程中氯资源循环利用等关键技术和共性技术，形成自主知识产权，并建成工业化示范装置。通过项目的实施，提升我国聚氨酯中间体产业整体技术水平，促进产业健康快速发展，同时为我国氯碱、聚氨酯、制药等领域的氯循环利用及节能减排提供支撑。

本项目符合《国家中长期科学和技术发展规划纲要（2006-2020）》制造业重点领域第28个优先主题《流程工业的绿色化、自动化及装备》、环境重点领域第13个优先主题《综合治污与废弃物循环利用》、以及能源重点领域第1个优先主题《工业节能》。

二、申请内容

本项目研究内容：开发用于氯化氢氧化制氯的价格低廉、性能优越，满足工业化大生产要求的催化剂，完成催化剂的百吨级工程放大。研发氯化氢氧化反应器核心装备，突破氧化反应器10万吨级以上大型工业化放大工程技术。通过技术系统集成，设计并建设10万吨/年以上的氯化氢氧化制氯工业化示范装置，最终实现“氯”资源在MDI生产过程中的闭合循环。

本项目研究内容分解为3个课题，包括：

序号	课题名称
1	氯化氢氧化制氯工业催化剂开发与基础反应工艺研究
2	千吨/年氯化氢催化氧化制氯工程技术开发及工艺研究
3	MDI副产氯化氢氧化制氯可循环系统集成技术开发及示范

三、申请管理

1、本项目在科技部的指导下，由中国石油和化学工业联合会负责该项目的组织实施。

2、根据《国家科技支撑计划管理暂行办法》的有关规定，遵循“公开申报、统一评审、优势优先”的原则，通过评审择优选择并落实优势承担单位。

四、项目实施期限及经费来源

本项目实施年限为4年（2011年1月～2014年12月），国拨经费2000万元。

五、申请资格

（一）申报单位的条件和要求

1、凡在中华人民共和国境内注册，具有较强科研能力和条件、运行管理规范、具有独立法人资格的内资或内资控股企业、事业单位、科研院所、高等院校等，均可单独或联合申报，不接受个人申请。

课题申报必须以某一课题整体研究内容为申请单元，积极鼓励科研单位和企业以“产、学、研、用”相结合的方式联合申报课题，实现责任和风险共担、知识产权和利益共享。每个课题的申报单位与主要参加单位须签订共同申请协议，明确规定各自所承担的工作和责任。

2、课题申报单位应具有承担相应国家级科研课题的综合能力，资产负债率低于2/3，无行政处罚或违法记录。申报企业应出具银行资信等级和资产负债证明。

申报单位还应具备以下条件：

（1）技术需求与课题的目标一致；

（2）在相关任务领域具有领先的创新能力和技术基础；

（3）所承担的任务，在完成后有能力进行应用和转化；

（4）具有稳定的研发投入、稳定的研发人才和团队，能够为课题实施提供资金及其他条件保障；

（5）通过课题实施，能够与相关企业、大学、科研机构建立紧密的技术创新与知识产权合作，通过课题成果的转让或服务，促进全行业技术和产业水平的提高。

3、申报单位经费须专款专用，设立单独账簿，独立核算，并保证配套资金及时到位，保障课题研究工作的顺利实施。

4、成果查新证明须由有资质的国家或部省级查新单位出具。

（二）申请负责人的条件和要求

1、课题负责人具有中华人民共和国国籍，年龄在55岁以下（截至2010年12月）；具有高级职称，并有固定工作单位（不包括在站博士后），无不良科研行为，从事相关研究或技术开发五年以上；课题负责人用于本课题研究时间不少于本人工作时间的60%，每年在国内工作时间不少于9个月。

2. 所有参与课题申请人员均不得参与两项以上本项目课题的申报，且只能主持申报一项本项目课题。课题申报单位（包括参与申报单位）和主要申报人，对本项目课题不得进行重复或交叉申报。

3、中央和地方各级政府公务员不得主持本项目课题申报。

经形式审查，申请单位和申请负责人不符合上述规定的申请书视为无效申请，不参与后续课题评审。

六、申请文件的编制与递交

1、申请文件：以中文编写，要求语言精炼，数据真实、可靠。

2、申请文件的规格要求：一律用A4纸，仿宋体四号字打印并装订成册(白色纸质封面),同时附电子版。

3、申请文件构成:

(1)申请函。

(2)申请人资格审查文件。

(3)国家科技支撑计划课题申报书。

(4)国家科技支撑计划课题预算申报书。

(5)有关附件(申请单位承诺函、联合申请合作协议、申请单位营业执照或法人代码证复印件、申请单位资格声明函、申请单位资信证明、近两年度资产负债表、损益表及现金流量表、申请单位基本情况等)。

4、课题申报书及有关资料应有法定代表人(或委托授权人)签字并加盖公章,全部申请文件须包装完好,封皮上写明申请课题、申请单位名称、地址、邮政编码、电话、联系人及注明“不准提前启封”字样,并加盖单位公章。

5、课题申报书一式 15 份,课题预算申报书一式 2 份。其中,正本 1 份,在每份申请书上要注明正本和副本,正、副本分别封装并在封面上注明。一旦正本和副本不符,则以正本为准。

6、申报工作自本指南公布之日起开始,申报单位必须根据《课题申请指南》要求参与申报活动。《课题申请指南》可从科技部网站(http://www.most.gov.cn/)上直接下载。

7、寄送申请文件截止日期:2010 年 10 月 15 日 17 时。只接收在申请截止日期前由申请人或委托代理人送至或寄至的申请文件。申请文件受理单位对申请文件在邮寄过程中出现的遗失或损坏不负责任。

寄送地点:中国石油和化学工业联合会科技部

北京市朝阳区亚运村安慧里 4 区 16 号楼 726 室

邮政编码:100723

联 系 人:中国石油和化学工业联合会

胡迁林 李文军

联系电话:010-84885721/5726 转 318

七、课题管理

1、遵循“公开、公正、公平”的原则,经专家评审、择优选定的课题承担单位,按项目管理要求与中国石油和化学工业联合会签订国家科技支撑计划课题任务书。

2、按照《国家科技支撑计划管理暂行办法》对课题承担单位进行管理,国拨经费将根据每个课题进展情况按年度分批拨付到承担单位。

3、课题执行期间,中国石油和化学工业联合会将组织对课题进展情况进行阶段性考核,对未按合同执行,达不到阶段考核目标,配套和自筹资金不到位的课题,有权终止合同。

4、课题完成后,中国石油和化学工业联合会对课题进行评估和验收。

第二章 申请课题研究内容与目标

课题 1:氯化氢氧化制氯工业催化剂开发与基础反应工艺研究

1、研究目标

开发氯化氢催化氧化制氯的工业用催化剂低排放制备工艺,形成具有自主知识产权的百吨级催化剂生产技术并建成不低于 100 吨/年规模化生产装置。开发氯化氢氧化制氯过程强化技术,优化反应工艺,为过程放大提供技术支撑。

2、研究内容

(1)适用于工业反应器的氯化氢氧化高效催化剂开发

基于 Y 分子筛固载 Ce-Cu-K 催化剂体系,开发适用于工业反应器的低排放催化剂制备工艺;开发氯化氢催化氧化催化剂规模化生产的工程化技术。

(2)氯化氢催化氧化基础工艺研究

优化氯化氢催化氧化工艺;研究基于固定床反应器的氧化过程强化工艺技术;研究原颗粒催化剂上氯化氢氧化制氯反应动力学模型和反应器设计与模拟的模型;研究催化剂装填方式和反应器复合配置对反应器内热点效应的影响,提出工艺优化方案。

3、考核指标

(1)开发分别适用于固定床和流化床反应器的高效氯化氢氧化用催化剂型号各 1 个。实验室在空速为 1200 h^{-1},$HCl/O_2=1$(vol)条件下,催化剂使用 1000 小时后,氯化氢单程平均转化率达到 85%。

(2)开发氯化氢氧化制氯的过程强化基础工艺 2 项,与单一固定床反应工艺相比,氯化氢转化率提高 10% 以上,床层温度差下降 10℃。

(3)形成年产不小于 100 吨氯化氢催化氧化催化剂生产规模,满足 10 万吨/年以上 MDI 副产氯化氢氧化制氯示范装置的催化剂需要,催化剂在工业装置上运转 1500 小时后,氯化氢单程平均转化率达到 85%。

(4)申报发明专利 4 ~6 项。

4、经费安排

国拨经费 800 万元,申请单位自筹配套不低于国拨经费。

课题 2:3000 吨/年氯化氢催化氧化制氯工程技术开发及工艺研究

1、研究目标

通过反应器核心装备的研究,设计并制造固定床等氧化反应器,开发千吨/年国产化装备技术,并建成装备和材质测试平台,通过工艺技术和系统热集成的研究,突破氧化反应器从千吨级测试平台到 10 万吨级以上大型工业化放大工程技术。

2、研究内容

(1)千吨/年氯化氢氧化制氯工程化测试平台技术开发

固定床等反应器的国产化和优化测试,研究反应器长周期运行材质,确定实际换热介质及换热效率,设计开发氧化反应系统测试平台;研究系统热交换方式,提高热集成度;研究相关设备选型和控制系统,设计开发千吨/年氯化氢氧化制氯工艺技术软件包。

(2)千吨/年氯化氢催化氧化制氯测试平台催化技术工艺研究

在测试平台上考评 Y 分子筛固载 Ce-Cu-K 催化剂,研究催化剂填装和反应器的放大规律,确定优化的反应过程强化工艺条件;研究列管式固定床单管内催化剂装填方式对催化剂床层上温升的影响，确定优化的催化剂装填方案；研究材质对含氯化氢与/或氯气及水蒸气的气体介质的长周期抗腐蚀性能，确定工业设备和管道材质优选方案。

3、考核指标

（1）开发千吨/年氯化氢催化氧化制氯成套装备测试平台的工程设计包，建成千吨/年测试线1条，建设氧化氧化反应系统一套，实现反应器装备生产的国产化，实现设备和材质的优化选型，装置稳定运转。

（2）测试平台的装置运转1000小时后，催化剂活性基本保持，氯化氢单程平均转化率达到85%，优化系统节能方案，实现每吨氯气回收低压蒸汽不低于120公斤。

（3）申报发明专利2～3项。

4、经费安排

国拨经费650万元，申请单位自筹配套不低于国拨经费的4倍。

课题3：MDI副产氯化氢氧化制氯可循环系统集成技术开发及示范

1、研究目标

研究MDI副产氯化氢催化氧化制氯技术，通过技术系统集成，设计开发10万吨/年以上的氯化氢氧化制氯工艺技术软件包，并建成工业化装置，开展工业试验和工艺参数优化，实现“氯”资源在MDI生产过程中的闭合循环。

2、研究内容

（1）MDI副产氯化氢氧化制氯可循环集成技术开发

研究MDI副产氯化氢的净化工艺；研究MDI副产氯化氢氧化制成的氯循环对光气合成及多胺光气化反应的影响；研究MDI副产氯化氢氧化制氯装置的分离工艺；研究反应器放大设计过程中的放大效应和操作稳定性；研究MDI副产氯化氢氧化制氯反应过程热量的综合利用及整体装置的系统和能量集成技术，开发10万吨/年以上氯化氢氧化制氯成套工艺技术软件包。

（2）MDI副产氯化氢催化氧化制氯可循环集成技术的产业化示范

设计并建设10万吨/年以上MDI副产氯化氢氧化制氯工业化示范装置；进行氧化反应器放大设计技术验证、Y分子筛固载Ce-Cu-K催化剂运行评价试验；研究氯资源在MDI生产过程中的“闭合循环”。

3、考核指标

（1）实现反应器的国产化，开发出大型氯化氢催化氧化制氯反应器装备1套。

（2）开发出10万吨/年以上MDI副产氯化氢氧化制氯成套工艺技术软件包，建成10万吨/年以上氯化氢氧化制氯工业化示范线1条，实现MDI制造过程的氯循环利用，工业装置运转1500小时后，氯化氢单程平均转化率达85%。基于氯碱工艺制氯装置节电2.9亿kWh/年以上，折标煤10万吨/年以上。

4、经费安排

国拨经费550万元，申请单位自筹配套不低于国拨经费的10倍。

2011年国家科技支撑计划重点项目“铝合金短流程成型关键技术开发”申请指南

第一章　申请须知

一、项目总体目标

针对我国铝加工工业存在的流程长、工序复杂、能耗大、成材率低等诸多问题，以及大型复杂铝合金铸件精确铸造成型方面存在的成型铸件尺寸较小、生产率和成品率低、力学性能不高，规模化生产和应用缺乏，关键产品的技术与装备依赖于国外引进等问题。研究开发高效、节能、节材、环保的铝合金短流程制备及成型加工关键技术，实现关键产品的自主开发和生产示范，提升铝加工产业国际竞争力，实现行业的可持续发展。

本项目从电解铝液直接合金化、均匀凝固控制、塑性成型加工、大型复杂零件精确铸造成型及装备等关键技术方面进行原始创新和集成创新。形成年产20万吨以上的电解铝液短流程合金化及其加工示范生产线，自主研制出汽车发动机缸体压铸件、大型复杂挤压铸造件等关键产品，形成年产5000吨以上的大型复杂挤压铸造件生产示范线和3000吨以上的汽车发动机零件压铸生产示范线；形成一批自主知识产权的相关技术。使我国铝合金短流程成型关键技术方面达到国际先进水平。

本项目符合《国家中长期科学和技术发展规划纲要（2006-2020）》制造业领域基础原材料优先主题，也符合共性关键制造技术与再制造技术优先主题。

二、申请内容

针对我国电解铝和铝加工企业结构矛盾，研究开发高效、节能、节材、环保的铝合金短流程制备及成型加工关键技术，突破铝液短流程合金化及塑性成型加工关键技术，研制出具有自主知识产权的板、带、箔、型材生产工艺及产品，实现大型复杂铝合金铸件的短流程、高效成型制造，并形成产业化示范线。

本项目分解为2个课题，包括：

序号	课题名称
1	铝液短流程合金化及塑性成型加工关键技术
2	铝合金短流程精确铸造成型关键技术

三、申请管理

1、本项目在科技部的指导下，由中国有色金属工业协会负责该项目的组织实施。

2、根据《国家科技支撑计划管理暂行办法》的有关规定，遵循"公开申报、统一评审、优势优先"的原则,通过评审择优选择并落实优势承担单位。

四、项目实施期限及经费来源

本项目实施年限为3年(2011年1月～2013年12月),国拨经费3500万元。

五、申请资格

(一)申报单位的条件和要求

1、凡在中华人民共和国境内注册,具有较强科研能力和条件、运行管理规范、具有独立法人资格的内资或内资控股企业、事业单位、科研院所、高等院校等,均可单独或联合申报,不接受个人申请。

课题申报必须以某一课题整体研究内容为申请单元,积极鼓励科研单位和企业以"产、学、研、用"相结合的方式联合申报课题,实现责任和风险共担、知识产权和利益共享。每个课题的申报单位与主要参加单位须签订共同申请协议,明确规定各自所承担的工作和责任。

2、课题申报单位应具有承担相应国家级科研课题的综合能力,资产负债率低于2/3,无行政处罚或违法记录。申报企业应出具银行资信等级和资产负债证明。

申报单位还应具备以下条件:

(1)技术需求与课题的目标一致;

(2)在相关任务领域具有领先的创新能力和技术基础;

(3)所承担的任务,在完成后有能力进行应用和转化;

(4)具有稳定的研发投入、稳定的研发人才和团队,能够为课题实施提供资金及其他条件保障;

(5)通过课题实施,能够与相关企业、大学、科研机构建立紧密的技术创新与知识产权合作,通过课题成果的转让或服务,促进全行业技术和产业水平的提高。

3、申报单位经费须专款专用,设立单独账簿,独立核算,并保证配套资金及时到位,保障课题研究工作的顺利实施。

4、成果查新证明须由有资质的国家或部省级查新单位出具。

(二)申请负责人的条件和要求

1、课题负责人具有中华人民共和国国籍,年龄在55岁以下(截至2010年12月);具有高级职称,并有固定工作单位(不包括在站博士后),无不良科研行为,从事相关研究或技术开发五年以上;课题负责人用于本课题研究时间不少于本人工作时间的60%,每年在国内工作时间不少于9个月。

2. 所有参与课题申请人员均不得参与两项以上本项目课题的申报,且只能主持申报一项本项目课题。课题申报单位(包括参与申报单位)和主要申报人,对本项目课题不得进行重复或交叉申报。

3、中央和地方各级政府公务员不得主持本项目课题申报。

经形式审查,申请单位和申请负责人不符合上述规定的申请书视为无效申请,不参与后续课题评审。

六、申请文件的编制与递交

1、申请文件:以中文编写,要求语言精炼,数据真实、可靠。

2、申请文件的规格要求:一律用A4纸,仿宋体四号字打印并装订成册(白色纸质封面),同时附电子版。

3、申请文件构成:

(1)申请函。

(2)申请人资格审查文件。

(3)国家科技支撑计划课题申报书。

(4)国家科技支撑计划课题预算申报书。

(5)有关附件(申请单位承诺函、联合申请合作协议、申请单位营业执照或法人代码证复印件、申请单位资格声明函、申请单位资信证明、近两年度资产负债表、损益表及现金流量表、申请单位基本情况等)。

4、课题申报书及有关资料应有法定代表人(或委托授权人)签字并加盖公章,全部申请文件须包装完好,封皮上写明申请课题、申请单位名称、地址、邮政编码、电话、联系人及注明"不准提前启封"字样,并加盖单位公章。

5、课题申报书一式15份,课题预算申报书一式2份。其中,正本1份,在每份申请书上要注明正本和副本,正、副本分别封装并在封面上注明。一旦正本和副本不符,则以正本为准。

6、申报工作自本指南公布之日起开始,申报单位必须根据《课题申请指南》要求参与申报活动。《课题申请指南》可从科技部网站(http://www.most.gov.cn/)上直接下载。

7、寄送申请文件截止日期:2010年10月15日17时。只接收在申请截止日期前由申请人或委托代理人送至或寄至的申请文件。申请文件受理单位对申请文件在邮寄过程中出现的遗失或损坏不负责任。

寄送地点:北京海淀区复兴路乙12号907房间

邮政编码:100814

联 系 人:李波　王怀国

联系电话:010-63973978/1530

七、课题管理

1、遵循"公开、公正、公平"的原则,经专家评审、择优选定的课题承担单位,按项目管理要求与中国有色金属工业协会签订国家科技支撑计划课题任务书。

2、按照《国家科技支撑计划管理暂行办法》对课题承担单位进行管理,国拨经费将根据每个课题进展情况按年度分批拨付到承担单位。

3、课题执行期间,中国有色金属工业协会将组织对课题进展情况进行阶段性考核,对未按合同执行,达不到阶段考核目标,配套和自筹资金不到位的课题,有权终止合同。

4、课题完成后,中国有色金属工业协会对课题进行评估和验收。

第二章 申请课题研究内容与目标

课题1:铝液短流程合金化及塑性成型加工技术

1、研究目标

本课题研究电解铝液短流程合金化、合金熔体均匀凝固控制、合金熔体塑性成型加工,旨在突破铝液短流程合金化及塑性成型加工关键技术,研制出具有自主知识产权的板、带、箔、型材生产工艺及产品,形成年产5万吨以上的电解铝液合金化挤压材生产线示范线、年产5万吨以上的电解铝液合金化轧制材生产示范线、年产10万吨以上的电解铝液合金化铸轧产品生产示范线。

2、研究内容

(1)电解铝液直接合金化技术研究。电解铝液纯净化及合金化配制技术;电解铝液微合金化调控技术、成分均匀化控制技术;合金化铝液超洁净精炼技术。

(2)合金化熔体均匀凝固控制技术研究。从组织细化均匀化控制技术和大规格铸坯制备技术等方面入手,研究开发出满足宽幅双零铝箔、高档印刷用铝版基、铝合金易拉罐坯料及高速列车用大断面铝合金型材等合金化铝液均匀凝固控制及新技术,提高坯料产品质量。

(3)合金化铝锭坯成型加工技术。围绕合金化铝锭坯成型加工技术,突破合金化铝扁锭轧制关键技术、合金化铝圆棒挤压关键技术、合金化铝液铸轧关键技术,研制出宽幅双零铝箔、高档印刷用PS版基、铝合金易拉罐料及高速列车用大断面型材等牌号为代表的铝合金加工产品。

3、考核指标

(1)合金化铝熔体杂质颗粒直径≤0.005mm(针对双零铝箔),每千克铝熔体中≥20μm的非金属夹杂物数量少于5000个;钠、钙、锂等杂质元素含量均小于3ppm;1系牌号合金氢含量≤0.11ml/100gAl;其他系合金氢含量≤0.16ml/100gAl。

(2)制备出尺寸不小于600 mm ×2000mm×9000mm的3104、5052、5182合金扁锭;制备出直径300~600mm的6005合金圆棒;锭坯断面晶粒平均直径小于180μm,平均晶粒直径差不超过10%。

(3)从电解铝水到成型前加工过程中,吨铝耗电由传统工艺的1500kWh降低到不高于400kWh,铝烧损不超过2.0%,综合成品率不低于73%。

(4)项目实施完成后将形成如下三条生产示范线

形成年产5万吨以上的电解铝液合金化挤压材生产示范线,主要生产高速列车专用300~1000mm宽大断面6005铝合金型材;

形成年产5万吨以上的电解铝液合金化轧制材生产示范线,主要生产1900mm宽1235合金双零铝箔、铝合金易拉罐料罐料1850mm宽×(0.26~0.36)mm厚的3104铝合金罐体料、1700mm宽×(0.22~0.27)mm厚的5052铝合金罐盖料、1700mm宽×(0.27~0.43)mm厚的5182铝合金拉环料产品;

形成年产10万吨以上的电解铝液合金化铸轧产品生产示范线,主要生产1700mm宽1235合金双零铝箔、高档印刷用1060铝合金PS版基。

(5)制定企业技术标准3~5项,申请发明专利3~5项。

4、经费安排

国拨经费1500万元,申请单位自筹配套不低于国拨经费的5倍。

课题2:铝合金短流程精确铸造成型关键技术

1、研究目标

本课题开展大型复杂铝合金铸件短流程精确铸造成型关键技术与工艺装备的研究与开发。旨在通过研制先进的近净成型技术和大型成型工艺装备以提高铸件质量和减少材料消耗,实现大型复杂铝合金铸件的短流程、高效成型制造。研制出具有自主知识产权的汽车发动机缸体压铸件、大型复杂挤压铸造件及工艺装备等,形成铝合金短流程精确铸造成型的技术与标准,建立其生产示范基地,从而提升我国大型复杂铝合金铸造的自主创新能力。

2、研究内容

(1)研究铝合金挤压铸造和压铸过程中传质、传热、流动、应力的行为与规律,建立相关的计算机数值模拟技术,预测气体卷入、压力传递与损失、缺陷形成,提出大型复杂铝合金精确铸造成型工艺设计与优化方法。

(2)研究压铸和挤压铸造模具整体及承受高温高压模具局部实现热平衡、减少热应力与变形的优化设计与实现方法;研究大型复杂铸造模具结构优化和工艺优化设计、新材料、氮氧化复合表面处理、无氧化微变形真空热处理等关键技术,自主开发大型铝合金发动机缸体、离合器壳体、变速箱壳体等精确铸造模具。

(3)研发出高强度铝合金车辆轮毂等大型复杂铸件挤压铸造成型技术,形成年产5000吨以上的大型复杂挤压铸造件的生产示范线。开发出C级轿车铝合金离合器壳体、发动机缸体、变速箱壳体等大型复杂汽车压铸件,形成年产3000吨以上的汽车发动机压铸件的生产示范线。

(4)研究铝合金熔炼、熔体电磁传输与充型、挤压铸造成型各系统之间的集成方式,研制出制备大型复杂铝合金零件用40000kN挤压铸造成型装备。根据大型复杂铝合金铸件成型原理,进行总体系统设计,确定装备的总体结构型式、主机与周边装置的布局形式及总体技术参数等;研究主机两板式合模系统;研制高精度实时控制的压射系统和监控系统;研究铝合金熔体电磁泵传输与充型的方法与技术;设计与制造自动喷涂系统、自动取件系统、快速模具更换系统等周边装置。

(5)压铸铝合金(包括二次回炉料)熔炼及绿色精炼、净化技术,研究无溶剂的高效除气精炼工艺及方法。

(6)研究开发铝合金空心铸锭同水平热顶法铸造技术,突破芯、棒制备、安装冷却技术,以及多根大直径铝合金空心锭同水平热顶法铸造工艺。

3、考核指标

(1)研制出大型复杂挤压铸造铝合金铸件,抗拉强度和伸长率不低于400MPa和10%;比普通低压铸造同类铸件的抗拉强度提高20%以上。

(2)研制出40000kN挤压铸造成型成套工艺装备,该工艺装备集成铝合金熔炼、熔体电磁传输与充型、挤压铸造成型一体化功能。该工艺装备的锁模力≥40000kN，铝合金液传输流量范围为1.0～6.0kg/s，模板尺寸不小于2600×2600mm，哥林柱内距不小于1600×1600mm，开型行程不小于1500mm，顶出行程不小于300mm，可成型单件重量50kg以上的大型复杂铝合金铸件。

（3）自主开发出C级轿车发动机缸体、离合器壳体、变速箱壳体等大型复杂汽车零件压铸模具及压铸工艺，实现批量化生产，模具寿命达到5万模次以上，废品率小于2%，工艺出品率达到70%以上。

（4）形成年产能5000吨以上的大型复杂铝合金挤压铸造件生产示范线和年产能3000吨以上的发动机铝合金压铸件生产示范线。

（5）同水平热顶法制备出铝合金空心铸锭，单次铸造3～10根，直径不小于200mm，质量满足挤压管材需要。

（6）申请专利6～10项；形成企业技术标准3项以上。

4、经费安排

国拨经费2000万元，申请单位配套不低于国拨经费的3倍。

2011年国家科技支撑计划重点项目“镁合金成形与应用关键技术开发”申请指南

第一章　申请须知

一、项目总体目标

镁合金是目前工程应用中的轻质金属结构材料，同时又具有良好的阻尼减震性能，在交通工具、通讯器材、航空航天等具有轻量化需求的领域有着广泛的应用潜力和发展空间。加快镁金属材料开发、扩大镁合金的应用已迫在眉睫，有利于推动具有资源优势的镁合金与钢、铝、塑料等互补，形成更加完善的材料体系，符合我国经济可持续发展的战略目标。

基于我国镁合金研究与应用领域前期间形成的技术、产业基础和产学研结合的创新团队，针对具有实用价值的镁合金品种少，镁合金传统压铸件性能低，镁合金腐蚀、连接、疲劳、冲击、振动等性能数据匮乏等现状，通过研究和开发面向实际应用的新型镁合金、板/型材成形技术、零部件同步开发与应用技术等，引领镁合金应用的发展，实现镁合金的扩大应用，全面提高我国镁合金的技术水平，将我国的镁资源优势转化为技术和经济优势。

本项目符合《国家中长期科学和技术发展规划纲要（2006-2020）》制造业领域基础原材料优先主题“轻质高强金属结构材料”。

二、申请内容

本项目研究内容：基于镁合金材料特性，通过设计和优化成分，研制能够满足不同使用需求的新型镁合金；基于镁合金凝固特征，研究压铸成形过程中铸态缺陷的成因，开发新型镁合金真空压铸技术，并制造相关汽车零部件；基于镁合金晶体结构特点，研究镁合金轧制和挤压过程的变形行为，开发出适用于汽车与轨道交通等领域的固态成形技术与零部件产品；模拟不同使用环境，研究镁合金的腐蚀防护和连接方法，对镁合金及典型零部件进行疲劳、冲击等可靠性指标进行评价，建立镁合金应用性能的系统评估体系；以汽车为平台，集成上述开发的部分镁合金零部件，通对台架试验和路试，探索各种技术适用性，深化镁合金零部件的开发和应用水平。

本项目研究内容分解为六个课题，包括：

序号	课题名称
1	面向应用的新型镁合金研究开发
2	镁合金高致密度压铸技术开发
3	镁合金板带高效低成本轧制技术开发
4	镁合金特种型材挤压成形技术开发
5	镁合金防护、连接与可靠性研究及评价
6	镁合金零部件同步开发与集成应用

三、申请管理

1、本项目在科技部的指导下，由中国有色金属工业协会负责该项目的组织实施。

2、根据《国家科技支撑计划管理暂行办法》的有关规定，遵循“公开申报、统一评审、优势优先”的原则，通过评审择优选择并落实优势承担单位。

四、项目实施期限及经费来源

本项目实施年限为三年（2011年1月～2013年12月），国拨经费4000万元。

五、申请资格

（一）申报单位的条件和要求

1、凡在中华人民共和国境内注册，具有较强科研能力和条件、运行管理规范、具有独立法人资格的内资或内资控股企业、事业单位、科研院所、高等院校等，均可单独或联合申报，不接受个人申请。

课题申报必须以某一课题整体研究内容为申请单元，积极鼓励科研单位和企业以“产、学、研、用”相结合的方式联合申报课题，实现责任和风险共担、知识产权和利益共享。每个课题的申报单位与主要参加单位须签订共同申请协议，明确规定各自所承担的工作和责任。

2、课题申报单位应具有承担相应国家级科研课题的综合能力，资产负债率低于2/3，无行政处罚或违法记录。申报企业应出具银行资信等级和资产负债证明。

申报单位还应具备以下条件：

（1）技术需求与课题的目标一致；

（2）在相关任务领域具有领先的创新能力和技术基础；

（3）所承担的任务，在完成后有能力进行应用和转化；

(4)具有稳定的研发投入、稳定的研发人才和团队,能够为课题实施提供资金及其他条件保障;

(5)通过课题实施,能够与相关企业、大学、科研机构建立紧密的技术创新与知识产权合作,通过课题成果的转让或服务,促进全行业技术和产业水平的提高。

3、申报单位经费须专款专用,设立单独账簿,独立核算,并保证配套资金及时到位,保障课题研究工作的顺利实施。

4、成果查新证明须由有资质的国家或部省级查新单位出具。

(二)申请负责人的条件和要求

1、课题负责人具有中华人民共和国国籍,年龄在 55 岁以下(截至 2010 年 12 月);具有高级职称,并有固定工作单位(不包括在站博士后),无不良科研行为,从事相关研究或技术开发五年以上;课题负责人用于本课题研究时间不少于本人工作时间的 60%,每年在国内工作时间不少于 9 个月。

2. 所有参与课题申请人员均不得参与两项以上本项目课题的申报,且只能主持申报一项本项目课题。课题申报单位(包括参与申报单位)和主要申报人,对本项目课题不得进行重复或交叉申报。

3、中央和地方各级政府公务员不得主持本项目课题申报。

经形式审查,申请单位和申请负责人不符合上述规定的申请书视为无效申请,不参与后续课题评审。

六、申请文件的编制与递交

1、申请文件:以中文编写,要求语言精炼,数据真实、可靠。

2、申请文件的规格要求:一律用 A4 纸,仿宋体四号字打印并装订成册(白色纸质封面),同时附电子版。

3、申请文件构成:

(1)申请函。

(2)申请人资格审查文件。

(3)国家科技支撑计划课题申报书。

(4)国家科技支撑计划课题预算申报书。

(5)有关附件(申请单位承诺函、联合申请合作协议、申请单位营业执照或法人代码证复印件、申请单位资格声明函、申请单位资信证明、近两年度资产负债表、损益表及现金流量表、申请单位基本情况等)。

4、课题申报书及有关资料应有法定代表人(或委托授权人)签字并加盖公章,全部申请文件须包装完好,封皮上写明申请课题、申请单位名称、地址、邮政编码、电话、联系人及注明“不准提前启封”字样,并加盖单位公章。

5、课题申报书一式 15 份,课题预算申报书一式 2 份。其中,正本 1 份,在每份申请书上要注明正本和副本,正、副本分别封装并在封面上注明。一旦正本和副本不符,则以正本为准。

6、申报工作自本指南公布之日起开始,申报单位必须根据《课题申请指南》要求参与申报活动。《课题申请指南》可从科技部网站(http://www. most. gov. cn/)上直接下载。

6、寄送申请文件截止日期:2010 年 10 月 15 日 17 时。只接收在申请截止日期前由申请人或委托代理人送至或寄至的申请文件。申请文件受理单位对申请文件在邮寄过程中出现的遗失或损坏不负责任。

寄送地点:北京市海淀区复兴路乙 12 号 907 房间

邮政编码:100814

联 系 人:王怀国、李波

联系电话:010-63971530/3978

七、课题管理

1、遵循“公开、公正、公平”的原则,经专家评审、择优选定的课题承担单位,按项目管理要求与中国有色金属工业协会签订国家科技支撑计划课题任务书。

2、按照《国家科技支撑计划管理暂行办法》对课题承担单位进行管理,国拨经费将根据每个课题进展情况按年度分批拨付到承担单位。

3、课题执行期间,中国有色金属工业协会将组织对课题进展情况进行阶段性考核,对未按合同执行,达不到阶段考核目标,配套和自筹资金不到位的课题,有权终止合同。

4、课题完成后,中国有色金属工业协会对课题进行评估和验收。

第二章　申请课题研究内容与目标

课题 1:面向应用的新型镁合金研究开发

1、研究目标

针对具有实用价值的镁合金品种不多的现状,基于镁合金材料特性,通过设计和优化合金成分,研制抗疲劳、耐冲击、低成本高塑性、高强度、耐热等新型镁合金,满足不同方面的使用需求。

2、研究内容

(1)抗疲劳、耐冲击镁合金及其生产技术

设计和优化镁合金成分,研究在循环应力、高速变形下的镁合金裂纹萌生与扩展机制,开发镁合金熔液多级过滤纯净化技术,满足承力结构件的使用需求。

(2)低成本高塑性变形镁合金及其生产技术

优化镁合金成分、控制锭坯凝固过程,减少铸锭疏松,细化镁合金晶粒,提高镁合金的塑性变形能力,满足变形结构件等使用需求。

(3)高强度镁合金的开发及其生产技术

研究镁-稀土中间合金,以及高合金化方法,运用固溶强化、时效强化,以及形变强化等多种强化机制,大幅度提高镁合金的力学性能,满足航空航天等应用领域的需求。

(4)抗蠕变、耐热镁合金及其生产技术

基于镁合金实测相图,设计和优化合金成分,研究镁合金中各种强化相的热稳定性,以及稀土等合金元素的有效加入方法及对耐热性的作用,形成批量生产的技术,满足耐热件的使用需求。

(5)高性能镁合金产业化关键技术及示范基地建设

根据以上研究结果,将开发的各种镁合金进行实际试验生产,进行工业化示范应用。

3、考核指标

面向实际应用,开发出满足不同需求的新型镁合金:

(1)抗疲劳、耐冲击镁合金:抗疲劳镁合金室温力学性能:$\sigma_b \geq 300MPa$,$\sigma_{0.2} \geq 205MPa$,$\delta \geq 10\%$,室温高周疲劳强度≥90MPa(5×107 次);耐冲击镁合金室温静态力学性能:$\sigma_b \geq 250MPa$,$\sigma_{0.2} \geq 170MPa$,$\delta \geq 15\%$;在高速(应变速率500～4000/s)冲击条件下的$\delta \geq 10\%$,满足承力结构件的使用需求;

(2)高塑性变形镁合金:成本与 AZ31B、AZ80 相比增加不超过 7% 时,室温力学性能(厚度 1～2mm,幅宽≥400mm 的轧制板材,纵向):$\sigma_b \geq 250MPa$,$\sigma_{0.2} \geq 190MPa$,$\delta \geq 20\%$,满足变形结构件等使用需求;

(3)高强度镁合金:密度≤1.95g/cm^3,室温力学性能达到 $\sigma_b \geq 470MPa$,$\sigma_{0.2} \geq 390MPa$,$\delta \geq 7\%$,弹性模量达到 45GPa,满足航空航天等应用领域的需求;

(4)抗蠕变、耐热镁合金:室温力学性能:$\sigma_b \geq 285MPa$,σ0.2≥220MPa,$\delta \geq 7\%$;力学性能(200℃):$\sigma_b \geq 245MPa$,$\sigma_{0.2} \geq 160MPa$,$\delta \geq 20\%$;蠕变性能(200℃):总蠕变量≤0.07%(70MPa/100hr),满足汽车动力系统耐热件的使用需求;

(5)形成 12000 吨/年以上新型镁合金的生产示范基地;

(6)申请专利 5 项,形成 5 个新型镁合金牌号,制订企业技术标准 5 项。

4、经费安排

国拨经费 800 万元,申请单位自筹配套经费不低于国拨经费。

课题 2:镁合金高致密度压铸技术开发

1、研究目标

基于镁合金凝固特征,研究压铸成形过程中铸态缺陷的成因,针对典型镁合金零部件,开发出实用的全套高致密度压铸工艺技术,建立生产示范基地,满足汽车等行业对镁合金铸件的实际要求。

研究内容

(1)高致密度压铸工艺系统开发

开发高真空系统及控制模块、模具设计与制造、工艺参数监控系统和高质量熔体组织处理系统,实现多模块系统的有效配合。

(2)镁合金高致密度压铸工艺优化

对合金熔铸工艺、热处理工艺、微观组织和力学性能进行全面系统的优化,确定合金成分、热处理工艺和熔铸工艺,获得相关性能数据。

(3)典型镁合金真空压铸零部件开发

通过铸造凝固模拟与实际工艺试验相结合,优化压铸及热处理工艺,采用真空压铸工艺开发出镁合金汽车减震塔和转向器壳体等部件,并建立技术标准,形成高致密度镁合金压铸件生产基地。

(4)高致密度压铸组织性能研究

研究镁合金真空压铸件内部孔隙率的生成机制,优化时效热处理强化工艺,建立镁合金真空压铸件工艺-组织-性能关系模型,实现对镁合金压铸件内部组织和性能的有效调控。

3、考核指标

(1)镁合金真空压铸工艺系统中模具型腔压力能够在 3 秒之内达到 5kPa,单铸试棒综合孔隙率<1%;热处理后 $\sigma_b \geq 280MPa$,$\sigma_{0.2} \geq 190MPa$,$\delta \geq 10\%$。

(2)实现镁合金真空压铸生产,典型零部件重量≥4kg,壁厚 3～5mm,外形尺寸不小于 500mm×500mm,铸件综合孔隙率<1.5%,本体取样试棒经热处理后的 $\sigma_b \geq 250MPa$,$\sigma_{0.2} \geq 170MPa$,$\delta \geq 6\%$。

(3)形成年产 200 万件以上规模的高致密度压铸生产示范基地。

(4)申请专利 3 项,制订企业技术标准 2 项。

4、经费安排

国拨经费 550 万元,申请单位自筹配套经费不低于国拨经费。

课题 3:镁合金板带高效低成本轧制技术开发

1、研究目标

针对镁合金板带材生产成本高、幅宽窄等难题,开发镁合金宽幅板材、连续铸轧等生产关键技术,显著地降低板材的生产成本,为交通、通讯和国防等领域提供高性能、低成本的镁合金板带材。

2、研究内容

(1)镁合金宽幅板材轧制技术开发

研究镁合金轧制过程中动态再结晶行为及其温度场和应力场变化规律,开发出镁合金低温～大压下开坯轧制技术、板型控制技术和卷曲技术,建立宽幅镁合金板材组织性能调控制度,形成宽幅镁合金板材生产基地。

(2)镁合金宽幅带材铸轧技术开发

研究镁合金铸轧过程中熔体氧化行为及铸嘴内熔体流场和温度场的变化规律,开发铸轧过程中镁合金熔体的高洁净度控制技术、合金液连续输送技术及装备和镁合金铸轧凝固-变形一体化控制技术,实现镁合金宽幅铸轧板批量化生产。

(3)镁合金高精度薄带制备工程化技术开发

研究挤压-轧制技术制备高精度镁合金薄带时流场及温度场的变化规律,考察不同挤压和轧制工艺的组合对带材组织性能及各向异性的影响,确定镁合金高精度薄带制备制度,开发出可以室温冷冲压的镁合金薄带生产技术。

3、考核指标

(1)镁合金宽幅板带材产品厚度 1.0～15mm,宽度≥1500mm,2mm 厚以下薄板可以成卷供货,AZ31B 镁合金薄板性能达到 $\sigma_b \geq 280MPa$、$\delta \geq 20\%$。

(2)镁合金铸轧带材厚度 1.0～2.5mm,宽度 800mm,成卷供货,AZ31B 带材 $\sigma_b \geq 250MPa$、$\delta \geq 25\%$,屈强比≤0.5。

(3)开发的挤压-轧制法镁合金薄带,可以室温冲压,产品厚度 0.4～1.0mm,宽度 350～600mm,成卷供货,带材$\sigma_b \geq 300MPa$、$\delta \geq 15\%$,板材各向同性≥0.9。

(4)形成年产 2000 吨以上镁合金宽幅板带材、1000 吨以上铸轧带材、1000 吨以上薄带生产线各 1 条以上,试制出轿车车身边架、笔记本电脑壳体和汽车座椅等制品。

(5)申请专利3项,制订企业技术标准3项。

4、经费安排

国拨经费550万元,申请单位自筹配套不低于国拨经费的4倍。

课题4:镁合金特种型材挤压成形技术开发

1、研究目标

针对镁合金型材工艺不稳定、难矫直、成本高等现状,开发宽幅薄壁镁合金型材模具设计、挤压及矫直等关键技术,开发镁合金型材铸挤等短流程加工技术,降低产品成本,提高生产效率,满足轻轨交通和汽车等行业对镁合金型材的实际要求。

2、研究内容

(1)宽幅薄壁中空镁合金型材加工技术开发

研究开发宽幅薄壁中空镁合金型材模具设计和挤压工艺技术,开发宽幅薄壁中空镁合金型材的矫直工艺技术,建立宽幅薄壁中空镁合金型材组织性能调控制度。

(2)镁合金型材铸挤等短流程加工技术开发

基于热力学计算和有限元数值模拟,研究合金熔体动态凝固过程中形核的热力学条件与长大行为,与模具间界面摩擦条件,连续成形过程中的强烈剪切/冷却作用,以及合金组织与力学性能变化规律,开发低成本镁合金短流程的近终形工艺技术。

(3)镁合金型材的工程应用技术开发

利用现有镁合金材料性能数据库,结合具体镁合金型材产品服役性能要求,开发建立镁合金型材的产品设计平台,设计制作轻轨车辆车内用型材零部件以及汽车用镁合金型材产品。

3、考核指标

(1)宽幅薄壁中空镁合金型材制品横截面的外截圆直径≥400mm,壁厚2~5mm,长度15-28m,σ_b≥250MPa,延伸率8%~12%,弯曲度<2mm/m。

(2)典型镁合金铸挤短流程制备出棒材(Φ8~20mm)的成材速率由传统温挤产品的10~20m/min提高到20~40m/min;镁合金型材直接连续弯曲成形后的精度达到产品最终尺寸的98%,最小曲率小于2.5m^{-1}。

(3)开发出5种以上轻轨交通车辆车内用镁合金型材零部件,5种以上汽车用镁合金型材零部件,建成年产3000吨以上轻轨交通和汽车用镁合金大规格型材挤压生产线。

(4)申请专利5项,制订相关行业标准2项。

4、经费安排

国拨经费600万元,申请单位自筹配套不低于国拨经费的2倍。

课题5:镁合金防护、连接与可靠性研究及评价

1、研究目标

针对镁合金材料实际应用性能数据缺乏现状,研究镁合金的表面防护和连接方法,对镁合金及典型零部件进行疲劳、冲击、腐蚀等可靠性指标评价,建立镁合金应用性能的系统评估体系。

2、研究内容

(1)镁合金的疲劳耐久性和防撞性能评估

评测镁合金的疲劳强度和寿命、成形工艺和连接对镁合金疲劳和耐久性的影响;研究高应变速率条件下镁合金的动态变形和失效行为,评价镁合金材料的防碰撞性能。

(2)镁合金表面处理技术与腐蚀防护性能评价

开发镁合金和焊接接头的新型微弧氧化复合涂层处理工艺,对三种新型复合涂层进行工艺和性能评价;研究镁合金的自封孔陶瓷膜、电偶腐蚀与人工加速试验以及腐蚀疲劳测定。

(3)镁合金的连接与可靠性能的评估

研究同质和异质镁合金连接的高效连接技术与工艺,研究镁合金连接接头组织控制机理;测评接头性能与研究破坏机制,进行镁合金构件的噪声、振动等可靠性评估。

3、考核指标

(1)建立基于单轴疲劳变形行为的镁合金疲劳寿命模型;确定3种典型铸造和变形镁合金及2种焊接接头的疲劳寿命曲线。测定5种典型铸造和变形镁合金及2种焊接头的系列高应变速率(500~4000/s)下的压缩和拉伸的应力-应变数据,建立预测高速冲击载荷下的断裂失效模型;

(2)建立镁合金复合防护涂层的性能评估体系和腐蚀寿命预测数学模型,确立镁合金部件的自封孔陶瓷膜、连接与电偶腐蚀与人工加速试验以及腐蚀疲劳的评估方法,建立汽车部件表面涂层与汽车结合胶结合力的评价标准。镁合金汽车前端部件等的复合涂层中性盐雾腐蚀超过1000h(GB/T10125—1997),达到8级以上;采用划痕法测试附着力达到1级(GB/T 1720—89);形成3种以上工艺技术规范;实际工件复合防护膜30天干湿交替试验腐蚀面积小于5%(美国APGE标准);

(3)镁合金高效焊接技术实现1~10mm厚度的镁合金焊接,焊接速度达到4~6m/min,焊接变形量小于4mm/m^2。连续单道焊缝长度达到2m,焊接效率达到镁合金电弧焊接的8~10倍,能源消耗小于镁合金激光焊接的50%,焊缝冲击、弯曲等性能与母材匹配(焊接强度95%)。获得典型镁合金部件的0~10000Hz频段内的声-振特性,以及刚度、阻尼、隔声和声辐射性能,提出镁合金汽车构件声-振特性评估方法。

(4)申请专利5项,制订企业技术标准3项。

4、经费安排

国拨经费500万元,申请单位自筹配套经费不低于国拨经费。

课题6:镁合金零部件同步开发与集成应用

1、研究目标

以企业同步开发车型为平台,探索各种技术适用性,深化镁合金零部件与车型的同步开发,通过台架试验和整车路试,实现多种镁合金应用技术和产品在汽车上的示范应用。

2、研究内容

(1)镁合金汽车零部件的同步开发

与新车型研制同步,通过数值模拟和虚拟制造优化镁合金汽车零部件的结构、模具和成形工艺等参数;综合运用各种技术,试制出满足性能需求的镁合金汽车零部件,并对其适用性进行评价。

(2)镁合金在新能源车上的集成应用

依据新能源车结构特点,针对零部件性能需求,采用多种工艺技术,试制出满足性能需求的镁合金零部件。将各零部件集成到新能源轿车上,进行道路试验,对相关指标进行评估,对各种技术的应用前景进行分析。

(3)镁合金在卡丁赛车上的集成应用

依据卡丁赛车的使用和服役特性,综合运用零件设计、成形工艺、表面处理等技术,开发出镁合金零部件;通过实体取样对其性能进行分析,集成应用于卡丁赛车上;通过道路试验,对油耗、排放等指标进行测试和评估。

3、考核指标

(1)研制出自主品牌车型同步开发的变速箱体等8种以上的典型零部件,总重量达到15kg以上,典型零部件取样性能达到$\sigma_b \geqslant 240$MPa,$\delta \geqslant 3\%$,并通过相应的盐雾试验和台架试验。

(2)研制出适用于新能源汽车的后排座椅骨架、前后副车架、前舱支架、摆臂、转向器支架等典型零部件,开发出用镁量达到30kg以上的新能源示范车1辆,典型部件取样性能达到$\sigma_b \geqslant 280$MPa,$\delta \geqslant 8\%$。

(3)研制出方向盘、车轮、发动机支架等10种以上的镁合金典型零部件,并集成应用于卡丁赛车,整车减重达到5%以上,通过路试。

(4)申请专利5项,制订企业技术标准2项。

4、经费安排

国拨经费1000万元,申请单位自筹配套不低于国拨经费的3倍。

2011年国家科技支撑计划重点项目“铜材短流程生产关键技术开发与工程化”申请指南

第一章　申请须知

一、项目总体目标

铜是重要的结构及导电材料,对国民经济、社会发展和国防建设具有重要战略意义。本项目根据我国当前铜加工技术发展现状,结合国家科技计划总体部署,针对我国铜产业生产技术落后、高端产品严重依赖进口和铜资源短缺的现状,结合当前世界发展低碳经济的主题,集中针对铜带材与铜管材的短流程制造工艺及装备、高精压延电子铜箔制造工艺以及铜资源回收等若干关键技术,进行产业化技术开发,形成具有自主产权的铜材短流程、高效节能的新型制备技术和铜材循环再生产利用新技术,全面带动我国铜加工产业生产技术水平的全面提升,进而提升国家的整体竞争力。

本项目符合《国家中长期科学和技术发展规划纲要(2006-2020)》制造业领域基础原材料优先主题,也符合制造业领域新一代信息功能材料及器件优先主题。

二、申请内容

本项目针对传统工艺制造高纯无氧铜带品质差、成本高的技术难题,通过采用连续挤压工艺技术和大型连续挤压生产装备的研究和开发,全面提升我国高纯无氧铜带生产的技术和设备水平,在大幅提高铜带质量的同时,降低成本及能源消耗,并减少污染物排放;针对耐蚀铜合金管材和高性能电子铜管生产能耗大、效率低的状况,开发高性能铜合金管和电子铜管加工成套技术,形成系列管材研发能力,提供高性能、高品质的多种管材,满足国民经济发展和国防建设急需;通过引进消化吸收再创新,开发高精压延电子铜箔制造技术;针对再生铜材的回收率低、工艺落后的局面,开发铜资源短流程回收新工艺新装备,最大限度地节约资源。

本项目研究内容分解为5个课题,包括:

序号	课题名称
1	高纯无氧铜带连续挤压新技术与装备开发
2	高性能铜材短流程生产组织控制关键技术
3	高质量铜管短流程生产技术开发
4	高精压延电子铜箔生产关键技术开发
5	铜循环利用短流程生产关键技术与工程化

三、申请管理

1、本项目在科技部的指导下,由中国有色金属工业协会负责该项目的组织实施。

2、根据《国家科技支撑计划管理暂行办法》的有关规定,遵循“公开申报、统一评审、优势优先”的原则,通过评审择优选择并落实优势承担单位。

四、项目实施期限及经费来源

本项目实施年限为3年(2011年1月～2013年12月),国拨经费4500万元。

五、申请资格

(一)申报单位的条件和要求

1、凡在中华人民共和国境内注册,具有较强科研能力和条件、运行管理规范、具有独立法人资格的内资或内资控股企业、事业单位、科研院所、高等院校等,均可单独或联合申报,不接受个人申请。

课题申报必须以某一课题整体研究内容为申请单元,积极鼓励科研单位和企业以“产、学、研、用”相结合的方式联合申报课题,实现责任和风险共担、知识产权和利益共享。每个课题的申报单位与主要参加单位须签订共同申请协议,明确规定各自所承担的工作和责任。

2、课题申报单位应具有承担相应国家级科研课题的综合能力,资产负债率低于2/3,无行政处罚或违法记录。申报企业应出具银行资信等级和资产负债证明。

申报单位还应具备以下条件:

（1）技术需求与课题的目标一致；

（2）在相关任务领域具有领先的创新能力和技术基础；

（3）所承担的任务，在完成后有能力进行应用和转化；

（4）具有稳定的研发投入、稳定的研发人才和团队，能够为课题实施提供资金及其他条件保障；

（5）通过课题实施，能够与相关企业、大学、科研机构建立紧密的技术创新与知识产权合作，通过课题成果的转让或服务，促进全行业技术和产业水平的提高。

3、申报单位经费须专款专用，设立单独账簿，独立核算，并保证配套资金及时到位，保障课题研究工作的顺利实施。

4、成果查新证明须由有资质的国家或部省级查新单位出具。

（二）申请负责人的条件和要求

1、课题负责人具有中华人民共和国国籍，年龄在55岁以下（截至2010年12月）；具有高级职称，并有固定工作单位（不包括在站博士后），无不良科研行为，从事相关研究或技术开发五年以上；课题负责人用于本课题研究时间不少于本人工作时间的60%，每年在国内工作时间不少于9个月。

2、所有参与课题申请人员均不得参与两项以上本项目课题的申报，且只能主持申报一项本项目课题。课题申报单位（包括参与申报单位）和主要申报人，对本项目课题不得进行重复或交叉申报。

3、中央和地方各级政府公务员不得主持本项目课题申报。

经形式审查，申请单位和申请负责人不符合上述规定的申请书视为无效申请，不参与后续课题评审。

六、申请文件的编制与递交

1、申请文件：以中文编写，要求语言精炼，数据真实、可靠。

2、申请文件的规格要求：一律用A4纸，仿宋体四号字打印并装订成册（白色纸质封面），同时附电子版。

3、申请文件构成：

（1）申请函。

（2）申请人资格审查文件。

（3）国家科技支撑计划课题申报书。

（4）国家科技支撑计划课题预算申报书。

（5）有关附件（申请单位承诺函、联合申请合作协议、申请单位营业执照或法人代码证复印件、申请单位资格声明函、申请单位资信证明、近两年度资产负债表、损益表及现金流量表、申请单位基本情况等）。

4、课题申报书及有关资料应有法定代表人（或委托授权人）签字并加盖公章，全部申请文件须包装完好，封皮上写明申请课题、申请单位名称、地址、邮政编码、电话、联系人及注明“不准提前启封”字样，并加盖单位公章。

5、课题申报书一式15份，课题预算申报书一式2份。其中，正本1份，在每份申请书上要注明正本和副本，正、副本分别封装并在封面上注明。一旦正本和副本不符，则以正本为准。

6、申报工作自本指南公布之日起开始，申报单位必须根据《课题申请指南》要求参与申报活动。《课题申请指南》可从科技部网站（http://www.most.gov.cn/）上直接下载。

7、寄送申请文件截止日期：2010年10月15日17时。只接收在申请截止日期前由申请人或委托代理人送至或寄至的申请文件。申请文件受理单位对申请文件在邮寄过程中出现的遗失或损坏不负责任。

寄送地点：北京海淀区复兴路乙12号907房间

邮政编码：100814

联 系 人：王怀国　李波

联系电话：010-63971530/3978

七、课题管理

1、遵循“公开、公正、公平”的原则，经专家评审、择优选定的课题承担单位，按项目管理要求与中国有色金属工业协会签订国家科技支撑计划课题任务书。

2、按照《国家科技支撑计划管理暂行办法》对课题承担单位进行管理，国拨经费将根据每个课题进展情况按年度分批拨付到承担单位。

3、课题执行期间，中国有色金属工业协会将组织对课题进展情况进行阶段性考核，对未按合同执行，达不到阶段考核目标，配套和自筹资金不到位的课题，有权终止合同。

4、课题完成后，中国有色金属工业协会对课题进行评估和验收。

第二章　申请课题研究内容与目标

课题1：高纯无氧铜带连续挤压新技术与装备开发

1、研究目标

针对传统工艺制造高纯无氧铜带品质差、成本高的技术难题，研发大扩展变形条件下的连续挤压工艺技术，设计与制造大型连续挤压装备，形成取消加热-热轧工序的铜带材制造新工艺，进一步提高我国大型铜材连续挤压技术及装备水平。

2、研究内容

（1）研究大扩展变形条件下连续挤压铜带的成形理论和新型工装结构；

（2）研究连续挤压技术制造高纯无氧铜带的工艺规范；

（3）研发适应制造高纯无氧铜带的大型连续挤压设备；

（4）研发适应铜带连续挤压生产的相应辅助设备，形成铜带制造的成套装备。

3、考核指标

（1）连续挤压工艺制造高纯无氧铜带产品最大宽度不小于320 mm；

（2）大型铜带连续挤压设备挤压轮径大于600mm，原材料直径20～40mm；

（3）形成高纯无氧铜带连续挤压生产示范线，年产能力大于1.5万吨，综合成材率达75%，比传统工艺吨产品节电200kWh以上；

（5）制造的无氧铜板带Cu+Ag含量≥99.97%，含氧量≤5ppm，导电率≥101% IACS，性能符合GB/T 14594—2005标准；

(6)推广应用5条以上铜带连续挤压生产示范线,形成5万吨以上生产能力。

4、经费安排

国拨经费1300万元,申请单位配套经费不低于国拨经费。

课题2:高性能铜材短流程生产组织控制关键技术

1、研究目标

以实现高效节能、低成本为目的,重点研究精密电子铜管、高性能热交换用耐蚀铜合金管材和高精压延电子铜箔制备加工过程的组织精确控制,开发基于组织控制的高效短流程制备加工新方法和新工艺,发展高性能铜材短流程生产组织控制共性关键技术。

2、研究内容

(1)铜材水平连铸熔体净化及凝固组织精确控制技术;

(2)光亮、薄壁铜及铜合金管材近终形水平连铸技术与关键装备;

(3)高质量C10200、C11000板坯水平连铸技术;

(4)精密电子铜管"连铸-拉拔"短流程工艺原型;

(5)热交换用铜合金管材"连铸-冷轧-拉拔"短流程工艺原型;

(6)加工成形过程中铜材的组织性能与形状尺寸精确控制技术;

(7)连铸、加工成形、热处理工艺优化;

(8)高精度铜材塑性加工润滑工艺与润滑剂研发。

3、考核指标

(1)连铸无氧铜管内外表面光亮,无宏观缺陷,直径30~50mm,壁厚3~5mm,可直接用于盘拉加工;

(2)连铸B10铜管内外表面无夹渣、桔皮、冷隔等宏观缺陷,表面粗糙度0.7~1.6 μm;直径50~80mm,壁厚5~8mm;不需拔皮、抛光、酸洗等处理,可直接用于冷轧管及拉拔加工;

(3)建立精密电子铜管"连铸-拉拔"、高性能热交换用耐蚀铜合金管材"连铸-冷轧-拉拔"近终形短流程制备加工工艺原型;与"半连铸-挤压-冷轧管-拉拔"传统工艺相比,综合成品率达到75%以上;

(4)开发高精压延电子铜箔生产关键技术;开发厚度6~50 μm、宽度150~250mm的高性能C10200、C11000挠性电路板精密铜箔。

4、经费安排

国拨经费500万元,申请单位配套经费不低于国拨经费的2倍。

课题3:高质量铜管短流程生产技术开发

1、研究目标

开发具有完全自主知识产权的高性能热交换用耐蚀铜合金管材控制凝固短流程制备加工关键技术,形成万吨级高性能耐蚀铜合金管材生产线;开发具有完全自主知识产权的高性能电子铜管精密连铸短流程高效加工关键技术,形成千吨级高性能电子铜管生产线。

2、研究内容

(1)高性能、光亮薄壁铜管多流连续工装研发及产业化工艺研究;

(2)光亮薄壁铜管短流程加工技术研发及产业化;

(3)高性能铜管组织性能控制技术研究;

(4)高性能铜管在线热处理工艺研究。

3、考核指标

(1)形成万吨级高性能耐蚀铜合金管材生产线;管材外径6~20mm、壁厚0.35~1.2mm,卷重1吨以上,抗拉强度≥290MPa、延伸率≥30%;与"半连铸-挤压-冷轧管-直拉"传统工艺相比,节电500度/吨以上;综合成品率达到75%以上;

(2)形成千吨级高性能电子铜管生产线;光亮薄壁管坯实现多工位连铸成形,铸态管材组织为柱状晶组织,延伸率45%以上,内外表面光亮、无宏观缺陷,可直接盘拉;电子铜管的外径公差±0.04mm、内径公差±0.04mm,管材壁厚不均度≤0.15mm,抗拉强度(硬态)≥315MPa,导电率≥100%IACS;与"半连铸-挤压-冷轧管-拉拔"传统工艺相比,综合成品率达到75%以上;

(3)形成2项高性能铜管短流程生产技术企业标准。

4、经费安排

国拨经费1400万元,申请单位配套经费不低于国拨经费。

课题4:高精压延电子铜箔生产关键技术开发与产业化

1、研究目标

在高精压延电子铜箔生产线引进、消化、吸收的基础上进行再创新,开发高精压延电子铜箔产业化关键技术,形成年产5000吨以上高精压延电子铜箔的生产能力;填补国内空白,满足挠性电路板的需求。

2、研究内容

(1)板坯水平连铸、轧制、热处理过程中组织精确控制技术;

(2)极薄铜箔轧制板型控制技术;

(3)铜箔轧制生产工艺模型与计算机控制系统;

(4)铜箔脱脂清洗技术;

(5)铜箔表面粗化处理工艺的精确控制及优化。

3、考核指标

(1)形成年产5000吨以上挠性电路板用压延电子铜箔生产能力;

(2)铜箔厚度6~50 μm,宽度450~650mm;

(3)标称厚度17.1 μm的退火压延铜箔的抗拉强度≥103MPa、延伸率≥5%、电阻率≤0.155~0.160ohm-gram/m^2;标称厚度17.1 μm的可低温退火压延铜箔的抗拉强度≥345MPa、延伸率≥0.5%、电阻率≤0.160ohm-gram/m^2;

(4)综合成品率不低于50%;

(5)形成1项高精压延电子铜箔生产技术企业标准。

4、经费安排

国拨经费900万元,申请单位配套经费不低于国拨经费的2倍。

课题5:铜循环利用短流程生产关键技术与工程化

1、研究目标

针对废杂铜回收利用流程长、能耗高、效率低、污染大等问题，开展连续冶炼和渣尘处理工艺与技术研究。研发一种具备自动检测、自动控制、连续化操作、能耗低、污染少、适应品位低于94%的废杂铜冶炼的新型连续冶炼设备，形成新型竖平炉一体化阳极板清洁生产工程示范线，替代“反射炉炼铜工艺及设备”；提高铜熔炼渣及烟尘回收利用率，减少废弃物对环境的危害。

2、研究内容

（1）铜循环利用短流程生产工艺研究；

（2）铜循环利用短流程生产关键装备研发；

（3）短流程冶炼过程工艺建模与优化控制技术研究；

（4）含铜渣尘湿法提取关键技术开发。

3、考核指标

（1）废杂铜短流程连续冶炼吨铜阳极板能耗低于65kg标准煤，烟尘捕集率达98%以上，废杂铜原料含铜量下限为90%；

（2）废杂铜连续冶炼及热工过程实现自动化运行，形成成套专用自动控制系统；

（3）冶炼渣尘中铜最终回收率达到95%以上，锌最终回收率达到90%以上，铜再生过程产生的酸可替代浸出阶段用酸总量的80%以上；

（4）形成年产5万吨以上的铜阳极板的清洁冶炼示范生产线。

4、经费安排

国拨经费400万元，申请单位配套经费不低于国拨经费的2倍。

2011年国家科技支撑计划重点项目“新一代节能高效连续热处理关键技术研究及示范”申请指南

第一章 申请须知

一、项目总体目标

开发新一代节能高效连续热处理关键技术，形成自主知识产权、自主设计和建造能力；解决冷轧薄板的快速加热和快速冷却、板形在线测量及控制、采用高效热交换装置实现低温燃烧废气余热利用、带钢高效清洗、清洗液循环利用、冷轧工序废弃物利用等共性技术问题，促进上述技术及设备在国内大型连续热处理机组推广应用；开发拥有自主知识产权的快速热处理和热轧免酸洗直接冷轧退火热镀锌工艺技术，并实现工业生产；形成年产30万吨以上规模高强钢产品专用生产线，可生产冷轧软钢、双相高强钢、马氏体高强钢、相变诱导塑性钢（TRIP钢）和热镀锌双相高强钢、相变诱导塑性钢（TRIP钢）等，满足汽车、运输、先进制造等产业对高强度钢铁材料的需要，在相关技术领域达到国际先进水平并推动我国钢铁产业大型连续热处理技术及设备的发展。

本项目符合《国家中长期科学和技术发展规划纲要（2006-2020）》中能源重点领域工业节能优先主题、环境重点领域综合治污与废弃物循环利用优先主题，以及制造业重点领域可循环钢铁流程工艺与装备优先主题。

二、申请内容

本项目重点开展连续热处理快速冷却、快速加热、节能高效快速热处理机组设计、高效清洗和清洗液回收利用、热轧板免酸洗直接冷轧还原镀锌、板形仪和电镀锌核心设备国产化、新一代辐射管设计制造、高效热交换装置及低温燃烧废气利用等关键技术研究开发。

本项目研究内容分解为9个课题，包括：

序号	课题名称
1	快速热处理模拟实验设备和生产工艺、产品与核心装备开发
2	新一代节能高效连续热处理机组设计技术研究
3	快速热处理钢板组织织构和性能研究
4	热轧板免酸洗直接冷轧还原退火热镀锌工艺技术研究
5	新型板形仪的开发和平整板形控制系统研发
6	高效热交换装置的研发和低温燃烧废气的利用技术开发
7	带钢高效清洗工艺和冷轧工序废弃物利用技术开发
8	电镀锌核心工艺和装备的研发
9	新一代辐射管的研究开发

三、申请管理

1、本项目在科技部的指导下，由中国钢铁工业协会负责该项目的组织实施。

2、根据《国家科技支撑计划管理暂行办法》的有关规定，遵循“公开申报、统一评审、优势优先”的原则，通过评审择优选择并落实优势承担单位。

四、项目实施期限及经费来源

本项目实施年限为3年（2011年1月～2013年12月），国拨经费4000万元。

五、申请资格

（一）申报单位的条件和要求

1、凡在中华人民共和国境内注册，具有较强科研能力和条件、运行管理规范、具有独立法人资格的内资或内资控股企业、事业单位、科研院所、高等院校等，均可单独或联合申报，不接受个人申请。

课题申报必须以某一课题整体研究内容为申请单元，积极鼓励科研单位和企业以“产、学、研、用”相结合的方式联合申报课题，实现责任和风险共担、知识产权和利益共享。每个课题的申报单位与主要参加单位须签订共同申请协议，明确规定各自所承担的工作和责任。

2、课题申报单位应具有承担相应国家级科研课题的综合能力，资产负债率低于2/3，无行政处罚或违法记录。申报企业应出具银行资信等级和资产负债证明。

申报单位还应具备以下条件:

(1)技术需求与课题的目标一致;

(2)在相关任务领域具有领先的创新能力和技术基础;

(3)所承担的任务,在完成后有能力进行应用和转化;

(4)具有稳定的研发投入、稳定的研发人才和团队,能够为课题实施提供资金及其他条件保障;

(5)通过课题实施,能够与相关企业、大学、科研机构建立紧密的技术创新与知识产权合作,通过课题成果的转让或服务,促进全行业技术和产业水平的提高。

3、申报单位经费须专款专用,设立单独账簿,独立核算,并保证配套资金及时到位,保障课题研究工作的顺利实施。

4、成果查新证明须由有资质的国家或部省级查新单位出具。

(二)申请负责人的条件和要求

1、课题负责人具有中华人民共和国国籍,年龄在55岁以下(截至2010年12月);具有高级职称,并有固定工作单位(不包括在站博士后),无不良科研行为,从事相关研究或技术开发五年以上;课题负责人用于本课题研究时间不少于本人工作时间的60%,每年在国内工作时间不少于9个月。

2. 所有参与课题申请人员均不得参与两项以上本项目课题的申报,且只能主持申报一项本项目课题。课题申报单位(包括参与申报单位)和主要申报人,对本项目课题不得进行重复或交叉申报。

3、中央和地方各级政府公务员不得主持本项目课题申报。

经形式审查,申请单位和申请负责人不符合上述规定的申请书视为无效申请,不参与后续课题评审。

六、申请文件的编制与递交

1、申请文件:以中文编写,要求语言精炼,数据真实、可靠。

2、申请文件的规格要求:一律用A4纸,仿宋体四号字打印并装订成册(白色纸质封面),同时附电子版。

3、申请文件构成:

(1)申请函。

(2)申请人资格审查文件。

(3)国家科技支撑计划课题申报书。

(4)国家科技支撑计划课题预算申报书。

(5)有关附件(申请单位承诺函、联合申请合作协议、申请单位营业执照或法人代码证复印件、申请单位资格声明函、申请单位资信证明、近两年度资产负债表、损益表及现金流量表、申请单位基本情况等)。

4、课题申报书及有关资料应有法定代表人(或委托授权人)签字并加盖公章,全部申请文件须包装完好,封皮上写明申请课题、申请单位名称、地址、邮政编码、电话、联系人及注明“不准提前启封”字样,并加盖单位公章。

5、课题申报书一式15份,课题预算申报书一式2份。其中,正本1份,在每份申请书上要注明正本和副本,正、副本分别封装并在封面上注明。一旦正本和副本不符,则以正本为准。

6、申报工作自本指南公布之日起开始,申报单位必须根据《课题申请指南》要求参与申报活动。《课题申请指南》可从科技部网站(http://www.most.gov.cn/)上直接下载。

6、寄送申请文件截止日期:2010年10月15日17时。只接收在申请截止日期前由申请人或委托代理人送至或寄至的申请文件。申请文件受理单位对申请文件在邮寄过程中出现的遗失或损坏不负责任。

寄送地点:北京市东城区东四西大街46号

中国钢铁工业协会发展与科技环保部

邮政编码:100711

联 系 人:姜尚清　张临峰

联系电话:010-65131941

电子邮箱:gxpzjsc@163.com

七、课题管理

1、遵循“公开、公正、公平”的原则,经专家评审、择优选定的课题承担单位,按项目管理要求与中国钢铁工业协会签订国家科技支撑计划课题任务书。

2、按照《国家科技支撑计划管理暂行办法》对课题承担单位进行管理,国拨经费将根据每个课题进展情况按年度分批拨付到承担单位。

3、课题执行期间,中国钢铁工业协会将组织对课题进展情况进行阶段性考核,对未按合同执行,达不到阶段考核目标,配套和自筹资金不到位的课题,有权终止合同。

4、课题完成后,中国钢铁工业协会对课题进行评估和验收。

第二章　申请课题研究内容与目标

课题1:快速热处理模拟实验设备和生产工艺、产品与核心装备开发

1、研究目标

开发拥有我国自主知识产权的快速热处理模拟实验设备和冷轧带钢连续热处理用横向磁通感应加热生产单元,通过快速热处理模拟实验全面揭示连续快速热处理工艺对各种冷轧软钢、低合金高强钢、双相钢、马氏体钢和硅钢组织性能的影响规律;开发一系列快速热处理冷轧带钢产品,实现传统冷轧带钢钢种强度等级和磁性能升级,形成年产量不低于30万吨的新一代节能高效快速热处理技术工业应用示范线。

2、研究内容

(1)开发一台快速热处理模拟实验设备,既能模拟连续退火,又能模拟热镀锌和热镀锌合金化退火,同时具有比传统连续热处理机组更高的加热和冷却速率。实验设备能够处理冷轧带钢样品规格为220×280×(0.3～3.0)mm,快速加热采用感应加热,快速冷却采用喷气快冷,实验气氛可为空气、氮气、氢气、氦气和一氧化碳,且露点可调。

(2)在热模拟实验装置上对各种冷轧软钢、低合金高强钢、双相钢、马氏体钢和硅钢进行快速热处理模拟实验,详细分析快速热处理工艺对各种冷轧碳钢晶粒度、相组成、织构、拉伸力学性能、疲劳性能、冲压性能和可镀性影响规律;分析

快速热处理工艺对冷轧硅钢晶粒度、织构、拉伸力学性能和磁性能影响规律；开发出合适的快速热处理生产工艺，并与传统连续热处理工艺产品进行对比；

(3)设计制造出示范线用横向磁通感应加热单元，并完成示范线改造和工程建设，形成快速热处理机组；

(4)结合热模拟实验结果，在示范线开发出快速热处理冷轧带钢产品及生产工艺，开展快速热处理产品的用户使用性能研究，并完成快速热处理技术可靠性、稳定性和经济性评估。

3、考核指标

(1)快速热处理实验装置满足以下主要考核指标：典型规格产品(220mm×280mm×0.8mm)带钢从室温加热到900℃，加热速率可达700℃/s，从850℃冷却到250℃冷却速率可达150℃/s，样品单面镀锌重量30～200g/m^2，试样保温温度均匀性±5℃，露点可调范围-60～20℃；

(2)示范线带钢在600～850℃采用横向磁通感应加热，加热速率达到200℃/s(0.8mm×1200mm带钢)，快速加热的热效率达到75%，冷却速率可达到150℃/s，带钢在600℃以上持续时间从3～5min降到40s之内；

(3)在示范线上生产出软钢和高强钢快速热处理产品，包括连续退火和热镀锌产品两类，形成初步的新产品暂行供货标准一套，实现示范线年产30万吨以上规模。

4、经费安排

国拨经费1200万元，申请单位自筹配套经费不低于国拨经费的2倍。

课题2：新一代节能高效连续热处理机组设计技术研究

1、研究目标

开发薄板带生产连续热处理机组核心工艺设备和控制技术，具备薄板带连续热处理机组自主集成、自主设计能力。

实现连续热处理机组的自主集成和入出口段设备的自主设计；具备连续热处理立式炉自主设计能力，形成新一代节能高效连续热处理机组设计能力。

2、研究内容

本项目以连续热处理机组为载体，研究内容和结果为机组的设计、调试和改进优化提供技术支撑，项目技术成果将直接应用于自主集成、自主设计连续热处理机组工程项目。主要研究内容有：

(1)开展连续热处理机组平整机关键工艺技术研究，包括液压系统、延伸率控制系统以及工艺参数设定；

(2)建立连续热处理机组平整机板形控制模拟系统，开展板形控制系统研究；

(3)建立炉内带钢热瓢曲试验装置，研究炉内带钢稳定运行规律；

(4)全线张力分布及张紧辊配置合理性分析与研究，多小车、大立式活套控制策略研究；

(5)连续热处理机组炉内张力工艺参数优化设定技术研究；

(6)立式炉炉内张力控制策略和传动控制方案研究；

(7)开发热工综合试验平台，建立连续热处理炉炉内热力学计算模型；

(8)开展现场热工检测，并对热力学计算模型进行验证；

(9)立式退火炉温度控制模型开发。

3、考核指标

(1)建成高端冷轧薄板带材连续热处理机组，并形成新一代节能高效连续热处理机组设计能力。

(2)自主集成的大型立式连续热处理机组如下指标：①平整机延伸率控制精度满足各类汽车、家电产品的工艺要求。恒速时延伸率波动±0.05%以内，加减速时延伸率波动±0.15%以内；②稳定后，机组板形封闭量低于0.5%；③立式活套塔张力控制精度：稳态±3%，加减速±5%；位差控制精度3%以内；④炉内张力控制精度：稳态±3%，加减速±5%；

(3)申请国家专利3项以上。

4、经费安排

国拨经费600万元，申请单位自筹配套经费不低于国拨经费的2倍。

课题3：快速热处理钢板组织织构和性能研究

1、研究目标

通过对快速热处理钢板微观组织转变规律的研究，掌握快速热处理共性关键技术，突破传统生产工艺和产品结构，并通过示范线建设，生产出低成本、高性能带钢产品。

2、研究内容

(1)研究在快速热处理条件下钢板(HSLA、DP钢，TRIP钢，Q&P钢、IF软钢等)微观组织转变特征及其机理；

(2)研究Nb、Ti等微合金化元素及其他合金元素在快速热处理条件下对各种钢板组织和性能的影响；

(3)通过快速热处理技术，生产出低成本、高性能带钢产品；

(4)依据快速热处理技术研究成果，形成一条年产30万吨以上规模新一代节能高效连续热处理示范线。

3、考核指标

(1)制定出适于不同钢种(HSLA、DP钢，TRIP钢，Q&P钢等)的快速热处理最佳工艺；

(2)不同钢种指标：DP钢，抗拉强度1000MPa以上，延伸率≥12%；TRIP钢，抗拉强度1000MPa以上，强塑积≥20000MPa%；马氏体高强钢，抗拉强度1400MPa，延伸率≥5%；Q&P钢，抗拉强度1000MPa以上，延伸率≥25%；IF软钢高塑性应变值2.0以上，应变强化指数值0.2以上；产品形成工业化生产；

(3)快速热处理技术研究成果应用于高效连续热处理示范线。

(4)申请国外发明专利1项以上，国内发明专利3项以上。

4、经费安排

国拨经费500万元，申请单位自筹配套经费不低于国拨经费的2倍。

课题4：热轧板免酸洗直接冷轧还原退火热镀锌工艺技术研究

1、研究目标

从热轧氧化铁皮控制入手，提高氧化铁皮与基板结合力，开发出免酸洗直接冷轧工艺技术，并通过对还原退火和热镀锌/电镀锌工艺技术研究,开发出具有自主知识产权的适于先进高强度钢和超高强度钢生产核心涂镀技术。

2、研究内容

(1)研究热轧钢材氧化铁皮结构控制技术,对不同结构氧化铁皮与基体的粘附性、变形协调性及相关变形机理进行研究;

(2)研究连续热处理过程中氧化铁皮还原和涂镀层表面质量控制技术;进行不同技术参数对产品质量影响规律的研究,包括有效铝含量、锌池温度、钢带入锌池温度、合金化温度、钢带速度、基板化学成分及镀层厚度等;

(3)研究氧化铁皮免酸洗直接冷轧工艺技术。

3、考核指标

(1)实现热轧板免酸洗直接冷轧还原退火热镀锌工艺技术的工业应用;

(2)吨钢减少浓盐酸消耗20kg(不考虑酸再生)左右,实现冷轧零酸耗生产;

(3)镀层弯曲试验时,弯心直径≤3a,弯曲时镀层不脱落。

(4)申请专利4项及以上,软件著作权1项以上。

4、经费安排

国拨经费300万元,申请单位自筹配套经费不低于国拨经费的2倍。

课题5:新型板形仪的开发和平整板形控制系统研发

1、研究目标

开发并完善两种新型光学式板形仪,实现新型磁电式板形检测装置核心传感器的创制,研制一套高精度普通/高强/超高强度钢板平整板形控制系统。实现翘曲自动控制和瓢曲前馈控制,解决连退/热镀锌机组板形控制技术水平与实物精度低的问题。

2、研究内容

(1)板形平坦度光学检测设备研究与开发,包括阵列式板形仪模块化及可靠性设计、带钢振动研究、滤波技术研究、光切法板形仪图像采集技术实验研究、实验多种光源及滤波光路对成像及测量精度的影响、光切法板形仪抗干扰技术研究;

(2)磁电式透射带钢应力传感器原型研发,包括专用磁路材料实验研究、专用信号变送器硬件与软件开发、传感器重要性能参数测试及优化对策研究、多通道传感器标准化研制、多通道带钢静态张力测试标定装置研制;

(3)新一代板形自动控制方法、策略、模型及仿真系统研究,包括平整过程带钢平坦度计算模型及控制策略研究、板形翘曲计算及设定模型研究、板形C翘缺陷反馈控制系统研究;

(4)研发出新型板形仪和平整板形控制系统,并进行示范应用。

3、考核指标

(1)开发研制成功阵列式激光板形仪、光切法板形仪、磁电式透射带钢应力传感器原型机,并在示范线上应用;

(2)平整板型总体技术指标

板形技术指标

序号	材料	生产速度(m/min)	最终产品的保证项目				
			带钢规格		浪高(mm)	急峻度(%)	C翘翘度(mm)
			厚度(mm)	宽度(mm)			
1	≤600MPa	≥40	≤1.0	≤1100	≤3	≤1	≤5
				>1100	≤4	≤1	≤5
			>1.0	≤1100	≤3	≤1	≤5
				>1100	≤3	≤1	≤5
2	≤1200MPa	≥40	≤1.0	≤1100	≤4	≤1	≤5
				>1100	≤5	≤1	≤8
			>1.0	≤1100	≤4	≤1	≤5
				>1100	≤4	≤1	≤8
3	>1200MPa	≥40	≤1.0	≤1100	≤8	≤1.5	≤15
				>1100	≤10	≤1.5	≤20
			>1.0	≤1100	≤8	≤1.5	≤15
				>1100	≤8	≤1.5	≤20

C翘翘度:考核钢卷长度的95.4%要达到表中列出的指标要求。

浪高、急峻度:考核钢卷长度的95.4%要达到表中列出的指标要求。

(3)申请专利2项以上。

4、经费安排

国拨经费300万元,申请单位自筹配套经费不低于国拨经费的2倍。

课题6:高效热交换装置的研发和低温燃烧废气的利用技术开发

1、研究目标

开发连续热处理炉低温余热利用关键材料,"Ω"形轴向微槽道金属热管连续生产技术,形成高效热交换成套装置批量生产能力,热处理炉排放较高温度(300℃左右)废气,降低到150℃以下,将余热转换为生产热水、过热水和低压蒸汽,低压蒸汽应用于制冷和除湿。低温余热高效利用技术在钢铁企业形成应用示范。

2、研究内容

(1)"Ω"型轴向微槽道金属热管连续生产技术开发;

(2)优化热管的结构参数,设计热交换器结构;

(3)研究逆向分级梯温回收余热技术,根据目标温度设计不同层级热交换器转换功率;

(4)研究适应于低压蒸汽或热水的制冷机和除湿机型。

3、考核指标

(1)"Ω"型微槽道金属热管固液两相毛细通道宽度≤0.3mm;

(2)建成生产热管坯能力600～720万米/年示范线一条;

(3)热管当量导热系数360～460kW/(m·℃),总热阻

0.0085 ~ 0.0112℃/W；蒸发传热系数 2.9 ~ 3.5kW/(m^2·℃)，凝结传热系数 5.2 ~ 8.4kW/(m^2·℃)；

(4)单位体积比传统热管换热器小于 50% 以上；

(5)烟气温度从 300℃降至 150℃以下；过热水温度≥130℃，低压蒸汽 0.1MPa 以上；

(6)申请专利 5 项及以上。

4、经费安排

国拨经费 300 万元，申请单位自筹经费不低于国拨经费的 2 倍。

课题 7：带钢高效清洗工艺和冷轧工序废弃物利用技术开发

1、研究目标

开发新型高效带钢清洗技术，在工业试验基础上取得实际业绩；开发绿色、增值的冷轧工序废弃物利用技术。

2、研究内容

(1)带钢的高效清洗工艺研究；

(2)清洗液的清洁、分离、再利用技术开发；

(3)清洗液余热回收工艺技术研究；

(4)冷轧工序废弃物生产高附加值产品的新技术开发与研究。

3、考核指标

(1)建成一条先进的带钢清洗生产工序示范线。带钢高效清洗工艺技术指标：实现退火前带钢表面残留物≤23mg/m^2；

(2)开发冷轧工序废弃物回收综合利用产业化技术，为自主开发冷轧工序废弃物回收试验平台配套。固液高效分离和液体净化、循环利用技术指标：碱液 90% 以上回收，添加剂 80% 以上回收，油 80% 以上回收，热水 70% 以上回收；废弃物回收与再生技术：铁粉和铁基合金粉 90%；

(3)形成 3 项具有自主知识产权技术：轧辊磨削料处理技术；铁泥处理技术；铁粉和铁合金粉再利用技术。形成 2 个新产品：高性能铁粉和高性能铁合金粉，产品满足国家标准；

(4)国际发明(PCT)专利 1 项、国家发明专利 3 项及以上。

4、经费安排

国家拨款 300 万元，申请单位自筹经费不低于国拨经费的 2 倍。

课题 8：电镀锌核心工艺和装备的研发

1、研究目标

形成具有自主知识产权的连续电镀锌工艺技术与产品。重点研制导电辊、阳极箱、电镀槽设计与制备技术，改善导电辊使用效果和延长导电辊使用寿命，实现连续电镀锌关键设备国产化；研制新型锌合金镀层电镀工艺技术与绿色环保钝化工艺，提高钢板表面防护性能和拓展应用领域；研究闪镀或其他表面处理等表面改性技术对高强度钢耐蚀性、加工性、焊接性、涂装性等方面的影响，实现新一代高强钢板的低成本、高效率表面改性。

2、研究内容

(1)连续电镀锌核心工艺及其连续控制技术研究；

(2)导电辊、阳极箱、电镀槽等关键设备设计制造技术研究，重点是新型导电辊电铸复合或粉末冶金制备技术；

(3)高强钢板闪镀及其他后处理改性技术及其应用研究；

(4)电镀新型锌基合金及其无铬钝化工艺技术研究。

3、考核指标

(1)研究开发连续电镀锌、锌－镍合金、锌－锡合金等工艺技术及无铬钝化新技术，形成 3 ~ 5 项专利技术；电镀锌合金耐中性盐雾腐蚀试验时间≥720 小时；

(2)探索闪镀及其他后处理对高强度钢耐蚀性、加工性、焊接性、涂装性方面影响；带钢经闪镀层处理后摩擦系数较基体降低 30% 以上；

(3)导电辊表面金属基复合材料电阻率为(0.5 ~ 1)×10^{-6}μΩ·m；表面显微硬度≥700MPa；

(4)实现电镀锌核心工艺装备国产化；

(5)国家发明专利 5 项及以上。

4、经费安排

国拨经费 300 万元，申请单位自筹经费不低于国拨经费的 2 倍。

课题 9：新一代辐射管的研究开发

1、研究目标

改进现有自身预热式燃烧器，提高现有 W 辐射管热效率、降低排放烟气热损失，并采用高效换热技术，提高废气再循环效率；开发新型双 P 型辐射管和配套自身预热式燃烧器技术，采用高效换热器、废气循环技术、稀氧燃烧方式实现高强汽车钢薄板连续热处理炉加热质量提升；开发新型 M 型辐射管及配套自身预热式燃烧器系统，探索进一步提高辐射管系统性能的途径；开发与双 P 型和 M 型辐射管配套的智能型燃烧控制器，提高可靠性，扩充功能。分析连续热处理炉燃烧系统管网流动组织，优化辐射管、燃烧器和管网的工作匹配。

2、研究内容

(1)开发新型换热和废气循环利用技术，提高自身预热式燃烧器换热效率，改善和提高现有 W 型辐射管热效率和温度均匀性；

(2)开发双 P 型辐射管及配套的自身预热式燃烧器，为新建或改造大型连续热处理炉提供高效燃烧装备和燃烧系统配置；

(3)开发 M 型辐射管及配套的自身预热式燃烧器系统，探索进一步提高辐射管系统性能的途径；

(4)开发与双 P 型和 M 型辐射管配套的智能型燃烧控制器，提高可靠性，扩充功能；

(5)研究辐射管、燃烧器和整个炉体相应管网的匹配问题，指导设计，保证燃烧器正常工作。

3、考核指标

(1)双 P 型辐射管温度均匀性优于 50℃；

(2)燃烧器排烟温度低于 550℃，热效率达到 71%；

(3)燃烧器 NO_x 排放量低于 80ppm；

(4)提高燃烧控制器可靠性，可靠点火循环 100 万次以上，能够检测辐射管表面温度，并根据上位机下达的控制目标对燃烧系统进行闭路控制。

(5)形成辐射管、自身预热式燃烧器和管网系统选型、匹

配和设计指导书;

(6)实现新一代辐射管的工业化示范应用。

4、经费安排

国拨经费200万元,申请单位自筹经费不低于国拨经费的2倍。

2011年国家科技支撑计划重点项目“制笔行业关键材料及制备技术研发与产业化”申请指南

第一章 申请须知

一、项目总体目标

围绕制笔行业共性关键技术问题,重点研究制约我国制笔行业的圆珠笔墨水制造、笔头材料及笔头制造、笔头与墨水匹配等瓶颈问题,突破圆珠笔墨水制造生产、笔头制备用材料生产、笔头制造设备国产化等关键技术,实现笔类产品核心技术的国产化,形成系统的国产高质量圆珠笔的制造生产能力,大幅提高笔类产品制造技术水平。

本项目符合《国家中长期科学和技术发展规划纲要(2006-2020)》基础原材料、基础件和通用部件优先主题。

二、申请内容

本项目重点研究开发高档圆珠笔用墨水、笔头材料及笔头加工设备、笔头与墨水匹配技术体系三大关键技术,并建立产业化应用示范。

本项目共设置3个课题,包括:

序号	课题名称
1	圆珠笔墨水关键技术开发与产业化
2	笔头材料及其制备技术研发与产业化
3	笔头和墨水匹配技术评价体系及新型笔头研发

三、申请管理

1、本项目在科技部的指导下,由中国轻工业联合会负责项目的组织实施工作。

2、根据《国家科技支撑计划管理暂行办法》的有关规定,遵循“公开申报、统一评审、优势优先”的原则,通过评审择优选择并落实课题承担单位。

四、项目实施期限及经费来源

本项目实施年限为3年(2011年6月～2014年6月),国拨经费控制额为6000万元。

五、申请资格

(一)申报单位的条件和要求

1、凡在中华人民共和国境内注册,具有较强科研能力和条件、运行管理规范的制笔企业、事业单位、科研院所、高等院校等,均可单独或联合申报,不接受个人申请。

课题申报必须以某一课题整体研究内容为申请单元,积极鼓励行业制笔龙头骨干企业为主体,与科研单位等以“产、学、研、用”相结合的方式联合申报课题,实现责任和风险共担、知识产权和利益共享。每个课题的申报单位与主要参加单位须签订共同申请协议,明确规定各自所承担的工作和责任。

申报单位应结合“申请课题研究内容与目标”部分的基本要求,针对拟申请课题,细化研究内容和技术路线,提出具体的考核指标体系,上述内容将作为课题评审的主要依据之一。

2、课题申报单位应具有承担相应国家级科研课题的综合能力,资产负债率低于2/3,无行政处罚或违法记录。申报企业应出具银行资信等级和资产负债证明。

申报单位还应具备以下条件:

(1)在相关任务领域具有领先的创新能力和技术基础;

(2)所承担的任务,在完成后有能力进行应用和转化;

(3)具有稳定的研发投入、稳定的研发人才和团队,能够为课题实施提供资金及其他条件保障;

(4)通过课题实施,能够与相关企业、大学、科研机构建立紧密的技术创新与知识产权合作,通过课题成果的转让或服务,促进全行业技术和产业水平的提高。

3、申报单位经费须专款专用,设立单独账簿,独立核算,并保证自筹资金及时到位,保障课题研究工作的顺利实施。

4、成果查新证明须由有资质的国家或部省级查新单位出具。

(二)申请负责人的条件和要求

1、课题负责人年龄在55岁以下(截至课题申请指南发布日期);具有高级职称,并有固定工作单位(不包括在站博士后),无不良科研行为,从事相关研究或技术开发五年以上;课题负责人用于本课题研究时间不少于本人工作时间的60%,每年在国内工作时间不少于9个月。

2、所有参与课题申请人员均不得参与两项以上本项目课题的申报,且只能主持申报一项本项目课题。课题申报单位(包括参与申报单位)和主要申报人,对本项目课题不得进行重复或交叉申报。

3、中央和地方各级政府公务员不得主持本项目课题申报。

经形式审查,申请单位和申请负责人不符合上述规定的申请书视为无效申请,不参与后续课题评审。

六、申请文件的编制与递交

1、申请文件:以中文编写,要求语言精炼,数据真实、可靠。

2、申请文件的规格要求:一律用A4纸,仿宋体四号字打印并装订成册(白色纸质封面),同时附电子版。

3、申请文件构成:

(1)申请函。

(2)申请人资格审查文件。

(3)国家科技支撑计划课题申报书。

(4)有关附件(申请单位承诺函、联合申请合作协议、申请单位营业执照或法人代码证复印件、申请单位资格声明函、申请单位资信证明、近两年度资产负债表、损益表及现金流量表、申请单位基本情况等)。

4、课题申报书及有关资料应有法定代表人(或委托授权人)签字并加盖公章,全部申请文件须包装完好,封皮上写明申请课题、申请单位名称、地址、邮政编码、电话、联系人及注明"不准提前启封"字样,并加盖单位公章。

5、课题申报书一式15份。其中,正本1份,在每份申请书上要注明正本和副本,正、副本分别封装并在封面上注明。一旦正本和副本不符,则以正本为准。

6、申报工作自本指南公布之日起开始,申报单位必须根据《课题申请指南》要求参与申报活动。《课题申请指南》可从科技部网站(http://www.most.gov.cn/)上直接下载。

7、寄送申请文件截止日期:2011年4月11日17时止,只接收在申请截止日期前由申请人或委托代理人面交或邮寄的申请文件。邮寄时间以北京邮局签收日为准。申请文件受理单位对申请文件在邮寄过程中出现的遗失或损坏不负责任。

寄送地点:中国轻工业联合会综合业务部

北京市西城区阜成门外大街乙22号

邮政编码:100833

联 系 人:李永智　于学军

联系电话:(010)68396446　13811393769

七、课题管理

1、遵循"公开、公正、公平"的原则,经专家评审、择优选定的课题承担单位,按项目管理要求与中国轻工业联合会签订国家科技支撑计划课题任务书。

2、按照《国家科技支撑计划管理暂行办法》对课题承担单位进行管理,国拨经费将根据每个课题进展情况按年度分批拨付到承担单位。

3、课题执行期间,中国轻工业联合会将组织对课题进展情况进行阶段性考核,对未按合同执行,达不到阶段考核目标,自筹资金不到位的课题,有权终止合同。

4、课题完成后,中国轻工业联合会对课题进行评估和验收。

第二章　申请课题研究内容与目标

课题1:圆珠笔墨水关键技术开发与产业化

1、研究目标

开发产品理化性能及安全指标达到国际相关标准水平的圆珠笔用中性墨水、水性墨水和中油墨水,实现三类墨水的国产化,并实现产业化应用示范。

2、研究内容

研究墨水用颜料、染料等与墨水体系其他组分的相互作用规律,研究功能性助剂对墨水性能的影响,确定墨水专用颜料、染料的品质指标及其控制技术;

研究具有优良稳定性能的中性墨水增稠体系以及低粘度的中油墨水树脂体系,建立墨水稳定性快速检测体系和标准;

研究三类墨水制备工艺及产业化技术。

3、考核指标

(1)开发的三类墨水的应用性能和安全性能达到国际先进水平;

(2)开发的墨水稳定性不小于18个月;

(3)建立千吨级中性、水性和中油墨水示范生产线各一条;

(4)申报一批发明专利,形成一批技术标准和规范。

4、经费安排

国拨经费2900万元,自筹经费不低于国拨经费的2倍。

课题2:笔头材料及其制备技术研发与产业化

1、研究目标

开发笔头加工用易切削线材及高精度多工位圆珠笔头加工机床,实现易切削线材产业化,研制出高精度多工位圆珠笔头加工机床样机并形成实际生产示范点,实现笔头制造材料及制造设备的国产化。

2、研究内容

研究笔头制造用线材的组分配方和易切削元素的分布规律,确定线材制备工艺及产业化实施技术;

研究多工位机床系统及其关键部件的加工工艺,开发相关辅助设备。

3、考核指标

(1)易切削线材力学及加工性能达到同期国际先进水平;

(2)耐腐蚀性能符合ISO14145和ISO12757寿命测试要求;

(3)制造多工位笔头加工机床样机,加工速度60~80个/min(单循环),加工精度等级达到IT3~IT4;

(4)形成千吨级笔头线材生产能力,建立多工位加工机床样机制造笔头的实际生产示范点;

(5)申报一批发明专利,形成一批技术标准和规范。

4、经费安排

国拨经费1900万元,自筹经费不低于国拨经费的2倍。

课题3:笔头与墨水匹配技术评价体系及新型笔头研发

1、研究目标

建立笔头与墨水匹配技术典型参数数据库及评价模型,确定笔头与墨水匹配评价指标和评价方法,开发高精度针管型弹簧笔头及水性针管型笔头并进行产业化示范。

2、研究内容

研究墨水、笔头球座体、球珠性能及其相互关系,研究不同加工条件对墨水及笔头制造的影响,形成较为完善的墨水与笔头匹配技术体系,建立与匹配相关的典型参数数据库和评价模型。

研究新型针管型弹簧笔头弹簧及水性针管型笔头引水系统;研究针管型弹簧笔头及水性针管型笔头的切削加工制造工艺。

3、考核指标

(1)建立圆珠笔笔头与墨水匹配技术典型参数数据库;

(2)建立圆珠笔笔头与墨水匹配评价模型及评价体系;

(2)所开发的新型笔头至少在三家大型企业得到推广应用;

(3)建立年产千万只以上新型笔头示范生产线;

(4)申报一批发明专利,形成一批技术标准和规范。

4、经费安排

国拨经费1200万元,自筹经费不低于国拨经费的2倍。

2011年度国家高技术研究发展计划("863"计划)申请须知

一、序言

国家高技术研究发展计划("863"计划)作为我国高技术研究发展的一项战略性计划,经过20多年的实施,有力地促进了我国高技术及其产业发展,不仅成为我国高技术发展的一面旗帜,而且成为我国科学技术发展的一面旗帜。

根据《国家中长期科学和技术发展规划纲要(2006-2020年)》(以下简称《规划纲要》)的总体部署,按照国家"十二五"科技发展规划的总体考虑,"863"计划以落实《规划纲要》提出的前沿技术任务和部分重点领域中的重大任务为重点,以解决事关国家长远发展和国家安全的战略性、前沿性和前瞻性高技术问题为核心,以培育战略性新兴产业为主线,积极抢占高技术发展的前沿制高点,大力培育引领未来发展的战略性新兴产业生长点。

"863"计划选择信息技术、生物和医药技术、新材料技术、先进制造技术、先进能源技术、资源环境技术、海洋技术、现代农业技术、现代交通技术和地球观测与导航技术等高技术领域作为发展重点,安排若干主题项目和重大项目。

主题项目以抢占高技术发展的前沿制高点为导向,以获取自主知识产权、原始性创新成果、核心关键技术为目标。重大项目以培育战略性新兴产业生长点为导向,以形成原型样机(品)、技术系统或示范系统为目标。

项目下设课题,课题为计划任务实施的基本单元。

项目分批启动,项目任务通过公开(定向)发布指南、招标(邀标)、定向委托等方式落实。

按照国家科技计划管理改革的总体要求,依据《国家高技术研究发展计划("863"计划)管理办法》,制定本申请须知,本申请须知适用于公开和定向发布指南的主题项目和重大项目。

二、申请程序

(一)了解申请信息

"863"计划项目和课题申请采取网上申报方式,申报通过"国家科技计划项目申报中心"(以下简称申报中心,访问网址为http://program.most.gov.cn/)进行。

拟申请"863"计划项目或课题的研究人员在申请之前,首先需要认真阅读"863"计划管理办法、相关规定和与申请工作有关的通告、通知,从而了解"863"计划的性质、申请资格要求等事项。

拟申请者可登陆科技部网站(http://www.most.gov.cn/)或"863"计划网站(http://www.863.gov.cn/)查阅有关办法、规定和申请指南信息。

(二)申请单位注册

申请者的申请单位和协作单位均需在申报中心进行注册,有关注册程序和要求详见申报中心的网上说明,技术咨询电话:010-88659000(中继线)。注册成功后,申请单位对课题申请者授予申报用户权限。鉴于注册需要一定时间,申请者的申请单位和协作单位应提前在网上进行注册。

(三)撰写申请书

申请者在确定本人符合"863"计划项目/课题的申请资格后,应浏览发布的项目/课题申请指南,选择合适的技术领域和项目,确定申请的研究项目/课题名称,撰写申请书。

涉密项目/课题的申请不采取网上申报方式,申请者应从申报中心下载申请书模板进行离线填写,并经与相关领域联系后,按照要求将审核签章后的申请书报送至指定的地址。

(四)申请单位审核申请书

申请书撰写完毕后,申请单位须对申请书的真实性等进行审核,并在受理期限内通过网络提交申报中心。

三、申请者要求

(一)申请者资格

"863"计划课题任务实行法人责任制。课题由法人申请,并指定一名自然人担任课题申请负责人。每个项目/课题申请只能有一个申请单位(或项目牵头申请单位)和一个申请负责人。

1、申请单位应符合的基本条件

在中国大陆境内注册一年以上,具有较强科研能力和条件、运行管理规范、具有独立法人资格的企业、事业单位、科研院所、高等院校等。

2、申请负责人应符合的基本条件

对于中国大陆公民,应具备以下基本条件:

(1)具有中华人民共和国国籍;

(2)年龄在55岁(含)以下(按照指南发布之日计算);

(3)具有高级职称或已获得博士学位;

(4)每年(含跨年度连续)离职或出国的时间不超过6个月;

(5)过去三年内在申请和承担国家科技计划项目中没有不良信用记录;

对于港澳台的科技人员,在满足上述2~5项条件的情况下,只要有正式的合作协议或受聘于课题申请单位,合作期或聘任期覆盖课题的执行期,且每年在课题申请单位工作时间不少于6个月的,可提出项目/课题申请,并由课题申请单位出具相关证明材料。

对于海外华人科技人员,包括取得外国国籍和永久居留权的,在满足上述2-5项条件的情况下,只要正式受聘于课题申请单位,且聘任期覆盖课题的执行期,每年在课题申请单位工作时间不少于 6 个月的，可提出项目/课题申请，并由课题申请单位出具相关证明材料。

以下人员不能参与申报：中央和地方各级政府的公务人员；承担国家科技计划项目总工作时间已达到满负荷的人员；因违规被取消申报资格和其他不能保证履行规定义务者。

（二）限项申请规定

为保证科研人员能够高质量地开展研究工作，根据《国家科技计划项目承担人员管理的暂行办法》，国家科技计划实行限制申请及承担课题数量规定。每个课题负责人同期只能主持一项国家主要科技计划（包括“863”计划、“973”计划、支撑计划等）课题，作为主要参加人员同期参与承担的国家主要科技计划课题数（含负责主持的课题数）不得超过两项。在研课题（不包括申请指南发布日之前提出验收申请的课题）的负责人不能作为申请负责人申报新项目/课题。每个申请负责人在同一批发布的申请指南中只能申请 1 项“863”计划项目或课题。“863”计划在研课题的课题负责人不得因申报新项目/课题而退出目前承担的课题。

课题申请负责人每年投入课题的工作时间应不少于 6 个月，其他参加人员每年投入课题的工作时间应不少于 3 个月。

（三）申请者的责任与义务

1、申请负责人的责任和义务

申请负责人要按照项目/课题申请指南的要求，认真撰写申请书，并保证所有提交申请材料的真实性。申请者在申请项目/课题时，应坚持诚信原则，不得弄虚作假，违背科学道德，不得将已经获得其他经费支持的，研究内容相同或者近似的课题向“863”计划再次进行申请。对于故意在项目/课题申请中提供虚假资料和信息的，一经查实，将被记入信用档案，并在三年内不受理其提交的任何课题申请。

2、申请单位的责任和义务

申请单位须具备开展“863”计划课题研究所必要的条件，并应设有专门的科研管理机构，建立健全的管理制度。申请单位需要按照要求在课题申请书受理截止前的规定时间内向申报中心进行注册，不受理没有核准注册的单位的课题申请。申请单位负责认真审核申请书内容的真实性和经费预算的合理性，承诺在人员和条件上给予保障，并按照规定的受理时间和要求通过网上报送申请书。“863”计划对申请单位实行信用管理，对于有不良信用记录的申请单位，在两年内不受理其提交的任何课题申请。

四、申请书撰写要求

“863”计划项目/课题申请采取网上集中申报，申请书格式类型包括主题项目申请书和课题申请书。最新版本申请书可从科技部网站的申报中心中下载。

申请者登录申报中心，点击进入“863”计划申报界面，根据申请项目/课题的类型选择申请书进行在线填写，也可先下载申请书模板离线填写，再逐项填写至网上申报系统。申请主题项目时需确定申请的主题项目名称，填写主题项目申请书；申请重大项目课题时需确定申请的重大项目及课题名称，填写课题申请书。

申请书的内容主要包括基本信息、主要人员情况、项目/课题情况、协作单位（联合申请单位）情况、附件、审核意见和声明等。课题申请书的内容还包括课题预算情况和预算说明书。主题项目申请书需填写项目实施方案（包括项目任务分解情况等），并同时填写项目拟下设课题的课题申请书。

申请者应按照申请书中的填写说明和网上申报系统的提示填写。申请书附件中的相关材料需要以电子文档方式进行上传，上传的具体格式和要求详见申报中心的“863”计划申报用户手册。

课题申请单位的管理员用户在申报中心审核申请书填写无误后，需在审核意见中填写申请单位负责人姓名，并经征求协作单位意见后填写协作单位负责人姓名，即可提交申报中心，视为审核意见有效。

五、申请咨询

在申请过程中，如有关于网上申报方面的技术问题，请咨询科技部信息中心，咨询电话：010-88659000（中继线）。

如对申请程序及申请指南要求有疑问，请咨询“863”计划相关领域。如有进一步问题，请将联系方式留给相关领域联系人，我们及时研究后予以答复。各领域联系人及联系方式如下：

领域名称	联系人	联系电话	E-mail
信息技术领域	嵇智源	010-88364080	jzy@ htrdc. com
生物和医药技术领域	邱宏伟	010-88225161	qiuhw@ cncbd. org. cn
新材料技术领域	史冬梅	010-88372105 68338939	shidm@ htrdc. com
先进制造技术领域	盛延林	010-68338942	shengyl@ htrdc. com
先进能源技术领域	陈硕翼	010-68354207	chenshuoyi@ htrdc. com
资源环境技术领域	王 磊	010-58884869	wanglei@ acca21. org. cn
海洋技术领域	孙 清	010-58884871	sunqing@ acca21. org. cn
现代农业技术领域	葛毅强	010-68529088	gyq@ crtdc. org. cn
现代交通技术领域	金茂菁	010-68343411	jin@ htrdc. com
地球观测与导航技术领域	李加洪	010-68529094	lijiahong@ nrscc. gov. cn

2011 年国家高技术研究发展计划（“863”计划）重大项目“重大化工产品的先进生物制造”申请指南

在阅读本申请指南之前，请先认真阅读《国家高技术研究发展计划（“863”计划）申请须知》（详见科学技术部网站国家科技计划项目申报中心的“863”计划栏目),了解申请程序、申请资格条件等共性要求。

一、指南说明

大力发展基于生物制造的化工产品,促进石油化学工业的资源与过程替代,是我国工业可持续发展的重要方向。重大化工产品的先进生物制造,对于培育战略性新兴生物产业,破解经济发展中资源与环境的瓶颈制约,具有重大意义。

“十二五”期间,本重大项目以培育生物制造战略性新兴产业为目标,重点研究化工产品生物合成途径构建与优化、原料综合利用与生物 炼制、工业 生物催化与 转化、生物 -化学组合合 成等关键技术,突破生物基平台化合物、手性化工中间体、生物基材料等重大化工产品生物制造的产业化瓶颈。形成有机酸、化工醇、生物基材料等产品制造的平台技术体系,形成手性醇、手性酸、甾体等高附加值手性中间体生产的创新生物制造路线。

项目总体目标:获得一批重大化工产品的先进生物制造核心技术,建立15个以上万吨级生物基大宗化学品与生物基材料及其单体、10个以上吨级至百吨级手性中间体的工业化生产示范线;项目完成后,实现新增工业产值80亿元/年以上,综合社会经济效益达500亿元/年以上;形成4个以上产学研技术创新战略联盟,培养、引进10~15名领军人才,申请200项以上发明专利,获得授权发明专利40项以上。项目国拨经费控制额为3亿元。

二、指南内容

课题1:生物聚合物材料 的全生物合成技术

课题研究目标:突破生物聚合物材料的全生物合成关键技术,建立新一代生物基材料微生物发酵低成本生产工艺路线,实现高性能聚羟基脂肪酸酯、聚谷氨酸等生物聚合物材料的规模化产业示范。

课题主要研究内容:开展高性能生物聚合物材料生产菌种的分子育种技术研究,构建高产、稳定的重组生产菌株;研究生物聚合物材料发酵过程的反应动力学与发酵过程控制技术,建立高密度、高粘度微生物发酵工艺;研究生物聚合物材料的分离新技术,建立先进、低成本的产物提取分离工艺,开发生物聚合物材料的下游应用制品。

课题主要考核指标:建立聚羟基脂肪酸酯、聚谷氨酸等2~3种生物聚合物材料发酵示范生产线,年产量达30000吨以上,实现年总产值10亿元以上;发酵罐规模达到50吨以上,产品提取收率70%以上,生产成本低于15000元/吨;开发6种以上材料应用制品,形成商品化销售;申请发明专利20项以上。

课题支持年限:2011~2015年。

课题拟支持的国拨经费控制额:课题拟支持的国拨经费控制额为2500万元,课题申请单位自筹经费不低于1亿元。

课题2:新一代聚乳酸的 生物-化学组合合成技术

课题研究目标:建立乳酸生产菌种分子改造与高效发酵技术体系,形成高光学纯度、低成本的手性乳酸规模化生产工艺;突破聚乳酸材料聚合加工及改性的技术瓶颈,形成新一代聚乳酸及其单体生产、加工与应用的技术链。

课题主要研究内容:开展D-乳酸与L-乳酸生产菌株的基因改造与优化研究,开发乳酸发酵新技术以及发酵分离耦合与产品精制新技术;研究高效聚合催化剂及其聚合新工艺,解决聚合工艺的稳定性问题和高分子量聚乳酸的合成问题;开发聚乳酸立体复合材料及其加工和改性技术。

课题主要考核指标:建立聚合级D-乳酸和L-乳酸生产线,年产量分别达到10000吨和30000吨以上,聚乳酸的年产量达到30000吨以上,实现年总产值10亿元以上;乳酸光学纯度达到99%以上;聚乳酸纯树脂材料耐热温度达110℃以上,开发应用制品5个以上;申请发明专利20项以上。

课题支持年限:2011~2015年。

课题拟支持的国拨经费控制额:课题拟支持的国拨经费控制额为2900万元,课题申请单位自筹经费不低于1.5亿元。

课题3:聚丁二酸丁二醇 酯的生物-化学组合合成技术

课题研究目标:开发聚丁二酸丁二醇酯(PBS)及其单体的完整产业化技术与工艺,解决聚合单体丁二酸发酵浓度低、分离提纯成本高等问题,形成PBS聚合单体的低成本制造和高效聚合工艺,突破薄膜级PBS树脂的生产及应用关键技术障碍。

课题主要研究内容:开展微生物代谢工程研究,选育丁二酸高产菌株,拓展原料利用范围;优化发酵工艺过程,提高生产效率,开发高效、低成本的分离提取工艺;开发高效PBS聚合工

艺和材料加工技术,突破薄膜级PBS的关键技术。

课题主要考核指标:丁二酸和PBS年产量均达到万吨级,实现年总产值6亿元以上;丁二酸提取收率达到90%以上,成本低于10000元/吨;PBS成本低于20000元/吨,重均分子量超过20万,开发高性能的薄膜制品,形成商品化销售;申请发明专利20项以上。

课题支持年限:2011~2015年。

课题拟支持的国拨经费控制额:课题拟支持的国拨经费控制额为2700万元,课题申请单位自筹经费不低于1亿元。

课题4:聚氨酯类产品的 生物-化学组合合成技术

课题研究目标:建立聚 氨酯类产品及其单体的先进生产路线,突破聚合单体的生物基原料低成本生物制造、高效聚合及下游产品应用开发的关键技术,形成聚氨酯类产品的清洁生产、低能耗、低排放工艺,实现产业化。

课题主要研 究内容:开展聚氨酯 类产品的生 物-化学组合合成技术研究,进行聚合单体长链二元酸和戊二胺的发酵菌种的改造;研究酶法制备聚合级二聚酸单体技术;开发单体生产过程调控和提取新工艺技术,开发生物基二元酸和二元胺的高效化学聚合新技术以及生物基尼龙的化学聚合和材料加工工艺。

课题主要考核指标:分别建立长链二元酸、生物尼龙等产品的示范生产线,年产量均达到10000吨以上,实现年总产值20亿元以上;长链二元酸的转化率达到85%以上;葡萄糖到戊二胺的转化率大于30%;生物尼龙合成工艺中各步收率均达85%以上,质量达到通用尼龙PA66标准;申请发明

专利 20 项以上。

课题支持年限:2011～2015 年。

课题拟支持的国拨经费控制额:课题拟支持的国拨经费控制额为 2700 万元,课题申请单位自筹经费不低于 1 亿元。

课题 5:化工有机酸的生物转化技术

课题研究目标:建立重要化工有机酸低能耗、清洁的先进生产工艺技术体系,显著降低三废排放,促进有机酸向工业原料化的方向发展,提升我国化工有机酸产业的生物制造技术水平,实现产业技术升级。

课题主要研究内容:开展柠檬酸、葡萄糖酸等化工有机酸生产菌种的分子育种技术研究,研究阻断杂酸以及高温发酵菌株的系统改造策略;利用代谢调控技术和先进控制软件包,优化发酵工艺;开发有机酸酶法合成技术,建立化工有机酸的新型生产路线;研究有机酸的高效分离提取技术,开发有机酸的化工应用新途径。

课题主要考核指标:建立柠檬酸、葡萄糖酸等 2～3 条化工有机酸的节能降耗型清洁生产示范生产线,年产量分别达到 50000 吨以上和 10000 吨以上,实现年总产值 5 亿元以上;产品纯度 99% 以上,与现有生产工艺相比能耗降低 30% 以上;申请专利 20 项以上。

课题支持年限:2011～2015 年。

课题拟支持的国拨经费控制额:课题拟支持的国拨经费控制额为 2600 万元,课题申请单位自筹经费不低于 1 亿元。

课题 6:C4 二羧酸的全生物合成技术

课题研究目标:突破 C4 二羧酸平台化合物全生物合成的关键技术,实现 C4 二羧酸化合物的产业化,建立化工原料来源的生物质替代路线,构建从石油基产品向生物基产品转移的 C4 二羧酸平台。

课题主要研究内容:开展富马酸等典型 C4 二羧酸生产菌株的育种技术研究,选育高产、稳定、可利用非粮生物质原料的生产菌株;构建典型 C4 二羧酸生产菌株发酵过程的代谢调控模型,实现发酵工艺的优化及发酵过程的放大;研究 L-苹果酸、天冬氨酸等发酵-酶法耦合新工艺,开发 C4 二羧酸系列产品,实现全生物合成的清洁生产。

课题主要考核指标:建立 2 种以上 C4 二羧酸全生物法示范生产线,年总产量达到 20000 吨以上,实现年总产值 3 亿元以上;形成生物法 C4 二羧酸系列产品链,产品纯度达 99% 以上;申请专利 20 项以上。

课题支持年限:2011～2015 年。

课题拟支持的国拨经费控制额:课题拟支持的国拨经费控制额为 2800 万元,课题申请单位自筹经费不低于 1.1 亿元。

课题 7:化工多元醇的生 物炼制技术

课题研究目标:建立化工多元醇生物炼制技术平台,获得化工醇生物法生产的核心菌种,形成化工原料的生物法制造工艺路线,实现重要化工多元醇的规模化生产,全面提升我国化工多元醇的生物制造水平。

课题主要研究内容:筛选优化高产丁二醇等化工多元醇的微生物菌株,重组生物合成途径,提高生产菌株的工业适应性,并优化发酵工艺;开发非粮原料低成本生产路线和原料组分分离与充分利用的生物炼制技术,研究木糖醇等多产品联产生物制造工艺,综合运 用酶法/化学法组 合催化技术;优化 分离提取技 术,建立节 能、降耗、减排的生物炼制新工艺。

课题主要考核指标:建立 2～3 种化工多元醇示范生产线,年总产量达 20000 吨以上,实现年总产值 5 亿元以上;产品纯度大于 99%,生产成本与现有工艺相比降低 10% 以上,污水排放量减少 50% 以上;申请发明专利 20 项以上。

课题支持年限:2011～2015 年。

课题拟支持的国拨经费控制额:课题拟支持的国拨经费控制额为 2700 万元,课题申请单位自筹经费不低于 1 亿元。

课题 8:生物长链醇的微 生物合成及系统集成技术

课题研究目标:构建高产长链醇的重组微生物菌种,开发长链醇生物法制造的关键技术,形成丁醇、异丁醇等发酵法新型工艺路线,提高生产强度,降低生产成本,建立长链醇生物制造的产业技术基础。

课题主要研究内容:重构和优化生产长链醇的微生物代谢途径,构建高醇比、高转化率的新一代醇类生产菌种;开发生物丁醇等非粮原料工艺路线,拓展原料来源,建立非粮生物丁醇等完整的生产技术体系;开发先进、安全的发酵和分离技术,提高产品质量,开展丁醇等发酵综合利用技术研究,降低生产成本。

课题主要考核指标:建立生物丁醇的非粮原料示范生产线,年产量达 30000 吨以上,开发异丁醇等长链醇类中试示范生产线,实现年总产值 4 亿元以上;总溶剂中丁醇比达到 75% 以上,丁醇质量达到或超过化学法国标,三废排放量与现有工艺相比减少 40% 以上,节能 30% 以上;申请发明专利 15 项以上。

课题支持年限:2011～2015 年。

课题拟支持的国拨经费控制额:课题拟支持的国拨经费额控制为 2200 万元,课题申请单位自筹经费不低于 1 亿元。

课题 9:手性醇的生物不对称合成技术

课题研究目标:建立手性醇类化工中间体的生物不对称合成与拆分技术,形成手性醇的绿色合成工艺,优化现有工艺路线,提升产品质量,大幅度降低有机溶剂、原材料消耗,减少废弃物的排放,取得显著的经济与环境效益,实现手性醇产业技术升级。

课题主要研究内容:开展针对手性醇生物合成的高选择性、高稳定性和高活性的生物催化剂的改造和选育研究;开发高效化学-酶法或 多酶耦联不 对称生物合 成途径;研究各种酶法和化学法去消旋化技术,实现无效对映体的再利用;开发手性菊醇、左旋帕罗醇等手性醇的生物不对称合成的过程集成、工程放大和绿色生物合成技术。

课题主要考核指标:建立 2～3 种手性醇的规模化生产线,年产量均达到 100 吨以上,实现年总产值 4 亿元以上;产品光学纯度达到 95% 以上,总收率达到 80% 以上,与现有工艺相比,生产成本降低 20% 以上,节能减排 30% 以上;申请发明专利 20 项以上。

课题支持年限:2011～2015 年

课题拟支持的国拨经费控制额:课题拟支持的国拨经费

控制额为3100万元,课题申请单位自筹经费不低于1.2亿元。

课题10:手性酸的化学-酶法耦联合成技术

课题研究目标:建立手性酸类化工中间体的化学-酶法耦联合成技术,形成手性酸合成的绿色工艺,取得对化学工艺的成本优势,大幅降低溶剂、原材料消耗,减少污染物排放,取得显著的经济与环境效益,实现手性羟基酸产业技术升级。

课题主要研究内容:开展工业微生物育种、酶蛋白的理性设计、分子进化和定向改造研究,选育工业用高效生物催化剂;开发和优化生物催化不对称水解、酯化、氧化、还原、醛缩等反应制备扁桃酸等手性酸的工艺过程;研究手性酸的反应与分离耦合生产技术;进行生物催化剂制备、生物催化合成手性酸反应过程集成和工程放大研究。

课题主要考核指标:建立2～3种手性酸的规模化示范生产线,年产量均达到100吨以上,实现年总产值4亿元以上;产品光学纯度达99%以上,生产成本降低30%以上,节能减排30%以上;

申请发明专利20项以上。

课题支持年限:2011～2015年

课题拟支持的国拨经费控制额:课题拟支持的国拨经费控制额为2700万元,课题申请单位自筹经费不低于1亿元。

课题11:甾体类化合物的生物转化技术

课题研究目标:建立微生物细胞催化转化的先进技术,形成甾体类化合物的绿色生物-化学合成新工艺,有效减少甾体类化合物的 化学合成工艺步骤,大幅减少有机溶剂使用与污染物排放,提高产品质量与产业竞争力,提升我国甾体类化合物的产业技术。

课题主要研究内容:开展微生物抗胁迫蛋白质组学与分子改造研究,提高菌株对甾体类化合物中间体特异位点的催化效率与胁迫稳定性,构建高活力菌株;开展甾体类化合物的发酵法与半发酵法生产工艺研究,建立全流程的过程工程控制技术;研究生物转化工艺的逐级放大与产物分离精制技术,建立三羟基雄甾烯酮等甾体中间体的绿色生物转化工艺。

课题主要考核指标:建立3种以上甾体类化合物示范生产线,年产量均达到100吨以上,实现年总产值10亿元以上;底物利用率和总收率等主要指标高于国际同类产品指标,生产成本降低30%以上,与现有工艺相比节能减排30%以上;申请发明专利20项以上。

课题支持年限:2011～2015年。

课题拟支持的国拨经费控制额:课题拟支持的国拨经费控制额为3100万元,课题申请单位自筹经费不低于1.2亿元。

三、注意事项

1.本项目任务的落实以课题为基本单元,课题申请者应针对指南内容,围绕课题整体目标和内容进行申请,不接受对课题部分研究内容的申请。

2.课题申请单位必须在相关产品的生物制造产业化研究方面具有深厚研究基础,在国内具有明显技术与产业化优势。

3.课题申请要求组成产学研团队联合申请并由企业牵头申报,申请单位与协作单位之间的分工要明确,每个课题的协作单位原则上不超过5家。

4.受理时间:申请受理截止日期为2010年12月9日17时。

5.申报要求:课题申请采用网上申报方式,申报通过"国家科技计划项目申报中心 "进行,网址为program.most.gov.cn。

具体申请程序、要求及其他注意事项详见《国家高技术发展计划(863计划)申请须知》。

2011年国家高技术研究发展计划("863"计划)"能源高效转换高压大容量新型功率器件研发与应用"申请指南

在阅读本申请指南之前,请先认真阅读《国家高技术研究发展计划("863"计划)申请须知》(详见科学技术部网站国家科技计划项目申报中心的"863"计划栏目),了解申请程序、申请资格条件等共性要求。

一、指南说明

"863"计划"能源高效转换高压大容量新型功率器件研发与应用"主题项目是依据《国家中长期科学和技术发展规划纲要(2006-2020年)》的任务要求设置的。

电力电子技术是能源与电能变换领域的核心技术,能源高效转换高压大容量新型功率器件是其中的关键元件和基础,由器件组成的电力电子装置是实现工业级能源与电能变换目标的最终手段。通过本项目的实施,将突破能源变换、应用中电力电子技术的基础性和战略性的技术瓶颈,更好地应对国内外同类技术产品的市场竞争,为能源及电力电子产业的可持续发展提供技术和装备支撑。

本项目主要任务是解决碳化硅电力电子器件和超大容量电力电子变换装置中的技术瓶颈,建立相关测试方法和平台,开展应用示范。

要求在碳化硅电力电子器件、测试平台、超大容量电力电子装备等方面具有研发基础和优势的单位,自行组成项目申报团队(原则上一个单位只能参加一个申请团队),并提出项目牵头申请单位和申请负责人,由项目牵头申请单位具体负责项目申请。针对项目整体申报。

项目申请要提出项目分解(包括任务分解及经费分解)方案,提出项目课题安排及承担单位建议,并填写课题申请书(项目拟分解的课题数最多不超过4个)。

二、指南内容

1、项目名称

能源高效转换高压大容量新型功率器件研发与应用

2、总体目标

以提高集成创新能力和形成战略产品原型及技术系统为目标，攻克碳化硅电力电子器件的关键技术，建立相关检测方法和平台，突破超大容量电力电子装置的瓶颈技术，实现在新能源变换、节能及特殊环境下的示范应用。

3、主要研究内容

（1）高压大容量碳化硅电力电子器件的设计、优化和建模以及碳化硅材料外延技术；

（2）碳化硅电力电子器件关键制造工艺以及模块化、封装和测试技术；

（3）碳化硅和IGBT器件的串、并联技术；

（4）碳化硅和IGBT器件及模块的测试平台；

（5）高压大功率器件及超大容量电力电子变换系统的结构优化与电路参数设计、集成模块化技术；

（6）超大容量电力电子变换装置中基于VME总线的高精度、高性能、全数字多任务实时控制系统；

（7）10kV/20MVA超大容量电力电子变换装备和10kV/3MVA新型电力电子集成模块化变流装置及其示范应用。

4、主要考核指标

（1）碳化硅电力电子器件：使用自主外延技术，其中二极管最高反向阻断能力不低于4500V，最高正向导通电流不少于100A，开关频率不少于100kHz；晶体管最高正向阻断能力不低于4500V，最高正向导通电流不少于50A，开关频率不少于100kHz；通过以下可靠性试验：高温（200°C）反偏、温度循环、功率循环、温度和湿度试验；完成产品定型；

（2）碳化硅及硅IGBT多芯片串联功率模块：在静态参数测试温度25℃、动态参数测试温度125℃、额定电流的测试条件下，正向阻断电压不低于10000V，电流不低于200A，开通和关断时间为400～1000ns；

（3）碳化硅器件和IGBT器件及模块的测试平台：建立IGBT和碳化硅器件的公共核心测试平台，形成6500V、800A、300°C的全套测试能力，并实现可靠性和失效机理的检测；

（4）超大容量电力电子变换器全数字控制系统：调速误差小于0.01%，电流动态响应小于10ms，速度动态响应小于100ms；

（5）基于IGCT功率器件电力电子变换装备容量10kV/20MVA、IGBT非H桥级联模块化的多电平结构电力电子变流装备容量10kV/3MVA，开展示范应用。达到频率分辨率0.01Hz，额定效率大于97%，功率因数大于0.95。

5、项目支持年限

项目支持年限为3年，实施时间为2011年1月至2013年12月。

6、项目拟支持的国拨经费控制额8000万元，自筹经费不低于16000万元。

三、注意事项

1、要求项目牵头单位具有相应的研究和技术基础，申报时需提供工程落实和配套资金有效书面证明文件。

2、受理时间：项目申请受理截止日期为2010年12月8日17时。

3、申报要求：通过国家科技计划项目申报中心统一申报。

2011年国家高技术研究发展计划（“863”计划）“燃料电池与分布式发电系统关键技术”申请指南

在阅读本申请指南之前，请先认真阅读《国家高技术研究发展计划（“863”计划）申请须知》（详见科学技术部网站国家科技计划项目申报中心的“863”计划栏目），了解申请程序、申请资格条件等共性要求。

一、指南说明

“863”计划“燃料电池与分布式发电系统关键技术”主题项目是依据《国家中长期科学和技术发展规划纲要（2006-2020年）》的任务要求设置的。

氢能是未来能源发展的重要方向之一，燃料电池及分布式发电系统是当前发展氢能应用的关键技术，通过本项目的实施，将提高我国在氢能及燃料电池技术方面的技术创新和集成创新能力，更好地应对国内外同类技术产品的市场竞争，推动我国氢能及燃料电池产业的技术进步和发展。

项目安排的总体考虑是：

本项目主要任务要是解决SOFC大功率电堆、PEMFC的CO耐受性差等技术瓶颈，并探索系统集成技术，开展应用示范。结合国内研究的实际情况，依据国家“863”计划管理办法，本项目公开发布，要求在电堆、制氢、分布式发电系统等方面具有研发基础和优势的单位，组成团队，确定牵头单位，针对项目整体申报。要求项目申请提出项目分解（包括任务分解和经费分解方案），提出项目课题安排及承担单位建议，并填写课题申请书（项目拟分解的课题数最多不超过6个）。

二、指南内容

1、项目名称

燃料电池与分布式发电系统关键技术

2、项目总体目标

以提高集成创新能力和形成战略产品原型及技术系统为目标，突破SOFC大功率电堆、PEMFC的CO耐受性差等技术瓶颈，并探索新型燃料电池的系统集成技术，实现小规模独立发电系统的应用示范。

3、项目主要研究内容

（1）5kW中低温平板型SOFC独立发电系统集成技术：单电池批量化制备技术；电堆设计、模拟与制备；单电池和电堆测试技术；独立发电系统集成技术。

（2）25kW平板式SOFC电堆技术：电堆模块成型与放大技术；平板式SOFC电堆大电流收集技术；电堆模块成塔集成与大功率平板式SOFC电堆塔测试技术。

(3)25kW 管式 SOFC 电堆技术:管式电堆关键部件的批量化制备技术;大功率管式电堆的分级结构及其优化;管式电堆电流收集技术;大功率管式电堆的测试技术等。

(4)千瓦级碱性阴离子交换膜燃料电池技术:碱性聚合物树脂、碱性聚合物阴离子交换膜;电催化剂以及膜电极一体化制备等关键核心技术;碱性聚合物燃料电池的集成系统。

(5)集成式天然气重整制氢系统及其与燃料电池耦合技术:单元系列化、标准化设计和低成本制造技术;智能化天然气重整集成系统;氢源与 PEMFC、SOFC 集成的分布式热电联供系统技术。

(6)质子交换膜燃料电池分布式发电系统技术:分布式发电系统示范运行;燃料电池宽湿度、温度启动及稳定运行技术;高效、长寿命的抗 CO 电催化剂和一体化膜电极组件制备技术。

4、项目主要考核指标

(1)5kW 中低温平板型 SOFC 独立发电系统:工作温度 700～750℃;电堆功率密度 ≥0.3W/cm^2;衰减率 ≤2%/1000h;热循环能力>5 次;示范运行时间 3000h;电堆发电效率(LHV)≥50%;系统发电效率(LHV)≥45%;能量利用效率(LHV)≥75%。

(2)25kW SOFC 电堆:工作温度 700～850℃,稳定运行时间≥3000 h;电堆的燃料利用率≥75%,发电效率(LHV)≥50%,衰减率<2%/1000h;25kW 平板式 SOFC 电堆模块功率密度≥0.3W/cm^2,25kW 管式 SOFC 电堆功率密度≥0.2W/cm^2。

(3)碱性聚合物膜燃料电池原理样机额定输出功率≥1kW,运行时间≥500h;固体聚合物膜阴离子传导率≥0.03Scm^{-1}。

(4)提供 3～5 套产氢规模为 5～30Nm^3/h 的系列化集成式天然气重整系统;集成式天然气重整制氢系统效率(LHV)≥72%;稳定运行时间>3000h。

(5)分布式发电系统容量 10-20kW,能量效率(LHV)≥70%,系统稳定运行时间≥3000h;燃料电池发电系统燃料利用率≥72%;燃料电池发电效率(LHV)≥50%(以氢气计算);电堆衰减率<3%/1000h。

5、项目支持年限

项目支持年限为 3 年,实施时间为 2011 年 1 月至 2013 年 12 月。

6、项目国拨经费控制额

项目国拨经费控制额 8000 万元。

三、注意事项

1、受理时间:项目申请受理截止日期为 2010 年 12 月 8 日 17 时。

2、申报要求:通过国家科技计划项目申报中心统一申报。

2011 年国家高技术研究发展计划(“863”计划)“新型太阳电池中试及前沿技术研究”申请指南

在阅读本申请指南之前,请先认真阅读《国家高技术研究发展计划(“863”计划)申请须知》(详见科学技术部网站国家科技计划项目申报中心的“863”计划栏目),了解申请程序、申请资格条件等共性要求。

一、指南说明

《国家中长期科技发展规划纲要(2006-2020)》指出太阳能是发展可再生能源的重要方向,“863”计划先进能源技术领域设立“新型太阳电池中试及前沿技术研究”主题项目。

通过本项目的实施,旨在实现薄膜硅/晶体硅异质结太阳电池、卷对卷硅薄膜太阳电池、低成本非真空铜铟镓硒薄膜太阳电池中试,以及高倍聚光化合物太阳电池规模化制造关键工艺设备的国产化,并建成 MW 级产能的中试示范线,使我国具有高效薄膜硅/晶体硅异质结太阳电池、卷对卷硅薄膜太阳电池、低成本非真空铜铟镓硒薄膜太阳电池,以及高倍聚光化合物太阳电池产业化的能力。同时为太阳电池性能提升开发下一代高效技术,支撑我国光伏产业大规模健康、可持续发展。项目参照重大项目管理,采取按课题申报的方式。

本项目安排 5 个方向的研究课题,在前 4 个方向上拟设置 8 个课题,重点研究薄膜硅/晶体硅异质结太阳电池、卷对卷硅薄膜太阳电池、低成本非真空铜铟镓硒太阳电池、聚光太阳电池,完成相应的 MW 级电池产业化技术的开发。

在第 5 个方向拟设置 15～20 个课题,主要针对新型太阳电池技术开发,重点支持太阳电池新概念,新原理,新方法,新材料体系和器件结构的研发,包括:量子点、纳米结构、多结叠层、热光伏、全光谱匹配、硅球、多晶薄膜、纳米硅颗粒陷光、黑硅、光子晶体结构和金属等离子激元机构超高效陷光、超晶格、有机、有机/无机复合、染料敏化、自清洁减反射、中间带和波长下转换及其他原创性的光伏电池。

本项目国拨经费拟安排 15000 万元,自筹经费不低于 20000 万。

二、指南内容

方向 1:MW 级薄膜硅/晶体硅异质结太阳电池产业化关键技术

1. 研究目标

开发出薄膜硅/晶体硅太阳电池中试成套关键技术,研制出规模化制造薄膜硅/晶体硅异质结太阳电池的中试关键设备,建立起 MW 级太阳电池中试生产线。

2. 主要研究内容

(1)薄膜硅/晶体硅异质结太阳电池界面钝化与硅薄膜制备新技术;

（2）低物理损伤的高性能 TCO 薄膜淀积新技术；

（3）薄膜硅/晶体硅异质结太阳电池结构与制备技术；

（4）MW 级薄膜硅/晶体硅异质结太阳电池中试成套关键设备与工艺技术。

3. 主要指标

薄膜硅/晶体硅异质结太阳电池效率大于 19%；中试示范线产能不小于 2 MW/年，电池平均效率达到 18.5%（尺寸 100 mm×100 mm，125 mm×125 mm，156 mm×156 mm）；60 片（单片面积 156 mm×156 mm 的准方单晶）太阳电池组件输出功率达到 220 W。

本方向拟设置 2 个课题，课题支持年限：3 年。每个课题的国拨经费控制额 1250 万元，自筹经费不小于 2500 万元。

方向 2：MW 级柔性薄膜硅太阳电池产业化关键技术

1. 研究目标

开发并掌握柔性硅基薄膜太阳电池卷对卷连续生产以及柔性电池组件的内联式集成互连、封装及材料、组件测试等关键技术与装备制造工艺；建成 MW 级太阳电池卷对卷生产线。

2. 主要研究内容

（1）高效柔性薄膜硅太阳电池制备技术；

（2）实用化卷对卷硅薄膜太阳电池组件；

（3）MW 级柔性薄膜硅太阳电池中试成套关键设备与工艺技术。

3. 主要指标

建成 1 MW/年柔性薄膜硅太阳电池中试示范线，电池最高稳定效率>10%，电池组件幅宽超过 300 mm，电池组件平均效率达到 8% 以上。

本方向拟设置 2 个课题，课题支持年限：3 年。每个课题的国拨经费控制额 1250 万元，自筹经费不小于 2500 万元。

方向 3：低成本非真空铜铟镓硒太阳电池中试技术

1. 研究目标

开发并掌握低成本非真空 CIGS 薄膜太阳电池制备技术、规模化制造关键工艺设备，建成 MW 级铜铟镓硒薄膜太阳电池中试线。

2. 主要研究内容

（1）高性能透明导电及增透膜的材料和制备技术；

（2）新型无铟 CZTS 薄膜太阳电池的低成本制备技术研究；

（3）MW 级 CIGS 薄膜太阳电池低成本非真空中试成套关键设备与工艺技术研究。

3. 主要指标

开发非真空镀膜设备并建立起 1MW 级的 CIGS 薄膜太阳电池的非真空液相法中试生产线，中试电池的效率达到 8% ~10% 以上，面积 $30\times30cm^2$。

本方向拟设置 2 个课题，课题支持年限：3 年。每个课题的国拨经费控制额 1250 万元，自筹经费不小于 2500 万元。

方向 4：兆瓦级高倍聚光化合物太阳电池产业化关键技术

1. 研究目标

开发并掌握高倍聚光化合物太阳电池及相关聚光应用技术、中试制造技术和测试技术，获得 200 ~ 1000 倍高效聚光化合物太阳电池的成套工艺，建成 5MW 中试线。

2. 主要研究内容

（1）高倍聚光太阳电池衬底剥离技术；

（2）高效率高倍聚光化合物太阳电池技术；

（3）高倍率聚光电池测试分析和稳定性控制技术；

（4）MW 级高倍聚光太阳电池中试成套关键工艺技术。

3. 主要指标

高倍聚光太阳电池及模组制造中试线规模为 5MW；电池转换效率非聚光条件下效率超过 35%，聚光条件下效率超过 40%；衬底剥离型高倍聚光太阳电池转换效率非聚光条件下效率超过 25%。

本方向拟设置 2 个课题，课题支持年限：3 年。每个课题的国拨经费控制额 1250 万元，自筹经费不小于 2500 万元。

方向 5：新型太阳电池前沿技术研究

1. 研究目标

研究太阳电池新概念，新原理，新方法，新材料体系和器件结构，以期太阳电池转换效率获得突破性提升。课题成果形式为发明专利、试验系统或原型器件及相应的研究报告，形成具有自主知识产权的技术。

2. 主要研究内容

量子点太阳电池技术；硅纳米结构太阳电池技术；基于键合的多结太阳电池技术；四结 III-V 化合物太阳电池技术；热光伏太阳电池技术；全光谱太阳电池技术；硅球太阳电池技术；多晶硅薄膜太阳电池技术；纳米硅浆料选择发射极太阳电池技术；黑硅太阳电池技术；超高效陷光结构太阳电池技术；单带差超晶格 II-VI 族太阳电池技术；有机/无机复合太阳电池技术；柔性染料敏化太阳电池技术；有机聚合物太阳电池技术；太阳电池用自清洁及减反射薄膜玻璃技术；基于中间带和波长下转换的硅基单结高效太阳电池技术；其他具有原创性的光伏太阳电池技术。

本方向拟设置 15 ~20 个课题，课题支持年限：3 年。国拨经费控制额 5000 万元，每个课题国拨经费不超过 300 万元。

三、注意事项

1、要求课题申请单位具有一定研究和技术基础，有工程示范和配套经费要求的课题，申报时需提供工程落实和配套经费有效书面证明文件。

2、受理时间：课题申请受理截止日期为 2010 年 12 月 8 日 17 时。

3、申报要求：通过国家科技计划项目申报中心统一申报。

2011年国家高技术研究发展计划(“863”计划)“典型人体组织器官替代与修复用关键材料技术研发”申请指南

在阅读本申请指南之前,请先认真阅读《国家高技术研究发展计划(“863”计划)申请须知》(详见科学技术部网站国家科技计划项目申报中心的“863”计划栏目),了解申请程序、申请资格条件等共性要求。

一、指南说明

依据《国家中长期科学和技术发展规划纲要(2006－2020)》,为满足我国人口与健康领域对高端医用材料及制品的迫切需求,提高国民生活质量和健康水平,设立“典型人体组织器官替代与修复用关键材料技术研发”主题项目。

本项目将通过突破我国高端生物医用材料国产化关键技术,开发出骨科、口腔、心血管等组织器官替代与修复材料及制品,提升我国医用材料产业的技术创新能力,促进我国医用材料产业的健康快速发展。

本项目的任务落实只针对项目整体进行,项目申请者应针对指南内容,围绕项目总体目标和任务进行申请,而不要只针对项目部分目标和任务进行申请。

项目可以由一家申请,也可以由多家共同申请。对于多家共同申请的主题项目,由研究单位自行组合形成项目申请团队(一个单位只能参加一个申请团队),并提出项目牵头申请单位和申请负责人,由项目牵头申请单位具体负责项目申请。

项目申请要提出项目分解(包括任务分解及经费分解)方案,提出项目课题安排及承担单位建议,并填写课题申请书(项目拟分解的课题数最多不超过10个)。

二、指南内容

1、项目名称

典型人体组织器官替代与修复用关键材料技术研发

2、项目总体目标

突破高端医用材料和制品的设计、加工、表面改性及规模化生产关键技术,研发出10种以上骨科、口腔、心血管等组织器官替代与修复材料及制品,促进我国生物医用材料产业发展。

3、项目主要研究内容

(1)钛合金人工关节及创伤类材料关键技术及产品研发

医用Ti6Al4V合金的性能升级和规模化生产技术研发;人工关节和创伤内植物系列产品研制;产品综合性能评价。

(2)钛合金脊柱骨科材料关键技术及产品研发

新型低模量医用钛合金批量生产技术研发;低模量钛合金脊柱内固定系列产品研制;产品综合性能评价。

(3)新型树脂基口腔医用材料及产品研发

新型树脂基口腔医用材料及制品的规模化生产技术研发;产品综合性能评价。

(4)新型钛合金口腔种植修复系统材料及产品研发

新型口腔种植体设计、加工与表面改性技术研究;个性化种植体基台设计与加工技术研发;种植体系统综合性能评价。

(5)全降解血管支架材料关键技术及产品研发

新型全降解血管支架材料研究;全降解支架精密制备技术研发;材料及制品综合性能评价。

(6)新型药物洗脱支架和管材关键技术及产品研发

冠脉支架用精密薄壁不锈钢、钴铬合金管材的研制和规模化生产技术研发;新型药物洗脱支架研制及综合性能评价。

(7)功能化组织修复材料前沿技术及产品研发

基于仿生学设计与制备技术的新型组织修复材料的研制及综合性能评价。

4、项目主要考核指标

(1) 钛合金人工关节及创伤内植物产品

合金抗拉强度≥900MPa,疲劳极限(107周,$R=0.1/30$Hz)≥500MPa,产能≥1000吨/年;制品符合中国人解剖特征,品种数量≥5种,人工关节产能≥5万套/年,创伤类内植物产能≥15万件(套)/年。

(2)钛合金脊柱内固定产品

合金弹性模量≤60GPa,疲劳极限(107周,$R=0.1/30$Hz)≥550MPa,铸锭规格≥1吨;脊柱内固定产品品种数量≥3种,产能≥15万件(套)/年。

(3)新型树脂基口腔医用产品

超低收缩率光固化充填材料压缩强度≥250MPa,体积收缩率≤1.8%,产能≥50万支/年;可塑性纤维增强光固化树脂材料弯曲强度≥500MPa,产能大于≥1万米/年;抗菌注射型根管充填材料微渗漏平均长度<1.5mm,抑菌率>90%。

(4)钛合金口腔种植修复系统

种植体符合中国人牙颌结构特征,袖口粗糙度$Ra\leq 1.5\mu m$,人体内植入3个月形成完整骨性结合,产能≥1万件/年;全瓷基台满足个性化设计要求,透明度≥35%,与种植体的密合度≤15μm,产能≥1万件/年。

(5)全降解血管支架

全降解铁、二氧化碳基共聚物、聚乳酸基高分子支架支撑力>1N,再狭窄率≤5%,体内吸收周期≥4个月,晚期管腔丢失率≤0.45。

(6)新型药物洗脱支架

冠脉支架用国产不锈钢和钴铬合金管材性能满足临床应用要求,产能≥1万米/年;药物支架再狭窄率≤5%,晚期管腔丢失率≤0.2,血管壁的炎症反应≤0.5分,产能≥3万支/年。

(7)功能化组织修复材料

新型功能化组织修复材料具有明确生物学响应功能和显著的促进组织再生功能,品种种类不少于4种。

以上各类材料及制品中至少有8种需取得注册证或注册证受理号,申请专利数≥30项。

5、项目支持年限为2年。

6、项目国拨经费控制额为9000万元，自筹经费不低于国拨经费控制额。

2011年国家高技术研究发展计划（“863”计划）重大项目“高效半导体照明关键材料技术研发”申请指南

在阅读本申请指南之前，请先认真阅读《国家高技术研究发展计划（“863”计划）申请须知》（详见科学技术部网站国家科技计划项目申报中心的“863”计划栏目），了解申请程序、申请资格条件等共性要求。

一、指南说明

研究开发高效节能、长寿命的半导体照明产品是《国家中长期科学和技术发展规划纲要（2006-2020年）》优先主题的重要内容。“高效半导体照明关键材料技术研发”重大项目“十二五”的战略目标是：以打造半导体照明产业核心竞争力为目标，以提高自主创新能力为关键，以改善产业发展环境为手段，通过自主创新，突破白光普通照明核心技术和产业化关键技术，完善技术创新体系，培育科技创新领军人才和创新团队，建立特色产业基地，形成具有国际竞争力的半导体照明战略性新兴产业。

本项目分解为十五个研究课题，公开发布课题申请指南，本次发布的课题申请国拨经费控制额为30000万元。

二、指南内容

课题1：大尺寸Si衬底GaN基LED外延生长、芯片制备及封装技术

1. 课题研究目标：

掌握高内量子效率的Si基LED蓝光和绿光外延材料生长技术，开发出高光提取效率的Si基LED芯片制造和封装的规模化生产技术，促进Si基功率型（驱动电流为350mA）LED器件进入普通照明领域。

2. 课题主要研究内容

（1）Si衬底氮化物材料异质生长技术及器件制备技术；

（2）4英寸及以上Si基LED蓝光和绿光外延材料生长技术；

（3）功率型Si衬底LED芯片制备、封装技术和产业化生产技术。

3. 课题主要考核指标

（1）功率型绿光LED每瓦光输出功率、功率型蓝光LED器件每瓦光输出功率、功率型白光LED器件达到同期国际先进水平。

（2）功率型白光LED器件光效产业化水平不小于110lm/W，芯片成本≤0.7元/W；光衰达到国际先进水平；

（3）建立年产千万只以上功率型Si衬底LED芯片与封装生产线。

（4）申请一批发明专利，形成一批国家标准。

4. 课题支持年限

2011年1月至2013年12月。

本课题拟支持国拨经费控制额为6000万元，自筹经费不低于国拨经费。

课题2：LED外延生长用SiC衬底制备技术研究

1. 课题研究目标

掌握高质量SiC单晶的生长、切割和晶片加工技术；开发出SiC衬底的制备技术，支撑外延技术开发；建立SiC衬底产业化生产线。

2. 课题主要研究内容

（1）3～4英寸高质量SiC单晶生长技术；

（2）规模化衬底生产的切、磨、抛等处理工艺；

（3）SiC衬底的表面洁净技术。

3. 课题主要考核指标

（1）SiC晶体可使用面积>90%；

（2）衬底表面的粗糙度、双晶衍射摇摆曲线半高宽达到同期国际先进水平；衬底表面适合于GaN基LED的外延工艺要求；

（3）建立年产万片以上的SiC衬底生产线。

（4）申请一批发明专利。

4. 课题支持年限

2011年1月至2013年12月。

本课题拟支持国拨经费控制额为1500万元，自筹经费不低于国拨经费。

课题3：GaN同质衬底及外延生长技术研究

1. 课题研究目标

开发出直径为2～4英寸的同质衬底；掌握同质衬底上的LED同质外延及器件结构技术；获得拥有自主知识产权的专利技术。

2. 课题主要研究内容

（1）氢化物气相外延（HVPE）等衬底制备量产技术；

（2）开发衬底设备制造技术；

（3）具有自主知识产权的GaN同质衬底高光效LED制备技术。

3. 课题主要考核指标

（1）在自行研制的设备上开发出2～4英寸免处理同质衬底，厚度偏差、晶体位错密度、室温主发光峰达到同期国际先进水平；

（2）室温下材料的电子浓度和迁移率达到同期国际先进水平；

（3）通过同质衬底外延制备的白光LED器件，在350mA驱动电流下，封装白光LED器件后光效≥110 lm/W；

（4）申请一批发明专利。

4. 课题支持年限

2011年1月至2013年12月。

本课题拟支持国拨经费控制额为2000万元。

课题4：半导体照明外延生长用关键原材料研究

1. 课题研究目标

突破蓝宝石衬底的制备及加工工艺，开发产业化生产技术；掌握MO源、氨气等原材料制备的新工艺；提高市场占有率，降低LED外延生产制造成本。

2. 课题主要研究内容

(1)蓝宝石衬底的刻蚀技术；

(2)蓝宝石衬底的产业化制备技术；

(3)LED 外延用新型 MO 源、高纯氨等 LED 外延生长用关键原材料制备技术。

3. 课题主要考核指标

(1)开发出适合于 GaN 基 LED 外延工艺的免处理衬底，达到同期国际先进水平，满足外延工艺要求，月产能达到万片以上；

(2)MO 源用高纯 Ga、In 等化合物纯度，TEGa、TMAl、TMIn、Cp2Mg 等 MO 源纯度，超高纯氨气纯度达到同期国际先进水平，满足外延工艺要求；

(3)申请一批发明专利。

4. 课题支持年限

2011 年 1 月至 2013 年 12 月。

本课题拟支持国拨经费控制额为 1500 万元，自筹经费不低于 2 倍国拨经费。

课题 5：150 lm/W 的 GaN 基 LED 量子效率提升技术研究

1. 课题研究目标

突破 GaN 基 LED 器件的材料外延瓶颈，掌握核心外延技术；开发出新型芯片制备和封装工艺，提高出光效率达到 150 lm/W；掌握大注入电流对 GaN 基 LED 内量子效率和外量子效率的影响规律；支撑半导体照明产业可持续发展。

2. 课题主要研究内容

(1)LED 器件结构设计和内量子效率提升技术；

(2)LED 芯片制造工艺和表面处理技术；

(3)新型 LED 封装结构和器件热管理技术；

(4)大注入电流下量子效率降低机理研究。

3. 课题主要考核指标

(1)GaN 外延材料位错密度、双晶衍射(002)面和(102)面摇摆曲线半高宽、表面平整度达到同期国际先进水平；

(2)蓝光芯片外量子效率≥55%；封装后的白光 LED 在 350mA 驱动电流下光效≥150 lm/W；

(3)申请一批发明专利。

4. 课题支持年限

2011 年 1 月至 2013 年 12 月。

本课题拟支持国拨经费控制额为 3000 万元。

课题 6：基于图形衬底的高效白光 LED 外延芯片产业化制备技术研究

1. 课题研究目标

开发出图形衬底上的高效 LED 外延技术和芯片工艺技术；掌握大尺寸衬底上的白光 LED 制备技术；获得实用的高效白光 LED 器件。

2. 课题主要研究内容

(1)图形衬底上氮化物的缓冲层；

(2)适于不同图形结构的高效 LED 结构设计；

(3)基于 MOCVD 设备的结构材料生长工艺重复性保障技术；

(4)侧壁出光等工艺技术。

3. 课题主要考核指标

(1)产业化的功率型蓝光芯片，在驱动电流为 350mA 时，封装白光后光效≥130 lm/W，芯片成本低于 1.2 元/W；

(2)申请一批发明专利。

4. 课题支持年限

2011 年 1 月至 2013 年 12 月。

申请单位国拨经费控制额在 1500 万元，自筹经费不低于 2 倍国拨经费。

课题 7：基于垂直结构的高效白光 LED 外延芯片产业化制备技术研究

1. 课题研究目标

获得垂直结构的关键外延和芯片制备技术；开发出适于不同垂直结构衬底的衬底处理技术；掌握高效垂直结构产业化制备技术；获得基于大尺寸衬底的垂直结构白光 LED 制备技术；获得实用的高效白光 LED 器件。

2. 课题主要研究内容

(1)适于垂直结构的外延结构设计；

(2)表面粗化技术；

(3)基于 MOCVD 设备的结构材料生长工艺重复性保障技术；

(4)侧壁出光等工艺技术。

3. 课题主要考核指标

(1)产业化的功率型蓝光芯片，在驱动电流为 350mA 时，封装白光后光效≥130 lm/W，芯片成本低于 1.5 元/W；

(2)申请一批发明专利。

4. 课题支持年限：

2011 年 1 月至 2013 年 12 月。

申请单位国拨经费控制额在 1500 万元，自筹经费不低于 2 倍国拨经费。

课题 8：基于 SiC 衬底的高效白光 LED 外延芯片产业化制备技术研究

1. 课题研究目标

获得 SiC 衬底的高效白光 LED 的关键外延和芯片制备技术；掌握高效垂直结构产业化制备技术；解决基于大尺寸衬底的 SiC 衬底的高效白光 LED 制备技术；获得实用的高效白光 LED 器件。

2. 课题主要研究内容

(1)基于 SiC 衬底的 LED 外延结构设计；

(2)SiC 基白光 LED 电极制备工艺；

(3)基于 MOCVD 设备的结构材料生长工艺重复性保障技术；

(4)侧壁出光等工艺技术。

3. 课题主要考核指标

(1)产业化的功率型蓝光芯片，在驱动电流为 350mA 时，封装白光后光效≥130 lm/W，芯片成本低于 1.8 元/W；

(2)申请一批发明专利。

4. 课题支持年限

2011 年 1 月至 2013 年 12 月。

申请单位国拨经费控制额在 1500 万元，自筹经费不低于 2 倍国拨经费。

课题 9:阵列式高压交/直流(AC/HV)LED 芯片产业化技术研究

1. 课题研究目标

开发出具有自主知识产权的高压交/直流(AC/HV)LED 外延、芯片及系统集成封装技术;加快 LED 集成工艺的技术发展;推动新型器件的开发和新型应用。

2. 课题主要研究内容

(1)新型高压交/直流 LED 阵列外延、芯片及电极结构;

(2)高压交/直流 LED 芯片分立与桥接及封装技术;

(3)平面工艺参数对器件可靠性的影响规律;

(4)器件级光源的系统封装。

3. 课题主要考核指标

(1)高压直流白光 LED:工作电压 40 ~ 100V,出光效率≥130 lm/W(@ ≤20mA),光衰达到国际先进水平;

(2)高压交流白光 LED:工作电压 220V±10V,出光效率≥110 lm/W(@ ≤RMS10mA),光衰达到国际先进水平;

(3)申请一批发明专利。

4. 课题支持年限

2011 年 1 月至 2013 年 12 月。

本课题国拨经费控制额为 2000 万元,自筹经费不低于 1.5 倍国拨经费。

课题 10:高效白光 LED 封装技术及封装材料研究

1. 课题研究目标

开发出新型封装结构及封装材料;突破白光 LED 器件封装的关键制造与配套材料技术,建立具有国际先进、国内领先水平的封装产业化生产线。

2. 课题主要研究内容

(1)低热阻大功率 LED 封装结构设计;

(2)基于背光模组应用的新型封装结构;

(3)研发高效率、高稳定性、低色温、高显色性荧光粉;

(4)研发有机硅等封装材料。

3. 课题主要考核指标

(1)功率型白光 LED 器件的驱动电流为 350mA 时,高色温 5500K 时光效≥130lm/W,低色温 3000K 时光效≥100lm/W;器件光衰、显色指数和热阻等指标达到同期国际先进水平;

(2)荧光粉达到同期国际先进水平,粒度分布、封装后功率型白光 LED 器件色坐标满足封装工艺要求;

(3)功率型 LED 封装用硅胶达到同期国际先进水平,折射率和透光率满足封装工艺要求;

(4)申请一批发明专利。

4. 课题支持年限

2011 年 1 月至 2013 年 12 月。

本课题国拨经费控制额为 2000 万元,自筹经费不低于国拨经费。

课题 11:大面积高效长寿命的白光 OLED 器件及照明器具研究

1. 课题研究目标

突破 OLED 材料及其纯化技术壁垒,开发出高效率、长寿命、色彩柔和的白光 OLED 器件及大尺寸 OLED 面板。

2. 课题主要研究内容

(1)白光 OLED 高亮度下的功率效率和寿命;

(2)大面积白光 OLED 照明器件及驱动技术;

(3)可弯曲白光 OLED 照明器件及薄膜封装技术;

(4)用于高性能照明器件的发光材料和载流子传输材料,研发有机半导体掺杂技术;

(5)白光 OLED 照明器具。

3. 课题主要考核指标

(1)白光 OLED 器件 1000 cd/m^{2}亮度下,光效≥80 lm/W,寿命≥10000 小时;

(2)大面积(150mm×150mm)面板 1000 cd/m^{2}亮度下,光效≥40 lm/W,寿命≥5000 小时;

(3)可弯曲白光 OLED 器件光效达到同期国际先进水平;

(4)开发 OLED 白光照明器具;

(5)申请一批发明专利,形成一批国家标准。

4. 课题支持年限

2011 年 1 月至 2013 年 12 月。

本课题国拨经费控制额为 3000 万元,自筹经费不低于国拨经费。

课题 12:深紫外 LED 外延生长及应用技术研究

1. 课题研究目标

获得高质量的深紫外材料外延生长技术和高效率深紫外 LED;掌握波长 300nm 以下深紫外 LED 材料的结构设计和外延生长技术;开发出面向应用的深紫外光源模块。

2. 课题主要研究内容

(1)AlN 材料外延技术;

(2)AlGaN 材料外延生长工艺和掺杂技术;

(3)深紫外 LED 结构设计技术和外延生长技术;

(4)波长 300nm 以下深紫外 LED 芯片制备工艺技术和器件集成封装技术;

(5)面向医疗和杀菌等应用领域的深紫外 LED 光源模块。

3. 课题主要考核指标

(1)波长 300 nm 以下的深紫外 LED 器件,在 20mA 驱动电流下器件功率>4mW;制备出具有杀菌消毒作用的深紫外 LED 模块和应用产品;

(2)申请一批发明专利。

4. 课题支持年限

2011 年 1 月至 2013 年 12 月。

本课题国拨经费控制额为 1000 万元。

课题 13:无荧光粉 LED 外延生长技术研究

1. 课题研究目标

获得实现无荧光粉白光 LED 的技术途径,掌握 RGB 混光产生白光的封装关键技术,掌握单芯片白光 LED 制备关键技术。

2. 课题主要研究内容

(1)以氮化物半导体为主的多波段发光器件结构的外延生长技术;

(2)III 族红光 LED 技术;

(3)研究类太阳光谱通用照明器件;

(4)绿光LED的效率影响因素;

(5)RGB三基色集成的LED;

(6)基于RGB的白光LED封装关键技术。

3. 课题主要考核指标

(1)单芯片白光光谱近自然光,外量子效率>15%,显色性>90;

(2)RGB三基色LED中蓝光LED外量子效率、绿光LED外量子效率、红光LED外量子效率达到同期国际先进水平,显色性>85;

(3)申请一批发明专利。

4. 课题支持年限

2011年1月至2013年12月。

本课题国拨经费控制额为1500万元。

课题14:LED光度、色度和健康照明研究

1. 课题研究目标

开发LED照明产品亮度分布、眩光、显色性及中间视觉等评价技术;建立LED光生物健康与危害评价方法及评价平台;开展LED非成像光学研究并建立设计数据库。

2. 课题主要研究内容

(1)LED照明产品亮度分布、眩光、显色性及中间视觉评价方法和测量技术;

(2)研究基于光生物效应的LED健康照明,建立LED照明产品的健康与危害评价方法和测量平台;

(3)设计基于LED光源的可变光谱、可调光模拟光环境实验条件;

(4)开展LED照明非成像光学研究,基于理论研究和实测光度数据,建立LED照明设计数据库。

3. 课题主要考核指标

(1)亮度分布和眩光测量范围:0.001～100000cd/m^2,测角精度≤0.1°;

(2)中间视觉测量精度优于3%;

(3)光谱可调范围、亮度可调范围达到同期国际实验室先进水平;

(4)光生物健康与危害评估的系统测量精度、动态范围达到同期国际先进水平;

(5)申请一批发明专利,形成系列测试规范。

4. 课题支持年限

2011年1月至2013年12月。

本课题国拨经费控制额为1000万元。

课题15:LED非视觉照明技术研究

1. 课题研究目标

开发出LED在农业、医疗和通讯等创新领域的非视觉照明技术及照明系统,获得拥有自主知识产权的专利技术,打好创新性应用技术的基础。

2. 课题主要研究内容

(1)LED的农业照明技术及系统;

(2)LED的极地照明技术及系统;

(3)LED在医疗上的应用及器械;

(4)基于LED照明的室内、室外短途通讯技术及系统。

3. 课题主要考核指标

(1)实现LED补光辐照技术在植物的应用,光源生物能效比传统光源提高一倍以上;

(2)开发极地站区LED灯具设计方法及应用技术;

(3)研制采用单色或多光谱的医疗或康复器械;

(4)LED短途通讯技术:接入带宽为10Mbps,支持双向数据传送,通讯距离、误码率达到同期国际先进水平;

(5)申请一批发明专利。

4. 课题支持年限

2011年1月至2013年12月。

本课题国拨经费控制额为1000万元。

三、注意事项

1、课题鼓励产学研联合申报,协作单位原则上不超过5家。

2、受理时间:

课题申请受理截止日期为2010年12月15日17时。

3、申报要求:

通过国家科技计划项目申报中心统一申报。

2011年国家高技术研究发展计划(“863”计划)“先进激光材料及全固态激光技术”申请指南

在阅读本申请指南之前,请先认真阅读《国家高技术研究发展计划(“863”计划)申请须知》(详见科学技术部网站国家科技计划项目申报中心的“863”计划栏目),了解申请程序、申请资格条件等共性要求。

一、指南说明

依据《国家中长期科学和技术发展规划纲要(2006-2020年)》,为满足先进制造、精密测量和国家重大科学工程等对全固态激光器的迫切需求,设立“先进激光材料及全固态激光技术”主题项目。

本项目通过突破人工晶体材料及全固态激光器研制和产业化关键技术,开发出具有自主知识产权的系列化高功率、皮秒和紫外全固态激光器产品,促进我国人工晶体材料和全固态激光器产业的发展。

本主题项目的任务落实只针对项目整体进行,项目申请者应针对指南内容,围绕项目总体目标和任务进行申请,而不要只针对项目部分目标和任务进行申请。

项目可以由一家申请,也可以由多家共同申请。对于多家共同申请的主题项目,由研究单位自行组合形成项目申请团队(一个单位只能参加一个申请团队),并提出项目牵头申请单位和申请负责人,由项目牵头申请单位具体负责项目申请。

项目申请要提出项目分解(包括任务分解及经费分解)方案,提出项目课题安排及承担单位建议,并填写课题申请书(项目拟分解的课题数最多不超过10个)。

二、指南内容

1、项目名称

先进激光材料及全固态激光技术

2、项目总体目标

突破人工晶体、全固态激光器及其核心器件的研发和产业化关键技术，开发出系列化高功率、皮秒和紫外全固态激光器产品并实现工业示范应用，促进我国人工晶体和全固态激光器产业的发展。

3、项目主要研究内容

(1)深紫外激光器及人工晶体关键技术

KBBF/RBBF 晶体生长、KBBF-PCT 器件制备、激光高次谐波和激光线宽控制等技术研究。

(2)新型晶体材料及器件技术

超晶格晶体制备、超晶格可调谐锁模、Nd:YAG 激光陶瓷材料制备等技术研究。

(3)千瓦级光纤材料及全光纤激光器

低光子暗化光纤制备、全光纤种子源研制、全光纤激光器整机设计和装配等技术研究。

(4)单频激光器关键技术

纵模控制、增益光纤与标准光纤熔接、倍频晶体抗光损伤工艺等技术研究。

(5)紫外激光器产业化关键技术及应用

光学晶体长寿命使用、激光器单元模块化、系统集成等产业化关键技术开发；紫外激光微加工应用技术开发。

(6)高功率激光器产业化关键技术及应用示范

大批量 Nd:YAG 单晶高质量低成本生长及加工、激光振荡放大、系统集成等产业化关键技术研发；高功率激光在焊接、表面处理等方面的应用技术开发。

(7)皮秒激光器产业化关键技术及应用示范

皮秒激光振荡、再生与行波放大、系统集成等产业化关键技术研发；皮秒激光微加工应用技术开发。

4、项目主要考核指标

(1)深紫外人工晶体及激光器

KBBF 晶体尺寸$>15\times10\times4mm^3$，RBBF 晶体尺寸$>12\times6\times1.5mm^3$，KBBF-PCT 器件透过率>95%@193nm；177.3nm 激光器功率>100mW。

(2)光学超晶格锁模器件

线性损耗<0.5%/cm、尺寸$\geq20\times3\times1mm^3$；锁模激光器：1.0μm/0.5μm 双波长和 1.3μm；激光陶瓷尺寸$\geq100\times100\times20mm^3$、透光率≥80%@1064nm。

(3)千瓦级光纤材料及激光器

双包层光纤材料光子暗化<12dB/m@633nm；全光纤激光器功率>1.5kW、光束质量 M2<1.5。

(4)单频激光器

倍频晶体 KTP 抗光损伤阈值$>2GW/cm^2$@1064nm/10ns/10Hz；单频绿光激光器功率>10W、线宽<2MHz、噪声<0.03% RMS；单频光纤激光器功率>5W、线宽<10kHz、边模抑制比>60dB。

(5)紫外激光器

功率 10W/20W/30W 系列，重复频率 50～150kHz，光束质量 M2≤1.3，8 小时内功率起伏<3%，无故障运行时间≥5000 小时，实现与加工系统的匹配及定型生产。

(6)高功率激光器

Nd:YAG 晶坯直径≥100mm、单程损耗$\leq2\times10^{-3}$/cm@1064nm，键合晶体的键合面损耗≤0.1%；3kW 和 5kW 激光器产品：光纤芯径为 400μm，连续无故障运行时间≥5000 小时，实现与加工系统的匹配及定型生产；激光器功率≥6kW，8 小时内功率起伏<±2%。

(7)皮秒激光器产品

千赫兹 10～20mJ@1064nm、5～10mJ@532nm、1～2mJ@355nm，脉冲宽度≤20ps，光束质量 M2≤2，连续无故障运行时间≥5000 小时，实现与加工系统的匹配及定型生产。

5、项目支持年限为 2 年。

6、项目国拨经费控制额为 9000 万元，自筹经费不低于国拨经费控制额。

2011 年国家高技术研究发展计划(“863”计划)“铅锌重金属清洁冶炼关键技术”申请指南

在阅读本申请指南前，请先认真阅读《国家高技术研究发展计划(“863”计划)申请须知》(详见科学技术部网站国家科技计划项目申报中心的“863”计划栏目)，了解申请程序、申请资格条件等共性要求。

一、指南说明

重金属冶炼资源利用率低、能耗高、污染严重，其中铅锌冶炼是最主要的重金属污染源。现行锌冶炼过程 10% 以上铁元素进入浸出系统，造成工艺负荷倍增、金属资源损失、重金属废渣量大且污染严重；水口山炼铅法(SKS 法)高铅渣鼓风炉还原能耗较高、铅烟尘污染严重；铅锌冶炼渣烟化炉或回转窑处理工艺能耗高、烟尘无组织排放严重、弃渣属危险废物。因此，开展铅锌重金属清洁冶炼技术研究，实现重金属污染物减排与资源高效利用意义重大。

项目安排的总体考虑：

1、项目的任务落实只针对项目整体进行，项目申请者应针对指南内容，围绕项目总体目标和任务进行申请，不能仅针对项目部分目标和任务进行申请。

2、项目可以由一家申请，也可以由多家共同申请。对于多家共同申请的主题项目，由研究单位自行组合形成项目申请团队(原则上一个单位只能参加一个申请团队)，并提出项目牵头申请单位和申请负责人，由项目牵头申请单位具体负责项目申请。

3、项目申请要提出项目分解(包括任务分解及经费分解)方案，提出项目课题安排及承担单位建议，并填写课题申请书(拟分解的课题数不得超过 10 个)。

二、指南内容

1、项目名称

铅锌重金属清洁冶炼关键技术

2、项目总体目标

通过本项目的研究,形成选—冶联合清洁炼锌、液态高铅渣直接还原清洁炼铅、铅锌冶炼渣浸没熔池熔炼清洁处理等技术体系,建立相应的工程示范,实现铅锌清洁冶炼与有价成分高效综合利用,减少固体废物的排放、消除气型重金属污染物,显著提升我国铅锌冶炼清洁生产水平。

3、项目主要研究内容

(1)选—冶联合清洁炼锌技术

重点研发含铁焙砂铁锌分离新技术与新设备、焙砂提锌及铅银富集技术、过程污染控制与清洁特性评价技术,并进行工程技术优化设计与集成。

(2)液态高铅渣直接还原清洁炼铅技术

重点研发液态高铅渣还原过程渣型与气氛控制技术、液态高铅渣新型直接还原炉、氧化段与还原段工艺匹配与整体优化技术、还原熔炼过程污染控制与风险评价方法。

(3)铅锌冶炼渣浸没熔池熔炼清洁处理技术

重点研发铅锌冶炼渣浸没熔池强化挥发有价金属回收技术、熔体浸没接触面挂渣保护技术、熔炼过程气氛调控铁渣深度脱硫技术、铁渣熔池熔炼铁资源化新技术、废弃物无害化控制技术。

4、项目主要考核指标

(1)实现锌冶炼的清洁生产和铅、银、铟、锗、铁等伴生有价金属的综合利用,建立5000吨/年预处理脱铁选冶联合清洁炼锌示范工程,铁分离率达到90%,锌综合回收率不小于98%,相对现有传统炼锌工艺铅、银、铟、锗综合回收率提高10%以上,减少废渣外排40%以上。

(2)研发液态高铅渣直接还原技术并开发新炉型,建立10万吨/年液态高铅渣直接还原生产示范工程,液态渣中金属的综合回收率达到96%以上,还原渣含铅小于2%,消除气态重金属污染,实现最终弃渣无害化利用。

(3)形成铅锌冶炼渣浸没熔池熔炼清洁处理技术,建立10万吨/年铅锌冶炼渣清洁处理示范工程,实现废渣中主要有价金属铅、锌、银、铟综合回收率大于85%,吨(氧化锌)产品能耗下降10%,利用浸没熔池熔炼产出富铁料,废渣可利用率大于90%,废气达标排放。

5、项目支持年限;2011年1月~2014年12月。

6、项目国拨经费控制额3000万元,申请单位自筹经费不少于6000万元。

2011年国家高技术研究发展计划(“863”计划)“铝/铬亚熔盐清洁生产共性关键技术”申请指南

在阅读本申请指南前,请先认真阅读《国家高技术研究发展计划(“863”计划)申请须知》(详见科学技术部网站国家科技计划项目申报中心的“863”计划栏目),了解申请程序、申请资格条件等共性要求。

一、指南说明

重化工业节能减排是转变我国经济增长方式的重大紧迫任务。从源头控制节能降耗减排,建立适合我国资源特色的源头污染控制核心技术与循环经济集成技术,实现环境保护方式从末端治理向源头减污为主的全过程污染控制的战略转变,是解决重化工业环境资源问题的根本出路。为此,按照《国家中长期科学和技术发展规划纲要(2006-2020)》和“863”计划资源环境技术领域的总体考虑,设立“铝/铬亚熔盐清洁生产共性关键技术”主题项目。

项目安排的总体考虑:

(1)项目的任务落实只针对项目整体进行,项目申请者应针对指南内容,围绕项目总体目标和任务进行申请,而不要只针对项目部分目标和任务进行申请;

(2)项目应由多家共同申请,自行组合形成项目申请团队(原则上一个单位只能参加一个申请团队),并提出项目牵头申请单位和申请负责人,由项目牵头申请单位具体负责项目申请;

(3)项目申请要提出项目分解(包括任务分解及经费分解)方案,提出项目课题安排及承担单位建议,并填写课题申请书(项目拟分解的课题数最多不超过5个)。

二、指南内容

1、项目名称

铝/铬亚熔盐清洁生产共性关键技术。

2、项目总体目标

面向我国重化工业重点行业清洁生产、节能减排的重大需求,从氧化铝行业、铬化工和盐碱化工切入,突破铝、铬及盐卤资源高效、清洁、循环利用/赤泥、铬渣和碱渣零排放集成技术和工程设备优化放大等技术难点,建立自主创新的铝/铬亚熔盐清洁生产/源头减污及延伸亚熔盐核心技术的盐碱化工清洁生产/源头减污共性关键技术,形成行业技术替代的应用集成技术系统,并进行三项万吨级以上规模技术示范验证。

3、项目主要研究内容

(1)亚熔盐法氧化铝清洁生产/赤泥源头减污关键技术与应用集成系统

重点研发一水硬铝石型铝土矿低温分解技术、铝酸钠溶出液结晶分离技术、高苛性比铝酸钠溶液循环技术、赤泥中碱铝高效回收技术、反应分离核心设备优化放大技术,并在3万吨/年(或以上)示范工程中优化设计与工程实施。

(2)亚熔盐法铬盐清洁生产与铬渣零排放集成技术

重点研发亚熔盐介质反应/分离过程强化核心技术、亚熔盐介质再生循环技术、低温氢还原法氧化铬生产短流程技术、重铬酸盐产品的清洁转化与高值化铬系下游产品制备技术、富铁铬渣有价组分资源化利用与零排放关键技术,并在3万吨/年示范工程中优化设计与工程实施。

(3)盐碱化工酸碱联产-再生循环与碱渣零排放集成技术

重点研发氯化铵高效活化分解制备氨与氯化氢技术、氨介质与中间体循环再生技术、制碱工艺与氯化铵分解耦合制备纯碱技术、核心反应分离设备放大技术，并在万吨级示范工程中优化设计与工程实施。

（4）亚熔盐化工冶金清洁生产共性关键技术平台

建立亚熔盐非常规介质新化学体系与扩试试验平台，转化铬、铝等两性金属资源的高效反应分离核心共性技术、反应-盐析分离耦合强化共性技术、反应介质再生循环共性技术、酸碱联产与再生循环共性技术、产品清洁转化与废弃物资源化技术。

4、项目主要考核指标

（1）亚熔盐法氧化铝清洁生产/赤泥源头减污关键技术与应用集成系统

中低品位铝土矿的氧化铝工业回收率>90%；赤泥铝硅比<0.3，赤泥中化学结合的氧化钠含量小于1%，为综合利用提供必要条件；一水硬铝石型铝土矿的溶出温度<180℃；氧化铝产品综合能耗低于拜尔法；建成万吨级工程示范，实现连续稳定运行。

（2）亚熔盐法铬盐清洁生产与铬渣零排放集成技术

与传统有钙焙烧工艺相比，铬铁矿中主元素铬转化率由75%提高至98%以上，能耗下降20%，铬渣源头减量80%，并开发出含铬铁渣的多元化产品，实现综合利用和近零排放；完成氧化铬、红矾钠、铬酸酐等大宗铬盐产品与高纯金属铬等系列高附加值产品的新工艺研发；建成铬盐清洁生产大规模产业化示范工程，实现连续稳定运行。

（3）盐碱化工酸碱联产-再生循环与碱渣零排放集成技术

工艺过程无蒸氨废渣、废液产生，纯碱产品达到国家标准；水解反应转化率达到90%，氨分解率达到90%以上；氯化钠利用率达到90%以上；建成万吨级纯碱清洁生产装置，实现连续稳定运行。

（4）亚熔盐化工冶金清洁生产共性关键技术平台

建立亚熔盐非常规介质清洁生产共性技术扩试平台，提供流程模拟和设备量化放大方法；建立亚熔盐非常规介质铝/铬/盐碱化工清洁生产应用集成技术系统，完成3项万吨级示范工程的工艺包；形成亚熔盐共性技术工艺设计规范和行业技术标准。

5、项目支持年限：2011年1月～2014年12月

6、项目国拨经费控制额为4000万元，要求申请单位自筹经费不低于8000万元。

三、注意事项

1、本项目要求产学研联合申报，项目下设每个课题的协作单位原则上不超过5家。

2、受理时间：申报受理截止日期为2010年12月16日17时。

3、申报要求：通过国家科技计划项目申报中心统一申报（http://program.most.gov.cn）（不需要报送纸质材料）。

国家重点基础研究发展计划、国家重大科学研究计划 2010年项目申报要求

一、项目申报基本条件

申报项目应满足下述基本条件：

1. 符合年度申报指南要求，具有创新的学术思想，有明确、先进的研究目标，有科学、可行的研究方案；

2. 围绕国家重大战略需求，着眼解决国家中长期发展中面临的重大科学问题；重要科学前沿项目应针对重大科学前沿问题，体现学科交叉和综合、发挥中国特色和优势、有可能在国际占有一席之地；

3. 具有高水平的学术带头人和研究团队；

4. 利用重点研究基地的研究条件，具有较好的研究工作基础。

二、申报资质要求

1. 中国大陆境内具有法人资格的科研机构和高等院校、港澳地区科研单位在内地设立（或与内地单位联合设立）的科研机构可根据申报指南提出项目申请。申报单位通过主管部门、地方科技主管部门或直接向科技部申报项目。

2. 申报单位在申报项目时应推荐项目首席科学家。每个项目只能推荐一位项目首席科学家。项目首席科学家应具备以下条件：

（1）具有较高的学术水平和开拓创新意识；

（2）具有较强的组织协调能力；

（3）具有良好的信誉，作风民主严谨；

（4）将主要时间和精力用于项目的组织协调与研究工作；

（5）在申报项目当年一般不超过60岁。

3. 项目申报人员应遵守《国家科技计划项目承担人员管理的暂行办法》的有关规定，已作为项目（课题）负责人承担国家科技计划项目人员（不包括2010年结题的）不能作为项目首席科学家或课题负责人申报项目，作为主要参加人员同期参与承担的国家科技计划项目（课题）数（不包括2010年结题的）不得超过两项。

4. 在研“973”计划（含前期研究专项）和重大科学研究计划项目首席科学家、课题负责人不得因申报新项目而退出目前承担的项目。一个科研人员不能同时参与两个以上（含两个）项目（课题）的申报。

5. 外籍科学家及港、澳、台地区科学家被推荐为项目首席科学家或课题负责人，须正式受聘于大陆境内单位（含港澳地区科研单位在大陆境内设立的科研机构），且在内地受聘单位工作时间符合有关规定（境外单位和内地单位均应提供有效证明）。

6. 作为推荐项目首席科学家和课题负责人申报项目，每年投入项目工作时间应不少于6个月，其他参与申报项目的

人员每年投入项目工作时间应不少于3个月。

7.以下人员不能参与项目申报:

(1)“973”计划专家顾问组成员、领域专家咨询组成员;

(2)重大科学研究计划专家组组长、副组长;

(3)中央和地方各级政府公务员、专职科研管理人员;

(4)承担国家科技计划项目总工作时间已达满负荷的人员;

(5)中途退出目前尚在研的“973”计划和重大科学研究计划项目的人员;

(6)因违规被取消申报资格和其他不能保证履行规定义务者。

三、组织项目的有关要求

1.申报单位应针对重要支持方向所明确的重点和目标组织项目。

2.申报项目应围绕国家重大需求提炼关键科学问题,提出明确的研究目标,突出研究重点,创新研究思路。

3.指南中标明委托重点基地的研究方向,不接受委托重点基地外的单位申报。

4.项目只设置课题,课题下不设置子课题。“973”计划8个领域项目下设课题数一般不超过6个,承担单位总数不超过12个;重大科学研究计划项目下设课题数一般不超过4个,项目承担单位总数不超过6个。每个课题设1名负责人,项目推荐首席科学家一般应是课题负责人。

5.项目研究队伍要精干,结构合理,体现优势集成。鼓励多学科的交叉综合研究,鼓励跨部门组织研究队伍,鼓励有较强研发能力的行业研究院所和企业参与。为使项目进一步聚焦目标、突出重点,并保证合理的人均经费强度,“973”计划8个领域每个项目的研究骨干(含推荐首席科学家和课题负责人)一般不超过30人,重大科学研究计划每个项目一般不超过20人。

6.申报材料应如实反映申报单位已有的工作基础和研究条件(包括主要仪器设备),如实反映申报项目与有关国家科技计划在研项目的关联,说明推荐项目首席科学家和课题负责人的研究背景,包括:工作简历、主要学术业绩,近五年主持的与申请项目相关的各类国家科技计划项目情况,与申请项目相关的代表性论文(不超过5篇)、获得国家和省部级科技奖励以及发明专利情况,并注意与其他国家科技计划项目的协调与衔接。

7.根据申报项目实际需要作出经费概算。项目资助分为三类,A类为3000万元以上,B类为1500～3000万元,C类为1000～1500万元。项目执行期一般为5年。人均全时资助强度一般应在20万元/年以上。

8.按规定格式编写项目申请书(项目申请书编写提纲在国家科技计划项目申报中心网站下载)。项目申请书不能附加任何个人或学术组织对所申报项目的评价意见。

9.被推荐的项目首席科学家和课题负责人应提供由本人签名的承诺书(具体格式见项目申请书),由项目申报单位汇总后随项目申请书一同书面报送科技部。

10.申报项目若要提出回避专家申请的,须在提交项目申请书的同时,由申报单位出具公函提出回避专家名单,并说明理由。每个项目申请回避专家人数应不超过3人。对于理由不充分或逾期提出申请的,不予考虑。

11.项目申报者应遵守《国家科技计划项目评估评审行为准则与督察办法》,如有违规,科技部将记录在册,并予以严肃处理。

四、欧盟合作项目申报

1.根据“中华人民共和国政府与欧洲共同体科学技术合作协定”,欧盟向中方开放欧共体条约第一百三十(g)条规定的框架计划第一类行动范畴的所有研究与技术开发及示范活动,科技部向欧方开放“973”计划和重大科学研究计划项目。

2.欧盟成员国研究机构必须与两个或两个以上、不隶属于同一部门的中方单位,根据“973”计划和重大科学研究计划项目重要支持方向和申报要求,联合提出项目申请,经中方申报单位报科技部,同时提交项目英文摘要和由双方单位签署的联合申报协议。

3.欧盟合作项目立项评审办法及立项程序与其他项目申请相同。未能通过评审的项目,由科技部通知中方申报单位,并由其告知欧方单位。

五、申报与受理程序

1.项目实行网上申报,由申报单位通过科技部门户网站的国家科技计划项目申报中心提交项目申请书,并以网上提交的项目申请书作为评审的依据。

2.网上申报程序将于2010年2月下旬在国家科技计划项目申报中心网站上另行通知。

3.申报单位须对项目申请书的真实性进行审核,并对项目申报人员的申报资格负责。

4.对项目申请书进行形式审查时,具有下列情况之一的不予受理:

(1)不符合项目申报基本条件;

(2)项目推荐首席科学家或课题负责人不符合申报要求;

(3)不符合申报资质要求;

(4)申请书编写不符合规定格式要求;

(5)申报手续不完备,不符合规定申报程序。

5.项目申请书(包括不受理的项目申请书)不予退回,由科技部基础研究管理中心统一处置。

国家重点基础研究发展计划、国家重大科学研究计划2010年重要支持方向(材料相关)

1.新型轻质高性能材料

针对新型轻质高性能材料在航空航天、交通运输等领域的重大需求,研究超级铝合金的设计、不同超常性能相的生成、超级铝合金高性能形成原理;研究具有轻质、高效能量吸收、高效减震降噪、高效热交换等多功能的新型超轻多孔材料;研究应用于发动机的高温、高强 TiAl 合金材料等。

2. 高性能碳纤维及炭基复合材料

针对高性能碳纤维和炭/炭复合材料在国民经济和国防安全领域的重大需求,研究碳纤维制备过程的稳定性、质量均一性,发展低成本高性能批量产品制备的理论、方法和技术,研究碳纤维服役行为和失效机制;发展炭/炭复合材料快速沉积的原理和技术,实现微观组织与界面结构控制及改性,研究高温环境下的服役行为和发展防护技术,实现高性能炭/炭复合材料低成本的制造。

3. 新型功能材料

针对功能材料学科发展和新一代高技术产业的重大需求,发展具有我国资源特色和尖端技术迫切需求的稀土功能材料、中远红外波段连续工作的量子级联激光材料和探测材料,以及可引发电力工业变革的前瞻性高温超导材料,揭示功能材料的组分、不同层次的结构和性能间的内在规律。

4. 聚合物材料的结构调控和高性能化、功能化研究

以通用品种及具有重大需求的聚合物材料为研究对象,研究材料的链结构、聚集态结构等多层次微观结构对材料使用性能的影响,揭示其内在规律,并用于指导聚合物材料的设计、合成及制备,获得高性能、高附加值的有重要应用前景的新型聚合物材料;开展有国防重大需求的芳纶纤维制备的基础研究。

5. 生物医用材料

发展生物医用材料(包括金属、陶瓷、高分子等)的设计原理,研究其生物相容性、力学相容性、植入物安全性、与组织相互作用的分子机制等,研究具有生物活性和医疗作用的生物材料表面改性及界面行为、生物功能材料的降解机理。

6. 材料服役行为

研究和阐明材料的服役行为及其组织演化;研究特定工况和环境(如核反应堆高温高压水环境,深海水环境)下材料的腐蚀、防护、寿命预测、可靠性分析和安全评估。

7. 材料制备科学

开展材料设计、合成、成形、后处理、服役的一体化研究,揭示材料制备过程中不同阶段不同类型的组织和缺陷的形成、演化及对性能和应用的影响;发展面向新材料需求的多层次、多组元化的集成设计方法;研究具有重大需求的关键构件的凝固成形或加工成形过程中组织和缺陷的形成与控制,为发展环境友好、资源节约型材料的合成、制备与加工成形智能化新技术提供科学基础。

8. 新型高效、低成本光伏电池

探索基于全光谱利用的新概念光伏转换系统,发展高效、低成本的新型光伏电池;研究硅基叠层薄膜或非硅光伏电池,突破规模制造的技术难题;探索大幅度提高光伏转换效率的新概念、新理论、新方法。

此外,重要科学前沿领域重点支持经过自然科学基金等前期培育取得重要进展,应用前景较为明朗,可望取得重大突破的科学前沿研究;基于国家重大科学工程开展的前沿科学研究;基于重大国际合作计划开展的基础科学前沿研究;其他可望取得重大突破的科学前沿交叉综合研究。例如:化学和材料科学中理论、计算和前沿数学问题,支撑若干国家重大战略需求的应用数学研究,新概念高增益、高效率自由电子激光重大基础研究,超强光场与物质相互作用新效应、新机理的研究,分子电子学的基础与应用探索研究,日地空间物理研究和应用,若干重大地质环境突变的地球生物学过程,神经生物学研究中的重大前沿问题等。

材料相关的重点是纳米研究方面,包括如下几方面:

1. 纳米材料的基础科学问题

围绕重要应用,开展基本科学问题、关键技术、微观结构特征与奇异特性关系、性能调控的研究,设计、制备新型纳米材料,探索其潜在应用;研究具有特定性能的纳米材料和结构的大尺寸、高有序度的自组织生长机理和关键技术,制备具有特定功能的纳米材料自组装结构。

2. 纳米碳材料及宏观材料的制备与应用

围绕具有重要应用前景的纳米碳材料,发展可控、宏量和低成本制备技术,研究应用过程中的关键技术;发展宏观材料的结构可控和低成本纳米化技术,研究此类材料的结构和性能稳定性,探索在特定领域中的应用。

3. 新型纳米制备技术和表征方法

探索可重复、低成本的新型绿色纳米制备原理方法、关键技术;发展有特色的高精度纳米加工与可控组装技术;发展基于新原理纳米表征技术和测试方法。

4. 纳米技术标准和标准物质

重点开展纳米材料和纳米结构的检测、计量技术的国际与国内技术标准研究与制定;纳米检测用标准样品与标准物质的研制与批量制备;发展纳米检测技术的量值溯源方法,并开展比对测量、纳米检测方法的标准化。

5. 碳基器件和电路及新型纳米传感器件

探索基于新原理、新结构的碳基纳米器件和电路;研究应用目标明确的高灵敏度、高可靠性、高选择性纳米传感器、光电探测器;发展重点疾病早期检测的纳米生物器件、植入式微纳传感器件等。

6. 具有重要应用前景纳米材料的生物效应与检测技术

研究具有重要应用前景的纳米材料在生物体内的过程与行为,发现生物效应;在分子、细胞等层面上研究纳米材料对生物作用的机理及安全性;发展应用目标明确的基于新原理的生物检测技术以及生物功能修复材料。

7. 提高能源使用效率和节能的纳米材料与技术

重点研究基于纳米结构与技术的提高能源使用效率的新方法和原理,发展基于纳米结构与纳米技术的节能新技术,推进纳米技术及材料在新型能源转换与存储等方面的重要应用。

8. 低成本、高效率净水纳米材料与技术

针对饮用水的深度净化,发展具有高吸附效率的净水纳米材料,研究吸附和脱附过程机理及宏量制备技术;发展成本低、性能稳定、寿命长并无次生污染的实用净水纳米技术。

国家重点基础研究发展计划 2011 年项目申报要求

一、项目申报基本条件

申报项目应满足下述基本条件:

1. 符合年度申报指南要求,具有创新的学术思想,有明确、先进的研究目标,有科学、可行的研究方案;

2. 围绕国家重大战略需求,着眼解决国家中长期发展中面临的重大科学问题;重要科学前沿项目应针对重大科学前沿问题,体现学科交叉和综合、发挥中国特色和优势、有可能在国际占有一席之地;

3. 具有高水平的学术带头人和研究团队;

4. 利用重点研究基地的研究条件,具有较好的研究工作基础。

二、申报资质要求

1. 中国大陆境内具有法人资格的单位、港澳地区科研单位在内地设立(或与内地单位联合设立)的科研机构可根据申报指南提出项目申请。申报单位通过主管部门、地方科技主管部门或直接向科技部申报项目。

2. 申报单位在申报项目时应推荐项目首席科学家。每个项目只能推荐一位项目首席科学家。项目首席科学家应具备以下条件:

(1)具有较高的学术水平和开拓创新意识;

(2)具有较强的组织协调能力;

(3)具有良好的信誉,作风民主严谨;

(4)将主要时间和精力用于项目的组织协调与研究工作;

(5)在申报项目当年一般不超过60岁。

3. 项目申报人员应遵守《国家科技计划项目承担人员管理的暂行办法》的有关规定,已作为项目(课题)负责人承担国家科技计划项目人员不能作为项目首席科学家或课题负责人申报项目,作为主要参加人员同期参与承担的国家科技计划项目(课题)数不得超过两项。

4. 在研“973”计划(含前期研究专项)和重大科学研究计划项目首席科学家、课题负责人不得因申报新项目而退出目前承担的项目。一个科研人员不能同时参与两个以上(含两个)项目(课题)的申报。

5. 外籍科学家及港、澳、台地区科学家被推荐为项目首席科学家或课题负责人,须正式受聘于大陆境内单位(含港澳地区科研单位在大陆境内设立的科研机构),且在内地受聘单位工作时间符合有关规定(境外单位和内地单位均应提供有效证明)。

6. 作为推荐项目首席科学家和课题负责人申报项目,每年投入项目工作时间应不少于6个月,其他参与申报项目的人员每年投入项目工作时间应不少于3个月。

7. 以下人员不能参与项目申报:

(1)“973”计划专家顾问组成员、领域专家咨询组成员;

(2)中医理论专题和重要传染病基础研究专题专家组成员不能参与各自专题的项目申报;

(3)中央和地方各级政府公务员、专职科研管理人员;

(4)承担国家科技计划项目总工作时间已达满负荷的人员;

(5)中途退出目前尚在研的“973”计划项目的人员;

(6)因违规被取消申报资格和其他不能保证履行规定义务者。

三、组织项目的有关要求

1. 申报单位应针对重要支持方向所明确的重点和目标组织项目。

2. 申报项目应围绕国家重大需求提炼关键科学问题,提出明确的研究目标,突出研究重点,创新研究思路。

3. 项目只设置课题,课题下不设置子课题。项目下设课题数一般不超过6个,承担单位总数不超过12个。每个课题设1名负责人,项目推荐首席科学家一般应是课题负责人。

4. 项目研究队伍要精干,结构合理,体现优势集成。鼓励多学科的交叉综合研究,鼓励跨部门组织研究队伍,鼓励开展国际合作研究,鼓励有较强研发能力的行业研究院所和企业参与申报。为使项目进一步聚焦目标、突出重点,并保证合理的人均经费强度,每个项目的研究骨干(含推荐首席科学家和课题负责人)一般不超过30人。

5. 申报材料应如实反映申报单位已有的工作基础和研究条件(包括主要仪器设备),如实反映申报项目与有关国家科技计划在研项目的关联,说明推荐项目首席科学家和课题负责人的研究背景,包括:工作简历、主要学术业绩,近五年主持的与申请项目相关的各类国家科技计划项目情况,与申请项目相关的代表性论文(不超过5篇)、获得国家和省部级科技奖励以及发明专利情况,并注意与其他国家科技计划项目的协调与衔接。

6. 根据申报项目实际需要作出经费概算。项目资助分为三类,A类为3000万元以上,B类为1500~3000万元,C类为1000~1500万元。项目执行期一般为5年。人均资助强度一般应在20万元/年以上。

7. 按规定格式编写项目申请书(项目申请书编写提纲在国家科技计划项目申报中心网站下载)。项目申请书不能附加任何个人或学术组织对所申报项目的评价意见。

8. 被推荐的项目首席科学家和课题负责人应提供由本人签名的承诺书(具体格式见项目申请书),由项目申报单位汇总后随项目申请书一同书面报送科技部。

9. 申报项目若提出回避专家申请的,须在提交项目申请书的同时,由申报单位出具公函提出回避专家名单,并说明理由。每个项目申请回避专家人数应不超过3人。对于理由不充分或逾期提出申请的,不予考虑。

10. 项目申报者应遵守《国家科技计划项目评估评审行为准则与督察办法》,如有违规,科技部将记录在册,并予以严肃处理。

11. 鼓励开展高水平双边和多边国际合作。与欧盟合作项目根据“中华人民共和国政府与欧洲共同体科学技术合作协定”中的有关规定进行申报，评审及立项程序与其他项目申请相同。

四、申报与受理程序

1. 项目实行网上申报，由申报单位通过科技部门户网站的国家科技计划项目申报中心提交项目申请书，并以网上提交的项目申请书作为评审的依据。

2. 网上申报程序将于2011年3月上旬在国家科技计划项目申报中心网站上另行通知。

3. 申报单位须对项目申请书的真实性进行审核，并对项目申报人员的申报资格负责。

4. 对项目申请书进行形式审查时，具有下列情况之一的不予受理：

(1)不符合项目申报基本条件；

(2)项目推荐首席科学家或课题负责人不符合申报要求；

(3)不符合申报资质要求；

(4)申请书编写不符合规定格式要求；

(5)申报手续不完备，不符合规定申报程序。

5. 项目申请书(包括不受理的项目申请书)不予退回，由科技部基础研究管理中心统一处置。

国家重点基础研究发展计划 2011年重要支持方向(材料相关)

1. 稀土资源高效利用的科学基础

发展稀土元素的化学冶金学和物理冶金学，提出稀土高效、高纯、清洁分离流程。针对稀土矿及尾矿的高效、高值、洁净分离流程，开展相关基础研究，提高提取、回收稀土及相关有价值元素的能力，为解决稀土资源浪费和环境污染提供科学基础。开展提取高纯度稀土流程的应用基础研究，为提升产品品质提供科学支撑。

2. 生物医用材料设计与制备

针对量大面广的生物医用材料，开展新型医用材料的设计及相关制备技术研究。从材料学、生物医学工程、临床医学等多角度出发，开展材料设计、性能优化、表面改性、体内外降解、生物安全性、生物组织反应、植入器件设计和临床应用探索研究，为相关材料临床应用奠定科学基础和提供理论依据。

3. 信息功能材料

为适应信息材料向低功耗、多波段、快响应、高容量、微型化发展的需要，研究以半导体低维结构材料为基础、基于量子工程设计、具有级联特征、光电性能可调控的新型红外光电材料；全组分可调III族氮化物半导体光电功能材料及其器件；基于航天应用的近红外光电探测核心材料基础研究和器件验证研究。

4. 智能材料

针对智能材料的共性材料科学基础，在原子、畴结构等多个尺度下进行材料设计，同步实现材料的驱动输出最大化和能量耗散最小化，研制新型智能材料，为其实用化提供理论与技术支撑。

5. 高性能铝合金材料

针对航空用高比强、高比模、高损伤容限、高淬透性以及优良的耐腐蚀性能的铝合金，深入研究合金的成分、组织、性能与制备间的内在关系，第二相强化机制等科学问题，发展新一代高综合性能铝合金的设计原理和制备方法，为先进航空铝材发展提供理论与技术支撑。

6. 金属基复合材料制备科学

针对先进轻质高强金属基复合材料在航空、航天、能源、电子等领域的国家重大需求，开展以性能和应用为导向的新型复合构型设计、构型与界面控制、制备与成型加工、表征评价与仿真拟实研究，揭示复合组织、界面和缺陷的形成、演化规律及其与材料性能的关系，阐明在相关服役条件下的失效机制，突破若干复合制备与成型加工技术瓶颈，为发展结构功能一体化的先进金属基复合材料提供技术原型和科学基础。

7. 高温功能涂层制备与界面表面科学基础

针对航空、航天、能源等领域对高温功能涂层的重大需求，发展高温功能涂层的新型快速沉积原理和技术，研究在多场作用下多相物质状态的变化规律、相关复合界面结构和演化规律、高温功能涂层的损伤失效机制与评价方法，揭示涂层制备、结构和性能之间的内在规律，为先进高温功能涂层的设计和制备提供科学基础。

8. 高性能动力电池的基础研究

研究锂离子电池电极/溶液界面的基本物理化学问题，研制高性能电极材料和高稳定电解质体系，构建安全、低成本、长寿命和高能量密度的动力锂离子电池新体系；探索基于贵金属替代的新概念燃料电池的理论基础和关键技术，研究新电解质与正负极材料，发展低成本、高效率和稳定可靠的燃料电池及系统。

9. 支撑节能环保的光子和电子器件及技术研究

针对国家对节能环保的重大需求和光子、电子器件在节能环保和绿色能源领域的潜在应用前景，开展支撑绿色通信系统的低能耗新型微纳光电子集成器件或短距离光通信与照明结合的新型LED器件研究，开展支撑节能环保应用的新型微波电子、光电子器件与技术研究。

此外，关于重要科学前沿领域重点支持经过自然科学基金等前期培育取得重要进展，应用前景较为明朗，可望取得重大突破的科学前沿研究；基于国家重大科学工程开展的前沿科学研究；基于重大国际合作计划开展的基础科学前沿研究；其他可望取得重大突破的科学前沿交叉综合研究。例如：科学和技术中跨尺度问题的数学理论和方法，高通量中子散射在凝聚态物理和新型材料方面的前沿研究，高分子非晶液-固转变的基本问题研究，南极天文和时间，地史时期全球重大环境演变对陆相生态系统的影响，认知的基本单元，细胞内分子机器体系的多级图谱构建等。

2010～2011年国家重点基础研究发展计划(“973”计划)立项清单(材料相关)

项目编号	项目名称	项目第一承担单位	项目首席科学家
2010CB630700	光电功能晶体的结构、性能和制备过程研究	南京大学	王　牧
2010CB630800	高性能钢的组织调控理论与技术基础研究	钢铁研究总院	董　瀚
2010CB630900	微生物冶金过程强化的基础研究	中南大学	邱冠周
2010CB631000	介观尺度材料特性与服役行为表征的基础研究	西安交通大学	孙　军
2010CB631100	先进复合材料空天应用技术基础科学问题研究	中国航空工业第一集团公司北京航空材料研究院	益小苏
2010CB631200	高温合金材料设计与制备的基础研究	中国科学院金属研究所	孙晓峰
2010CB631300	新型高容量储氢材料的关键基础科学问题研究	华南理工大学	朱　敏
2010CB731700	航空航天用高性能轻合金大型复杂结构件制造的基础研究	中南大学	李晓谦
2010CB732200	生物质转化为高值化材料的基础科学问题	北京林业大学	孙润仓
2010CB732300	清洁能源生产和环境治理中稀土催化材料应用的基础研究	华东理工大学	卢冠忠
2010CB833200	具有重要生物活性的天然产物的化学合成	中国科学院上海有机化学研究所	马大为
2010CB833300	手性催化的重要科学基础	中国科学院上海有机化学研究所	丁奎岭
2010CB923000	新型量子功能体系的物性表征及其材料探索	中国科学院物理研究所	丁　洪
2010CB933500	纳米材料与技术在水中污染物选择性消除中的应用基础研究	中国科学院化学研究所	赵进才
2010CB933600	纳米材料与纳米技术在水污染物检测与治理中的应用基础研究	中国科学院长春应用化学研究所	逯乐慧
2010CB933700	基于纳米材料的太阳能光伏转换应用基础研究	中国科学院上海技术物理研究所	戴　宁
2010CB933800	新型微纳结构硅材料及其广谱高效太阳能电池研究	中国科学院半导体研究所	李晋闽
2010CB934200	纳米结构电荷俘获材料及高密度多值存储基础研究	中国科学院微电子研究所	张满红
2010CB934300	相变存储器规模制造技术关键基础问题研究	中国科学院上海微系统与信息技术研究所、中芯国际集成电路制造(上海)有限公司	刘　波
2010CB934400	纳米磁性自旋存储器和半导体硅量子点存储器的研制及其器件物理研究	中芯国际集成电路制造(上海)有限公司	季明华
2010CB934500	纳米结构的新型同步辐射表征技术及若干关键科学问题的研究	中国科学院上海应用物理研究所	徐洪杰
2010CB934600	新型纳米复合磁性材料及其应用的关键基础研究	中国科学院金属研究所	张志东
2010CB934700	仿生轻质高强纳米复合结构材料的可控制备与性能研究	中国科学技术大学	俞书宏
2011CB610300	超轻多孔材料及其构成结构多功能化应用的基础研究	西安交通大学	卢天健
2011CB610400	多组元合金及其结构件铸造过程的凝固基础研究	西北工业大学	介万奇
2011CB610500	核电关键材料及焊接部位在微纳米尺度下的环境行为与失效机理	中国科学院金属研究所	韩恩厚
2011CB935700	仿生纳米通道能量转换材料体系及器件	清华大学	危　岩
2011CB935900	纳米材料与技术在智能电网储能用二次电池中应用基础研究	南开大学	陈　军
2011CB936000	纳米材料的水处理器件化方法及其应用基础研究	中国科学院生态环境研究中心	郭良宏
2011CB301900	半导体固态照明用超高效率氮化物LED芯片基础研究	南京大学	张　荣
2011CB302000	II族氧化物半导体光电子器件的基础研究	中国科学院长春光学精密机械与物理研究所	申德振
2011CB605500	轻质高温TiAl金属间化合物合金及其制备加工的科学技术基础	北京科技大学	林均品

续表

项目编号	项目名称	项目第一承担单位	项目首席科学家
2011CB605600	超高性能与低成本聚丙烯腈碳纤维的科学基础及共性问题研究	中国科学院化学研究所	徐　坚
2011CB605700	高性能碳纤维相关重大问题的基础研究	复旦大学	杨玉良
2011CB605800	高性能炭/炭复合材料高效制备与服役基础研究	中南大学	熊　翔
2011CB606000	高性能热塑性弹性体制备及加工应用中的科学问题	浙江大学	李伯耿
2011CB606100	高性能芳纶纤维制备过程中的关键科学问题	东华大学	余木火
2011CB606200	生物医用材料组织诱导作用的分子机制与设计原理	四川大学	顾忠伟
2011CB606300	高性能金属材料控制凝固与控制成形的科学基础	北京科技大学	谢建新
2011CB606400	基于集成计算的材料设计基础科学问题	中国科学院金属研究所	杨　锐
2011CB706500	复杂空气分离类成套装备超大型化与低能耗化的关键科学问题	浙江大学	谭建荣
2011CB706600	高性能滚动轴承基础研究	西安交通大学	王　煜
2011CB808200	超高压下凝聚态物质的新结构与新性质	吉林大学	崔　田
2011CB808600	不饱和烃高效转化中的前沿科学问题	中国科学院化学研究所	史一安
2011CB932300	功能导向大面积、有序纳米结构可控制备和应用基本科学问题研究	中国科学院化学研究所	李玉良
2011CB932400	金属与金属间化合物纳米晶的可控合成与催化反应	清华大学	李亚栋
2011CB932500	功能导向的纳米超分子组装体结构调控与可控制备	南开大学	刘　育
2011CB932600	碳纳米管的可控制备方法及规模应用关键技术研究	中国科学院金属研究所	成会明
2011CB932700	石墨烯的可控制备、物性与器件研究	中国科学院物理研究所	陈小龙
2011CB933000	碳基无掺杂纳电子器件和集成电路	北京大学	彭练矛
2011CB933300	基于纳米结构的新型柔性纤维基可编织光伏器件重要基础问题研究	北京大学	邹德春
2011CB933400	重要纳米材料的生物效应机制与安全性评价研究	中国科学院高能物理研究所	赵宇亮
2011CB933500	生物医学纳米材料对血细胞作用的研究	东南大学苏州研究院	顾　宁
2011CB012900	新型能源装备中大型锻件均质化热制造的科学基础	上海交通大学	李建国
2011CB013100	高性能 LED 制造与装备中的关键基础问题研究	深圳清华大学研究院	刘　岩

2010 年度国家级星火计划备选项目的申报要求

根据政策引导类科技计划管理要求，2010 年国家级星火计划备选项目要在 2009 年完成申报和组织工作。有关要求如下：

一、总体要求

2010 年国家级星火计划要深入贯彻落实科学发展观，贯彻落实党的十七届三中全会、中央农村工作会议、全国科技工作会议精神，按照建设创新型国家、发展现代农业、推进社会主义新农村建设、促进城乡统筹发展的总体要求，把依靠科技扩大内需、促进经济平稳较快发展放在突出位置，以星火富民和惠民为目标，紧紧围绕加快农村科技创业，遵循循环经济理念选择和确定项目。

编制项目计划要有利于加快农村科技创业，推进农村中小企业技术进步，培育农村新的经济增长点，转移农村富余劳动力，拓展农民增收空间；有利于引导农村科技服务机制和模式的创新，加快农村信息化和多元化、社会化服务体系建设，引导科技人员深入农村基层，促进城乡统筹；有利于发展农业高新技术，延长农业产业链，发展特色涉农产业，促进农村经济结构调整和发展方式转变；有利于改善农村生态和农民生活环境，提高农民生活质量，推进新农村建设；有利于提高农民的科学素质，增强农民的科技致富能力和创业就业能力；有利于集成资源、突出重点，发挥星火科技的示范带动作用。

二、优先领域

1. 有利于提供农村科技创业服务、推进农村信息化和社会化、多元化农村科技服务体系建设的综合性技术；

2. 有利于发展农业产业链、创业链的技术；

3. 有利于提高农村实用科技人才创业就业能力的培训、服务与技术；

4. 有利于高效利用农业农村资源、加快对发展现代农业确有影响的农业高新技术和特色涉农产业技术升级、促进星火产业带形成和发展的技术;

5. 有利于促进农村中小企业技术创新、加快星火技术密集区形成和发展的技术;

6. 有利于加快农村民生进步、推进新农村建设的技术;

7. 有利于加快贫困地区和生态脆弱地区依靠科技实现可持续发展的技术;

8. 有利于农村地区防控自然灾害、保障粮食安全和主要农产品有效供给的技术;

9. 有利于改善农业生态和农村生活环境、发展绿色社区的技术;

10. 有利于开发废弃物资源、推进资源节约利用和发展农村清洁能源的技术。

三、申报基本条件

申报项目须具备以下基本条件:

1. 符合国家产业政策、技术政策和行业发展有关规定;

2. 项目所涉及的技术成熟,具有较强的开发和应用前景,有利于农业和农村可持续发展;

3. 项目申报主体必须为法人单位,不能为行政部门;

4. 跨区域的项目,以企业为主体、产学研联合申报的项目,具有核心知识产权的项目优先。

属于下列情况的不予立项:

1. 不利于环境保护和资源可持续利用的项目;

2. 高耗能、高耗水和高消耗资源型项目;

3. 一般性技改或扩建等生产性项目和技术不成熟的项目;

4. 申报材料与申报程序不规范的项目。

四、申报组织

1. 围绕优先支持的领域,分农村信息化和多元化农村科技服务体系建设、农业高新技术和特色涉农产业技术升级、新农村建设科技示范和农村中小企业技术进步、农村实用科技人才创业就业能力提升、科技扶贫、科技特派员创业、农业科技园区、科技兴县(市)、其他等类别组织项目。

2. 各省、自治区、直辖市、计划单列市和新疆生产建设兵团科技厅(委、局)负责组织本省(区、市)2010 年度备选项目的申报工作(副省级城市单独组织并由所在省份统一报送)。有关部门相关司局按往年惯例组织申报。申报项目总数原则不超过 2008 年下达的项目数。项目实施期限原则不超过 2 年,项目实施原则从项目计划下达日期开始。

3. 申报所需材料和申报流程同 2008 年。项目申报单位从国家科技计划项目申报中心(program. most. gov. cn)或中国星火计划网下载项目申报书格式。各省(区、市)科技厅(委、局)和有关部门相关司局对申请单位报送的项目进行审核论证后,通过申报中心在线推荐(纸质文件不需报送)。

4. 各省(区、市)科技厅(委、局)和有关部门相关司局须向科技部星火办报送申报意见(加盖公章)和项目汇总表(每页均须加盖公章,格式可从申报系统下载)各一份。申报意见应写明申报总体情况、各类项目申报情况和组织审核论证的过程等。

5. 各省(区、市)科技厅(委、局)和有关部门相关司局须按时报送申报材料。

五、关于重点项目

(一)支持方向

1. 关于星火计划重点项目

2010 年星火计划重点项目的组织要充分体现扩大内需、促进经济平稳较快发展的需要,充分体现为农村科技创业提供服务的需要。重点:

(1)优先支持农村信息化和多元化农村科技服务体系建设,搭建科技人员深入基层创业的服务平台,实施一批星火科技 12396 信息服务项目和农村科技服务项目。支持农业科技专家大院、农村科技合作组织、农村专业技术协会等多元化农村科技服务模式的发展,推动建立健全多元化农村科技服务体系,引导科技人员深入基层创业和服务。支持星火科技 12396 信息服务试点省份更加系统地推进信息服务体系建设工作。将农村信息化工作和多元化农村科技服务体系建设工作结合起来,支持各地依托基层农村科技合作组织、农村专业技术协会、农业专家大院等,发展一批专业化的农村科技信息服务站点,搭建科技人员深入基层创业的平台。支持各省(区、市)根据实际,围绕上述内容,申报星火科技 12396 信息服务项目、农村科技服务项目(依托具有企事业法人资格的多元化科技服务组织)或农村基层信息服务项目(依托农村基层科技信息服务站点所在的具有企事业法人资格的多元化科技服务组织)。

(2)优先支持对发展现代农业确有影响的农业高新技术和特色涉农产业技术升级,培育农业产业链、创业链,发展星火产业带,实施一批产业共性关键技术集成应用项目。围绕现代种业、食品加工、饲料、农业装备与设施、乡村建材、林木加工、非粮生物质利用、生物农药、乡村环保、乡村物流服务等特色涉农产业的发展,支持以产业龙头企业为主体、产学研结合申报产业共性关键技术集成应用项目,提高产业技术水平,推进产业结构调整和农村经济健康发展,促进返乡农民工创业与就业,发展并形成一批星火产业带。支持有条件的地方由行业协会会同产业龙头企业和科研单位申报项目。

(3)围绕提高农村企业科技人员、农村科技服务人员等农村实用科技人才的创业就业能力,实施一批星火科技培训项目。与特色涉农产业的发展相结合,以国家级星火培训基地、星火学校和各省(区、市)认定的重点科技培训基地为主体,重点培训一批农民科技带头人、农村企业科技人员、农村科技服务人员等农村实用科技人才,引导培训一批新型农民。支持各省(区、市)按照上述要求,申报星火科技培训项目。

(4)支持新农村建设民生科技进步和农村中小企业技术进步,发展星火技术密集区,实施一批新农村建设先进适用技术与产品示范应用项目。面向扩大内需、支撑农村民生建设工程,围绕充分发挥科技在新农村建设中的示范引导作用,坚持生产、生活、生态统筹,突出民生,在有条件、有基础的县(市)、乡镇、村范围内,实施一批新农村建设先进适用技术和产品集成示范应用项目,发展并形成一批星火技术密集区。鼓励以对农民转移就业特别是对稳定和扩大农民工就业有重要带动作用的农村中小企业为主体,产学研结合,申报该类项目。

(5)围绕探索贫困地区依靠科技促进新农村建设的经验,继续实施一批科技扶贫项目。以技术开发、技术培训、技术服务和信息服务等为主要内容,支持大别山区、井冈山区、陕北地区三个革命老区(科技部定点扶贫县)以及贵州省黔西南州、毕节地区、四川省巴中市,继续实施一批科技扶贫开发项目。

2. 关于科技特派员基层创业、国家农业科技园区、科技进步示范县(市)项目

(1)围绕推动农村科技创业行动开展,实施一批科技特派员基层创业项目。依托国家级科技特派员创业链建设,选择支持一批产业链基础好、科技特派员参与程度高、带动农户能力强,主营产品科技含量高的科技项目,培育壮大区域特色优势产业;支持鼓励大中专毕业生作为科技特派员到农村创新创业,和农民结成利益共同体,以创业带动就业,对于大学生科技特派员提出的创业项目给予优先安排;依托已批复的科技特派员创业培训基地,实施科技特派员培训项目,加强科技特派员能力建设;支持实施汶川地震灾后恢复重建科技特派团对口帮扶项目。

(2)围绕加强国家农业园区建设,实施一批国家农业科技园区建设项目。支持园区加强创业服务平台以及综合信息服务设施建设,为科技人员到园区创业提供条件和平台;鼓励园区企业吸引大学生就业,支持孵化中小企业和培育龙头企业的项目,发展农业区域特色优势产业,扩大就业,促进农民增收;支持现代农业技术集成创新的项目,鼓励先进适用技术的引进、开发、组装、集成和成果转化,发挥国家农业科技园区在现代农业产业体系建设中的示范带动作用。

(3)围绕加强科技进步示范县(市)建设,实施一批科技进步示范县(市)项目。以应对金融危机,拉动内需,依靠科技进步推动县域经济社会发展为目标,根据示范县(市)建设与发展规划要求,支持示范县(市)实施区域特色优势产业或支柱产业技术开发和规模化应用项目,提升县(市)科技支撑能力,推动县(市)经济平稳较快增长,带动农民增收致富。

(二)申报要求

除满足一般项目申报条件和要求外,还须符合以下要求:

(1)申报重点项目须制定可行性报告(格式从科技部申报系统或中国星火计划网下载),经各省(区、市)科技厅(委、局)审核论证后,与申报书一起从科技部申报系统报送。各省(区、市)和有关部门相关司局要在申报意见中说明重点项目的申报情况,并在项目汇总表中注明。

(2)申报重点项目,除填报项目申报书和可行性报告中的相关财务和预算信息外,还须单独填报《2010 年度国家级星火计划重点项目预算申请书》(可从申报系统下载)。

(3)关于经费额度和支持方式。

在农村科技创业培训服务、干旱半干旱地区农村科技服务体系建设、农村信息化综合示范三个方面进行必要的试点,加强综合性拨付,加大经费支持力度,引导更多的社会资金向上述工作投入,积极探索星火计划经费支持方式创新。

除上述三个方面的试点项目外,其他相关项目原则上申报 60～100 万元。继续探索贷款贴息、后补助支持方式,申请这两种支持方式的项目请参照 2008 年相关要求进行申报。

(4)关于重点项目申报的数量。

除科技扶贫、科技特派员基层创业、农业科技园区、科技兴县(市)项目外,各省(区、市)不超过 11 项、计划单列市和副省级城市不超过 5 项(副省级城市由所在省统一报送),各地要根据实际合理确定各类项目的申报比例。

关于科技扶贫:科技部各定点扶贫县不超过 3 项,贵州不超过 4 项,四川不超过 2 项。关于科技特派员工作:每个省(区、市)2 个左右,计划单列市 1 个。关于国家农业科技园区:每个园区不超过 2 个。关于科技进步示范县(市):对 78 个已批复的示范县(市)支持总量原则为 1/4 左右。

2011 年度国家级星火计划项目申报要求

认真贯彻党的十七大和十七届三中、四中全会以及中央经济工作会议、中央农村工作会议精神,深入落实科学发展观,2011 年国家星火计划以推进农村科技创新创业为主线,加快科技成果向农村转移,支持科技特派员农村科技创业,加强农村基层科技工作,统筹推进农村民生科技发展,促进农业农村经济结构调整和发展方式转变,加快农业现代化和社会主义新农村建设,促进城乡统筹发展。

一、优先技术领域

2011 年星火计划加强与国家“863”计划、科技支撑计划等主体科技计划的衔接,聚焦先进适用技术集成应用和产业化示范。根据农村科技“十二五”相关部署,本年度优先支持以下领域:(1)生物种业;(2)作物优质高效安全生产;(3)健康养殖与疫病防控;(4)海洋农业;(5)现代林业;(6)节水农业;(7)农用物资;(8)农林重大灾害防控;(9)农业应对气候变化;(10)循环农业与生态环境建设;(11)农产品与食品加工;(12)农产品储藏与物流;(13)生物质能源与生物基材料;(14)农机装备与农业设施;(15)农业与农村信息化;(16)城镇化发展;(17)村镇建设;(18)农村民生。

二、重点支持方向

着眼于全面推动农村科技创新创业,支持农村科技创业链建设,强化农村科技创业服务机制创新和创业基地建设,培育农村科技创业主体,推动科技、人才、资金等要素向农村集聚,促进转变农业农村发展方式,壮大区域优势特色产业,增强县域经济发展活力,加快农业现代化和社会主义新农村建设,促进城乡统筹发展。

(1)加强农村科技创业链建设。围绕区域优势特色产业,支持科技特派员创业,鼓励科技特派员进入产业链的各

个环节,促进种、养、加、销、运一体的创业和配套服务,形成“风险共担,利益共享”的创业机制,以创业带动农村劳动力的转移和广泛就业。支持科技特派员培训基地建设,搭建农村科技创业服务平台,完善农村科技创业政策,营造以市场为基础、以科技创新为动力、以产业链为纽带的农村创新创业环境。

(2)推进农村信息化和科技服务体系建设。按照“平台上移、服务下延”的总体要求,促进“三网融合”,加强星火科技12396信息服务,推进农村信息化试点省工作。适应现代市场经济发展需要,支持多元化、信息化、社会化农村科技服务模式发展,引导科技人员深入基层开展创新创业技术服务。支持科技进步示范县(市)实施区域特色优势产业或支柱产业技术开发和规模化应用项目,推动县域经济又好又快发展,带动农民增收致富。

(3)加强新农村建设科技试点,提高科技促进改善农村民生的能力。按照城乡一体化发展要求,围绕提高农民生活质量、促进农民营养健康及饮水安全、农村新能源开发、农村污水与废弃物处理、农村社区建设、人居环境改善、农业生态环境等民生关键技术需求,开展新农村建设科技试点,强化新农村建设先进适用技术及产品集成示范。

(4)加快国家农业科技园区建设,创新现代农业发展模式。加强现代农业技术集成创新,发挥国家农业科技园区在现代农业产业体系建设中的创业基地功能、培训基地功能和示范带动功能。通过国家农业科技园区建设,积极探索适合我国国情的现代农业发展模式,探求我国农业产业现代化发展规律,提高农业应对战略性、蓄积性、突发性事件的应变能力,深入探索并总结既适合我国国情又符合世贸组织规则的政府运作模式。

(5)加强科技扶贫开发,探索科技扶贫长效机制。针对老少边穷及干旱半干旱、喀斯特(岩溶)等典型生态脆弱区经济社会发展、生态建设中的关键问题,以典型国家级贫困县为试点,开展科技集成示范、实用技术推广,促进区域优势特色产业发展,改善贫困地区民生和生态环境;加强科技培训和基层科技能力建设,增强贫困地区自我发展能力,探索科技扶贫的长效机制和模式,为全国扶贫工作提供有益经验。

(6)加快农村中小企业技术创新,促进农村特色优势产业发展。以优良新品种、农产品增值和流通、环保型肥料和农药创制、废弃物资源化或能源化利用、农业装备与设施、农业生物等技术为重点,加快先进适用科技成果转化、应用和推广,推动产学研有机结合,提高农村中小企业技术创新和应用推广能力。扶持、培育一批区域优势、特色产业集群,促进星火产业带和技术密集区发展,实现农村经济由资源消耗、环境污染型转向技术内生推动、资源集约利用式发展。

三、项目组织方式

(一)推荐单位

各省、自治区、直辖市、计划单列市和新疆生产建设兵团科技厅(委、局)及有关部门为2011年国家星火计划项目推荐单位。

(二)项目类型

2011年国家星火计划项目分重大项目、重点项目和引导项目三类,项目实施期2-3年。评审通过的项目将纳入“十二五”国家科技计划农村领域预备项目库管理。国家星火计划将结合战略需要,对入库的部分重大项目和重点项目,通过无偿资助、贷款贴息或后补助方式给予适当的经费支持,引导项目不安排财政补贴经费。本年度对重大项目将予以优先和倾斜支持。有关部门项目推荐工作按往年惯例进行。

1. 关于重大项目

重大项目是指针对农村经济、生态、社会、民生、环境等事业发展中具有重大普惠性和实际意义的应用型科技项目,必须具备带动范围广、可持续发展后劲强、普惠“三农”意义大、科技创业效果好并有利于产、学、研联盟机制形成和巩固等特点。

重大项目申报坚持目标集中、重点突出的原则,须围绕产业链并以产学研有机结合的产业联盟机制形式组织申报,项目牵头单位应具备组织协作单位共同完成项目任务的能力和资质。每省、自治区、直辖市与新疆生产建设兵团推荐3个重大项目,每项申报经费额度600~1000万元;每个计划单列市推荐2个重大项目,每项经费额度300~450万元。

2. 关于重点项目

重点项目是指在较大的农村特定区域内、能够充分发挥其特色优势、形成特色产业、促进开发合作并带动一方科技创业和农民就业的适用型科技项目,必须具备自我发展能力强、特色产业活力旺盛、农民就业机会多、有利于形成农村新的经济增长点等特点。重点项目单项申报额度一般不超过70万元。

科特派农村科技创业、农业科技园区、科技扶贫、科技进步示范县(市)等工作可申报重点项目。科技特派员农村科技创业项目,每个省(区、市)3-4个(每个科特派培训基地、国家级科技特派员创业链各申报1个),计划单列市1个;国家农业科技园区可申报2个;科技进步示范县(市)项目,对140个已批复的科技示范县(市)支持总量原则为1/4左右(已经获得过国家星火计划经费支持的不再申报);科技扶贫项目的申报工作另行通知。

3. 关于引导项目

引导项目是指符合国家发展战略方向,受到国家政策鼓励引导,有利于地方农村经济、生态、社会、民生、环境改善的成熟适用型科技项目。引导项目由各推荐单位组织申报,数量原则不超过2010年。

四、项目组织要求

(一)基本条件

(1)符合国家产业政策、技术政策和行业发展有关规定;

(2)项目所涉及的技术成熟,具有较强的开发和应用前景,有利于农业和农村可持续发展;

(3)项目申报主体必须为具独立法人资格的企事业单位和社团法人单位,不能为行政部门;

(4)跨区域的项目,以企业为主体、产学研联合申报的项目,具有核心知识产权的项目优先。

（二）项目组织程序

重大项目和重点项目须同时填报《国家级星火计划项目申报书》、《国家级星火计划项目可行性报告》。引导项目只须填报《国家级星火计划项目申报书》。各推荐单位审核论证后，通过“国家科技计划项目申报中心”（program. most. gov. cn）将电子版报送科技部，纸质文件不需报送。

各推荐单位须向科技部报送推荐意见（加盖公章）和推荐项目汇总表（每页均须加盖公章）各一份。推荐意见应写明申报总体情况和组织审核论证的过程等。推荐项目汇总表须按推荐顺序排列并标注项目名称、申报（牵头）单位、项目类型、项目类别、支持方式、申请经费（引导项目不标注）。

（三）其他事项

申报表格可在中国星火计划网（http://www. cnsp. org. cn/）下载。

2010～2011 年度国家星火计划立项项目清单（材料相关）

项目编号	项目名称	承担单位
2010GA620027	玻璃钢椭球形保温沼气池开发	张家口市金实玻璃钢有限责任公司
2010GA630008	现浇发泡砼保温隔热层技术应用	晋中兴业土木工程技术有限责任公司
2010GA630016	鱼雷罐用改性氧化铝碳化硅碳砖	阳泉市下千耐火材料有限公司
2010GA660017	乡村新型浇注式格构轻体保温墙体材料成果转化及推广培训	吉林省新北方生物质能有限责任公司
2010GA690023	环保型特种用途门蕊材胶合板产业化开发	宿迁市福庆木业有限公司
2010GA690028	硫包膜型缓控释碳酸氢铵的产业化开发	江苏澳特利化工有限公司
2010GA690038	高分子材料原位反应一次性制备环保合金塑料托盘项目	江苏力达塑料托盘制造有限公司
2010GA690040	HYFZQ-19-Ⅲ防偏磨钢球扶正器	盐城市华谊石油机械有限公司
2010GA690041	高效节能型塑料推拉窗	淮安幸福门窗有限公司
2010GA690043	立式磁芯自动插针生产线研制与产业化	淮安市奋发电子有限公司
2010GA690046	防静电阻燃防液体化学品织物	南通东升艾克特种纺织防护面料有限公司
2010GA690076	纳米凹凸棒的超声制备及其吸附燃油中有机噻吩硫	江苏澳特邦非金属矿业有限公司
2010GA690094	太阳能级晶体硅线切割用高纯度精细碳化硅微粉产业化开发	连云港东渡碳化硅有限公司
2010GA690103	年产 20 吨高 Q 值、低腐蚀隧道密度、高纯压电晶体产业化开发	东海县天宇晶体材料有限公司
2010GA690104	线性低密度聚乙烯滚塑沼气发生器技术研究及产业化开发	东台市明达塑业有限公司
2010GA690109	年产 200 吨半导体技术用大直径石英玻璃棒产业化开发	连云港市东鑫石英制品有限公司
2010GA690127	压纹高阻隔功能膜	昆山加浦包装材料有限公司
2010GA690160	年产 200 吨汽车金卤灯用蓝色石英玻璃管	东海县圣达石英制品有限公司
2010GA690173	高速树脂重负荷磨钢坯眂轮产业化	江苏华辰磨料磨具有限公司
2010GA690174	复合聚氧烷烯化聚甲基三硅氧烷表面活性剂	淮安凯悦科技开发有限公司
2010GA690184	低导热新型节能铝合金建材	江苏宇马铝业有限公司
2010GA690192	镁合金轮毂研发及产业化	江苏耀中铝车轮有限公司
2010GA690195	年产 1 万吨石英玻璃陶瓷用高纯低铁离子熔融硅微粉	连云港桃盛熔融石英有限公司
2010GA690196	年产 50 平方米 RZ-I01 热阻尼功能玻璃	东海县华泰玻璃制品有限公司
2010GA690201	一种水刺腹膜滤布除尘袋	江苏东方滤袋有限公司
2010GA690206	基于异形截面多层复合结构无纺滤料	江苏菲特滤料有限公司
2010GA690215	环保型多功能轻质复合墙体	常熟科盈复合材料有限公司
2010GA690216	防静电防辐射真丝功能面料产业化开发	射阳县华宏丝绸有限公司
2010GA690224	塑封方型汽车整流二极管	徐州金博阳电子器件有限责任公司
2010GA690234	2000 吨/年水性多重自组装纳米功能性涂料项目	徐州市水性漆厂
2010GA690237	TFT-LCD 玻璃基板热处理用大尺寸高精密石英陶瓷板产业化	连云港龙新石英高新技术有限公司

续表

项目编号	项目名称	承担单位
2010GA690244	纳米高强度高耐磨杨木水泥模板产业化	泗阳县顺洋木业有限公司
2010GA690246	年产200吨高光效金卤灯用镀膜石英玻璃管产业化开发	连云港市弘扬石英制品有限公司
2010GA690247	功能型家纺面料的研发及产业化	江苏德顺纺织有限公司
2010GA690258	金属硬密封全焊接固定锻钢球阀	江苏盐电阀门有限公司
2010GA690261	高强度耐蚀合金铝材	昆山市建华钢结构有限公司
2010GA690277	高压耐强腐蚀不锈钢复合加氢反应釜	江苏民生特种设备制造有限公司
2010GA690283	高硅铸铁合金废酸浓缩轴流泵	江苏新世界泵业有限公司
2010GA700045	电工用铜连续挤压工艺开发及产业化	上虞市宇星铜材有限公司
2010GA700055	球墨铸铁复合树脂检查井盖及水箅开发	金山环保集团浙江金山道路设施有限公司
2010GA700067	Φ135mm×4mm大口径黄铜管	上虞市金鹰铜业有限公司
2010GA700072	利用废旧橡胶材料生产仿革鞋底项目	海宁海橡鞋材有限公司
2010GA700082	基于新型水性铁锈转化剂的渔船除锈与防腐关键技术研究	浙江海洋学院
2010GA700104	年产1000吨环保三价铬钝化剂	东阳市威达环保助剂有限公司
2010GA700118	低熔点抗氧化无铅焊料开发	浙江强力焊锡材料有限公司
2010GA700129	特种铜基触头复合材料开发	浙江帕特尼触头有限公司
2010GA700131	热塑弹性体绝缘及护套超软环保电缆开发	申通线缆有限公司
2010GA700132	管式连续氯化生产四氯酸吡啶技术产业化开发	横店集团东阳英洛华绿色电化学有限公司
2010GA710046	环保型邻苯二甲酸聚酯增塑剂的应用和推广	巢湖香枫塑胶助剂有限公司
2010GA740048	低温超导除铁器	山东华特磁电科技股份有限公司
2010GA740083	水性舰船防腐装饰材料	淄博奥德美高分子材料有限公司
2010GA740100	涂覆持久流滴消雾型棚膜	山东天鹤塑胶股份有限公司
2010GA741033	GW水泥混凝土防腐防水剂	青岛市润邦化工建材有限公司
2010GA891016	废橡胶改性沥青的研究与应用	新疆生产建设兵团建设工程(集团)有限责任公司
2011GA690191	多功能高档时装面料的关键技术与系列产品研制开发	江苏德顺纺织有限公司
2011GA690219	聚酯纤维经编超柔毛毯产业化开发	宿迁市神龙家纺有限公司
2011GA690229	环保用新型过滤基材关键技术研究与开发	东台市华阳玻纤有限责任公司
2011GA690230	热固型导电高分子护套贯通地线	江苏东强股份有限公司
2011GA690231	竹炭纤维保健功能面料产业化开发	江苏华业纺织有限公司
2011GA690232	新型防腐衬胶管道	江苏开源环保技术工程有限公司
2011GA690234	大口径免维护柔性单向阀	靖江晟禾水处理设备制造有限公司
2011GA690236	环保型竹炭负离子复合功能涤纶短纤维	张家港市安顺科技发展有限公司
2011GA690237	软磁铁氧体材料产业化开发	江苏威泰电子科技有限公司
2011GA690381	淀粉及其衍生物合成聚氨酯弹性体材料	淮阴师范学院
2011GA690382	软材质地废旧PVC回收及再利用技术开发	江苏安阳工艺品股份有限公司
2011GA690383	烟嘧磺隆	江苏东宝农药化工有限公司
2011GA690384	强韧聚酯纤维24综三层造纸网	江苏金呢工程织物股份有限公司
2011GA690385	新型除草剂中间体FL222的环境友好生产工艺开发及产业化	江苏联化科技有限公司
2011GA690394	新农村集住区自愈型防水涂料的产业化	苏州市姑苏新型建材有限公司
2011GA690419	环保UV光固化镜面板生产工艺及自动化生产线	宿迁市英杰装饰材料有限公司

续表

项目编号	项目名称	承担单位
2011GA700114	米字型聚碳酸酯(PC)阳光板产业化生产项目	海盐华帅特塑料电器有限公司
2011GA700135	高强度耐磨液压锁紧硬质合金复合辊环产业化	浙江恒成硬质合金有限公司
2011GA700156	低温承压用闸阀碳钢铸件	中核苏阀横店机械有限公司
2011GA700157	稀土弥散型银氧化锌线材开发	中希合金有限公司
2011GA700161	新型轻质硅砖隔热耐火砖	浙江长兴河桥耐火材料有限公司
2011GA700164	泡沫玻璃混凝土砖产业化	海盐县振宏新型建筑材料有限公司
2011GA700165	LED 陶瓷散热板	横店集团浙江英洛华电子有限公司
2011GA700170	电解合成3,6-二氯吡啶甲酸技术的研发及产业化开发	横店集团东阳英洛华绿色电化学有限公司
2011GA700173	风力发电设备用不锈钢接头套件	嘉兴迈思特管件制造有限公司
2011GA740053	新型装配式铝制储罐内浮顶研发	莱芜市鲁新顶壳储罐有限公司
2011GA740054	年产1000万平方米膨胀玻化微珠建筑防火保温板	山东创智新材料科技有限公司
2011GA740086	500t/a1,5-萘二异氰酸酯(NDI)	山东华阳科技股份有限公司
2011GA740087	混凝土超塑化剂的合成研究与推广	山东聚鑫化工有限公司
2011GA741023	多功能塑料板材生产线	青岛顺德塑料机械有限公司
2011GA780041	内墙乳胶漆耐磨抗渗关键技术研究及产业化	广东华润涂料有限公司
2011GA780044	蔗渣/淀粉/聚乙烯醇可生物降解复合材料研究与产业化	仲恺农业工程学院
2011GA780063	有机氟碳涂料替代的新型瓷膜涂料建材的研究开发与应用	佛山市明朝科技开发有限公司
2011GA830021	天然橡胶规模化基地建设	沧源县茂名华建投资有限责任公司
2011GA860024	玻璃钢椭球形保温沼气池试验示范与推广应用	金昌农友雨润节水器材有限公司

关于组织2010年度国家级火炬计划备选项目的申报要求

根据“十一五”国家科技计划工作总体部署,为切实组织好2010年度国家火炬计划项目申报工作,现将有关要求通知如下:

一、申报组织

1. 申报部门

各省、自治区、直辖市、计划单列市、副省级城市科技厅(委、局),新疆生产建设兵团科技局,国务院有关部门科技主管司局。

2. 申报渠道

(1)产业化引导示范项目通过地方科技厅(委、局)或国务院有关部门科技主管司局申报。

(2)高新技术产业集群项目通过地方科技厅(委、局)申报。

(3)产业化环境建设项目通过地方科技厅(委、局)申报。其中,技术转移示范机构的项目也可通过教育部、中科院申报。

3. 其他规定

(1)原则上同一单位当年度只能申报一项国家火炬计划项目。同一项目不得以相同或不同名称重复申报或多头申报科技部当年度其他政策引导类计划。

(2)正在承担国家火炬计划重点项目(经费支持项目)实施尚未完成验收的项目单位不得申报今年的火炬计划项目。

(3)申报部门的申请材料和电子数据应集中统一上报,对于申报部门分头报送和多次报送不予受理。

二、申报方式

国家火炬计划项目的申报采用电子数据和书面材料相结合的方式。项目电子数据申报一律通过科技部科技计划项目申报中心(http://program. most. gov. cn)申报。

1. 申请单位操作流程

(1)注册。申请单位需要在国家科技计划项目申报中心网站(http://program. most. gov. cn)进行注册,具体注册及审核过程请认真阅读网站说明,并按照有关要求将相关审核资料以特快专递寄送至科技部信息中心。科技部信息中心收到资料后,将在2个工作日内完成对单位注册信息的审核。

往年已经在申报中心登记注册的申报单位,仍用原单位管理员账号和密码登录,不需要重新注册。

(2)在线填写申请材料。根据申请材料填写说明,在网上认真填写,确认无误后在线提交至申报部门。

2. 申报部门操作流程

申报部门登录国家科技计划项目申报中心网站(http://program. most. gov. cn),受理申请单位电子文档和书面材料。

申报部门须对申请单位上报材料进行形式审查,并认真核对、审查有关文件、数据。

3. 纸质材料须与电子数据内容一致

申报书可从系统中打印,申报材料按要求顺序装订。纸制材料一式两份加盖公章后按要求寄送。

三、申报材料

申请项目"总投资"中,如申请国家计划拨款,还需按照要求填写《国家火炬计划重点项目预算申请书》。预算申请书需附在项目申报书后一起装订。

(一)申请单位

1. 产业化引导示范项目

(1)产业化项目申报书

(2)项目可行性研究报告

(3)企业上年度财务报表和资产负债表

(4)需提供的附件材料

——企业法人营业执照、高新技术企业认定证书。

——科技成果(产品)鉴定证书或最近两年内的科技查新报告、检测(验)报告。

——可说明知识产权归属的证明文件,如软件著作权登记证书、专利证书、技术转让合同等。

——特殊行业:药品生产许可证、新药证书;食品卫生许可证;农药、化肥生产许可证、登记证;通信产品、电力设备入网证;公共安全、计量产品生产许可证;化工、能源等易造成环境污染的产品,需提交环保合格证明。

——承担其他科技计划的证明、获得科技经费支持的合同、政府有关部门给予资金匹配的意向或合同。

——产品(技术)获奖证书、企业获奖证书、ISO 质量体系认证证书、医药 GMP 证书、银行信用等级评估证明、产品用户意见报告、销售合同或意向等。

2. 高新技术产业集群项目

集群项目企业类单位应提供地方政府的产业规划,申报应符合产业化项目的申报要求,填写"产业化项目申报书",并按照相关要求提供申报材料。

服务机构类项目申报应符合环境建设项目申报要求,填写"环境建设项目申报书",并按照相关要求提供申报材料。

3. 产业化环境建设项目

(1)项目申报书

(2)项目可行性报告

(3)上年度财务报表

(4)法人证明材料

(5)需提供的附件材料

(二)地方或行业科技部门需提交的材料

1. 项目报送函

2. 国家火炬计划项目汇总表

3. 国家火炬计划项目地方推荐意见(请附在项目申请材料内)

4. 申报纸质材料一式两份

5. 申报项目电子汇总数据

(三)材料装订

1. 装订顺序

(1)项目申报书

(2)可行性研究报告

(3)原则上为经审计的上年度财务报表,新注册机构应附验资报告

(4)附件目录

(5)相关证明材料复印件

2. 装订要求

(1)申报材料统一使用 A4 纸打印和复印。

(2)全部申报材料应按要求的装订顺序装订。

(3)申报书的封面作为首页装订。建议增加书脊内容:项目名称和申报渠道。

(4)不允许使用文件夹装订。

(四)有关要求

(1)报送材料应按有关规定逐级申报。

(2)填写申报书前,应仔细阅读"填表说明",并按要求认真填写,务必完整、准确、有效。

(3)附加材料要有针对性,不要提交与申报项目或企业无关的材料,同时注意提供材料的时效性。

(4)须在规定的栏目内签字、盖章后再报送材料。

四、联系方式及技术咨询

1. 纸质材料寄送地址:北京复兴路 12 号 C 座 3 层北京 3823 信箱,科技部火炬高技术产业开发中心项目受理处,邮政编码:100038。

2. 联系电话:

(1)受理咨询

科技部高新司:010-58881566,58881565。

科技部火炬中心:010-63923533、63923525、63923522。

(2)软件及网上申报咨询

科技部火炬中心:010-63923599。

科技部信息中心:010-51292636、68522908(传真)。

2011 年度国家级火炬计划项目申报要求

2011 年,火炬计划将以产业化环境建设为核心,围绕培育战略性新兴产业,服务重点行业振兴和传统产业升级,服务高新技术成果商品化、产业化和国际化,进一步完善高新技术产业化环境,推动和促进高新技术产业化的发展。根据"十二五"国家科技计划的总体部署,为做好 2011 年度国家火炬计划项目申报工作,提出如下要求。

一、申报方向和条件

(一)产业化环境建设项目

1. 高新区和基地

(1)申报方向

重点支持国家高新区、高新技术产业化基地、国家火炬计划特色产业基地、国家火炬计划软件产业基地和科技兴贸创新基地内围绕产业集群技术升级,开展的关键及共性技术

研发平台建设和公共服务平台建设等。

——支持国家高新区建设世界一流园区、创新型科技园区、创新型特色园区的试点工作。围绕培育和发展战略性新兴产业，支持集群产业链中具有带动作用的关键技术开发、共性核心技术设计与研发的平台建设；支持新兴产业创新中心、科技企业加速器、产业技术研究院、产业技术联盟、人才联盟等公共服务体系建设。

——支持国家火炬计划特色产业基地内围绕产品创新、技术升级、构建和完善产业链等建立的各类公共技术服务平台；围绕质量、安全及环保建立的产品检测、质量认证、工业废弃物集中处理等公共设施；围绕集群培育形成的商业模式创新或产业组织创新、物流服务或供应链管理网络、联盟或行业协会服务网络等；围绕基地内企业提高生产及管理水平等开展的标准宣贯、培训、技能训练等。

——支持国家火炬计划软件产业基地围绕发展战略性新兴产业和现代服务业培育形成产业联盟与产业集群，建设支撑集群创新发展的共性关键技术开发平台、软件测试平台、科技人才培训平台、软件应用体验环境和服务外包知识库；支持促进提升软件产业基地专业化服务水平的公共技术服务平台建设，重点支持软件开发、管理、测试、人才培训、外包服务等公共技术服务平台项目等。

——支持科技兴贸创新基地开展的出口信息服务平台、技术标准认证服务平台、关键共性技术开发平台公共服务体系建设项目；支持为高新技术企业引进技术、人才、资金等国际创新资源，开展跨国技术合作，开拓国际市场以及实现海外发展提供信息、渠道和服务支撑的国际化服务平台的建设项目。

(2)申报条件

——在中华人民共和国境内注册，具有独立法人资格的中介机构。

——机构具有完善的服务机制管理办法和管理规章；具有面对行业或产业明确的服务对象和服务内容；具有较强的专业服务技能和富有效率的管理团队；已有较为成功的服务案例。

——项目具有共享、公平、开放等公共特性，对产业技术提升和集群创新有较强的示范、带动和促进作用，共享机制及服务模式合理可行，能产生较好的社会效益。

——项目申报单位原则上应是国家高新区、国家高新技术产业化基地、国家火炬计划特色产业基地、国家火炬计划软件产业基地、科技兴贸创新基地内的服务机构。

2. 科技中介机构

(1)申报方向

——支持科技企业孵化器、国家大学科技园公共技术基础设施体系建设，重点支持技术研发、检测检验、人才培训、孵化服务网络等公共服务平台建设，支持大学生科技创业见习(实习)基地建设。支持孵化器的专业化发展，促进天使投资人与科技企业孵化器的有效结合。

——支持生产力促进中心服务产业集群、服务基层科技专项行动的实施。深化体系建设重点省行动试点工作。支持生产力促进中心开展工业分包、工业设计、科技金融、节能减排等共性技术开发和应用推广，围绕区域和行业特色开展专业化服务，促进产业集群创新升级。

——支持以企业需求为导向、以信息化手段为支撑、为企业创新提供服务的中国创新驿站站点建设；支持围绕战略性新兴产业提供技术转移专业化服务机构和技术转移联盟的建设；促进技术经纪与技术(产权)交易服务体系建设；促进国家公共财政投入的各类计划形成的科研成果的转移转化；促进国际技术转移和知识产权的运用；促进与院校联合开展技术转移专业人才培养。

——围绕火炬计划高新技术产业化政策、人才、技术、国际化、宣传、统计等培训，重点支持各类培训平台建设；围绕科技与金融结合，重点支持为高新技术产业化开展投融资服务的金融平台建设；围绕科技成果推广，支持共性技术、公益技术和重点科技成果的推广应用及其平台建设，支持推动行业或区域成果推广服务体系(联盟)的建设；支持科技成果展示交流。

(2)申报条件

——在中华人民共和国境内注册，具有独立法人资格的中介机构。

——机构具有完善的服务机制管理办法和管理规章；具有面对行业或产业明确的服务对象和服务内容；具有较强的专业服务技能和富有效率的管理团队；已有较为成功的服务案例。

——项目具有共享、公平、开放等公共特性，对产业技术提升和集群创新有较强的示范、带动和促进作用，共享机制及服务模式合理可行，能产生较好的社会效益。

——项目申报单位应是国家级科技企业孵化器、国家大学科技园、国家级示范生产力促进中心、国家技术转移示范机构、海外科技园服务机构、科技金融服务机构。

(二)产业化项目

1. 产业化示范项目

(1)申报方向

支持属于国家鼓励发展的重点振兴产业和战略性新兴产业领域，对“转方式、调结构”及地方产业优化升级有带动和示范效应的高新技术项目，有自主知识产权、推动产学研结合的科技成果产业化项目。

(2)申报条件

——在中华人民共和国境内注册，具有独立法人资格的企业。

——申报企业在其主导产品所属细分行业有一定知名度，属当地政府及科技部门重点支持的企业。

——项目技术成熟。开始小批量生产或进入工业化生产阶段，属许可证管理的须获得相关行业生产许可。

2. 科技兴贸示范项目

(1)申报方向

结合实施“走出去”战略，重点支持具有自主知识产权和自主品牌，面向东盟、中亚、独联体、非洲等新兴市场以及其他国际市场，未来能形成较强国际竞争力、技术含量高、能够促进我国外贸增长方式转变和结构调整的科技兴贸出口示范项目。

(2)申报条件

——在中华人民共和国境内注册,具有独立法人资格的企业。

——申报企业在其主导产品所属细分行业有一定知名度,属当地政府及科技部门重点支持的企业。

——项目技术成熟。开始小批量生产或进入工业化生产阶段,属许可证管理的须获得相关行业生产许可。

——申报的项目产品已出口且出口规模不超过500万美元;项目完成时可形成明确的出口创汇能力。

二、支持方式

国家火炬计划项目的支持方式以政策引导为主、专项资金支持为辅,列入计划的项目,颁发国家级火炬计划项目证书。

产业化环境建设项目。科技部将择优给予国拨经费支持,各省级科技部门和承担单位主管部门给予经费匹配,承担单位应有较强的资金自筹能力。

产业化项目。以示范、引导为重点,科技部将与地方科技行政管理部门密切合作,多渠道、多形式筹集资金,并提供市场推广、培训、国际化、信息化、宣传等多方位服务。

项目实施期限为2~3年。

三、申报组织

(一)申报渠道

1.产业化环境建设项目通过地方科技厅(委、局)推荐申报。

2.产业化项目由地方科技厅(委、局)组织专家评审后择优推荐上报。推荐项目数量原则上不超过本省(区、市)2010年度火炬计划产业化示范项目的立项数。

3.上述各类项目是国务院有关部门直接管理的机构承担的,也可通过国务院有关部门科技主管司局申报。

(二)其他规定

1.原则上同一单位当年度只能申报一项国家火炬计划项目。同一项目不得以相同或不同名称重复申报或多头申报科技部当年度其他科技成果转化及产业化计划。

2.正在承担国家火炬计划重点项目(经费支持项目)实施尚未完成验收的项目单位原则上不得申报今年的火炬计划项目。

3.申报部门的申请材料和电子数据应集中统一上报,对于申报部门分头报送和多次报送不予受理。

四、申报方式

国家火炬计划项目的申报采用电子数据和书面材料相结合的方式。项目电子数据申报一律通过国家科技计划项目申报中心(http://program.most.gov.cn)申报。纸质材料须与电子数据内容一致。申报书可从系统中打印,申报材料按要求顺序装订。纸制材料一式两份加盖公章后按要求寄送。

五、申报材料

(一)申请单位提供材料清单

1.产业化环境建设项目

(1)环境建设项目申报书。

(2)环境建设项目可行性报告。

(3)国家火炬计划项目预算申请书。

(4)上年度财务报表。

(5)法人证明材料。

(6)需提供的附件材料。

2.产业化项目(向地方科技厅、委、局提供)。

(1)产业化项目申报书(地方评审通过后,报科技部备案)。

(2)项目可行性研究报告。

(3)企业上年度财务报表和资产负债表。

(4)需提供的附件材料。

——企业法人营业执照、高新技术企业认定证书。

——科技成果(产品)鉴定证书或最近两年内的科技查新报告、检测(验)报告。

——可说明知识产权归属的证明文件,如软件著作权登记证书、专利证书、技术转让合同等。

——特殊行业:药品生产许可证、新药证书;食品卫生许可证;农药、化肥生产许可证、登记证;通信产品、电力设备入网证;公共安全、计量产品生产许可证;化工、能源等易造成环境污染的产品,需提交环保合格证明。

——承担其他科技计划的证明、获得科技经费支持的合同、政府有关部门给予资金匹配的意向或合同。

——产品(技术)获奖证书、企业获奖证书、ISO质量体系认证证书、医药GMP证书、银行信用等级评估证明、产品用户意见报告、销售合同或意向等。

(二)地方或行业科技部门需提交的材料

1.项目报送函。

2.国家火炬计划项目汇总表。

3.国家火炬计划项目地方推荐意见(请附在项目申请材料内)。

4.申报纸质材料(一式两份)。

5.申报项目电子汇总数据。

(三)申报材料装订

1.装订顺序

(1)项目申报书。

(2)可行性研究报告。

(3)国家火炬计划项目预算申请书。

(4)原则上为经审计的上年度财务报表,新注册机构应附验资报告。

(5)附件目录。

(6)相关证明材料复印件。

2.装订要求

(1)申报材料统一使用A4纸打印和复印。

(2)全部申报材料应按要求的装订顺序装订。

(3)申报书的封面作为首页装订。建议增加书脊内容:

项目名称和申报渠道。

(4)不允许使用文件夹装订。

(四)有关要求

1. 报送材料应按有关规定逐级申报。

2. 填写申报书前,应仔细阅读"填表说明",并按要求认真填写,务必完整、准确、有效。

3. 附加材料要有针对性,不要提交与申报项目或企业无关的材料,同时注意提供材料的时效性。

4. 须在规定的栏目内签字、盖章后再报送材料。

(五)联系方式及技术咨询

(1)纸质材料寄送地址:北京三里河路54号北京2143信箱,科技部火炬高技术产业开发中心计划财务处,邮政编码:100045。

(2)联系电话。

(a)受理咨询。

科技部高新司:010-58881566,58881565。

科技部火炬中心:010-68511562,68511564。

(b)软件及网络申报咨询。

科技部火炬中心:010-63923599。

科技部信息中心:010-88659000(中继线)、51292636、68522908(传真)。

2010～2011年度国家火炬计划立项项目清单(材料相关)

项目编号	项目名称	承担单位
2010GH010015	射频微波多层片式瓷介电容器	北京元六鸿远电子技术有限公司
2010GH030041	8英寸石英钟罩	北京凯德石英塑料制品有限公司
2010GH030042	苯乙烯装置用高效阻聚剂BL-628D	北京斯伯乐科技发展有限公司
2010GH030043	铝合金顶板模板体系	北京中建柏利工程技术发展有限公司
2010GH030044	预制型复合橡胶跑道	北京绿茵天地体育产业股份有限公司
2010GH030045	SPUA-351喷涂型聚脲弹性涂料	北京东方雨虹防水技术股份有限公司
2010GH030046	中低品位铝矾土资源综合利用	北京通达耐火技术股份有限公司
2010GH030047	T-541S饮用水低VOC醇溶环保型液体环氧涂料	北京航材百慕新材料技术工程股份公司
2010GH030048	TS426聚合陶瓷涂层	北京天山新材料技术有限责任公司
2010GH040049	铝合金自动化TIG焊出口示范项目	北京兆维科技股份有限公司
2010GH040052	JZ550/800定向凝固结晶法多晶硅铸锭炉产业化	北京京运通科技股份有限公司
2010GH030104	高速公路护栏长效防护涂料体系的研究	天津科瑞达涂料化工有限公司
2010GH030105	组合式铝合金挤压散热器及其产业化	天津锐新电子热传技术股份有限公司
2010GH030106	优质结构钢丝绳	天津市全友钢丝绳有限公司
2010GH030107	抗氧化剂THANOX 245	利安隆(天津)化工有限公司
2010GH060116	低成本碱渣综合处理工艺	天津莱特化工有限公司
2010GH030125	ZTQZ球面转动支座产业化项目	衡水中铁建工程橡胶有限责任公司
2010GH030127	高强、高韧、高耐蚀-XK360铝合金	河北立中有色金属集团有限公司
2010GH030128	萃取沉钒新工艺生产高纯氧化钒	承德金科科技开发有限责任公司
2010GH050132	大尺寸高转化率光伏建筑一体化薄膜组件	廊坊新奥光伏集成有限公司
2010GH030145	无铅骨瓷技术成果产业化项目	山西明禾陶瓷有限责任公司
2010GH030146	超级奥氏体不锈钢板材	山西太钢不锈钢股份有限公司
2010GH040147	特大型转炉炼钢倾动设备	太原重工股份有限公司
2010GH040148	TFT-LCD液晶玻璃分断工艺设备产业化	太原风华信息装备股份有限公司
2010GH550151	太原地区新材料产业集群创新服务体系建设	太原生产力促进中心
2010GH030161	年产3500吨聚偏氟乙烯	内蒙古万豪氟化工有限公司
2010GH030163	年产10万吨超细煅烧高岭土	内蒙古超牌高岭土有限公司
2010GH010167	超小型高灵敏PTC热敏电阻	丹东科亮电子有限公司

续表

项目编号	项目名称	承担单位
2010GH030169	年产3万吨太阳级硅切割液	辽宁奥克化学股份有限公司
2010GH030170	镁铁尖晶石砖	中国建筑材料科学研究院大石桥镁砖厂
2010GH030171	船用弹性减振器(金属波纹管膨胀节)	辽宁天安容器有限公司
2010GH030173	环保型高性能有机颜料-颜料红176	鞍山七彩化学股份有限公司
2010GH030174	不锈钢厚壁对焊无缝管件(弯管)	辽阳石化机械设计制造有限公司
2010GH030175	110kV特高压组合电器、罐式断路器出线瓷套	抚顺高科电瓷电气制造有限公司
2010GH030176	XYH高密度聚乙烯催化剂	营口市向阳催化剂有限责任公司
2010GH050181	低成本大容量有机系超级电容器开发与产业化	朝阳立塬新能源有限公司
2010GH550184	葫芦岛聚氨酯公共技术服务平台建设	葫芦岛市生产力促进中心
2010GH550185	铁岭橡塑产业基地公共技术服务平台建设	铁岭市生产力促进中心
2010GH550188	镁质材料公共技术服务平台建设	大石桥市生产力促进中心
2010GH030190	航空用高温合金材料的产业化	沈阳中科三耐新材料股份有限公司
2010GH030219	2000吨/年中压法羰基铁粉	吉林吉恩镍业股份有限公司
2010GH030220	钼基稀土粉冶成形顶头产业化	四平市北威钼业有限公司
2010GH030226	国产高端牙科复合材料的产业化	吉林省登泰克牙科材料有限公司
2010GH030227	医用聚乳酸可生物降解材料及其器件	长春圣博玛生物材料有限公司
2010GH030237	微合金化生产细晶粒高强度合金钢	黑龙江建龙钢铁有限公司
2010GH030239	单烯烃改性间戊二烯石油树脂	大庆华科股份有限公司
2010GH030240	高纯绿碳化硅精细微粉	鸡西丹峰磨料磨具有限公司
2010GH050248	耐磨陶瓷燃烧器	哈尔滨博深科技发展有限公司
2010GH020269	玻璃酸钠产业化项目	上海佰加壹医药有限公司
2010GH030270	亚士御彩石—全水性多彩外墙建筑涂料	亚士漆(上海)有限公司
2010GH030271	环保型水性上色涂料	上海维凯化学品有限公司
2010GH030275	高速铁路建设用高耐候增强增韧尼龙材料	上海金发科技发展有限公司
2010GH030277	水性纳米聚丙烯酸酯木器涂料	上海富臣化工有限公司
2010GH010311	高精密双面多层金属基印制电路板	昆山市华升电路板有限公司
2010GH010313	电子显视器件保护膜	昆山博益鑫成高分子材料有限公司
2010GH010314	全火焰水解法(OVD+OVD)制备低水峰光纤预制棒技术	江苏法尔胜光子有限公司
2010GH010322	全波段弯曲不敏感低水峰单模光纤	中天科技光纤有限公司
2010GH010323	大尺寸光纤预制棒	中天科技精密材料有限公司
2010GH010324	高性能USB VoIP音频处理SoC芯片	无锡友芯集成电路设计有限公司
2010GH010325	低功耗、高灵敏度CMOS图像传感器芯片的研发及产业化	昆山锐芯微电子有限公司
2010GH010330	超高亮度InGaAlP LED外延片和芯片的产业化	扬州汉光光电有限公司
2010GH010346	高压温度补偿型瓷介电容器	昆山万盛电子有限公司
2010GH010347	YG型耐环境光纤连接器	泰兴市航天电器有限公司
2010GH030373	电子级超细高纯环保型硅微粉	连云港东海铭友高科硅微粉有限公司
2010GH030374	干熄焦设备用应力缓冲型耐火材料	宜兴市丁山耐火器材有限公司
2010GH030375	感应淬火轴承钢SAE1070M	江阴兴澄特种钢铁有限公司
2010GH030377	新型高性能铸铝合金及精密压铸制品	吴江市天龙机械有限公司

续表

项目编号	项目名称	承担单位
2010GH030378	5000 吨/年 PC/ABS 合金用无卤磷酸酯阻燃剂	江苏雅克科技股份有限公司
2010GH030380	耐腐蚀特种电缆	扬州曙光电缆有限公司
2010GH030382	环保型聚酯复合钢板	无锡光旭新材料科技有限公司
2010GH030383	4130X 高压大容积气瓶用大口径无缝钢管	扬州诚德钢管有限公司
2010GH030387	高模量无碱(HME)玻璃纤维池窑拉丝	江苏九鼎新材料股份有限公司
2010GH030388	超高压 765kV 输变电设备用关键铝合金罐体	南通宏德机电有限公司
2010GH030390	毛发染料中间体 2,5-二氨基苯乙醇硫酸盐	宜兴市新宇化工有限公司
2010GH030393	2 兆瓦及以上风电叶片用玻纤多轴向经编增强材料产业化	常州市宏发纵横新材料科技有限公司
2010GH030394	高速列车转向架用高性能弹簧钢	江苏泰富兴澄特殊钢有限公司
2010GH030395	pu 预埋聚醚粗孔海绵发泡成型轿车天窗板	常熟市汽车饰件有限公司
2010GH030396	高阻隔耐紫外老化太阳电池背膜	苏州中来太阳能材料技术有限公司
2010GH030397	环保型多元复合材料在电缆桥架中的应用	江苏广通电力设备有限公司
2010GH030398	合成革用水性 PU 发泡树脂	江苏宝泽高分子材料股份有限公司
2010GH030400	高性能废橡塑改性沥青	江苏宝利沥青股份有限公司
2010GH030401	125℃辐照交联无卤阻燃聚烯烃护套料(光伏电缆用)	常熟市中联光电新材料有限责任公司
2010GH030404	节能环保型物理微发泡铝塑复合板	苏州多彩铝业有限责任公司
2010GH030405	UP-SS 级微电子用异丙醇	苏州晶瑞化学有限公司
2010GH030406	高纯羟(胺)烷基苯酮型光引发剂和清洁生产	常州华钛化学股份有限公司
2010GH030407	可降解胶印油墨	苏州科斯伍德油墨股份有限公司
2010GH030410	Φ1400mm×3000mm 热轧铝板特大精密轧辊	常州宝隆冶金设备制造有限公司
2010GH030411	特强钢芯软铝导线	江苏中天科技股份有限公司
2010GH030412	亚光凹凸花纹彩色钢板的产业化	江苏海陆装饰有限公司
2010GH030414	0.14mm 镜面钼带	苏州先端稀有金属有限公司
2010GH030415	添加纳米粉体的高强度粉末冶金齿轮	海安县鹰球集团有限公司
2010GH030416	年产 10 万只太阳能级单晶硅用石英坩埚	东海县太平洋石英制品有限公司
2010GH030417	高强力双层夜光化纤绳索	江苏省香川绳缆科技有限公司
2010GH030419	缩水甘油胺-醚型耐高温环氧树脂	常熟佳发化学有限责任公司
2010GH030420	抗指纹不锈钢装饰板	海门市森达装饰材料有限公司
2010GH030421	高端金属表面处理用强化钢丸产业化开发	大丰市大奇金属磨料有限公司
2010GH030422	MH-2 多功能切削液	无锡市弘育化工有限公司
2010GH030423	微波磁控管用金属化陶瓷关键技术的研究与产业化	无锡康伟工程陶瓷有限公司
2010GH030424	90℃绝缘级低烟低卤 PVC 阻燃护套料	江苏宝源电缆料有限公司
2010GH030425	应用于 LED 光源的微结构 PMMA 板材	常州丰盛光电科技股份有限公司
2010GH030428	集成电路制用石英玻璃扩散管制备技术集成及产业化	连云港福东正佑照明电器有限公司
2010GH030429	光致电材料 3,4-乙撑二氧噻吩	张家港市华盛化学有限公司
2010GH030430	焊接熔透剂	苏州工业园区华焊科技有限公司
2010GH030431	无机矿物纸绳	扬州新奇特电缆材料有限公司
2010GH030432	长寿命耐烧灼耐高温(1000℃)输送带	张家港市华申工业橡塑制品有限公司
2010GH030433	3000 吨/年合成硼酸酯型高性能制动液	张家港迪克汽车化学品有限公司

续表

项目编号	项目名称	承担单位
2010GH030434	新型阻燃耐高温聚芳噁二唑纤维产业化	江苏宝德新材料有限公司
2010GH030435	高强度、耐磨损面接触压实股钢丝绳	泰博制钢股份有限公司
2010GH030436	集成制造能源工程用特种大口径厚壁管	中兴能源装备股份有限公司
2010GH030437	生态型阻燃多功能纤维材料技术开发及产业化	南通东升艾克特种纺织防护面料有限公司
2010GH030438	高分子改性麻塑合金板	丹阳市新美龙汽车软饰件有限公司
2010GH030440	年产 4 万吨低成本高纯度双乙烯酮产业化项目	江苏天成生化制品有限公司
2010GH030441	高落差细钢丝铠装耐高温防火电缆	扬州恒辉电缆有限公司
2010GH030442	低泡脱脂粉的水基金属清洗剂	江苏德美科技有限公司
2010GH030443	导电用高性能硅橡胶	江苏宏达新材料股份有限公司
2010GH030445	纳米级耐强紫外线橡胶坝袋	江苏扬州合力橡胶制品有限公司
2010GH030446	RFID 印刷片材	江苏华信塑业发展有限公司
2010GH030447	粉末冶金汽车变速箱齿环	扬州保来得科技实业有限公司
2010GH030448	超高压防硫井控装置	江苏信得石油机械有限公司
2010GH030449	年产 3 万吨一步法异收缩 PET 复合纤维	徐州斯尔克差别化纤维科技有限公司
2010GH030450	以纳米碳为基材的可染型导电纤维	江苏中化纺科技有限公司
2010GH030451	聚酰亚胺-聚全氟乙丙烯(F46)复合膜	溧阳华晶电子材料有限公司
2010GH030452	超、特高压变压器绝缘成型件出线装置	泰州新源电工器材有限公司
2010GH030453	KS9C 耐热钢大口径离心铸造炉辊	江苏九新特钢制品有限公司
2010GH030455	T1149-2 高压电机(VPI)无溶剂浸渍树脂	吴江市太湖绝缘材料厂
2010GH030456	多功能乳液泵	泰兴开广塑胶有限公司
2010GH030457	聚四氟乙烯空间结构建筑膜材产业化	泰兴市维维高分子材料有限公司
2010GH030459	高固体含量漆包线漆	丹阳四达化工有限公司
2010GH030460	高铁 CA 砂浆专用Ⅱ型乳化沥青	江苏华宇铁路新材料有限公司
2010GH030461	0Cr17Ni12Mo2 特种膨胀螺钉	江苏振亚特种螺钉有限公司
2010GH030462	硼硅钢化防爆玻璃罩	江苏春虹照明科技有限公司
2010GH030463	zmg19 系列径向取向铁氧体磁转子	徐州通用高新磁电有限公司
2010GH030464	玻璃纤维缠绕增强不饱和聚酯树脂大型容器	扬州新扬科技发展产业有限公司
2010GH030465	轻质环保型聚丙烯发泡材料	丹阳市华东工程塑料有限公司
2010GH030466	铁道提速货车转向架用高分子复合材料斜楔摩擦板	镇江铁科橡塑制品有限公司
2010GH030468	新型高性能耐磨铜合金及其产品	镇江汇通金属成型有限公司
2010GH040470	HXN5 型内燃机车活塞国产化及产业化	常州朗锐活塞有限公司
2010GH040471	超长纤维 GMT 板材干法生产线	江苏迎阳无纺机械有限公司
2010GH040473	精密波纹片一次成型高速冲压模具产业化	昆山荣腾模具部品制造有限公司
2010GH040500	钢制强化玻璃纤维制双层油罐	江阴市富仁高科有限公司
2010GH040506	自催化镍-磷镀层防护的精密回转支承	江苏万达特种轴承有限公司
2010GH040522	紫外激光晶圆划片设备产业化	苏州德龙激光有限公司
2010GH040525	HYFM-1 型聚四氟乙烯与特种纤维覆膜联合机	江苏闳业机械有限公司
2010GH040541	强耐腐蚀、高耐磨双相不锈钢泵	张家港市飞浪泵阀有限公司
2010GH040543	可发性聚苯乙烯用反应釜	张家港市科华化工装备制造有限公司

续表

项目编号	项目名称	承担单位
2010GH040545	聚酯纤维聚合原液着色炭黑工程成套装备	江苏都盛科技发展有限公司
2010GH040555	高强高模聚乙烯纤维生产线成套装备产业化	江苏神泰科技发展有限公司
2010GH040570	高效大功率蓝光 led 外延片	扬州中科半导体照明研发中心有限公司
2010GH050616	新型高能环保胶体储能电池	江苏贝思特动力电源有限公司
2010GH050617	TH170M 新型高效单晶硅光伏电池组件	扬州天华光电科技有限公司
2010GH050625	锂离子电池全铝合金电动自行车	好孩子集团有限公司
2010GH050631	高比能、高比功率磷酸铁锂动力电池	江苏赛尔电池有限公司
2010GH060642	氟美特斯滤袋产业化	江苏鼎晟滤袋有限公司
2010GH050671	太阳能电池用锗单晶片产业化	南京中锗科技股份有限公司
2010GH010682	超微细漆包铜圆线	露笑科技股份有限公司
2010GH010695	永久性超小型薄膜电容器产业化	长兴立峰电子有限公司
2010GH010698	年产 10 万芯公里超柔软环保阻燃光缆	浙江湖州正导线缆有限公司
2010GH030735	高仿动物毛涤纶超柔超亮纤维(533dtex/96F)	桐昆集团浙江恒盛化纤有限公司
2010GH030738	纳米材料改性橡胶 V 带	浙江三力士橡胶股份有限公司
2010GH030739	阻燃抗静电专用母料	浙江七色鹿色母粒有限公司
2010GH030737	环保型无苯电化铝烫印箔产业化	浙江恒丰包装有限公司
2010GH030741	WB36 低合金高强度锅炉用钢钢锭产业化	浙江大隆合金钢有限公司
2010GH030743	关于氮化硅超细粉体新材料与产业化运用	平湖市四海科技陶瓷有限公司
2010GH030745	一种无镉高强度银钎料	杭州华光焊料有限公司
2010GH030746	纳米银抗菌棉产业化	绍兴志仁印染有限公司
2010GH030747	高速线材轧机用高镍铬合金锥套产业化	东阳市朋诚科技有限公司
2010GH030748	压力容器及压力管道用双相不锈钢无缝管	湖州丰泰不锈钢管业有限公司
2010GH030751	聚烯烃高性能(低温)热收缩薄膜产业化	浙江众成包装材料股份有限公司
2010GH030752	高效低阻聚丙烯熔喷过滤材料及制品	桐乡市健民过滤材料有限公司
2010GH030753	锦纶 6 扁平特种纤维	义乌华鼎锦纶股份有限公司
2010GH030758	高真空器件用氧化铝陶瓷金属化产业化	浙江亚通金属陶瓷有限公司
2010GH030760	低电阻率钽酸锂单晶片技术研究与产业化	中电科技德清华莹电子有限公司
2010GH030761	年产 1500 吨乙烯装置用急冷油塔抗垢清净剂	浙江杭化科技有限公司
2010GH030769	蓄电池用硅粉玻璃纤维隔板	诸暨市双友蓄电池材料有限公司
2010GH030770	光伏组件聚乙烯醇缩丁醛(PVB)胶片	浙江利丰塑胶有限公司
2010GH030772	高温阻燃舰船电缆	开开电缆科技有限公司
2010GH030775	连铸中间包高连浇镁质涂料	浙江红鹰集团股份有限公司
2010GH030776	年产 3000 吨超高阻隔共聚胶乳及涂布膜	浙江野风塑胶有限公司
2010GH030777	WLT 塑合金弯接装置	浙江八方电信有限公司
2010GH030778	年产 2000 吨无纺墙纸原纸	浙江凯恩特种材料股份有限公司
2010GH030780	环保型纳米级难燃聚合物聚醚多元醇产业化项目	湖州创新聚氨酯科技有限公司
2010GH030781	0.018mm 彩色不锈钢微丝产业化	杭州顿力不锈钢精丝有限公司
2010GH030782	5FB 缠绕式汽车离合器面片	浙江德瑞摩擦材料有限公司
2010GH030783	RH-606 冰箱密封胶	杭州仁和热熔胶有限公司

续表

项目编号	项目名称	承担单位
2010GH030784	丙纶高强机织土工布	杭州萧山申联化纤织造有限公司
2010GH030786	冷凝器用317L不锈钢薄壁焊接管	浙江久立特材科技股份有限公司
2010GH030787	年产50万平方米环保用新型玻璃纤维覆膜滤料项目	安吉县盛丰玻璃纤维有限公司
2010GH030788	低砷水松纸专用轻质碳酸钙	建德市天石碳酸钙有限责任公司
2010GH030789	动态密封功能的TPE后共挤异型材	华之杰塑料建材有限公司
2010GH030790	改性聚乙烯醇夹层强氧气阻隔聚乙烯膜	浙江比例包装股份有限公司
2010GH030791	环氧树脂层压板高精度加工件	杭州联生绝缘材料有限公司
2010GH030792	年新增150万只不锈钢及其复合板炊具项目	浙江爱仕达电器股份有限公司
2010GH030793	非PVC输液器用热塑性弹性体	浙江三博聚合物有限公司
2010GH030794	高强度低导热泡沫玻璃	浙江振申绝热科技有限公司
2010GH030796	钛酸铝基复合增韧陶瓷产业化项目	安吉县杭达耐火材料有限公司
2010GH030798	DK系列聚合物纳米级蒙脱土产业化项目	浙江丰虹新材料股份有限公司
2010GH030801	低损耗NiZn铁氧体TN80L材料	天通控股股份有限公司
2010GH030802	DN(¢0.014～¢0.03)型超细绝缘复膜线材	湖州东尼电子有限公司
2010GH030803	绞合型无溶剂三层绝缘电线	浙江长城电工科技有限公司
2010GH030804	聚丙烯纤维预应力混凝土管产业化	浙江巨龙管业股份有限公司
2010GH030805	高强度、高韧性碳化硅陶瓷密封件	浙江东新密封有限公司
2010GH030806	新型复合烧结网	浦江诺华筛网有限公司
2010GH030807	纳米改性自硫化丁基橡胶防腐衬里	杭州顺豪橡胶工程有限公司
2010GH030809	用废聚酯醇解制备的纺织品用聚酯热熔胶SW-PES6120	长兴三伟热熔胶有限公司
2010GH030810	新一代复合成型视窗防护屏材料	浙江星星光电薄膜技术有限公司
2010GH030811	废聚酯瓶片纺涤纶POY产业化	浙江亿丽斯织造有限公司
2010GH030814	高强度铝合金屏蔽用编织线	杭州银河线缆有限公司
2010GH030815	非织造聚合物静电机理清洁材料	嘉兴市富瑞森水刺无纺布有限公司
2010GH030816	新型功能性水性双组份聚氨酯涂料	浙江环达漆业集团有限公司
2010GH030818	高性能有机颜料喹吖啶酮红BH355	浙江百合化工控股集团有限公司
2010GH030819	高性能陶瓷刹车片产业化项目	浦江万赛摩擦材料有限公司
2010GH030820	高强度同轴电缆内芯线用铜包钢导体	浙江省浦江县百川产业有限公司
2010GH030821	禁用偶氮染料及其中间体代用品	浙江安诺芳胺化学品有限公司
2010GH030827	耐寒耐黄变高耐磨耗干法聚氨酯树脂	浙江华峰合成树脂有限公司
2010GH030829	无铅喷金料	绍兴市天龙锡材有限公司
2010GH040862	耐低温、抗腐蚀高强度特种紧固件	浙江高强度紧固件有限公司
2010GH040890	高散热节能环保大排量铝合金车轮	浙江万丰摩轮有限公司
2010GH040898	复杂汽车车灯多色注塑模具	浙江赛豪实业有限公司
2010GH040899	大型精密的轿车门板模具	浙江模具厂
2010GH040952	高参数金属硬密封耐磨球阀	浙江超达阀门股份有限公司
2010GH050961	5Ah电动自行车用锂离子蓄电池产业化	浙江兴海能源科技有限公司
2010GH050962	10000m^3天然气(LNG)低温储罐	中国空分设备有限公司
2010GH050968	高效薄片单晶硅太阳能电池	浙江弘晨光伏能源有限公司

续表

项目编号	项目名称	承担单位
2010GH050973	低成本安全型锂离子电池正极材料磷酸铁锂产业化	横店集团东磁股份有限公司
2010GH050981	电动汽车用(EV)高性能动力型磷酸铁锂离子电池产业化	浙江天能能源科技有限公司
2010GH050983	凝胶态锂离子电池产业化	杭州南都电池有限公司
2010GH050985	锂离子动力电池产业化示范项目	万向电动汽车有限公司
2010GH050995	长寿命胶体蓄电池 8-DZM-20 产业化项目	长兴昌盛电气有限公司
2010GH031019	高强度锌白铜合金材料产业化项目	宁波博威合金材料股份有限公司
2010GH041020	BLEM 超节能复合材料光学注塑机	宁波双马机械工业有限公司
2010GH041030	S(B)H15 - M - 30～500/10 三相非晶合金铁心配电变压器	宁波奥克斯高科技有限公司
2010GH051038	PV-RH701 太阳能电池组件接线盒	慈溪人和光伏电器有限公司
2010GH051039	叠层非晶硅太阳能电池	浙江慈能光伏科技有限公司
2010GH011045	超高温 HID 灯用 115℃电容器产业化	安徽源光电器有限公司
2010GH011049	永磁铁氧体干压各向异性径向多极磁环	铜陵市春禾工贸有限责任公司
2010GH031058	高碳多元素合金铸钢磨球产业化	安徽省凤形耐磨材料股份有限公司
2010GH031061	双变质奥锰钢衬板	铜陵市大明玛钢有限责任公司
2010GH031062	环保型水性聚氨酯工业漆	合肥市科天化工有限公司
2010GH031063	蒸汽辅助注塑成型技术的产业化	合肥海毅精密塑业有限公司
2010GH031065	X80 及以上高钢级油气输送直缝埋弧焊钢管	合肥紫金制管有限公司
2010GH031066	高性能复合软包装材料	黄山永新股份有限公司
2010GH031070	年产 10 万 m^2 造纸工业用聚酯多层网	安徽华辰造纸网股份有限公司
2010GH051085	硅基薄膜太阳能电池	普乐新能源(蚌埠)有限公司
2010GH551091	铜加工产业技术创新公共服务平台建设	铜陵市生产力促进中心
2010GH031134	精密微电机陶瓷轴产业化	厦门智中精密研磨科技有限公司
2010GH031135	超细晶金刚石涂层刀具	厦门金鹭特种合金有限公司
2010GH031146	超细高纯金属钨粉产业化	龙南县泰运矿产品有限公司
2010GH031148	球粒硬质合金产品开发	赣州伟嘉合金有限责任公司
2010GH031149	高性能预应力刻痕钢丝	奥盛(九江)钢线钢缆有限公司
2010GH031150	循环流化床锅炉用快速升温耐磨新材料产业化	江西恒大高新技术股份有限公司
2010GH031151	TGDG280 单向拉伸塑料土工格栅	南昌天高工程材料有限公司
2010GH031145	胶乳液相法制备超高耐磨橡胶制品产业化	江西耐普实业有限公司
2010GH021176	2,4-二氯苯氧乙酸	山东潍坊润丰化工有限公司
2010GH031197	年产 5000 吨新型聚羧酸减水剂项目	东营瑞源特种建筑材料有限公司
2010GH031199	新式硫化宽幅三元乙丙高分子防水材料	山东金禹王防水材料有限公司
2010GH031200	砂壁状建筑涂料	山东秦恒科技有限公司
2010GH031201	氧化铝赤泥沉降絮凝剂产业化项目	东营市诺尔化工有限责任公司
2010GH031204	增强酚醛短切纤维	泰山玻璃纤维有限公司
2010GH031205	年产 1000 吨聚三溴苯乙烯	山东天一化学有限公司
2010GH031208	氧化铝生产中赤泥分离新型絮凝剂产业化项目	山东瑞特精细化工有限公司
2010GH031209	输电铁塔用耐候冷弯型钢	泰安科诺型钢股份有限公司
2010GH031211	动力镍氢电池用泡沫镍	菏泽天宇科技开发有限责任公司

续表

项目编号	项目名称	承担单位
2010GH031212	冶金球团高分子节能粘合剂	淄博宜龙化工有限公司
2010GH031214	1万吨/年抗冲改性剂 MBS 树脂 LB-564	山东瑞丰高分子材料股份有限公司
2010GH031217	TMT 特大网围印花镍网	山东同大镍网有限公司
2010GH031218	2,5-二(1,1,3,3 四甲基丁基)对苯二酚工业化研究	淄博德丰化工有限公司
2010GH031220	戊烯类单体液晶的产业化项目	烟台万润精细化工股份有限公司
2010GH031221	高速列车底边弧线型裙板型材	龙口市丛林铝材有限公司
2010GH031222	蓖麻油衍生物改性水基纳米聚氨酯复合树脂	山东斯泰普力高新建材有限公司
2010GH031223	丙烯酸/环氧树脂改性水性聚氨酯	山东圣光化工集团有限公司
2010GH031224	超细电子纤维 D450	泰山玻璃纤维邹城有限公司
2010GH031225	改性 PP 高强度抗老化新型塑料包装材料	山东雷华塑料工程有限公司
2010GH031226	1.5 万吨/年粗间戊二烯深加工项目	山东玉皇化工有限公司
2010GH031227	环保型电解铜箔	山东金宝电子股份有限公司
2010GH031228	复合溶剂法制备高热稳定性不溶性硫磺项目	山东省单县化工有限公司
2010GH031229	年产 5 万吨氧化铝陶瓷材料	邹平金刚新材料有限公司
2010GH031230	原子自组装纳米球固体润滑剂	山东万众科技有限公司
2010GH031231	新型染整助剂溴酸钠生产项目	潍坊强源化工有限公司
2010GH031232	三体消波复合材料船艇	威海中复西港船艇有限公司
2010GH031233	复相碳化硅内衬加热器	山东通亚机械有限公司
2010GH031234	3000 吨/年耐磨高压玻璃纤维增强环氧树脂井下油管	胜利油田新大管业科技发展有限责任公司
2010GH031236	年产 1200 吨纳米级钛酸钡电子陶瓷粉体材料	山东国瓷功能材料有限公司
2010GH031237	外聚乙烯内环氧树脂涂层复合钢管	潍坊亿斯特管业科技有限公司
2010GH031239	超高分子量聚乙烯纤维产业化	山东爱地高分子材料有限公司
2010GH031241	多功能钢基复合管	胜利油田华胜环保产业有限责任公司
2010GH031242	金属表面铝钢复合板、带	莱芜市金石特种合金材料有限公司
2010GH031243	细旦、超柔、高性能医疗卫生用纺熔非织造材料	山东俊富非织造材料有限公司
2010GH041245	非晶铁心变压器	山东达驰电气有限公司
2010GH041251	超强电磁除铁器	山东华特磁电科技股份有限公司
2010GH041262	年产 1000 万套环保型新材料汽车刹车片	山东金麒麟集团有限公司
2010GH041267	活塞用陶瓷型盐芯产业化	山东滨州渤海活塞股份有限公司
2010GH041268	炼钢用高效锥度氧枪项目	山东崇盛冶金氧枪有限公司
2010GH051298	清洁制浆催化剂	山东相武环保科技有限公司
2010GH051312	钛金太阳集热管	山东力诺新材料有限公司
2010GH061318	草浆碱回收白泥联产轻质碳酸钙	中冶纸业银河有限公司
2010GH031358	Φ42mm 聚晶金刚石(PCD)复合片	河南黄河旋风股份有限公司
2010GH031359	电池级氟化锂	多氟多化工股份有限公司
2010GH031360	1E 级核用电缆桥架	许昌美特桥架股份有限公司
2010GH031361	PSU-I 型抗微生物聚硫氨酯密封胶	河南永丽化工有限公司
2010GH031362	高效镁空气燃料电池阳极材料产业化	维恩克(鹤壁)镁基材料有限公司
2010GH031363	大型低温加压四氯化硅氢化技术产业化示范项目	洛阳中硅高科技有限公司

续表

项目编号	项目名称	承担单位
2010GH031364	年产 2000 吨橡胶促进剂 TBzTD 产业化项目	濮阳蔚林化工股份有限公司
2010GH031365	长寿命、高可靠性工程陶瓷缸套	河南省耕生高温材料有限公司
2010GH031366	1 万吨/年氢化苯乙烯系材料(SEBS)产业化	濮阳市恒润石油化工有限公司
2010GH041378	高镍奥氏体球墨铸铁排气歧管研究与产业化	西峡县内燃机进排气管有限责任公司
2010GH051381	对苯二甲酸二辛酯	河南省武陟县塑光化工有限公司
2010GH051382	非晶合金低损耗变压器	河南三三变压器股份有限公司
2010GH031401	节约型易切非调质钢	大冶特殊钢股份有限公司
2010GH031402	新型低辐射镀膜玻璃的开发及产业化	湖北三峡新型建材股份有限公司
2010GH031403	组合式螺旋折流板稀土合金钢换热器	湖北长江石化设备有限公司
2010GH031404	聚异丁烯丁二酰亚胺产业化	湖北同一石油化工有限公司
2010GH031406	无氯法合成硅烷偶联剂	湖北武大有机硅新材料股份有限公司
2010GH031407	汽车用高性能聚氨酯胶粘剂与密封胶	湖北回天胶业股份有限公司
2010GH041415	年产 2000 万套环保耐磨型高档陶瓷轿车刹车片	瑞阳汽车零部件(仙桃)有限公司
2010GH041416	基于绿色工艺制造汽车油管	湖北荆大精密钢管实业有限公司
2010GH041418	汽车高强度板模具	湖北十堰先锋模具股份有限公司
2010GH031438	液化石油气(LPG)储罐建造产业化	武汉一冶钢结构有限责任公司
2010GH031439	高效节能气保护碳钢药芯焊丝产业化	武汉铁锚焊接材料股份有限公司
2010GH011448	同向引出型超大容量钽电容器	株洲日望电子科技有限公司
2010GH031462	5 万吨/年高品质环保酯类溶剂乙酸仲丁酯	湖南中创化工股份有限公司
2010GH031464	高硼合金钢双金属辊套组合轧辊	娄底市三泰轧辊有限公司
2010GH031465	高端环保水处理反渗透膜与纳滤膜	湖南威灵顿膜技术责任有限公司
2010GH031466	磷酸铁锂正极材料的研发及产业化项目	湖南杉杉新材料有限公司
2010GH031468	年产 3500 吨汽车热交换器用复合铝合金材料产业化	长沙众兴铝业有限公司
2010GH031469	年产 2 万吨连续化节能工艺生产石墨增碳剂	汨罗市鑫祥碳素制品有限公司
2010GH031470	高强耐蚀桥梁用结构钢板	湖南华菱湘潭钢铁有限公司
2010GH031471	蜂巢芯在现浇砼双向肋空心楼盖中的应用	长沙巨星轻质建材股份有限公司
2010GH031472	等离子体电弧炉法年产 1000 吨超细氧化铋	湖南金旺实业有限公司
2010GH031473	连续玄武岩纤维增强树脂基复合材料及船艇	太阳鸟游艇股份有限公司
2010GH051486	动力型氧化亚钴产业化	娄底红太阳电源新材料有限公司
2010GH011496	MgCuZn 叠层片式电感器及其材料产业化示范	广东风华高新科技股份有限公司
2010GH031513	军民两用聚四氟乙烯液压推挤特种线缆产业化项目	东莞市日新传导科技股份有限公司
2010GH031514	节能建材用玻纤增强尼龙 66 隔热条的产业化	佛山市南海易乐工程塑料有限公司
2010GH031515	高抗污超低 VOC 内墙乳胶漆关键技术产业化	广东华润涂料有限公司
2010GH031516	双向拉伸聚乙烯薄膜产品的产业化技术开发	佛山塑料集团股份有限公司
2010GH031517	金属结合剂金刚石磨块	佛山市地天泰新材料技术有限公司
2010GH031518	新型环保 PVC 仿木装饰片材的制备及其在板式家具中的应用	东莞市华立实业股份有限公司
2010GH031519	环保新型 BOPS 薄膜	广东华业包装材料有限公司
2010GH031520	锂离子电池用高性能超薄电解铜箔	广东梅县梅雁电解铜箔有限公司
2010GH031521	宽温低损耗高叠加锰锌铁氧体及清洁生产关键技术	乳源东阳光磁性材料有限公司

续表

项目编号	项目名称	承担单位
2010GH031524	聚丙烯β晶型成核剂及β-PP高性能专用料	广东炜林纳功能材料有限公司
2010GH031564	高性能长纤维热塑性塑料材料产业化	金发科技股份有限公司
2010GH031565	气相二氧化硅表面处理产业化技术	广州吉必盛科技实业有限公司
2010GH031590	聚脲弹性体(SPUA)用羟氨基聚醚	深圳市飞扬实业有限公司
2010GH031611	硅酸钙改性三聚磷酸铝无公害防锈颜料APW-211	广西壮族自治区化工研究院
2010GH031613	耐磨合金陶瓷旋转刮刀	柳州市双铠工业技术有限公司
2010GH031651	电池级无水氯化锂	四川天齐锂业股份有限公司
2010GH031652	特种聚酯薄膜产业化	四川东材科技集团股份有限公司
2010GH051695	电解锰高效浸取除杂搅拌反应器产业化应用	重庆武陵锰业有限公司
2010GH031707	年产2500吨电炉烟气净化、烟尘分离提纯粉体新材料——“活性二氧化硅微粉”	贵州海天铁合金磨料有限责任公司
2010GH031708	高强韧新材料在螺纹钎具上的应用及产业化	贵阳高新三占新材料科技有限公司
2010GH031709	石油输送十级离心泵用双相不锈钢铸件产业化	遵义拓特铸锻有限公司
2010GH031710	大口径热灌装改性聚酯包装容器	贵州千叶塑胶有限公司
2010GH031711	磷石膏与二氧化硅/聚烯烃复合材料产业化	贵州凯科特材料有限公司
2010GH041712	磁保持接触器系列产业化项目	贵州天义电器有限责任公司
2010GH041715	钛合金螺纹紧固连接件产业化	贵州航天精工制造有限公司
2010GH551719	贵州省新材料行业技术服务及投融资平台建设	贵州科创新材料生产力促进中心有限公司
2010GH551720	PCM无模铸型快速制造技术服务平台建设	贵阳生产力促进中心
2010GH051716	100000t/a汽车动力电池专用硫酸锰产品	贵州红星发展股份有限公司
2010GH031733	年产50万平方米高原型建筑节能玻璃产业化	云南明泰玻璃股份有限公司
2010GH031734	铅锌银铟多金属矿选冶技术及产业化	蒙自矿冶有限责任公司
2010GH031735	年产30000吨改性树脂产业化	景谷林化有限公司
2010GH051743	10万吨/年褐铁矿还原磁化产业化	云南曲靖越钢集团有限公司
2010GH061744	年产2万吨饲料级磷酸盐产业化	昆明宜大化工有限公司
2010GH061745	年产50万平方米耐高温橡胶输送带产业化	昆明双昌橡胶管带制造有限公司
2010GH011750	片式云母电容器	西安创联电容器有限责任公司
2010GH031756	VA-TFT型液晶材料	西安彩晶光电科技股份有限公司
2010GH031757	年产20000吨烧结板状刚玉	汉中秦元新材料有限公司
2010GH011775	新型表面贴装玻璃釉电位器产业化建设	陕西宏星电器有限责任公司
2010GH031778	高品质钛镍基形状记忆合金材料及其制品产业化	西安赛特金属材料开发有限公司
2010GH031791	橡胶增强填充复合料-强胶剂产业化	甘肃恒业新化工有限公司
2010GH031792	1800t/a高效低毒铜镍矿石浮选捕收起泡剂	西北矿冶研究院
2010GH051810	大型水电机组配套铸钢件制造产业化	宁夏共享铸钢有限公司
2010GH031815	±660kV棒形悬式复合绝缘子产业化生产	新疆新能天宁电工绝缘材料有限公司
2010GH031816	石英砂树脂预混玻璃钢夹砂管道产业化	永昌积水复合材料有限公司
2011GH030039	高速铁路滑动层聚氨酯胶粘剂Comensflex272A/B	北京高盟新材料股份有限公司
2011GH030040	超耐候低碳环保液态花岗石涂料	富思特制漆(北京)有限公司
2011GH030041	多层耐火云母带	北京倚天凌云云母科技有限公司
2011GH030042	高性能溅射靶材	安泰科技股份有限公司

续表

项目编号	项目名称	承担单位
2011GH030043	新型软质聚氨酯输液管	北京五洲燕阳特种纺织品有限公司
2011GH030044	无机玻璃纤维复合井盖	北京泛亚电通工贸有限责任公司
2011GH570077	高温超导公共技术服务平台国际化建设	北京超导园科技企业孵化器有限公司
2011GH020087	光引发剂产品产业化	天津久日化学工业有限公司
2011GH020088	N.N-亚甲基双丙烯酰胺	天津市化学试剂研究所
2011GH020091	高速铁路用高强度预应力螺旋肋钢筋	天津市银龙预应力钢材集团有限公司
2011GH020092	耐熔锌腐蚀内加热合金加热器产业化生产	天津市工大镀锌设备有限公司
2011GH020093	功能性抗氧化剂	利安隆(天津)化工有限公司
2011GH020094	直接黑 CI:19 环保型产品规模化生产	天津市亚东化工有限公司
2011GH050100	大聚合物锂离子电池产业化	天津力神电池股份有限公司
2011GH030115	海上稠油热采用高温高压金属软管	秦皇岛北方管业有限公司
2011GH030116	高强韧 LZ. A357 铝合金	河北立中有色金属集团有限公司
2011GH030117	5000 吨/年 4-氯-2,5-二甲氧基苯胺	河北华戈染料化学股份有限公司
2011GH030118	单线 2000 吨级碳纤维生产线产业化项目	三河天久实业科技有限公司
2011GH030119	碳纤维装备制造—高温碳化炉产业化	三河天久碳纤维装备制造有限公司
2011GH550130	面向玻璃钢产业集群的标准信息共享服务平台	河北省玻璃钢/复合材料生产力促进中心
2011GH030138	节能型无缩径内搪瓷管件	山西金贝管业有限责任公司
2011GH030139	超厚度高强度冷弯钢板桩	山西鼎荣冷弯型钢有限公司
2011GH550150	运城市镁及镁合金产业集群公共服务平台建设	山西省运城市生产力促进中心
2011GH030157	高品质变频电机磁钢产业化	包头韵升强磁材料有限公司
2011GH030158	年产 3 万吨木质粉末活性炭	满洲里鑫富活性炭有限公司
2011GH030159	稀土高能等离子注入金属表面改性产业化	内蒙古中天宏远科技有限公司
2011GH030160	NdFeB 废料和稀土电解渣综合回收利用	包头市玺骏稀土有限责任公司
2011GH030161	模压细结构石墨阳极	兴和县木子炭素有限责任公司
2011GH030177	高强度铸铝合金法兰	阜新市万达铸业有限公司
2011GH030179	城轨及高速轨道客车铝合金车体及其结构部件产业化建设	辽宁忠旺集团有限公司
2011GH030180	全瓷义齿及全瓷义齿用氧化锆瓷块产业化	辽宁爱尔创生物材料有限公司
2011GH550202	电熔镁产业节能减排技术创新服务平台	大石桥市生产力促进中心
2011GH550203	辽宁省硅藻土新功能材料产业技术服务平台建设	辽宁生产力促进中心
2011GH550148	铁岭市橡塑产业资源共享系统建设	铁岭市生产力促进中心
2011GH030208	高性能环氧涂层钢筋及钢绞线	沈阳明科控制腐蚀技术有限公司
2011GH030209	优质铝、镁合金铸件变压反重力铸造成套技术产业化	沈阳铸造研究所
2011GH030223	镁合金高效节能快速成型产业化技术与装备	大连交通大学
2011GH030235	镁中间合金的制备及应用项目	临江市东锋有色金属股份有限公司
2011GH030236	纳米二氧化钛硅藻土光催化复合材料	临江市宝健木业有限责任公司
2011GH050241	生物法制 10 万吨/年乙二醇项目	吉林市博大生化有限公司
2011GH550243	吉林市碳纤维产业公共服务平台建设	吉林市生产力促进中心
2011GH030259	3000t/a BH-2018(A)粘土防膨稳定剂	大庆浩拓化工有限公司
2011GH030260	新型环保高纯硼化钙项目	鸡西市远大硼制品制造有限公司

续表

项目编号	项目名称	承担单位
2011GH050278	年产30MW非晶硅薄膜太阳能电池项目	牡丹江旭阳太阳能科技有限公司
2011GH050279	年产100MW晶体硅太阳能电池片项目	黑龙江金日光电科技有限公司
2011GH030296	新型铝用金属熔铸材料	哈尔滨东盛金属材料有限公司
2011GH030297	高性能PP系列产品	哈尔滨鑫达高分子材料研究中心有限责任公司
2011GH030307	NT型单透膜	上海纳尔数码喷印材料股份有限公司
2011GH030308	环保型烤瓷铝单板	上海华晖幕墙制作工程有限公司
2011GH030311	永久性碳化型阻燃防护面料	上海伊贝纳纺织品有限公司
2011GH030312	聚碳酸酯树脂/苯乙烯基树脂无卤阻燃复合材料	上海锦湖日丽塑料有限公司
2011GH030313	环保型全息转移涂料	上海维凯化学品有限公司
2011GH030314	高性能紫外固化光纤涂覆材料的产业化	上海飞凯光电材料有限公司
2011GH030316	高光泽低气味增强尼龙复合材料	上海日之升新技术发展有限公司
2011GH510333	精细化工产品分析测试平台服务能力提升	上海金山化工孵化器发展有限公司
2011GH560341	技术转移中心新型血液滤材转化项目	上海交大技术转移中心
2011GH010362	新型光纤接口组件	苏州天孚精密陶瓷有限公司
2011GH010365	多晶一体化LED发光灯	南通中润照明电器有限公司
2011GH010370	刚性挠折多层印制电路板	江苏华神电子有限公司
2011GH030401	制备年产300T高纯多晶硅产品用硅烷气体	无锡中彩科技有限公司
2011GH030402	高质量钢帘线用钢	江阴兴澄特种钢铁有限公司
2011GH030403	高纯度环保型溶剂——乙二醇二甲醚	江苏天音化工有限公司
2011GH030404	凹凸压花不锈钢装饰板	海门市森达装饰材料有限公司
2011GH030408	电动汽车风能叶片和飞机用低成本新型三维碳纤维复合材料	无锡安飞纤维材料科技有限公司
2011GH030410	高速铁路用高强度高导电铜镁合金承力索产业化	江阴市电工合金有限公司
2011GH030412	2-羧基蒽醌	南通柏盛化工有限公司
2011GH030413	新型加氢催化剂特殊器外再生技术及产品	江苏科创石化有限公司
2011GH030414	环保型水处理药剂羟基乙叉二膦酸(HEDP)的产业化	江苏大明科技有限公司
2011GH030415	新建4000吨/年吠哔克	常州市牛塘化工厂有限公司
2011GH030416	T1168环保型耐高温浸渍树脂	吴江市太湖绝缘材料厂
2011GH030417	超导材料表面连续电镀	南通市申海特种镀饰有限责任公司
2011GH030418	熔体直纺一步法涤涤复合丝	江苏恒力化纤有限公司
2011GH030419	节能减排型优质工业用三羟甲基丙烷	无锡百川化工股份有限公司
2011GH030420	低能耗抗氧化铝碳化硅碳砖	昆山思创耐火材料有限公司
2011GH030422	提纯(超低游离酚)酚醛树脂	常熟东南塑料有限公司
2011GH030423	高温超导材料的制备技术	江苏永鼎股份有限公司
2011GH030424	高强度阻旋转压实股钢丝绳	江苏赛福天钢绳有限公司
2011GH030426	年产3万吨低成本高性能氨基模复合材料产业化项目	常州乔尔塑料有限公司
2011GH030427	新型环保、多道密封集装箱门密封条	江阴海达橡塑股份有限公司
2011GH030428	低碳环保型染料“直接混纺棕D-RS”	吴江梅堰三友染料化工有限公司
2011GH030429	超低温、高强度、长疲劳寿命的汽车桥车轴管	江阴市界达特异制管有限公司
2011GH030430	环保易护理花呢	凯诺科技股份有限公司

续表

项目编号	项目名称	承担单位
2011GH030431	高强度耐热合金钢锻件	江阴南工锻造有限公司
2011GH030432	单向移动浸胶工艺的高热分解温度 FR-4 覆铜板	江苏星源航天材料股份有限公司
2011GH030433	一种特种矿用橡套专用料——橡胶组合物	江苏恒峰线缆有限公司
2011GH030434	低应力 QFP 模塑料用高纯超细硅微粉	连云港东海硅微粉有限责任公司
2011GH030435	精密模具用高品质模具钢关键技术研发及产业化	江苏天工工具有限公司
2011GH030436	电子级蓝宝石晶体	元亮科技有限公司
2011GH030437	双组份低透气率中空玻璃用室温硫化有机硅密封胶	常熟市恒信粘胶有限公司
2011GH030438	平板显示 OLED 专用湿法电子化学品	江阴江化微电子材料股份有限公司
2011GH030439	高阻隔高稳定性易揭栓剂铝塑复合包装膜	江阴宝柏包装有限公司
2011GH030440	LED 封装用高模量耐老化高透明度有机硅树脂	扬州晨化科技集团有限公司
2011GH030441	易粘合含氟型太阳能电池绝缘背板	常熟市冠日新材料有限公司
2011GH030442	高性能拉丝铝带	镇江龙源铝业有限公司
2011GH030443	柔软级矿物绝缘高耐火电缆	无锡市沪安电线电缆有限公司
2011GH030444	高效高精度镇流器、变压器铁芯冲片	江阴华新电器有限公司
2011GH030445	大型变压器用大规格低成本漆包线	吴江市神州双金属线缆有限公司
2011GH030446	105℃热塑性无卤低烟阻燃聚烯烃料	常熟市中联光电新材料有限责任公司
2011GH030447	高延伸 3D 立体压花汽车内饰面料	江苏旷达汽车织物集团股份有限公司
2011GH030448	高档轿车用 18-26 英寸新型高性能铝合金车轮	江苏凯特汽车部件有限公司
2011GH030449	基于改进遗传算法优化设计的全铝钎焊散热器	江苏扬工动力机械有限公司
2011GH030450	焊接机器人专用电极材料	常熟明辉焊接器材有限公司
2011GH030451	年产 5000 吨半导体与太阳能晶体硅线切割刃料产业化	贵强碳化硅粉体材料(东海)有限公司
2011GH030452	太阳能光伏电缆	常州八益电缆有限公司
2011GH030453	水合肼还原 1,8-二硝基萘制备 1,8-二氨基萘	南通龙翔化工有限公司
2011GH030454	0.06D 超特细涤锦复合纤维	常熟市海欣复合材料有限公司
2011GH030455	软质保护无间隙盒式玻璃包装架	扬州市华宇化工建材厂
2011GH030456	连续化加氢制备对氨基苯酚	江苏瑞祥化工有限公司
2011GH030457	双组份光伏组件用硅酮密封胶产业化	江苏天辰硅材料有限公司
2011GH030458	翅片侧面增强型冷凝换热管	江苏萃隆精密铜管股份有限公司
2011GH030459	增容耐热导线配套金具	江东金具设备有限公司
2011GH030464	铜颗粒增强型锡银锌无铅复合焊料	太仓市南仓金属材料有限公司
2011GH030465	钎焊式热交换器用铝合金复合板带箔材	江苏常铝铝业股份有限公司
2011GH030466	集成电路封装用超细高纯石英填料	连云港东海铭友高科硅微粉有限公司
2011GH030467	砂轮增强专用(HSC)玻璃纤维池窑拉丝	江苏九鼎新材料股份有限公司
2011GH030469	热固性聚酰亚胺模塑粉	溧阳华晶合成材料有限公司
2011GH030470	甲基丙烯酰氧乙基异氰酸酯(MOI)	江苏快达农化股份有限公司
2011GH030471	利用天然原料制备半导体级石英粉体材料产业化开发	中钢连云港石英材料有限公司
2011GH030472	多特性复合材料绝缘横担产业化	常熟风范电力设备股份有限公司
2011GH030473	高性能复合材料新技术产业化	江苏省溧阳市云龙设备制造有限公司
2011GH030474	[illegible]亭酸甲酯	南通天泽化工有限公司

续表

项目编号	项目名称	承担单位
2011GH030476	一步法年产15000吨丙二醇单甲醚乙酸酯	江苏华伦化工有限公司
2011GH030477	SOT-23微型封装用环氧模塑料	江苏中鹏新材料股份有限公司
2011GH030478	高纯石墨碳材	江苏苏润高碳材股份有限公司
2011GH030480	连熔法生产集成电路用大口径高品质石英玻璃管	东海县宝盛石英制品有限公司
2011GH030481	扩大MX1000B型节能环保电磁炉专用磁性材料生产线	徐州远洋磁性材料有限公司
2011GH030482	CX-71CO2气体保护用碳钢药芯焊丝	南通晨曦焊业有限公司
2011GH030483	碳纤维自行车及主部件创新	连云港迎雁新材料有限责任公司
2011GH030484	太阳能硅片切割刃料产业化	江苏乐园新材料集团有限公司
2011GH030485	双骨架(自浮/半自浮)输油橡胶管的产业化	江苏太平橡胶股份有限公司
2011GH030487	非金属复合材料—植绒钢板	无锡新大中薄板有限公司
2011GH030489	GRP高强度中空节能采光板	江苏金秋竹集团有限公司
2011GH030490	大进给强力磨陶瓷微晶磨具	江苏苏北砂轮厂有限公司
2011GH030491	海底电缆用铜镍合金钢的研究及产业化	丹阳市协昌合金有限公司
2011GH030492	玻纤增强改性胶	徐州众恒淀粉科技有限公司
2011GH030493	混合动力汽车轻量化用变形铝合金板材	徐州财发铝热传输有限公司
2011GH030494	分散蓝2BLN产业化项目	江苏远征化工有限公司
2011GH030495	光伏石英坩锅铸造用熔融石英粉制备技术产业化	中材高新江苏硅材料有限公司
2011GH030496	大尺寸平板显示器彩色滤光片用光引发剂产业化	常州强力电子新材料有限公司
2011GH030497	舒适型农用车减震器底阀的产业化	江都市立德粉末冶金有限责任公司
2011GH030498	铬锰铜钼系奥氏体耐蚀耐磨不锈钢	江苏省方通新型不锈钢制品股份有限公司
2011GH030499	新型三元共聚涤纶高效短流程染整助剂	张家港市德宝化工有限公司
2011GH030500	年产500吨优质低羟基石英玻璃软管	连云港市弘扬石英制品有限公司
2011GH030501	轻量纤维复合结构高端车内饰阻燃材料的研发与产业化	南通新绿叶非织造布有限公司
2011GH030502	头孢曲松钠专用溴化丁基胶塞	江苏博生医用新材料股份有限公司
2011GH030503	复合稀土铝合金材料无衬套轴瓦内燃机连杆	江苏万里活塞轴瓦有限公司
2011GH030504	核1级耐高温控氮不锈钢无缝管	中兴能源装备股份有限公司
2011GH030505	表面杨梅粒状、高致密、离心铸造高合金炉辊项目	托普工业(江苏)有限公司
2011GH030506	年产2500吨聚苯硫醚短纤维	江苏瑞泰科技有限公司
2011GH030507	隔热自清洁涂膜钢化玻璃	江苏惠宇玻璃有限公司
2011GH030509	连续纤维增强热塑性复合材料	丹阳市华东工程塑料有限公司
2011GH030511	超(超)临界电站锅炉用小口径T91无缝钢管	常州盛德无缝钢管有限公司
2011GH030512	第三代核电蒸发器用防振合金材料	江苏新华合金电器有限公司
2011GH030513	年产1000吨半导体工业用高纯石英砂	东海县圣达石英制品有限公司
2011GH030514	PHA生物降解膜片	江苏华信塑业发展有限公司
2011GH030515	新型可溶性透明聚酰亚胺薄膜	江苏亚宝绝缘材料股份有限公司
2011GH030516	双螺杆挤出脱硫制备复原橡胶产业化项目	江苏强维橡塑科技有限公司
2011GH030517	钢芯成型铝合金绞线	江苏中天科技股份有限公司
2011GH030518	高感度厚膜阳图热敏CTP版材	泰州市东方印刷版材有限公司
2011GH030523	电子信息产业用大口径石英玻璃管	江苏太平洋石英股份有限公司

续表

项目编号	项目名称	承担单位
2011GH030524	大型船舶用低合金高性能焊接材料	江苏立新合金实业总公司
2011GH030526	破乳剂 PFA-8311	句容宁武高新技术发展有限公司
2011GH030527	太阳集能少反射铝箔	江阴新仁科技有限公司
2011GH030528	高精度抗爆性汽车油冷器用铜管	太仓市金鑫铜管有限公司
2011GH030529	触控面板用光学双面胶带	苏州斯迪克电子胶粘材料有限公司
2011GH040563	稀土微合金化 D 型石墨合金铸铁玻璃模具	常熟市建华模具有限责任公司
2011GH040569	电沉积铬基二元颗粒复合增强表面处理活塞环	江苏仪征金派内燃机配件有限公司
2011GH040572	屏蔽绝缘铜管母线及在线温度监测装置	江苏大全封闭母线有限公司
2011GH040582	HD-09 型高速数控冲床长寿命涂层模具	扬州恒德模具有限公司
2011GH050645	高效率低成本纳米改性多晶硅太阳电池	江苏林洋新能源有限公司
2011GH050648	高安全超低温聚合物锂离子电池	江苏海四达电源股份有限公司
2011GH050651	氯碱行业用膜极距离子膜电解槽	江阴市宏泽氯碱设备制造有限公司
2011GH050652	年产 120 万 kVAh 动力汽车用蓄电池	浙江天能电池(江苏)有限公司
2011GH050663	高性能 EVA 太阳能电池胶膜	苏州福斯特光伏材料有限公司
2011GH050681	高效节能太阳能光伏电池单晶炉开关电源的产业化	江苏东方四通科技股份有限公司
2011GH050682	应力转移型特强钢芯软型铝绞线	江苏通光强能输电线科技有限公司
2011GH050683	动力助力车用 16V 系列大功率铅酸蓄电池	江苏贝思特动力电源有限公司
2011GH050684	通信用后备式磷酸铁锂电池系统	江苏富朗特新能源有限公司
2011GH050685	高功率卷绕式阀控密封蓄电池	江苏双登集团有限公司
2011GH050696	大型异形环锻件	张家港海陆环形锻件有限公司
2011GH530722	常州新型涂料产业原材料集中采购平台建设	常州市涂料协会
2011GH580732	昆山太阳能光伏检测中心	昆山高新技术产业园区管理委员会
2011GH580734	江苏无锡光伏产品公共服务平台	无锡市产品质量监督检验所
2011GH030744	稀贵金属爆炸焊接复合材料产业化	南京宝泰特种材料有限公司
2011GH030745	KT-PEEK 复合材料及制品	南京肯特复合材料有限公司
2011GH030746	耐蚀、耐磨、抗高温蒙乃尔合金复合钢板	南京三邦金属复合材料有限公司
2011GH030747	聚丙烯纳米多功能复合助剂 CD-YZPP-22	南京淳达科技发展有限公司
2011GH030748	e-GRC 材料的开发与产业化	南京倍立达实业有限公司
2011GH010760	高性能超小型金属化薄膜电容器	浙江七星电容器有限公司
2011GH010762	低光衰 LED 灯珠	浙江创盈光电有限公司
2011GH010764	CBB28A 型片式超小型大功率长寿命电容器	长兴华强电子有限公司
2011GH010765	特种锶铁氧体材料纳米技术应用研究与产业化	浙江凯文磁钢有限公司
2011GH030819	年产 2000 吨钒氮合金生产窑用新型碱性砖的产业化	湖州长攀新型耐火材料有限公司
2011GH030823	铁硅铝合金磁粉心磁导率 125 系列产业化项目	横店集团东磁股份有限公司
2011GH030825	LED 芯片电阻用陶瓷基片	横店集团浙江英洛华电子有限公司
2011GH030827	间三氟甲基苯酚产业化开发	浙江巍华化工有限公司
2011GH030831	水刺复合耐高温耐腐蚀过滤材料 P84	绍兴县和中合纤有限公司
2011GH030832	年产 100 吨 3,4,5,6-四氯吡啶甲酸产业化项目	横店集团东阳英洛华绿色电化学有限公司
2011GH030833	高耐压、低不圆度同层排水管道系统	浙江伟星新型建材股份有限公司

续表

项目编号	项目名称	承担单位
2011GH030834	热风穿透粘合复合导流层材料	绍兴县庄洁无纺材料有限公司
2011GH030835	预活化型高强涤纶工业丝	浙江奥尼斯特化纤有限公司
2011GH030836	高性能碳纳米管改性 V 带	浙江三力士橡胶股份有限公司
2011GH030837	环保型无镉无银中温钎料 Cu-Sn-Sb 产业化	浙江亚通焊材有限公司
2011GH030838	自动化用高性能铝合金焊丝	杭州银河线缆有限公司
2011GH030842	高质量预硬化大型材及大型模块	浙江一胜特工模具股份有限公司
2011GH030844	5 吨/年 7,8-二氟-2-萘酚产业化	浙江博泰化工有限公司
2011GH030845	水性多用塑料复合与表印油墨	浙江永在化工有限公司
2011GH030846	双组份太阳能电池光伏组件专用密封胶	浙江凌志精细化工有限公司
2011GH030847	银氧化铜(10)/铜复合片状触头	中希合金有限公司
2011GH030848	环境友好型辐照交联聚烯烃电缆料	杭州高新绝缘材料有限公司
2011GH030849	节能型玻镁复合风管	浙江天仁风管有限公司
2011GH030850	环保冷媒 R134A 用制冷铜管	浙江海亮股份有限公司
2011GH030851	火电超临界发电机组中压系统凝结水精处理用混床树脂	浙江争光实业股份有限公司
2011GH030852	用于数码影像采集系统的塑料低通滤波器	杭州科汀光学技术有限公司
2011GH030853	涂膜式高分子数码喷绘布	浙江港龙新材料有限公司
2011GH030854	高 μe、高 Bs、低损耗软磁铁粉芯	浙江科达磁电有限公司
2011GH030855	精密挤压成型黄铜空心棒	浙江军联铜业有限公司
2011GH030857	新型环保型硫化黑 2BR	浙江长征化工有限公司
2011GH030858	xh-b01 铸锻双工艺飞机用传动件产业化	嘉善鑫海精密铸件有限公司
2011GH030859	锂电池材料焙烧用抗侵蚀长寿命特种陶瓷匣钵	长兴县科奥陶业有限公司
2011GH030860	新型高阻氧性包装薄膜	浙江诚信包装材料有限公司
2011GH030865	20000t/a 原子经济型乙酰柠檬酸三正丁酯	浙江建业化工股份有限公司
2011GH030867	6 英寸节能灯器件用硅片研发及产业化	万向硅峰电子股份有限公司
2011GH030868	变色龙彩色涂层铝板	浙江墙煌建材有限公司
2011GH030869	高性能分散染料及标准化产品	浙江万丰化工有限公司
2011GH030870	不烧镁钙碳砖产业化	浙江金磊高温材料股份有限公司
2011GH030871	高强度玻化微珠	绍兴市新科节能建材有限公司
2011GH030872	有机硅改性环氧耐热防腐涂料	杭州油漆有限公司
2011GH030874	炼油脱硫用 WCB 材质高磅级加氢阀门铸件	中核苏阀横店机械有限公司
2011GH030876	氟碳改性弹性外墙乳胶漆	杭州传化涂料有限公司
2011GH030877	耐高温耐骤冷复合胶凝材料	湖州盛基金属制品有限公司
2011GH030878	RM168 铝木复合美式外开窗产业化	浙江瑞明节能门窗股份有限公司
2011GH030879	±800kV 直流钢化玻璃绝缘子项目研发及产业化	浙江金利华电气股份有限公司
2011GH030880	低电阻导静电粉末涂料	浙江华彩化工有限公司
2011GH030880	集成电路生产线用 9 英寸特种硅单晶	温州神硅电子有限公司
2011GH030882	对苯二酚双(二苯基磷酸酯)(WSFR-PX220)	浙江万盛股份有限公司
2011GH030886	分散剂 MF	浙江闰土股份有限公司
2011GH030889	中性笔用墨水产业化	杭州华大海天科技有限公司

续表

项目编号	项目名称	承担单位
2011GH030890	Z2CN19-10NS 核电用奥氏体不锈钢钢锭产业化	浙江大隆合金钢有限公司
2011GH030891	清洁工艺制间乙酰氨基苯胺盐酸盐	浙江龙盛染料化工有限公司
2011GH030892	多功能硅油改性剂——烯丙醇无规聚醚丁基封端	浙江皇马科技股份有限公司
2011GH030893	固体六羟甲基氨基树脂	奥仕集团有限公司
2011GH030894	防虫(蛀)胶合板	德华兔宝宝装饰新材股份有限公司
2011GH030897	高性能减震用聚氨酯树脂	浙江华峰新材料股份有限公司
2011GH030898	有机纳米蒙脱土改性 PVB 玻璃中间膜	浙江德斯泰塑胶有限公司
2011GH030902	高稳定纳米介孔稀土催化转化器	浙江达峰汽车技术有限公司
2011GH030903	微棱镜反光膜	浙江方远夜视丽反光材料有限公司
2011GH030904	新型多功能户外健身运动面料的产业化	宏达高科控股股份有限公司
2011GH030905	年产 400 万米纳米改性环保双色密封条总成	浙江兴宇汽车零部件有限公司
2011GH030907	新型变压器骨架专用酚醛注塑料	浙江嘉民塑胶有限公司
2011GH030909	高透明防水手机视窗防护屏	浙江星星光电薄膜技术有限公司
2011GH030911	金刚线切割晶体硅片	浙江昱辉阳光能源有限公司
2011GH030913	湿法萃取高纯镍	浙江蓝博金属科技有限公司
2011GH030916	轻质预涂层铝合金罐盖料产业化	浙江巨科铝业有限公司
2011GH030918	高耐磨、高切速硬质合金数控可转位刀片产业化	浙江恒成硬质合金有限公司
2011GH040996	聚四氟乙烯低压输油管组件产业化	临海市四通制管有限公司
2011GH041003	针阀式热流道汽车格栅塑料模具	浙江亨达塑料模具有限公司
2011GH041034	花样锻造铝合金车轮	浙江万丰奥威汽轮股份有限公司
2011GH041065	液态挤压铸造共晶硅铝活塞	浙江博瑞车业有限公司
2011GH041069	高强度车用金属陶瓷刹车片	瑞安市华驰机车部件有限公司
2011GH041107	大型超薄深型腔仪表板注塑模具	黄岩星泰塑料模具有限公司
2011GH051113	电动车用无镉多元铅合金及内化成蓄电池	浙江振龙电源股份有限公司
2011GH051118	S(B)H15-M-30 ~ 2500/10 非晶合金电力变压器	三变科技股份有限公司
2011GH051119	高性能安全阀	杭州华惠阀门有限公司
2011GH051120	太阳能高效单晶硅组件	浙江尖山光电股份有限公司
2011GH051128	年产 20 万只电动叉车专用纳米高性能蓄电池	长兴永达电源有限公司
2011GH051130	通信用后备式长寿命锂离子电池产业化	浙江南都电源动力股份有限公司
2011GH051131	高转换率太阳能电池模块	浙江舒奇蒙光伏科技有限公司
2011GH051132	光伏、风能产业用高分散性气相 SiO_2 胶体纳米储能电池产业化	天能电池集团有限公司
2011GH061156	绿色全湿法新工艺提取废铅蓄电池中的金属铅	浙江汇同电源有限公司
2011GH561161	镁合金技术开发平台	中国科学院嘉兴轻合金技术工程中心
2011GH031170	高性能半固态 A356 铝合金流变压铸产品	慈溪市汇丽机电有限公司
2011GH031172	应用于变频压缩机耐高温、低失重高品质钕铁硼永磁材料	宁波科宁达工业有限公司
2011GH031173	3,4,4'—三氯均苯二脲	宁波志华化学有限公司
2011GH031175	新型节能易切削黄铜合金	宁波博威合金材料股份有限公司
2011GH031176	耐热钢药芯焊丝	宁波隆兴焊割科技股份有限公司
2011GH031177	高反射镀银遮阳材料	宁波先锋新材料股份有限公司

续表

项目编号	项目名称	承担单位
2011GH031220	年产2.5万吨吡啶碱项目	安徽国星生物化学有限公司
2011GH031221	风力发电机用耐高频铜圆电磁线	铜陵精工里亚特种线材有限公司
2011GH031222	电站变压器内外壁装饰防腐漆产业化	安庆菱湖涂料有限公司
2011GH031225	超薄型电容器用聚酯薄膜	安徽铜爱电子材料有限公司
2011GH031226	二苯甲酰甲烷	安徽佳先功能助剂股份有限公司
2011GH031227	高强高硅过共晶铝合金活塞	安徽省恒泰活塞制造有限公司
2011GH031228	多层共挤功能性聚丙烯复合膜	安徽省宁国双津(集团)实业有限公司
2011GH031230	铝镁合金多功能切菜机	安徽华菱西厨装备股份有限公司
2011GH031231	热固性粉末涂料用耐候性无机纳米复合聚酯树脂	黄山永佳三利科技有限公司
2011GH031233	高纯特种溶剂产业化	安徽时联特种溶剂股份有限公司
2011GH031234	生态功能性聚氨酯合成革扩产项目	安徽安利合成革股份有限公司
2011GH041237	高品质、耐老化汽车制动气室橡胶隔膜	宁国市海天力工业发展有限公司
2011GH031273	高纯化氧化锆	福建三祥工业新材料有限公司
2011GH031275	采用次生粘土生产中温窑变釉陶瓷	福建省佳美集团公司
2011GH031276	电机用高性能烧结钕铁硼永磁材料	宁德市星宇科技有限公司
2011GH031277	钢衬铜管	福建省京泰管业有限公司
2011GH031302	用光生物聚乙烯降解母料生产拉伸缠绕膜的技术应用及产业化	厦门聚富塑胶制品有限公司
2011GH061311	新型高效低阻P84+PTFE复合滤料产业化	厦门三维丝环保股份有限公司
2011GH011318	硅衬底GaN基LED大功率芯片产业化	江西省昌大光电科技有限公司
2011GH011319	蓝光DVD(BD)产业化	江西华文光电股份有限公司
2011GH011322	低温真空蒸馏制备电池级金属锂	奉新赣锋锂业有限公司
2011GH011323	金特建材新型、环保、节能硅酸钙板生产与应用开发	宜春市金特建材实业有限公司
2011GH011324	高性能PCB碳化钨合金圆棒	赣县世瑞新材料有限公司
2011GH011325	年产100MW太阳能多晶硅片项目	晶科能源有限公司
2011GH011326	锂云母氯化钠压浸法提锂制备电池级碳酸锂及资源综合化利用	江西赣锋锂业股份有限公司
2011GH011327	年产15万只多晶硅用石英陶瓷坩埚示范生产线	江西中材太阳能新材料有限公司
2011GH061333	500吨/年多晶硅块机加工副产物硅粉回收利用项目	江西赛维LDK太阳能高科技有限公司
2011GH031370	环保型炭陶基高端轿车刹车片	信义集团公司
2011GH031372	电力用大直径铝合金热挤压管	龙口市丛林铝材有限公司
2011GH031374	弹性体改性沥青防水卷材高性能技术研究	潍坊市宇虹防水材料(集团)有限公司
2011GH031375	硅镁聚合物水泥高强吸声板	淄博北辰金属材料科技发展有限公司
2011GH031376	复杂断面冷弯型材	泰安科诺型钢股份有限公司
2011GH031377	挠性覆铜板用铜箔	山东金都电子材料股份有限公司
2011GH031378	高温硫化氟硅生胶	威海新元化工有限公司
2011GH031379	喷涂聚脲弹性体产业化开发	山东斯泰普力高新建材有限公司
2011GH031380	聚醚封端硅氧烷改性水性聚氨酯	山东圣光化工集团有限公司
2011GH031382	钨合金防腐油管	胜利油田胜鑫防腐有限责任公司
2011GH031383	新型超高耐磨PA66材料	山东道恩高分子材料股份有限公司
2011GH031384	环保型甲壳素纤维静电植绒面料制造技术及其产业化	山东领潮新材料有限公司

续表

项目编号	项目名称	承担单位
2011GH031385	PLA 聚乳酸全降解发泡片材生产技术及装备产业化	山东通佳机械有限公司
2011GH031386	环保高芳橡胶油(TDAE)	中海沥青股份有限公司
2011GH031387	层叠式中冷器的研制及应用	山东同创汽车散热装置股份有限公司
2011GH031388	高分子量聚乙烯/聚丙烯树脂纺粘非织造材料	山东俊富非织造材料有限公司
2011GH031389	100 万平方米/年中空纤维反渗透膜产业化	山东恒洋膜科技有限公司
2011GH031391	高亮银涂装铝合金车轮	威海万丰奥威汽轮有限公司
2011GH031392	焦化苯制顺丁烯二酸酐产业化开发	淄博嘉周化工有限公司
2011GH031393	超高压变压器用高密度绝缘纸板项目	汇胜集团股份有限公司
2011GH031394	白炭黑分散剂 HST 产业化	山东阳谷华泰化工股份有限公司
2011GH031396	氮化防腐油管	胜利油田金岛实业有限责任公司
2011GH031398	高压缩性铁粉规模化生产	莱芜钢铁集团粉末冶金有限公司
2011GH031399	4 万吨/年高精度铜合金板带	中色奥博特铜铝业有限公司
2011GH031400	NTC 功能材料\芯片\元件和传感器规模化制造项目	山东中厦电子科技有限公司
2011GH031401	石蜡基润滑油加氢处理技术及产业化	山东清源集团有限公司
2011GH031402	表面涂覆型长效流滴复合膜	山东清田塑工有限公司
2011GH031404	高精压延电子铜箔	菏泽广源铜带股份有限公司
2011GH031405	铝活塞用高性能低成本含硼铸铁耐磨镶圈材料	日照双港机械电子有限公司
2011GH031406	JL-YD397 药芯焊丝	山东聚力焊接材料有限公司
2011GH031408	热封用封口铝箔	淄博德诺铝业科技有限公司
2011GH051451	52345A-1150mAh 手机锂电芯	山东同大新能源有限公司
2011GH051457	年产 300 吨动力锂离子电池正极材料产业化	淄博赛动能源材料有限公司
2011GH051459	年产 3 万吨以羧酸聚合物为基质的高效复合水泥助磨剂	山东宏艺科技股份有限公司
2011GH051460	年产 300MW 太阳能光伏产业垂直一体化产品项目	山东舜亦新能源有限公司
2011GH051462	醚酯型合成润滑油	山东卡松科技有限公司
2011GH051463	太阳能与建筑一体化产品	潍坊广生新能源有限公司
2011GH051464	锂离子电池磷酸铁锂正极材料产业化	济宁市无界科技有限公司
2011GH051473	废旧轮胎再制造与循环利用示范项目	庆云华泰橡胶制品有限公司
2011GH051476	黄金饰品无焊料精加工技术及产品	山东梦金园珠宝首饰有限公司
2011GH051478	湿法磷酸脱氟生产氟化工	鲁西化工集团股份有限公司
2011GH581491	铝冶炼及铝加工公共服务平台建设	山东南山科学技术研究院
2011GH031498	超高饱和磁感应强度的铁基纳米晶薄带产业化	青岛云路新能源科技有限公司
2011GH541508	青岛科大都市科技园橡胶化工公共技术服务平台	青岛科大都市科技园集团有限公司
2011GH011513	年产 4500 万片 25GB 蓝光可录类光盘产业化项目	河南凯瑞数码股份有限公司
2011GH031521	金刚石自支撑厚膜产业化	河南飞孟金刚石工业有限公司
2011GH031522	高耐磨聚晶立方氮化硼刀片产业化	河南富耐克超硬材料有限公司
2011GH031523	10 万吨/年高稳定性过碳酸钠	濮阳宏业汇龙化工有限公司
2011GH031524	年产 3000 吨聚氯乙烯仿人发纤维	河南瑞贝卡发制品股份有限公司
2011GH031525	3500 吨/年 LED 高性能封装材料六氢苯酐的产业化	濮阳惠成化工有限公司
2011GH031526	年产 10 万条高柔顺抗菌仿真发	河南瑞美真发股份有限公司

续表

项目编号	项目名称	承担单位
2011GH031527	年产5000吨超精细钢丝项目	河南恒星科技股份有限公司
2011GH031528	1000吨/年天然等同及合成香料项目	河南华龙香料有限公司
2011GH031531	年产3万吨环保型增塑剂(DINCH)产业化示范项目	河南庆安化工高科技股份有限公司
2011GH031532	节能陶瓷换热器	巩义市荣华节能陶瓷换热器有限公司
2011GH031533	优质Sialon刚玉复相耐火材料产业化项目	郑州市才华耐火材料有限公司
2011GH031534	外墙保温饰面柔性质感面砖	河南天盈新型建材有限公司
2011GH041550	焊接聚晶金刚石铰刀	郑州市钻石精密制造有限公司
2011GH041552	太阳能空气集热器产业化项目	河南桑达能源环保有限公司
2011GH041553	低成本合成稳定磷酸铁锂关键技术产业化	郑州瑞普生物工程有限公司
2011GH041554	磷酸铁锂正极材料及锂离子动力电池	武陟县鑫凯科技材料有限公司
2011GH041555	铝电解槽全自动温控燃气焙烧成套装置	郑州中实赛尔科技有限公司
2011GH041556	大容量锂电池及模块产业化	中航锂电(洛阳)有限公司
2011GH531565	超硬材料及制品研发与检测技术平台建设项目	郑州人造金刚石及制品工程技术研究中心有限公司
2011GH551569	郑州市新材料行业公共技术服务平台	郑州市生产力促进中心
2011GH581572	超硬材料及制品原辅材料公共技术研发平台	河南卡斯通科技股份有限公司
2011GH021583	乙酰酪氨酸产业化项目	武汉远大弘元股份有限公司
2011GH021584	超级模具钢	大冶特殊钢股份有限公司
2011GH021585	超细钴粉	荆门市格林美新材料有限公司
2011GH031588	年产3000吨亚胺硫磷原药	湖北仙隆化工股份有限公司
2011GH031589	2×5万吨/年湿法磷酸连续生产工业级磷酸一铵产业化项目	湖北祥云(集团)化工股份有限公司
2011GH051608	动力电池用高性能磷酸铁锂正极材料产业化项目	欧赛新能源科技有限公司
2011GH531618	氟化工技术转移平台建设	应城市生产力促进中心
2011GH551622	钢铁冶金技术公共服务平台	武汉武钢工程技术生产力促进中心有限责任公司
2011GH591629	新材料孵化器大学生科技创业见习基地建设	武汉三新材料孵化器有限公司
2011GH031637	铝电容器电解液用—2-丁基辛二酸铵盐的制备新技术	武汉海斯普林科技发展有限公司
2011GH031638	冶金连铸电磁搅拌系统技术应用	中国长江航运集团电机厂
2011GH031639	湖北弘毅铝塑复合节能门窗产业化项目	湖北弘毅建筑装饰工程有限公司
2011GH031651	快速变质高锶含量铝锶合金线材AlSr20	湖南金联星冶金材料技术有限公司
2011GH031652	新型特粗晶粒冷镦冷冲硬质合金	株洲金鼎硬质合金有限公司
2011GH031654	复合型导电塑料母粒产业化项目	湖南惠同新材料股份有限公司
2011GH581688	面向钢材深加工中小企业技术转移与融资服务平台	湘潭市钢材深加工产业协会
2011GH581689	长沙高新区新材料产业节能减排公共技术服务平台	长沙智成科技咨询服务有限公司
2011GH031708	塑料、纸张通用型水性树脂及油墨产业化	东莞市英科水墨有限公司
2011GH031710	PE—Xc管的产业化技术开发	佛山塑料集团股份有限公司
2011GH031712	水晶玻璃陶瓷复合砖(皇室御品)	佛山市嘉俊陶瓷有限公司
2011GH031713	电极化仿银高光泽度闪烁装饰材料	佛山市天安塑料有限公司
2011GH031714	大型自动化机械涂装水性木器漆关键技术研究及产业化	广东华润涂料有限公司
2011GH031715	过硫酸钠	西陇化工股份有限公司

续表

项目编号	项目名称	承担单位
2011GH031716	轿车铝轮毂粉末涂料研究及产业化	中国电器科学研究院
2011GH031717	高纯金属材料化合物 CdTe 的生产技术与产业化	清远先导稀有材料有限公司
2011GH031718	用双组份液体硅橡胶制造医用胶管	中山市沃德医疗器械有限公司
2011GH041721	全自动高速陶瓷砖包装机的研发及产业化	广东一鼎科技有限公司
2011GH051726	陶瓷基板大功率 LED	佛山市国星光电股份有限公司
2011GH051727	锂离子动力电池	东莞市迈科科技有限公司
2011GH051732	太阳能风能储能用胶体蓄电池的产业化	肇庆理士电源技术有限公司
2011GH051733	动力电池产业化	惠州比亚迪电池有限公司
2011GH051740	激光化学掺杂选择性发射极高效多晶太阳电池项目	广东爱康太阳能科技有限公司
2011GH031761	汽车水室专用耐醇解(水解)玻璃纤维增强 PA66 复合材料	从化市聚赛龙工程塑料有限公司
2011GH031762	特种光纤与元器件产业化	广州宏晟光电科技有限公司
2011GH031763	完全生物降解高性能包装材料产业化	金发科技股份有限公司
2011GH031764	中化 798-Ⅲ高渗透改性环氧化学灌浆材料	广州科化防水防腐补强有限公司
2011GH031765	无卤阻燃绝缘导热有机硅电子灌封胶	广州市高士实业有限公司
2011GH011776	低温共烧陶瓷(LTCC)微波器件	深圳顺络电子股份有限公司
2011GH011777	中大尺寸电容式触摸屏产业化项目	深圳莱宝高科技股份有限公司
2011GH031788	无毒、环保、高档、精细的陶瓷装饰材料关键问题研究	深圳市永丰源瓷业有限公司
2011GH031789	新型环保减量化高阻隔复合软管	深圳市通产丽星股份有限公司
2011GH031790	高性能聚苯硫醚复合材料产业化	深圳市科聚新材料有限公司
2011GH041793	新能源动力电池卷绕与制片一体化生产设备	深圳市赢合科技有限公司
2011GH051796	新型高安全性电动汽车用磷酸铁锂功率型动力电池的开发项目	深圳市三俊电池有限公司
2011GH051797	锂离子动力电池正极材料镍钴锰酸锂的研发及产业化	深圳市天骄科技开发有限公司
2011GH031812	全钢子午线巨胎产业化	中国化工橡胶桂林有限公司
2011GH031813	松香基大孔吸附树脂新产品	广西梧州日成林产化工股份有限公司
2011GH031814	年产 10 万吨精密锻件建设项目	桂林福达股份有限公司
2011GH031815	结构减隔震装置产品产业化	柳州东方工程橡胶制品有限公司
2011GH031816	LPG 汽车尾气净化器(欧Ⅳ、Ⅴ)产业化示范项目	北海市辉煌朗洁环保科技有限公司
2011GH031817	组合阴极及其阻流块	广西强强碳素股份有限公司
2011GH031818	电解二氧化锰用新型表面合金化钛阳极的研究与应用	中信大锰矿业有限责任公司
2011GH051829	HEV 动力电池组专用泡沫镍的制造	梧州三和新材料科技有限公司
2011GH051830	冶金弃渣清洁利用年产 10 吨铟 2 万吨电解锌	河池市津泰资源再生有限公司
2011GH551833	广西橡胶行业公共技术创新服务平台	桂林市科学技术情报研究所(桂林市生产力促进中心)
2011GH031856	新型木塑复合材料(板材)	成都山天远信高新材料有限公司
2011GH031857	车灯用有机硅密封胶	成都硅宝科技股份有限公司
2011GH031858	人工晶体建设项目	成都东骏激光股份有限公司
2011GH031859	5000 吨/年特种高品质聚四氟乙烯分散树脂	中昊晨光化工研究院
2011GH031860	可用于兆瓦级风电叶片的高强度竹基纤维复合材料	洪雅竹元科技有限公司
2011GH041861	45 万吨合成氨 80 万吨尿素成套设备换热器	四川川润股份有限公司
2011GH041863	轴瓦热扩散电镀四元合金减摩层技术研究	恩比贝克飞虹汽车零部件(四川)有限公司

续表

项目编号	项目名称	承担单位
2011GH041864	宽温区镍氢动力电池	四川宝生新能源电池有限公司
2011GH031878	ECEP 溶液型聚氨酯改性丙烯酸树脂研究与产业化	四川国和新材料有限公司
2011GH031879	凹版醇水性环保塑料油墨	成都市新津托展油墨有限公司
2011GH021892	重庆宜化化工有限公司大颗粒氯化铵项目	重庆宜化化工有限公司
2011GH031895	高强度双组分环保型制动摩擦材料产业化项目	重庆红宇摩擦制品有限公司
2011GH031896	钢基硬质合金(ACS)组合轧辊及辊环	重庆市川深港务机械制造有限公司
2011GH031897	微型振动马达专用换向器、刷片材料	重庆川仪自动化股份有限公司
2011GH031911	磷酸法制取甲酸工艺技术应用与产业化	贵州省惠水川东化工有限公司
2011GH031912	2200mm 超大口径钢带螺旋波纹管产业化	贵州喀斯特环保科技发展有限公司
2011GH041917	航空发动机 Inconel718 材料螺栓	中国航空工业标准件制造有限责任公司
2011GH041918	高效成型模具技术在冰箱内饰件产业化中的应用	遵义群建塑胶制品有限公司
2011GH531922	贵阳国家级新材料产业化基地新材料研发检测公共服务平台建设	贵州省复合改性聚合物材料工程技术研究中心
2011GH581925	贵阳国家高新技术开发区动力电池及其系统和材料实验检测平台建设	贵州振华新材料有限公司
2011GH031937	纸基铝塑八层复合包装材料产业化	云南玉溪创新彩印有限公司
2011GH031938	多聚磷酸和聚磷酸铵产业化	云南天耀化工有限公司
2011GH031939	环保型矿浆输送管道用柔性减阻复合涂层新材料	云南聚博橡胶工程有限公司
2011GH031940	500 万支/年胀断连杆总成产业化引导项目	云南西仪工业股份有限公司
2011GH031941	JFZ 耐腐蚀耐磨蚀泵产业化	昆明嘉和科技股份有限公司
2011GH051949	高原节能型非晶合金变压器产业化	通变电器有限公司
2011GH051950	扁球形改性塑料沼气池产业化	昆明宏标科技有限公司
2011GH051951	1200 万支/年真空管及 30 万套/年太阳能热水器产业化	云南锡业同乐太阳能有限公司
2011GH051952	120 万吨/年低变质煤深加工产业化	曲靖众一精细化工股份有限公司
2011GH051953	新型高效太阳电池技术产业化项目	云南天达光伏科技股份有限公司
2011GH031962	新型高强度接触线终端锚固线夹	宝鸡保德利电气设备有限责任公司
2011GH031963	提高钛材综合性能的中间合金	宝钛特种金属有限公司
2011GH061972	采用湿法工艺年产 300 吨阴极铜产业化项目	洛南县伊瑞森矿业有限公司
2011GH551975	榆林市能源化工产业集群科技服务平台建设	榆林市生产力促进中心
2011GH551977	陕西省建材产品检测技术公共服务平台	陕西省建筑材料行业生产力促进中心
2011GH011981	高性能超薄压电电声器件项目	西安康弘新材料科技有限公司
2011GH011985	新一代无线通讯基站用氮化镓高功率微波放大器	西安能讯微电子有限公司
2011GH031989	大飞机特种钛合金及高性能零部件产业化项目	西安西工大超晶科技发展有限责任公司
2011GH031990	CT8 高压大容量陶瓷电容器	西安健信电力电子陶瓷有限责任公司
2011GH031991	OLED 显示发光材料产业化项目	西安瑞联近代电子材料有限责任公司

续表

项目编号	项目名称	承担单位
2011GH031992	阴极保护用高性能钛阳极复合材料产业化	西安泰金工业电化学技术有限公司
2011GH031993	高效节能纳米钯炭催化剂产业化	西安凯立化工有限公司
2011GH032018	粉末冶金注射成型方法(英文简称 MIM)	兰州金浩机械制造有限公司
2011GH032019	高纯镍钴铜产业化	兰州金川科技园有限公司
2011GH052022	3000t/a 锂离子电池用镍钴锰三元素复合氢氧化物产业化	兰州金川新材料科技股份有限公司
2011GH532026	白银有色金属新材料产学研公共服务平台建设	白银市火炬产业基地服务中心
2011GH032055	10 万吨阻燃型可发性聚苯乙烯树脂产业化生产	新疆蓝山屯河新材料有限公司
2011GH042059	焊接金属波纹管迷宫组合密封装置规模化生产	新疆乌苏市北方新科有限公司
2011GH062062	钢骨架增强聚乙烯塑料复合管规模化生产	新疆登煌管业有限公司
2011GH062063	水合肼副产品的规模化生产	新疆新仁化工有限公司
2011GH532068	新疆米东精细化工公共服务平台建设	新疆米东科技创新服务基地有限责任公司
2011GH062087	袋式除尘用改性超细纤维复合过滤材料	山东新力环保材料有限公司
2011GH032103	新型绿色环保赛木轻质阻燃墙体材料产业化	北京恒通创新赛木科技股份有限公司

2010 年度国家重点新产品计划申报指南

一、计划概述

国家重点新产品计划(以下简称新产品计划)是一项激励企业自主开发新产品,推动科技成果转化及产业化的政策引导类计划,是国家科技计划体系中政策引导类计划的重要组成部分。“十一五”期间,按照建立以“企业为主体、市场为导向、产学研相结合的技术创新体系”的要求,新产品计划旨在促进企业成为技术创新的主体,激励企业开展原始创新、集成创新和引进消化吸收再创新,培育一批拥有自主知识产权、知名品牌和持续创新能力的创新型企业,提高产业竞争力,增强国家自主创新能力。

(一)有关概念

1. 新产品:采用新技术原理、新设计构思研制生产的全新型产品,或应用新技术原理、新设计构思,在结构、材质、工艺等任一方面比老产品有重大改进、显著提高了产品性能或扩大了使用功能的改进型产品。

2. 新产品计划项目:在国内首次研制或在同类产品中性能突出,符合国家产业、技术和相关行业政策,经科学技术部认定列入国家重点新产品计划的新产品项目。

3. 新产品计划重点项目:是从国家重点新产品计划项目中择优选出的,创新性强,技术含量高,有自主知识产权,产业化前景好,属于国家重点发展领域,有望形成国内、国际自主知名品牌,对国民经济和社会发展贡献大的新产品项目。重点项目给予新产品研发补助经费。

(二)支持重点

围绕“十一五”国家科技计划体系的总体部署和要求,2010 年新产品计划将继续采取国家政策引导和财政补助措施,营造激励企业自主创新的环境,引导和支持企业的新产品开发、试制及产业化工作。

2010 年新产品计划重点支持拥有自主知识产权、创新性强、技术含量高、采用国内外先进标准的新产品;产业化前景好、有望形成国内、国际自主知名品牌、增强企业国际竞争力的新产品;支持电子信息、生物医药、新材料等高新技术产业的新产品;支持先进制造业、以高新技术提升改造传统制造业的新产品;支持促进社会主义新农村建设、对环境保护具有明显贡献、在能源和原材料利用方面开辟新渠道的新产品;属于国家重点发展领域的新产品。

(三)支持领域及范围

1. 支持领域

新能源与高效节能、资源利用与环境保护、信息产业与现代服务业、新材料及应用、先进制造业、人口与健康、现代农业、智能交通和运输、城镇化和城市发展、公共安全等。

2. 支持范围

(1)新产品计划优先支持范围:

①积极支持新能源、信息、生物、新材料、先进制造等新兴产业领域的新产品开发。优先支持针对产业调整和振兴的重大科技成果产品开发、重大引进技术消化吸收再创新产品开发、面向国际市场的高技术产品开发。

②优先支持利用信息技术和高新技术改造提升传统产业技术升级;优先支持区域优势产业和特色产业集聚发展。

③突出节能减排主题,优先支持钢铁、有色金属、煤炭、电力、石油化工、建材等节能减排重点行业和企业加快重大环保节能新产品开发。

④优先支持资源环境、人口健康、食品安全、交通安全、生产安全、城镇化与城市发展等社会公益领域新产品开发。

⑤优先支持有利于现代农业发展和新农村建设,有利于农村产业结构重大调整和升级的新产品开发。

⑥优先支持具有核心技术自主知识产权或重大先进技术标准创制、技术含量高、产业化前景好、有望形成国内、国际知名品牌的新产品开发;

(2)新产品计划原则上不支持

①常规食品、饮料、烟、酒类产品;

②化妆品、服装、家具、小家电等日用产品;

③用进口零部件(包括散件)组装的产品;

④引进技术和设备的消化吸收国产化率较低的产品;

⑤单纯为军工配套的产品;

⑥传统手工艺品;

⑦单纯改变花色、外观与包装的产品;

⑧动、植物品种资源;

⑨高能耗、污染环境的产品。

(3)特例情况

① 一般纺织品原则上不予立项,但对能起到更新换代并有较大技术突破的新型纤维和服装面料,可考虑在立项范围内;

② 原则上军用产品项目不予支持,但军转民项目除外。

(四)立项原则

1. 新产品计划项目立项基本原则

(1)在国内首次(或首批)开发成功,并开始有市场销售,或具有良好的市场应用前景,经济效益和社会效益明显;

(2)符合国家产业发展政策、环保要求和其他相关产业政策,尤其要和国家重点产业调整和振兴规划中的有关政策措施衔接一致;

(3)技术水平和产品性能较高,具备国内先进水平,在同类产品中性能突出;

(4)知识产权清晰,无异议。

2. 新产品计划重点项目优选原则

(1)符合新产品计划项目立项基本原则;

(2)属于国家优先扶植的重点产业、高新技术产业或新兴产业的重大新产品;

(3)创新性强、技术含量高、附加值高、采用先进技术标准,有自主知识产权的新产品;

(4)竞争力强,产业化前景好,有望形成国内、国际自主知名品牌的新产品;

(5)满足国家迫切需要,对国民经济和社会公益事业贡献大的新产品;

(6)科技成果转化的新产品,特别是“863”计划、科技支撑计划或其他基础研究计划的科技成果转化及产业化项目;

(7)地方政府予以配套政策重点支持的新产品。

(五)组织管理

国家重点新产品计划管理流程主要包括五部分:

(1)项目组织申报;

(2)项目评估、评审;

(3)项目申报备案和认定立项;

(4)计划审批;

(5)重点项目资金安排;

(6)后续跟踪管理。

二、项目申报

(一)申报单位

凡在中国境内注册,具有独立法人资格的企业均可申报;中外合资企业,中方应控股50%以上。

(二)申报渠道

1. 在各省、自治区、直辖市、计划单列市内的企业,按地方科技厅(委、局)(以下简称地方)要求的相关程序向地方申报。

2. 国务院有关部门直属企业可向各部门科技司(局)、总公司(以下简称部门)申报或向所在地地方申报。

(三)申报材料

1. 项目申报表。

2. 项目目前开发情况及产业化前景分析:简述所申报新产品的技术路线、技术水平、市场需求和风险、经济和社会效益分析等

3. 附件材料:

(1)企业法人营业执照(复印件)

(2)企业上年度财务报表

(3)可说明知识产权归属和授权使用的证明文件,如专利证书、软件著作权登记、技术转让或合作协议(复印件)

(4)涉及废水、废气、废物排放的项目,需提交环保达标证明(复印件)

(5)特殊行业许可证(复印件)。对医药、医疗器械、农药、计量器具、压力容器、邮电通信等有特殊行业管理要求的新产品,需提供主管机构出具的批准证明。如药品生产企业许可证、医药GMP认证、新药证书;农药生产许可证;通信产品入网证;公共安全产品、计量器具生产许可证;凡属国家强制认证产品需提交的3C认证等。

(6)科技成果鉴定证书或最近2年内查新报告等技术证明(说明)文件

(7)权威机构检测报告

(8)用户意见报告

(9)其他材料:如高企证书、获奖证书、银行信用等级证明等

(四)申报方式

2010年度地方、部门向科技部申报项目仍采用电子数据和书面材料并行申报方式。

1. 电子数据申报

(1)项目申报表:申请单位登陆科技部国家科技计划项目申报中心(网址 http://program.most.gov.cn),首先进行企业信息注册,待注册确认后,在线网络填写《国家重点新产品计划项目申报表》,填写完毕,点击“保存”,打印申报表,经确认无误后网上提交到申报渠道单位。

(2)项目目前开发情况及产业化前景分析:要求提交WORD格式电子数据。申报单位可使用申报系统的“项目申报材料清单-附件”功能,将WORD文件集成到申报系统中。

2. 书面材料申报

书面申报表必须通过申报系统,用A4纸打印,内容必须与网上申报电子数据完全一致,否则不予受理。全套书面申报材料须按本指南要求装订成册,由地方、部门统一报送科技部。

(五)申报要求

1. 对申请单位的要求

申请单位按各地方、部门的要求申报项目,不得直接向科技部报送电子数据和书面材料。申报材料是进行新产品计划项目评估(评审)、项目认定的重要依据,因此,各申报单位应认真准备申报材料,并对申报材料的真实性、可靠性负责。若发现弄虚作假,将不受理其项目的申请。

(1)申报表填写和打印 填表前应仔细阅读填表说明。申报表需通过网上申报系统录入和打印(A4纸)。申报表中申报单位名称、产品名称及型号务必填写准确。申报表须签字盖章,复印章无效。

(2)产品名称编写 产品名称不要使用商品名或“商号”。不要使用“系列”、“研制”、“开发”、“技术”等不属于产品名称的称呼,系列产品应注明型号。字数不超过36个汉字。

(3)附加材料提交 附加材料要注意时效性(要求三年内有效)。

(4)申报材料装订和报送 申报材料按项目申报材料清单的顺序装订成册。申报材料需一式两份报送科技部,其他份数根据各地方科技厅(委、局)、部门科技司(局)的要求确定。

2. 对申报渠道单位的要求

(1)上报项目类别及数量

申报渠道单位在项目评价意见的基础上,根据本地方(部门)经济发展重点和相关支持政策,提出每个项目的报送推荐意见,经汇总、择优排序后,仅将A、B类项目报送科技部。并附上《项目报送汇总表》,一式二份。

推荐上报项目的数量,应不超过该地方、部门近两年列入《国家重点新产品计划》项目平均数的130%,超报项目不予认定立项。重点推荐(A类)项目,不超过推荐上报项目总数的30%。

2010年,将继续对地方(部门)推荐上报项目的质量实行考核,主要考核指标为推荐项目入选率、推荐A类项目入选率、重复申报率、备案抽查入选率等,根据考核结果确定每个地方(部门)下一年度计划的推荐上报项目比例,以提高整个新产品计划的推荐上报质量。

(2)评估机构和专家的管理

申报渠道单位要尊重评估机构和专家的意见,同时,要对评估机构和专家的工作质量及行为规范,实行动态管理和科技信用管理。

(3)申报材料装订

每个项目全套书面申报材料请按下述顺序装订成册:申报材料封页、国家重点新产品计划项目总体评价意见表、项目申报材料清单、申报表、项目目前开发情况及产业化前景分析、附件材料。

(4)申报材料的报送

①书面材料:书面申报材料需报科技部一式二份。

②电子数据:各地方、部门电子数据一律通过科技部国家科技计划项目申报中心(http://program.most.gov.cn)进行网上申报。网上申报技术支持电话:科技部信息中心010-68576284,010-58881245。所有申报材料要求一次报齐,之后不得追加或修改。

(5)其他注意事项

①凡报送科技部的项目,必须经地方(部门)委托评估机构评估或组织评审。在项目申报表规定的地方签署地方科技厅(委、局)、部门科技司(局)审查意见并加盖公章,否则不予受理。

②项目申报材料封页由地方科技厅(委、局)、部门科技司(局)负责填写并盖章,其中推荐编号、单位所在地区代码、产品类别代码根据本指南提供的推荐编号说明和代码表填写。

③推荐编号须在评估(评审)后,按报送排序进行编号。《项目报送汇总表》中从优到劣的报送排序与推荐编号的后三位流水号、电子数据录入的顺序应完全一致。

④电子数据必须认真校对,尤其申报单位名称、产品名称及型号的录入务必准确。

(六)重复申报问题

原则上一个企业当年度只能申报一个国家重点新产品计划项目;

同一项目不得以相同或不同名称重复申报或多头申报科技部同一年度的其他政策引导类计划;

已列入过新产品计划的产品不得再申报。

三、项目评估、评审

申报新产品计划的所有项目须由地方科技厅(委、局)、部门科技司(局)进行形式审查后,进一步委托专业评估机构或组织专家评审。评估、评审工作应严格按照《国家重点新产品计划管理办法》和本指南要求执行。

新产品计划申报备案单位需采用专业机构评估方式,非备案单位可根据情况选择评估或评审方式。

(一)评估、评审方式

1. 专业机构评估方式

承担新产品计划项目评估任务的评估机构应是经地方科技厅(委、局)、部门科技司(局)认定,在科技部备案,具有良好信誉和较高业务水平,并具有科技评估经验的专业评估机构。评估机构应具有较高素质且结构合理的专业化评估队伍、一定规模的咨询专家网络、必要的信息处理分析人才与装备等条件。评估机构内部管理应规范有序。

2. 专家会议评审方式

实行评审的地方、部门,应聘请掌握相关专业技术、熟悉市场行情和了解国家相关产业及行业政策等方面的专家组成评审专家组,专家评审组可以由技术或行业专家、财务和管理专家组成。每个项目的评审专家为5人,每个项目的评审专家成员中要求至少有2位专家熟悉该技术领域。在组成专家组的同时,应推选一位专家组长,负责本组评审工作。

(二)评估程序及操作方法

1.项目形式审查

形式审查内容包括:材料真实性、完备性和有效性,以及附件材料是否齐全,申报表填写内容是否完整,是否盖章,装订是否规范等。对于不符合要求的项目应不予受理或要求申报单位补充和修正。

对所有通过形式审查的项目在项目申报表上填写单位所在地代码、产品类别代码。采用科技部开发的《国家重点新产品计划项目推荐系统》(简称推荐系统,使用方法见推荐系统使用手册)对项目按专业领域分类、分组整理,并提交专业评估机构或专家评审。

2.评估、评审委托

地方(或部门)委托初评机构对所有通过形式审查的项目进行初评,提供项目全部材料,包括:项目申报书面材料和项目申报电子数据。

3.聘请专家原则

聘请项目评估、评审专家应坚持以下原则:

客观公正性:专家应具有对国家和产品负责的态度,独立、客观、公正地对项目进行评价。

权威性:专家应熟悉有关技术和行业发展情况,了解市场,在相关行业和领域内具有权威性。

针对性:针对项目具体情况,选择熟悉情况的专家。

配置合理性:技术、经济、行业与科技管理专家兼顾;产、学、研、管理部门、行业协会等单位的专家兼顾。每个项目应有一半至三分之二的同行专家;同一系统(部门及其下属单位)专家不能超过3人;同一单位专家不能超过2人。

回避原则:以下人员不得作为咨询专家:申报单位的工作人员、与申报项目有利益关系的专家、以及申报单位书面申请希望回避的竞争对手(申报单位申请回避的人员不得超过3人)。

专家数量:每个项目专家数应不少于5人。

4.评估、评审依据和要求

初评机构应充分发挥专家咨询的作用,建议采取背靠背的形式进行专家咨询。

初评机构向专家提供专家咨询意见表、项目有关申报情况和新产品计划的背景材料,包括:

《国家重点新产品项目专家评价表》、申报纸制材料、《国家重点新产品计划申报指南(2010)》。

初评机构应向专家介绍新产品计划、评估目的、评估指标;应向专家明确咨询的任务,明确咨询中专家和初评机构双方应遵守的纪律。

(三)评估、评审主要内容

1.评估、评审指标体系

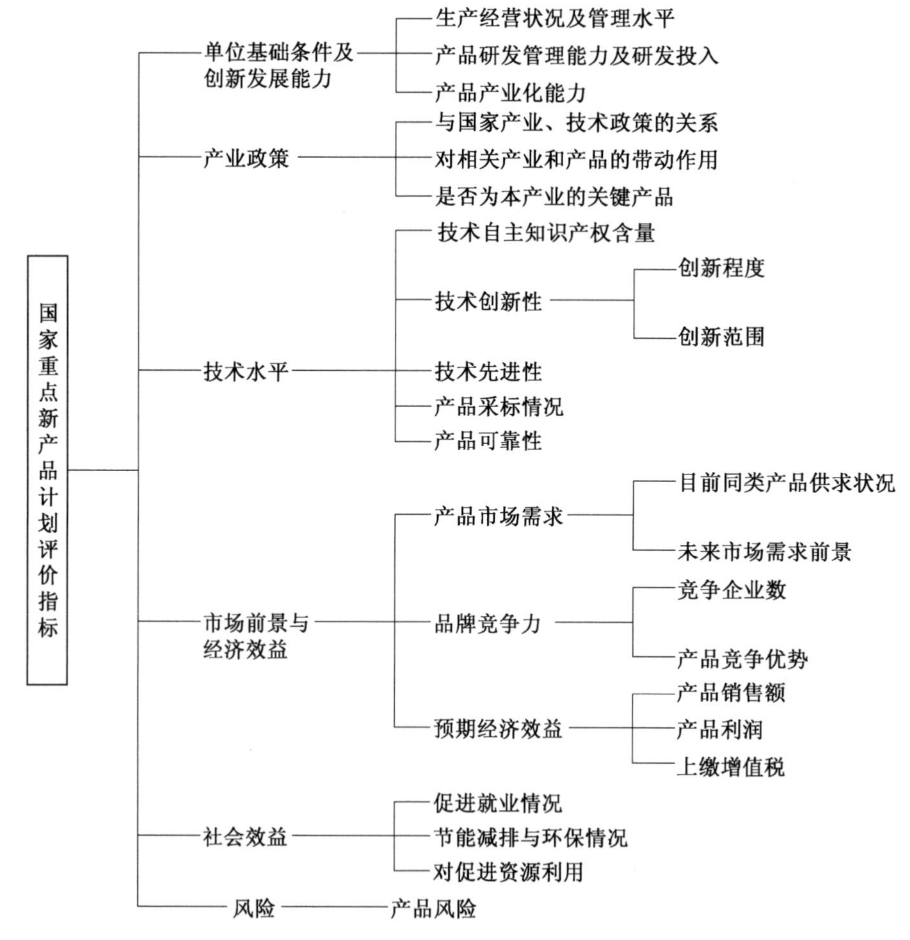

2. 评价指标权重参考

评价方面	一级指标	权重	
单位基础条件及发展能力	生产经营状况及管理水平	5	15
	产品研发管理能力及研发投入	5	
	产品产业化能力	5	
对产业发展和产品结构调整的作用	国家产业技术政策符合性	4	10
	是否为本产业的关键产品	2	
	对相关产业和产品的带动作用	4	
技术水平	技术水平	8	35
	技术创新性	7	
	自主知识产权技术含量	6	
	成熟程度及可靠性	8	
	采用技术标准情况	6	
市场前景与经济效益	市场需求	8	25
	品牌竞争力	10	
	产品经济效益	7	
社会效益	产品社会效益	10	10
风险	风险与不确定性	5	5

3. 项目评价指标及说明

项目评价指标包括筛选性指标和分值评价性指标两部分。

筛选性指标：

(1) 项目技术知识产权是否清晰：如项目技术产权不明晰，存在产权纠纷，则该项目为一票否决；

(2) 项目产品是否符合国家鼓励的产业发展方向：如项目技术属于国家不鼓励或限制发展的技术和产业，则该项目一票否决；

(3) 项目产品对环保的影响：无环保问题是指：项目本身的研究、生产对环保无影响，或经治理后不再有环保问题。对环保有一定的不利影响是指：项目本身的研究、生产会对环保产生一定的不利影响或经治理后，仍对环保有一定的不利影响。如为不符合环保要求，则该项目为一票否决。

对于筛选性指标任何一项指标为一票否的项目，专家不需要对项目具体的评价内容进行打分，可直接列为D类，但要为其否定的理由和事实做出明确和充分的说明。

评价性指标及说明：

评价性指标包括：①单位基础条件及发展能力；②对产业发展和产品结构调整的作用；③技术水平；④市场前景与经济效益；⑤社会效益；⑥风险。每个一级指标下设1～4个二级评价指标，相关内容及说明如下：

(1)单位基础条件及创新发展能力

①生产经营状况及管理水平。生产经营状况主要指企业近两年总资产、净资产、销售收入、净利润以及市场业务拓展等方面的增长状况；

管理水平主要指企业团队协作及企业经营管理能力。

②产品研发管理能力及研发投入。主要指企业技术开发能力、研发人员结构是否合理、研发投入强度等因素。

③产品产业化能力。主要指企业现有生产基础，如厂房、设备、检测仪器、专业管理人才等硬件条件是否满足产品产业化要求。

(2)对产业发展和产品结构调整的作用

①与国家产业、技术政策的符合性。主要指项目产品是否属于国家重点发展、鼓励发展、引导发展或限制发展的产业和技术，项目产品是否符合国家和地方重大产业发展需求。

②是否为本产业关键产品。

③对相关产业和产品的带动作用。主要指项目产品对相关产业技术升级、带动其他产品发展、替代进口促进外贸增长方式转变以及区域产业结构调整方面的作用。

(3)技术水平

①技术水平。指项目技术的先进性。可与国内外同类产品比较，该项目整体技术、关键技术是否处于国际领先或国际先进、国内领先或国内先进，以及项目产品的性价比是否具有一定的国际竞争力。项目技术水平处于国内同行业前列的可视为国内领先。可参考项目技术成果鉴定或查新报告判定。

②技术创新性。主要指项目技术在工艺改进、产品应用、性能改善、节能减排、环保等方面创新的新颖性和独创性。可从项目的创新类型、创新内容、创新程度和创新范围等方面评价项目是否属于首创或重大改进。

③自主知识产权技术含量。主要指企业对项目产品核心技术、关键技术的自主掌握和控制能力，以及拥有产品品牌的自主程度等。

④成熟程度及可靠性。成熟程度主要指项目技术目前处于批量(规模)生产、小批量生产、中试生产或样品、样机何种阶段，产品是否已投放市场。可靠性主要指产品是否获得权威部门的检测、认证试验或生产许可等。

⑤采用技术标准情况。主要指产品采用国际标准、国家标准、行业标准或企业标准情况，以及企业是否在国内外率先提出技术标准等。

(4)经济效益和市场前景分析

①市场需求。主要指项目产品目前的国际、国内市场供求状况，未来市场需求前景。

②竞争优势及品牌竞争力。主要指项目产品面临的同类竞争企业有哪些，以及产品的竞争优势、竞争能力，特别是产品在性能、价格、营销、服务、替代进口等方面的品牌优势。

③经济效益。主要指项目产品目前业已形成的盈利水平和盈利能力、市场占有率，以及产品未来预期产生的经济效益。

(5)社会效益

主要指项目产品在节能减排、改善环境、提高资源综合利用效率、带动产业升级、拉动内需、促进就业等方面产生的巨大社会效益。

(6)风险与不确定性分析

主要指企业在产品开发经营中面临的技术、资金、政策、市场、人员等方面的风险与不确定性，应对措施以及抗风险能力。

(四)评估、评审结果

1. 项目分类

项目评估(评审)结果划分为A、B、C、D四类。项目A、B、C、D分数参考范围:A类:80 ~100分;B类:65 ~80分;C类:55 ~65分;D类:55分以下。

A类项目:

(1)属于国家优先扶植的重点产业或高新技术产业的重大新产品,符合本年度新产品计划重点支持领域和方向;

(2)创新性强,技术含量高,附加值高,采用先进技术标准,拥有自主知识产权的新产品,特别是原创型产品;

(3)竞争力强,市场潜力大,能在短时间内形成较大规模效益,并有望形成国内、国际自主知名品牌的新产品;

(4)科技成果转化,特别是"863"计划、科技支撑计划等相关科技计划成果的产业化项目;

(5)满足国家迫切需要,对提高社会公共健康与安全保障能力、促进资源合理利用等社会公益事业贡献大的新产品;

(6)地方政府予以配套政策重点支持的新产品。

B类项目:

(1)创新性较强,技术含量较高,附加值较大,有自主知识产权的新产品;

(2)竞争力较强,市场潜力较大,能在短时间内形成一定规模效益和知名品牌的新产品;

(3)满足国家需要,对社会公益事业贡献较大的新产品。

C类项目:

基本上符合B类以上条件,但因缺少某种必备或关键附件而影响专家判断的新产品。

D类项目:

(1)属于不予立项范围的产品(详见本指南);

(2)缺乏自主知识产权,技术水平或市场前景一般的产品;

(3)国内有相同或类同的产品,且产品性能、经济效益等没有明显优势,不可能形成知名品牌的产品;

(4)有产权争议的项目;

(5)缺少必备或关键申报材料的项目。

2. 项目综合评价意见表

《国家重点新产品计划项目专家评价表》由评估、评审专家按要求对项目进行独立评审后填写,并签字或盖章;

《国家重点新产品计划项目总体评价意见表》由评估机构或评审专家组长填写,是在综合各专家意见的基础上,形成对项目的综合评价意见,然后由评估机构盖章或组长签字;

《新产品计划项目报送汇总表》由申报渠道部门按照项目评估或评审结果对项目进行综合排序,然后在网络系统上录入项目总体评价意见,生成表格,确认无误后打印、盖章、网络提交。

(五)纪律与处罚原则

1. 评估委托者应遵守的纪律

评估委托者应保证评估机构的独立性,不得干涉其评估工作。评估委托者可以向评估机构推荐咨询专家,供其参考,但不得影响其选择专家的自主权,不得向咨询专家施加倾向性影响。

评估委托者对项目审定的意见可以不同于评估意见,但不得在评估过程中向评估机构施加倾向性影响,不得伪造或涂改评估报告,在引用评估结果时,必须与正式的初评报告保持一致。

2. 评估机构应遵守的纪律

评估机构应维护申报单位的知识产权,对咨询专家意见负有保密责任,不得向被评单位及与新产品评估无关的任何单位或个人透露咨询专家的意见。

评估机构作为评估结论的责任者,应对专家意见进行分析,在对项目进行深入分析的基础上,评估机构意见可以不同于咨询专家意见,但不得在评估过程中向专家施加倾向性影响,不得伪造或涂改专家咨询意见表。评估机构在引用专家对项目的评价结果时,必须与专家咨询意见表中的评价结果保持一致。

3. 评审专家应遵守的纪律

(1)认定专家应按照规定的认定程序、独立、客观、公正、科学地对项目进行评价和打分。

(2)认定专家如与申报企业或项目存在利益关系或其他可能影响公正性的关系,应主动申明并回避。

(3)认定专家不得利用专家的特殊身份和影响力与申请企业及相关人员串通,为其申请的项目获得立项提供便利。

(4)项目认定过程中,专家不得与申请企业及企业相关人员发生直接关系,如确需核实补充某方面信息,可向评估机构提出要求。认定专家不得擅自披露、使用申请企业的技术经济信息和商业秘密,不得扩散并非法占有他人的科技成果。

(5)认定专家不得接受申请企业及相关人员的礼金、礼品或有价证券。

(6)认定专家不得压制不同学术观点和其他专家意见,不得为得出主观期望的结论,投机取巧、断章取义、片面做出与客观事实不符的评价。

4. 处罚原则

(1)新产品评估、评审参与者若违法失职、徇私舞弊、弄虚作假,则由其主管部门给予行政处分;构成犯罪的,由司法机关依法追究刑事责任。

(2)申报单位在提供申报材料和有关信息时,若存在弄虚作假情况,则视情节轻重,将项目降档或取消该单位新产品申报资格。

(3)评估机构若存在违规行为,则视情节轻重,采取批评、通报、相关项目的评估结果无效或取消新产品评估资格等处理措施。

(4)咨询专家若存在违规行为,则取消该专家新产品咨询资格,其咨询意见无效。

(5)地方(或部门)若存在违规行为,则视情节轻重,采取批评、通报、相关项目的审定意见无效等处理措施。

(六)评估、评审过程中注意事项

1. 关于材料审查 注意申报材料的完备性、有效性;申报内容的真实性、准确性；

2. 关于立项范围 对属于新产品计划原则上不支持范围的项目应从严掌握。

四、项目认定和项目申报备案

（一）项目认定

各地方、部门报送的项目（项目申报备案制单位的项目除外），由科技部组织具有一定权威的各行业、各领域的技术、经济和管理方面专家进行认定。

项目认定的主要内容包括：

申报、评估（评审）的程序和标准是否符合要求；

申报产品是否符合国家产业和技术政策、属于本年度新产品计划重点支持领域和范围；

申报产品是否属于自主创新产品，是否具有自主知识产权；

申报产品技术创新性与先进性是否达到或超过国内先进水平；

产品立项是否有利于产品产业化发展，企业实现经济效益和社会效益。

产品立项是否有利于企业产品发展成为国内、国际知名品牌。

产品立项是否有利于激励企业自主创新，进行技术引进吸收再创新。

（二）项目申报备案

项目申报备案制是指对于各地方、部门经过评估排序后申报的新产品计划项目，科技部不再组织相关认定活动，而是根据有关管理规定，经抽查复评后，在一定数量范围内，予以备案立项。

经认定的新产品计划申报备案管理单位有：北京、上海、天津、武汉、广东、湖南、湖北、西安、山东、浙江、安徽、黑龙江、吉林、河北、宁波、江西 16 个省市科技厅（委、局），以上 16 家单位 2010 年仍实行项目申报备案管理。

备案管理单位应立足国家层次，凝练地方发展重点，精心组织项目，提高项目推荐质量，科技部将采取多种措施对备案制的执行情况进行监督和考核。

备案制单位在报送 2010 年新产品计划项目时，需提交 2008 年新产品计划项目组织管理和项目评估的工作总结报告。

五、项目立项、经费安排及跟踪管理

（一）项目立项

在专家认定的基础上，经科技部和相关部门的审核、批准，确定本年度计划项目，组织编制年度《国家重点新产品计划》，并下达到各地方科技厅（委、局）、部门科技司（局）。对列入新产品计划的项目，科技部与有关部门将联合颁发《国家重点新产品证书》，有效期为三年。

（二）经费安排

经科技部、财政部最终认定，对列入新产品计划的项目，择优选择部分重点项目，给予一定数额的新产品研发补助经费。

新产品研发补助经费严格按照国家有关规定进行管理，专款专用。

（三）跟踪管理

新产品计划下达后，各地方科技厅（委、局）、部门科技司（局）应加强跟踪和管理服务，积极配套落实相关政策，全面了解本地区和本部门新产品工作情况，加大引导和宣传力度。

2011 年度国家重点
新产品计划申报要求

国家重点新产品计划（以下简称新产品计划）是一项推动企业自主创新、加速科技成果转化及产业化的计划，是国家科技计划体系的重要组成部分。新产品计划按照建立“以企业为主体、市场为导向、产学研相结合的技术创新体系”的要求，旨在激励企业通过自主创新，不断开发新产品，提升产品技术水平，提高企业市场竞争力，从而促进产业结构调整，推动经济增长方式转变，增强国家自主创新能力。

新产品是指采用新技术原理、新设计构思研制生产的全新型产品，或应用新技术原理、新设计构思，在结构、材质、工艺等任一方面比老产品有重大改进、显著提高了产品性能或扩大了使用功能的改进型产品。

新产品计划由科学技术部、商务部、环境保护部、国家质量监督检验检疫总局共同组织实施。新产品计划项目分为立项项目和重点项目。对列入新产品计划的项目，科技部与有关部门将联合颁发《国家重点新产品证书》，有效期为三年。

一、立项原则和支持范围

按照“十二五”国家科技发展总体规划和国家科技计划的整体部署要求，2011 年新产品计划继续采取国家政策引导，加大对自主创新产品的扶持。重点支持拥有自主知识产权、创新性强、技术含量高、采用国内外先进标准以及产业化前景好、有望形成国内国际自主知名品牌、显著增强企业竞争力的新产品。

（一）立项原则

1. 项目立项基本原则

（1）在国内首次（或首批）开发成功，并开始有市场销售，或具有良好的市场应用前景，经济效益和社会效益明显；

（2）符合国家产业发展政策、节能环保要求和其他相关产业政策；

（3）技术水平和产品性能高，具备国内领先水平；

（4）知识产权清晰，无争议。

2. 重点项目优选原则

（1）符合新产品计划项目立项基本原则；

（2）属于新产品计划优先支持范围，并拥有自主知识产权；

（3）技术水平高、附加值大、市场竞争力强的新产品；

（4）地方政府予以配套政策重点支持的新产品。

（二）支持领域

支持领域包括:电子与信息、生物技术与新医药、新型材料、光机电一体化、新能源与高效节能、环境与资源利用、航空航天、现代交通、地球空间及海洋工程、核技术应用。为贯彻落实《国务院关于加快培育和发展战略性新兴产业的决定》,重点支持符合国家战略性新兴产业发展要求,在以上十个领域中以重大技术突破、重大发展需求为基础,对促进产业结构升级和加快经济发展方式转变有显著促进和带动效应的领域。

(三)优先支持范围

(1)节能环保、新一代信息技术、生物、高端装备制造、新能源、新材料和新能源汽车等战略性新兴产业领域的新产品;

(2)重大科技成果转化,特别是国家"863"、科技支撑等科技计划成果转化的新产品;重大引进技术消化吸收再创新的新产品;

(3)利用信息技术和高新技术改造提升传统产业技术升级的新产品;有利于区域优势产业和特色产业集聚发展的新产品;

(4)钢铁、有色金属、煤炭、电力、石油化工、汽车、建材等行业开发的节能减排和低碳环保的新产品;

(5)环境保护、人口健康、食品安全、交通安全、生产安全、城镇化与城市发展,特别是重大自然灾害预测、应急和防治,灾后修复和重建等民生领域的新产品;

(6)结合西部欠发达地区产业发展特点和资源优势,有利于区域经济协调发展的新产品。

(四)不支持范围

(1)食品、保健品、饮料、烟、酒类产品;

(2)化妆品、日用化工、一般纺织品、服装、家具、家电等日用产品;

(3)用进口零部件(包括散件)组装的产品;

(4)单纯为军工配套的产品;

(5)传统手工艺品;

(6)单纯改变花色、外观与包装的产品;

(7)动、植物品种资源;

(8)高能耗、污染环境的产品。

二、申报要求

(一)申报单位

凡在中国境内注册、具有独立企业法人资格的单位均可申报。

(二)申报渠道

1. 在各省、自治区、直辖市、计划单列市、副省级城市等省、市地方注册的企业,按地方科技厅(委、局)(以下简称地方)要求的相关程序向地方申报。

实施新产品计划申报备案管理的地方为:北京、上海、天津、武汉、广东、湖南、湖北、西安、山东、浙江、安徽、黑龙江、吉林、河北、宁波、江西16个省市科技厅(委、局)。

2. 国务院有关部门的直属企业可向各部门科技司(局)(以下简称部门)申报或向企业注册所在地地方申报。

(三)申报材料

1. 项目申报表;

2. 项目产业化状况及前景分析;

3. 附件材料(复印件):

(1)企业法人营业执照(加盖企业公章)。

(2)经审计的企业上年度财务报表(每页加盖审计单位印章或盖骑缝章)。

(3)可说明知识产权归属和授权使用的证明文件,如专利证书、软件著作权登记证书、集成电路布图设计证、技术转让或合作协议。企业与技术持有单位合作的项目签订技术合作协议时,技术持有单位必须是具有法人资质的单位。

(4)涉及废水、废气、废物排放的项目,需提交环保达标证明。

(5)特殊行业许可证。对医药、医疗器械、农药、计量器具、压力容器、邮电通信等有特殊行业管理要求的新产品,需提供主管机构出具的批准证明。如药品生产企业许可证、医药GMP认证、新药证书;农药生产许可证;通信产品入网证;公共安全产品、计量器具生产许可证;凡属国家强制认证产品需提交的3C认证等。

(6)质量技术监督机构备案的产品的企业标准,或采用国际标准或国外先进标准的认可证明;或采用国家标准、行业标准的标准名称及标准号。

(7)权威机构检测(验)报告。

(8)科技成果鉴定证书或最近2年内的查新报告等技术证明(说明)文件。

(9)用户意见报告(不少于两份)。

(10)其他证明材料:如列入国家、地方科技计划的相关证明材料;高新技术企业认定证书;省部级以上的获奖证书、创新型企业证书、工程技术研究中心证书、企业技术中心证书、高新技术成果转化认定证书等;品牌证书、商标证书;ISO质量体系认证证书;银行信用等级证明;产品出口合同;产品图片等相关材料。

(四)申报流程

1. 申报单位申报流程

(1)注册:登陆科技部国家科技计划项目申报中心网站(http://program.most.gov.cn)进行注册,并认真阅读网站说明;

(2)录入:在线填写《国家重点新产品计划项目申报表》和《项目产业化状况及前景分析》,确认无误后在线提交至地方、部门;

(3)报送材料:用A4纸打印在线填写的《项目申报表》、《项目产业化状况及前景分析》,内容必须与网上申报材料完全一致,否则不予受理。按顺序项目申报清单所列顺序装订书面申报材料,加盖公章后一式六份报送地方、部门。

2. 地方、部门工作流程

(1)受理审查:地方、部门以下发的用户名和密码登陆国家科技计划项目申报中心网站(http://program.most.gov.cn),对申报单位的电子数据申报予以受理确认,并审查电子数据与书面申报材料的一致性。

(2)项目评估(评审):对项目完成评估(评审)后,在线填写《项目总体评价意见表》、《项目报送汇总表》,并打印表格。

(3)报送推荐材料:对推荐项目电子数据和书面申报材料确认无误后,网上提交国家科技计划项目申报中心,并将书面申报材料、《项目报送汇总表》一式二份寄至指定地点。其中书面申报材料按以下顺序装订成册:申报材料封页、项目总体评价意见表、项目申报材料清单、项目申报表、项目产业化状况及前景分析、附件材料。

(五)注意事项

1. 申报单位应认真准备申报材料,并对申报材料的真实性、可靠性负责。若发现弄虚作假,将不予受理。

2. 申报单位及产品不得重复申报。

(1)申报单位当年度只允许申报一个新产品计划项目;

(2)同一项目不得以相同或不同名称重复申报或多头申报科技部同一年度的科技计划,如重复申报,各计划将均不受理;

(3)已列入新产品计划的同一产品及型号的项目不得再次申报。若申报项目名称相同,而型号不同,则必须提供该型号所采用的新的授权专利及其说明书摘要,附图和权利要求书等内容,以证明其比原列入计划项目的产品有重大的改进和创新,方可申报。

3. 凡报送科技部的项目,必须经地方、部门委托评估机构评估或组织评审。在项目申报表规定的栏目中签署地方、部门审查意见并加盖公章,否则不予受理。

4. 地方、部门负责填写申报材料封页并加盖公章,其中推荐编号、单位所在地区代码、产品类别代码根据《项目推荐编号说明和申报渠道代码表》填写。

5. 推荐编号的后三位流水号须按《项目报送汇总表》中从优到劣的报送排序与进行编号,并与电子数据录入的顺序完全一致。

三、材料寄送及联系方式

1. 寄送地址:

北京市西城区三里河路 54 号 468 房间,国家重点新产品计划管理办公室。

邮政编码:100045

2. 申报咨询电话:

新产品计划管理办公室:010-68511559　68510951

3. 软件咨询:

科技部信息中心:010 - 88659000(中继线),010 - 51292636

2010~2011 年国家重点新产品计划立项项目清单(材料相关)

项目编号	项目名称	承担单位
2010GRA00002	nm 喷涂聚脲弹性体涂料	北京立高科技股份有限公司
2010GRA00003	STG1200/1800 型调光玻璃	北京众智同辉科技有限公司
2010GRA00004	人工骨(N B 系列纳米晶胶原基骨修复材料)	北京益而康生物工程开发中心
2010GRA00009	NVCGM-811 水泥基耐磨材料	中国京冶工程技术有限公司
2010GRA00017	高品质 PVDF 中空纤维膜	北京碧水源科技股份有限公司
2010GRA00048	8 英寸石英保温筒	北京凯德石英塑料制品有限公司
2010GRA00054	变形钴基合金粘胶短纤维切断刀	中国钢研科技集团有限公司
2010GRA00092	新型 CVD 金刚石与 PCD 金刚石复合刀具	北京希波尔科技发展有限公司
2010GRA00094	太阳能多晶硅还原炉电极磁环	北京中材人工晶体研究院有限公司
2010GRA00095	水性聚氨酯特种粘结材料 YH660/YH660B	北京高盟化工有限公司
2010GRA00097	高分子羧酸盐分散剂 GY-D04	北京广源益农化学有限责任公司
2010GRA00098	ZX-Ⅰ型肥料专用纳米碳材料	华龙肥料技术有限公司
2010GRA00106	AK 髋关节假体	北京爱康宜诚医疗器材有限公司
2010GRA00112	SPU-361 高强聚氨酯防水涂料	北京东方雨虹防水技术股份有限公司
2010GRA10006	±800kV,1000kV 特高压电抗器用 H 级扁型换位铝导线	天津经纬电材股份有限公司
2010GRA10011	超快速固化银镜保护涂料	天津市新丽华色材有限责任公司
2010GRA10017	ZHTC06-4G 气化炉可调防振热电偶	天津市中环温度仪表有限公司
2010GRA20008	铁路客运专线桥梁支座用改性超高分子量聚乙烯滑板	深州市工程塑料有限公司
2010GRA20018	高合金离心复合铸钢支承辊	唐山先隆轧辊实业有限公司
2010GRA20024	高耐磨自润滑尼龙筛辊	河北同业冶金科技有限责任公司

续表

项目编号	项目名称	承担单位
2010GRA20025	SMC 高密度复合材料沼气池	河北省枣强玻璃钢集团有限公司
2010GRA20026	直流换流变用特种换位导线（HZ）	保定天威电力线材有限公司
2010GRA20027	耐候珠光颜料	河北欧克精细化工股份有限公司
2010GRA20038	高强高模聚乙烯纤维	河北坤腾实业集团有限公司
2010GRA30003	颗粒状荧光增白剂 5BM	山西青山化工有限公司
2010GRA30004	TMB-5 聚丙烯 β 晶型成核剂	山西省化工研究所
2010GRA40002	单季戊四醇	赤峰瑞阳化工有限公司
2010GRA40003	Φ600mm 以上大规格各向同性高纯石墨材料	兴和兴永碳素有限公司
2010GRB00011	环保型高档着色剂颜料橙 64	鞍山七彩化学股份有限公司
2010GRB00012	YFK-300 高效抗氧剂	营口市风光化工有限公司
2010GRB02002	FZB3G 高性能环保型弹性金属塑料轴瓦	大连三环复合材料技术开发有限公司
2010GRB10005	登泰克通用光固化树脂:通用型、登泰克流动树脂:流动型、登泰克粘接剂:自酸蚀型	吉林省登泰克牙科材料有限公司
2010GRB11004	年产 500 公里油田用大口径、耐高压连续增强塑料复合管(ZMG)	长春高祥特种管道有限公司
2010GRB21002	一种 ASA 改性材料	哈尔滨中大化学建材有限公司
2010GRB21009	黑色亚光浸胶	哈尔滨六环胶粘剂有限公司
2010GRB21010	海水淡化用玻璃钢压力容器	哈尔滨乐普实业发展中心
2010GRB21011	YF 有机稀土催渗剂	哈尔滨意锋稀土材料开发有限公司
2010GRB21014	LED 用 4-6 英寸高品质蓝宝石衬底晶棒	哈尔滨工大奥瑞德光电技术有限公司
2010GRB21023	环保超薄型无胶覆合双向拉伸膜	黑龙江鑫港包装材料有限公司
2010GRC00004	C-01 脱砷剂	上海化工研究院
2010GRC00006	蓝色激光光碟驱动器用粘结稀土磁体	上海爱普生磁性器件有限公司
2010GRC00007	LW 型高强度高耐候超大规格方矩形管	上海宝钢建筑工程设计研究院
2010GRC00008	SJ 块状滤芯	上海绿强新材料有限公司
2010GRC00011	PEO-3S 低分子量聚氧化乙烯	上海联胜化工有限公司
2010GRC00016	JUWY 聚四氟乙烯白色长纤维	上海市凌桥环保设备厂有限公司
2010GRC00047	金属罐环保标贴包装材料(I 型)	上海人民塑料印刷厂
2010GRC00052	高性能动力电池板栅合金材料(2#合金)	上海飞轮有色冶炼厂
2010GRC00060	纤维级聚酯切片(工业丝专用)	中国石化上海石油化工股份有限公司
2010GRC00069	竹炭聚酯纤维	上海德福伦化纤有限公司
2010GRC00084	环氧底漆 6008	紫荆花制漆(上海)有限公司
2010GRC10001	环氧氯丙烷	江苏扬农化工集团有限公司
2010GRC10002	热连轧板带大型高铬钢复合轧辊	江苏共昌轧辊有限公司
2010GRC10017	5 英寸超大功率晶闸管用钼圆片	宜兴市科兴合金材料有限公司
2010GRC10018	乙二醇丁醚乙酸酯	江苏怡达化工有限公司
2010GRC10019	聚四亚甲基醚二醇	大连化工(江苏)有限公司
2010GRC10022	特高压电极箔	扬州宏远电子有限公司
2010GRC10023	BR2700 高润滑性环境友好型水基芯棒润滑剂	启东尤希路化学工业有限公司
2010GRC10027	Heflon-100 四氟型氟碳树脂	江苏华奥高科技发展有限公司
2010GRC10028	熔体直纺 W 形 55dtex/36f 涤纶 FDY 功能性纤维	江苏恒力化纤有限公司

续表

项目编号	项目名称	承担单位
2010GRC10030	奥氏体不锈钢应变强化低温容器	张家港中集圣达因低温装备有限公司
2010GRC10031	风力发电专用电缆	江苏亨通电力电缆有限公司
2010GRC10032	氯代环已烷	南通市天时化工有限公司
2010GRC10033	竹质复合材料风力发电机组叶片	无锡天奇竹风科技有限公司
2010GRC10038	500kV 交联聚乙稀绝缘电力电缆整体预制橡胶绝缘件绝缘接头	江苏安靠超高压电缆附件有限公司
2010GRC10039	新型无镉中温银钎料	常熟市华银焊料有限公司
2010GRC10041	“绿色环保型染料”直接混纺红玉 D-BLL	吴江梅堰三友染料化工有限公司
2010GRC10069	增容耐热导线配套金具	江东金具设备有限公司
2010GRC10070	芳纶及其他特种纤维专纺纱线	常熟市宝沣特种纤维有限公司
2010GRC10071	环保型柔性阳极保护电缆	宝胜科技创新股份有限公司
2010GRC10072	特高压±800kV 线路用棒形悬式复合绝缘子	南通市神马电力科技有限公司
2010GRC10074	大直径耐高温聚苯硫醚共混单丝	南通新帝克纺织化纤有限公司
2010GRC10082	酚醛泡沫内外墙保温系统材料	常州市旺月新材料技术有限公司
2010GRC10084	铁路用锂离子蓄电池及蓄电池组	江苏海四达电源股份有限公司
2010GRC10085	2,6-二氟苯甲酰胺	扬州天辰精细化工有限公司
2010GRC10086	熔体直纺生产的单丝线密度小于 0.50dtex 超细涤纶低弹丝	江苏盛虹化纤有限公司
2010GRC10089	低旦二醋酸纤维素丝束(2.4/32000)(2.7/35000)	南通醋酸纤维有限公司
2010GRC10091	镍铁包覆石墨复合材料	江苏天一超细金属粉末有限公司
2010GRC10095	不锈钢摩擦焊管件	无锡金羊管件有限公司
2010GRC10099	超超临界锅炉用 P91 大口径无缝钢管	扬州诚德钢管有限公司
2010GRC10106	98%烯酰吗啉	江苏常隆化工有限公司
2010GRC10107	RJ-9 改进型混凝土保坍剂	江苏荣能集团有限公司
2010GRC10114	耐低温氟橡胶	江苏梅兰化工有限公司
2010GRC10116	新型高带宽多模光纤	中天科技光纤有限公司
2010GRC10117	CS5A6012A 型绝缘栅场效应晶体管	无锡华润华晶微电子有限公司
2010GRC10130	(2～50nm)中孔活性炭纤维	江苏同康特种面料服装有限公司
2010GRC10143	SBTJM-10(缓凝、泵送)混凝土增强剂	姜堰市博特新材料有限公司
2010GRC10146	连熔法生产半导体技术用大口径高品质石英玻璃管	东海县宝盛石英制品有限公司
2010GRC10147	高档轿车用 18-26 英寸新型高性能铝合金车轮	江苏凯特汽车部件有限公司
2010GRC10155	Φ0.025mm 微细镀银铜包钢多股线	泰州中义通信器材有限公司
2010GRC10156	高纯超细氧化铽	常熟市盛昌稀土材料有限公司
2010GRC10170	高档轿车散热器用超薄型高强度耐腐蚀高导热钎焊铝合金复合箔	南通华特铝热传输材料有限公司
2010GRC10176	韧性高铬铁素体合金材料	江苏星火特钢有限公司
2010GRC10180	4,4-二甲基三苯胺(OLED 材料用)	镇江市海通化工有限公司
2010GRC11008	高强无味环保型再生橡胶	南京金腾橡塑有限公司
2010GRC11012	6-8 英寸 IGBT 外延片	南京国盛电子有限公司
2010GRC20010	高顺式-二氢茉莉酮酸甲酯	浙江新和成股份有限公司
2010GRC20011	全消光锦纶 6 纤维	义乌华鼎锦纶股份有限公司
2010GRC20013	KV4254 高剩磁高内禀永磁铁氧体材料	浙江凯文磁钢有限公司

续表

项目编号	项目名称	承担单位
2010GRC20019	D-苯丙氨酸	横店集团家园化工有限公司
2010GRC20020	AA1400mAh 超高倍率圆柱形镍氢电池	浙江凯恩电池有限公司
2010GRC20022	阻燃型涤纶高强丝	双双集团有限公司
2010GRC20025	高含固量改性硅油整理剂	浙江传化股份有限公司
2010GRC20026	长链脂肪烷基二甲基氧化胺	浙江皇马化工集团有限公司
2010GRC20033	TR-XLPE 中压抗水树电缆绝缘料	浙江万马高分子材料股份有限公司
2010GRC20042	水刺复合高性能纤维过滤材料(PPS)	绍兴县和中合纤有限公司
2010GRC20043	花样锻造铝合金车轮	浙江万丰奥威汽轮股份有限公司
2010GRC20048	JJL240 型多晶硅铸锭炉	绍兴县精功机电研究所有限公司
2010GRC20051	零膨胀透明微晶玻璃	浙江昌盛玻璃有限公司
2010GRC20052	JF-P-560FS/I-660FS 纳米蒙脱土增强聚氨酯微孔弹性体	浙江华峰新材料股份有限公司
2010GRC20053	建筑夹层玻璃用防透视 PVB 中间膜	浙江利丰塑胶有限公司
2010GRC20055	0402-4R 片网电阻专用陶瓷基板	横店集团浙江英洛华电子有限公司
2010GRC20057	高 BS 低功耗功率铁氧体 DMR24 材料	横店集团东磁股份有限公司
2010GRC20059	化学计量比铌酸锂晶体 SLN	中电科技德清华莹电子有限公司
2010GRC20061	耐高温氨纶	浙江华峰氨纶股份有限公司
2010GRC20065	新型 60 系列三密封塑料门窗异型材	华之杰塑料建材有限公司
2010GRC20070	安全气囊用涤纶工业长丝(250840dtex)	浙江海利得新材料股份有限公司
2010GRC20072	新型环保阻燃蜂窝复合墙体材料	浙江鑫得包装有限公司
2010GRC20073	N40UH 高耐热钕铁硼稀土永磁体	浙江英洛华磁业有限公司
2010GRC20077	ACS 树脂	杭州科利化工有限公司
2010GRC20083	高精度黄铜挤压空心棒	浙江军联铜业有限公司
2010GRC20098	Y-6854 甲基封端烯丙醇聚醚	浙江合诚化学有限公司
2010GRC20100	高 CTI 值高阻燃性增强聚酰胺材料	浙江俊尔新材料有限公司
2010GRC20102	18650 型磷酸铁锂高功率锂离子电池	浙江天能能源科技有限公司
2010GRC20104	大圆径硅单晶	浙江中硅电子科技有限公司
2010GRC20121	低烟无卤阻燃热塑性弹性体 IFR	浙江三博聚合物有限公司
2010GRC20122	超低损耗电解电容器纸	浙江凯恩特种材料股份有限公司
2010GRC20123	新型分散剂 R-MF	浙江闰土股份有限公司
2010GRC22003	微电子封装内引线-键合铜丝	宁波康强电子股份有限公司
2010GRC22007	风力发电系统用干式金属化安全膜大容量高压平滑电容器	宁波新容电器科技有限公司
2010GRC22011	ACS 树脂	宁波镇洋化工发展有限公司
2010GRC22013	NT-60 轻质硬质合金	宁波东联密封件有限公司
2010GRC22014	SMC 复合材料电缆支架	宁波华缘玻璃钢电器制造有限公司
2010GRC22021	ROVER KV6 发动机铝缸体低压组芯铸造模	宁波合力模具科技股份有限公司
2010GRC22023	聚四氟乙烯(PTFE)多层弹性板	宁波昌祺氟塑料制品有限公司
2010GRC30010	生物降解塑料聚丁二酸丁二醇酯	安庆和兴化工有限责任公司
2010GRC30011	一次成型非涂胶冷粘保护膜	安徽省宁国双津(集团)实业有限公司
2010GRC30014	汽车转向柱防尘罩	安徽中鼎橡塑制品有限公司

续表

项目编号	项目名称	承担单位
2010GRC30020	电子工业用高强度宽幅精密合金铜箔	安徽鑫科新材料股份有限公司
2010GRC30021	ZZF-ZHF 型 转炉出钢口滑动水口挡渣闸阀装置	马鞍山市雨山冶金新材料有限公司
2010GRC30029	超级奥氏体耐强腐蚀不锈钢-16 ″ 600 磅双止回阀体	安徽应流集团霍山铸造有限公司
2010GRC30030	6-DZM-17 硅基纳米材料改性铅酸蓄电池	天能电池(芜湖)有限公司
2010GRC30035	AR 抗反射膜玻璃	安徽省蚌埠华益导电膜玻璃有限公司
2010GRC30040	无苯无酮复合塑料油墨	黄山新力油墨科技有限公司
2010GRC30042	载银活性碳纤维毡	安徽佳力奇碳纤维有限公司
2010GRC30047	新型环保彩色涤纶短纤维(棉型涤纶短纤维)	滁州安兴环保彩纤有限公司
2010GRC30058	碱性电池隔膜纸	安徽万邦高森造纸有限公司
2010GRC40008	1235H14 铝箔坯料(准宽幅)	中铝瑞闽铝板带有限公司
2010GRC41001	大面积高效率三结砷化镓电池外延片(4 英寸)	厦门乾照光电股份有限公司
2010GRC41002	“流态化法”超细球形及准球形钴粉	厦门金鹭特种合金有限公司
2010GRC41008	无机硅酸锌车间底漆	厦门双瑞船舶涂料有限公司
2010GRC50003	工业乙撑胺	江西省飓风化工有限公司
2010GRC50013	微孔陶瓷除尘器	萍乡市西源填料厂
2010GRC50018	彩色氧化锆陶瓷	赣州虔东稀土集团股份有限公司
2010GRC50020	三氯蔗糖	吉安市新琪安科技有限公司
2010GRC50021	金属陶瓷涂层液压缸	江西华伍重工有限责任公司
2010GRC50022	增韧高铝质瓷托辊(钢化瓷托辊)	萍乡市新安工业有限责任公司
2010GRC50023	硅衬底 LED 高清全彩户内显示屏	江西省昌大光电科技有限公司
2010GRC50025	550kV 耐污型户外超高强度棒形支柱瓷绝缘子 (ZSW-550/12.5-3)	江西强联电瓷股份有限公司
2010GRC50026	TJ-9 醚酯共聚物高效减水剂	上饶市天佳新型材料有限公司
2010GRC50033	高稳定性浅色松香改性树脂	江西金安林产实业有限公司
2010GRC50035	PT963 活性陶瓷膜过滤器	萍乡庞泰实业有限公司
2010GRC50036	微晶 95 氧化铝陶瓷移相介质片	景德镇景华特种陶瓷有限公司
2010GRC60001	大直径 7075 圆铸锭	山东南山铝业股份有限公司
2010GRC60003	CVD 金刚石涂层凹面锯片刀头	东营金膜超硬材料有限公司
2010GRC60005	1200V 绝缘栅双极型晶体管(IGBT)	科达半导体有限公司
2010GRC60016	高镍铬静态铸造掌型集合管	烟台百思特炉管厂
2010GRC60014	耐高温复杂磨损组合结构刮刀导槽	威海三盾耐磨科技工程有限公司
2010GRC60015	JP-HCC-0.635 大功率 LED 陶瓷散热基板	淄博市临淄银河高技术开发有限公司
2010GRC60020	清洁型氟碳彩色涂层钢板	山东方明彩钢板有限公司
2010GRC60025	超高压锻造大直径特厚壁无缝钢管	山东通裕集团有限公司
2010GRC60039	节能环保型 TAG 耐酸玻璃纤维	泰山玻璃纤维有限公司
2010GRC60043	电子级羟基亚乙基二膦酸(HEDP)产品	山东省泰和水处理有限公司
2010GRC60048	无机弹性保温地坪涂料	山东斯泰普力高新建材有限公司
2010GRC60055	48H 超薄静音节能环保电梯专用钕铁硼磁性材料	烟台正海磁性材料股份有限公司
2010GRC60062	高速电气化铁道用铜锡合金接触线	烟台金晖铜业有限公司
2010GRC60068	快固化、高强度、环保型新一代呋喃树脂	济南圣泉集团股份有限公司

续表

项目编号	项目名称	承担单位
2010GRC60082	X5R 型高介电常数 MLCC 瓷料（GC-352N）	山东国瓷功能材料有限公司
2010GRC60085	ACM 树脂	山东日科新材料有限公司
2010GRC60087	锂离子电池掺杂改性磷酸铁锂正极材料	济宁市无界科技有限公司
2010GRC60090	纯棉单向导汗舒适性面料	鲁泰纺织股份有限公司
2010GRC60091	硬质薄膜保护型热敏打印头	山东华菱电子有限公司
2010GRC60092	LYGX-789F 陶瓷纤维复合模块	山东鲁阳股份有限公司
2010GRC60093	SDJH-H 反应烧结碳化硅横梁	山东金鸿集团有限公司
2010GRC60099	ZSW-1100/16K-3 耐污型户外棒形支柱瓷绝缘子	中材高新材料股份有限公司
2010GRC60100	H60 白炭黑分散剂	山东阳谷华泰化工有限公司
2010GRC60101	200 安时磷酸铁锂动力电池	山东海霸电池有限公司
2010GRC60103	太阳能热水器专用硬质全水型聚氨酯泡沫	淄博联创聚氨酯有限公司
2010GRC60109	玻璃用纳米节能防晒涂料	烟台佳隆纳米产业有限公司
2010GRD00006	微通道铝扁管	金龙精密铜管集团股份有限公司
2010GRD00012	高纯六氟磷酸锂	多氟多化工股份有限公司
2010GRD00015	Φ50.8mm 金刚石复合片	河南飞孟金刚石工业有限公司
2010GRD00013	薄板坯用铝锆碳质浸入式水口	河南省西保冶材集团有限公司
2010GRD00018	环保型炮泥（ PN-RF）	濮阳濮耐高温材料（集团）股份有限公司
2010GRD00030	M-111 聚氨酯建筑接缝密封胶	濮阳市万泉化工有限公司
2010GRD00033	聚晶金刚石复合截齿	河南四方达超硬材料股份有限公司
2010GRD00034	FJ-1 高效节能环保长寿高炉本体新结构	郑州华宇耐火材料有限公司
2010GRD00035	轨道交通复合材料疏散平台	洛阳双瑞橡塑科技有限公司
2010GRD00036	环保工艺合成的橡胶助剂 TBBS	鹤壁联昊化工有限公司
2010GRD10004	ST 型废旧沥青混合料再生剂	湖北长江路桥股份有限公司
2010GRD10005	大规格海洋系泊链用钢	湖北新冶钢有限公司
2010GRD10011	免涂可直接复合膜	湖北富思特新型包装材料股份有限公司
2010GRD10016	工业级磷酸一铵（$P_2O_5\geqslant$60.5%）	湖北祥云（集团）化工股份有限公司
2010GRD10017	亚磷酸三乙酯	湖北三才堂化工科技有限公司
2010GRD10018	HU-606 水性型纸复合食品外包装胶黏剂	武汉强力荷新材料有限公司
2010GRD10025	35kv 及以下复合屏蔽绝缘铜（铝）管型母线	湖北兴和电力新材料股份有限公司
2010GRD10027	测井仪表用锂亚硫酰氯电池	荆州市华圣电源技术有限公司
2010GRD10035	功能性硅树脂	湖北德邦化工新材料有限公司
2010GRD11003	具有温致变色功能的精确定位脱铝全息加密综合防伪烫印材料	武汉华工图像技术开发有限公司
2010GRD11006	R-H^+软土强效固化剂	武汉中材科技有限公司
2010GRD11008	新型表面活性剂-脲撑二甲氨基丙烷与二氯乙醚共聚物（PUB ）	武汉风帆化工有限公司
2010GRD11011	清洁高效热镀锌工艺及成套设备	武汉材料保护研究所
2010GRD11015	多层定向有序排列金刚石工具	武汉万邦激光金刚石工具有限公司
2010GRD20011	额定电压 220kV 交联聚乙烯绝缘电力电缆整体预制橡胶绝缘件绝缘接头	长沙电缆附件有限公司
2010GRD20014	环保高效电解无硒金属锰用添加剂	泸溪县熙邦科技有限责任公司
2010GRD20017	铁路客车用减振降噪阻尼材料	株洲时代新材料科技股份有限公司

续表

项目编号	项目名称	承担单位
2010GRD20018	热敏材料专用超低温固化粉末涂料	湖南至诚涂料有限公司
2010GRD20022	高容量型镍钴锰酸锂正极材料	湖南杉杉新材料有限公司
2010GRD20026	风能、太阳能配套用ＶＩ型高效全钒液流储能电池	湖南维邦新能源有限公司
2010GRD20029	难加工材料数控切削刀具(牌号:YD101. YBG102)	株洲钻石切削刀具股份有限公司
2010GRD20033	无变质潜伏期高锶含量铝锶合金线材	湖南金联星冶金材料技术有限公司
2010GRD20035	高氮氮化金属锰	湖南三鑫锰业科技有限公司
2010GRD20041	R787K 高能量密度钴酸锂	湖南瑞翔新材料股份有限公司
2010GRE00004	液晶显示器背光源冷阴极发光材料	江门市科恒实业股份有限公司
2010GRE00008	DY1A98 低压阳极箔	乳源东阳光精箔有限公司
2010GRE00012	高纯、高精、高表面感光鼓用铝合金管材	中山市金胜铝业有限公司
2010GRE00014	长玻纤增强聚丙烯	金发科技股份有限公司
2010GRE00015	NPO 绿色环保片式多层陶瓷电容器	广东风华高新科技股份有限公司
2010GRE00016	低功耗高抗直流叠加双重特性锰锌软磁 PG232B 材料	广东肇庆微硕电子有限公司
2010GRE00017	SF305 环保型挠性覆铜板	广东生益科技股份有限公司
2010GRE00026	绝缘复合管母线(JTMP、JTMZ、JTMT)	广州市日昭新技术应用有限公司
2010GRE00030	MOSFET 晶体管(CS2N60F 和 CS4N60F)	佛山市蓝箭电子有限公司
2010GRE00031	采用 PVB 封装的新型光伏建筑一体化组件	广东金刚玻璃科技股份有限公司
2010GRE00032	大尺寸单元 HDI 板	东莞生益电子有限公司
2010GRE00038	电子级高纯氨基磺酸镍溶液	广东光华化学厂有限公司
2010GRE00039	V64008 加成-聚合 MDI 聚氨酯环保固化剂	广东华润涂料有限公司
2010GRE00040	酸性皂洗剂 1530	广东德美精细化工股份有限公司
2010GRE00042	数控刀涂 PVC 仿羊绒鞋材面料	佛山市天安塑料有限公司
2010GRE00049	高温锂/亚硫酰氯电池	惠州亿纬锂能股份有限公司
2010GRE00056	幻彩微晶超大颗粒抛光砖(600×600、800×800mm)	广东博德精工建材有限公司
2010GRE01006	Sn-Cu-Ti 无铅焊料(LF-1-203,LF-1-203B)	广州市特铜电子材料有限公司
2010GRE02007	一种高安全、高功率、长寿命动力电池用负极材料钛酸锂(BTR-LTO)	深圳市贝特瑞新能源材料股份有限公司
2010GRE02008	18650 型高性能锂离子电池	深圳市比克电池有限公司
2010GRE02016	锂离子电池正极材料镍钴锰酸锂(PLB)	深圳市天骄科技开发有限公司
2010GRE02019	高分子橡胶硒鼓导电辊	深圳市乐普泰科技有限公司
2010GRE02025	高性能聚苯硫醚复合材料	深圳市科聚新材料有限公司
2010GRF00002	环保型醇水溶性油墨树脂(GH-AS-W/GHAS-C)	四川国和新材料有限公司
2010GRF00005	CNM-3 型甲醇脱水制二甲醚催化剂	西南化工研究设计院
2010GRF00010	高性能不饱和聚酯玻璃纤维增强片状模塑料 D552	四川东材科技集团股份有限公司
2010GRF00011	高含氟量氟橡胶 F246-2G	中昊晨光化工研究院
2010GRF00024	高比容量锂离子电池 $LiFePO_4$ 正极材料	四川省有色冶金研究院
2010GRF01003	宽温区镍氢电池 WT 型	四川宝生新能源电池有限公司
2010GRF01009	车灯用有机硅密封胶	成都硅宝科技股份有限公司
2010GRF01011	低玻璃相 AZS 电熔耐火材料	都江堰瑞泰科技有限公司
2010GRF01012	预制混凝土衬砌管片 Y-Z(Q)-6-350×1.5(1.2)×5.4	成都金玮制管有限责任公司

续表

项目编号	项目名称	承担单位
2010GRF01013	玄武岩纤维复合筋材	四川航天拓鑫玄武岩实业有限公司
2010GRF01015	氧化锌晶须抗菌材料	成都交大晶宇科技有限公司
2010GRF10005	耐汽车冷冻液的增强尼龙用短切纤维 ECS301HP	重庆国际复合材料有限公司
2010GRF10006	无铅晶质玻璃酒瓶	重庆昊晟玻璃股份有限公司
2010GRF10015	E11-93 双组分阴极电泳漆	中国兵器工业第五九研究所
2010GRF20002	SW22-8040 海水淡化反渗透膜元件	贵阳时代汇通膜科技有限公司
2010GRF20005	油棕纤维弹性材料	南方汇通股份有限公司
2010GRF20006	节能复合型热敏电阻	贵州凯里经济开发区中昊电子有限公司
2010GRF20009	电解原铝液直接铸造高端 CTP 版铝合金扁锭	中国铝业股份有限公司贵州分公司
2010GRF20010	加工钛合金数控硬质合金立铣刀	贵州西南工具(集团)有限公司
2010GRF30002	电子工业用金基蒸发材料及溅射靶材	贵研铂业股份有限公司
2010GRF30010	片状银包铜粉(PAC-1、PAC-2、PAC-4)	昆明理工恒达科技有限公司
2010GRG00005	内衬耐腐蚀合金双金属复合管道	西安向阳航天材料股份有限公司
2010GRG00010	太阳能多晶硅生产用炭/炭发热体	西安超码科技有限公司
2010GRG00011	复合材料电缆芯	西安航天复合材料研究所
2010GRG00012	钛制 Φ2.7 米以上大规格锻缝阴极辊	宝鸡市六维特种材料设备制造有限公司
2010GRG00017	4-(1-甲基)-苯基-1-(4-环己烷酮)-反式环己烷(1PCCO)	西安彩晶光电科技股份有限公司
2010GRG00018	工业级锆加工材	宝鸡钛业股份有限公司
2010GRG00023	无卤阻燃环保型环氧电子包封料	咸阳伟华绝缘材料有限公司
2010GRG01003	眼镜架用低模量高弹性 β 钛合金棒丝材	西安赛特金属材料开发有限公司
2010GRG01004	高温用高精度微孔不锈钢复合过滤元件	西安宝德粉末冶金有限责任公司
2010GRG01006	LedWeld 新型放热焊剂	西安杰邦科技有限公司
2010GRG01007	(反,反)-4-烷基-4-烷基-1,1-双环己烷液晶单体	西安瑞联近代电子材料有限责任公司
2010GRG10001	NRL 型稀土贮氢合金粉	甘肃稀土新材料股份有限公司
2010GRG10013	IPN 新型聚合物防腐材料	西北矿冶研究院
2010GRG30002	射频超导用高纯铌管	宁夏东方钽业股份有限公司
2010GRG30003	燃气内燃机铸件	宁夏长城须崎铸造有限公司
2010GRG40006	多密封高耐候 PVC 节能门窗型材	新疆蓝山屯河型材有限公司
2010GRG40007	156mm×156mm 浇铸太阳能级多晶硅片	新疆新能源股份有限公司
2010GR322002	大型超高温石墨化炉	济南伟得热工材料有限公司
2010GR333003	永丽泡沫玻璃（YL-FG）	上海永丽节能墙体材料有限公司
2010GR360002	杂萘联苯聚芳醚漆包线 PPESTW	广东蓉胜超微线材股份有限公司
2010GR467007	CBF-XY-9105 金属酸性清洗添加剂	台州长航环保科技有限公司
2010GR511005	铅酸蓄电池 DE 隔板	风帆股份有限公司玻璃纤维制品分公司
2010GR511008	725-OMZ-1 海洋环境紧固件防腐复合涂层	青岛双瑞防腐防污工程有限公司
2010GR511009	铝-钢复合材料 1060/Q235B(8+25)	洛阳双瑞金属复合材料有限公司
2010GR518001	P92 高压锅炉用厚壁无缝钢管	内蒙古北方重工业集团有限公司
2010GR518002	风力发电机组塔筒涂料	中国兵器工业集团第五三研究所
2010GR521002	F-12 高强有机纤维	中国航天科工集团第六研究院四十六所

续表

项目编号	项目名称	承担单位
2010GR594001	BMXF-5 钡铁氧体磁记录磁粉	北矿磁材科技股份有限公司
2010GR594003	无熔剂铝合金添加剂	北京矿冶研究总院
2010GR594005	镍包片状石墨复合涂层材料(KF-21T)	北京矿冶研究总院
2010GR594006	微掺镧耐高温钼合金丝	北京钨钼材料厂
2010GR606001	高抗冲乳液法 ACR 接枝 VC 共聚树脂	河北盛华化工有限公司
2010GR606003	悬浮聚四氟乙烯树脂 FR105	上海三爱富新材料股份有限公司
2010GR606004	三氟醋酸	浙江省化工研究院有限公司
2010GR606005	KX410 型医用干式胶片	中国乐凯胶片集团公司
2010GR606006	薄壁电器用的高韧高强易加工无卤阻燃 PET 复合材料	余姚市凡伟工程塑料有限公司
2010GR610001	多功能、高品质铝纤维新材料	中国铝业股份有限公司郑州研究院
2011TJA00018	无需粘结砌筑的聚苯乙烯保温砖——EPS 保温砖	北京金彩甲节能保温材料科技研发中心
2011TJA00021	PE100 聚乙烯管材用高分散抗蠕变炭黑母粒,PECB 4625 型	北京北化高科新技术有限公司
2011TJA00028	RTP 晶体及电光开关器件	烁光特晶科技有限公司
2011TJA00037	新型高性能低成本热作模具钢 RX8	机械科学研究总院
2011TJA00039	苯乙烯尾气压缩机高效阻聚剂 BL-628YS	北京斯伯乐科技发展有限公司
2011TJA00046	LED 封装用超微细键合金丝	北京达博有色金属焊料有限责任公司
2011TJA00052	人工骨修复材料	北京奥精医药科技有限公司
2011TJA00079	BMXF-3 节能电机用注射成型粘结铁氧体材料	北矿磁材科技股份有限公司
2011TJA00096	A7SC-Ⅰ中温耐磨涂料	通达耐火技术股份有限公司
2011TJA10006	高含量汽车子午轮胎专用抗氧剂 TMQ(RD)	天津市科迈化工有限公司
2011TJA10021	熔融纺丝法高性能聚偏氟乙烯中空纤维膜 TPVDF-HF	天津膜天膜科技股份有限公司
2011TJA10026	丙烯酸改性玻璃涂料	天津市新丽华色材有限责任公司
2011TJA10033	管道焊接用高韧性自保护药芯焊丝	天津市金桥焊材集团有限公司
2011TJA20002	N 型单晶硅太阳能电池组件/YL255C-30b	英利集团有限公司
2011TJA20011	变性竹浆粘胶短纤维	唐山三友集团兴达化纤有限公司
2011TJA20015	硅氟橡胶交流棒形悬式复合绝缘子 FXBW4-500(330、220)/300	河北硅谷化工有限公司
2011TJA20018	W-15% Cu 新型电子复合材料沉底部件	河北华整实业有限公司
2011TJA20021	氮化钒铁	承德金科科技开发有限责任公司
2011TJA40001	高纯金属钕	包头市玺骏稀土有限责任公司
2011TJA40004	高纯度无水氯化铈	包头市京瑞新材料有限公司
2011TJA40013	新能源汽车用镍氢动力电池 HRD6.0	内蒙古稀奥科镍氢动力电池有限公司
2011TJB00003	军用被装聚氨酯防水新材料	辽宁恒星精细化工有限公司
2011TJB00004	高能能有机颜料-颜料红 242	鞍山七彩化学股份有限公司
2011TJB00007	UNS N08825 高温合金高压厚壁管件	辽阳石化机械设计制造有限公司
2011TJB00009	铁水预处理喷镁剂枪	营口东邦冶金设备耐材有限公司
2011TJB01008	纳米高阻隔型气相防锈高强复合膜	沈阳防锈包装材料有限责任公司
2011TJB10003	TMA 铁铝镁氧化物改性合成材料	梅河口市跃兴砂轮特耐有限责任公司
2011TJB10010	砂性土质固化剂(ZL-3)	吉林中路新材料有限责任公司
2011TJB10013	水性淀粉基氨基甲酸乙酯木材胶粘剂 WQ823	吉林辰龙生物质材料有限责任公司

续表

项目编号	项目名称	承担单位
2011TJB20006	间戊二烯石油树脂	大庆华科股份有限公司
2011TJB21030	固体稀土催渗剂	哈尔滨意锋稀土材料开发有限公司
2011TJB21038	铝用钛硼晶粒细化剂	哈尔滨东盛金属材料有限公司
2011TJC00009	SLC-S 气相全密度聚乙烯催化剂	上海化工研究院
2011TJC00010	微量铁高纯纳米碳酸钙(PN473)	上海诺成药业股份有限公司
2011TJC00018	激光打印机用粘结钕铁硼磁辊	上海爱普生磁性器件有限公司
2011TJC00022	大尺寸优质二氧化碲单晶	上海硅酸盐研究所中试基地
2011TJC00023	纯聚四氟乙烯覆膜滤料	上海市凌桥环保设备厂有限公司
2011TJC00029	光纤内层涂覆树脂 KG100-1Y	上海飞凯光电材料股份有限公司
2011TJC00032	SR18 中性造纸专用胶	上海埃格环保科技有限公司
2011TJC00036	SCBH15 干式非晶合金铁芯配电变压器	上海置信电气股份有限公司
2011TJC00044	GS 型复合聚四氟乙烯过滤器材	上海过滤器有限公司
2011TJC00045	高温低阻化 PTC 热敏元件	上海子誉电子陶瓷有限公司
2011TJC00053	光伏电缆用辐照交联型低烟无卤阻燃聚烯烃电缆料 SR-0117G-150FZW	上海斯瑞聚合体科技有限公司
2011TJC00054	PA66-G40 高耐磨高刚性增强尼龙 66	上海金发科技发展有限公司
2011TJC00055	全消光聚酯切片(超细纤维专用)	中国石化上海石油化工股份有限公司
2011TJC00061	CJ 型数码打印材料	上海纳尔数码喷印材料股份有限公司
2011TJC00066	光缆用芳纶纤维增强塑料加强件	上海晓宝增强塑料有限公司
2011TJC00093	汽车用热塑性聚醚酯弹性体	中纺投资发展股份有限公司
2011TJC00095	C68700(Φ46×1.0×24170mm)热交换器用铜合金无缝管	上海海亮铜业有限公司
2011TJC10001	轨道交通车辆用锂离子蓄电池模块(40Ah 磷酸铁锂电池组)	苏州星恒电源有限公司
2011TJC10004	智能型大容量多元混合胶体太阳能(风能)储能蓄电池	江苏华富控股集团有限公司
2011TJC10007	风力发电机用高性能耐腐蚀烧结钕铁硼磁体	江苏晨朗电子集团有限公司
2011TJC10017	铸造用第二代环保冷芯盒树脂	苏州市兴业铸造材料有限公司
2011TJC10019	低过冷度铸轧技术生产高深冲性容器箔	镇江鼎胜铝业股份有限公司
2011TJC10020	高光泽零收缩模压用不饱和聚酯树脂(HR-8902)	常州市华润复合材料有限公司
2011TJC10022	超高纯度 α 砷	扬州高能新材料有限公司
2011TJC10029	轻质发泡陶瓷保温板	一方科技发展有限公司
2011TJC10030	有机汽体回收处理渗透膜 YH01-10000	中膜科技(苏州)有限公司
2011TJC10040	氯氟醚菊酯	江苏扬农化工股份有限公司
2011TJC10041	大型精密子午线轮胎组合胶囊模具	南通通轮模具有限公司
2011TJC10042	核 1 级耐高温 Z2CND18.12N 控氮不锈钢无缝钢管	中兴能源装备股份有限公司
2011TJC10045	核电热交换器用不锈钢传热管	江苏银环精密钢管股份有限公司
2011TJC10046	高温高压 Y 型截止阀	中核苏阀科技实业股份有限公司
2011TJC10047	GrP9 石油裂化用无缝钢管	江苏诚德钢管股份有限公司
2011TJC10048	“生态型染料”直接混纺黄 D-3RNL	吴江梅堰三友染料化工有限公司
2011TJC10054	防火型(A2 级)无机芯材铝复合板	江苏协诚科技发展有限公司
2011TJC10055	HG3-550℃耐高温防腐蚀涂料	江苏荣昌化工有限公司
2011TJC10057	超薄新头型高速动车组前窗玻璃	海安县耀华安全玻璃有限公司

续表

项目编号	项目名称	承担单位
2011TJC10070	板式无砟轨道凸形挡台填充树脂	常熟佳发化学有限责任公司
2011TJC10084	高纯度三季戊四醇	江苏瑞阳化工股份有限公司
2011TJC10101	Pluto 晶体硅光伏组件	无锡尚德太阳能电力有限公司
2011TJC10107	超高亮度 InGaAlP LED 外延片与芯片	扬州乾照光电有限公司
2011TJC10112	以硫酸为催化剂反应精馏法规模化生产的乙酸正丁酯	无锡百川化工股份有限公司
2011TJC10118	硅酸锌车间底漆	江苏冶建防腐材料有限公司
2011TJC10124	BST8-85S100 高硅氧玻璃纤维定长纱	江苏恒州特种玻璃纤维材料有限公司
2011TJC10125	超薄化、整机用 24.576MHZ 新型 SMD 晶体元件	连云港济源晶体元件有限公司
2011TJC10137	HFM 高效耐腐耐磨压滤泵	宜兴市宙斯泵业有限公司
2011TJC10138	自粘层单面涂漆换位导线	江苏句容联合铜材有限公司
2011TJC10147	44 米—3.0MW 风力发电机组风轮叶片	连云港中复连众复合材料集团有限公司
2011TJC10148	高性能硼酸酯型合成制动液	张家港迪克汽车化学品有限公司
2011TJC10149	等离子体改性高性能太阳电池背膜	苏州中来太阳能材料技术有限公司
2011TJC10150	轨道交通系统用低损耗漏泄同轴电缆	江苏亨鑫科技有限公司
2011TJC10154	百万千瓦级发电机用云母带	江苏冰城电材股份有限公司
2011TJC10162	膨体聚四氟乙烯热熔复膜针刺毡	常州市兴诚高分子材料有限公司
2011TJC10164	多光束高效晶圆激光划片设备	苏州德龙激光有限公司
2011TJC10168	三角三孔截面保暖纤维	江苏盛虹化纤有限公司
2011TJC10178	太阳能光伏用镀膜玻璃	无锡海达安全玻璃有限公司
2011TJC10181	超净高纯氢氟酸	江阴市润玛电子材料有限公司
2011TJC10187	核电用耐高温无磁碟形弹簧	扬州核威碟形弹簧制造有限公司
2011TJC10192	核壳聚合物苯乙烯-丙烯酸酯共聚乳液	常州光辉化工有限公司
2011TJC10202	大尺寸低水峰光纤预制棒	中天科技精密材料有限公司
2011TJC10204	水处理用悬浮生物填料	江苏裕隆环保有限公司
2011TJC10205	风力发电机用聚酰亚胺薄膜—聚酯薄膜云母带绕包铜扁线 FMYFB-	江苏迅达电磁线有限公司
2011TJC10206	环保型 PTT/PET 有色复合弹性纤维	常熟市海欣复合材料有限公司
2011TJC10212	干熄焦用高热震高耐磨 NMβ-SiC 砖	宜兴市诺明高温耐火材料有限公司
2011TJC10217	1,1′-苯磺酰-4,4′-二烯丙(2)醚	南通柏盛化工有限公司
2011TJC10219	超高精度铝箔轧辊	常州宝隆冶金设备制造有限公司
2011TJC10220	CFB 锅炉内衬专用高温耐磨速补涂料 GQ-518 型	宜兴市国强炉业有限公司
2011TJC10234	酷域(高迈)高效高功率电池组件(DC80)	常州天合光能有限公司
2011TJC10246	高档轿车三代轮毂轴承单元专用钢球	江苏力星通用钢球股份有限公司
2011TJC10249	LL-80 高强度耐磨喷涂聚脲弹性体	江苏兰陵高分子材料有限公司
2011TJC10254	低成本高性能高速钢(HJ)	江苏华久特钢工具有限公司
2011TJC10255	高速列车组用粉末冶金制动闸片	常州南车铁马科技实业有限公司
2011TJC10259	轻质高强运动车铝合金轮毂	江苏凯特汽车部件有限公司
2011TJC11007	高强度淬火耐磨钢板 NM400/NM450	南京钢铁股份有限公司
2011TJC11010	汽车尾气净化及冶金锻造炉蓄热节能用蜂窝陶瓷	江苏高淳陶瓷股份有限公司
2011TJC11013	玻纤/P84 复合针刺毡覆膜滤料、FT902	中材科技股份有限公司

续表

项目编号	项目名称	承担单位
2011TJC11016	NCMA 脱碳溶剂	南化集团研究院
2011TJC11018	汽车保险杠用聚丙烯专用料 YPJ-1215C	中国石化扬子石油化工有限公司
2011TJC11019	75% 烟嘧磺隆水分散粒剂	江苏瑞禾化学有限公司
2011TJC20007	高容量聚合物锂离子电动车电池	浙江振龙电源股份有限公司
2011TJC20008	环保型多功能粘土脱墨剂 RHD-18	浙江长安仁恒科技股份有限公司
2011TJC20010	低碳脂肪胺	浙江建业化工股份有限公司
2011TJC20013	高压开关金属化陶瓷	浙江亚通金属陶瓷有限公司
2011TJC20014	2,6-二氯-4-三氟甲基苯胺	浙江巍华化工有限公司
2011TJC20019	2-(对氨基苯基)苯并咪唑-5-胺	浙江鼎龙化工有限公司
2011TJC20038	第四代低压断路器用新型银碳化钨 40 触头材料	福达合金材料股份有限公司
2011TJC20044	新型聚氨酯织物涂层整理剂	浙江传化股份有限公司
2011TJC20051	耐氯氨纶	浙江华峰氨纶股份有限公司
2011TJC20055	高转化效率太阳能电池片	绿华能源科技(杭州)有限公司
2011TJC20059	包裹型无磷过碳酸钠	浙江金科过氧化物股份有限公司
2011TJC20068	超高频低能耗 MnZn 铁氧体 TP5B 新材料	天通控股股份有限公司
2011TJC20074	碳纤维编织填料	浙江国泰密封材料股份有限公司
2011TJC20075	电动汽车用纳米气相二氧化硅复合胶体蓄电池(3-EVF-180)	天能电池集团有限公司
2011TJC20076	HJM280M-24 太阳能电池组件	浙江恒基光伏电力科技股份有限公司
2011TJC20089	N45SH 高矫顽力钕铁硼稀土永磁体	浙江英洛华磁业有限公司
2011TJC20091	球形二氧化硅	浙江华飞电子基材有限公司
2011TJC20115	水性聚氨酯改性丙烯酸酯印花粘合剂	浙江新力化工有限公司
2011TJC20124	挤出型硅橡胶混炼胶	浙江新安化工集团股份有限公司
2011TJC20126	PTFE 水刺复合高温尾气过滤材料	绍兴县和中合纤有限公司
2011TJC20131	烟草专用氧化铁黄颜料 Y588	升华集团德清华源颜料有限公司
2011TJC20134	EVA 太阳能电池胶膜	杭州福斯特光伏材料股份有限公司
2011TJC20146	200 级聚酯亚胺/聚酰胺酰亚胺复合漆包铝扁线 型号 Q(ZY/XY) LB/200	浙江先登电工器材股份有限公司
2011TJC20150	长寿命胶体蓄电池 8-DZM-20	浙江昌盛电气有限公司
2011TJC20152	耐高温储能铅酸蓄电池 6-CNT-120	超威电源有限公司
2011TJC20157	新型高性能环保靛蓝 V301	浙江长征化工有限公司
2011TJC20169	无卤阻燃耐火复合材料	杭州捷尔思阻燃化工有限公司
2011TJC22008	耐高温、耐大电流冲击空调压缩机磁体	宁波韵升高科磁业有限公司
2011TJC22025	有色及纳米银离子抗菌涤锦复合超细纤维	宁波三邦超细纤维有限公司
2011TJC22026	改性聚乳酸 PLA 可降解生态笔	贝发集团股份有限公司
2011TJC22027	常压烧结微孔碳化硅石墨自润滑密封环	宁波东联密封件有限公司
2011TJC22029	1.8TS 发动机缸体铸造模具	宁波合力模具科技股份有限公司
2011TJC22032	R6、R03 无铅无镉电池锌饼	宁波光华电池有限公司
2011TJC30002	新材质重载货车车轮	马钢(集团)控股有限公司
2011TJC30007	高耐久性环保型沙发家具及汽车内饰聚氨酯合成革	安徽安利合成革股份有限公司
2011TJC30008	热平衡型双向拉伸聚酯烫金基膜	安徽国风塑业股份有限公司

续表

项目编号	项目名称	承担单位
2011TJC30010	薄壁不锈钢管内冷油道柴油机活塞	安徽省恒泰活塞制造有限公司
2011TJC30016	电气化铁道27.5kV单相交联聚乙烯绝缘非磁性金属丝铠装无卤低烟护套阻燃电缆	安徽华星电缆集团有限公司
2011TJC30024	高精密大型双料复合真空成型模具	安徽鲲鹏装备模具制造有限公司
2011TJC30039	C级轿车覆盖件模具	瑞鹄汽车模具有限公司
2011TJC30040	变频电容器用腐蚀化成铝箔	淮北东磁电子有限公司
2011TJC30046	高回弹有机硅平滑剂	安徽德佳有机硅有限公司
2011TJC30047	高分子灰水稳定剂 WL-626	淮南市蔚蓝水处理技术有限公司
2011TJC30048	HF-3(103)高性能摩擦材料	黄山奔马集团有限公司
2011TJC30055	高阻隔耐腐蚀锂电池复合包装材料	黄山永新股份有限公司
2011TJC30057	超高温 HID 灯用115℃电容器	安徽源光电器有限公司
2011TJC30063	高性能电极母线 HFe60-0.3	安徽鑫科新材料股份有限公司
2011TJC40003	合成晶体基材珠光颜料	福州坤彩精化有限公司
2011TJC40019	六氟异丙基甲醚(又称:全氟异丙基甲醚)	三明市海斯福化工有限责任公司
2011TJC40037	改性聚丙烯发泡鞋用中底材料	福建正大集团有限公司
2011TJC41002	地矿、盾构机用超粗晶粒硬质合金	厦门金鹭特种合金有限公司
2011TJC50002	丙烯酰胺、晶体(净重25KG/BAG)	江西昌九农科化工有限公司
2011TJC50010	125 太阳能单晶硅片	晶科能源有限公司
2011TJC50014	锆铬刚玉质蜂窝陶瓷蓄热体	萍乡市中天化工填料有限公司
2011TJC50016	高可靠性无眩光 COB 封装 LED 球泡	江西省晶和照明有限公司
2011TJC50034	碳化硅-氧化硅陶瓷膜过滤管及其装置(陶瓷膜过滤管)	萍乡市金辉环保有限责任公司
2011TJC50036	薄膜晶体管彩色液晶显示器(TFT—LCD)模组	江西永盛电子有限公司
2011TJC50038	碳酸钙晶须增强高性能制动片	江西元邦摩擦材料有限责任公司
2011TJC50041	SCB11-RL 三维立体卷铁心树脂绝缘干式变压器	江西大族电源科技有限公司
2011TJC50050	镁铝尖晶石活性吸附剂	萍乡市石化填料有限责任公司
2011TJC60011	非晶合金铁心变压器 SH15-M-630/10	山东达驰电气有限公司
2011TJC60024	新型 OLED 材料 N-苯基-3-(4-溴苯基)咔唑	莱阳市盛华科技有限公司
2011TJC60030	高流动性热塑性硫化橡胶(TPV)	山东道恩高分子材料股份有限公司
2011TJC60038	新型高分子材料 AMB 树脂	山东日科化学股份有限公司
2011TJC60042	可控分子量溴化聚苯乙烯	山东兄弟科技股份有限公司
2011TJC60046	相变储能丙烯酸乳液	山东圣光化工集团有限公司
2011TJC60050	1.5T 液氦零挥发核磁共振成像超导磁体	潍坊新力超导磁电科技有限公司
2011TJC60056	耐高温除尘过滤袋	山东奥博环保科技有限公司
2011TJC60063	太阳能风能储能用高聚能胶体电池	山东瑞宇蓄电池有限公司
2011TJC60067	硅酸盐复合材料刹车片	东营信义汽车配件有限公司
2011TJC60070	电子级固体氨基三亚甲基膦酸的制备工艺	山东省泰和水处理有限公司
2011TJC60072	抗冲击耐疲劳高性能钎具中空钢	山东三山集团有限公司
2011TJC60073	橡胶助剂预分散胶母粒	山东阳谷华泰化工股份有限公司
2011TJC60075	ZF16-550/Y5000-63 六氟化硫气体绝缘金属封闭开关	山东泰开高压开关有限公司
2011TJC60077	铸造用泡沫陶瓷过滤器	济南圣泉倍进陶瓷过滤器有限公司

续表

项目编号	项目名称	承担单位
2011TJC60083	改性酚醛煤岩加固材料	滕州市华海新型保温材料有限公司
2011TJC60086	LED 照明用高可靠环保阻燃挠性覆铜箔板(FCCL)	莱芜金鼎电子材料有限公司
2011TJC60096	锰基奥氏体铸铁合金铝活塞耐磨镶圈	山东省滨州市特种合金有限公司
2011TJC60106	水性环氧树脂及其功能地坪涂料	山东泽瑞新材料科技有限公司
2011TJC60111	基于水性氟硅功能乳液的低表面能涂料	威海新元化工有限公司
2011TJC60117	高性能聚酯型热塑性聚氨酯弹性体	烟台万华聚氨酯股份有限公司
2011TJC60130	测控温型特种热敏电阻　ZXT06R242J	山东中厦电子科技有限公司
2011TJC62008	高性能锰酸锂 QY-102	青岛乾运高科新材料有限公司
2011TJC62011	殷钢芯超耐热铝合金绞线 ZTACIR	青岛汉缆股份有限公司
2011TJC62015	高性能软基工程专用格栅产品	青岛旭域土工材料股份有限公司
2011TJC62018	稀土异戊橡胶 IR70	青岛伊科思新材料股份有限公司
2011TJC62022	深海环境用固体浮力材料 SBM055-4500	海洋化工研究院
2011TJC62032	图形化衬底用 2 英寸蓝宝石衬底晶片产业化项目	青岛嘉星晶电科技股份有限公司
2011TJD00003	超高温钨钼加工炉用高性能 ZrO_2 隔热制品	中钢集团洛阳耐火材料研究院有限公司
2011TJD00007	大容量锂离子动力电池(180AH)	中航锂电(洛阳)有限公司
2011TJD00015	一水合柠檬酸一钾二[丙二腈合金(I)]	三门峡恒生科技研发有限公司
2011TJD00016	大板坯铝锆碳质快换浸入式水口 J-89-1	河南省西保冶材集团有限公司
2011TJD00017	高纯镀银铜绞线	河南九发高导铜材股份有限公司
2011TJD00021	橡胶硫化促进剂二硫化四苄基秋兰姆	濮阳蔚林化工股份有限公司
2011TJD00023	不定形耐火材料碳素焙烧炉炉墙	河南安瑞高温材料股份有限公司
2011TJD00026	2-甲基呋喃	宏业生化股份有限公司
2011TJD00027	高速陶瓷结合剂 CBN 砂轮 14A1、14LL1、3A1、3L1	郑州磨料磨具磨削研究所
2011TJD00031	高电性耐高温耐磨环保塑料绝缘材料	河南久通电缆有限公司
2011TJD00038	镁铁尖晶石砖	河南瑞泰耐火材料科技有限公司
2011TJD00040	用国产煤系针状焦生产 Φ600mm 超高功率石墨电极	中平能化集团开封炭素有限公司
2011TJD10018	外墙外保温专用耐碱玻璃纤维网格布 ARN5×5-100L ARN6×6-100L(加强型)	襄樊汇尔杰玻璃纤维有限责任公司
2011TJD10024	电子级磷酸	湖北兴发化工集团股份有限公司
2011TJD10030	双环戊二烯基二氯化钛合成新工艺	湖北恒鑫化工有限公司
2011TJD10035	铁水炉外精炼喷吹用 CMD 复合脱硫剂	湖北省通山县通力镁业有限责任公司
2011TJD10040	纯电动汽车用动力锂离子电池	骆驼集团股份有限公司
2011TJD11002	原位乳液聚合法制备彩色墨粉	湖北鼎龙化学股份有限公司
2011TJD11003	钎焊工艺金刚石工具	武汉万邦激光金刚石工具有限公司
2011TJD11006	弯曲不敏感单模光纤(G.657)	长飞光纤光缆有限公司
2011TJD20002	分齿型高低齿硬质合金带锯条	湖南泰嘉新材料科技股份有限公司
2011TJD20006	高强高模聚乙烯纤维防弹防刺服	湖南中泰特种装备有限责任公司
2011TJD20009	特粗晶粒硬质合金	长沙中南凯大粉末冶金有限公司
2011TJD20011	超细 Ti(CN)基金属陶瓷切削刀具(YNG151 牌号)	株洲钻石切削刀具股份有限公司
2011TJD20013	高纯硫酸锰	湖南汇通科技有限责任公司
2011TJD20014	≤0.02mm 高耐压超微细电磁线	衡阳三三融信电工有限公司

续表

项目编号	项目名称	承担单位
2011TJD20020	高品质绿碳化硅研磨抛光微粉	汉寿金诚研磨材有限公司
2011TJD20035	高温型锰酸锂正极材料 LM021-HB	湖南杉杉户田新材料有限公司
2011TJD20044	球磨机台阶形筒体衬板	湖南红宇耐磨新材料股份有限公司
2011TJE00005	高效 M156 多晶太阳电池	广东爱康太阳能科技有限公司
2011TJE00010	高纯金属材料 5N 硒	广东先导稀材股份有限公司
2011TJE00017	建筑陶瓷表面磨削抛光用金刚石磨块	广东奔朗新材料股份有限公司
2011TJE00019	液晶显示器背光源冷阴极发光材料	江门市科恒实业股份有限公司
2011TJE00026	1000～3000V 高压 Ni 电极 X7R 型片式多层陶瓷电容器	广东风华高新科技股份有限公司
2011TJE00028	采用 PVB 封装的新型光伏建筑一体化组件	广东金刚玻璃科技股份有限公司
2011TJE00033	高速船舶用高性能 5xxx 系铝合金挤压型材	广东兴发铝业有限公司
2011TJE00037	加成-聚合 MDI 聚氨酯环保固化剂 V64008	广东华润涂料有限公司
2011TJE00041	电子级高纯六水合硫酸镍	广东光华科技股份有限公司
2011TJE00042	平板电脑用高比容量长寿命高安全锂离子电池(MLP554868)	东莞市迈科科技有限公司
2011TJE00047	高性能高温高饱和磁通密度 MnZn 软磁材料 PG182A	广东肇庆微硕电子有限公司
2011TJE00053	多层复合塑料编织农用防渗膜	佛山塑料集团股份有限公司
2011TJE00069	大型双色高光无痕注塑模具	东莞康佳模具塑胶有限公司
2011TJE00076	通讯网络用宽频高导软磁铁氧体材料及磁芯	肇庆海特电子有限公司
2011TJE00077	高效环保节能型渐变式胶体电池(DFS100AH、DFS500AH、DFS1000AH)	广东中商国通电子有限公司
2011TJE00080	环保无铅易切削锌合金棒 ZA10Bi	佛山市南海区大沥国东铜材制造有限公司
2011TJE00083	新型耐热增强聚乙烯(PE-RT)管道系统	佛山市日丰企业有限公司
2011TJE00084	大功率不锈钢厚膜加热元件	东莞市龙基电子有限公司
2011TJE00086	高性能聚合物复合材料的陶瓷砖模具 TYM100	佛山市石湾陶瓷工业研究所有限公司
2011TJE01001	聚对苯二甲酰癸二胺耐高温工程塑料	广州金发科技股份有限公司
2011TJE02008	一种高容量高压实型锂离子电池材料用天然石墨负极材料/BTR-918	深圳市贝特瑞新能源材料股份有限公司
2011TJE02037	动力锂离子电池隔膜 SD4	深圳市星源材质科技股份有限公司
2011TJE10005	DK-PV10 铜铟镓硒薄膜太阳电池	广西地凯科技有限公司
2011TJE20005	新型水刺非织造擦拭材料	欣龙控股(集团)股份有限公司
2011TJF00003	电池级无水氯化锂	四川天齐锂业股份有限公司
2011TJF00007	高功率激光器用 Nd:YAG 晶体	成都东骏激光股份有限公司
2011TJF00011	微波二极管用新材料氮化镓基芯片(TPIN8G)	四川太晶微电子有限公司
2011TJF00019	POX 环保型冷媒保温隔热材料	绵阳高新区三阳塑胶有限责任公司
2011TJF00021	全氟辛酸铵(PFOA)替代品——全氟聚醚过氧化物(PFPEs)	中昊晨光化工研究院
2011TJF00022	含氟杂环芳香族聚酰胺纤维	四川辉腾科技有限公司
2011TJF00027	CHW-S7CG/CHF26H 埋弧横焊焊丝焊剂组合	四川大西洋焊接材料股份有限公司
2011TJF00033	基于先进 TiAl 膜过滤材料的 YT(Ⅳ)冶金行业腐蚀性液体过滤装置	成都易态科技有限公司
2011TJF00039	长支链聚苯硫醚(LCBPPS)树脂	乐天塑料四川彭山新材料有限公司
2011TJF10002	高性能超细电子级玻璃纤维 D450	重庆国际复合材料有限公司
2011TJF10017	4,6-二羟基嘧啶(DHP)	重庆紫光化工股份有限公司
2011TJF20001	钴镍锰三元正极材料(NCM523)ZH5000RA	贵州振华新材料有限公司

续表

项目编号	项目名称	承担单位
2011TJF20002	航空用钛及钛合金螺栓(母)产品	中国航空工业标准件制造有限责任公司
2011TJF20004	无缝安全气囊仪表板改性聚丙烯专用料	贵州凯科特材料有限公司
2011TJF20005	Be-RE 耐热高强韧铝合金(211Z.1)材料及制品	贵州华科铝材料工程技术研究有限公司
2011TJF20007	大飞机钛铌铆钉制件	贵州航天精工制造有限公司
2011TJF30003	长寿命多元合金阳极板	昆明大泽矿冶设备有限公司
2011TJF30004	内置片式陶瓷手机电视天线	云南银河之星科技有限公司
2011TJF30005	高效平板太阳能集热器(型号 PYG-2 ㎡-II)	云南一通太阳能科技有限公司
2011TJF30007	特种合金粉末及导电涂料 Cs-Ag1、Cs-Ag/Cu、Cs-Ag/Ni、Cu/Ni 等	昆明贵金属研究所
2011TJF30008	Φ15μm 键合金丝/G2、G3	贵研铂业股份有限公司
2011TJG00006	新型端烯类液晶单体	西安彩晶光电科技股份有限公司
2011TJG00020	6-CNF-100 型储能用铅酸蓄电池	陕西凌云电器集团有限公司
2011TJG00021	航空 TC4 钛板	凤翔宝冶金属复合材料有限公司
2011TJG01001	N-(1,1'-联苯-4-基)-9,9-二甲基-9H-芴-2-胺	西安瑞联近代电子材料有限责任公司
2011TJG01002	医用低间隙多元钛镍形状记忆合金棒丝材	西安赛特金属材料开发有限公司
2011TJG01003	大功率 LED 照明灯 DD4-LED150	西安立明电子科技有限责任公司
2011TJG10002	新型节能真空炉用碳纤维硬质复合保温隔热材料 GHS-PCF-Y312	甘肃郝氏炭纤维有限公司
2011TJG10015	四氧化三钴制备新工艺及产业化	兰州金川新材料科技股份有限公司
2011TJG10017	高性能稀土发光材料前驱体钇铕氧化物	甘肃稀土新材料股份有限公司
2011TJG10026	高分子复合材料轨道绝缘夹板(ZPA/JTP10-P01)	嘉峪关市中铁实业有限公司
2011TJG30001	100 万千瓦核电机组外缸铸件	宁夏共享铸钢有限公司
2011TJG30004	铝电解用石墨化阴极炭块 SM	中电投宁夏能源铝业青鑫炭素有限公司
2011TJG30006	电容器级 80000μFV/g 一氧化铌粉	宁夏东方钽业股份有限公司
2011TJG40001	节能耐压型瓶用 PET 树脂	新疆蓝山屯河聚酯有限公司
2011TJ467008	水介质分散型聚丙烯酰胺产品产业化	重庆远达水务有限公司
2011TJ467015	环保型纳米球型化磷酸铁锂新材料(N 型—新能源汽车专用,W 型—储能电站专	深圳市科拓新能源材料有限公司
2011TJ606005	FPE350C 型太阳能电池背板	中国乐凯胶片集团公司
2011TJ610001	新型高容量 LiMn1/2Co1/4Ni1/4O2	湖南有色金属研究院
2011TJ610005	高效、节能气态悬浮焙烧炉暨"洛华"LH-1500 系列不定形耐火材料	洛阳市洛华粉体工程特种耐火材料有限公司

2010 年度科技型中小企业技术创新基金若干重点项目指南

前　言

科技型中小企业技术创新基金(以下简称创新基金)是 1999 年经国务院批准,专门用于扶持和引导科技型中小企业技术创新活动的政府专项资金。创新基金在促进中小企业技术创新,优化科技型中小企业创新创业环境,引导地方与社会资金等方面取得了显著的成绩。

为了充分体现政府资金的宏观政策导向,明确创新基金年度优先支持的技术领域及方向,根据国务院办公厅转发的《科技部、财政部关于科技型中小企业技术创新基金的暂行规定》,结合国家经济社会发展需求、科技发展趋势和我国科技型中小企业的特点,科技部组织专家修订编制了《2010 年度科技型中小企业技术创新基金若干重点项目指南》(以下简称《指南》)。

2010 年《指南》根据党中央、国务院促进经济持续平稳较快发展的要求,以科学发展观为指导,以增强自主创新能力为核心,坚持"自主创新、重点跨越、支撑发展、引领未来"的方针,充分体现科技部为调整经济结构和转变发展方式提供科技支撑的工作目标,发挥创新基金的引导作用,加强对新能源开发、资源综合利用、环境保护、卫生健康、公共安全等领域关键技术创新的支持；配合重大科技专项、“863”计划的实施，加快推进科技创新成果的市场转化；加大对以创业促就业，尤其是毕业大学生、研究生（包括海外留学生）在大学科技园、创业中心等创业服务机构的创新项目的支持，帮助初创科技型中小企业渡过发展困难期；完善为科技型中小企业创新活动服务的公共技术服务平台的建设，营造良好的企业发展环境，引导科技型中小企业向专、新、特、精方向发展；积极推进和完善创业投资引导基金的风险补助、投资保障和阶段参股试点项目，扶持和壮大一批具有创新能力和自主知识产权的科技型中小企业。

2010年创新基金优先支持战略性新兴产业、十大重点振兴产业和改善民生的关键技术及创新产品；鼓励科技型中小企业积极探索新兴技术，为产业发展提供先进技术支持和配套服务。

2010年《指南》进一步细化了对不同阶段项目申报、验收的技术成熟程度和相关特殊要求的说明；围绕培育战略性新兴产业和支持十大重点振兴产业，增加了若干优先支持的内容；根据区域协调发展的要求，增加了适用于西部欠发达地区的支持方向；删减了基金多次支持和已较成熟的产品；进一步明确了不支持的范围。

使用说明

创新基金主要通过无偿资助、贷款贴息和资本金注入等方式，对创业初期、商业性资金进入尚不具备条件、最需要由政府支持的各种所有制类型的科技型中小企业的技术创新项目或为中小企业技术创新活动服务的公共服务平台给予资金支持，促进高新技术成果转化，加快高新技术产业化进程，培育具有成长性好、创新能力强、管理规范、能参与国际竞争的科技型中小企业群体，引导地方政府、企业、创业投资机构和金融机构对科技型中小企业的投入，鼓励和帮助中小企业走技术创业之路，顺利进入成长期。

《指南》的编制充分体现政府资金的宏观政策导向，结合国家经济社会发展需求、科技发展趋势和我国科技型中小企业的特点，明确创新基金年度优先支持的技术领域及方向，引导科技型中小企业和公共服务机构申请创新基金的支持。

《指南》作为创新基金申报和立项审查环节中的一个重要文件，进一步明确了创新基金支持的范围和主要着力点，是企业准备申报材料的重要依据，是创新基金各级管理单位组织项目申报的重要依据，是创新基金项目专家评审的重要依据。

《指南》共分为三部分，即：使用说明、政策与目标、优先支持的技术领域。在政策与目标部分，介绍了创新基金宗旨、创新基金运行机制、创新基金立项审查机制、本年度创新基金支持的重点和各类项目专家评审的重点。

《指南》中优先支持的技术领域部分，根据高新技术产业相关的主要技术领域，按照技术领域、子领域、方向三级分类编排，介绍了2010年度创新基金支持的范围。在技术领域和子领域中，分别介绍了本技术领域（子领域）目前的发展现状及趋势、企业申请时的注意事项等。在方向层面上，具体描述了各方向所支持的核心技术、项目阶段界定、本年度不支持的产品以及申报材料的特殊要求等。

申请创新基金的企业在使用《指南》时必须注意：

1. 必须按照企业所掌握的自主核心技术和产品应用范围，按照《指南》中优先支持的技术领域选择一个方向申请创新基金，并按照相应的申报要求准备材料。没有明确列入《指南》的项目，如果申报项目技术含量高、创新性强、产品市场前景好，而且申报企业具备较强的开发能力，也可以提出申请，并按最相近的技术方向准备申报材料。

2. 《指南》中，在技术领域或子领域层面上某些行业或产业会有交叉，如通信、电力、医药等，企业应按照申请项目的技术创新点，参照《指南》各领域的说明，选择相应技术领域或子领域。

3. 申请企业准备申请材料时，需特别注意在技术领域、子领域、方向三个层面上对企业能力、项目所处阶段、项目所应具备的条件、申请资助的方式、以及应提供的相关附件材料（如：专利证书、许可证、批文、查新报告、检测报告、用户报告等）有关方面的要求。申请企业必须按照要求进行准备，并提供相应的附件材料。若材料不完备，请企业暂时不要申请。

4. 凡属于在《指南》的技术领域、或子领域、或方向中指出的不支持的项目，及其他不符合产业政策、技术已经比较成熟或市场竞争激烈而无明显竞争优势的项目，请企业不要申请。

政策与目标

创新基金作为目前以科技型中小企业为政策着力点的中央政府财政专项资金，肩负着支持科技型中小企业技术创新活动、提高企业技术创新能力和培育科技型中小企业成长的重要使命。

一、创新基金的宗旨

首先是支持技术创新。创新基金支持的项目应拥有自主知识产权，并要求在技术、工艺或产品性能上有较大的创新或有实质性的改进，技术水平至少达到国内或国际先进水平。

其次是鼓励技术创业，培养技术创业企业家。创新基金重点支持初创期的科技型中小企业，优先支持由高素质的科技人员和留学归国人员创办、领办的企业，使其能够在创新基金的帮助下，利用其拥有或掌握的具有自主知识产权的先进技术和高水平的技术成果进行创业。通过创新基金的支持，提高初创企业抵御早期风险的能力，帮助企业渡过发展的困难时期。

第三是促进产业发展。鼓励和扶持中小企业按照产业链专业化分工和规模化生产的要求，形成功能部件研发和配套生产，推动区域经济快速发展。

第四是引导社会资金，加速科技成果转化。创新基金的建立，一方面通过直接资助缓解科技型中小企业创新资金的不足，另一方面是通过引导和示范，吸引和带动各级政府、金融机构加强对科技型中小企业创新活动的关注和支持，带动符合市场经济规律、服务于科技型中小企业技术创新的投融资体系的建立,缓解科技型中小企业融资困难的状况。

二、创新基金的运行机制

创新基金的管理采取政府部门决策和监督、专家咨询和指导、基金管理机构组织和实施的“三位一体”的管理模式,即科技部、财政部作为政府机构负责制定创新基金运作规则,决定创新基金的总体工作目标和《指南》,并对运作情况实施监督和指导,同时具有对创新基金项目的最终立项审批权;专家咨询委员会作为创新基金咨询机构,负责审议确定创新基金年度支持重点领域,并对创新基金的管理提供指导和咨询意见;创新基金管理中心作为创新基金的办事机构,负责创新基金的日常管理与创新基金项目的组织实施工作,从而实现了政府决策与专家咨询紧密结合、决策监督与管理实施相对分离,各尽其责、互相制约、互相监督的管理特点和运行机制。

三、创新基金的立项审查机制

创新基金项目评审采取专家与企业“背靠背”的评审方式和竞争择优的评审制度。专家由技术专家、行业管理专家、投资专家、财务专家、企业家等构成。创新基金管理中心专门建立了专家库,严格遵循德才兼备的专家选取原则,并对入库专家实行动态管理和严格的考评制度。创新基金管理中心组织的立项审查过程规范,设有互相监督机制。

创新基金项目评审内容既包括对项目技术水平的审查,也包括对企业综合实力的审查。评审专家按照企业发展能力、项目技术创新性、项目产品市场、商业模式、企业财务状况、投资预算的合理性和自筹资金的可行性等多个方面的评价指标,审阅企业的申报材料。

四、创新基金本年度支持重点

创新基金要继续坚持以市场为导向、支持创新、鼓励创业、重点突出、管理规范、竞争择优的原则,加大对科技型中小企业的支持力度,为夺取应对国际金融危机冲击的全面胜利、加快转变经济发展方式作贡献。2010 年创新基金支持的重点是创新性强、技术含量高、市场前景好、具有自主知识产权的项目;围绕战略性新兴产业,具有资源消耗低、带动作用大、就业机会多、综合效益好的关键技术、关键创新产品项目;围绕十大重点振兴产业,为技术改造、产业升级、提高产业发展质量和效益提供先进技术支持和配套服务的创新项目;以创业促就业,尤其是毕业大学生、研究生(包括海外留学生)在大学科技园、创业中心等创业服务机构内的创新项目;人才密集、技术关联性强、附加值高并已直接服务于社会经济发展的高技术服务业项目;为科技型中小企业创新活动服务的公共技术服务平台项目;创业投资引导基金风险补助、投资保障、阶段参股试点项目;具有一定技术含量,在国际市场上有较强竞争力,以产品出口为导向的项目;重大科技专项相关成果的市场转化项目;符合区域经济协调发展的要求,结合西部欠发达地区产业发展特点和资源优势,适合于西部欠发达地区的创新项目。

五、创新基金各类项目审查重点

针对科技型中小企业创新活动的特点和创新基金的支持政策,创新基金采取不同的项目类型给予资助。各类项目的审查侧重点是:

创新项目:重点支持科技型中小企业在新产品的研发初期、研发中期以及对于市场急需的、有较好创新性的产品中试阶段的技术创新活动。技术创新性包括新技术的发明、一项成熟技术的新应用、多项技术的集成应用。对于研发初期的项目,立项审查关注的重点是技术创新性、企业领导者素质和创业团队状况。对于研发中期的项目,立项审查关注的重点是项目产品的技术创新性、项目产品市场、项目承担企业的创新能力和基础条件。对于高技术服务业项目,支持的目的是通过资助服务中的技术创新活动,提升企业核心服务业务水平和企业的综合竞争能力,促进高技术服务业企业的快速成长,立项关注的重点是服务的技术含量和商业模式创新。

中小企业公共技术服务机构补贴资金项目:重点支持为中小企业提供创新资源共享服务,为技术创业提供孵化服务,为中小企业技术转移提供服务等服务业务。支持的机构需具有开放的服务模式、明确的服务对象群体、较好的服务基础和服务能力。中小企业公共技术服务机构补贴资金项目设立的目的是通过资助,引导和鼓励更多非营利性和公益型机构开展面向中小企业群体的技术服务,并使其形成一个群体,更加有效地发挥中央财政的政策引导作用。中小企业公共技术服务机构补贴资金项目立项审查关注的重点是服务内容的市场需求、服务能力和服务绩效。

创业投资引导基金项目:重点向有科技型中小企业投资行为的创业投资机构及被投资的中小企业进行投资或补贴,鼓励创业投资机构投资科技型中小企业(详细内容见有关文件)。

创新基金不支持军用产品开发项目,也不涉及农业类项目,农业类项目均归入科技部农业科技成果转化资金支持。

优先支持的技术领域

一、电子信息

二、生物、医药

三、新材料

四、光机电一体化

五、资源与环境

六、新能源与高效节能

七、高技术服务业

三、新材料

材料是社会进步的物质基础和先导,对国民经济和国防建设起着关键的支撑作用。新材料是高技术领域的重要组成部分,与信息、生命、能源并称为现代文明和社会发展的四大支柱。加强新材料的开发,对推动高新技术产业发展、促进传统产业升级换代和增强综合国力,具有重要的意义。

本年度新材料领域坚持“有限目标,重点突出,支持创新,发展产业”的方向,重点支持新材料领域中自主创新、技术先进、环境友好、节能省材、市场前景好的项目。同时应与时俱进,积极开发具有前瞻性、原创性的高性能材料,提升材料产品档次,改造传统材料工业,促进我国制造业的快速发展,并满足相关产业高速发展的需要,提高我国新材料产业参与国际市场的竞争能力。

本年度将具有原创性发明,产业关联度大的新材料及产品列入重点项目,侧重支持有利于循环经济和可持续发展的资源节约、节能环保项目,促进轻工、纺织、有色金属和石油石化产业振兴项目,促进人才、技术向新兴产业集聚的项目,有利于形成产品链的项目(技术服务)与产品等。

申请本年度新材料领域的项目,除应符合创新基金申报有关规定外,还须注意以下几点要求:

1. 研发中期项目技术成熟程度应为已完成小试,处于或已完成中试;提交近期按照项目产品名称和技术创新点进行检索的查新报告,报告须由省级或省级以上有资质的科技查新部门出具;自有或授权使用知识产权证明:专利申请被受理的须附受理通知书、专利说明书、摘要附图、权利要求书,已公开或授权的专利须附专利(公开)说明书;技术创新应通过产品方式体现,产品须提供经国家或行业产品权威检测部门对样品的测试、检测报告;产品须有明确的可实现工业化的应用对象,并提供用户试用报告,包括产品性能或使用情况的对比数据和评价意见;涉及对环境有影响的项目,企业须提交地市级以上地方环保部门的批准文件或环评报告;特殊行业产品须提供符合该行业管理规定的相关证明材料(产品认证、市场准入证明、安全检测报告等);

2. 研发初期项目的技术成熟程度应为已完成研发,处于小试阶段;提交近期按照项目产品名称和技术创新点进行检索的查新报告,报告须由省级或省级以上有资质的科技查新部门出具;提交自有或授权使用知识产权证明:产品技术的成果鉴定或评议材料,或专利授权证书和专利公开说明书,或专利受理通知书、专利说明书、摘要附图、权利要求书等;已经在实验室或小试验阶段研制出的新材料,须提供国家或行业产品权威检测部门对样品的测试、检测报告或产品认证;涉及对环境有影响的项目,需提供环保解决方案;技术创新应通过产品方式体现,须有明确的可实现工业化的应用对象;特殊行业产品须提供符合该行业管理规定的相关证明材料;

3. 本年度不支持以资源消耗为代价的初级产品生产和粗加工项目;不支持简单借用纳米概念、不具有明显纳米材料尺寸效应的项目;不支持仅以开发技术为考核指标、无产品销售额的材料制备、加工和成形项目;暂不支持火工品(其他不支持项目详见相关章节)。

本年度重点支持新材料领域中下列五个方面的技术和产品:1、金属材料;2、无机非金属材料;3、高分子材料;4、生物医用材料;5、精细化学品。

(一)金属材料

金属材料是国民经济发展的重要基础材料,在传统材料产业中占有重要的位置。发展具有特殊性能的新型金属材料、环保型金属材料和金属基复合材料,是现代电子信息、生物医用、航空航天、交通运输、新能源等高技术领域的重要基础。发展具有自主知识产权的短流程、高效、清洁的金属材料先进制备、成形与加工技术,是实现高性能、低成本、节能减排、规模化制造的重要途径。

金属材料包括金属结构材料和金属功能材料。金属结构材料主要是指具有高强、高韧、耐高温、耐腐蚀、耐磨损或结构功能一体化的新材料。它不仅对冶金、石化、能源动力、机械制造、交通运输等支柱产业的发展和航空航天等国防尖端起着关键性的作用,而且还可影响和带动一大批基础材料和传统产业的升级改造。金属功能材料是指在电、磁、光、声、热等方面具有特殊性质、表现出特殊功能的新型材料,是信息、生物、能源等高技术领域和国防建设的重要基础材料,特种功能材料种类繁多,用途广泛,有着十分广阔的市场前景,对我国高技术产业获得突破性和跨越性的发展具有重要的推动作用。

本年度重点支持应用于轻工、石化、纺织等行业的高性能金属材料;铝、镁、钛轻合金的深加工制品;具有高强、高韧、耐蚀、耐热、耐磨损的钢铁及其他金属材料;特殊性能合金以及粉末冶金新材料;低成本、高性能金属复合材料以及金属材料先进制备、加工和成形。具体的方向如下:

1、交通工具轻量化用铝、镁、钛轻合金材料制品及深加工产品

铝、镁、钛等轻合金,材料因其具有比重小、比强度和比刚度高、是理想的轻合金材料。同时,具有易于加工成形、废料易回收、资源丰富等特点,在国民经济和国防建设中有着十分广泛的应用。我国虽然资源丰富,但目前我国深加工技术仍然处于比较落后状态,产品竞争能力亟待提高。本年度重点支持和优先支持针对汽车、铁道列车、城市地铁和轻轨列车等交通运输车辆的轻量化,开发轻质材料制备和生产新技术、相关产品和应用。

(1) 高强高韧铝合金、耐热铝合金、高耐磨低成本过共晶铝硅变形合金材料;高性能铝合金精密压铸件、铝合金大型型材和异型材、高性能铝合金自动焊焊接材料;

(2) 高纯金属镁、高强耐热镁合金、特殊性能稀土镁合金材料;镁合金精密压铸件、镁合金大型型材、镁合金板材、高性能镁合金自动焊焊接材料等产品;

(3) 低成本、高性能钛及钛合金材料及其应用产品,钛及钛合金焊接管。

本年度不支持高污染高能耗皮江法生产金属镁及镁合金、常规铝合金、仿不锈钢铝建材和一般民用铝制品。

2、应用于轻工、石化、纺织等行业的高性能金属材料

该类产品市场具有量大面广的显著特点,能够低成本、规模化制造和应用是项目的基本要求。本年度重点支持:

(1) 高强度、高韧性、长寿命的金属材料及其成套制备加工;

(2) 具有优良耐蚀性能的金属材料;

(3) 耐热金属材料;

(4) 新型高抗磨金属材料。

3、特殊性能合金及粉末冶金新材料

市场急需或已成为下游关键行业发展瓶颈的特种钢材、

高温合金、精密合金、以及具有显著节材和一步近终成形优势的粉末冶金工艺材料与制品,具有量大面广的显著特点。鼓励采用节能降耗、环保的绿色制造技术,实现低成本、可规模化制造和应用,注重"多品种、小批量、高质量"的专业化生产。本年度重点支持:

(1) 满足国家相关行业发展所需的高强度、高韧性、高导性、耐腐蚀、高抗磨、耐高(低)温等特殊钢材料、高温合金材料、工模具材料、铜合金等有色金属材料、高性能有色金属预合金粉和粉末制品以及自动焊焊接材料;

(2) 高性能、特殊用途钨、钼深加工材料及应用产品,超细晶粒(纳米晶)硬质合金材料及高端硬质合金刀具等制品。

本年度不支持高能耗、高污染的"地条钢"和一般建筑用钢、常规铸造、常规机加工项目,超细钨粉及碳化钨粉,传统工艺生产常规粉末冶金材料及制品。

4、低成本、高性能金属复合材料

金属复合材料具有功能多样,节约材料,应用广泛,市场容量大的特点。其优异的性能和较低的制造成本,显著提高了传统金属材料的发展潜力和竞争力。本年度重点支持:

(1) 在耐高压、耐磨损、抗腐蚀、改善导电、导热性等方面具有明显优势的金属与多种材料复合的新型材料及结构件制品;

(2) 低密度、高强度、高弹性模量、耐疲劳的颗粒增强铝基、镁基复合材料及低成本高性能的增强剂。

本年度不支持铝塑复合管材、钢(铝)塑门窗等一般民用产品。

5、电子元器件用金属功能材料

我国信息和电力电子器件基础材料产业已形成一个门类比较齐全,规模较大的行业。但在先进的框架基体、封装、集成电路引线与焊接、光与磁信息存储、发光显示、传感等器件方面的基础材料仍大部分需要从国外进口。为使元器件产品升级换代,提高整机的本地化率和国际市场的竞争力,需要大力发展片式化、微小型化和多功能化的新型元器件相关基础材料。本年度重点支持:

(1) 高档电解电容器用高压、超高比容(μfv/g)钽粉;

(2) 特种导电和焊接用集成电路引线及引线框架材料、电子级无铅焊料、焊球、焊粉、焊膏、贱金属专用电子浆料和异形接触点材料和大功率无银触头材料;

(3) 高磁能积、高内禀矫顽力高性能铁氧体永磁材料和高导磁、低功耗、抗电磁干扰的软磁体材料(高于OP8F、CL11F、PW40牌号性能),片式电感器用高磁导率、低温烧结铁氧体(NiCuZn)、低温烧结甚高频六角软磁体;

(4) 高性能屏蔽材料;

(5) 高导热、低膨胀封装材料;

(6) 锂离子电池负极载体和覆铜板用的高均匀性超薄铜薄箔;

(7) 规模化生产的电真空用无夹杂、无气孔不锈钢及无氧铜材料。

本年度不支持常规电力电工用金属电线、电缆及漆包线材料,贵金属浆料及电容器用铌粉。

6、特种钢铁材料

钢铁行业加快技术改造需要加大研发投入,调整钢材品种结构,提高实物产品质量,增加产品的附加值,开发满足国民经济重点行业和新兴产业发展急需的钢铁重点新产品。本年度重点支持:

(1) 新兴的太阳能、海浪、潮汐和废物发电用钢。超临界、超超临界电站锅炉不锈耐热钢无缝钢管。核电蒸汽发生器不锈钢管、控制棒驱动机构用含Cr马氏体不锈钢无缝管、核岛反应堆不锈钢管板,核级奥氏体不锈钢无缝钢管;

(2) 船用高屈服强度、易焊接船舶用厚板及液化天然气储运耐低温钢板及焊接材料;

(3) 矿山和建筑机械设备用特种钢;

(4) 汽车轻量化高强度薄钢板及镀锌板、高加工性冷轧高强度汽车防撞构件等钢板;

(5) 满足电力等行业变压器用取向硅钢电工钢和短流程非晶态合金;

本年度不支持常规工民建筑和公路建设等用普通钢结构制品,不支持普通焊接钢管、一般复合钢管、冷弯型钢、绞线机和常规钢丝绳等产品。不支持常规家电用普通窄带钢板。

7、特殊功能有色金属材料及应用制品

随着技术发展的不断深入,人类生活水平的不断提高,专业化、精细化、功能化已成为引领产业发展,推动社会进步的重要动力之一,新材料技术正朝着微型化、智能化方向发展。本年度重点支持:

(1) 形状记忆合金、铜合金材及制品;

(2) 高电位、高电容量镁牺牲阳极;

(3) 高性能新型释汞、吸汞、吸气材料。

8、高性能稀土功能材料及其应用

稀土在冶金、玻璃与特种陶瓷、石油化工、农业、电子信息、绿色能源和环境保护等领域有着广泛的应用。高性能稀土永磁材料、催化材料、储氢材料、发光显示材料、超磁致伸缩材料、高温超导材料等产品有着广泛的市场前景。开发具有我国自主知识产权的稀土功能材料和工艺制备技术,使我国的稀土资源优势转化为产业优势和经济优势。本年度重点支持:

(1) 采用自主知识产权的新工艺技术,生产高性能烧结钕铁硼永磁材料和各向异性粘结钕铁硼永磁材料及新型稀土永磁材料(原则上承担企业要已获得一定数量的贷款);

(2) 新型高性能稀土发光显示材料,PDP显示器用低压(电压几百伏)荧光粉和绿色节能电光源材料及应用制品,高亮度、长余辉红色稀土贮光荧光粉;

(3) 大尺寸稀土超磁致伸缩材料及应用产品;

(4) 应用于燃气、石化和环保领域的新型高效稀土催化剂和满足欧Ⅳ标准的稀土汽车尾气催化剂;

(5) 用于集成电路、平面显示、光学玻璃的高纯、超细稀土抛光材料;

(6) 具有我国自主知识产权的稀土功能材料和工艺制备技术。

本年度不支持性能为N45以下和磁能积加内禀矫顽力

之和小于60的常规烧结NdFeB永磁体项目。不支持节能灯用三基色荧光粉、绿黄色长余辉稀土发光粉和普通CRT荧光粉。

9、半导体材料

半导体材料是支撑电子信息产业发展的重要基础材料之一，随着我国产业结构调整、升级，市场对半导体材料的需求越来越大，所以发展具有自主知识产权的半导体产品，对于推动国民经济发展具有重要的现实意义。本年度重点支持：

（1）太阳能电池用大直径（8英寸）、超薄硅单晶片和外延材料；

（2）低成本、低能耗多晶硅材料及产品；

（3）红外光学锗单晶材料；

（4）宽带隙半导体（氮化镓、碳化硅、氧化锌等）单晶和外延材料。

10、有色金属材料先进制备、加工和成形

先进制备、加工和成形技术是获得高质量的材料和产品，并能够批量、稳定和高效生产的保障。新一代冶金材料及制品以高纯净度、高均质、超细组织、高外观质量和近终成形一体化制造为主要特征。需要采用先进的加工和成形技术才能制造出高性能、多功能、高精、超宽、超长、薄壁、特细的新型材料和产品，同时可大幅度节能降耗和节约原材料。本年度重点支持铝、镁、铜合金高性能制品的熔炼、铸造与成形一体化制备技术，铝、镁合金的半固态成形技术，高性能镁合金板坯的连续铸轧技术及装备，复杂截面铜合金、镁合金型材的连续挤压技术及模具设计，连续铸造-连续挤压（轧制）生产铜合金异形带技术。本年度重点支持：

（1）超细和纳米晶粒组织的快速凝固制造技术及大形变加工技术；

（2）高速、高精、超宽、薄壁连铸连轧和高度自动化生产板、带、箔制造；

（3）铝、镁、铜合金高性能制品的半固态成形和近终成形；

（4）超细、高纯、低氧含量、无（少）夹杂合金粉末的制备，以及实现致密化、组织均匀化、结构功能一体化或梯度化的粉末冶金成型与烧结（包括机械合金化粉末，快速凝固非晶纳米晶粉末，高压水及限制式惰性气体雾化粉末，射流断裂金属精密微珠；温压成形、注射成形、喷射成形、热等静压成形、高速压制等成形；压力烧结、微波、激光、放电、等离子等快速致密化烧结技术及低温烧结）。

（5）搅拌摩擦焊接；

（6）各种先进的高效、低成本的物理和化学表面改性技术设备。

本年度不支持常规铸造、常规机加工项目，电弧喷涂、镀锌磷化、电镀硬铬（铜）、火焰喷涂、喷焊、渗氮渗碳等中低档表面工程技术用以修复部件的项目。

（二）无机非金属材料

无机非金属材料包括陶瓷、晶体、玻璃、水泥、耐火材料等。随着科学技术进步，又出现了许多具有优异性能的新型无机非金属材料。新型无机非金属材料是指经过微观结构设计，精确的化学计量和先进制备技术而达到不含有害元素且具有特定性能的材料，主要分为结构材料和功能材料两大类。结构材料具有良好的机械功能、热功能和部分化学功能，为无机非金属结构用材料，组分包括氧化物和非氧化物，结构包括多晶、单晶、玻璃、复合材料、薄膜及涂层。无机非金属功能材料是指具有电导性、半导体性、光电性、压电性、铁电性、化学吸附性、吸气性、耐辐射性等许多功能的一类材料。这类材料品种多，具有技术含量高、产品更新换代快、附加值高的特点。

本年度不支持一般的耐火及保温材料、水泥、混凝土助剂、普通建筑玻璃、日用和工业用器皿管棒玻璃、日用陶瓷、卫生陶瓷和建筑陶瓷，不支持仅具有填料功能的常规无机粉体加工，本年度不支持建材。

本年度重点支持的技术创新项目如下：

1、高性能结构陶瓷

鼓励开发具有较大市场容量、产业化技术较成熟和经济效益好的无机非金属结构陶瓷材料。高性能结构陶瓷具有比强度高、耐高温、耐磨损、耐腐蚀等优越性能。由于近年来的技术进步，结构陶瓷的性能提高，使其对传统金属材料的优势日益显示出来，国际上使用结构陶瓷部件已经形成很大的市场。本年度重点支持：

（1）航空、汽车、火车等交通车辆用的陶瓷零部件；

（2）轻工、纺织机械用高性能陶瓷结构件；

（3）现代工业用耐高温、耐磨损、耐腐蚀和特殊用途的高性能陶瓷结构件；

（4）高透光新型透明陶瓷；

（5）结构功能一体化高性能多孔陶瓷材料及制品。

2、高性能功能陶瓷

功能陶瓷主要包括微电子、光电子和真空电子器件用功能陶瓷，机电一体化用传感器和微动作执行机构用敏感功能陶瓷，光通讯和传输用光功能陶瓷等。这些领域都是世界技术和经济发展的热点，也是我国“十一五”的发展重点，用途非常广泛。近年来我国在这些方面已取得很大进步，但在产品种类、性能、质量、稳定性和一致性方面与国外相比仍有较大差距。本年度重点支持：

（1）大规模集成电路封装、基板、贴片专用高性能电子陶瓷材料及制品；

（2）微电子和真空电子用新型高频高导热绝缘陶瓷材料及制品；

（3）新型微波和毫米波器件和电容器用介电陶瓷和铁电陶瓷材料及制品；

（4）传感器和执行器用各类敏感功能陶瓷材料及制品；

（5）激光元件（激光调制、激光窗口等）用功能陶瓷材料；

（6）新型光传输、光转换、光放大、光开关、光存储、光电耦合等用途的光功能陶瓷、薄膜及制品。

3、人工晶体

人工晶体具有各种独特的物理性能，能实现光、电、声、热、力等不同能量形式的相互作用和转化，是光电子、微电子、信息和通讯等高新技术产业发展的重要基础材料。我国在人工晶体部分领域的研究已经达到了国际先进水平,但在高品质人工晶体的工程化、产业化技术水平等方面与国外相比还有较大差距。本年度重点支持:

(1) 新型非线性光学晶体、激光晶体材料及制品;

(2) 高机电耦合系数、高稳定性铁电、压电晶体材料及制品;

(3) 深紫外光学晶体材料及制品;

(4) 特殊应用的光学晶体材料;

(5) 低成本高性能的类金刚石膜和金刚石膜制品;

(6) 衰减时间短、能量分辨率高、光产额高的新型闪烁晶体材料及制品。

本年度不支持钽酸锂、蓝宝石和石英晶体,不支持常规的钽酸锂和铌酸锂晶体生长,以及六面顶金刚石和两面顶金刚石的合成。

4、功能玻璃

功能玻璃是指采用精制、高纯或新型原料,并采用新工艺技术制成的具有特殊性能和功能的玻璃或无机非晶态材料,是高技术领域特别是光电技术不可缺少的基础材料。本年度重点支持:

(1) 光传输或成像用玻璃;

(2) 光电、压电、激光、电磁、耐辐射、闪烁体等功能玻璃;

(3) 新型高强度玻璃;

(4) 生物体和固定酶生物化学功能玻璃;

(5) 新型玻璃滤光片。

5、超细、纳米粉体制备、成型及加工

近几年金属和无机非金属粉体朝高纯、超细方向发展,粉末材料成型加工技术制备材料朝致密化、微晶化、组织均一、或结构功能一体化和梯度化方向发展,开发出许多先进技术和性能优异、品种繁多的产品。目前,我国在超细粉体(纳米)材料的制备、成型及加工技术方面与国外尚有相当差距。本年度重点支持:

(1) 高质量的结构陶瓷与功能陶瓷用陶瓷原料;

(2) 低成本、节能和无污染制备高纯超细粉、纳米粉体和多功能复合粉体;

(3) 低排放、气电连熔高纯熔融石英材料;

(4) 组织均一、或结构功能一体化、或梯度化的先进粉体成型;

(5) 粉末材料的节能快速致密烧结及低温烧结;

(6) 能够有效利用当地资源的矿物粉体深加工(仅限于西部欠发达地区申报)。

(三) 高分子材料

高分子材料是新材料领域的重要组成部分,由于其具有优良的物理、化学性能和优异的加工特性,被广泛应用于信息产业、航空航天、生物医药、交通运输、机械仪表、建筑和能源等国民经济重要领域。随着新型高分子合成、改性与加工等高技术的发展,高性能高分子材料迅速崛起,新产品、新技术不断涌现。新型高分子材料的开发和广泛应用,对于推动传统产业的升级换代、新兴产业的发展壮大会起到积极的作用,必将对推动我国国民经济的发展发挥重要的作用。

本年度重点支持的方向如下:

1、高性能高分子结构材料

高性能高分子结构材料具有机械性能好、比强度高、耐热性好、耐腐蚀、耐磨损和易加工等特点,在各行业应用广泛,对国民经济的发展和国家安全具有重要意义。本年度重点支持:

(1) 具有高强、耐高温、耐磨、高韧的高分子结构材料和复合材料;

(2) 低成本化的特种工程塑料;

(3) 具有特殊功能、特殊用途的高附加值热塑性树脂。

2、新型高分子功能材料

高分子功能材料由于其特有的功能性和专用性,在生态环境保护、信息功能化、生物医用器材、物质分离膜、能量转换和储能技术等工业领域有着极为广泛的应用。本年度重点支持:

(1) 先进功能膜材料及支撑材料;

(2) 光电信息高分子材料;

(3) 液晶高分子材料;

(4) 形状记忆高分子材料;

(5) 高分子相变材料;

(6) 具有特殊功能性、高附加值的高分子材料。

3、高分子材料的低成本化和高性能化

通用塑料的高性能化和工程塑料的低成本化,仍然是当前高分子材料领域研究、开发的重点之一,同时也是扩大通用塑料和工程塑料应用范围的一个重要措施。鼓励开发产业化制备技术和工业化应用技术。本年度重点支持:

(1) 通过化学改性和/或物理改性(含纳米技术改性),性能显著提高或获得特殊性能的高分子及其复合材料;

(2) 高刚性、高韧性、高电性能、高耐热或导热性聚合物合金与改性材料;

(3) 新型高性能热塑性弹性体;

(4) 具有特殊用途、高附加值的新型改性高分子材料。

本年度不支持:普通塑料的一般改性专用料;普通电线、电缆专用料;流延、吹塑、拉伸法生产的通用薄膜;普通管材、管件及异型材(如普通塑钢窗);以聚乙烯、聚丙烯为基材的部分降解材料;普通的 PS 和 PU 泡沫塑料等。

4、新型橡胶材料

新型橡胶作为三大合成材料之一,在国防工业、航空航天和交通运输等方面具有广泛的应用。为满足现代汽车工业高速、耐热、减震、密封、耐老化、耐介质、耐脉冲性的要求,优化橡胶工业产品结构,采用高性能材料,可以有效缓解资源不足和环境污染的压力。本年度重点支持:

(1) 特种合成橡胶;

(2) 新型橡胶功能材料及产品;

(3) 为高速安全交通配套的橡胶轮胎和制品。

(4)废旧橡胶的资源化利用。

本年度不支持普通橡胶制品项目。

5、新型纤维材料

纤维是高分子材料的重要组成部分,广泛应用于纺织、信息、航空、汽车、环保、卫生、建筑等领域。我国纤维、纺织品及服装的产量均居世界第一，但产品性能档次低、附加值低，常规产品产能过剩，高档产品需进口，技术进步和产品创新仍以跟踪国外为主。新型纤维品种及其成纤高分子新品种的开发及产业化是纺织新产品创新的源头，因此必须加大技术含量高、市场前景好的新技术和新品种开发力度，加快产业化进程，推进全行业产品的升级换代，重视环境友好和清洁生产，重点支持我国自主知识产权的技术，同时支持有较高技术含量的集成创新。本年度重点支持：

（1）新型成纤聚合物开发，及应用新型成纤聚合物制备的具有特殊性能或功能的纤维；

（2）高性能纤维及其原料、半成品；

（3）环境友好及可生物降解型纤维；

（4）在确保环境保护的前提下，申报差别化纤维开发及应用项目（仅限于西部欠发达地区申报）。

本年度不支持服装面料、衬布、纱线、常规或性能仅略有改善的纤维（如：有色、异形、细旦、功能粉体添加、简单的化学改性、常规的共混等）及服装项目；不支持常规的非织造布、涂层布或层压纺织品、一般功能性纤维材料产品项目。

6、生态和环境友好高分子材料

随着高分子材料的迅速发展，传统高分子材料在使用过程及废弃后对环境的危害逐渐显现，白色污染已经引起了社会的关注。发展生态和环境友好高分子材料是高分子材料新的方向之一。本年度重点支持：

（1）以生物质来源的高分子材料及制品；

（2）全生物降解塑料及其制品。

本年度不支持：淀粉填充的不完全降解塑料及其制品、单纯填充的材料、废旧高分子直接回用、单纯降解塑料制品常规制备项目。

7、高分子材料的加工应用技术

现代科技进步迫切需要成型加工具有优异性能和特定形态的高分子材料及制品，成型加工工艺及设备也正在向高效、节能、省料、优质方向发展。通过某些物理化学和机械手段将各种形态的聚合物成型为不同用途的制品；通过对高分子材料制品表面进行改性，可制备出具有导电、磁性、压电、屏蔽、耐蚀、耐磨等单功能或多功能应用产品。本年度重点支持：

（1）具有微孔结构的复合注射成型；

（2）高比强度、大型复杂热塑性制品成型；

（3）模内优质修饰注塑成形；

（4）先进的高分子材料制品的表面改性与应用；

（5）CAD 及气辅 CAE 辅助等高分子加工新工艺；

（6）具有显著节能减排效果的新工艺技术。

（四）生物医用材料

生物医用材料是一类具有特殊性能，用于疾病诊断、治疗、康复和预防，以及替换人体组织、器官或增进其功能的材料。当代生物医用材料的发展不仅强调材料自身理化性能和生物安全性、可靠性的改善，而且更强调赋予其生物结构和生物功能，以使其在体内调动并发挥机体自我修复和完善的能力，重建或康复受损的人体组织或器官。这类材料在与人体组织、体液或血液接触和相互作用时，具有良好的生物相容性、生物功能性以及良好的可加工性，制成具有维护生命功能、修复、替换或补偿人体器官功能的产品，具有广阔的市场前景。目前我国多数生物医用材料及制品的质量稳定性和可靠性与国际先进水平差距很大，生物医用材料发展重点应集中在临床应用广泛、用量大的材料及其产品，通过高科技手段对材料进行改性、修饰，增强其安全性、有效性，生产出符合国家或行业标准的、能够普惠广大消费群体的生物医用材料及产品。

申报研发初期项目要求应有创新性并有文献查新证明；项目验收时，应研制出产品，并完成国家认可的检测中心出具的产品检测报告。

申报研发中期项目要求应有独立自主产权，应有实用新型专利或已申请发明专利；项目验收时，Ⅱ类医疗器械应获得产品注册证；并有一定销售额；Ⅲ类医疗器械应至少完成临床试验。

本年度重点支持的方向如下：

1、介入治疗器具材料

介入治疗是通过导管、器件等器械对人体局部病损进行微创诊断和治疗的方法，因其有效而创伤小已越来越广泛地在临床上应用。介入治疗器材的不断改进很大程度上取决于生物医用材料的发展，这类产品在我国目前仍主要依赖进口，价格昂贵。因此，要大力开发具有我国自主知识产权的介入治疗产品。本年度重点支持：

（1）减少血栓形成的冠脉支架；

（2）新型血管内支架；

（3）具有特殊功能的非血管管腔支架；

（4）介入导管，如 PTCA 导管（导丝）等；

（5）介入封堵器；

（6）介入血管栓塞剂；

（7）介入心脏瓣膜。

本年度不支持一般性能的支架和导管（包括导丝）。

2、心脑血管外科用新型生物材料及产品

应用理化改性、涂层或纳米技术研制的心脑血管外科用材料及产品具有比现有的产品更好的血液相容性，更好的组织相容性和良好的耐久性，明显降低血栓形成发生率，植入后的寿命较传统的同类产品有明显提高，是现有产品的换代产品。申请的项目应具有自主知识产权，较强的市场竞争能力，能形成规模化生产。本年度重点支持：

（1）新型材料制备的人工血管；

（2）生物复合型人工血管；

（3）新型人工心脏瓣膜或瓣膜成形环；

（4）颅骨修复材料；

（5）神经修复材料。

本年度不支持性能一般的单叶、双叶金属人工心脏瓣膜及传统生化改性技术处理的生物瓣膜或其他产品。

3、骨科内植物

骨科手术材料及使用器械有其独特的要求。近年来发展迅速，大量进口材料及器械靠坚实的研发基础和优良的质量占领了国内市场，但其价格昂贵，加之其设计源于西方人种的解剖特点，在中国人群使用还存在一定问题，尤其是无

法让中小城市及农村患者接受。因此,这方面的产品开发将带来良好的经济效益和社会效益。本年度重点支持:

(1) 可降解固定材料;

(2) 新型骨修复材料;

(3) 脊柱修复材料;

(4) 新型人工关节。

本年度不支持一般性人工关节和骨科内固定材料。

4、口腔材料

口腔材料是用于牙齿缺损、缺失或牙列的修复和替代,以及口腔保健和正畸。随着人们的生活水平提高和口腔医学的发展,临床上对高技术口腔材料产品的需求明显增加,需要大力发展被国外产品垄断市场的高技术、高附加值、临床应用量大面广的产品。本年度重点支持:

(1) 新型牙种植体;

(2) 高耐磨复合树脂充填材料;

(3) 非创伤性牙体修复材料(ART);

(4) 金属烤瓷制品;

(5) 硅橡胶类印模材料。

本年度不支持一般的复合树脂充填材料、种植体、银汞合金、藻酸盐印模材料。

5、组织工程用材料及产品

组织工程是指应用生命科学与工程的原理和方法,维护、增进人体细胞和组织的生长,以恢复受损组织或器官的功能,实现受损组织或器官的修复和再建,延长寿命和提高健康水平。组织工程产品开发将会形成很有发展潜力的高技术产业。组织工程支架材料是根据材料用于不同人体组织,并根据具体替代组织具备的功能所设计的。生物可降解材料作为体内植入材料,特别是组织工程技术中的支架材料,应用已经越来越广泛,随着其产品产业化实施及其下游产品的开发,将推进人体组织器官缺损修复治疗的发展。本年度重点支持:

(1) 组织器官缺损修复用可降解材料;

(2) 组织工程技术产品,如组织工程骨、皮肤等;

(3) 组织诱导性支架材料。

6、新型敷料及止血材料

敷料及止血材料是临床使用量大面广的生物医用材料产品,是我国出口医疗器械中的主要品种。为进一步提高这类品种的市场竞争力,应鼓励开发新的产品。本年度重点支持:

(1) 新型敷料及人工皮肤;

(2) 新型止血材料及粘合剂。

7、专用手术器械及材料

专用手术器械及材料是支撑外科手术成功的重要条件之一。目前我国手术器械生产相对落后,临床迫切需要具有国际同类产品水平、使用简便且安全有效、有较强市场竞争能力,并能形成规模生产的国产化专用外科手术器械及材料。本年度重点支持:

(1) 微创外科器械;

(2) 手术各科的专用或精细手术器械;

(3) 新型外科手术灌洗液;

(4) 手术用各种补片。

8、其他生物医用材料

生物医用材料在临床医学领域应用范围广泛。需要大力发展具有国际同类产品水平、成本价格适应国情、能形成规模化生产的新型医用材料及制品。本年度重点支持:

(1) 高档次医用缝合线;

(2) 新型眼科用材料;

(3) 新型整形用材料;

(4) 新型手术后防粘连材料;

(5) 新型计划生育用器材。

(五)精细化学品

精细化学品是石油和化学工业中的新兴产业,是石化产业链上极具发展前途的一类化学品,可直接用于石化产业并服务于国民经济诸多行业。其品种种类繁多、附加值高、用途广泛、与产业发展关联度大,是新材料的重要组成部分。世界各发达国家都把发展精细化工作为调整石化工业结构的战略重点,其国家的精细化学品率,已成为衡量国家化工水平发达与否的标志之一。我国精细化学品经过几十年的发展已有了较大进步,总量及品种都在快速增加,但总体技术水平不高,高端品种需进口,与发达国家差距仍然明显。发展精细化学品应重点突破系列精细合成、精细加工和新催化技术等,通过强化科技创新,不断开发精细化学品的新工艺和新品种,增加高性能、高附加值精细化学品的品种及产量,以满足国民经济各行业发展的需求。重点支持培育新能源等战略性新兴产业和10大振兴行业所需的高性能、高附加值精细化学产品,以及符合节能减排、环保要求的清洁生产工艺技术的开发,特别要侧重支持能提升电子信息、石油石化、轻工、纺织产品升级,有助于生产工艺、产品品质提升所需的精细化学品。

本年度重点支持的方向如下:

1、电子化学品

电子化学品是一类加工精细、技术含量高,主要为电子信息产业配套的关键化工新材料。按使用范围可分为集成电路和分立器件等用材料、印刷线路板生产与组装用材料、显示器件用材料三大类。本年度重点支持:

(1) 高分辨率光刻胶及配套材料;

(2) 印制电路板(PCB)加工用化学品;

(3) 超净高纯试剂及特种电子气体;

(4) 先进环氧封装材料;

(5) 彩色液晶显示器用化学品;

(6) 研磨抛光材料。

2、新型催化剂

催化技术是现代石油和化学工业最重要的高新技术和关键技术,是实现化工高效清洁生产的重要途径之一,开发反应过程强化已成为世界各国研究的热点。据统计,60%以上的化学品、90%的化学合成工艺均与催化有着密切关系。催化剂在石油加工、化肥工业、化学品合成和高分子材料制备以及环境保护过程中都起着非常重要的作用,开发新型催化剂对节能减排、提高化工过程效率有着重要意义。本年度重点支持:

（1）重要精细化学品合成用催化剂；

（2）新型石油加工用催化剂、助催化剂及劣质原油直接加工用催化剂；

（3）合成橡胶用催化剂；

（4）煤制甲醇、甲醇制烯烃等碳一化工产品新型催化剂；

（5）新型有机产品及中间体合成用催化剂；

（6）新型环保催化反应用催化剂；

（7）新型离子液体催化剂；

（8）新型催化剂载体材料；

（9）其他各种催化剂的强化改进型替代品。

以上催化剂需有明确的可实现工业化应用对象。

3、新型橡塑助剂

橡胶助剂是橡胶工业必不可少的原材料之一，品种多、用量少、功能性强。针对我国部分橡胶助剂污染排放严重的状况，采用新工艺和新技术或新型催化剂突破橡胶助剂的清洁生产工艺，减少橡胶助剂生产时三废对环境的污染以及产品在应用时的二次污染，提高我国橡胶助剂产品档次已迫在眉睫。塑料助剂主要问题是低档产品能力过剩，产品质量与国外水平还有较大差距，且高技术含量、高附加值产品品种少。随着国家卫生、安全、环保等法规的健全与完善，对塑料助剂性能要求将更新更高，塑料助剂生产和消费结构调整已成必然趋势。未来我国橡塑助剂将向功能化、高效能、高附加值和高技术含量方面发展。本年度重点支持：

（1）环保型的橡胶促进剂、防老剂等助剂及配套清洁工艺；

（2）新型高效、无毒、多功能塑料助剂及清洁生产工艺；

（3）高性能安全、环保阻燃剂及生产技术。

本年度不支持生产工艺中有污染和环保不达标的橡塑助剂。

4、精细及功能化学品

精细化工所涵盖领域和门类多，产品品种复杂，涉及行业广泛。由于其具有卓越功能性和突出的专用性，已成为石化工业最具活力的新领域之一。我国专用精细化学品起步和发展较晚，属基础较薄弱的新领域产品。应加强技术创新、开发新品种、加大产业化力度，以满足相关行业的需求。当前应重点开发与新能源、节能环保、新材料、新医药、生物育种和信息、轻工、纺织等产业关联度较大、能有效提高其产品技术水平所需的精细化学品。本年度重点支持：

（1）新型纺织染整助剂；

（2）新型造纸专用化学品；

（3）高性能、环境友好型皮革用化学品。

（4）环境友好新型水处理剂及多功效水处理材料；

（5）节能环保的新型炼油化工助剂和产品添加剂；

（6）适用于保护性开采和提高石油采收率的新型油田化学品；

（7）新型表面活性剂；

（8）高性能、水性化、高耐候、高固体份、功能化等涂料及助剂；

（9）高性能环保型胶粘剂、低甲醛释放脲醛树脂粘合剂；

（10）新型安全环保颜料、染料及其中间体。

本年度不支持生物降解性能差或毒性大的表面活性剂（如：支链烷基苯磺酸钠，烷基酚聚氧乙烯醚等）；不支持通用溶剂型涂料，通用水性建筑涂料及普通防锈涂料，低档涂料及助剂；不支持普通打印墨水；不支持低水平重复开发的皮化材料（如丙烯酸树脂类复鞣剂和脱脂剂）等。

5、非石油路线制备大宗化学品

我国石油资源匮乏，以天然气和煤层气、煤炭、生物质、工业废气、生物质等非石油路线制备大宗化学品，是有效补充我国石油资源不足、保障大宗化学品原料来源的重要途径，同时对保证我国能源安全和经济可持续发展具有重要战略意义。本年度重点支持：

（1）非石油路线制含氧化合物及烃类化合物新工艺技术及产品；

（2）甲醇制烯烃关键技术及产品；

（3）煤制乙二醇关键技术及产品；

（4）甲醇芳构化关键技术及产品；

（5）煤基醇醚燃料助剂关键技术及产品；

（6）生物质资源化工新工艺技术及产品。

2010年度科技型中小企业技术创新基金立项清单（材料相关）

2010年度第1批共支持项目3437项，支持金额248042万元；2010年度第2批共支持项目2095项，支持金额146667万元。

立项代码	项目名称	企业名称	支持方式
10C26211200087	高性能改性聚氨酯微细漆包线	天津市鑫龙田线材厂	无偿资助
10C26211200089	信号电缆冷接续材料及组件	天津市中惠科技有限公司	无偿资助
10C26211200101	改性二甲基硅橡胶防水涂膜	天津航天环宇科技发展有限公司	无偿资助
10C26211200105	制备环保型试剂盐酸萘乙二胺	天津市化学试剂研究所	无偿资助
10C26211200106	超细金刚石切割线	天津市曼德工贸有限公司	无偿资助
10C26211200124	电弧炉炼钢预脱氧合成球	天津新技术产业园区津良科技有限公司	无偿资助

续表

立项代码	项目名称	企业名称	支持方式
10C26211200127	高强度反应型橡胶复合防水卷材	天津市腾祥科技发展有限公司	无偿资助
10C26211200129	研发符合日本丰田汽车 TSK6532G-1A(2A、2B)的发泡型 EMA 热塑性树脂	天津市国信橡塑有限公司	无偿资助
10C26211200137	绿色稀土钨电极材料	天津市春风钨业有限公司	无偿资助
10C26211200151	高性能隔音隔热真空玻璃	天津沽上真空玻璃制造有限公司	无偿资助
10C26211200156	采用二次回收聚丙烯和废旧橡胶生产改性保险杠材料	天津思达瑞工贸有限公司	无偿资助
10C26211200163	全金属超高导铝基覆铜电路板	天津鑫安天亿电子科技有限公司	无偿资助
10C26211200177	用于复方中药纯化的新型药用级大孔吸附树脂	天津兆士科技发展有限公司	无偿资助
10C26211200194	手机保护屏用聚合板材抗手指纹膜及其制备方法	天津美泰真空技术有限公司	无偿资助
10C26211200204	低热膨胀系数聚酰亚胺薄膜的配方工艺研究和生产	天津市天缘电工材料有限责任公司	无偿资助
10C26211200211	纳米晶孕育剂在破碎机用高铬铸铁中的应用	天津市立鑫晟精细铸造有限公司	无偿资助
10C26111200228	液晶屏保护膜用预涂底层聚酯薄膜	天津乐凯薄膜有限公司	贷款贴息
10C26211300241	环保膨胀型防火封堵材料	河北天海纵横科技有限责任公司	无偿资助
10C26211300246	萃取沉钒新工艺生产高纯氧化钒产品	承德金科科技开发有限责任公司	无偿资助
10C26211300254	陶瓷模具用塑压复合石膏粉	河北邢台双华石膏制品有限公司	无偿资助
10C26211300255	金属多孔表面高通量换热管	廊坊广厦新源石化设备制造有限公司	无偿资助
10C26211300256	OLED 空穴传输材料	河北德隆泰化工有限公司	无偿资助
10C26211300257	LOW—E 低辐射镀膜玻璃	衡水鑫美玻璃制品有限公司	无偿资助
10C26211300258	氧化锆陶瓷笔珠	邯郸市流畅圆制笔材料有限公司	无偿资助
10C26211300259	陶瓷型壳钛合金增压叶轮和涡轮精密铸件	武邑凯美特特种金属精铸有限公司	无偿资助
10C26211300262	ZF 快干型水溶性柳编专用漆	河北曙光造漆厂	无偿资助
10C26211300268	正己烷溶剂油	石家庄恒跃科技有限公司	无偿资助
10C26211300269	彩色墨粉	沧州艾斯克粉业制造有限公司	无偿资助
10C26211300271	消失模铸造奥氏体不锈钢	沧州宏丰精密铸造有限公司	无偿资助
10C26211300277	提取韭叮用 D316 阴离子交换树脂	廊坊新时代化工建材有限公司	无偿资助
10C26211300288	水污染治理新型环保过滤材料 ZN350A	秦皇岛新维工业用布有限公司	无偿资助
10C26211300290	发酵法生产聚羟基脂肪酸酯	河北澳地淀粉有限公司	无偿资助
10C26211300291	两步法提取维生素 E	廊坊兴龙化工有限公司	无偿资助
10C26211300292	高性能电子非晶材料	秦皇岛市燕秦纳米科技有限公司	无偿资助
10C26211300295	超强固化耐候抗静电机箱涂层	霸州市雷森电化科技有限公司	无偿资助
10C26211300299	煤矿井下用酚醛注浆聚合物	廊坊鑫美源化工建材有限公司	无偿资助
10C26211300304	纳米氧化铝粉体的现代化批量制备及应用	石家庄东方生物科技有限公司	无偿资助
10C26211300319	基于工控网络化的非晶硅太阳能电池组件层压系统	秦皇岛瑞晶太阳能科技有限公司	无偿资助
10C26211300321	透光型双面玻璃大功率太阳能电池组件	河北正源凯信新能源科技有限公司	无偿资助
10C26211300322	液晶中间体 3-氟 4-氰基苯酚	河北洁力精细化工有限公司	无偿资助
10C26211300323	耐锌液腐蚀焊接材料	石家庄高鑫焊接科技有限公司	无偿资助
10C26211300325	复件 CDS 无氰无甲醛酸性化学—镀铜液	霸州市电化工程有限公司	无偿资助
10C26211300326	复合光触媒溶胶	河北一诺纳米科技有限公司	无偿资助

续表

立项代码	项目名称	企业名称	支持方式
10C26211300328	1-羟甲基-5,5-二甲基海因	河北亚光精细化工有限公司	无偿资助
10C26211300329	新型环保橡胶软化剂	沧州兴达化工有限责任公司	无偿资助
10C26211300334	超薄镀层低含铜量气保焊丝	石家庄神力焊材有限公司	无偿资助
10C26211300349	处理多晶硅电池高氟废水的高锰酸复合盐	保定市凯斯达科技有限公司	无偿资助
10C26211300354	安全、环保、节能、长寿命的新型锂离子电池	保定市清华智宜科技有限公司	无偿资助
10C26211300360	高纯乙硼烷	保定市北方特种气体有限公司	无偿资助
10C26111300364	两步法精炼技术生产钒铝合金	承德天大钒业有限责任公司	贷款贴息
10C26111300366	大口径玻璃钢烟道	河北可耐特玻璃钢有限公司	贷款贴息
10C26111300368	高强度结构钢用气体保护焊丝	河北鑫宇焊业有限公司	贷款贴息
10C26211400371	新型 STT 复合乳化剂	太原市华罡化工科技有限公司	无偿资助
10C26211400374	高纯电子级二氧化硅	山西天一纳米材料科技有限公司	无偿资助
10C26211400373	各向异性粘结钕铁硼关键设备	山西金开源实业有限公司	无偿资助
10C26111400384	耐酸雨氯化聚乙烯防水卷材批量生产	忻州市四方铁路器材有限公司	贷款贴息
10C26111400385	碳化硅质泡沫陶瓷过滤器	晋城市富基新材料有限公司	贷款贴息
10C26121400386	新型回火工艺制作高性能钕铁硼永磁材料产业化项目	山西汇镪磁性材料制作有限公司	贷款贴息
10C26211500389	喷涂聚脲耐磨钢管	包头冶金建筑研究防水防腐特种工程有限公司	无偿资助
10C26212110393	一种大位移(蝶形)波纹管研发	沈阳东韩波纹管有限公司	无偿资助
10C26212100401	酸性媒介黑 PV	丹东富达化工染料有限公司	无偿资助
10C26212100403	钛及钛合金棒材高精度矫直机技术创新	辽宁银捷机械装备制造有限公司	无偿资助
10C26212100406	液晶光电技术研发应用及产业化	本溪金洋汽车电子有限公司	无偿资助
10C26212100407	环保用复合包覆纤维高温过滤材料	营口市洪源玻纤科技有限公司	无偿资助
10C26212110408	用于高炉布料装置的高温耐磨材料	沈阳哈维尔表面工程技术有限公司	无偿资助
10C26212100415	汽车用水性金属光泽漆	铁岭永新涂料有限公司	无偿资助
10C26212100417	高温耐磨双吸双螺杆泵的研发	辽宁天源泵业制造有限公司	无偿资助
10C26212100438	薄膜光伏电池板复合激光高速刻膜系统	沈阳飞捷激光科技有限公司	无偿资助
10C26222110454	严酷环境中应用的钨铼温度传感器	沈阳东大传感技术有限公司	无偿资助
10C26112100455	动态交联氯化聚乙烯(CPE)热塑性弹性体电缆料	丹东德成塑胶科技有限公司	贷款贴息
10C26112100456	不锈钢冶炼钢包渣改质剂	营口兄弟硼镁化工有限公司	贷款贴息
10C26112100457	水泥窑尾烟气微细粒子高效控制用麦特斯精细过滤材料	抚顺天宇滤材有限公司	贷款贴息
10C26112100462	大型薄壁耐压铝合金壳体特种铸造技术开发及产业化	营口经济技术开发区金达合金铸造有限公司	贷款贴息
10C26212120466	LED 产业用超纯超细多品种氧化铝的研制与产业化	大连路明纳米材料有限公司	无偿资助
10C26212200484	铜钴镍硫化矿微生物浸出提取技术	临江市杉松源铜钴镍矿业有限公司	无偿资助
10C26212200487	阳离子乳化沥青用乳化剂	吉林恒升化工有限公司	无偿资助
10C26212200490	改性聚四氟乙烯浸渍石墨化工设备	吉林市四通防腐设备有限责任公司	无偿资助
10C26212200518	水润滑弹性金属塑料轴承	辽源市科学技术研究所有限公司	无偿资助
10C26212200521	高纯磷酸三异丁酯	吉林市永林化工有限公司	无偿资助
10C26212200522	15 吨/年 M40 级石墨化碳纤维	吉林市吉研高科技纤维有限责任公司	无偿资助

续表

立项代码	项目名称	企业名称	支持方式
10C26212200529	钛、镍复合板片板式换热器	四平市吉泰热力设备有限公司	无偿资助
10C26212200532	锂离子动力电池隔膜关键工艺技术	辽源市鸿图纸业有限公司	无偿资助
10C26212200541	牙科修复材料通用光固化树脂、流动树脂和自酸蚀单瓶粘接剂	吉林省登泰克牙科材料有限公司	无偿资助
10C26212200549	KL-M 型三波长可调脉宽 Nd:YAG 激光治疗机	吉林省科英激光技术有限责任公司	无偿资助
10C26222200563	110kV 硅橡胶预扩张电缆附件	吉林市东恒电气科技有限责任公司	无偿资助
10C26112200565	双(2.4-二叔丁基)季戊四醇亚磷酸酯	吉林省九新实业集团化工有限公司	贷款贴息
10C26212300568	废含氰硫酸钠生产转化硫氰酸钠、亚硫酸氢钠(循环经济)	大庆太和石油化工科技有限公司	无偿资助
10C26212300571	新型聚丙烯酰胺共聚物的研究—离子附载型高支化聚丙烯酰胺的研究	黑龙江省中贝技术有限公司	无偿资助
10C26212300573	基于不锈钢厚膜加热元件的包装带工艺环振动粘合装置	哈尔滨君威科技有限公司	无偿资助
10C26212300577	高强耐高温 PTFE 石墨密封件	大庆开发区庆慈密封件有限公司	无偿资助
10C26212300587	耐高温抗磨抗氧化合金钢	哈尔滨市屹昂科技开发有限公司	无偿资助
10C26212300588	单体液压支柱宽带密封胶圈	鹤岗市久恒橡塑制品厂	无偿资助
10C26212300591	高强韧低膨胀锌基耐磨合金	黑龙江怀特新型材料有限公司	无偿资助
10C26212300592	铝合金液态模锻汽车空调器摇盘	哈尔滨吉星机械工程有限公司	无偿资助
10C26212300612	基于 PVD 技术的工模具 C-N-Al-Ti-Ni 系多元多功能梯度涂层	哈尔滨科汇涂层技术有限公司	无偿资助
10C26212300624	双液双金属复合材料耐磨颚板	佳木斯兴联机械制造有限公司	无偿资助
10C26112310629	环保节能型镀锌螺纹钢管	黑龙江大千环保科技有限公司	贷款贴息
10C26213100638	聚丙烯医用 X 光显影纤维	上海治鉴科技发展有限公司	无偿资助
10C26213100641	医用纯钛烤瓷牙	上海上远义齿有限公司	无偿资助
10C26213100644	硫化机特种四氟材料节能保温软管	上海美柯控制设备有限公司	无偿资助
10C26213100649	结构与材质改进的特种风镐	上海浦安机械工具厂	无偿资助
10C26213100670	多功能节能中空玻璃	上海沪正纳米科技有限公司	无偿资助
10C26213100677	分布有印刷无法模仿其视觉特征的防伪纤维材料	上海柯斯造纸防伪技术有限公司	无偿资助
10C26213100693	有机硅新材料—哌啶基硅烷偶联剂	上海硅普化学品有限公司	无偿资助
10C26213100699	整体硬质合金印制线路板钻头	上海惠而顺精密工具有限公司	无偿资助
10C26213100740	BoTn1000 高耐磨减摩钻杆接头耐磨带堆焊药芯焊丝	上海博腾焊接材料有限公司	无偿资助
10C26213100757	膨体聚四氟乙烯外科补片	上海索康医用材料有限公司	无偿资助
10C26213100760	TPEE 弹性体单丝	上海杜为化纤有限公司	无偿资助
10C26213100766	环保节能型二氧化钛紫外屏蔽保护膜材料	上海和颐新材料有限公司	无偿资助
10C26213100774	铜镍铁合金速焊套管接头	上海申馨铜管件有限公司	无偿资助
10C26213100780	高纯度 2,5-降冰片二烯(纯度≥99.5%)	上海博鹤化工有限公司	无偿资助
10C26213100787	高性能热固化 FIP 导电橡胶	上海锐朗光电材料有限公司	无偿资助
10C26213100815	陶瓷基金刚石复合涂层工具	上海交友钻石涂层有限公司	无偿资助
10C26213100820	高强度高性能聚双环戊二烯(pDCPD)	上海赞南药业有限公司	无偿资助
10C26213100832	PF-2T 宽温磁性材料	上海华源磁业有限公司	无偿资助

续表

立项代码	项目名称	企业名称	支持方式
10C26213100834	基于高精连轧自动化工艺制备彩色超薄无苯纯铝箔	上海赛达铝箔包装材料有限公司	无偿资助
10C26213100835	直径0.03mm特种钛微细丝加工工艺及其产品	上海足利金属材料有限公司	无偿资助
10C26213100836	长寿命白色电致发光线	上海科润光电技术有限公司	无偿资助
10C26213100853	真空蒸发镀膜材料五氧化三钛	上海特旺光电材料有限公司	无偿资助
10C26213100858	耐二甲醚特种橡胶	上海兴罗特种密封件有限公司	无偿资助
10C26213100864	无压烧结碳化硅加碳材料	上海德宝密封件有限公司	无偿资助
10C26213100871	醚亚特滤料	上海科格思过滤材料有限公司	无偿资助
10C26213100873	高纯度、低成本、无污染的1,3-二(4-氨基苯氧基)苯[TPER]	上海固创化工新材料有限公司	无偿资助
10C26213100876	新型环保水溶性耐腐蚀无铬钝化剂	上海品新冶金设备有限公司	无偿资助
10C26213100884	基于连铸成型专利技术制备的高硼磷合金铸铁材料	上海上大热欣科技发展有限公司	无偿资助
10C26213100887	新一代高性能单向碳纤维布	上海同砼碳纤维布有限公司	无偿资助
10C26213100892	复甲透明隔热玻璃涂料	上海复甲新型材料科技有限公司	无偿资助
10C26213100893	复合纸源类再生质阻燃纸及资源循环利用技术	上海浦江造纸厂	无偿资助
10C26213200905	聚酯聚醚有机硅三元共聚型多功能高效涤纶整理剂	张家港市德宝化工有限公司	无偿资助
10C26213200908	风能发电专用钢球	江苏力星滚动体工程技术研究中心有限公司	无偿资助
10C26213200909	高强高韧高耐磨铝镁钛稀土铝合金发动机连杆	姜堰市万里特种合金铸造厂	无偿资助
10C26213200911	环保型聚酯复合钢板	无锡光旭新材料科技有限公司	无偿资助
10C26213200912	可吸收性软组织修复补片	南通华尔康医疗用品有限公司	无偿资助
10C26213210924	聚丙烯纳米多功能复合助剂CD-YZPP-22	南京淳达科技发展有限公司	无偿资助
10C26213200929	鼻窦炎术后功能修复治疗用新型水凝胶材料	常州百瑞吉生物医药有限公司	无偿资助
10C26213200930	金属陶瓷耐磨结构件的研制及产业化	南通高欣金属陶瓷复合材料有限公司	无偿资助
10C26213200932	芳纶及其他特种纤维专纺技术	常熟市宝沣特种纤维有限公司	无偿资助
10C26213200933	反应精馏耦合高效萃取制备甲缩醛的工业化	江苏沿江化工资源开发研究院有限公司	无偿资助
10C26213200935	高性能铁基复合材料磁粉芯	江苏瑞悦科技有限公司	无偿资助
10C26213200938	节能型高效等离子喷涂陶瓷电加热辊	扬州瘦西湖仪表有限公司	无偿资助
10C26213200939	薄膜砷化镓三结半导体太阳能电池及其在聚光光伏系统中的应用	无锡昊阳新能源科技有限公司	无偿资助
10C26213200941	二巯基酯甲基锡稳定剂及其制备方法	扬州哈泰克材料有限公司	无偿资助
10C26213200947	阳离子杂化纳米硅溶胶的研制	南通华润新材料有限公司	无偿资助
10C26213200953	纳米晶二氧化钛纤维光催化热泵式饮用水净水设备	常熟市海晟电器有限公司	无偿资助
10C26213200961	卷绕型超级电容器电极箔	吴江飞乐天和电子材料有限公司	无偿资助
10C26213200962	新型光扩散膜技术开发及产业化	丹阳博昱科技有限公司	无偿资助
10C26213200963	非膨胀型水性无机隧道防火涂料	泰州五行涂料有限公司	无偿资助
10C26213200969	环保型无铅玻璃颜料	江苏拜富色釉料有限公司	无偿资助
10C26213200972	三阶非线性光学多金属氧酸盐基纳米材料	仪征市森泰化工有限公司	无偿资助
10C26213200974	柔性石墨颗粒摩擦材料	常州宏泰摩擦材料有限公司	无偿资助
10C26213200986	基于离子交换和萃取分离的废水回收苯甲酸和对苯二甲酸	仪征市茂瑞化工有限公司	无偿资助

续表

立项代码	项目名称	企业名称	支持方式
10C26213200992	新型超细碳化物合金工具钢镶接机械刀片	常州机械刀片有限公司	无偿资助
10C26213200998	有机硅副产物综合利用中试	溧阳市新宏有机硅化学有限公司	无偿资助
10C26213201003	直拉硅单晶用28英寸国产石英涂层坩埚	扬州华尔光电子材料有限公司	无偿资助
10C26213201004	新型高端金属表面处理用铸造锌丸	大丰市大奇金属表面处理有限公司	无偿资助
10C26213201010	印制电子用纳米金属导电墨水	昆山海斯电子有限公司	无偿资助
10C26213201017	绿色多功能玻璃印刷调墨油	张家港市天威英利科技有限公司	无偿资助
10C26213201026	高分子聚合物动力铅酸蓄电池产业化开发	江苏舜天松日新能源科技有限公司	无偿资助
10C26213201028	特种电缆用高温高阻燃环保型轻质纳米填充材料	扬州腾飞电缆电器材料有限公司	无偿资助
10C26213201030	节能环保微胶囊化分散染料	常州汉斯化学品有限公司	无偿资助
10C26213201032	高吸收高密度钒氮合金	南通汉瑞实业有限公司	无偿资助
10C26213201033	环保型抗硫化返原剂AT-FZ	宜兴市卡欧化工有限公司	无偿资助
10C26213201039	碳化硅抗结皮浇注料	宜兴市泰科耐火材料有限公司	无偿资助
10C26213201041	高性能复合摩擦材料——摩擦颗粒	常州市武进华东特种纤维制造有限公司	无偿资助
10C26213201043	高粘度热熔胶用热塑性聚氨酯树脂	泰州菲尔特高分子材料有限公司	无偿资助
10C26213201044	复合功能共聚酯纤维	江苏宇晖纺织有限公司	无偿资助
10C26213201055	新型高纯度无毒环保增塑剂(ATBC)	江苏雷蒙化工科技有限公司	无偿资助
10C26213201057	硼化物颗粒增强耐磨模具钢	江苏盛伟模具材料有限公司	无偿资助
10C26213201060	RH真空精炼炉内衬用无铬耐火浇注料	宜兴市宏业保温工程有限公司	无偿资助
10C26213201061	大直径导电聚酰胺单丝	南通新帝克纺织化纤有限公司	无偿资助
10C26213201062	新工艺血液净化用中空纤维膜	常州市美纤膜技术有限公司	无偿资助
10C26213201065	关于中医药材专用的冷冲压成型固体药用复合包装材料的研制及产业化	常州市华健药用包装有限公司	无偿资助
10C26213201066	对硝基苯乙酮工艺残渣资源化利用及产业化技术开发	阜宁县安勤化学有限公司	无偿资助
10C26213201077	铜钢复合构件的间歇式气体保护高效钎焊炉的研制	盐城市康杰机械制造有限公司	无偿资助
10C26213201086	单组份室温贮藏型纳米银导电胶	江苏纳为新材料科技有限公司	无偿资助
10C26213201087	替代进口子午胎用高粘合性硼酰化钴	江阴市三良化工有限公司	无偿资助
10C26213201088	特种高分子复合材料	昆山军威实业有限公司	无偿资助
10C26213201091	太阳能电池组件背板材料的研发和产业化	江苏汇通光伏材料有限公司	无偿资助
10C26213201092	绿色环保标本固定浓缩液	无锡市江原实业技贸总公司	无偿资助
10C26213201095	四氟型太阳电池背膜	苏州中来太阳能材料技术有限公司	无偿资助
10C26213201099	大尺寸太阳能多晶硅铸锭用石英坩埚	常熟华融太阳能新型材料有限公司	无偿资助
10C26213201102	大型船舶用高性能自动焊接材料	江苏立新合金实业总公司	无偿资助
10C26213201106	电化学表面抗菌不锈钢的研发和产业化	常州佳得顺抗菌材料科技有限公司	无偿资助
10C26213201117	低成本化制备环保型数码转印材料	泰州新永泰印花科技有限公司	无偿资助
10C26213201118	触摸屏用高透过率导电玻璃	江苏津通先锋光电显示技术有限公司	无偿资助
10C26213201119	生态可降解多功能纤维材料	南通东升艾克特种纺织防护面料有限公司	无偿资助
10C26213201126	Ti6Al4V/TiC+TiB双相增强复合材料研发	盐城市鑫洋合金材料有限公司	无偿资助
10C26213201127	功能性复合结构空气过滤材料开发与应用	江苏菲特滤料有限公司	无偿资助

续表

立项代码	项目名称	企业名称	支持方式
10C26213201128	新型太阳能电池硅片制绒蚀刻液	吴江市曙光化工有限公司	无偿资助
10C26213201131	高强度耐低温韧性优异的厚壁管线管中试	盐城钢管厂有限公司	无偿资助
10C26213201133	高强度高韧性高速电梯用高氮无镍超级双相不锈钢丝绳	江苏亚盛金属制品有限公司	无偿资助
10C26213201135	高强度超耐磨耐高温铸型尼龙滑轮的研制	扬州赛尔达尼龙制造有限公司	无偿资助
10C26213201137	高磁导率金属基纳米晶复合微波吸收型屏蔽材料	泰州拓谷超细粉体材料有限公司	无偿资助
10C26213201139	高硼低合金高速钢轧辊的研发与产业化	江苏东冶轧辊有限公司	无偿资助
10C26213201140	高可靠性软磁铁氧体热敏磁芯	南通鹰球居磁电子有限公司	无偿资助
10C26213201141	核电蒸汽发生器用镍基合金材料及抗振条	江苏龙鑫特殊钢实业总公司	无偿资助
10C26213201143	高耐磨聚酯磨具	新沂市张氏磨具发展有限公司	无偿资助
10C26213201145	PCAS-3 粉煤灰高分子无机复配料的研制与生产	徐州意创化工科技有限公司	无偿资助
10C26213201148	超强玻璃钢复合声屏障	靖江市凯达环保工程有限公司	无偿资助
10C26213201150	膨胀系阻燃聚丙烯微发泡环保材料	丹阳市华东工程塑料有限公司	无偿资助
10C26213201152	喷射成形 7000 系高强高韧铝合金	江苏豪然喷射成形合金有限公司	无偿资助
10C26213201156	电熔法 3.3 硼硅玻璃仪器的研发与产业化	盐城市华鸥实业有限公司	无偿资助
10C26213201159	超高温氨分解、硫回收催化剂	无锡市强亚耐火材料有限公司	无偿资助
10C26213201160	大型飞机用高性能纤维预制体	宜兴市飞舟高新科技材料有限公司	无偿资助
10C26213201161	耐高温无卤阻燃 PP/EPDM 热塑性弹性体电缆料	苏州特威塑胶有限公司	无偿资助
10C26213201162	纳米氧化锌导电云母粉	徐州金亚粉体有限责任公司	无偿资助
10C26213201163	核工业用高膨胀耐核辐照防火密封胶	海龙艾默生(镇江)能源科技有限公司	无偿资助
10C26213201164	纳米离子改性 UPR 重卡面罩复合热固材料	丹阳市道亮车灯塑件有限公司	无偿资助
10C26213201168	电子级超细高纯环保型硅微粉	连云港东海铭友高科硅微粉有限公司	无偿资助
10C26213201172	高纯稀土氧化物纳米粉体材料	宜兴市宝登合金有限公司	无偿资助
10C26213201184	环保型大型水泥窑用硅莫红耐火材料	江苏君耀耐磨耐火材料有限公司	无偿资助
10C26213201187	钢筋混凝土用 1200MPa 高强钢筋	宜兴市电工机械有限公司	无偿资助
10C26213201188	铝杂质≤7.5ppm 及 13 种杂质元素总量≤14.37ppm的高纯熔融石英	东海县圣达石英制品有限公司	无偿资助
10C26213201191	干法纳米级阻燃纤维开发	南通信一服饰有限公司	无偿资助
10C26213201193	高抛光速率超细高纯磨料及机械抛光液	常州市通乾化工有限公司	无偿资助
10C26213201198	连续型长纤维增强热塑性复合板材	无锡利保科技发展有限公司	无偿资助
10C26213201199	连熔法生产芯片制造关键配套材料大口径高品质石英玻璃管集成技术研究	东海县宝盛石英制品有限公司	无偿资助
10C26223201222	环境友好型硅片清洗剂的研制和产业化	常州君合达克罗涂覆工程技术有限公司	无偿资助
10C26223201234	太阳能光伏电池正面电极用导电银浆	苏州晶讯科技股份有限公司	无偿资助
10C26223201239	铅酸蓄电池修复利用技术及产品	苏州泽元科技有限责任公司	无偿资助
10C26113201246	风力发电输电导体粉末冶金结构件	苏州东南碳制品有限公司	贷款贴息
10C26113201247	高性能环保型耐水洗性透湿防水聚氨酯材料	江苏东邦科技有限公司	贷款贴息
10C26113201256	液晶显示彩色滤光片用光引发剂产业化	常州强力电子新材料有限公司	贷款贴息
10C26113201260	涤纶 DTY 纤维松绵绒、涤氨纶纤维弹性保莱绒产品	苏州市恒信针织印染有限责任公司	贷款贴息
10C26113201261	压延法生产太阳能电池封装 EVA 胶膜	苏州福斯特光伏材料有限公司	贷款贴息

续表

立项代码	项目名称	企业名称	支持方式
10C26113201264	高性能改性酚醛树脂及制品高效超强合金钢中磨砂带	扬中市江南砂布有限公司	贷款贴息
10C26113201271	高效节能无污染湿法提取铂等稀贵金属技术研发	盐城鑫贵金属有限公司	贷款贴息
10C26113201277	最高防火等级A2级无机芯材铝复合板	江苏协诚科技发展有限公司	贷款贴息
10C26113201278	长寿命梯度化复合涂层数控冲压模具	扬州恒德模具有限公司	贷款贴息
10C26123201280	2.5兆瓦以上风力发电叶片专用高耐候性长寿命涂料	江苏足迹涂料有限公司	贷款贴息
10C26213301289	宽频带抗电磁干扰磁芯材料	湖州奥科磁业有限公司	无偿资助
10C26213301291	DYGF太阳能光伏并网逆变电源	浙江东元电气科技有限公司	无偿资助
10C26213301292	涤纶原浆着色专用染料——聚酯纺红EG	海宁市现代化工有限公司	无偿资助
10C26213301299	锂离子电池用球形磷酸铁锂正极材料	浙江贝能新材料科技有限公司	无偿资助
10C26213301302	聚酯酰胺热熔胶粘剂	长兴适安特服装材料有限公司	无偿资助
10C26213301303	聚硅氧烷镀膜管制注射剂瓶	浙江新康药用玻璃有限公司	无偿资助
10C26213301304	纺织印花用高效环保新型合成增稠剂	浙江大禾化工有限公司	无偿资助
10C26213301308	钒氮合金生产窑用新型碱性砖	湖州长攀新型耐火材料有限公司	无偿资助
10C26213301322	环保型耐盐抗渗化合成增稠剂	湖州美伦纺织助剂有限公司	无偿资助
10C26213301326	多功能纺织面料用环保型聚四氟乙烯(PTFE)微孔薄膜产业化中试	浙江格尔泰斯环保特材科技有限公司	无偿资助
10C26213301345	环保用新型玻璃纤维覆膜滤料	安吉县盛丰玻璃纤维有限公司	无偿资助
10C26213301346	液体硅橡胶挤出成型新技术及应用	临安矽能新材料有限公司	无偿资助
10C26213301349	高频低功耗FeSiAl合金磁粉芯	海宁市伊尔曼格电子有限公司	无偿资助
10C26213301356	低成本砷化镓(GaAs)制备新技术及其产业化	杭州上晶光电有限公司	无偿资助
10C26213301357	植物型多功能金属酸洗液添加剂	台州长航环保科技有限公司	无偿资助
10C26213301367	低温真空多层绝热结构用功能纸	杭州富士达特种材料有限公司	无偿资助
10C26213301371	低温烧结锂电池用高性能磷酸铁锂材料	浙江振华新能源科技有限公司	无偿资助
10C26213301378	环保型多功能粘土脱墨剂	浙江长安仁恒科技股份有限公司	无偿资助
10C26213301379	新型固胶体动力型锂聚合物电池中试生产	浙江振龙锂电科技有限公司	无偿资助
10C26213301381	增韧、增强聚氯乙烯合金(PVC-A)管道系统	浙江方明塑胶管道有限公司	无偿资助
10C26213301387	轨道交通机车电机用热膨胀绝缘材料	嘉兴市新大陆机电有限公司	无偿资助
10C26213301389	硅片切割丝专用金刚石模具	浙江金平拉丝模有限公司	无偿资助
10C26213301399	涡轮增压器用氟硅-硅胶复合软管	临海市澳法管业有限公司	无偿资助
10C26213301403	铁皮石斛F1代新品种创制及其高效安全培育	建德市新安江铁皮石斛专业合作社	无偿资助
10C26213301408	食品包装用醇溶型聚氨酯复合胶粘剂	安吉县广泰化工纸业有限公司	无偿资助
10C26213301412	含铟和硅的无镉低银钎料	杭州铧广焊料科技有限公司	无偿资助
10C26213301421	无铅易切削锌白铜合金	浙江康华铜业有限公司	无偿资助
10C26213301424	基于卷绕式磁控溅射工艺的无胶挠性覆铜板	浙江百士迪科技有限公司	无偿资助
10C26213301428	高显色性功率型白光LED	杭州杭科光电有限公司	无偿资助
10C26213301437	熔渗反应烧结碳化硼复相陶瓷制造产业化中试	浙江立泰复合材料有限公司	无偿资助
10C26213301440	高闪点阻燃型油溶性聚氨酯灌浆材料	杭州国电大坝安全工程有限公司	无偿资助
10C26213301447	高强度孕育铸铁发动机齿轮室	湖州鼎盛机械制造有限公司	无偿资助

续表

立项代码	项目名称	企业名称	支持方式
10C26213301451	一次性使用医用高分子微孔滤膜	杭州科诺过滤器材有限公司	无偿资助
10C26213301452	超小型化高压环保片式薄膜电容器	长兴立峰电子有限公司	无偿资助
10C26213301456	高压缩性烧结硬化用钢铁合金粉末	建德市嘉鑫金属粉材有限公司	无偿资助
10C26213301459	高可靠耐腐蚀风电变桨轴承	浙江万诚风电装备制造有限公司	无偿资助
10C26213301460	高可靠、低功耗玻璃钝化整流二极管芯片	浙江常山隆昌电子有限公司	无偿资助
10C26213301482	长寿命高性能烧结铜合金摩擦材料	杭州余杭钱潮摩擦材料有限公司	无偿资助
10C26213301483	户外用木塑环保复合材料	浙江金迪木塑型材有限公司	无偿资助
10C26213301484	低成本长寿命高锯削性能双金属复合带锯条	上虞市柏恩锯业有限公司	无偿资助
10C26213301485	高 Q 值、超低功耗 Ni/Zn/Mn 高频软磁铁氧体材料	桐乡特丽优电子科技有限公司	无偿资助
10C26213301492	改性聚四氟乙烯超微粉开发及产业化	衢州市万能达清洗有限公司	无偿资助
10C26223301499	非对称无支撑连续成卷聚砜微孔膜	杭州科百特过滤器材有限公司	无偿资助
10C26113301542	薄壁不锈钢管及卡凸式连接件的研发与产业化	浙江正康实业有限公司	贷款贴息
10C26113301550	电工用铜包铝母线(排)	杭州金塔电力线路器材有限公司	贷款贴息
10C26113301552	新型镁合金表面处理技术在汽摩配件中的应用	浙江省缙云县三鼎实业有限公司	贷款贴息
10C26113301553	单晶硅薄片太阳能光伏电池	浙江弘晨光伏能源有限公司	贷款贴息
10C26113301554	轨道交通车体用高性能铝镁合金焊丝	浙江东轻高新焊丝有限公司	贷款贴息
10C26113301555	大型双面全网格塑料托盘模具	浙江荣信模具塑料有限公司	贷款贴息
10C26113301563	医药包装用高阻隔偏氯乙烯-丙烯酸酯共聚胶乳	浙江野风塑胶有限公司	贷款贴息
10C26113301569	MnO 基无氟造渣剂产业化生产	德清县力拓炉料有限公司	贷款贴息
10C26113301570	复杂截面黄铜空心棒的精密挤压成型	浙江军联铜业有限公司	贷款贴息
10C26213311575	新光电材料的建模和数值仿真软件	宁波东峻信息科技有限公司	无偿资助
10C26213311585	一种采用新型复合材料的电梯门用滚轮	慈溪市宏峰电梯配件有限公司	无偿资助
10C26213311598	超细 HSHM—PE 系列及制品	宁波荣溢化纤科技有限公司	无偿资助
10C26213311607	纳米级金属氧化物粉体制备片式 NTC 热敏电阻	宁波科联电子有限公司	无偿资助
10C26113311610	硬质丁腈橡胶(NBR)耐乙醇汽油发泡浮子系列产品	宁波三峰机械电子有限公司	贷款贴息
10C26113311614	高精密度软硬结合板	宁波华远电子科技有限公司	贷款贴息
10C26213401615	空调四通换向阀用软磁铬不锈合金材料	皖东韵敏精密合金有限公司	无偿资助
10C26213401616	可回收环保型 HMLS 高粘合轮胎增强骨架材料	芜湖华烨工业用布有限公司	无偿资助
10C26213401617	废水回收制取新型水处理剂聚硅硫酸铝	黄山市白岳活性白土有限公司	无偿资助
10C26213401620	聚四氟乙烯纤维与玻璃纤维混纺滤材	安徽省绩溪县华林玻璃纤维有限公司	无偿资助
10C26213401629	基于阻抗调控技术的复合电磁波吸波材料(2～8 GHz)	合肥希创电子科技有限公司	无偿资助
10C26213401630	多功能抗水解稳定剂双碳二亚胺	池州万维化工有限公司	无偿资助
10C26213401631	基于紫外光固化技术生产玻璃纤维绝缘软管	池州九华汉高电工材料有限公司	无偿资助
10C26213401636	α-乙酰基-γ丁内酯的蒸馏残液高效合成环丙基甲基酮和双环丙基酮	安徽绩溪县徽煌化工有限公司	无偿资助
10C26213401643	锂离子动力电池保护盖帽研发及产业化	芜湖天朗电池科技有限公司	无偿资助
10C26213401666	高性能微型柱状晶体谐振器	铜陵晶运晶体科技有限公司	无偿资助
10C26213401667	新型高性能 BS-67-1 大孔吸附树脂	蚌埠市辽源新材料有限公司	无偿资助

续表

立项代码	项目名称	企业名称	支持方式
10C26213401672	新型环保酯基双子表面活性剂	安徽中天化工有限公司	无偿资助
10C26213401677	铁水预处理用KR搅拌器	马鞍山市鑫海耐火材料有限责任公司	无偿资助
10C26213401678	固定低分子量脱乙酰几丁质胶体新技术在织物上的应用	安徽甲特生物科技有限公司	无偿资助
10C26213401679	无溶剂法制备环保型高固含水性聚氨酯树脂	合肥市科天化工有限公司	无偿资助
10C26213401684	高性能特种耐高、低温扁电缆	安徽金桥电缆有限公司	无偿资助
10C26213401694	高碳多元微合金汽车制动鼓	安徽正德机械有限公司	无偿资助
10C26213401711	扭曲型LD材料挖边机专用刀具	马鞍山市凌锋模具制造有限公司	无偿资助
10C26213401712	耐曲挠、长寿命汽车制动汽室橡胶隔膜	宁国市海天力工业发展有限公司	无偿资助
10C26213401714	B-480新型硫化橡胶再生活化剂	蚌埠市淮河橡胶助剂厂	无偿资助
10C26213401719	高纯度高性能纳米二氧化硅	安徽敬业纳米科技有限公司	无偿资助
10C26213401723	绿色合成高性能PMA	安徽省蓝天化工有限公司	无偿资助
10C26213401724	绿色合成非离子型双子乳化剂	淮北科达化工有限责任公司	无偿资助
10C26213401726	大豆油改进型增塑剂	安徽世华化工有限公司	无偿资助
10C26213401729	利用废铅酸蓄电池壳体制备高性能改性聚丙烯汽车专用料	芜湖纽麦特新材料有限公司	无偿资助
10C26213401731	浮选法制备太阳能超白玻璃用高纯度低铁石英砂	广宝来特种石英(凤阳)科技有限公司	无偿资助
10C26113401739	新型车用复合阻尼材料板	安徽志诚机电零部件有限公司	贷款贴息
10C26213501754	真空砂型吸铸法一次成型铝雕件	福清市晨晖五金制品有限公司	无偿资助
10C26213501767	新型耐蒸煮高阻隔透明包装膜	石狮市新光塑料包装有限公司	无偿资助
10C26213501778	大豆油基乳化环保型数码速印油墨	福州汉青化工机械科技有限公司	无偿资助
10C26213501783	高效节能灯用新型磁性材料	福建省福晶磁性材料有限公司	无偿资助
10C26213501799	高氮超级双相不锈钢铸件	三明市毅君机械铸造有限公司	无偿资助
10C26213501805	利用黄金尾矿生产陶瓷色釉技术	福建省万旗科技陶瓷有限公司	无偿资助
10C26213501806	复合有机硅环保高效起绒剂	福州中纺实业有限公司	无偿资助
10C26113501838	从铁矿中综合回收低品位伴生钼	德化县丘埕矿业有限公司	贷款贴息
10C26213511842	纺织印染废水膜法处理及回用技术产业化	厦门绿创科技有限公司	无偿资助
10C26213511850	高效金刚石地板磨片研发与产业化	厦门致力金刚石工具有限公司	无偿资助
10C26223511855	采用快速换模和模内优质修饰注塑技术生产PC光学镜片的研发与产业化	瑞之路(厦门)眼镜科技有限公司	无偿资助
10C26213601858	节能型高分子液态玻璃覆膜	南昌晶源科技有限公司	无偿资助
10C26213601862	多功能性聚羧酸材料	江西迪特科技有限公司	无偿资助
10C26213601874	低压法合成3-戊胺	江西盾牌化工有限责任公司	无偿资助
10C26213601875	混凝土硅烷防护剂	九江非蓝高新材料有限公司	无偿资助
10C26213601876	回收利用丙烯酸2-乙基己酯废液工艺	江西恒通化学工业有限公司	无偿资助
10C26213601879	氧化锆陶瓷插芯精密注射成型用颗粒	景德镇大川陶瓷材料有限公司	无偿资助
10C26213601880	新型透明陶瓷发光管的制备与中试	景德镇市新纪元精密陶瓷有限公司	无偿资助
10C26213601890	文石晶型涂布级轻质碳酸钙	九江市富通化工有限公司	无偿资助
10C26213601891	2.2-二羟甲基丁酸	江西南城红都化工科技开发有限公司	无偿资助
10C26213601892	SOFC用高电导率高强度节能型8ScSZ粉体	泛美亚(九江)高科技材料有限公司	无偿资助

续表

立项代码	项目名称	企业名称	支持方式
10C26213601898	塑料液晶显示屏	江西合力泰微电子有限公司	无偿资助
10C26213601899	高效抗硅蜂窝陶瓷	江西应陶康顺实业有限公司	无偿资助
10C26213601900	从荧光粉废料中萃取分离高纯度氧化钇铕中试	赣县金鹰稀土实业有限公司	无偿资助
10C26213601896	碳化硅—氧化硅陶瓷膜过滤管及陶瓷膜超滤机	萍乡市金辉环保有限责任公司	无偿资助
10C26213601907	三氯氢硅新工艺研究与开发	江西赣中氯碱制造有限公司	无偿资助
10C26213601908	高强度、耐高压压缩机机体铸件中试	景德镇景航晶鑫铸造有限责任公司	无偿资助
10C26213601915	泡沫陶瓷节能保温装饰新材料	萍乡市博鑫精细陶瓷有限公司	无偿资助
10C26213601919	乙烯基三氯硅烷及三乙氧基硅烷的催化合成	江西多林科技发展有限公司	无偿资助
10C26213601926	铝熔铸工业用大面积泡沫陶瓷过滤板	萍乡市瑞宝高温陶瓷材料有限公司	无偿资助
10C26213601927	甘油连续催化氯代法合成环氧氯丙烷	江西省飓风化工有限公司	无偿资助
10C26213601929	利用含铝含酸工业废弃物制备白色结晶氯化铝	江西鹏腾实业有限公司	无偿资助
10C26213601930	利用复合优溶环保工艺年处理回收利用300吨荧光粉废料中的稀土元素中试	江西华科稀土新材料有限公司	无偿资助
10C26223601933	氨基磺酸镍制备新工艺	江西核工业兴中科技有限公司	无偿资助
10C26113601936	非煤焦油环保型复原橡胶	江西利新橡胶有限公司	贷款贴息
10C26113601937	低磷二聚酸	江西省宜春远大化工有限公司	贷款贴息
10C26113601940	利用工业含锌废渣新工艺生产一水硫酸锌	萍乡宝海锌业有限公司	贷款贴息
10C26213701943	可得然胶的工业化制备	山东中科生物科技股份有限公司	无偿资助
10C26213701944	废轮胎低温无压制取高品质再生橡胶	莱芜市福泉橡胶有限公司	无偿资助
10C26213701945	废旧橡胶粉塑化新工艺及设备的研究开发	泰安市金山橡胶工业有限公司	无偿资助
10C26213701949	苯酚-(联苯-苯撑)共聚酚醛树脂及衍生物	荣成市科盛化工有限公司	无偿资助
10C26213701951	发酵法年产300吨支链氨基酸	山东鲁洲氨基酸有限责任公司	无偿资助
10C26213701954	半水基注凝法制备整体弧形氧化铝防弹陶瓷板	山东合创明业精细陶瓷有限公司	无偿资助
10C26213701956	多组分复合催化法生产高纯度硅烷偶联剂	潍坊中业化学有限公司	无偿资助
10C26213701957	半导体衬底和高功率激光晶体生长用高温氧化锆系列耐火材料	淄博市周村磊宝耐火材料有限公司	无偿资助
10C26213701977	镓铟太阳能电池材料制备	嘉祥县正大碳素制品有限公司	无偿资助
10C26213701979	新型大容量(200AH)高倍率磷酸铁锂电池	烟台市海霸能源电池有限公司	无偿资助
10C26213701995	高性能绿色镍氢二次电池	临沂市华太电池实业公司	无偿资助
10C26213701999	疏水性纳米水滑石基PVC用高效复合热稳定剂	山东慧科助剂股份有限公司	无偿资助
10C26213702000	电动汽车用高容量大功率锂离子动力电池	山东揽月科技有限公司	无偿资助
10C26213702001	手性salen催化剂	山东化试化工科技有限公司	无偿资助
10C26213702012	高精度大截面镁合金管型材快速挤压技术研究	费县银光镁业有限公司	无偿资助
10C26213702017	钢铝压铸组合型散热器	山东邦泰散热器有限公司	无偿资助
10C26213702018	600吨/年动力锂离子二次电池负极材料	垦利三合新材料科技有限责任公司	无偿资助
10C26113702031	矿用新型多功能防火材料	滕州市华海新型保温材料有限公司	贷款贴息
10C26113702034	电力机车受电弓纯碳滑板	蓬莱市超硬复合材料有限公司	贷款贴息
10C26113702035	新型微波天线用K90介质陶瓷粉料的研制	沂南同皓电子元件有限公司	贷款贴息
10C26113702040	中性Ⅰ类药用玻璃	东营力诺玻璃制品有限责任公司	贷款贴息
10C26213712051	阻燃高韧性ABS/PC复合材料	青岛国恩科技发展有限公司	无偿资助

续表

立项代码	项目名称	企业名称	支持方式
10C26213712057	新型手术止血材料的研制和产业化	青岛博益特生物材料有限公司	无偿资助
10C26213712068	大容量动力电池用高性能磷酸铁锂正极材料	青岛乾运高科新材料有限公司	无偿资助
10C26213712080	车用磷酸铁锂动力电池组	山东中汽联大客车有限公司	无偿资助
10C26213712081	高精度温度补偿晶体振荡器芯片的研发及产业化	青岛硅盛微电子有限公司	无偿资助
10C26214102089	钛合金铸造填料	郑州市豫立实业有限公司	无偿资助
10C26214102092	抗冰雪碳纤维复合芯铝绞线	河南科信电缆有限公司	无偿资助
10C26214102095	聚硫氨酯密封胶	河南永丽化工有限公司	无偿资助
10C26214102108	综合利用废硅渣和废碱水生产层状结晶二硅酸钠	河南百仕达化工有限公司	无偿资助
10C26214102122	应用于 HRB400 钢筋的氮化硅锰特种合金	西峡县中嘉合金材料有限公司	无偿资助
10C26214102124	低温陶瓷结合剂金刚石砂轮	柘城金轮超硬材料科技开发有限公司	无偿资助
10C26214102130	新型橡胶促进剂 TBzTD 清洁化生产项目	濮阳蔚林新材料科技有限公司	无偿资助
10C26214102131	4,4'—双马来酰亚胺基二苯醚树脂	河南省华鼎高分子合成树脂有限公司	无偿资助
10C26214102138	新型硅材料专用石墨器件	洛阳晶奥电子材料有限公司	无偿资助
10C26214102139	光纤陶瓷加工专用金刚石砂轮	郑州三祥科技有限公司	无偿资助
10C26214102141	TM-CL 系列特种陶瓷流延成型专用 α-氧化铝	郑州天马微粉有限公司	无偿资助
10C26214102148	HT 泡沫混凝土节能保温材料	河南华泰建材开发有限公司	无偿资助
10C26214102151	电子硅胶用高导热氧化铝新型填料的开发生产	郑州天马耐火材料有限公司	无偿资助
10C26214102155	高性能锂离子电池正极材料 $LiFePO_4$ 的制造	河南联合新能源有限公司	无偿资助
10C26214102156	高性能味精专用活性炭	新乡市予辉活性炭有限公司	无偿资助
10C26214102160	高性能镁合金轿车自动变速箱壳体研究与开发	许昌震华模具压铸有限公司	无偿资助
10C26214102176	高强高韧等温淬火球墨铸铁汽车板簧支架	河南欧迪艾铸造有限公司	无偿资助
10C26214102177	高强高模聚乙烯醇高性能纤维	上海全宇生物科技遂平制药有限公司	无偿资助
10C26214102179	清洁镀金——柠檬酸金钾	三门峡恒生科技研发有限公司	无偿资助
10C26214102191	镍氢电池负极极板专用冲孔钢带	平舆县鑫材金属制品有限公司	无偿资助
10C26214102192	超高压开关承压铝合金罐体	南阳市汇森精密仪器铸造有限公司	无偿资助
10C26214102200	高比重屏蔽辐射钨镍铜合金	郑州驰达钨钼制品有限责任公司	无偿资助
10C26114102207	碳化硅在合成铸铁中的应用研究	河南省四达仙龙实业有限公司	贷款贴息
10C26114102208	高精度汽车覆盖件模具	鹤壁天淇汽车模具有限公司	贷款贴息
10C26214202209	控温调湿节能保温材料	武汉沃尔浦科技有限公司	无偿资助
10C26214202214	表面电火花原位沉积金属陶瓷的点焊电极	十堰克耐尔科技有限公司	无偿资助
10C26214202217	精织蝶状镍丝石墨带	宜昌埃立特密封材料 有限公司	无偿资助
10C26214202220	甲基三丁酮肟基硅烷连续法生产新工艺中试	湖北新蓝天新材料股份有限公司	无偿资助
10C26214202234	锂离子动力电池正极基础材料研发与生产	湖北万润工贸发展有限公司	无偿资助
10C26214212243	YTL-C 高分子复合自粘防水卷材	武汉美利信新型建材有限责任公司	无偿资助
10C26214212253	应用于地下工程的高抗渗阻裂新型复合材料	武汉华轩高新技术有限公司	无偿资助
10C26214202254	应用表面强化与润滑技术的轴承及锻压模具	襄樊市泰克金属表面处理有限公司	无偿资助
10C26214202263	氮碳化纯铁镀层及其产业化	武汉天立表面技术有限公司	无偿资助
10C26214202264	含富勒烯纳米粒子的涂层在汽车冲压模具表面处理中的应用	湖北吉隆化工制品有限公司	无偿资助

续表

立项代码	项目名称	企业名称	支持方式
10C26214212270	硅太阳能电池用高性能铝浆料	武汉优乐光电科技有限公司	无偿资助
10C26214202275	新型表面活性剂-聚胺砜(PAS)	湖北汉星化工新材料有限公司	无偿资助
10C26214212277	橡胶密封件表面氟化涂层技术	武汉市精工密封件有限公司	无偿资助
10C26214202285	高性能光引发剂双2,6-二氟-3-吡咯苯基二茂钛(FMT)	荆门市昱奎化工有限责任公司	无偿资助
10C26214202300	PSR增强新型沥青改性剂	湖北凌志化工科技实业有限公司	无偿资助
10C26214202302	三羟甲基丙烷三(3-乙烯亚胺基)丙酸酯室温交联剂	黄冈市强龙化工新材料有限公司	无偿资助
10C26214202305	高强韧改性酚醛泡沫塑料	应城市力发化工有限责任公司	无偿资助
10C26214202308	球铁件覆膜砂垂直叠形铸造工艺技术	鄂州三维铸业有限公司	无偿资助
10C26214202318	纳米聚合物乳液复合纺织浆料	阳新县科生化工有限公司	无偿资助
10C26214202319	纳米硅复合改性玻化微珠高效节能材料	黄冈市晴天建筑材料有限责任公司	无偿资助
10C26214202325	钢水直接定氧探头	孝感市惠益机电设备制造有限责任公司	无偿资助
10C26214202326	彩色钢板用JRCD环保型无铬预处理剂	武汉市吉瑞化工科技有限公司	无偿资助
10C26214202333	采用普鲁兰酶新工艺生产柠檬酸	黄石兴华生化有限公司	无偿资助
10C26214202334	利用氟化铝工业含氟废水生产人造冰晶石	湖北永绍科技有限公司	无偿资助
10C26214202335	利用废旧橡胶生产功能化改性橡胶粉	天门市天德环保材料科技有限公司	无偿资助
10C26214202336	利用废红色内胎生产浅色再生橡胶	仙桃市聚兴橡胶有限公司	无偿资助
10C26224212347	低摩擦系数类金刚石涂层纺织钢领生产技术中试	武汉新铬涂层设备有限公司	无偿资助
10C26224212348	光电器件封装用脂环族环氧树脂	武汉森茂精细化工有限公司	无偿资助
10C26224212350	高端集成电路封装材料产品系列	晶丰电子封装材料(武汉)有限公司	无偿资助
10C26114202362	环保型新型硝酸铵改性剂	湖北天神实业股份有限公司	贷款贴息
10C26114202364	高锆耐碱玻璃纤维表面增强短切毡	襄樊汇尔杰玻璃纤维有限责任公司	贷款贴息
10C26114202365	高压水解、连续精馏新工艺回收油脂废料生产油酸	天门市诚鑫化工有限公司	贷款贴息
10C26114202367	高性能、高精密铝合金隔热型材	孝感天茂铝业有限公司	贷款贴息
10C26114212381	六乙基环三硅氧烷合成新工艺	武汉市化学工业研究所有限责任公司	贷款贴息
10C26214302390	快速变质高锶含量铝锶合金线材AlSr20	湖南金联星冶金材料技术有限公司	无偿资助
10C26214302399	80%高钒铁合金	吉首市汇锋矿业有限责任公司	无偿资助
10C26214302403	薄层硬面堆焊工艺制备工程机械耐磨件	湖南中德抗磨损技术发展有限公司	无偿资助
10C26214302409	碱回收白泥制备高品质轻质碳酸钙	津市雪丽造纸包装有限公司	无偿资助
10C26214302411	多用途六氯化钨新材料先进制备	长沙市华京粉体材料科技有限公司	无偿资助
10C26214302418	基于稀土材料的机动车纳米三元催化剂	湖南天宇科技发展有限公司	无偿资助
10C26214302419	基于稳定反应体系生产的高抗磨硫代锑酸锑	益阳生力化工有限责任公司	无偿资助
10C26214302422	基于连续式高温物理提纯工艺的高纯度微晶石墨材料	株洲弗拉德科技有限公司	无偿资助
10C26214302466	低品位软锰矿还原酸浸制备高纯电解锰	保靖友丰锰业有限责任公司	无偿资助
10C26214302467	液压系统元件材料铁改铝	株洲华海液压机械制造有限公司	无偿资助
10C26214302468	环保型无镉、无铅低银基钎料	郴州格瑞特焊业有限公司	无偿资助
10C26214302469	环保型无胶挠性覆铜板	澧县深泰虹科技有限公司	无偿资助

续表

立项代码	项目名称	企业名称	支持方式
10C26214302474	环保复杂工艺冶炼难选、难冶低品位高碳多金属镍钼矿提纯镍、钼、钒等稀贵金属	郴州兴鑫冶炼有限公司	无偿资助
10C26214302479	新型可再生无卤阻燃功能材料	湖南科天新材料有限公司	无偿资助
10C26214302480	新型聚酯催化剂—结晶型乙二醇锑的研制开发	湖南安化县文威化工有限公司	无偿资助
10C26214302481	含钨废料中综合提取钨钴等稀有金属	湖南省安化县金鑫矿冶有限责任公司	无偿资助
10C26214302483	新型节能、环保高性能墙体材料	湖南兴马电力实业股份有限公司	无偿资助
10C26214302490	新型高强度超薄(0.7mm)玻璃	湖南圣昌玻璃有限公司	无偿资助
10C26214302492	新型贝氏体铸钢耐磨件	长沙中清耐磨材料科技有限公司	无偿资助
10C26214302503	功能型紫外光固化成膜材料	长沙市岩田涂料科技有限公司	无偿资助
10C26214302513	微波合成法制备氮化矾	保靖县宝塔矿业科技有限责任公司	无偿资助
10C26214302514	高硬度、高耐磨硬质合金焊丝或焊条及其产品	株洲市明川硬质合金有限公司	无偿资助
10C26214302520	高性能复合涂层双玻璃丝电磁线	湘潭市霞城电工有限公司	无偿资助
10C26214302523	高性能表面改性硬面材料	湖南信德立科技有限公司	无偿资助
10C26214302525	高性能、高精度模压成型微细孔粘结钕铁硼磁体	湖南航天稀土磁有限责任公司	无偿资助
10C26214302532	双玻璃丝聚酰亚胺氟46复合绕包铜扁线	岳阳智海电线电磁有限公司	无偿资助
10C26214302533	从冶金废料中综合回收锗、镓、铟等多金属	郴州福鑫有色金属有限公司	无偿资助
10C26214302536	从钨基高比重合金废料中回收利用钨、镍等稀贵金属	浏阳市鑫利粉末冶金有限公司	无偿资助
10C26214302545	石煤高效提钒技术开发及五氧化二钒产品研究	长沙达华矿业技术开发有限公司	无偿资助
10C26214302552	射流连续球化工艺生产高性能汽车铸件	湖南天能铸造有限公司	无偿资助
10C26214302553	BMC汽车灯罩用紫外光固化涂料	株洲东峻新技术集成有限公司	无偿资助
10C26214302560	高品质绿碳化硅研磨抛光微粉	汉寿金诚研磨材有限公司	无偿资助
10C26214302562	超细球型1500目活性锌粉的研发	沅陵金石金属粉末材料有限公司	无偿资助
10C26214302566	超细晶粒硬质合金棒材	株洲市美特优硬质合金有限公司	无偿资助
10C26214302568	超滤膜支撑层的聚酯纤维复合无纺布	衡阳市恒威工贸有限公司	无偿资助
10C26214302569	超高压水雾化——快速凝固法制备低氧含量微细金属粉末	湖南省冶金材料研究所	无偿资助
10C26214302574	高纯氮气保护“高速离心雾化法”生产高纯无铅锡基球形合金焊粉	泸溪县安泰新材料科技有限责任公司	无偿资助
10C26214302577	高安全性、高容量新型铁锂动力电池	湖南海星高科动力电池有限公司	无偿资助
10C26214302580	铝合金/陶瓷基网状二氧化铅电极	浏阳市佳利瓷业有限责任公司	无偿资助
10C26214302584	连铸堆焊辊开发	衡阳市冶金机械配套厂	无偿资助
10C26214302587	利用直流电熔新工艺生产HJ431D中锰高硅低氟熔炼型焊剂	永州市兴发电熔科技有限公司	无偿资助
10C26214302588	利用湿法冶金工艺分离高纯度稀土氧化物	江华瑶族自治县兴华稀土新材料有限公司	无偿资助
10C26214302590	利用钢铁厂锌灰和高砷氧化锌生产饲料级硫酸锌	常宁市沿江锌业有限责任公司	无偿资助
10C26214302592	采用高碳铬铁为原料生产高纯电解金属铬片	泸溪县鑫兴冶化有限公司	无偿资助
10C26214302593	采用高岭土矿物制备环境友好型聚合氯化铝水处理剂	桂阳县中联陶瓷原料有限公司	无偿资助
10C26224302596	中大电解铝初晶温度检测系统	长沙中大时代电子科技发展有限公司	无偿资助
10C26224302600	点焊电极表面电火花熔敷TiB_2涂层用熔敷棒	株洲科力特新材料有限公司	无偿资助
10C26224302604	低磨(改性)聚氨脂TPU水泵轴套	株洲宏大高分子材料有限公司	无偿资助

续表

立项代码	项目名称	企业名称	支持方式
10C26224302608	新型炼钢厂钢包开口钎用合金钻头	株洲开拓工具有限公司	无偿资助
10C26224302613	无磁高强高韧轻质航天埋置连接件用铝合金材料	湖南卓聚新材料有限责任公司	无偿资助
10C26224302621	高透明隔热用纳米稀土硼化物分散体制备	湖南荣华科技有限公司	无偿资助
10C26224302622	高速列车合金钢(35CrMoA)空心车轴	株洲天力锻业有限责任公司	无偿资助
10C26224302623	全钒液流储能电池及其高活性电解液	湖南维邦新能源有限公司	无偿资助
10C26224302625	超高纯氧化铅	株洲金源化工有限公司	无偿资助
10C26114302632	500KV 液体硅胶复合空心绝缘套管	醴陵泓嘉机械实业有限公司	贷款贴息
10C26114302634	异氰酸酯封端的聚噁唑烷酮高温高强度复合绝缘材料	衡阳恒缘电工材料有限公司	贷款贴息
10C26114302637	低成本高性能锂电池正极材料 LiNi1/4Co1/4Mn1/2O2	湖南美特新材料有限公司	贷款贴息
10C26114302638	新一代电工、电子级高纯超细准球形硅微粉	湖南金马硅业有限公司	贷款贴息
10C26114302641	低成本、环保型复合磷酸锌防腐颜料	湘潭市双马世纪新材料有限公司	贷款贴息
10C26114302642	新型阳离子表面施胶剂	衡阳潇峰实业有限公司	贷款贴息
10C26114302643	含铟物料的锌、铟综合提炼"零排放"工艺	郴州丰越有色金属冶炼有限公司	贷款贴息
10C26114302646	HL-BT 透明隔热玻璃涂料	长沙华良涂料有限公司	贷款贴息
10C26114302647	天然产物五倍子制备没食子酸正辛酯	张家界贸源化工有限公司	贷款贴息
10C26114302648	高效节能烧结钕铁硼永磁电磁铁	岳阳强力电磁设备有限公司	贷款贴息
10C26114302650	高效环保型交联剂 BIPB	湖南以翔化工有限公司	贷款贴息
10C26114302657	利用废塑料生产高性能塑材	湖南平桂制塑科技实业有限公司	贷款贴息
10C26214402669	锆刚玉-莫来石复合耐磨陶瓷	中山市华山特种陶瓷有限公司	无偿资助
10C26214402685	环保型耐高温手机锂电池	肇庆市迅佳科技开发有限公司	无偿资助
10C26214412689	新型医学影像用特种玻璃光纤传像产品	广州宏晟光电科技有限公司	无偿资助
10C26214412690	新型聚硅酸复合盐混凝剂中试生产及在印染废水处理中的应用	广州博芳环保科技有限公司	无偿资助
10C26214412704	手性分离材料和 HPLC 手性柱的研制	广州研创生物技术发展有限公司	无偿资助
10C26214402713	高精度仿真石材瓷砖布料系统的研发与产业化	佛山市东海科伦特机械有限公司	无偿资助
10C26214402714	高功率大容量圆柱形软包装(聚合物)锂离子电池	江门市力源电子有限公司	无偿资助
10C26214402718	钢铁添加剂氮化钒粉体合金及其包芯线	广东延能新材料科技有限公司	无偿资助
10C26224402721	可离型双色定位局部全息防伪膜的研制	中山国安火炬科技发展有限公司	无偿资助
10C26114402722	新型锂离子电池低能耗低压成型封装技术	珠海市雷鸣达通讯技术发展有限公司	贷款贴息
10C26114402724	挠性印制电路用聚酰亚胺薄膜	中山市东溢新材料有限公司	贷款贴息
10C26214422735	基于水基流延的片式 PTC 热敏元件制备	深圳市安培盛科技有限公司	无偿资助
10C26214422737	动态场序驱动彩色 TN 液晶显示技术	深圳赛科显示器有限公司	无偿资助
10C26214422742	耦合改性纳米二氧化钛高效光催化剂及其多功能绿色环保光催化生态内墙涂料的研制	深圳海川色彩科技有限公司	无偿资助
10C26214422766	先进发动机活塞环表面 PVD 涂层的制备	深圳市广大纳米工程技术有限公司	无偿资助
10C26214422789	纳米橡胶改性环氧树脂 HH-080(N)系列产品	深圳市华西宏基科技有限公司	无偿资助
10C26114422800	全自动 LED 固晶机的关键技术开发及产业化	深圳市翠涛自动化设备有限公司	贷款贴息
10C26214502809	CPS 高分子复合防水材料的开发	广西金雨伞防水装饰有限公司	无偿资助

续表

立项代码	项目名称	企业名称	支持方式
10C26214502813	松脂合成混合醇型类 191 树脂	岑溪市林化工业有限公司	无偿资助
10C26214502815	生产高氯酸钾用钢铅复合新型阴极的研究开发	桂林资江源化工有限公司	无偿资助
10C26214502820	改性碳酸钙一体化生产设备研制	桂林嘉利特粉体材料科技有限公司	无偿资助
10C26224502825	太阳能电池硅原料提纯用大功率电子束熔炼炉	桂林实创真空数控设备有限公司	无偿资助
10C26215102831	宽温宽频高稳定性低损耗 KN15 材料	绵阳超越电子有限公司	无偿资助
10C26215122833	粉末火焰漂浮法玻璃微珠的制造装置及产品	成都嘉和玻璃珠有限公司	无偿资助
10C26215102835	空心钢锭的开发与生产	什邡市三裕锻件有限公司	无偿资助
10C26215102845	八面取 PDP 显示面板配套湿化学品 ITO 刻蚀液	绵阳艾萨斯电子材料有限公司	无偿资助
10C26215102846	多功能液晶原料 2,2-双(3-氨基-4-羟基苯基)六氟丙烷的中试	自贡天龙化工有限公司	无偿资助
10C26215102849	多尺度多功能环境净化纳米材料	成都交大晶宇科技有限公司	无偿资助
10C26215122850	多层叠轧内氧化法制备弥散强化铂复合材料	成都盛泰鑫安金属材料有限公司	无偿资助
10C26215122852	CYG 型功率片式云母电容器	成都市贡峰电子有限公司	无偿资助
10C26215122862	滞空球化高品质中空玻璃微球研发与应用	成都领航光电科技有限公司	无偿资助
10C26215122870	电池级锂铜嵌带制备新技术及产品	成都顿威新型金属材料有限公司	无偿资助
10C26215102871	电池级碳酸锂一步法清洁化生产新工艺	阿坝广盛理业有限责任公司	无偿资助
10C26215102879	用于脱硝催化剂的二氧化钛产品制备技术	四川华铁钒钛科技股份有限公司	无偿资助
10C26215102883	2000 吨/年电池级磷酸二氢锂生产新工艺及装置	四川国理锂材料有限公司	无偿资助
10C26215122884	硬质合金循环利用处理技术及成套设备	成都科力铁硬质合金有限公司	无偿资助
10C26215102885	低温真空浓缩除杂技术在钛白废酸处理中的应用	四川省攀化科技有限公司	无偿资助
10C26215102889	低损耗、高稳定性微波铁氧体材料	绵阳亚特磁业有限公司	无偿资助
10C26215102891	氧化硅纳米孔超级绝热材料	绵阳市正阳科技有限公司	无偿资助
10C26215102892	环保型 SEBS 热塑性弹性体密封条专用料	成都大成塑胶有限公司	无偿资助
10C26215102895	新型特种柔性介质破碎机研制	江油益达特种耐磨材料有限公司	无偿资助
10C26215102900	新型节能环保再生胶生产	四川省隆昌海燕橡胶有限公司	无偿资助
10C26215122907	锌-LC 稀土(RE10%)中间合金研究及应用	四川省良友稀土金属有限责任公司	无偿资助
10C26215102916	通用型绿色高性能接枝改性淀粉基纳米复合纺织浆料	四川省射洪聚塔化工有限公司	无偿资助
10C26215102919	高性能长玻纤增强尼龙 66 复合材料	绵阳市鹏洋高分子材料有限公司	无偿资助
10C26215102921	高性能(Sm_2Co_{17})稀土钴粘结磁粉	绵阳市金海磁性材料有限公司	无偿资助
10C26215102934	高效高亮度白光 LED 制备及照明应用关键技术及产品	四川柏狮光电技术有限公司	无偿资助
10C26215102941	生产氮化钒的新工艺	攀枝花市南辉科技有限责任公司	无偿资助
10C26215102950	PEDT 片式固体钽电解电容器制备技术及产品	四川东盛电子科技有限公司	无偿资助
10C26215102951	高强度 PVC/CPE 复合管材制备技术及产品	四川新明塑业有限公司	无偿资助
10C26215122959	高亮度高耐候性聚碳酸酯微棱镜结构逆反射型反光材料	成都比特王科技有限责任公司	无偿资助
10C26215102964	Ni-Mg-Mn-Zn-Cu-Fe 多元复合新型抗 EMI 铁氧体材料	绵阳久硕磁材科技有限公司	无偿资助
10C26215122965	高精度低软化点玻璃非球面预制件加工工艺及产品	成都光明光学元件有限公司	无偿资助
10C26215102966	难加工管材材料的高效切削硬质合金刀片开发	成都伍田机械技术有限责任公司	无偿资助

续表

立项代码	项目名称	企业名称	支持方式
10C26215122967	耐高温石油钻探用一次锂亚电池	成都建中锂电池有限公司	无偿资助
10C26215102968	超大尺寸、高功率脉冲系统的微波介电陶瓷材料及器件	四川省科学城久远磁性材料有限责任公司	无偿资助
10C26215122974	高导热阻燃柔性自粘硅橡胶	成都拓利化工实业有限公司	无偿资助
10C26215102975	NES 天然岩沥青改性剂	山东高速青川天然沥青开发有限公司	无偿资助
10C26215102979	脉冲镀镍基纳米复合镀层材料及制造方法	德阳深捷科技有限公司	无偿资助
10C26215102983	链式铁氧体环行器/隔离器组件	绵阳市耐特电子实业有限责任公司	无偿资助
10C26215102984	采用密闭鼓风炉铁水浇铸的汽车钒钛制动鼓	四川省富邦钒钛制动鼓有限公司	无偿资助
10C26215102985	利用工业余热低成本制备超细粉体的设备开发与应用	绵阳流能粉体设备有限公司	无偿资助
10C26225102988	宽温低温度系数高频 NiZn 铁氧体材料	绵阳高新区新欣电子有限责任公司	无偿资助
10C26225103000	用于绿色照明的 SM5B 高导宽温软磁铁氧体材料	绵阳赛茂科技有限公司	无偿资助
10C26225103007	H04 宽温高直流叠加、高磁导率 MnZn 铁氧体材料	绵阳市杰成机电设备有限公司	无偿资助
10C26225123008	高性能热塑性聚酰亚胺树脂的开发	成都金桨高新材料有限公司	无偿资助
10C26225123013	PBO 短纤维激光连续切割技术及 PBO 短纤维包覆纱柔性耐热材料	成都巨合新材料技术有限责任公司	无偿资助
10C26115103020	节能窄粒径超细重钙生产	四川石棉巨丰粉体有限公司	贷款贴息
10C26115103023	适用片式高频、高稳定、高精度频率器件的双转角 SC、IT 切晶片	四川省三台水晶电子有限公司	贷款贴息
10C26215113078	无缝不锈钢管 8K 镜面电子管开发	重庆巴界金昌不锈钢管制造有限公司	无偿资助
10C26215113085	双阳极 R20 无汞高能锌锰环保电池	重庆神鸟科技有限公司	无偿资助
10C26215113093	PVC 管再生料微波活化关键技术研发及应用	重庆吉尔塑料有限责任公司	无偿资助
10C26215113102	高精密多层板及无铅化工艺	重庆汇鼎电子电路有限公司	无偿资助
10C26215113107	高分子高强度耐磨轴瓦	重庆斯凯迪轴瓦有限公司	无偿资助
10C26215113111	高纯度金属锂精炼加工及型材生产	重庆昆瑜锂业有限公司	无偿资助
10C26215113112	镁合金手持工具零部件精密加工	重庆勇钢电子机械有限责任公司	无偿资助
10C26115113120	高吸水抗压耐腐蚀金属橡胶复合新型密封材料	重庆市万通工业有限公司	贷款贴息
10C26215203131	碳化硅壁流式蜂窝陶瓷柴油机微粒过滤器	贵州黄帝车辆净化器有限公司	无偿资助
10C26215203132	从海绵钛生产过程产生的废弃物中回收铜、钒中试	遵义盛钛机械设备制造有限公司	无偿资助
10C26215203139	高纯超细二氧化硅微粉制备	贵州金沙高科硅业开发有限公司	无偿资助
10C26215203141	采用灰铸铁均衡凝固技术生产大中型高性能复杂泵件	遵义拓特机械有限公司	无偿资助
10C26115203142	RRU 通讯设备铝合金铸件产业化	贵州安吉有色铸造有限责任公司	贷款贴息
10C26215303147	CO-Ⅰ型牙用复合羧聚陶瓷补牙材料	昆明维泽科技有限公司	无偿资助
10C26215303151	太阳能真空管热发电项目	云南齐裕经济技术发展有限公司	无偿资助
10C26216113166	半连续式非晶合金磁性器件功能热处理设备	西安民生电热技术工程有限责任公司	无偿资助
10C26216103168	几种用于改善钛合金性能的中间合金	宝鸡稀有金属制品厂	无偿资助
10C26216113178	基于可控硅斩波控制 DC-AC 的大功率太阳能电源逆变器	西安实新光伏有限责任公司	无偿资助
10C26216113186	基于多晶硅生产固舌阀塔盘的技术研究与生产	西安华陆石化工程有限公司	无偿资助
10C26216113190	JSTB 新型耐磨铜合金	西安健科新技术开发有限公司	无偿资助

续表

立项代码	项目名称	企业名称	支持方式
10C26216113201	用于LCD显示模组内的精密高性能屏蔽材料	西安鸿瑞光显部品有限公司	无偿资助
10C26216103203	低温条件浮选萤石捕收剂的研制及产业化项目	陕西新星浮选剂有限责任公司	无偿资助
10C26216103207	低品位铅锌矿综合开发利用及铵盐活化选硫新工艺技术	略阳县金远矿业有限责任公司	无偿资助
10C26216103210	新型钛基镍扣种板	宝鸡市永联稀有金属有限责任公司	无偿资助
10C26216113212	新型医用形状记忆合金Ti-26Nb-8Sn的工业制备及其超弹性应用	西安群德新材料科技有限公司	无偿资助
10C26216103216	新型导电线材——镀镍铈合金软铜线	丹凤县永鑫电子材料有限责任公司	无偿资助
10C26216113225	铜管坯水平连铸生产线	西安华阳电热设备有限公司	无偿资助
10C26216103232	高性能高精度医用钛棒材	宝鸡鑫诺新金属材料有限公司	无偿资助
10C26216113233	太阳能级多晶硅生产用氢化炉炭/炭热场产品	西安超码科技有限公司	无偿资助
10C26216113240	石油测井仪器专用高温承压复合绝缘材料及其与金属体的粘接技术	西安永兴科技发展有限公司	无偿资助
10C26216113255	高端封装IC芯片分割用薄型金属基金刚石锯切制品产业化	西安点石超硬材料发展有限公司	无偿资助
10C26216113259	高倍率聚合物锂离子电池(组)	西安瑟福能源科技有限公司	无偿资助
10C26216103261	磷酸铁锂的产业化	西安物华新能源科技有限公司	无偿资助
10C26216103263	负居里点正温度系数PTC热敏电阻	韩城市华龙电子有限责任公司	无偿资助
10C26216113264	复合材料电缆芯	西安超码复合材料公司	无偿资助
10C26226113275	基于新型感温材料在恒温阀芯及龙头上的应用	西安西古恒温技术有限公司	无偿资助
10C26226103279	多层大面幅钛及多种金属复合板	宝鸡市钛程金属复合材料有限公司	无偿资助
10C26226103286	锆及锆合金粉末冶金制品	宝鸡亨鑫稀有金属材料有限公司	无偿资助
10C26226103287	钛合金新型水滴管制品	宝鸡欧亚化工设备制造厂	无偿资助
10C26226103300	真空铝热法铝钒中间合金	宝鸡市瑞达有色金属有限公司	无偿资助
10C26226113303	CT8高压大容量陶瓷电容器	西安健信电力电子陶瓷有限责任公司	无偿资助
10C26226113305	宇航钛合金紧固件用高性能高精度棒丝材	西安航天博诚新材料有限公司	无偿资助
10C26226103310	低氧高纯钛粉粉末冶金材料制备	宝鸡迈特钛业有限公司	无偿资助
10C26226103319	航空航天用超高速磨具特种钛合金基体	宝鸡市三立有色金属有限责任公司	无偿资助
10C26226103320	新型纳米级钯炭催化剂产业化关键技术	陕西开达化工有限责任公司	无偿资助
10C26226103323	单晶生产用新型节能钼坩埚	宝鸡鼎立稀有金属有限公司	无偿资助
10C26226113324	锅炉凝结水回收水处理药剂的开发与应用	西安润达化工科技有限公司	无偿资助
10C26226113330	无铅压电陶瓷材料	西安创联电容器有限责任公司	无偿资助
10C26226103341	高性能金刚石聚晶复合片(PDC)模具	宝鸡市蕴杰金属制品有限公司	无偿资助
10C26226113342	高性能多层压电陶瓷扬声器	西安康鸿环保科技有限公司	无偿资助
10C26226113353	PSG-6新型环氧粉末用低温固化剂	西安大禾化工材料有限公司	无偿资助
10C26226103352	出口珩磨管用钛合金铸锭	宝鸡市永盛泰钛业有限公司	无偿资助
10C26226103360	高精度钛种板	宝鸡市巨成钛业有限责任公司	无偿资助
10C26226103361	镍基高温钼还原料舟	宝鸡市华西金属科技有限责任公司	无偿资助
10C26116103366	新型橡胶材料无模切削密封件	咸阳科隆特种橡胶制品有限公司	贷款贴息
10C26216203374	多元复合强化高锰钢堆焊合金焊丝	兰州威特利焊材有限公司	无偿资助
10C26226203394	用于丙烯两步氧化生产丙烯酸的催化剂	兰州金润宏成石油化工科技有限公司	无偿资助

续表

立项代码	项目名称	企业名称	支持方式
10C26226203397	新型环保 UV 光固化涂料	兰州迅美漆业科技有限公司	无偿资助
10C26226203402	高效、低成本晶体硅太阳光伏电池	兰州同心电池有限公司	无偿资助
10C26216403416	整体式铸钢矿热炉用通水下料柱研制	平罗县会元锰钢厂	无偿资助
10C26216503424	LOW-E 玻璃深加工工艺推广及应用项目	新疆多汇玻璃技术有限公司	无偿资助
10C26211103441	太阳能多(单)晶硅切片用再生刃料及切削液	正申科技(北京)有限责任公司	无偿资助
10C26211103449	抗冲击、高耐磨复合衬板	北京市梵格橡塑技术有限公司	无偿资助
10C26211103460	渗透汽化陶瓷膜及水/有机物分离装置	北京鸿智嘉和科技有限公司	无偿资助
10C26221103473	压力管材高分散抗蠕变炭黑母粒	北京北化高科新技术有限公司	无偿资助
10C26221103494	高性能无机/有机纳米复合抗菌剂的研究及产业化	北京崇高纳米科技有限公司	无偿资助
10C26211103510	溶液性超细无机加固材料	北京新中岩建材科技有限公司	无偿资助
10C26211103511	爆轰法合成聚晶金刚石	北京理工兴华新材料技术有限公司	无偿资助
10C26211103513	口腔修复用纤维桩	北京欧亚瑞康新材料科技有限公司	无偿资助
10C26221103531	高强韧、高成形性轧制镁合金薄板带	北京迈锐思镁轧制有限公司	无偿资助
10C26241103553	超导应用技术服务	北京超导园科技企业孵化器有限公司	无偿资助
10C26211203596	3.2mm 超白光伏减反射钢化玻璃	天津天环光伏太阳能有限公司	无偿资助
10C26241203604	纳米科技及相关领域专业化技术服务	国家纳米技术与工程研究院	无偿资助
10C26241203606	金属材料、压力容器与压力管道试验、检测技术服务平台	天津欣维检测技术有限公司	无偿资助
10C26211303670	镁合金康复轮椅	唐山亨利车料有限公司	无偿资助
10C26211303672	高速铁路铸钢桥梁支座消失模近净型铸造工艺及产品	衡水中铁建型钢铸造有限公司	无偿资助
10C26211303674	无钼镍多元强韧化耐磨钢斗齿	遵化市新宏宇冶金机械有限公司	无偿资助
10C26211303680	1-丙烯-1,3 磺酸内酯	石家庄圣泰化工有限公司	无偿资助
10C26211303681	固态发酵法中试生产高活性木聚糖酶	承德津钢气体有限公司	无偿资助
10C26211303683	高效率、低成本非晶硅叠层太阳能电池	河北汉盛光电科技有限公司	无偿资助
10C26211303686	高耐磨性化学气相沉积(CVD)金刚石	河北普莱斯曼金刚石科技有限公司	无偿资助
10C26211303687	复件无铅焊锡球	廊坊邦壮电子材料有限公司	无偿资助
10C26211303688	功能复合型单层有机光导鼓	邯郸光导重工高技术有限公司	无偿资助
10C26241303696	材料精确成形共性技术服务平台	石家庄全新科技开发中心	无偿资助
10C26241303697	机械钣金产业共性关键技术研发与推广	香河县生产力促进中心	无偿资助
10C26241303698	陶瓷、煤化工产品检验、检测及设施共享服务	峰峰矿区技术监督检验所	无偿资助
10C26241303699	玻璃产业新技术示范与应用	沙河市科学技术开发中心	无偿资助
10C26241303700	新材料创新服务平台	邯郸高新技术创业服务中心	无偿资助
10C26211403736	太阳能高效聚光电池模块产业化	山西晨煜风光科技股份有限公司	无偿资助
10C26211403737	HTAC 立式模块化镁还原系统	山西龙镁伟业科技有限公司	无偿资助
10C26211403740	年产 400 吨芳基磷酸酯盐类成核剂	山西省化工研究所合成材料厂	无偿资助
10C26211503753	亚硫酸钙水质双化球及其制造方法	通辽经济技术开发区天源麦饭石有限公司	无偿资助
10C26211503755	新型高分子复合植物青贮保鲜膜的技术创新及应用	呼伦贝尔市海拉尔区贝伦实业有限责任公司	无偿资助
10C26211503756	高导石墨材料	内蒙古兴和县宏远电碳厂	无偿资助

续表

立项代码	项目名称	企业名称	支持方式
10C26211503772	大规格中粗颗粒石墨材料及其生产工艺	兴和兴永碳素有限公司	无偿资助
10C26212103778	仪器、仪表保护用叠片 PTC 热敏电阻器	丹东国通电子元件有限公司	无偿资助
10C26212103779	输油管道封堵皮碗、扩张式隔离囊封堵产品研制	铁岭市精密橡胶制品研究所	无偿资助
10C26212103780	爆炸复合式刀具用特种新材料	辽宁埃玛科技开发有限责任公司	无偿资助
10C26212113782	镍铬硅铜合金材料的开发与研究	沈阳兴工铜业有限公司	无偿资助
10C26212203805	子午轮胎结构材料的辐照预处理	辽源弘霖辐照技术有限责任公司	无偿资助
10C26212203808	功能型高聚合絮凝剂	吉林市明瀚化工有限公司	无偿资助
10C26212203815	300 吨磷酸亚铁锂材料试验线建设项目	辽源市星源电池材料科技有限公司	无偿资助
10C26212203823	高分子基耐磨复合材料管道和构件	四平鹏飞耐火耐磨材料有限公司	无偿资助
10C26212203830	高品位碳化硼微粉	敦化市正兴磨料有限责任公司	无偿资助
10C26212203832	太阳能硅片专用切割材料	通化宏信研磨材有限责任公司	无偿资助
10C26242303869	中小企业焊接共性技术服务平台	哈尔滨现代焊接技术生产力促进中心	无偿资助
10C26213103871	99Tc 医用同位素钨合金材料屏蔽装置	上海同普放射防护设备有限公司	无偿资助
10C26213103903	新型无钢套先天性心脏病封堵器	上海形状记忆合金材料有限公司	无偿资助
10C26243103967	高分子材料创新资源共享服务项目	上海高分子材料研究开发中心	无偿资助
10C26213203989	汽车外覆盖件用铝合金板材	徐州财发铝热传输有限公司	无偿资助
10C26213203991	海底电缆用铜镍合金钢	丹阳市协昌合金有限公司	无偿资助
10C26213203994	超大容量碳纤维线芯铝绞线及配套金具的研发及产业化	常州鸿泽澜线缆有限公司	无偿资助
10C26213204004	超低温烧结纯银内电极多层压电陶瓷扬声器	张家港市玉同电子科技有限公司	无偿资助
10C26213204037	高性能水性无毒金属防腐纳米涂料开发与产业化	江苏荣昌化工有限公司	无偿资助
10C26213204044	高速列车型材制造用大型复杂截面挤压模具	江阴市江顺模具有限公司	无偿资助
10C26213204045	超低密度高强度支撑剂	宜兴东方石油支撑剂有限公司	无偿资助
10C26213204050	高性能粉末冶金稀土合金含油轴承	海安万众粉末冶金有限公司	无偿资助
10C26213204052	发酵-酶促法合成 7-氨基-3-脱乙酰氧基头孢烷酸的研发及产业化	徐州瑞赛科技实业有限公司	无偿资助
10C26213204053	超越离合器复杂曲面冷精锻成形关键技术研发与产业化	江苏森威集团大丰精密锻造有限责任公司	无偿资助
10C26243204074	机械产品材料测试及再制造公共技术服务	江苏省机械研究设计院有限责任公司	无偿资助
10C26213304118	适用于容性负载的高压真空开关触头材料	浙江亚通金属陶瓷有限公司	无偿资助
10C26213304123	大型多晶硅铸锭炉的开发	绍兴县精功机电研究所有限公司	无偿资助
10C26213304124	新材料高精度高耐磨剖层机系列刀板	湖州金利孚刀具有限公司	无偿资助
10C26213304127	核废料固化专用玻璃珠	天台精工西力玻璃珠有限公司	无偿资助
10C26213304129	8 英寸超薄单晶硅片的绿色高效线网切割技术	浙江矽盛电子有限公司	无偿资助
10C26213304131	具有微波测深功能的热熔复合整体式排水板	浙江宾王工程材料有限公司	无偿资助
10C26213304133	片式超小型大功率长寿命电容器	长兴华强电子有限公司	无偿资助
10C26213304135	合成、纯化新技术开发高纯度乙二醇双(2-氨基乙基)醚四乙酸(EGTA)	湖州旭龙生物化学有限公司	无偿资助
10C26213304136	等离子膜化非球面高透氧硬性角膜接触镜的研发	温州欣视界科技有限公司	无偿资助
10C26213304139	海洋工程结构材料专用多功能复合粉体	浙江合力新型建材有限公司	无偿资助

续表

立项代码	项目名称	企业名称	支持方式
10C26213304142	4-氯-3,5-二硝基三氟甲苯绿色合成新技术	浙江康峰化工有限公司	无偿资助
10C26213304169	超细晶粒碳化钛硬质合金及高速线材轧机用弯管盒	东阳市沃诺斯硬质合金有限公司	无偿资助
10C26213304171	新型太阳电池组件背板材料	嘉兴市博视光伏科技有限公司	无偿资助
10C26213304173	废铅蓄电池再生铅绿色全湿法提取工艺的开发及中试	浙江汇同电源有限公司	无偿资助
10C26213304174	金属结构件疲劳裂纹损伤薄膜传感网络及监测系统	绍兴精功装备检测科技有限公司	无偿资助
10C26213304175	硅晶圆线切割废液中高纯碳化硅(SiC)和聚乙二醇(PEG)的回收及循环利用	浙江源盛硅晶材料有限公司	无偿资助
10C26213304183	耐热型热塑性密封用聚氨酯	三门博大橡塑科技有限公司	无偿资助
10C26213304191	绿色合成技术2-乙基蒽醌新工艺研究及中试	湖州吉昌化学有限公司	无偿资助
10C26213314214	满足无人看管电器要求的环保阻燃增强 PBT 工程塑料	余姚市凡伟工程塑料有限公司	无偿资助
10C26213314220	NFW-400 耐高低温交替瞬变特种涂层	宁波浙润涂层新材料科技有限公司	无偿资助
10C26213314224	透明陶瓷用无团聚氧化铝、钇铝石榴石超细陶瓷粉体	宁波吉瑞陶瓷技术有限公司	无偿资助
10C26213314231	生物基聚酰胺功能磨料丝	慈溪市洁达纳米复合材料有限公司	无偿资助
10C26213404249	无溶剂熔融结晶新工艺生产β-羟烷基酰胺固化剂	六安市捷通达化工有限责任公司	无偿资助
10C26213404254	水滑石改性钙锌高效环保热稳定剂	滁州市宏源喷涂有限公司	无偿资助
10C26213404255	适用于多种基材的环保型硅烷和氟锆酸复配表面处理剂	安徽未来表面技术有限公司	无偿资助
10C26213404266	高强耐磨尼龙	合肥科拜耳新材料有限公司	无偿资助
10C26213404269	以膨润土为原料采用浸取合成工艺制取超细硅酸铝	黄山市恒佳科技有限公司	无偿资助
10C26213404275	消失模铝合金铸造发动机缸体缸盖	安徽中兴华汉机械有限公司	无偿资助
10C26213404276	普通聚丙烯 CO_2超临界挤出发泡珠粒及产业化	合肥圆融中科材料有限公司	无偿资助
10C26213404279	废旧硅橡胶回收综合利用新技术及设备	安徽金诺特有机硅有限公司	无偿资助
10C26213404288	纤维增强镶圈高硅过共晶铝合金活塞	安徽省恒泰活塞制造有限公司	无偿资助
10C26213504305	纳米耐高温陶瓷表面喷印装饰墨水	福州奥博兹科技有限公司	无偿资助
10C26213504316	用于汽车尾气净化的高性能复合氧化物催化涂层材料	福建桑澳特环保科技有限公司	无偿资助
10C26213504317	高效耐用金刚石串珠绳	泉州市洛江区双阳金刚石工具有限公司	无偿资助
10C26213504319	耐腐蚀超低碳高镍特种合金铸件	泉州腾达精铸有限公司	无偿资助
10C26213504320	电动车用超高功率长寿命镍氢动力电池	福建卫东环保科技有限公司	无偿资助
10C26243504323	德化陶瓷产业基地新型环保陶瓷釉技术公共服务平台	泉州市陶瓷科学技术研究所	无偿资助
10C26243504325	福州市陶瓷行业公共技术服务平台	福州市陶瓷行业技术创新中心	无偿资助
10C26213604347	抗紫外老化水性透明涂料的研制	江西三和科技有限公司	无偿资助
10C26213604351	利用碳铵沉淀法制备纳米氧化钇、氧化铕	龙南县京利有色金属有限责任公司	无偿资助
10C26213604355	-40℃低温冲击大断面球墨铸铁件	鹰潭晨宇重型机械有限公司	无偿资助
10C26213604356	KW 新型液态金属保温覆盖剂	江西新型铸造材料有限公司	无偿资助
10C26213604357	新工艺技术生产高纯碳酸铯	江西东鹏新材料有限责任公司	无偿资助

续表

立项代码	项目名称	企业名称	支持方式
10C26213604360	无溶剂加成型有机硅耐高温树脂中试	江西省天树科技有限责任公司	无偿资助
10C26213604363	FFC 剑桥法超细钽粉	江西景泰钽业有限公司	无偿资助
10C26213604367	合金固晶 LED	江西贵光科技有限公司	无偿资助
10C26243604378	萍乡化工陶瓷产业公共技术服务平台建设	萍乡市湘东区生产力促进中心	无偿资助
10C26243604383	黎川县日用耐热陶瓷公共技术服务平台	黎川县陶瓷研究发展中心	无偿资助
10C26243604388	金属新材料研发检测创新资源共享服务平台建设	江西省科学院应用物理研究所	无偿资助
10C26243604389	陶瓷原材料及制品测试公共服务平台	江西省陶瓷检测中心	无偿资助
10C26243604393	江西省有色金属行业技术创新服务平台建设	赣州市企业技术创新促进中心有限公司	无偿资助
10C26213704397	酚醛纤维中试开发	山东莱芜润达化工有限公司	无偿资助
10C26213704398	压缩机用铜芯密封接线柱	日照汇丰电子有限公司	无偿资助
10C26213704402	超粗晶粒硬质合金	山东硬质合金有限公司	无偿资助
10C26213704414	镍氢动力电池气相磺化隔膜	莱州联友金浩新型材料有限公司	无偿资助
10C26213704417	反应烧结碳化硅脱硫喷嘴	潍坊华美精细技术陶瓷有限公司	无偿资助
10C26213704420	新型焦炉热修用高纯石英材料	淄博市万利隆耐火材料有限公司	无偿资助
10C26213704425	耐高温纤维层复合过滤材料研究与开发	山东奥博环保科技有限公司	无偿资助
10C26213704426	新工艺生产太阳能晶硅片切割刃料	潍坊汇成新材料科技有限公司	无偿资助
10C26213704428	低温超导除铁器	潍坊新力超导磁电科技有限公司	无偿资助
10C26213704430	袋式除尘用改性超细纤维复合过滤材料	山东新力过滤材料有限公司	无偿资助
10C26213704435	高性能多用途反应烧结碳化硅结构陶瓷	山东金鸿集团有限公司	无偿资助
10C26243704441	海洋精细化工产品研发及技术服务	山东省海洋化工科学研究院	无偿资助
10C26213714457	汽车发动机塑料件预变形精密模具	青岛再特模具有限公司	无偿资助
10C26213714460	安全玻璃用光致变色增塑 pvb 树脂	青岛昊成实业有限公司	无偿资助
10C26213714469	氮化物半导体衬底材料工业化生产	青岛铝镓光电半导体有限公司	无偿资助
10C26213714474	汽车发动机用强化齿形链的研发与推广	青岛征和工业有限公司	无偿资助
10C26213714475	A-90 型高效环保橡胶增粘剂	青岛海佳助剂有限公司	无偿资助
10C26214104497	环保型锌镍二次动力电池的研发与生产	新乡联达华中电源有限公司	无偿资助
10C26214104503	高纯易烧结氧化铝陶瓷粉体	焦作市宏程先进陶瓷科技有限公司	无偿资助
10C26214104505	苯选择加氢制环己烯新型催化剂产业化	郑州天长化工技术有限公司	无偿资助
10C26214104515	1000 吨/年免底涂聚氨酯汽车风挡玻璃密封胶	濮阳市万泉化工有限公司	无偿资助
10C26214204548	1H-1,2,4-三氮唑-3-甲酸甲酯	湖北志诚化工科技有限公司	无偿资助
10C26214204557	陶瓷基/NAO 复合摩擦材料	湖北赤壁赛飞摩擦材料有限公司	无偿资助
10C26214204564	全生物质增强纤维板—汽车内装饰新型衬板材料	阳新五龙兴塑业高科技材料有限公司	无偿资助
10C26214204568	拉挤玻璃钢型材用高效环保内脱模剂	湖北康文新材料科技有限公司	无偿资助
10C26214204571	新型固体碱催化剂催化生物柴油副产物甘油酯交换合成甘油碳酸酯	安陆汇吉化工有限公司	无偿资助
10C26214204572	硫酸渣复合球团还原焙烧法制备高品位磁铁精矿的技术研发	武汉善恩思冶金技术有限公司	无偿资助
10C26214204581	新型浇铸水晶玻璃板材与器皿专用电烧隧道窑	湖北华夏窑炉工业(集团)有限公司	无偿资助
10C26244204591	化工中小企业专业技术服务	湖北省化学工业研究设计院	无偿资助

续表

立项代码	项目名称	企业名称	支持方式
10C26244204602	精密铸造专业技术服务平台	武汉机械工艺研究所有限责任公司	无偿资助
10C26214304648	新型耐150℃高温铝电解电容器	衡阳县创基电子有限公司	无偿资助
10C26214304650	半固态成形技术制备高性能硅铝合金汽车配件	娄底市文昌科技有限公司	无偿资助
10C26214304661	等静压及模压炭质焙烧品内串石墨化	郴州市三晶科贸有限公司	无偿资助
10C26214304667	真空溅射镀膜用高纯度细晶粒钛/铝/硅/镍及其合金靶材	长沙永腾金属材料有限责任公司	无偿资助
10C26214304673	聚甲基丙烯酰亚胺(PMI)泡沫塑料	长沙科成高分子材料有限公司	无偿资助
10C26214304678	真空挤压法生产超细高强度硬质合金	湖南世纪特种合金有限公司	无偿资助
10C26214304679	汽车热交换器用高耐蚀性复合铝合金材料	长沙众兴铝业有限公司	无偿资助
10C26214304682	复合型导电塑料母粒	湖南惠同新材料股份有限公司	无偿资助
10C26214304683	短流程小断面水平连铸连轧无铅易切削不锈钢	衡阳市金则利特种合金有限公司	无偿资助
10C26214304685	CONFORM 连续挤压精轧变形镁合金板带材	郴州市强旺新金属材料有限公司	无偿资助
10C26244304698	湖南省特种陶瓷公共技术服务平台	娄底市生产力促进中心	无偿资助
10C26244304699	精细化工公共技术服务平台	岳阳市云溪工业园科技创业服务中心	无偿资助
10C26244304695	中小企业改性塑料技术创新服务	湖南省塑料研究所	无偿资助
10C26244304701	高性能金属材料技术服务平台	湖南省冶金材料研究院有限责任公司	无偿资助
10C26244304702	精细化工产业集群技术转移公共服务平台	岳阳市生产力促进中心	无偿资助
10C26244304705	长沙先进电池材料公共技术服务	长沙高新技术产业开发区创业服务中心	无偿资助
10C26244304707	长沙高新区新材料产业集群中小企业节能技术创新服务	长沙智成科技咨询服务有限公司	无偿资助
10C26244304713	基于竞争情报的湖南先进制造和新材料领域中小企业技术创新服务	湖南省科学技术信息研究所	无偿资助
10C26244304715	湖南硬质合金公共技术服务平台	株洲市生产力促进中心	无偿资助
10C26244304716	株洲硬质合金试验、专业检测创新资源共享服务平台	株洲金山民营科技园有限公司	无偿资助
10C26214404734	电子封装用新型精密点涂无铅无卤焊锡膏的开发及产业化	东莞市特尔佳电子有限公司	无偿资助
10C26214404735	大功率高效高亮度白光 LED 封装技术研发及产业化	东莞市科磊得数码光电科技有限公司	无偿资助
10C26214404738	高品质钢板生产线关键部件激光表面强化技术及产品	广州粤鑫激光科技有限公司	无偿资助
10C26214404744	无卤反应性膨胀型阻燃剂复合阻燃橡胶材料	佛山市顺德区森柏实业有限公司	无偿资助
10C26214404745	新型安规陶瓷电容器	汕头高新区松田科技实业有限公司	无偿资助
10C26214404746	基于一步法合成环保 CZ 多功能热稳定剂	广东高科达科技实业有限公司	无偿资助
10C26214404747	高分子 PVC/石墨电磁屏蔽音视频信号线	揭阳市广福电子实业有限公司	无偿资助
10C26214404748	热压复合式超薄导光板	东莞市翌唐新晨光电科技有限公司	无偿资助
10C26214404751	基于氢化蓖麻油插层蒙脱土改性的单组分聚氨酯建筑密封胶	东莞市普赛达密封粘胶有限公司	无偿资助
10C26214414754	滚珠螺母复合加工成套生产线	广州市敏嘉制造技术有限公司	无偿资助
10C26214414755	高能量高安全性环保锂-二硫化铁电池	广州市天球实业有限公司	无偿资助
10C26214404784	自清洁水性纳米太阳能玻璃减反射涂料及其制膜技术	中山市旌旗纳米材料科技有限公司	无偿资助
10C26214414787	可改变电路阻抗的极薄屏蔽膜	广州通德电子科技有限公司	无偿资助
10C26214414790	制备耐高温阻燃输送带的木质素补强橡胶	广州林格高分子材料科技有限公司	无偿资助

续表

立项代码	项目名称	企业名称	支持方式
10C26214414795	微波多层片式陶瓷电容器的贱金属镍内部电极浆料	广州三则电子材料有限公司	无偿资助
10C26214414800	疏水型气相二氧化硅	广州吉必盛科技实业有限公司	无偿资助
10C26214424834	大功率多晶体组合一体化封装 LED 照明灯	深圳市金积嘉世纪光电科技有限公司	无偿资助
10C26214504870	工程机械耐磨刀板新材料产业化	柳州金盾机械有限公司	无偿资助
10C26214504873	双复合电沉积技术生产银氧化锡/铜低压电接触元件	柳州市建益电工材料有限公司	无偿资助
10C26214504888	金属氟橡胶复合密封板	桂林市金谷新材料有限公司	无偿资助
10C26214504892	综合利用废旧橡胶轮胎制备沥青改性剂	广西远景橡胶科技有限公司	无偿资助
10C26214504896	锡银铜电子软钎焊料的产业化应用	广西泰星电子焊接材料有限公司	无偿资助
10C26214504897	低成本铁基合金金刚石绳锯	桂林华锋金刚石科技有限公司	无偿资助
10C26224504899	金属陶瓷汽车同步器齿环	桂林星火机械制造有限公司	无偿资助
10C26215104944	大尺寸(Φ1000mm)非晶态软磁合金磁芯	零八一电子集团四川力源电子有限公司	无偿资助
10C26215124947	新型金刚石钻头复合金属斜面可调节负压喷嘴	成都岷江精密刀具有限公司	无偿资助
10C26215104959	高硬度易加工细晶空冷贝氏体钢耐磨材料制备技术及产品	四川斯得力复合耐磨材料有限公司	无偿资助
10C26215205037	高耐磨复合材质导卫辊	贵阳黔中化轻制品厂	无偿资助
10C26215205038	塑料复膜编织袋生产新工艺应用及产业化	遵义市瑞欣塑业有限公司	无偿资助
10C26215205039	高耐热输送带中试及产业化	遵义盛邦达橡胶制品有限公司	无偿资助
10C26215205045	新型合成铸铁在气缸盖铸件上的应用	贵州英吉尔机械制造有限公司	无偿资助
10C26215205049	高铝低钙铝酸钙粉制备新工艺中试与产业化	遵义市恒新化工有限公司	无偿资助
10C26215205051	低合金珠光体球墨铸铁材料在发动机曲轴上的应用	贵阳新阳汽车配件厂	无偿资助
10C26215205055	电炉烟气净化、烟尘分离提纯粉体材料成套装置	贵州海天铁合金磨料有限责任公司	无偿资助
10C26215205059	高效紫外线吸收剂 UV-2 制备新工艺中试与产业化	遵义市倍缘化工有限责任公司	无偿资助
10C26215205063	高锰多晶动力型锂离子电池正极材料产业化技术研究	贵州振华新材料有限公司	无偿资助
10C26215205064	环保型电解锰无铬钝化剂	贵州省铜仁市武陵锰业新材料有限公司	无偿资助
10C26215205065	精密铸造用高铝陶粒砂产业化技术开发	贵州科辉工业材料有限公司	无偿资助
10C26215205066	油棕纤维弹性材料	贵州大自然科技有限公司	无偿资助
10C26215205067	铝电解槽用高抗渗隔离材料开发	贵阳联合高温材料有限公司	无偿资助
10C26215205074	45#钢基陶瓷复合抗磨衬板中试生产	贵州优拓材料有限公司	无偿资助
10C26215305090	环保型矿浆输送管道用柔性减阻双层复合涂层新材料	云南聚博橡胶工程有限公司	无偿资助
10C26215305118	多聚磷酸和聚磷酸铵生产新工艺	云南天耀化工有限公司	无偿资助
10C26215305119	连铸连轧加工高性能合金阳极板技术及设备	昆明大泽矿冶设备有限公司	无偿资助
10C26215305120	有色金属电解精炼铜阳极整形机组的开发	云南南星科技开发有限公司	无偿资助
10C26215305134	新型二氧化锰基复合造渣剂产业化关键技术应用	永仁县隆丰工贸有限责任公司	无偿资助
10C26215305145	钽超级电容器 Ta-RuO_2电极材料	昆明贵容电子材料有限公司	无偿资助
10C26245305149	云南省新材料技术与信息服务	昆明智新源新材料管理有限公司	无偿资助
10C26226105165	高强度高韧性高碱度烧结焊剂	宝鸡市宇生焊接材料有限公司	无偿资助

续表

立项代码	项目名称	企业名称	支持方式
10C26216115197	结构功能一体化 WCuX/QCr0.5 特高压整体触头材料	西安朗科电工材料有限公司	无偿资助
10C26216115199	基于连续挤压和液压连续拉拔技术的铜(铝)排连续化生产线	西安麦特沃金液控技术有限公司	无偿资助
10C26246105216	陕西新材料实验测试公共服务平台	西安经济技术开发区生产力促进中心	无偿资助
10C26216205229	耐强腐蚀高扬程塑料衬里磁力泵	白银鸿浩化工机械制造有限公司	无偿资助
10C26216205233	金属粉末注射成形方法制备钛合金制品	兰州金浩机械制造有限公司	无偿资助
10C26216205250	新型橡胶增强填充复合料——强胶剂中试	甘肃恒业新化工有限公司	无偿资助
10C26216205251	年产 200 吨新型锂离子电极材料项目	嘉峪关宏基金属制品有限公司	无偿资助
10C26216205253	基于铸造 CAE 的不锈钢铸件复合铸型材料关键技术研究与应用	甘肃省永靖昌盛铸钢有限责任公司	无偿资助
10C26216205254	N-甲基-对甲酰基苯乙烯基吡啶甲基硫酸盐工业化	天水华硕精细化工有限公司	无偿资助
10C26216205255	环保纳米石英石系列产品开发	平凉市晨发科技有限责任公司	无偿资助
10C26216205288	4-氨基氮杂环庚烷-1-羧酸叔丁酯的工艺研发	兰州信风林精细化工有限公司	无偿资助
10C26216205302	N-Boc-2-哌啶酮的合成新工艺开发及生产工艺的研究	兰州法斯特精细化工有限公司	无偿资助
10C26216205303	药物中间体 4-氯吡咯并嘧啶的新工艺	兰州联云志精细化工有限公司	无偿资助
10C26216205312	电镀二次废渣中回收金属镍的技术与应用	甘肃海琛化工科技有限公司	无偿资助
10C26216205315	新型"β-二酮类铜萃取剂"的产业化	兰州威达化工材料有限公司	无偿资助
10C26226205338	新型锰酸锂电池正极材料	兰州金里能源科技有限公司	无偿资助
10C26246205348	平川区陶瓷支柱产业技术创新项目咨询培训服务	白银市平川区生产力促进中心	无偿资助
10C26246205349	创新型白银中小企业技术服务	白银市生产力促进中心	无偿资助
10C26216305364	高海拔低氧高纯铝合金熔模精密铸造工艺技术	大通开源诚业精密铸造有限公司	无偿资助
10C26216305369	利用七水硫酸镁生产阻燃级氢氧化镁	青海大通辰光硼业有限公司	无偿资助
10C26216305378	镁合金材料技术开发及产业化	青海三工镁业有限公司	无偿资助
10C26216305379	注塑型新型人造石卫浴产品	青海西旺高新材料有限公司	无偿资助
10C26216305380	高强度钢拉杆工艺技术及产业化	青海金阳光特种钢材股份有限公司	无偿资助
10C26216305382	粗钾制取食品医用级氯化钾新工艺及产业化	格尔木康生钾业科技发展有限公司	无偿资助
10C26216405398	新方法生产一种新性质的有机碱"乙烯醇丁胺"	宁夏东科石化有限公司	无偿资助
10C26216405408	高能超声作用下碳纤维、碳化硅晶须增强增韧铝基复合材料制备工艺	吴忠市活塞厂(有限公司)	无偿资助
10C26216405430	电石法聚氯乙烯生产用环保型低汞触媒催化剂	宁夏金海创科化工科技有限公司	无偿资助
10C26216405437	金刚石(CBN)磨料有序排列超硬珩磨油石推广及应用	宁夏大河机床(集团)超硬工具有限公司	无偿资助
10C26216405445	新型节能 ITO 薄膜技术研发及应用	银川市艾尼散热器有限公司	无偿资助
10C26216505461	节能自清洁高分子型材中试及产业化	新疆豪普塑胶有限公司	无偿资助
10C26216505465	利用再生聚乙烯开发节水灌溉用复合软管系统中试及规模化生产	新疆新发展塑业有限公司	无偿资助
10C26216505470	年产 1000 吨环境友好型钻井液(EFD)扩建项目	新疆畅想科技有限责任公司	无偿资助
10C26216505477	沥青路面裂缝压封带关键技术开发及应用	乌鲁木齐魁道路面材料科技有限公司	无偿资助
10C26216505478	生态型彩色高分子弹性防水防护材料产业化	新疆科能防水防护材料有限公司	无偿资助
10C26216505489	聚乙烯管材用炭黑母料开发项目	新疆天诚塑化高分子材料有限责任公司	无偿资助

续表

立项代码	项目名称	企业名称	支持方式
10C26216505492	矿尾云母微粉加工技术研发及中试	新疆博鑫非金属新材料有限责任公司	无偿资助
10C26216505504	利用石棉尾矿生产高纯度氢氧化镁及氧化镁中间试验	新疆蓝天伟业科技开发有限公司	无偿资助

2011年度科技型中小企业技术创新基金项目申报须知

根据《科技部财政部关于2011年度科技型中小企业技术创新基金项目申报工作的通知》(国科发计[2010]671号),2011年度创新基金将继续实施科技型中小企业技术创新项目、中小企业公共技术服务机构补助资金项目和科技型中小企业创业投资引导基金项目。现将三类项目的申报材料、表格、申报程序等要求说明如下,符合条件的单位可根据情况在本年度内选择一种项目类型,申报一个项目。

第一部分　科技型中小企业技术创新项目

一、基本要求及项目类型

(一)支持的项目和企业必须符合《科技型中小企业技术创新基金项目管理暂行办法》(国科发计字〔2005〕60号)的规定和《2010年度科技型中小企业技术创新基金若干重点项目指南》的支持范围。

(二)不支持的对象

1. 不符合国家产业政策的项目。

2. 无自主创新的单纯技术引进项目,低水平重复项目,一般加工项目和单纯的基本建设项目。

3. 知识产权不清晰或有权属纠纷的项目。

4. 已列入国家科技计划并得到国家科技经费支持的、目前尚未验收的企业的项目。

5. 实施周期过长或投资规模过大的项目。

6. 对社会或自然环境有不良影响的项目。

7.《项目指南》中明确不支持的项目。

8. 未经省级创新基金立项的项目。

9. 承担过创新基金的企业,具有以下四种情况之一的:

(1)立项项目还在执行,没有验收;

(2)立项项目验收基本合格或验收结题,时间未超过一年;

(3)立项项目验收不合格,时间未超过三年;

(4)立项项目终止。

(三)项目类型

科技型中小企业技术创新项目分为创新项目、重点创新项目两类,具体要求如下:

1. 创新项目

(1)无偿资助的创新项目

用于技术创新产品在研究、开发及中试阶段的必要补助。申报的企业须同时具备以下条件:

①注册的实收货币资本最低不少于30万元;

②职工人数不超过300人;

③资产总额不高于5000万元;

④年营业收入不超过5000万元;

⑤申报的项目,目前尚未形成销售规模;

⑥项目计划新增投资在1000万元以下,资金来源确定,投资结构合理。在项目计划新增投资中,企业必须有与申报地方资金、创新基金数额等额以上的自有资金匹配;一般情况下,企业申报资助数额应不大于企业的净资产数额。

项目执行期为两年,项目计划实现的技术、经济指标应按满两年进行测算(执行期从项目申报之日起计);一类新药项目的执行期可以适当放宽至三年,药品项目完成时可以没有营业收入等经济指标,但必须有明确的、可以考核的目标,如:受理通知书、临床批文、新药证书等,详见《项目指南》生物、医药领域相关要求。

(2)贷款贴息的创新项目

用于支持产品具有一定的创新性,需要中试或扩大规模,形成批量生产,银行已经给予贷款的项目。申报的企业须同时具备以下条件:

①工商注册成立时间须超过36个月,注册的实收货币资本最低不少于30万元;

②职工人数不超过500人;

③资产总额不高于8000万元;

④年营业收入不超过8000万元;

⑤项目计划新增投资额一般在3000万元以下,资金来源基本确定,投资结构合理,项目执行期为三年之内(执行期从项目申报之日起计)。

贷款贴息项目以2010年1月1日起至项目验收之日止,企业与银行签订的贷款合同和付息单据为准。

2. 重点创新项目

创新基金重点创新项目必须符合《项目指南》的支持方向和范围,申报条件如下:

(1)企业职工人数不超过500人;年营业收入不超过30000万元;资产总额不超过30000万元;至少有三年的持续运营时间;2007年度营业收入不少于1000万元;

(2)企业具有较高的成长性,近三年的营业收入增长率不低于120%;最近一年的营业收入增长率不低于30%;加权平均净资产收益率不低于10%;

说明:①近三年的营业收入增长率=(2009年营业收入-2006年营业收入)÷2006年营业收入×100%。

②最近一年的营业收入增长率=(2009年营业收入-2008年营业收入)÷2008年营业收入×100%。

③加权平均净资产收益率=2009年净利润÷2009年平

均净资产×100%。

(3) 企业须承担过创新基金的创新项目，且最近一个创新项目验收合格；

(4)已获得发明专利的项目优先支持，已获得过社会上创业投资或风险投资的项目优先支持。

二、项目申报

(一)申报流程

创新基金申报工作全面实行数字化管理，企业需登录网络工作系统进行网上申报。

1. 注册

(1)企业登录当地推荐单位的网站(也可以通过科技部创新基金网站进入当地推荐单位网站)，在线填写企业信息；

(2)企业下载注册承诺书、注册信息表，法人代表签字，加盖公章；

(3)企业将注册资料(加盖企业公章的注册承诺书、注册信息表、企业法人营业执照、国税登记证、地税登记证、企业章程、验资证明等)送交当地基层科技主管部门进行审核认证；

2. 申报

(1)企业按注册的用户名和密码登录当地推荐单位网站(也可以通过科技部创新基金网站进入当地推荐单位的网站)，选择申报项目栏目进行操作；

(2)企业按照系统的详细提示，了解和明确操作要求；

(3)企业填写申报材料(创新基金申报系统提供了详细的指标定义和解释、填报说明和要求、以及相关学习知识，企业完全可以独立完成填报过程)；

(4)企业将完成的内容发送推荐单位，同时将基层科技主管部门的认证材料、加盖企业公章的相关附件报送推荐单位。

3. 推荐

(1)推荐单位对企业申报资料的规范性、完整性进行审核后，在网上激活；

(2)推荐单位对申报的项目应组织地方评审，并完成本级(省级科技部门)立项；

(3)推荐单位将辖区内要推荐的项目生成汇总表，征求同级财政部门意见并备案；

(4)推荐单位将已征求财政部门意见并备案的项目的电子申报资料在“创新基金网络工作系统”中通过科技部门户网站“一站式”提交创新基金管理中心，并将装订成册的书面材料及相关文件邮寄给管理中心，完成项目的推荐工作。

(二)项目申报材料

1. 企业提交基层科技主管部门的注册资料：

(1)加盖企业公章的注册承诺书、注册信息表；

(2)企业法人营业执照、国税登记证、地税登记证、企业章程、验资证明等。

2. 企业交给推荐单位的资料：

(1)网上提交的电子申报资料；

(2)经基层科技主管部门认证的注册资料；

(3)相关附件：

①经会计师事务所(或审计师事务所)审计的企业最近两个财务年度的会计报表和相应的审计报告(含会计师事务所营业执照、注册会计师证书的复印件)，申报前最近一个月的会计报表。申报重点创新项目的企业须报最近四个年度的会计报表和审计报告。会计报表必须包括资产负债表、损益表、现金流量表及报表附注等；经过审计的财务报表每页需加盖审计单位印章(或盖骑缝章)；

工商登记注册时间至申报截止时间在18个月以内的申报企业，只需报送工商注册时的验资报告和申报前最近一个月的企业会计报表；

②可以说明项目情况的证明文件(请企业认真阅读《项目指南》，按相关领域的具体要求提供相关的附件或说明，如技术报告、查新报告、鉴定证书、检测报告、用户使用报告等)；申报贷款贴息的创新项目，企业需提供2010年1月1日起至项目申报之日止与银行签订的贷款合同、对应的付息单据复印件。

③高新技术企业认定证书(限高新技术企业提供)；

④国家专卖、专控及特殊行业的产品，须附相关主管机构出具的批准证明；

⑤归国留学人员投资创办的企业，须提供留学就读学校出具的学位(学历)证书、本人有效身份证明、投资资金证明或股权证明、中国驻外使领馆教育处，或省级以上留学人员服务中心出具的证明留学身份的文件；

⑥能说明项目知识产权归属及授权使用的具有法律效力的证明文件(如：专利证书，软件著作权登记证书、技术合同等)。企业与技术持有单位合作的项目签定技术合同时，技术持有单位必须是具有法人资质的单位；

⑦与项目和企业有关的其他参考材料(如环保证明、奖励证明、用户定单、产品照片等)；

⑧曾列入国家科技经费支持的科技计划项目，必须提供有关的立项批准文件和验收结论证明(申报重点创新项目需附创新基金立项和验收结论证明)。

3. 推荐单位提交给创新基金管理中心的资料：

(1)网上提交的电子申报资料；

(2)项目申报函；

(3) 按以下顺序装订成册的书面资料一册(推荐单位至少装订二册，一册邮寄到创新基金管理中心，一册由推荐单位存档。书脊必须有项目名称及推荐单位名称，所有资料须在一册内装订完成，不得使用文件夹装订)：

①按电子申报资料打印的书面申报资料；

②企业提交的全部书面材料(包括经基层科技主管部门认证的注册资料和相关附件)；

③推荐意见表、地方专家评审表；

(4)地方立项文件及已征求财政部门意见并备案的项目汇总清单(对推荐的重复项目加以标注)；

4. 企业及管理单位要认真核对申报材料，做到真实、完整。一经推荐到创新基金管理中心，不再接收任何补充材料。所缺部分，视同无法提供。

第二部分　中小企业公共技术服务机构补助资金项目

一、申请单位和项目的要求

(一)必须符合《科技部财政部关于2011年度科技型中小企业技术创新基金项目申报工作的通知》(国科发计[2010]671号)中有关补助资金项目的申报单位基本条件和支持内容;

(二)持续性开展以下三类服务之一并具备相应条件:

1. 创新资源共享服务:上年度为不低于30家的科技型中小企业提供共享服务,服务场地在500㎡以上,设备种类不低于30种。

2. 专业技术服务:具有不低于30家科技型中小企业的明确服务对象;上年度用于为中小企业提供技术服务的运营费用不低于100万元;上年度为中小企业技术研发、产业升级、工艺改进等行为提供专业技术服务的成功案例不少于6项。

3. 技术转移(含国际技术转移)服务:上年度促成技术转移成交金额在500万元以上,且上年度成功促成技术转移项目案例不少于3项。

(三)服务机构申报项目所提供的信息和材料内容必须真实、完整和可靠。

二、申报材料

(一)2011年度中小企业公共技术服务机构补助资金项目申请书(附件1);

(二)加盖服务机构公章的企业注册承诺书和企业注册信息表;

(三)申请单位营业执照、组织机构代码证、法人证书复印件;

(四)专职服务团队人员组成:

(五)上年度公共技术服务专项审计报告;

除常规专项审计内容外,审计报告中需能体现服务机构营业总收入和开展中小企业公共技术服务收入占营业总收入的比例(百分比),并列出开展公共技术服务支出、收入明细表。

(六)其他相关附件(按照技术服务类型,提供相对应附件)

1、创新资源共享服务需提供附件,包括:

(1)服务场地证明(场地产权证或租赁合同等)和设备清单;

(2)上年度被服务企业基本信息表;

(3)设备使用作业单(作业单要体现用户名称、联系方式、使用设备种类、使用计时、服务收费及成本支出等项内容,并加盖用户印章);

(4)典型案例所涉及的主要支出凭证或票据。

2、专业技术服务需提供附件,包括:

(1)上年度被服务企业基本信息表;

(2)典型案例所涉及的专业技术服务相关合同或协议,同时提供合同或协议所涉及的资金支付凭证或票据复印件;

(3)典型案例所涉及的主要运营成本支出凭证或票据。

3、技术转移(含国际技术转移)服务需提供附件,包括:

(1)上年度被服务企业基本信息表;

(2)典型案例所涉及的上年度从事技术转移服务(中介)合同或协议,同时提供合同或协议所涉及的资金支付凭证或票据复印件;

(3)典型案例所涉及的上年度促成技术交易的技术合同复印件;

(4)典型案例所涉及的主要支出凭证或票据。

三、项目申报程序

(一)注册与申报

流程跟科技型中小企业技术创新项目相同;

(二)项目推荐

推荐单位(省级科技管理部门)结合当地中小企业发展需求和产业发展情况,合理布局,严格筛选,对推荐的项目填写《中小企业公共技术服务机构补助资金项目推荐函》,与申报单位的书面申报材料一起装订成册,一式两份,邮寄给创新基金管理中心受理处,同时将项目的电子申报资料通过科技部门户网站"一站式"提交。

推荐单位在出具推荐意见之前需征求财政部门意见,并将《中小企业公共技术服务机构补助资金推荐项目汇总表》报财政部门备案。

第三部分　科技型中小企业创业投资引导基金项目

一、风险补助项目申报

(一)请各地科技主管部门会同同级财政部门组织当地符合《暂行办法》规定条件的创业投资机构,按照"2011年引导基金项目申报说明"的要求登陆申报网站,认真如实录入相关材料,并填写"2011年引导基金风险补助项目汇总表"。

(二)已申报过引导基金风险补助的投资项目(被投资的科技型中小企业)不能再次申报。

二、投资保障项目申报

(一)请各地科技主管部门会同同级财政部门组织符合《暂行办法》规定条件的创业投资机构及当地科技型中小企业,按照"2011年引导基金项目申报注意事项"登陆申报网站,认真如实填写相关材料,并填写"2011年引导基金投资保障项目汇总表"。

(二)每一项目(拟投资的科技型中小企业)只能由一家创业投资机构申报(如果多家创业投资机构拟投资同一项目,则应由创业投资机构之间协商推荐一家创业投资机构申报该项目)。

(三)已完成2009年引导基金投资保障项目合同并实现投资的创投机构,可与被投资企业共同申请投资保障(投资后)项目。

三、阶段参股项目申报

（一）申请阶段参股项目的创业投资机构应首先与科技部科技型中小企业技术创新基金管理中心就发起融资计划进行初步沟通，并承诺于2011年7月31日前完成融资计划和新设创业投资企业的工商注册程序。

（二）请各地科技主管部门会同同级财政部门组织符合《暂行办法》规定条件的创业投资机构，按照“2011年引导基金项目申报说明”，认真如实准备相关材料，并填写“2011年引导基金阶段参股项目汇总表”。

四、通信地址：北京3823信箱复兴路12号C座三层金融发展处，邮编：100038。

联系电话：010－63923565、63923562；传真：010－63923566。

电子邮件：chenq@ ctp. gov. cn，chenw@ ctp. gov. cn

2011年度科技型中小企业技术创新基金项目申报说明

一、科技型中小企业技术创新项目

（一）申报企业的基本条件

企业必须是具有独立法人资格的科技型中小企业，有良好的经营业绩、健全的财务管理制度，管理团队有较强的市场开拓能力、较高的经营管理水平、持续创新的意识。企业的大学以上学历的科技人员占职工总数的比例30%以上，直接从事研究开发的科技人员占职工总数的比例10%以上，每年用于技术产品研究开发的经费不低于当年营业收入的5%。

（二）项目要求和支持方式

科技型中小企业技术创新项目必须符合国家产业技术政策，技术含量高、处于国内领先水平，自主研发、创新性较强，知识产权清晰，分为创新项目、重点创新项目两类。

1. 创新项目是指科技型中小企业的技术创新产品在研发或中试阶段、尚未形成有效销售的项目。采用无偿资助或贷款贴息的支持方式，支持金额为50万～100万元。

2. 重点创新项目是指具有较高成长性的科技型中小企业研发的对产业或行业有影响带动作用的关键技术或关键创新产品。采用无偿资助支持方式，支持金额为100万～200万元。

（三）项目申报

申报工作采取网上申报和纸质材料申报相结合的方式。书面申报资料及有关附件需装订成册，一式一份，由推荐单位邮寄给创新基金管理中心受理处，同时将项目的电子申报资料通过科技部门户网站“一站式”提交。

二、中小企业公共技术服务机构补助资金项目

（一）申报单位基本条件

具有独立的事业或企业法人资格，并且已运行2年以上；具有明确的服务方向，持续性开展公共技术服务；具有开放的服务模式，一定数量的中小企业服务对象群体，较好的服务基础、服务能力和服务成效；具有不少于10人的专职服务团队，大学以上学历的从业人员占全体人员的60%以上，面向中小企业开展的公共技术服务收入须占营业总收入的60%以上。

（二）支持内容

1. 创新资源共享服务：包括试验、检测、装备及设施共享服务；软件共享服务；专业技术数据共享服务。

2. 专业技术服务：包括为中小企业技术研发、产业升级、产品及工艺设计、技术标准设立提供专业的技术支撑和相关服务；为中小企业技术创新开展专业技术咨询及培训。

3. 技术转移服务（含国际技术转移服务）：包括技术经纪与技术（产权）交易服务；根据企业技术需求提供的技术供需对接服务；与技术转移相关联的技术集成及国际技术转移服务。

（三）支持方式

采取无偿资助方式，对中小企业公共技术服务机构的服务支出给予一定的补助，一般不超过100万元，主要用于：因开展中小企业公共技术服务而发生的净支出（开展服务的总支出扣减政府补助等收入的余额）；开展公共技术服务为中小企业降低收费标准而发生的收入减少；为开展公共技术服务举办的非营利性活动发生的支出。

（四）项目申报

推荐单位重点审查申报单位基本条件及服务内容，根据当地中小企业发展需求及重点发展产业的实际布局，认真筛选，择优推荐，同级财政部门配合做好相关财务审查。

申报工作采取网上申报和纸质材料申报相结合的方式。书面申报资料及有关附件需装订成册，一式两份，由推荐单位邮寄给创新基金管理中心受理处，同时将项目的电子申报资料通过科技部门户网站“一站式”提交。

三、科技型中小企业创业投资引导基金项目

（一）支持对象

符合《财政部 科技部关于印发<科技型中小企业创业投资引导基金管理暂行办法>的通知》（财企［2007］128号）规定条件的创业投资机构及中小企业，包括创业投资企业、创业投资管理企业、具有投资功能的中小企业服务机构和初创期科技型中小企业。

（二）支持方式

1. 股权投资方式：阶段参股；

2. 无偿资助方式：风险补助、投资保障。

（三）申报程序

1. 申请资格

新申请资格的创业投资机构将准备的申请材料，由推荐单位推荐报送创新基金管理中心金融处。创新基金管理中心组织专家对创业投资机构的资格申报材料进行审核筛选，符合条件的创业投资机构才能申报项目。已取得资格的创投机构（名单见创新基金网站），可以直接申报项目。

2. 项目申报

风险补助、投资保障项目申报采取网上申报和纸质材料

申报相结合的方式,阶段参股项目申报只需提供纸质材料。书面申报资料及有关附件需装订成册,一式两份,由推荐单位邮寄给创新基金管理中心金融处,电子申报资料通过引导基金网上申报系统(http://gvc.innofund.gov.cn)提交。

四、创新基金管理中心联系方式

1. 网址:www.innofund.gov.cn。

2. 通信地址:北京3823信箱复兴路12号C座三层,邮编:100038。

3. 受理处。

电话:010-63923530至3537;传真:010-63923538

4. 金融处(创业投资引导基金项目)。

电话:010-63923562　　传真:010-63923566

5. 网络系统支持电话:010-63923593,3595,3597,3598。

2011年度科技型中小企业技术创新基金立项清单(材料相关)

2011年度第1批共支持项目3827项,支持金额240208万元;2011年度第2批共支持项目2707项,支持金额198791万元。

立项代码	项目名称	企业名称	支持方式
11C26211100004	润磨机用高性能抗磨合金研磨球	北京北科德瑞冶金工程技术有限公司	无偿资助
11C26211100015	高耐磨损金属陶瓷覆层的制备技术与新产品开发	北京华电纳鑫科技有限公司	无偿资助
11C26211100020	铜管高速连续感应退火生产线	北京建莱机电技术有限公司	无偿资助
11C26211100025	基于MOCVD技术的核壳结构金属复合材料与应用	北京乐普四海节能技术有限公司	无偿资助
11C26211100052	环境烟气净化材料(菜花状高分子功能材料)	北京中技惠民科技发展有限公司	无偿资助
11C26211100056	以纳米二氧化硅为凝胶体的过氧化物牙齿漂白制剂	西品科技(北京)有限公司	无偿资助
11C26221100067	高温液态金属转运过程中能量系统优化	北京北科中钢工程技术有限公司	无偿资助
11C26221100075	单分散微米尺寸聚丙烯酸磁珠的制备及其在生物大分子分离技术上的应用	北京鼎国昌盛生物技术有限责任公司	无偿资助
11C26221100078	采用酸性稳定剂室温储存稳定的新型单组份环氧贴片胶	北京海斯迪克新材料有限公司	无偿资助
11C26221100092	基于CIGS薄膜柔性光伏及磁悬浮微风发电的LED智能照明系统	北京捷高光电科技有限公司	无偿资助
11C26221100111	安全高效的锂电池万能充专用系列芯片产业化	北京思旺电子技术有限公司	无偿资助
11C26221100183	基于纳米电催化的水体净化装备	中联弗曼科技(北京)有限公司	无偿资助
11C26211200186	负极板回路垫	奥克兰高分子医用材料(天津)有限公司	无偿资助
11C26211200188	产业化生产高性能低成本锂离子动力电池负极材料	天津爱敏特电池材料有限公司	无偿资助
11C26211200193	高精度、多规格芯棒	天津滨海龙泰科技发展有限公司	无偿资助
11C26211200194	超强耐擦洗超低VOC环保水性涂料开发与应用	天津滨新涂料有限公司	无偿资助
11C26211200209	特高压用新型高绝缘强度柔软聚酰亚胺复合材料	天津恒通时代电工材料科技有限公司	无偿资助
11C26211200210	锂离子电池正极用钴酸锂材料	天津华夏泓源实业有限公司	无偿资助
11C26211200211	酸洗漂洗AB添加剂	天津惠邦同成科技发展有限公司	无偿资助
11C26211200213	耐电晕聚酰亚胺薄膜	天津嘉亿绝缘材料有限公司	无偿资助
11C26211200214	一种锂电池炭负极材料的研制与开发	天津锦美碳材科技发展有限公司	无偿资助
11C26211200215	超高环氧值特种环氧树脂	天津晶东化学复合材料有限公司	无偿资助
11C26211200217	高阻尼宽温域复合型阻尼胶板	天津静达合成材料有限公司	无偿资助
11C26211200221	石油固井材料——一种新型多功能降失水剂	天津科力奥尔工程材料技术有限公司	无偿资助

续表

立项代码	项目名称	企业名称	支持方式
11C26211200224	高纯度二氧化碳的新型生产技术开发	天津联博化工股份有限公司	无偿资助
11C26211200232	炔二醇基水性多功能助剂	天津赛菲化学科技发展有限公司	无偿资助
11C26211200240	超级耐蚀双相不锈钢优质铸件	天津市东瑞钢铁铸造有限公司	无偿资助
11C26211200246	低成本无污染上引连铸-连轧-拉伸生产黄铜管	天津市华泰铜业有限公司	无偿资助
11C26211200250	节能减排新技术空气催化氧化二甲基二硫一步生产电子级高纯甲基磺酸	天津市康沃特科技有限公司	无偿资助
11C26211200253	不锈钢铝复合散热器	天津市雷尼艾尔工贸有限公司	无偿资助
11C26211200263	大型(42”-60”)空芯铝青铜蝶形阀板	天津市三条石有色金属铸造有限公司	无偿资助
11C26211200265	应用于太阳能光伏电池的高纯硅烷气体	天津市泰源工业气体有限公司	无偿资助
11C26211200269	喷涂法环保型强化木地板表层耐磨纸	天津市鑫源森达木业有限公司	无偿资助
11C26211200270	海洋环境下钢结构防腐防滑自蔓延反应复合涂层材料	天津市旭航科技有限公司	无偿资助
11C26211200276	高性能环保型水性 UV 涂料	天津市裕北涂料有限公司	无偿资助
11C26211200287	聚氨酯化学灌浆材料	天津天大天海新材料有限公司	无偿资助
11C26211200289	高强抗震性节能环保无机聚苯填充内膜	天津翔泰建筑材料有限公司	无偿资助
11C26111200300	新工艺生产高铝铝青铜合金(ERCuAl-A3 系)钎料	天津市金龙焊接材料有限公司	贷款贴息
11C26111200301	新型外钢内塑螺纹保护器	天津市津英达塑料制品有限责任公司	贷款贴息
11C26111200302	丁基胶 3PE 防腐管	天津市乾丰防腐保温工程有限公司	贷款贴息
11C26111200303	四位内嵌式玻璃幕墙窗	天津市圣方幕墙装饰工程有限公司	贷款贴息
11C26111200299	基于多种软件标准化控制技术的注塑汽车翼子板模具产品	天津国丰模具有限公司	贷款贴息
11C26211300305	金属粉末烧结摆辗法生产双金属轴套零件材料	安平县德益金属复合材料有限公司	无偿资助
11C26211300314	改进型石墨钢轧辊	沧州福道冶金轧辊有限公司	无偿资助
11C26211300317	爆炸焊接技术生产铝镁新型复合材料	承德市帝圣金属复合材料有限公司	无偿资助
11C26211300323	FPO 钢塑复合材料防腐反应装置及连接管道	河北奥磊防腐设备有限公司	无偿资助
11C26211300325	复件 1450 轧机 20 辊偏心背衬轴承组	河北宝生工程科技有限公司	无偿资助
11C26211300326	闭孔微发泡热塑性聚脂弹性体复合材料	河北北田工程塑料有限公司	无偿资助
11C26211300339	磷酸铁锂锂离子动力电池	河北敬众锂电源科技有限公司	无偿资助
11C26211300340	高强高模聚乙烯纤维	河北坤腾实业集团有限公司	无偿资助
11C26211300348	铁铬铝金属纤维过滤材料	河北丝维特金属纤维有限公司	无偿资助
11C26211300350	高强度无卤阻燃 A 级防火铝塑板芯材树脂	河北天旗塑胶有限公司	无偿资助
11C26211300357	低密度高压聚乙烯闭孔泡沫塑料板	衡水大禹工程橡塑科技开发有限公司	无偿资助
11C26211300359	纳米隔热复合材料	衡水金轮塑业有限公司	无偿资助
11C26211300361	FCQZ 复合材料球型支座	衡水通途工程制品有限公司	无偿资助
11C26211300362	绿色循环新工艺合成高纯度 N-甲基乙胺	衡水易创化学技术有限公司	无偿资助
11C26211300366	防海水浸蚀大口径玻璃钢管	冀州市中意复合材料有限公司	无偿资助
11C26211300370	陶瓷金属卤素灯用一体化半透明陶瓷放电管	廊坊开发区浩强精细陶瓷技术有限责任公司	无偿资助
11C26211300381	液态介质超硬磨料钻孔器	秦皇岛市道天高科技有限公司	无偿资助
11C26211300391	高效节能纳米抗磨剂	石家庄劲力宝石油化工有限公司	无偿资助

续表

立项代码	项目名称	企业名称	支持方式
11C26211300398	阿托伐他汀手性中间体S-(-)-4-氯-3-羟基丁酸乙酯(ATS-4)的制备	石家庄手性化学有限公司	无偿资助
11C26211300400	自粘聚合物改性沥青复合抗根防水卷材	唐山德生防水材料有限公司	无偿资助
11C26211300401	连铸中间包新型透气材料	唐山市国亮特殊耐火材料有限公司	无偿资助
11C26211300408	冶金节能球团造粒粘结剂	宣化县中冶科技有限公司	无偿资助
11C26211300410	三次采油树枝状高聚物	张家口胜达聚合物有限公司	无偿资助
11C26211300411	高岭土原位晶化纳米吸附剂	涿鹿恩泽催化材料有限公司	无偿资助
11C26111300415	溶析法制备高纯L-赖氨酸盐酸盐	冀州市华阳化工有限责任公司	贷款贴息
11C26111300417	4,4'-(六氟亚异丙烯基)二邻苯二甲酸酐	武邑新邑兴精细化工有限公司	贷款贴息
11C26211400422	节能型无缩径内搪瓷管件技术	山西金贝管业有限责任公司	无偿资助
11C26211400427	超宽100cm电热膜	山西双银电热能有限公司	无偿资助
11C26211400432	超级铁素体海酷一号不锈钢焊管焊接技术	太原维太新材料科技有限公司	无偿资助
11C26111400434	铁精矿粉生产高性能铁氧体橡塑磁粉	山西国磁磁业有限公司	贷款贴息
11C26111400436	无砷玻璃瓶生产技术	忻州鑫洋玻璃制品有限公司	贷款贴息
11C26111500438	矿用高效耐磨截齿产业化技术	包头科泰高技术材料有限责任公司	贷款贴息
11C26212100443	合成复合氧化物硅线石材料	大石桥市华威耐火材料有限公司	无偿资助
11C26112100464	干混法涂层颗粒镁粉生产技术	辽宁丰华有色金属集团有限公司	贷款贴息
11C26212120470	生物基碳包覆纳米金属材料	大连大成生物科技有限责任公司	无偿资助
11C26212120484	功能色母粒的研究和应用	大连甲彩母粒有限公司	无偿资助
11C26212120493	大规格车用磷酸铁锂动力电池	大连力柏锂动力电池技术有限公司	无偿资助
11C26212120498	环境友好型无机纳米饰面防火涂料	大连耐安特新材料科技有限公司	无偿资助
11C26212120499	IC芯片包装导电专用料	大连耐普特种塑胶有限公司	无偿资助
11C26212120502	预氧纤维织物碳化产品工艺及设备	大连圣海纺织有限公司	无偿资助
11C26212120507	聚乙烯醇超低温(30℃)水溶性非织造布的研发与产业化	大连天马水溶布有限公司	无偿资助
11C26212120516	电力导线的碳纤维复合芯产业化项目	大连元盛科技开发有限公司	无偿资助
11C26212200536	3D快速响应液晶光阀	北方液晶工程研究开发中心	无偿资助
11C26212200568	基于纳米技术的粉末冶金齿轮制品	长春一汽普雷特科技股份有限公司	无偿资助
11C26212200571	远红外纳米碳热屏蔽电热膜	桦甸市艾尼哈电力实业有限公司	无偿资助
11C26212200577	新型高效YAG激光晶体	吉林省长盛科技有限公司	无偿资助
11C26212200605	头孢类中间体7-氨基头孢甲巯四氮唑(7-ACT)	吉林市艾维凯文科技有限公司	无偿资助
11C26212200608	高纯球形超细功能氧化镍	吉林市弗兰达科技股份有限公司	无偿资助
11C26212200609	非晶硅/微晶硅薄膜太阳能电池	吉林市高新行者太阳能光电池制造有限公司	无偿资助
11C26212200610	基于RFID技术的电子封条	吉林市国鸿科技开发有限公司	无偿资助
11C26212200629	复合式纤维滤料两级滤池	吉林市翔云科技有限公司	无偿资助
11C26212200631	生物、医药用新型高效膜分离组件及装置	吉林市莹洁科技开发有限公司	无偿资助
11C26212200632	采用易再生微孔折叠滤芯的深度水处理装置	吉林市云浩科技有限公司	无偿资助
11C26212200633	热轧辊高能束流表面强化和修复设备	吉林太和激光技术有限公司	无偿资助
11C26212200644	镁合金复合牺牲阳极	临江市安科防腐技术有限公司	无偿资助
11C26212200645	硅藻土负载纳米二氧化钛复合光催化材料	临江市宝健木业有限责任公司	无偿资助

续表

立项代码	项目名称	企业名称	支持方式
11C26212200648	高性能无石棉无机纤维摩擦材料	梅河口市华锋摩擦材料有限责任公司	无偿资助
11C26212200654	塑料与粉煤灰合成材料技术产业化	延边青松环保材料有限公司	无偿资助
11C26212300683	高效稠油乳化降粘剂	大庆孚瑞达环保科技有限公司	无偿资助
11C26212300682	复合长翼片刮刀式钢体 PDC 钻头	大庆飞马鸿信钻采设备制造有限公司	无偿资助
11C26212300687	烷基苯胺羧酸盐的表面活性剂	大庆华营化工有限公司	无偿资助
11C26212300714	高强韧精细表面处理镍钛合金牙齿矫形丝	黑龙江雷博科技有限公司	无偿资助
11C26212300718	用方解石生产轻质碳酸钙	林口县丰源碳酸钙有限公司	无偿资助
11C26212300723	熔铸钢结碳化物钢	绥化华冠特种钢制造有限公司	无偿资助
11C26212310664	节能降耗型铝合金用高效速熔硅	哈尔滨东盛金属材料有限公司	无偿资助
11C26212310674	安能洁硅碳素水处理滤料	哈尔滨迅驰环保设备有限公司	无偿资助
11C26212310675	防微生物附着稀土复合环氧富锌涂料	哈尔滨钰美泰生物科技有限公司	无偿资助
11C26212310677	氮化硼陶瓷侧封板	黑龙江蓝川科技开发有限责任公司	无偿资助
11C26213100729	径向取向圆环型各向异性粘结稀土永磁体	金浦威恩磁业(上海)有限公司	无偿资助
11C26213100734	环保型空气囊缓冲包装材料(AIR-PACKING)	上海艾尔派克包装材料有限公司	无偿资助
11C26213100745	环保型单组份聚氨酯湿固化复合胶粘剂	上海安宇高分子材料有限公司	无偿资助
11C26213100750	病原物高灵敏快速检测用纳米磁珠	上海奥润微纳新材料科技有限公司	无偿资助
11C26213100771	高频线圈用改性聚酯树脂挤出三层绝缘绕组线	上海川叶电子科技有限公司	无偿资助
11C26213100776	盾尾密封油脂	上海茨夫新型建筑材料有限公司	无偿资助
11C26213100788	耐高温铸铁软密封蝶阀	上海东方威尔阀门有限公司	无偿资助
11C26213100799	聚α-烯烃的新型聚合与高压加氢工艺及高端合成基础油	上海孚科狮化工科技有限公司	无偿资助
11C26213100800	安全节能新工艺合成抗便秘药用原料——2,2-二氟己酸乙酯	上海氟泰科技有限公司	无偿资助
11C26213100801	低对氨基苯乙醚含量的乙氧基喹啉	上海福达精细化工有限公司	无偿资助
11C26213100820	新型全向 Ta_2O_5-TiO_2高反射混合膜防近防眩光网格式格栅灯	上海国幸能源科技发展有限公司	无偿资助
11C26213100821	高浓度过氧化氢	上海哈勃化学技术有限公司	无偿资助
11C26213100827	新型高效太阳能并网逆变器	上海航锐电源科技有限公司	无偿资助
11C26213100831	环保新工艺合成普拉格雷关键中间体5,6,7,7a-四氢噻吩并[3,2-c]吡啶-2(4H)-酮	上海皓化化工科技有限公司	无偿资助
11C26213100847	清洁型陶瓷基汽车制动片	上海华化摩擦材料有限公司	无偿资助
11C26213100856	抗腐蚀耐低温可拆装移动喷泉	上海汇川环境工程有限公司	无偿资助
11C26213100869	锆莫来石质高温陶瓷焊补材料	上海杰汇炉窑新技术有限公司	无偿资助
11C26213100875	特种聚四氟乙烯纤维新材料(PTFE)	上海金由氟材料有限公司	无偿资助
11C26213100876	铜芯聚乙烯绝缘聚烯烃护套无卤低烟阻燃电力电缆	上海金友金弘电线电缆有限公司	无偿资助
11C26213100877	环保清洁型金属加工微量润滑系统	上海金兆节能科技有限公司	无偿资助
11C26213100880	高比强度、大型复杂热塑性制品成型技术及应用	上海晋飞复合材料科技有限公司	无偿资助
11C26213100887	金刚石复合镀层技术(镀钛镍铜/银)及应用	上海精研磨料磨具有限公司	无偿资助
11C26213100901	钢包滑动水口快速更换浇注装置	上海开隆冶金机械制造有限公司	无偿资助
11C26213100917	水增塑熔融胶体纺制高度原纤化聚丙烯腈浆粕	上海兰邦工业纤维有限公司	无偿资助

续表

立项代码	项目名称	企业名称	支持方式
11C26213100920	高性能汽车密封件水性低碳环保涂层	上海蓝欧化工科技有限公司	无偿资助
11C26213100929	双拒聚四氟乙烯微孔膜及覆膜滤料	上海灵氟隆膜技术有限公司	无偿资助
11C26213100932	电子封装及热沉材料用高致密钨铜箔片制备技术及产业化	上海六晶金属科技有限公司	无偿资助
11C26213100939	应用新材料的骨科专用手术器械	上海盟博电器有限公司	无偿资助
11C26213100943	基于专利制造工艺的 MMA 高强度人造异型复合石材制品	上海摩尔舒企业发展有限公司	无偿资助
11C26213100945	高防腐金属塑料复合材料(管)	上海摩晶碳制品有限公司	无偿资助
11C26213100953	一种用于组织修复的新型医用敷料	上海诺帮生物科技有限公司	无偿资助
11C26213100983	高掺量存贮稳定的橡胶粉改性沥青	上海群康沥青科技有限公司	无偿资助
11C26213101002	环保型防酸抗裂外墙用自洁水性氟碳涂料	上海三银制漆有限公司	无偿资助
11C26213101016	面向太阳能电池组件的涂锡合金带上料机	上海胜佰太阳能科技有限公司	无偿资助
11C26213101027	LED 照明驱动芯片的研发与产业化	上海双岭电子有限公司	无偿资助
11C26213101028	高明亮照明用 LED 蓝宝石衬底	上海双明光学科技有限公司	无偿资助
11C26213101033	多晶硅酸洗设备	上海思恩电子技术有限公司	无偿资助
11C26213101035	双组分水性聚氨酯材料	上海思盛聚合物材料有限公司	无偿资助
11C26213101036	酶法制备高纯度 2’-脱氧核苷酸	上海斯贝生物科技有限公司	无偿资助
11C26213101037	金属复合材料-铜铝单双面冷复合带材	上海松发合金材料有限公司	无偿资助
11C26213101049	TD-8771 高性能环保涂料	上海天地涂料有限公司	无偿资助
11C26213101088	新型高热传导、耐腐蚀全铝(Al)热转换器	上海兴楠新材料科技有限公司	无偿资助
11C26213101093	提高金属焊接接头疲劳寿命的超声冲击设备	上海宜邦金属新材料科技有限公司	无偿资助
11C26213101094	新型高强度防腐多功能合金塑料电缆桥架	上海迅茂实业有限公司	无偿资助
11C26213101096	(S)-(+)-2-氨基丁酰胺盐酸盐	上海雅本化学有限公司	无偿资助
11C26213101100	E-30 无溶剂高强高韧环氧砂浆材料	上海阳森精细化工有限公司	无偿资助
11C26213101101	高倍聚光型太阳能发电系统	上海阳远新能源科技有限公司	无偿资助
11C26213101103	高温液态冶金渣回收系统用渣罐倾动装置	上海耀秦冶金设备技术有限公司	无偿资助
11C26213101107	全彩三芯高透明高阻燃抗紫外线 LED 水晶软光条	上海宜美电子科技有限公司	无偿资助
11C26213101113	动态背光液晶显示控制芯片	上海易维视科技有限公司	无偿资助
11C26213101130	管道/锅炉用防结垢的纳米级水性瓷膜涂料	上海友斯高分子材料科技发展有限公司	无偿资助
11C26213101134	新一代水处理膜过滤专用骨架致孔道剂 YK-Pa001 的研制与产品	上海宇昂新材料科技有限公司	无偿资助
11C26213101158	可进行光分解的抗菌增氧 PET 纤维	神恩备材料科技(上海)有限公司	无偿资助
11C26213101160	高 pH 耐受性色谱填料和色谱柱	月旭材料科技(上海)有限公司	无偿资助
11C26113101162	三元乙丙弹性橡胶密封垫	上海长宁橡胶制品厂	贷款贴息
11C26113101166	高效混凝沉淀一体化水处理技术	上海立源水处理技术有限责任公司	贷款贴息
11C26113101167	新型多功能环氧化物的技术开发及产业化	上海联胜化工有限公司	贷款贴息
11C26113101169	低成本节能环保型中高粘度聚 α 烯烃(PAO)合成基础油	上海纳克润滑技术有限公司	贷款贴息
11C26113101171	抗菌型给水用三型聚丙烯(PP-R)管材	上海瑞河管业有限公司	贷款贴息

续表

立项代码	项目名称	企业名称	支持方式
11C26113101172	用于地铁管片的减缩早强聚合物外加剂的产业化	上海三瑞高分子材料有限公司	贷款贴息
11C26113101180	RKF 超小体积耐高频高纹波电流的节能型铝电解电容器	上海永铭电子有限公司	贷款贴息
11C26113101181	PVC 加工助剂用纳米活性碳酸钙弹性粉体	上海卓越纳米新材料股份有限公司	贷款贴息
11C26223201187	新型纤维柔性功能复合材料研发及产业化	常州纽兰德复合材料有限公司	无偿资助
11C26223201188	新型荧光钙试剂的研制	常州市思杰生物化学有限公司	无偿资助
11C26213201199	高纯铝产业低污染功能性陶瓷内衬材料的研发和产业化	常州瑞复达高温新材料有限公司	无偿资助
11C26213201200	纳米纤维锂动力电池隔膜的制造	常州市久联蓄电池材料有限公司	无偿资助
11C26213201201	基于非晶软磁微型 RFID 标签	常州市科晶电子有限公司	无偿资助
11C26213201203	天然有机(蛋白质)纤维材料超细粉体的制备与产业化	常州市伟丰纤维科技有限公司	无偿资助
11C26213201206	用于高温粉尘滤袋的膨体聚四氟乙烯热熔覆膜针刺毡	常州市兴诚高分子材料有限公司	无偿资助
11C26213201213	高能量密度锂离子动力电池及管理系统的研发与产业化	江苏伊思达电池有限公司	无偿资助
11C26213201214	新型耐热高强内生增强型铝基复合材料汽缸盖中试	洪泽县恒利机械有限责任公司	无偿资助
11C26213201215	高效节能碳纤维复合材料及其电热配套产品的开发	江苏贝莱尔电气有限公司	无偿资助
11C26213201220	煤基超细高碳功能材料	江苏省金肯科技实业股份有限公司	无偿资助
11C26213201246	基于脉冲电化学复合光整技术的超长精密滚珠丝杠	江苏品德机电科技有限公司	无偿资助
11C26213201249	特高压线路防舞动防滑型预绞式阻尼间隔棒	江苏天南电力器材有限公司	无偿资助
11C26213201257	节能型耐强腐蚀大型石墨列管换热器	南通京通石墨设备有限公司	无偿资助
11C26213201260	450V 铝电解电容器电解液	南通瑞达电子材料有限公司	无偿资助
11C26213201266	纳米多稳态液晶显示材料的研发及应用	苏州汉朗光电有限公司	无偿资助
11C26223201281	新型高性能低成本 PBT 专用无卤阻燃增韧母粒	苏州兰特纳米材料科技有限公司	无偿资助
11C26223201285	GMR 巨磁电阻磁传感器	苏州普利聚芯磁电子科技有限公司	无偿资助
11C26223201289	高性能高填充新型粘胶剂	苏州仙奇化学有限公司	无偿资助
11C26213201292	陶瓷柱塞	常熟市创新陶瓷有限公司	无偿资助
11C26213201294	超高强度高耐磨异形弹性针布钢丝	江苏泰博钢丝制品有限公司	无偿资助
11C26213201305	铝包铜毛细管的研究与开发	苏州宏太铜材有限公司	无偿资助
11C26213201307	晶体硅电池片去除边缘 n 层新工艺	苏州诺维克光伏新材料有限公司	无偿资助
11C26213201309	反相乳液法制备阳离子聚丙烯酰胺	苏州瑞普工业助剂有限公司	无偿资助
11C26213201313	提高非晶硅/微晶硅薄膜太阳能电池效率的透明导电基板	苏州羿日新能源有限公司	无偿资助
11C26213201315	高可靠低银无铅焊料	太仓市首创锡业有限公司	无偿资助
11C26213201317	基于催化剂研究的乙二醇氨化制备乙二胺	张家港惠尔化学科技有限公司	无偿资助
11C26213201319	汽车用聚醚型微孔聚氨酯减振缓冲块的研发与生产	张家港市源丰科技发展有限公司	无偿资助

续表

立项代码	项目名称	企业名称	支持方式
11C26213201320	JRLX/T(ACCC)碳纤维复合导线耐张线夹开发	江苏宇飞电力科技有限公司	无偿资助
11C26213201325	高速通信新型半导体超低电容放电管	江苏晟芯微电子有限公司	无偿资助
11C26213201335	NTC 高精度片式热敏电阻	兴化市新兴电子有限公司	无偿资助
11C26213201336	少散热器、低光衰、长寿命、高光效 LED 照明灯	中船永志泰兴电子科技有限公司	无偿资助
11C26223201342	感压膜(压力测量薄膜)开发及商业化项目	无锡惠星新材料科技有限公司	无偿资助
11C26213201352	电极材料用无缝铬锆合金铜管	江苏金圣铜业科技有限公司	无偿资助
11C26213201354	水处理用不锈钢蜂窝斜管	江苏瑞盛水处理有限公司	无偿资助
11C26213201359	微合金钒氮添加剂	江阴市长兴钒氮新材料有限公司	无偿资助
11C26213201364	新型外墙节能保温材料	无锡惠山工程实业有限公司	无偿资助
11C26213201365	微波用大功率陶瓷输出帽	无锡康伟工程陶瓷有限公司	无偿资助
11C26213201376	中红外激光气体传感器核心器件产业化	无锡沃浦光电传感科技有限公司	无偿资助
11C26213201377	特高压大功率晶闸管元件管壳	无锡小天鹅陶瓷有限责任公司	无偿资助
11C26213201378	多功能滚塑储罐	无锡新龙科技有限公司	无偿资助
11C26213201380	陶瓷全封闭大功率臭氧发生器	宜兴市东成陶瓷有限公司	无偿资助
11C26213201381	高弹性模量、低热膨胀系数聚酰亚胺薄膜	宜兴市高拓高分子材料有限公司	无偿资助
11C26213201395	降解型功能化离子液体催化对氯三氟甲苯的清洁硝化工艺	江苏大华化学工业有限公司	无偿资助
11C26213201396	氟美特斯滤袋产业化	江苏鼎盛滤袋有限公司	无偿资助
11C26213201397	玻氟斯水刺滤布除尘袋	江苏东方滤袋有限公司	无偿资助
11C26213201393	免焊长轴内球笼精锻件	大丰市中德精锻件有限公司	无偿资助
11C26213201399	杂环芳纶 III 单体	江苏尚莱特医药化工材料有限公司	无偿资助
11C26213201416	HG-M 型 8 英寸超薄高效单晶硅片	江苏虹光新能源发展有限公司	无偿资助
11C26213201417	电动自行车用高性能、绿色镍锌单体动力电池	江苏万能动力电池有限公司	无偿资助
11C26213201425	高性能碳纤维主承力阻燃预浸料	扬州新扬科技发展产业有限公司	无偿资助
11C26213201426	高效散热太阳能电池组件	扬州旭博光伏科技有限公司	无偿资助
11C26213201428	高性能复合 PTFE 喷口	江苏常新密封材料有限公司	无偿资助
11C26213201433	光伏组件用单组份硅酮密封胶	江苏天辰硅材料有限公司	无偿资助
11C26213201435	核级硅酮防火封堵材料	江苏欣安新材料技术有限公司	无偿资助
11C26213201436	面向冶金行业的不锈钢带连续酸洗设备	江苏兴隆防腐设备有限公司	无偿资助
11C26213201437	高效耐磨抗冲击性汽车发动机专用刀具	江苏扬碟钻石工具有限公司	无偿资助
11C26213201442	薄膜太阳能电池焊接合片全自动生产线	镇江市美华机电产品有限公司	无偿资助
11C26123201448	高性能环保型石英定长毛纱	常州华碧宝特种新材料有限公司	贷款贴息
11C26113201450	120LM 大功率半导体照明封装及应用技术研究及产业化	江苏国星电器有限公司	贷款贴息
11C26113201451	高强度轻型铝基复合材料轮毂开发	江苏神舟轮毂制造有限公司	贷款贴息
11C26113201454	基于连续凝固与成形一体化工艺的低成本高性能铝基合金管、棒、线、型材	江苏盛天实业有限公司	贷款贴息
11C26113201455	新能源汽车动力电池正极材料 LiFePO4 烧成炉	苏州汇科机电设备有限公司	贷款贴息

续表

立项代码	项目名称	企业名称	支持方式
11C26113201456	低成本、高耐磨、轻量化固体物料输送管先进制造技术及产业化	徐州胜海机械制造科技有限公司	贷款贴息
11C26113201457	低铁均匀细晶四氧化三钴的产业化	江苏东新能源科技有限公司	贷款贴息
11C26113201458	照明级功率型高亮度低光衰 LED 研发及产业化项目	盐城伯乐达新光源有限公司	贷款贴息
11C26113201452	强密封、小力矩、高安全大口径球阀产业化开发	金湖金石阀业有限公司	贷款贴息
11C26213211223	防火型改性酚醛树脂泡沫基外墙外保温系统	江苏丰彩新型建材有限公司	无偿资助
11C26213211230	水处理用共聚物关键技术研发与产业化	南京科盛环保科技有限公司	无偿资助
11C26213211228	高纯度二氧化氯制备先进技术及装置工业化研究	南京工大环境科技有限公司	无偿资助
11C26213301485	高流动性高磁性能注塑 NdFeB/PPS 的产业化技术	杭州富石材料科技有限公司	无偿资助
11C26213301496	异佛尔酮芳构化生产 3,5-二甲基苯酚	杭州华生医药化工有限公司	无偿资助
11C26213301509	高性能(高精度、高耐磨)、低成本的 Fe(NSCr)梯度结构粉末冶金汽车机油泵转子	杭州力合金邦机电技术研发有限公司	无偿资助
11C26213301515	利用陶瓷废弃料生产高性能泡沫陶瓷	杭州民生科技有限公司	无偿资助
11C26213301522	粉末冶金件外观缺陷光学自动分检机	杭州乔戈里科技有限公司	无偿资助
11C26213301547	高强度防割包覆纱	杭州翔盛高强纤维材料股份有限公司	无偿资助
11C26213301549	新型橡胶-金属用粘合增进剂——低钴硼酰化金属复合盐	杭州新速工业助剂有限公司	无偿资助
11C26213301551	高强度低导热镁钢保温技术及产品	杭州岩珊镁钢保护层有限公司	无偿资助
11C26213301559	基于建筑一体化屋顶发电系统的光伏建材	杭州浙大桑尼能源科技有限公司	无偿资助
11C26213301570	坚果类蒲壳废弃物生产高品质活性炭	临安昌南活性炭有限公司	无偿资助
11C26213301571	汽车丁基热熔密封胶	临安市林荫密封材料有限公司	无偿资助
11C26213301590	通信基站保温专用板材	浙江泰格集成房屋有限公司	无偿资助
11C26213301592	球形低氧铝基钎料粉	浙江亚通焊材有限公司	无偿资助
11C26213301597	抗氧化碳化硅质高温陶瓷窑具制品	安吉科灵磁性材料有限公司	无偿资助
11C26213301598	新型多功能竹纤维	安吉谈竹庄竹纤维有限公司	无偿资助
11C26213301599	音响系统用高性能铁氧体永磁材料	安吉县科声磁性器材有限公司	无偿资助
11C26213301603	可低温磷化高稳定性金属表面调整剂	德清县康祺化学品有限公司	无偿资助
11C26213301607	用于刹车片制造的高性能低成本非均相摩擦材料模塑料	海盐华强树脂有限公司	无偿资助
11C26213301609	高强度摩擦与啮合复合型传动带	杭州肯莱特传动工业有限公司	无偿资助
11C26213301611	合成、纯化新技术开发高纯度 2,3-二溴-1,4-丁烯二醇	湖州长盛化工有限公司	无偿资助
11C26213301614	丙烯酸基高性能水泥助磨剂的产业化中试	湖州华仑助剂科技有限公司	无偿资助
11C26213301619	清洁化零排放生产工艺制备高纯度巯基乙酸异辛酯	湖州市菱湖佳润化工有限公司	无偿资助
11C26213301622	PTFE 与氟橡胶复合弹性材料新型内燃机曲轴油封	湖州永驰橡塑制品有限公司	无偿资助
11C26213301625	核电 H4 级阀门铸钢件	湖州中核苏阀一新铸造有限公司	无偿资助
11C26213301626	高耐磨性辐射交联聚四氟乙烯(PTFE)粉末	嘉善申嘉科技有限公司	无偿资助
11C26213301627	真空镀膜用石英晶体振荡式传感器	嘉兴晶控电子有限公司	无偿资助

续表

立项代码	项目名称	企业名称	支持方式
11C26213301630	高亮度环保型水性铝银浆	嘉兴市华源铝制品有限公司	无偿资助
11C26213301631	高效新型壳碘抗菌膜	嘉兴市舒福特生物科技有限公司	无偿资助
11C26213301632	高强镁合金型材	嘉兴中科亚美合金技术有限责任公司	无偿资助
11C26213301634	盾构管片专用聚氨酯密封防水材料	江山宇轩科技有限公司	无偿资助
11C26213301636	新型 RoHS 银钎料	金华市双环钎焊材料有限公司	无偿资助
11C26213301637	耐高温高弹性管状密封件	磐安县科力软管有限公司	无偿资助
11C26213301640	热管专用高导热纯铜粉	浦江汇凯粉体科技有限公司	无偿资助
11C26213301646	牵伸一步法制备超细旦有色丙纶纤维	绍兴超特合纤有限公司	无偿资助
11C26213301651	大尺寸快速熔断器 95 氧化铝瓷管	绍兴信诚电子瓷业有限公司	无偿资助
11C26213301661	柔性电路板用高精密度耐弯折阻焊油墨	台州新韩电子油墨有限公司	无偿资助
11C26213301667	用于太阳能光伏组件的菲涅尔透镜	温州明发光学塑料有限公司	无偿资助
11C26213301668	稀有金属超细粉末过滤洗涤回收技术及设备	温州市东瓯微孔过滤有限公司	无偿资助
11C26213301679	绿色环保型天然可纺竹原纤维的开发及中试	浙江安吉绿卿竹纤维有限公司	无偿资助
11C26213301680	高性能烧结锶铁氧体料粉	浙江安特磁材有限公司	无偿资助
11C26213301683	基于炭吸附与光触媒分解于一体的室内空气污染控制技术及装置	浙江碧岩环保材料有限公司	无偿资助
11C26213301685	光伏建筑一体化新产品——新型太阳能瓦	浙江创盛光能源有限公司	无偿资助
11C26213301687	新型受阻胺光稳定剂 UV3853 及其母粒	浙江迪耳化工有限公司	无偿资助
11C26213301692	有机/无机复合无卤阻燃 ABS 树脂	浙江富丽新材料有限公司	无偿资助
11C26213301697	化学机械法制备叶腊石基复合钛白粉	浙江皓翔矿业有限公司	无偿资助
11C26213301699	水刺法芳纶 H 级电气绝缘非织造材料	浙江弘扬无纺新材料有限公司	无偿资助
11C26213301708	超强透光率太阳能超白玻璃	浙江晶兴太阳能科技有限公司	无偿资助
11C26213301712	利用电解铜黄渣回收提取高纯镍新技术	浙江蓝博金属科技有限公司	无偿资助
11C26213301717	高性能民用防弹复合玻璃	浙江美盾防护技术有限公司	无偿资助
11C26213301719	湿法加工型高性能小分子 OLED 材料开发	浙江欧普光电科技有限公司	无偿资助
11C26213301721	FPF 太阳能电池背膜	浙江日月旺光能科技有限公司	无偿资助
11C26213301722	多级高效直饮水处理器及膜材料	浙江锐普环保科技有限公司	无偿资助
11C26213301723	锂离子动力电池磷酸亚铁锂正极材料	浙江瑞邦科技有限公司	无偿资助
11C26213301724	SMT 用新型高分子承载带材料	浙江三和塑料有限公司	无偿资助
11C26213301729	连续玻纤增强尼龙复合材料	浙江天材新型材料有限公司	无偿资助
11C26213301731	PTFE 弹性长寿命轴瓦	浙江万龙轴瓦有限公司	无偿资助
11C26213301733	耐强蚀抗冲刷锆合金阀门	浙江维都利阀门制造有限公司	无偿资助
11C26213301734	基于低成本柔性 ITO-PDLC 膜的智能调光玻璃产业化	浙江西溪玻璃有限公司	无偿资助
11C26213301740	高效率低光衰发光二极管外延片	浙江亚威朗科技有限公司	无偿资助
11C26213301741	利用 BMC 废弃料制备高性能 BMC 模塑料团	浙江一洲模塑有限公司	无偿资助

续表

立项代码	项目名称	企业名称	支持方式
11C26213301742	低成本高活性硅粉	浙江永博硅业有限公司	无偿资助
11C26213301748	太阳能电池用低衰减高效 Φ8 英寸单晶硅	浙江中硅电子科技有限公司	无偿资助
11C26213301751	增强型高倍牵伸聚乙烯纤维材料	舟山市乐达特种渔具有限公司	无偿资助
11C26213301752	玻璃中硫化镍的安全检测系统	舟山市松菱玻璃技术有限公司	无偿资助
11C26213301755	屏蔽用特种电缆铝箔	诸暨市亿利娅金属材料有限公司	无偿资助
11C26113301760	超高亮度投影机分色合色薄膜器件的开发及产业化	杭州科汀光学技术有限公司	贷款贴息
11C26113301761	氧化甲基锡	杭州盛创实业有限公司	贷款贴息
11C26113301766	超小型、高稳定 GLASS3225 贴片式石英晶体谐振器研发及产业化	金华市创捷电子有限公司	贷款贴息
11C26113301772	微棱镜反光膜	浙江方远夜视丽反光材料有限公司	贷款贴息
11C26213311781	低温快速固化热敏性环氧树脂粉末涂料	宁波市鄞州东海粉末涂料有限公司	无偿资助
11C26213311785	KL-6 偏光片增硬强化剂	奉化市科乐化工有限公司	无偿资助
11C26213311794	新型云母电加热板	宁波高新区健坤电热技术有限公司	无偿资助
11C26213311795	纳米复合画布涂料	宁波高新区康大美术新材料有限公司	无偿资助
11C26213311802	硼改性高合金冷作模具材料及其产品	宁波禾顺新材料有限公司	无偿资助
11C26213311806	环境友好型 VFD 用无铅玻盖	宁波佳德电子有限公司	无偿资助
11C26213311808	气门嘴专用高强抗蠕变锌铝合金型材	宁波锦驰铜铝型材有限公司	无偿资助
11C26213311812	接枝纳米硫酸钡各向异性自组装结构改性聚苯乙烯	宁波力达得为高分子科技有限公司	无偿资助
11C26213311814	高纯度氟化镁	宁波联展化学科技有限公司	无偿资助
11C26213311816	长寿命耐磨盾构机刀具系列	宁波麦克潘特电动工具有限公司	无偿资助
11C26213311817	高耐久性超低温汽车制动气室橡胶隔膜	宁波乔士橡塑有限公司	无偿资助
11C26213311827	纯环氧重防腐低温摩擦粉末涂料	宁波市派特勒粉末涂料有限公司	无偿资助
11C26213311841	采用带二次增压的挤压铸造技术制造汽车空调压缩机过共晶铝合金零件	宁波中兵科技有限公司	无偿资助
11C26113311847	高容量 MLCC 内电极材料纳米铜粉	宁波广博纳米材料有限公司	贷款贴息
1C26213401865	纤维增强聚氨酯精细筛网	安徽方园塑胶有限责任公司	无偿资助
11C26213401871	新型环境友好型水基防锈剂	安徽航大生态材料有限公司	无偿资助
11C26213401875	多孔径可控高性能活性碳纤维	安徽佳力奇碳纤维有限公司	无偿资助
11C26213401876	SPUA 快速密闭材料	安徽佳泰矿业科技有限公司	无偿资助
11C26213401877	高品质再生橡胶清洁生产工艺	安徽金瑞塑胶有限公司	无偿资助
11C26213401878	高分散性碳纳米管	安徽金阳纳米科技有限公司	无偿资助
11C26213401880	无铅易切削高强耐蚀硅磷黄铜	安徽九华金润铜业有限公司	无偿资助
11C26213401883	智能卡用超薄型聚合物锂离子电池	安徽科能锂电科技有限公司	无偿资助
11C26213401887	酮肼交联型丙烯酸酯-聚氨酯复合纺织乳液	安徽联合辐化有限公司	无偿资助
11C26213401894	HSED 室温沥青及生产装备研制	安徽赛迪冷沥青道路材料研究所有限公司	无偿资助
11C26213401900	利用再生资源清洁化技术制备甲基丙烯酸异冰片酯	安徽省绩溪县天池化工有限公司	无偿资助
11C26213401902	LAD175-6 型浅色亚麻油脂肪酸	安徽省瑞芬得油脂深加工有限公司	无偿资助

续表

立项代码	项目名称	企业名称	支持方式
11C26213401903	新型高耐磨易切削汽车发动机粉末冶金气门导管	安徽省芜湖市信达粉末冶金零部件有限公司	无偿资助
11C26213401922	蜂窝陶瓷红外发热砖	安徽鑫阳能源开发有限公司	无偿资助
11C26213401923	新型微波介质滤波器	安徽信安通讯技术有限公司	无偿资助
11C26213401924	高分子材料与柔密性材料软硬共挤一体化生产加工成型技术	安徽雄峰实业有限公司	无偿资助
11C26213401934	垂直链传动磨球连续铸造生产线	安庆市南方实业有限公司	无偿资助
11C26213401935	高性能超薄芳纶纤维复合振膜的研制	安庆市信华电子机械有限公司	无偿资助
11C26213401937	木材生物质新型胶黏剂的制备与应用	蚌埠贝斯特节能建材科技有限公司	无偿资助
11C26213401943	超大型对开门冰箱吸塑发泡模	滁州市宏达模具制造有限公司	无偿资助
11C26213401942	电视机外壳注塑成型蒸汽模技术的研发及产业化	滁州诚悦科技有限公司	无偿资助
11C26213401950	铁-铜粉末复层结构高强自润滑材料	合肥波林新材料有限公司	无偿资助
11C26213401958	水溶性封闭异氰酸酯单体的合成	合肥锦邦印刷物资有限公司	无偿资助
11C26213401954	汽车发动机可变长度塑料进气歧管	合肥恒信汽车发动机部件制造有限公司	无偿资助
11C26213401960	高 G/R 直拉太阳能级掺氮单晶硅工艺	合肥景坤新能源有限公司	无偿资助
11C26213401961	无皂核壳粒子-低温辐射引发-细乳液集成聚合技术开发及产业化	合肥聚合辐化技术有限公司	无偿资助
11C26213401962	智能化光伏组件及应用	合肥聚能新能源科技有限公司	无偿资助
11C26213401963	化学接枝聚丙烯酸键合 β-萘乙酸改性聚丙烯复合材料	合肥利阳环保科技有限公司	无偿资助
11C26213401965	智能反光材料性能检测装置	合肥联合立体交通科技有限公司	无偿资助
11C26213401966	纳米金属粉的工业化生产	合肥量子源纳米科技股份有限公司	无偿资助
11C26213401968	高性能碳纤维材料生产线关键设备-预氧化炉	合肥日新高温技术有限公司	无偿资助
11C26213401985	新型微孔玻璃	淮南市科创玻璃技术有限责任公司	无偿资助
11C26213401986	纳米碳酸钙包覆粉煤灰超细粉	淮南市蓝彩环保科技有限公司	无偿资助
11C26213401987	新型冷轧带肋三级钢线材机组	淮南市宇辰机械制造有限公司	无偿资助
11C26213401990	汽车用高性能粉末橡胶	黄山华兰科技有限公司	无偿资助
11C26213401991	硅烷接枝聚乙烯室温自交联管材专用料	黄山景江科技有限公司	无偿资助
11C26213401992	绿色环保型印刷油墨用溶剂	黄山力源科技有限公司	无偿资助
11C26213401995	高性能环保型防霉杀菌剂4,5-二氯-2-正辛基-4-异噻唑啉酮-3	黄山市润科粉体材料有限公司	无偿资助
11C26213401996	新型液晶定向膜的研发	黄山市英赛特实业有限公司	无偿资助
11C26213402001	高密低耗二氯异氰尿酸钠两步法生产工艺	泾县宏发化工有限公司	无偿资助
11C26213402002	新型低压甲醇合成催化剂的开发和应用	来安县迅能催化剂有限公司	无偿资助
11C26213402004	镁化物水解法制备过渡金属纳米颗粒	马鞍山爱斯特纳米科技有限公司	无偿资助
11C26213402011	一种新型环保金属表面处理液	马鞍山市千峰金属表面防腐材料科技有限公司	无偿资助
11C26213402013	全固态高分子可控电致变色柔性薄膜器件及其制造方法	马鞍山市盛宁高分子材料科技有限公司	无偿资助
11C26213402016	煤基内外加热罐式竖炉低温快速直接还原超细铁粉	马鞍山市亿利达钢业有限公司	无偿资助

续表

立项代码	项目名称	企业名称	支持方式
11C26213402017	CSP 薄板坯复合式浸入式水口	马鞍山市益江高温陶瓷制造有限公司	无偿资助
11C26213402019	利用串联生产二次分级新工艺生产亚微米超细重钙粉	青阳县磊鑫粉业有限责任公司	无偿资助
11C26213402021	新型低温节能不饱和树脂引发剂	天长市天广有机玻璃有限公司	无偿资助
11C26213402023	环保型新型溶剂法再生竹纤维素纤维材料	铜陵艾纶麻业纺织服饰有限责任公司	无偿资助
11C26213402025	环保型锡磷镁黄铜合金材料	铜陵洋溢天成环境科技有限公司	无偿资助
11C26213402027	新型环保易分散中空微颗粒溶剂染料生产技术	铜陵清华科技有限公司	无偿资助
11C26213402028	离心电渣熔铸双基复合镍铬钼冷硬铸铁轧辊产业化	铜陵市大明玛钢有限责任公司	无偿资助
11C26213402029	高稳定性压电温补晶体频率片	铜陵市泓达电子科技有限责任公司	无偿资助
11C26213402030	新型链板式真空陶瓷过滤机	铜陵市业强环保设备有限责任公司	无偿资助
11C26213402031	高光效低衰减纯正白光 LED 荧光胶	铜陵伟亮光电科技有限公司	无偿资助
11C26213402038	超细镍粉的制备与应用	芜湖人本合金有限责任公司	无偿资助
11C26213402041	汽车发动机曲轴前、后油封聚四氟乙烯高性能密封件	芜湖市中天密封件有限公司	无偿资助
11C26213402046	硅酮胶专用球形高纯多功能复合粉体	宣城新威华化工科技有限公司	无偿资助
11C26213402047	彩色三价铬常温钝化技术的研究与应用	岳西县创奇电器有限责任公司	无偿资助
11C26113402049	聚丙烯热塑性弹性体组合盖	安徽华峰医药橡胶有限公司	贷款贴息
11C26113402050	硬脂酰苯甲酰甲烷	安徽佳先功能助剂股份有限公司	贷款贴息
11C26113402051	高性能铁氧体永磁微特电机转子磁体制备新工艺	安徽金寨将军磁业有限公司	贷款贴息
11C26113402053	紫外固化光纤涂覆高性能材料	安庆飞凯高分子材料有限公司	贷款贴息
11C26113402055	精密铸造 AC7A 铝镁合金花纹圈子午线轮胎活络模具	合肥大道模具有限责任公司	贷款贴息
11C26113402056	电动汽车用磷酸铁锂电池	合肥国轩高科动力能源有限公司	贷款贴息
11C26113402058	羟烷基酰胺固化用聚酯树脂	黄山永佳三利科技有限公司	贷款贴息
11C26113402060	高碳钢多合金耐磨球	宁国市开源电力耐磨材料有限公司	贷款贴息
11C26113402063	创新环形槽结构耐磨合金焊层闸阀	铜陵市兴达阀门总厂	贷款贴息
11C26113402064	矿山超大型球磨设备用高强韧性合金锻球生产工艺	铜陵有色金神耐磨材料有限责任公司	贷款贴息
11C26213502066	导电纤维长丝的研发及产业化	长乐卡德龙化纤有限公司	无偿资助
11C26213502071	新型复合钢刀剪研制	福建大吉刀剪五金有限公司	无偿资助
11C26213502074	纺织用竹原纤维研发及产业化	福建海博斯化学技术有限公司	无偿资助
11C26213502081	高压、大口径全焊接固定球管线球阀	福建旗胜阀门科技有限公司	无偿资助
11C26213502082	微型埋入式真空板真空规组件的产业化	福建赛特新材料有限公司	无偿资助
11C26213502085	自生釉骨瓷	福建省德化第五瓷厂	无偿资助
11C26213502086	可再生活性炭功能陶瓷	福建省德化县宁昌陶瓷有限公司	无偿资助
11C26213502088	运用浮选纯化新工艺生产高碳微晶石墨	福建省富友石墨科技有限公司	无偿资助
11C26213502093	仿人发结构假发纤维	福建省莆田市金汉发品有限公司	无偿资助
11C26213502103	三维均布微钎焊金刚石锯片	福建万龙金刚石工具有限公司	无偿资助

续表

立项代码	项目名称	企业名称	支持方式
11C26213502105	时尚个性经编三明治网布提花技术	福建信泰新材料科技有限公司	无偿资助
11C26213502108	节能灯专用高性能中高压铝电解电容器	福建云星电子有限公司	无偿资助
11C26213502128	环保型铜铋轴瓦新材料研发及产业化	核工业福州粉末冶金双金属轴瓦材料厂	无偿资助
11C26213502130	硅酸钙板耐火风管项目产业化	金强硅酸钙板(福州)有限公司	无偿资助
11C26213502131	涤纶纤维碱性染色新工艺	晋江市维丰织造漂染有限公司	无偿资助
11C26213502136	钢质活塞环材料国产化的开发和应用	南平华闽摩托车配件有限公司	无偿资助
11C26213502138	基于阻燃型纸基覆铜的集成电路板高精密冲模	莆田市城厢区星华电子模具有限公司	无偿资助
11C26213502139	记忆慢回弹聚氨酯泡沫材料	莆田市越特鞋材有限公司	无偿资助
11C26213502140	UUI 型线圈类电感器件	清流县鑫磁线圈制品有限公司	无偿资助
11C26213502144	新型散热结构太阳能 LED 路灯	泉州市春光照明科技有限公司	无偿资助
11C26213502153	羧酸型高分子助磨剂	三明市新创科技有限公司	无偿资助
11C26213502155	三醋酸纤维合金中空纤维纳滤膜	石狮索爱环境资源技术有限公司	无偿资助
11C26113502165	FPPE 高强度非开挖排污管产业化项目	福建恒杰塑业新材料有限公司	贷款贴息
11C26113502169	回收废弃高铁钛土生产中温窑变釉	福建省佳美集团公司	贷款贴息
11C26113502170	快速高效合成乙酸松油酯新工艺	福建省清流县闽山化工有限公司	贷款贴息
11C26113502171	铁矿尾矿低温多彩陶瓷生产工艺	福建省泉州龙鹏集团有限公司	贷款贴息
11C26113502172	有机酸法制备超细微氧化锆陶瓷粉体	福建省智胜矿业有限公司	贷款贴息
11C26113502175	抗菌自洁聚乙烯给水管产业化	福建祥龙塑胶有限公司	贷款贴息
11C26113502176	高分子吸水保水复合材料	泉州邦丽达科技实业有限公司	贷款贴息
11C26113502182	基于真空镀绿色成膜技术的无毒超耐磨多彩手机外壳	欣宇科技(福建)有限公司	贷款贴息
11C26213602219	高性能稀土复合结构陶瓷材料中试	赣州科盈结构陶瓷有限公司	无偿资助
11C26213602220	高纯超细氧化锡的中试	赣州瑞德化工有限公司	无偿资助
11C26213602221	纳米陶瓷夹层(芯)复合整体式超薄锯片	赣州市基克科技开发有限公司	无偿资助
11C26213602224	优质铜异型材	贵溪华泰铜业有限公司	无偿资助
11C26213602237	高耐热导磁陶瓷	江西嘉顺瓷业有限公司	无偿资助
11C26213602238	磷酸亚铁锂动力电池组及其应用	江西金钢能源科技有限公司	无偿资助
11C26213602243	优质锡磷青铜带	江西凯安铜业有限公司	无偿资助
11C26213602256	聚羧酸盐高性能减水剂	江西省金盛高科技发展有限责任公司	无偿资助
11C26213602258	可利用金属粉末保护表层的合金磁性衬板	江西省进贤坤达钢球有限责任公司	无偿资助
11C26213602259	大规格无氧高导铜棒	江西省坤宏科技发展有限公司	无偿资助
11C26213602263	低损耗高频铝线圈	江西圣达威电工材料有限公司	无偿资助
11C26213602264	SL-988 两性淀粉	江西顺昌隆实业有限公司	无偿资助
11C26213602270	氯化电解集成技术回收废电镀件中的 ABS 塑料和铜、镍工艺研究	江西信江金属有限公司	无偿资助
11C26213602273	高性能铝硅合金用新型速熔硅添加剂	江西永特合金有限公司	无偿资助
11C26213602283	太阳能电池用的硅片在表面带水过程中的质量在线检测装置	南昌科锐新能源材料有限公司	无偿资助

续表

立项代码	项目名称	企业名称	支持方式
11C26213602288	一种二氧化锡掺杂复合碳负极材料及采用该材料制造的锂离子电池（组）	南昌永日自动化设备有限公司	无偿资助
11C26213602291	1000 米级高耐磨金刚石圆锯片	南丰县金锐锯业制造有限公司	无偿资助
11C26213602295	利用辊棒废料生产中高铝耐磨陶瓷	萍乡市龙金陶瓷填料有限公司	无偿资助
11C26213602293	单炉热循环法生产高比表面活性氧化铝	萍乡市华顺环保化工填料有限公司	无偿资助
11C26213602294	PE 网孔支撑剂	萍乡市华填化工填料有限公司	无偿资助
11C26213602298	航空用传感器钛合金零件	鹰潭市东方钟表元件有限公司	无偿资助
11C26113602300	超粗晶粒优质碳化钨粉	崇义金龙钨业有限公司	贷款贴息
11C26113602306	支撑过滤环孔球	萍乡市环球化工填料有限公司	贷款贴息
11C26113602307	稀土矿全萃取分离并制备低松装密度、大比表面积稀土氧化物中试	全南县新资源稀土有限责任公司	贷款贴息
11C26213702308	绿色环保型无磷阻垢缓蚀剂 LD-08	德州百泉水业科技有限公司	无偿资助
11C26213702310	清洁无聚携砂液	东营利丰化工新材料有限公司	无偿资助
11C26213702313	Sn-Zn 基无铅钎焊材料的研究与开发	济南圣元机械工程有限公司	无偿资助
11C26213702322	利用钢铁渣研发高性能混凝土复合矿物外加剂	莱芜厚泽钢渣环保工程有限公司	无偿资助
11C26213702323	超薄高可靠无卤环保型挠性覆铜箔(FCCL)材料	莱芜金鼎电子材料有限公司	无偿资助
11C26213702324	超粗药芯焊丝	莱芜绿得表面工程有限公司	无偿资助
11C26213702330	R196Z-4 多功能变速箱薄壁特种轴承	山东博特轴承有限公司	无偿资助
11C26213702334	利用工业废料—磺酸母液生产铸造用磺酸固化剂	昌乐恒昌化工有限公司	无偿资助
11C26213702337	大配比氧化法合成橡胶硫化促进剂 DZ	东营万通橡胶助剂有限公司	无偿资助
11C26213702348	高速药芯焊丝	山东聚力焊接材料有限公司	无偿资助
11C26213702352	高性能消防用玄武岩纤维绳	泰安鲁普耐特塑料有限公司	无偿资助
11C26213702357	钛白生产“三废”综合利用及治理工程	枣庄天元精细化工有限公司	无偿资助
11C26213702369	重结晶陶瓷窑具用途的碳化硅超细粉	山东青州微粉有限公司	无偿资助
11C26213702374	一次成型高性能聚四氟乙烯汽车油封	山东莱阳市昌誉密封产品有限公司	无偿资助
11C26213702375	高效污泥脱水絮凝剂阳离子聚丙烯酰胺	烟台福松环保科技有限公司	无偿资助
11C26213702376	核聚变热沉铬锆铜板	烟台鲁宝有色合金有限公司	无偿资助
11C26213702379	智能化高效低污染中餐灶金属纤维燃烧器的开发与产业化	烟台众德环保设备科技有限公司	无偿资助
11C26213702380	高功率动力电池正极材料磷酸铁锂的研究与产业化	烟台卓能电池材料有限公司	无偿资助
11C26213702382	高寿命、水溶性新型锂电池中试	山东神工电池新科技有限公司	无偿资助
11C26113702388	纳米无卤聚酯合金	山东兴强阻燃科技有限公司	贷款贴息
11C26113702391	新催化体系制备聚异丁烯	山东鸿瑞石油化工有限公司	贷款贴息
11C26213702387	隧道窑烧成砖余热发电装置	淄博地永耐火材料有限公司	无偿资助
11C26113702390	玻璃钢小套管的研发与应用	胜利油田新大管业科技发展有限责任公司	贷款贴息
11C26113702397	防静电陶瓷砖	淄博统一陶瓷有限公司	贷款贴息
11C26113702400	高亮度长寿命 LCD 背光源用荧光粉	烟台希尔德新材料有限公司	贷款贴息
11C26213712402	波塞冬系列煤矿安全用高分子聚合注浆材料	青岛波塞冬矿用工程材料有限公司	无偿资助

续表

立项代码	项目名称	企业名称	支持方式
11C26213712403	环保型无荧光水基润滑剂	青岛长兴化工有限公司	无偿资助
11C26213712404	生态天然染料粉末提取技术及产品开发	青岛东湖新材料有限公司	无偿资助
11C26213712413	以 PPESK 为基料的新型油井扶正助抽器	青岛吉安泰耐磨密封材料有限公司	无偿资助
11C26213712417	新型药物辅料海藻酸油酸酯的制备	青岛柯信新材料科技有限公司	无偿资助
11C26214102433	新型一模四腔 UPVC 环保型发泡异型材挤出生产工艺的研发	河南海润塑业科技有限公司	无偿资助
11C26214102436	光学玻璃冷加工高效环保金刚石精磨片	河南金宜精密磨具有限公司	无偿资助
11C26214102437	快速并流共沉淀法制金刚石工具专用金属结合剂	河南卡斯通科技股份有限公司	无偿资助
11C26214102442	绿色新型功能性阳离子表面活性剂-阳离子烷基多糖苷季铵盐的制备及其产业化	河南省道纯化工技术有限公司	无偿资助
11C26214102449	人工压电晶体材料及制品	河南省新密市鲲鹏电子晶体有限公司	无偿资助
11C26214102469	高性能 CVD 金刚石自支撑膜及制品	洛阳美克金刚石有限公司	无偿资助
11C26214102477	塑合金复合耐磨衬板	洛阳天宁机械有限公司	无偿资助
11C26214102478	混合机用耐磨陶瓷-钢复合衬板	洛阳万晟耐磨科技有限公司	无偿资助
11C26214102479	对旋轴流式可调角叶轮高效节能风机及其叶片用高分子合成材料	洛阳沃能节电科技有限公司	无偿资助
11C26214102485	金属陶瓷复合临界流速喷嘴	洛阳卓达石化工程技术有限公司	无偿资助
11C26214102492	橡胶硫化剂 4,4'-二硫化二吗啉清洁工艺	三门峡市峡威化工有限公司	无偿资助
11C26214102493	多喷头静电纺丝制备纳米纤维离子交换膜	三门峡兴邦特种膜科技发展有限公司	无偿资助
11C26214102495	聚氨酯纯水油墨链接料及其纯水油墨	新乡市红福油墨有限公司	无偿资助
11C26214102508	电解铝用铝钛钢过渡板	郑州金想复合材料有限公司	无偿资助
11C26214102514	环氧浇注专用填料氧化铝	郑州盛源粉体有限公司	无偿资助
11C26214102515	半导体离子植入机用精密 TZM 异型零件	郑州世博有色金属制品有限公司	无偿资助
11C26214102516	智能型在线自清洗过滤装置	郑州市安吉化工塑料机械厂	无偿资助
11C26214202537	一种陶瓷电容器用改性二氧化锡电极浆料	赤壁市鸿儒科技实业有限公司	无偿资助
11C26214202539	氮化硅结合碳化硅特种陶瓷	丹江口弘源碳化硅有限责任公司	无偿资助
11C26214202540	基于高压压铸工艺的大功率电喷发动机齿轮室	东风(十堰)有色铸件有限公司	无偿资助
11C26214202543	长麻纤维增韧增强再生聚烯烃木塑复合材料	汉川市协环科技有限公司	无偿资助
11C26214202544	空气压缩机用组合气阀板(中冷器)产业化	湖北本杰明新材料有限公司	无偿资助
11C26214202548	新型无砟轨道钢筋用高强聚丙烯绝缘夹	湖北富盛化工新材料有限公司	无偿资助
11C26214202549	聚乙烯木塑复合空心板材高速挤出模具	湖北高新明辉模具有限公司	无偿资助
11C26214202552	等静压制造真空陶瓷	湖北汉光照明股份有限公司	无偿资助
11C26214202555	高性能复合树脂橡胶硬压辊及其产业化	湖北鹤强机械印务有限公司	无偿资助
11C26214202556	钢铁基体上柠檬酸盐—酒石酸盐双络合碱性无氰镀铜工业化	湖北恒鑫金属表面处理有限公司	无偿资助
11C26214202561	高能动力电池材料核壳结构镍钴锰酸锂	湖北捷创科技有限公司	无偿资助

续表

立项代码	项目名称	企业名称	支持方式
11C26214202562	预合金超细粉末胎体金刚石工具	湖北金鄂工具有限公司	无偿资助
11C26214202564	乙基氯硅烷混合单体及其深度加工产品	湖北力美达硅氟科技有限公司	无偿资助
11C26214202566	高品质嵌入式复合缝纫线	湖北妙虎纺织有限责任公司	无偿资助
11C26214202567	长寿高效密封型矿用牙轮钻头	湖北鸣利来冶金机械科技有限公司	无偿资助
11C26214202570	油浸变压器用风冷却器高效散热内齿铝管	湖北瑞林特铝业有限公司	无偿资助
11C26214202571	特种精细型钢丝棉制品	湖北瑞特威钢棉有限公司	无偿资助
11C26214202572	新型合金化改性高性能汽车钢板弹簧	湖北神风汽车弹簧有限公司	无偿资助
11C26214202575	水分散粒剂专用复合崩解剂	湖北世纪开源化工科技有限公司	无偿资助
11C26214202578	用新型抛光模及新工艺高效率加工高精度光学晶体镜片	湖北团风喜瑞光电科技有限公司	无偿资助
11C26214202581	辐照交联耐热阻燃橡塑复合导电泡棉	湖北祥源新材科技有限公司	无偿资助
11C26214202592	纤维增强再生塑料微孔复合材料	湖北智鹏儿童用品有限公司	无偿资助
11C26214202602	搅拌式砂磨技术生产耐磨陶瓷	监利县三星陶瓷有限责任公司	无偿资助
11C26214202604	以塑代铝新型气动阀阀体	荆州市奥克兰塑业有限公司	无偿资助
11C26214202605	高效环保型 2.4-二氯苯胺生产新工艺	荆州市恒诚精细化工有限公司	无偿资助
11C26214202611	碳纤维摩擦层制动器	十堰方圆大地工贸有限公司	无偿资助
11C26214202612	超韧高刚度聚苯乙烯复合材料	十堰飞纳科科技有限公司	无偿资助
11C26214202634	HM-700 耐高温磨蚀陶瓷涂层技术	武汉华材表面科技有限公司	无偿资助
11C26214202642	聚醚醚酮(PEEK)在 KW 系列骨科用外固定系统应用开发	武汉康斯泰德科技有限公司	无偿资助
11C26214202651	基于纳米线网状光催化材料的饮用水处理技术与设备	武汉市先讯科技有限公司	无偿资助
11C26214202661	Si_3N_4/SiC 复合基高温节能陶瓷涂料	武汉鑫贝克科技发展有限责任公司	无偿资助
11C26214202673	利用连续化工艺年产 600 吨间甲苯酚	武穴市永宁医药化工有限公司	无偿资助
11C26214202674	电工陶瓷用非均匀化磨损高强度金刚石成型磨片	浠水三高新材料有限责任公司	无偿资助
11C26214202675	新型自定位高性能油封	浠水县宏昌精工五金制造有限公司	无偿资助
11C26214202689	新型精密铸造用模壳硬化剂	襄樊市科民化工科技有限公司	无偿资助
11C26214202693	AT 切高基频片式化 SMD 压电石英晶片	孝昌县晶鑫电子科技有限公司	无偿资助
11C26214202696	新型高分子复合材料(PC/ABS/MMT)制备及注射成型	孝感市三洋塑胶制品有限责任公司	无偿资助
11C26214202698	真空开关管用等静压瓷管金属化	孝感正华电真空材料有限责任公司	无偿资助
11C26214202699	贵金属捕集用丁基铵黑药无污染新技术的开发及其产业化	阳新县晨光化工有限公司	无偿资助
11C26214202700	低温法高石墨含量橡塑复合阻燃材料	宜昌奥佳新材料科技有限公司	无偿资助
11C26214202701	磷酸铁锂动力电池材料研发及产业化	宜昌欧赛科技有限公司	无偿资助
11C26214202705	整体铸造耐磨合金挖斗	宜都市万鑫精密铸造有限公司	无偿资助
11C26214202706	环境友好型含氟织物整理剂	应城市恒新化工有限公司	无偿资助
11C26214202708	高容量锂离子电池天然石墨基复合负极材料	中科恒达石墨股份有限公司	无偿资助

续表

立项代码	项目名称	企业名称	支持方式
11C26214202710	一种五氧化二钒焙烧和浸提方法	竹山县中强钒业制造有限责任公司	无偿资助
11C26114202764	碳纤维布同步器齿环开发应用	湖北光瑞置业有限公司	贷款贴息
11C26114202765	双层管数字化制管装备及制品	湖北荆大精密钢管实业有限公司	贷款贴息
11C26114202767	高纯硫酸锰的制备方法	湖北开元化工科技股份有限公司	贷款贴息
11C26114202768	高效白光 LED	湖北蓝科光电有限公司	贷款贴息
11C26114202773	年产 300 万套环保耐磨型陶瓷轿车刹车片	瑞阳汽车零部件(仙桃)有限公司	贷款贴息
11C26114202774	新型汽车轻量化制动蹄件	十堰凯琦铸造有限公司	贷款贴息
11C26114202777	彩色激光打印机、数码复印机用墨粉	武汉宝特龙信息科技有限公司	贷款贴息
11C26114202779	镁橄榄石高档保温材料	宜昌科博耐火材料有限公司	贷款贴息
11C26114202780	提高双烯醇酮醋酸酯收率品质的新技术与产业化	竹溪县华驰医药化工有限责任公司	贷款贴息
11C26214212740	预应力管道高性能灌浆材料	湖北中桥科技有限公司	无偿资助
11C26214212743	新型负压封闭引流生物海绵材料	武汉德骼拜尔外科植入物有限公司	无偿资助
11C26214212750	绿色制冷和低品位热发电用关键热电材料的开发	武汉太鑫功能材料有限公司	无偿资助
11C26114212782	新型非晶合金变压器	武汉振源电力设备有限公司	贷款贴息
11C26214302806	大规格高精度铝合金矩形波导管及其成型工艺	长沙海航高精管科技有限公司	无偿资助
11C26214302807	多功能高效复合陶瓷添加剂	长沙翰林化工科技有限公司	无偿资助
11C26214302819	超声紧耦合雾化技术制备高性能金属粉末	长沙金钲金属材料有限公司	无偿资助
11C26214302836	新型烤房节能环保纳米材料	长沙瑞和新材料科技有限公司	无偿资助
11C26214302851	介孔组装复合氧化物透明导电材料	长沙湘纳科技开发有限公司	无偿资助
11C26214302853	介孔碳/石墨复合材料在低温动力锂离子电池中的应用	长沙星城微晶石墨有限公司	无偿资助
11C26214302858	用于 LED 的高透过率、高导电、高均匀性的 ITO 靶	长沙壹纳光电材料有限公司	无偿资助
11C26214302864	建筑用轻质高强复合粉体材料及其制备工艺	长沙泽宇建筑材料科技有限公司	无偿资助
11C26214302865	利用双室高压气淬以及多管球磨技术制取新型矿山凿岩硬质合金	长沙中南凯大粉末冶金有限公司	无偿资助
11C26214302866	高硬度高亮度无机溶胶在汽车漆面的应用	长沙钟氏汽车科技有限公司	无偿资助
11C26214302867	大口径超高分子量聚乙烯耐磨管材的制备工艺及成套装备	常德市耐摩特聚合材料有限公司	无偿资助
11C26214302869	新型高容量纳米氧化锌脱硫催化剂	常宁市湘江化工有限责任公司	无偿资助
11C26214302874	大型硅橡胶注射成型自动脱模高精密模具	衡阳华胜精密模具有限公司	无偿资助
11C26214302881	风力发电机用混杂纤维增强金属基摩擦片	湖南博云兴达制动材料有限公司	无偿资助
11C26214302897	从砷碱废渣中综合回收提取高品位的超细三氧化二锑	湖南宏大锑铅有限公司	无偿资助
11C26214302901	钟罩炉制备高导锰锌铁氧体	湖南华磁磁性科技有限公司	无偿资助
11C26214302899	高纯度改性海泡石环保用吸附颗粒	湖南鸿雁海泡石科技有限公司	无偿资助
11C26214302904	太阳能晶体硅片关键技术研发及产业化	湖南华源线缆电器有限公司	无偿资助
11C26214302905	三层叠层复合太阳能电池专用背封膜	湖南寰球太阳能技术开发有限公司	无偿资助
11C26214302906	淬冷法制备高性能超细磷酸铁锂	湖南佳飞科技发展有限公司	无偿资助

续表

立项代码	项目名称	企业名称	支持方式
11C26214302910	溶液雾化氧化法制备镍钴氧化物精细粉体材料新工艺	湖南开天新材料有限公司	无偿资助
11C26214302916	废胶粉/废塑料/SBS复合改性沥青	湖南路桥路翔工程有限公司	无偿资助
11C26214302920	电镀高性能防腐耐磨钨合金抽油杆	湖南纳菲尔新材料科技股份有限公司	无偿资助
11C26214302921	碳纤维复合材料汽车件	湖南欧亚碳纤维复合材料有限公司	无偿资助
11C26214302925	高杂质钼铁合金生产钼酸铵	湖南荣宏钼业材料股份有限公司	无偿资助
11C26214302926	固态渗氮(碳)技术连续生产氮化金属锰	湖南三七冶金材料有限公司	无偿资助
11C26214302930	液相流态化还原法制备电子浆料用纳米镍粉	湖南省娄底维亚科技有限公司	无偿资助
11C26214302941	两涂型震动耐磨NCVM涂料	湖南松井化学技术有限公司	无偿资助
11C26214302942	微波复合活化制备的超级多孔炭	湖南太和科技有限公司	无偿资助
11C26214302947	新型橡胶密封石油钻头	湖南天鹰钻机制造有限公司	无偿资助
11C26214302949	从钛白废水中回收中温固体燃料电池用超细高纯氧化钪	湖南稀土技术开发有限公司	无偿资助
11C26214302965	锂离子电池用高纯六氟磷酸锂产业化	湖南中大技术创业孵化器有限公司	无偿资助
11C26214302972	系列可辐射固化的多官能丙烯酸酯	耒阳市威远高分子材料有限公司	无偿资助
11C26214302974	采用脱硫石油焦替代聚苯乙烯生产自烧结无机复合保温材料	醴陵友立特种陶瓷有限公司	无偿资助
11C26214302976	快速电铸金刚石钻头的工艺开发及产业化	浏阳市天马钻探器材科技发展有限公司	无偿资助
11C26214302977	特殊球形石墨负极材料及其产业化	娄底市辉宇科技有限公司	无偿资助
11C26214302978	采用磁力线轰击法充多极磁环方法生产的软磁铁氧体磁芯	娄底市利通磁电科技有限公司	无偿资助
11C26214302979	高型镁钕镁锆系列合金	娄底市兴鑫合金有限公司	无偿资助
11C26214302980	铜镉渣废料环保再生的分离提纯工艺技术及产品	泸溪蓝天冶化有限责任公司	无偿资助
11C26214302981	连续石墨化石油焦增碳剂生产工艺和设备	汨罗市鑫祥碳素制品有限公司	无偿资助
11C26214302988	可用于食品包装的高性能环保型水性复膜胶	湘潭华成新材料科技有限公司	无偿资助
11C26214302990	铜材真空退火预抽真空气氛保护闭式循环可控调节快速冷却系统	湘潭华宇电炉制造有限公司	无偿资助
11C26214302993	高冲击强度高铝氧陶瓷灭弧罩	湘潭锐华电瓷电器制造有限公司	无偿资助
11C26214302994	特种变压器用高性能减震降噪涂料	湘潭瑞鑫电气科技有限责任公司	无偿资助
11C26214302997	有色金属再生料循环利用制造高性能铝钙铁脱氧预合金粉末制品	湘潭市瑞祥冶金炉料有限公司	无偿资助
11C26214303008	含硫矿渣生产电池级原料硫酸锰	湘西自治州兴湘科技开发有限责任公司	无偿资助
11C26214303010	固定床连续生产制备高浓度异丙基氯化镁-氯化锂	新化县诺威化工有限责任公司	无偿资助
11C26214303012	综合利用含铋物料制备高纯铋基纳米材料	永兴县利业三废回收有限公司	无偿资助
11C26214303015	高强度低熔点无铅锡铋焊料	岳阳金正电子材料有限公司	无偿资助
11C26214303024	化学镀铜石墨粉制备高性能铜-石墨材料	株洲市文一电碳有限公司	无偿资助
11C26214303025	高强度陶瓷高速冲模	株洲湘瓷金刚模具有限公司	无偿资助
11C26114303028	制冷用高效节能钝化内齿铝管	长沙恒佳铝业有限公司	贷款贴息
11C26114303030	柔性化组合模冲压工艺制备新型汽车车身部件	长沙仙达实业有限公司	贷款贴息

续表

立项代码	项目名称	企业名称	支持方式
11C26114303033	适用于压电陶瓷元器件的电极及其产品	湖南嘉业达电子有限公司	贷款贴息
11C26214403045	光电成像设备用导电材料及其产业化	东莞市艾斯迪新材料有限公司	无偿资助
11C26214403047	耐高温、高导热的大功率 LED 封装基座	东莞市驰明电子科技有限公司	无偿资助
11C26214403053	大功率 LED 路灯的研制及产业化	东莞市光宇新能源科技有限公司	无偿资助
11C26214403054	基于水溶性免清洗助焊剂的新型环保 Sn-Cu 系焊锡膏	东莞市焊宏爱法电子科技有限公司	无偿资助
11C26214403055	无卤耐高温 LED 的研发及产业化	东莞市弘康电子有限公司	无偿资助
11C26214403056	高性能聚氨酯树脂组合物及其制备方法专利技术的实施	东莞市宏达聚氨酯有限公司	无偿资助
11C26214403058	无纺布环保水性油墨的研究开发及应用	东莞市佳景印刷材料有限公司	无偿资助
11C26214403061	特种改性纺织品硅胶及其产业化	东莞市良展有机硅科技有限公司	无偿资助
11C26214403063	无卤环保型高性能橡塑磁性材料及产品的开发及产业化	东莞市美厚塑磁有限公司	无偿资助
11C26214403064	苯乙烯丙烯酸酯季胺聚合物阳离子表面施胶剂	东莞市清正合成高新材料有限公司	无偿资助
11C26214403067	无汞防爆扣式碱锰电池开发	东莞市天球实业有限公司	无偿资助
11C26214403068	防电磁干扰抗静电高分子复合包装材料技术开发	东莞市天耀高分子材料科技有限公司	无偿资助
11C26214403070	用于 LED 芯片粘接及芯片封装的导电银胶	东莞市新懿电子材料技术有限公司	无偿资助
11C26214403072	高性能高分子结构材料——摩托车尼龙汽油油箱吹塑材料	东莞市意普万工程塑料有限公司	无偿资助
11C26214403089	稀土磷酸酯超支化成炭高效阻燃体系及其产业化	广东华南精细化工研究院有限公司	无偿资助
11C26214403097	高解像度高耐印力黄灯安全的紫激光银盐计算机直接制版材料	广东中科银实业有限公司	无偿资助
11C26214403099	先进工模具 PVD 涂层技术开发及产业化应用	广州今泰科技有限公司	无偿资助
11C26214403112	高强高韧钢结合金模具材料	河源正信硬质合金有限公司	无偿资助
11C26214403120	屋顶瓦片承烧支架	揭阳市热金宝高科绝热新材料有限公司	无偿资助
11C26214403122	基于超微轻钙包覆工艺的硅灰石针状纤维多功能复合粉体	连州市伟信硅灰石有限公司	无偿资助
11C26214403124	高档耐嚼食品添加剂——萜烯树脂的生产	罗定市星光化工有限公司	无偿资助
11C26214403129	特种超声波压电陶瓷材料生产工艺的研究及应用	汕头市创新科技电子有限公司	无偿资助
11C26214403130	天然纤维加强复合材料汽车内饰件生产线	汕头市富力机器制造有限公司	无偿资助
11C26214403133	高性能粉末冶金凸轮及传动齿轮	韶关市富洋粉末冶金有限公司	无偿资助
11C26214403144	超低温油溶性纳米合金金属抗磨润滑油系列	中山市埃尼润滑油有限公司	无偿资助
11C26214403147	以塑代钢高性能复合材料的研发及产业化	中山市纳普工程塑料有限公司	无偿资助
11C26214403150	非球面及自由曲面光学镜片模具研制	中山市众盈光学有限公司	无偿资助
11C26114403231	仿金属天然质感塑料异型材装饰层组合料的制备与应用	广东盛恒昌化学工业有限公司	贷款贴息
11C26214413182	新型热塑性聚氨酯弹性体合金	广州鹿山新材料股份有限公司	无偿资助
11C26214413189	新型车灯粘接用 SIS 热熔胶	广州市豪特粘接材料有限公司	无偿资助

续表

立项代码	项目名称	企业名称	支持方式
11C26214413190	重油专用脱金属破乳剂	广州市金汇杰环保科技实业有限公司	无偿资助
11C26214413196	基于废旧饮料瓶制备无卤阻燃聚酯纤维及其产业化技术	广州市悦诚安纤维制品有限公司	无偿资助
11C26214413208	电力工业用液体导电硅橡胶材料	广东标美硅氟精细化工研究所有限公司	无偿资助
11C26214413224	特深特硬岩层钻探用纤维增强金属基复合材料的研究	广州市澳鑫钻具有限公司	无偿资助
11C26214413230	无砟轨道高铁用耐久性优越的聚氨酯道路嵌缝胶	中科院广州化灌工程有限公司	无偿资助
11C26214423259	“高抗静电聚醚型阻燃 XX 聚氨酯泡沫塑料”的研制	深圳市国志汇富高分子材料股份有限公司	无偿资助
11C26214423282	全生物降解绿色包装塑料合金材料的研发	深圳市未名北科环保材料有限公司	无偿资助
11C26215103328	超(超)临界汽轮机组用含 Co、W 等强化元素的耐热马氏体不锈钢	北川羌族自治县六合汽轮机材料有限公司	无偿资助
11C26215103334	聚合物相转移催化技术合成高性能敷形材料	成都晨隆科技有限责任公司	无偿资助
11C26215103349	用于 OCXO 的高精度、低老化率的 SC 切晶体	成都捷安普电子有限公司	无偿资助
11C26215103351	水热法从废旧硬质合金中回收金属的方法	成都精戈硬质材料有限责任公司	无偿资助
11C26215103354	高性能磷酸亚铁锂正极材料开发及生产	成都联禾化工医药有限责任公司	无偿资助
11C26215103361	石膏基环保涂料	成都齐能保温材料工程有限公司	无偿资助
11C26215103388	油气田用缔合型清洁压裂液增稠剂	广汉沃瑞信化工有限公司	无偿资助
11C26215103390	可用于兆瓦级风电叶片的高强度竹基纤维复合材料	洪雅竹元科技有限公司	无偿资助
11C26215103392	高纯稀土抛光材料硝酸铈铵	乐山索普新材料有限公司	无偿资助
11C26215103394	两步一循环法生产金刚烷新工艺	泸州大洲化工有限公司	无偿资助
11C26215103395	软金属表面耐磨减摩特种涂料的研制及应用	泸州国邦机械有限公司	无偿资助
11C26215103397	高性能 MC 尼龙聚合技术及产品	泸州市科华工程塑料有限公司	无偿资助
11C26215103402	KNN 基无铅压电陶瓷材料	绵阳高新区科华新材料有限公司	无偿资助
11C26215103406	超级电容器用炭基-RuO_2薄膜与 α-MnO_2复合电极材料	绵阳荣胜科技发展有限公司	无偿资助
11C26215103421	动力锂离子电池用正极材料磷酸铁锂	绵阳特能电子科技有限公司	无偿资助
11C26215103423	特种铸造高强度高耐磨铝基合金材料及关键零部件开发	绵阳万鑫科技有限公司	无偿资助
11C26215103428	B 型管铝合金散热器	南充市元顺机械制造有限公司	无偿资助
11C26215103436	掺入回收料生产高性能(接近 FB9H)铁氧体永磁材料	四川川西磁业有限责任公司	无偿资助
11C26215103441	银氧化锡复铜复蒙乃尔三层电触点材料	四川飞龙电子材料有限公司	无偿资助
11C26215103453	基于管道防腐环氧化 SBS 改性热熔胶及套管	四川久远科技股份有限公司	无偿资助
11C26215103469	新型工业废水处理用环保无毒高铁酸钾复合剂	四川新元漆业有限责任公司	无偿资助
11C26215103470	强酸阳离子交换树脂后处理新工艺	四川宜宾县天源离子交换树脂厂	无偿资助
11C26215103477	双高辐射状取向耐低温启动电机用瓦形磁体	宜宾金磁磁性材料有限公司	无偿资助
11C26215103480	阴级炭块加工用组合刀具	自贡市恒泰科技有限责任公司	无偿资助
11C26215103481	石油钻井节流管汇用硬质合金阀芯	自贡市兴宇硬质合金模具有限公司	无偿资助
11C26215103482	紫外光固化聚酯丙烯酸酯预聚物中试	自贡拓利化工有限公司	无偿资助

续表

立项代码	项目名称	企业名称	支持方式
11C26115103486	玻璃模具专用稀土、低锡锌硼镍蠕墨铸铁材料	成都新志实业有限公司	贷款贴息
11C26115103489	Ti 基轻质硬质合金新材料	四川科力特硬质合金股份有限公司	贷款贴息
11C26115103487	钢塑复合高环刚度超大口径流体输送管道	四川金易管业有限公司	贷款贴息
11C26215113520	镁合金表面高性能涂层加工	重庆福泰涂装技术有限公司	无偿资助
11C26215113521	成型热锻上装一体式高温高压不锈钢硬密封球阀总成	重庆富盛阀门制造股份有限公司	无偿资助
11C26215113522	高温合金管系列的产业化开发	重庆钢铁研究所	无偿资助
11C26215113524	应用于水性工业涂料的水性树脂开发及产业化	重庆海帆生化科技有限公司	无偿资助
11C26215113533	二次热压成型高密封性橡胶功能材料及产品应用	重庆吉航工贸有限公司	无偿资助
11C26215113544	一体化材料内部缺陷定性探测分析系统	重庆里博仪器有限公司	无偿资助
11C26215113551	节能环保新型铝银浆	重庆诺泰颜料有限公司	无偿资助
11C26215113555	脱硝催化剂专用功能材料钛钨粉(纳米级)的工业化生产	重庆普源化工工业有限公司	无偿资助
11C26215113556	复杂精密模具开发	重庆擎一模具制造有限公司	无偿资助
11C26215113563	高性能软磁铁氧体锰锌复合料	重庆上甲电子股份有限公司	无偿资助
11C26215113580	环保型钢锹生产线	重庆顺财钢锹制造有限公司	无偿资助
11C26215113584	基于纳米晶粒组织的物理表面改性技术及设备	重庆特钛超膜工贸有限公司	无偿资助
11C26115113616	运用连铸连轧工艺生产 CTP 版基坯料	重庆捷和铝业有限公司	贷款贴息
11C26215123296	水性纳米聚氨酯 SiO_2 有机——无机杂化复合木器涂料	成都八益化工股份有限公司	无偿资助
11C26215123302	含氟二苯乙炔类系列液晶单体	成都聚高科技有限公司	无偿资助
11C26215123301	H-1 液态浇注快速固化成型耐高温陶瓷粉	成都惠灵丰金刚石钻头有限公司	无偿资助
11C26215123305	复合硅酸镁铝绝热材料	成都千秋节能防腐高新技术开发有限公司	无偿资助
11C26215123308	聚合物纳米水分散体及塑料涂装用高功能环保涂料	成都市红宝丽新材料科技发展有限公司	无偿资助
11C26215123309	高抗硫低碳钢、低合金钢锻制管配件	成都市科达自动化控制工程有限公司	无偿资助
11C26215123311	采用新工艺制造的高纯超细氧化镍	成都蜀都纳米材料科技发展有限公司	无偿资助
11C26215123319	管式多层独石陶瓷电容器	四川景耀光电科技有限公司	无偿资助
11C26215123320	高性能聚羧酸减水剂及其组合物	四川巨星新型材料有限公司	无偿资助
11C26115203626	萃余磷酸(淤渣磷酸)生产高浓度富过磷酸钙新技术的工业化应用	贵州越都化工有限公司	贷款贴息
11C26216103632	多晶硅棒热力学破碎装备	宝鸡宝色特种金属有限责任公司	无偿资助
11C26216103638	纳米改性聚脲弹性体涂料(涂层)	宝鸡市铁军化工防腐安装有限责任公司	无偿资助
11C26216103639	高延展性钼钇合金板材	宝鸡市众邦稀有金属材料有限公司	无偿资助
11C26216103647	高性能长寿命波峰波谷骨架式复合材料球磨机衬套	陕西科力特种橡塑有限公司	无偿资助
11C26216103656	新型高性能耐热系列镁合金材料及其近净构件的生产开发	西安金航新材料技术开发有限公司	无偿资助
11C26216103657	缩合胺化合成乙二胺中试工艺研究	西安近代化学研究所	无偿资助
11C26216103660	生态皮革用关键化工材料	咸阳银河无机材料有限公司	无偿资助

续表

立项代码	项目名称	企业名称	支持方式
11C26116103810	爆炸复合—轧制生产银铜铁复合板	宝鸡宝冶钛镍制造有限责任公司	贷款贴息
11C26216113675	新型环保耐热节能绝缘浸渍树脂	陕西宏业机电化工有限公司	无偿资助
11C26216113678	大功率 LED 共晶焊封装	陕西金巢光电能源有限公司	无偿资助
11C26216113691	黄土高原冻沙土地带软基加固处理专用 TSE 新型复合加筋带	陕西通盛工程材料有限责任公司	无偿资助
11C26216113695	基于纳米特导电炭黑复合技术的聚合物缆性阳极	陕西易莱德新材料科技有限公司	无偿资助
11C26216113705	废水回用玻璃钢压力壳体	西安百衡伯仲复合材料有限公司	无偿资助
11C26216113714	环保型电接触表面润滑保护剂	西安创联华特表面处理技术有限责任公司	无偿资助
11C26216113715	高性能小型化系列化 LTCC 带通滤波器	西安瓷芯电子科技有限责任公司	无偿资助
11C26216113716	建筑隔震橡胶支座	西安达盛隔震技术有限公司	无偿资助
11C26216113717	水溶性镀铝转移涂料	西安大天科技股份有限公司	无偿资助
11C26216113718	Cleanwing II 型飞机除冰/防冰液产品开发	西安高科理化技术有限责任公司	无偿资助
11C26216113726	高性能耐 R134a 制冷剂橡胶材料	西安汉华橡胶科技有限公司	无偿资助
11C26216113730	片式电感器用端头电极浆料	西安宏星电子浆料科技有限责任公司	无偿资助
11C26216113734	射频电磁阻抗匹配抗电磁干扰复合膜材料	西安华捷奥海新材料有限公司	无偿资助
11C26216113739	功能型汽油辛烷值促进剂——异丁烯基酰胺异庚酯 T1109	西安嘉宏石化科技有限公司	无偿资助
11C26216113743	大面积柔性纳米晶敏化染料太阳能电池	西安晶纳电子科技有限公司	无偿资助
11C26216113758	一种新型大功率无感精密陶瓷电阻片	西安盟创电器有限公司	无偿资助
11C26216113769	一种工业化连续生产四氟化硅的方法	西安三瑞实业有限公司	无偿资助
11C26216113780	高性能氧化锌电阻片性能完善与产业化项目	西安天工电气有限公司	无偿资助
11C26216113783	Goodrich 公司 B737 飞机粉末冶金刹车片国产化研发与产业化	西安天元航空科技有限公司	无偿资助
11C26216113791	高效率太阳能光电项目	西安西蓝电子科技有限公司	无偿资助
11C26216113807	高性能炭载纳米贵金属绿色催化剂制备技术	西安凯立化工有限公司	无偿资助
11C26116203818	回收纸造纸污泥湿法改性加工高密度硬质模塑包装材料	静宁县恒达有限责任公司	贷款贴息
11C26116503826	利用氯碱废弃盐泥一步煅烧法生产氯化钡产业化	新疆米兰化工有限公司	贷款贴息
11C26211103829	IC 产业光掩膜版用石英玻璃基片	北京金格兰石英玻璃有限公司	无偿资助
11C26211103848	无灰型高效油品抗静电剂	北京斯伯乐科技发展有限公司	无偿资助
11C26211103850	正性聚酰亚胺光敏树脂批量化生产技术	北京波米科技有限公司	无偿资助
11C26221103854	车载用负介电各向异性液晶材料	北京八亿时空液晶科技股份有限公司	无偿资助
11C26221103855	电弧熔覆陶瓷制造复合耐磨件	北京嘉克新兴科技有限公司	无偿资助
11C26211103887	大尺寸高精度 SiC/Al 航天构件	北京驰宇空天技术发展有限公司	无偿资助
11C26221103896	纳米纤维吸音棉	北京永康乐业科技发展有限公司	无偿资助
11C26221103897	喷涂型速凝高弹橡胶沥青防水涂料产业化项目	大禹伟业(北京)国际科技有限公司	无偿资助
11C26221103899	应用于高速铁路轨检车的中高精度闭环光纤陀螺	中航捷锐(北京)光电技术有限公司	无偿资助
11C26211203942	高性能石英纤维及其制品	天津市硅酸盐研究所	无偿资助

续表

立项代码	项目名称	企业名称	支持方式
11C26211203944	海水淡化脱硬预处理提取纳米碳酸钙、氢氧化镁的工艺研发与应用	天津欧纳海洋科技发展有限公司	无偿资助
11C26211203964	集束型纤维复合膜及其装置	天津碧水蓝天环保工程有限公司	无偿资助
11C26211203969	一步法生产磷酸铁锂正极材料的工艺和设备	天津伊博瑞尔能源科技发展有限公司	无偿资助
11C26211304036	玻璃钢废弃物资源化再利用技术及其制品(FRP/PE 塑料合金贮罐)	冀州市华信玻璃钢有限责任公司	无偿资助
11C26211304042	低电导率半导体材料切削液	河北伟业电子材料有限公司	无偿资助
11C26211304049	高性能纯金属纤维产品	保定三源纺织科技有限公司	无偿资助
11C26211304054	含高聚物废液连续分离精制方法及装置	石家庄丹泰溶剂分离有限公司	无偿资助
11C26211304055	合金材料绿色铸造——液态模锻成套技术	保定市沧龙不锈钢精密铸造有限公司	无偿资助
11C26211304057	环保一次性防伪瓶盖	衡水君德福塑料有限公司	无偿资助
11C26211304063	抗菌防霉止水橡胶复合盾构管片弹性密封垫	河北华虹工程材料有限公司	无偿资助
11C26211304065	镁铝聚合高温防潮电工级氧化镁	邢台市镁神化工有限公司	无偿资助
11C26211304074	三甲基硼	保定市华宇新型电子材料有限公司	无偿资助
11C26211304076	受阻胺光稳定剂 UV-646(等同于 UV-3346)	保定市乐凯化学有限公司	无偿资助
11C26211304078	太阳能电池组件专用焊带汇流带	保定市易通光伏科技有限公司	无偿资助
11C26211304079	太阳能全玻组件	保定嘉盛光电科技有限公司	无偿资助
11C26211304084	无三废排出的双亲性表面活性剂	河北融西美科贸有限公司	无偿资助
11C26211304099	导电高分子铝固态电容器	固安福爱电子有限公司	无偿资助
11C26211304102	高强度隔音磁性衬板	邯郸市三元特钢铸造有限公司	无偿资助
11C26211304103	高效晶体硅太阳能电池组件	巨力新能源股份有限公司	无偿资助
11C26211304104	高性能造纸法无石棉纤维复合密封材料	廊坊中轻造纸工程技术有限公司	无偿资助
11C26211304105	环保型太阳能电池专用互联条/汇流带	保定电谷索诺新能源科技有限公司	无偿资助
11C26211304114	特深孔金刚石绳索取心钻探钻具设备	唐山市金石超硬材料有限公司	无偿资助
11C26241304121	河北省钢铁行业节能减排共性技术开发与应用	廊坊市生产力促进中心	无偿资助
11C26241304125	衡水市工程橡塑产品研发检测公共服务平台	衡水中铁建桥隧科技有限公司	无偿资助
11C26241304126	化工产业共性关键技术研发服务	衡水奥天科技服务有限公司	无偿资助
11C26241304132	新材料创新服务平台	邯郸高新技术创业服务中心	无偿资助
11C26211404147	利用废旧聚酯生产涤纶短纤维	太原市京澄化纤有限公司	无偿资助
11C26211404151	钛合金精密锻造髋关节假体材料	山西泰奥生物材料有限公司	无偿资助
11C26221404155	稀土触媒净水新材料	太原市伦嘉生物工程科技有限公司	无偿资助
11C26211404161	制造抗菌耐磨不锈钢的等离子表面复合处理技术	太原民丰金属表面处理科技有限公司	无偿资助
11C26211404164	36MN 热挤压钢管生产线成套设备的研制	太原通泽重工有限公司	无偿资助
11C26211504186	离心复合耐磨锤具中试	赤峰市恒泰特种钢铸造有限责任公司	无偿资助
11C26211504188	麦饭石烧结器皿及制备方法的技术转化和产业化示范	奈曼旗华宝麦饭石系列产品有限公司	无偿资助
11C26211504191	年产 300 吨高纯度造影剂中间体 APD 新工艺改造	内蒙古圣氏化学有限责任公司	无偿资助
11C26211504197	铁基稀土高铬耐热耐磨可焊钢	包头市鹿电高新材料有限责任公司	无偿资助
11C26211504201	稀土等离子高能注入在球、棒磨机组衬板中的研究与应用	内蒙古中天宏远科技有限公司	无偿资助

续表

立项代码	项目名称	企业名称	支持方式
11C26211504202	稀土全自动离心萃取分离生产线	包头市世博稀土萃取装备有限公司	无偿资助
11C26211504217	大功率 LED(半导体)照明产品开发应用	内蒙古易通新能源有限责任公司	无偿资助
11C26211504225	磷酸铁锂锂离子动力电池正极材料工业化生产	乌兰察布市集宁区华任电子科技有限公司	无偿资助
11C26211504227	耐磨保温陶瓷复合材料	镶黄旗隆飞实业有限公司	无偿资助
11C26211504231	直接耐晒橙 GGL 无污染制备工艺	内蒙古新亚化工有限公司	无偿资助
11C26241504239	稀土材料及环境保护工程化技术服务	瑞科稀土冶金及功能材料国家工程研究中心有限公司	无偿资助
11C26212104244	稀土改性高性能永磁铁氧体瓦形产品	鞍山市德康磁性材料有限责任公司	无偿资助
11C26212104261	钛复层小于 0.2mm、总厚度小于 4mm 的多层压延钛复合板	辽宁新华阳伟业装备制造有限公司	无偿资助
11C26212104262	新型高效油膜轴承密封装置	铁岭橡胶研究院密封所	无偿资助
11C26212104264	造纸用高强韧不锈钢磨片	丹东鸭绿江磨片有限公司	无偿资助
11C26212114271	锰白铜(BMn0.6-0.6)合金线材	沈阳市振兴电线厂	无偿资助
11C26212104282	新能源汽车用“超级电容-电池”动力电源研发及产业化	辽宁百纳电气有限公司	无偿资助
11C26242104301	辽宁省中小企业新材料专业技术服务	辽宁省轻工科学研究院材料分院	无偿资助
11C26212124310	双向连续拉伸法制备聚丙烯微孔膜材料	大连新时科技有限公司	无偿资助
11C26212124311	高效利用天然水镁石研制高性能环保阻燃新材料	大连亚泰科技新材料有限公司	无偿资助
11C26212204344	高纯度氮化硼	珲春先进陶瓷工程有限公司	无偿资助
11C26212204345	高活性磷酸酯表面活性剂	吉林省亿瑞科技有限公司	无偿资助
11C26212214347	新型铁路货车、城轨车、地铁车用不锈钢冷弯型钢	长春市享铁车辆装备制造股份有限公司	无偿资助
11C26212214350	高效耐磨仿生金刚石钻头和刀头	长春市金诚切削刀具有限公司	无偿资助
11C26212204353	铁塔热镀(五元素)锌铝稀土合金	吉林省梨树铁塔制造有限公司	无偿资助
11C26212304371	高精度金属薄壁管	牡丹江市万通微孔技术开发有限责任公司	无偿资助
11C26212314391	非线性红外光学晶体磷化锗锌器件	哈尔滨汇工科技有限公司	无偿资助
11C26212314392	金刚石复合片	哈尔滨海明润超硬材料有限公司	无偿资助
11C26212314393	金属基复合材料制品	哈尔滨天行健航天新材料有限责任公司	无偿资助
11C26213104425	纺织用高直线度镁合金型材挤压技术及产品	上海美格力轻合金有限公司	无偿资助
11C26213104426	高精度宽频带天线罩中试及产业化	上海之合玻璃钢有限公司	无偿资助
11C26213104446	一种环保低能耗生产聚羧酸高性能减水剂的制备方法	上海固佳化工科技有限公司	无偿资助
11C26213104460	一种复合 PE 粉末热喷涂石油天然气管道防腐涂层	上海海隆防腐技术工程有限公司	无偿资助
11C26213204496	锂离子动力电池用高性能环保隔膜	常州中科来方能源发展有限公司	无偿资助
11C26213204497	水性改性丙烯酸双组分塑胶涂料	常州市华源漆业有限公司	无偿资助
11C26213204515	环保型高耐日晒耐汗光红色活性染料	泰州市恒源化织厂	无偿资助
11C26213204522	氮氧复合稀土陶瓷复相材料	宜兴市钰玺窑业有限公司	无偿资助
11C26213204528	全软态超薄镍铜复合带	宜兴市惠华复合材料有限公司	无偿资助
11C26213204553	太阳能电池板导电浆用超细球形铝粉	江苏天元金属粉末有限公司	无偿资助
11C26213204567	LED 封装高性能纳米导电胶的研究与产业化	常州合润新材料科技有限公司	无偿资助

续表

立项代码	项目名称	企业名称	支持方式
11C26213204569	晶硅太阳电池制绒辅助品	常州时创能源科技有限公司	无偿资助
11C26213204570	宽温区大容量低成本镍氢电池产业化	常州盈华高科储能材料科技有限公司	无偿资助
11C26213204571	太阳能硅片切割砂浆高效环保回收	溧阳汉达电子材料有限公司	无偿资助
11C26213204572	微米级固体颗粒与金属离子共沉积制膜技术及装置的研发	常州市江东特种抗磨复合材料研究所有限公司	无偿资助
11C26223204581	低温等离子体技术清洁生产导电炭黑新工艺	苏州纳康纳米材料有限公司	无偿资助
11C26223204582	节能环保型大功率陶瓷金卤灯	苏州朗米尔照明科技有限公司	无偿资助
11C26223204584	商用飞机透明件及新工艺	苏州利盾航空材料有限公司	无偿资助
11C26213204586	高亲水抗污染聚丙烯微滤膜组件	苏州市新能膜材料科技有限公司	无偿资助
11C26213204589	用于太阳能电池高粘度银浆印刷的H型网孔镍合金金属复合网版	昆山美微电子科技有限公司	无偿资助
11C26213204590	单层石墨烯的大范围制备和表征	泰州巨纳新能源有限公司	无偿资助
11C26223204592	用于废水资源化处理的高精度大通量PES膜与组件	无锡格瑞普尔膜科技有限公司	无偿资助
11C26213204602	再生铝、镁、稀土合金材料关键技术在车轮毂上的联铸应用	徐州友创金属加工有限公司	无偿资助
11C26213204605	雪崩系列汽车电子二极管芯片	扬州杰利半导体有限公司	无偿资助
11C26213204606	高性能磷酸亚铁锂动力电池正极材料	江苏中欧材料研究院有限公司	无偿资助
11C26213204604	具有对光伏阵列远程监测功能的模块化并网逆变器	扬州晶旭电源有限公司	无偿资助
11C26213204611	AP1000核电蒸汽发生器用镍基合金材料	丹阳市龙鑫合金有限公司	无偿资助
11C26213304684	高强度线切割专用白钼丝	杭州江东钨钼科技有限公司	无偿资助
11C26213304693	轨道交通列车高性能复合胶管	杭州萧山顺和金属软管有限公司	无偿资助
11C26213304707	小型启动用高性能磷酸铁锂电池组	杭州万马高能量电池有限公司	无偿资助
11C26213304709	PE-RT专用功能色母粒	浙江七色鹿色母粒有限公司	无偿资助
11C26213304710	纯PTFE耐高温覆膜滤料的产业化中试	浙江格尔泰斯纺织染整有限公司	无偿资助
11C26213304711	大功率碲化铋基制冷片	常山县万谷电子科技有限公司	无偿资助
11C26213304712	低能辐射防护玻璃产业化中试	湖州艾迪特琉璃工艺品有限公司	无偿资助
11C26213304714	废弃玻璃为原料清洁高效生产节能灯玻璃管	长兴康宁玻璃有限公司	无偿资助
11C26213304727	新型节能、防火玻镁复合风管	浙江天仁风管有限公司	无偿资助
11C26213304728	一步法制备多元多价高效混凝剂	嘉善海峡净水灵化工有限公司	无偿资助
11C26213304730	重防腐幕墙装饰涂料及板材	嘉兴市中法金属表面处理有限公司	无偿资助
11C26213304744	合成革用水性聚氨酯树脂	丽水市优耐克水性树脂科技有限公司	无偿资助
11C26213304750	水晶和光学玻璃抛光清洁生产技术及新型抛光盘开发	浙江浦江敏锐精密接卸科技有限公司	无偿资助
11C26213304753	荧光微晶玻璃体材料制备白光LED技术与应用	浙江亿米光电科技有限公司	无偿资助
11C26213304758	高耐磨原位化学接枝型极性弹性体及其汽车专用V带	浙江紫金港胶带有限公司	无偿资助
11C26213314784	高性能、混合型超级电容器	宁波高云电气有限公司	无偿资助
11C26213314785	聚酰亚胺电热膜	宁波今山电子材料有限公司	无偿资助
11C26213314789	多层隔膜覆合结构薄膜纸电池	宁波博能印刷电子科技有限公司	无偿资助

续表

立项代码	项目名称	企业名称	支持方式
11C26243314804	面向塑料产业链的资源共享服务平台	浙江中塑在线有限公司	无偿资助
11C26243314805	面向塑料行业中小企业结构升级的公共技术服务平台	宁波中诚检测技术服务有限公司	无偿资助
11C26213404813	MYC-1200 变截面复合筋材柔模成型机	淮北宇鑫新型材料有限公司	无偿资助
11C26213404820	非酸洗条件下提纯脉石英生产高纯石英	黄山恒源石英材料有限公司	无偿资助
11C26213404821	高性能锆/钛/钢复合材料研发	安徽宝泰特种材料有限公司	无偿资助
11C26213404822	基于多种物质复合掺杂的高磁导率低损耗因数锰锌铁氧体材料及磁芯	天长市昭田磁电科技有限公司	无偿资助
11C26213404823	基于高性能型材的废塑料资源化处理技术开发及产业化	芜湖海杉型材有限公司	无偿资助
11C26213404824	宽温域高速流体动力油封专用料及制品	黄山市尚义橡塑制品有限公司	无偿资助
11C26213404825	炉前辊道环保型高温润滑脂	安庆市中天石油化工有限公司	无偿资助
11C26213504854	40UH 高性能烧结钕铁硼永磁材料	宁德市星宇科技有限公司	无偿资助
11C26213504879	利用低品位石灰石资源生产纳米钙类功能助剂系列产品的技术	福建省万旗非金属材料有限公司	无偿资助
11C26213504898	低碳环保、高色牢度、可在抽丝设备上在线染色的新型化纤液态色母	泉州市约克颜料有限公司	无偿资助
11C26213504906	温和安全氨基酸型系列表面活性剂	福建科宏生物工程有限公司	无偿资助
11C26213504907	新型散热结构太阳能 LED 路灯	泉州市春光照明科技有限公司	无偿资助
11C26213504912	带钢连续热镀锌节能生产成套设备	福建方明钢铁有限公司	无偿资助
11C26213504913	防锈耐高温湿式合金气缸套	泉州特库克汽车零部件有限公司	无偿资助
11C26243504921	福州市陶瓷行业公共技术服务平台	福州市陶瓷行业技术创新中心	无偿资助
11C26213514939	用于 3D 眼镜的 STN 超薄型液晶光阀	厦门基德显示器件有限公司	无偿资助
11C26213514940	长寿命、高效率 LED 驱动电源专用芯片	厦门烁芯光电技术有限公司	无偿资助
11C26213604952	电子材料环保型水基清洗剂的研制	江西瑞思博化工有限公司	无偿资助
11C26213604956	复分解法新工艺制取硝酸钾	江西金利达钾业有限责任公司	无偿资助
11C26213604957	高频率、高应力工况下的汽车离合器从动盘减震弹簧	江西富明实业有限公司	无偿资助
11C26213604958	高性能、大尺寸陶瓷增强蜂窝活性炭	景德镇佳奕新材料有限公司	无偿资助
11C26213604959	高性能聚氨酯液压密封筒材	江西汇贤聚氨酯有限公司	无偿资助
11C26213604963	耐 260℃热冲击、高附着性异形复合漆包铝扁线	江西千磁电线电缆有限公司	无偿资助
11C26213604964	钕铁硼废料中稀土元素的高效回收技术中试	龙南县富利有色金属公司	无偿资助
11C26213604967	通信用聚甲基丙烯酸甲酯(PMMA)塑料光纤的制备及应用技术	江西大圣塑料光纤有限公司	无偿资助
11C26213604971	新型致密型堇青石质蜂窝陶瓷蓄热体	江西雅华工业陶瓷有限公司	无偿资助
11C26213604974	纯电动/混合动力汽车高电压、大电流、大功率直流继电器用陶瓷中试	景德镇海川特种陶瓷有限公司	无偿资助
11C26213604975	高效、低成本消除硬质合金应力整体强化新工艺	赣县海德新材料有限公司	无偿资助
11C26213604973	0201 片状电子元器件陶瓷吸嘴	湖口县嘉远科技有限公司	无偿资助
11C26213604979	轻质高强度电气化铁路接触网用棒形瓷绝缘子	江西省萍乡市新辉电瓷有限公司	无偿资助
11C26213604984	新型高活性宽温脱硝催化剂	江西中科凯瑞环保催化有限公司	无偿资助

续表

立项代码	项目名称	企业名称	支持方式
11C26213604986	原位生成莫来石晶须增强高温陶瓷辊棒中试	景德镇诺耐技术陶瓷有限公司	无偿资助
11C26213604987	高光效高显色性白光 LED 荧光粉	龙南县顺德明辉荧光材料有限责任公司	无偿资助
11C26213604988	高性能球状单晶铈基稀土抛光粉制备的工业试验	赣州鑫隆康稀土有限公司	无偿资助
11C26213604989	连续挤压无氧银铜异型排制造技术	鹰潭市安固铜材有限公司	无偿资助
11C26243604992	江西(九江)玻璃纤维及复合材料产业公共技术服务平台	九江市中小企业服务中心	无偿资助
11C26243604995	胶粘剂、涂料与涂装技术推广性能测试评价及服务	宜春市现代科技综合服务中心	无偿资助
11C26243605006	陶瓷产品创新设计公共服务平台	景德镇市生产力促进中心(景德镇市陶瓷产品设计研究中心)	无偿资助
11C26243605007	陶瓷原材料及制品测试公共服务平台	江西省陶瓷检测中心	无偿资助
11C26243605008	钨与稀土中小企业专业技术服务平台	江西省钨与稀土研究院	无偿资助
11C26213705015	高温泵用气膜润滑非接触式机械密封	东营海森密封技术有限责任公司	无偿资助
11C26213705025	3,4-二氯苯胺工业化技术开发	山东鲁化天九化工有限公司	无偿资助
11C26213705029	高纯 γ—氯丙基三乙氧基硅烷高效环保生产技术	日照岚星化工工业有限公司	无偿资助
11C26213705030	高清数码光学滤波器晶体材料	山东博达光电有限公司	无偿资助
11C26213705032	高性能复相中空体节能环保材料	莱芜市锐迈新材料有限公司	无偿资助
11C26213705036	纳米级低水合硼酸锌超细粉体材料	山东吉青化工有限公司	无偿资助
11C26213705045	缩聚型固体磷酸酯阻燃 ABS/PC 合金	威海联桥新材料科技股份有限公司	无偿资助
11C26213705046	新型光活性化合物-PAC 系列感光剂	威海经济技术开发区天成化工有限公司	无偿资助
11C26213705053	中空纤维(水处理脱盐)膜中试及应用研究	山东恒沣膜科技有限公司	无偿资助
11C26213705054	Φ100～400mm 高性能硬质合金锯片基体	山东黑旋风锯业有限公司	无偿资助
11C26213705055	高光效大功率半导体(LED)路灯	山东聊城阳光能源科技有限公司	无偿资助
11C26213705061	特大型微晶氧化铝陶瓷除砂器	山东硅元新型材料有限责任公司	无偿资助
11C26213705062	新型复合包覆结构磷酸铁锂动力电池材料建设项目	山东海特电子新材料有限公司	无偿资助
11C26213705067	电力绝缘子烧结密封端子板研制开发	临沂市龙立电子有限公司	无偿资助
11C26213705068	高纯度等离子晶体硫化锌粉的工业化制备	潍坊大耀新材料有限公司	无偿资助
11C26213705069	高效能塑料抗氧剂 626 及其合成新工艺	山东省临沂市三丰化工有限公司	无偿资助
11C26213705070	节能型陶瓷内加热式热镀(Zn 、Al)装备	山东通亚机械有限公司	无偿资助
11C26213705072	羟肟化水溶性聚电解质反相微乳液的制备	山东瑞特精细化工有限公司	无偿资助
11C26213705073	赛隆-碳化硅-刚玉复合材料	山东宇佳新材料有限公司	无偿资助
11C26213715095	EMI 复合铝箔导电泡绵	青岛卓英社科技有限公司	无偿资助
11C26213715096	便携式手机投影 LED 光源模块开发与产业化	青岛海泰镀膜技术有限公司	无偿资助
11C26213715098	低碳环保高能型锂离子电池用碳负极材料的中试生产	青岛瀚博电子科技有限公司	无偿资助
11C26213715100	废橡塑用于沥青路桥面再生养护材料技术与开发	青岛市润邦化工建材有限公司	无偿资助
11C26213715101	高性能深海勘测用绳的开发	青岛海丽花边织带有限公司	无偿资助

续表

立项代码	项目名称	企业名称	支持方式
11C26213715102	环保型增强阻燃改性耐高温尼龙工艺与产业化	青岛科柏利高性能聚合物有限公司	无偿资助
11C26213715109	汽车悬架用橡胶空气弹簧的开发与产业化	青岛欧美亚橡胶工业有限公司	无偿资助
11C26213715111	水性钢结构重防腐涂层体系的开发与产业化	青岛和合化学有限公司	无偿资助
11C26213715114	无气孔多片叠加式长寿命精密橡塑轮胎模具	青岛德利特精密模具有限公司	无偿资助
11C26213715121	金属连接泡沫铝三明治板	青岛泰泓轨道装备有限公司	无偿资助
11C26213715122	矿用、涉水多功能钢塑复合管材自动生产线	青岛宏基业塑料挤出设备有限公司	无偿资助
11C26213715123	提高太阳能光电转换效率的光致发光膜	青岛科瑞华电子科技有限公司	无偿资助
11C26213715126	智能型照明 LED 驱动芯片研发及产业化	青岛赛威特电子科技有限公司	无偿资助
11C26213715128	阻燃剂 HMPPA 的产业化及其阻燃共聚酯的开发	青岛富斯林化工科技有限公司	无偿资助
11C26213715129	苯并咪唑酮类有机颜料	胶州市精细化工有限公司	无偿资助
11C26213715131	海洋钢结构工程环保型长效防腐涂层材料的研究及产业化	青岛宣威涂层材料有限公司	无偿资助
11C26214105150	JHLFP-360 型磷酸铁锂	河南捷和新能源材料有限公司	无偿资助
11C26214105153	YHP 型氧化铝结壳块智能粉磨生产线	洛阳宇航重工机械有限公司	无偿资助
11C26214105158	低温成瓷高密度氧化铝精密陶瓷造粒粉	济源市更新瓷料有限公司	无偿资助
11C26214105162	高精密轴承钢球冷镦模具	洛阳卫创轴承模具有限公司	无偿资助
11C26214105163	高强韧多元低合金钢/高铬铸铁骨架复合锤头	郑州海特机械有限公司	无偿资助
11C26214105166	高效节能制氧吸附剂 LiLSX 分子筛	洛阳市建龙化工有限公司	无偿资助
11C26214105167	高性能铝基复合材料产业化的关键加工技术	郑州正机协合能源装备科技有限公司	无偿资助
11C26214105168	环保型功能性水性纳米颜料喷墨墨水生产项目	郑州鸿盛数码科技股份有限公司	无偿资助
11C26214105174	纳米 SiO_2 增强型改性尼龙 6 塑料	平顶山华邦工程塑料有限公司	无偿资助
11C26214105175	凝胶注模法制备光伏级多晶硅用大型石英坩埚	洛阳北苑特种陶瓷有限公司	无偿资助
11C26214105177	无苯环保挤复油墨	洛阳天霞实业有限公司	无偿资助
11C26214105183	多元相变调温材料在建筑节能领域应用的关键技术研究	信阳天意节能技术有限公司	无偿资助
11C26214105186	亚微米—纳米级超薄超精陶瓷金刚石磨具的制造	郑州超微磨料磨具有限公司	无偿资助
11C26214105192	表观粒度可控的超细超分散纳米金刚石	河南省联合磨料磨具有限公司	无偿资助
11C26214105194	超高强度陶粒支撑剂	三门峡方圆实业股份有限公司	无偿资助
11C26214105196	高性能系列酸酐电子封装材料的开发	濮阳惠成化工有限公司	无偿资助
11C26214205216	宽带激光-感应复合熔覆精密模具修复技术	孝感市科隆实业公司	无偿资助
11C26214205222	玄武岩纤维增强汽车离合器面片	十堰法雷诺动力科技有限公司	无偿资助
11C26224215234	低成本燃料电池膜电极（MEA）研发制备及产业化	武汉理工新能源有限公司	无偿资助
11C26214215238	纳米化聚丙烯酸系高性能水性木器涂料制备	武汉安泰化学工业有限公司	无偿资助
11C26214215241	人体表创面治疗 VSD 专用器械及材料	武汉维斯第医用科技有限公司	无偿资助
11C26214205250	二步法高纯高光学度系列乳酸酯	孝感市易生新材料有限公司	无偿资助
11C26214205253	环保型硬锡合金镀层柴油机轴瓦	湖北安达汽车零部件有限公司	无偿资助

续表

立项代码	项目名称	企业名称	支持方式
11C26214205254	火抛光波炉用透明黑色微晶玻璃板	湖北合和微晶玻璃有限公司	无偿资助
11C26214205256	液态模锻镁合金轮毂	十堰振新杰科技发展有限公司	无偿资助
11C26214215258	制备三维纺织复合材料增强相的全自动织机	武汉定达慧科技有限公司	无偿资助
11C26224215260	光电新能源材料及产品——太阳能电池纳米减反、自清洁功能膜研发及产业化	格林(武汉)科技有限公司	无偿资助
11C26224215261	陀螺用保偏光纤环	武汉长盈通光电技术有限公司	无偿资助
11C26244205278	建筑材料节能技术服务平台	湖北省建筑材料节能检测中心有限公司	无偿资助
11C26214305323	ABXL300 系列耐高温大布袋除尘器	长沙奥邦环保实业有限公司	无偿资助
11C26214305328	从荧光粉、钕铁硼、贮氢粉废料中萃取分离回收稀土氧化物	汨罗市恒锋新材料有限公司	无偿资助
11C26214305330	低度软锰尾矿持续制取高纯饲料级硫酸锰	桂阳杰鹏金牧发展有限公司	无偿资助
11C26214305331	高铝锌基合金	湖南省湘瑞铜套有限公司	无偿资助
11C26214305335	基于用旋转炉和推板炉两段煅烧法生产的电池级四氧化三钴	湖南雅城新材料发展有限公司	无偿资助
11C26214305342	类金刚石纳米碳纤维制备	长沙高新开发区长岳材料科技有限公司	无偿资助
11C26214305343	利用农作物废弃物及废旧塑料制备炭纤维复合塑料材料	湖南忠悦塑业有限公司	无偿资助
11C26214305348	碳化钨搅拌球磨机	株洲长江硬质合金设备有限公司	无偿资助
11C26214305349	新型复合结构高强度耐磨筛板	湖南省乌江机筛有限公司	无偿资助
11C26214305350	新型激电聚能火花塞的研发及产业化	长沙高新开发区拓旗汽车电器有限公司	无偿资助
11C26214305351	新型宽温长寿命铝电解电容器	湖南省衡阳华高电子有限公司	无偿资助
11C26214305353	用于锂电池壳体的宽幅不锈钢带单面覆镍材料	株洲永盛电池材料有限公司	无偿资助
11C26214305354	紫外光固化聚苯胺防腐涂料	湖南本安亚大新材料有限公司	无偿资助
11C26214305360	负载密码的多重色比复合荧光稀土防伪材料	浏阳市慧丰印刷科技有限公司	无偿资助
11C26214305363	高性能锂离子电池聚合物微孔隔膜材料	湖南紫皇冠新能源技术服务有限公司	无偿资助
11C26214305364	高性能锰锌铁氧体用电子级无硒高纯四氧化三锰	花垣县科信新材料有限责任公司	无偿资助
11C26214305367	聚醚醚酮复合材料及应用	长沙倍特材料有限公司	无偿资助
11C26214305368	可焊接、高耐磨、高韧性碳化钛基硬质合金	株洲市中航金大陆实业有限公司	无偿资助
11C26214305369	铅/镉/锌/六价铬便携式重金属传感器	湖南友能高新技术有限公司	无偿资助
11C26214305372	太阳能电池正银浆料产业化关键技术	湖南威能新材料科技有限公司	无偿资助
11C26214305374	新型变质技术在高镍铬钼铸铁热精轧辊中的应用	湖南长高新材料股份有限公司	无偿资助
11C26214305375	以农作物秸秆等为原料生产高性能新型复合墙体材料	新化县荣辉建材有限责任公司	无偿资助
11C26214305377	有序多孔陶瓷膜及功能化组装	新化县联胜膜技术设备有限公司	无偿资助
11C26214305389	电解法制备高纯铋并高效回收稀贵金属的新工艺	湖南昭山冶金化工有限公司	无偿资助
11C26214305391	粉末注射成形制备异形、精密、复杂零部件	湖南英捷高科技有限责任公司	无偿资助
11C26214305392	高效、低耗镁基铁水脱硫剂	湖南斯瑞摩科技有限公司	无偿资助
11C26214305401	用含钴废料制备粒度可控超微细电池级氧化亚钴	湖南凯丰新材料有限公司	无偿资助

续表

立项代码	项目名称	企业名称	支持方式
11C26214305402	真空烧结法制备高纯高氮氮化锰	湖南三鑫锰业科技有限公司	无偿资助
11C26214305403	真空消失模及蠕墨铸铁工艺生产 7.63m 焦炉配套铸件	湖南新兴机械制造有限公司	无偿资助
11C26244305415	湖南省新材料产业技术转移平台	长沙龙谷科技推广服务有限公司	无偿资助
11C26244305418	环境友好型化工产品及中间体技术创新服务	湖南化工研究院	无偿资助
11C26244305432	稀贵金属精深加工及再生利用公共技术服务平台	郴州市生产力促进中心	无偿资助
11C26244305439	中小企业稀土金属材料技术创新服务平台	湖南稀土金属材料研究院	无偿资助
11C26214405454	20000 小时铝电解电容器	肇庆绿宝石电子有限公司	无偿资助
11C26214405455	发动机进气歧管、气门室罩盖复合材料的研发	中山市点石塑胶有限公司	无偿资助
11C26214405479	多层片式 PTC 热敏电阻器	东莞市安培龙电子科技有限公司	无偿资助
11C26214405480	高性能全数字控制绿色功率因子校正器(PFC)芯片	佛山市南海赛威科技技术有限公司	无偿资助
11C26214405482	快速充电新型聚合物锂离子动力电池	惠州市博能新能源有限公司	无偿资助
11C26244405494	广州化工共性技术服务平台	广州生产力促进中心	无偿资助
11C26214425525	高光效、低热阻功率型 LED 封装新材料关键技术开发及产业化	深圳市飞世尔实业有限公司	无偿资助
11C26214425536	纳米磷酸铁锂正极材料的研制及产业化研究	深圳市德方纳米科技有限公司	无偿资助
11C26214425546	一种大功率磷酸铁锂电池及其装配方法	深圳市山木电池科技有限公司	无偿资助
11C26214425547	一种功率型多晶硅发射极晶体管	深圳市盛元半导体有限公司	无偿资助
11C26214425548	一种水湿敏防伪标识及其印刷制作方法的研究	深圳市华德防伪技术开发有限公司	无偿资助
11C26214425564	宽温区超效节能纳米复合隔热保温材料低成本化(2010 年中国(深圳)创新创业大赛获奖项目三等奖)	深圳市优纳科技有限公司	无偿资助
11C26214505582	5N 高纯铟技术改进及其产业化	广西德邦科技有限公司	无偿资助
11C26214505585	石灰竹浆纤维增强硅酸钙板技术研发及产业化	柳州市桂人建材有限公司	无偿资助
11C26214505591	薄膜太阳电池产业铟化合物纳米粉体的开发生产	广西地凯科技有限公司	无偿资助
11C26214505600	高质量、新结构高压橡胶软管	广西柳州宇明汽车零部件有限公司	无偿资助
11C26214505612	水性油墨用复合树脂乳液的关键技术研究与开发	梧州市飞卓林产品实业有限公司	无偿资助
11C26224505622	高抗冲击金刚石复合钢盔齿	桂林星钻超硬材料有限公司	无偿资助
11C26214505633	高档牙膏用摩擦剂(天然红辉沸石)的中试研制	桂林艾特利新型材料有限责任公司	无偿资助
11C26214505635	利用钛白粉产生废酸制取复合型絮凝剂	广西平果锋华科技有限公司	无偿资助
11C26215105674	大电流充放电的镍氢扣式电池的生产开发	四川海盛电池有限公司	无偿资助
11C26215105675	多点程序控制环保型氟磷酸盐光学玻璃型料精密模压工艺	四川省丹棱明宏光学有限责任公司	无偿资助
11C26215105676	多元复合、应力均衡环形防喷器球型胶芯	四川新为橡塑有限公司	无偿资助
11C26215105677	高原生产中高压化成铝箔的工艺与设备	四川立业电子有限公司	无偿资助
11C26215105681	全电熔压延法利用废弃花岗石生产微晶玻璃	荥经县腾达石材开发有限责任公司	无偿资助

续表

立项代码	项目名称	企业名称	支持方式
11C26215105685	小型化高效宽温宽频低功耗铁氧体磁芯元件	四川省眉山市力达电子有限责任公司	无偿资助
11C26215125695	多料筒、多注射头片式钽电容塑封模具	成都尚明工业有限公司	无偿资助
11C26215125696	环保型水醇溶凹印复合塑料四色版油墨	四川兄弟化学科技有限公司	无偿资助
11C26215125702	无钕稀土系宽温区镍氢动力电池	四川宝生科技发展有限公司	无偿资助
11C26215125703	氧化锌压敏电阻复合粉体与复合添加剂粉体的制备方法	成都科普斯新材料有限责任公司	无偿资助
11C26215105715	等离子显示屏(PDP)专用再生液	绵阳信利电子有限公司	无偿资助
11C26215105716	基于仿生学的纸蜂窝芯复合材料	四川海特尔复合材料有限公司	无偿资助
11C26215105717	全方位开模数控精密压铸机	四川达高压铸科技有限公司	无偿资助
11C26215105718	资源平衡利用型纳米晶稀土永磁材料	绵阳西磁新材料有限公司	无偿资助
11C26215125723	高硬度防划伤表面电容式触摸屏	成都容达科技有限公司	无偿资助
11C26245105738	激光焊接及物理气相沉积表面处理关键共性技术服务平台	成都敏捷制造技术有限公司	无偿资助
11C26215115756	3G高频通讯配套超小型片式固体钽电容器开发及产业化	重庆松填汇科技发展有限公司	无偿资助
11C26215115772	稀土合金镀层钢丝钢绞线	重庆市隆泰稀土新材料有限责任公司	无偿资助
11C26245115782	仪表功能材料检测资源共享服务平台	重庆仪表功能材料检测所	无偿资助
11C26215205795	SNS边坡柔性防护系统用钢丝绳中试及产业化	贵州钢联金属制品有限公司	无偿资助
11C26215205796	T8365-59屏蔽罩镀铬新工艺的应用	遵义长征电器电力设备表面处理有限公司	无偿资助
11C26215205801	钢带增强聚乙烯螺旋双壁波纹管	贵州森瑞管业有限公司	无偿资助
11C26215205802	高端圆形连接器关键零部件产业化	遵义精星航天电器有限责任公司	无偿资助
11C26215205803	高耐热抗菌PP液体药瓶的产业化	贵州盛峰药用包装有限公司	无偿资助
11C26215205804	高速、高层电梯钢丝绳用纤维绳芯开发	贵州钢绳厂附属企业公司	无偿资助
11C26215205805	高铁锰含量煤矿矿井废水处理装置中试	贵州华源环保科技发展有限公司	无偿资助
11C26215205806	高温空冷高耐磨自硬钢截齿	贵州众达机电设备有限公司	无偿资助
11C26215205808	高性能、高耐候3230油性外墙漆	遵义航天娄山电器化工有限公司	无偿资助
11C26215205811	基于工业废弃脱硫石膏生产高强轻质防潮多排孔式轻质墙材	遵义吉安轻质墙材有限公司	无偿资助
11C26215205812	甲酸联产各种磷酸钠盐技术应用及产业化	贵州省渝阳磷化工有限公司	无偿资助
11C26215205813	金属管件端头一体化成型加工技术及新型金属管件切割装置	贵州安顺双阳航空电子有限责任公司	无偿资助
11C26215205816	磷酸二氢钾制备新工艺中试与产业化	遵义捷晶化工有限公司	无偿资助
11C26215205817	喷码专用耐磨防腐型墨水的研发	贵州博士化工有限公司	无偿资助
11C26215205818	汽车硅油风扇离合器高密封轴承产业化	贵州虹智精密轴承有限责任公司	无偿资助
11C26215205821	污泥页岩陶粒轻集料	贵州修文坤泰绿色有限公司	无偿资助
11C26215205822	新型高效铜基粉末冶金发电机刹车片	安顺新安粉末冶金制品有限公司	无偿资助
11C26215205823	新型涂料——UV光固化涂料中试	贵州长征桥涂料化工股份有限公司	无偿资助
11C26215205824	新型橡胶过滤制备装置技术中试	贵州万盛矿用电缆有限公司	无偿资助
11C26215205828	一种抗静电改性聚乙烯内衬管母料及翻衬法修复技术	贵州森瑞环保科技有限公司	无偿资助
11C26215205829	一种用于修筑黄磷炉等矿热冶炼炉的冷捣糊新技术	贵州康格力炭素材料有限公司	无偿资助

续表

立项代码	项目名称	企业名称	支持方式
11C26215205845	高强度陶粒支撑剂降低烧成温度和提高强度的工艺技术示范	贵州聚能达石油压裂支撑剂有限公司	无偿资助
11C26215205847	高效节能、普适性水泥助磨剂中试	遵义龙天建材有限公司	无偿资助
11C26215205849	环保节能型复合外墙保温砌块	贵州晨煦新型建材科技发展有限公司	无偿资助
11C26215205851	聚合物保温矿物粉体材料制备新工艺中试及产业化	遵义科能建材有限公司	无偿资助
11C26215205857	微晶生态地板中试	安顺市西秀区博吉板业有限责任公司	无偿资助
11C26215205861	新型回转窑用耐火砖结构及环保型制备方法	贵阳黔大众合耐火材料技术开发有限公司	无偿资助
11C26215205859	新型 KBZ 系列矿用隔爆型真空馈电开关中试	遵义长征电器防爆设备有限责任公司	无偿资助
11C26215205860	新型多级金属防护安全防暴轮胎	贵州海盛源科贸有限责任公司	无偿资助
11C26215305879	从含锌物料中制取高品质锌粉	马龙仁和锌业有限公司	无偿资助
11C26215305882	低成本高效分离提取锗铟新工艺及产业化	云南五鑫实业有限公司	无偿资助
11C26215305888	废旧塑料一步法拉丝新型工艺研发及产业化	宜良县日发塑业有限公司	无偿资助
11C26215305890	高纯管状埃洛石产业化技术开发	云南天鸿高岭矿业有限公司	无偿资助
11C26215305891	高精细印刷技术产业化	云南省印刷技术研究所	无偿资助
11C26215305894	高效钙基高温煤气脱硫矿物粉体材料产业化	沾益县鹏达农业开发有限责任公司	无偿资助
11C26215305915	热浸镀锌铁塔构件	云南东电线路器材有限公司	无偿资助
11C26215305934	氧压酸浸高压釜专用高温防腐胶泥研发	昆明永瑞防腐有限公司	无偿资助
11C26215305944	便携式薄膜非晶硅光伏照明系统	昆明欧姆光能科技有限公司	无偿资助
11C26215305950	复件超声-电场耦合活化水解金属铝制备高纯高比表面积催化剂载体 Al_2O_3 粉末	昆明珀玺金属材料有限公司	无偿资助
11C26215305962	纳米纤维动力锂电池隔膜的研制	云南炎尚科技有限公司	无偿资助
11C26215305960	棉织物耐久型环保阻燃剂开发	云南倍特消防科技有限公司	无偿资助
11C26215305964	清洁法生产新型无毒环保增塑剂	昆明易正化工有限公司	无偿资助
11C26215305974	新型无公害锌基硅酸盐钝化液开发	云南滇科涂镀层材料有限公司	无偿资助
11C26226106005	高性能耐热系列镁合金及制备成型技术	陕西钛普稀有金属材料有限公司	无偿资助
11C26226106006	浇铸钛铜复合特异型材研制	宝鸡市荣豪钛业有限公司	无偿资助
11C26216106012	多晶硅线束切割机导丝辊	咸阳橡胶工业制品研究所有限公司	无偿资助
11C26216106013	复件高性能稀土合金新材料 Al-Mg-Sc 的关键技术研发与产业化	铜川市印台区钢铁稀土总厂	无偿资助
11C26216106014	化工工业污水处理用钌钛铱阳极	宝鸡市庆元钛业有限公司	无偿资助
11C26216106015	利用氢气回收液氨补充工艺环保提取高纯低氧超细钛粉	陕西凤翔钛粉钛材有限公司	无偿资助
11C26216106027	基于表面复合陶瓷合金技术的高抗磨损“钢领”组件	陕西安特威科技有限责任公司	无偿资助
11C26216106029	耐“三高”金属基陶瓷复合材料涂层产品	陕西邦信表面技术工程有限公司	无偿资助
11C26216116032	T700 级高性能聚丙烯腈基碳纤维产品	西安超迈纤维技术有限公司	无偿资助
11C26216116041	绿色节能电光源材料-双组份荧光灯阴极电子粉	西安高天照明电子有限公司	无偿资助

续表

立项代码	项目名称	企业名称	支持方式
11C26216116044	温度、压力-时间场智能化复合材料热压成型系统	西安龙德科技发展有限公司	无偿资助
11C26226106046	航空级钛合金轧制型材	宝鸡瑞熙钛业有限公司	无偿资助
11C26216106049	高折射率玻璃微珠规模化生产	延安西物瑞星光电材料有限公司	无偿资助
11C26216206101	500 吨/年乙酰柠檬酸三丁酯增塑剂	兰州昊霖石化有限公司	无偿资助
11C26216206103	Eu 离子红色蓄能发光粉体材料的生产	酒泉三龙发光材料有限责任公司	无偿资助
11C26216206104	LZC 系列粉末覆盖过滤器强化吸附铺膜材料	甘肃华杰工贸有限公司	无偿资助
11C26216206109	彩色隐形眼镜产品开发	甘肃康视达眼镜有限公司	无偿资助
11C26216206110	超高分子量聚乙烯管材产业化	甘肃华峰管业科技有限公司	无偿资助
11C26216206111	超微细骨泥生产成套设备	天水六九一三电子科技有限责任公司	无偿资助
11C26216206114	二氨基甲苯新工艺的研发及应用	甘肃山丹宏定元化工有限责任公司	无偿资助
11C26216206116	复杂镍溶液中镍的专用捕集剂	金昌博瑞宏精细化工有限公司	无偿资助
11C26216206121	高等级硅橡胶复合绝缘子产业化	甘肃安口成秭电瓷电器有限责任公司	无偿资助
11C26216206123	高功率大容量型磷酸铁锂正极材料的制备	甘肃大象能源科技有限公司	无偿资助
11C26216206127	高性能水泥集装袋	兰州金耐克塑料包装有限公司	无偿资助
11C26216206128	功率型 LED 信号机及其产业化	天水铁路信号灯泡有限公司	无偿资助
11C26216206129	光伏硅生产高温炉用碳纤维新型保温隔热材料	甘肃郝氏炭纤维有限公司	无偿资助
11C26216206130	光固化引发剂产业化	甘肃金盾化工有限责任公司	无偿资助
11C26216206132	航空航天燃料贮箱用铝锂合金 TIG 焊丝	兰州威特焊材炉料有限公司	无偿资助
11C26216206140	利用制钙废渣制备高铝预熔精炼合成渣	嘉峪关市富利达工贸有限责任公司	无偿资助
11C26216206148	双金属物料输送管道耐磨弯头	永靖县盐锅峡铸钢厂	无偿资助
11C26216206149	外墙保温及围护用断热节能复合砌块与工艺设备成套技术	兰州海锋建材科技有限公司	无偿资助
11C26216206151	微波处理铬铁粉矿工艺	兰州三普电力有限公司	无偿资助
11C26216206152	稀土抛光新材料合成技术研发及应用	甘肃联合新稀土材料有限公司	无偿资助
11C26216206153	系列活塞环全渗陶产品开发	定西金荣活塞环有限责任公司	无偿资助
11C26216206154	斜拉索大桥专用耐候性彩色高分子复合材料	天水万维电缆材料有限公司	无偿资助
11C26216206158	新型水溶性高分子砜醛树脂的产业化	兰州知本化工科技有限公司	无偿资助
11C26216206162	乙烯装置高效丁二烯阻聚剂	兰州大洋化学有限责任公司	无偿资助
11C26216206165	硬质复合碳毡再生粉磨集成技术开发	白银福瑞科技工贸有限公司	无偿资助
11C26216206173	自清洁太阳能电池组件开发及产业化	兰州新盛光伏科技有限公司	无偿资助
11C26226206176	5T 主动屏蔽式高均匀度超导磁体	兰州科近泰基新技术有限责任公司	无偿资助
11C26226206179	LKR 多功能耐磨材料	兰州科学仪器有限责任公司	无偿资助
11C26226206188	废旧 PET 塑料回收造粒	兰州瑞康塑料包装有限责任公司	无偿资助
11C26226206190	封装于曲面的 LED 光源	甘肃泰丰电子科技有限责任公司	无偿资助
11C26226206193	环保高效阻聚剂(IPHA)	甘肃宁达石化工程有限公司	无偿资助
11C26226206198	建筑滑移隔震技术滑移支承用新型关键润滑材料	兰州中科凯路润滑与防护技术有限公司	无偿资助
11C26226206211	增强增韧 PVC 管材的研制与生产	甘肃华强好德塑胶科技有限公司	无偿资助

续表

立项代码	项目名称	企业名称	支持方式
11C26216206229	从硼酸尾矿中回收提取白炭黑的技术与应用	甘肃瑞川化工有限公司	无偿资助
11C26216206233	多功能新型高效丁二烯阻聚剂	兰州泽凯化工科技有限公司	无偿资助
11C26216206264	用双级耦合快凝低真空雾化技术生产高性能耐磨蚀合金粉体材料	兰州理工合金粉末有限责任公司	无偿资助
11C26216206266	玉米秆纤维塑料复合材料	庆阳凯迪塑业有限公司	无偿资助
11C26226206273	丙烯酰氯的制备	甘肃兴维农林科技开发有限公司	无偿资助

2010年度农业科技成果转化资金项目申报指南

一、总体要求

贯彻落实党的十七届三中、四中全会、中央经济工作会议、中央农村工作会议和全国科技工作会议，以及《中共中央国务院关于加大统筹城乡发展力度 进一步夯实农业农村发展基础的若干意见》、《国务院关于发挥科技支撑作用 促进经济平稳较快发展的意见》有关精神，按照稳粮保供给、增收惠民生、改革促统筹、强基增后劲的基本思路，继续积极应对国际金融危机对“三农”的影响，促进农村科技创业和农村信息化建设，加快转化一批集成配套并具有良好市场前景的科技成果，大力推进农村科技创业链和产业链的形成与延伸，支撑现代农业和相关产业健康发展。努力培育形成一批拥有自主知识产权和自主品牌，并具有较强国际竞争力的科技型企业，加快形成以企业为主体的产学研密切结合的创新体系，促进农业发展方式转变。重点支持生物育种、农村信息化、食品及农产品加工、饲料及添加剂、新型农药及肥料、农机装备及农业设施、生物基材料及生物能源、林木资源培育及林产加工、农业生态及乡村环保、乡村现代物流、先进种养殖及防灾减灾，以及海洋农业等主要涉农产业及领域的重大技术成果转化，促进科技要素加速向农业和农村集聚，增强科技对农村发展的支撑能力。

二、支持重点方向

（一）生物育种

着力转化一批生物育种新技术、新成果，培育生物育种行业创新和科技创业能力，加速优质新品种产业化进程。重点支持：

1. 高产优质高抗强杂交优势的粮、棉、油、糖、蔬、果、花卉、生态林、经济林、用材林、牧草、竹藤等新品种。

2. 农林作物种子及种苗规模化繁育、综合处理、质量检测技术和种质资源检测保护技术及产品。

3. 优质抗病畜禽、水产、特种养殖新品种及快速扩繁技术。

4. 动物胚胎高效生产及移植配套技术。

5. 经国家管理部门批准的转基因新品种。

（二）农村信息化

着力推进以“三网融合”为基础的农村信息化技术成果的中试和熟化，促进农业生产、农村生活的信息化发展，服务农村科技创业和新农村建设。重点支持：

1. 基于“三网融合”的农村信息服务技术与产品。

2. 农业生产智能决策、管理、监测、控制及农产品流通信息化技术与产品；精准农业田间信息获取、决策处方及精准作业技术与产品。

3. 面向农村科技推广、培训和服务的信息技术与产品。

（三）食品及农产品加工

着力转化一批促进提升食品加工安全性和附加值，延伸农产品加工产业链的新技术和新成果，增强我国食品行业国际竞争力。重点支持：

1. 特色粮油、果蔬、畜禽、海洋、森林食品及农产品加工技术与设备；方便、营养、健康、功能食品加工技术与设备。

2. 食品及农产品商品化处理成套技术与装备。

3. 食品及农产品质量安全追溯与评价、检验检测、全程质量控制技术。

（四）饲料及添加剂

着力转化一批无污染、无公害、无残留饲料生产新技术新成果，促进饲料产业技术升级，为畜禽产业生产提供保障。重点支持：

1. 生物饲料及饲料添加剂生产技术与产品。

2. 功能、环保型饲料生产技术与产品。

3. 饲料及饲料添加剂质量安全评价、检测、安全预警技术及产品。

4. 畜禽水产等配合饲料转化增效技术及产品。

（五）新型农药及肥料

着力转化对产业发展有重大支撑作用的农业生物技术和高效低毒农药成果，带动相关产业快速发展，培育形成一批具有自主知识产权和品牌的优势企业。重点支持：

1. 生物型杀菌、杀虫、除草、灭鼠、植物生长调节剂生产技术及产品。

2. 植物微生态制剂生产技术与产品。

3. 新型高效低毒农药。

4. 区域性农林重大生物灾害可持续控制技术及产品。

5. 生物、有机、缓释控释等新型环保肥料的生产技术与产品。

(六)农机装备及农业设施

着力加强现代农业装备关键技术成果的中试和熟化,促进农业生产的精准化、设施化、信息化和规模化发展,加快增强我国农机装备行业竞争力。重点支持:

1. 农作物、牧草、林果收获、清选、加工设备,农产品产后减损、精选分级和节能仓储技术与装备。

2. 水稻育插秧等新型农田作业机械、设施栽培技术装备与高效、精量施肥、施药及秸秆还田等技术装备、机械。

3. 新型畜禽、水产规模化养殖以及牧草、饲料加工、林产机械和技术装备。

(七)生物基材料及生物能源

发挥企业创新主体作用,产学研结合加快生物质能产业发展,加快资源节约型和循环型农业发展。重点支持:

1. 秸秆、稻壳、木屑等农林剩余物能源转化、生物基材料开发技术及设备。

2. 生物质收储运、预处理技术及设备。

3. 生物质气体燃料、液体燃料、固体成型燃料制备、高效利用技术与设备。

4. 大中型沼气综合开发配套技术及设备,农村节能技术与产品。

(八)林木资源培育及林产加工

着力转化一批能带动产业链延伸、科技含量和附加值高的精深加工新技术和新成果,促进林产加工行业可持续发展,培育一批科技型龙头企业。重点支持:

1. 林、草、竹藤高效、定向培育及管理技术。

2. 林木资源利用技术及产品。

3. 油茶、核桃等木本油料资源开发与利用技术及产品。

4. 人工林木(竹)材改性处理技术与产品。

5. 林化产品加工技术及产品。

(九)农业生态及乡村环保

着力转化一批改善和修复农村生态和生活环境的技术成果,提高农村人居环境质量,促进农业和农村可持续发展。重点支持:

1. 天然林保护,湿地保护与修复、退化草地植被恢复、重建与可持续利用技术,水土保持与小流域综合治理、退耕还林(草)与荒漠化治理、山区综合开发以及不同区域农林复合生态系统构建技术。

2. 水源保护与合理开发、灌区节水以及雨洪资源利用技术与产品;农田水利、农作物高效节水、保水、输配水新技术、新材料与新设备;农村饮用水安全新技术及设备。

3. 农田保育、中低产田改造、耕地改良与保护性耕作技术;新型土壤调理剂、土壤改良剂、水土环境修复制剂等的生产技术及产品。

4. 农业面源污染防控、治理技术与设备,农村污水、垃圾、畜禽粪便等处理及资源化利用技术及设备。

5. 气候资源开发利用技术及产品。

(十)乡村现代物流

着力转化一批高效、安全、节能、低损耗、通用性强的乡村物流技术成果,通过促进乡村现代物流业发展,加快农业产业价值链延伸。重点支持:

1. 乡村绿色物流集成技术与配套装备。

2. 鲜活农产品贮运保鲜与物流配送技术与设备;特色鲜活农产品冷链技术与集成配套设备;在线快速检测、分级、评价和定价技术系统。

3. 物流信息的采集、监测与决策支持系统与配套设备;粮棉油糖物流数字平台和电子交易平台技术。

(十一)先进种植养殖及防灾减灾

着力转化一批高效安全种植、养殖集成配套技术和有效预防、控制重大动物疫病发生与流行的先进技术成果,增强农业防控自然灾害能力。重点支持:

1. 粮棉油糖高效安全生产集成配套技术;蔬菜、果树、花卉等集约化、设施化、规模化、标准化生产技术。

2. 优质及特种畜禽、水产规模化、标准化健康养殖和质量控制技术。

3. 动物传染病、动物源性人畜共患病高效特异性疫苗生产技术及产品;高效安全新型兽药、兽医器械生产及产品质量监测等技术与产品;畜禽水产重大疾病监测预警、预防控制、快速诊断、应急处理技术及配套产品。

4. 主要植物病虫害及抗药性检测、诊断技术与产品;农药高效安全施用技术与设备。

5. 重大气象灾害及森林火灾监测、预警、防控及农业气候脆弱性评估技术与产品。

(十二)海洋农业

着力转化一批对有效提升产业技术水平的重大技术成果,促进产业健康、高效和可持续发展。重点支持:

1. 近海滩涂及浅海水域增养殖技术及产品。

2. 远岸深水开放水域养殖技术及设施。

3. 远洋渔业和海上储藏加工技术和设备。

三、申报条件

(一)支持对象

1. 项目承担单位应具备以下条件。

(1)在中国大陆依法登记注册,内资或内资控股。具备独立法人资格,产权清晰,财务管理制度健全;申请支持的项目必须在其法人证书规定的业务范围之内。

(2)主要从事农业科研、开发、生产和技术服务业务,有较强的市场开拓能力和较高的经营管理水平,有从事农业科技成果转化的能力和农业科技开发业绩,并有持续创新的意识。

(3)有良好的经营业绩,企业资产负债率不超过60%。

2. 申报项目必须具备以下条件。

(1)符合国家产业、技术政策,技术含量高,创新性较强,知识产权清晰,技术处于国内领先水平。

(2)有望达到批量生产和应用前的新品种、新技术、新产品,有较大推广应用潜力和工业化生产前景的成熟配套技术。

(3)涉及到需要行业管理部门审核的成果,必须经过主管部门或其指定的法定资质机构审定或出具有关检测证明。

(二)优先支持对象

1. 农村科技创业效果好、农村科技信息化服务带动面宽、产业特色鲜明的转化项目。

2. 科技特派员创业链、科技扶贫、社会主义新农村示范、多元化农村科技服务体系等相关项目。

3. 国家高新区、农业科技园区、国家星火技术密集区、星火产业带内的转化项目。

4. 企业牵头的产学研合作及发挥产业技术联盟作用的项目。

（三）转化资金不支持的对象

1. 不支持的单位。

注册资金少于50万元的企业。

2. 不支持的项目。

（1）不符合国家产业政策、知识产权不清晰或有权属纠纷的项目。

（2）无自主创新的单纯技术引进项目，低水平重复、单纯扩大规模或基本建设的项目。

（3）已列入国家科技计划并得到国家科技经费支持的、目前尚未验收的项目。

（4）不属于《2010年度农业科技成果转化资金项目申报指南》支持范围的项目。

四、支持方式及相关要求

1. 采用无偿资助的支持方式。

2. 单个项目支持额度为一般项目50万元、重点项目100万元、重大项目300万元。

3. 其他相关要求。

（1）农业科技成果转化资金为引导性财政补贴，在项目新增投资中，申请企业须有足够的自有资金。

（2）重大项目的组织，按照中央和国务院有关要求，突出支持对发展区域经济、延长产业链，对促进科技创业、培育新兴经济增长点具有重大促进作用的集成配套技术成果。由企业牵头、产学研合作申报。

（3）公益类项目须在申报书中列出明确的、可以考核的公益性指标。

五、申报要求

1. 各省、自治区、直辖市、计划单列市科技厅（委、局）和财政厅（局），新疆生产建设兵团科技局、财务局，国务院有关部门科技司（局）作为推荐单位，负责组织本地区、本部门年度农业科技成果转化资金项目的申报工作。申请单位提出的项目申请须经推荐单位推荐。国资委系统项目由北京市科委负责推荐。

2. 项目申报实行数字化管理，申报单位需通过登录"国家科技计划项目申报中心网站（http://program.most.gov.cn）"进行网上注册申请。申报须知见农业科技成果资金网站（http://www.agrifund.cn/）通知公告栏。

2011年度农业科技成果转化资金项目申报指南

一、总体要求

为深入贯彻《国家中长期科学和技术发展规划纲要（2006-2020年）》和"十二五"农村科技发展规划总体精神，按照统筹城乡发展，推进城乡经济社会一体化发展的根本要求，加快转化一批具有良好应用前景的先进科技成果，大力推进农业科技创新创业和产业链的形成与延伸，支撑现代农业和相关产业健康发展，促进科技要素加速向农业和农村集聚，增强科技对农业农村发展的支撑能力，制定本指南。

二、支持方向

（一）生物种业

着力转化一批生物育种新技术、新成果，培育生物育种行业创新和科技创业能力，加速优质新品种产业化进程。重点支持：

1. 高产优质高抗强杂交优势的粮、棉、油、糖、蔬、果、花卉、生态林、经济林、用材林、牧草、竹藤等新品种。

2. 农林作物种子及种苗规模化繁育、质量检测技术和种质资源检测保护技术及产品。

3. 优质抗病畜禽、水产、特种养殖新品种及快速扩繁技术。

4. 动物胚胎高效生产及移植配套技术。

（二）先进种植养殖

着力转化一批高效安全种植、养殖集成配套技术，饲料及添加剂新产品、新技术。

1. 粮棉油糖高效安全生产集成配套技术；蔬菜、果树、花卉等集约化、设施化、规模化、标准化生产技术；淡水、近海滩涂、浅海水域增养殖技术；远岸深水开放水域养殖技术。

2. 优质及特种畜禽标准化健康养殖和质量控制技术；水产养殖新型饲料及饲料安全技术。

3. 生物饲料及饲料添加剂生产技术与产品，功能、环保型饲料生产技术与产品。

4. 饲料及饲料添加剂质量安全评价、检测、安全预警技术及产品，配合饲料转化增效技术及产品。

（三）食品及农产品加工、储藏与物流

着力转化一批促进提升食品加工安全性和附加值，延伸农产品加工产业链的新技术和新成果，增强我国食品行业国际竞争力。

重点支持：

1. 特色粮油、果蔬、畜禽、海洋、森林食品及农产品加工技术与设备；方便、营养、健康功能食品加工技术与设备。

2. 食品及农产品商品化处理成套技术与装备。

3. 食品及农产品质量安全追溯与评价、检验检测、全程质量控制技术。

4. 鲜活农产品贮运保鲜与物流配送技术与设备；特色鲜活农产品冷链技术与集成配套设备；在线快速检测、分级、评价和定价技术系统。

5. 绿色物流集成技术与配套装备。

(四)新型农药、制剂及肥料

着力转化对产业发展有重大支撑作用的农业生物技术和高效低毒农药成果,带动相关产业快速发展,培育形成一批具有自主知识产权和品牌的优势企业。重点支持:

1. 生物型杀菌、杀虫、除草、灭鼠、植物生长调节剂生产技术及产品。

2. 植物微生物制剂生产技术与产品。

3. 新型高效低毒农药。

4. 区域性农林重大生物灾害可持续控制技术及产品。

5. 生物、有机、缓释控释等新型环保肥料的生产技术与产品。

(五)农机装备及农业设施

着力加强现代农业装备关键技术成果的中试和熟化,促进农业生产的精准化、设施化、信息化和规模化发展,加快增强我国农机装备行业竞争力。重点支持:

1. 农作物、牧草、林果收获、清选、加工设备,农产品产后减损、精选分级和节能仓储技术与装备。

2. 水稻育插秧等新型农田作业机械、设施栽培技术装备与高效、精量施肥、施药及秸秆还田等技术装备、机械。

3. 新型畜禽和水产规模化养殖机械和技术装备,以及牧草、饲料加工、林产机械和技术装备。

(六)农业和农村信息化

着力推进以"三网融合"为基础的农村信息化技术成果的中试和熟化,促进农业生产、农村生活的信息化发展,服务农村科技创业和新农村建设。重点支持:

1. 基于"三网融合"的农村信息服务技术与产品。

2. 农业生产智能决策、管理、监测、控制及农产品流通信息

化技术与产品;精准农业田间信息获取、决策处方及精准作业技术与产品。

3. 面向农村科技推广、培训和服务的信息技术与产品。

(七)生物基材料及生物质能源

发挥企业创新主体作用,产学研结合加快生物质能产业发展,加快资源节约型和循环型农业发展。重点支持:

1. 秸秆、稻壳、木屑等农林剩余物能源转化、生物基材料开发技术及设备。

2. 生物质收储运、预处理技术及设备。

3. 生物质气体燃料、液体燃料、固体成型燃料制备、高效利用技术与设备。

4. 大中型沼气综合开发配套技术及设备,农村节能技术与产品。

(八)林木资源培育及林产加工

着力转化一批能带动产业链延伸、科技含量和附加值高的精深加工新技术和新成果,促进林产加工行业可持续发展,培育一批科技型龙头企业。重点支持:

1. 林、草、竹藤资源高效培育技术。

2. 林木资源利用技术及产品。

3. 油茶、核桃等木本油料资源开发与利用技术及产品。

4. 人工林木(竹)材改性处理技术与产品。

5. 林化产品加工技术及产品。

(九)农业生态及农村环保

着力转化一批改善和修复农业生态和农村生活环境的技术成果,提高农村人居环境质量,促进农业和农村可持续发展。重点支持:

1. 天然林保护,湿地保护与修复、退化草地植被恢复、重建与可持续利用技术,水土保持与小流域综合治理、退耕还林(草)与荒漠化治理、山区综合开发以及不同区域农林复合生态系统构建技术。

2. 水源保护与合理开发、灌区节水以及雨洪资源利用技术与产品;农田水利、农作物高效节水、保水、输配水新技术、新材料与新设备;农村饮用水安全新技术及设备。

3. 农田保育、中低产田改造、耕地改良与保护性耕作技术;新型土壤调理剂、土壤改良剂、水土环境修复制剂等的生产技术及产品。

4. 农业面源污染防控、治理技术与设备,农村污水、垃圾、畜禽粪便等处理及资源化利用技术及设备。

(十)动植物疫病防控及防灾减灾

着力转化一批有效预防、控制重大动物疫病发生与流行的先进技术成果,增强农业防控自然灾害能力。重点支持:

1. 动物传染病、动物源性人畜共患病高效特异性疫苗生产技术及产品;高效安全新型兽药、兽医器械生产及产品质量监测等技术与产品;畜禽水产重大疾病监测预警、预防控制、快速诊断、应急处理技术及配套产品。

2. 主要植物病虫害及抗药性检测、诊断技术与产品;农药高效安全施用技术与设备。

3. 重大气象灾害及森林火灾监测、预警、防控及农业气候脆弱性评估技术与产品。

三、项目申报

(一)项目分类

项目分一般项目、重点项目和重大项目三类,单个项目支持额度分别为一般项目60万元、重点项目100万元、重大项目300万元,支持方式为无偿资助。

(二)申报要求

1. 申报单位须是在中国境内依法登记注册、具备独立法人资格的企业或研发机构。企业须内资或内资控股,注册资金大于50万元,产权清晰,财务管理制度健全,申请项目须在其法人证书规定的业务范围之内,并有良好的经营业绩,资产负债率不超过60%,优先支持创新型企业;研发机构须具有成熟的农业科技成果,优先支持涉农领域的国家农业高新技术示范区、国家农业科技园区、国家星火技术密集区、农民专业合作社等。

2. 申报项目必须符合国家产业、技术政策,技术含量高,创新性较强,知识产权清晰,技术处于国内领先水平;有望达到批量生产和应用前景的新品种、新技术、新产品,有较大推广应用潜力和工业化生产前景的成熟配套技术;涉及到需要行业管理部门审核的成果,必须经过主管部门或其指定的法定资质机构审定或出具有关检测证明。优先支持农村

科技创业效果好、农村科技信息化服务带动面宽、产业特色鲜明、国家级科技特派员创业链、干旱半干旱地区科技特派员农村科技创业、多元化农村科技服务体系等相关项目。突出支持对发展区域经济、延长产业链、改善农村民生，对促进科技创业、培育新的经济增长点具有重大促进作用的集成配套技术成果。

3. 重点项目与重大项目须由企业牵头，由大学及科研机构与企业分别作为技术成果持有方和转化方共同承担，并要求企业按照不低于1:1的比例进行配套资金投入。

4. 不支持不符合国家产业政策、知识产权不清晰或有权属纠纷的项目；无自主创新的单纯技术引进，低水平重复、单纯扩大规模或基本建设的项目；已列入其他国家科技计划并得到国家科技经费支持的、目前尚未验收的项目；不属于《2011年度农业科技成果转化资金项目申报指南》支持范围的项目。

5. 已撤销科技局(委)的县(市)所属的科研院所、企业等申报的项目暂缓审议，待探新的渠道。

6. 2011年度农业科技成果转化资金项目采取限额推荐。推荐指标分别为：国家确定的黑龙江、吉林、辽宁、河北、山东、江苏、江西、河南、湖北、湖南、四川、安徽、内蒙古等粮食主产省(区)各30项；陕西26项(其中6项重点支持杨凌高新区的科技成果转化工作)；新疆、西藏各24项；其他省、自治区各20项；直辖市和新疆生产建设兵团各15项；计划单列市各8项；部门推荐指标保持去年情况不变。各省、自治区、直辖市和新疆兵团可各推荐一个重大项目。

7. 在项目新增投资中，申请承担单位须有足够的自有资金。

8. 项目实施周期一般不超过2年，特殊项目可延长至3～4年。

四、其他

(一)各省、自治区、直辖市、计划单列市科技厅(委、局)和财政厅(局)，新疆生产建设兵团科技局、财务局，国务院有关部门科技司(局)作为推荐单位，负责组织本地区、本部门年度农业科技成果转化资金项目的申报工作。申请单位提出的项目申请须经推荐单位推荐。国资委系统项目由北京市科委负责推荐。

(二)项目申报实行数字化管理，申报单位需通过登录“国家科技计划项目申报中心网站(http://program.most.gov.cn)”进行网上申请。申报须知见农业科技成果资金网站(http://www.agrifund.cn/)通知公告栏。

2010～2011年农业科技成果转化资金项目立项清单(材料相关)

项目名称	承担单位	推荐单位
木质电磁屏蔽材料制备技术中试	内蒙古农业大学	内蒙古自治区科学技术厅
生物降解包装袋(薄膜)技术转化项目	安徽德琳环保发展(集团)有限公司	安徽省科学技术厅
高亮耐磨环保三聚氰胺浸渍纸开发与应用	滁州润林木业有限公司	安徽省科学技术厅
孟烷二胺合成与精制产业化技术	中国林业科学研究院林产化学工业研究所	国家林业局
反相悬浮聚合法制备两性离子型纤维素基高吸水树脂的产业化技术开发	中国林业科学研究院林产化学工业研究所	国家林业局
新型高效除氟吸附材料和除氟装置研究与成果转化	中国水利水电科学研究院	水利部
农用级聚-γ谷氨酸产业化中试研究	华中农业大学	教育部
漆酚古建筑生物基材料产业化技术研究	中华全国供销合作总社西安生漆涂料研究所	中华全国供销合作总社
聚乳酸立体复合生物基材料合成技术中试	武汉三江航天固德生物科技有限公司	湖北省科学技术厅
安全高效食品添加剂柠檬酸亚锡二钠产业化与推广	西陇化工股份有限公司	广东省科学技术厅
基于高塔熔体造粒法工艺生产硫酸钾复合肥	陕西景盛肥业集团有限公司	陕西省科学技术厅
沙漠化防治新材料技术在草原改良中的示范应用	青海省水利水电科技发展有限公司	青海省科学技术厅
松香基季铵盐型双子表面活性剂产业化技术开发	中国林业科学研究院林产化学工业研究所	国家林业局
桐油制备节能环氧沥青材料的研究与开发	中国林科院林产化工研究所南京科技开发总公司	国家林业局
高水溶性喜树碱衍生物制备工艺中试及示范	东北林业大学	教育部
木质素包裹型缓释肥料生产技术中试与示范	中国科学院过程工程研究所	中国科学院

关于开展第十批国家级示范生产力促进中心认定工作的通知

各省、自治区、直辖市科技厅(委)、计划单列市科技局、新疆生产建设兵团科技局:

为贯彻《生产力促进中心"十二五"发展规划》,深入实施"两服务行动",加强国家级示范生产力促进中心建设,根据《国家级示范生产力促进中心认定和管理办法》(国科发高[2011]173号,以下简称《办法》)和《国家级示范生产力促进中心绩效评价工作细则》(国科办高[2011]39号,以下简称《细则》),经研究,启动第十批国家级示范生产力促进中心认定工作。现将有关要求通知如下。

一、推荐

各省、自治区、直辖市、计划单列市、新疆生产建设兵团科技行政部门负责组织申报工作,按照《办法》规定的申报条件和程序开展初评,确定申报第十批国家级示范生产力促进中心(以下简称申报中心)的名单。

第十批申报为限额推荐。

1. 2011年9月底前通过评估的16个生产力促进中心体系建设重点省,每个省、自治区、直辖市推荐不超过2家中心。

2. 列为体系建设重点省试点的7个省、自治区、直辖市,推荐不超过2家中心。

3. 其他省、自治区、直辖市和计划单列市、新疆兵团,可各推荐1家中心。

二、申报

2011年11月15日前(以寄至或送至时间为准),各省、自治区、直辖市科技厅(委)、计划单列市科技局、新疆兵团科技局,以正式文件形式将推荐名单报送我司和火炬中心各1份,并附申报中心的独立法人证书复印件、ISO9001质量管理体系认证(或年度监督审核)证书复印件及联系人和联系方式。

逾期报送或超额推荐的,视为放弃推荐。

三、绩效评价

2012年1月25日前,申报中心须按照生产力促进中心统计工作的有关规定,报送年度统计数据。

2012年3月31日前,申报中心须按照《细则》的有关要求,报送年度绩效评价的相关材料。

四、专家评审

根据形式审查和绩效评价情况,确定参加专家评审的中心名单,组织答辩和评审,具体安排另行通知。

第十批国家级示范生产力促进中心名单(2012年)

序号	名　称
1	天津市东丽区生产力促进中心
2	天津市滨海新区大港石化产业生产力促进中心
3	隆尧县生产力促进中心
4	呼和浩特市生产力促进中心
5	辽阳市生产力促进中心有限公司
6	宽甸满族自治县生产力促进中心
7	六安市生产力促进中心
8	建瓯市生产力促进中心
9	临沂市生产力促进中心
10	东营市万里越橡胶轮胎行业生产力促进中心
11	襄阳生产力促进中心
12	十堰高新技术产业园区汽车产业生产力促进中心
13	衡阳市生产力促进中心
14	郴州市生产力促进中心
15	重庆市涪陵区生产力促进中心
16	遵义市红花岗区生产力促进中心
17	湄潭县生产力促进中心
18	秦安县生产力促进中心
19	庆阳市生产力促进中心
20	银川市生产力促进中心

2010年度国家自然科学基金项目指南

序　言

2009年是新中国成立60周年。60年来,我国科技事业获得了长足发展,正处在立足新起点实现更大发展的重要跃升期。胡锦涛总书记深刻指出:"科技发展从来没有像今天这样深刻地影响着社会生产生活的方方面面,从来没有像今天这样深刻地影响着人们的思想观念和生活方式,从来没有像今天这样深刻地影响着国家和民族的前途命运";"党和国家事业发展,比以往任何时候都更加迫切地需要坚实的科学基础和有力的技术支撑,更加迫切地需要广大科技工作者不懈进行创造性实践。"深刻领会总书记重要讲话精神,认清我国科技工作面临的新形势新任务,对于做好科学基金工作具有重要的指导意义。

基础研究作为我国科技发展总体部署的重要方面,既是原始创新的源头,又是集成创新和引进消化吸收再创新的支撑。当前世界主要国家,都将加强基础研究作为应对金融危机的重要战略抉择。温家宝总理强调指出，知识和科技是可持续发展的重要因素，是克服经济困难的根本力量。美国总统奥巴马提出，科学对于经济繁荣、国家安全、人口健康、生态环境和生活质量比以往任何时候都更加重要。美国经济复苏和再投资法案大幅增加科技投入，其中安排国家科学基金新增30亿美元。英国首相布朗提出，英国政府不会让经济衰退卡住科学支出，称科学支出是重新平衡英国经济的关键。

应对未来国际科技竞争态势，适应我国全面建设更高水平小康社会的战略需求，迫切需要我们积极谋划推进我国基础研究繁荣发展的前瞻思路和战略举措。国家自然科学基金委员会将2009年定为战略研究年，按照立足科学发展、完善体制机制、体现科学民主等指导原则，全面启动了科学基金"十二五"发展战略研究，前瞻科技大势，统筹谋划未来，推进科学基金事业在新的起点上实现更大发展。

学科是科学研究和人才培养的重要基础，学科的均衡协调可持续发展，是实现重点突破与跨越、推动科学技术进步与创新的重要保障。因此，在这次战略研究中，我们将学科发展战略作为一项重要任务进行部署，会同中国科学院联合开展"2011-2020年我国学科发展战略研究"，力求以长远的眼光审视基础研究的战略地位，以前瞻的思维谋划未来发展战略，以科学的论证引导国家科研资源的战略配置，以高效的机制保障科学家潜心研究与自由探索。希望研究成果不仅为制定科学基金"十二五"发展规划和项目指南提供依据，而且为引导我国未来10年基础研究繁荣发展发挥重要作用。

深入开展学科发展战略研究，要着重抓好以下几方面的工作。一是坚持全局性。要从建设创新型国家的战略全局出发，全面落实《国家中长期科学和技术发展规划纲要》，统筹科学发展和国家战略需求。为此我们按照数学、物理学、化学、天文学、力学、生物学、农业科学、医学、脑与认知科学、地球科学、海洋科学、资源与环境科学、空间科学、工程科学、材料科学、能源科学、信息科学、管理科学以及纳米科学等19个学科的布局组建了战略研究组。要通过战略研究进一步明确各学科领域在推进科学前沿和服务国民经济社会发展中的定位和作用。二是立足高起点。要充分凝聚我国科学家的战略智慧，谋划基础研究长远发展。学科发展战略研究汇聚了一批高水平的专家，共有287位专家和283位中青年科学家分别参加战略研究组和秘书组。战略研究组成员中，中国科学院、中国工程院院士为196人，占专家总数的68%。三是探索规律性。既要研究学科研究现状、研究动态、发展方向以及科学前沿，更要深入分析学科发展规律、基础研究规律、人才培养规律。四是明确方向性。要通过战略研究明确未来5到10年各学科领域的发展布局、优先领域以及与相关学科交叉的重点方向，明确未来开展国际合作与交流的需求和优先领域。五是把握政策性。要明确基础研究发展对营造良好政策环境的需求，全面落实科学发展观，坚持改革创新，为推动我国基础研究发展和体制改革提供决策依据。

2009年，中央批准国家自然科学基金委员会内设机构中增设医学科学部，这充分体现了党和政府对人民健康的亲切关怀，充分体现了党和政府对医学基础研究的高度重视，充分体现了党和政府对科学基金制推动医学自主创新的殷切期望。组建医学科学部，是一项加强科学基金组织建设、优化资助结构、提升我国医学自主创新能力的战略举措，对于充分发挥科学基金制优势、推进医学科研资源优化配置、繁荣医学基础研究必将发挥重要的促进作用。科学基金形成了包括数学物理科学、化学科学、生命科学、地球科学、工程与材料科学、信息科学、管理科学、医学科学等8个科学部的组织架构，科学领域布局更趋完善，为科学基金事业在新的起点上实现更大发展奠定了更好的基础。

2010年是实现"十一五"规划目标、衔接"十二五"发展的关键一年，是加强战略筹划、推进科学发展的关键一年。我们要紧密团结在以胡锦涛同志为总书记的党中央周围，高举中国特色社会主义伟大旗帜，以邓小平理论和"三个代表"重要思想为指导，深入贯彻落实科学发展观，认真学习党的十七大及十七届四中全会精神，准确把握科学基金支持基础研究、坚持自由探索、发挥导向作用的战略定位，贯彻科学基金工作方针，坚持更加侧重基础、侧重前沿、侧重人才的战略导向，努力开创科学基金事业新局面，为提高自主创新能力、建设创新型国家做出应有的贡献。

前　言

2010年是"十一五"发展规划实施的最后一年。国家自然科学基金委员会（以下简称自然科学基金委）根据基础研究发展趋势和"十一五"发展规划的总体部署，突出激励创新、稳定支持和超前培养科技创新人才的资助模式，确立了研究项目、人才项目和环境条件项目，三个资助系列项目的定位各有侧重，相辅相成，构成了目前国家自然科学基金资助体系。其中，研究项目系列以获得科研创新成果为主要目的，并通过创新性科学研究培养科技人才，促进学科均衡、协调和可持续发展，提高基础研究水平；人才项目系列立足于提高未来科技竞争力，着眼于长远发展，关注基础研究后备人才队伍的培育、青年学者初涉独立科研的支持、基础研究薄弱地区科研人才的稳定、学术带头人及其团队培养等；环境条件项目系列主要着眼于支持科研环境与条件的改善以及增强公众对基础研究的理解。

自然科学基金委设立医学科学部后，生命科学部也调整了内部机构。

为了体现公开、公平、公正的资助原则，使广大科学技术人员更好地了解国家自然科学基金的资助政策，自然科学基金委现发布《2010年度国家自然科学基金项目指南》（以下简称《指南》），以引导申请人正确选择项目类别、研究领域及研究方向，自主选题，申请自然科学基金的资助。

国家自然科学基金的大部分项目类别采取每年集中接收的方式受理申请。2009年国家自然科学基金集中接收期间共收到各类项目申请97794项，因非注册单位申请、过期申请及缺少电子或纸质申请书等原因不予接收的申请有39项，实际接收97755项申请，比2008年同期增加17896项，同比增长22.41%，增长幅度超过2007年的11.12%和2008年的13.48%。其中青年科学基金项目申请量继续保持迅猛增长，同比增长34.98%。面上项目申请同比增长16.67%，地区科学基金项目申请量比2008年大幅度增加，同比增长

44.46%。国家杰出青年科学基金等类型项目申请量与去年基本持平。数学天元青年基金、重大国际(地区)合作研究项目等申请量也有较大增长。

经初步审查后,公布不予受理的项目申请3935项,占申请总数的4.0%。在规定期限内,共收到正式提交的复审申请395项。经科学部审核,受理337项,由于手续不全等原因不予受理复审申请58项。复审结果认为原不予受理决定符合事实、予以维持的318项,认为原不予受理决定有误继续进行评审的19项,占正式受理复审申请的5.6%。因此,2009年集中接收期间共受理各类项目申请93839项。

经过规定的评审程序,2009年批准资助面上项目10061项,青年科学基金项目6079项,地区科学基金项目922项,重点项目391项,重大项目11项,重大研究计划项目289项,国家杰出青年科学基金179项,创新研究群体28个,海外与港澳学者合作研究基金项目77项,科学仪器基础研究项目35项,科普项目10项,重大国际(地区)合作研究项目47项,外国青年学者研究基金40项,联合资助基金项目281项。各类项目的申请与资助情况分析详见本《指南》相关部分的介绍。

《指南》主要针对2010年度集中接收期间受理的各类项目进行介绍,在前言之后,集中介绍各类项目申请须知和限项规定,希望申请人认真阅读。面上项目、重点项目、青年科学基金项目和地区科学基金项目按科学部顺序介绍项目的总体资助情况及优先资助范围。其中,面上项目的指南部分,科学部在介绍该类别项目全面资助情况之外,还涉及本学部总体资助原则与要求以及申请注意事项,然后以科学处为单位分别介绍学科发展趋势或资助范围和要求;其他项目类别进行整体介绍。各类项目对申请人有特殊要求的,将在《指南》正文中加以叙述。

不在集中接收期间受理的其他项目,将另行在自然科学基金委门户网站(http://www.nsfc.gov.cn)及其他相关媒体上发布指南,请广大科技人员注意及时关注。

自然科学基金委在项目申请、受理、评审和管理过程中,将按照《国家自然科学基金条例》的规定,坚持"依靠专家、发扬民主、择优支持、公正合理"的评审原则,突出鼓励源头创新,强调研究价值理念,支持不同学术思想的交叉与包容,严格执行回避和保密的有关规定,接受科技界和社会公众的监督。欢迎广大科技人员提出高水准的项目申请。

申请须知

依托单位和申请人在申请2010年自然科学基金项目时,应当遵守下列规定:

一、关于申请人条件

1.依托单位的科学技术人员作为申请人申请自然科学基金项目,应当符合《国家自然科学基金条例》(以下简称《条例》)第十条第一款规定的条件:具有承担基础研究课题或其他从事基础研究的经历;具有高级专业技术职务(职称)或者具有博士学位,或者有2名与其研究领域相同、具有高级专业技术职务(职称)的科学技术人员推荐。部分类型项目在此基础上对申请人的条件还有特殊要求。

2.从事基础研究的科学技术人员,具备《条例》第十条第一款规定的条件,无工作单位或者所在单位不是依托单位,经与在自然科学基金委注册的依托单位协商,并取得该依托单位的同意,可以申请面上项目、青年科学基金项目,不得申请其他类型项目。

该类人员申请项目时,应当在申请书个人简历部分详细介绍本人以往研究工作情况,并提供依托单位同意本人申请项目的证明,作为附件随纸质申请书一并报送。

3.正在攻读研究生学位的人员(自然科学基金接收申请截止日期前尚未获得学位)不得作为申请人申请各类项目,但在职人员经过导师同意可以通过受聘单位申请部分类型项目,同时应当单独提供导师同意其申请项目并由导师签字的函件,说明申请项目与其学位论文的关系,承担项目后的工作时间和条件保证等,作为附件随纸质申请书一并报送。

在职攻读研究生学位的人员可以申请的项目类型包括:面上项目、青年科学基金项目、地区科学基金项目及部分联合资助基金项目(特殊说明的除外);其中在职攻读硕士研究生学位的,不得申请青年科学基金项目。

4.正在博士后工作站内从事研究的科学技术人员可以申请的项目类型包括:面上项目、青年科学基金项目、地区科学基金项目,不得申请其他类型项目。

二、关于申请书撰写要求

(一)撰写申请书之前请认真阅读《条例》、本《指南》相关类型项目管理办法和有关受理申请的通知、通告等文件。现行项目管理办法与《条例》和本《指南》有冲突的,以《条例》和本《指南》为准。

(二)申请书应当由申请人本人按照撰写提纲撰写,并注意在申请书中不得出现任何违反法律特别是相关保密规定的内容。申请人应当对所提交申请材料的真实性、合法性负责。

(三)根据所申请的项目类型,准确选择"资助类别"、"亚类说明"、"附注说明"等内容。要求"选择"的内容,只能在下拉菜单中选定;要求"填写"的内容,可以键入相应文字,有些项目"附注说明"需要按本指南相关要求填写。

(四)根据所申请的研究方向或研究领域,按照本《指南》所附的"国家自然科学基金申请代码"准确选择申请代码,特别注意:

1.选择申请代码时,尽量选择到最后一级(6位或4位数字,重点项目等特殊要求的除外)。

2.自然科学基金委根据申请人选择的申请代码1决定受理部门,申请代码2作为遴选评审专家的参考。

3.申请代码首位为字母"L"、"J"的,属于专用申请代码,仅在申请特殊类型项目时可以选择。如申请代码首位为"L"的,仅用于申请NSFC-广东联合基金和NSFC-云南联合基金项目;首位为"J"的,仅用于申请国家基础科学人才培养基金、青少年科技活动、局(室)委托任务等类型项目。如果在面上项目、青年科学基金项目、地区科学基金项目等类别项目申请时选择了以上的申请代码将不予接收。

4. 医学科学部成立后使用新的申请代码，生命科学部的申请代码也进行了部分调整，申请人必须选择新的申请代码。下载使用新版申请书时，请务必将以前版本的申请书模版文件全部删除。

（五）申请人和主要参与者应当在纸质申请书上签字。主要参与者中如有依托单位以外的人员（包括研究生，但不包括境外人员），其所在单位即被视为合作单位，应当在申请书信息简表中填写合作单位信息并在签字盖章页上加盖合作单位公章，填写的单位名称应当与公章一致。已经在自然科学基金委注册的合作单位，须加盖单位注册公章；没有注册的合作单位，须加盖该法人单位公章。一般情况下，1 个申请项目的合作单位不得超过 2 个。

主要参与者中的境外人员被视为以个人身份参与项目申请，如本人未能在纸质申请书上签字，则应通过信件、传真等本人签字的纸质文件，说明本人同意参与该项目申请且履行相关职责，作为附件随纸质申请书一并报送。

（六）具有高级专业技术职务（职称）的申请人或者主要参与者的单位有下列情况之一的，应当在申请书的个人简历部分注明：

1. 同年申请或者参与申请各类基金项目的单位不一致的；

2. 与正在承担的各类基金项目的单位不一致的。

（七）申请人申请自然科学基金项目的研究内容已获得其他渠道或项目资助的，应当在申请材料中说明受资助情况以及与本项目的区别与联系。

（八）申请书中的预计研究年限一律填写 2011 年 1 月 ~ 201×年 12 月。

三、关于申请有关类型项目的特殊要求

见本《指南》各类型项目说明。

四、关于依托单位的职责

1. 依托单位应当严格按照《条例》、本《指南》、有关申请的通知通告及自然科学基金委各类相关的管理办法和规定等文件要求，组织本单位的申报工作。

2. 依托单位应当对申请材料的真实性和完整性进行审核，并且对申请人的申请资格负责。

3. 依托单位如果允许《条例》第十条第二款所列的无工作单位或者所在单位不是依托单位的科学技术人员通过本单位申请项目，应当承担《条例》中有关依托单位的相关责任，对该申请人的资格和信誉负责，同时要求提供依托单位同意该申请人通过本单位申请项目的证明，加盖公章后作为附件随纸质申请书一并报送。

五、限项申请规定（附后）

六、关于申请受理的条件

按《条例》规定，申请国家自然科学基金项目时有以下情形之一的将不予受理：

1. 申请人不符合《条例》和本指南规定条件的；

2. 申请材料不符合本《指南》要求的；

3. 申请项目数量不符合限项申请规定的。

附：限项申请规定

一、申请和承担项目总数限制

1. 具有高级专业技术职务（职称）的人员，作为申请人或者主要参与者申请的项目数，与作为负责人或者主要参与者正在承担的项目数合计不得超过 3 项。

限制申请和承担项目总数的项目类型包括：面上项目、青年科学基金项目、地区科学基金项目、重点项目、重大项目、重大研究计划项目、联合资助基金项目、科学仪器基础研究专款项目、国际（地区）合作研究项目中的重大国际（地区）合作研究项目以及研究期限超过 12 个月的委主任基金项目和科学部主任基金项目（包括应急科学研究专款项目、理论物理专款项目等）。

在研的国家杰出青年科学基金项目，计入限制申请和承担项目总数范围。

具有高级专业技术职务（职称）的人员，作为负责人或者主要参与者正在承担以上类型项目数量累计达到 3 项的，不得申请或者参与申请以上类型项目。

以上项目类型中，研究期限 12 个月及以下，以及特殊说明不受申请和承担项目总数限制的在研项目除外。

2. 不具有高级专业技术职务（职称）的人员，作为申请人申请与作为负责人承担面上项目、青年科学基金项目、地区科学基金项目、联合资助基金项目的数量合计限为 1 项；不具有高级专业技术职务（职称）的面上项目、青年科学基金项目、地区科学基金项目、联合资助基金项目的负责人，不得作为申请人申请新的以上类型项目。

在保证有足够的时间和精力参与项目研究工作的前提下，不具有高级专业技术职务（职称）的人员作为主要参与者申请或者承担各类型项目不受申请和承担项目总数的限制。

二、不计入申请和承担项目总数限制范围的项目类型

创新研究群体科学基金项目、海外及港澳学者合作研究基金项目、国际（地区）合作研究项目中除重大国际（地区）合作研究项目之外的其他类型项目、国际（地区）合作交流项目、国际学术会议项目、国家基础科学人才培养基金项目、数学天元基金项目、科普项目、重点学术期刊专项基金项目、优秀国家重点实验室研究专项项目、青少年科技活动专项项目、各类委托任务或软课题研究项目、研究期限 12 个月及以下的委主任基金项目和科学部主任基金项目（包括应急科学研究专款项目、理论物理专款项目等），以及特殊说明不受申请和承担项目总数限制的专项项目等。

三、各类型项目的具体限项申请规定

在遵守申请和承担项目总数限制规定的前提下，还应当遵守如下各类型项目的具体限项规定：

1. 面上项目、青年科学基金项目、地区科学基金项目以

上类型项目,具有高级专业技术职务(职称)的人员,作为申请人当年申请的项目数合计限为1项;作为申请人或者主要参与者当年申请的项目数,与作为负责人或者主要参与者正在承担的项目数合计不得超过2项。

2. 重点项目、重大项目、科学仪器基础研究专款项目

以上类型项目,具有高级专业技术职务(职称)的人员,申请或参与申请的项目数合计限为1项;正在承担项目的负责人和具有高级专业技术职务(职称)的主要参与者不得申请或参与申请;正在承担项目的具有高级专业技术职务(职称)的负责人和主要参与者不得因为申请新项目而退出在研项目,经自然科学基金委批准退出项目后的1年内不得作为申请人申请新的以上类型项目。

3. 重大研究计划项目、重大国际(地区)合作研究项目

以上类型项目,具有高级专业技术职务(职称)的人员,申请或参与申请同一类型的项目数限为1项;正在承担项目的负责人和具有高级专业技术职务(职称)的主要参与者不得申请或参与申请同一类型项目。

4. 联合资助基金项目

按照本《指南》各联合基金项目的相关规定执行。

5. 国家杰出青年科学基金项目

当年申请本类型项目数量限为1项。申请时不受申请与承担项目总数的限制,即作为负责人或者主要参与者正在承担计入限制申请和承担项目总数范围的项目数量累计达到3项的,可以申请;获得资助后计入限制申请和承担项目总数范围,即本类型项目负责人申请其他计入限制申请和承担项目总数范围的项目类型时,应当符合本限项申请规定。

四、特殊说明

1. 处于评审阶段(自然科学基金委批准之前)的项目申请,计入本限项申请规定范围之内。

2. 申请人即使受聘于多个依托单位,以不同依托单位申请和承担项目,其申请和承担项目数量仍然适用于本限项申请规定。

具体项目类型及限项申请规定见一览表。

项目类别及限项申请规定一览表

项目类型	限项规定说明
计入申请和承担项目总数限制范围的项目类型[具有高级专业技术职务(职称)人员总数限3项]	
面上项目、青年科学基金项目、地区科学基金项目(包括地区联合资助项目)	合计限2项;作为申请人同年只能申请其中1项;青年科学基金项目负责人限1次
重点项目、重大项目、科学仪器基础研究专款项目	合计限1项,结题当年不得申请或参与申请以上类型项目
重大研究计划项目	本类型限1项,结题当年不得申请或参与申请
联合资助基金项目	按照各联合基金的规定执行
国际(地区)合作研究项目中的重大国际(地区)合作研究项目	国际(地区)合作研究项目限1项,结题当年不得申请或参与申请
国家杰出青年科学基金项目	本类型限1次,同年只能申请1项。申请时不受申请和承担项目总数限制,获资助后计入申请和承担项目总数限制范围
研究期限超过12个月的委主任基金项目、科学部主任基金项目(包括应急科学研究项目和理论物理专款项目等)	
不计入申请和承担项目总数限制范围的项目类型	
除重大国际(地区)合作研究项目外的其他国际(地区)合作研究项目	国际(地区)合作研究项目限1项,结题当年不得申请或参与申请
海外及港澳学者合作研究基金	本类型限1项,结题当年不得申请或参与申请
数学天元基金项目	
国家基础科学人才培养基金项目	
创新研究群体科学基金项目	
青少年科技活动专项项目	
国际(地区)合作交流项目、国际学术会议项目	
科普项目	
重点学术期刊专项基金项目	
优秀国家重点实验室研究专项项目	
各类委托任务或软课题研究项目	
研究期限12个月及以下的委主任基金项目、科学部主任基金项目(包括应急科学研究项目和理论物理专款项目等)及其他类型项目	

2010年度国家自然科学基金面上项目指南

面上项目是国家自然科学基金研究项目系列中的主要部分，支持从事基础研究的科学技术人员在国家自然科学基金资助范围内自主选题，开展创新性的科学研究，促进各学科均衡、协调和可持续发展。

面上项目申请人应当具备以下条件：

(1)具有承担基础研究课题或者其他从事基础研究的经历；

(2)具有高级专业技术职务(职称)或者具有博士学位，或者有2名与其研究领域相同、具有高级专业技术职务(职称)的科学技术人员推荐。

正在攻读研究生学位的人员不得申请面上项目，但在职人员经过导师同意可以通过其受聘单位申请。

面上项目申请人应当充分了解国内外相关研究领域发展现状与动态，能领导一个研究组开展创新研究工作；依托单位应当具备必要的实验研究条件；申请人应当按照面上项目申请书撰写提纲撰写申请书，申请的项目有重要的科学意义和研究价值，理论依据充分，学术思想新颖，研究目标明确，研究内容具体，研究方案可行。面上项目合作研究单位不得超过2个，研究期限一般为3年。

2009年度国家自然科学基金面上项目共资助10061项，资助经费330516万元；平均资助强度为32.85万元/项，比去年增加了0.36万元/项；平均资助率为17.49%，比去年降低了0.61%(资助情况见下表)。2010年度面上项目将继续控制资助规模，适度提高资助强度(平均资助强度约35万元/项)，加大力度资助有创新思想的申请项目，为科学技术人员在广泛学科领域自由探索提供有力支持。请参考相关科学部的资助强度，实事求是地提出经费申请。

2009年度面上项目资助情况　　万元

科学部	申请项数	批准资助				资助率(%)
		项数	金额	资助金额比例占全委(%)	单项平均资助金额	
数理科学部	3702	1009	35308	10.68	34.99	27.26
化学科学部	5258	1104	36638	11.09	33.19	21
生命科学部	25014	3981	118128	35.74	29.67	15.92
地球科学部	3963	954	42000	12.71	44.03	24.07
工程与材料科学部	9936	1488	53437	16.17	35.91	14.98
信息科学部	6323	1085	33977	10.28	31.32	17.16
管理科学部	3330	440	11028	3.34	25.06	13.21
合　计	57526	10061	330516	100.00	32.85	17.49

关于面上项目资助范围、近年资助状况和有关要求见本部分各科学部介绍。

工程与材料科学部

工程科学与材料科学是保障国家安全、促进社会进步与经济可持续发展和提高人民生活质量的重要科学基础和技术支撑。工程科学与材料科学基础研究应立足学科前沿，密切结合国家社会进步与经济发展的重大战略需求，加强国家目标导向和前沿领域探索的有机结合，积极促进基础研究与工程实践相结合，加强自主创新和源头创新，不断提高我国的国际竞争力和社会可持续发展能力。

工程与材料科学部支持学科前沿领域的探索研究，鼓励原始创新、集成创新和引进消化吸收基础上的再创新，注重从工程应用实践中提炼关键科学问题和提出基础研究内容，特别是具有我国特色的、对促进我国相关产业发展和提高我国国际竞争力有重大意义的基础研究课题。在选题方面，优先资助具有重要科学研究价值和重大应用前景、并有可能成为新的知识生长点的基础研究，优先资助能够带动学科发展、结合国情并有可能形成自主知识产权的研究项目。

工程与材料科学部面上项目近两年资助情况一览表　　万元

科学处		2008年度			2009年度		
		资助项数	资助金额	资助率(%)	资助项数	资助金额	资助率(%)
材料科学一处	金属材料	126	4371	16.2	136	4878	15.70
材料科学二处	无机非金属材料	160	5646	16.7	171	6136	15.70
	有机高分子材料	116	4005	16.16	129	4635	15.34
工程科学一处	冶金与矿业	126	4417	16.13	142	5119	14.81
工程科学二处	机械工程	272	9282	16.24	304	10938	15.06
工程科学三处	工程热物理与能源利用	120	4151	16.37	130	4686	15.59
工程科学四处	建筑、环境与结构工程	220	7657	14.68	263	9374	14.23
工程科学五处	水利科学与海洋工程	98	3427	14.63	118	4234	14.32
	电气科学与工程	83	2877	15.06	95	3437	14.46
合 计		1321	45833	15.8	1488	53437	14.98
平均资助强度(万元/项)		34.7			35.91		

2009年度面上项目申请数为9936项(不予受理项目493项),增加幅度为18.81%;共资助面上项目1488项,总计经费53437万元,平均资助强度为35.91万元/项,资助率14.98%,比去年有所下降(2008年度为15.66%)。

在项目申请中请注意以下问题:

(1)鼓励结合国家经济建设和社会可持续发展的重大需求进行选题,优先资助具有重要科学研究价值和重要应用前景的基础研究项目;优先资助结合国情和我国资源特点的基础研究项目;优先资助能够带动学科发展、有可能形成我国自主知识产权的基础研究项目。

(2)鼓励申请人提出具有创新学术思想和有特色的研究课题,开展实质性的学科交叉和合作研究,通过学科交叉研究促进本学科和相关学科领域的发展。但必须指出的是,申请项目必须有所申请学科的具体科学问题。

(3)随着国家科技投入的不断加大,研究经费有望逐年提高,2010年度本科学部面上项目的资助强度在2009年度平均强度36万元/项的基础上会有所提高。

(4)2009年度申请书中,属于跟踪型、低水平重复、缺乏创新思想和研究特色、缺少基础性或相关学科基本研究内容的申请项目占有相当比例。有的申请书研究目标过大,题目与内容不符,内容空泛,立论依据与研究目标、研究内容、研究方法与技术路线间缺少逻辑联系。申请人应注意申请项目的基础性和创新性,注重凝练关键科学问题,突出研究重点。

(5)对于承担过基金项目并已经结题的项目负责人,要求提供取得的具体研究成果或项目进展,并注明近几年在国内外学术刊物上发表的论文及论文。所提供的基本情况务必客观和实事求是,否则将直接影响申请项目的评审结果。

(6)申请书的申请代码,请尽可能填写三级代码(六位数字)。如申请人对相关科学处资助范围或申请代码不甚了解,请在申请前及时与相关科学处联系。

化学科学部

化学科学部涵盖化学与化工两个一级学科,下设五个科学处含七个学科:化学科学一处(无机化学学科、分析化学学科)、化学科学二处(有机化学学科)、化学科学三处(物理化学学科)、化学科学四处(高分子科学学科、环境化学学科)、化学科学五处(化学工程学科)。化学是研究物质变化和化学反应的科学,是与材料、生命、信息、环境、能源、地球、空间和核科学等有密切交叉和渗透的中心科学。化工是利用基础学科的原理,实现物质和能量的传递和转化,解决规模生产的方式和途径等过程问题的科学。

化学科学部以加速化学和化工学科的发展,增强基础研究工作的活力,发挥其中心科学的作用;以提升我国化学科学基础研究整体水平和在国际上的地位,培育一批有国际影响的化学研究创新人才和团队为目标。支持在不同层次上对分子的多样性与多型性和控制化学反应与过程的研究;加强从原子、分子、分子聚集体及凝聚态体系的多层次、多尺度的研究,以及复杂化学体系的研究;针对国民经济、社会发展、国家安全和可持续发展中提出的重大科学问题,在生物、材料、能源、信息、资源、环境和人类健康等领域,发挥化学与化工科学的作用。强调微观与宏观相结合、静态与动态相结合、化学理论研究与发展实验方法和分析测试技术相结合,鼓励吸收其他学科的最新理论、技术和成果,倡导源头创新与学科交叉,瞄准学科发展前沿,推动化学与化工学科的可持续发展。

化学科学部面上项目近两年资助情况一览表

万元

科学处		2008年度			2009年度		
		资助项数	资助金额	资助率++(%)	资助项数	资助金额	资助率++(%)
一处	无机化学	118+4*	3920	20.33	126+6*	4375	20.09
	分析化学	101+5*	3373	20.70	112+5*	3999	21.31
二处	有机化学	175+9*	5929	22.25	189+9*	6748	21.24
三处	物理化学	174+10*	5931	23.65	195+10*	6710	24.58
四处	高分子科学	111+6*	3837	25.27	124+6*	4363	23.42
	环境化学	100+5*	3301	20.96	112+5*	3796	20.86
五处	化学工程	172+11*	5770	18.50	194+11*	6647	17.52
合 计		951+50*	32061	21.44	1 052+52*	36638	21.00
平均资助强度(万元/项)		32.03			33.19		

注:* 为小额探索项目;++资助强度包括小额探索项目。

2009年化学科学部共受理面上项目申请5258份,比2008年度增加了12.59%,共受理申请单位556个,资助1104项,资助率为21%,平均资助强度为33.19万元/项。

2010年度是"十一五"发展规划的最后一年,化学科学部将继续大力支持学科前沿的高水平创新研究,注重深入系统的研究工作,鼓励和优先支持在学科交叉融合基础上提出的研究课题。对于有较大风险的原始性创新研究,将采取措施给予保护和支持。

2010年度国家自然科学基金面上项目立项清单(材料相关)

项目名称	项目负责人	依托单位
高效Si基杂质中间带太阳电池材料及新型光电转换机理研究	左玉华	中国科学院半导体研究所
纳米Ag膏及其用于高温电子封装的低温烧结连接技术与机理	邹贵生	清华大学
s-PB/TPB/TPI釜内共混及硫化交联过程中相转变的控制机制	宗成中	青岛科技大学
基于铝合金冲压和冷模具淬火成型工艺的车身结构轻量化设计和多尺度有限元分析	庄蔚敏	吉林大学
无机纳米晶-有机质有序复合结构的界面微结构设计与组装	祝迎春	中国科学院上海硅酸盐研究所
钛-铝层状复合电极材料制备和性能的应用基础研究	竺培显	昆明理工大学
药芯焊丝窄间隙焊接侧壁熔深控制对策及其环境适应性	朱志明	清华大学
氢化燃烧合成与机械球磨复合制备镁基储氢材料电化学性能研究	朱云峰	南京工业大学
强化固溶及脉冲快速退火对铸轧Al-Fe-Si合金薄板晶粒异常长大及第二相早期析出行为的影响	朱远志	武汉科技大学
基于强流脉冲离子束测试评价托卡马克第一壁材料钨的抗高热负荷性能及失效机理研究	朱小鹏	大连理工大学
温度敏感形状记忆性人工晶状体材料的研究	朱思泉	首都医科大学
基于俘获效应的电流变材料结构-力动态耦合理论研究	朱石沙	湘潭大学
仿生分级多孔光解水新材料的制备及应用	朱申敏	上海交通大学
造纸污泥酶解发酵特性及资源化实现途径	朱明军	华南理工大学
均匀$Mg_xNi_{1-x}O$固溶体的制备及其紫外探测性能研究	朱丽萍	浙江大学
基于微纳米结构的催化合金表面防结蜡研究	朱立群	北京航空航天大学
软接触电磁连铸保护渣行为及对钢液凝固影响机理研究	朱立光	河北联合大学
四面体非晶碳为固贴式薄膜体声波谐振器布喇格反射栅高声阻抗材料的研究	朱嘉琦	哈尔滨工业大学
铝合金加固钢筋混凝土结构在滨海腐蚀环境下的性能研究	朱继华	深圳大学
橡胶集料混凝土的材料特性对结构性能的影响	朱　涵	天津大学
大气压介质阻挡放电线状等离子体均匀沉积TiO_2光催化薄膜	朱爱民	大连理工大学
微波法处理冶金含锌尘泥的研究	周　云	安徽工业大学
先驱体转化原位生长碳纳米管增强SiCf/SiC复合材料研究	周新贵	中国人民解放军国防科学技术大学
UHMWPE与橡胶共混胶料舰船尾轴承的摩擦学问题研究	周新聪	武汉理工大学
聚合物刷在碳纤维/环氧树脂复合材料界面的组装及增强、增韧界面结构的构筑	周晓东	华东理工大学
高能量密度、高功率密度锂离子电池用纳米Si-多孔PPy弹性综合体结构负极及其充、放电过程研究	周向阳	中南大学
聚硅氧烷基微纳结构功能涂层的光解制备方法与性能研究	周树学	复旦大学
基于摩擦化学理论的黑色金属金刚石微量切削刀具磨损机理分析及实验研究	周　明	哈尔滨工业大学
特高温高盐油藏驱油用TTSS系列表面活性剂的开发	周　明	西南石油大学
钢管径向摩擦焊接过程中热-力耦合的数理分析	周　军	机械科学研究院哈尔滨焊接研究所
钙钛矿结构异质叠层薄膜的界面结构与介电性能相关性研究	周　静	武汉理工大学
管状Nd:YAG透明陶瓷-单晶的微波固相转化机理及性能	周　建	武汉理工大学
双向超声波随焊控制铝合金焊接应力变形及热裂纹的机理研究	周广涛	华侨大学
Zn/Mg/Al层状双氢氧化物/煤纳米复合矿物材料制备与阻燃性能研究	周安宁	西安科技大学
超氧自由基在氟掺杂催化剂上的形成机理及其在低温SCR脱硝中的演化	钟　秦	南京理工大学

续表

项目名称	项目负责人	依托单位
室温累积叠轧制备超细晶 Mg/Al 多层复合板材的强韧性与阻尼机理研究	郑明毅	哈尔滨工业大学
高效重型切削筒节材料刀具粘结破损机理研究	郑敏利	哈尔滨理工大学
混合导体透氧膜的空气侧涂层及增进透氧机理	甄　强	上海大学
基于煤基多环芳烃石墨烯及其复合结构的可控合成和应用基础研究	赵宗彬	大连理工大学
热熔型"集成 SIB 热塑弹性体"压敏胶的制备、相态结构及性能的研究	赵忠夫	大连理工大学
Fe 基金属玻璃/铁氧体 SPS 微纳米组装体的电阻率及其软磁特性	赵占奎	长春工业大学
高能瞬时多场耦合作用下高强钢的组织演变及电致强化机理	赵宇光	吉林大学
有机一维纳米复合材料的构筑与光子学性质研究	赵永生	中国科学院化学研究所
高强度双相钢汽车板成形剪切断裂机理及评价准则	赵亦希	上海交通大学
基于复合材料的新型多平面加强柱壳结构的综合优化研究	赵　耀	华中科技大学
磁电化学法制备碳/碳复合材料定向羟基磷灰石/胶原复合涂层的基础研究	赵雪妮	陕西科技大学
硫化橡胶化学-物理交联复合网络结构的形成与演变	赵树高	青岛科技大学
基于徐变性能的水泥基复合材料微观结构设计	赵庆新	燕山大学
金属基体上碳纳米相的原位生长机理和低温可控制备	赵乃勤	天津大学
散体材料桩复合地基承载机理及其按变形控制设计理论研究	赵明华	湖南大学
激光表面处理条件下偏晶合金熔化与凝固行为研究	赵九洲	中国科学院金属研究所
天然高分子聚电解质/氨氯吡啶酸微胶囊可控制备	赵　静	北京化工大学
超临界流体快速膨胀法分散碳纳米管及其高分子基复合材料的研究	赵　健	青岛科技大学
石墨烯表面生长纳米碳管及其增强的炭/炭复合材料	赵建国	山西大同大学
钙铁石结构混合导体材料的高温电化学性能研究	赵　辉	黑龙江大学
异质钙钛矿微结构材料制备及性能研究	赵高扬	西安理工大学
新型有机金属铱化合物的合成及其作为三线态发光材料的研究	赵达慧	北京大学
可用于纳滤膜制备的垂直排列单壁碳纳米管阵列的合成机理研究	赵　斌	上海理工大学
纳米颗粒增强热塑性聚合物复合材料的蠕变与回复特性	张　忠	国家纳米科学中心
金属氧化物一维结构的规格化制备研究	张政军	清华大学
非氧化物体系高温微晶玻璃的制备及其特性研究	张　跃	北京航空航天大学
富 10B 碳化硼陶瓷无压烧结致密化和微观结构研究	张玉军	山东大学
乙烯-醋酸乙烯酯橡胶/聚酰胺共混物的酯-酰胺交换反应机理以及热塑性弹性体的研究	张　勇	上海交通大学
镀 Ti/Ni 膜蓝宝石界面高温预扩散反应及钎焊机理研究	张永清	中国科学院电子学研究所
掺硼金刚石薄膜电极电化学降解藻毒素的机理及工艺研究	张延荣	华中科技大学
FetO-CaO-SiO_2 基复杂体系中 Cr、Ni 分离技术基础研究	张延玲	北京科技大学
电磁场对铝硅合金结构与力学性能影响的分子动力学模拟	张雪峰	内蒙古科技大学
超高温陶瓷材料催化特性及机理研究	张幸红	哈尔滨工业大学
彩色水性聚氨酯的合成制备及其光吸收特性研究	张兴元	中国科学技术大学
超高密度磁存储用 FePt 纳米颗粒阵列的制备及其性质研究	张兴旺	中国科学院半导体研究所
基于电荷补偿能带调控的可见光响应型二氧化钛-石墨烯复合光催化材料	张昕彤	东北师范大学
聚合物/无机纳米复合物界面微域与空间电荷抑制机理研究	张晓虹	哈尔滨理工大学
含{10-12}孪晶层片结构密排六方金属的力学性能与变形机理研究	张喜燕	重庆大学

续表

项目名称	项目负责人	依托单位
基于微观组织转变控制的 TRIP 钢循环应力应变关系及疲劳寿命预测模型研究	张卫刚	上海交通大学
铝热还原-电磁铸造法制备大尺寸 CuCr 合金中多元夹杂物赋存状态及去除机理研究	张廷安	东北大学
基于铜纳米网络结构的锂离子电池复合电极制备机理及其电化学行为研究	张世超	北京航空航天大学
基于二茂铁-环糊精主客体识别的电敏感形状记忆材料	张　晟	四川大学
基于分子设计的新型聚苯腈及纳米金刚石粒子对其的增韧研究	张庆新	河北工业大学
超高强度钢板平整与矫直加工过程残余应力控制的基础研究	张清东	北京科技大学
聚合物高速充模注射成型制品的取向结构与性能	张　琴	四川大学
热镀锌合金化镀层裂纹扩展机制及镀层粉化机理研究	张启富	钢铁研究总院
BN 纳米陶瓷空芯微球的自组装及储氢性能研究	张　宁	沈阳大学
自组装织构钛酸铋钠基无铅压电陶瓷的结构与性能基础研究	张梅	北京科技大学
超重力下自挤压辅助燃烧合成 TiB_2-TiC 大体积凝固态微纳米晶复合陶瓷研究	张　龙	中国人民解放军军械工程学院
$AlPO_4$介孔玻璃激光染料掺杂及发光特性研究	张　龙	中国科学院上海光学精密机械研究所
新型高分子量多臂星型聚合物电解质的设计合成与结构性能研究	张辽云	中国科学院研究生院
亲水/憎水复合膜的传热和选择性传湿机理研究	张立志	华南理工大学
缺陷对钡基铁电体奇特弛豫相变行为影响及其机理研究	张立学	西安交通大学
V-Cr-La 掺杂 WC-Co 合金烧结过程中合金组元之间的溶解与界面偏析协同行为	张　立	中南大学
基于胶体微球自组装光子晶体的结构色纤维	张克勤	苏州大学
中碳微合金化钢中厚板表面裂纹形成机理的研究	张炯明	北京科技大学
弹性应力时效改变高强度铝合金析出相分布的机制研究	张静武	燕山大学
大尺寸、复杂形状碳化硅陶瓷部件的低成本、高可靠性先进制备科学研究	张景贤	中国科学院上海硅酸盐研究所
多维状态空间中合金性质的全局优化算法研究	张捷宇	上海大学
镍基单晶高温合金热机疲劳过程中裂纹扩展微观机制及相关孪晶形成机理研究	张建新	山东大学
超大规模集成电路铜互连线的微结构及尺寸效应研究	张建民	陕西师范大学
ZnO/p-GaN 欧姆接触及其表面微结构提升 LED 光效的研究	张建华	上海大学
膨胀套管螺纹连接几何、材料与接触非线性工作特性研究	张建兵	西安石油大学
利用掠入射 X 射线衍射方法研究聚烯烃薄膜的三维结晶结构分布及其对薄膜性能的影响	张吉东	中国科学院长春应用化学研究所
关于 ABS 树脂的几个基础问题	张会轩	长春工业大学
基于同步辐射 X 射线断层扫描技术的铝合金疲劳小裂纹与晶界三维尺度交互作用的研究	张　辉	东北大学
抗弹道冲击厚向混杂复合材料的混杂效应和抗侵彻机理研究	张华鹏	浙江理工大学
内嵌式碳纳米管/二硅化钼复合材料的制备与强韧化机制	张厚安	厦门理工学院
水性纳米分散导电聚苯胺防腐涂料的研究	张红明	中国科学院长春应用化学研究所
半刚性链水溶性温敏型智能高分子材料的制备及性能研究	张海良	湘潭大学
难变形结构材料双扫描雾化喷射沉积基础研究	张国庆	中国航空工业集团公司北京航空材料研究院
聚硅烷/碳纳米管导电高分子材料合成、表征及结构与性能关系研究	张桂玲	哈尔滨理工大学
Alpha/Beta 钛合金中微尺度片层结构疲劳损伤机理的研究	张广平	中国科学院金属研究所
基于胶体刻蚀的不对称微结构制备、组装及其应用探索	张　刚	吉林大学

续表

项目名称	项目负责人	依托单位
方形压电纤维复合物的结构与压电驱动性能相关性研究	张　斗	中南大学
高温强磁场服役下低活化钢中析出相变行为研究	张　弛	清华大学
钛/钢电子束焊接非平衡冶金过程及束能量耦合控制机理研究	张秉刚	哈尔滨工业大学
基于纳米硅薄膜超低温压力传感器研究	张斌珍	中北大学
以钒磁铁精矿为原料制备锂离子电池复合正极材料 $LiFePO_4-Li_3V_2(PO_4)_3$ 的基础研究	张　宝	中南大学
高性能电化学合成氨质子传导电池的研制及机理研究	占忠亮	中国科学院上海硅酸盐研究所
强可见光吸收、高表面催化活性复合氧化物(Au、Pt、Ag)-$AgMO_3$(M:Nb、Ta)光催化材料的研究	展　杰	山东大学
小角Λ形铁电性液晶材料的制备、结构与电光性能研究	詹茂盛	北京航空航天大学
凝固亚稳相超性能工程材料探索研究	翟启杰	上海大学
选区激光熔化精密制造镁合金零部件的关键科学问题研究	曾晓雁	华中科技大学
难变形材料高温变形开裂准则研究	曾卫东	西北工业大学
3D碳纳米管薄膜冷阴极的制备及其强流脉冲发射特性研究	曾凡光	郑州航空工业管理学院
骨-软骨界面再生修复的梯度活性支架与细胞响应关系	袁晓燕	天津大学
固态复合铜铝板界面组织结构与性能关系模型的构建	袁晓光	沈阳工业大学
对铁电极化和半导体性能相互耦合的材料-铁电半导体的研究	袁国亮	南京理工大学
纳米多孔配位骨架材料的分子设计、制备及其负热膨胀性研究	袁爱华	江苏科技大学
一种新材料栅网制备工艺及抑制栅发射机理研究	俞世吉	中国科学院电子学研究所
电活性仿生神经支架材料的研制和电活性评价体系的构建	俞巧珍	嘉兴学院
氨基硼烷复合氢化物的设计合成及其储氢性能研究	余学斌	复旦大学
水泥基材料多尺度结构、组成与水化效能、体积稳定性相互关系的基础研究	余其俊	华南理工大学
钙钛矿型氧化物热电材料热导率的复相控制	余大斌	中国人民解放军电子工程学院
刚性无机颗粒增韧导电导热聚合物基纳米复合材料研究	于中振	北京化工大学
Sn@CNFs平行纳米纤维膜锂离子电池"整体负极材料"的结构与性能调控	于运花	北京化工大学
用载能离子调控纳米银晶粒来改善硬质类金刚石薄膜韧性	于　翔	中国地质大学(北京)
全金属骨架超分子有机金属手性材料的自组装与光电功能	于澍燕	中国人民大学
氧化铈基多级结构孔材料的构筑及其介观物理化学性能研究	于然波	北京科技大学
具有MgO组元的弱磁敏感方位敏感材料的研究	于广华	北京科技大学
高温高压合成亚稳碱金属和碱土金属硼化物的研究	于栋利	燕山大学
特异降解性天然水凝胶人工细胞外基质材料的应用基础研究	尹玉姬	天津大学
Fe-Zn-M体系中的T相及其对含硅钢铁锌反应的抑制作用和相关相平衡的研究	尹付成	湘潭大学
同步辐射X射线研究外场下聚酰亚胺基纳米杂化薄膜微结构演化及对介电性能的影响	殷景华	哈尔滨理工大学
银锗硒(碲)玻璃体系固体电解质阻性存储特性研究	殷　江	南京大学
应力场-强电场耦合作用下铝合金时效行为及其机理研究	易丹青	中南大学
纳米新型聚硅-铝三十巨聚离子絮凝剂性质表征和强化混凝研究	叶长青	南通大学
REBCO超导块材生长和薄膜籽晶热稳定性研究	姚　忻	上海交通大学
微乳液/聚合诱导自组装法制备多级孔氧化铁微球及其性能研究	姚建曦	华北电力大学
新型红外非线性光学晶体 $BaGa_4Se_7$ 的生长和性能研究	姚吉勇	中国科学院理化技术研究所

续表

项目名称	项目负责人	依托单位
生物惰性-生物活性双重功能材料与干细胞微环境	姚芳莲	天津大学
半导体材料的亚固结磨料线锯切割机理研究	姚春燕	浙江工业大学
合金元素对高碳钢中珠光体-奥氏体相变的影响研究	杨志刚	清华大学
仿自然贵金属纳米结构:设计,组装及在 SERS 和 TERS 上的应用	杨　勇	中国科学院上海硅酸盐研究所
金阳极溶解的强化机理与协同强化浸金	杨永斌	中南大学
基于大分子金属配合物合成的低浓度有色金属富集、分离过程研究	杨　瑛	兰州大学
单畴液晶弹性体/碳纳米管取向复合膜的制备及其光机械响应	杨应奎	湖北大学
基于分子动力学和格林函数的 SiC/Ti 基复合材料多尺度研究	杨延清	西北工业大学
纳米超分子聚集体-聚合物分子复合材料及其微孔材料的研究	杨亚江	华中科技大学
多向孪生变形制备高强韧超细晶粒镁合金的微观机制和组织稳定性研究	杨续跃	中南大学
多相多组分聚合物体系界面问题的流变学研究	杨　伟	四川大学
新型石墨烯基功能复合材料的研制及其摩擦学性能研究	杨生荣	中国科学院兰州化学物理研究所
碳纳米管和氧化石墨烯催化剂的研制及其湿式氧化降解有机物的机理研究	杨少霞	华北电力大学
高速列车铝合金纵长焊接接头的非比例多轴低周疲劳短裂纹行为研究	杨尚磊	上海工程技术大学
低合金耐候钢表面锈层在大气腐蚀过程中的演化	杨善武	北京科技大学
铁磁相变中晶体结构变化的研究	杨　森	西安交通大学
石墨烯的低温负压化学解理制备及其宏观织构的调控	杨全红	天津大学
铁素体钢中柱状晶形变、再结晶行为及织构控制研究	杨　平	北京科技大学
高强厚板焊接组合钢构件损伤机理与滞回性能研究	杨　娜	北京交通大学
种子乳液法制备非球形聚合物颗粒:形貌控制和稳定性研究	杨　穆	北京科技大学
固溶原子及晶界对 In_4Se_3 化合物电荷密度波及热电性能影响研究	杨君友	华中科技大学
多孔氮化硅陶瓷玻璃相的原位替换及耐高温晶界设计	杨建锋	西安交通大学
具有 pH 值控制释放功能钢筋阻锈剂微球的制备与特性	杨怀玉	中国科学院金属研究所
稀土掺杂双功能核壳结构纳米材料的研究	杨　桦	吉林大学
两性型天然高分子材料结构形态与絮凝机理研究	杨　琥	南京大学
聚合物-玻璃杂化低熔点电子封接材料的基础研究	杨红梅	浙江大学
磁性金属纳米颗粒的可控制备及其高频性能的研究	杨海涛	中国科学院物理研究所
2,3-环氧降冰片烷-二氧化碳共聚物的催化制备及性能研究	杨海健	中南民族大学
稀土合金化镁合金的凝固行为与组织控制	杨光昱	西北工业大学
柔性染料敏化太阳电池的弯曲失效机理研究	杨冠军	西安交通大学
曲面变厚度复合材料构件孔隙缺陷超声无损检测与评价技术基础研究	杨辰龙	浙江大学
分子内弱电子耦合 Donor-Acceptor 材料体系的光电性能研究	杨　兵	吉林大学
基于新型噻吩功能化的结构导向剂制备介观结构 TiO_2 复合材料及光电性能研究	杨保成	黄河科技学院
高抗锌蚀多级结构复合涂层组织结构设计及耐蚀机理研究	阎殿然	河北工业大学
基于氢环境下 Si,Zr,Dy 纳米粉体掺杂再生退化 NdFeB 材料应用基础研究	严高林	武汉大学
铁基非晶态合金的晶化机制及耐腐蚀行为研究	严　彪	同济大学
不锈钢稀土共渗耐蚀高强韧层形成机理与第一性原理表征	闫牧夫	哈尔滨工业大学
声场助固液态 Ti/Al 界面金属间化合物瞬时形成机制研究	闫久春	哈尔滨工业大学

续表

项目名称	项目负责人	依托单位
激光辅助加热成形切削工程陶瓷的机理及其关键技术研究	鄢　锉	湖南大学
紫外光约束下多相、多组分复合涂料在钢表面固化及性能	薛向欣	东北大学
钢铁表面液相等离子体电解快速渗硼机理研究	薛文斌	北京师范大学
微通道塑料薄膜的挤出工艺与装备的基础研究	许忠斌	浙江大学
连轧驱动的等通道转角大应变技术及铝材应变强化机理研究	许晓静	江苏大学
高硬度涂层球面精密智能磨削加工关键问题的理论和实验研究	许黎明	上海交通大学
基于综合自适应性的概念设计极端服役条件下的纳米结构多层膜	许俊华	江苏科技大学
纳微米复合梯度自润滑陶瓷刀具及其减摩耐磨机理研究	许崇海	山东轻工业学院
自洁高反射率太阳能膜反射材料的研究	徐勇军	东莞理工学院
漆酚金属螯合高聚物多孔膜的研究	徐艳莲	福建师范大学
硅-氮键取代优化铝酸盐荧光粉的工艺和机理研究	徐　鑫	中国科学技术大学
橡胶/环氧树脂体系 Salami 结构的形成及其断裂破坏行为的研究	徐世爱	华东理工大学
用于白光 LED 的稀土掺杂硅酸盐纳米微晶玻璃研制	徐时清	中国计量学院
镍钴废料的清洁循环过程及其相关材料制备基础	徐盛明	清华大学
钛酸钡基核-壳结构复合体系陶瓷的极化响应与储能特性研究	徐　庆	武汉理工大学
钢-聚丙烯混杂纤维混凝土本构关系研究	徐礼华	武汉大学
聚丙烯反应釜合金的相分离及其对结晶、形态和性能的影响	徐君庭	浙江大学
聚丙烯酸接枝导电聚合物的分子设计合成性能及应用	徐景坤	江西科技师范学院
天然微管界面物理化学特性及其微囊与器件的智能行为研究	徐　坚	中国科学院化学研究所
近红外吸收激光防护有机/无机杂化高分子材料的构筑及性能	徐洪耀	东华大学
MgH_2-活性 Al-多元催化剂储氢材料的制备与机理研究	徐　芬	辽宁师范大学
单元素及双元素填充方钴矿 $CoSb_3$ 的高压合成及性能优化	徐　波	燕山大学
固体氧化物燃料电池性能衰减机制与控制的研究	熊岳平	哈尔滨工业大学
超细晶 Ti(C,N)基金属陶瓷在油井特殊环境中的磨损与腐蚀行为	熊　计	四川大学
石墨烯类流体的“纳电容器”结构构筑与超高介电响应	熊传溪	武汉理工大学
应力对硅衬底 GaN 基 LED 器件光电性能影响的研究	熊传兵	南昌大学
适形各向异性湿法腐蚀工艺中表面活性剂的吸附机制与模型研究	幸　研	东南大学
新型冶金法制备太阳能多晶硅过程中磷的反应机理和迁移规律	邢鹏飞	东北大学
SOFC 连接体合金纳米微结构防护涂层制备及作用机理	辛显双	中国科学院上海硅酸盐研究所
系统合金科学对 Au-Cu 系中合金相结构和有序-无序转变的研究	谢佑卿	中南大学
聚合物分子对碳纳米管的螺旋缠绕及其相互作用本质	谢续明	清华大学
超低温环境下钢筋混凝土材料性能试验研究	谢　剑	天津大学
液态金属锆与铸型材料界面反应研究	谢华生	沈阳铸造研究所
新型铁电场效应存储器(FeOFET)关键材料、工艺及机理研究	谢　丹	清华大学
梯度多层膜的纳米界面效应对提高固体氧化物燃料电池阴极功能层性能的研究	谢　斌	中国科学技术大学
聚乙烯分子量分布特征参数的调控及其与材料加工和服役行为关系的研究	谢邦互	四川大学
基于 TiH_2 粉末的超细晶钛短流程制备方法及合金力学行为基础研究	肖平安	湖南大学
Fe_xSi_y 改性 C/C-SiC 摩擦材料的微观结构设计与摩擦性能研究	肖　鹏	中南大学
碳钢芯/不锈钢包层复合钢筋成形理论及实验研究	肖　宏	燕山大学

续表

项目名称	项目负责人	依托单位
高各向异性 CoPt 垂直磁记录介质及其新型 fcc 中间层的研究	肖春涛	兰州大学
高性能聚四氟乙烯中空纤维膜多重微孔结构设计与构建	肖长发	天津工业大学
Fe-Cr 合金表面 Ni_xAl_y/Ni 复合防护涂层的热稳定性增强机理和结构优化	向志东	武汉科技大学
强力旋压制备纳米/超细晶筒形件的方法及机理研究	夏琴香	华南理工大学
氧化铝纳米颗粒增强铁基复合材料的铝热反应合成及其机制	席文君	北京航空航天大学
块体金属玻璃中的韧脆转变结构机制固体核磁共振研究	郗学奎	中国科学院物理研究所
聚酰亚胺/梯形聚硅氧烷杂化薄膜的多层次结构控制和相分离机理研究	武德珍	北京化工大学
热源特性对 TCS 不锈钢焊接 HAZ 宽度与晶粒度的影响机制研究	武传松	山东大学
Fe-C-N 三元合金钢中碳氮化物纳米析出相的微观结构及其演变规律	伍翠兰	湖南大学
提高异质材料界面强度的结构设计方法研究	吴志学	扬州大学
一维纳米 TiO_2/云母(凹凸棒石)复合结构的制备及性能研究	吴玉程	合肥工业大学
轮胎用弹性体复合材料的抗湿滑性能及机理研究	吴友平	北京化工大学
水润滑系统中高承载非晶碳基薄膜的研究	吴行阳	上海大学
非金属掺杂 TiO_2/Bi_2O_3 纳米管高度有序阵列构筑及其光催化机理研究	吴晓宏	哈尔滨工业大学
钡改性过渡金属-铈基复合氧化物设计、制备及碳烟氧化催化机制研究	吴晓东	清华大学
Sn-Zn 基和 Sn-Cu-Bi 无铅焊球凸点互连电迁移行为及其失效机理研究	吴　萍	天津大学
硬态干式切削时的临界硬度和金属软化效应研究	吴明阳	哈尔滨理工大学
薄铝合金蜂窝面板成形鼓动形成机理以及抑制技术研究	吴建军	西北工业大学
新兴复合氟氧化钒纳米管阴极材料的合成与电化学性能研究	吴广明	同济大学
中子衍射研究单晶高温合金蠕变条件下的晶体取向与应力分布	吴二冬	中国科学院金属研究所
基于 TiO_2 纳米棒表面微纳结构制备及其高生物学响应性评价	翁文剑	浙江大学
宽深过冷液相区的块体非晶合金中 alfa 结构弛豫研究	闻　平	中国科学院物理研究所
TiO_2 纳米管基海绵状纳米结构材料的合成,表征及光催化性能研究	文晓刚	四川大学
Co/Pd 多层膜时间依赖性效应及相关现象研究	温福昇	燕山大学
有机无机杂化的新颖手性多酸材料的设计合成与性能研究	魏永革	清华大学
孔径可调的微孔/介孔氰酸酯树脂合成与储氢性能研究	王忠刚	大连理工大学
$NaCo_2O_4$ 自旋熵的变化及其输运机制研究	王智河	南京大学
Fe-Cr 合金在高温高压水蒸汽氧化过程中 Cr 的行为和作用研究	王志武	武汉大学
基于耐火材料细观损伤力学模型的炉衬结构多尺度模拟方法	王志刚	武汉科技大学
聚合物碳纳米管复合材料的流变及松弛特性研究	王志刚	中国科学技术大学
非延性钢筋混凝土框架结构的碳纤维抗震加固与设计方法	王震宇	哈尔滨工业大学
铁电陶瓷薄膜在微波电磁场中的结晶行为与加热机制	王占杰	中国科学院金属研究所
具有可控分子结构 PVA-g-PPDO 两亲性可生物降解共聚物的合成及其刺激响应的自组装	王玉忠	四川大学
低温/高温复合超导导体的稳定性研究	王银顺	华北电力大学
低维过渡金属硼化物/$Mg(AlH_4)_2$ 复合储氢材料吸放氢性能及机理研究	王一菁	南开大学
三重氢键“定域”组装制备微结构可调光电复合膜	王　耀	北京航空航天大学
弱磁场辅助合成片状纳米 Fe_3O_4 颗粒作为润滑添加材料的理论和应用	王燕民	华南理工大学
钢结构梁柱加强型节点抗震机理研究	王　燕	青岛理工大学
高等级马氏体耐热钢接头细晶区 Laves 析出行为及对Ⅳ型裂纹影响的研究	王　学	武汉大学

续表

项目名称	项目负责人	依托单位
应力发光材料及其光-机-电转换多功能效应研究	王旭升	同济大学
多金属氧酸盐/高分子复合纳米纤维膜催化剂的制备及其温和条件下湿式氧化处理水中污染物研究	王晓红	东北师范大学
多热源体系冶炼 SiC 反应动力学及其应用	王晓刚	西安科技大学
金属玻璃的中程有序及其与力学性能关系的研究	王晓东	浙江大学
基于 ZnO 纳米线/聚合物复合结构的纳米能量转换器件的研究	王现英	上海理工大学
有机微胶囊自修复混凝土材料性能研究	王险峰	深圳大学
局域石墨化纳米结构碳化物骨架炭微结构调控及其储能特性研究	王先友	湘潭大学
新型钢包耐火材料研制及其与渣、钢多相反应机理	王习东	北京大学
极端冷却速度下镁合金表面改性的组织和性能研究	王文先	太原理工大学
基于粘结滑移理论的钢-FRP-高强混凝土空心夹层桥面板理论与试验研究	王文炜	东南大学
新型 Heusler 合金 Fe_2CrSi 半金属材料的研究	王文洪	中国科学院物理研究所
基于多巴胺聚合制备硅酸盐/银复合导电纳米纤维的研究	王文才	北京化工大学
含 MX 结构单元(M=Nb,Ta,Mo,W, X=S,Se,P)的新型层状化合物合成、结构与物性研究	王皖燕	中国科学院物理研究所
预变形过冷奥氏体低温等温转变行为及纳米结构贝氏体组织形成机理	王天生	燕山大学
严酷工况下钢的氧化磨损轻微-严重磨损转变和磨损机制	王树奇	江苏大学
自催化 NO 原位控释的人工血管植入材料结构设计及其生物功能评价	王淑芳	南开大学
金属 Cu 微/纳米晶须的气-液-固催化合成、力学和电学性能研究	王世良	中南大学
载碳氮化钛纳米碳管复合粉体结构控制及相关热动力学研究	王升高	武汉工程大学
Mg-Y-Zn 合金长周期堆垛有序相增强机理的第一原理研究	王绍青	中国科学院金属研究所
PA6/LDPE 共混物的结构调控及纳米纤维的制备	王　锐	北京服装学院
忆阻器材料精细结构和存储特性研究	王　群	中国科学院上海硅酸盐研究所
反复镦压大塑性变形高性能稀土镁合金制备基础研究	王渠东	上海交通大学
淀粉基纳米微球为交联剂合成高强度全生物降解水凝胶	王丕新	中国科学院长春应用化学研究所
316LN 锻造控氮奥氏体不锈钢热老化与应力腐蚀开裂敏感性研究	王明家	燕山大学
金纳米晶复合新型块体玻璃的低温烧结制备及非线性光学性能研究	王连军	东华大学
具有玻璃形成能力的金属与小分子两类共晶体系的热力学特征	王利民	燕山大学
碳纳米管海绵体多孔结构调控及其吸附分离性能研究	王昆林	清华大学
搅拌摩擦加工制备超细晶材料变形行为及机理	王快社	西安建筑科技大学
小平面生长机制及动力学的晶体相场法研究	王锦程	西北工业大学
氧化钪掺杂钨基碱金属压制型阴极研究	王金淑	北京工业大学
铝硅合金熔体结构及电脉冲变质机理的研究	王建中	辽宁工业大学
纳米相的形成对铝基金属玻璃点蚀的诱发机制研究	王建强	中国科学院金属研究所
2618 合金固液混合近液相线铸造及其成形过程中组织演化与高温强化研究	王建华	常州大学
雷电流电弧对金属烧蚀机制与效应评价的基础研究	王建国	武汉大学
准晶多晶以及准晶非晶复合材料的塑性形变及其微观机制的电子显微学研究	王建波	武汉大学
钙钛矿型镁基氢化物的结构调控和储氢特性	王　辉	华南理工大学
有机官能团修饰的有序介孔硅净水材料研制及选择吸附重金属离子机理	王洪杰	北京林业大学
白光 LED 用层状氧氮化物荧光粉的可控制备及其发光性能调控	王宏志	东华大学

续表

项目名称	项目负责人	依托单位
Ga 掺杂 ZnO 纳米线阵列电极型量子点敏化太阳能电池的研究	王 浩	湖北大学
无晶界 Nd:YAG 激光透明晶体的可控制备及性能研究	王海丽	中材人工晶体研究院
几何与材料复合拘束下的核电容器接管安全端 LBB 分析研究	王国珍	华东理工大学
低介电常数聚芳醚酮/笼型倍半硅氧烷杂化材料的制备及其性能研究	王贵宾	吉林大学
新型智能催化材料的构筑及其在“一锅化”连串反应中的应用	王 戈	北京科技大学
基于最大 m 值法的钛合金等温超塑成形机制研究	王高潮	南昌航空大学
掺杂 SiC 单晶生长和物性研究	王 刚	中国科学院物理研究所
NiMnCoIn 新型磁控形状记忆合金磁场训练的晶体各向异性机制研究	王 刚	东北大学
YSZ“活性”扩散障对 MCrAlY/镍基单晶高温合金界面扩散行为的影响	王福会	中国科学院金属研究所
基于内嵌金属富勒烯的高效低毒靶向磁共振成像造影剂	王春儒	中国科学院化学研究所
利用电化学原子层沉积技术在碳纳米管-聚酰亚胺复合材料表面构建 $CuInSe_2$ 超晶格	王春明	兰州大学
平面各向异性 RFeN 磁粉及其复合材料的高频电磁特性研究	王常生	北京大学
非收缩性阻燃环氧树脂的制备及结构性能研究	王长松	沈阳化工大学
功能化淀粉纳米晶用于可生物降解脂肪族聚酯的高性能化研究	王 才	中国科学院化学研究所
基于低强度脉冲超声刺激的 3D 仿生基质骨组织工程复合支架的研究	汪建新	西南交通大学
治理痕量有机污染物的微/纳结构金属氧化物(Ti,Zn)/Ag 的构筑	汪国忠	中国科学院合肥物质科学研究院
从金属氧化物制备高耐蚀合金覆层的表面电化学冶金新方法研究	汪的华	武汉大学
新型结构 Fe_3O_4 纳米粒子簇的可控制备及生物医用研究	汪长春	复旦大学
金属掺杂类金刚石薄膜的微结构与应力演变机制研究	汪爱英	中国科学院宁波材料技术与工程研究所
金属支撑固体氧化物燃料电池电解质和阴极多层薄膜的可控制备研究	屠恒勇	上海交通大学
纳米级梳状穿插双层结构有机/聚合物太阳能电池	屠国力	华中科技大学
钢结构的延性和抗震设计理论	童根树	浙江大学
聚吡咯固体媒介体电化学还原重金属的特性和机理	田 颖	大连交通大学
基于 3D 封装芯片互连的固液互扩散低温键合机理及可靠性研究	田艳红	哈尔滨工业大学
电极引弧诱导微爆轰击高效加工陶瓷的技术基础研究	田欣利	中国人民解放军装甲兵工程学院
高含量 α-Al_2O_3 阻氚涂层低温制备过程中稳态相择优形成规律的研究	陶 杰	南京航空航天大学
高 K 金属氧化物薄膜残余应力的尺度效应	唐 武	电子科技大学
$BiFeO_3$ 单层及其异质多层薄膜畴结构调控及电子输运特性	唐为华	北京邮电大学
纳米粒子在支化聚合物基体中分散与迁移行为	唐 涛	中国科学院长春应用化学研究所
LCMO/BNT 磁电超晶格复合薄膜与磁电耦合效应调制	唐明华	湘潭大学
$Gd_2Zr_2O_7$ 烧绿石的高温高压合成及固化模拟锕系核素的研究	唐敬友	西南科技大学
高硼含量的铁硼基非晶合金在热等静压中的纳米晶化及软磁性能研究	唐建成	南昌大学
Mg-TM-RE 合金体系中点阵缺陷与强韧性机制的微观模拟研究	唐璧玉	广西大学
氮掺杂螺旋碳纳米管的控制合成、缺陷控制及自旋、磁性调控研究	汤怒江	南京大学
金属多孔材料的分形描述与渗透性能预报	汤慧萍	西北有色金属研究院
电子束注入对多晶硅 Si/SiO_2 界面处杂质硼迁移的影响研究	谭 毅	大连理工大学
$Nd_2Fe_{14}B$/α-Fe 系纳米晶复合永磁材料的温度稳定性机制和矫顽力机理的研究	谭晓华	上海大学

续表

项目名称	项目负责人	依托单位
梯度折射率介质内瞬态矢量辐射传输机理及其数值模拟	谭建宇	哈尔滨工业大学
高效红光聚合物端基功能化分子设计及其在有机-无机复合型太阳能电池中的应用	覃东欢	华南理工大学
基于表面活性剂-聚吡咯复合膜修饰电极的五氯酚的水相脱氯	孙治荣	北京工业大学
金属/介质复合团簇薄膜制备及表征中的关键问题研究	孙兆奇	安徽大学
过渡金属/活性炭脱氯还原多氯联苯废气的催化反应机制	孙铁斐	北京航空航天大学
应用于新一代非易失性存储器的相变纳米线的纳米特性及其相变机理研究	孙旭辉	苏州大学
孔隙三维空间有序排列多孔氧化物热电陶瓷的制备及性能	孙旭东	东北大学
生物分子响应聚合物界面材料与器件	孙涛垒	武汉理工大学
预热及等应力法切削生物陶瓷体防裂与质效寻优研究	孙全平	淮阴工学院
微尺度钛单晶塑性变形的应变突发特性及其机制	孙巧艳	西安交通大学
MOFs 限域 NH_3BH_3 等高容量储氢材料的制备、催化机理与热化学研究	孙立贤	中国科学院大连化学物理研究所
GPa 高压下单晶金属纳米材料的原位动态表征与塑性变形机理研究	孙立涛	东南大学
$Bi_{25}FeO_{40}$ 纳米材料的制备及光学性能研究	孙华君	武汉理工大学
碳纳米纤维/聚合物复合材料微观结构与介电性能的关联性研究	隋　刚	北京化工大学
应力腐蚀与腐蚀产物膜力学行为的相关性研究	宿彦京	北京科技大学
水溶性 n 型有机材料及其多层与叠层高分子电致发光器件	苏仕健	华南理工大学
耦合能量超精密加工 SiC 单晶基片的机理与工艺研究	苏建修	河南科技学院
铁酸盐磁性尖晶石纳米材料的合成及对多氯联苯的催化降解研究	苏贵金	中国科学院生态环境研究中心
等离子体显示器复合介质保护膜制备及其特性研究	宋忠孝	西安交通大学
纤维增强陶瓷基复合材料结构宏细观结合的疲劳寿命预测方法研究	宋迎东	南京航空航天大学
SiO_2@PS 核-壳复合粒子填充 PS 的熔体流变行为	宋义虎	浙江大学
电解-电化学混合电容器纳米电极的制备及电性能研究	宋　晔	南京理工大学
外加物理场对溶液贵金属纳米颗粒取向聚集生长的影响	宋晓平	西安交通大学
纳米铝粉非纳米尺寸效应的额外储能及其释放机理研究	宋武林	华中科技大学
超超临界铁素体钢中杂质晶界偏聚及其对材料蠕变性能的影响	宋申华	哈尔滨工业大学
GaN/InN(QD)量子点复合结构载流子倍增太阳能电池材料与器件研究	宋　航	中国科学院长春光学精密机械与物理研究所
Cu_2ZnSnS_4 薄膜太阳电池的制备与光伏性能关系的研究	史成武	合肥工业大学
金属铝反应法分解 CF_4/C_2F_6 碳氟化合物的研究	石忠宁	东北大学
周期性压电复合材料的动力特性研究	石志飞	北京交通大学
SBR 和 CR 的碘原子转移聚合法制备	石　艳	北京化工大学
Fe-ZSM-5 催化剂用于氨选择性催化还原(NH_3-SCR)净化柴油车 NOx 排放研究	石晓燕	中国科学院生态环境研究中心
基于垂直磁记录的 FeNi/FePt-SiO_2 异质超晶格薄膜研究	石旺舟	上海师范大学
五种基本气体在 CeO_2 基阳极材料上催化氧化的第一性原理热力学研究	施思齐	浙江理工大学
高迁移率和高发光效率集于一身的有机半导体材料	施敏敏	浙江大学
大型燃气轮机叶片镍基单晶材料的高温疲劳-蠕变性能研究	施惠基	清华大学
高性能钢材轴心受压构件局部屈曲与整体失稳的相关稳定性能和设计方法研究	施　刚	清华大学
金属材料表面机械合金化改性的基础研究	沈以赴	南京航空航天大学

续表

项目名称	项目负责人	依托单位
形状化分子基磁性纳米材料的可控合成、组装和磁学性质	沈小平	江苏大学
锡钎料在亚稳结构表面的润湿行为与微观机制	沈　平	吉林大学
多尺度精密玻璃透镜的热压成型技术研究	沈连婠	中国科学技术大学
高温度梯度下 NiAl-Cr-Mo 共晶合金快速定向凝固过程相选择和组织形成机理	沈　军	西北工业大学
Zr-Nb-Sn-Fe 系锆合金金属间化合物结构、性质及相关系研究	沈剑韵	北京有色金属研究总院
新型电致电阻功能材料的可控制备、性能和机理研究	沈保根	中国科学院物理研究所
合金元素在 Nb-Si 基合金氧化中作用机制的第一原理研究	尚家香	北京航空航天大学
多元 Laves Cr_2Nb 相对 Nb-Si 基合金从强化到弱化作用的转变机理研究	沙江波	北京航空航天大学
热塑性聚合物的室温活性聚合自修复研究	容敏智	中山大学
基于建筑外表材料相变与辐射致冷的隔热节能技术研究	冉茂宇	华侨大学
可吸收脊髓损伤修复材料的结构与功能仿生研究	全大萍	中山大学
基于硅胶的新型吸附材料的制备及对乙醇燃料中金属离子的吸附性能研究	曲荣君	鲁东大学
钢铁基体表面沉积镶嵌结构界面金刚石膜及其界面反应的综合研究	邱万奇	华南理工大学
有毒重金属 Hg、As、Se 高温联合脱除的机理研究	邱建荣	华中科技大学
红外光催化材料的设计与制备研究	秦伟平	吉林大学
超声振动下纳米微粒的摩擦行为及润滑机理研究	乔玉林	中国人民解放军装甲兵工程学院
氢调控铁电陶瓷性能规律及机理研究	乔利杰	北京科技大学
高性能蓝色磷光发光材料体系的分子设计、合成与性质研究	乔　娟	清华大学
三氯化铱在复合型离子液体中的溶解度及电沉积制备铱层机理研究	钱建刚	北京航空航天大学
电气石/聚合物复合低表面能海洋防污涂层研究	齐育红	大连海事大学
无铅高居里点热敏陶瓷在还原再氧化过程中氧扩散行为的研究	蒲永平	陕西科技大学
基于化学法的 YBCO 超导薄膜的离子缺陷钉扎研究及快速制备探索	蒲明华	西南交通大学
双重自振荡智能高分子水凝胶的研究	彭宇行	中国科学院成都有机化学有限公司
晶粒细化和氧化物掺杂对高温氧化过程中空位在氧化膜/金属界面沉积的影响	彭　晓	中国科学院金属研究所
卟啉/碳纳米管手性传感器	彭小彬	华南理工大学
拉伸塑化动态注射成型新方法制备聚合物多孔支架的结构形态研究	彭响方	华南理工大学
新型空气极材料的设计与性能研究	彭冉冉	中国科学技术大学
快凝条件下液态合金不同团簇结构遗传能力的比较与分析	彭　平	湖南大学
白光 LED 用新型二价铋离子掺杂发光材料的基础研究	彭明营	华南理工大学
磁场作用下分离结晶法制备碲锌镉晶体的热物理机制	彭　岚	重庆大学
大面积有序硅纳米洞与纳米线阵列制备及其光伏性能研究	彭奎庆	北京师范大学
再生骨料缺陷演变对再生混凝土力学性能与耐久性的影响机理	朋改非	北京交通大学
新型有机共轭的合成、组装、组装体的表面修饰及其器件化	裴　坚	北京大学
织构化低导热陶瓷材料及热传导机理研究	潘　伟	清华大学
小直径碳纳米线圈的创制及其生长机理的研究	潘路军	大连理工大学
陶瓷和铝的超常润湿及热浸镀铝工艺研究	宁晓山	清华大学
镍基单晶高温合金的设计方案及生长条件研究	宁西京	复旦大学
钛基骨修复材料表面纳米拓扑结构的构建及其与蛋白质相互作用机理研究	宁成云	华南理工大学

续表

项目名称	项目负责人	依托单位
受限光聚合的研究	聂　俊	北京化工大学
硼氮硅炔杂化耐高温基体树脂的制备与性能研究	倪礼忠	华东理工大学
梯度钛硅化碳-铜高压电接触材料研制及其在电弧作用下相组成与组织演化和烧蚀机理	倪东惠	华南理工大学
大跨桥梁缆索腐蚀疲劳机理与耐久性研究	缪长青	东南大学
铜酸盐-钛酸盐异质界面结构的超高分辨电子显微学研究	米少波	中国科学院金属研究所
复合结构胶体光子晶体协同自组装机理研究及其应用	孟庆波	中国科学院物理研究所
高分子乳胶基软胶体晶体形变机理的同步辐射小角 X 射线散射研究	门永锋	中国科学院长春应用化学研究所
Er^{3+}:CaF_2多晶透明陶瓷的制备与性能研究	梅炳初	武汉理工大学
7075 铝合金浆料的倒锥形通道制备与流变压铸	毛卫民	北京科技大学
高强度细晶粒钢韧脆转化各向异性的研究	毛卫民	北京科技大学
钒氧化物/聚噻吩超长同轴纳米电缆的阵列构筑及脱嵌锂性能	麦立强	武汉理工大学
晶界特性对搅拌摩擦加工超细晶铜力学行为的影响	马宗义	中国科学院金属研究所
生物纤维增强低树脂摩擦材料的结构仿生及摩擦学行为	马云海	吉林大学
硅烷化石墨烯的制备及其与聚硅氧烷的相容性研究	马文石	华南理工大学
纳米复合橡胶材料的界面结构特征及导热机理研究	马连湘	青岛科技大学
Beta-氧化镓单晶薄膜的外延生长及性质研究	马　瑾	山东大学
基于"粒子设计"的超疏水型皮革涂饰材料结构及性能研究	马建中	陕西科技大学
基于同步辐射实时成像研究钎焊过程界面金属间化合物生长行为	马海涛	大连理工大学
交换耦合复合结构薄膜的热稳定性机理研究	马　斌	复旦大学
导电短纤维复合材料复介电常数及其频响特性研究	罗　发	西北工业大学
相变材料墙建筑蓄换热机理及节能效果研究	吕石磊	天津大学
Ti_3SiC_2的高温氧化物润滑与晶体化学方法	吕晋军	中国科学院兰州化学物理研究所
富氢气基还原钛精粉过程的物相转变规律基础研究	鲁雄刚	上海大学
原位合成超细晶 Laves 相 $NbCr_2$基合金的热稳定化机制与高温力学行为研究	鲁世强	南昌航空大学
低能耗贝利特-硫铝酸钡钙水泥的水化硬化机制及硬化浆体微结构演变与调控	芦令超	济南大学
Fe 基块体非晶合金的磁弹性耦合及其应用研究	卢志超	钢铁研究总院
金刚石先驱体法制备机制及其刀具涂层应用基础研究	卢文壮	南京航空航天大学
基于三芳基硼的共轭齐聚物的合成及其可视化双光子荧光传感性能研究	卢　然	吉林大学
块体纳米孪晶 Cu 显微结构与力学性能的研究	卢　磊	中国科学院金属研究所
铁基软磁块体非晶合金纳米压痕蠕变行为与其脆度参数和矫顽力的相关性研究	龙志林	湘潭大学
钒合金中合金元素对辐照损伤的影响	龙　毅	北京科技大学
用于中、高浓度 VOCs 吸附的树脂孔结构调控和吸附热效应研究	龙　超	南京大学
无 Ni 型 Zr 基块体非晶合金在模拟生理环境中的疲劳行为的研究	柳　林	华中科技大学
碳化与氯盐复合作用下钢筋混凝土腐蚀特征研究	柳俊哲	宁波大学
石墨烯的偏析生长与能带调控	刘忠范	北京大学
复杂微细结构内沸腾-凝结耦合相变传热传质机理及应用研究	刘中良	北京工业大学
中性聚合物键合剂的结构、在极性粘合剂体系中的降温相分离性能及其界面键合效果相关性研究	刘云飞	北京理工大学
新型 TiAl 基合金的相关系和合金化机制研究	刘玉芹	中国地质大学(北京)

续表

项目名称	项目负责人	依托单位
质子导电陶瓷对乙醇类氢源的氢催化分离及机理研究	刘　宇	中国科学院上海硅酸盐研究所
高载流二硼化镁超导体组织控制及其低温快速成形	刘永长	天津大学
含树形分子的螯合树脂的制备及其铀吸附机理研究	刘耀驰	中南大学
基于石墨烯/氧化钛复合物的超柔性太阳能电池及性能研究	刘阳桥	中国科学院上海硅酸盐研究所
新型轻质 $MgAl_2O_4$-$CaAl_{12}O_{19}$耐高温多孔隔热陶瓷材料的研究	刘艳改	中国地质大学(北京)
新型氧化钛基上转换发光玻璃的悬浮制备及发光机理研究	刘　岩	中国科学院上海硅酸盐研究所
二元金属离子注入医用钛表面结构及性能研究	刘宣勇	中国科学院上海硅酸盐研究所
高储能 $BaTiO_3$/PVDF 电介质的界面设计与极化机理研究	刘晓林	北京化工大学
塑性变形界面表面形貌和摩擦的相互作用机理研究	刘小君	合肥工业大学
碳空位及硼氮掺杂对 TiC_x结构稳定性和形核能力的影响	刘相法	山东大学
M 型钙系铁氧体制备与磁性研究	刘先松	安徽大学
核聚变壁材料的微结构对其辐照行为的影响研究	刘　伟	清华大学
全钒液流电池用电解液活性衰减机理研究	刘素琴	中南大学
缺陷对金属氢扩散的影响	刘　实	中国科学院金属研究所
基于高性能材料 CFRP 索的超大跨桥梁原型设计与相关问题研究	刘荣桂	江苏大学
$Mg_4Nb_2O_9$基 LTCC 微波介质新体系及其应用基础研究	刘　鹏	陕西师范大学
新型高分子螯合絮凝剂的设计、合成及应用基础研究	刘立华	湖南科技大学
原位制备新型无铅稀土/橡胶屏蔽材料研究	刘　力	北京化工大学
“球-棒”状短碳纤维复合增强体及其复合材料制备	刘　磊	上海交通大学
基于紫外光刻的聚合物二维纳米模具及其复制成形理论与方法研究	刘军山	大连理工大学
复合胶凝材料体系在低温混凝土中水化动力学研究	刘　军	沈阳建筑大学
厚板高强铝合金搅拌摩擦焊缝沿板厚方向性能和腐蚀电化学行为均匀性研究	刘金合	西北工业大学
多组分聚合物材料的多层次有序结构的形成与发展及其对材料性能的影响	刘结平	淮北师范大学
单向电纺聚丙烯腈基纳米碳纤维形成中微观结构演变机制的研究	刘　杰	北京化工大学
钢骨混凝土复合受力构件受扭行为的研究	刘继明	青岛理工大学
隧道抗滑阻燃彩色路面涂料制备及其路用性能与抗滑阻燃机制研究	刘恒权	交通运输部公路科学研究所
化学成分对钢奥氏体动态再结晶影响规律的应变速率敏感效应与机制研究	刘国权	北京科技大学
贵金属/稀土氟化物核壳结构纳米发光材料的设计、制备与性能研究	刘桂霞	长春理工大学
镁合金管材差温热态内压成形规律	刘　钢	哈尔滨工业大学
N 杂化纳孔材料对水中典型重金属与有机酸复合污染物的共去除机制及微界面效应	刘福强	南京大学
抑制空蚀破坏的材料表面电子结构研究	刘峰斌	北方工业大学
典型非平衡形核/生长类相变动力学研究	刘　峰	西北工业大学
MnFePGe 系磁致冷材料的结构与性能变化规律及关联的研究	刘丹敏	北京工业大学
织构平衡优化镁合金强度与阻尼性能机理研究	刘楚明	中南大学
分子印迹无机半导体薄膜修饰 TiO_2纳米管阵列环境功能材料及其在 POPs 降解应用中的基础研究	刘承斌	湖南大学
热轧辊工作层材料的激光辅助金属沉积成形与组织性能	刘常升	东北大学

续表

项目名称	项目负责人	依托单位
基于延性破坏准则的钢筋混凝土框架结构抗地震倒塌性能研究	刘伯权	长安大学
纳米微粒增强玻璃化低温保护剂传热性能的研究	刘宝林	上海理工大学
TiO_2/SnO_2纳米晶复合材料薄膜紫外光照下气敏机理研究	林志东	武汉工程大学
新型汽车制动材料特殊工况下摩擦学行为研究	林有希	福州大学
硼钢板热冲压过程中的变形行为及其马氏体相变研究	林建平	同济大学
基于TiO_2纳米管光阳极染料敏化太阳能电池构-性及机理研究	林昌健	厦门大学
工程陶瓷精密磨削表面损伤及形貌特征表征技术研究	林　滨	天津大学
由钨酸盐熔盐电解直接制备钨粉机理与动力学研究	廖春发	江西理工大学
新型过渡金属硼化物超硬材料的微观机制和理论预测	梁拥成	上海海洋大学
单一导电性单壁碳纳米管晶体的化学功能化-自组装制备法	廉永福	黑龙江大学
光固化原型软骨/骨关节体的功能化结构与时效力学分析	连　芩	西安交通大学
用质子导体氢泵对铝合金熔体深度脱氢的研究	厉　英	东北大学
C/Al复合材料与TiAl电子束诱导自蔓延焊接机理及动力学研究	李卓然	哈尔滨工业大学
碳纳米管/铝基层状仿生复合材料的制备研究	李志强	上海交通大学
软化学法制备新能源材料-聚变堆用氚固态增殖剂Li_2TiO_3的基础研究	李运姣	中南大学
熔盐电化学法制备W/Cu功能梯度材料的基础研究	李运刚	河北联合大学
水泥沥青复合砂浆的微观结构与力学行为研究	李云良	哈尔滨工业大学
乙烯与极性单体共聚合制备改性聚烯烃材料	李悦生	中国科学院长春应用化学研究所
水泥基透光材料的研究	李　悦	北京工业大学
开口超薄壁构件弹塑性畸变屈曲机理研究	李元齐	同济大学
超弹性蒙皮结构的变形机制与优化设计研究	李永新	中国科学技术大学
基于铸坯的环件辗扩成形基础理论与关键技术	李永堂	太原科技大学
新的稀土和过渡族元素掺杂的Ⅳ族元素笼状化合物的合成和物性研究	李　阳	北京科技大学
聚电解质纳米复合湿敏材料和湿度传感器	李　扬	浙江大学
碳复合耐火材料中多壁碳纳米管的表面功能修饰、树脂催化裂解形成及其在高温下结构演变研究	李亚伟	武汉科技大学
金属有机框架(MOFs)为前驱体的催化剂制备与催化氨硼烷储氢性能研究	李星国	北京大学
新型同步互穿网络硅水凝胶材料的研究	李新松	东南大学
原位Mg_2Si/Mg复合材料中增强相的晶体生长与非枝晶组织形成机制	李新林	哈尔滨工程大学
三维微图案化超细纤维支架的构建及调控功能性组织的形成	李孝红	西南交通大学
渣金间辅助外电场电化学诱导焊缝氧化物冶金形核及其机理	李晓泉	南京工程学院
面心立方金属晶体疲劳位错结构的热稳定性研究	李小武	东北大学
形态可控的镧系稀土氧化物纳米荧光体的合成与光学特性研究	李　霞	青岛科技大学
单分散SBA-15微球负载的多糖类手性分离材料的制备及性能研究	李文智	聊城大学
定窑白瓷的物理化学基础及演变规律研究	李伟东	中国科学院上海硅酸盐研究所
压应力诱导Ce基金属玻璃室温结构弛豫及微结构演变规律	李维火	安徽工业大学
多层复合超轻铝-锂合金扁锭连续铸造新方法	李廷举	大连理工大学
非粘贴多点锚固预应力FRP片材加固混凝土梁的受力性能研究	李唐宁	重庆大学
高性能复合材料机械传动零件成形工艺的动态演化建模与稳健优化	李太福	重庆科技学院

续表

项目名称	项目负责人	依托单位
完全可吸收高强度纤维增强聚酯-聚碳酸酯复合材料制备球囊伸展心血管支架	李速明	复旦大学
大体积分数 Laves 相 Cr-Nb-Ti 三元合金定向共生生长与相选择研究	李双明	西北工业大学
基于硅纳米线表面增强拉曼技术和碳纳米管拉曼探针的高灵敏生化检测	李述汤	苏州大学
三元碳化物陶瓷成分设计及裂纹自愈合研究	李世波	北京交通大学
原位反应纳米金刚石涂层多孔电极制备及性能研究	李荣斌	上海电机学院
相似元素替代对块体非晶合金力学性能的影响	李　然	北京航空航天大学
联酰胺衍生物的合成、自组装与光响应性研究	李　敏	吉林大学
CuZr 体系大块金属玻璃及其过冷液态中的结构特征、动力学性质、玻璃形成能力和力学性质的理论和实验研究	李茂枝	中国人民大学
基于滑移/孪生协调变形的本构模型及参数识别	李落星	湖南大学
ITER 大型超导磁体馈线系统用环氧基低温绝缘子材料及低温性能研究	李来风	中国科学院理化技术研究所
Y_2O_3-BaO-MnO_x体系固相线下相关系研究	李静波	中国科学院物理研究所
高强度合金钢中 MgO · Al_2O_3夹杂物塑性化研究	李京社	北京科技大学
系列双相不锈钢复杂相区局部腐蚀评价技术与腐蚀机制研究	李　劲	复旦大学
逆变奥氏体对马氏体时效钢氢致开裂性能的影响	李金许	北京科技大学
过冷熔体中共晶凝固界面形态的研究	李金富	上海交通大学
钨基氧化物纳米管材料的可控制备及光解水催化性能研究	李　洁	中南大学
基于炭黑和碳纳米管的葡萄串导电网络在高分子基体中的构筑	李　姜	四川大学
基于过渡金属二硫族化物母体的纳米功能材料可控生长多样性的研究	李健民	浙江大学
刀具涂层缺陷数字化表征及其对摩擦学性能影响规律研究	李　健	武汉材料保护研究所
致密金属纳米玻璃的球磨制备与结构表征	李建功	兰州大学
金属橡胶剪切摩擦阻尼器耗能减振结构试验、理论和设计方法	李冀龙	哈尔滨工业大学
组成元素单质直接气相生长六方纤锌矿结构 ZnMgSe 体单晶及生长机理	李焕勇	西北工业大学
基于晶体结构特征的 TRIP 钢复杂应力宏微观塑性行为跨尺度计算及组织力学性能演变分析	李洪洋	北京理工大学
剪切和压力作用下聚乳酸的结晶结构及转变原位研究	李宏飞	中国科学院长春应用化学研究所
应用分形理论模拟钢中夹杂物凝聚规律与夹杂物控制研究	李　宏	北京科技大学
纳米氧化锌/p 型金刚石异质结制备及其负阻特性研究	李红东	吉林大学
单一结构稀土磷酸盐 MPO_4的制备,电子结构调制与白光	李广社	中国科学院福建物质结构研究所
两相纳米结构超硬薄膜的强化机制	李戈扬	上海交通大学
高性能聚乳酸立体嵌段共聚物的合成与结构研究	李　杲	中国科学院长春应用化学研究所
磁铅石型铁氧体纳米纤维及有序阵列的电纺制备和磁性研究	李从举	北京服装学院
超临界水体系合成新型光电功能材料 $BaTeM_2O_9$(M=Mo,W)	李　博	山东大学
磁场诱导碳纳米管定向排列	黎华明	湘潭大学
AlGaN 基声表面波型日盲紫外探测器研究	黎大兵	中国科学院长春光学精密机械与物理研究所
ODS 钢超声电弧原位合金化焊接机制研究	雷玉成	江苏大学
表面氧化膜覆盖下铝的阳极氧化与多层纳米孔径结构氧化膜的制备	旷亚非	湖南大学
粉末冶金高氮不锈钢氮的迁移规律研究	况春江	钢铁研究总院

续表

项目名称	项目负责人	依托单位
高纯细粒度聚晶立方氮化硼的高温高压制备与表征	寇自力	四川大学
新型 beta-gamma TiAl 合金高温变形行为及板材轧制变形机理	孔凡涛	哈尔滨工业大学
碳纳米晶-氧化镁/尖晶石复合粉体的机械合金化制备及表征研究	柯昌明	武汉科技大学
具有低表面自由能疏水/超疏水有机纳米薄膜的设计、制备及微摩擦学性能研究	康志新	华南理工大学
超声波作用下铸造不锈钢熔体中非金属夹杂物碎化与弥散研究	康进武	清华大学
基于聚四氟乙烯的有机/聚合物太阳电池研究	康博南	吉林大学
水热合成生物亲和污水净化材料	景镇子	同济大学
纳米表面形貌的测试及其对纳米结构吸附性能影响关系的研究	景蔚萱	西安交通大学
超高磁导率 LTCF 材料低温促烧机理及微观结构控制研究	荆玉兰	电子科技大学
镍基单晶高温合金 TLP 接头的蠕变断裂机制研究	金　涛	中国科学院金属研究所
离子交换固相超薄膜中自组装法制备形状和尺寸可控的金属纳米颗粒	金日光	北京化工大学
铁盐型厌氧氨氧化的机理及工艺调控策略研究	金仁村	杭州师范大学
声悬浮合金熔体的形态振荡与快速凝固规律研究	解文军	西北工业大学
III-V 族半导体纳米晶的可控制备及其性质研究	解仁国	吉林大学
基于液相脉冲放电的热作模具多元金属陶瓷涂层制备及其高温磨损特性研究	揭晓华	广东工业大学
Bi 元素偏聚引起 Cu 晶界脆化的微观机制	蒋卫斌	中国科学院合肥物质科学研究院
高度(001)取向超细柱状晶 SmCo 高温永磁材料的研究	蒋成保	北京航空航天大学
过渡族金属与碳、氮二元体系成分-温度-压力相图的理论研究	蒋　超	中南大学
镁合金微弧氧化陶瓷层形成与生长的电量消耗机制及降耗理论研究	蒋百灵	西安理工大学
镁合金铸-锻复合成形应用基础研究	姜巨福	哈尔滨工业大学
镍钛形状记忆合金管滚珠旋压变形机制及组织演变机理研究	江树勇	哈尔滨工程大学
多元合金固-液界面能随合金成分和温度的变化规律研究	坚增运	西安工业大学
Bi_2Te_3 基高性能块体热电材料的高压制备	贾晓鹏	吉林大学
复杂 TiAl 基合金构件电子束快速成形应力松弛机理研究	贾文鹏	西北有色金属研究院
Si-B-C-N 系陶瓷复合材料在高温氧化和烧蚀作用下组织结构演化与损伤机制	贾德昌	哈尔滨工业大学
低温等离子体辅助 MOCVD 技术制备 AlInN 薄膜材料的生长及掺杂特性研究	计　峰	山东大学
高居里温度弛豫铁电晶体的生长与结构性能研究	惠增哲	西安工业大学
Zr-Nb-O 合金辐照损伤动力学机制	惠希东	北京科技大学
自支撑一维纳米孔炭材料的制备、改性及其电容式脱盐性能研究	黄正宏	清华大学
陶瓷/铝粉末压片复合材料水解产氢行为的研究	黄岳祥	中国计量学院
含有纳米尺度组元界面相对碳纤维/环氧复合材料性能的影响机制	黄玉东	哈尔滨工业大学
以明胶为黏合剂多孔硫正极制备及其高性能化机理研究	黄雅钦	北京化工大学
有机铍高聚物合成及其冶金材料制备基础研究	黄小忠	中南大学
Ruddlesden-Popper 相锰酸盐中结构基元修饰和热电性能优化研究	黄向阳	中国科学院上海硅酸盐研究所
硼硅酸盐生物活性玻璃降解时硼的功能研究及其骨组织支架制备	黄文旵	同济大学
红色长余辉发光纳米管及纳米阵列硬模板可控合成及性能研究	黄　平	太原理工大学
FRP 加固钢管内表面及界面裂纹扩展规律研究	黄培彦	华南理工大学
贵金属催化剂三相萃取一步分离铂钯铑的机理研究	黄　昆	中国科学院过程工程研究所

续表

项目名称	项目负责人	依托单位
碳/碳复合材料低温抗氧化微波溶剂热改性新技术研究	黄剑锋	陕西科技大学
POSS在聚硅氧烷中的自组装行为与性能研究	黄光速	四川大学
新型水醇溶性光电材料的设计合成及其在光电器件中的应用	黄　飞	华南理工大学
叠氮偶联剂改性碳纤维增强树脂基复合材料的研究	扈艳红	华东理工大学
电气石的改性及功能高分子复合材料的研制	胡应模	中国地质大学(北京)
第三组元在镍基单晶高温合金强化机理的原子模拟研究	胡望宇	湖南大学
真空环境下电纺丝和RP工艺耦合的再生骨支架成形机理及数值分析与试验研究	胡庆夕	上海大学
CuAAC点击化学合成新型液晶化合物研究	胡　平	四川师范大学
基于循环镦-挤大变形制备镁合金半固态组织及触变成形性研究	胡连喜	哈尔滨工业大学
不含铁磁元素的纳米晶室温多铁材料研究	胡季帆	山东大学
化学气相沉积制备石墨烯过程中的热物理问题研究	胡国新	上海交通大学
铝酸铋基新型高温无铅压电陶瓷的制备与性能研究	侯育冬	北京工业大学
原位气相热解制备均匀复合氧化物/碳纳米管功能材料	侯　峰	天津大学
石墨烯基氧化钛阵列复合可见光催化剂的基础研究	洪樟连	浙江大学
Fe_3O_4/ZnS纳米复合材料的制备及其在免疫分析中的应用	洪　霞	东北师范大学
基于TiNi合金的钛合金表面韧性耐磨改性层研究	贺志勇	太原理工大学
FeAl金属间化合物多孔材料耐高温气体腐蚀性能及其提高的研究	贺跃辉	中南大学
超声场协同的废锂电池中钴酸锂晶体结构水热修复研究	贺文智	同济大学
稠化低熔点金属/聚合物复合体系在加工过程中的形态变化及其功能特性	贺江平	中国工程物理研究院化工材料研究所
可控结构含氟丙烯酸酯共聚物的合成及成膜自组装行为研究	和　玲	西安交通大学
强弱相间和强强相间层状复合涂层的结构与抗高温氧化特性研究	何业东	北京科技大学
基于旋转行波超声振动的硅片化学机械复合抛光机理研究	何　勍	辽宁工业大学
麻纤维/聚合物生态材料微观尺度改性及界面结合机理研究	何莉萍	湖南大学
新型亚稳过渡金属硼化物的设计与高压合成	何巨龙	燕山大学
钙钛矿型氧化物为氧载体的含碳燃料化学链制氢基础研究	何　方	中国科学院广州能源研究所
强磁场作用下双晶Fe-Si合金的晶界润湿行为	何长树	东北大学
“软”纳米钛合金的强韧化机理研究	郝玉琳	中国科学院金属研究所
以液体聚丁二烯为第三单体的支化三元乙丙橡胶的研制	郝秀峰	吉林大学
亚稳相γ-氧化铋可见光光催化材料电子结构的设计及性能调控	郝维昌	北京航空航天大学
混凝土材料动态强度影响因素精细化研究及本构关系修正	郝　洪	广州大学
纳米碳纤维/聚乙烯复合半导电材料载流子发射机理研究	郝春成	青岛科技大学
聚噻吩薄膜的凝聚态结构与有序取向	韩艳春	中国科学院长春应用化学研究所
电子背散射衍射解析块状样品未知晶体的Bravais点阵	韩　明	西北工业大学
电、磁场处理对碳纳米管/聚乙烯和纳米石墨/聚乙烯复合材料的结构及介电性能影响机理研究	韩宝忠	哈尔滨理工大学
多孔钽孔壁的仿骨基质结构设计与关键技术研究	憨　勇	西安交通大学
高强度钢高温形变后的淬火-配分-回火处理	郭正洪	上海交通大学
Pt-非金属、稀土多元催化剂制备及对乙醇氧化协同催化研究	郭永榔	福州大学

续表

项目名称	项目负责人	依托单位
Nb-Ti-Si-Cr 基多相超高温合金的定向凝固组织形成机理	郭喜平	西北工业大学
自由站立石墨烯的制备和物理特性研究	郭丽伟	中国科学院物理研究所
小平面/小平面类包晶合金定向凝固特性与相选择研究	郭景杰	哈尔滨工业大学
高温蠕变与应力松弛转换预测技术研究	郭进全	安阳工学院
催化增强 Li-Mg-N 络合金属氢化物可逆储氢循环稳定性及机理研究	郭　进	广西大学
先进镍基单晶合金“相平衡”防护涂层抑制 SRZ 及抗高温氧化机理研究	郭洪波	北京航空航天大学
高电流密度下锡基钎料焊点显微组织及焦耳热演变规律研究	郭　福	北京工业大学
双相磷酸钙陶瓷骨支架孔壁纳米强韧化及掺锶改性机理研究	郭大刚	西安交通大学
大块 PtCo 永磁合金的双相纳米交换耦合效应研究	郭朝晖	钢铁研究总院
以胶体晶体微球为显示单元的彩色显示材料的研究	顾忠泽	东南大学
晶格动力学有限元方法的研究及其在理想金属晶体力学行为多尺度分析中的应用	顾剑锋	上海交通大学
$LiAlH_4$基复合纳米体系的储氢性能研究	苟兴龙	西华师范大学
非连续增强 TiAl 基复合材料板材的设计与合成理论基础研究	耿　林	哈尔滨工业大学
形态可控各向异性微球的制备及其自组装研究	葛学武	中国科学技术大学
大尺寸 KDP 晶体固结磨料线锯精密锯切关键技术研究	葛培琪	山东大学
原子氧防护薄膜湿化学制备方法及其空间性能研究	高　原	烟台大学
空天交变温度场作用下碳/双马来酰亚胺树脂基复合材料的损伤效应及机理	高　禹	沈阳航空航天大学
基于多孔碳负载的高容量硫电极材料研究	高学平	南开大学
纳米尺度下磁电多铁材料的建构及其磁电性能调制	高兴森	华南师范大学
基于半导体复合纳米结构的新型光阳极材料及其载流子输运行为研究	高相东	中国科学院上海硅酸盐研究所
一维半导体纳米材料光学限域现象的机理、可控性及应用研究	高　旻	北京大学
金属防护涂层下锈蚀萌生、长大规律及对涂层失效的作用机制	高　瑾	北京科技大学
强磁场下深过冷金属熔体中的枝晶生长动力学研究	高建荣	东北大学
熔盐电解法制备铝铜锂母合金的机理研究	高炳亮	东北大学
在役混凝土结构中钢筋腐蚀的电化学表征及原位监测原理	干伟忠	宁波工程学院
微纳米复合硅微珠及其超疏水性表面的制备与性能表征	盖国胜	清华大学
含埋藏裂纹的金属构件电磁热止裂及强化	付宇明	燕山大学
纳米碳管-石墨烯/环氧树脂基纳米复合材料的低温力学和电学性能研究	付绍云	中国科学院理化技术研究所
SiC 纳米线增韧 HfC 抗氧化抗烧蚀涂层研究	付前刚	西北工业大学
乳化沥青半柔性路面复合材料细观力学匹配机理及抗裂参数敏感分析	付　军	武汉理工大学
中碳钢轧制变形过程中碳化物球化的机理研究	冯运莉	河北联合大学
文石/球文石珍珠生物活性可降解多孔骨修复材料研制	冯庆玲	清华大学
界面对镍基单晶高温合金不连续脱溶转变影响机理的研究	冯　强	北京科技大学
若干金属和非金属元素改性网络硅材料能带结构的研究	冯嘉猷	清华大学
量子点修饰半导体态碳纳米管复合体的红外光光伏电池研究	封　伟	天津大学
基于高性能材料的特大跨径混凝土斜拉桥的结构性能	方　志	湖南大学
富勒烯阻燃聚烯烃的作用规律与阻燃机理研究	方征平	浙江大学宁波理工学院
新型 PEC 柱—钢梁组合框架结构倒塌机理与设计方法	方有珍	苏州科技学院

续表

项目名称	项目负责人	依托单位
医用镁合金微细管精密成形机理及工艺控制研究	方　刚	清华大学
石墨烯/碳纳米管三明治结构炭材料的构筑及其复合材料电化学储能机理的研究	范壮军	哈尔滨工程大学
ZnO 纳米线对爆炸环境下有害气体的敏感性及其机理研究	范新会	西安工业大学
具有脂环结构的高透明性聚酰亚胺的分子设计、结构与性能	范　琳	中国科学院化学研究所
高速加载细晶钨合金的动态失稳行为及其局部绝热剪切机制	范景莲	中南大学
微波加热硬化水玻璃砂绿色铸造关键技术基础	樊自田	华中科技大学
W/W 乳液型聚合物/蒙脱土纳米复合絮凝剂	杜宗良	四川大学
导电聚合物/贵金属纳米粒子复合材料应用于 C1 小分子的电催化氧化	杜玉扣	苏州大学
Al-Fe-Ni-Si 四元系有序相的原子移动性和扩散生长模型	杜　勇	中南大学
Mg-Zn-Er 合金准晶相形成机制及抗蠕变性能研究	杜文博	北京工业大学
激光电子散斑法研究金属点蚀动力学与机理	杜　楠	南昌航空大学
活化与细密的微电铸层界面结合理论与控制方法	杜立群	大连理工大学
钛酸铋钠基微晶无铅压电材料微结构与性能优化研究	杜慧玲	西安科技大学
大型零件热态成形过程氢脆损伤机理及预控	杜凤山	燕山大学
牙釉质基质蛋白与磷灰石取向组装的相互作用机理研究	杜　昶	华南理工大学
反式聚异戊二烯对丁苯橡胶动态性能的改善及机理研究	杜爱华	青岛科技大学
基于有机-金属功能膜在阵列型无机纳米棒(管)表面的可控自组装以实现高效染料敏化太阳能电池的构筑	董宇平	北京理工大学
点焊电极表面电火花原位熔敷鳞片状 TiB_2-TiC 复相涂层的研究	董仕节	湖北工业大学
高放废物地质处置环境中低碳钢活化/钝化倾向及其机理研究	董俊华	中国科学院金属研究所
高温合金热加工晶粒遗传性和临界变形量理论模型建立及控制	董建新	北京科技大学
基于手性膦配体的固载金属催化剂材料的设计、制备及其性能研究	董德文	中国科学院长春应用化学研究所
基于爬山虎吸盘粘附作用的新型功能材料设计制备	邓文礼	华南理工大学
大应变挤出切削制备纳米晶带材的机理及工艺	邓文君	华南理工大学
ATRP 法制备新型高效生物吸附剂及去除水中全氟化合物的基础研究	邓述波	清华大学
基于谱方法的铝合金热精轧板带横向厚度分布动态预测模型研究	邓　华	中南大学
熔盐介质中高强度高热阻镁橄榄石质保温材料的制备机理、结构与性能	邓承继	武汉科技大学
1-3 型碳管/硅橡胶纳米复合材料设计、制备与新颖压阻机制及介电性能的研究	党智敏	北京科技大学
硼氢化钠-铝水解制氢体系的反应动力学及机制研究	戴洪斌	中国科学院金属研究所
基于高性能 GJ 钢新材性参数的受弯构件整体稳定性能研究	戴国欣	重庆大学
能源大锻件材料非连续热变形过程晶粒演变的元胞自动机建模方法与多尺度数值模拟研究	崔振山	上海交通大学
HA 涂层 Mg-Zn-Sr 合金生物材料的应用基础研究	崔　彤	东北大学
Ti_3Sn/TiNi 记忆合金复合材料相变机制与功能特性	崔立山	中国石油大学(北京)
等离子控制反应合成 TiB_2-TiC-NiAl 多孔膜研究	崔洪芝	山东科技大学
相变储能陶粒—水泥基复合材料界面特征及耐久性	崔宏志	深圳大学
高速冷打多场强耦合作用下材料激变行为及其成形机理研究	崔凤奎	河南科技大学
增强、增韧聚苯乙烯材料的合成	崔冬梅	中国科学院长春应用化学研究所
基于压电陶瓷微振动实现螺纹传动的机理及器件研究	褚祥诚	清华大学

续表

项目名称	项目负责人	依托单位
先驱体法微孔 BCN 纤维的制备、表征与吸附储氢性能	楚增勇	中国人民解放军国防科学技术大学
含三苯乙烯结构的高热稳定性新型聚集诱导发光材料的合成与性能	池振国	中山大学
流-固冲击下超轻金属夹层结构非线性力学行为及失效机理研究	程远胜	华中科技大学
锆合金等离子电解氧化膜的微观组织结构和性能研究	程英亮	湖南大学
平面构型铂(II)配合物的设计合成及其结构与光电转换性能之间的关系	程延祥	中国科学院长春应用化学研究所
可见光活性空心微球的微波水热制备与光催化性能研究	程　蓓	武汉理工大学
南中国海腐蚀环境与疲劳载荷交替作用下飞机铝合金结构疲劳性能退化规律及跨尺度破坏机理研究	陈跃良	中国人民解放军海军航空工程学院
一维多孔 Fe_3O_4/ZnO 基复合纳米结构的设计、合成及其多重电磁响应特性	陈玉金	哈尔滨工程大学
接枝前驱体和水解反应原位制备共轭聚合物/ZnO 纳米晶光电子杂化材料	陈义旺	南昌大学
飞机 CFRP 复材以磨代切制孔刀具及其加工机理研究	陈　燕	南京航空航天大学
富氧纳米团簇弥散强化的 ODS 钢合金化设计和第一性原理模拟	陈星秋	中国科学院金属研究所
基因介导型骨修复材料及支架的制备与结构性能研究	陈晓峰	华南理工大学
新型单相层状多铁性磁电材料 $Bi_5Ti_3Fe_{0.5}Co_{0.5}O_{15}$ 的制备及性能与机理研究	陈小兵	扬州大学
超长二氧化钒纳米线的制备及其压阻效应	陈　文	武汉理工大学
锻件表面金属陶瓷涂层锻造致密化机理研究	陈　威	中国人民解放军装甲兵工程学院
环境友好型纳米氧化钛/功能碳纳米管复合材料的制备及其海洋防污机制研究	陈守刚	中国海洋大学
基于电弧特征信息智能处理的铝合金 TIG 焊缺陷在线预测及补偿控制研究	陈善本	上海交通大学
二氢杨梅素在高分子材料中的抗氧化作用及机理研究	陈鸣才	中科院广州化学有限公司
利用熔融改质转炉钢渣冶炼 Fe-Si-Mn 合金的研究	陈　敏	东北大学
n-βTCP/Mg-Zn 复合材料的腐蚀降解机理与生物相容性研究	陈民芳	天津理工大学
双组分抗菌纳米复合材料的一步法制备与性能研究	陈　萌	复旦大学
优化多孔材料氢溢流效率及储氢性能的计算研究	陈　亮	中国科学院宁波材料技术与工程研究所
多模腔内结构陶瓷微波焊接的传质机理与仿真模拟研究	陈利祥	青岛大学
含纳米铁碳化硅纤维设计及其高温吸波性能	陈立富	厦门大学
新型 T1 磁共振成像对比剂用氧化铁纳米粒子的制备、MRI 性能及尺寸效应研究	陈克正	青岛科技大学
纳米晶-碳纳米管活性杂化结构的特性及其在太阳能电池中的应用	陈君红	同济大学
考虑包申格效应的高强度钢冲压回弹预测模型及其回弹控制的稳健优化	陈　军	上海交通大学
多孔铜合金在熔融碳酸盐燃料电池阳极工况下的蠕变行为及机理研究	陈　荐	长沙理工大学
烧绿石型稀土钛酸盐磁光晶体生长与性能研究	陈建中	福州大学
碳纳米管表面处理增强场致电子发射性能研究	陈　建	中山大学
绿色轮胎用高结构炭黑的结构三要素研究	陈　建	四川理工学院
新型 $Ti_{n+1}AlN_n$ (n=1,3)/h-BN 结构/功能一体化复合材料的设计、制备和性能研究	陈继新	中国科学院金属研究所
基于介孔空心纳米结构的有机/无机复合超声造影剂设计制备及其药物协同治疗研究	陈航榕	中国科学院上海硅酸盐研究所
硫系玻璃的光稳定性及相关机理研究	陈国荣	华东理工大学
具有高耐紫外线功能且光学透明的 PET/层状双氢氧化物纳米复合材料的制备与机理研究	陈光明	中国科学院化学研究所

续表

项目名称	项目负责人	依托单位
冰模板法制备可控制银纳米粒子催化活性的智能水凝胶纤维	查刘生	东华大学
双掺杂 TiO_2 基可见光催化剂二元离子协同作用的研究	曹亚安	南开大学
稳定的形状记忆高分子材料微纳米孔结构的构筑及响应性研究	曹新宇	中国科学院化学研究所
过渡金属离子的掺杂对 TiO_2 光催化性能的影响机理研究	曹文斌	北京科技大学
承载宽禁带半导体的功能化碳纳米管制备及高温电磁特性研究	曹茂盛	北京理工大学
纳米薄膜太阳能电池的研究	曹安源	北京大学
Ti-Ta 高温记忆合金 ω 相析出行为与马氏体相变稳定性机理研究	蔡　伟	哈尔滨工业大学
骨微量元素掺杂钙磷玻璃陶瓷的结构、力学性能和成骨功能的研究	蔡　舒	天津大学
生物可降解聚膦腈和聚酯互穿网络体系及其生物学性能研究	蔡　晴	北京化工大学
力学因素对防护性有机涂层耐久性的影响研究	蔡健平	中国航空工业集团公司北京航空材料研究院
新型多功能配位高分子材料的构筑与性能研究	卜显和	南开大学
高抗热震熔融石英陶瓷材料烧结与晶化抑制的研究	卜景龙	河北联合大学
镍铝基高温自润滑复合材料的设计制备及其摩擦学性能研究	毕秦岭	中国科学院兰州化学物理研究所
连铸动态轻压下过程铸坯凝固与变形机理的研究	包燕平	北京科技大学
海排灰中氯盐与道路基层材料结合机理研究	包龙生	沈阳建筑大学
高纯钍分离用杯芳烃-硅藻土萃取色层材料的制备与应用基础研究	白　彦	中国科学院长春应用化学研究所
掺杂一维纳晶金属氧化物气敏材料与敏感机制研究	白守礼	北京化工大学
反应溅射外延四氧化三铁薄膜的各向异性磁电阻及其异质外延结构的能带调控输运特性研究	白海力	天津大学
离子液体脉冲电沉积 Li-Cu 合金纳米颗粒薄膜的形成机理、结构与电化学性能的研究	安茂忠	哈尔滨工业大学
氮化物以及氮氧化物可见光光催化剂的制备与性能研究	朱鸿民	北京科技大学
纳米尺度金属有机骨架材料的设计合成及其催化构效关系研究	周有福	中国科学院福建物质结构研究所
枝状结构硅纳米线的合成与高灵敏度生物传感器的制备	郑耿锋	复旦大学
配合物嫁接的具有“二合一”功能的纳米复合材料	张玉良	上海海事大学
介电可调的有机-无机杂化包合物	张　闻	东南大学
新型季铵盐功能化的金属有机骨架材料的合成、结构与性能研究	张丽娟	复旦大学
异金属团簇化合物的合成和性能研究	张建军	大连理工大学
二元金属氨硼烷的制备、释氢机理及其在推进剂中应用研究	张建国	北京理工大学
新型稀土纳米复合材料的合成、发光和磁性能的研究	张洪杰	中国科学院长春应用化学研究所
功能化的多金属氧酸盐组装分子磁性晶态材料的可控合成与性能研究	张　宏	东北师范大学
多酸基多元复合光电催化材料的设计，制备及其性能研究	张光晋	中国科学院过程工程研究所
二氧化钛纳米线阵列的生长及其在 DSC 中的应用研究	曾京辉	陕西师范大学
核/壳量子点-功能化富勒烯衍生物光伏新材料特性研究	曾和平	华南理工大学
稀有金属离子液体的合成及催化烯烃环氧化研究	臧树良	辽宁石油化工大学
有机酸碱构筑的超分子胶凝材料的合成与功能特性研究	袁良杰	武汉大学
超分子调控合成高价态配合物及其性能研究	叶保辉	中山大学
无机/有机复合灭钉螺纳米材料的制备及其生物效应研究	杨小红	池州学院

续表

项目名称	项目负责人	依托单位
光加成与聚合合成新型多孔材料	杨士烑	厦门大学
基于新型Ullmann反应设计的磁性3d过渡金属磷砷化合物低维纳米材料的相控制合成、结构及磁性研究	杨　晴	中国科学技术大学
生物兼容的新型复合核壳纳米晶的结构及性质关系的研究	杨　萍	济南大学
金纳米颗粒与核壳量子点构筑二聚体异质纳米结构及其光学性质研究	杨　剑	山东大学
大环草酰胺钴多核配合物结构与磁性研究	杨光明	南开大学
有机电致发光器件中的材料界面改性研究	许并社	太原理工大学
新型杂多酸基固体高质子导体的制备与导电机理研究	吴庆银	浙江大学
抗水性双金属配合物催化合成生物降解聚酯研究	邬金才	兰州大学
石墨烯基复合纳米材料的构筑与性能研究	魏先文	安徽师范大学
过渡金属氮化物、硼化物及碳化物硬度关联因素研究	王渊旭	河南大学
具有自旋转换行为的聚合物材料的设计合成及性能研究	王庆伦	南开大学
层状双金属氢氧化物单一前驱体法制备合金纳米材料及其性能研究	王连英	北京化工大学
基于选择性捕集二氧化碳的新型微孔金属-有机骨架材料的合成、结构及其捕集机理研究	王利亚	洛阳师范学院
基于选择性捕集二氧化碳的新型微孔金属-有机骨架材料的合成、结构及其捕集机理研究	王利亚	洛阳师范学院
新型纳米材料石墨烯的体内示踪和安全性研究	王海芳	上海大学
碳纳米管为基的纳米复合含能材料性能模拟	王　锋	北京理工大学
EBSD对C3S的(亚)晶界、缺陷、晶体取向、颗粒边界的研究	田　键	湖北工业大学
大环及多足体稀土配合物新型复合功能材料的设计组装及性能研究	唐　瑜	兰州大学
硅酸锂中氘(氚)的扩散与释放机制研究	唐　涛	中国工程物理研究院
应用于时间分辨荧光生化分析的新型功能配合物的设计与合成	唐瑞仁	中南大学
电化学诱导的界面模板制备金属氧化物纳米结构薄膜	谭铁巍	南京工业大学
共轭型金属膦酸盐光电功能材料的设计合成与性能研究	孙振刚	辽宁师范大学
手性配体构筑异金属(稀土-贵金属)基配合物的合成及生物活性研究	孙亚光	沈阳化工大学
气-液界面光化学合成光催化功能微/纳结构半导体材料	孙丰强	华南师范大学
生物相容性石墨烯纳米复合材料的制备及其在电化学生物传感器中的应用	宋溪明	辽宁大学
新颖硒基纳米结构材料的纤维素类高分子诱导合成及其性质研究	宋吉明	安徽大学
有序$CuInS_2$、$CuInSe_2$纳米线/管阵列的制备，生长机制及光电转化性能	时　亮	中国科学技术大学
硅纳米线表面化学修饰及其应用研究	邵名望	苏州大学
高核稀土-过渡金属离子簇合物的合成及其组装	任艳平	厦门大学
自旋转换-液晶双功能分子材料的设计合成和功能性质研究	任小明	南京工业大学
基于光伏电池用的I-III-VI2族多元硫属化合物纳米晶的液相合成、机理及性能研究	钱雪峰	上海交通大学
基于孔结构杂多蓝的分子材料的设计、合成和功能性质	彭　军	东北师范大学
氢氧化锌超细纳米线的形成机制及性质研究	庞广生	吉林大学
半导体纳米复合材料及其光催化降解有机污染物	潘道成	中国科学院长春应用化学研究所
多功能咔咯配合物的合成及催化性能和构效关系研究	欧忠平	江苏大学
铌氧簇稀土衍生物的控制合成、结构及光学性质研究	牛景杨	河南大学
无机有机杂化多孔功能材料负载过渡金属手性催化剂的均相化	马学兵	西南大学
具有传感功能的多酸基复合薄膜的设计、制备及性能研究	马慧媛	哈尔滨理工大学

续表

项目名称	项目负责人	依托单位
天然气、丙烷和氢气共热裂解制备碳基功能材料化学基础研究	罗瑞盈	北京航空航天大学
金属及其氧化物纳米材料绿色化合成及其在生物分子检测中的应用探索	陆轻铱	南京大学
基于氮杂环有机羧酸配体构筑的多孔稀土-有机框架与多金属氧酸盐杂化材料的合成及其性能研究	卢文贯	韶关学院
金属有机-多酸共价杂化高效三线态发光材料的设计与合成	柳　利	湖北大学
分级构筑块法设计合成新颖多孔金属-有机材料及其功能研究	刘云凌	吉林大学
长余辉发光材料的表面修饰	刘应亮	暨南大学
非球状纳米结构阵列型 SERS 基底及其构效关系研究	刘雪锋	江南大学
化合物型半导体薄膜太阳能电池材料的制备新方法研究	刘兴泉	电子科技大学
稀土基多核金属配合物磁学性质的研究	刘　欣	南开大学
界面对复合多铁性材料磁、电及磁电耦合性质影响的研究	刘孝娟	中国科学院长春应用化学研究所
固体基底上多层有序分子膜层间可控导入功能分子和金属离子的研究	刘善堂	武汉工程大学
三维(3D)多孔纳米金属氧化物的可控合成及其超微电极的混合电容特性	刘开宇	中南大学
氧化锌超长纳米线的制备、二次生长及场发射性能的研究	李珍	上海大学
靶向和缓释双功能抗癌纳米钻石材料的制备及其生物效应研究	李英奇	山西大学
RE:Yb,Er(RE=Y,Gd)掺杂稀土配合物的合成、结构和上转换发光	李　夏	首都师范大学
杂环缩氨基硫脲及其金属配合物的合成,晶体结构和生物活性	李明雪	河南大学
无膦法制备无机半导体纳米晶及其 TYPE-II 型复合结构的设计应用研究	李林松	河南大学
高效复合吸波材料:聚苯胺/吡咯@碳基磁性微粒的可控制备和性能	李良超	浙江师范大学
ZnO 纳米线的掺杂生长及其单条纳米线 p-n 结太阳能电池研究	李建业	北京科技大学
固态[2+2]光环化加成反应制备晶态功能配位聚合物的研究	李　晖	北京理工大学
无机多孔可见光光催化剂的可控制备及性质研究	李国栋	吉林大学
新型亚铁功能配合物的光化学制备及性能研究	李　纲	郑州大学
贵金属纳米团簇粒子在生物有机酸体系中的控制生长及其功能的剪裁与应用	李　峰	郑州轻工业学院
利用非手性表面活性剂制备螺旋介孔有机-无机杂化二氧化硅	李宝宗	苏州大学
三元配位氢化物复合储氢体系研究	冷海燕	上海大学
荧光金属有机框架化合物的合成、发光机理及其在检测爆炸物方面的应用	兰安建	中国科学院福建物质结构研究所
硅纳米结构的金属修饰及其在选择性氧化反应中的应用	康振辉	苏州大学
复合氧化物基纳米材料的可控合成及其可见光诱导的空穴动力学过程研究	井立强	黑龙江大学
微波陶瓷材料晶格振动模的描述及红外/拉曼光谱的指认	荆西平	北京大学
屏蔽组分与低二次污染屏蔽涂料电磁效能与机理的研究	晋传贵	安徽工业大学
离子液体媒介气相扩散法制备中空结构纳微吸波材料研究	矫庆泽	北京理工大学
高热稳定钛氧纳米管负载催化剂制备、结构与性能表征	黄唯平	南开大学
0 价或+2 价银参杂的银配合物合成和结构表征及多铁性质研究	黄荣彬	厦门大学
基于硅酸盐基质稀土掺杂的新型长余辉材料制备、特性及机理研究	胡义华	广东工业大学
复合光催化材料的功能设计、模块化组装及构效关系研究	何　杰	安徽理工大学
负载型双稀土掺杂二氧化钛复合光催化材料的制备及光催化性能研究	何丹农	上海交通大学
聚苯胺薄膜上贵金属纳米结构的可控制备及 SERS 性能研究	韩喜江	哈尔滨工业大学
药物拆分用手性多孔金属有机材料的研究	韩　磊	宁波大学

续表

项目名称	项目负责人	依托单位
基于硅酸盐水玻璃无机大分子交联密度的提高和性能研究	桂　宙	中国科学技术大学
可控氧化硅酮热解组分制备微纳米硅基杂化材料的研究	管自生	南京工业大学
结构、性能稳定的贵金属/介电基质纳米复合薄膜及其在局域表面等离子体传感中的应用	高书燕	河南师范大学
新型四方 BC_2N 超硬化合物纳米晶和大颗粒单晶的温和条件合成和性能研究	高发明	燕山大学
有机金属多中心光敏复合材料制备与光诱导电子转移和制氢研究	付文甫	云南师范大学
合金 Pd-M(M=Fe、Co、Ni)纳米晶控制合成及其催化 Ullmann 碳-杂偶联反应研究	冯乙巳	合肥工业大学
基于等离子体聚合-稀土配位技术的稀土碳纳米管的设计构筑及其聚合物材料构效研究	方少明	郑州轻工业学院
对水稳定且储氢性能高的金属有机骨架化合物的合成、表征和性能研究	方　敏	南京师范大学
结合硝化反应和超临界流体萃取的高温气冷堆燃料元件中 UO_2 芯球的处理	段五华	清华大学
特殊孔道沸石分子筛的合成研究	杜红宾	南京大学
叠片陶瓷超级电容器电池用介质材料的合成与性能研究	崔　斌	西北大学
微纳米分级多孔 CeO_2 材料的生物模板法合成及其结构与性能研究	陈志刚	苏州科技学院
四氧化三铁/碳双壳层空心球的制备和多功能药物载体应用研究	陈乾旺	中国科学技术大学
新型柔性、刚性咪唑类氮氧自由基分子基高维磁体的构筑和功能研究	陈　静	安阳师范学院
形貌可控高活性 ZnS 固溶体的制备及可见光分解水制氢研究	陈　刚	哈尔滨工业大学
放射性核素在碳纳米管/铁氧化物磁性复合材料上吸附性能及其机理的研究	陈长伦	中国科学院合肥物质科学研究院
低共熔混合锂盐合成高密度锂离子电池正极材料的研究	常照荣	河南师范大学
基于不对称席夫碱镉配合物的设计、合成与荧光性能的研究	蔡跃鹏	华南师范大学
新型环状过氧化物的合成方法研究	张占辉	河北师范大学
低价稀土金属试剂在合成多烯及多官能团化合物中的应用研究	张松林	苏州大学
催化量的有机高价碘化合物在有机反应中的应用研究	严　捷	浙江工业大学
有机碱催化炔基酮与活泼亚胺的不对称环化反应	薛　松	天津理工大学
手性苯丙氨酸对聚偏氟乙烯(PVDF)薄膜结晶的调控作用	郝永梅	中国科学院研究生院
负载型金属/金属氧化物纳米催化材料的可控合成及其性能研究	刘志敏	中国科学院化学研究所
Ti 基准晶复相材料电化学储氢特性的深入研究	王立民	中国科学院长春应用化学研究所
离子液体中氮化物半导体材料的电沉积机理及取向控制研究	田　鹏	沈阳师范大学
碳纳米管/聚苯胺/金纳米复合体系的构建及电输运性能研究	石家华	河南大学
基于碳纳米管稀土氧化物纳米复合材料的电化学可控合成及其光学、催化性能研究	李高仁	中山大学
PEO 树枝齐聚物嵌段共聚物的自组装与结晶行为研究	周云春	中国科学院长春应用化学研究所
多组分星形和接枝聚合物的合成及性能研究	赵优良	苏州大学
分子印迹中空纤维膜的制备及其对手性分子吸附与拆分性能的智能化调控	赵义平	天津工业大学
侧链或侧基可控断裂的梳型聚合物的制备	赵汉英	南开大学
聚丙烯腈基碳纳米微球的可控制备及其基础问题研究	张幼维	东华大学
烯烃嵌段共聚物及其与聚烯烃共混体系的结构与性能关系研究	张秀芹	北京服装学院
利用手性阳离子氨基酸衍生物制备手性含芳环杂化二氧化硅高分子材料	杨永刚	苏州大学
基于 S,S-二氧-二苯并噻吩的蓝光聚合物的研究	杨　伟	华南理工大学
具有调控细胞黏附与生长的细菌纤维素复合材料的微纳米构筑	杨　光	华中科技大学
一类新型的含邻苯二甲腈侧基的高分子量聚酰亚胺的热行为及性能研究	杨　刚	四川大学

续表

项目名称	项目负责人	依托单位
纳米二氧化硅接枝含磷阻燃剂及其在聚合物中的阻燃机理研究	阳明书	中国科学院化学研究所
新型柔性触觉传感器的材料和器件开发	徐春叶	中国科学技术大学
基于聚合物纳米片状单晶的多尺度组装	熊辉明	上海交通大学
新型钒卡宾络合物催化易位聚合与聚合物微结构	谢美然	华东师范大学
不对称结构聚合物/无机纳米粒子复合微球的制备	武利民	复旦大学
微乳液滴模板法构筑高分子自组装有序多孔膜	吴立新	吉林大学
分子分散型高分子磷光材料体系	王利祥	中国科学院长春应用化学研究所
剪切作用下剥离型聚合物/膨胀石墨纳米复合材料的制备与性能研究	王　柯	四川大学
两亲非对称结构聚合物乳胶粒的制备及可控组装研究	王京霞	中国科学院化学研究所
低锌阻燃三元乙丙橡胶的合成及结构与性能研究	王德义	四川大学
新型耐高温有机胍强碱离子交换树脂的结构设计及热稳定性研究	王春红	南开大学
定向冷冻辐射聚合/交联法制备具有规则取向孔洞结构的水凝胶和其他类型高分子材料	汪辉亮	北京师范大学
新型螺旋链光学活性乙烯基聚合物的设计与合成	宛新华	北京大学
侧链型 C_{60} 富勒烯聚酯的合成及性能研究	屠迎锋	苏州大学
以多芳基吡咯为基元构筑化学掺杂型石墨烯	佟　斌	北京理工大学
新型聚合物荧光纳米粒子及其在荧光显微成像中应用的研究	田文晶	吉林大学
共轭桥连电子给-受体单元接枝的二维窄带隙聚合物光伏材料的设计与合成	唐卫华	南京理工大学
基于 ROMP 与酶促 ROP 组合技术制备新型嵌段与梳型聚合物材料	汤　钧	吉林大学
基于聚磷酸酯的功能性高分子载体的设计合成及性能研究	倪沛红	苏州大学
丙交酯、环氧烷等环状单体配位开环聚合用超分子手性催化剂合成及性质研究	母　瀛	吉林大学
新颖结构的功能化聚烯烃共聚物的合成、结构与性能研究	马志	中国科学院上海有机化学研究所
有机 Te 和 Bi 化合物调控的光活化可控自由基聚合研究	马育红	北京化工大学
新型有机电致变色材料的创制及太阳能电池驱动的固态有机电致变色器件的研究	刘　平	华南理工大学
新型含金属聚合物的可控合成及其在生物酶燃料电池中的应用	梁国栋	中山大学
含反应性基团的咪唑类离子液体修饰碳纳米管及其纳米复合材料的熔融制备	李勇进	杭州师范大学
可控自由基反应合成线型可降解聚合物	李子臣	北京大学
利用树枝状结构增溶和功能化石墨烯	李维实	中国科学院上海有机化学研究所
胍基阴离子交换膜材料的合成及性质	李胜海	中国科学院长春应用化学研究所
界面相互作用对聚合物薄膜形态结构的影响	李　林	北京师范大学
聚合物纳米管瑞利不稳定现象的研究	金朝霞	中国人民大学
生物相容性荧光超支化聚合物的合成、性能研究及应用	洪春雁	中国科学技术大学
基于生物可降解聚碳酸酯的新型药物与基因运载材料的酶促合成及性能	贺　枫	武汉大学
两亲性光响应二芳烯嵌段共聚物的制备及超分子自组装	和亚宁	清华大学
一类新型聚芳醚树状分子有机凝胶因子的设计合成及凝胶性质研究	何艳梅	中国科学院化学研究所
良溶剂择优亲和性构建超越嵌段共聚物化学组成的相结构	何天白	中国科学院长春应用化学研究所
通过阴离子连续过程合成类树枝状聚合物	何军坡	复旦大学

续表

项目名称	项目负责人	依托单位
共轭高分子的链式聚合合成方法研究	耿延候	中国科学院长春应用化学研究所
聚酰亚胺柔性衬底聚合物太阳能电池研究	葛子义	中国科学院宁波材料技术与工程研究所
刺激响应性聚氨基酸共聚物的点击合成、自组装及其超分子水凝胶的研究	董常明	上海交通大学
具有电活性的聚酯酰胺生物可降解高分子的合成及应用	邓明虓	东北师范大学
新型电活性功能高分子材料的设计、制备与记忆效应	陈　彧	华东理工大学
具有核壳结构的超支化上长超支化的两亲性聚合物的合成、表征及应用研究	陈　宇	天津大学
具有新颖三维纳米结构的聚吡咯/金复合材料的制备及应用研究	陈　葳	南京大学
碳纳米管在嵌段共聚物膜层状相区中分布的调控及其电性能研究	陈广新	北京化工大学
多树枝基元取代的对称型冠醚分子的自组装行为研究	陈尔强	北京大学
二氧化碳与氮丙啶衍生物的共聚反应及其产物聚氨酯的双敏响应行为	曹少魁	郑州大学
三芳胺功能化碳纳米管复合体系的构建与电致变色性能研究	白续铎	黑龙江大学
季铵碱含氟聚合物的自由基聚合合成方法及性能研究	白如科	中国科学技术大学
软骨组织修复用无机/有机杂化核壳结构微凝胶	徐首红	华东理工大学
甲苯二异氰酸酯的绿色合成体系高温高压相平衡研究	吴元欣	武汉工程大学
配位氢化物储氢材料:热力学分析,理论计算和实验研究	黄世萍	北京化工大学
磷酸促进型掺锆二氧化硅/聚合物杂化膜及性能的研究	张裕卿	天津大学
含无机纳米水通道反渗透复合膜的结构设计与制备	张　林	浙江大学
新型管状金属有机框架膜的制备及应用研究	杨建华	大连理工大学
外环流气升式陶瓷膜反应器的基础研究	邢卫红	南京工业大学
静电纺丝法制备复合纳米活性炭纤维吸附超低浓度 SO_2 的研究	吴艳波	大连交通大学
基于碳纳米管原位修饰聚氨酯有机-无机杂化膜的构建及渗透汽化性能调控	吴礼光	浙江工商大学
金丝桃素分子烙印聚合物膜的制备及其分子识别机制研究	王　平	浙江工业大学
以离子液体为介质制备无水氯化镁新方法的基础研究	王均凤	中国科学院过程工程研究所
全钒液流电池的质子传导膜研究	王保国	清华大学
双壳层生物亲和抗菌吸附剂(CTS/TiO_2/Ag NPs)的制备及抑菌特性研究	苏海佳	北京化工大学
结晶过程多尺度特征及耦合模型的研究	沙作良	天津科技大学
具有互穿网络结构的聚乙烯醇/聚乙烯亚胺系列共混阴离子交换膜表面分子链移动性、结构和性能	刘庆林	厦门大学
具有自清洁功能电催化膜材料设计、制备及性能研究	李建新	天津工业大学
间歇结晶过程集成优化和控制的研究	江燕斌	华南理工大学
微藻油脂连续合成及其膜基原位萃取研究	陈欢林	浙江大学
基于 Baylis-Hillman 反应的手性膦杯芳烃的合成及催化性能研究	钟为慧	浙江工业大学
铈基新型多层次纳米结构催化剂的制备及催化性能研究	杨延钊	山东大学
基于尖晶石型 MFe_2O_4 催化剂光分解水制氢研究	杨化桂	华东理工大学
镍合金电极上甲基磺酰氟电化学氟化过程的机理研究	王雅琼	扬州大学
碱性钙基膨润土固体碱催化剂的合成及其在生物柴油制备中的应用基础研究	童张法	广西大学
薄膜型全固态锂离子电池正极材料制备及其性能研究	陶占良	南开大学
可膨胀石墨/三聚氰胺甲醛树脂核-壳结构粒子的合成及其阻燃应用研究	唐建华	四川大学
RAFT 乳液共聚合与高性能热塑性弹性体的制备新方法	罗英武	浙江大学
具有介孔/核壳结构的磁性杂多酸固体催化剂的组装及其在催化烷基化反应中的应用	刘自力	广州大学
铁系纳米阵列结构化催化剂的制备与性能研究	刘军枫	北京化工大学
带有纳米 Fe_3O_4 芯核的介孔 TiO_2 包覆型光催化材料的制备与性能研究	李晓天	吉林大学

2010 年度国家自然科学基金重点项目指南

重点项目是国家自然科学基金研究项目系列中的一个重要类型,支持从事基础研究的科学技术人员针对已有较好基础的研究方向或学科生长点开展深入、系统的创新性研究,促进学科发展,推动若干重要领域或科学前沿取得突破。

重点项目应当体现有限目标、有限规模、重点突出的原则,重视学科交叉与渗透,有效利用国家和部门现有重要科学研究基地的条件,积极开展实质性的国际合作与交流。

重点项目申请人应当具备以下条件:

(1)具有承担基础研究课题的经历;

(2)具有高级专业技术职务(职称)。

正在博士后工作站内从事研究、正在攻读研究生学位以及《条例》第十条第二款所列的科学技术人员不得申请。

重点项目按照五年计划进行整体布局,每年确定受理申请的研究领域或研究方向,发布指南引导申请。申请人应当按照本指南的要求和重点项目申请书撰写提纲撰写申请书,根据申请项目的研究内容确定项目名称,尽量避免使用领域名称作为项目名称。注意明确研究方向和凝练研究内容,避免覆盖整个领域范围。

重点项目一般有 1 个单位承担,确有必要时,合作研究单位不得超过 2 个,研究期限为 4 年。

2009 年度国家自然科学基金重点项目共资助 391 项,资助经费 72 408 万元,平均资助强度 185.19 万元/项(资助情况见下表)。2010 年度拟资助重点项目 360 项左右,资助总经费约 90 000 万元。

2009 年度重点项目资助情况　　万元

科学部	申请项数	批准资助				资助率(%)
		项数	金额	资助金额比例占全委(%)	单项平均资助金额	
数理科学部	163	48	9438	13.03	196.63	29.45
化学科学部	203	48	9000	12.43	187.5	23.65
生命科学部	813	114	20000	27.62	175.44	14.02
地球科学部	324	56	9900	13.67	176.79	17.28
工程与材料科学部	339	65	13000	17.95	200	19.17
信息科学部	154	46	9400	12.98	204.35	29.87
管理科学部	73	14	1670	2.31	119.29	19.18
合 计	2069	391	72408	100	185.19	18.90

关于重点项目资助的研究领域或研究方向及有关要求见本部分各科学部介绍。

工程与材料科学部

工程与材料科学部 2009 年度在 72 个立项的重点项目研究领域中,通过差额遴选评审,共资助 65 项重点项目,资助经费 13000 万元,平均资助强度为 200 万元/项。根据"十一五"工程与材料科学部优先资助领域以及学科发展规划,2010 年度拟在如下领域或方向中择优资助重点项目 58 项左右,资助强度为 200 万元~250 万元/项。

1. 原子磁性调控成相效应及新材料探索(E010501)
2. 金属块体纳米复合材料的界面和尺度效应(E010202)
3. 核聚变结构材料涂层的氢同位素渗透机理(E011002)
4. 金属形变诱导相变增塑的微观机制(E010701)
5. 光子晶体结构-金属薄膜的磁光耦合效应(E010503)
6. 液相调幅分解型合金的组织演变及调控(E010601)
7. 节能玻璃镀膜材料的设计与可控制备(E0202)
8. 半导体太阳能电池关键材料研究(E0209)
9. 非氧化物复相耐火材料的免烧成技术及性能研究(E0212)
10. 电光晶体的材料设计及新晶体研制(E0201)
11. 本征型光频超常介质材料的研究(E0204)
12. 超常条件下过渡金属化合物新型功能材料的设计、合成及表征 (E0204)
13. 陶瓷基复合材料高温环境防护涂层应用基础研究(E0203)
14. 通用高分子材料高性能化和功能化及材料表/界面的基本科学问题(E0301,E0302,E0303)
15. 功能高分子材料多层次结构的构筑、调控与应用(E0314)
16. 有机高分子白光照明或晶体管材料与器件的关键科学问题(E0309)
17. 药物控释/传递高分子材料的关键科学问题(E0310)
18. 与能源、环境、资源利用等相关的高分子材料的基础研究(E0313)
19. 矿井水灾预防理论(E041002)
20. 矿山高陡边坡稳定性理论(E0405)
21. 复杂油气藏油气开发基础(E0403)
22. 矿物材料利用基础(E041105)
23. 铁合金冶金理论(E0414)
24. 有色金属成形与加工(E041604)
25. 关键设备故障预示与安全运行保障的新理论和新技术(E0503,E0504)
26. 复杂装备集成优化设计理论与方法(E0506)
27. 电子装备的多场耦合理论与设计方法(E0506)
28. 轻量化结构焊接设计的基础理论和关键制造技术(E0508)
29. 复合材料成形制造理论基础及其模具关键技术(E0508)
30. 制造系统运行优化理论与关键技术(E0510)
31. 柔性电子跨尺度制造关键科学与技术(E0510,E0512)
32. 微/纳米精度光学零件制造基础与关键技术(E0512)
33. 热力系统节能及优化控制基础研究 (E0601)
34. 高性能叶轮机械气体动力学基础及流动控制研究(E0602)

35. 先进传热强化理论及机理研究(E0603)

36. 高效清洁燃烧及火灾防治热物理问题基础研究(E0604)

37. 生物质能利用中的基础科学问题(生物质能热化学转化和利用中的关键热物理问题)(E0607)

38. 建筑环境控制中的关键热物理问题研究(E0608)

39. 历史城镇环境优化的生态方法(E0802)

40. 乡村建筑热环境与节能技术理论(E0803)

41. 区域大气重污染防治技术基础(E0804)

42. 基于节能减排的污水处理过程调控与资源化技术原理(E0804)

43. 现代钢结构的关键基础理论与设计方法(E0805)

44. 长大隧道地震响应机理与抗震(E0805)

45. 城市地下工程结构安全关键科学问题(E0805)

46. 沥青路面基础理论与设计方法(E0807)

47. 面源污染及其环境效应与调控方法(E0902,E0903)

48. 河湖污染及其治理或修复方法(E0903)

49. 非均匀泥沙输移的基础理论(E0904)

50. 水力机械瞬态过程的动力学问题及其诊断方法(E0906)

51. 高危散粒料坝灾害过程与减灾方法(E0905,E0907)

52. 船舶性能多学科优化的理论与方法(E0910)

53. 特高压放电机理以及电磁效应的基础问题(E0705,E0709,E0708,E070301)

54. 电力系统安全与高效运行的基础问题(E0704)

55. 极端条件下的机电能量转换与存储关键技术(E0703,E0712)

56. 电力电子系统关键基础问题(E0706)

57. 电磁-生物特性基础研究(E0711,E0701)

化学科学部

“十一五”期间化学科学部将对重点项目的支持在数量和资助强度上都有较大的增长和提高,计划资助215个左右重点项目,2006-2009年度已经资助180个重点项目。2010年度化学科学部将在41个研究领域公布重点项目指南、受理申请,资助强度为150万~250万元/项。鼓励研究基础好的研究小组或团队参与竞争,鼓励强-强合作申请交叉领域重点项目。实际资助的领域数和项目数可能少于公布的领域数。

2010年度化学科学部拟资助重点项目领域如下:

1. 团簇及其化合物的制备与功能 (B01)

2. 多功能分子基材料 (B01)

3. 多孔化合物及性能 (B01)

4. 无机固体功能材料 (B01)

5. 生物无机化学基础 (B01)

6. 多维多空腔新型大环主体分子的合成、结构与功能(B02)

7. 元素有机化合物的合成、反应规律及应用研究(B02)

8. 高效不对称催化反应研究(B02)

9. 杂环化合物合成中的新反应和新方法(B02)

10. 调控蛋白错误构象的活性小分子研究(B02)

11. 基于选择性控制的反应设计研究(B02)

12. 具有重要生理活性复杂天然产物的合成研究(B02)

13. 自组装结构和组装过程的表征方法(B03)

14. 理论与计算化学中的新方法(B03)

15. 理论与计算化学在能源、材料或生命领域中的应用(B03)

16. 新催化材料的催化作用本质研究(B03)

17. 能源转化过程的关键物理化学问题(B03)

18. 电化学研究的新方法(B03)

19. 分子光化学和谱学新方法(B03)

20. 生物物理化学基础研究 (B03)

21. 高分子合成化学((B04)

22. 生物医用功能高分子(B04)

23. 高分子结构与性能(B04)

24. 高分子结构表征方法学(B04)

25. 光电磁功能高分子(B04)

26. 复杂样品分析新方法(包括样品处理、分离、鉴定等)(B05)

27. 单分子、单细胞检测及成像分析(包括原位分析)(B05)

28. 生物传感分析化学基础研究(B05)

29. 重大疾病预警与诊断新方法与新技术(B05)

30. 高通量、多尺度、多参量分析新方法与新技术(B05)

31. 生物化工领域的关键科学问题(B06)

32. 食品或医药领域的化学工程基础(B06)

33. 化石能源的高效洁净利用、新能源开发的化学工程基础(B06)

34. 化学反应工程和化工分离工程的基础研究(B06)

35. 化工环境和安全的科学基础(B06)

36. 化工新材料设计与化学产品工程的关键科学问题(B06)

37. 资源高效利用与循环经济中的化工基础问题(B06)

38. 环境污染早期预警的生物标志物与健康风险(B07)

39. 工业过程中典型污染物生成机制与控制原理(B07)

40. 土壤污染诊断、微界面过程与调控原理(B07)

41. 环境污染物的识别、代谢及其毒理学机制(B07)

2010 年度国家自然科学基金重点项目立项清单(材料相关)

项目名称	项目负责人	依托单位
本征型光频超常电磁介质材料的研究	周　济	清华大学
电场强化汽/液/固三相接触区域的相变传热研究	郑　平	上海交通大学
节能玻璃镀膜材料的设计与可控制备	赵修建	武汉理工大学
利用单重态及三重态激子的杂化白光 OLED 材料及器件结构	张晓宏	中国科学院理化技术研究所
提高半导体太阳能电池光伏效率的高效减反转光共混材料研究	颜晓红	南京航空航天大学
高强钢三明治板激光焊接制造基础研究	吴毅雄	上海交通大学
磁性调控成相研究和新型磁性相变材料探索	吴光恒	中国科学院物理研究所
无机晶体电光效应的理论探索及新型电光晶体的研制	王继扬	山东大学
先进高强度钢形变诱导相变增塑的微观机制	戎咏华	上海交通大学
金属纳米复合材料的界面和尺度效应	卢亚锋	西北有色金属研究院
Cu 基液相调幅分解型合金凝固组织的演变机理及其控制	刘兴军	厦门大学
高岭石径厚比的控制及其对橡胶纳米复合材料性能的影响	刘钦甫	中国矿业大学(北京)
热致变色节能玻璃镀膜材料的设计与磁控溅射制备及其应用基础研究	金平实	中国科学院上海硅酸盐研究所
非氧化物复相耐火材料的免烧成技术及性能研究	黄朝晖	中国地质大学(北京)
有机场效应晶体管材料与器件关键科学问题的研究	胡文平	中国科学院化学研究所
复合材料三维织造成形制造技术及设备基础研究	单忠德	机械科学研究总院
过渡金属化合物超硬多功能材料的高压理论设计与合成	崔　田	吉林大学
陶瓷基复合材料环境屏障涂层应用基础研究	成来飞	西北工业大学
含氟有机化合物的合成、反应规律及应用研究	赵　刚	中国科学院上海有机化学研究所
大尺度螺旋聚合物的可控合成及其结构分析	张阿方	上海大学
金属促进的环状有机分子骨架的构建	席婵娟	清华大学
硼掺杂和金属修饰碳材料及其形成的复合材料储氢研究	武海顺	山西师范大学
具有枝状结构的新型二阶非线性光学高分子材料的研究	李　振	武汉大学
分子材料自组装、聚集态结构与性质研究	李玉良	中国科学院化学研究所
基于活性阴离子聚合精确合成功能性高枝化星形梳状聚合物	李　杨	大连理工大学
面向镁资源高值利用的超分子结构功能材料工程基础研究	李殿卿	北京化工大学
通过界面结晶实现聚合物填充复合材料界面增强的新方法研究	傅　强	四川大学
高分子聚合物半导体新型光催化材料及其催化作用本质研究	付贤智	福州大学
晶态碳基能量转换与储存材料的合成策略及其电极过程本质	付宏刚	黑龙江大学
细胞与材料相互作用的基本科学问题研究	丁建东	复旦大学
多功能分子基材料的构筑与结构性能调控	卜显和	南开大学
新型碳材料的催化作用本质研究	包信和	中国科学院大连化学物理研究所

2010年度国家自然科学基金重大项目指南

重大项目的定位是面向国家经济建设、社会可持续发展和科技发展的重大需求，选择具有战略意义的关键科学问题，汇集创新力量，开展多学科综合研究和学科交叉研究，充分发挥导向和带动作用，进一步提升我国基础研究源头创新能力。

重大项目采取统一规划、分批立项的方式，根据国家自然科学基金优先发展领域，在深入研讨和广泛征求科学家意见的基础上提出重大项目立项领域。侧重支持在科学基金长期资助基础上产生的“生长点”，期望通过较高强度的支持，在解决关键科学问题方面取得较大突破。

“十一五”期间重大项目只接受整体申请，要分别撰写项目申请书和课题申请书，注意项目各课题之间的有机联系，不接受针对指南某一部分研究内容或一个课题的申请。项目整体申请课题设置不超过5个，每个课题一般由1个单位承担，最多不超过2个，项目承担单位数原则上不多于5个；项目的主持人必须是其中1个课题的负责人。

重大项目(课题)申请人应当具备以下条件：

(1)具有承担基础研究课题的经历；

(2)具有高级专业技术职务(职称)。

正在博士后工作站内从事研究、正在攻读研究生学位以及《条例》第十条第二款所列的科学技术人员不得作为项目申请人进行申请。

申请人应当按照本《指南》相关重大项目的要求和重大项目申请书撰写提纲撰写申请书，申请书的资助类别选择“重大项目”，亚类说明说明选择“项目申请书”或“课题申请书”，附注说明选择相应的重大项目立项领域名称，选择不准确或未选择的项目申请将不予受理。

2010年度再次公布“十一五”期间第三批4个重大项目指南，申请人应当根据指南要求，凝练具有基础性和前瞻性的关键科学问题，科学目标明确、集中，学科交叉性强，并注意与国家其他科技计划项目的协调与衔接；研究队伍应当具备较好的研究工作积累、研究条件和创新研究能力，有一批高水平的学术带头人。重大项目资助强度为1000万元/项，研究期限为4年。

2010年度国家自然科学基金重大研究计划项目指南

重大研究计划遵循“有限目标、稳定支持、集成升华、跨越发展”的总体思路，针对国家重大战略需求和重大科学前沿两类核心基础科学问题，结合我国具有基础和优势的领域进行重点部署，凝聚优势力量，形成具有相对统一目标或方向的项目群，并加强关键科学问题的深入研究和集成，以实现若干重点领域和重要方向的跨越发展。

重大研究计划项目申请人应当具备以下条件：

(1)具有承担基础研究课题的经历；

(2)具有高级专业技术职务(职称)。

正在博士后工作站内从事研究、正在攻读研究生学位以及《条例》第十条第二款所列的科学技术人员不得申请。

重大研究计划分为“培育项目”、“重点支持项目”和“集成项目”三类。“培育项目”研究期限为3年，“重点支持项目”和“集成项目”的研究期限为4年；“培育项目”和“重点支持项目”的合作研究单位不得超过2个。申请人应当按照本《指南》相关“重大研究计划”的要求和重大研究计划项目申请书撰写提纲撰写申请书，体现学科交叉研究特征，强调对解决重大研究计划核心科学问题及实现总体目标的贡献。申请书的资助类别选择“重大研究计划”，亚类说明选择“培育项目”、“重点支持项目”或“集成项目”，附注说明选择相应的“重大研究计划”名称。选择不准确或未选择的项目申请将不予受理。

重大研究计划项目资助强度不低于50万元/项(除“非常规突发事件应急管理研究”重大研究计划不低于35万元/项之外)。申请经费额度低于相应重大研究计划最低资助强度的项目，应根据实际研究经费需要申请重大研究计划项目以外的其他类型项目。

材料相关领域重大研究计划项目－功能导向晶态材料的结构设计和可控制备

晶态材料是长程有序固态材料的总称，具有结构有序稳定、构效关系清楚、本征特性多样、物理内涵丰富、易于复合调控等特征。晶态材料研究正在向以功能为导向，通过结构设计和可控制备获得所需应用特性材料的方向发展。

一、科学目标

本重大研究计划以晶态材料为研究对象，以宏观性质(光、电、磁及其复合性能)与微观(电子、分子、聚集态)结构之间内在关系为主线，旨在揭示决定晶态材料宏观性质的功能基元及其在空间的集成方式，发展功能基元理论，深化对晶态材料功能特性和功能基元本质的认识；开展具有重大科学意义和应用前景的功能晶态材料的设计、合成、制备、表征和应用探索研究，为实现晶态材料功能导向的结构设计和可控制备提供新理论、新方法与新材料体系，推动相关学科的发展。

本重大研究计划以晶态材料的关键基础科学问题为核心，充分发挥化学、物理、材料和信息等多学科交叉合作的优势，注重创新性和前沿性，着力提升我国材料研究的综合实力和自主创新能力，凝聚和培养具有国际影响的人才队伍，为国民经济和社会可持续发展作出重大贡献。

二、核心科学问题

本重大研究计划围绕决定晶态材料特性的关键功能基元、晶态材料宏观功能与微观结构的关系和基于功能基元晶态材料的设计原理和可控制备三个关键科学问题开展研究工作。

1.晶态材料功能基元、构效关系及其规律的研究

围绕晶态材料功能基元的结构特征，重点开展以下工作：

（1）建立与发展新的理论方法，在多层次多尺度上计算、模拟和预测材料的结构与性质（如磁性、电性和光学性质），探索和揭示晶态材料功能特性的起源及其关键功能基元。

（2）揭示晶态材料功能基元（电子、原子、离子、分子、基团和畴结构与相结构等）间的相互作用方式（如共价键、离子键、配位键、氢键及弱相互作用等）与其性能（包括光、电、磁及其复合功能）的关系，阐明晶态功能材料宏观对称性与性质之间的关系。

（3）系统开展晶态材料的功能基元组装、修饰和光/电/磁性质调控等研究，观测相关体系在外界扰动（磁场、电场、光场、温场、力场等）下的物性响应，探讨晶态材料中电子输运、磁有序和能量转换等基本问题，寻找具有实用价值的功能调控方法。

2. 功能导向新型晶态材料的设计

根据结构与功能之间的关系及其规律，设计和合成新型晶态材料，重点开展以下工作：

（1）基于功能基元及材料体系理论，发展“分子工程学”、“晶体工程学”等方法，开展计算材料学研究，指导材料设计工作。

（2）设计和合成具有关键功能基元和特殊结构的材料体系，研究其在非线性、激光、发光、电、磁及复合性能等方面的特性，揭示结构与性能间的关系，发现新型晶态功能材料。

3. 新型晶态功能材料的可控制备与表征

发展晶态功能材料的合成、制备和表征新方法，重点开展以下工作：

（1）系统发展功能基元的组装方法和技术，通过功能基元的结构优化和裁剪，制备新型功能晶态材料。通过结构调控实现特定结构晶态材料的可控生长，实现功能的增强与复合。

（2）发展极端条件下的合成新方法，重点研究亚稳相晶态材料及薄膜、界面结构材料的制备技术。

（3）建立功能基元及材料的探测与表征新方法，重点发展原位、实时、微区结构的测量技术，表征晶态材料的相关性能。鼓励利用国家大科学装置进行晶态材料的物性和机理研究。

4. 功能导向新型晶态材料

基于我国在相关研究领域的优势，结合上述研究内容，着重开展以下体系的研究：

（1）光学和发光材料：重点研究新波段和新结构类型的激光和非线性光学晶体材料，白光和上转换发光材料，基于配位化合物和人工微结构的光学和发光材料等。

（2）电、磁功能材料：研究新结构类型的具有电、磁功能的非金属晶态材料。重点研究电光、压电和磁性材料等。

（3）复杂体系及功能复合材料：研究具有电荷、自旋、轨道和晶格间相互作用的复杂体系功能材料和功能复合材料。重点研究非常规超导材料、新型磁电阻材料、巨热电材料、光电转换材料和光功能复合晶体材料等。

三、2010 年度拟资助的研究项目

本研究计划 2009 年度共受理申请项目 140 项，其中“重点支持项目”36 项、“培育项目”97 项，另有不符合申请要求的项目 7 项。申请项目覆盖 5 个科学部 14 个学科。2009 年度共资助“重点支持项目”8 项（资助经费 1 880 万元）和“培育项目”29 项（资助经费 1 450 万元）。

2009 年度资助的项目在研究方向、研究内容和研究思想等方面基本体现了本研究计划的宗旨和指导思想，项目启动顺利。但是部分申请项目未能体现功能导向与结构设计的基本要求。2010 年度的受理项目必须突出功能导向和结构设计的要求。鉴于纳米材料另有专项支持，本研究计划将不予受理。

本重大研究计划以“培育项目”和“重点支持项目”予以资助。对有创新研究思路的探索性研究以“培育项目”予以资助；对已有研究基础和积累、有明确科学问题需要系统深入研究的项目以“重点支持项目”予以资助，其项目申请必须体现化学等相关学科研究队伍的交叉。所有项目申请必须体现功能导向与结构设计的基本要求。

2010 年度拟资助“培育项目”约 30 项，资助强度不低于 50 万元/项，研究期限为 3 年；拟资助“重点支持项目”约 8 项，资助强度约 250 万元/项，研究期限为 4 年。2010 年度资助项目总经费约 3500 万元。

四、遴选项目原则

为确保实现总体目标，本重大研究计划鼓励：

（1）具有原始创新思路和独具特色的探索性研究；

（2）与总体目标紧密相关的关键科学技术问题研究；

（3）化学、数理、材料和信息等学科的交叉合作研究；

（4）吸收海外优秀科学家参与的研究。

五、申请书撰写注意事项

（1）申请人在填报申请书前，应当认真阅读本《指南》。申请书的研究内容和研究目标须与本重大研究计划密切相关。为避免重复资助，项目申请应注意与重大科技专项、863 和 973 等国家相关科技计划的区别。不符合《指南》或与自然科学基金委现行重大研究计划内容重复的项目申请不予受理。

（2）根据当年度《指南》公布的拟资助研究方向，申请人可自行拟定项目名称、科学目标、研究内容、技术路线和相应的研究经费。

（3）申请书中的资助类别选择“重大研究计划”，亚类说明选择“培育项目”或“重点支持项目”，附注说明均须选择“功能导向晶态材料的结构设计和可控制备”（以上选择不准确或未选择的项目申请将不予受理）。根据申请的具体研究内容选择相应的申请代码。

（4）申请书由化学科学部负责受理。

材料相关领域重大研究计划项目-纳米制造的基础研究

纳米制造科学是支撑纳米科技走向应用的基础。本重大研究计划瞄准学科发展前沿,面向国家发展的重大战略需求,针对纳米精度制造、纳米尺度制造和跨尺度制造中的基础科学问题,探索制造过程由宏观进入微观时能量、运动与物质结构和性能间的作用机理与转换规律,建立纳米制造理论基础及工艺与装备原理,培养一批从事该领域前沿研究的优秀人才,提升我国纳米制造的源头创新能力,力争在该领域若干方面取得具有国际重要影响的成果。

一、科学目标

通过机械学、物理学、化学、生物学、材料科学、信息科学等相关学科的交叉与融合,探索基于物理/化学/生物等原理的纳米制造新方法与新工艺,揭示纳米尺度与纳米精度下加工、成形、改性和跨尺度制造中的尺度效应、表面/界面效应等,阐明物质结构演变机理与器件的功能形成规律,建立纳米制造过程的精确表征与计量方法,发展若干原创性的纳米制造工艺与装备原理,为实现纳米制造的一致性与批量化提供理论基础。

二、计划总体安排

本重大研究计划将遵循“有限目标、稳定支持、集成升华、跨越发展”的总体思路,针对国家重大需要和前瞻性的重大科学前沿两种类型的核心基础科学问题开展纳米制造的基础研究。预算总经费为1.5亿元,预计执行期为8年,立项资助工作主要在前5年进行。分别以“培育项目”、“重点支持项目”和“集成项目”三类不同项目予以资助:

⑴ 对提出创新学术思想进行纳米制造科学前沿探索基础研究的项目,将以“培育项目”予以资助,研究期限为3年。

⑵ 对有显著的创新学术思想和重要研究价值、具有相当的研究基础、有望取得重要突破的项目,将以“重点支持项目”予以资助,研究期限为4年。

⑶ 有较强的研究基础,其研究内容对实现本研究计划总体目标将产生全局性贡献的创新研究项目,将以更大支持强度的“集成项目”予以资助,研究期限为4年,拟在本重大研究计划后期择机立项实施。

三、遴选项目原则

本重大研究计划资助的项目应符合以下要求:

⑴ 面向国家发展的重大战略需求,体现纳米制造的前沿基础,突出纳米制造特点;

⑵ 围绕纳米制造中的科学问题与关键技术基础,鼓励多学科交叉联合申请。申报“重点支持项目”,尤其应体现机械、物理、化学、生物和信息等相关学科的交叉与联合,针对纳米制造中的新原理、新方法、新技术与新工艺等开展合作研究;

⑶ 鼓励开展原创性的探索研究;

⑷ 鼓励开展实质性的国际合作研究。

四、2010年度重点资助领域与方向

1. 基于物理/化学/生物等原理的纳米尺度制造

纳米结构生长、加工、改性、组装等纳米制造新方法与新工艺,纳米尺度制造过程中结构与器件的性能演变规律。

2. 宏观结构的纳米精度制造

宏观结构的纳米精度制造的新原理、新方法与新工艺,纳米精度制造中原子/分子的迁移机制、表面/界面效应,纳米精度表面加工理论。

3. 纳/微/宏(跨尺度)制造

跨尺度制造新原理与新方法,跨尺度制造中的界面行为与多场调控机制,跨尺度结构与器件的排列、操纵与集成。

4. 纳米制造精度与测量

纳米尺度的计量溯源与误差评价,纳米制造精度设计理论,纳米结构的几何参数、机械/力学等物理性能的测量与表征。

5. 纳米制造装备新原理

纳米制造装备的微扰动作用机制、非线性动力学行为与响应畸变特性、能量转化方式与工艺过程控制,纳米精度运动的驱动与控制新方法。

五、2009年度项目基本情况

来自全国86个单位申请了233项“纳米制造的基础研究”重大研究计划项目。其中,“培育项目”190项,“重点支持项目”43项。因各种原因,不予受理项目11项,受理222项。经专家评审,资助各类项目42项,资助经费3396万元。其中,“重点支持项目”6项,资助经费1580万元;“培育项目”36项,资助经费1816万元。

六、2010年度拟资助经费和项目

2010年度拟安排项目经费3500万元,拟资助“培育项目”40项左右(资助强度不低于50万元/项,项目研究期限为3年)、“重点支持项目”5～7项(资助强度约200万～300万元/项,项目研究期限为4年)。

七、申请注意事项

(1)申请人在填报申请书前,应认真阅读本《指南》。申请书应符合本重大研究计划的实施原则,以纳米制造学科发展前沿和增强国家竞争力发展的需求为立论背景,着重论述项目研究立项论据、主要研究内容、科学问题和研究目标,突出特点,强调前瞻性、基础性和创新性。研究重点必须立足“纳米制造”,而非“纳米材料制备”或“纳米合成”;研究内容应体现纳米制造中批量化、低成本、一致性等制造特征。

(2)申请认可根据拟解决的具体基础科学问题,在认真总结国内外已有成果、明确新的突破点以及如何探索的基础上,自由确定项目名称、科学目标、研究内容、技术路线和相应的研究经费。

(3)为加强项目的学术交流,促进多学科交叉与集成,本重大研究计划每年将举办一次受资助项目的年度学术交流会,并不定期地组织相关领域的学术研讨会。获资助项目负责人有义务参加重大研究计划指导专家组和管理工作组所

组织的上述学术交流活动，并汇报项目的研究进展。

（4）申请书中的资助类别选择"重大研究计划"，亚类说明选择"培育项目"或"重点支持项目"，附注说明均须选择"纳米制造的基础研究"（以上选择不准确或未选择的项目申请将不予受理）。申请代码根据申请的具体研究内容选择相关科学部的相应代码。申请书正文按重大研究计划撰写提纲撰写。

（5）申请书由工程与材料科学部负责受理。

2010年度国家自然科学基金重大项目立项清单（材料相关）

项目名称	项目负责人	依托单位
钒钛组元相际迁移的动力学规律及其影响因素	薛向欣	东北大学
钒钛资源冶金过程有价组元强化迁移规律及分离理论	薛向欣	东北大学
外场对钒钛组元迁移及分离的强化与协同作用	文书明	昆明理工大学
多相反应中有价组元的相结构变化规律	齐　涛	中国科学院过程工程研究所
钒钛资源冶金过程基础物性数据库及相关计算物理化学模型的建立	包　宏	北京科技大学
高温溶胶生成、演变的物理化学规律及在冶金过程中的作用	白晨光	重庆大学
新型拓扑高分子的高效合成	申有青	浙江大学
控制链长和序列分布的精密聚合	李子臣	北京大学
生物环境响应性拓扑高分子的精密合成	洪春雁	中国科学技术大学
大尺寸拓扑聚合物的形状和功能	陈永明	中国科学院化学研究所
拓扑高分子的精密合成	陈永明	中国科学院化学研究所

2011年度国家自然科学基金项目指南

前　言

国家自然科学基金委员会（简称自然科学基金委）在"十一五"期间，认真贯彻《国家中长期科学和技术发展规划纲要（2006-2020年）》和科学基金"十一五"发展规划，准确把握支持基础研究、坚持自由探索、发挥导向作用的战略定位，认真落实尊重科学、发扬民主、提倡竞争、促进合作、激励创新、引领未来的工作方针，始终坚持依靠专家、发扬民主、择优支持、公正合理的评审原则，着力培育创新思想和创新人才，取得了显著成效，为完善国家创新体系、建设创新型国家做出了积极贡献。

自然科学基金委目前已确立了研究项目、人才项目和环境条件项目三个项目系列，其定位各有侧重，相辅相成，构成了国家自然科学基金资助格局。其中，研究项目系列以获得基础研究创新成果为主要目的，着眼于统筹学科布局，突出重点领域，推动学科交叉，激励原始创新，从而提高基础研究水平；人才项目系列立足于提高未来科技竞争力，着力蓄积基础研究后备人才队伍，支持青年学者独立主持科研项目，扶植基础研究薄弱地区科研人才，造就拔尖人才，培育创新团队；环境条件项目系列主要着眼于加强科研条件支撑、促进资源共享、优化基础研究发展环境以及增强公众对基础研究的理解。

2011年是实施"十二五"发展规划的第一年。根据国家自然科学基金"十二五"发展规划的总体部署，自然科学基金委将坚持更加侧重基础、更加侧重前沿、更加侧重人才的战略导向，进一步优化资助模式，实施原始创新战略、创新人才战略、开放合作战略、创新环境战略和卓越管理战略，形成更具活力、更富效率、更加开放的中国特色科学基金制，推动学科均衡协调可持续发展，促进若干主流学科进入世界前列，推动高水平基础研究队伍建设，造就一批具有世界影响力的优秀科学家和创新团队，推动我国基础研究整体水平不断提升，显著增强基础研究的国际影响力和若干重要科学领域的自主创新能力，为科技引领经济社会可持续发展、加快建设创新型国家奠定坚实的科学基础。

为了体现公开、公平、公正的资助原则，使依托单位和申请人更好地了解国家自然科学基金的资助政策，自然科学基金委现发布《2011年度国家自然科学基金项目指南》（简称《指南》），以引导申请人正确选择项目类型、研究领域及研究方向，自主选题，申请国家自然科学基金的资助。

国家自然科学基金的大部分项目采取每年集中接收的方式受理申请。在2010年，国家自然科学基金项目申请集中接收期间共收到各类项目申请115259项，因非注册单位申请、过期申请及缺少电子或纸质申请书等原因不予接收的申请有80项，实际接收115179项申请，比2009年同期增加17424项，同比增长17.82%，增长量和增长幅度均比2009年的17896项、22.41%有所回落。其中青年科学基金项目申请量继续保持迅猛增长态势，同比增长27.18%。面上项目申请同比增长13.23%，地区科学基金项目申请量在2009年大幅度增长44.46%的基础上,继续增长28.69%。国家杰出青年科学基金等类型项目申请量与2009年基本持平。重大国际(地区)合作研究项目、联合基金项目等申请量也有较大增长。

经初步审查后,不予受理项目申请4165项,占申请总数的3.6%。在规定期限内,共收到正式提交的复审申请389项。经审核,受理339项,由于手续不全等原因不予受理复审申请50项。复审结果认为原不予受理决定符合事实、予以维持的305项,认为原不予受理决定有误、重新进行评审的33项,占正式受理复审申请的9.7%。因此,2010年度申请集中接收期间共受理各类项目申请111047项。

经过规定的评审程序,自然科学基金委2010年度批准资助研究项目系列的面上项目13030项,重点项目436项,重大项目14项,重大研究计划项目333项,重大国际(地区)合作研究项目63项;人才项目系列的国家杰出青年科学基金项目198项,青年科学基金项目8350项,地区科学基金项目1326项,创新研究群体29个,海外及港澳学者合作研究基金项目83项,国家基础科学人才培养基金项目36项,外国青年学者研究基金项目80项;环境条件项目系列的科学仪器基础研究专款项目55项,联合基金项目195项,科普项目8项,重点学术期刊专项基金项目36项,青少年科技活动专项项目21项,优秀国家重点实验室研究专项项目13项。此外,还有部分项目尚在审批过程中。有关类型项目申请与资助情况详见本《指南》相关部分的介绍。

本《指南》主要针对2011年度申请集中接收期间受理的各类型项目进行介绍。在前言之后,集中介绍各类型项目申请须知和限项申请规定,希望申请人认真阅读。面上项目、重点项目、青年科学基金项目和地区科学基金项目按科学部顺序介绍项目的总体资助情况及优先资助范围。其中面上项目的指南部分,科学部在介绍资助概况之外,还涉及该科学部总体资助原则与要求以及申请注意事项,然后以科学处为单位分别介绍学科发展趋势或资助范围和要求;其他项目类型进行整体介绍。各类型项目对申请人有特殊要求的,将在本《指南》正文中加以叙述。

不在申请集中接收期间受理的其他项目,将另行在自然科学基金委门户网站(http://www.nsfc.gov.cn)及其他相关媒体上发布指南,请依托单位和申请人及时关注。

自然科学基金委在项目申请受理、评审和管理过程中,将继续严格按照《国家自然科学基金条例》和相关类型项目管理办法的规定,规范管理工作程序,完善同行评审机制;积极鼓励源头创新,强调科学研究价值理念,营造宽松学术环境,支持不同学术思想的交叉与包容;严格执行回避和保密的有关规定,接受科技界和社会公众的监督。欢迎广大科学技术人员提出高水准的项目申请。

申请须知

依托单位和申请人在申请2011年度国家自然科学基金项目时,应当遵守下列规定:

一、关于申请人条件

1. 依托单位的科学技术人员作为申请人申请国家自然科学基金项目,应当符合《国家自然科学基金条例》(简称《条例》)第十条第一款规定的条件:具有承担基础研究课题或其他从事基础研究的经历;具有高级专业技术职务(职称)或者具有博士学位,或者有2名与其研究领域相同、具有高级专业技术职务(职称)的科学技术人员推荐。部分类型项目在此基础上对申请人的条件还有特殊要求。

2. 从事基础研究的科学技术人员,具备《条例》第十条第一款规定的条件,无工作单位或者所在单位不是依托单位,经与在自然科学基金委注册的依托单位协商,并取得该依托单位的同意,可以申请面上项目、青年科学基金项目,不得申请其他类型项目。

该类人员申请项目时,应当在申请书个人简历部分详细介绍本人以往研究工作及现工作单位情况,并提供依托单位同意本人申请项目的证明,作为附件随纸质申请书一并报送。

3. 正在攻读研究生学位的人员(自然科学基金接收申请截止日期前尚未获得学位)不得作为申请人申请各类项目,但在职人员经过导师同意可以通过受聘单位申请部分类型项目,同时应当单独提供导师同意其申请项目并由导师签字的函件,说明申请项目与其学位论文的关系,承担项目后的工作时间和条件保证等,作为附件随纸质申请书一并报送。

在职攻读研究生学位的人员可以申请的项目类型包括:面上项目、青年科学基金项目、地区科学基金项目及部分联合基金项目(特殊说明的除外),但在职攻读硕士研究生学位的,不得申请青年科学基金项目。

4. 正在博士后工作站内从事研究的科学技术人员可以申请的项目类型包括:面上项目、青年科学基金项目、地区科学基金项目,不得申请其他类型项目。

二、关于申请书撰写要求

(一)申请人在撰写申请书之前,应当认真阅读《条例》、本《指南》、相关类型项目管理办法和有关受理申请的通知、通告等文件。现行项目管理办法与《条例》和本《指南》有冲突的,以《条例》和本《指南》为准。

(二)申请书应当由申请人本人按照撰写提纲撰写,并注意在申请书中不得出现任何违反法律及有关保密规定的内容。申请人应当对所提交申请材料的真实性、合法性负责。

(三)根据所申请的项目类型,准确选择"资助类别"、"亚类说明"、"附注说明"等内容。要求"选择"的内容,只能在下拉菜单中选定;要求"填写"的内容,可以键入相应文字;有些项目"附注说明"需要严格按本《指南》相关要求填写。

(四)根据所申请的研究方向或研究领域,按照本《指南》所附的"国家自然科学基金申请代码"准确选择申请代码,特别注意:

1. 选择申请代码时,尽量选择到最后一级(6位或4位数字,重点项目和联合基金项目等特殊要求的除外)。

2. 申请人选择的申请代码1是自然科学基金委确定受

理部门和遴选评审专家的依据，申请代码 2 作为补充。部分类型项目申请代码 1 或申请代码 2 需要选择指定的申请代码。

3. 申请代码首位为字母“L”、“J”的，属于专用申请代码，仅在申请特殊类型项目时可以选择。如申请代码首位为“L”的，仅用于申请 NSFC-广东联合基金和 NSFC-云南联合基金项目；首位为“J”的，仅用于申请国家基础科学人才培养基金、青少年科技活动、局（室）委托任务等类型项目。如果在面上项目、青年科学基金项目、地区科学基金项目等类型项目申请时选择了以上的申请代码将不予接收。

4. 申请人如对申请代码有疑问，请向相关部门咨询。

（五）申请人和主要参与者应当在纸质申请书上签字。主要参与者中如有依托单位以外的人员（包括研究生，但不包括境外人员），其所在单位即被视为合作研究单位，应当在申请书基本信息表中填写合作单位信息并在签字盖章页上加盖合作研究单位公章，填写的单位名称应当与公章一致。已经在自然科学基金委注册的合作研究单位，须加盖单位注册公章；没有注册的合作研究单位，须加盖该法人单位公章。1 个申请项目的合作研究单位不得超过 2 个。

主要参与者中的境外人员被视为以个人身份参与项目申请，如本人未能在纸质申请书上签字，则应通过信件、传真等本人签字的纸质文件，说明本人同意参与该项目申请且履行相关职责，作为附件随纸质申请书一并报送。

（六）具有高级专业技术职务（职称）的申请人或者主要参与者的单位有下列情况之一的，应当在申请书的个人简历部分注明：

1. 同年申请或者参与申请各类基金项目的单位不一致的；

2. 与正在承担的各类基金项目的单位不一致的。

（七）申请人申请自然科学基金项目的研究内容已获得其他渠道或项目资助的，应当在申请材料中说明受资助情况以及与本项目的区别和联系。

（八）除特殊说明的以外，申请书中的起始年月一律填写 2012 年 1 月；终止年月按照各类型项目资助期限的要求一律填写 201×年 12 月。

（九）下载使用新版申请书时，请务必将以前版本的申请书模版文件全部删除。

三、关于部分类型项目资助政策的重大调整

随着国家对基础研究投入的不断增加，2011 年度自然科学基金委对部分类型项目的资助强度和资助期限等进行了调整：

1. 面上项目：预计平均资助强度将达到约 60 万元/项，资助期限由 3 年延长为 4 年。

2. 重点项目：预计平均资助强度将达到约 300 万元/项，资助期限由 4 年延长为 5 年。

3. 青年科学基金项目：预计平均资助强度将达到约 25 万元/项，资助期限仍为 3 年。其中女性申请人的年龄限制推迟至未满 40 周岁〔1971 年 1 月 1 日（含）以后出生〕；男性申请人的年龄限制维持未满 35 周岁〔1976 年 1 月 1 日（含）以后出生〕不变。

4. 地区科学基金项目：预计平均资助强度将达到约 50 万元/项，资助期限由 3 年延长为 4 年。

5. 重大研究计划项目：“培育项目”和“重点支持项目”的平均资助强度分别参照面上项目和重点项目的资助强度；资助期限由各重大研究计划指导专家组确定，详见本《指南》重大研究计划部分说明。

6. 科学仪器基础研究研究专款项目：资助强度原则上不超过 300 万元/项，资助期限由 3 年延长为 4 年。

7. 重大国际（地区）合作研究项目：预计平均资助强度将达到约 300 万元/项左右，资助期限由 3 年延长为 5 年。

请申请人注意，上述类型项目平均资助强度为全委平均值，各科学部相关类型项目资助强度可能有所不同，请认真阅读本《指南》各科学部相关类型项目说明。

四、关于各类型项目介绍及申请的特殊要求

详见本《指南》各类型项目说明。

五、关于依托单位的职责

1. 依托单位应当严格按照《条例》、本《指南》、有关申请的通知通告及相关类型项目管理办法等文件要求，组织本单位的项目申请工作。

2. 依托单位应当对申请材料的真实性和完整性进行审核，并且对申请人的申请资格负责。

3. 依托单位如果允许《条例》第十条第二款所列的无工作单位或者所在单位不是依托单位的科学技术人员通过本单位申请项目，应当承担《条例》中有关依托单位的相关责任，对该申请人的资格和信誉负责，同时要求提供依托单位同意该申请人通过本单位申请项目的证明，加盖公章后作为附件随纸质申请书一并报送。

六、关于限项申请规定（附后）

七、关于申请受理的条件

按照《条例》规定，申请国家自然科学基金项目时有以下情形之一的将不予受理：

1. 申请人不符合《条例》和本《指南》规定条件的；

2. 申请材料不符合本《指南》要求的；

3. 申请项目数量不符合限项申请规定的。

八、特殊说明

为防范学术不端行为，避免重复资助，自然科学基金委自 2011 年起将通过计算机软件对申请书内容进行比对，特提醒申请人注意：

1. 不得将内容相同或相近的项目，向同一科学部或不同科学部申请不同类型项目的资助；

2. 受聘于一个以上依托单位的申请人，不得将内容相同或相近的项目，通过不同依托单位提出申请；

3. 不得将内容相同或相近的项目，以不同申请人的名义提出申请。

附　限项申请规定

为提高管理工作效率,使申请人和依托单位准确理解限项申请规定,自然科学基金委自2011年起对原限项申请规定进行了简化,新规定如下:

1. 各类型项目限项申请规定

申请人(不含参与者)同年只能申请1项同类型项目。

2. 申请和承担项目总数限为3项的规定

具有高级专业技术职务(职称)的人员,申请(包括申请人和主要参与者)和正在承担(包括负责人和主要参与者)以下类型项目总数合计限为3项:面上项目、重点项目、重大项目、重大研究计划项目(不包括集成项目和指导专家组调研项目)、联合基金项目(指同一名称联合基金项目)、青年科学基金项目、地区科学基金项目、国家杰出青年科学基金项目(申请时不限项)、国际(地区)合作研究项目、科学仪器基础研究专款项目、优秀国家重点实验室研究专项项目,以及资助期限超过1年的委主任基金项目、科学部主任基金项目等。

3. 作为负责人限获得1次资助的项目类型

青年科学基金项目、国家杰出青年科学基金项目。

4. 不具有高级专业技术职务(职称)人员的限项申请规定

作为申请人申请和作为负责人正在承担的项目数合计限为1项;在保证有足够的时间和精力参与项目研究工作的前提下,作为主要参与者申请或者承担各类型项目数量不限。

5. 不受申请和承担项目总数3项限制的项目类型

创新研究群体项目、国家基础科学人才培养基金项目、海外及港澳学者合作研究基金项目、数学天元基金项目、国际(地区)交流项目、国际学术会议项目、科普项目、重点学术期刊专项基金项目、青少年科技活动专项项目、委托任务及软课题研究项目、资助期限1年及以下的其他类型项目,以及项目指南中特殊说明不限项的项目等。

特殊说明:

1. 处于评审阶段(自然科学基金委做出资助与否决定之前)的申请,计入本限项申请规定范围之内。

2. 申请人即使受聘于多个依托单位,通过不同依托单位申请和承担项目,其申请和承担项目数量仍然适用于本限项申请规定。

3. 现行项目管理办法中,有关申请项目数量的要求与本限项申请规定不一致的,以本规定为准。

2011年度国家自然科学基金面上项目指南

面上项目是国家自然科学基金研究项目系列中的主要部分,支持从事基础研究的科学技术人员在国家自然科学基金资助范围内自主选题,开展创新性的科学研究,促进各学科均衡、协调和可持续发展。

面上项目申请人应当具备以下条件:

(1)具有承担基础研究课题或者其他从事基础研究的经历;

(2)具有高级专业技术职务(职称)或者具有博士学位,或者有2名与其研究领域相同、具有高级专业技术职务(职称)的科学技术人员推荐。

正在攻读研究生学位的人员不得申请面上项目,但在职人员经过导师同意可以通过其受聘单位申请。

面上项目申请人应当充分了解国内外相关研究领域发展现状与动态,能领导一个研究组开展创新研究工作;依托单位应当具备必要的实验研究条件;申请人应当按照面上项目申请书撰写提纲撰写申请书,申请的项目有重要的科学意义和研究价值,理论依据充分,学术思想新颖,研究目标明确,研究内容具体,研究方案可行。面上项目合作研究单位不得超过2个,资助期限由3年延长为4年。

2010年度国家自然科学基金面上项目共资助13030项,资助经费452450万元;平均资助强度为34.72万元/项,比去年增加了1.87万元/项;平均资助率为20%,比去年升高了2.51%(资助情况见下表)。2011年度面上项目将继续控制资助规模,大幅度提高资助强度(预计平均资助强度约60万元/项),加大力度资助有创新思想的申请项目,为科学技术人员在广泛学科领域自由探索提供有力支持。请参考相关科学部的资助强度,实事求是地提出经费申请。

2010年度面上项目资助情况　　万元

科学部	申请项数	批准资助				资助率(%)
		项数	金额	资助金额比例占全委(%)	单项平均资助金额	
数理科学部	4084	1165	44256	9.78	37.99	28.53
化学科学部	5589	1300	45598	10.08	35.08	23.26
生命科学部	9903	2250	73081	16.15	32.48	22.72
地球科学部	4503	1119	50827	11.23	45.42	24.85
工程与材料科学部	11319	2078	77885	17.21	37.48	18.36
信息科学部	7240	1430	47301	10.45	33.08	19.75
管理科学部	3521	525	14006	3.10	26.68	14.91
医学科学部	18977	3163	99496	21.99	31.46	16.67
合　计	65136	13030	452450	100	34.72	20.00

关于面上项目资助范围、近年资助状况和有关要求见本部分各科学部介绍。

工程与材料科学部

工程科学与材料科学是保障国家安全、促进社会进步与经济可持续发展和提高人民生活质量的重要科学基础和技术支撑。工程科学与材料科学基础研究应立足学科前沿,密切结合国家社会进步与经济发展的重大战略需求,加强国家目标导向和前沿领域探索的有机结合,积极促进基础研究与工程实践相结合,加强自主创新和源头创新,不断提高我国的国际竞争力和社会可持续发展能力。

工程与材料科学部支持学科前沿领域的探索研究,鼓励原始创新、集成创新和引进消化吸收基础上的再创新,注重从工程应用实践中提炼关键科学问题和提出基础研究内容，特别是具有我国特色的、对促进我国相关产业发展和提高我国国际竞争力有重大意义的基础研究项目。在选题方面，优先资助具有重要科学研究价值和重大应用前景、并有可能成为新的知识生长点的基础研究，优先资助能够带动学科发展、结合国情并有可能形成自主知识产权的研究项目。

工程与材料科学部面上项目近两年资助情况一览表　万元

科学处		2009 年度			2010 年度		
		资助项数	资助金额	资助率（%）	资助项数	资助金额	资助率(%)
材料科学一处	金属材料	136	4878	15.70	183	6850	18.99
材料科学二处	无机非金属材料	171	6136	15.70	239	8937	18.24
	有机高分子材料	129	4635	15.34	179	6700	18.24
工程科学一处	冶金与矿业	142	5119	14.81	202	7552	18.15
工程科学二处	机械工程	304	10938	15.06	421	15891	18.12
工程科学三处	工程热物理与能源利用	130	4686	15.59	173	6476	19.24
工程科学四处	建筑、环境与结构工程	263	9374	14.23	377	14119	17.78
材料科学五处	水利科学与海洋工程	118	4234	14.32	165	6168	18.22
	电气科学与工程	95	3437	14.46	139	5192	17.74
合计		1488	53437	14.98	2078	77885	18.36
平均资助强度（万元/项）		35.91			37.48		

2010 年度面上项目接收申请 11319 项（不予受理 622 项），增加幅度为 13.92%；资助 2078 项，资助经费 77885 万元，平均资助强度 37.48 万元/项，平均资助率 18.36%，较 2009 年度的 14.98% 有所增加。

在项目申请中请注意以下问题：

（1）鼓励结合国家经济建设和社会可持续发展的重大需求进行选题，优先资助具有重要科学研究价值和重要应用前景的基础研究项目；优先资助结合国情和我国资源特点的基础研究项目；优先资助能够带动学科发展、有可能形成我国自主知识产权的基础研究项目。

（2）鼓励申请人提出具有创新学术思想和特色的项目申请，开展实质性的学科交叉和合作研究，通过学科交叉研究促进本学科和相关学科领域的发展。但必须指出的是，申请项目必须有所申请学科的具体科学问题。

（3）随着国家对基础研究投入的不断加大，预计 2011 年度本科学部面上项目的平均资助强度约为 60 万元/项。

（4）2010 年度申请书中，属于跟踪型、低水平重复、缺乏创新思想和研究特色、缺少基础性或相关学科基本研究内容的申请项目占有相当比例。有的申请书研究目标过大，题目与内容不符，内容空泛，立论依据与研究目标、研究内容、研究方法与技术路线间缺少逻辑联系。申请人应注意申请项目的基础性和创新性，注重凝练关键科学问题，突出研究重点。

（5）对于承担过基金项目并已经结题的项目负责人，要求提供取得的具体研究成果或项目进展，并注明近几年在国内外学术刊物上发表的论文。所提供的基本情况务必客观和实事求是，否则将直接影响申请项目的评审结果。

化学科学部

化学是研究物质变化和化学反应的科学，是与材料、生命、信息、环境、能源、地球、空间和核科学等有密切交叉和渗透的中心科学。化工是利用基础学科的原理，实现物质和能量的传递和转化，解决规模生产的方式和途径等过程问题的科学。

化学科学部以加速化学和化工学科的发展，增强基础研究工作的活力，发挥其中心科学的作用；以提升我国化学科学基础研究整体水平和在国际上的地位，培育一批有国际影响的化学研究创新人才和团队为目标。支持在不同层次上对分子的多样性与多型性和控制化学反应与过程的研究；加强从原子、分子、分子聚集体及凝聚态体系的多层次、多尺度的研究，以及复杂化学体系的研究；针对国民经济、社会发展、国家安全和可持续发展中提出的重大科学问题，在生物、材料、能源、信息、资源、环境和人类健康等领域发挥化学与化工科学的作用。强调微观与宏观相结合、静态与动态相结合、化学理论研究与发展实验方法和分析测试技术相结合，鼓励吸收其他学科的最新理论、技术和成果，倡导源头创新与学科交叉，瞄准学科发展前沿，推动化学与化工学科的可持续发展。

化学科学部面上项目近两年资助情况一览表

万元

科学处		2009 年度			2010 年度		
		资助项数	资助金额	资助率++(%)	资助项数	资助金额	资助率++(%)
材料科学一处	金属材料	126	4371	16.2	136	4878	15.70
一处	无机化学	126+6*	4375	20.09	150+6*	5472	24.04
	分析化学	112+5*	3999	21.31	136+5*	4946	22.52
二处	有机化学	189+9*	6748	21.24	226+9*	8242	23.83
三处	物理化学	195+10*	6710	24.58	232+10*	8489	25.13
四处	高分子科学	124+6*	4363	23.42	146+6*	5331	25.76
	环境化学	112+5*	3796	20.86	135+5*	4911	22.51
五处	化学工程	194+11*	6647	17.52	225+9*	8207	20.29
合计		1 052+52*	36638	21.00	1250+50*	45598	23.26
平均资助强度(万元/项)		33.19			35.08		

注:* 为小额探索项目;++ 资助强度包括小额探索项目。

2010 年度化学科学部共受理面上项目申请 5589 项,比 2009 年度增加了 6.30%,平均资助 1300 项,平均资助率为 23.26%,平均资助强度为 35.08 万元/项。

2011 年度化学科学部继续大力支持学科前沿的高水平创新研究,注重深入系统的研究工作,鼓励和优先支持在学科交叉融合基础上提出的项目申请。对于有较大风险的原始性创新研究,将采取措施给予保护和支持。评审工作将始终贯彻科学价值的理念,注重学科的均衡、协调和可持续发展,把中国化学科学基础研究推向国际前沿。2011 年度面上项目的资助规模将比 2010 年度略有增长,由于面上项目资助期限延长为 4 年,预计平均资助强度将达到 60 万元/项,资助强度范围控制在 40 万～80 万元/项之间。

2011 年度国家自然科学基金面上项目立项清单(材料相关)

项目名称	项目负责人	依托单位
航空镁合金 FSJ 连接完整性及铣削变形机理与预测	左敦稳	南京航空航天大学
苯并二呋喃基聚合物太阳电池材料及其性能研究	邹应萍	中南大学
新型光响应聚二乙炔复合材料的制备及性质研究	邹　纲	中国科学技术大学
陶瓷颗粒增强铁基复合材料的模拟辅助显微组织优化的研究	宗亚平	东北大学
强磁场下块体非晶合金的形成规律及作用机制	庄艳歆	东北大学
高磷高硫锰矿制备锰基合金杂质净化机理研究	朱子宗	重庆大学
纳米磷酸钙/嵌段共聚物复合药物载体的制备、结构调控及其药物缓释性能	朱英杰	中国科学院上海硅酸盐研究所
金属电极-铁电氧化物超薄薄膜间亚埃尺度的界面及缺陷	朱银莲	中国科学院金属研究所
醇溶性阴极界面有机分子玻璃材料的设计、合成及其在有机电致发光器件中的应用	朱旭辉	华南理工大学
MNiSn(M=Hf,Zr,Ti)基 half-Heusler 热电材料的快速制备及其性能调控	朱铁军	浙江大学
新型先进中红外高功率非线性光学材料磷硅镉晶体的生长与机理研究	朱世富	四川大学
稀土强磁金属化合物合金表面、断口形貌的分维与磁性能的关联性	朱明刚	钢铁研究总院
新型($Bi_{0.5}Na_{0.5}$)TiO_3基复合体系准同型相界及其控制机制	朱满康	北京工业大学
微量合金元素对超超临界锅炉用 S30432 钢纳米析出相的影响	朱丽慧	上海大学
软化学法制备无铅压电陶瓷薄膜的形成机理与性能研究	朱孔军	南京航空航天大学
钨薄膜中合金化元素对氢滞留起泡行为的影响研究	朱开贵	北京航空航天大学
超分子聚合物导向无机纳米粒子的分级有序组装及性能研究	朱锦涛	华中科技大学

续表

项目名称	项目负责人	依托单位
基于相变理论的储热降温沥青路面材料开发及机理研究	朱洪洲	重庆交通大学
FRP 筋钢纤维高强混凝土梁受弯性能与设计方法研究	朱海堂	郑州大学
结合材料动态转变行为的高速切削机理和物理模型的研究	朱国辉	安徽工业大学
大尺寸钛铝碳陶瓷的低成本制备及其第一性原理热力学分析	朱春城	哈尔滨师范大学
低碳 MgO-C 耐火材料次生碳结构与热震稳定性的相关性研究	朱伯铨	武汉科技大学
基于配位聚合的纳米螺旋纤维生长机理及螺旋纤维纸研制	周祚万	西南交通大学
再生沥青混合料细观结构与力学行为研究	周志刚	长沙理工大学
新型氟磺酰亚胺锂盐电解质的制备及其应用于锂离子电池的研究	周志彬	华中科技大学
高功率 4H SiC 光导开关超高耐压形成方法研究	周郁明	安徽工业大学
Ti_3AlC_2增强锌基复合材料的界面结构与摩擦学特性研究	周　洋	北京交通大学
磁控溅射等离子体行为对 TCO 薄膜结构性能影响机理	周艳文	辽宁科技大学
铝合金表面反应喷涂和搅拌摩擦加工制备 Al_2O_3-TiB_2复相涂层的研究	周小平	湖北工业大学
单壁碳纳米管纤维的连续制备、结构和性能研究	周维亚	中国科学院物理研究所
铝合金导线连续 ECAE 动态时效过程析出相演变与性能强化机理	周天国	沈阳大学
周期性修饰金属磁性薄膜中磁光效应增强和表面等离子体共振	周仕明	同济大学
大功率白光 LED 用荧光陶瓷制备及其光谱调制研究	周圣明	中国科学院上海光学精密机械研究所
Fe-C-X 抗磨铸铁中硬化相结构调控对其力学性质的影响机制研究	周　荣	昆明理工大学
颗粒增强金属基复合材料切削加工棱边缺陷特征、形成机理及控制方法研究	周　丽	沈阳理工大学
一种自上而下的策略构建新型纳米结构材料	周　磊	华中科技大学
冰模板法构建 HA/$BaTiO_3$复合多孔支架的微观结构调控机理研究及应用	周科朝	中南大学
铜负载螯合树脂对氨氮的配体吸附热力学与动力学研究	周康根	中南大学
$La_{2-x}Gd_xHf_2O_7$:RE 新型闪烁透明陶瓷的晶体结构和闪烁性能研究	周国红	中国科学院上海硅酸盐研究所
铌基超高温合金/硅化物涂层界面扩散动力学及互扩散行为研究	周春根	北京航空航天大学
硅纳米线-富勒烯综合体锂电池电极材料研究	钟建新	湘潭大学
Ti(C,N)基金属陶瓷表面细晶梯度结构层的制备及其形成的动力学研究	郑　勇	南京航空航天大学
钙钛矿型多铁性薄膜材料应变、微结构和物理性能的原位调控	郑仁奎	中国科学院上海硅酸盐研究所
新型基于梯形芳香杂环分子的窄带隙聚合物材料的设计合成及其在高效太阳能电池中的应用	郑庆东	中国科学院福建物质结构研究所
聚丙烯釜内合金的相形态形成与演化及其对流变特性的影响	郑　强	浙江大学
基于拉应力监控下的聚丙烯/纤维复合材料界面多晶态研究	郑国强	郑州大学
7A85 铝合金的非等温时效行为研究	甄　良	哈尔滨工业大学
原位铝基纳米复合材料的高应变速率超塑变形规律及机制	赵玉涛	江苏大学
轴承随机滚动接触疲劳强度理论研究	赵永翔	西南交通大学
腐蚀环境下 GFRP-钢管混凝土结构动力性能研究	赵颖华	大连海事大学
新型 $Li_9V_3(P_2O_7)_3(PO_4)_2$体系锂离子电池正极材料制备及性能	赵彦明	华南理工大学
GaN/ZnO 基 LED 关键材料的生长、发光及载流子复合特性研究	赵小如	西北工业大学
ABC_2型光电功能材料的多层次研究及新材料探索	赵　显	山东大学
锰酸锂正极材料与固态电解质复合结构设计、制备及性能研究	赵世玺	清华大学
还原性组分调节材料对重构转炉钢渣组成、结构与性能的影响及机理的研究	赵三银	韶关学院

续表

项目名称	项目负责人	依托单位
新型自然极性纳米复相陶瓷的非铁电压电效应研究	赵明磊	山东大学
硼对沉淀强化奥氏体合金晶界 η 相析出抑制作用机制及其抗氢相关性	赵明久	中国科学院金属研究所
二元混合溶剂陶瓷浆料在复合外场下冷冻干燥制备多孔陶瓷材料的基础问题研究	赵　康	西安理工大学
基于性能驱动的难加工材料切削刀具设计制造理论与关键技术研究	赵　军	山东大学
模板辅助离子液体电沉积锗和硅锗三维光子晶体的研究	赵九蓬	哈尔滨工业大学
高熵合金的高温蠕变变形行为及断裂机理研究	赵　杰	大连理工大学
甚低介电常数聚酰亚胺/氟化石墨烯纳米复合材料	赵建青	华南理工大学
聚合物氯化原位接枝过程解析及产物结构构筑	赵季若	青岛科技大学
外场作用下 Al-Ti-C-Sr 合金中 Al-Ti-Sr 相的凝固相变及细化变质机理	赵红亮	郑州大学
新型高效节能镀膜玻璃的材料设计与可控制备	赵高凌	浙江大学
镁合金时效过程中多析出相共生时各析出相晶体学特征与形成机理的原位与离位透射电子显微学研究	赵东山	武汉大学
热障涂层微观结构对热辐射特性及隔热性能的影响	赵长颖	上海交通大学
基于多工艺复合的硬脆材料高效镜面加工技术基础研究	赵　波	河南理工大学
难变形多晶合金组织定向化对其塑形及变形行为的影响	张中武	南京理工大学
功能化石墨烯-聚合物复合材料作为生物芯片的基础研究	张治红	郑州轻工业学院
基于 YBCO 超导带材的 SMES 磁体的基础问题研究	张志丰	中国科学院电工研究所
面心立方金属孪晶界面疲劳损伤机制研究	张哲峰	中国科学院金属研究所
基于超细粉体的陶瓷结构设计及高性能无压烧结碳化硼的制备	张兆泉	中国科学院上海硅酸盐研究所
氧化锡基复合纳米棒对甲烷敏感性能及低温响应机理研究	张战营	河南理工大学
超轻水泥基多孔材料微结构形成与调控的理论与实验研究	张云升	东南大学
一维 ZnO 纳米材料场效应晶体管生物传感器的构建及性能研究	张　跃	北京科技大学
碳膜连接自支撑碳纳米管阵列的制备研究	张永恒	青岛科技大学
Bi_2O_3-TiO_2 体系中晶态材料的可控制备及其微波介电性能裁剪	张迎春	北京科技大学
含刚性非平面共轭结构新型功能聚酰亚胺的设计合成及性能研究	张　艺	中山大学
微纳米尺度掺矿物掺合料水泥基材料的弹性性能研究	张亚梅	东南大学
介孔球形 $LiFePO_4$/C 原位复合材料制备及电化学性能调控研究	张旭东	山东轻工业学院
低能离子作用下亚稳态超硬纳米复合结构的形成研究	张　旭	北京师范大学
零维有机微纳晶体组装体的可控制备及其高性能传感器件的研究	张秀娟	苏州大学
高强度锆合金成分设计及强化机理研究	张新宇	燕山大学
基于互补掺杂 SiC 纳米线的器件组装及其电学性能的研究	张新霓	青岛大学
碳纤维增强多层结构超高温陶瓷基复合材料的设计、制备和抗氧化机理研究	张翔宇	中国科学院上海硅酸盐研究所
热/力耦合变形条件下贫稀土铁基非晶合金中纳米晶的形成和生长研究	张湘义	燕山大学
KFe_2Se_2 体系新型超导体的制备及物性研究	张现平	中国科学院电工研究所
一维 $InGaO_3(ZnO)m$ 异质超晶格纳米结构的可控合成及其场效应晶体管	张喜田	哈尔滨师范大学
沉淀相变初期相变应变及其释放过程对相变晶体学的影响	张文征	清华大学
Ca_3SiO_5 晶体结构中 O 的配位环境及其与性能的关系	张文生	中国建筑材料科学研究总院
氧化铝纤维增强铝基复合材料预拉伸应力依赖疲劳寿命形成机理	张文龙	上海交通大学
Fe-Pt 系多元非晶合金制备磁性纳米多孔材料和脱合金化机理研究	张　伟	大连理工大学

续表

项目名称	项目负责人	依托单位
可见光响应型半导体基介孔纳米晶复合微球光催化材料的可控制备及其光催化性能研究	张铁锐	中国科学院理化技术研究所
异步轧制提高镁合金板材塑性成形能力微观机理的 EBSD 原位跟踪研究	张士宏	中国科学院金属研究所
面向长时间高温封接的真空平板玻璃 LOW-E 膜失效机理及其对玻璃表面应力分布的影响研究	张瑞宏	扬州大学
材料微波烧结的等离子体效应及烧结动力学研究	张　锐	郑州航空工业管理学院
高密度超快余辉发光钽酸盐晶体的生长及发光机理研究	张庆礼	中国科学院合肥物质科学研究院
溶致液晶型聚酰亚胺的合成及其高性能纤维的制备	张清华	东华大学
镁合金薄板激光冲击高应变率温成形及改性基础研究	张青来	江苏大学
Gamma-TiAl Nb、Cr 表面合金化效应及其对阻燃性能的影响	张平则	南京航空航天大学
新型 Cu_2ZnSnS_4 复合薄膜电极可见光催化还原 CO_2 的研究	张　鹏	上海交通大学
多孔纳米氧化镁的无模板水热合成与掺杂离子作用机制研究	张培新	深圳大学
基于微碳纤布/碳纳米管/碳气凝胶三维网络结构的柔性导电材料的制备、结构与性能	张　玲	华东理工大学
$Mg_{17}Al_{12}$ 相影响铝合金-镁合金连接区内裂纹萌生与扩展的原子尺度计算研究	张林	东北大学
SiO_2 复合材料表面 CNTs 生长及与 TC_4 钛合金的复合反应钎焊机理研究	张丽霞	哈尔滨工业大学
微波诱导磁性吸波材料 $MeFe_2O_4$ 催化氧化降解染料废水技术与机制研究	张　蕾	辽宁大学
晶界偏聚及晶界结构对 NdFeB 永磁材料矫顽力的影响	张澜庭	上海交通大学
高性能 Sm-Co/Fe 纳米复合永磁多层膜研究	张　健	中国科学院宁波材料技术与工程研究所
含小角晶界单晶高温合金的蠕变损伤机制研究	张　健	中国科学院金属研究所
非牛顿气化熔渣析晶过程 TTT 和 CCT 曲线构建及动力学研究	张建胜	清华大学
铌酸钾钠基陶瓷的压电晶粒尺寸效应、电畴结构调控与优异压电物性的研究	张家良	山东大学
全光谱高显色性钪硅酸盐 LED 荧光粉的研究	张家骅	中国科学院长春光学精密机械与物理研究所
压电/GaN 异质结构的电场-迁移率耦合效应研究	张继华	电子科技大学
氮化硅梯度薄膜为过渡层生长高密度硬盘磁头用非晶碳保护膜	张化宇	哈尔滨工业大学
利用微合金化和严重塑性变形制备超高强度和超高热稳定性兼备的纳米金属的微观机理	张洪旺	中国科学院金属研究所
多刺激响应有机发光材料设计与性能研究	张红雨	吉林大学
基于红外温度场特征的镁合金焊接接头疲劳断裂行为与评定理论研究	张红霞	太原理工大学
苝酰亚胺/酞菁衍生物氢键复合材料合成及应用研究	张海全	燕山大学
纳米氧化镧掺杂细晶钼硅硼合金制备及其组织性能优化	张国君	西安理工大学
生物医用纳米马达制备和运动机理及控制方法研究	张广玉	哈尔滨工业大学
超高强钢大厚板非对称双面双热源多重加热作用下组织和应力演变规律及不预热焊接工艺研究	张广军	哈尔滨工业大学
铁基复合氧化物纳米颗粒砷吸附行为与其表面组成结构、结晶度、粒径关系	张高生	中国科学院烟台海岸带研究所
纳米切割与胶体刻蚀结合制备多元微纳结构及其组装研究	张　刚	吉林大学
金属双极板表面纳米尖峰氧化膜的制备及性能研究	张东明	武汉理工大学
具有三维周期分级结构的金属 SPP 材料的制备及光特性研究	张　荻	上海交通大学
多元多层基体的 C/SiBC 的剪切损伤机理及性能退化规律	张程煜	西北工业大学
Janus 颗粒的批量制备及其在高分子共混中的应用	张成亮	中国科学院化学研究所

续表

项目名称	项目负责人	依托单位
Ce 基非晶金属塑料过冷液体及平衡液体的动力学行为研究	张　博	合肥工业大学
循环载荷作用下不锈钢的点蚀萌生和生长机理研究	张　波	中国科学院金属研究所
金属薄膜热疲劳损伤行为及其微观机制的研究	张　滨	东北大学
高强钛管数控弯曲卸载回弹行为研究	詹　梅	西北工业大学
基于石墨烯的光限幅材料的制备及非线性光学效应研究	詹红兵	福州大学
稀土镁合金时效析出亚稳相 β" 相的生长动力学及强化机制	曾小勤	上海交通大学
多信息融合的铝电解槽阴极状态预测研究	曾水平	北方工业大学
含多种官能团的偶氮苯衍生物纳米组装结构的构筑及表面光化学行为的研究	曾庆祷	国家纳米科学中心
铜板带连挤连轧成形机理及模拟研究	运新兵	大连交通大学
镍基单晶高温合金筏化-解筏机理及全寿命描述模型研究	岳珠峰	西北工业大学
低介电铝硼硅酸盐玻璃结构模拟、组成设计及其介电性能的研究	岳云龙	济南大学
Fe_2P 型磁制冷化合物的结构与磁热效应研究	岳　明	北京工业大学
无砷的新型 Fe 基层状超导化合物体系热力学、结构和物性的研究	袁文霞	北京科技大学
以氮化硼为核的梯度化复合纳米微球的合成及其润滑机理研究	袁颂东	湖北工业大学
金属纳米线塑性变形加工硬化行为研究	袁　林	哈尔滨工业大学
烧结金属材料循环损伤和多轴低周疲劳研究	袁　荒	北京理工大学
镁合金塑性加工中纳米准晶的形成及其对织构随机化的作用机理	袁广银	上海交通大学
铝(Ⅲ)分子簇的水解聚合与形态转化机理及其生物毒性效应	喻德忠	武汉工程大学
基于聚合物先驱体陶瓷(PDC)制造耐超高温无线无源 MEMS 传感器的应用基础研究	余煜玺	厦门大学
新型铜(Ⅰ)配位多聚物和聚合物磷光材料的探索	余荣民	中国科学院福建物质结构研究所
基于 Chaboche 理论的非比例加载下 TRIP 钢硬化模型研究	余海燕	同济大学
氧化聚硅铁协同介孔磁性滤料 BAF 脱氮除磷机理及生物相原位分析	于衍真	济南大学
超声与微尺度效应多因素耦合对微注塑流动和微塑件质量影响的研究	于同敏	大连理工大学
含湿多孔介质表观导热系数测量准确性微细观影响因素及机理研究	于明志	山东建筑大学
定向碳纳米管增强的 IPMC 人工肌肉材料的制备及应用研究	于　敏	南京航空航天大学
利用烯类单体在聚合物熔融挤出颗粒内的扩散-受限聚合的方法制备高分子纳米合金的研究	于　建	清华大学
掺杂少量氧化钠的铝酸钙矿物形成规律研究	于海燕	东北大学
纳米晶超硬 BN 和 BN/C 块材的高温高压合成及性能研究	于栋利	燕山大学
表面结构仿生高速钢刀具及其切削性能的研究	于爱兵	宁波大学
Heusler 合金磁性薄膜界面诱导垂直磁各向异性及其机理	游才印	西安理工大学
基于磁控磨粒均布的复合基微细砂轮制备方法研究	尹韶辉	湖南大学
聚 L-谷氨酸基组织工程支架及其关节骨软骨缺损共修复研究	尹静波	上海大学
微米尺度氧化铝微型齿轮的微注射成形研究	尹海清	北京科技大学
基于 Pickering 乳液稳定粒子表面引发 ATRP 技术的微胶囊相变材料的构建	尹德忠	西北工业大学
激光冲击随焊自适式控制船用厚板焊接变形和抗裂性能的方法和机理研究	殷苏民	江苏大学
MOCVD 法制备实用 p 型 ZnO 及发光应用的基础研究	叶志镇	浙江大学
高成骨活性磷酸钙骨水泥的构建与性能研究	叶建东	华南理工大学
$Ti_3Al/(\alpha+\beta)Ti$ 双合金接头脆化机理与结合界面组织稳定性研究	姚泽坤	西北工业大学

续表

项目名称	项目负责人	依托单位
添加新型富钡相 RE242 制备高超导性能 REBCO 块材	姚　忻	上海交通大学
基于纳米流体与多孔金属材料吸液芯的平板热管强化传热机理与特性研究	姚寿广	江苏科技大学
微量 S 对不同体系锆合金耐腐蚀性能影响的规律和机理研究	姚美意	上海大学
丝胶蛋白/磷酸钙复合材料的形成机理及其性能研究	姚菊明	浙江理工大学
含热稳定性卤胺结构高分子抗菌材料的合成及其结构与性能	姚晋荣	复旦大学
内燃机爆震对活塞材料破坏机理的研究	姚春德	天津大学
多孔聚合物材料触感特性测评原理与方法及其标准化研究	姚宝国	中国计量学院
类钙钛矿 $ACu_3Ti_4O_{12}$ 材料 A 位离子的选择与其巨介电性能关联性研究	杨祖培	陕西师范大学
镁合金层状有序相中的原子尺度下位错构型和状态以及与蠕变机制关系的研究	杨志卿	中国科学院金属研究所
合金钢中马氏体-奥氏体相变的组织遗传机理与影响因素研究	杨志刚	清华大学
耐腐蚀介孔碳复合材料的制备及其在燃料电池电极中的应用	杨正龙	鲁东大学
高强度高塑性超细孪晶铜合金的规模化制备及其组织热稳定性研究	杨续跃	中南大学
基于网格不敏感结构应力的焊接结构疲劳设计基础研究	杨鑫华	大连交通大学
TiO_2 纳米管表面制备 Ag-SnSe-CNT 功能层的机理与光催化性能	杨贤金	天津大学
线型 9,10-二苯乙烯基蒽类共轭分子聚集态结构调控及光学性质研究	杨文君	青岛科技大学
钒钛铁精矿内配碳球团传热-还原-钒走向的机理研究	杨绍利	攀枝花学院
钛合金保载疲劳裂纹萌生与扩展的原子模拟	杨　锐	中国科学院金属研究所
基于 CT 理论的隧道及地下工程防水材料效能及耐久性评判方法研究	杨其新	西南交通大学
含铜不锈钢对冠脉支架内再狭窄的抑制作用研究	杨　柯	中国科学院金属研究所
碳纳米管本征导热系数及相关接触热阻的实验研究	杨决宽	东南大学
一种具有微米级孔径高性能蜂窝陶瓷的制备新方法及其基础研究	杨金龙	清华大学
新型稀土-过渡族金属无序磁性相的结构与磁性研究	杨金波	北京大学
从金属-氧化铁异质纳米结构到孔洞状氧化铁纳米颗粒及其在药物释放方面的应用	杨　剑	山东大学
双原位细乳液法一步制备聚合物/SiO_2 纳米复合材料以及杂化粒子的形成机理研究	杨建军	安徽大学
钢中稀土元素微合金化作用机理研究	杨吉春	内蒙古科技大学
可用于制备智能遮阳膜的分子可自发形成垂直取向的具有近晶 A-手征性向列相相转变的液晶材料的研究	杨　槐	北京大学
铝基非晶合金的异常磁性及强磁场对其晶化影响的机理研究	杨红旺	沈阳工业大学
钢筋混凝土抗震框架基于构件失效机理和变形特征的精细非线性模型	杨　红	重庆大学
一类全新的含苯并咪唑杂环邻苯二甲腈模型化合物(BIPN)的热聚合行为研究	杨　刚	四川大学
石墨烯/$LiMPO_4$(M=Mn,Fe)原位复合结构的制备及其锂离子电池领域的应用	杨刚	常熟理工学院
GaN 表面缺陷诱导 ABO_3 薄膜生长机理研究	杨　春	四川师范大学
通过器件内以 P-F,B-F 共价键合形成固化 p-n 结及其在聚合物太阳电池上的应用基础研究	阳仁强	中国科学院青岛生物能源与过程研究所
难熔金属、陶瓷粉体形貌控制及机理研究	羊建高	江西理工大学
镍基高温合金的高温超高周疲劳失效机理与寿命预测	燕　怒	三峡大学
控制材料应力应变状态的金属板材无毛刺精密分切加工研究	阎秋生	广东工业大学
超级电容器分级孔结构碳电极中电荷传递过程动力学的研究	阎景旺	中国科学院大连化学物理研究所

续表

项目名称	项目负责人	依托单位
(2+1)维自组装光子晶体超晶格研究	严清峰	清华大学
基于晶界组织重构制备高矫顽力烧结钕铁硼的研究	严 密	浙江大学
镝氢化物添加制备高矫顽力 NdFeB 稀土永磁材料的基础研究	严高林	武汉大学
Fe-Mn-Nb-V-C-O 熔体中溶质组元 Nb 的热力学行为研究	闫柏军	北京科技大学
MWCNTs 等纳米粒子促进 PTT 结晶成核机理及 PTT/PC 合金结晶性能调控	薛美玲	青岛科技大学
基于高压扭转法的多尺寸 SiCp/铝基复合材料强韧化机理研究	薛克敏	合肥工业大学
型钢再生混凝土柱-生态复合墙混合结构体系性能与灾变控制方法研究	薛建阳	西安建筑科技大学
非等温热激励下大变形薄带连铸 Fe-Si 合金的超快速再结晶与择优取向研究	许云波	东北大学
焦硅酸镥/单硅酸镥双相复合环境障涂层的韧化机制研究	许 越	北京航空航天大学
全固态锂二次电池电极/电解质界面改性研究	许晓雄	中国科学院宁波材料技术与工程研究所
定向凝固单晶涡轮叶片的再结晶数值模拟	许庆彦	清华大学
锆砂制备氧化锆和金属锆过程机理研究	许 茜	东北大学
震后钢管混凝土框架结构抗震性能评价及加固技术研究	许成祥	长江大学
纳米镁基材料中微观结构与性能间的关系研究	许并社	太原理工大学
二异丁基酮(DIBK)萃取分离锆铪的机理研究	徐志高	武汉工程大学
金属结构材料服役引起的性能退化与失效机理研究	徐庭栋	钢铁研究总院
3d 过渡金属离子共掺杂 $BiFeO_3$ 的多铁性和自旋电子学应用研究	徐庆宇	东南大学
高应力滚滑动磨损条件下高速钢中碳化物微细结构、基体储能效应与裂纹行为机理	徐流杰	河南科技大学
有序介孔二氧化钛微球阵列光催化薄膜的制备与性能研究	徐联宾	北京化工大学
合金化与复合协同强韧化原位自生 $MoSi_2$ 基纳米晶复合涂层的性能研究	徐 江	南京航空航天大学
类粘附蛋白仿生大分子制备及其在材料表界面相互作用研究	徐坚	中国科学院化学研究所
影响块体金属玻璃断裂韧性的因素	徐 坚	中国科学院金属研究所
Nd(Pr)基大块非晶合金的矫顽力机理和微观结构的研究	徐 晖	上海大学
MgZnO/MgO 量子阱的生长、物性调控及其深紫外光发射器件研究	徐海阳	东北师范大学
纳米铜镓合金聚丙烯酸酯多相复合材料的界面结构的研究	徐国财	安徽理工大学
复合材料螺旋桨预变形设计方法研究	熊 鹰	中国人民解放军海军工程大学
碳/碳表面化学液相气化沉积/水热法制备掺杂型羟基磷灰石涂层研究	熊信柏	深圳大学
放电等离子体烧结 $CaCu_3Ti_4O_{12}$ 陶瓷及其高介电行为研究	熊 锐	武汉大学
自悬浮聚苯胺的制备、结构及其分子复合材料的高介电特性	熊传溪	武汉纺织大学
纳米石墨烯增强硅酸钙生物相容涂层研究	谢有桃	中国科学院上海硅酸盐研究所
疏水改性聚乙烯亚胺可逆吸收并释放二氧化碳作为气候友好型聚氨酯发泡剂的研究	谢兴益	四川大学
高性能择优取向纳米晶热电氧化物陶瓷及其复合材料的制备与表征	谢淑红	湘潭大学
淫羊藿苷共价修饰的促软骨生长胶原基组织工程支架材料研究	肖玉梅	四川大学
锂离子电池富锂正极材料的第一性原理计算及谱学研究	肖睿娟	中国科学院物理研究所
高强铝锂合金高功率光纤激光焊接组织性能复合调控新技术及机理研究	肖荣诗	北京工业大学
超高压 CuWCr 触头材料的相控制及其对电磨损特性的影响	肖 鹏	西安理工大学
高铌管线钢中铌固溶/析出动力学的定量分析及作用机制研究	肖福仁	燕山大学
铁基载氧体制氢和分离二氧化碳一体化新方法	向文国	东南大学

续表

项目名称	项目负责人	依托单位
基于溶剂循环的氧化锌晶须水热制备技术与机理研究	向　兰	清华大学
亚麻纤维复合材料混凝土组合结构性能与设计方法研究	咸贵军	哈尔滨工业大学
半透明复合材料的多效应高温耦合传热特性	夏新林	哈尔滨工业大学
二氧化钛纳米线超滤膜的制备及除污染特性研究	夏圣骥	同济大学
三元大块金属玻璃中亚稳相的研究	夏　雷	上海大学
外界因素驱动的复杂结构纳米晶超晶体材料的构筑及其性质研究	夏海兵	山东大学
再生钴/钨及其化合物的结构与性能修复机理研究	席晓丽	北京工业大学
高温服役 C/SiC 与 C/C 异型复合材料接头的低温连接机理	席文君	北京航空航天大学
稀土掺杂对 Co 基 Heusler 合金磁性和费米能级的调控	席　力	兰州大学
废电池为原料基于溶胶-凝胶-水热耦合法掺杂锰锌铁氧体的制备及性能研究	席国喜	河南师范大学
高固溶度 Mg-RE 二元合金塑性变形机制研究	武保林	沈阳航空航天大学
微型腔叠层滑焊成形方法及其沉积效应机理研究	伍晓宇	深圳大学
功能化聚乙烯新材料设计制备:后过渡金属催化烯烃聚合与 RAFT 可控聚合结合	伍　青	中山大学
金属凝固初期从类固相团簇到晶胚再到晶核的预形核动力学	吴永全	上海大学
高碳高合金钢深冷处理微观结构演化及相变机理研究	吴晓春	上海大学
辅助电脉冲低温扩散焊连接 Ti(C,N)金属陶瓷与 40Cr 的机理研究	吴铭方	江苏科技大学
纤维素及其衍生物对无机纳米片的分散和稳定过程及性能研究	吴　敏	中国科学院理化技术研究所
钢中超级贝氏体组织形态及亚结构形成机理的研究	吴　化	长春工业大学
超高速动车组牵引电机绝缘破坏影响机制及材料改性研究	吴广宁	西南交通大学
微纳尺寸橡胶粒子的合成及对 PVC 树脂增韧	吴广峰	长春工业大学
基于应变玻璃磁弹软化原理的磁致伸缩材料研究	吴光恒	中国科学院物理研究所
有机/纳米钼酸盐复合深紫外选择性响应光电功能材料	吴　刚	浙江大学
侧基可控修饰的可降解聚氨酯多梯度骨软骨修复材料设计原理及其组织再生机理的研究	吴　刚	华南理工大学
陶瓷结构件双激光束低应力近净成形机理与方法研究	吴东江	大连理工大学
基于聚合物刷的纳米网络结构聚苯乙烯及其炭材料的可控制备与性能研究	吴丁财	中山大学
碳纳米管在生物可降解高分子不相容共混体系中的界面分布及其对共聚物制备的控制	吴德峰	扬州大学
聚合物挤出微压印过程表面微结构成型机理的研究	吴大鸣	北京化工大学
采用稀土和其他氧化物复合添加剂大幅度提高高铝工业陶瓷耐磨性机理研究	吴伯麟	桂林理工大学
高熵合金形成的热力学原理和成分设计新方法探索	吴　波	福州大学
纳米相表面修饰多尺度孔隙结构骨再生支架研制	翁　杰	西南交通大学
石墨烯材料的储锂机制	闻　雷	中国科学院金属研究所
退火孪晶界面及其数量对 FeMnSi 基合金形状记忆效应的影响及控制	文玉华	四川大学
微合金钢连铸过程铸坯表层原始奥氏体晶粒细化研究	文光华	重庆大学
聚氯代二甲苯薄膜聚集态结构及高温演变行为	温茂萍	中国工程物理研究院化工材料研究所
Si_3N_4 纳米带的结构改性及在场效应晶体管上的应用基础研究	温广武	哈尔滨工业大学
钛合金焊接热影响区组织性能多层次模拟和预测方法研究	魏艳红	南京航空航天大学
超薄不锈钢基板超精密化学机械抛光方法和机理研究	魏　昕	广东工业大学

续表

项目名称	项目负责人	依托单位
基于电阻率法的水泥基材料的水化机制与收缩性能研究	魏小胜	华中科技大学
基于有机溶胶-凝胶法的超滤炭膜制备及孔结构控制研究	魏　微	北京联合大学
蓝光激发 SbTe 基半导体薄膜材料光学非线性效应诱导的亚波长光斑形成特性与纳米光刻应用的基础研究	魏劲松	中国科学院上海光学精密机械研究所
介孔炭/纳米二氧化锰电极制备及其原位吸附电降解有机污染物	魏　杰	苏州科技学院
连续制备大面积优质碳纳米管薄膜及其异质结太阳能电池的应用研究	韦进全	清华大学
$CaO-MgO-SiO_2-H_2O$ 体系中 MgO、CaO 与 SiO_2 的反应机制、调控及硅酸钙镁复合胶凝材料的研究	韦江雄	华南理工大学
冶金硅熔析结晶分离 B/P/金属等典型杂质技术基础	王　志	中国科学院过程工程研究所
全聚酰亚胺复合材料的研究	王　震	中国科学院长春应用化学研究所
微波电磁场中石墨烯-镍酸镧复合薄膜的低温结晶化及其导电性的研究	王占杰	中国科学院金属研究所
具有增强吸收特性的有机光伏受体材料	王　悦	吉林大学
过渡金属硫属半导体异质结材料的液相合成、结构调控与发光性能研究	王元生	中国科学院福建物质结构研究所
高强度钢材钢结构的脆性断裂机理和抗断设计理论研究	王元清	清华大学
基于膜乳化技术的均一、智能 IPN 微球的构建和应用	王玉霞	中国科学院过程工程研究所
ZrC 基陶瓷中纳米相的析出行为与机理及对性能的影响	王玉金	哈尔滨工业大学
介导神经定向再生的 n-HAP/PRGD/PDLLA 支架材料研究	王友法	武汉理工大学
第二组分引导聚丙烯退火过程中微纳米结构演化及其增韧机理	王　勇	西南交通大学
先驱体原位成形法制备 SnO_2/SiC 超细气敏纤维研究	王应德	中国人民解放军国防科学技术大学
基于临近空间环境的超高温陶瓷基复合材料优化研究	王一光	西北工业大学
石墨烯增强/韧 Al 基块体非晶及其复合材料的制备及力学行为的研究	王　艳	济南大学
激光直接熔积成型高 SnO_2 浓度银基触点材料的电弧侵蚀行为	王亚平	西安交通大学
非晶合金不等厚壳体零件热态微冲锻成形工艺与机理	王新云	华中科技大学
AlH_3 与 $LiBH_4$ 的相互作用及其复合物的储氢机制研究	王新华	浙江大学
第二相粒子尺度对电极材料抗电弧烧蚀性能的影响及其机理的研究	王新刚	长安大学
磷酸镧微观形貌多样性与其结构特征及光谱特征的对应关系研究	王　昕	中国海洋大学
石墨烯/碳洋葱插层复合薄膜结构调控对电容增强效应的影响	王晓敏	太原理工大学
预拉伸聚电解质刷纳米平台原位无电沉积金属薄膜法制备高导电率弹性导体	王晓龙	中国科学院兰州化学物理研究所
含酸性气体的多相流对集输管材的诱导电化学腐蚀机理及预测研究	王　霞	西南石油大学
低氟高性能化含氟聚氨酯的合成及其表面结构控制	王　霞	上海理工大学
强剪切熔体处理对压铸镁合金组织和性能优化机理	王西涛	北京科技大学
过渡金属掺杂 AlN 单晶生长与物性研究	王文军	中国科学院物理研究所
半 Heusler 合金型拓扑绝缘体材料的制备和物性研究	王文洪	中国科学院物理研究所
大气压均匀介质阻挡放电等离子体辅助高能球磨制备 AlN 的机理研究	王文春	大连理工大学
面心立方金属三叉晶界中小变形及其退火行为研究	王卫国	山东理工大学
金属非晶的不均匀性研究	王伟民	山东大学
有机/碳低维杂化光电材料和器件	王　帅	华中科技大学
液晶-自旋交叉新型分子材料的设计合成与性质研究	王　石	南京邮电大学
在盐酸溶液中纳米晶 304 不锈钢表面形成稳定氧化膜机理	王胜刚	中国科学院金属研究所

续表

项目名称	项目负责人	依托单位
金属支撑 SOFC 多孔复合电极化学浸渗制备及性能研究	王绍荣	中国科学院上海硅酸盐研究所
超高精度力传感器的研究	王秋晓	重庆大学
大块金属玻璃室温屈服前的滞弹性形变行为及其微观机理研究	王　庆	上海大学
强电场作用下陶瓷/金属扩散连接界面反应及机理	王　清	哈尔滨工业大学
基于"团簇加连接原子"模型的低弹性模量 beta-Ti 固溶体合金成分设计	王　清	大连理工大学
强磁场下共晶合金凝固界面前沿溶质迁移行为与界面形态转变机制	王　强	东北大学
强磁场处理铜铝冷轧复合薄带界面形态演化规律及其与组织性能相关性研究	王　平	东北大学
连铸过程铸坯表面氧化铁皮生成机制及其对传热影响的研究	王　楠	东北大学
应变 Si_yC_{1-y}/高 k 栅介质界面控制及电学特性研究	王　玫	北京航空航天大学
$LiFePO_4$ 正极材料的微波合成机理及微波等离子改性研究	王　琳	武汉理工大学
双相不锈钢等离子体表面改性及其耐海洋环境腐蚀与磨损性能研究	王　亮	大连海事大学
基于柠檬酸的小口径血管材料的合成及其功能化表面构建	王连永	南开大学
电场下镍基高温合金晶界结构演化与溶质迁移行为及控制	王　磊	东北大学
冷轧铁素体不锈钢表面皱折形成机理及控制研究	王均安	上海大学
叶序排布超硬磨料砂轮的磨削机理研究	王　军	沈阳理工大学
新型半刚性钢管混凝土组合框架的破坏机理和抗震设计对策	王静峰	合肥工业大学
镁合金中孪生的晶粒尺寸效应及屈服机制转变研究	王经涛	南京理工大学
等离子体聚氧乙烯功能化薄膜的合成及其抗生物粘附特性研究	王　进	西南交通大学
树枝形阻燃抑烟层状硅酸盐的结构设计、可控制备及应用	王锦成	上海工程技术大学
低温下超疏水、低黏附高分子防结冰材料的构筑和表征	王健君	中国科学院化学研究所
纳米多孔结构金属镍膜的电化学制备、表面修饰及其赝电容性能	王建明	浙江大学
陶瓷基空心复相微珠的燃烧合成及其吸波特性研究	王建江	中国人民解放军军械工程学院
蓄热功能化氧载体构筑及其在化学链燃烧中的氧传递机理与吸放热特性	王　华	昆明理工大学
高压凝固大固溶度超饱和固溶体生长界面稳定性与相转变机制研究	王宏伟	哈尔滨工业大学
耐超高温 ZrCB 与 ZrCSi 陶瓷先驱体合成、组成结构调控及陶瓷化机理研究	王　浩	中国人民解放军国防科学技术大学
超音速等离子喷涂再制造涂层的结合失效行为与机理研究	王海军	中国人民解放军装甲兵工程学院
等离子熔积-微连铸连轧复合直接精确成形高性能零件	王桂兰	华中科技大学
纳米碳杂化物负载氨基蒽醌超分子聚合物的可控制备及电化学特性研究	王庚超	华东理工大学
非晶合金非连续性塑性变形动力学过程研究	王　刚	上海大学
非水反应类高聚物注浆材料对土体作用机理研究	王复明	郑州大学
钢中硫化物的形成机理与控制研究	王福明	北京科技大学
原位自生硬韧双相强韧化 Al_2O_3/TiAl 复合材料及其协同效应机理分析	王　芬	陕西科技大学
液相分离诱发晶体/非晶自包裹复合材料的设计、组织控制与形成机理研究	王翠萍	厦门大学
反钙钛矿结构化合物的磁结构解析及其"晶格-自旋"的相互作用机制	王　聪	北京航空航天大学
基于双炭电极的"离子插层"电池/电容器体系基础研究	王成扬	天津大学
水热合成型固井材料体系及其高温固化机理研究	王成文	中国石油大学(华东)
滞回特性小的超磁致伸缩合金 Tb-Dy-Ho-Fe 系相图与合金的制备及其磁性研究	王博文	河北工业大学
纤维增强复合材料嵌入式加固混凝土结构的受弯性能	王　勃	吉林建筑工程学院

续表

项目名称	项目负责人	依托单位
铜互连用界面扩散阻挡层的材料设计及其服役效能的研究	汪渊	四川大学
高热稳定性可溶聚酰亚胺液晶垂直取向材料的分子设计和制备	汪映寒	四川大学
基于无机壁材微胶囊相变材料的自组装制备及其机理研究	汪晓东	北京化工大学
活性富铝合金水解反应机理的研究	汪　伟	中国科学院金属研究所
仿生聚合物基双疏耐磨复合涂层的构建、微结构及摩擦学性能研究	汪怀远	东北石油大学
低导热、高强度多孔陶瓷材料的结构调控、制备及性能	汪长安	清华大学
医用钛合金切削氧化膜形成机理及其耐腐蚀性研究	万　熠	山东大学
片状纳米羟基磷灰石基因载体的设计与制备及其几何学效应研究	万怡灶	天津大学
孔径单分散高分子分离膜的制备及结构调控研究	万灵书	浙江大学
MnFeCu 反铁磁高温记忆合金中马氏体相变及其逆相变的相场模拟和实验研究	万见峰	上海交通大学
陶瓷材料界面高温服役性能研究和界面抗疲劳特征	万德田	中国建筑材料科学研究总院
新型磁流变弹性体智能材料器件及在升船机地震鞭梢效应控制中的应用	涂建维	武汉理工大学
高碱度、高 Al_2O_3 的 $CaO-Al_2O_3-SiO_2-MgO-Na_2O-TiO_2$ 渣系的物化及热力学性质研究	佟志芳	江西理工大学
大形变 Bi 基拓扑绝缘体的微结构与热电性能	田永君	燕山大学
高电致应变介电弹性体的制备、电机性能及其偶合机理	田　明	北京化工大学
DAST 晶体及其衍生物的原料合成提纯、生长与性能研究	滕　冰	青岛大学
梯度纳米晶铜拉伸变形及其机理研究	陶乃镕	中国科学院金属研究所
硅微结构疲劳失效的分子动力学模拟研究	陶俊勇	中国人民解放军国防科学技术大学
掺杂局域共振态效应结合原位相分离纳米结构提高 $Mg_2Si_{1-x}Sn_x$ 基材料热电性能研究	唐新峰	武汉理工大学
非稀土离子激活的 B-N 体系荧光粉研究	唐成春	河北工业大学
钛合金表面梯度改性层接触疲劳磨损行为及其对应组织演化	唐　宾	太原理工大学
基于醇溶性过渡金属螯合物修饰层的反向结构聚合物太阳电池	谭占鳌	华北电力大学
阳离子季铵盐/两性磷脂聚合物构建抗菌、防污生物材料表面的研究	谭　鸿	四川大学
用于二氧化碳捕获与封存的微孔聚合物材料	谭必恩	华中科技大学
PEM 燃料电池垫片的损伤机理和寿命预测技术研究	谈金祝	南京工业大学
液相法制备钒酸铋光催化剂及其光催化活性增强机理的研究	谈国强	陕西科技大学
Ni-9.3at.%W 合金基带织构转变及形成机理研究	索红莉	北京工业大学
反钙钛矿结构铬基化合物的物性研究与功能属性探索	孙玉平	中国科学院合肥物质科学研究院
重载高效钢背/复合材料衬层传动螺旋副基础理论研究	孙友松	广东工业大学
登月设备太阳电池阵静电防护技术研究	孙永卫	中国人民解放军军械工程学院
新型医用亚稳 β 钛合金中热诱发及应力诱发结构变化的电子显微学研究	孙威	北京工业大学
手性响应的新型智能生物界面材料及应用	孙涛垒	武汉理工大学
石墨烯/氧化镍高比能量非对称电容器关键材料的宏量制备及储能机理研究	孙　静	中国科学院上海硅酸盐研究所
高温质子交换膜燃料电池性能衰减机理研究	孙　红	沈阳建筑大学
低银无铅微焊点多场耦合服役下界面演化及损伤机理	孙凤莲	哈尔滨理工大学
有机氟硅水性聚氨酯的 click 化学合成及其在环保阻燃涂层材料中的协同增效研究	孙道兴	青岛科技大学
300 级面板坝筑坝材料的渐近状态颗粒破碎本构模型研究	孙大伟	三峡大学

续表

项目名称	项目负责人	依托单位
新型抗硫抗积碳中低温固体氧化物燃料电池阳极材料研究	孙春文	中国科学院物理研究所
聚乙撑二氧噻吩/多巴胺共修饰神经微电极在治疗帕金森病中的应用基础研究	随　力	上海理工大学
永磁材料团簇结构与磁性能研究	隋延力	北京科技大学
恶劣环境与荷载作用下 FRP 约束混凝土柱的应力-应变本构关系研究	隋莉莉	深圳大学
材料中周期层片结构的热力学与动力学研究	苏旭平	常州大学
全面考虑次内力的预应力型钢混凝土结构设计理论研究	苏小卒	同济大学
高强钢组合偏心支撑钢框架抗震性能研究	苏明周	西安建筑科技大学
基于未来聚变堆大电流超导接头关键科学问题研究	宋云涛	中国科学院合肥物质科学研究院
高速重载铁路无缝钢轨斜焊接面动态力学解析及最佳焊接技术的研究	宋玉泉	吉林大学
顶部籽晶熔盐法生长 GaN 单晶	宋友庭	中国科学院物理研究所
镁合金自封孔型微弧氧化膜的封孔机制及其腐蚀失效行为	宋影伟	中国科学院金属研究所
金属纳米粒子在光子晶体中的可控自组装及其在高效检测中的应用	宋延林	中国科学院化学研究所
纳米复相组织结构对硬质合金性能的影响规律及微观机制	宋晓艳	北京工业大学
高强韧、高耐磨不锈轴承钢零件的触变成形及组织性能控制	宋仁伯	北京科技大学
W/WO_3 纳米异质结构的可控制备、生长机理与场发射性能研究	宋　旼	中南大学
微创医疗器械的柔性关节及其传动机理的研究	宋成利	上海理工大学
常压化学气相沉积 Ti 基透明导电氧化物薄膜及其光电性能研究	宋晨路	浙江大学
残余元素 Sn、As、Sb 在钢中异质形核与析出行为的基础研究	宋　波	北京科技大学
Mn 基反钙钛矿结构不同位置取代对磁性和电输运性质的调控研究	宋　波	哈尔滨工业大学
Al_2O_3 和 TiO_x 在 $CaO-CaF_2-SiO_2$ 渣系的热力学研究	束奇峰	北京科技大学
适用于覆冰地区使用的复合绝缘子伞形结构研究	舒立春	重庆大学
基于位移/能量准则的钢框架结构连续倒塌性能评估与控制设计方法研究	舒赣平	东南大学
液态金属中声空化行为的实时研究及超声细化作用机制探讨	疏　达	上海交通大学
真空电弧钢铁表面除鳞中的电弧特性及其对除鳞性能的影响	史宗谦	西安交通大学
基于硅模具的非晶合金三维微纳结构可控制备研究	史铁林	华中科技大学
高效 NO 吸附性能的 MOFs 制备及低温 SCR 催化性能	石　勇	大连理工大学
船体外板焊接变形激光热力矫正机理与精度控制研究	石永军	中国石油大学(华东)
300 米水深药芯焊丝水下焊接冶金及电弧特性的基础研究	石永华	华南理工大学
镥硅复合氧化物闪烁陶瓷的制备科学基础和光学性能调控	施　鹰	上海大学
固废基地聚合物铝硅相溶出聚合及自固封重金属机制研究	施惠生	同济大学
具有稳定共连续结构聚合物合金的制备及相态形成机理	施德安	湖北大学
新型冷弯厚壁型钢构件设计基本理论研究	沈祖炎	同济大学
$Ce_xNi_{1-x}MnO_3/SiO_2$/堇青石的材料结构与 VOCs 催化燃烧活性的研究	沈树宝	南京工业大学
曲面液膜在液滴撞击下的动力学与换热特征研究	沈胜强	大连理工大学
缆索截面非线性静动力弯曲特性试验研究及工程应用	沈锐利	西南交通大学
高 Nb-TiAl 多元合金在籽晶法电磁无接触定向全片层组织制备中相的选择与生长机理	沈　军	西北工业大学
微缺陷诱发致 PEO 过程陶瓷层击穿阻抗平衡调控与机理	沈德久	燕山大学
正交异性钢板-薄层活性粉末混凝土新型组合桥面结构研究	邵旭东	湖南大学

续表

项目名称	项目负责人	依托单位
石墨烯/铜基电接触材料的制备及其性能研究	邵　鑫	聊城大学
低碳高效合成纺丝级聚乳酸的方法及机理的研究	邵惠丽	东华大学
基于建筑内表调温/调湿材料的复合机理及节能技术研究	尚建丽	西安建筑科技大学
高分子共混材料的分子链聚集态结构对粘弹弛豫及相分离的影响机制	上官勇刚	浙江大学
高硅钢超薄带非对称轧制晶体塑性与织构控制研究	沙玉辉	东北大学
高温抗氧化 $Mo(Si,Al)_2/(Cr+Si)$ 复合涂层引起 Nb-Si 基合金力学性能退化的机理研究	沙江波	北京航空航天大学
纳米无机粒子对取向聚合物材料结构调控和性能影响的研究	阮文红	中山大学
基于生物纳米粒子的新型骨再生修复材料的制备及其生物活性作用研究	容建华	暨南大学
新型磷灰石结构硅酸镧氧离子导体制备及性质探索研究	任志华	青岛科技大学
国产高速铁路用车轮钢断裂及高速加载韧脆转变机理	任学冲	北京科技大学
磷酸铵镁(MAP)热解产物循环沉氨处理氨氮废水新技术基础研究	任洪强	南京大学
层状结构铝基复合材料近终形制备技术基础的研究	曲选辉	北京科技大学
等离子体引发高分子电致发光材料表面功能化研究	区琼荣	复旦大学
钢管混凝土核心柱组合桥墩的抗震性能研究	邱文亮	大连理工大学
碳纳米管/碳纤维协同强韧双马来酰亚胺树脂复合材料的构筑及机理研究	邱　军	同济大学
泡沫钛合金制备过程稀土掺杂机理及数值模拟	邱贵宝	重庆大学
可降解生物医用玻璃的有机无机杂化增韧	邱　东	中国科学院化学研究所
碳/碳复合材料膺复体仿生喉气管重建动物模型建立	秦　永	北京大学
POSS 纳米杂化环氧-氰酸酯/碳纤维复合材料构筑及其抗空间环境损伤机理研究	秦　伟	哈尔滨工业大学
高导热氮化铝(AlN)陶瓷近净成形的相关基础问题	秦明礼	北京科技大学
短流程铸挤成形 Mg-Zn 基镁合金线材的合金相图、组织控制与力学性能	秦高梧	东北大学
Ni-Si(-C)合金与碳化硅的非反应润湿与界面结合机理	乔冠军	西安交通大学
单晶硅表面摩擦诱导化学磨损的行为、机理及控制研究	钱林茂	西南交通大学
用同步辐射 X 射线 CT 技术研究高锰奥氏体 TWIP 钢疲劳裂纹三维扩展的机理	钱立和	燕山大学
成分和应力调控的 Bi 系薄膜微结构对超导性能影响研究	祁　阳	东北大学
可聚合两亲性大分子和疏水单体原位共聚接枝碳纳米材料及其应用	彭　懋	浙江大学
驱动有机发光二极管阵列的金属氧化物薄膜晶体管有源材料研究	彭俊彪	华南理工大学
双磁性相纳米颗粒膜的可控制备及其高频性能的研究	彭栋梁	厦门大学
席夫碱配合物及具有可控结构的聚乳酸的合成与性能研究	庞烜	中国科学院长春应用化学研究所
ZnO 低维结构的稀土离子掺杂及其高压物性研究	潘跃武	徐州工程学院
生物固定型人工关节的构建及环境疲劳与断裂机理研究	潘育松	安徽理工大学
新型紫外非线性光学材料 K3B6O10Cl 的研究	潘世烈	中国科学院新疆理化技术研究所
钢筋混凝土框架-摇摆墙新型结构体系研究	潘　鹏	清华大学
微纳米金属玻璃纤维力学性质的尺度效应及功能特性研究	潘明祥	中国科学院物理研究所
中 B 含量 $Nd_2Fe_{14}B/Fe_3B$ 型合金熔体过热铜模喷-吸铸的组织演变及凝固特性	潘　晶	宁波大学
一系列新颖的半导体合金纳米晶的制备及其光伏应用	潘道成	中国科学院长春应用化学研究所
残余应力促进不锈钢点蚀的微观机制研究	牛　林	山东大学

续表

项目名称	项目负责人	依托单位
废白土制备膨润土/活性炭复合材料处理高浓度有机废水的研究	牛春革	新疆大学
980nm 高效率垂直腔面发射激光材料结构设计生长与器件研制	宁永强	中国科学院长春光学精密机械与物理研究所
有机纳米改性疏水镍钛形状记忆合金的研究	聂 琼	北京大学
聚功能化离子液体固体电解质的制备与性能	聂进	华中科技大学
外包钢板-混凝土组合剪力墙受力性能研究	聂建国	清华大学
Nb:TiO_2室温铁磁性机理及其自旋极化输运与调控的研究	聂家财	北京师范大学
用固体超分子单茂铬催化剂合成超高分子量聚乙烯研究	母 瀛	吉林大学
金属板材高能率成形的动力学行为研究	莫健华	华中科技大学
真空微细电铸制造技术电极过程液相传质机理研究	明平美	河南理工大学
一维管状巨热金属氧化物材料的热电物性研究	苗 蕾	中国科学院广州能源研究所
反应溅射 Fe_4N 薄膜的自旋极化率、自旋注入和磁电阻效应研究	米文博	天津大学
镁合金阻尼力学行为及减振特性研究	米 林	重庆理工大学
低介电超支化环氧材料的可控制备及结构与性能关系的研究	孟 焱	北京化工大学
超窄滞后 Ti-Ni-Cu-X(X=Pd, Pt, Au)记忆合金薄膜的马氏体相变与记忆效应稳定性机理研究	孟祥龙	哈尔滨工业大学
电场辅助、沟槽引导一维金属纳米结构的自组装制备	孟祥康	南京大学
铁磁形状记忆合金颗粒对触点材料燃弧性能影响的研究	孟凡斌	河北工业大学
SiC 一维纳米材料的掺杂和修饰改性及其场发射性能研究	孟阿兰	青岛科技大学
可交联单体改善热塑性复合材料成型工艺性与性能的研究	梅启林	武汉理工大学
基于热电材料的层叠阵列型温差发电构件及其半固态粉末微成形理论与方法研究	梅德庆	浙江大学
无取向电工钢磁性能时效机制研究	毛卫民	北京科技大学
高性能填充 β-PP 复合材料的制备原理与技术研究	麦堪成	中山大学
功能表面促进高温 LiBr 溶液降膜流动与吸收特性的强化机理研究	马学虎	大连理工大学
Zr 基非晶合金铸造过程的熔体传热、流动与充型研究	马明臻	燕山大学
尖晶石铁氧体微结构对臭氧催化分解有机物效能影响	马 军	哈尔滨工业大学
硅基和锗基笼合物热电材料的高压制备与性能优化	马红安	吉林大学
羟基磷灰石自组装结构的合成及生长机理研究	马国斌	南京大学
锌的气相催化对金属复合镁碳材料原位反应的影响机理	马成良	郑州大学
PbTe-SrTe-M_2Te(M=Na, K)赝三元系相关系及微结构研究	骆 军	中国科学院物理研究所
熨压加工表面纳米晶和织构形成机理及其对表面完整性的影响	骆红云	北京航空航天大学
基于“剩余强度”热损伤模型的钢筋混凝土结构抗火能力研究	罗迎社	中南林业科技大学
离子印迹磁性纳米材料选择性净化重金属废水作用机理研究	罗旭彪	南昌航空大学
利用落管研究微重力条件下镍基单晶高温合金凝固组织及缺陷形成机理	罗兴宏	中国科学院金属研究所
钢筋混凝土结构抗震耐久性研究	罗小勇	中南大学
纳米材料的吉布斯自由能计算及其热力学特性预测	罗文华	湖南理工学院
考虑颗粒破碎下粒状材料的动力临界状态本构模型	罗 汀	北京航空航天大学
钢/泡沫铝/钢复合大规格泡沫夹心板的制备基础研究	罗洪杰	东北大学
绿色窄带隙纳米晶的可控合成及与聚合物复合太阳能电池研究	栾伟玲	华东理工大学
初始取向对锆合金变形行为及变形机制的影响	栾佰峰	重庆大学

续表

项目名称	项目负责人	依托单位
纳米金属液滴表面/界面结构及对结晶过程的影响	吕勇军	北京理工大学
Pt/(CdS-CdSe)共修饰 TiO_2 纳米管阵列薄膜的制备与光催化性能研究	吕　珺	合肥工业大学
离子自组装构筑可调控发光液晶薄膜材料	路庆华	上海交通大学
基于纳米银膏低温烧结的高温高密度热电发电装置界面互联研究	陆国权	天津大学
深过冷三元包晶合金的相选择与组织形成机制研究	鲁晓宇	西北工业大学
高能高应变率金属板料超声喷丸成形的基础研究	鲁世红	南京航空航天大学
受控摇摆式钢筋混凝土框架抗震性能研究	鲁　亮	同济大学
超薄金属双极板的树状分形表面成形机理研究	鲁聪达	浙江工业大学
PPS/PMVS 熔融共交联结构的形成及与性能的关系	芦艾	中国工程物理研究院化工材料研究所
微观相场研究镍基合金温变形的动态沉淀先期相及其传递效应	卢艳丽	西北工业大学
磁/电场诱导复合胶体光子晶体的结构调控及其磁/电响应性能研究	卢学刚	西安交通大学
金属表面高分子薄膜的非线性光谱研究	卢晓林	浙江理工大学
悬浮于透析液中的磁性微米颗粒流动特性及对尿素等分子吸附效率的研究	卢峻峰	中国科学院理化技术研究所
石墨烯片层的空化剥离、结构演化及界面修饰	卢红斌	复旦大学
高强度稀土镁合金在月球探测器上应用的基础性研究	卢　晨	上海交通大学
高结晶度透明微晶玻璃的制备技术与发光性能研究	卢安贤	中南大学
溶解氧影响锆合金腐蚀的规律及机理研究	龙冲生	中国核动力研究设计院
$Ga_{2-x}Fe_xO_3$ 的多晶型及相应磁有序结构研究	柳忠元	燕山大学
纳米层状电极材料的纳米层结构调控及电容性能研究	刘宗怀	陕西师范大学
直接铸造纳米晶稀土永磁及磁场和热变形诱导组织与磁各向异性	刘仲武	华南理工大学
Al-Cu-Mg 合金抗疲劳的溶质原子团簇尺寸效应机理	刘志义	中南大学
新型磷光材料的设计合成及其作为主体材料的电致发光性能研究	刘　宇	吉林大学
金属硼氢化物基复合储氢材料的成分、结构及其储氢特性	刘永锋	浙江大学
钕铁硼氢歧化物在热压变形下的脱氢重组行为及磁各向异性研究	刘　颖	四川大学
宽温度范围混杂润滑模式中高铼酸盐添加剂作用机制探索	刘阳	中国科学院金属研究所
常关型宽禁带氮化镓 MOS 场效应晶体管的研究	刘　扬	中山大学
难加工金属线材半无模拉拔成形技术及相关基础研究	刘雪峰	北京科技大学
白光 LED 用新型 AlON 基荧光体的精细结构、荧光特性及其发光机制研究	刘学建	中国科学院上海硅酸盐研究所
可交联高分子量聚芳醚腈的合成、结构与性能	刘孝波	电子科技大学
Mo-RE-$MoSi_2$-M-陶瓷梯度结构热障涂层的研究	刘小珍	上海应用技术学院
腐蚀钢筋混凝土材料应变率效应、机理及其多尺度模型研究	刘铁军	哈尔滨工业大学
铋基氧化物异质结构纳米纤维的静电纺丝合成及光催化研究	刘素文	山东轻工业学院
成分偏聚对合金中氦行为的影响	刘　实	中国科学院金属研究所
钡锌铌系微波材料微观晶体缺陷与结构和性能相互作用的机理研究	刘绍军	中南大学
仿珍珠母优异力学性能石墨烯复合材料的可控制备和应用研究	刘璐琪	国家纳米科学中心
导电纤维复合物的微波吸收机理研究	刘凌云	湖北工业大学
不同组织尺度单晶高温合金固溶处理过程元素均匀化动力学	刘　林	西北工业大学
高能辐照芳纶纤维结构演化及表面活化协同作用机制研究	刘　丽	哈尔滨工业大学
聚酰亚胺三层纳米复合薄膜界面结构及其与耐电晕性能关系研究	刘立柱	哈尔滨理工大学

续表

项目名称	项目负责人	依托单位
多晶硅铸锭定向凝固过程中的氧碳杂质耦合输运机理及控制	刘立军	西安交通大学
新型定向凝固共晶氧化物陶瓷 Al_2O_3/$MgAl_2O_4$制备过程的研究	刘俊成	天津工业大学
用物理和化学方法制备石墨烯/高分子纳米复合材料及其导电性的研究	刘敬权	青岛大学
超高强钢应力腐蚀裂纹萌生与演变机制研究	刘建华	北京航空航天大学
基于原位析出纳米颗粒的均相纳米电子浆料制备技术与应用基础研究	刘建国	华中科技大学
无定形 Al_2O_3-SiO_2/莫来石晶须软陶瓷设计及其塑性变形机制	刘家臣	天津大学
高固含量低粘度 SiC 稳定浆料的制备及形成机理研究	刘惠涛	烟台大学
量子点修饰 TiO_2纳米管阵列光电极制备及其可见光下催化性能与机理研究	刘惠玲	哈尔滨工业大学
Bi 基低维热电材料的结构设计与性能优化	刘惠军	武汉大学
钛合金与纯金属间界面反应的实测及热力学、动力学解析	刘华山	中南大学
超导磁约束聚变装置用陶瓷基绝缘子材料及低温性能研究	刘华军	中国科学院合肥物质科学研究院
基于 $La_{1-x}Sr_xMnO_3$的多功能纳米粒子的制备和性质研究	刘红玲	河南大学
氮化硼纳米管增韧陶瓷刀具及其高效切削性能研究	刘含莲	山东大学
光催化材料中载流子体相择优迁移方向与活性晶面匹配性研究	刘　岗	中国科学院金属研究所
基于临界面理论的海洋工程复杂焊接结构多轴疲劳损伤评估方法研究	刘刚	大连理工大学
微合金化 Al-Cu-Sc 合金的多重强化和多尺度断裂行为研究	刘　刚	西安交通大学
面心立方金属高温疲劳蠕变损伤与晶界结构的相关性研究	刘　峰	辽宁石油化工大学
含氮纳米层次结构碳材料的可控制备及其超级电容器储能机理	刘恩辉	湘潭大学
钛合金等离子表面合金化与形变强化协同抗微动疲劳的机制研究	刘道新	西北工业大学
精细界面结构石墨烯基复合物/二氧化钛纳米管阵列功能材料及降解有机污染物的机理研究	刘承斌	湖南大学
碳纳米管高分子复合材料中的电热相互作用及应用研究	刘长洪	清华大学
球形炭硅复合气凝胶结构的定向控制及其对二氧化碳吸收吸附耦合捕集行为的研究	凌立成	华东理工大学
CCTO 薄膜非匀质微结构与巨介电特性的关联性研究	林　媛	电子科技大学
新型轻质高温 γ_1+γ 双相 TiAl-Nb 金属间化合物的强韧化机制	林均品	北京科技大学
以钆基化合物为工质的磁制冷循环性能特性的研究	林国星	厦门大学
微波调谐交替掺杂钛酸锶钡薄膜设计及相变机制研究	廖家轩	电子科技大学
染料敏化太阳能电池光阳极结构的仿生设计与可控制备	廖广兰	华中科技大学
负载型纳米硫化物/层状化合物异质结的制备及其光催化制氢的基础研究	梁英华	河北联合大学
白光 LED 用高光效 Re^{3+}:$(Y/Gd)_3(Al/Ga)_5O_{12}$荧光晶体的制备及发光性能研究	梁晓娟	温州大学
Ti_2AlNb 合金表面等离子渗 Al 层相结构及其抗高温氧化机制	梁文萍	南京航空航天大学
镁铝复合板的拉深成形行为及其变形微观机制	梁伟	太原理工大学
钨钛(10-30wt% Ti)合金的微观组织调控	梁淑华	西安理工大学
先进树脂基透波复合材料界面结构的控制及介电性能的研究	梁国正	苏州大学
高分子/无机复合 Janus 纳米片可控制备与性质研究	梁福鑫	中国科学院化学研究所
太阳能电池用光转换纳米复合材料的研究	连洪洲	中国科学院长春应用化学研究所
激光熔覆超高强韧贝氏体涂层的纳米结构调控与性能研究	李铸国	上海交通大学
多孔介质材料高速吸能特性与防冲支护技术研究	李忠华	辽宁工程技术大学

续表

项目名称	项目负责人	依托单位
杜仲胶的橡塑合金形态及沥青改性机理研究	李志刚	中国人民解放军理工大学
高 Tc 无铅 PTC 热敏陶瓷的优化与导电机理	李志成	中南大学
聚变堆偏滤器 W/ODS 铁素体钢制造关键技术及机理研究	李争显	西北有色金属研究院
新型耐高温无机掺杂聚酰亚胺的分子设计及结构与性能研究	李云涛	西南石油大学
复合材料结构件干涉连接行为及其失效机理研究	李　原	西北工业大学
介孔负载(TiO_{2-x})mp./C 超临界辅助液晶软模板合成和协同光催化性能	李佑稷	吉首大学
反应性橡塑合金中橡胶相玻璃化温度的下降及其与增韧效果的相关性研究	李勇进	杭州师范大学
铌钛酸锂织构化陶瓷微结构及其微波介电可调性研究	李永祥	中国科学院上海硅酸盐研究所
基于环件短流程铸辗复合成形的冶炼、凝固过程工艺研究与质量控制	李永堂	太原科技大学
嵌段共聚物辅助制备 Fe_3O_4/hybrid@ Au 复合颗粒及其 MRI 检测与光热治疗特性研究	李永生	华东理工大学
超声场耦合作用下 C/Al 界面润湿与传质行为	李英龙	东北大学
离子注入对 NiTi 形状记忆合金相变和功能特性影响机制研究	李　岩	北京航空航天大学
微叠层复合材料激光-GMAW 复合焊组织结构与性能的相关性	李亚江	山东大学
由 Janus 胶束构筑具有不对称结构的金属-金属氧化物纳米粒子	李　学	济南大学
新型碱性离聚物材料的制备与结构特性的研究	李秀华	华南理工大学
3d 过渡金属掺杂氮化铜薄膜的制备、性能及应用研究	李兴鳌	南京邮电大学
石墨烯/纳米金属氧化物卷绕式结构的构筑及其复合材料的电化学性能	李新禄	重庆大学
温敏成骨活性水凝胶的设计、构建及其在口腔种植骨增量中的作用研究	李晓东	浙江大学
具有“回音壁”模的 Er/Yb:Lu_2O_3 多晶透明陶瓷微球光学谐振腔的可控尺寸制备及光学性能研究	李晓东	东北大学
高性能 WC-增韧 Ni_3Al 硬质合金的强外场耦合烧结机理及制备技术研究	李小强	华南理工大学
强静磁场作用下二元共晶形态演化及生长机制的研究	李　喜	上海大学
强制对流条件下 Mo-Ni-B 三元硼化物陶瓷增强相的原位合成与非平衡凝固	李文戈	上海海事大学
碳纳米管/泡沫炭复合材料制备、结构及增强机理	李铁虎	西北工业大学
Si 衬底半极性和非极性 GaN 基材料生长及 LED 研制	李述体	华南师范大学
大直径超薄 SiC 单晶片高速-超声切割机理及参数控制	李淑娟	西安理工大学
多级中微孔锆铝氧化物(分子筛)的合成及其性能研究	李瑞丰	太原理工大学
Mg-Gd-Y-Sm-Zr 系镁合金抗拉强度反常温度效应机理研究	李全安	河南科技大学
超声波雾化施液技术超精密抛光硬脆晶体研究	李庆忠	江南大学
厘米级大尺寸三维胶体单晶的制备和机理研究	李青松	中国石油大学(华东)
助熔剂法生长 MPB 组分 PLZST 弛豫反铁电单晶过程中的组份分凝与自发形核调控机制研究	李　强	清华大学
基于晶体塑性的钛合金形变-相变耦合机理及模拟研究	李　萍	合肥工业大学
纳米制冷剂蓄冷材料制备及其水合相变过程机理研究	李　娜	西安交通大学
Sn 基钎料/Cu 焊点界面单晶 Cu_6Sn_5 形态及其固态相变机理研究	李明雨	哈尔滨工业大学
溶液晶体生长相界面对流输运对晶体表面形貌的影响研究	李明伟	重庆大学
低温室效应工质 HFO1234ze 及其与 R32 混合物的换热机理与系统运行特性研究	李敏霞	天津大学
碳纳米管基复合相变材料的结构特性、改性机理及其在水泥中的应用基础研究	李　敏	东南大学
纳米粒子辅助刻蚀与等离激元增强硅太阳电池微纳结构研究	李美成	华北电力大学

续表

项目名称	项目负责人	依托单位
混合型稀土精矿中氟碳铈矿与独居石矿的的化学解离法分离及其基础研究	李　梅	内蒙古科技大学
光纤激光液态填充焊的熔丝机制与熔池流动行为研究	李俐群	哈尔滨工业大学
氢化燃烧合成与机械球磨复合制备镁基储氢合金氢化物水解释氢特性及其机理研究	李李泉	南京工业大学
N-烃基马来酰胺酸根稀土配合物的设计与制备及对 PVC 的热稳定作用研究	李侃社	西安科技大学
毫米级聚丙烯腈基活性炭球的可控制备、表征及其 CO_2 吸附性能研究	李开喜	中国科学院山西煤炭化学研究所
圆锥状 TiB_2 微纳结构的合成机理与分离技术研究	李俊寿	中国人民解放军军械工程学院
具有调幅分解的稀土化合物 RTe-PbTe-(GeTe 或 PbS)赝三元系相关系及热电性能的研究	李均钦	深圳大学
高氮奥氏体不锈钢高温低塑性区形成的微观机制	李静媛	北京科技大学
硫化锡的掺杂改性与纳米复合结构调控及其热电性能研究	李敬锋	清华大学
裂纹在沿晶氧化膜内形核的应力腐蚀新机理	李金许	北京科技大学
$LaNbO_4$ 增韧固体氧化物燃料电池阳极支撑体 NiO-YSZ 复合陶瓷的研究	李　箭	华中科技大学
基于生坯加工的陶瓷三维微细结构的制造方法与基础研究	李剑中	大连理工大学
$CaCu_3Ti_4O_{12}$ 陶瓷介电性能-缺陷结构关联的研究	李建英	西安交通大学
锂离子二次电池锰基高能固溶体正极材料制备与作用机理研究	李建玲	北京科技大学
异质强化形核过程中过冷度与异质相/新相界面行为的相关性	李建国	上海交通大学
基于生物模板剪裁设计的分级多孔氧化物/金属复合材料的控制合成	李　嘉	济南大学
复合稀土层状氢氧化物的可控合成、剥离及透明荧光取向膜的纳米片组装与光学特性	李继光	东北大学
β 相与织构的协同作用对 TiAl 基合金热塑性变形行为的影响机制研究	李慧中	中南大学
热冲压过程中可淬火硼钢的高温形变强化和破裂机理的研究	李辉平	山东大学
等温局部加载下钛合金成形与组织形态演化的定量关联机制	李宏伟	西北工业大学
基于直接还原法的高铁铝土矿铁铝分离的基础研究	李光辉	中南大学
导电聚合物/过渡金属氧化物复合纳米管阵列的可控合成及其在超级电容器中的应用	李高仁	中山大学
预应力混凝土构件的腐蚀疲劳损伤行为与时变抗力预计	李富民	中国矿业大学
TIG 电弧辅助激光熔注陶瓷颗粒与液态铝相互作用机制	李福泉	哈尔滨工业大学
硫微孔的限域效应及锂硫电池用碳/硫复合电极材料	李　峰	中国科学院金属研究所
窄带隙小分子液晶驱动 ZnO/P3HT 调控杂化本体异质结微观结构及光伏性能	李　璠	南昌大学
大型钛合金薄壁件数控热拉伸蠕变复合精确成形技术研究	李东升	北京航空航天大学
基于变容真空室动态呼吸的镁铝合金熔体含氢量快速检测方法	李大勇	哈尔滨理工大学
基于多晶体弹塑性本构模型的镁合金板材成形极限研究	李大永	上海交通大学
介电氧化物/碳包裹铁磁金属纳米胶囊复合物的制备及其微波吸收性能调控	李　达	中国科学院金属研究所
基于天然棉纳米纤维的一维功能纳米材料的制备及性能研究	李超荣	浙江理工大学
难加工金属材料热辊温轧工艺基础研究	李长生	东北大学
分子印记技术目视比色法三聚氰胺光学传感材料的制备	李　斌	中国科学院长春光学精密机械与物理研究所
热成形模具抗疲劳失效的表面喷丸强化机理研究及控制	雷丽萍	清华大学
飞秒激光制备紫外-太赫兹超宽电磁波段吸波金属材料的研究	兰　胜	华南师范大学
复杂金属箔板件精密成形机理与技术基础研究	兰　箭	武汉理工大学

续表

项目名称	项目负责人	依托单位
高密度、快衰减非对称体系闪烁透明陶瓷的制备和性能研究	寇华敏	中国科学院上海硅酸盐研究所
汽油脱硫用共聚膜材料微相分离结构与渗透汽化性能关系研究	孔瑛	中国石油大学(华东)
聚羧酸高分子减水剂的分子结构、水泥浆体微结构发展及其宏观性能	孔祥明	清华大学
电子束退火制备二硼化镁超导薄膜及其微结构的探索研究	孔祥东	中国科学院电工研究所
高效能沸石-聚酰胺纳米复合反渗透膜的设计与制备研究	孔春龙	中国科学院宁波材料技术与工程研究所
铸造镁合金三维枝晶形貌与组织性能研究	荆　涛	清华大学
掺杂 ZnO 纳米晶的可控合成机理与光电性能调控研究	金一政	浙江大学
单相多铁性外延薄膜及其异质结构的光电性能和调控研究	金克新	西北工业大学
影响纳米多孔金属塑性变形的“非尺寸”因素	金海军	中国科学院金属研究所
GHz 波段高导热氮化铝基微波衰减陶瓷的设计与结构优化	金海波	北京理工大学
镂空嵌段共聚物纳米球中金属纳米颗粒的图案化复合	金朝霞	中国人民大学
大口径离轴非球面磁流变和离子束复合短流程加工关键工艺与技术研究	解旭辉	中国人民解放军国防科学技术大学
添加剂对溴化锂溶液表面张力与传递性能的复合效应及其耦合机理研究	解国珍	北京建筑工程学院
II-VI 族纳米同质结可控制备及其光电子器件的研究	揭建胜	苏州大学
微纳介孔催化材料填充/负载轻金属配位 $LiBH_4$ 复合材料吸放氢性能及机理研究	焦丽芳	南开大学
磁回收高效贵金属催化剂的形貌可控制备、离子注入改性研究	蒋昌忠	武汉大学
金属化合物对铸态 Mg-Al 合金晶粒细化的作用机制	蒋　斌	重庆大学
非均相含钛冶金熔渣流变特性及表征方法研究	姜　涛	东北大学
金属液内原位反应合成具有不同形状的纳米尺寸陶瓷颗粒的机制	姜启川	吉林大学
镍基合金热障涂层系统中的界面元素效应及合金优化	江　勇	中南大学
表面修饰对纳米聚合物药物载体细胞毒性影响研究	江　明	华中科技大学
块体非晶合金中的韧脆转变现象与机理研究	江　峰	西安交通大学
双功能介孔 TiO_2 的制备及去除水中 PFOS 机理研究	江　芳	南京理工大学
缺陷和非磁性元素掺杂诱导的氮化镓纳米结构磁性机理及调控研究	简基康	新疆大学
无凝固收缩铝-硅合金的形成规律和细化机理研究	坚增运	西安工业大学
纤维复合材料预制件渗透性能的结构相关性建模与浸润缺陷控制	贾玉玺	山东大学
氢协同掺杂大尺寸功能金刚石单晶的高压合成与性质研究	贾晓鹏	吉林大学
高温还原气氛下固体润滑材料的设计、制备及摩擦学行为研究	贾均红	中国科学院兰州化学物理研究所
激光喷丸对非晶合金室温塑性的影响机制与室温塑性成形	季　忠	山东大学
亲疏水性可调的新型聚乙烯醇缩醛基多孔材料的制备及其性能研究	姬相玲	中国科学院长春应用化学研究所
镍钼矿选择性还原熔炼新工艺研究	霍广生	中南大学
空间飞行器关键材料制备用基于离子注入辐照损伤互不固溶金属扩散合金化机制的研究	黄　远	天津大学
纳米结构铝硅合金中位错源强韧化机制研究	黄晓旭	重庆大学
基于沥青各组分热解动力学特性的复合阻燃技术研究	黄晓明	东南大学
多相流作用下铜合金表层组织演变及腐蚀磨损耦合行为研究	黄伟九	重庆理工大学
多维拓扑结构大分子光电转换材料的设计、合成与性能	黄　维	南京邮电大学

续表

项目名称	项目负责人	依托单位
1-3 型正交异性水泥基压电复合材料的性能及其机理研究	黄世峰	济南大学
ADS 用微波段透明陶瓷的介电损耗机理研究及其微缺陷的多尺度分析	黄　庆	中国科学院宁波材料技术与工程研究所
“内”、“外”双尺度交互作用下金属塑性变形机制研究	黄　平	西安交通大学
单晶基体界面反应及其对微细无铅焊点可靠性的影响	黄明亮	大连理工大学
Cf/SiC 复合材料与钛合金复合扩散钎焊动力学与界面反应研究	黄继华	北京科技大学
异质多层壳包覆磁性金属纳米粒子的可控合成及电磁波响应机理研究	黄　昊	大连理工大学
HfM_xO_y/金属栅界面控制及有效功函数调制机理	黄安平	北京航空航天大学
激光冲击波诱发提高铜纳米薄膜电性能的工艺及机理	花银群	江苏大学
氧化锌纳米线阵列的制备及其在量子点敏化太阳能电池上的应用	胡柱东	中国科学院过程工程研究所
微米尺度金属复合薄膜的微结构设计与力学变形行为的研究	胡文彬	上海交通大学
碳量子点与酞菁特定复合物的可控合成及其光吸收与转化性质的研究	胡胜亮	中北大学
高容量核壳结构纳米硅基锂电负极材料的分子设计及性能研究	胡社军	华南师范大学
NiCrW 高温合金 $Ni_2(Cr,W)$ 超点阵结构相变机制与热稳定性研究	胡　锐	西北工业大学
beta 钛合金中非平衡相稳定性及力学性能的第一原理研究	胡青苗	中国科学院金属研究所
纳米陶瓷表面三维复合润滑结构的设计、制备与摩擦学研究	胡丽天	中国科学院兰州化学物理研究所
金属玻璃液体的强脆转变特性研究及其对应热焓弛豫模型的建立	胡丽娜	山东大学
立方(cubic)-TiB 的合成、晶体结构与物理性能	胡建东	吉林大学
手性聚合物中空纤维膜设计、制备及其对手性药物对映体的拆分	胡继文	中科院广州化学有限公司
高效率、长寿命并网光伏微型逆变器关键技术研究	胡海兵	南京航空航天大学
镧系元素掺杂 $BiFeO_3$ 薄膜铁电与压电各向异性研究	胡广达	济南大学
离子诱导的单相碳化铁化学合成及其磁学与催化性能研究	侯仰龙	北京大学
大幅度提高纳米尺寸 $MnSi_{1.7}$ 的热电功率因子	侯清润	清华大学
面向材料芯片固相反应的微纳粉体脉冲输送中多种微尺度效应耦合机理	侯丽雅	南京理工大学
两维共轭苯并二噻吩类聚合物的分子设计及其在聚合物太阳能电池中的应用	侯剑辉	中国科学院化学研究所
电沉积氧化石墨烯/$ZnO-SnO_2$ 纳米复合膜的光电转换性能	贺蕴秋	同济大学
软磁/反铁磁纳米复合颗粒的制备及高频磁性的调控	贺淑莉	首都师范大学
非晶合金应力诱发微结构演化与塑性关系的研究	贺　林	西安交通大学
微电解池法研究晶界的腐蚀行为和腐蚀机制	贺春林	沈阳大学
大面积阴极等离子电解沉积金属涂层的机理及其涂层特性研究	何业东	北京科技大学
非季铵化阴离子交换复合膜的制备与性能研究	何荣桓	东北大学
浓度梯度掺杂形成方向一致内建场对热电材料 Seebeck 系数非正负对称提高的研究	何琴玉	华南师范大学
锌-铁分离和高铟锌精矿伴生铁制取软磁铁氧体用铁源材料基础研究	何　静	中南大学
耦合热力学和动力学计算的挤压铸造镁合金共晶及析出相的建模与仿真研究	韩志强	清华大学
水处理超滤膜表面抗污聚合物刷薄膜的结构研究	韩志超	中国科学院化学研究所
连铸结晶器保护渣渣膜矿相结构特征及其形成机理研究	韩秀丽	河北联合大学
晶体/非晶纳米层片结构中界面力学耦合强韧化机制	韩秀君	上海交通大学
以氟乙烷为主要组份的新型制冷剂管内沸腾换热与阻力特性研究	韩晓红	浙江大学
单相超堆跺结构 La-Mg-Ni 系合金的制备与电化学性能研究	韩树民	燕山大学

续表

项目名称	项目负责人	依托单位
正极材料磷酸钒锂/碳的合成及电化学性能研究	韩绍昌	湖南大学
铸钢节点环形对接焊缝的疲劳性能试验研究及其热点应力分析	韩庆华	天津大学
纳米合金的形成与相变过程研究	韩　民	南京大学
力和氯离子腐蚀共同作用下钢管混凝土构件工作机理研究	韩林海	清华大学
WEDM 贯通形型腔模具的整体式纳米级表面磁流变抛光方法研究	韩福柱	清华大学
镁锂(Mg-Li)合金力学行为"反常"与塑性失稳	韩恩厚	中国科学院金属研究所
海水泵金属陶瓷离子渗硫原位合成纳米固体润滑膜层研究	韩　彬	中国石油大学(华东)
自感知碳纳米管水泥基复合材料及其在交通参数和结构参数同步探测中的应用	韩宝国	哈尔滨工业大学
激光诱导空化微制造新技术及应用基础研究	郭钟宁	广东工业大学
无铅多元合金焊料的腐蚀和电化学迁移行为与机制研究	郭兴蓬	华中科技大学
钛合金环件径轴向辗轧组织演变机制及形/性一体化调控	郭良刚	西北工业大学
Sn 基无铅焊料电迁移的各向异性研究	郭敬东	中国科学院金属研究所
大型核乏燃料储运容器球墨铸铁材料的断裂韧性及机理	郭二军	哈尔滨理工大学
电纺纤维负载固定化凝血酶用于止血材料的研究	郭朝霞	清华大学
面向太阳能热发电系统的石墨泡沫/共晶盐相变储能机理研究	郭茶秀	郑州大学
交联型超支化聚酰亚胺的设计、合成及光波导性能研究	关绍巍	吉林大学
高压扭转条件下生物镁合金的组织演变和强韧化及均匀降解机制	关绍康	郑州大学
结晶-载带-膜分离工艺去除中低水平放射性废液中的锶铯及机理研究	顾　平	天津大学
非晶陶瓷中纳米尺度亚结构与分相关系的研究	顾　辉	中国科学院上海硅酸盐研究所
二氧化钛基纳滤膜的制备及其分离性能调变	谷景华	北京航空航天大学
纳米微晶纤维素及其橡胶复合材料的制备、结构与性能	古　菊	华南理工大学
聚乳酸/量子点复合多孔支架的制备及其体内活体光学成像研究	龚兴厚	湖北工业大学
新型高性能塑料合金弹性联轴器动/静态行为机理及设计方法研究	龚宪生	重庆大学
Fe-Y-Ti-O 体系相图及 $Y_2Ti_2O_7$ 纳米强化相形成规律、热稳定性研究	龚伟平	惠州学院
镁在超高强度钢中的加压冶金理论和微合金化机理研究	龚　伟	东北大学
基于交换耦合作用有序磁性纳米复合材料的研究	葛洪良	中国计量学院
火花等离子体放电制备高温合金细粉的量产化研究	葛昌纯	北京科技大学
可控氧流电解还原含铁氧化物熔渣的基础研究	高运明	武汉科技大学
基于快速热分析技术的金属熔体凝固亚临界形核特性研究	高玉来	上海大学
超低压等离子沉积新技术制备 YSZ 类柱状晶涂层生长机理研究	高　阳	大连海事大学
二氧化钒基复合薄膜的制备、性能及其在建筑节能领域的应用研究	高彦峰	中国科学院上海硅酸盐研究所
高性能、稳定、易加工的 n-型有机半导体材料的合成及性能研究	高希珂	中国科学院上海有机化学研究所
重复加载环境下不规则外形颗粒材料的累积变形规律研究	高　睿	武汉大学
纳米级羟基稀土化合物与生物炭滤联用还原降解水中高氯酸盐	高乃云	同济大学
火灾作用下型钢混凝土异形柱结构体系抗火、抗震设计理论的研究	高立堂	青岛理工大学
基于汉麻秆芯的新型防化材料及其对化学战剂的自解吸机理	高建民	北京林业大学
钙基吸收剂硫化过程产物层粗糙化定向生长机制研究	高继慧	哈尔滨工业大学
高碳低合金钢中渗碳体/铁素体界面结构与特性的理论预测及实验验证	傅万堂	燕山大学

续表

项目名称	项目负责人	依托单位
新型近红外探测材料碲铟汞晶体表面及其 M/S 界面特性研究	傅　莉	西北工业大学
基于胞外电子转移研究纳米材料与微生物的相互作用	付德刚	东南大学
金属塑性成形模具表面微观织构的主动设计制造及其摩擦和成形机理研究	符永宏	江苏大学
金属@介质纳米核壳结构制备及基于表面等离激元效应的物理特性调控研究	符秀丽	北京邮电大学
高温半透明介质多光谱反演测温方法研究	符泰然	清华大学
热诱导自组装合成有序纳米炭及其在储能领域的应用	符若文	中山大学
反应加工方法制备侧基含有不饱和双键的羟基丁基橡胶	冯　莺	青岛科技大学
纳米异质填充基元对碳纳米管热特性的影响	冯妍卉	北京科技大学
纳米气泡浮选微米级氧化锌矿物的基础研究	冯其明	中南大学
特殊浸润性用于高效、稳定、可控油水分离材料的研究	冯　琳	清华大学
等离子热喷法制备非晶材料的机理研究	冯拉俊	西安理工大学
耐高温 Si-C-O 气凝胶复合材料组成、结构及其隔热机理研究	冯　坚	中国人民解放军国防科学技术大学
稀土钴基永磁合金的高温矫顽力机制和反常膨胀现象	冯海波	钢铁研究总院
基于新型氨基酸类超分子水凝胶的细胞培养支架材料研究	冯传良	上海交通大学
铝离子对正在发生的碱硅酸反应膨胀的阻止作用及其机理研究	封孝信	河北联合大学
基于可控氟化碳纳米材料的高比能量锂储能电池的研究	封　伟	天津大学
低熔点金属纳米棒的长径比与熔化特性的关系实验研究	费广涛	中国科学院合肥物质科学研究院
红外辐射涂料用红外屏蔽/隔热层高温材料的设计及优化机理研究	房明浩	中国地质大学(北京)
基于 n 型 ZnO 纳米线阵列/p 型铜铁矿结构薄膜的波长可调谐发光二极管制备、特性和机理研究	方晓东	中国科学院合肥物质科学研究院
高频振动场下橡胶复合材料的填料-动态生热-阻尼相关性研究	方庆红	沈阳化工大学
蝶翅分级构造碳素材料及其结构辅助超黑机制研究	范同祥	上海交通大学
陶瓷基复合材料的介电常数和磁导率双负机理研究	范润华	山东大学
全固高比能量锂离子电池聚合物电解质与正负电极的作用机制	范丽珍	北京科技大学
片式滤波器用钛酸铋钠基压电陶瓷的低温制备与性能缺陷调控研究	樊慧庆	西北工业大学
基于假塑性金属纳米粒子流体的压缩式气压纳米压印研究	段智勇	郑州大学
双掺杂 Zn(Mg)Ga_2O_4 材料结构中阳离子分布与性能关系的研究	段秀兰	山东大学
HOMO/LUMO 空间重合的双极性有机材料的合成及研究	段　炼	清华大学
双激光束分离 KDP 单晶机理的研究	段　军	华中科技大学
用于高熔点合金挤压铸造的金属-陶瓷复合模具材料的研究	杜之明	哈尔滨工业大学
新型锆基核反应堆包壳材料的相组成与组织稳定性研究	杜振民	北京科技大学
利用超活泼金属纳米颗粒的置换反应合成多功能复合材料	杜希文	天津大学
单晶/细晶高温合金线性摩擦焊接基础研究	杜随更	西北工业大学
溶胶凝胶法制备两相复合渗流型高性能电介质薄膜及其形成机理研究	杜丕一	浙江大学
高温合金中位错结构演化的三维电子层析研究	杜　奎	中国科学院金属研究所
芳代稠环类结晶诱导荧光增强材料	董永强	北京师范大学
类沸石咪唑脂骨架材料的合成、修饰与固体润滑性能研究	董晋湘	太原理工大学
环境友好型磷酸盐胶凝材料机理与性能研究	丁　铸	深圳大学
利用脱合金技术制备新型超级电容器电极材料	丁　轶	山东大学

续表

项目名称	项目负责人	依托单位
新型热电材料硅锗Ⅰ型笼型化合物制备、结构与性能关系及热力学研究	丁学勇	东北大学
织物类材料的触觉传感机制研究	丁　辛	东华大学
脉冲电流影响的冷坩埚定向凝固含稀土 TiAl 凝固界面行为	丁宏升	哈尔滨工业大学
钛合金表面仿生多层膜的构建及其生物摩擦学特性研究	丁红燕	淮阴工学院
钼酸银/银复合相对空气轴承自润滑涂层性能的影响	丁春华	西安交通大学
碲化铋基热电薄膜中特殊晶面及界面的可控组装及其热电性能研究	邓　元	北京航空航天大学
纳米金刚石高压烧结行为规律及聚结机理研究	邓福铭	中国矿业大学(北京)
牙科氧化锆与饰面瓷双层瓷结构的界面观察及界面结构设计研究	邓　斌	中国人民解放军总医院
共轭聚合物/二氧化钛复合光催化材料结构对光催化活性和光生载流子传输机制的影响规律的研究	淡　宜	四川大学
$BaTi_2O_5$ 新型铁电薄膜的取向控制与铁电性研究	戴　英	武汉理工大学
高速精密磨削用新型高强度铸铁基 CBN 砂轮的研制及其性能研究	戴秋莲	华侨大学
可紫外写入含氟聚碳酸酯波导材料的合成研究与器件制备	崔占臣	吉林大学
贵金属氮化物的制备与高压研究	崔啟良	吉林大学
若干宽带隙 A_2IIIB_3VI 基半导体的能带结构、微结构与热电特性	崔教林	宁波工程学院
低层错能镍基变形高温合金反常动态应变时效机理	崔传勇	中国科学院金属研究所
Ti_2AlC 基材料合成热力学及高温稳定性研究	储茂友	北京有色金属研究总院
压致变色聚集诱导发光材料的合成与性能	池振国	中山大学
复合材料半固态连接—模锻—体化成形技术及组织性能精确控制应用基础研究	程远胜	哈尔滨工业大学
医用钛合金表面石墨烯自组装复合膜的制备及生物摩擦学性能研究	程先华	上海交通大学
颗粒强化金属基复合材料等效体统计系综理论的建立与应用	程南璞	西南大学
基于静电喷射技术制备碳纳米管增强碳纤维及其增强机理研究	程博闻	天津工业大学
基于 Si/SiC 异质结的非紫外光控 SiC 大功率电力电子器件可行性研究	陈治明	西安理工大学
磁性金属-贵金属二元纳米粒子超晶格的自组装构筑、结构和性能研究	陈远志	厦门大学
新型氟化异氰酸酯改性含硅丙烯酸酯共聚物的合成、表征和性能	陈贻炽	北京航空航天大学
复合材料结构损伤多尺度定量诊断研究	陈雪峰	西安交通大学
基体表层改性对涂层裂纹组态的影响规律及机理研究	陈学军	北京科技大学
涂层导体用 Ni_5W 基带中立方织构的形成机理及控制	陈兴品	重庆大学
以过渡金属原子簇为核构筑新型光电磁多功能分子材料的研究	陈兴国	武汉大学
用于难愈创面修复的新型介孔生物玻璃及其胶原复合型生物医学材料研究	陈晓峰	华南理工大学
含高密度胺基吸附纤维的制备及其对二氧化碳的吸附研究	陈水挟	中山大学
$CoFe_2O_4$/Pb(Zr,Ti)O_3 复合材料的磁电各向异性研究	陈　实	华中科技大学
含芳环结构可降解共聚物的制备与膜性能调控研究	陈明清	江南大学
基于同步冷却热成形工艺的可热处理高强铝合金板料的成形性能研究	陈明和	南京航空航天大学
Al_2O_3-MgO-CaO 系耐火材料烧结行为及其性能的研究	陈　敏	东北大学
RE_xAl_y 对配位铝氢化物储氢材料的催化改性及其作用机理	陈立新	浙江大学
NiFe/Cu 多层膜的织构形成机理和继承关系研究	陈　冷	北京科技大学
高性能固体润滑涂层研制及作用机理研究	陈　磊	中国科学院兰州化学物理研究所
晶体结构对亚铁铝尖晶石中 Fe^{2+} 价态稳定的影响机制	陈俊红	北京科技大学

续表

项目名称	项目负责人	依托单位
聚合物光伏电池阴极界面修饰相关的高效率聚合物给体材料研究	陈军武	华南理工大学
一体化仿生蜂窝复合材料的力学特性研究	陈锦祥	东南大学
AlMgSiCu 合金中复杂共生相的结构演变及其与性能的关系研究	陈江华	湖南大学
基于 ZnO 透明导电纳米线阵列电极 DSC 的构性匹配及电子传输机理研究	陈建林	长沙理工大学
高锰汽车用钢冶金热力学行为及过程数学模拟研究	陈建斌	上海应用技术学院
不同层错能 FCC 单晶冷拔形变组织和织构的取向效应	陈　建	西安工业大学
离子液体功能化的萃淋树脂制备及在稀土分离中的应用	陈　继	中国科学院长春应用化学研究所
高强铝合金厚板多向锻造组织演变及韧化机理	陈慧琴	太原科技大学
$TiAl/Ti_3SiC_2$复合板协同超塑变形机制及其界面行为研究	陈国清	大连理工大学
新型硅基杂化材料的设计及其对渗流型聚合物复合材料介电性能的调控研究	陈广新	北京化工大学
淬硬钢精密切削过程振动特性及其对加工表面质量影响研究	陈光军	佳木斯大学
超高功率光纤激光深熔焊接超厚板缺陷产生机理和抑制方法研究	陈根余	湖南大学
热塑性弹性体在加工过程中微相分离结构控制与性能研究	陈枫	四川大学
基于层状无机/有机混杂前驱物微波辅助制备低维过渡金属碳(氮)化物纳米催化剂的机制与性能调制	陈德良	郑州大学
有机-无机杂化材料包覆相变微胶囊/混凝土复合材料的微结构调控和导热机理	陈大柱	深圳大学
基于电子束共蒸发法制备高 K 介质层中的硅纳米晶的物性及存储器应用研究	陈　晨	中国科学院微电子研究所
磁性介孔材料的吸波特性调控与透射电子显微学分析	车仁超	复旦大学
碳化钢渣制备建材制品的反应机理与工艺参数研究	常　钧	济南大学
高硼中碳合金钢硬质相形态和分布耦合控制机理研究	岑启宏	昆明理工大学
棒状 W 型钡铁氧体可控制备及磁晶各向异性与形状各向异性协同性对微波频段磁导率的影响研究	曹晓晖	沈阳理工大学
$AlPO_4$抗氧化涂层的水热电泳电弧放电沉积新技术、性能和失效机理研究	曹丽云	陕西科技大学
超临界反应挤出发泡一体化集成技术制备高熔体强度聚丙烯发泡材料	曹　堃	浙江大学
高挥发性多元稀土过渡金属硅化物与锗化物单晶生长与物理性能	曹崇德	西北工业大学
非对称铁电、多电隧道结临界尺寸和输运性质的第一性原理研究	蔡孟秋	湖南大学
层层组装构建钛/钛合金界面微环境的研究	蔡开勇	重庆大学
基于铀同多酸的有机/无机杂化材料:铀酰离子的分离、自组装结构和光谱性质	卜伟锋	兰州大学
不同氧环境油田含聚丙烯酰胺污水生物降解过程与机理研究	包木太	中国海洋大学
多功能纳米复合 $ZnO/(Bi,Ln)_4Ti_3O_{12}$发光铁电薄膜的制备及物性耦合研究	包定华	中山大学
纳米基元构筑高性能渗透汽化膜的制备及机理研究	安全福	浙江大学
碳纳米管介电电泳组装技术的研究	安立宝	河北联合大学
高摩擦滑动变形制备金属材料的梯度纳米结构及细化极限研究	安　迪	清华大学
基于稀土掺杂的一维纳米二氧化钛的可控合成与光谱特性研究	邹海峰	吉林大学
孔道修饰的纳米 MOFs 功能材料的合成和“构-效”关系研究	朱敦如	南京工业大学
基于空心海胆型球壳上 TiO_2纳米管阵列的可控制备及性能研究	周　艺	长沙理工大学
基于有机膦酸配体的类沸石和节点型微孔骨架材料的合成及气体吸附分离的研究	周亚明	复旦大学
铁磁、金属性双功能分子材料控制组装及性质研究	周　宏	南京晓庄学院
纳米金刚石的组装规律与分散性质研究	赵　翔	西安交通大学

续表

项目名称	项目负责人	依托单位
亚酞菁化合物的设计合成及其对锂/亚硫酰氯电池体系的催化性能研究	赵建社	西北大学
功能化介孔硅胶手性分离材料的制备与拆分性能	章伟光	华南师范大学
微波能在纳米沸石骨架形成到应用系列化学过程中的作用规律	张亚红	复旦大学
稀土基富集磷酸化肽的磁性核壳结构材料的合成与质谱检测	张吉林	中国科学院长春应用化学研究所
氰根桥联复合功能分子磁性材料的设计合成、结构和性质研究	张道鹏	山东理工大学
高储锂性能三维多孔 Si、Ge 纳米粉体负极材料的研究	余　彦	北京航空航天大学
能级匹配为导向的 DSSC 复合光阳极的设计合成与光电性能关系研究	杨玉林	哈尔滨工业大学
锂离子电池载流子迁移机制及 $LiFePO_4$ 正极材料改性研究	杨岩峰	中国科学院理化技术研究所
含铋的复杂氧化物体系中新型多铁性材料的开发研究	杨　韬	重庆大学
Beta 沸石多形体的合成与催化性质	闫文付	吉林大学
功能性无机-纤维素纳米复合材料的电纺组装与设计研究	徐　雁	吉林大学
稳定的银纳米团簇的合成、结构及性能研究	伍志鲲	中国科学院合肥物质科学研究院
过渡金属二硫类化合物类石墨烯型纳米带的制备、表面修饰与光电导特性研究	吴兴才	南京大学
孔道结构稀土-有机配位聚合物的合成、荧光识别及吸附性能研究	吴根华	安庆师范学院
贵金属线穿引铁系合金的异质结纳米链的制备及其性能研究	温　鸣	同济大学
可见光响应型 MOF 光催化晶态材料的设计、制备及其降解有机污染物研究	温丽丽	华中师范大学
设计合成用于白光 LED 的全色单一稀土配位聚合物	韦永勤	中国科学院福建物质结构研究所
面向中低温氢气分离的有机-无机杂化二氧化硅微孔膜材料研制	韦　奇	北京工业大学
金属-甲酸磁性/介电功能 MOF 材料的研究	王哲明	北京大学
新型沸石分子筛的合成与结构	王颖霞	北京大学
新型陶瓷/金属双相固体氧化物燃料电池连接体的复合机理研究	王松林	铜陵学院
一维 SCMO 纳米材料表面苯系物 MIPs 的制备与气敏性能研究	王淑荣	南开大学
上转换发光稀土纳米氟化物/介孔 TiO_2 复合光阳极的构筑	王国凤	黑龙江大学
纳微米 Cu_2O 多面体的制备及在催化 C-N 和 C-O 的 Ullmann 交叉偶联反应中的应用	王　成	中国科学院长春应用化学研究所
石墨烯-磁性尖晶石半导体复合物的结构及其可见光催化性能	汪　信	南京理工大学
含稀土新型离子液体的合成与发光性能研究	唐斯甫	中国科学院青岛生物能源与过程研究所
碱金属配合物催化丙交酯开环聚合研究	唐　宁	兰州大学
偶联反应新颖催化剂的制备及其催化性能研究	陶庭先	安徽工程大学
新型钙钛矿衍生结构化合物的设计、合成及电学性质	唐凯斌	中国科学技术大学
多足配体钙、镁金属配合物的设计合成、结构调控及其作为生物活性分子功能材料的研究	台夕市	潍坊学院
超亲铀螯合吸附材料的设计、制备与性能研究	孙国新	济南大学
轻金属掺杂纳米 Mg 材料的制备及储氢性能研究	宋西平	北京科技大学
高温高压合成 Ti_2SC 化合物的反应过程及动力学机理	宋京红	武汉理工大学
多功能复合孔生物活性玻璃的合成、组装及骨修复性能研究	曲凤玉	哈尔滨师范大学
新型可见光响应的二氧化钛-原钒酸铟-氧化亚铜三元异质结构复合材料的制备、应用及光催化作用机理的研究	钱东	中南大学
单分散镍基-贵金属复合纳米结构的调控合成与催化氢化性能	彭　卿	清华大学

续表

项目名称	项目负责人	依托单位
大面积帽状金属纳米结构的制备及表面增强拉曼散射特性研究	满石清	暨南大学
新型萃淋树脂的设计合成及分离铟(III)、铁(III)的机理研究	刘军深	鲁东大学
金属有机聚合物骨架有序孔材料的可控制备与储氢性能研究	刘　瑾	安徽建筑工业学院
基于功能化修饰石墨烯和 PAMAM 的纳米复合膜的制备及其对低碳醇类氧化电催化性能	林　深	福建师范大学
白光 LED 用单相白色荧光材料的合成与光谱调控	梁玉军	中国地质大学(武汉)
基于稀土离子 f-d 跃迁的 FED 新发光材料的设计、合成和光谱性质研究	梁宏斌	中山大学
高性能水热炭基固相萃取材料的合成及在关键核素分离中的应用研究	李首建	四川大学
具有铁电磁功能性的配位聚合物的合成、结构和性能研究	李明星	上海大学
基于 d6 过渡金属配合物的多功能纳米材料的合成及生物医学应用	李梅金	福州大学
晶态桥联聚倍半硅氧烷的自导向组装(self-directed assembly)及其发光性能	李焕荣	河北工业大学
新型复合金属氧化物/石墨烯功能材料组装、结构及性能研究	李　峰	北京化工大学
多三氮唑和多羧酸功能配合物的设计合成、结构和磁性	李宝龙	苏州大学
含氮化合物中红色长余辉发光材料的探索	雷炳富	华南农业大学
低自旋磁各向异性过渡金属配合物的合成与应用研究	寇会忠	清华大学
有机膦、氮-IB 金属超分子晶体的绿色合成和太赫兹谱学性质	金琼花	首都师范大学
功能化双咪唑类配体调控多孔金属有机骨架材料	金传明	湖北师范学院
多酸基石墨烯多孔复合纳米材料的可控制备与性能	姜春杰	辽宁师范大学
Au@ $CuInSe_2$ 等金属-半导体纳米复合结构的制备与光电性能研究	江智渊	厦门大学
多元金属硫属化合物的配位模板法合成与性能研究	贾定先	苏州大学
有机-金属-配体自组装体系中有序介孔金属有机骨架化合物的合成及性质研究	霍启升	吉林大学
单活性中心稀土催化剂在聚乳酸合成中的应用	黄　勇	兰州大学
有机配位键合的新型多元金属硫属化物的合成及其性能研究	黄小荥	中国科学院福建物质结构研究所
具有金属配位点的线性芳杂环半导体的合成及其光敏和光伏薄膜与器件	黄　伟	南京大学
新型炭/半导体纳米复合结构材料的可控制备与性能研究	胡　勇	浙江师范大学
石墨烯上半导体氧化物纳米线阵列的生长、性能及相关微/纳米器件的研究	胡俊青	东华大学
核壳结构的锂离子电池负极材料 $Li_4Ti_5O_{12}$ 的制备及改性研究	何丹农	上海交通大学
稀土复合氧化物负载钯催化剂的制备及甲烷催化燃烧反应的研究	郭　耘	华东理工大学
纳米杂化双光子吸收无机功能材料的构筑与机理研究	光善仪	东华大学
单一导电性单壁碳纳米管的宏观量制备	官轮辉	中国科学院福建物质结构研究所
多元掺杂硅酸盐系红色长余辉发光材料制备与机理研究	葛明桥	江南大学
“电磁手性”有机分子导体/半导体自旋材料的制备及性能研究	邵向锋	兰州大学
高能离子盐的设计、合成及性能研究	周智明	北京理工大学
偶氮吡咯化合物的性质及其功能化合物的合成研究	尹振明	天津师范大学
钙钛矿型 La-Sr-B(B ＝ Co、Mn、Fe、Pd)复合金属氧化物的形成机制及其缺陷化学的研究	高志明	北京理工大学
基于细菌模板法合成贵金属纳米结构材料的研究	高　峰	上海交通大学
无机/有机水性杂合分散体及其对非极性膜粘接机理的研究	傅和青	华南理工大学
高维数 Cu(I)/Ag(I)卤化物的合成与表征	付云龙	山西师范大学

续表

项目名称	项目负责人	依托单位
Ⅳ-Ⅵ族二维纳米结构的可控合成及光电性能	方　臻	安徽师范大学
钒酸盐光催化活性和晶面稳定性调控机理的理论研究	丁开宁	福州大学
单一导电性单壁碳纳米管的缺陷放大分离、表征和性能研究	邓顺柳	厦门大学
新型四氮唑微孔配位聚合物的合成及荧光探针与气体吸附性能研究	邓　洪	华南师范大学
具有仿生结构铜、铝材料的浸润性和摩擦学关系研究	陈新华	许昌学院
微孔咪唑酯骨架材料的构筑及其吸附性能的研究	陈水生	阜阳师范学院
金属-氧化铋无机复合材料的合成及其对氮氧化物的催化性能研究	陈　嵘	武汉工程大学
新结构类型四元锑硫属无机中远红外非线性晶体化合物的固相合成及性质研究	陈　玲	中国科学院福建物质结构研究所
X射线探测晶体 $CdWO_4$ 的色心与辐照损伤研究	陈红兵	宁波大学
稀土荧光性质在热障涂层失效分析中的应用	曹学强	中国科学院长春应用化学研究所
Zn基MOFs材料后合成修饰及其发光性能研究	薄其兵	济南大学
固液相反应可控合成金属和硫族半导体纳米粒子及其性能的研究	包建春	南京师范大学
模板光催化法制备高催化性能铂多孔空心纳米材料	白　锋	河南大学
基于过渡金属硫属原子簇的微孔硫属化物设计合成与性质	安永林	大连理工大学
多官能化环丁烯酮化合物的合成及其开环反应研究	赵玉龙	东北师范大学
基于环金属铂配合物的新型磷光液晶材料的合成及其偏振光性能研究	骆开均	四川师范大学
有机分子功能化金属酞菁的设计、合成与光伏性能	梁福顺	东北师范大学
含八羟基喹啉铂低能隙磷光共轭聚合物/含氟富勒烯衍生物太阳能电池光伏材料的合成及性能研究	霍延平	广东工业大学
基于量子点/内酰(亚)胺共轭桥染料敏化太阳能电池	花建丽	华东理工大学
新型温度控制多金属氧酸盐离子液体的合成与导电性能研究	吴庆银	浙江大学
新型纳米结构钛酸盐负极材料的高性能化研究	魏明灯	福州大学
高活性碳载N基有机金属复合氧还原催化材料的构筑及性能研究	乔锦丽	东华大学
增强金属氧化物薄膜光催化性能的若干电化学过程的研究	牛振江	浙江师范大学
载铂碳化钨蒙脱石复合材料微纳结构与电催化性能关联性研究	李国华	浙江工业大学
钛酸酯催化环酯活性开环聚合	朱明强	华中科技大学
双组分超支化聚合物聚合反应动力学与自组装	周志平	江苏大学
聚合物接枝纳米金的结构控制与有序构筑	赵汉英	南开大学
缺电子型芳香酰亚胺共轭聚合物的合成、自组装和光电功能	赵达慧	北京大学
聚乳酸亚稳相形成机制及其与物理老化、结晶初期凝聚态局部有序结构形成的关联研究	张建明	青岛科技大学
适于水溶液体系的多重响应性分子印迹聚合物微球的制备及其可控吸附与释放性能研究	张会旗	南开大学
纳米微粒/聚合物复合超粒子的构筑及功能	张　皓	吉林大学
基于甲壳型液晶高分子相重入现象的研究	张海良	湘潭大学
基于梯形噻吩并硼氮杂稠环芳烃的有机半导体材料:分子设计,合成及性质	张　帆	上海交通大学
基于RAFT光分散聚合的聚合物微球合成体系	曾兆华	中山大学
基于bola型两亲性分子的功能性纳米结构材料	尹守春	杭州师范大学
超高分子量聚乙烯纤维非晶结构的固体核磁共振研究	姚叶锋	华东师范大学
高分子基体中一维/二维无机纳米粒子可控取向问题的研究	杨卫民	北京化工大学

续表

项目名称	项目负责人	依托单位
离子塑晶材料的设计合成及其电解质的应用研究	严　锋	苏州大学
倍半硅氧烷官能化碳纳米纤维/聚烯烃复合物材料的制备及其导电性能的研究	许　凯	中科院广州化学有限公司
极性半结晶性聚合物/结晶性稀释剂体系的热致相分离研究	徐志康	浙江大学
共轭高分子新结构单元—金属杂芳环单体的设计及其聚合研究	夏海平	厦门大学
染料衍生的结构规整且可溶的梯形共轭聚合物	肖　义	大连理工大学
智能微纳米凝胶的可控制备及应用	吴德成	中国科学院化学研究所
同轴电纺法构建具有原位激活纤溶活性的血液接触高分子材料	武照强	苏州大学
长链支化聚乳酸制备及其流变学与结晶动力学研究	王志刚	中国科学技术大学
酚醛树脂的反应增韧、阻燃及其泡沫塑料制备与性能	王正洲	同济大学
非连续去润湿方法制备有机半导体微/纳米结构及在高效有机光电器件中的应用	王　哲	北京航空航天大学
垂溶法制备纳米纤维基复合纳滤膜及性能调控	王雪芬	东华大学
聚合物薄膜表面分子运动能力的深度分布及其影响因素研究	王新平	浙江理工大学
液体橡胶/粘土纳米复合物中界面相互作用及结构演化的研究	王晓亮	南京大学
自由基加成偶合聚合反应制备多元交替聚合物	王　齐	浙江大学
电活性高分子纳米复合物中若干界面效应对机电转换性能的强化机理研究	王经文	南京航空航天大学
基于二氮杂环辛四烯结构的电化学驱动材料的合成及其驱动现象的研究	万晓波	中国科学院青岛生物能源与过程研究所
用于人工髓核可体温快速固化的聚氨酯合成研究	庹新林	清华大学
具有 pH 值传感功能的多功能微胶囊载体的制备及性能研究	仝维鋆	浙江大学
具有胞内缓释功能的新型 pH 敏感聚合物基因载体的合成与性能研究	唐汝培	江南大学
以金属凝胶为模板聚合物一维纳米结构的合成及溶液自组装	唐黎明	清华大学
pH 响应的磁共振成像纳米造影剂的制备与肿瘤成像研究	唐建斌	浙江大学
原子转移自由基聚合模板合成尺寸精确可控的 Ge,GeO_2 纳米材料及应用	唐华东	浙江工业大学
新型聚烯烃催化剂在聚乙烯功能化中的应用探索	孙秀丽	中国科学院上海有机化学研究所
高居里温度(Tc)磁性高分子制备及其磁性机理研究	孙维林	浙江大学
固体 NMR 研究自愈合超分子橡胶的自愈合行为微观机理	孙平川	南开大学
遥爪形聚电解质凝胶的结构与性能的多尺度研究	石彤非	中国科学院长春应用化学研究所
二维受限空间内梳状聚合物分子取向及结晶行为	石海峰	天津工业大学
液晶嵌段聚电解质及其复合物的本体多层次有序结构的调控	沈志豪	北京大学
稀土催化降冰片烯加成均聚合及其与乙烯、α-烯烃共聚合研究	沈之荃	浙江大学
基于共轭高分子及其纳米复合物的细胞成像研究	沈群东	南京大学
单分散、树枝状结构的芴和咔唑类有机电致磷光主体材料	全一武	南京大学
本征态及功能化修饰单、少层石墨烯的电化学驱动响应性研究	曲良体	北京理工大学
高弹性半导体聚合物的制备及其在可延展电子中的应用	邱龙臻	合肥工业大学
点击聚合新催化体系的研究	秦安军	浙江大学
聚合物气熔混合体系挤出流变与泡孔形态演变研究	彭响方	华南理工大学
点击化学反应合成金丝桃素分子印迹聚合物纳米粒子及其石英晶体微天平三维芯片的研制	裴玉新	西北农林科技大学

续表

项目名称	项目负责人	依托单位
硅芴基聚合物的合成及其在高性能蓝色发光二极管、太阳能电池、紫外探测器等方面的应用	莫越奇	华南理工大学
用分子印迹聚合物保护官能团进行定向有机化学反应的研究	宓怀风	南开大学
兼有磁造影和光热疗功能的核壳型纳米粒子的制备和应用研究	孟令杰	上海交通大学
基于超临界流体技术的碳纤维表面改性及作用机理研究	孟令辉	哈尔滨工业大学
阳离子型稀土金属有机配合物催化异戊二烯高选择性聚合的计算化学研究	罗　一	大连理工大学
含硅宽禁带聚合物的设计合成与在光电领域中的应用研究	路　萍	吉林大学
普鲁士蓝/导电聚合物纳米复合材料的可控制备及功能化	陆　云	南京大学
结构规整的全共轭均聚物：分子设计，合成及自组装	陆国林	中国科学院上海有机化学研究所
功能导向的多孔聚合物网络可控制备及其微纳米形貌控制研究	刘习奎	四川大学
含重金属配合物的聚合物电存储材料及其器件研究	刘淑娟	南京邮电大学
一种多重响应性的荧光功能水凝胶纳米微球的制备与性质研究	林　权	吉林大学
基于阴离子开环聚合高枝化聚硅氧烷合成方法学研究	李　杨	大连理工大学
相容的结晶/非晶共混聚合物薄膜熔体结晶与冷结晶行为研究	李慧慧	北京化工大学
高强度纳米复合水凝胶的仿生自组装制备及性能研究	李欢军	北京理工大学
高分子刷修饰的无机规则介孔材料：新型催化位点负载界面	李峰波	中国科学院化学研究所
高温安全纳米复合离子胶的一步法制备及导电机理研究	李朝晖	湘潭大学
新型耐热耐水含磷无卤阻燃环氧树脂制备与性能基础研究	李　斌	东北林业大学
噻吩功能聚合物/无机半导体量子点染料敏化太阳电池的研究	蒋克健	中国科学院化学研究所
DNA 智能材料的制备及其刺激响应行为的研究	姜　勇	东南大学
力致变色树状分子及聚合物的设计、合成与性能	贾欣茹	北京大学
多重刺激响应的纤维素基接枝共聚物结构与响应性	黄　勇	中国科学院理化技术研究所
新型过渡金属配合物催化乙烯基氨基酸酯与烯烃共聚合制备生物功能聚烯烃的研究	黄启谷	北京化工大学
超高强度聚酰亚胺纳米纤维的形成及其机理研究	侯豪情	江西师范大学
两段聚合法合成球形聚丁烯-1 合金及其结构与性能研究	贺爱华	青岛科技大学
分子和聚集态微纳米结构的调控及其光电响应机制的研究	何志群	北京交通大学
可控自由基聚合制备高透氧两亲共连续聚合物网络的研究	何春菊	东华大学
面向酯化反应的高效复合催化膜制备及微尺度特性	何本桥	天津工业大学
交替层状生物降解高分子基药物缓释材料的生物降解和药物缓释特性研究	郭少云	四川大学
单链聚合物纳米粒子及其在油-水界面催化反应中的应用研究	高　勇	湘潭大学
可控/活性聚合后过渡金属催化剂的设计合成及精确构筑烯烃聚合物	高海洋	中山大学
单分子胶束传输载体：以聚环氧乙烷为基础的、可降解的类树枝状聚合物的合成和应用	冯晓双	安徽大学
聚丙烯釜内合金在外场作用下聚集态结构的演化及低温韧性	冯嘉春	复旦大学
核辐射环境下高分子防护涂层老化失效机理研究	方鹏飞	武汉大学
表面带有反应位点的共轭高分子荧光编码微球的制备	范丽娟	苏州大学
嵌段共聚物自组装形成水溶性抗菌纳米球、棒以及囊泡的研究	杜建忠	同济大学
叔氨基(甲基)丙烯酸酯系列聚合物刷 pH 响应行为的研究	丁师杰	淮阴工学院
功能化树枝状蓝光材料的设计合成与性能表征	丁军桥	中国科学院长春应用化学研究所

续表

项目名称	项目负责人	依托单位
手性胶束中螺旋选择性聚合反应的研究	邓建平	北京化工大学
动态共价键交联的滑动轮凝胶的制备与性能研究	邓国华	华南理工大学
羧酸根离子功能化笼型多面体齐聚倍半硅氧烷的水相“绿色”合成及其超分子自组装构筑金属有机框架	崔铁钰	哈尔滨工业大学
含功能基团聚芴类共轭聚合物的合成新方法	程延祥	中国科学院长春应用化学研究所
导电高分子在稀溶液中结构对成膜形貌的影响	程　贺	中国科学院化学研究所
超分子液晶嵌段共聚物纳米复合体系的研究	陈小芳	北京大学
长效抗蛋白质非特异性吸附有机硅材料研究	陈圣福	浙江大学
两性离子类聚合物修饰的聚偏氟乙烯分离膜及抗污染性能研究	陈　莉	天津工业大学
可共聚、可控立构聚丙烯活性聚合催化剂研究	蔡正国	东华大学
氟烯烃活性/可控自由基聚合法合成新型氟磺酸聚合物的研究	白如科	中国科学技术大学
重金属湿法冶金过程消除钙结晶危害的基础相化学研究	曾德文	中南大学
SrO(BaO)-TiO_2体系相关系研究及功能陶瓷材料的制备	姚　颖	中国科学院青海盐湖研究所
表面活性剂调控下石墨烯纳米材料液相剥离制备的微观机理分子模拟研究	杨晓宁	南京工业大学
多级孔材料合成、功能修饰及其在CO_2吸附捕集中的应用	胡　军	华东理工大学
大尺寸靶材用ITO纳米粉体的制备、堆积行为与烧结性能研究	徐华蕊	桂林电子科技大学
二氧化钛包膜层结构的耐候性机制和控制研究	王亭杰	清华大学
沸石咪唑酯骨架材料的成型及烃类分离性能研究	朱吉钦	北京化工大学
低浓度VOC在基于微纤复合分子筛吸附材料的结构化固定床吸附动力学研究	张会平	华南理工大学
具有介微梯度孔道结构炭膜的设计、可控制备及气体渗透机理的研究	王同华	大连理工大学
非对称钙钛矿混合质子电子导体中空纤维透氢膜的制备及透氢性能研究	王海辉	华南理工大学
聚合物分离膜孔径调节和表面改性的原子层沉积方法	汪　勇	南京工业大学
面向丁醇发酵的新型有机-无机杂化渗透汽化膜的制备及应用基础研究	万印华	中国科学院过程工程研究所
混合导体陶瓷透氧膜动力分相机制研究	谭小耀	天津工业大学
TIPS法制备亲水性中空纤维膜中的NIPS协同作用及其对膜结构与性能的影响	邱运仁	中南大学
蒸汽诱导法制备低热导率、高强度的膜蒸馏用疏水膜	彭跃莲	北京工业大学
用于高温二氧化碳分离的陶瓷-熔盐双相复合中空纤维膜制备与性能研究	刘少敏	山东理工大学
新型憎水性金属有机骨架材料制备及其对$CO_2/H_2O/N_2/O_2$吸附相平衡动力学	李　忠	华南理工大学
新型多孔碳化硅泡沫传质体塔盘的性能研究与结构优化	李鑫钢	天津大学
新型膜分离材料设计与制备基础研究	李继定	清华大学
金属离子改性ZSM-5分子筛膜的制备与脱硫机理研究	居沈贵	南京工业大学
具有离子通道效应的陶瓷纳滤膜构建基础研究	景文珩	南京工业大学
纯手性金属有机骨架膜的制备及对映体选择性分离研究	金万勤	南京工业大学
双金属复合氧化物与双金属复合氧化物/碳纳米管杂化材料吸附氨基酸性能研究	焦飞鹏	中南大学
高通量、耐污染超疏水蒸馏膜材料的制备及应用基础研究	何　涛	中国科学院上海有机化学研究所
超亲水性有机/无机纳米复合纳滤膜的仿生制备及其性能的基础研究	郭红霞	北京工业大学
水分解制氢超薄陶瓷透氧膜反应器研究	高建峰	中国科学技术大学
超重力强化调控阳离子聚合反应机制及应用	邹海魁	北京化工大学

续表

项目名称	项目负责人	依托单位
气-固振动流化床中混合纳米颗粒聚团的破碎机制	周 涛	中南大学
新型高粘降膜缩聚反应器流场结构调控及其应用	赵 玲	华东理工大学
液膜晶化制备分子筛膜胶囊催化剂	李春林	中国科学院大连化学物理研究所
乙烯原位聚合复合催化剂的设计与双峰聚乙烯分子结构的调控	蒋斌波	浙江大学
生物质络合还原法制备 $Pd/LaB_{1-x}Cu_xO_{3-y}C_y$(B=Fe,Co,Ni)光催化剂的研究	贾立山	厦门大学
镁合金直接化学镀镍界面反应机理与镀液变化规律的研究	胡波年	湖南工学院
具有可见光响应的特殊形貌 TiO_2 的制备及其光催化反应机理研究	韩 松	东北林业大学
表面等离子体增强 TiO_2 纳米管阵列薄膜光催化水解制氢机理研究	樊 君	西北大学
冷等离子体强化氯化聚氯乙烯(CPVC)合成新技术研究	程 易	清华大学
氧化铝膜包覆活性炭催化剂的制备与性能研究	陈丰秋	浙江大学
偏氯乙烯聚合物基中孔-微孔复合多孔炭的制备及其吸附和电化学特性	包永忠	浙江大学

2011 年度国家自然科学基金重点项目指南

重点项目是国家自然科学基金研究项目系列中的一个重要类型,支持从事基础研究的科学技术人员针对已有较好基础的研究方向或学科生长点开展深入、系统的创新性研究,促进学科发展,推动若干重要领域或科学前沿取得突破。

重点项目应当体现有限目标、有限规模、重点突出的原则,重视学科交叉与渗透,有效利用国家和部门重要科学研究基地的条件,积极开展实质性的国际合作与交流。

重点项目申请人应当具备以下条件:

(1)具有承担基础研究课题的经历;

(2)具有高级专业技术职务(职称)。

正在博士后工作站内从事研究、正在攻读研究生学位以及《条例》第十条第二款所列的科学技术人员不得申请。

重点项目按照五年规划进行整体布局,每年确定受理申请的研究领域或研究方向,发布《指南》引导申请。申请人应当按照本《指南》的要求和重点项目申请书撰写提纲撰写申请书,根据申请项目的研究内容确定项目名称,尽量避免使用领域名称作为项目名称。注意明确研究方向和凝练研究内容,避免覆盖整个领域范围。

重点项目一般由 1 个单位承担,确有必要时,合作研究单位不得超过 2 个,资助期限由 4 年延长为 5 年。

2010 年度国家自然科学基金重点项目共资助 436 项,资助经费 96450 万元,平均资助强度 221.22 万元/项(资助情况见下表)。2011 年度拟资助重点项目 450 项左右,预计平均资助强度约 300 万/项。

2010 年度重点项目资助情况 万元

科学部	申请项数	批准资助				资助率(%)
		项数	金额	资助金额比例占全委(%)	单项平均资助金额	
数理科学部	188	50	11250	11.66	225.00	26.60
化学科学部	229	48	11500	11.92	239.58	20.96
生命科学部	331	66	13750	14.26	208.33	19.94
地球科学部	352	66	14250	14.77	215.91	18.75
工程与材料科学部	253	63	14750	15.29	234.13	24.90
信息科学部	240	59	13750	14.26	233.05	24.58
管理科学部	61	18	2700	2.80	150.00	29.51
医学科学部	466	66	14500	15.03	219.70	14.16
合 计	2120	436	96450	100	221.22	20.57

关于重点项目资助的研究领域或研究方向及有关要求见本部分各科学部介绍。

工程与材料科学部

(一)根据优先资助领域和学科发展战略,2011 年度工程与材料科学部拟在"金属自然环境腐蚀规律"、"非线性光学晶体生长及相关基础问题研究"和"复杂条件下的高分子材料老化失效基本规律和防护新方法研究"等三个领域中资助科学部优先领域重点项目。

申请科学部优先领域重点项目,应在申请书项目信息表附注说明栏填写"科学部优先领域重点项目",申请代码选择工程与材料科学部内相关学科的申请代码。鼓励有良好研究基础和前期积累的申请人提出申请。拟资助重点项目10～12项，平均资助强度约300万元/项，资助期限5年。

1. 金属自然环境腐蚀机理及相关基础研究（E011101）

（1）大气环境中材料薄液膜腐蚀的电化学基础理论研究

（2）典型大气环境中金属腐蚀的影响因子及锈层演化机制的研究

（3）水环境中典型金属材料表面腐蚀产物膜的形成与破坏机制

（4）高强度管线钢土壤腐蚀的关键影响因素及机理研究

2. 非线性光学晶体生长及相关基础问题研究（E0201）

围绕具有重大应用背景的新型非线性光学材料的探索、晶体生长、性能表征，重点支持以下三个研究方向：

（1）新型紫外深紫外非线性光学晶体生长和性能表征

（2）新型高效高功率中远红外非线性光学晶体生长和和性能表征

（3）具有重大应用背景的大尺寸非线性光学晶体生长基础科学及关键技术

3. 复杂条件下有机高分子材料老化失效基本规律和防护新方法研究（E031304）

针对我国各类典型区域复杂自然环境，研究各类代表性高分子材料老化失效规律和机理，通过户外自然环境和室内模拟环境下高分子材料老化的对照研究来获得老化失效规律的对应关系并从理论上预测材料实际服役寿命，进一步发展复杂条件下高分子材料耐老化和高效稳定化的新原理与新方法。

（二）2011年度拟在如下领域或方向中择优资助重点项目60～65项，平均资助强度约为300万元/项，资助期限为5年。

1. 金属材料的仿生功能化与制备基础（E010503）

2. 镁合金强韧化机制探索及新型镁合金设计（E010803）

3. 高应变率条件下的金属相变和变形相关基础（E010801）

4. 铝基非晶块体材料的制备科学（E010301）

5. 新型高温永磁体的纳米相结构与磁性能（E010501）

6. 复合板轧制协同变形及界面结合微观机制（E010801）

7. 金属相增韧金属间化合物的物理冶金基础（E010803）

8. 三元金属系统中的合金相、相变及相关性能的计算与模拟（E010603）

9. 复杂合金相的团簇结构与相关特性（E010701）

10. 核材料涂层设计及其防离子辐照与渗透机理（E011002）

11. 无机微纳载体的结构组装及药物控释与靶向性能（E0204）

12. 外源与原生硫酸盐对硅酸盐水泥水化硬化作用机理研究（E0205）

13. 吸波材料的高温微波响应关键科学问题（E0204）

14. 复合材料的多场耦合功能特性与新型器件的应用基础研究（E0204）

15. LTCC的材料基础问题研究（E0204）

16. 具有特殊功能的低维材料与结构研究（E02）

17. 新型量子点物性调控及其生物检测应用中的基础问题（E0207）

18. 飞秒激光诱导透明介质功能微结构的机理与应用（E02）

19. 聚合物分子链的低温流动研究及在材料制备中的应用（E0315）

20. 高分子材料制备的方法学研究：从分子设计到聚集态结构调控（E03）

21. 高效、稳定的有机高分子光电材料与器件的关键科学问题（E0309）

22. 通用高分子材料高性能、低成本化中的基本科学问题（E0301，E0302，E0303）

23. 生物医用高分子材料的关键科学问题（E0310）

24. 与能源、环境、资源利用等相关的高分子材料的基础研究（E0313）

25. 功能高分子材料多层次结构的构筑、调控与应用（E0314）

26. 高分子材料加工的新理论与新方法（E0315）

27. 气体钻井技术基础（E0407）

28. 流体化石能源储运（E0404）

29. 海底巷（隧）道围岩破坏与控制基础（E0409）

30. 尾矿坝稳定与安全监控（E0405）

31. 深井热害防治机理（E0410）

32. 复杂难选铁矿物高效利用基础（E0411）

33. 冶金物理化学研究新方法（E0412）

34. 铁合金电热冶金理论（E0414）

35. 多孔、纤维特殊金属材料制备基础（E0416）

36. 机构创新与系统集成设计（E0501，E0506）

37. 新型精密驱动/传动系统的关键技术基础（E0502）

38. 复杂机电系统动力学行为与抑制原理（E0503，E0505）

39. 关键零件/构件全寿命与可靠性设计基础（E0504，E0506）

40. 生物制造与仿生制造（E0507）

41. 精确成形新工艺与新装备原理（E0508）

42. 关键零部件/器件制造的新原理与新工艺（E0509）

43. 低碳制造的基础研究（E0510）

44. 高能束与特种能场制造基础研究（E0509）

45. 精密机械传感器设计与制造新原理（E0511）

46. 流体机械流动、减阻、降噪机理研究（E0602）

47. 时间、空间微纳及跨尺度、相界面（强化）传热传质研究（E0603）

48. 燃烧反应动力学与燃烧基础理论（E0604）

49. 固体燃料的新型燃烧和污染机理研究（E0604）

50. 多相流流动特性与多相流界面效应研究（E0605）

51. 太阳能、生物质能利用中的工程热物理基础问题（E0607）

52. 环境污染治理中的工程热物理基础问题(E0608)

53. 电能高效转换与大规模存储的基础科学问题(E070303,E0712)

54. 智能电网及其装备的基础理论与关键技术(E0704,E0705)

55. 电磁-生物特性及其应用基础科学(E0711,E0701)

56. 特高压输变电装备与电工材料的基础科学问题(E0705,E0702)

57. 高效可靠电力电子器件与系统的关键基础问题(E0706)

58. 脉冲功率与放电等离子体的关键科学技术问题(E0707)

59. 大规模可再生能源电力输送及接入系统(E0704)

60. 历史城镇与建筑遗产保护再生理论和方法(E0801)

61. 基于可持续性的公共建筑设计理论和方法(E0801)

62. 建筑热湿环境营造过程的热力学基础研究(E0803)

63. 工业建筑环境控制与节能设计理论和方法(E0803)

64. 饮用水安全高效净化新工艺原理(E0804)

65. 城市污水资源化再生的深度处理新技术基础研究(E0804)

66. 再生水生态储存的水质变化机制与调控原理(E0804)

67. 高性能土木工程结构体系(E0805)

68. 核电站结构安全与防护(E0805)

69. 高速铁路工程变形控制与动力损伤演化(E0807)

70. 城市演变中的交通科学问题(1):现代城市网络交通流及其组织与控制(E0807)

71. 城市演变中的交通科学问题(2):现代城市交通系统集成设计的基础理论与方法(E0807)

72. 极端水文过程与防灾减灾方法(E0901)

73. 稻田高效用水及其环境效应(E0902,E0903)

74. 河口海岸工程的水环境效应(E0903,E0909)

75. 水力机械系统的压力脉动与水力激振(E0906)

76. 特殊岩层影响下大型地下洞室群稳定性(E0907)

77. 大型水工隧洞施工中不良地质的预报与治理(E0907)

78. 高坝施工实时控制的理论与方法(E0908)

79. 复杂环境下浮式结构物动力特性和安全性(E0909,E0910)

80. 大型船舶航行性能与能效提升(E0910)

81. 重大水工建筑物长效服役的理论与方法(E0908,E0910)

化学科学部

“十一五”期间化学科学部对重点项目的支持在数量和资助强度上都有较大的增长和提高,共资助重点项目228项,其中2010年度资助重点项目48项,资助经费11500万元。2011年度化学科学部发布重点项目研究领域58个,拟资助重点项目50项左右,资助强度为200万~400万元/项,资助期限为5年。为了进一步提高重点项目的水平和质量,鼓励研究基础好、有一定规模的研究小组或团队参与竞争,鼓励强-强合作申请交叉领域重点项目。要求在申请书基本信息表附注说明栏中填写所申请的领域名称,并准确选择或填写研究领域后面所标出的申请代码。

2011年度化学科学部拟资助重点项目研究领域如下:

1. 分子基功能材料(B01)
2. 团簇及其化合物的制备与功能(B01)
3. 多孔化合物及性能(B01)
4. 稀土功能化合物(B01)
5. 新型能源转化与储存材料(B01)
6. 无机固体功能材料(B01)
7. 生物无机化学基础(B01)
8. 双金属有机合成试剂研究(B02)
9. 重要生物活性复杂天然产物的合成及构效关系研究(B02)
10. 重大病毒导向的绿色农药化学研究(B02)
11. 稀土金属促进的小分子活化(B02)
12. 新颖结构活性天然产物的发现及其功能研究(B02)
13. 新型有机共轭化合物的构筑、性能转换及其器件化(B02)
14. 碳水化合物的发现、合成和应用(B02)
15. 富勒烯的功能化反应及其应用(B02)
16. 多维多空腔新型大环主体分子的合成、结构与功能(B02)
17. 调控蛋白错误构象的活性小分子研究(B02)
18. 理论与计算化学新方法(B03)
19. 理论与计算化学在能源、环境、材料或生命领域中的应用(B03)
20. 催化材料的催化作用本质研究(B03)
21. 碳资源优化利用中的关键物理化学问题(B03)
22. 能量转化与储存中的关键物理化学问题(B03)
23. 表面/界面分子层次上的物理化学问题(B03)
24. 分子反应动力学研究(B03)
25. 分子光化学与光物理研究(B03)
26. 谱学新方法(B03)
27. 新型体系化学热力学研究(B03)
28. 生物体系中的物理化学研究(B03)
29. 大气分子与悬浮颗粒在气候变化过程中的物理化学问题(B03)
30. 聚合反应方法学(B04)
31. 生物医用功能高分子(B04)
32. 大分子表/界面(B04)
33. 光电子功能高分子(B04)
34. 聚合物结构与性能(B04)
35. 高分子理论、计算与模拟(B04)
36. 聚合物有序聚集态结构(B04)
37. 复杂样品分离分析(B05)
38. 活体成像与原位分析(B05)
39. 单分子、单细胞分析(B05)
40. 生物传感分析化学基础研究(B05)

41. 生物大分子研究中的分析新方法、新技术(B05)

42. 重大疾病预警与早期诊断新方法、新技术(B05)

43. 高通量、多尺度、多参量分析新方法与海量数据处理(B05)

44. 生物化工领域的关键科学问题(B06)

45. 食品或医药领域的化学工程基础(B06)

46. 化石能源的高效洁净利用、新能源开发的化学工程基础(B06)

47. 化学产品工程的关键科学问题(B06)

48. 化工新材料设计与性能调控(B06)

49. 资源高效利用与复杂化工系统优化的科学基础(B06)

50. 极端条件下传递过程的科学基础(B06)

51. 典型化学反应及反应器放大的科学与工程基础(B06)

52. 化工环境和安全的科学基础(B06)

53. 无相变高纯分离及关键科学问题(B06)

54. 水环境化学污染过程与机制(B07)

55. 环境污染物的毒理学机制与健康风险(B07)

56. 环境污染物控制技术与原理(B07)

57. 环境复合污染的过程与机制(B07)

58. 温室气体减排与控制原理(B07)

2011年度国家自然科学基金重点项目立项清单(材料相关)

项目名称	项目负责人	依托单位
水环境中典型金属材料腐蚀产物膜形成和破坏规律与机制	郑玉贵	中国科学院金属研究所
热固性树脂中纳米尺度上微结构形成及其材料结构与性能关系的基本问题研究	郑思珣	上海交通大学
微孔有机聚合物分离膜材料的制备与性质	张所波	中国科学院长春应用化学研究所
大气环境中材料薄液膜腐蚀的电化学基础理论研究	张鉴清	浙江大学
全波段低损耗LTCC材料的基础问题研究	张怀武	电子科技大学
金属材料的仿生复合制备与性能研究	张　荻	上海交通大学
复杂条件下有机高分子材料老化失效基本规律和防护新方法研究	阳明书	中国科学院化学研究所
弱外延生长制备有机半导体多晶薄膜	闫东航	中国科学院长春应用化学研究所
聚合物分子链的低温流动研究及在材料制备中的应用	薛　奇	南京大学
金属纤维多孔材料微结构形成与控制基础研究	奚正平	西北有色金属研究院
聚合物/无机纳米粒子复合胶体微球的制备及其组装与性能	武利民	复旦大学
新型紫外深紫外非线性光学晶体生长、性能及应用基础问题研究	吴以成	中国科学院理化技术研究所
典型大气环境中金属腐蚀的影响因子及锈层演化机制的研究	王振尧	中国科学院金属研究所
铝基非晶块体材料的制备科学	王建强	中国科学院金属研究所
新型无机纳米载体的结构调控及抗癌药物控释与靶向性能研究	施剑林	中国科学院上海硅酸盐研究所
大尺寸非线性光学晶体的研制	沈德忠	清华大学
时效镁合金的沉淀析出与强韧化机理研究	聂建峰	重庆大学
三元金属系统中的合金相、相变及相关性能的计算与模拟研究	柳百新	清华大学
高端金属成形装备低碳制造的基础理论与关键技术研究	刘志峰	合肥工业大学
多相光生化转化过程中的界面行为及能质传递强化	廖　强	重庆大学
环形零件短流程铸辗复合精确成形新工艺理论与关键技术	李永堂	太原科技大学
高强度管线钢土壤腐蚀的关键影响因素及机理研究	李晓刚	北京科技大学
复杂条件下有机高分子材料老化失效规律、分子机理和防护新方法的研究	李光宪	四川大学
大口径KDP光学晶体元件逐点可控微纳潮解抛光新原理与新技术	郭东明	大连理工大学
铁电复合材料的多场耦合功能特性与新型器件的应用基础研究	董蜀湘	北京大学
低维吸波材料的高温微波响应关键科学问题及其吸波性能调控	曹茂盛	北京理工大学

续表

项目名称	项目负责人	依托单位
稀土金属化合物促进的小分子活化与转化	周锡庚	复旦大学
新型骨架结构材料构效关系研究及设计	仲崇立	北京化工大学
贵金属催化材料的多级纳米结构调控与性能优化	郑南峰	厦门大学
有机污染物光催化降解研究	赵进才	中国科学院化学研究所
生物乙醇高效分离/脱水过程的新材料设计与系统优化	张宝泉	天津大学
双金属有机合成试剂研究	席振峰	北京大学
多酸型染料敏化氧化锌纳米晶太阳能电池的研制	苏忠民	东北师范大学
纳米碳材料非金属催化作用本质研究	苏党生	中国科学院金属研究所
结晶高分子材料拉伸下塑性形变及空洞化机理研究	门永锋	中国科学院长春应用化学研究所
双金属纳米晶的调控合成及其催化性能研究	李亚栋	清华大学
团簇及其化合物的制备与功能	洪茂椿	中国科学院福建物质结构研究所
含刚性侧链聚合物的聚合物刷:可控合成与性能研究	范星河	北京大学
微流控构建微尺度相界面及制备新型功能材料的基础研究	褚良银	四川大学

2011 年度国家自然科学基金重大研究计划项目指南

重大研究计划遵循“有限目标、稳定支持、集成升华、跨越发展”的总体思路,针对国家重大战略需求和重大科学前沿两类核心基础科学问题,结合我国具有基础和优势的领域进行重点部署,凝聚优势力量,形成具有相对统一目标或方向的项目群,并加强关键科学问题的深入研究和集成,以实现若干重点领域和重要方向的跨越发展。

重大研究计划项目申请人应当具备以下条件:

(1)具有承担基础研究课题的经历;

(2)具有高级专业技术职务(职称)。

正在博士后工作站内从事研究、正在攻读研究生学位以及《条例》第十条第二款所列的科学技术人员不得申请。

重大研究计划分为“培育项目”、“重点支持项目”和“集成项目”三类。申请人应当按照本《指南》相关重大研究计划的要求和重大研究计划项目申请书撰写提纲撰写申请书,体现学科交叉研究特征,强调对解决重大研究计划核心科学问题及实现总体目标的贡献。申请书的资助类别选择“重大研究计划”,亚类说明选择“培育项目”、“重点支持项目”或“集成项目”,附注说明选择相应的重大研究计划名称。选择不准确或未选择的项目申请将不予受理。

重大研究计划“培育项目”和“重点支持项目”的资助强度分别参照面上项目和重点项目的平均强度;资助期限由各重大研究计划指导专家组根据实际需要确定;合作研究单位不得超过2个。

具体要求见本《指南》各重大研究计划介绍。

功能导向晶态材料的结构设计和可控制备

晶态材料是长程有序固态材料的总称,具有结构有序稳定、构效关系清楚、本征特性多样、物理内涵丰富、易于复合调控等特征。晶态材料研究正在向以功能为导向,通过结构设计和可控制备获得所需应用特性材料的方向发展。

一、科学目标

本重大研究计划以晶态材料为研究对象,以宏观性质(光、电、磁及其复合性能)与微观(电子、分子、聚集态)结构之间内在关系为主线,旨在揭示决定晶态材料宏观性质的功能基元及其在空间的集成方式,发展功能基元理论,深化对晶态材料功能特性和功能基元本质的认识;开展具有重大科学意义和应用前景的功能晶态材料的设计、合成、制备、表征和应用探索研究,为实现晶态材料功能导向的结构设计和可控制备提供新理论、新方法与新材料体系,推动相关学科的发展。

本重大研究计划以晶态材料的关键基础科学问题为核心,充分发挥化学、物理、材料和信息等多学科交叉合作的优势,注重创新性和前沿性,着力提升我国材料研究的综合实力和自主创新能力,凝聚和培养具有国际影响的人才队伍,为国民经济和社会可持续发展作出重大贡献。

二、核心科学问题与2011年度重点资助的研究方向

本重大研究计划围绕决定晶态材料特性的关键功能基元、晶态材料宏观功能与微观结构的关系和基于功能基元晶态材料的设计原理和可控制备三个关键科学问题开展研究工作。2011年度重点资助以下方面的研究工作:

1. 晶态材料功能基元、构效关系及其规律的研究

围绕晶态材料功能基元的结构特征,重点开展以下工作:

(1)建立与发展新的理论方法,在多层次多尺度上计算、模拟和预测材料的结构与性质(如磁性、电性和光学性质),

探索和揭示晶态材料功能特性的起源及其关键功能基元。

(2)揭示晶态材料功能基元(电子、原子、离子、分子、基团和畴结构与相结构等)间的相互作用方式(如共价键、离子键、配位键、氢键及弱相互作用等)与其性能(包括光、电、磁及其复合功能)的关系，阐明晶态功能材料宏观对称性与性质之间的关系。

(3)系统开展晶态材料的功能基元组装、修饰和光/电/磁性质调控等研究，观测相关体系在外界扰动(磁场、电场、光场、温场、力场等)下的物性响应，探讨晶态材料中电子输运、磁有序和能量转换等基本问题，寻找具有实用价值的功能调控方法。

2. 功能导向新型晶态材料的设计

根据结构与功能之间的关系及其规律，设计和合成新型晶态材料，重点开展以下工作：

(1)基于功能基元及材料体系理论，发展“分子工程学”、“晶体工程学”等方法，开展计算材料学研究，指导材料设计工作。

(2)设计和合成具有关键功能基元和特殊结构的材料体系，研究其在非线性、激光、发光、电、磁及复合性能等方面的特性，揭示结构与性能间的关系，发现新型晶态功能材料。

3. 新型晶态功能材料的可控制备与表征

发展晶态功能材料的合成、制备和表征新方法，重点开展以下工作：

(1)系统发展功能基元的组装方法和技术，通过功能基元的结构优化和裁剪，制备新型功能晶态材料。通过结构调控实现特定结构晶态材料的可控生长，实现功能的增强与复合。

(2)发展极端条件下的合成新方法，重点研究亚稳相晶态材料及薄膜、界面结构材料的制备技术。

(3)建立功能基元及材料的探测与表征新方法，重点发展原位、实时、微区结构的测量技术，表征晶态材料的相关性能。鼓励利用国家大科学装置进行晶态材料的物性和机理研究。

4. 功能导向新型晶态材料

基于我国在相关研究领域的优势，结合上述研究内容，着重开展以下体系的研究：

(1)光学和发光材料：重点研究新波段和新结构类型的激光和非线性光学晶体材料，白光和上转换发光材料，基于配位化合物和人工微结构的光学和发光材料等。

(2)电、磁功能材料：研究新结构类型的具有电、磁功能的非金属晶态材料。重点研究电光、压电和磁性材料等。

(3)复杂体系及功能复合材料：研究具有电荷、自旋、轨道和晶格间相互作用的复杂体系功能材料和功能复合材料。重点研究非常规超导材料、新型磁电阻材料、巨热电材料、光电转换材料和光功能复合晶体材料等。

三、2011 年度申请要求与资助规模

本重大研究计划 2010 年度共受理项目申请 125 项，其中“重点支持项目”28 项、“培育项目”97 项，另有不符合申请要求的项目 6 项。申请项目覆盖 4 个科学部的 15 个学科。共资助“重点支持项目”8 项(资助经费 1930 万元)和“培育项目”28 项(资助经费 1420 万元)。

2010 年度资助项目在研究方向、研究内容和研究思路等方面总体上体现了本重大研究计划的宗旨和指导思想，但是也有一些申请项目缺乏理论与实验的结合，缺乏不同相关学科的交叉融合以及缺乏对晶态材料功能基元、构效关系及其规律的探索等，未能体现本重大研究计划“功能导向与结构设计”的基本要求。

2011 年度的项目申请必须强调功能导向和结构设计的要求，进一步加强化学、材料、物理、信息等学科间的交叉和融合，鼓励理论与实验的紧密结合，深化对晶态材料功能基元的结构特征的探索研究。申请人应注意项目申请与“可控自组装体系及其功能化”等相关重大研究计划的区别。鉴于“纳米科技基础研究”重大研究计划等对纳米材料研究已有较多支持，本重大研究计划不受理有关纳米材料研究的项目申请。

本重大研究计划主要以“培育项目”和“重点支持项目”的形式予以资助，两类项目在要求和资助强度上有所不同。对原创性强、挑战性大，但相关工作基础相对薄弱的申请将以“培育项目”形式予以资助，其中对有学科交叉特色的申请将予以优先支持；对有很好研究基础和积累，有明确的重要科学问题，同时具有实质性学科交叉特点的申请将以“重点支持项目”形式予以资助，同时要求有不同学科研究队伍的共同参与项目研究。所有项目申请必须体现功能导向与结构设计的基本要求。

2011 年度拟资助“培育项目”约 30 项，资助强度不低于 50 万元/项，资助期限为 3 年；拟资助“重点支持项目”约 8 项，资助强度约 250 万元/项，资助期限原则上为 4 年。2011 年度资助总经费约 3500 万元。

四、遴选项目原则

为确保实现总体目标，本重大研究计划鼓励：

(1)具有原始创新思路和独具特色的探索性研究；

(2)与总体目标紧密相关的关键科学技术问题研究；

(3)化学、数理、材料和信息等学科的交叉合作研究；

(4)吸收海外优秀科学家参与的国际合作研究。

五、申请注意事项

(1)申请人在撰写申请书前，应当认真阅读本《指南》。申请书的研究内容和研究目标必须与本重大研究计划密切相关。为避免重复资助，项目申请应注意与重大科技专项、863 和 973 等国家相关科技计划的区别与侧重。不符合《指南》或与其他重大研究计划内容重复的项目申请不予受理。

(2)根据重点资助的研究方向，申请人可自主拟定项目名称、科学目标、研究内容、技术路线和相应的经费预算。

(3)申请书中的资助类别选择“重大研究计划”，亚类说明选择“培育项目”或“重点支持项目”，附注说明选择“功能导向晶态材料的结构设计和可控制备”(以上选择不准确或未选择的项目申请将不予受理)。根据申请的具体研究内容选择相应的申请代码。

(4)申请书由化学科学部负责受理。

纳米制造的基础研究

纳米制造科学是支撑纳米科技走向应用的基础。本重大研究计划瞄准学科发展前沿、面向国家发展的重大战略需求,针对纳米精度制造、纳米尺度制造和跨尺度制造中的基础科学问题,探索制造过程由宏观进入微观时,能量、运动与物质结构和性能间的作用机理与转换规律,建立纳米制造理论基础及工艺与装备原理,培养一批从事该领域前沿研究的优秀人才,提升我国纳米制造的源头创新能力,力争在该领域若干方面取得具有国际重要影响的成果。

一、科学目标

通过机械学、物理学、化学、生物学、材料科学、信息科学等相关学科的交叉与融合,探索基于物理/化学/生物等原理的纳米制造新方法与新工艺,揭示纳米尺度与纳米精度下加工、成形、改性和跨尺度制造中的尺度效应、表面/界面效应等,阐明物质结构演变机理与器件的功能形成规律,建立纳米制造过程的精确表征与计量方法,发展若干原创性的纳米制造工艺与装备原理,为实现纳米制造的一致性与批量化提供理论基础。

二、计划总体安排

本重大研究计划将遵循"有限目标、稳定支持、集成升华、跨越发展"的总体思路,针对国家重大需要和前瞻性的重大科学前沿两种类型的核心基础科学问题开展纳米制造的基础研究。预算总经费为1.5亿元,预计执行期为8年,立项资助工作主要在前5年进行。分别以"培育项目"、"重点支持项目"和"集成项目"三类不同项目予以资助:

(1)对提出创新学术思想进行纳米制造科学前沿探索基础研究的项目,将以"培育项目"形式资助,资助期限为3年;

(2)对有显著的创新学术思想和重要研究价值、具有相当的研究基础、有望取得重要突破的项目,将以"重点支持项目"形式资助,资助期限为4年;

(3)有较强的研究基础,其研究内容对实现本研究计划总体目标将产生全局性贡献的创新研究项目,将以更大支持强度的"集成项目"形式资助,资助期限为4年,拟在本重大研究计划的后期择机立项实施。

三、遴选项目本原则

本重大研究计划资助的项目应符合以下要求:

(1)面向国家发展的重大战略需求,体现纳米制造的前沿基础,突出纳米制造特点。

(2)围绕纳米制造中的科学问题与关键技术基础,鼓励多学科交叉联合申请。申请"重点支持项目",尤其应体现机械、物理、化学、生物和信息等相关学科的交叉与联合,针对纳米制造中的新原理、新方法、新技术与新工艺等开展合作研究;申请"培育项目",应体现创新学术思想。

(3)优先支持有原创性的探索研究。

(4)鼓励开展实质性的国际合作研究。

四、重点资助领域与方向

1. 基于物理/化学/生物等原理的纳米尺度制造

纳米结构生长、加工、改性、组装等纳米制造新方法与新工艺,纳米尺度制造过程中结构与器件的性能演变规律。

2. 宏观结构的纳米精度制造

宏观结构的纳米精度制造的新原理、新方法与新工艺,纳米精度制造中原子/分子的迁移机制、表面/界面效应,纳米精度表面加工理论。

3. 纳/微/宏(跨尺度)制造

跨尺度制造新原理与新方法,跨尺度制造中的界面行为与多场调控机制,跨尺度结构与器件的排列、操纵与集成。

4. 纳米制造精度与测量

纳米尺度的计量溯源与误差评价,纳米制造精度设计理论,纳米结构的几何参数、机械/力学等物理性能的测量与表征。

5. 纳米制造装备新原理

纳米制造装备的微扰动作用机制、非线性动力学行为与响应畸变特性、能量转化方式与工艺过程控制,纳米精度运动的驱动与控制新方法。

五、2010年度资助情况

来自全国78个依托单位的申请人共提出项目申请159项,其中,"培育项目"128项,"重点支持项目"31项。经初审,不予受理项目24项,送审135项。经专家评审资助项目42项,资助经费3700万元。其中"重点支持项目"7项,资助经费1560万元;"培育项目"42项(含1项从"重点支持项目"转为"培育项目"资助),资助经费2140万元。

六、2011年度资助规模

本重大研究计划于2009年正式启动,拟分5个年度受理项目申请,分别以"培育项目"和"重点支持项目"的形式资助。对具有比较好的创新性研究思路或比较好的苗头,但尚需一段时间探索研究的项目申请将以"培育项目"形式资助,资助强度每项不低于50万元,实验类研究项目的资助强度每项可达80万元左右;对已具有较好研究基础和积累,有明确的重要科学问题需要进一步深入系统研究,同时体现学科交叉特征的项目申请将以"重点支持项目"形式资助,资助强度每项300万元左右。

2011年度同时受理"培育项目"和"重点支持项目"的申请,资助经费约4300万元,拟资助"培育项目"40项左右,资助期限为3年;"重点支持项目"6~8项,资助期限为4年。

七、申请注意事项

(1)申请人在撰写申请书前,应认真阅读《指南》。申请书应符合本重大研究计划的实施原则,以纳米制造科学发展前沿和增强国家竞争力发展的需求为立论背景,着重论述项目研究立项论据、主要研究内容、科学问题和研究目标,突出特点,强调前瞻性、基础性和创新性。研究重点必须立足"纳米制造”，而非“纳米材料制备”或“纳米合成”；研究内容应体现批量化、低成本、一致性等制造特征。

(2)申请人可根据拟解决的具体基础科学问题，在认真总结国内外已有成果、明确新的突破点以及如何探索的基础上，自主确定项目名称、科学目标、研究内容、技术路线和相应的经费预算。为避免重复资助，项目申请应注意与重大科技专项、863 和 973 等国家相关科技计划所资助项目的区别、关联与侧重。

(3)为加强项目的学术交流，促进多学科交叉与集成，本重大研究计划每年将举办一次资助项目的年度学术交流会，并不定期地组织相关领域的学术研讨会。获资助项目负责人有义务参加重大研究计划指导专家组和管理工作组所组织的上述学术交流活动，并汇报项目的研究进展。

(4)申请书中的资助类别选择“重大研究计划”，亚类说明选择“培育项目”或“重点支持项目”，附注说明选择“纳米制造的基础研究”(以上选择不准确或未选择的项目申请将不予受理)。根据申请的具体研究内容选择相应的申请代码。申请书正文按重大研究计划撰写提纲撰写。

(5)申请书由工程与材料科学部负责受理。

2011 年度国家自然科学基金重大研究计划项目立项清单(材料相关)

项目名称	项目负责人	依托单位
新型有机电子给体-受体分子体系的设计、合成与调控	张德清	中国科学院化学研究所
多功能有机共轭分子体系的研究	张德清	中国科学院化学研究所
新型富电子/缺电子共轭分子体系的设计、合成与可控官能化	裴坚	北京大学
共轭分子及其聚集态体系本征物理化学性质的研究和应用	付红兵	中国科学院化学研究所

教育与人才篇

材料教育

中国大学排名(武书连)

中国大学综合实力100强(2011年)

排名	校名	总得分	人才培养			科学研究			分省排名		学校类型	学校参考类型	
			得分	研究生培养	本科生培养	得分	自然科学研究	社会科学研究					
1	浙江大学	207.91	83.06	62.65	20.41	124.84	107.59	17.25	浙	1	综合	理科类	研究1型
2	北京大学	200.34	82.68	61.16	21.52	117.66	77.44	40.22	京	1	综合	综合类	研究1型
3	清华大学	190.25	77.04	58.25	18.79	113.21	93.81	19.40	京	2	理工	文理类	研究1型
4	上海交通大学	156.38	63.64	47.63	16.01	92.74	84.17	8.57	沪	1	综合	理科类	研究1型
5	复旦大学	137.78	55.69	42.51	13.18	82.09	58.63	23.45	沪	2	综合	综合类	研究1型
6	南京大学	125.61	51.31	37.68	13.63	74.30	51.28	23.02	苏	1	综合	综合类	研究1型
7	中山大学	104.31	45.34	31.78	13.56	58.97	43.85	15.12	粤	1	综合	综合类	研究1型
8	武汉大学	104.30	48.90	30.66	18.24	55.40	34.12	21.28	鄂	1	综合	综合类	研究2型
9	华中科技大学	102.90	49.85	31.83	18.02	53.05	44.19	8.87	鄂	2	理工	综合类	研究2型
10	四川大学	101.31	48.65	31.23	17.42	52.66	42.65	10.01	川	1	综合	综合类	研究2型
11	哈尔滨工业大学	94.45	43.56	29.83	13.72	50.90	48.70	2.20	黑	1	理工	工学类	研究2型
12	吉林大学	93.33	46.56	29.40	17.16	46.77	35.91	10.86	吉	1	综合	综合类	研究2型
13	山东大学	85.49	42.20	25.11	17.08	43.30	32.48	10.82	鲁	1	综合	综合类	研究2型
14	西安交通大学	83.98	39.03	25.28	13.75	44.95	34.21	10.74	陕	1	综合	文理类	研究2型
15	南开大学	82.46	35.36	24.89	10.46	47.10	27.69	19.41	津	1	综合	文理类	研究1型
16	中国科学技术大学	82.13	33.60	25.80	7.80	48.52	46.69	1.84	皖	1	理工	理科类	研究1型
17	中南大学	70.04	34.86	21.94	12.92	35.18	30.91	4.27	湘	1	综合	理科类	研究2型
18	中国人民大学	67.38	32.07	19.31	12.76	35.31	1.99	33.32	京	3	综合	文科类	研究2型
19	东南大学	65.40	31.82	19.12	12.71	33.58	28.32	5.27	苏	2	综合	工学类	研究2型
20	北京师范大学	62.66	29.19	18.70	10.50	33.47	16.36	17.10	京	4	师范	文理类	研究2型
21	大连理工大学	62.25	29.16	18.87	10.29	33.08	29.71	3.38	辽	1	理工	工学类	研究2型
22	天津大学	61.44	30.36	18.45	11.91	31.09	27.43	3.66	津	2	理工	工学类	研究2型
23	厦门大学	59.41	29.52	17.84	11.68	29.89	16.72	13.17	闽	1	综合	综合类	研究2型
24	华南理工大学	57.59	27.89	16.85	11.04	29.70	26.09	3.61	粤	2	理工	工学类	研究2型
25	同济大学	56.71	30.12	17.11	13.01	26.59	23.40	3.20	沪	3	理工	工学类	研究2型

(续表)

排名	校 名	总得分	人才培养			科学研究			分省排名		学校类型	学校参考类型	
			得分	研究生培养	本科生培养	得分	自然科学研究	社会科学研究					
26	重庆大学	54.47	28.60	16.38	12.22	25.87	17.78	8.09	渝	1	综合	文理类	研究2型
27	北京航空航天大学	51.87	24.71	16.30	8.41	27.16	24.78	2.38	京	5	理工	工学类	研究2型
28	西北工业大学	51.72	24.91	15.82	9.09	26.81	25.05	1.76	陕	2	理工	工学类	研究2型
29	兰州大学	50.87	23.16	15.58	7.58	27.72	23.67	4.05	甘	1	综合	理学类	研究2型
30	北京理工大学	50.85	23.83	14.84	8.99	27.02	25.28	1.75	京	6	理工	工学类	研究2型
31	中国农业大学	49.69	22.02	14.60	7.42	27.67	24.43	3.24	京	7	农林	理科类	研究2型
32	湖南大学	46.02	23.15	13.84	9.31	22.87	17.05	5.82	湘	2	综合	文理类	研究2型
33	华东师范大学	44.23	21.56	13.47	8.10	22.67	12.33	10.34	沪	4	师范	文理类	研究2型
34	郑州大学	43.70	26.40	11.16	15.24	17.30	10.91	6.39	豫	1	综合	综合类	研教1型
35	华东理工大学	40.79	19.74	11.72	8.02	21.05	19.72	1.32	沪	5	理工	工学类	研究2型
36	苏州大学	38.33	19.53	11.39	8.14	18.80	14.08	4.72	苏	3	综合	综合类	研教1型
37	南京航空航天大学	37.67	18.27	11.41	6.87	19.40	16.29	3.10	苏	4	理工	文理类	研究2型
38	上海大学	37.45	18.45	11.19	7.26	19.00	14.05	4.95	沪	6	综合	文理类	研教1型
39	南京农业大学	36.95	17.20	10.58	6.63	19.75	15.61	4.13	苏	5	农林	文理类	研究2型
40	电子科技大学	36.39	19.14	11.36	7.78	17.25	15.27	1.98	川	2	理工	工学类	研教2型
41	华中师范大学	35.28	17.85	10.53	7.32	17.43	7.30	10.13	鄂	3	师范	文理类	研教1型
42	武汉理工大学	35.14	22.16	9.89	12.27	12.98	10.90	2.08	鄂	4	理工	文理类	研教2型
43	西南大学	34.08	20.45	8.78	11.66	13.63	8.33	5.30	渝	2	综合	综合类	研教2型
44	东北师范大学	32.60	16.47	10.20	6.27	16.13	11.09	5.03	吉	2	师范	文理类	研教1型
45	西安电子科技大学	31.69	17.84	9.52	8.33	13.85	13.26	0.59	陕	3	理工	工学类	研教2型
46	东北大学	31.46	18.28	9.60	8.69	13.18	10.63	2.55	辽	2	理工	文理类	研教2型
47	南京理工大学	30.72	15.53	8.82	6.71	15.19	13.78	1.41	苏	6	理工	工学类	研教1型
48	西北农林科技大学	30.25	15.35	8.62	6.74	14.90	13.05	1.85	陕	4	农林	农学类	研教1型
49	北京科技大学	30.05	15.44	9.44	6.00	14.60	13.52	1.08	京	8	理工	工学类	研教2型
50	东华大学	30.03	14.91	8.73	6.18	15.12	14.36	0.76	沪	7	理工	工学类	研教1型
51	南京师范大学	30.02	16.23	8.98	7.24	13.79	6.47	7.32	苏	7	师范	文理类	研教1型
52	暨南大学	29.98	15.02	8.65	6.37	14.96	8.39	6.57	粤	3	综合	综合类	研教1型
53	江南大学	29.63	15.55	7.36	8.19	14.08	12.33	1.74	苏	8	综合	工学类	研教1型
54	西南交通大学	28.70	18.72	7.73	11.00	9.98	7.44	2.54	川	3	理工	文理类	研教2型
55	北京交通大学	27.56	16.88	7.73	9.15	10.69	9.07	1.62	京	9	理工	工学类	研教2型
56	北京化工大学	27.15	13.32	7.75	5.56	13.83	13.43	0.40	京	10	理工	工学类	研教1型
57	中国海洋大学	26.95	13.41	8.05	5.37	13.54	12.13	1.41	鲁	2	综合	理科类	研教1型
58	华中农业大学	26.81	15.23	6.99	8.25	11.58	9.46	2.12	鄂	5	农林	文理类	研教1型
59	华南师范大学	25.61	14.50	6.72	7.78	11.10	5.88	5.23	粤	4	师范	文理类	研教1型
60	陕西师范大学	24.91	13.33	7.28	6.05	11.58	6.85	4.73	陕	5	师范	综合类	研教1型
61	西北大学	24.72	13.77	6.88	6.89	10.95	6.56	4.39	陕	6	综合	综合类	研教1型
62	湖南师范大学	24.47	13.71	6.90	6.80	10.77	5.58	5.19	湘	3	师范	文理类	研教1型
63	南昌大学	24.46	15.46	6.14	9.32	9.00	6.74	2.26	赣	1	综合	文理类	研教1型

（续表）

排名	校名	总得分	人才培养			科学研究			分省排名		学校类型	学校参考类型	
			得分	研究生培养	本科生培养	得分	自然科学研究	社会科学研究					
64	北京工业大学	23.44	12.68	6.64	6.05	10.76	9.54	1.22	京	11	理工	工学类	研教1型
65	扬州大学	23.43	13.68	5.49	8.19	9.75	7.58	2.16	苏	9	综合	综合类	研教1型
66	河海大学	22.54	13.69	6.61	7.08	8.85	6.88	1.97	苏	10	理工	文理类	研教2型
67	河南大学	22.06	14.26	5.15	9.11	7.80	3.71	4.10	豫	2	综合	文理类	研教1型
68	山西大学	21.59	12.08	5.48	6.60	9.51	4.52	4.98	晋	1	综合	文理类	研教1型
69	首都医科大学	21.46	10.36	6.17	4.19	11.10	10.81	0.29	京	12	医药	医学类	研教1型
70	浙江工业大学	21.35	11.74	5.10	6.64	9.61	8.02	1.59	浙	2	理工	文理类	研教1型
71	合肥工业大学	21.33	13.98	5.61	8.36	7.35	6.37	0.98	皖	2	理工	工学类	研教2型
72	中国地质大学(武汉)	21.02	12.51	5.37	7.14	8.51	7.54	0.97	鄂	6	理工	理科类	研教2型
73	燕山大学	20.78	11.58	5.86	5.71	9.20	7.78	1.42	冀	1	理工	工学类	研教1型
74	江苏大学	20.74	12.68	5.61	7.07	8.06	6.54	1.51	苏	11	综合	文理类	研教2型
75	哈尔滨工程大学	20.43	12.22	6.15	6.07	8.21	6.95	1.26	黑	2	理工	工学类	研教2型
76	云南大学	20.38	12.43	5.40	7.03	7.95	4.53	3.43	云	1	综合	文理类	研教2型
77	福州大学	20.25	11.57	5.24	6.34	8.67	7.46	1.21	闽	2	理工	理科类	研教1型
78	河北大学	19.87	11.80	4.94	6.86	8.07	4.40	3.67	冀	2	综合	综合类	研教1型
79	华南农业大学	19.85	12.71	4.33	8.38	7.14	5.55	1.59	粤	5	农林	文理类	研教2型
80	南京工业大学	19.40	10.97	4.80	6.18	8.43	7.77	0.66	苏	12	理工	工学类	研教1型
81	华北电力大学	19.39	12.07	4.87	7.19	7.32	6.14	1.18	京	13	理工	文理类	研教2型
82	上海财经大学	18.79	10.82	5.50	5.32	7.97	0.24	7.73	沪	8	财经	文科类	研教2型
83	湘潭大学	18.70	10.88	5.00	5.88	7.82	4.10	3.72	湘	4	综合	综合类	研教1型
84	中国石油大学(华东)	18.57	11.38	4.71	6.66	7.19	6.93	0.26	鲁	3	理工	工学类	研教2型
85	中国矿业大学	18.08	11.80	4.49	7.31	6.28	4.77	1.50	苏	13	理工	文理类	研教2型
86	中国石油大学(北京)	17.85	9.21	5.73	3.48	8.64	8.35	0.29	京	14	理工	工学类	研教2型
87	北京邮电大学	17.59	11.64	5.72	5.93	5.95	5.38	0.57	京	15	理工	工学类	研教2型
88	中国地质大学(北京)	17.09	8.45	5.15	3.30	8.63	8.17	0.46	京	16	理工	理科类	研教2型
89	长安大学	17.06	11.13	4.35	6.78	5.93	5.16	0.76	陕	7	理工	工学类	研教2型
90	中南财经政法大学	17.05	11.68	4.24	7.45	5.37	0.11	5.25	鄂	7	财经	文科类	研教2型
91	广西大学	16.99	11.77	4.22	7.55	5.22	4.00	1.22	桂	1	综合	综合类	研教2型
92	黑龙江大学	16.99	10.45	3.54	6.91	6.54	2.14	4.40	黑	3	综合	文理类	研教1型
93	首都师范大学	16.83	9.83	4.71	5.12	7.00	3.08	3.92	京	17	师范	文理类	研教1型
94	中国药科大学	16.49	8.35	4.38	3.97	8.14	7.99	0.15	苏	14	医药	医学类	研教1型
95	上海师范大学	16.42	9.19	4.26	4.93	7.23	3.45	3.78	沪	9	师范	文理类	研教1型
96	青岛大学	16.02	11.47	2.94	8.53	4.55	3.24	1.30	鲁	4	综合	文理类	研教2型
97	贵州大学	15.90	12.24	3.37	8.88	3.65	3.01	0.65	贵	1	综合	理科类	教研1型
98	南京医科大学	15.88	7.87	4.43	3.44	8.01	7.76	0.25	苏	15	医药	医学类	研教1型
99	安徽师范大学	15.82	9.11	3.67	5.44	6.70	4.53	2.17	皖	3	师范	文理类	研教1型
100	浙江师范大学	15.66	8.03	3.57	4.46	7.63	3.77	3.86	浙	3	师范	文理类	研教1型

中国大学综合实力100强(2012年)

排名	校名	总得分	人才培养			科学研究			分省排名		学校类型	学校参考类型	
			得分	研究生培养	本科生培养	得分	自然科学研究	社会科学研究					
1	浙江大学	209.62	89.49	65.88	23.61	120.13	102.79	17.33	浙	1	综合	理科类	研究1型
2	北京大学	205.14	90.85	65.42	25.43	114.29	74.01	40.28	京	1	综合	综合类	研究1型
3	清华大学	191.51	84.72	59.91	24.81	106.80	86.92	19.88	京	2	理工	文理类	研究1型
4	上海交通大学	160.01	70.27	50.21	20.06	89.73	81.48	8.26	沪	1	综合	理科类	研究1型
5	复旦大学	147.85	63.40	47.03	16.37	84.44	59.11	25.33	沪	2	综合	文理类	研究1型
6	南京大学	126.91	56.29	39.68	16.61	70.63	46.44	24.19	苏	1	综合	综合类	研究1型
7	武汉大学	111.40	54.61	34.26	20.35	56.79	34.53	22.26	鄂	1	综合	综合类	研究2型
8	中山大学	111.39	50.83	35.00	15.83	60.56	45.18	15.38	粤	1	综合	综合类	研究1型
9	四川大学	108.19	53.35	35.13	18.21	54.84	44.48	10.36	川	1	综合	综合类	研究2型
10	哈尔滨工业大学	104.98	49.37	34.91	14.46	55.61	53.38	2.23	黑	1	理工	工学类	研究2型
11	华中科技大学	101.85	51.60	32.83	18.77	50.25	41.42	8.83	鄂	2	理工	文理类	研究2型
12	吉林大学	97.62	49.96	32.09	17.87	47.66	36.18	11.48	吉	1	综合	综合类	研究2型
13	山东大学	95.57	47.52	28.54	18.98	48.05	36.48	11.57	鲁	1	综合	综合类	研究2型
14	南开大学	88.94	40.81	27.72	13.09	48.13	27.87	20.26	津	1	综合	文理类	研究1型
15	西安交通大学	81.45	40.52	25.99	14.52	40.94	30.27	10.67	陕	1	综合	文理类	研究2型
16	中南大学	77.19	40.30	25.07	15.23	36.89	32.65	4.23	湘	1	综合	理科类	研究2型
17	中国科学技术大学	76.85	35.39	26.32	9.07	41.46	39.67	1.80	皖	1	理工	理科类	研究1型
18	中国人民大学	71.66	35.38	21.60	13.79	36.27	2.01	34.26	京	3	综合	文科类	研究2型
19	东南大学	69.82	35.87	21.60	14.27	33.94	29.53	4.41	苏	2	综合	工学类	研究2型
20	天津大学	68.15	34.29	20.96	13.34	33.86	30.76	3.09	津	2	理工	工学类	研究2型
21	大连理工大学	65.08	32.21	20.88	11.33	32.87	29.90	2.96	辽	1	理工	工学类	研究2型
22	北京师范大学	63.62	31.48	19.91	11.57	32.14	14.29	17.84	京	4	师范	文理类	研究2型
23	厦门大学	63.57	32.89	19.95	12.94	30.68	17.23	13.45	闽	1	综合	综合类	研究2型
24	华南理工大学	62.25	31.12	19.12	12.00	31.13	27.46	3.67	粤	2	理工	工学类	研究2型
25	同济大学	61.46	33.78	19.64	14.15	27.68	24.49	3.19	沪	3	理工	工学类	研究2型
26	重庆大学	54.64	29.83	17.59	12.24	24.81	16.97	7.84	渝	1	综合	文理类	研究2型
27	北京航空航天大学	54.54	27.31	17.97	9.33	27.23	24.42	2.81	京	5	理工	工学类	研究2型
28	西北工业大学	52.76	27.05	16.69	10.36	25.71	24.34	1.37	陕	2	理工	工学类	研究2型
29	兰州大学	52.71	25.78	16.81	8.98	26.93	22.83	4.10	甘	1	综合	理学类	研究2型
30	北京理工大学	49.37	24.81	14.96	9.85	24.56	22.62	1.94	京	6	理工	工学类	研究2型
31	中国农业大学	48.45	23.07	14.59	8.48	25.38	22.23	3.16	京	7	农林	理科类	研究1型
32	湖南大学	46.91	25.06	14.98	10.07	21.86	16.10	5.75	湘	2	综合	文理类	研究2型
33	华东师范大学	45.22	23.35	14.47	8.88	21.88	11.98	9.90	沪	4	师范	文理类	研究2型
34	郑州大学	43.05	26.10	10.89	15.21	16.96	11.05	5.91	豫	1	综合	综合类	研教2型
35	华东理工大学	41.21	20.91	12.21	8.70	20.30	19.09	1.22	沪	5	理工	工学类	研究2型

（续表）

排名	校名	总得分	人才培养			科学研究			分省排名		学校类型	学校参考类型	
			得分	研究生培养	本科生培养	得分	自然科学研究	社会科学研究					
36	南京航空航天大学	40.70	20.87	12.61	8.26	19.83	16.36	3.47	苏	3	理工	文理类	研究2型
37	苏州大学	40.67	21.18	12.37	8.81	19.49	14.53	4.96	苏	4	综合	综合类	研教1型
38	南京农业大学	38.90	19.18	11.45	7.73	19.72	15.67	4.05	苏	5	农林	文理类	研究1型
39	电子科技大学	38.73	21.30	12.82	8.48	17.43	15.41	2.02	川	2	理工	工学类	研教2型
40	华中师范大学	37.90	19.98	11.81	8.17	17.93	7.23	10.70	鄂	3	师范	文理类	研教1型
41	上海大学	36.58	18.45	10.96	7.50	18.13	13.09	5.04	沪	6	综合	综合类	研教1型
42	武汉理工大学	35.53	22.72	10.68	12.04	12.81	10.47	2.34	鄂	4	理工	文理类	研教2型
43	西南大学	34.78	20.93	9.57	11.35	13.86	8.58	5.27	渝	2	综合	综合类	研教2型
44	东北师范大学	33.96	17.99	11.23	6.76	15.97	10.06	5.91	吉	2	师范	文理类	研教1型
45	西安电子科技大学	32.51	19.04	10.49	8.55	13.47	12.85	0.62	陕	3	理工	工学类	研教2型
46	东北大学	32.44	19.38	9.98	9.39	13.06	10.53	2.53	辽	2	理工	文理类	研教2型
47	南京理工大学	32.04	16.86	9.30	7.56	15.18	13.86	1.33	苏	6	理工	工学类	研教1型
48	西北农林科技大学	31.04	17.46	8.70	8.76	13.58	12.08	1.50	陕	4	农林	理科类	研教1型
49	暨南大学	30.90	16.15	9.41	6.74	14.75	7.10	7.65	粤	3	综合	综合类	研教1型
50	东华大学	30.86	16.27	9.03	7.24	14.59	13.78	0.81	沪	7	理工	工学类	研教1型
51	北京科技大学	30.49	16.69	10.29	6.41	13.80	12.69	1.10	京	8	理工	工学类	研教2型
52	江南大学	30.35	15.82	7.56	8.26	14.54	12.94	1.59	苏	7	综合	工学类	研教1型
53	西南交通大学	30.32	20.25	8.84	11.41	10.07	7.71	2.36	川	3	理工	文理类	研教2型
54	南京师范大学	30.15	17.08	9.36	7.72	13.07	5.17	7.91	苏	8	师范	文理类	研教2型
55	北京化工大学	28.50	14.83	8.17	6.67	13.67	13.34	0.32	京	9	理工	工学类	研教1型
56	中国海洋大学	27.88	14.86	8.77	6.09	13.01	11.66	1.35	鲁	2	综合	理科类	研教1型
57	北京交通大学	27.37	17.42	8.17	9.25	9.95	8.49	1.46	京	10	理工	工学类	研教2型
58	华中农业大学	27.26	16.34	7.01	9.32	10.92	8.90	2.02	鄂	5	农林	文理类	研教1型
59	首都医科大学	27.19	13.51	7.66	5.85	13.68	13.39	0.29	京	11	医药	医学类	研教1型
60	陕西师范大学	26.03	14.09	8.11	5.98	11.94	6.45	5.49	陕	5	师范	文理类	研教1型
61	南昌大学	25.73	15.56	6.49	9.07	10.17	8.04	2.13	赣	1	综合	文理类	研教2型
62	华南师范大学	25.63	14.62	6.76	7.86	11.01	5.74	5.27	粤	4	师范	文理类	研教1型
63	西北大学	25.60	14.52	7.54	6.98	11.08	6.59	4.49	陕	6	综合	综合类	研教1型
64	河海大学	24.71	15.13	7.90	7.23	9.58	7.02	2.56	苏	9	理工	文理类	研教2型
65	北京工业大学	24.65	13.80	7.28	6.53	10.84	9.51	1.33	京	12	理工	工学类	研教1型
66	河南大学	24.38	15.33	5.66	9.68	9.04	4.18	4.86	豫	2	综合	文理类	研教2型
67	扬州大学	24.29	13.88	5.64	8.25	10.40	8.06	2.35	苏	10	综合	综合类	研教1型
68	湖南师范大学	24.25	13.98	7.17	6.81	10.27	4.93	5.35	湘	3	师范	文理类	研教2型
69	哈尔滨工程大学	24.20	13.96	7.95	6.02	10.24	8.98	1.26	黑	2	理工	工学类	研教2型
70	山西大学	22.52	12.22	6.07	6.15	10.30	4.71	5.59	晋	1	综合	综合类	研教1型

（续表）

排名	校 名	总得分	人才培养			科学研究			分省排名		学校类型	学校参考类型	
			得分	研究生培养	本科生培养	得分	自然科学研究	社会科学研究					
71	浙江工业大学	22.44	12.27	5.27	7.00	10.17	8.49	1.68	浙	2	理工	文理类	研教1型
72	江苏大学	22.05	13.28	6.14	7.14	8.77	7.47	1.30	苏	11	综合	工学类	研教2型
73	中国地质大学（武汉）	20.92	12.88	5.62	7.25	8.05	6.86	1.19	鄂	6	理工	理科类	研教2型
74	福州大学	20.70	11.58	5.41	6.17	9.12	7.94	1.18	闽	2	理工	理科类	研教1型
75	燕山大学	20.63	11.46	6.29	5.17	9.18	7.64	1.53	冀	1	理工	文理类	研教2型
76	合肥工业大学	20.45	13.94	5.93	8.01	6.51	5.63	0.88	皖	2	理工	工学类	研教2型
77	华南农业大学	19.84	12.69	4.30	8.39	7.15	5.54	1.61	粤	5	农林	文理类	研教2型
78	南京工业大学	19.78	10.99	5.21	5.78	8.80	8.27	0.53	苏	12	理工	工学类	研教1型
79	云南大学	19.47	12.45	5.81	6.65	7.02	3.96	3.06	云	1	综合	文理类	研教2型
80	河北大学	19.22	10.52	5.61	4.91	8.70	4.27	4.43	冀	2	综合	综合类	研教1型
81	北京邮电大学	19.22	13.43	6.51	6.91	5.79	5.21	0.58	京	13	理工	工学类	研教2型
82	湘潭大学	19.16	11.25	5.29	5.96	7.91	4.46	3.45	湘	4	综合	综合类	研教2型
83	上海财经大学	19.16	11.50	5.82	5.68	7.66	0.17	7.49	沪	8	财经	经管类	研教2型
84	华北电力大学	19.12	12.27	5.20	7.07	6.85	5.81	1.04	京	14	理工	工学类	研教2型
85	中国药科大学	18.87	9.93	4.87	5.06	8.94	8.81	0.14	苏	13	医药	医学类	研教1型
86	中国石油大学(北京)	18.25	10.12	6.25	3.87	8.13	7.86	0.28	京	15	理工	工学类	研教1型
87	中国矿业大学	18.24	11.79	5.00	6.79	6.45	5.29	1.16	苏	14	理工	文理类	研教2型
88	中南财经政法大学	18.01	12.15	4.78	7.37	5.86	0.10	5.75	鄂	7	财经	文科类	研教2型
89	中国石油大学(华东)	17.99	11.30	4.63	6.67	6.68	6.37	0.31	鲁	3	理工	工学类	研教2型
90	长安大学	17.84	11.44	5.06	6.38	6.41	5.33	1.08	陕	7	理工	文理类	研教2型
91	黑龙江大学	17.83	10.58	3.57	7.00	7.25	1.73	5.52	黑	3	综合	文科类	研教1型
92	广西大学	17.66	11.83	5.00	6.83	5.83	4.46	1.37	桂	1	综合	文理类	研教2型
93	中国地质大学(北京)	17.48	9.22	5.69	3.52	8.26	7.59	0.67	京	16	理工	理科类	研教2型
94	南京医科大学	17.25	9.03	4.60	4.44	8.22	8.03	0.19	苏	15	医药	医学类	研教1型
95	首都师范大学	17.01	10.36	4.98	5.38	6.65	2.62	4.03	京	17	师范	文理类	研教2型
96	上海师范大学	16.92	9.24	4.46	4.78	7.68	3.35	4.34	沪	9	师范	文理类	研教1型
97	浙江师范大学	15.92	8.05	3.39	4.66	7.87	3.59	4.28	浙	3	师范	文理类	研教1型
98	青岛大学	15.78	10.81	3.14	7.67	4.98	3.64	1.33	鲁	4	综合	文理类	研教2型
99	宁波大学	15.56	8.27	3.02	5.25	7.29	4.14	3.15	浙	4	综合	文理类	研教1型
100	安徽大学	15.55	10.01	4.41	5.61	5.54	3.06	2.48	皖	3	综合	文理类	研教2型

学位授予和人才培养学科目录（2011 年）

国务院学位委员会、教育部下发通知，公布了新的《学位授予和人才培养学科目录（2011 年）》（以下简称“新目录”）。据悉，为适应我国经济、社会、科技和高等教育的发展，国务院学位委员会、教育部于 2009 年启动了学科目录修订工作，并对学科目录设置与管理的机制进行改革。新目录增设了“艺术学”门类，一级学科由 89 个增加到 110 个。

按照通知，新目录适用于硕士、博士的学位授予、招生和培养，并用于学科建设和教育统计分类等工作，学士学位按新目录的学科门类授予。2012 年起，研究生招生工作按新目录进行。新目录的印发实施，是贯彻落实《国家中长期教育改革和发展规划纲要（2010～2020 年）》，建立动态调整机制，优化学科结构的一项重要举措，对推动学位授权审核办法改革，扩大学位授予单位办学自主权，加快创新人才培养，提高人才培养和学位授予质量，使学位与研究生教育更好地适应经济、社会发展都具有重要意义。

一、根据国务院学位委员会、教育部印发的《学位授予和人才培养学科目录设置与管理办法》（学位〔2009〕10 号）的规定，《学位授予和人才培养学科目录》分为学科门类和一级学科，是国家进行学位授权审核与学科管理、学位授予单位开展学位授予与人才培养工作的基本依据，适用于硕士、博士的学位授予、招生和培养，并用于学科建设和教育统计分类等工作。学士学位按本目录的学科门类授予。

二、新目录是在原《授予博士、硕士学位和培养研究生的学科、专业目录（1997 年颁布）》和《普通高等学校本科专业目录（1998 年颁布）》的基础上，经过专家反复论证后编制。

三、新目录中注明可授不同学科门类学位的一级学科，可分属不同学科门类，此类一级学科授予学位的学科门类由学位授予单位的学位评定委员会决定。

四、新目录中学科门类和一级学科的代码分别为二位和四位阿拉伯数字。

五、附《专业学位授予和人才培养目录》。

学科门类	一级学科
01 哲学	0101 哲学
02 经济学	0201 理论经济学、0202 应用经济学
03 法学	0301 法学、0302 政治学、0303 社会学、0304 民族学、0305 马克思主义理论、0306 公安学
04 教育学	0401 教育学、0402 心理学（可授教育学、理学学位）、0403 体育学
05 文学	0501 中国语言文学、0502 外国语言文学、0503 新闻传播学
06 历史学	0601 考古学、0602 中国史、0603 世界史
07 理学	0701 数学、0702 物理学、0703 化学、0704 天文学、0705 地理学、0706 大气科学、0707 海洋科学、0708 地球物理学、0709 地质学、0710 生物学、0711 系统科学、0712 科学技术史（分学科，可授理学、工学、农学、医学学位）、0713 生态学、0714 统计学（可授理学、经济学学位）
08 工学	0801 力学（可授工学、理学学位）、0802 机械工程、0803 光学工程、0804 仪器科学与技术、0805 材料科学与工程（可授工学、理学学位）、0806 冶金工程、0807 动力工程及工程热物理、0808 电气工程、0809 电子科学与技术（可授工学、理学学位）、0810 信息与通信工程、0811 控制科学与工程、0812 计算机科学与技术（可授工学、理学学位）、0813 建筑学、0814 土木工程、0815 水利工程、0816 测绘科学与技术、0817 化学工程与技术、0818 地质资源与地质工程、0819 矿业工程、0820 石油与天然气工程、0821 纺织科学与工程、0822 轻工技术与工程、0823 交通运输工程、0824 船舶与海洋工程、0825 航空宇航科学与技术、0826 兵器科学与技术、0827 核科学与技术、0828 农业工程、0829 林业工程、0830 环境科学与工程（可授工学、理学、农学学位）、0831 生物医学工程（可授工学、理学、医学学位）、0832 食品科学与工程（可授工学、农学学位）、0833 城乡规划学、0834 风景园林学（可授工学、农学学位）、0835 软件工程、0836 生物工程、0837 安全科学与工程、0838 公安技术
09 农学	0901 作物学、0902 园艺学、0903 农业资源与环境、0904 植物保护、0905 畜牧学、0906 兽医学、0907 林学、0908 水产、0909 草学
10 医学	1001 基础医学（可授医学、理学学位）、1002 临床医学、1003 口腔医学、1004 公共卫生与预防医学（可授医学、理学学位）、1005 中医学、1006 中西医结合、1007 药学（可授医学、理学学位）、1008 中药学（可授医学、理学学位）、1009 特种医学、1010 医学技术（可授医学、理学学位）、1011 护理学（可授医学、理学学位）
11 军事学	1101 军事思想及军事历史、1102 战略学、1103 战役学、1104 战术学、1105 军队指挥学、1106 军制学、1107 军队政治工作学、1108 军事后勤学、1109 军事装备学、1110 军事训练学

(续表)

学科门类	一级学科
12 管理学	1201 管理科学与工程(可授管理学、工学学位)、1202 工商管理、1203 农林经济管理、1204 公共管理、1205 图书情报与档案管理
13 艺术学	1301 艺术学理论、1302 音乐与舞蹈学、1303 戏剧与影视学、1304 美术学、1305 设计学(可授艺术学、工学学位)

附:专业学位授予和人才培养目录

0251 金融、0853 城市规划、0252 应用统计、0951 农业推广、0253 税务、0952 *兽医、0254 国际商务、0953 风景园林、0255 保险、0954 林业、0256 资产评估、1051 *临床医学、0257 审计、1052 *口腔医学、0351 法律、1053 公共卫生、0352 社会工作、1054 护理、0353 警务、1055 药学、0451 *教育、1056 中药学、0452 体育、1151 军事、0453 汉语国际教育、1251 工商管理、0454 应用心理、1252 公共管理、0551 翻译、1253 会计、0552 新闻与传播、1254 旅游管理、0553 出版、1255 图书情报、0651 文物与博物馆、1256 工程管理、0851 建筑学、1351 艺术、0852 *工程

注:名称前加"*"的可授予硕士、博士专业学位;"建筑学"可授予学士、硕士专业学位;其他授予硕士专业学位。

材料相关学科

中国的材料科学与工程教育起始于部分高校中采矿系、矿冶系等的设置,有几十到上百年的历史,当时材料教育主要是培养矿冶人才,以适应开发材料资源的需求。进入20世纪50年代,按照前苏联的培养模式与教学体系,我国的材料科学技术人才被分割在几十个专业内培养,分属于冶金、机械、化工等系。仅金属材料就被细分为冶金物理化学、金属材料及热处理、铸造、焊接、压力加工、金属腐蚀与防护、粉末冶金、高温合金、精密合金等专业。这种专业细分的特点是培养出的学生在对口行业(或工种)工作时能很快适应,但弊端是知识面狭窄,专业门户太强。随着科学技术的发展,材料科学与工程的界线开始模糊,各类学科相互交叉、渗透、借鉴与移植,新材料的出现和广泛应用,计算机等先进技术的快速推广都使各方面的创新更加强调基础及横向与纵向的联系。这样集材料方方面面于一体的综合学科"材料科学与工程"应运而生。进入21世纪以来,以信息技术、新材料技术和生物技术为代表的高新技术成为科技发展的主流,新材料在整个高技术发展中的先导地位和基础作用日趋明显。加快材料学科教育的改革,培养能够适应社会迅猛发展的创造性人才,已经迫在眉睫。为此,1997年至1999年,国家教委对中国高等学校材料类本科专业的设置进行了整合,由行业划分专业向以学科划分专业过渡。将矿物岩石材料归并为材料物理。将钢铁冶金、有色金属冶金、冶金物理化学、冶金归并为冶金工程,将金属压力加工、粉末冶金、腐蚀与防护、焊接工艺及设备、以及部分金属材料与热处理、复合材料、塑性或塑性工艺及设备归并为金属材料工程,将无机非金属材料、硅酸盐工程以及部分复合材料归并为无机非金属材料工程,将部分复合材料、高分子材料及化学归并为高分子材料科学与工程。其目的是拓宽专业口径,开阔学生视野,重点培养学生的综合素质、工程实践能力、创新精神与创新能力。

由于材料科学与工程本身就是一个涉及到物理、化学、力学等方面的交叉学科,在当今新材料技术备受关注的态势下,材料研究成为各相关学科研究的热点。根据国家自然科学基金委员会对材料项目的统计分类,结合各高校在发表论文、承担国家相关计划有关材料方面的研究工作情况,在这里,对涉及材料的一级、二级学科进行了初步的统计。

与材料相关的一级学科、二级学科情况

一级学科及代码	二级学科
0702 物理学	凝聚态物理、软物质物理、纳米材料物理、应用物理
0703 化学	无机化学、有机化学、高分子化学与物理、应用化学、、精细化学品化学、可再生洁净能源、纳米材料化学、胶体与界面化学、绿色化学
0709 地质学	材料及环境矿物学、海洋地球化学、能源地质学、宝石学、岩石矿物材料学、沉积学、矿物材料学
0801 力学	固体力学、工程力学、土木与环境工程科学、材料力学与设计
0803 光学工程	激光器件、光电仪器及技术、光电子科学与工程、光电材料

（续表）

一级学科及代码	二级学科
0805 材料科学与工程	材料物理与化学、材料学、材料加工工程、材料测量与检测技术、信息功能材料、微纳米技术、材料纳米技术、生态环境材料、生物和仿生材料学、信息材料、材料表面工程、高分子材料、高分子材料工程、环境材料、纳米材料与技术、材料与化学工程、纳米纤维及杂化材料、物质智能系统(工程)、仿生材料、纳米及亚微米化学材料技术、土木材料与工程、新型复合材料、生物材料、纳米材料科学与工程、高分子材料与工程、纳米科学与技术、建筑材料与工程、生物材料学、光电子及信息材料、新能源材料、复合材料学、电子信息材料与器件、材料计算科学与虚拟工程、粉体材料科学与工程、材料摩擦学、矿物材料学、金属材料工程、建筑材料工程、先进材料及制备技术、金属塑性成形工程、纳米材料学、计算材料学、高分子科学与工程、纳米材料与纳米技术、材料连接技术、材料合成化学、亚稳材料制备技术与科学、大型铸锻件材料与制造技术、纳米材料与技术
0806 冶金工程	冶金物理化学、钢铁冶金、有色金属冶金、电化学工程、材料冶金、冶金资源与能源工程、金属材料工程、化工冶金、特殊冶金、冶金耐火材料、冶金反应工程、材料循环工程应用、冶金能源工程、冶金工程控制、冶金资源与生态环境、冶金分析与检测工程
0814 土木工程	土木工程(建筑)材料、军事工程伪装与材料
0817 化学工程与技术	化学工程、化学工艺、生物化工、应用化学、工业催化、分子材料及其组装化学、环境化工、膜科学与技术、爆破材料及技术、材料化学工程、化工材料、功能材料化学与化工、能源化工材料、化学生物技术与工程、制药工程、化工安全工程与技术
0819 矿业工程	采矿工程、矿物加工工程、矿物材料工程、再生材料工程、地下空间资源科学与工程
0820 石油与天然气工程	油气田化学工程、油气田材料与应用
0821 纺织科学与工程	纺织材料与纺织品设计、纺织化学与染整工程、膜科学与技术、复合材料的设计与成型
0822 轻工技术与工程	制浆造纸工程、皮革化学与工程
0824 船舶与海洋工程	船舶与海洋环境保护、船用材料与应用工程
0827 核科学与技术	核能科学与工程、核燃料循环与材料、辐射防护及环境保护、医学物理与工程、同步辐射及应用、放射性同位素技术
0830 环境科学与工程	环境科学、环境工程
0831 生物医学工程	生物医学工程
0828 农业工程	生物材料科学与工程
0829 林业工程	生物材料工程、木基复合材料科学与工程

材料相关重点学科

重点学科介绍

国家重点学科是国家根据发展战略与重大需求，择优确定并重点建设的培养创新人才、开展科学研究的重要基地，在高等教育学科体系中居于骨干和引领地位。重点学科建设对于带动我国高等教育整体水平全面提高，提升人才培养质量、科技创新水平和社会服务能力；满足经济建设和社会发展对高层次创新人才的需求，建设创新型国家提供高层次人才和智力支撑；提高国家创新能力，建设创新型国家具有重要的意义。到目前，我国共组织了三次重点学科的评选工作。

第一次评选工作是在1986～1987年。1985年5月27日颁布的《中共中央关于教育体制改革的决定》中提出“根据同行评议、择优扶植的原则，有计划地建设一批重点学科。”根据这一要求，原国家教育委员会于1987年8月12日发布了《国家教育委员会关于做好评选高等学校重点学科申报工作的通知》，决定开展高等学校重点学科评选工作。根据《通知》精神，重点学科的门类要比较齐全，科类结构比例和布局应力求合理，要有利于促进学科间的横向联合，逐步形成高校科研优势。重点学科点应承担教学、科研双重任务，要逐步做到能够自主地、持续地培养和国际水平大体相当的博士、硕士、学士；能够接受国内外学术骨干人员进修深造，进行较高水平的科学研究；能够解决四化建设中重要的科学技术问题、理论问题和实际问题，能为国家重大决策提供科学根据，为开拓新的学术领域、促进学科发展作出较大贡献。此次评选共评选出416个重点学科点，其中文科78个、理科86个、工科163个、农科36个、医科53个、设计108所高等学校。

第二次评选工作是在2001～2002年。根据《教育部关于开展高等学校重点学科评选工作的通知》规定，开展了新一轮的高等学校重点学科评选工作。主要目的是促进我国高等学校的学科建设，进一步提高我国高等学校教学科研的能力，形成一批立足国内培养高层次专门人才、解决经济建设和社会发展重大问题的基地；根据目前我国经济建设、社会发展、科技进步和国防建设的需要，对高等学校的学科建设方向进行引导和示范，使高等学校学科建设进一步适应现代化建设的需要；优化高等教育资源配置，集中国家和地方有限财力，通过重点建设，逐步在全国范围内形成布局合理、各具特色和优势的重点学科体系，巩固和扩大高等学校在人才培养、科学研究方面的综合优势。共评选出964个高等学校重点学科。

第三次评选工作是在2006年。经过近20年的建设，国家重点学科的教学、科研条件得到了明显改善，学术水平、培养高层次人才和承担国家重大任务的能力得到了显著提高，促进了高等学校学科结构的调整和优化，已成为我国高等学校重要的具有骨干和示范作用的教学、科研基地。面对世界科技革命的严峻挑战和世界范围内日益激烈的人才竞争，为适应建设创新型国家、构建社会主义和谐社会和全面建设小康社会对人才和科技的要求，根据建设创新型国家的战略部署，调整国家重点学科结构。根据《教育部关于加强国家重点学科建设的意见》精神，在“服务国家目标，提高建设效益，完善制度机制，建设一流学科”指导思想下，调整的重点是在按二级学科设置的基础上，增设一级学科国家重点学科。一级学科国家重点学科的建设要突出综合优势和整体水平，促进学科交叉、融合和新兴学科的生长。二级学科国家重点学科的建设要突出特色和优势，在重点方向上取得突破。共评选出286个一级学科，677个二级学科，217个国家重点(培育)学科。

与材料相关专业的一级学科开设单位

学科代码及名称	开设学校名单
0702 物理学	北京大学、清华大学，北京协和医学院-清华大学医学部、复旦大学、南京大学、中国科学技术大学
0703 化学	北京大学、南开大学、吉林大学、复旦大学、南京大学、浙江大学、中国科学技术大学、厦门大学
0709 地质学	南京大学、中国地质大学、西北大学
0801 力学	北京大学、清华大学，北京协和医学院-清华大学医学部、北京航空航天大学、大连理工大学、哈尔滨工业大学、上海交通大学、南京航空航天大学、中国科学技术大学
0803 光学工程	清华大学，北京协和医学院-清华大学医学部、北京理工大学、南开大学、天津大学、长春理工大学、南京理工大学、浙江大学、华中科技大学、国防科学技术大学
0805 材料科学与工程	清华大学，北京协和医学院-清华大学医学部、北京航空航天大学、北京科技大学、天津大学、东北大学、哈尔滨工业大学、上海交通大学、浙江大学、山东大学、华中科技大学、武汉理工大学、中南大学、华南理工大学、四川大学、西安交通大学、西北工业大学
080601 冶金工程	北京科技大学、东北大学
0814 土木工程	清华大学，北京协和医学院-清华大学医学部、哈尔滨工业大学、同济大学、浙江大学、湖南大学、中南大学
0817 化学工程与技术	清华大学，北京协和医学院-清华大学医学部、北京化工大学、天津大学、大连理工大学、华东理工大学、南京工业大学
081701 化学工程	浙江大学、华南理工大学、四川大学
081702 化学工艺	太原理工大学、中国石油大学
081704 应用化学	北京理工大学、南京理工大学
0819 矿业工程	北京科技大学、中国矿业大学、中南大学
0821 纺织科学与工程	东华大学
0822 轻工技术与工程	华南理工大学
0827 核科学与技术	清华大学，北京协和医学院—清华大学医学部、中国科学技术大学
0831 生物医学工程	清华大学，北京协和医学院-清华大学医学部、上海交通大学、东南大学、浙江大学、华中科技大学、四川大学、重庆大学、西安交通大学

与材料相关专业的二级学科开设单位

学科代码及名称	开设学校名单
070201 理论物理	北京师范大学、浙江大学、华中师范大学、湖南师范大学
070202 粒子物理与原子核物理	山东大学、兰州大学
070203 原子与分子物理	吉林大学、四川大学、国防科学技术大学
070204 等离子体物理	大连理工大学
070205 凝聚态物理	吉林大学、上海交通大学、浙江大学、厦门大学、山东大学、郑州大学、武汉大学、中山大学
070207 光学	北京工业大学、南开大学、山西大学、哈尔滨工业大学、上海交通大学、华东师范大学、华南师范大学
070208 无线电物理	武汉大学
070301 无机化学	中山大学
070302 分析化学	清华大学,北京协和医学院-清华大学医学部、武汉大学、湖南大学
070303 有机化学	四川大学、兰州大学
070304 物理化学	北京师范大学、福州大学、山东大学
070305 高分子化学与物理	中山大学
070902 地球化学	中国科学技术大学
070904 构造地质学	北京大学
080101 一般力学与力学基础	湘潭大学
080102 固体力学	浙江大学、四川大学、西安交通大学、西北工业大学、兰州大学
080103 流体力学	天津大学、上海大学
080104 工程力学	北京理工大学、同济大学、中国矿业大学、河海大学
080501 材料物理与化学	河北工业大学、南京大学、南昌大学
080502 材料学	北京工业大学、北京化工大学、燕山大学、同济大学、东华大学、南京理工大学、重庆大学
080503 材料加工工程	太原理工大学、吉林大学、郑州大学
080602 钢铁冶金	上海大学
080603 有色金属冶金	中南大学、昆明理工大学
081401 岩土工程	中国矿业大学、河海大学、四川大学、重庆大学
081402 结构工程	北京工业大学、天津大学、大连理工大学、东南大学、广西大学、西安建筑科技大学
08140 防灾减灾工程及防护工程	解放军理工大学
081406 桥梁与隧道工程	北京交通大学、西南交通大学
081701 化学工程	浙江大学、华南理工大学、四川大学
081702 化学工艺	太原理工大学、中国石油大学
081704 应用化学	北京理工大学、南京理工大学
081901 采矿工程	东北大学、重庆大学
081903 安全技术及工程	西安科技大学
082101 纺织工程	天津工业大学、苏州大学
082203 发酵工程	天津科技大学、江南大学
082204 皮革化学与工程	四川大学
082701 核能科学与工程	西安交通大学
082703 核技术及应用	北京大学、四川大学
083001 环境科学	北京大学、北京师范大学、南开大学、南京大学、厦门大学、中国海洋大学
083002 环境工程	清华大学,北京协和医学院-清华大学医学部、大连理工大学、哈尔滨工业大学、同济大学、浙江大学、湖南大学、西安建筑科技大学

开设材料相关专业的“211 工程”高校名单

“211 工程简介”

“211 工程”,即面向21世纪重点建设100所左右的高等学校和一批重点学科的建设工程。“211 工程”于1995年经国务院批准后正式启动。“211 工程”是新中国成立以来由国家立项在高等教育领域进行的规模最大、层次最高的重点建设工作,是中国政府实施“科教兴国”战略的重大举措,是中华民族面对世纪之交的国内、国际形势而作出的发展高等教育的高瞻远瞩的重大决策。“211 工程”建设是国家发展和改革委员会、教育部、财政部通力协作,调动各方积极性,体现社会主义集中力量办大事的优越性的成功典范。“211 工程”建设的总体目标是面向21世纪重点建设一批高等学校和重点学科,经过若干年的努力,使100所左右的高等学校以及一批重点学科在教育质量、科学研究、管理水平和办学效益等方面有较大提高,在高等教育改革特别是管理体制改革方面有明显进展,成为立足国内培养高层次人才、解决经济建设和社会发展重大问题的基地。其中,一部分重点高等学校和一部分重点学科,接近或达到国际同类学校和学科的先进水平,大部分学校的办学条件得到明显改善,在人才培养、科学研究上取得较大成绩,适应地区和行业发展需要,总体处于国内先进水平,起到骨干和示范作用。“211 工程”建设的主要内容包括学校整体条件、重点学科和高等教育公共服务体系建设三大部分。“211 工程”建设项目均实行项目法人责任制、招投标制和工程监理制。各“211 工程”学校成立项目法人组织和落实项目法人代表,有关省(区)主管部门成立“211 工程”建设领导小组,形成中央、省(区)和学校三级管理体制。“211 工程”目前处于第三期建设期间(从2007年至2011年)。“211 工程”的实施,体现了党和政府对高等教育的高度重视,是服务于我国全面建设小康社会的奋斗目标,贯彻落实“科教兴国”和“人才强国”战略的、具有前瞻性的重要举措。

“985 工程”简介

1998年5月4日,江泽民总书记在庆祝北大建校100周年大会上向全社会宣告:“为了实现现代化,我国要有若干所具有世界先进水平的一流大学。”为贯彻落实党中央科教兴国的战略和江泽民同志的号召,教育部决定在实施“面向21世纪教育振兴行动计划”中,重点支持北京大学、清华大学等部分高等学校创建世界一流大学和高水平大学,简称“985”工程。

据初步统计,招收材料类专业的“211 工程”高校有84所,其中34所为“985 工程”高校。

招收材料类专业的“211 工程”高校

院校名称	主管部门	所在省市	是否211	是否985
北京大学	教育部	北京	是	是
清华大学	教育部	北京	是	是
北京航空航天大学	工业和信息化部	北京	是	是
北京理工大学	工业和信息化部	北京	是	是
北京工业大学	北京市	北京	是	否
北京交通大学	教育部	北京	是	否
北京科技大学	教育部	北京	是	否
北京化工大学	教育部	北京	是	否
北京师范大学	教育部	北京	是	是
中国矿业大学(北京)	教育部	北京	是	否
华北电力大学(北京)	教育部	北京	是	否
中国石油大学(北京)	教育部	北京	是	否
中国地质大学(北京)	教育部	北京	是	否
南开大学	教育部	天津	是	是
天津大学	教育部	天津	是	是
河北工业大学	河北省	天津	是	否
大连理工大学	教育部	辽宁	是	是
辽宁大学	辽宁省	辽宁	是	否
大连海事大学	交通运输部	辽宁	是	否
东北大学	教育部	辽宁	是	是
吉林大学	教育部	吉林	是	是
东北师范大学	教育部	吉林	是	否
哈尔滨工业大学	工业和信息化部	黑龙江	是	是
哈尔滨工程大学	工业和信息化部	黑龙江	是	否
复旦大学	教育部	上海	是	是
同济大学	教育部	上海	是	是
上海交通大学	教育部	上海	是	是
华东理工大学	教育部	上海	是	否
东华大学	教育部	上海	是	否
华东师范大学	教育部	上海	是	是
上海大学	上海市	上海	是	否
南京大学	教育部	江苏	是	是
东南大学	教育部	江苏	是	是
中国矿业大学	教育部	江苏	是	否
河海大学	教育部	江苏	是	否
江南大学	教育部	江苏	是	否

（续表）

院校名称	主管部门	所在省市	是否211	是否985
南京航空航天大学	工业和信息化部	江苏	是	否
南京理工大学	工业和信息化部	江苏	是	否
苏州大学	江苏省	江苏	是	否
浙江大学	教育部	浙江	是	是
合肥工业大学	教育部	安徽	是	否
安徽大学	江苏省	安徽	是	否
中国科学技术大学	中国科学院	安徽	是	是
厦门大学	教育部	福建	是	是
福州大学	福建省	福建	是	否
山东大学	教育部	山东	是	是
中国海洋大学	教育部	山东	是	是
中国石油大学(华东)	教育部	山东	是	否
武汉大学	教育部	湖北	是	是
华中科技大学	教育部	湖北	是	是
中国地质大学(武汉)	教育部	湖北	是	否
武汉理工大学	教育部	湖北	是	否
华中师范大学	教育部	湖北	是	否
湖南大学	教育部	湖南	是	是
中南大学	教育部	湖南	是	是
中山大学	教育部	广东	是	是
华南理工大学	教育部	广东	是	是
暨南大学	国务院侨务办公室	广东	是	否
华南师范大学	广东省	广东	是	否
重庆大学	教育部	重庆	是	是
西南大学	教育部	重庆	是	否
四川大学	教育部	四川	是	是
西南交通大学	教育部	四川	是	否
电子科技大学	教育部	四川	是	是
西安交通大学	教育部	陕西	是	是
西北工业大学	工业和信息化部	陕西	是	是
西安电子科技大学	教育部	陕西	是	否
长安大学	教育部	陕西	是	否
陕西师范大学	教育部	陕西	是	否
西北大学	陕西省	陕西	是	否
兰州大学	教育部	甘肃	是	是
太原理工大学	山西省	山西	是	否

（续表）

院校名称	主管部门	所在省市	是否211	是否985
内蒙古大学	内蒙古自治区	内蒙古	是	否
南昌大学	江西省	江西	是	否
郑州大学	河南省	河南	是	否
广西大学	广西壮族自治区	广西	是	否
云南大学	云南省	云南	是	否
贵州大学	贵州省	贵州	是	否
海南大学	海南省	海南	是	否
宁夏大学	宁夏回族自治区	宁夏	是	否
青海大学	青海省	青海	是	否
西藏大学	西藏自治区	西藏	是	否
新疆大学	新疆维吾尔自治区	新疆	是	否
石河子大学	疆维维吾尔自治区	新疆	是	否

2010年国家精品课程名单（材料相关）

2010国家精品课程分布情况如下：本科国家精品课程共438门，其中与材料相关有33门；高职高专国家精品课程共229门，其中与材料相关课程有10门；网络教育国家精品课程共60门，没有与材料专业相关课程；军队院校（含武警）国家精品课程共36门，没有与材料专业相关课程。

课程名称	学校名称	负责人	层次
电动力学	中山大学	黄迺本	本科
固体物理学	南京大学	胡安	本科
数学物理方法	华中师范大学	李高翔	本科
热力学统计物理	厦门大学	陈金灿	本科
近代物理实验	复旦大学	张新夷	本科
计算物理及其应用	湘潭大学	钟建新	本科
固体物理学	中南大学	郭光华	本科
无机化学	中山大学	龚孟濂	本科
复杂物质剖析	北京化工大学	王志华	本科
无机化学	武汉大学	程功臻	本科
综合化学实验	中山大学	毛宗万	本科
大学化学实验	扬州大学	薛怀国	本科
综合化学实验	南开大学	杨光明	本科
工科大学化学实验	中南大学	李洁	本科

(续表)

课程名称	学校名称	负责人	层次
基础化学实验	浙江工业大学	计伟荣	本科
无机化学(工科)	武汉理工大学	郭丽萍	本科
现代材料制备科学与技术	四川大学	赵北君	本科
合金固态相变	天津大学	赵乃勤	本科
高分子物理	浙江大学	郑强	本科
冶金工程概论	东北大学	沈峰满	本科
高分子物理	华东理工大学	徐世爱	本科
冶金物理化学	北京科技大学	周国治	本科
聚合物加工工程	北京化工大学	张立群	本科
无机材料科学基础	中南大学	姜涛	本科
材料工程基础	昆明理工大学	史庆南	本科
土木工程材料(建筑材料)	重庆大学	彭小芹	本科
材料现代分析与测试技术	长春理工大学	张希艳	本科
高分子科学与工程实验	华东理工大学	唐颂超	本科
化工设计	天津大学	王静康	本科
化学反应工程	武汉工程大学	吴元欣	本科
药物合成反应	河北科技大学	刘守信	本科
化工设计	浙江大学	吴嘉	本科
化工过程分析与合成	北京化工大学	张卫东	本科
焊接接头无损检测	承德石油高等专科学校	许利民	高职高专
板材冲压成形技术	邢台职业技术学院	解海滨	高职高专
空气调节技术	浙江商业职业技术学院	张萍、林永进	高职高专

(续表)

课程名称	学校名称	负责人	层次
制冷压缩机拆卸与装配	武汉商业服务学院	朱立	高职高专
制冷设备电气与控制系统检修	顺德职业技术学院	郑兆志	高职高专
有机产品生产运行控制	吉林工业职业技术学院	马长捷	高职高专
涂料生产技术	广东轻工职业技术学院	龚盛昭	高职高专
精细化工典型设备操作与调控	天津渤海职业技术学院	申奕	高职高专
无机化工产品品质检验	常州工程职业技术学院	谢婷	高职高专
包装材料性能检测及选用	天津职业大学	郝晓秀	高职高专

教育部2010年全国高校新增及撤销专业名单

本信息来自教育部公布的《教育部关于公布2009年度高等学校专业设置备案或审批结果的通知》,本次公布的高校新设置或调整的1733个本科专业和7个医学类专科专业,可自2010年开始招生,其专业名称、专业代码、修业年限、学位授予门类等均以公布的内容为准;在备注中加有标注的非艺术类本科专业,可按艺术类专业招生办法招生;不同意设置或调整的292个本科专业和7个医学类专科专业,不得安排招生;需评估的5个医学类专科专业,待评估合格后方可安排招生;同意撤销的21个专业的有关高校在校学生要按原培养方案培养至毕业,并保证教学质量。

全国高校2010年本科新增专业一览(材料相关)

学校名称	专业代码	专业名称	修业年限	学位授予门类	主管部门
北京航空航天大学	070301	化学	四年	理学	工业和信息化部
北京航空航天大学	080205Y	材料科学与工程	四年	工学	工业和信息化部
南京航空航天大学	070803S	空间科学与技术	四年	工学	工业和信息化部
南京理工大学	070302	应用化学	四年	工学	工业和信息化部
南京理工大学	071301	材料物理	四年	工学	工业和信息化部
南京理工大学	081501	飞行器设计与工程	四年	工学	工业和信息化部
西北工业大学	070402	生物技术	四年	理学	工业和信息化部
东北大学	080606	电子科学与技术	四年	工学	教育部
吉林大学	070204S	核物理	四年	理学	教育部

（续表）

学校名称	专业代码	专业名称	修业年限	学位授予门类	主管部门
上海交通大学	070201	物理学	四年	理学	教育部
华东师范大学	081001	环境工程	四年	工学	教育部
浙江大学	081501	飞行器设计与工程	四年	工学	教育部
合肥工业大学	080209W	粉体材料科学与工程	四年	工学	教育部
华中科技大学	070201	物理学	四年	理学	教育部
华中科技大学	080502	核工程与核技术	四年	工学	教育部
中南大学	071302	材料化学	四年	工学（原为理学）	教育部
中南大学	080306W	车辆工程	四年	工学	教育部
华南理工大学	080201	冶金工程	四年	工学	教育部
华南理工大学	080212S	高分子材料加工工程	四年	工学	教育部
华南理工大学	081404	印刷工程	四年	工学	教育部
西南大学	081101	化学工程与工艺	四年	工学	教育部
西南交通大学	070202	应用物理学	四年	理学	教育部
四川大学	080510S	核化工与核燃料工程	四年	工学	教育部
西安电子科技大学	070402	生物技术	四年	理学	教育部
西安电子科技大学	080621W	微电子制造工程	四年	工学	教育部
天津工程师范学院	080306W	车辆工程	四年	工学	天津市
天津天狮学院	081801	生物工程	四年	工学	天津市
唐山师范学院	070202	应用物理学	四年	理学	河北省
唐山学院	080302	材料成型及控制工程	四年	工学	河北省
北华航天工业学院	081503	飞行器制造工程	四年	工学	河北省
河北农业大学	070202	应用物理学	四年	工学	河北省
北京化工大学北方学院※	080306W	车辆工程	四年	工学	河北省
北京化工大学北方学院※	081103W	化工与制药	四年	工学	河北省
太原科技大学	081801	生物工程	四年	工学	山西省
中北大学	081501	飞行器设计与工程	四年	工学	山西省
太原师范学院	070202	应用物理学	四年	理学	山西省
山西大同大学	070401	生物科学	四年	理学	山西省
山西大同大学	081101	化学工程与工艺	四年	工学	山西省
运城学院	070302	应用化学	四年	理学	山西省
城学院	081404	印刷工程	四年	工学	山西省
中北大学信息商务学院※	080306W	车辆工程	四年	工学	山西省
中北大学信息商务学院※	081503	飞行器制造工程	四年	工学	山西省
中北大学信息商务学院※	081801	生物工程	四年	工学	山西省
内蒙古科技大学	071302	材料化学	四年	理学	内蒙古自治区
内蒙古科技大学	081402	轻化工程	四年	工学	内蒙古自治区
内蒙古工业大学	080101	采矿工程	四年	工学	内蒙古自治区

(续表)

学校名称	专业代码	专业名称	修业年限	学位授予门类	主管部门
内蒙古工业大学	080306W	车辆工程	四年	工学	内蒙古自治区
集宁师范学院	070401	生物科学	四年	理学	内蒙古自治区
辽宁工程技术大学	070202	应用物理学	四年	理学	辽宁省
沈阳化工学院	082003	林产化工	四年	工学	辽宁省
渤海大学	071202	微电子学	四年	工学	辽宁省
大连大学	080302	材料成型及控制工程	四年	工学	辽宁省
长春理工大学	071301	材料物理	四年	工学	吉林省
吉林化工学院	080302	材料成型及控制工程	四年	工学	吉林省
北华大学	071301	材料物理	四年	理学	吉林省
白城师范学院	070302	应用化学	四年	理学	吉林省
长春大学	080306W	车辆工程	四年	工学	吉林省
长春理工大学光电信息学院※	080302	材料成型及控制工程	四年	工学	吉林省
黑龙江科技学院	070202	应用物理学	四年	理学	黑龙江省
佳木斯大学	081101	化学工程与工艺	四年	工学	黑龙江省
东北农业大学	080306W	车辆工程	四年	工学	黑龙江省
黑龙江工程学院	070302	应用化学	四年	理学	黑龙江省
哈尔滨理工大学	071202	微电子学	四年	理学	黑龙江省
黑河学院	070402	生物技术	四年	理学	黑龙江省
哈尔滨工业大学华德应用技术学院※	080306W	车辆工程	四年	工学	黑龙江省
上海理工大学	080627S	智能科学与技术	四年	工学	上海市
上海海事大学	080205Y	材料科学与工程	四年	工学	上海市
上海应用技术学院	080206W	复合材料与工程	四年	工学	上海市
上海师范大学	070202	应用物理学	四年	理学	上海市
苏州大学	080306W	车辆工程	四年	工学	江苏省
南京工业大学	080306W	车辆工程	四年	工学	江苏省
江苏工业学院	080203	无机非金属材料工程	四年	工学	江苏省
南京邮电大学	080614W	信息显示与光电技术	四年	工学	江苏省
盐城工学院	071301	材料物理	四年	理学	江苏省
南通大学	080607	生物医学工程	四年	工学	江苏省
金陵科技学院	080208W	宝石及材料工艺学	四年	工学	江苏省
金陵科技学院	080306W	车辆工程	四年	工学	江苏省
南京工程学院	080207W	焊接技术与工程	四年	工学	江苏省
南京晓庄学院	070302	应用化学	四年	理学	江苏省
淮海工学院	081301	船舶与海洋工程	四年	工学	江苏省
三江学院	080302	材料成型及控制工程	四年	工学	江苏省
西交利物浦大学	070302H	应用化学	四年	理学	江苏省

（续表）

学校名称	专业代码	专业名称	修业年限	学位授予门类	主管部门
南京师范大学泰州学院※	070302	应用化学	四年	工学	江苏省
南京医科大学康达学院※	080607	生物医学工程	四年	工学	江苏省
嘉兴学院	070302	应用化学	四年	工学	浙江省
浙江树人学院	081101	化学工程与工艺	四年	工学	浙江省
浙江林学院天目学院※	082002	木材科学与工程	四年	工学	浙江省
安徽工业大学	071302	材料化学	四年	工学	安徽省
安徽工程科技学院	081412S	非织造材料与工程	四年	工学	安徽省
阜阳师范学院	070202	应用物理学	四年	工学	安徽省
巢湖学院	081801	生物工程	四年	工学	安徽省
淮南师范学院	070302	应用化学	四年	工学（原为理学）	安徽省
淮南师范学院	071302	材料化学	四年	工学（原为理学）	安徽省
安徽科技学院	080203	无机非金属材料工程	四年	工学	安徽省
蚌埠学院	080203	无机非金属材料工程	四年	工学	安徽省
池州学院	080204	高分子材料与工程	四年	工学	安徽省
安徽师范大学皖江学院※	070302	应用化学	四年	工学	安徽省
福建中医学院	080607	生物医学工程	四年	工学	福建省
福建师范大学	071301	材料物理	四年	工学	福建省
闽江学院	080204	高分子材料与工程	四年	工	福建省
武夷学院	080204	高分子材料与工程	四年	工学	福建省
厦门理工学院	080202	金属材料工程	四年	工学	福建省
集美大学	080302	材料成型及控制工程	四年	工学	福建省
闽南理工学院	080302	材料成型及控制工程	四年	工学	福建省
华侨大学厦门工学院※	080205Y	材料科学与工程	四年	工学	福建省
集美大学诚毅学院※	080306W	车辆工程	四年	工学	福建省
福州大学至诚学院※	080302	材料成型及控制工程	四年	工学	福建省
江西理工大学	070302	应用化学	四年	理学	江西省
景德镇陶瓷学院	080209W	粉体材料科学与工程	四年	工学	江西省
江西科技师范学院	070401	生物科学	四年	理学	江西省
九江学院	071202	微电子学	四年	理学	江西省
江西理工大学应用科学学院※	080103	矿物加工工程	四年	工学	江西省
南昌大学共青学院※	080302	材料成型及控制工程	四年	工学	江西省
山东理工大学	080204	高分子材料与工程	四年	工学	山东省
聊城大学	080306W	车辆工程	四年	工学	山东省
鲁东大学	081301	船舶与海洋工程	四年	工学	山东省
烟台大学	080502	核工程与核技术	四年	工学	山东省
潍坊科技学院	070302	应用化学	四年	理学	山东省
山东英才学院	080302	材料成型及控制工程	四年	工学	山东省

(续表)

学校名称	专业代码	专业名称	修业年限	学位授予门类	主管部门
烟台大学文经学院※	080306W	车辆工程	四年	工学	山东省
青岛理工大学琴岛学院※	080302	材料成型及控制工程	四年	工学	山东省
青岛农业大学海都学院※	070402	生物技术	四年	理学	山东省
曲阜师范大学杏坛学院※	081404	印刷工程	四年	工学	山东省
河南科技大学	071301	材料物理	四年	理学	河南省
洛阳理工学院	070302	应用化学	四年	理学	河南省
洛阳理工学院	080306W	车辆工程	四年	工学	河南省
新乡学院	080302	材料成型及控制工程	四年	工学	河南省
南阳理工学院	070302	应用化学	四年	理学	河南省
河南师范大学新联学院※	080302	材料成型及控制工程	四年	工学	河南省
湖北大学	080203	无机非金属材料工程	四年	工学	湖北省
咸宁学院	080502	核工程与核技术	四年	工学	湖北省
荆楚理工学院	080302	材料成型及控制工程	四年	工学	湖北省
三峡大学	081101	化学工程与工艺	四年	工学	湖北省
武汉生物工程学院	081101	化学工程与工艺	四年	工学	湖北省
武汉理工大学华夏学院※	081101	化学工程与工艺	四年	工学	湖北省
孝感学院新技术学院※	070302	应用化学	四年	工学	湖北省
湖南理工学院	081101	化学工程与工艺	四年	工学	湖南省
南华大学	080103	矿物加工工程	四年	工学	湖南省
湖南城市学院	080204	高分子材料与工程	四年	工学	湖南省
湖南工学院	080204	高分子材料与工程	四年	工学	湖南省
中南林业科技大学涉外学院※	080302	材料成型及控制工程	四年	工学	湖南省
湖南农业大学东方科技学院※	071302	材料化学	四年	理学	湖南省
南华大学船山学院※	080107Y	矿物资源工程	四年	工学	湖南省
南华大学船山学院※	081101	化学工程与工艺	四年	工学	湖南省
广东药学院	070302	应用化学	四年	工学	广东省
韩山师范学院	070302	应用化学	四年	工学	广东省
嘉应学院	070302	应用化学	四年	工学	广东省
深圳大学	080204	高分子材料与工程	四年	工学	广东省
五邑大学	070302	应用化学	四年	工学	广东省
五邑大学	081402	轻化工程	四年	工学	广东省
吉林大学珠海学院※	081101	化学工程与工艺	四年	工学	广东省
桂林电子科技大学	070202	应用物理学	四年	理学	广西壮族自治区
桂林电子科技大学	080607	生物医学工程	四年	工学	广西壮族自治区
桂林理工大学	080202	金属材料工程	四年	工学	广西壮族自治区
广西医科大学	070402	生物技术	四年	理学	广西壮族自治区

（续表）

学校名称	专业代码	专业名称	修业年限	学位授予门类	主管部门
广西中医学院	080607	生物医学工程	四年	工学	广西壮族自治区
广西师范学院	070401	生物科学	四年	理学	广西壮族自治区
广西民族师范学院	070201	物理学	四年	理学	广西壮族自治区
广西民族师范学院	081101	化学工程与工艺	四年	工学	广西壮族自治区
广西民族大学	080204	高分子材料与工程	四年	工学	广西壮族自治区
广西师范大学漓江学院※	081103W	化工与制药	四年	工学	广西壮族自治区
重庆文理学院	080204	高分子材料与工程	四年	工学	重庆市
重庆科技学院	070301	化学	四年	理学	重庆市
西昌学院	080205Y	材料科学与工程	四年	工学	四川省
四川文理学院	070302	应用化学	四年	理学	四川省
乐山师范学院	080205Y	材料科学与工程	四年	工学	四川省
成都学院	080306W	车辆工程	四年	工学	四川省
成都理工大学工程技术学院※	080302	材料成型及控制工程	四年	工学	四川省
电子科技大学成都学院※	080614W	信息显示与光电技术	四年	工学	四川省
兴义民族师范学院	070401	生物科学	四年	理学	贵州省
毕节学院	080101	采矿工程	四年	工学	贵州省
六盘水师范学院	070301	化学	四年	理学	贵州省
六盘水师范学院	080101	采矿工程	四年	工学	贵州省
六盘水师范学院	081101	化学工程与工艺	四年	工学	贵州省
贵州师范学院	070301	化学	四年	理学	贵州省
云南大学	081101	化学工程与工艺	四年	工学	云南省
曲靖师范学院	081101	化学工程与工艺	四年	工学	云南省
保山学院	070401	生物科学	四年	理学	云南省
云南民族大学	081103W	化工与制药	四年	工学	云南省
楚雄师范学院	070202	应用物理学	四年	理学	云南省
文山学院	070201	物理学	四年	理学	云南省
文山学院	070301	化学	四年	理学	云南省
文山学院	070401	生物科学	四年	理学	云南省
西安工程大学	071202	微电子学	四年	理学	陕西省
西安工程大学	081101	化学工程与工艺	四年	工学	陕西省
西安工程大学	081403	包装工程	四年	工学	陕西省
陕西中医学院	070402	生物技术	四年	理学	陕西省
西安文理学院	081101	化学工程与工艺	四年	工学	陕西省
商洛学院	080202	金属材料工程	四年	工学	陕西省
西京学院	070202	应用物理学	四年	理学	陕西省
西京学院	070302	应用化学	四年	理学	陕西省

(续表)

学校名称	专业代码	专业名称	修业年限	学位授予门类	主管部门
西安建筑科技大学华清学院※	080107Y	矿物资源工程	四年	工学	陕西省
西安科技大学高新学院※	080101	采矿工程	四年	工学	陕西省
兰州城市学院	081101	化学工程与工艺	四年	工学	甘肃省
甘肃民族师范学院	070201	物理学	四年	理学	甘肃省
青海大学昆仑学院※	081101	化学工程与工艺	四年	工学	青海省
伊犁师范学院	070202	应用物理学	四年	理学	新疆维吾尔自治区
塔里木大学	081101	化学工程与工艺	四年	工学	新疆生产建设兵团

注:专业代码加有“W”者为目录外专业;专业代码加有“S”者为在少数高校试点的目录外专业;专业代码加有“H”者为中外(含内地与港澳台地区)合作办学机构设置的专业;学校名称加有“※”者为经教育部批准和确认的独立学院。

2010年同意撤销的高等学校本科专业名单(材料相关)

学校名称	专业代码	专业名称	修业年限	主管部门
华中师范大学 汉口分校※	070302	应用化学	四年	湖北省
华中师范大学 汉口分校※	070402	生物技术	四年	湖北省
武汉工程大学邮电与信息工程学院※	070402	生物技术	四年	湖北省
武汉工程大学邮电与信息工程学院※	071302	材料化学	四年	湖北省

注:学校名称加有“※”者为经教育部批准和确认的独立学院。

教育部2011年全国高校新增及撤销专业名单

本信息来自教育部公布的《教育部关于公布2010年度高等学校专业设置备案或审批结果的通知》,本次公布的高校新设置或调整的1887个本科专业和4个医学类专科专业,可自2011年开始招生,其专业名称、专业代码、修业年限、学位授予门类等均以公布的内容为准;在备注中加有标注的非艺术类本科专业,可按艺术类专业招生办法招生;不同意设置或调整的616个本科专业和16个医学类专科专业,不得安排招生;需评估的9个医学类专科专业,待评估合格后方可安排招生;同意撤销的25个专业的有关高校在校学生要按原培养方案培养至毕业,并保证教学质量。

全国高校2011年本科新增专业一览(材料相关)

学校名称	专业代码	专业名称	修业年限	学位授予门类	主管部门
南京理工大学	071202	微电子学	四年	工学	工业和信息化部
西北工业大学	080205Y	材料科学与工程	四年	工学	工业和信息化部
大连民族学院	080306W	车辆工程	四年	工学	国家民族事务委员会
大连民族学院	080643S	光电子材料与器件	四年	工学	国家民族事务委员会
华北科技学院	080205Y	材料科学与工程	四年	工学	国家安全生产监督管理总局
北京大学	070303W	化学生物学	四年	理学	教育部
北京大学	080205Y	材料科学与工程	四年	工学	教育部
北京大学	080607	生物医学工程	四年	工学	教育部
中国人民大学	071301	材料物理	四年	理学	教育部
华北电力大学	080511S	核反应堆工程	四年	工学	教育部
中国地质大学(北京)	081101	化学工程与工艺	四年	工学	教育部
南开大学	070303W	化学生物学	四年	理学	教育部
南京大学	071202	微电子学	四年	理学	教育部

（续表）

学校名称	专业代码	专业名称	修业年限	学位授予门类	主管部门
东南大学	070404W	生物信息技术	四年	理学	教育部
东南大学	080502	核工程与核技术	四年	工学	教育部
河海大学	080202	金属材料工程	四年	工学	教育部
合肥工业大学	081301	船舶与海洋工程	四年	工学	教育部
武汉理工大学	080101	采矿工程	四年	工学	教育部
湖南大学	080607	生物医学工程	四年	工学	教育部
中山大学	070303W	化学生物学	四年	理学	教育部
中山大学	080614W	信息显示与光电技术	四年	工学	教育部
西南大学	080202	金属材料工程	四年	工学	教育部
暨南大学	080204	高分子材料与工程	四年	工学	国务院侨务办公室
北京工业大学	070402	生物技术	四年	理学	北京市
北京石油化工学院	080215S	功能材料	四年	工学	北京市
天津工业大学	080203	无机非金属材料工程	四年	工学	天津市
天津师范大学	070202	应用物理学	四年	理学	天津市
河北工程大学	080206W	复合材料与工程	四年	工学	河北省
河北工程大学	080306W	车辆工程	四年	工学	河北省
河北工程大学	081101	化学工程与工艺	四年	工学	河北省
河北农业大学	081101	化学工程与工艺	四年	工学	河北省
河北师范大学	071207W	光电子技术科学	四年	理学	河北省
河北民族师范学院	070301	化学	四年	理学	河北省
河北民族师范学院	070401	生物科学	四年	理学	河北省
衡水学院	080204	高分子材料与工程	四年	工学	河北省
石家庄学院	081101	化学工程与工艺	四年	工学	河北省
沧州师范学院	070401	生物科学	四年	理学	河北省
河北工程大学科信学院※	080101	采矿工程	四年	工学	河北省
太原科技大学	080207W	焊接技术与工程	四年	工学	山西省
吕梁学院	070201	物理学	四年	理学	山西省
吕梁学院	080101	采矿工程	四年	工学	山西省
太原理工大学现代科技学院※	070302	应用化学	四年	理学	山西省
太原理工大学现代科技学院※	080203	无机非金属材料工程	四年	工学	山西省
太原理工大学现代科技学院※	080204	高分子材料与工程	四年	工学	山西省
太原科技大学华科学院※	081101	化学工程与工艺	四年	工学	山西省
内蒙古科技大学	080206W	复合材料与工程	四年	工学	内蒙古自治区
内蒙古工业大学	081402	轻化工程	四年	工学	内蒙古自治区
内蒙古民族大学	080302	材料成型及控制工程	四年	工学	内蒙古自治区
大连大学	080204	高分子材料与工程	四年	工学	辽宁省
沈阳工业大学	080207W	焊接技术与工程	四年	工学	辽宁省

(续表)

学校名称	专业代码	专业名称	修业年限	学位授予门类	主管部门
沈阳航空航天大学	080215S	功能材料	四年	工学	辽宁省
沈阳理工大学	080209W	粉体材料科学与工程	四年	工学	辽宁省
沈阳理工大学	080614W	信息显示与光电技术	四年	工学	辽宁省
辽宁石油化工大学	080206W	复合材料与工程	四年	工学	辽宁省
沈阳化工大学	081403	包装工程	四年	工学	辽宁省
大连交通大学	081103W	化工与制药	四年	工学	辽宁省
大连海洋大学	070302	应用化学	四年	理学	辽宁省
大连医科大学	080607	生物医学工程	四年	工学	辽宁省
沈阳工程学院	081106S	能源化学工程	四年	工学	辽宁省
吉林化工学院	080205Y	材料科学与工程	四年	工学	吉林省
长春工程学院	080502	核工程与核技术	四年	工学	吉林省
吉林医药学院	070402	生物技术	四年	理学	吉林省
北华大学	080607	生物医学工程	四年	工学	吉林省
长春师范学院	080201	冶金工程	四年	工学	吉林省
长春师范学院	081801	生物工程	四年	工学	吉林省
齐齐哈尔大学	071207W	光电子技术科学	四年	理学	黑龙江省
佳木斯大学	080201	冶金工程	四年	工学	黑龙江省
黑龙江工程学院	080206W	复合材料与工程	四年	工学	黑龙江省
黑龙江工程学院	080213S	生物功能材料	四年	工学	黑龙江省
牡丹江师范学院	081101	化学工程与工艺	四年	工学	黑龙江省
上海应用技术学院	071301	材料物理	四年	工学	上海市
上海应用技术学院	080614W	信息显示与光电技术	四年	工学	上海市
苏州大学	080201	冶金工程	四年	工学	江苏省
苏州大学	080213S	生物功能材料	四年	工学	江苏省
南通大学	081301	船舶与海洋工程	四年	工学	江苏省
江苏科技大学	080214S	电子封装技术	四年	工学	江苏省
江苏科技大学	080502	核工程与核技术	四年	工学	江苏省
常州大学	080206W	复合材料与工程	四年	工学	江苏省
江苏大学	081801	生物工程	四年	工学	江苏省
盐城工学院	080206W	复合材料与工程	四年	工学	江苏省
盐城工学院	080306W	车辆工程	四年	工学	江苏省
苏州科技学院	080215S	功能材料	四年	工学	江苏省
金陵科技学院	080206W	复合材料与工程	四年	工学	江苏省
徐州工程学院	080204	高分子材料与工程	四年	工学	江苏省
南京工程学院	080502	核工程与核技术	四年	工学	江苏省
南京晓庄学院	080643S	光电子材料与器件	四年	工学	江苏省
南京大学金陵学院※	080208W	宝石及材料工艺学	四年	工学	江苏省

（续表）

学校名称	专业代码	专业名称	修业年限	学位授予门类	主管部门
南京信息工程大学滨江学院※	071203 *	光信息科学与技术	四年	理学	江苏省
江苏大学京江学院※	080201	冶金工程	四年	工学	江苏省
南京邮电大学通达学院※	071203 *	光信息科学与技术	四年	理学	江苏省
杭州电子科技大学	080205Y	材料科学与工程	四年	工学	浙江省
浙江理工大学	080302	材料成型及控制工程	四年	工学	浙江省
嘉兴学院	080302	材料成型及控制工程	四年	工学	浙江省
嘉兴学院	081412S	非织造材料与工程	四年	工学	浙江省
衢州学院	080204	高分子材料与工程	四年	工学	浙江省
衢州学院	080302	材料成型及控制工程	四年	工学	浙江省
湖州师范学院	071207W	光电子技术科学	四年	工学	浙江省
浙江大学宁波理工学院※	070302	应用化学	四年	理学	浙江省
安徽工业大学	070303W	化学生物学	四年	理学	安徽省
黄山学院	071203 *	光信息科学与技术	四年	理学	安徽省
黄山学院	080205Y	材料科学与工程	四年	工学	安徽省
黄山学院	081801	生物工程	四年	工学	安徽省
滁州学院	080203	无机非金属材料工程	四年	工学	安徽省
淮南师范学院	071203 *	光信息科学与技术	四年	理学	安徽省
淮南师范学院	081801	生物工程	四年	工学	安徽省
安徽大学江淮学院※	081101	化学工程与工艺	四年	工学	安徽省
安徽医科大学临床医学院※	080607	生物医学工程	四年	工学	安徽省
安徽理工大学	080306W	车辆工程	四年	工学	安徽省
安徽理工大学	081106S	能源化学工程	四年	工学	安徽省
安徽农业大学	080205Y	材料科学与工程	四年	工学	安徽省
皖西学院	071203 *	光信息科学与技术	四年	理学	安徽省
皖西学院	080205Y	材料科学与工程	四年	工学	安徽省
皖西学院	080302	材料成型及控制工程	四年	工学	安徽省
蚌埠学院	071203 *	光信息科学与技术	四年	理学	安徽省
蚌埠学院	080302	材料成型及控制工程	四年	工学	安徽省
安庆师范学院	071202	微电子学	四年	工学	安徽省
安庆师范学院	071207W	光电子技术科学	四年	理学	安徽省
福州大学	070402	生物技术	四年	理学	福建省
厦门理工学院	080214S	电子封装技术	四年	工学	福建省
武夷学院	071202	微电子学	四年	工学	福建省
武夷学院	081801	生物工程	四年	工学	福建省
宁德师范学院	070301	化学	四年	理学	福建省
宁德师范学院	070401	生物科学	四年	理学	福建省
福州大学至诚学院※	070402	生物技术	四年	理学	福建省

(续表)

学校名称	专业代码	专业名称	修业年限	学位授予门类	主管部门
福建师范大学闽南科技学院※	070402	生物技术	四年	理学	福建省
南昌航空大学	080203	无机非金属材料工程	四年	工学	江西省
宜春学院	071301	材料物理	四年	理学	江西省
新余学院	071301	材料物理	四年	理学	江西省
新余学院	080302	材料成型及控制工程	四年	工学	江西省
赣南医学院	080607	生物医学工程	四年	工学	江西省
江西科技师范学院	071207W	光电子技术科学	四年	理学	江西省
济南大学	080614W	信息显示与光电技术	四年	工学	山东省
烟台大学	081103W	化工与制药	四年	工学	山东省
青岛大学	080206W	复合材料与工程	四年	工学	山东省
青岛大学	080302	材料成型及控制工程	四年	工学	山东省
青岛大学	080621W	微电子制造工程	四年	工学	山东省
山东理工大学	080201	冶金工程	四年	工学	山东省
山东理工大学	081405	纺织工程	四年	工学	山东省
青岛农业大学	080213S	生物功能材料	四年	工学	山东省
青岛农业大学	081101	化学工程与工艺	四年	工学	山东省
聊城大学	081410S	轻工生物技术	四年	工学	山东省
潍坊学院	071207W	光电子技术科学	四年	工学	山东省
山东轻工业学院	080208W	宝石及材料工艺学	四年	工学	山东省
潍坊科技学院	070402	生物技术	四年	理学	山东省
济宁医学院	081801	生物工程	四年	工学	山东省
滨州学院	080306W	车辆工程	四年	工学	山东省
济宁学院	070302	应用化学	四年	工学	山东省
枣庄学院	080103	矿物加工工程	四年	工学	山东省
齐鲁师范学院	070201	物理学	四年	理学	山东省
齐鲁师范学院	070401	生物科学	四年	理学	山东省
曲阜师范大学杏坛学院※	081403	包装工程	四年	工学	山东省
聊城大学东昌学院※	081402	轻化工程	四年	工学	山东省
河南师范大学	080643S	光电子材料与器件	四年	工学	河南省
湖北工业大学	070401	生物科学	四年	理学	湖北省
咸宁学院	070302	应用化学	四年	工学	湖北省
湖北医药学院	070405W	生物科学与生物技术	四年	理学	湖北省
湖北师范学院	081101	化学工程与工艺	四年	工学	湖北省
武汉工业学院工商学院※	080302	材料成型及控制工程	四年	工学	湖北省
南华大学	080203	无机非金属材料工程	四年	工学	湖南省
湖南工业大学	081101	化学工程与工艺	四年	工学	湖南省
湖南农业大学	080306W	车辆工程	四年	工学	湖南省

（续表）

学校名称	专业代码	专业名称	修业年限	学位授予门类	主管部门
湖南工程学院	071302	材料化学	四年	工学	湖南省
湖南理工学院	071207W	光电子技术科学	四年	理学	湖南省
南华大学船山学院※	080204	高分子材料与工程	四年	工学	湖南省
南华大学船山学院※	080302	材料成型及控制工程	四年	工学	湖南省
湖南文理学院芙蓉学院※	080205Y	材料科学与工程	四年	工学	湖南省
湖南工程学院应用技术学院※	080204	高分子材料与工程	四年	工学	湖南省
深圳大学	080508S	核技术	四年	工学	广东省
华南农业大学	080205Y	材料科学与工程	四年	工学	广东省
韶关学院	080203	无机非金属材料工程	四年	工学	广东省
东莞理工学院	080204	高分子材料与工程	四年	工学	广东省
佛山科学技术学院	081101	化学工程与工艺	四年	工学	广东省
广东药学院	080204	高分子材料与工程	四年	工学	广东省
广东第二师范学院	070201	物理学	四年	理学	广东省
广东第二师范学院	070302	应用化学	四年	工学	广东省
吉林大学珠海学院※	080306W	车辆工程	四年	工学	广东省
广西大学	080306W	车辆工程	四年	工学	广西壮族自治区
桂林理工大学	080201	冶金工程	四年	工学	广西壮族自治区
桂林理工大学	080302	材料成型及控制工程	四年	工学	广西壮族自治区
广西民族大学	080202	金属材料工程	四年	工学	广西壮族自治区
百色学院	071302	材料化学	四年	理学	广西壮族自治区
广西工学院鹿山学院※	081101	化学工程与工艺	四年	工学	广西壮族自治区
广西工学院鹿山学院※	081405	纺织工程	四年	工学	广西壮族自治区
重庆邮电大学	080614W	信息显示与光电技术	四年	工学	重庆市
重庆理工大学	070302	应用化学	四年	工学	重庆市
重庆理工大学	080207W	焊接技术与工程	四年	工学	重庆市
重庆师范大学	071302	材料化学	四年	理学	重庆市
重庆工商大学	080205Y	材料科学与工程	四年	工学	重庆市
重庆科技学院	081103W	化工与制药	四年	工学	重庆市
重庆文理学院	080202	金属材料工程	四年	工学	重庆市
重庆文理学院	081101	化学工程与工艺	四年	工学	重庆市
长江师范学院	071302	材料化学	四年	理学	重庆市
长江师范学院	080302	材料成型及控制工程	四年	工学	重庆市
长江师范学院	080607	生物医学工程	四年	工学	重庆市
西南石油大学	080302	材料成型及控制工程	四年	工学	四川省
西南科技大学	080103	矿物加工工程	四年	工学	四川省
西南科技大学	080510S	核化工与核燃料工程	四年	工学	四川省
四川农业大学	081403	包装工程	四年	工学	四川省

(续表)

学校名称	专业代码	专业名称	修业年限	学位授予门类	主管部门
四川农业大学	090108W	应用生物科学	四年	理学	四川省
成都中医药大学	070402	生物技术	四年	理学	四川省
四川师范大学	080101	采矿工程	四年	工学	四川省
攀枝花学院	080101	采矿工程	四年	工学	四川省
攀枝花学院	080103	矿物加工工程	四年	工学	四川省
宜宾学院	080101	采矿工程	四年	工学	四川省
四川大学锦江学院※	070302	应用化学	四年	工学	四川省
贵州师范大学	080205Y	材料科学与工程	四年	工学	贵州省
贵州师范大学	080302	材料成型及控制工程	四年	工学	贵州省
遵义师范学院	071302	材料化学	四年	理学	贵州省
兴义民族师范学院	070301	化学	四年	理学	贵州省
毕节学院	070202	应用物理学	四年	理学	贵州省
凯里学院	071302	材料化学	四年	理学	贵州省
六盘水师范学院	080103	矿物加工工程	四年	工学	贵州省
贵州师范学院	070401	生物科学	四年	理学	贵州省
昆明理工大学	081106S	能源化学工程	四年	工学	云南省
云南民族大学	070202	应用物理学	四年	工学	云南省
昆明学院	081101	化学工程与工艺	四年	工学	云南省
曲靖师范学院	070402	生物技术	四年	理学	云南省
玉溪师范学院	070302	应用化学	四年	理学	云南省
西藏大学	070302	应用化学	四年	理学	西藏自治区
西安建筑科技大学	070202	应用物理学	四年	理学	陕西省
西安石油大学	080207W	焊接技术与工程	四年	工学	陕西省
渭南师范学院	080205Y	材料科学与工程	四年	工学	陕西省
西北大学现代学院※	081101	化学工程与工艺	四年	工学	陕西省
西安建筑科技大学华清学院※	080202	金属材料工程	四年	工学	陕西省
西安工业大学北方信息工程学院※	081403	包装工程	四年	工学	陕西省
甘肃民族师范学院	070401	生物科学	四年	理学	甘肃省
新疆师范大学	081101	化学工程与工艺	四年	工学	新疆维吾尔自治区
喀什师范学院	070202	应用物理学	四年	理学	新疆维吾尔自治区
昌吉学院	081101	化学工程与工艺	四年	工学	新疆维吾尔自治区
塔里木大学	081405	纺织工程	四年	工学	新疆建设兵团

注:专业代码加有“W”者为目录外专业;专业代码加有“S”者为在少数高校试点的目录外专业;专业代码加有“H”者为中外(含内地与港澳台地区)合作办学机构设置的专业;学校名称加有“※”者为经教育部批准和确认的独立学院。

2011 年同意撤销的高等学校本科专业名单(材料相关)

学校名称	专业代码	专业名称	修业年限	主管部门
中央民族大学	070201	物理学	四年	国家民族事务委员会
华中科技大学武昌分校※	070402	生物技术	四年	湖北省
华中科技大学武昌分校※	080607	生物医学工程	四年	湖北省
武汉大学珞珈学院※	070202	应用物理学	四年	湖北省
武汉大学珞珈学院※	070302	应用化学	四年	湖北省
四川农业大学	080607	生物医学工程	四年	四川省

注:学校名称加有"※"者为经教育部批准和确认的独立学院

材料相关国家重点实验室

材料相关国家重点实验室 81 个

国家重点实验室	依托单位	行政主管部门
稀土材料化学及应用国家重点实验室	北京大学	教育部
核物理与核技术国家重点实验室	北京大学	教育部
化工资源有效利用国家重点实验室	北京化工大学	教育部
新金属材料国家重点实验室	北京科技大学	教育部
精细化工国家重点实验室	大连理工大学	教育部
电子薄膜与集成器件国家重点实验室	电子科技大学	教育部
纤维材料改性国家重点实验室	东华大学	教育部
应用表面物理国家重点实验室	复旦大学	教育部
制浆造纸工程国家重点实验室	华南理工大学	教育部
材料成形与模具技术国家重点实验室	华中科技大学	教育部
无机合成与制备化学国家重点实验室	吉林大学	教育部
超分子结构与材料国家重点实验室	吉林大学	教育部
超硬材料国家重点实验室	吉林大学	教育部
功能有机分子化学国家重点实验室	兰州大学	教育部
固体微结构物理国家重点实验室	南京大学	教育部
元素有机化学国家重点实验室	南开大学	教育部
新型陶瓷与精细工艺国家重点实验室	清华大学	教育部
晶体材料国家重点实验室	山东大学	教育部
金属基复合材料国家重点实验室	上海交通大学	教育部
高分子材料工程国家重点实验室	四川大学	教育部
材料复合新技术国家重点实验室	武汉理工大学	教育部
金属材料强度国家重点实验室	西安交通大学	教育部
固体表面物理化学国家重点实验室	厦门大学	教育部
硅材料国家重点实验室	浙江大学	教育部

(续表)

国家重点实验室	依托单位	行政主管部门
化学工程联合国家重点实验室	天津大学、清华大学、华东理工大学、浙江大学	教育部
粉末冶金国家重点实验室	中南大学	教育部
光电材料与技术国家重点实验室	中山大学	教育部
现代焊接生产技术国家重点实验室	哈尔滨工业大学	工信部
凝固技术国家重点实验室	西北工业大学	工信部
材料化学工程国家重点实验室	南京工业大学	江苏省
分子动态与稳态结构国家重点实验室	中国科学院化学研究所、北京大学	教育部、中科院
量子光学与光量子器件国家重点实验室	山西大学	山西省
亚稳材料制备技术与科学国家重点实验室	燕山大学	河北省
半导体超晶格国家重点实验室	中国科学院半导体研究所	中国科学院
稀土资源利用国家重点实验室	中国科学院长春应用化学研究所	中国科学院
电分析化学国家重点实验室	中国科学院长春应用化学研究所	中国科学院
催化基础国家重点实验室	中国科学院大连化学物理研究所	中国科学院
结构化学国家重点实验室	中国科学院福建物质结构研究所	中国科学院
生化工程国家重点实验室	中国科学院过程工程研究所	中国科学院
多相复杂系统国家重点实验室	中国科学院过程工程研究所	中国科学院
分子反应动力学国家重点实验室	中国科学院大连化学物理研究所、 中国科学院化学研究所	中国科学院
高分子物理与化学国家重点实验室	中国科学院化学研究所、 中国科学院长春应用化学研究所	中国科学院
金属腐蚀与防护国家重点实验室	中国科学院金属研究所	中国科学院
羰基合成与选择氧化国家重点实验室	中国科学院兰州化学物理研究所	中国科学院
固体润滑国家重点实验室	中国科学院兰州化学物理研究所	中国科学院
高性能陶瓷和超微结构国家重点实验室	中国科学院上海硅酸盐研究所	中国科学院
红外物理国家重点实验室	中国科学院上海技术物理研究所	中国科学院
信息功能材料国家重点实验室	中国科学院上海微系统与信息技术研究所	中国科学院
金属有机化学国家重点实验室	中国科学院上海有机化学研究所	中国科学院
生命有机化学国家重点实验室	中国科学院上海有机化学研究所	中国科学院
表面物理国家重点实验室	中国科学院物理研究所	中国科学院
超导国家重点实验室	中国科学院物理研究所	中国科学院
磁学国家重点实验室	中国科学院物理研究所	中国科学院
石油化工催化材料与反应工程国家重点实验室	中国石油化工股份有限公司 石油化工科学研究院	国资委
金属挤压与锻造装备技术国家重点实验室	中国重型机械研究院有限公司	国资委
生物源纤维制造技术国家重点实验室	中国纺织科学研究院	国资委
绿色建筑材料国家重点实验室	中国建筑材料科学研究总院	国资委
特种纤维复合材料国家重点实验室	中材科技股份有限公司	国资委
先进钢铁流程及材料国家重点实验室	钢铁研究总院	国资委

（续表）

国家重点实验室	依托单位	行政主管部门
高速铁路轨道技术国家重点实验室	铁道科学研究院	国资委
金属多孔材料国家重点实验室	西北有色金属研究院	国资委
硅沙资源利用国家重点实验室	北京仁创科技集团有限公司	北京市
稀有金属分离与综合利用国家重点实验室	广州有色金属研究院	广东省
太阳能光伏发电技术国家重点实验室	英利集团	河北省
稀贵金属综合利用新技术国家重点实验室	贵研铂业股份有限公司	云南省
钒钛资源综合利用国家重点实验室	攀钢集团有限公司	四川省
海洋涂料国家重点实验室	海洋化工研究院	山东省
煤液化及煤化工国家重点实验室	兖矿集团有限公司	山东省
浮法玻璃新技术国家重点实验室	蚌埠玻璃工业设计研究院、中国洛阳浮法玻璃集团有限责任公司	安徽、河南省
沈阳材料科学国家实验室	中国科学院金属研究所	中国科学院
北京凝聚态物理国家实验室	中国科学院物理研究所	中国科学院
合肥微尺度物质科学国家实验室	中国科学技术大学	教育部
北京分子科学国家实验室	北京大学、中国科学院化学研究所	教育部、中科院
南京微结构国家实验室	南京大学	教育部
钢铁冶金新技术国家重点实验室	北京科技大学	教育部
聚合物分子工程国家重点实验室	复旦大学	教育部
有机无机复合材料国家重点实验室	北京化工大学	教育部
硅酸盐建筑材料国家重点实验室	武汉理工大学	教育部
低维量子物理国家重点实验室	清华大学	教育部
发光学及应用国家重点实验室	中国科学院长春光学精密机械与物理研究所	中国科学院
发光材料与器件国家重点实验室	华南理工大学	教育部

材料相关国家工程技术研究中心

材料相关国家工程技术研究中心 58 个

中心名称	依托单位
国家玻璃深加工工程技术研究中心	中国建筑材料科学研究院
国家玻璃纤维及制品工程技术研究中心	中材科技股份有限公司
国家超硬材料及制品工程技术研究中心	郑州磨料磨具磨削研究所
国家磁性材料工程技术研究中心	北矿磁材科技股份有限公司
国家催化工程技术研究中心	中国科学院大连化学物理研究所
国家反应注射成型工程技术研究中心	黎明化工研究院
国家非晶微晶合金工程技术研究中心	钢铁研究总院
国家氟材料工程技术研究中心	巨化集团公司

(续表)

中心名称	依托单位
国家复合改性聚合物材料工程技术研究中心	贵州省材料技术创新基地
国家感光材料工程技术研究中心	中国乐凯胶片集团公司
国家高分子材料辐射加工工程技术研究中心	深圳市长园新材料股份有限公司
国家工业陶瓷材料工程技术研究中心	山东工业陶瓷研究设计院
国家工业陶瓷工程技术研究中心	山东工业陶瓷研究设计院
国家光电子晶体材料工程技术研究中心	中科院福建物质结构研究所
国家光刻设备工程技术研究中心	上海微电子装备有限公司
国家硅钢工程技术研究中心	武汉钢铁(集团)公司
国家贵金属材料工程技术研究中心	昆明贵金属研究所
国家金属薄膜功能材料工程技术研究中心	中科院上海冶金研究所
国家金属腐蚀控制工程技术研究中心	中国科学院金属研究所
国家绝缘材料工程技术研究中心	四川东材科技集团公司股份有限公司
国家铝冶炼工程技术研究中心	中国铝业股份有限公司郑州研究院
国家轮胎工艺与控制工程技术研究中心	青岛高校软控股份有限公司,青岛科技大学
国家毛纺新材料工程技术研究中心	江苏阳光股份有限公司
国家镁合金材料工程技术研究中心	重庆大学
国家镍钴新材料工程技术研究中心	甘肃金川集团有限公司
国家日用及建筑陶瓷工程技术研究中心	景德镇陶瓷学院
国家生物医学材料工程技术研究中心	四川大学
国家受力结构工程塑料工程技术研究中心	中蓝晨光化工研究院
国家树脂基复合材料工程技术研究中心	哈尔滨玻璃钢研究所
国家数码喷印工程技术研究中心	杭州宏华数码科技股份有限公司
国家钛及稀有金属粉末冶金工程技术研究中心	广州有色金属研究院
国家钽铌特种金属工程技术研究中心	宁夏东方有色金属集团公司
国家碳纤维工程技术研究中心	北京化工大学,中国石油天然气股份有限公司吉林分公司
国家碳一化学工程技术研究中心	西南化工研究设计院
国家陶瓷材料工程技术研究中心	山东工业陶瓷研究设计院
国家特种超细粉体工程技术研究中心	南京理工大学
国家特种矿物材料工程技术研究中心	桂林矿产地质研究院
国家特种显示工程技术研究中心	安徽华东光电技术研究所
国家通用工程塑料工程技术研究中心	北京市化学工业研究院
国家涂料工程技术研究中心	中国化工建设总公司常州涂料化工研究院
国家钨材料工程技术研究中心	厦门钨业股份有限公司
国家稀土永磁电机工程技术研究中心	沈阳工业大学
国家纤维增强模塑料工程技术研究中心	北京玻璃钢研究设计院
国家橡胶助剂工程技术研究中心	山东阳谷华泰化工有限公司
国家消耗臭氧层物质替代品工程技术研究中心	浙江省化工研究院

（续表）

中心名称	依托单位
国家新型电子元器件工程技术研究中心	广东风华高科技集团有限公司
国家液体分离膜工程技术研究中心	国家海洋局杭州水处理技术研究开发中心
国家仪表功能材料工程技术研究中心	国家仪表功能材料工程技术研究中心
国家有机硅工程技术研究中心	中蓝晨光化工研究院
国家有色金属复合材料工程技术研究中心	北京有色金属研究总院
国家竹藤工程技术研究中心	国际竹藤网络中心
国家金属材料近净成形工程技术研究中心	华南理工大学
国家铜冶炼及加工工程技术研究中心	江西铜业集团公司
国家聚氨酯工程技术研究中心	烟台万华聚氨酯股份有限公司
国家钢结构工程技术研究中心	中冶集团建筑研究总院
国家非织造材料工程技术研究中心	海南欣龙无纺股份有限公司
国家工业结晶工程技术研究中心	天津大学
国家合成纤维工程技术研究中心	中国纺织科学研究院

“十二五”国家级实验教学示范中心评审结果

“十二五”国家级实验教学示范中心共评审出100个示范中心，其中与材料相关的示范中心20个。

编号	名称
1	清华大学动力工程及工程热物理实验教学中心
2	清华大学先进材料实验教学中心
3	北京科技大学冶金工程实验教学中心
4	北京化工大学高分子科学与工程教学实验中心
5	中央民族大学化学实验中心
6	天津大学材料科学与工程实践教学中心
7	大连理工大学化工综合实验教学中心
8	吉林大学化学生命科学专业实验教学中心
9	华东理工大学材料实验教学中心
10	东华大学材料科学与工程实验教学中心
11	中国矿业大学煤炭洁净加工与高效转化实验教学中心
12	合肥工业大学现代汽车制造技术实验教学中心
13	厦门大学材料科学与工程专业实验教学中心
14	华中科技大学材料科学与工程实验教学中心
15	华南理工大学材料科学与工程实验教学中心
16	西南交通大学材料科学与工程实验教学中心
17	电子科技大学电子信息材料与器件实验教学中心
18	西北工业大学材料实验教学中心
19	陕西师范大学跨学科X-物理实验教学中心
20	兰州大学化学创新实验教学中心

第六届高等学校教学名师奖获奖教师名单

2003年，教育部党组根据中央领导同志“教授要上讲台”的指示要求，开始每三年一届的“高等学校教学名师奖”的评选表彰工作，并决定将其列为教育部的常设行政性表彰奖励项目，每届评选出100名名师奖获奖教师，并于当年开展了第一届高等学校教学名师奖评选表彰工作。2006年进行了第二届高等学校教学名师奖评选表彰。2007年1月，经报国务院同意，教育部、财政部联合印发了《教育部 财政部关于实施高等学校本科教学质量与教学改革工程的意见》（教高〔2007〕1号），高等学校教学名师奖被纳入“高等学校本科教学质量与教学改革工程”，并由原来每三年评选一次改为每年评选一次，每次表彰100名获奖教师，加大了对在高等学校教学与人才培养领域做出突出贡献教师的表彰力度。

设立教学名师奖的目的，一是鼓励教授上讲台，奖励长期在本科教学第一线教书育人，在教学改革、师资队伍建设上做出突出贡献的教师；二是奖励高素质“双师型”教师，积极推进高等职业教育，加强工学结合、产学合作；三是通过发挥名师在教学示范、科研模范和学风典范等方面的作用，积极引导优秀教师站在教学第一线，努力建设一支师德高尚、业务精湛、富有创造精神和创新能力的高素质教师队伍，从而进一步推动高等教育改革，从根本上提高教学质量，促进高等教育的科学发展。

自2003年开展第一届高等学校教学名师奖评选与表彰以来，迄今为止，教育部分别在2003、2006、2007、2008、2009、2011年完成了六届高等学校教学名师奖的评选与表彰工作。

党的十七大做出了“优先发展教育，建设人力资源强国”

的战略决策，并把发展高等教育的重点放在提高高等教育质量上。教育大计、教师为本。高素质教师队伍是高等学校的核心竞争力，是提高高等教育质量的关键。评选高等学校教学名师奖，旨在表彰长期从事本科教学工作，具有较高学术造诣，注重教学改革与实践，教学水平高，教学效果好的高等学校教授，以及高等职业教育中坚持教育教学改革，在工学结合、产学合作方面发挥重要带头作用的高素质"双师型"专业教师，影响和带动广大教师切实把主要精力投入到培养高素质人才上，办好让人民满意的高等教育。获得"第五届高等学校教学名师奖"的100名教师是全国高等学校教师中的杰出代表。他们在自己的工作岗位上，辛勤劳动，无私奉献，勇于创造，在教学实践中，运用现代教育教学思想努力探索教育教学规律，在引领教学内容、方法和手段改革、创新课程教材体系和教学模式、创建合理教学梯队等方面做出了突出贡献。对获奖教师进行表彰，不仅仅是对他们个人在人才培养工作中所取得成绩的充分肯定，也是对高教战线广大教师教学工作的充分肯定。

各高等学校、各省级教育行政部门非常重视名师奖评选工作，在此基础上，分别组织了校级教学名师奖、省级教学名师奖的评选表彰工作，不断总结获奖教师经验、宣传获奖教师精神、开展向获奖教师学习的活动。实践证明，开展"高等学校教学名师奖"评选表彰工作有力地推动了高校更加重视教学工作，促进了高等教育质量的不断提高。

第六届高等学校教学名师奖获奖教师名单(2011年)

姓名	所属单位	姓名	所属单位
张 征	中国人民大学	李俊峰	清华大学
胡洪营	清华大学	阮秋琦	北京交通大学
朱筱敏	中国石油大学(北京)	欧阳津	北京师范大学
孟 焰	中央财经大学	王卫国	中国政法大学
郎景和	北京协和医学院	蒋宗礼	北京工业大学
徐 蓝	首都师范大学	杨河清	首都经济贸易大学
颜丹平	中国地质大学(北京)	李治安	南开大学
赵乃勤	天津大学	贾士儒	天津科技大学
孙健夫	河北大学	申书兴	河北农业大学
王斌全	山西医科大学	孙 炯	内蒙古大学
梁延德	大连理工大学	邢天才	东北财经大学
刘 辉	沈阳音乐学院	张向葵	东北师范大学
张树仁	长春理工大学	李 玉	吉林农业大学
吴建强	哈尔滨工业大学	谈和平	哈尔滨工业大学
杨宝峰	哈尔滨医科大学	俞吾金	复旦大学
龚沛曾	同济大学	郭晓奎	上海交通大学
严世芸	上海中医药大学	刘宪权	华东政法大学

(续表)

姓名	所属单位	姓名	所属单位
李满春	南京大学	李霄翔	东南大学
赵跃民	中国矿业大学	强 胜	南京农业大学
吴晓蓓	南京理工大学	王 岩	南京航空航天大学
董志翘	南京师范大学	刘 旭	浙江大学
朱 军	浙江大学	刘太顺	湖州师范学院
向守平	中国科学技术大学	徐向艺	山东大学
王晓云	山东农业大学	司传平	济宁医学院
魏新利	郑州大学	耿明斋	河南大学
樊 静	河南师范大学	边 专	武汉大学
程功臻	武汉大学	何岭松	华中科技大学
熊永红	华中科技大学	谢峻林	武汉理工大学
王石平	华中农业大学	范学工	中南大学
欧阳友权	中南大学	钟建新	湘潭大学
袁剑波	长沙理工大学	桑 兵	中山大学
梁力建	中山大学	黄 平	华南理工大学
陈武凡	南方医科大学	王崇敏	海南大学
曾孝平	重庆大学	陈谦明	四川大学
胡常伟	四川大学	罗 霞	西南交通大学
巴登尼玛	四川师范大学	田卫民	云南大学
刘 坚	云南师范大学	罗先觉	西安交通大学
白国良	西安建筑科技大学	段哲民	西北工业大学
包国宪	兰州大学	牛小铁	北京工业职业技术学院
尹万建	邢台职业技术学院	冯美宇	山西建筑职业技术学院
顾 萍	上海出版印刷高等专科学校	周兴元	江苏农林职业技术学院
陆锦军	江苏信息职业技术学院	王应海	苏州工业园区职业技术学院
瞿 永	安徽职业技术学院	沈斐敏	福建交通职业技术学院
李文跃	江西陶瓷工艺美术职业技术学院	张来源	广州番禺职业技术学院
李 舫	山东畜牧兽医职业学院	杨欣斌	东营职业学院
周建郑	黄河水利职业技术学院	刘开吉	重庆警官职业学院
邱丽芳	湖南工业职业技术学院	龚盛昭	广东轻工职业技术学院
刘红燕	深圳职业技术学院	武友德	四川工程职业技术学院
田锋社	陕西工业职业技术学院	吴孟达	国防科学技术大学
张培林	军械工程学院	高 毅	北京大学

人才培养

高校材料相关专业人才培养情况

2010 年全国高校材料类本科及研究生培养情况

我国本科生教育学制一般为 4 年。第一年和第二年主要学习基础课和技术基础课，三年级开始接触专业课，四年级下学期进行 12 ~ 16 周的毕业论文工作。硕士研究生一般为 2 ~ 3 年，博士研究生一般为 3 ~ 5 年。

根据教育部教育管理信息中心提供的数据，本科生培养主要统计的材料类专业包括宝石及材料工艺学、材料化学、材料科学类、材料科学类新专业、材料科学与工程、材料类、材料类新专业、材料物理、粉体材料科学与工程、复合材料与工程、材料科学与工程类、高分子材料加工工程、高分子材料与工程、焊接技术与工程、金属材料工程、生物功能材料、无机非金属材料工程、稀土工程、冶金工程、再生资源科学与技术共 20 个专业，研究生（包括硕士生和博士生）培养主要统计的材料类专业包括材料工程、材料服役安全工程学、材料加工、材料加工工程、材料学、材料科学、材料科学与工程、材料科学与工程新专业、材料物理、材料物理化学、材料物理与化学、空间材料与加工、微纳米材料科学与工程。

据统计，2010 年全国高校院所中招收材料类专业本科、硕士和博士的单位数量分别为 374 个、238 个和 90 个。

全国高校材料相关专业人才培养统计数据中，2008 年及之前研究生统计数据的均是学术型学位硕士/博士，自 2009 年开始硕士分为学术型学位硕士和专业学位硕士（本文统称为硕士）；2010 年硕士毕业生数、招生数及在校学生数分别为 8575、12243 和 33800 人，其中专业学位硕士毕业生数、招生数及在校学生数分别为 8、1561 和 2592 人。

工程博士专业学位研究生于 2011 年设立，将于 2012 年开始招生，由经国务院学位委员会授权的高等学校与企业联合培养，由高等学校授予学位。清华大学等 25 所高校在电子信息、先进制造、生物与医药、能源与环保等四大领域获得工程博士专业学位授予权。

根据全国高校材料相关专业人才培养统计数据，全国本科、硕士及博士毕业人数 2010 年较 2009 年分别增长了 5.66%、-2.60% 和-4.17%；全国本科、硕士及博士招生人数 2010 年较 209 年分别增长了 9.39%、-8.15% 和 10.40%，招生人数增幅最大的是硕士研究生。

根据 2010 年全国高校材料类专业本科招生数据统计，招生人数前五位的专业分别是材料科学与工程、高分子材料与工程、材料化学、无机非金属材料工程及金属材料工程，材料科学与工程专业招生人数是 10883、高分子材料与工程专业招生人数是 8945；毕业生前五位的专业分别是材料科学与工程、高分子材料与工程、材料化学、无机非金属材料工程及金属材料工程，其中材料科学与工程专业毕业人数是 9863、高分子材料与工程专业毕业人数是 7761。

2010 年全国高校材料类本科及研究生培养情况统计

	2010 年		
	本科生	硕士生	博士生
毕业生数	40532	8575	1839
招生数	60315	12243	2664
在校学生数	212948	33800	10533

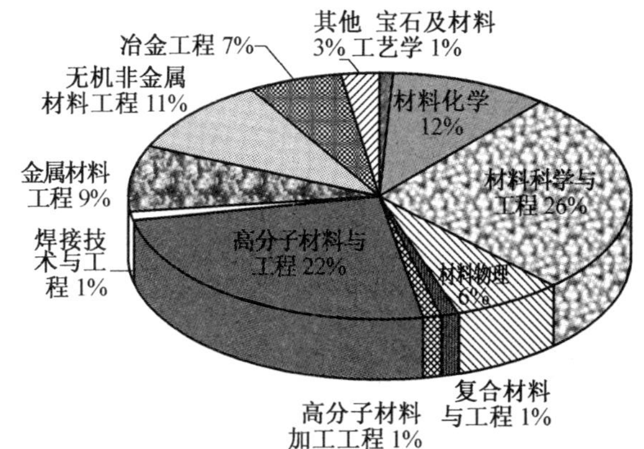

2010 年材料类各专业本科招生专业分布比例

注：所占比例不高于 1% 的专业列入“其他”。上图中“其他”包括材料科学类、材料科学类新专业、材料类、材料类新专业、材料科学与工程类、粉体材料科学与工程、生物功能材料、稀土工程、再生资源科学与技术。

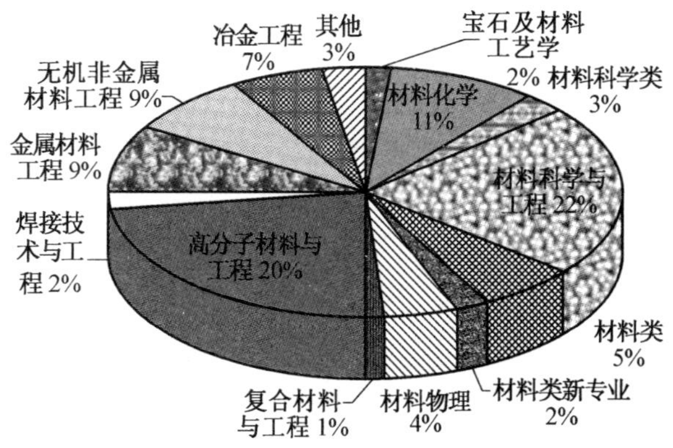

2010 年材料类各专业本科毕业生专业分布比例

注：所占比例不高于 1% 的专业列入“其他”。上图中“其他”包括材料科学类新专业、材料科学与工程类新专业、粉体材料科学与工程、高分子材料加工工程、生物功能材料、稀土工程、再生资源科学与技术。

2010 年材料类专业招生人数最多的前 10 名高校统计

序号	本科生		硕士生		博士生	
	学校	招生数	学校	招生数	学校	招生数
1	中南大学	840	北京科技大学	543	北京科技大学	177
2	北京科技大学	707	武汉理工大学	412	西北工业大学	122
3	青岛科技大学	668	哈尔滨工业大学	367	哈尔滨工业大学	104
4	四川大学	663	北京化工大学	364	东北大学	99
5	武汉理工大学	608	四川大学	307	金属研究所	94
6	辽宁科技大学	607	华南理工大学	301	华南理工大学	87
7	北京化工大学/哈尔滨工业大学	600	中南大学/西北工业大学	256	清华大学	84
8	济南大学	597	东北大学	240	上海交通大学	82
9	河北联合大学轻工学院	582	华中科技大学	239	华中科技大学	73
10	安徽工业大学	577	天津大学	232	武汉理工大学/浙江大学	67

2010 年材料类专业毕业人数最多的前 10 名高校统计

序号	本科生		硕士生		博士生	
	学校	毕业人数	学校	毕业人数	学校	毕业人数
1	中南大学	714	哈尔滨工业大学	377	哈尔滨工业大学	114
2	四川大学	710	武汉理工大学	310	北京科技大学	111
3	武汉理工大学	604	北京科技大学	256	金属研究所	84
4	中北大学	568	北京化工大学	253	上海交通大学	81
5	辽宁科技大学	540	西北工业大学	221	西北工业大学	79
6	青岛科技大学	537	东北大学	214	清华大学	68
7	北京化工大学	523	四川大学	207	中国科学院上海硅酸盐研究所	55
8	济南大学	514	华南理工大学	201	吉林大学	53
9	北京科技大学	500	天津大学	185	武汉理工大学/北京航空航天大学	51
10	江西理工大学	479	中南大学	173	四川大学	50

2010 年材料类专业在校人数最多的前 10 名高校统计

序号	本科生		硕士生		博士生	
	学校	在校人数	学校	在校人数	学校	在校人数
1	中南大学	3503	北京科技大学	1408	北京科技大学	677
2	四川大学	2876	武汉理工大学	1255	哈尔滨工业大学	499
3	北京科技大学	2593	哈尔滨工业大学	1061	西北工业大学	494
4	青岛科技大学	2553	北京化工大学	1057	东北大学	477
5	武汉理工大学	2500	四川大学	827	清华大学	368
6	辽宁科技大学/济南大学	2351	华南理工大学	811	金属研究所	367
7	北京化工大学	2324	中南大学	774	上海交通大学	358
8	安徽工业大学	2231	西北工业大学	714	中南大学	346
9	江西理工大学	2094	华中科技大学	661	北京航空航天大学	298
10	内蒙古科技大学	2074	北京航空航天大学	563	华南理工大学	286

2010 年全国招收材料类专业本科生的普通高校

学校名称	所在地	主管部门	毕业生数	招生数	在校学生数
安徽省					
安徽大学	安徽	安徽省	176	231	921
中国科学技术大学	安徽	中国科学院	60	93	318
合肥工业大学	安徽	教育部	442	407	1705
安徽工业大学	安徽	安徽省	414	577	2231
安徽理工大学	安徽	安徽省	186	274	963
安徽工程大学	安徽	安徽省	0	86	253
安徽师范大学	安徽	安徽省	44	117	470
阜阳师范学院	安徽	安徽省	0	113	266
安庆师范学院	安徽	安徽省	48	250	619
淮北师范大学	安徽	安徽省	64	0	0
巢湖学院	安徽	安徽省	52	125	379
淮南师范学院	安徽	安徽省	43	99	352
铜陵学院	安徽	安徽省	0	99	357
安徽建筑工业学院	安徽	安徽省	177	188	721
合肥学院	安徽	安徽省	98	137	442
安徽建筑工业学院城市建设学院	安徽	民办	0	148	511
安徽科技学院	安徽	安徽省	0	73	73
蚌埠学院	安徽	安徽省	0	56	56
池州学院	安徽	安徽省	0	112	112
北京市					
北京大学	北京	教育部	36	0	40
清华大学	北京	教育部	112	117	443
北京交通大学	北京	教育部	52	62	205
北京工业大学	北京	北京市	89	77	337
北京航空航天大学	北京	工业和信息化部	116	127	483
北京理工大学	北京	工业和信息化部	67	121	422
北京科技大学	北京	教育部	500	707	2593
北京化工大学	北京	教育部	523	600	2324
北京工商大学	北京	北京市	75	96	375
北京服装学院	北京	北京市	50	57	222
北京印刷学院	北京	北京市	33	26	119

（续表）

学校名称	所在地	主管部门	毕业生数	招生数	在校学生数
北京建筑工程学院	北京	北京市人民政府	55	55	246
北京石油化工学院	北京	北京市	106	152	534
北京林业大学	北京	教育部	0	91	266
北京师范大学	北京	教育部	18	0	0
华北电力大学	北京	教育部	52	60	223
中国矿业大学(北京)	北京	教育部	58	33	209
中国石油大学(北京)	北京	教育部	41	58	180
中国地质大学(北京)	北京	教育部	204	210	809
北京联合大学	北京	北京市	61	64	229
重庆市					
重庆大学	重庆	教育部	392	437	1721
重庆交通大学	重庆	重庆市	82	92	365
西南大学	重庆	教育部	149	103	482
重庆科技学院	重庆	重庆市	231	379	1279
重庆理工大学	重庆	重庆市	159	220	823
重庆文理学院	重庆	重庆市	0	76	76
福建省					
厦门大学	福建	教育部	93	95	396
华侨大学	福建	国务院侨务办公室	94	176	559
福州大学	福建	福建省	129	203	652
福建工程学院	福建	福建省	57	88	356
福建农林大学	福建	福建省	80	70	276
福建师范大学	福建	福建省	44	50	198
泉州师范学院	福建	福建省	0	50	209
龙岩学院	福建	福建省	44	45	267
福州大学至诚学院	福建	民办	44	96	322
华侨大学厦门工学院	福建	民办	0	92	92
闽江学院	福建	福建省	0	49	49
厦门理工学院	福建	福建省	0	54	155
武夷学院	福建	福建省	0	57	57

(续表)

学校名称	所在地	主管部门	毕业生数	招生数	在校学生数
甘肃省					
兰州大学	甘肃	教育部	73	79	309
兰州理工大学	甘肃	甘肃省	266	547	2023
兰州交通大学	甘肃	甘肃省	56	58	224
兰州城市学院	甘肃	甘肃省	0	108	183
兰州交通大学博文学院	甘肃	民办	0	32	60
兰州理工大学技术工程学院	甘肃	民办	43	150	578
广东省					
中山大学	广东	教育部	173	158	613
暨南大学	广东	国务院侨务办公室	27	26	114
华南理工大学	广东	教育部	216	298	1092
华南农业大学	广东	广东省	64	90	353
华南师范大学	广东	广东省	87	47	350
深圳大学	广东	广东省	87	123	408
仲恺农业工程学院	广东	广东省	31	161	349
电子科技大学中山学院	广东	民办	63	69	274
广东石油化工学院	广东	广东省	65	93	346
广东工业大学	广东	广东省	280	297	1146
佛山科学技术学院	广东	广东省佛山市政府	51	67	272
华南理工大学广州汽车学院	广东	民办	0	59	99
北京理工大学珠海学院	广东	民办	44	99	374
广西壮族自治区					
广西大学	广西	广西壮族自治区	83	340	924
桂林电子科技大学	广西	广西壮族自治区	53	76	268
桂林理工大学	广西	广西壮族自治区	183	315	1040
广西师范学院	广西	广西壮族自治区	27	33	136
玉林师范学院	广西	广西壮族自治区	39	60	202

(续表)

学校名称	所在地	主管部门	毕业生数	招生数	在校学生数
广西民族大学	广西	广西壮族自治区	0	41	41
百色学院	广西	广西壮族自治区	0	71	246
贵州省					
贵州大学	贵州	贵州省	277	354	1291
贵州师范大学	贵州	贵州省	116	153	591
贵州学院	贵州	贵州省	0	56	117
海南省					
海南大学	海南	海南省	168	163	668
河北省					
河北大学	河北	河北省	78	81	318
河北工程大学	河北	河北省	54	137	374
石家庄经济学院	河北	河北省	57	61	244
河北工业大学	河北	河北省	234	264	996
河北联合大学	河北	河北省	323	366	1469
河北科技大学	河北	河北省	122	267	858
河北建筑工程学院	河北	河北省	24	59	227
唐山师范学院	河北	河北省	0	62	210
廊坊师范学院	河北	河北省	64	0	118
石家庄铁道大学	河北	河北省	112	238	815
燕山大学	河北	河北省	177	193	762
唐山学院	河北	河北省	71	81	314
华北科技学院	河北	国家安全生产监督管理总局	0	30	30
北华航天工业学院	河北	河北省	75	77	300
河北联合大学轻工学院	河北	民办	133	582	1831
河北科技大学理工学院	河北	民办	46	103	288
河北工业大学城市学院	河北	民办	274	287	1169
石家庄铁道学院四方学院	河北	民办	49	218	710
中国地质大学长城学院	河北	民办	109	161	790

（续表）

学校名称	所在地	主管部门	毕业生数	招生数	在校学生数
北京化工大学北方学院	河北	民办	0	130	269
河南省					
华北水利水电学院	河南	河南省	0	61	232
郑州大学	河南	河南省	299	341	1431
河南理工大学	河南	河南省	174	209	812
郑州轻工业学院	河南	河南省	178	175	655
河南工业大学	河南	河南省	254	346	1090
河南科技大学	河南	河南省	332	315	1069
中原工学院	河南	河南省	74	181	623
河南大学	河南	河南省	51	66	219
安阳师范学院	河南	河南省	30	77	203
洛阳理工学院	河南	河南省	0	414	1040
安阳工学院	河南	河南省	0	65	183
河南工程学院	河南	河南省	0	102	331
河南城建学院	河南	河南省	0	221	566
河南理工大学万方科技学院	河南	民办	69	104	325
黑龙江省					
黑龙江大学	黑龙江	黑龙江省	88	87	385
哈尔滨工业大学	黑龙江	工业和信息化部	344	600	1754
哈尔滨理工大学	黑龙江	黑龙江省	452	395	1795
哈尔滨工程大学	黑龙江	工业和信息化部	100	117	408
黑龙江科技学院	黑龙江	黑龙江省	52	104	428
东北石油大学	黑龙江	黑龙江省	117	95	389
佳木斯大学	黑龙江	黑龙江省	95	194	604
东北林业大学	黑龙江	教育部	57	113	367
哈尔滨师范大学	黑龙江	黑龙江省	24	47	218
齐齐哈尔大学	黑龙江	黑龙江省	173	206	665
黑龙江工程学院	黑龙江	黑龙江省	75	149	507
哈尔滨工业大学华德应用技术学院	黑龙江	民办	64	189	607
湖北省					
武汉大学	湖北	教育部	52	93	345

（续表）

学校名称	所在地	主管部门	毕业生数	招生数	在校学生数
华中科技大学	湖北	教育部	95	161	533
武汉科技大学	湖北	湖北省	447	481	1847
长江大学	湖北	湖北省	59	72	211
武汉工程大学	湖北	湖北省	324	450	1493
中国地质大学	湖北	教育部	235	284	1162
武汉纺织大学	湖北	湖北省	39	124	338
武汉科技学院	湖北	湖北省			
武汉工业学院	湖北	湖北省	0	63	212
武汉理工大学	湖北	教育部	604	608	2500
湖北工业大学	湖北	湖北省	133	312	773
湖北大学	湖北	湖北省	167	255	819
中南民族大学	湖北	国家民族事务委员会	83	59	324
湖北汽车工业学院	湖北	湖北省	53	95	288
孝感学院	湖北	湖北省	115	100	367
黄石理工学院	湖北	湖北省	0	45	79
汉江大学	湖北	湖北省	0	42	81
三峡大学	湖北	湖北省	58	88	258
武汉生物工程学院	湖北	民办	0	49	165
湖北工业大学工程技术学院	湖北	民办	33	66	184
武汉工程大学邮电与信息工程学院	湖北	民办	78	139	520
武汉科技学院外经贸学院	湖北	民办	32	52	177
湖北汽车工业学院科技学院	湖北	民办	0	59	159
孝感学院新技术学院	湖北	民办	28	42	138
湖南省					
湘潭大学	湖南	湖南省	216	278	1005
湖南大学	湖南	教育部	179	170	659
中南大学	湖南	教育部	714	840	3503
湖南科技大学	湖南	湖南省	173	171	684
长沙理工大学	湖南	湖南省	115	89	341
湖南农业大学	湖南	湖南省	0	55	96

（续表）

学校名称	所在地	主管部门	毕业生数	招生数	在校学生数
中南林业科技大学	湖南	湖南省	105	104	458
衡阳师范学院	湖南	湖南省	45	40	174
怀化学院	湖南	湖南省	0	103	208
湖南文理学院	湖南	湖南省	0	75	126
湖南人文科技学院	湖南	湖南省	0	103	373
南华大学	湖南	湖南省	81	49	152
湖南工程学院	湖南	湖南省	0	77	154
湖南城市学院	湖南	湖南省	0	32	32
湖南工学院	湖南	湖南省	0	355	639
湖南工业大学	湖南	湖南省	39	442	1057
湘潭大学兴湘学院	湖南	民办	6	20	58
衡阳师范学院南岳学院	湖南	民办	0	16	36
吉林省					
吉林大学	吉林	教育部	282	316	1310
长春理工大学	吉林	吉林省	186	165	895
长春工业大学	吉林	吉林省	166	276	799
吉林建筑工程学院	吉林	吉林省	98	263	854
吉林化工学院	吉林	吉林省	113	226	745
东北师范大学	吉林	教育部	0	0	16
北华大学	吉林	吉林省	0	35	35
长春工程学院	吉林	吉林省	0	78	183
长春理工大学光电信息学院	吉林	民办	0	31	133
江苏省					
南京大学	江苏	教育部	94	144	480
苏州大学	江苏	江苏省	132	128	614
东南大学	江苏	教育部	108	113	433
南京航空航天大学	江苏	工业和信息化部	124	184	605
南京理工大学	江苏	工业和信息化部	261	270	1039
江苏科技大学	江苏	江苏省	215	331	1272
中国矿业大学	江苏	教育部	86	209	618
南京工业大学	江苏	江苏省	326	407	1588

（续表）

学校名称	所在地	主管部门	毕业生数	招生数	在校学生数
常州大学	江苏	江苏省	218	314	1158
南京邮电大学	江苏	江苏省	0	159	403
河海大学	江苏	教育部	152	136	619
江南大学	江苏	教育部	88	100	385
南京林业大学	江苏	江苏省	87	143	428
江苏大学	江苏	江苏省	205	312	1101
南京信息工程大学	江苏	江苏省	39	34	135
南通大学	江苏	江苏省	66	63	258
盐城工学院	江苏	江苏省	205	296	1045
盐城师范学院	江苏	江苏省	0	34	34
苏州科技学院	江苏	江苏省	57	109	386
常熟理工学院	江苏	江苏省	105	158	489
淮阴工学院	江苏	江苏省	0	75	211
扬州大学	江苏	江苏省	74	48	206
南京工程学院	江苏	江苏省	108	192	547
淮海工学院	江苏	江苏省	68	104	358
金陵科技学院	江苏	市政府	0	175	317
中国矿业大学徐海学院	江苏	民办	61	75	281
南京工业大学浦江学院	江苏	民办	162	98	427
江苏大学京江学院	江苏	民办	0	59	185
扬州大学广陵学院	江苏	民办	0	43	80
江苏科技大学南徐学院	江苏	民办	0	30	30
常熟大学怀德学院	江苏	民办	104	62	257
淮海工学院东港学院	江苏	民办	0	0	15
金陵科技学院龙蟠学院	江苏	民办	0	165	254
南京林业大学南方学院	江苏	民办	0	147	322
宿迁学院	江苏	民办	87	104	326
江西省					
南昌大学	江西	江西省	306	287	1171

（续表）

学校名称	所在地	主管部门	毕业生数	招生数	在校学生数
华东交通大学	江西	江西省	50	33	137
东华理工大学	江西	江西省	118	143	462
南昌航空大学	江西	江西省	374	564	2050
江西理工大学	江西	江西省	479	516	2094
景德镇陶瓷学院	江西	江西省	296	392	1454
江西师范大学	江西	江西省	0	45	195
赣南师范学院	江西	江西省	0	49	142
江西蓝天学院	江西	民办	0	97	155
江西科技师范学院	江西	江西省	104	179	515
九江学院	江西	江西省	36	35	150
南昌大学科学技术学院	江西	民办	0	43	141
南昌航空大学科技学院	江西	民办	111	176	699
江西理工大学应用科学学院	江西	民办	95	226	819
景德镇陶瓷学院科技艺术学院	江西	民办	151	114	437
辽宁省					
辽宁大学	辽宁	辽宁省	98	65	292
大连理工大学	辽宁	教育部	190	210	811
沈阳工业大学	辽宁	辽宁省	192	188	753
沈阳航空航天大学	辽宁	辽宁省	124	109	504
沈阳理工大学	辽宁	辽宁省	195	207	842
东北大学	辽宁	教育部	336	469	1673
辽宁科技大学	辽宁	辽宁省	540	607	2351
辽宁工程技术大学	辽宁	辽宁省	85	158	592
辽宁石油化工大学	辽宁	辽宁省	146	462	1398
沈阳化工大学	辽宁	辽宁省	439	448	1790
大连交通大学	辽宁	辽宁省	148	192	603
大连海事大学	辽宁	交通运输部	49	59	236
大连工业大学	辽宁	辽宁省	147	218	815
沈阳建筑大学	辽宁	辽宁省	183	249	970
辽宁工业大学	辽宁	辽宁省	83	179	508

（续表）

学校名称	所在地	主管部门	毕业生数	招生数	在校学生数
沈阳大学	辽宁	辽宁省	68	90	330
辽宁科技学院	辽宁	辽宁省	31	65	276
沈阳工业大学工程学院	辽宁	民办	45	45	179
沈阳建筑大学城市建设学院	辽宁	民办	0	38	141
沈阳化工学院科亚学院	辽宁	民办	86	41	245
内蒙古自治区					
内蒙古大学	内蒙古	内蒙古自治区	59	99	444
内蒙古科技大学	内蒙古	内蒙古自治区	391	510	2074
内蒙古工业大学	内蒙古	内蒙古自治区	264	343	1429
内蒙古农业大学	内蒙古	内蒙古自治区	47	30	200
内蒙古师范大学	内蒙古	内蒙古自治区	0	39	133
内蒙古民族大学	内蒙古	内蒙古自治区	72	87	410
宁夏回族自治区					
宁夏大学	宁夏	宁夏回族自治区	0	0	69
北方民族大学	宁夏	国家民族事务委员会	114	180	665
青海省					
青海大学	青海	青海省	23	99	372
山东省					
山东大学	山东	教育部	155	329	1048
中国海洋大学	山东	教育部	85	119	471
山东科技大学	山东	山东省	236	363	1212
中国石油大学(华东)	山东	教育部	152	202	716
青岛科技大学	山东	山东省	537	668	2553
济南大学	山东	山东省	514	597	2351
青岛理工大学	山东	山东省	66	65	271
山东建筑大学	山东	山东省	135	160	619
山东轻工业学院	山东	山东省	418	315	1345
山东理工大学	山东	山东省	279	310	1193

(续表)

学校名称	所在地	主管部门	毕业生数	招生数	在校学生数
山东农业大学	山东	山东省	58	90	343
青岛农业大学	山东	山东省	127	0	177
泰山医学院	山东	山东省	43	54	151
曲阜师范大学	山东	山东省	48	0	149
德州学院	山东	山东省	62	57	213
滨州学院	山东	山东省	0	32	89
鲁东大学	山东	山东省	159	237	782
泰山学院	山东	山东省	90	89	362
聊城大学	山东	山东省	177	348	968
青岛滨海学院	山东	民办	0	40	116
青岛大学	山东	山东省	166	209	899
烟台大学	山东	山东省	292	494	1648
山东交通学院	山东	山东省	0	40	152
烟台大学文经学院	山东	民办	0	75	212
山西省					
太原科技大学	山西	山西省	129	134	459
中北大学	山西	山西省	568	365	1495
太原理工大学	山西	山西省	273	234	996
山西师范大学	山西	山西省	40	0	0
太原理工大学现代科技学院	山西	民办	0	197	320
中北大学信息商务学院	山西	民办	0	100	234
太原工业学院	山西	山西省	0	238	639
陕西省					
西北大学	陕西	陕西省	31	0	89
西安交通大学	陕西	教育部	133	140	626
西北工业大学	陕西	工业和信息化部	210	235	923
西安理工大学	陕西	陕西省	213	387	1378
西安电子科技大学	陕西	教育部	37	80	237
西安工业大学	陕西	陕西省	254	428	1455
西安建筑科技大学	陕西	陕西省	167	312	870
西安科技大学	陕西	陕西省	188	257	907
西安石油大学	陕西	陕西省	53	115	355

(续表)

学校名称	所在地	主管部门	毕业生数	招生数	在校学生数
陕西科技大学	陕西	陕西省	324	366	1297
西安工程大学	陕西	陕西省	64	145	341
长安大学	陕西	教育部	50	208	591
陕西师范大学	陕西	教育部	0	34	100
陕西理工学院	陕西	陕西省	180	386	1000
宝鸡文理学院	陕西	陕西省	38	39	158
咸阳师范学院	陕西	陕西省	44	83	200
渭南师范学院	陕西	陕西省	46	146	411
商洛学院	陕西	陕西省	0	63	63
西安建筑科技大学华清学院	陕西	民办	192	274	1229
西安工业大学北方信息工程学院	陕西	民办	55	109	486
上海市					
复旦大学	上海	教育部	77	81	318
同济大学	上海	教育部	113	115	473
上海交通大学	上海	教育部	135	130	539
华东理工大学	上海	教育部	324	421	1665
上海理工大学	上海	上海市	0	151	196
上海海事大学	上海	上海市	0	35	35
东华大学	上海	教育部	231	205	851
上海电力学院	上海	上海市	0	34	69
上海应用技术学院	上海	上海市	158	279	1005
上海大学	上海	上海市	191	223	1066
上海工程技术大学	上海	上海市	115	137	495
上海第二工业大学	上海	上海市	0	31	58
上海建桥学院	上海	上海建桥集团(有限)公司	0	115	341
同济大学同科学院	上海	上海同济科技实业股份有限公司	0	0	27
四川省					
四川大学	四川	教育部	710	663	2876
西南交通大学	四川	教育部	153	178	681

（续表）

学校名称	所在地	主管部门	毕业生数	招生数	在校学生数
西南石油大学	四川	四川省	227	365	1198
成都理工大学	四川	四川省	88	174	566
西南科技大学	四川	四川省	326	262	1139
成都信息工程学院	四川	四川省	0	77	206
四川理工学院	四川	四川省	204	252	976
西昌学院	四川	四川省	101	155	515
四川师范大学	四川	四川省	0	72	72
乐山师范学院	四川	四川省	58	65	254
西昌学院	四川	四川省	0	81	81
攀枝花学院	四川	四川省	107	239	692
天津市					
南开大学	天津	教育部	75	51	258
天津大学	天津	教育部	167	201	781
天津科技大学	天津	天津市	175	197	757
天津工业大学	天津	天津市	125	266	746
中国民航大学	天津	交通运输部	69	81	285
天津理工大学	天津	天津市	94	392	909
天津商业大学	天津	市教委	0	94	320
天津城市建设学院	天津	天津市	135	197	628
北京科技大学天津学院	天津	民办	0	72	239
新疆维吾尔自治区					
新疆大学	新疆	新疆维吾尔自治区	58	86	349
云南省					
云南大学	云南	云南省	56	94	313
昆明理工大学	云南	云南省	354	414	1751
云南师范大学	云南	云南省	0	56	171
红河学院	云南	云南省	0	117	386
浙江省					
浙江大学	浙江	教育部	206	0	413
浙江工业大学	浙江	浙江省	103	0	359
浙江理工大学	浙江	浙江省	66	67	291
浙江农业大学	浙江	浙江省	0	62	120
浙江师范大学	浙江	浙江省	0	24	74

（续表）

学校名称	所在地	主管部门	毕业生数	招生数	在校学生数
杭州师范大学	浙江	浙江省	0	0	92
湖州师范学院	浙江	湖州市教委	36	94	219
台州学院	浙江	浙江省	155	235	803
温州大学	浙江	浙江省	35	0	124
嘉兴学院	浙江	浙江省	0	74	260
中国计量学院	浙江	浙江省	39	186	658
浙江科技学院	浙江	浙江省	59	59	232
浙江大学宁波理工学院	浙江	民办	59	65	260
浙江理工大学科技与艺术学院	浙江	民办	34	0	0
杭州师范大学钱江学院	浙江	民办	0	40	197
湖州师范学院求真学院	浙江	民办	0	83	240
温州大学瓯江学院	浙江	民办	40	0	110
嘉兴学院南湖学院	浙江	民办	0	0	25
同济大学浙江学院	浙江	民办	0	103	190

2010 年全国招收材料类专业硕士生的普通高校

学校名称	所在地	主管部门	毕业生数	招生数	在校学生数
安徽省					
安徽大学	安徽	安徽省	10	22	62
中国科学技术大学	安徽	中国科学院	20	51	154
合肥工业大学	安徽	教育部	132	137	408
安徽工业大学	安徽	安徽省	28	57	147
安徽工程大学	安徽	安徽省	6	4	13
安徽师范大学	安徽	安徽省	3	8	21
淮北煤炭师范学院	安徽	安徽省	3	1	5
安徽建筑工业学院	安徽	安徽省	4	6	22
中国科学院合肥物质科学研究院	安徽	中国科学院	30	29	82

(续表)

学校名称	所在地	主管部门	毕业生数	招生数	在校学生数
北京市					
清华大学	北京	教育部	90	102	273
北京交通大学	北京	教育部	31	28	52
北京工业大学	北京	北京市	99	110	315
北京航空航天大学	北京	工业和信息化部	163	197	563
北京理工大学	北京	工业和信息化部	67	99	178
北京科技大学	北京	教育部	256	543	1408
北京化工大学	北京	教育部	253	364	1057
北京工商大学	北京	北京市	1	6	17
北京服装学院	北京	北京市	24	10	64
北京印刷学院	北京	北京市	15	26	61
北京师范大学	北京	教育部	5	9	16
首都师范大学	北京	北京市	9	3	19
华北电力大学	北京	教育部	10	14	36
中国矿业大学(北京)	北京	教育部	22	26	75
中国石油大学(北京)	北京	教育部	31	29	96
中国地质大学(北京)	北京	教育部	24	43	103
中国科学院高能物理研究所	北京	中国科学院	0	3	6
中科院化学研究所	北京	中国科学院	0	33	60
中科院过程工程所	北京	中国科学院	0	11	24
中科院半导体所	北京	中国科学院	11	22	65
中科院研究生院	北京	中国科学院	1	9	15
中国林业科学研究院	北京	国家林业局	3	2	10
钢铁研究总院	北京	转制科研单位	21	19	59
北京机电研究所	北京	机械科学研究院	7	8	22
中国航空工业集团公司北京航空材料研究院	北京	工业和信息化部	8	10	28

(续表)

学校名称	所在地	主管部门	毕业生数	招生数	在校学生数
中国一航北京航空制造工程研究所	北京	工业和信息化部	2	3	10
中国航天科技集团公司第一研究院	北京	工业和信息化部	2	2	5
北京化工研究院	北京	中国石油化工集团公司	4	5	15
北京橡胶工业研究设计院	北京	转制科研单位	2	1	2
中国铁道科学研究院	北京	铁道部	1	2	4
中国建筑材料科学研究	北京	转制科研单位	9	10	28
北京矿冶研究总院	北京	全国人大常委办公厅	3	2	7
北京有色金属研究总院	北京	转制科研单位	49	39	124
重庆市					
重庆大学	重庆	教育部	122	168	459
重庆交通大学	重庆	重庆市	29	15	40
西南大学	重庆	教育部	8	9	31
重庆理工大学	重庆	重庆市	19	28	75
福建省					
厦门大学	福建	教育部	22	60	148
华侨大学	福建	国务院侨务办公室	13	20	50
福州大学	福建	福建省	55	73	199
福建师范大学	福建	福建省	2	7	24
中国科学院福建物质结构研究所	福建	中国科学院	7	35	66
甘肃省					
兰州大学	甘肃	教育部	14	20	55
兰州理工大学	甘肃	甘肃省	113	164	498
兰州交通大学	甘肃	甘肃省	6	6	18
中国科学院兰州化物所	甘肃	中国科学院	5	6	27
广东省					
中山大学	广东	教育部	17	29	71

（续表）

学校名称	所在地	主管部门	毕业生数	招生数	在校学生数
暨南大学	广东	国务院侨务办公室	12	18	48
汕头大学	广东	广东省	11	4	21
华南理工大学	广东	教育部	201	301	811
华南师范大学	广东	广东省	13	25	64
深圳大学	广东	广东省	16	28	64
广东工业大学	广东	广东省	23	50	135
广西壮族自治区					
广西大学	广西	广西壮族自治区	32	42	108
桂林电子科技大学	广西	广西壮族自治区	22	32	90
桂林理工大学	广西	广西壮族自治区	17	38	87
贵州省					
贵州大学	贵州	贵州省	43	50	143
海南省					
海南大学	海南	海南省	15	27	81
河北省					
河北大学	河北	河北省	2	8	15
河北工业大学	河北	河北省	96	116	343
河北联合大学	河北	河北省	17	31	81
河北科技大学	河北	河北省	14	17	47
石家庄铁道学院	河北	河北省	8	10	30
燕山大学	河北	河北省	103	157	427
中国人民武装警察部队学院	河北	公安部	6	11	30
河南省					
郑州大学	河南	河南省	117	131	351
河南理工大学	河南	河南省	19	19	44
郑州轻工业学院	河南	河南省	5	8	30
河南工业大学	河南	河南省	11	13	42
河南科技大学	河南	河南省	43	46	138
中原工学院	河南	河南省	3	4	10
河南大学	河南	河南省	3	18	42
河南师范大学	河南	河南省	2	1	13
洛阳耐火材料研究所	河南	中国钢铁工贸集团公司	7	8	20

（续表）

学校名称	所在地	主管部门	毕业生数	招生数	在校学生数
郑州机械研究所	河南	机械科学研究院	3	2	7
洛阳船舶材料研究所	河南	船舶重工集团公司	10	8	28
黑龙江省					
黑龙江大学	黑龙江	黑龙江省	1	1	7
哈尔滨工业大学	黑龙江	工业和信息化部	377	367	1061
哈尔滨理工大学	黑龙江	黑龙江省	27	65	164
哈尔滨工程大学	黑龙江	工业和信息化部	30	39	110
黑龙江科技学院	黑龙江	黑龙江省	3	3	7
东北石油大学	黑龙江	黑龙江省	4	4	16
佳木斯大学	黑龙江	黑龙江省	11	11	24
哈尔滨师范大学	黑龙江	黑龙江省	2	7	8
齐齐哈尔大学	黑龙江	黑龙江省	3	2	16
哈尔滨焊接研究所	黑龙江	国务院国有资产监督管理委员	5	6	16
湖北省					
武汉大学	湖北	教育部	19	33	79
华中科技大学	湖北	教育部	4	239	661
武汉科技大学	湖北	湖北省	62	89	266
武汉工程大学	湖北	湖北省	19	31	83
中国地质大学	湖北	教育部	13	19	59
武汉理工大学	湖北	教育部	310	412	1255
湖北工业大学	湖北	湖北省	11	13	63
华中师范大学	湖北	教育部	2	2	5
湖北大学	湖北	湖北省	18	30	85
武汉材料保护研究所	湖北	国务院国有资产监督管理委员	6	2	14
湖南省					
湘潭大学	湖南	湖南省	23	72	200
湖南大学	湖南	教育部	54	71	249
中南大学	湖南	教育部	173	256	774

（续表）

学校名称	所在地	主管部门	毕业生数	招生数	在校学生数
湖南科技大学	湖南	湖南省	6	4	16
长沙理工大学	湖南	湖南省	7	13	25
湖南工业大学	湖南	湖南省	15	23	67
长沙矿冶研究院	湖南	中国五矿集团公司	1	1	4
吉林省					
吉林大学	吉林	教育部	99	160	464
长春理工大学	吉林	吉林省	43	24	103
长春工业大学	吉林	吉林省	16	27	59
吉林建筑工程学院	吉林	吉林省	4	2	7
东北师范大学	吉林	教育部	11	5	21
吉林师范大学	吉林	吉林省	1	2	8
江苏省					
南京大学	江苏	教育部	14	53	105
苏州大学	江苏	江苏省	37	54	159
东南大学	江苏	教育部	89	95	271
南京航空航天大学	江苏	工业和信息化部	96	100	275
南京理工大学	江苏	工业和信息化部	83	159	376
江苏科技大学	江苏	江苏省	64	74	238
中国矿业大学	江苏	教育部	17	49	120
南京工业大学	江苏	江苏省	132	142	485
常熟大学	江苏	江苏省	30	38	114
河海大学	江苏	教育部	31	37	108
江南大学	江苏	教育部	0	21	75
南京林业大学	江苏	江苏省	10	19	53
江苏大学	江苏	江苏省	61	79	237
扬州大学	江苏	江苏省	13	16	44
南京水利科学研究院	江苏	水利部	2	1	5
江西省					
南昌大学	江西	江西省	49	57	182
华东交通大学	江西	江西省	2	12	33
东华理工大学	江西	江西省	2	1	7
南昌航空大学	江西	江西省	56	63	245
江西理工大学	江西	江西省	14	33	76

（续表）

学校名称	所在地	主管部门	毕业生数	招生数	在校学生数
景德镇陶瓷学院	江西	江西省	21	33	96
江西师范大学	江西	江西省	1	1	6
辽宁省					
大连理工大学	辽宁	教育部	96	140	361
沈阳工业大学	辽宁	辽宁省	60	86	241
沈阳航空航天大学	辽宁	辽宁省	6	13	44
沈阳理工大学	辽宁	辽宁省	22	34	109
东北大学	辽宁	教育部	214	240	479
辽宁科技大学	辽宁	辽宁省	34	44	116
辽宁工程技术大学	辽宁	辽宁省	12	21	68
辽宁石油化工大学	辽宁	辽宁省	6	6	16
沈阳化工学院	辽宁	辽宁省	20	25	84
大连交通大学	辽宁	辽宁省	54	59	171
大连海事大学	辽宁	交通运输部	10	16	32
大连工业大学	辽宁	辽宁省	25	46	127
沈阳建筑大学	辽宁	辽宁省	23	18	61
辽宁工业大学	辽宁	辽宁省	20	23	77
沈阳师范大学	辽宁	辽宁省	1	1	5
沈阳大学	辽宁	辽宁省	12	12	45
大连大学	辽宁	辽宁省	3	4	13
金属研究所	辽宁	中国科学院	34	111	272
沈阳铸造研究所	辽宁	中国科学院	5	3	9
内蒙古自治区					
内蒙古大学	内蒙古	内蒙古自治区	6	10	22
内蒙古科技大学	内蒙古	内蒙古自治区	31	49	131
内蒙古工业大学	内蒙古	内蒙古自治区	32	37	88
内蒙古农业大学	内蒙古	内蒙古自治区	6	8	16

（续表）

学校名称	所在地	主管部门	毕业生数	招生数	在校学生数
内蒙古师范大学	内蒙古	内蒙古自治区	1	4	6
内蒙古金属材料研究所(52所)	内蒙古	工业和信息化部	7	5	17
青海省					
青海大学	青海	青海省	4	13	28
山东省					
山东大学	山东	教育部	87	150	350
中国海洋大学	山东	教育部	34	41	113
山东科技大学	山东	山东省	10	35	90
中国石油大学(华东)	山东	教育部	30	51	123
青岛科技大学	山东	山东省	62	102	293
济南大学	山东	山东省	34	48	139
青岛理工大学	山东	山东省	2	4	14
山东建筑大学	山东	山东省	13	21	53
山东轻工业学院	山东	山东省	21	3	20
山东理工大学	山东	山东省	19	15	44
聊城大学	山东	山东省	1	5	18
鲁东大学	山东	山东省	2	4	10
青岛大学	山东	山东省	31	35	95
烟台大学	山东	山东省	4	5	25
山东非金属材料研究所	山东	工业和信息化部	6	4	15
山西省					
太原科技大学	山西	山西省	45	59	209
中北大学	山西	山西省	37	36	138
太原理工大学	山西	山西省	74	89	263
山西师范大学	山西	山西省	0	2	6
陕西省					
西北大学	陕西	陕西省	4	3	9
西安交通大学	陕西	教育部	110	149	427
西北工业大学	陕西	工业和信息化部	221	256	714
西安理工大学	陕西	陕西省	87	90	257
西安电子科技大学	陕西	教育部	30	36	103
西安工业大学	陕西	陕西省	17	31	98

（续表）

学校名称	所在地	主管部门	毕业生数	招生数	在校学生数
西安建筑科技大学	陕西	陕西省	65	63	198
西安科技大学	陕西	陕西省	12	12	44
西安石油大学	陕西	陕西省	10	15	43
陕西科技大学	陕西	陕西省	36	53	146
长安大学	陕西	教育部	54	34	126
陕西师范大学	陕西	教育部	20	12	39
陕西理工学院	陕西	陕西省	3	3	13
西安近代化学研究所	陕西	中国兵器工业集团公司	4	4	11
航天动力技术研究院	陕西	中国航天科技集团公司	6	9	26
上海市					
复旦大学	上海	教育部	21	34	85
同济大学	上海	教育部	75	102	306
上海交通大学	上海	教育部	125	191	521
华东理工大学	上海	教育部	94	218	514
东华大学	上海	教育部	92	172	439
华东师范大学	上海	教育部	8	6	20
上海大学	上海	上海市	75	163	372
上海工程技术大学	上海	上海市	9	18	54
中国科学院上海硅酸盐研究所	上海	中国科学院	60	96	206
中科院上海微系统与信息技术所	上海	中国科学院	1	6	16
中国科学院上海光机研究所	上海	中国科学院	11	13	47
上海材料研究所	上海	上海市科学院	3	4	9
四川省					
四川大学	四川	教育部	207	307	827
西南交通大学	四川	教育部	54	102	234
电子科技大学	四川	教育部	79	81	248
西南石油大学	四川	四川省	14	28	79
成都理工大学	四川	四川省	13	21	49
西南科技大学	四川	四川省	39	66	199

（续表）

学校名称	所在地	主管部门	毕业生数	招生数	在校学生数
西华大学	四川	四川省	43	40	123
四川师范大学	四川	四川省	5	3	15
西南民族大学	四川	国家民族事务委员会	6	2	8
天津市					
南开大学	天津	教育部	13	15	51
天津大学	天津	教育部	185	232	476
天津科技大学	天津	天津市	12	24	71
天津工业大学	天津	天津市	51	83	240
中国民航大学	天津	交通运输部	6	7	24
天津理工大学	天津	天津市	16	31	84
天津师范大学	天津	天津市	2	8	19
天津城市建设学院	天津	天津市	5	3	19
新疆维吾尔自治区					
新疆大学	新疆	新疆维吾尔自治区	14	20	48
中科院新疆理化技术研究所	新疆	中国科学院	6	16	35
云南省					
云南大学	云南	云南省	17	39	95
昆明理工大学	云南	云南省	94	148	369
昆明贵金属研究所	云南	云南省教育厅	6	5	14
浙江省					
浙江大学	浙江	教育部	120	165	446
浙江工业大学	浙江	浙江省	52	62	184
浙江理工大学	浙江	浙江省	36	50	155
中国计量学院	浙江	浙江省	2	15	39

2010 年全国招收材料类专业博士生的普通高校

学校名称	所在地	主管部门	毕业生数	招生数	在校学生数
安徽省					
安徽大学	安徽	安徽省	2	1	7
中国科学技术大学	安徽	中国科学院	16	28	68

（续表）

学校名称	所在地	主管部门	毕业生数	招生数	在校学生数
合肥工业大学	安徽	教育部	10	16	91
中国科学院合肥物质科学研究院	安徽	中国科学院	16	21	62
北京市					
清华大学	北京	教育部	68	84	368
北京工业大学	北京	北京市	20	18	67
北京航空航天大学	北京	工业和信息化部	51	57	298
北京理工大学	北京	工业和信息化部	21	36	127
北京科技大学	北京	教育部	111	177	677
北京化工大学	北京	教育部	46	56	164
中国石油大学(北京)	北京	教育部	1	8	14
中科院化学研究所	北京	中国科学院	0	7	14
中科院半导体所	北京	中国科学院	13	15	49
中科院研究生院	北京	中国科学院	1	1	3
钢铁研究总院	北京	转制科研单位	12	34	118
中国航空工业第一集团公司北京航空材料研究院	北京	工业和信息化部	5	10	31
中国建筑材料科学研究总院	北京	国务院国有资产监督管理委员	4	5	27
北京有色金属研究总院	北京	转制科研单位	10	19	62
重庆市					
重庆大学	重庆	教育部	15	52	177
福建省					
厦门大学	福建	教育部	7	12	36
华侨大学	福建	国务院侨务办公室	1	4	15
福州大学	福建	福建省	9	3	26
中国科学院福建物质结构研究所	福建	中国科学院	4	8	27

（续表）

学校名称	所在地	主管部门	毕业生数	招生数	在校学生数
甘肃省					
兰州大学	甘肃	教育部	12	10	37
兰州理工大学	甘肃	甘肃省	12	14	58
中国科学院兰州化物所	甘肃	中国科学院	7	13	34
广东省					
中山大学	广东	教育部	17	28	94
华南理工大学	广东	教育部	35	87	286
广东工业大学	广东	广东省	3	6	25
河北省					
河北工业大学	河北	河北省	10	8	44
燕山大学	河北	河北省	14	35	126
河南省					
郑州大学	河南	河南省	9	17	68
黑龙江省					
哈尔滨工业大学	黑龙江	工业和信息化部	114	104	499
哈尔滨理工大学	黑龙江	黑龙江省	4	9	41
哈尔滨工程大学	黑龙江	工业和信息化部	22	24	116
湖北省					
武汉大学	湖北	教育部	11	12	45
华中科技大学	湖北	教育部	46	73	265
武汉科技大学	湖北	湖北省	6	14	47
武汉理工大学	湖北	教育部	51	67	262
湖北大学	湖北	湖北省	5	7	26
湖南省					
湘潭大学	湖南	湖南省	8	12	47
湖南大学	湖南	教育部	23	13	128
中南大学	湖南	教育部	47	64	346
吉林省					
吉林大学	吉林	教育部	53	36	131
长春理工大学	吉林	吉林省	2	8	31
东北师范大学	吉林	教育部	2	2	5
江苏省					
南京大学	江苏	教育部	9	18	47
苏州大学	江苏	江苏省	2	7	21
东南大学	江苏	教育部	19	28	108
南京航空航天大学	江苏	工业和信息化部	20	23	96
南京理工大学	江苏	工业和信息化部	26	31	144
南京工业大学	江苏	江苏省	17	28	102
江苏大学	江苏	江苏省	10	14	53
江西省					
南昌大学	江西	江西省	8	22	80
辽宁省					
大连理工大学	辽宁	教育部	38	31	136
沈阳工业大学	辽宁	辽宁省	6	16	87
东北大学	辽宁	教育部	49	99	477
大连交通大学	辽宁	辽宁省	6	11	49
中国科学院金属研究所	辽宁	中国科学院	84	94	367
内蒙古自治区					
内蒙古工业大学	内蒙古	内蒙古自治区	4	10	38
山东省					
山东大学	山东	教育部	38	63	224
中国石油大学(华东)	山东	教育部	1	3	13
青岛科技大学	山东	山东省	3	3	24
青岛大学	山东	山东省	7	7	21
山西省					
太原科技大学	山西	山西省	0	7	23
太原理工大学	山西	山西省	12	13	67
陕西省					
西安交通大学	陕西	教育部	15	57	243
西北工业大学	陕西	工业和信息化部	79	122	494
西安理工大学	陕西	陕西省	6	15	37
西安电子科技大学	陕西	教育部	0	2	6
西安建筑科技大学	陕西	陕西省	3	8	64
陕西科技大学	陕西	陕西省	3	5	24
陕西师范大学	陕西	教育部	6	6	19

(续表)

学校名称	所在地	主管部门	毕业生数	招生数	在校学生数
上海市					
复旦大学	上海	教育部	16	14	39
同济大学	上海	教育部	20	34	131
上海交通大学	上海	教育部	81	82	358
华东理工大学	上海	教育部	25	40	158
东华大学	上海	教育部	36	55	235
上海大学	上海	上海市	7	32	97
中国科学院上海硅酸盐研究所	上海	中国科学院	55	57	176
中科院上海微系统与信息技术所	上海	中国科学院	2	2	11
中国科学院上海光机研究所	上海	中国科学院	14	10	38
四川省					
四川大学	四川	教育部	50	65	220
西南交通大学	四川	教育部	8	18	95
电子科技大学	四川	教育部	5	8	47
天津市					
南开大学	天津	教育部	2	13	41
天津大学	天津	教育部	37	53	161
天津工业大学	天津	天津市	4	11	40
云南省					
昆明理工大学	云南	云南省	4	25	82
浙江省					
浙江大学	浙江	教育部	46	67	251

2011年中国科学院增选院士(材料相关)

2011年中国科学院院士增选51人,中国科学院增选外籍院士9人。其中数学物理学部9人、化学部7人、生命科学和医学学部9人、地学部10人、信息技术科学部7人、技术科学部9人。其中,与材料相关专业院士共13人、外籍院士3人。

2011年中国科学院增选院士名单(材料相关)

姓名	年龄	专业	工作单位
田 禾	48	精细化工	华东理工大学
刘忠范	48	物理化学	北京大学
严纯华	50	无机化学	北京大学
张俐娜(女)	70	天然高分子与高分子物理	武汉大学
李亚栋	46	无机化学	清华大学
杨学明	48	物理化学	中国科学院大连化学物理研究所
赵进才	50	环境化学	中国科学院化学研究所
李树深	48	半导体器件物理	中国科学院半导体研究所
张统一	61	力学	香港科技大学
沈保根	58	磁性材料	中国科学院物理研究所
郑 平	75	工程热物理	上海交通大学
南策文	48	复合材料	清华大学
魏炳波	47	材料科学与工程	西北工业大学

田禾院士

田 禾,男,1962年7月出生于新疆乌鲁木齐,籍贯江苏常熟,精细化工专家、华东理工大学教授。1982年毕业于南京理工大学化学化工学院,1986年和1989年在华东理工大学先后获硕士学位和工学博士学位。现任国际学术刊物Dyes and Pigments主编。2011年当选为中国科学院院士。

长期从事功能染料的基础与应用研究,已获国家发明专利授权38项。曾获国家科技进步奖二等奖和国家自然科学奖二等奖等奖励。

刘忠范院士

刘忠范,男,1962年10月出生于吉林九台市,物理化学家、北京大学教授。

1983年毕业于长春工业大学化学工程系,1987年获日本横滨国立大学硕士学位,1990年获东京大学博士学位。2011年当选为中国科学院院士。

主要从事低维材料与纳米器件、分子自组装以及电化学研究。曾获国家自然科学奖二等奖、高等学校科学技术奖自然科学一等奖和中国化学会-阿克苏诺贝尔化学奖等奖励。

严纯华院士

严纯华,男,1961年1月出生于上海市川沙县,籍贯江苏如皋,无机化学家、北京大学教授。

1982年7月毕业于北京大学化学系,1985年7月和1988年1月先后获该校硕士、博士学位。现任北京大学稀土材料化学及应用国家重点实验室主任。2011年当选为中国科学院院士。

主要从事稀土分离理论、应用及稀土功能材料研究。曾获国家科技进步奖二等奖和国家自然科学奖二等奖等奖励。

张俐娜院士

张俐娜，女，1940年8月生于福建省光泽县，籍贯江西萍乡，高分子物理化学家、武汉大学教授。1963年7月毕业于武汉大学化学系。曾获日本学术振兴协会奖学金赴日本大阪大学任客座研究员。2011年当选为中国科学院院士。

主要从事天然高分子材料与高分子物理的基础和应用研究。曾获美国化学会纤维素与再生材料领域安塞姆·佩恩(Anselme Payen)奖等奖励。

李亚栋院士

李亚栋，男，1964年11月出生于安徽省宿松县。现任清华大学化学系无机化学研究所所长、Nano Research副主编、《科学通报》副主编，无机化学家、清华大学教授。1986年7月毕业于安徽师范大学化学系，1991年7月和1998年6月先后在中国科学技术大学获硕士和博士学位。2011年当选为中国科学院院士。

主要从事无机纳米材料合成化学研究。曾获国家自然科学奖二等奖等奖励。

杨学明院士

杨学明，男，1962年10月出生于浙江省德清县，物理化学家、中国科学院大连化学物理研究所研究员。

1982年7月毕业于浙江师范大学物理系，1986年1月获中国科学院大连化学物理研究所硕士学位，1991年8月获美国加州大学圣巴巴拉分校博士学位。曾在台湾原子与分子科学研究所任终身职研究员。现任《中国化学物理》主编、美国化学会物理化学杂志(JPC)高级编辑。2011年当选为中国科学院院士。

主要从事化学反应动力学的实验研究。曾获海外华人物理学会亚洲成就奖、国家自然科学奖二等奖、陈嘉庚化学科学奖和洪堡研究奖等奖励。

赵进才院士

赵进才，男，1960年12月出生于内蒙古自治区丰镇市，环境化学家、中国科学院化学研究所研究员。

1982年7月毕业于内蒙古大学化学系，1986年8月获该校硕士学位，1994年4月获日本Meisei大学博士学位。《环境科学学报》、《环境化学》副主编。2011年当选为中国科学院院士。

主要从事低浓度、高毒性、难降解有机污染物光催化降解及机理方面的研究。曾获国家自然科学奖二等奖和日本光化学协会亚洲及太平洋光化学家讲座奖等奖励。

李树深院士

李树深，男，1963年3月出生于河北省保定市，半导体器件物理专家、中国科学院半导体研究所研究员。

1983年毕业于河北师范大学，1989、1996年先后在西南交通大学和中国科学院半导体研究所获硕士和博士学位。2011年当选为中国科学院院士。

主要从事半导体低维量子结构中的器件物理基础研究。曾获国家自然科学二等奖和“何梁何利”科学技术进步奖。

张统一院士

张统一，男，1949年10月生于河南省郑州市，籍贯河南温县，材料力学专家、香港科技大学讲座教授。

1978-79年就读于河南师范大学，分别于1982年和1985年在北京科技大学获硕士和博士学位。2011年当选为中国科学院院士。

从事材料力学性质的研究。预测并证实了钢铁扭转和剪切载荷下的氢脆现象。曾获国家自然科学二等奖二次、香港裘槎高级研究学者奖、美国ASM International Fellow奖和中国科学技术协会青年科技奖。

沈保根院士

沈保根，男，1952年9月1日出生于浙江省平湖县，籍贯浙江平湖，磁学和磁性材料专家、中国科学院物理研究所研究员。

1976年毕业于中国科学技术大学物理系。现任中国科学院磁学国家重点实验室主任，中国电子学会应用磁学分会主任，中国物理学会磁学专业委员会主任。2011年当选为中国科学院院士。

长期从事磁性物理学和磁性材料的研究工作。

郑平院士

郑平，男，1936年生于广州，工程热物理学专家、上海交通大学教授。

1958年毕业于俄克拉荷马州立大学，分别于1960年和1965年获美国麻省理工学院硕士学位和斯坦福大学工程博士学位。2011年当选为中国科学院院士。

长期从事多孔介质传热、辐射传热和微尺度传热研究。曾获2007年国家自然科学二等奖、1996年ASME传热学奖、2003年AIAA热物理学奖、2006年ASME传热学经典论文奖和2006年ASME/AIChE共同颁发的马可杰克奖。

南策文院士

南策文，男，1962年11月生于湖北省浠水县，材料科学专家、清华大学教授。

1982年毕业于华东理工大学无机材料系，1985年获该校硕士学位，1992年获武汉理工大学博士学位。材料科学专家。清华大学教授。1962年11月生于湖北省浠水县，籍贯湖北浠水。1982年毕业于华东理工大学无机材料系，1985年获该校硕士学位，1992年获武汉理工大学博士学位。

主要从事功能复合材料和陶瓷材料的研究。曾获国家自然科学二等奖和北京市科学技术奖一等奖。

魏炳波院士

魏炳波，男，1964年4月12日出生于山东省惠民县，材料科学专家、西北工业大学教授。

1983年毕业于山东工学院铸造专业，1986年在南京工学院材料系获硕士学位,1989年在西北工业大学材料系获博士学位。现任西北工业大学副校长。2011年当选为中国科学院院士。

主要从事金属材料凝固科学与技术和空间材料科学研究。曾获国家自然科学二等奖、国家技术发明二等奖和国家教学成果二等奖。

2011年当选中国科学院外籍院士名单(材料相关)

姓名	年龄	国籍	专业	工作单位
弗朗斯瓦·马蒂 Francois Mathey	70	法国	化学	中国郑州大学 新加坡南洋理工大学
野依良治 Ryoji Noyori	73	日本	有机化学	日本独立行政法人 理化学研究所
饭岛澄男 Sumio Iijima	72	日本	纳米科学	日本名古屋名城大学

弗朗斯瓦·马蒂院士

弗朗斯瓦·马蒂(Francois Mathey)法国国籍,化学家。1941年11月生于法国巴黎。1971年获得法国巴黎第VI大学博士学位。现任郑州大学国际磷化学实验室,中法有机磷功能材料联合实验室主任,新加坡南洋理工大学南洋教授。1998年当选为法国科学院院士。2011年当选为中国科学院外籍院士。

弗朗斯瓦·马蒂主要从事有机磷化学研究。他开创并深入进行了磷杂环化学,有机磷配合物和低配位磷化学等领域的研究。这些研究加深和拓展了人类对有机磷化合物的认识,促进了有机磷化学的发展和应用。为表彰他在该领域做出的杰出贡献,他先后被授予主族化学奖(1999年)和阿布佐夫奖(2001年)等国际奖项。已发表论文560多篇,被引用12100次,H指数为49。

弗朗斯瓦·马蒂对中国和中国科学界一直怀有友好感情,在上世纪80年代,他就访问了中国科学院和北京大学等科研教学单位。此后,他多次访问中国,热情邀请我国的专家、学者到法国开展合作研究,多渠道支持中国科技事业发展。为促进中国中西部地区的科技事业发展和对外交流合作,他克服语言环境和生活习惯等重重困难,在河南创立了国际磷化学实验室,《美国化学化工新闻》专门就此事进行了报道。2008年,在郑州大学开展了磷杂卟啉、低配位磷和含磷功能材料等领域的研究,已在Angew. Chem. Int. Ed.,J. Am. Chem. Soc.等期刊发表论文10余篇。他迄今已为我国培养博士后、博士、硕士研究生和本科生50多名。同时积极促成郑州大学与法国科学院建立了长期合作关系,联合法国科学院和雷恩第一大学建立了“中法有机磷功能材料实验室”。促成郑州大学与新加坡南洋理工大学建立合作,使得郑州大学化学系本科推免生可以到南洋理工大学继续深造。他每年在郑州主持召开国际学术会议,迄今已邀请30余名国内外著名专家、学者前来开展学术交流与合作,这为中西部地区的对外交流与合作搭建了一个高端平台。鉴于弗朗斯瓦·马蒂长期以来为我国人才培养和对外科技交流所作出的突出贡献,获得了2009年度中国政府“友谊奖”。

野依良治院士

野依良治(Ryoji Noyori)日本国籍,有机化学家。1938年9月出生于日本兵库县。1967年获得日本京都大学博士学位。现任日本名古屋大学教授,日本独立行政法人理化学研究所理事长。2002年当选为日本学士院院士。2001年获得诺贝尔化学奖。2011年当选为中国科学院外籍院士。

野依良治主要从事催化手性不对称合成领域的研究。针对不对称合成中获得高纯单一手性产物效率低的问题,1966年28岁的野依良治教授就提出了用化学方法合成手性分子的设想,并首次实现了使用手性分子催化剂实现合成手性物质的不对称合成设想。野依良治教授的研究在世界上第一次向人们表明,开发催化剂催化底物可以实现高纯度手性产物的化学合成。1980年,野依良治教授与其合作者合成的BINAP配位体的金属催化剂能够精确地将潜手性分子中的对映体原子、基团或对映面区分,从而使手性分子的合成纯度大大提高,特别是BINAP-Ru络合物催化剂对于潜手性烯烃或者酮类分子的加氢反应。上述催化不对称合成技术,仅需使用非常少量的不对称催化剂,便可生产出大量的手性化合物,催化效率极高。以铑Rh(I)替换过渡簇金属钌Ru(II)也证明具有同样催化功效。其后,又陆续开发出其他高效率的催化剂。这些氢化反应都能获得了很高的光学收率和与化学产率,一些反应已成功应用于工业生产,如Ru(II)－BINAP络合物还被用于抗菌素levofloxacin工业生产过程中重要中间体(R)-1,2-丙二醇的制备。得益于野依良治教授的研究,不对称氢化催化化学在药品、农产品、调味品和香料以及新型、高级材料的合成制备中发挥着非常大的作用。这种使用人造分子催化剂的化学合成效率可以和天然的酶催化反映相匹敌,有些应用甚至超过了天然的酶催化反应。

野依良治不仅是一名优秀的化学科学家,同时他也是世界科学界具有领导地位的科学家之一,在为培养中国高级科学人才和促进中日交流作了许多有益的工作。早在1980年代,他就注意到中国的潜力,并呼吁日本乃至全世界的学者关注中国,主张日本与中国科技合作,在以下三个方面对中国科技事业做出了重要贡献。1.推进中日科技界人员交流。2006年他与中科院联合发起“中日青年科学家研讨会”,旨在促进两国青年科学家的交流与合作,以培养具有国际影响力的领导型科学家。2.推进RIKEN与中国的科技合作。作为RIKEN的理事长,他重视与中国研究机构和大学的合作。在他的领导下,并经中国政府批准,2010年RIKEN正式设立北京代表处,为进一步推动RIKEN与中国相关机构合作的提供条件。3.人才培养。在担任名古屋大学教授期间,他培养了13名中国留学生,多数已经回到中国,为中国的科技发展贡献力量。他亲自邀请了15名中国访问学者,目前仍与中国学者合作研究。在他的推动下,每年有一批来自中国科学院和大学的研究生以联合培养博士生(IPA)、攻读博士学位和博士后研究员等形式来到理化学研究所(RIKEN)研究学习。

饭岛澄男院士

饭岛澄男(Sumio Iijima)日本国籍,纳米科学家。1939年5月出生于日本,1968年获得日本东北大学博士学位。现任日本名古屋名城大学教授。2010年当选为日本学士院院士。2011年当选为中国科学院外籍院士。

饭岛澄男是高分辨电子显微学的奠基人之一;他在1991年在《自然》杂志上宣布观察到纳米碳管,由此开拓出一维纳米材料的全新研究领域,为推动纳米科技的发展作出巨大贡献,该论文单篇已被引用一万多次,居于该领域之首。1971年,他将铌酸钛的电子显微像和其晶体结构结合起来,显示出高分辨像中一个像点对应着重金属原子柱。人们直接看到原子的美好愿望终于实现了。一门新兴的高分辨电子显微学科也因此而诞生。高分辨电子显微学的兴起不仅给固体物理、固态化学、电子学、材料学及地质矿物等物质科学带来新的活力,也为生命科学中至关重要的生物大分子结构的研究起极大的推动作用。1991年,他用电弧法制备的碳材料中观察到纳米碳管。它是由碳原子形成的石墨片层卷成的无缝、中空管体。饭岛澄男用电子显微像和电子衍射表征了纳米碳管的直径、壁层以及螺旋性,从而确定了碳物质的这一新品种。他接着在纳米碳管制备技术;打开纳米碳管封闭端头而对之实施管内充填的技术;纳米碳管的物理化学性能;其他一些物质的纳米管和纳米线都作了系统深入的研究。纳米碳管具有奇特的电学性能,被认为是纳电子学的重要候选材料;纳米碳管还有优良的发射电子、发光特性;高比强的力学性能和很好的化学吸附性及充填可能。所以纳米碳管的研究已经成为纳米科学技术的重要方向,也是凝聚物理和材料科学领域的前沿和热点。饭岛澄男的开创性工作和一直以来的活跃研究奠定了他在纳米科技方面的引领地位。

饭岛澄男是中国人民的好朋友,对推动中国纳米科技、电子显微学的发展做出了重要贡献。他是文革之后最早访问中国的日本科学家之一。他在美国期间,热情指导和帮助了中国访问学者。返回日本后,与清华,北大等多个研究组合作研究和培养研究生,发表高质量研究成果。所指导中国学生已有多名成为学术带头人。他是清华大学,北京大学,西安交通大学,浙江大学的名誉教授和上海交通大学,东南大学的讲座教授。他还是中国科学院金属研究所沈阳材料科学(联合)国家实验室的国际咨询委员会的委员。

中国科学院院士信息列表(材料相关)

姓名	性别	出生年	出生地	工作单位	专业特长	当选时间
化学部						
白春礼	男	1953	辽宁丹东	中国科学院化学研究所	纳米技术专家	1997
包信和	男	1959	江苏扬中	中国科学院大连化学物理研究所	物理化学专家	2009
蔡启瑞	男	1914	福建同安	厦门大学	物理化学专家	1980
曹镛	男	1941	湖南长沙	华南理工大学	高分子化学专家	2001
查全性	男	1925	江苏南京	武汉大学	电化学专家	1980
柴之芳	男	1942	上海市	中国科学院高能物理研究所	放射化学专家	2007
陈冠荣	男	1915	湖北武汉	国务院国有资产监督管理委员会	化学工程专家	1980
陈洪渊	男	1937	浙江三门	南京大学	分析化学专家	2001
陈家镛	男	1922	四川金堂	中国科学院过程工程研究所	化学工程专家	1980
陈俊武	男	1927	北京市	中国石油化工集团洛阳石油化工工程公司	石油炼制工程专家	1991
陈凯先	男	1945	重庆市	中国科学院上海药物研究所	药物化学家	1999
陈庆云	男	1929	湖南沅江	中国科学院上海有机化学研究所	有机化学家	1993
陈茹玉	女	1919	天津市	南开大学	有机化学家	1980
陈小明	男	1961	广东揭阳	中山大学	无机化学家	2009
陈新滋	男	1950	广东台山	香港理工大学	有机化学家	2001
陈懿	男	1933	福建福州	南京大学	物理化学家	2005

(续表)

姓名	性别	出生年	出生地	工作单位	专业特长	当选时间
程津培	男	1948	天津市	南开大学	有机化学家	2001
程镕时	男	1927	江苏宜兴	南京大学、华南理工大学	高分子物理及物理化学家	1991
戴立信	男	1924	北京市	中国科学院上海有机化学研究所	有机化学家	1993
段雪	男	1957	北京市	北京化工大学	应用化学家	2007
费维扬	男	1939	上海市	清华大学	化学工程家	2003
冯守华	男	1956	吉林磐石	吉林大学	无机化学家	2005
高鸿	男	1918	陕西泾阳	南京大学	分析化学家	1980
高松	男	1964	安徽泗县	北京大学	无机化学家	2007
郭景坤	男	1933	广东新会	中国科学院上海硅酸盐研究所	材料科学家	1991
郭慕孙	男	1920	湖北汉阳	中国科学院过程工程研究所	化学工程学家	1980
何国钟	男	1933	广东南海	中国科学院大连化学物理研究所	物理化学家	1991
何鸣元	男	1940	江苏苏州	中国石油化工集团公司石油化工科学研究院	石油化工专家	1995
洪茂椿	男	1953	福建莆田	中国科学院福建物质结构研究所	无机化学家	2003
侯建国	男	1959	福建平潭	中国科学技术大学	物理化学家	2003
胡宏纹	男	1925	四川广安	南京大学	有机化学家	1995
胡英	男	1934	上海市	华东理工大学	化学工程家,物理化学家	1993
黄本立	男	1925	香港	厦门大学	光谱化学家	1993
黄春辉	女	1933	河北邢台	北京大学	无机化学家	2001
黄量	女	1920	上海市	中国医学科学院药物研究所	药物化学家	1980
黄乃正	男	1950	香港	香港中文大学	有机化学家	1999
黄维垣	男	1921	福建莆田	中国科学院上海有机化学研究所	有机化学家	1980
黄志镗	男	1928	上海市	中国科学院化学研究所	有机化学、高分子化学家	1991
计亮年	男	1934	上海市	中山大学	生物无机化学家	2003
江桂斌	男	1957	山东莱阳	环境化学与生态毒理学国家重点实验室	分析化学、环境化学家	2009
江雷	男	1965	吉林长春	中国科学院化学研究所,北京航空航天大学	无机化学家	2009
江龙	男	1933	上海市	中国科学院化学研究所	物理化学家	2001
江明	男	1938	江苏扬州	复旦大学	高分子化学家	2005
江元生	男	1931	江西宜春	南京大学	物理化学家	1991
蒋锡夔	男	1926	上海市	中国科学院上海有机化学研究所	有机化学家	1991
黎乐民	男	1935	广东电白	北京大学	物理无机化学家	1991
李灿	男	1960	甘肃永昌	中国科学院大连化学物理研究所	物理化学家	2003
李洪钟	男	1941	山西昔阳	中国科学院过程工程研究所	化学工程家	2005
李静海	男	1956	山西静乐	中国科学院过程工程研究所	化学工程家	1999
李亚栋	男	1964	安徽宿松	清华大学	无机化学家	2011
梁敬魁	男	1931	福建福州	中国科学院物理研究所	物理化学家	1993

（续表）

姓名	性别	出生年	出生地	工作单位	专业特长	当选时间
林国强	男	1943	上海市	中国科学院上海有机化学研究所	有机化学家	2001
林励吾	男	1929	广东汕头	中国科学院大连化学物理研究所	物理化学家	1993
刘若庄	男	1925	北京市	北京师范大学	物理化学家	1999
刘有成	男	1920	安徽舒城	兰州大学	有机化学家	1980
刘元方	男	1931	上海市	北京大学	核化学与放射化学家	1991
刘忠范	男	1962	吉林九台	北京大学	物理化学家	2011
卢佩章	男	1925	浙江杭州	中国科学院大连化学物理研究所	分析化学家	1980
陆婉珍	女	1924	天津市	中国石油化工集团石油化工科学研究院	分析化学家	1991
陆熙炎	男	1928	江苏苏州	中国科学院上海有机化学研究所	有机化学家	1991
麻生明	男	1965	浙江东阳	中国科学院上海有机化学研究所	有机化学家	2005
麦松威	男	1936	香港	香港中文大学	结构化学家	2001
闵恩泽	男	1924	四川成都	中国石油化工股份有限公司石油化工科学研究院	石油化工专家	1980
倪嘉缵	男	1932	浙江嘉兴	中国科学院长春应用化学研究所	无机化学家	1980
彭少逸	男	1917	湖北武昌	中国科学院山西煤炭化学研究所	物理化学家	1980
钱逸泰	男	1941	江苏无锡	山东大学	无机化学家	1997
任詠华	女	1963	香港	香港大学	无机化学家	2001
沙国河	男	1934	四川成都	中国科学院大连化学物理研究所	物理化学家	1997
申泮文	男	1916	吉林吉林	南开大学	无机化学家	1980
沈家骢	男	1931	浙江绍兴	吉林大学	高分子化学家	1991
沈之荃	女	1931	上海市	浙江大学	高分子化学家	1995
宋礼成	男	1937	山东济南	南开大学	有机化学家	2007
苏锵	男	1931	广东广州	中国科学院长春应用化学研究所、中山大学	无机化学家	1995
孙家钟	男	1929	天津市	吉林大学	理论化学家	1991
唐本忠	男	1957	湖北潜江	香港科技大学	高分子化学家	2009
唐有祺	男	1920	江苏南汇	北京大学	物理化学家	1980
田　禾	男	1962	新疆乌鲁木齐	华东理工大学	精细化工专家	2011
田昭武	男	1927	福建福州	厦门大学	物理化学家	1980
田中群	男	1955	福建厦门	厦门大学	物理化学家	2005
佟振合	男	1937	山东梁山	中国科学院理化技术研究所	有机化学家	1999
涂永强	男	1958	贵州遵义	兰州大学	有机化学家	2009
万惠霖	男	1938	湖北汉口	厦门大学	物理化学家	1997
万立骏	男	1957	辽宁大连	中国科学院化学研究所	物理化学家	2009
汪尔康	男	1933	江苏镇江	中国科学院长春应用化学研究所	分析化学家	1991
王方定	男	1928	辽宁沈阳	中国原子能科学研究院	放射化学家	1991
王佛松	男	1933	广东兴宁	中国科学院	高分子化学家	1991

(续表)

姓名	性别	出生年	出生地	工作单位	专业特长	当选时间
王夔	男	1928	天津市	北京大学医学部	无机化学家	1991
吴奇	男	1955	安徽芜湖	香港中文大学	高分子物理化学家	2003
吴新涛	男	1939	福建石狮	中国科学院福建物质结构研究所	物理化学家	1999
吴养洁	男	1928	山东济南	郑州大学	有机化学家	2003
吴云东	男	1957	江苏溧阳	香港科技大学	理论有机化学家	2005
谢毓元	男	1924	北京市	中国科学院上海药物研究所	药物化学家	1991
徐光宪	男	1920	浙江绍兴	北京大学	无机和物理化学家	1980
徐如人	男	1932	浙江上虞	吉林大学	无机化学家	1991
徐僖	男	1921	江苏南京	四川大学	高分子材料科学家	1991
徐晓白	女	1927	江苏苏州	中国科学院生态环境研究中心	环境化学家、无机化学家	1995
严纯华	男	1961	上海市	北京大学	无机化学家	2011
严东生	男	1918	上海市	上海硅酸盐研究所	材料科学家	1980
颜德岳	男	1937	浙江永康	上海交通大学	高分子化学家	2005
杨学明	男	1962	浙江德清	中国科学院大连化学物理研究所	物理化学家	2011
杨玉良	男	1952	浙江海盐	复旦大学	高分子科学家	2003
姚建年	男		福建晋江	中国科学院化学研究所	物理化学家	2005
姚守拙	男	1936	上海市	湖南师范大学、湖南大学	分析化学家	1999
游效曾	男	1934	江西吉安	南京大学	无机化学家	1991
余国琮	男	1922	广东广州	天津大学	化学工程专家	1991
俞汝勤	男	1935	上海市	湖南大学	分析化学家	1991
袁承业	男	1924	浙江上虞	中国科学院上海有机化学研究所	有机化学家	1997
袁权	男	1934	上海市	中国科学院大连化学物理研究所	化学工程学家	1991
张存浩	男	1928	天津市	中国科学院大连化学物理研究所	物理化学家	1980
张礼和	男	1937	江苏扬州	北京大学	药物化学家	1995
张俐娜	女	1940	福建光泽	武汉大学	高分子物理化学家	2011
张乾二	男	1928	福建惠安	厦门大学	物理化学家	1991
张希	男	1965	辽宁本溪	清华大学	高分子化学家	2007
张玉奎	男	1942	河北保定	中国科学院大连化学物理研究所	分析化学家	2003
赵东元	男	1963	辽宁沈阳	复旦大学	物理化学家	2007
赵进才	男	1960	内蒙古丰镇	中国科学院化学研究所	环境化学家	2011
赵玉芬	女	1948	湖北汉口	清华大学	有机化学家	1991
郑兰荪	男	1954	福建厦门	厦门大学	无机化学家	2001
支志明	男	1957	香港	香港大学	无机化学家	1995
周其凤	男	1947	湖南浏阳	吉林大学	高分子化学家	1999
周其林	男	1957	江苏南京	南开大学	有机化学家	2009
周同惠	男	1924	北京市	中国医学科学院药物研究所	分析化学家	1991
周维善	男	1923	浙江绍兴	中国科学院上海有机化学研究所	有机化学家	1991

（续表）

姓名	性别	出生年	出生地	工作单位	专业特长	当选时间
朱道本	男	1942	上海市	中国科学院化学研究所	有机化学、物理化学家	1997
朱起鹤	男	1924	北京市	中国科学院化学研究所	物理化学家	1995
朱清时	男	1946	四川成都	中国科学技术大学	物理化学家	1991
卓仁禧	男	1931	福建厦门	武汉大学	高分子化学家	1997
技术科学部						
蔡其巩	男	1932	福建泉州	国家冶金工业局钢铁研究总院	金属物理与断裂力学专家	1980
蔡睿贤	男	1934	广东台山	中国科学院工程热物理研究所	工程热物理学家	1991
曹楚南	男	1930	江苏常熟	浙江大学	腐蚀科学与电化学专家	1991
曹春晓	男	1934	浙江上虞	北京航空材料研究院	材料科学家	1997
陈创天	男	1937	浙江奉化	中国科学院理化技术研究所	材料科学家	2003
陈达	男	1937	江苏通州	南京航空航天大学	核科学与技术专家	2001
陈能宽	男	1923	湖南慈利	中国工程物理研究院	金属物理学、材料科学、工程物理学家	1980
陈学俊	男	1919	安徽滁县	西安交通大学	热能动力工程学家	1980
程耿东	男	1941	江苏苏州	大连理工大学	力学专家	1995
都有为	男	1936	浙江杭州	南京大学	磁学与磁性材料专家	2005
范守善	男	1947	山西晋城	清华大学	材料物理与化学专家	2003
高镇同	男	1928	北京市	北京航空航天大学	疲劳科学专家	1991
葛昌纯	男	1934	上海市	北京科技大学	粉末冶金和先进陶瓷专家	2001
顾秉林	男	1945	黑龙江哈尔滨	清华大学	材料物理家	1999
过增元	男	1936	江苏无锡	清华大学	工程热物理学家	1997
胡海岩	男	1956	上海市	南京航空航天大学	力学家	2007
胡文瑞	男	1936	上海市	中国科学院力学研究所	液体物理专家	1995
黄克智	男	1927	江西南昌	清华大学	力学家	1991
姜中宏	男	1930	广东台山	中国科学院上海光学精密机械研究所	无机非金属材料专家	1999
金展鹏	男	1938	广西荔浦	中南大学	材料科学技术专家	2003
柯俊	男	1917	浙江黄岩	北京科技大学	材料物理学及科学技术史学家	1980
李敏华	女	1917	江苏苏州	中国科学院力学研究所	固体力学专家	1980
李述汤	男	1947	湖南邵东	香港城市大学	材料化学和物理专家	2005
李依依	女	1933	北京市	中国科学院金属研究所	冶金与金属材料科学家	1993
柳百新	男	1935	上海市	清华大学	材料科学家	2001
卢柯	男	1965	甘肃华池	中国科学院金属研究所	材料科学家	2003
闵桂荣	男	1933	附件莆田	中国空间技术研究院	工程热物理学及空间技术专家	1991
南策文	男	1962	湖北浠水	清华大学	材料科学专家	2011
欧阳予	男	1927	四川乐山	中国核工业总公司	核反应堆及核电工程专家	1991
潘际銮	男	1927	江西九江	清华大学	焊接工程专家	1980

(续表)

姓名	性别	出生年	出生地	工作单位	专业特长	当选时间
邵象华	男	1913	浙江杭州	鞍山钢铁集团公司	钢铁冶金学家、钢铁工程技术专家	1955
申长雨	男	1963	河南南阳	郑州大学	塑料成型及模具技术专家	2009
沈保根	男	1952	浙江平湖	中国科学院物理研究所	磁学和磁性材料专家	2011
师昌绪	男	1920	河北徐水	中国科学院金属研究所	金属及材料科学家	1980
宋家树	男	1932	湖南长沙	中国工程物理研究院	金属物理家	1993
宋玉泉	男	1933	河北张北	吉林工业大学	超塑性专家	1997
唐叔贤	男	1942	香港	香港城市大学	材料表面科学与技术专家	2001
陶文铨	男	1939	浙江绍兴	西安交通大学	工程热物理学家	2005
王补宣	男	1922	江苏无锡	清华大学	热工学、传热传质学、工程热力学家	1980
王崇愚	男	1932	北京市	清华大学	金属缺陷电子结构与材料设计专家	1993
王大中	男	1935	河北昌黎	清华大学	核工程与核安全专家	1993
王淀佐	男	1934	辽宁凌海	北京有色金属研究总院	矿物工程学家	1991
王克明	男	1939	浙江乐清	山东大学	材料物理学家	2007
王曦	男	1966	上海市	中国科学院上海微系统与信息技术研究所	材料科学家	2009
王自强	男	1938	上海市	中国科学院力学研究所	固体力学家	2009
魏炳波	男	1964	山东惠民	西北工业大学	材料科学专家	2011
魏寿昆	男	1907	天津市	北京科技大学	冶金学及冶金物理化学专家	1980
肖纪美	男	1920	湖南凤凰	北京科技大学	材料科学家	1980
徐采栋	男	1919	江西奉新	贵州科学院	冶金物理化学家、有色冶金专家	1980
徐建中	男	1940	江西吉安	中国科学院工程热物理研究所	工程热物理专家	1995
徐祖耀	男	1921	浙江宁波	上海交通大学	材料科学家	1995
薛其坤	男	1963	山东蒙阴	中国科学院物理研究所、清华大学	材料物理专家	2005
颜鸣皋	男	1920	河北定兴	中国航空工业总公司航空材料研究所	材料科学家	1991
杨卫	男	1954	北京市	清华大学	固体力学专家	2003
姚熹	男	1935	江苏苏州	西安交通大学、同济大学	材料科学家	1991
叶恒强	男	1940	香港	中国科学院金属研究所	材料科学家	1991
张统一	男	1949	河南郑州	香港科技大学	材料力学专家	2011
张兴钤	男	1921	河北武邑	中国工程物理研究院	金属物理学家	1991
张泽	男	1953	天津市	中国科学院物理研究所	材料科学晶体结构专家	2001
郑平	男	1936	广东广州	上海交通大学	工程热物理学专家	2011
钟香崇	男	1921	广东汕头	郑州大学	耐火材料专家	1991
周国治	男	1937	江苏南京	北京科技大学	冶金材料物理化学家	1995
周尧和	男	1927	北京市	西北工业大学、上海交通大学	铸造学家	1991

（续表）

姓名	性别	出生年	出生地	工作单位	专业特长	当选时间
朱静	女	1938	上海市	清华大学	材料科学家	1995
朱位秋	男	1938	浙江义乌	浙江大学	力学专家	2003
祝世宁	男	1949	江苏南京	南京大学	功能材料学家	2007
邹世昌	男	1931	上海市	中国科学院上海冶金研究所	材料科学家	1991
数学物理学部						
陈难先	男	1937	上海市	清华大学	物理学家	1997
龚岳亭	男	1928	上海市	中国科学院上海生物化学研究所	生物化学家	1993
洪国藩	男	1939	浙江宁波	中国科学院上海生物化学研究所	分子生物学家	1997
林其谁	男	1937	上海市	中国科学院上海生命科学研究院	生物化学家	2003
王志新	男	1953	北京市	中国科学院生物物理研究所	生物化学、生物物理学家	1997
王志珍	女	1942	上海市	中国科学院生物物理研究所	生物化学与分子生物学家	2001
张树政	女	1922	河北束鹿	中国科学院微生物研究所	生物化学家	1991
张友尚	男	1925	湖南长沙	中国科学院上海生物化学与细胞生物学研究所	生物化学与分子生物学家	2001
信息技术科学部						
陈星弼	男	1931	上海市	电子科技大学	半导体器件及微电子学专家	1999
储君浩	男	1945	江苏宜兴	中国科学院上海技术物理研究所	半导体物理和器件专家	2005
干福熹	男	1933	浙江杭州	中国科学院上海光学精密机械研究所	光学材料、非晶态物理学家	1980
雷啸霖	男	1938	广西桂林	上海交通大学	材料物理学家	1997
李树深	男	1963	河北保定	中国科学院半导体研究所	半导体器件物理专家	2011
刘盛纲	男	1933	安徽肥东	电子科技大学	电子物理家	1980
刘颂豪	男	1930	广东广州	华南师范大学	光学与激光专家	1999
秦国刚	男	1934	江苏南京	北京大学	半导体材料物理专家	2001
阙端麟	男	1928	福建福州	浙江大学	半导体材料专家	1991
王启明	男	1934	福建晋江	中国科学院半导体研究所	光电子学家	1991
王守觉	男	1926	上海市	中国科学院半导体研究所	半导体电子学家	1980
王守武	男	1919	江苏苏州	中国科学院半导体研究所	半导体器件物理学家	1980
王圩	男	1937	河北文安	中国科学院半导体研究所	半导体光电子学专家	1997
王阳元	男	1935	浙江宁波	北京大学	微电子学家	1995
王占国	男	1962	河南镇平	中国科学院半导体研究所	半导体材料物理学家	1995
王之江	男	1930	浙江杭州	中国科学院上海光学精密机械研究所	物理学家	1991
吴德馨	女	1936	河北乐亭	中国科学院微电子中心	半导体器件和集成电路专家	1991
吴培亨	男	1929	上海市	南京大学	超导电子学家	2005
夏建白	男	1939	上海市	中国科学院半导体研究所	半导体物理专家	2001
郑耀宗	男	1939	香港	香港大学	微电子学专家	1999
郑有炓	男	1935	福建大田	南京大学	半导体材料与器件物理专家	2003
周炳琨	男	1936	四川成都	清华大学	激光与光电子技术专家	1991

2011 年中国工程院增选院士(材料相关)

2011 年中国工程院院士增选 54 人,其中机械与运载工程学部(8 人)、信息与电子工程学部(6 人)、化工、冶金与材料工程学部(7 人)、能源与矿业工程学部(6 人)、土木、水利与建筑工程学部(7 人)、环境与轻纺工程学部(4 人)、农业学部(6 人)、医药卫生学部(7 人)、工程管理学部(3 人)。此外,中国工程院增选外籍院士 6 人。

2011 年中国工程院增选院士名单(材料相关)

姓名	年龄	专业	工作单位
陈祥宝	55	复合材料	中国航空工业集团公司北京航空材料研究院
李言荣	49	电子材料与元器件	电子科技大学
钱旭红	49	化学工程	华东理工大学
邱冠周	62	矿物工程	中南大学
谭天伟	47	生物化学	北京化工大学
王海舟	71	化学	中国钢研科技集团有限公司
徐惠彬	52	功能材料	北京航空航天大学
瞿金平	54	材料加工工程	华南理工大学

陈祥宝院士

陈祥宝,男,1956 年生于浙江省苏州市,中国航空工业集团公司北京航空材料研究院研究员。北京航空航天大学本、硕,比利时鲁汶大学博士。

现任北京航空材料研究院副院长,自然科学研究员,博士生导师。中国航空工业集团公司复合材料首席专家,总装备部先进材料技术专业组副组长,国家高技术研究发展计划(863 计划)航空航天领域专家。北京航空航天大学、西北工业大学和大连理工大学兼职教授,中国复合材料学会常务理事,“复合材料学报”副主编、“材料工程”副主编、化学工业出版社化工科技图书编审委员会委员。

长期从事先进复合材料的研究工作,科技成果获得多项国家奖励,其中“低温固化高性能复合材料技术”获得国家技术发明二等奖;“先进树脂基复合材料制造过程模拟与优化技术”获得国家科技进步二等奖;“结构隐身复合材料技术”获国防科技进步二等奖;“通用型高性能双马复合材料技术”、“国产碳纤维增强高性能环氧复合材料及其应用”和“不含 MDA 低成本聚酰亚胺复合材料技术”获部级科技进步二等奖;“高韧性 BMI 复合材料技术”获部级科技进步三等奖。

申请国家发明专利 32 项,其中 18 项已经得到授权;出版《高性能树脂基体》、《先进复合材料制造技术》、《复合材料制造模拟与优化技术》等著作 10 本,在国内外学术刊物和会议发表论文 100 多篇,其中 50 多篇被 SCI 和 EI 收录。

李言荣院士

李言荣,男,1962 年 7 月生于四川省射洪县,1992 年博士毕业于中科院长春应化所。现为电子科技大学教授、博士生导师,学校党委副书记,电子薄膜与集成器件国家重点实验室主任,长江学者特聘教授,国家杰出青年基金获得者,973 项目技术首席专家,中共十七大代表。主要从事电子材料与元器件的教学、科研和人才培养工作。目前从事超导薄膜、铁电薄膜、热释电薄膜、半导体集成薄膜及器件应用等方面的研究,承担 973、863、自然基金、预研等项目。

主要从事电子材料与元器件的教学、科研和人才培养工作。目前从事高温超导薄膜与微波器件、铁电薄膜与应用、纳米介电薄膜生长技术、SiC 外延膜技术等方面的研究,承担国家 973、863、自然基金、预研等十余项在研项目。

自 1991 年以来,已发表刊物论文 135 篇,其中在国外重要刊物《Phys. Rev. B》、《J. Appl. Phys.》、《Jpn. J. Appl. Phys.》、《Physica. C》、《J. Vac. Sci. Technol.》、《J. Solid St. Chem.》、《Solid St. Commun.》、《Thin Solid Film》、《J. Supercondu.》、《IEEE Trans. Appl. Supercondu.》、《J. Nucl. Phys. Instru.》等上发表论文 60 篇,在国内核心刊物《中国科学》、《科学通报》、《物理学报》、《低温物理学报》、《电子学报》等上发表 65 篇。被 SCI 收录 45 篇、Ei 收录 41 篇,SCI 引用 89 篇次,中国 CSCI 引用 20 篇次。获国家发明二等奖、省部一、二、三等奖各 1 次(均第 1 排名),获发明专利 3 项、实用专利 1 项,正申请 5 项。

主编博士生教材《材料物理学》、统编重点教材《电子材料导论》均已于 2001 年清华大学出版,正组织编写《纳米电子材料与器件》拟于 2005 年由电子工业出版社出版。讲授博士生学位课程《材料物理学》、硕士生课程《高温超导电性》、《固态化学》以及本科生课程《新材料技术》。

2001 年入选四川省学术带头人、02 年教育部跨世纪人才,02 年政府特殊津贴专家,以及 97 年四川省跨世纪优秀青年人才、99 年四川省优秀青年教师标兵、91 年中科院院长奖学金优秀奖等。曾兼任九 · 五全国电子材料与器件教学指导委员会副主任委员,现为中国电子学会超导分会成员、电子材料分会成员,美国 IEEE 高级会员,美国材料学会、中国材料学会、真空学会、仪表材料学会等会员、理事,国家国防新材料科技奖评委、国防科工委科技奖评委,《真空科学与技术学报》、《功能材料》、《电子材料与元件》等刊物编委。

钱旭红院士

钱旭红,男,1962 年生于江苏宝应,华东理工大学校长。

1988 年获华东理工大学获工学博士学位,1989 年至 1991 年间,分别在美国、德国从事博士后研究工作。1996 年获国务院政府特殊津贴,2000 年为大连理工大学教育部长江学者奖励计划特聘教授,2004 年任华东理工大学校长。出国前,钱旭红从事的是光电性能功能染料的研究,并承担了国家自然科学基金和上海市青年基金项目,回国后他选择了非传统农药与医药材料创制这个与染料研究相近但不相同的科研方向，充分显现了他科研的超前意识和创业的过人胆识。9 项科研成果通过了省部级、市级鉴定或获准专利，5 项科研成果获国家教委科技进步奖及上海市科技进步奖等奖项。在繁忙的工作之余，钱旭红还在国内外学报及会议上发表论文 60 余篇。

1996 年获国务院政府特殊津贴，现为长江学者、博士、教授、国家"973"项目首席科学家、教育部跨世纪优秀人才培养计划入选者、国家杰出青年基金获得者、上海市科技精英、国家自然科学基金化学部咨询委员、亚洲及太平洋化工联盟主席、英国皇家化学会会士，德国洪堡基金会学术大使，英国女王大学荣誉博士等。

邱冠周院士

邱冠周，男，汉族，1949 年出生，广东省梅州市人，中共党员，著名的矿物工程学家，曾任中南工业大学副校长、中南大学副校长，现任中南大学教授、博士生导师。1987 年 9 月毕业于中南工业大学矿物加工工程专业，获博士学位，是我国第一位自行培养的矿物加工工程专业的博士生。

邱冠周教授长期致力于我国低品位、复杂难处理金属矿产资源加工利用研究，在细粒及硫化矿物浮选分离和铁矿直接还原等方面取得显著成绩，特别是在低品位硫化矿的生物冶金方面做出突出贡献，被授予国家有突出贡献科技专家。发表了 97 多篇科技论文和 5 部专著，先后获得国家技术发明二等奖 2 项，国家科技进步二等奖 1 项，国家科技进步一等奖 1 项，中国高等学校十大科技进展 2 项；2003 年担任国家自然科学基金创新群体学术带头人，2004 年、2009 年连续两次担任生物冶金领域国家 973 计划项目首席科学家，担任 2011 年第 19 届国际生物冶金大会主席，并被推选为国际生物冶金学会副会长。

谭天伟院士

谭天伟，男，1964 年 2 月出生，湖南湘潭人，生物化工专家。1986 年毕业于清华大学化工系，1993 年获得清华大学博士学位，现任北京化工大学副校长，教育部"长江学者奖励计划"特聘教授，"国家杰出青年基金"获得者，国家级高等学校教学名师，"973"项目首席科学家。

谭天伟教授长期致力于工业生物技术领域研究，包括生物基化学品、生物能源和生物材料。作为项目负责人先后承担了国家"863"、国家"九五"、"十五"攻关项目 5 项，国家自然科学基金重点和面上项目 6 项。以第一获奖人先后获得国家技术发明二等奖 2 项，省部级一等奖 4 项，二等奖 4 项。累计在核心刊物发表论文 300 多篇，其中 SCI 收录 150 多篇，EI 收录 200 余篇。

国家自然科学基金委员会学科评审组成员，教育部生物工程教学指导委员会委员，中国化工学会理事，中国化工学会生物化工专业委员会副主任委员，中国化工学会化学工程专业委员会委员。国家生物化工重点实验室学术委员会委员，国家生物反应器重点实验室学术委员会委员。兼任中国化工学会理事，生物化工专业委员会副主任委员，中国可再生能源学会理事。"化工学报"、"生物工程学报"、"微生物通报"、"化工进展"、"化学反应工程与工艺"、"过程工程学报"、"现代化工"、"生物加工过程"等 8 个核心刊物的编委。

王海舟院士

王海舟，男，1940 年生，福建福州人。1963 年毕业于北京大学化学系，现任中国钢研科技集团有限公司教授。

他是我国冶金分析表征领域多项新技术及表征方法的倡导者及发明人，在国际上首次提出原位统计分布分析表征新概念，解决了材料大尺度范围内成分及状态分布定量表征的难题。

徐惠彬院士

徐惠彬，男，1959 年 7 月 6 日出生于吉林省大安市，功能材料科学家，现任北京航空航天大学党委常委、常务副校长。我国材料领域知名的中青年专家学者，长期从事特种功能材料的科学研究、工程应用和人才培养。

1982 年于阜新矿业学院（现辽宁工程技术大学）金属材料与热处理本科毕业，1985 年公派赴德国留学，1987 年获硕士学位，1992 年获德国柏林工业大学博士学位，1992～1993 年德国慕尼黑工业大学博士后，1993 年到北航工作。1994 年获首届国家杰出青年基金，1995 年被教育部和人事部授予全国优秀教师称号，1999 年入选国家"百千万人才工程"，2000 年入选教育部长江学者特聘教授。担任总装备部先进材料技术专业组成员、国务院学位委员会材料科学与工程评议组成员、国防 973 首席科学家、国家自然科学基金委员会工程与材料学部咨询委员会委员、中国航空学会材料工程专业委员会副主任，中国材料研究学会常务理事等学术团体职务。2010 年度何梁何利技术进步奖获得者。

徐惠彬教授长期从事材料相变的基础研究及其在特种功能材料中的应用研究和人才培养。在柏林工业大学攻读博士学位期间，从事形状记忆合金的单晶生长与马氏体相变研究。在慕尼黑工业大学博士后期间，从事热障涂层氧化锆中马氏体相变规律及其对服役寿命影响研究。

1993 年到北航后，结合国防装备需求，从事新型形状记忆合金、热障涂层和磁致伸缩材料等特种功能材料的科学研究、工程应用和人才培养。先后主持了 20 多个国家（国防）重点和重大项目，取得了重要创新成果，并在我国先进武器装备上获得应用。获国家技术发明奖一等奖和二等奖各 1 项、省部级科技一等奖 4 项（均为第一完成人）。申请发明专利 116 项，授权 81 项。

发表 SCI 收录论文 200 余篇，其中影响因子大于 3 的国际期刊论文 20 余篇，被他人引用总次数超过 1000 次，单篇他引最高超过 200 次。培养硕士生和博士生各 30 余名，其中全国优秀博士论文获得者和提名奖获得者各 1 人。

瞿金平院士

瞿金平，男，1957 年 6 月出生于湖北黄梅，华南理工大学教授、国家杰出青年科学基金获得者、教育部"长江学者奖励计划"首批特聘教授、华南理工大学材料加工工程国家重点学科带头人，研究方向（领域）为材料加工工程，高分子材料加工成型理论及装备。现任聚合物新型成型装备国家工程研究中心主任、聚合物成型加工工程教育部重点实验室主任以及塑料改性与加工国家工程实验室理事会副理事长,兼任中国材料研究学会常务理事、中国塑料加工协会理事、中国塑料机械协会理事、中国改性塑料专业委员会副理事长、广东省材料研究学会副理事长。

1981 年和 1987 年先后取得华南工学院(现华南理工大学)塑料机械学士学位和轻工机械硕士学位,1999 年取得四川大学材料学(高分子材料)博士学位。1982 年起先后被聘任为华南理工大学副教授、教授,曾担任华南理工大学工业装备与控制工程系主任,1998 年-2007 年任华南理工大学副校长。

从事塑料成型加工技术与装备及其理论的研究与教学近 30 年,开展了大量开拓性工作,取得了多项具有原创性、实用性的重大成果:已获得中国发明专利权 20 多项,国际发明专利 3 项,鉴定成果 20 多项(多项成果被鉴定为整体技术水平处于国际领先);获国家技术发明奖二等奖 1 项、国家科学技术进步奖二等奖 1 项、中国专利发明创造奖金奖 1 项、中国专利发明创造奖优秀奖 1 项;省部级科技奖励特等奖 1 项、一等奖 3 项、二等奖 2 项、广东省专利发明创造金奖 1 项;发表三大索引收录论文 100 多篇,出版著作 5 部,其中译著 1 部、国外出版公司出版英文专著 1 部;成果产业化效果显著。

获中华人民共和国政府特殊津贴、香港蒋氏科技成就奖(奖励世界上在制造业做出突出贡献的华裔科学家)、中国青年科学家奖、广东省优秀青年科学家奖、第十五届全国发明展览会金奖、第六届国际发明展览会最佳发明人奖;当选为中国共产党第十五次全国代表大会代表;被评为国家中青年有突出贡献专家、广东省优秀中青年专家、全国先进工作者(全国劳动模范)、广东省先进工作者(广东省劳动模范)和南粤杰出教师。

中国工程院 2011 年当选外籍院士名单(材料相关)

姓名	年龄	国籍	专业	工作单位
杰夫里·华兹华斯 Jeffrey Wadsworth	61	美国	材料科学与工程	美国俄亥俄州巴特尔研究所

杰夫里·华兹华斯院士

杰夫里·华兹华斯(Jeffrey Wadsworth),男,出生于 1950 年 5 月,美国工程院院士,国际著名材料科学家。2011 年当选为中国工程院外籍院士。

1975 年获得英国谢菲尔德大学博士学位,先后就职于美国斯坦福大学、Lockheed-Martin、Lawrence Livermore 国家实验室和 Oak Ridge 国家实验室,现任 Battelle 研究院总裁和首席执行官,负责管理美国能源部 6 个大型的国家实验室。杰夫里·华兹华斯博士在金属材料超塑性和高温蠕变机理、新型高温金属结构材料以及层状复合钢铁材料研究方面做出了开创性的贡献。他设计和开发了一系列性能优异的新型合金,在航空航天方面得到了重要的工程应用。他同时还组织和领导了美国能源部的众多大型科学工程项目,在 Oak Ridge 国家实验室创建了中子散射中心、纳米科学中心和超大型计算中心等大型公共研究平台,这些高水平研究平台面向全球开放。他在国际著名材料科学期刊上发表了 291 篇学术论文。他的学术著作在国际材料科学及工程界得到非常频繁的引用,2003 年美国科学资讯学会(ISI)确认他是世界材料科学与工程领域论文引用率最高的作者之一。他在美国和国际上获得了许多的荣誉和奖章,其中包括美国 TMS, ASM, AAAS 等学会荣誉会员(Fellow) 称号。

杰夫里·华兹华斯博士自上世纪 80 年代以来,与我国科学家合作密切,先后受聘为北京科技大学和中南大学名誉教授。在担任 Oak Ridge 国家实验室主任期间,杰夫里·华兹华斯博士与中国工程院、中国科学院以及中国许多大学、研究院所和地方政府开展了非常频繁的高层次交流,在核能、生物质能源、生态环境监测、高能物理等领域签订了 10 余项重大科研合作计划。2008 年他赴 Battelle 研究院任职后,多次带领其知识产权工作团队与国内许多单位开展新的合作,将中国的高新技术成果管理国际化。鉴于杰夫里·华兹华斯博士对我国科技的重要贡献,2010 年他获得了中国政府颁发的"友谊奖"。

中国工程院院士信息列表(材料相关)

姓名	性别	出生年	出生地	工作单位	专业特长	当选时间
化工、冶金与材料工程学部						
才鸿年	男	1940	北京市	中国兵器装备集团公司	金属材料专家	2001
曹湘洪	男	1945	江苏江阴	中国石油化工股份有限公司	石油化工专家	1999
陈丙珍	女	1936	江苏无锡	清华大学	化工系统工程专家	2005
陈景	男	1935	云南大理	昆明贵金属研究所	贵金属冶金专家	1997

（续表）

姓名	性别	出生年	出生地	工作单位	专业特长	当选时间
陈立泉	男	1940	四川南充	中科院物理研究所	无机功能材料专家	2001
陈清如	男	1926	浙江杭州	中国矿业大学	矿物加工专家	1995
陈祥宝	男	1956	浙江苏州	中国航空工业集团公司北京航空材料研究院	复合材料专家	2011
陈蕴博	男	1935	上海市	机械科学研究院	特种/复合材料专家	1999
崔崑	男	1925	山东济南	华中科技大学	金属材料专家	1997
戴永年	男	1929	云南通海	昆明理工大学	有色金属真空冶金专家	1999
丁传贤	男	1936	江苏海门	中国科学院上海硅酸盐研究所	无机涂层材料专家	1995
傅恒志	男	1929	河南开封	西北工业大学/哈尔滨工业大学	材料及冶金专家	1995
付贤智	男	1957	福建邵武	福州大学	光催化工程技术专家	2009
干勇	男	1947	重庆市	钢铁研究总院	冶金专家	2001
高从堦	男	1942	山东即墨	国家海洋局杭州水处理技术研究开发中心	化工分离专家	1995
顾真安	男	1936	江苏无锡	中国建筑材料科学研究院	无机非金属材料专家	1997
关兴亚	男	1932	辽宁沈阳	中国石化集团公司上海石油化工研究院	石油化工专家	1995
何季麟	男	1945	河南开封	宁夏东方有色金属集团公司	冶金与材料专家	2001
侯芙生	男	1923	江苏无锡	中国石化集团公司	炼油及石油化工专家	1995
胡永康	男	1940	云南曲靖	中国石化集团公司抚顺石油化工研究院	石油炼制专家	1997
胡壮麒	男	1929	上海市	中国科学院金属研究所	金属材料专家	1995
黄伯云	男	1945	湖南南县	中南大学	粉末冶金专家	1999
黄培云	男	1917	北京市	中南大学	金属材料及粉末冶金专家	1994
姜德生	男	1949	湖北武汉	武汉理工大学	光纤传感材料与传感技术专家	2007
江东亮	男	1937	上海市	中国科学院上海硅酸盐研究所	无机陶瓷材料专家	2001
金涌	男	1935	北京市	清华大学	化学工程专家	1997
柯伟	男	1932	辽宁沈阳	中国科学院金属研究所	金属腐蚀与防护专家	1997
李大东	男	1938	北京市	石油化工科学研究院	石油炼制催化剂及工艺方面的专家	1994
李东英	男	1920	北京市	国家有色金属工业局	稀有金属冶金及材料专家	1995
李冠兴	男	1940	上海市	中国核工业集团公司202厂	核材料专家	1999
李恒德	男	1921	河南洛阳	清华大学	核材料、材料科学专家	1994
李俊贤	男	1928	四川眉山	黎明化工研究院	化工合成专家	1995
李龙土	男	1935	福建南安	清华大学	无机非金属材料专家	1997
李言荣	男	1962	四川射洪	电子科技大学	电子材料与元器件	2011
李正邦	男	1933	江苏南京	钢铁研究总院	钢铁冶金专家	1999
李正名	男	1931	上海市	南开大学	有机化学及农药化学专家	1995

(续表)

姓名	性别	出生年	出生地	工作单位	专业特长	当选时间
刘伯里	男	1931	江苏常州	北京师范大学	放射化学和放射性药物化学专家	1997
刘炯天	男	1963	河南内乡	中国矿业大学	矿物加工工程专家	2009
刘业翔	男	1930	湖北武汉	中南大学	有色金属冶金专家	1997
陆钟武	男	1929	天津市	东北大学	冶金热能工程和工业生态学专家	1997
毛炳权	男	1933	广东东莞	北京化工研究院	高分子化工专家	1995
闵恩泽	男	1924	四川成都	中国石油化工股份有限公司	石油化工催化剂专家	1994
欧阳平凯	男	1945	广西平乐	南京工业大学	生物化工专家	2001
钱旭红	男	1962	江苏宝应	华东理工大学	化学工程	2011
邱定蕃	男	1941	香港	北京矿冶研究总院	有色金属冶金、化工冶金专家	1999
邱冠周	男	1949	广东梅州	中南大学	矿物工程专家	2011
桑凤亭	男	1942	辽宁大连	中国科学院大连化学物理研究所	化学激光专家	2003
邵象华	男	1913	浙江杭州	钢铁研究总院	钢铁冶金专家	1995
沈德忠	男	1941	贵州贵阳	中材科技集团总公司人工晶体研究院/清华大学	人工晶体专家	1995
沈寅初	男	1938	浙江嵊县	上海市农药研究所	生物化工专家	1997
师昌绪	男	1920	河北徐水	中科院金属研究所	金属学及材料科学专家	1994
舒兴田	男	1940	上海市	石油化工科学研究院	无机化工专家	1999
孙传尧	男	1944	黑龙江饶河	北京矿冶研究总院	矿物加工工程专家	2003
谭天伟	男	1964	湖南湘潭	北京化工大学	生物化学专家	2011
唐明述	男	1929	四川安岳	南京工业大学	无机非金属材料专家	1995
屠海令	男	1946	北京市	北京有色金属研究总院	半导体材料专家	2007
王淀佐	男	1934	辽宁凌海	北京有色金属研究总院	矿物冶金专家	1994
王国栋	男	1942	辽宁大连	东北大学	压力加工专家	2005
王海舟	男	1940	福建福州	中国钢研科技集团有限公司	化学专家	2011
王静康	女	1938	河北秦皇岛	天津大学	工业结晶专家	1999
汪燮卿	男	1933	浙江龙游	中国石化总公司石油化工科学研究院	有机化工专家	1995
汪旭光	男	1939	安徽枞阳	北京矿冶研究总院	工业炸药与爆破技术专家	1995
王一德	男	1938	浙江杭州	太原钢铁(集团)有限公司	压力加工专家	2005
王泽山	男	1935	吉林吉林	南京理工大学	含能材料专家	1999
王震西	男	1942	江苏海门	中国科学院北京中科三环新材料高技术公司	磁性及非晶态材料专家	1995
魏可镁	男	1939	日本人吉市	福州大学	化肥催化剂工程技术专家	1997
翁宇庆	男	1940	江苏常熟	中国金属学会	钢铁材料专家	2009
武胜	男	1934	黑龙江阿城	中国工程物理研究院	核材料与工艺专家	1999
吴慰祖	男	1932	江苏南通	某部第五十五研究所	精细化工专家	1999

（续表）

姓名	性别	出生年	出生地	工作单位	专业特长	当选时间
吴以成	男	1946	广西玉林	中国科学院理化技术研究所	功能材料专家	2005
徐承恩	男	1927	浙江诸暨	中国石化北京设计院	炼油工艺设计专家	1994
徐德龙	男	1952	甘肃兰州	西安建筑科技大学	无机非金属材料专家	2003
徐更光	男	1932	浙江东阳	北京理工大学	爆炸理论与炸药应用技术专家	1994
徐惠彬	男	1959	吉林大安	北京航空航天大学	功能材料专家	2011
徐匡迪	男	1937	浙江崇德	北京科技大学	钢铁冶金专家	1995
徐南平	男	1961	安徽桐城	南京工业大学	化学工程专家	2005
薛群基	男	1942	山东沂南	中国科学院兰州化学物理研究所	特种润滑材料专家	1997
严东生	男	1918	浙江杭州	上海硅酸盐研究所	无机材料与材料科学专家	1994
杨启业	男	1932	江苏镇江	中国石化工程建设公司	炼油工艺专家	1997
殷国茂	男	1932	山东龙口	成都无缝钢管厂	轧管工艺与设备专家	1995
殷瑞钰	男	1935	江苏苏州	钢铁研究总院	钢铁冶金专家	1994
余永富	男	1932	河南南召	长沙矿冶研究院	选矿工程专家	1995
袁晴棠	女	1938	河南南召	中国石化集团公司	石油化工专家	1995
袁渭康	男	1935	上海市	华东理工大学	化学工程专家	1995
曾苏民	男	1932	湖南双峰	西南铝业集团	金属压力加工专家	1999
张国成	男	1931	云南昆明	北京有色金属研究总院	稀土金属冶炼分离专家	1995
张生勇	男	1939	陕西咸阳	第四军医大学	精细化工专家	2009
张寿荣	男	1928	河北定县	武汉钢铁集团公司	钢铁冶金专家	1995
张文海	男	1939	福建长乐	南昌有色冶金设计研究院	有色金属冶金专家	2003
张兴栋	男	1938	四川南充	四川大学	材料科学与工程学家	2007
张耀明	男	1943	江苏无锡	南京玻璃纤维研究设计院	无机非金属材料专家	2001
赵连城	男	1938	江苏阜宁	哈尔滨工业大学	材料物理与信息功能材料专家	2003
赵振业	男	1937	河南原阳	北京航空材料研究院	金属材料专家	2005
周光耀	男	1935	浙江鄞县	中国成达工程公司	无机化工专家	1995
周克崧	男	1941	上海市	广州有色金属研究院	材料表面科学与工程技术专家	2009
周廉	男	1940	吉林舒兰	西北有色金属研究院	超导及稀有金属材料专家	1994
周玉	男	1955	黑龙江五常	哈尔滨工业大学	无机非金属材料专家	2009
朱永濬	男	1929	上海市	清华大学核能与新能源技术研究院	核化学化工专家	1995
邹竞	女	1936	上海市	中国乐凯胶片公司研究院	感光材料专家	1994
左铁镛	男	1936	北京市	北京工业大学	金属材料及其加工专家	1995
信息与电子工程学部						
陈良惠	男	1939	福建福州	中国科学院半导体研究所	半导体光电子学家	1999
梁骏吾	男	1933	湖北武汉	中国科学院半导体研究所	半导体材料专家	1997

(续表)

姓名	性别	出生年	出生地	工作单位	专业特长	当选时间
刘玠	男	1943	安徽舒城	鞍山钢铁集团公司	冶金自动化及信息工程专家	1997
许居衍	男	1934	福建福州	中国电子科技集团公司第五十八研究所	微电子技术专家	1995
徐元森	男	1926	浙江江山	中国科学院上海冶金研究所	微电子及冶金专家	1995
能源与矿业工程学部						
安继刚	男	1938	上海市	清华大学	核技术应用专家	2005
岑可法	男	1935	广东南海	浙江大学	工程热物理专家	1995
陈念念	男	1941	上海市	核工业理化工程研究院	核材料与核燃料专家	2005
傅依备	男	1929	湖南岳阳	中国工程物理研究院	核化学与化工专家	2001
古德生	男	1937	广东梅县	中南大学	采矿工程专家	1995
雷清泉	男	1938	四川南充	哈尔滨理工大学	绝缘技术专家	2003
刘宝琛	男	1932	辽宁开源	中南大学	采矿工程专家	1997
毛用泽	男	1930	浙江宁波	中国人民解放军总装备部防化研究院	核技术应用专家	1995
钱鸣高	男	1932	江苏无锡	中国矿业大学	采矿工程专家	1995
唐西生	男	1938	江苏宜兴	中国人民解放军第二炮兵某研究所	核技术应用专家	1997
谢克昌	男	1946	山西太原	太原理工大学	煤化学工程专家	2003
杨裕生	男	1932	江苏如皋	中国人民解放军防化研究院第一研究所	核试验技术、分析化学专家	1995
衣宝廉	男	1938	辽宁辽阳	中科院大连化物所	燃料电池专家	2003
张信威	男	1938	湖南娄底	北京应用物理与计算数学研究所	核技术应用专家	2005
周邦新	男	1935	江苏苏州	上海大学	核材料、核燃料元件专家	1995
环境与轻纺工程学部						
陈克复	男	1942	广东海丰	华南理工大学	制浆造纸工程专家	2003
侯保荣	男	1942	山东曹县	中国科学院海洋研究所	海洋腐蚀与防护专家	2003
季国标	男	1932	江苏无锡	国务院国资委	化学纤维工程技术专家	1994
蒋士成	男	1934	江苏常州	仪征化纤股份有限公司	化纤工程设计与技术管理专家	1999
瞿金平	男	1957	湖北黄梅	华南理工大学	材料加工工程专家	2011
石碧	男	1958	四川成都	四川大学	皮革化学与工程专家	2009
孙宝国	男	1961	山东招远	北京工商大学	香料和食品添加剂专家	2009
孙晋良	男	1946	上海市	上海大学	产业用纺织材料及复合材料专家	1997
姚穆	男	1930	江苏南通	西安工程科技学院	纺织材料专家	2001
郁铭芳	男	1927	上海市	上海合成纤维研究所	化纤专家	1995
张懿	女	1939	黑龙江牡丹江	中国科学院过程工程研究所	环境化学工程与过程工程专家	1999
周翔	女	1934	上海市	东华大学	染整工程专家	1995

2010～2011 年间逝世院士名单（材料相关）

黄宪院士

黄宪院士(1933.12.1～2010.3.6)出生于江苏省扬州市,我国著名有机化学家、中国科学院院士、浙江大学教授。

1951 年毕业于江苏省立扬州中学,1958 年毕业于南京大学化学系;同年任原杭州大学化学系助教,1981 年晋升为副教授,1986 年晋升为教授,2003 年当选为中国科学院院士。曾任中国化学会理事、国家自然科学基金委委员、有机化学学科评审组成员、国家教委高校理科教学指导委员会委员、中国科学院金属有机化学国家重点实验室、南开大学元素有机化学国家重点实验室和兰州大学功能有机分子国家重点实验室学术委员、中国科学院有机氟化学开放实验室学术委员、四川省不对称合成与手性技术重点实验室学术委员、《有机化学》和《合成化学》编委。1992 年享受国务院政府特殊津贴,先后获"全国先进工作者"(全国劳动模范)、"全国优秀教师"等荣誉称号。

长期承担国家自然科学基金重大、重点和面上基金项目以及国家 973 项目,在国内外重要学术刊物上发表研究论文近 400 篇,获 5 项省部级科技进步奖。

黄宪院士曾主讲有机化学、有机合成化学等本科生和研究生主干课程,组织编著出版了《有机合成化学》成为高等院校及科研人员的重要参考书、撰写的我国第一部《有机合成》获 1995 年国家教委优秀教材二等奖、"追踪前沿严格要求,提高化学学科博士生质量的探讨和实践"项目曾获 1997 年国家级优秀教学成果二等奖。

作为学科带头人,黄宪院士对浙江大学化学学科的建设与发展做出了巨大贡献。该学科 1981 年就获得了硕士学位授予权,1986 年获得博士学位授予权,1984 年以来一直是浙江省重点学科,2007 年被评为国家一级重点学科,成为国内有重要影响的学科之一。

沈天慧院士

沈天慧院士(1923.4.17～2011.1.2)出生于浙江嘉善,中国科学院院士,分析化学、半导体化学家,上海交通大学微纳科学技术研究院研究员。

1945 年进入大同大学化工系就读,新中国成立后沈天慧进入中国科学院化学研究所工作。1954 年,沈天慧被选派到中科院沈阳金属研究所工作,参加对我国新发现的包头白云鄂博稀土铁矿的分析,在稀土铁矿全分析方法上做出了贡献。1957 年,沈天慧被派往苏联莫斯科冶金研究所进修半导体硅和化合物半导体的研制。经过 2 年的学习后回国,在长春应用化学研究所建立了我国第一个三氯氢硅法制备高纯硅小组,研制出我国第一批用该法制成的半导体高纯硅,开创了中国人自己研制高纯硅的历史。

1966 年,沈天慧调到中科院 156 工程处(北京),1970 年迁至陕西临潼县航天工业部 771 研究所,在以后的近 10 年里,沈天慧一直从事硅材料器件的研制工作,开辟了磁叠片存储器和玻璃半导体记忆材料的研究领域,为大规模集成电路的工艺研究做出了探索性和开创性的工作。

1974 年,沈天慧开始负责大规模集成电路研究。1975 年,她领导的研究小组研制成功国产高档微机存储器 1024,填补了国内空白,对发展我国微电子事业发挥了重要的历史作用。随后,她的小组相继研制成功多种大规模集成电路,屡获国家科学技术奖,以及国防科工委、航天部等部委科技奖励。

沈天慧于 1979 年加入中国共产党,1980 年当选为中国科学院学部委员。

1987 年,沈天慧调入上海交通大学,从事磁盘基片表面化学镀 NI-P 层、钕铁硼材料表面保护、硬磁盘表面润滑层及微机电系统研究。在她的主持下,1996 年我国第一台直径 2mm 的电磁型微马达诞生了。

胡海昌院士

胡海昌院士(1928.4.25～2011.2.21)出生于浙江省杭州市,国际著名力学家、中国科学院院士、"胡-鹫津原理"的创建者、中国空间技术研究院技术顾问。

1946 年考入浙江大学土木工程系他深受当时在浙江大学任教的钱令希的赏识,在大学期间就完成并发表了两篇学术论文。1950 年大学毕业后,进入中国科学院数学研究所力学研究室工作,在短短几年内就在弹性力学、板壳理论等领域发表了约 30 篇论著。其中尤为重要的是发表于《物理学报》(1954 年 10 卷 2 期)上的《论弹性体力学和受范性体力学中的一般变分原理》。该文创立了三类变量广义变分原理,对弹性力学、变分原理、力学中的数值方法产生了深远影响,被世界公认为胡-鹫津原理"。

1956 年,中国科学院力学研究所成立,胡海昌任该所助理研究员。同年,他参加的以钱伟长为首的集体研究成果《弹性薄板的大挠度问题》获中国科学院自然科学奖二等奖。以后,直至 1965 年,胡海昌一直在中国科学院力学研究所工作,任副研究员、固体力学研究室主任,从事早期的火箭总体设计和壳体稳定性研究。

60 年代初,中国集中了一批优秀专家研究空间技术。1966 年,胡海昌到中国空间技术研究院空间飞行器总体设计部工作,历任空间飞行器总体设计部副主任、科技委员会主任、名誉主任等职,1981 年被聘为研究员。胡海昌在运用理论知识解决实际问题、指导工程技术工作的同时,仍坚持从事理论研究,不断取得新的成果。

1981 年,胡海昌当选为中国科学院学部委员。

在从事科学研究的同时,胡海昌还热心于教育事业。从 50 年代起,他在北京大学数学力学系讲授弹性力学、板壳理论、薄壁杆件理论、弹性力学中的变分原理、振动理论等多门课程,还在清华大学、中国科学技术大学、北京航空航天大学等校兼职,并自 1957 年起,开始指导研究生。自 1979 年起,任北京大学、浙江大学兼职教授、首批博士生导师。

胡海昌还担任了国务院学位委员会力学评议组成员、中国振动工程学会理事长、中国气功科学研究会学术委员会副主任、《振动工程学报》主编等职。曾任中国力学学会第一、第二、第三届理事,第三届副理事长,现任名誉理事;《力学学报》副主编、《振动与冲击》主编等职。

1978年以后,还先后担任北京市第五、第六、第七、第八届政治协商会议委员,全国第八届政治协商会议委员。

李志坚院士

李志坚院士(1928.5~2011.5.2)出生于浙江省宁波市,中国科学院院士,半导体物理与微电子技术专家,原清华大学微电子学所所长,中国电子学会第三、第四、第五、第六届理事会副理事长、常务理事、理事李志坚教授。

1951年浙江大学物理系毕业,同年入同济大学物理系任助教。1953年苏联列宁格勒大学(今俄罗斯彼得堡大学)物理系研究生,1958年初毕业,获物理3/4数学副博士学位。回国后,一直任教于清华大学,先后在无线电系(今电子系)和微电子所任讲师,副教授,教授。是清华大学半导体专业和微电子所创建人之一,曾任教研组主任和研究所所长,清华大学学术委员会副主任。现任清华大学信息学院及微电子所的学术委员会主任、国家信息化专家咨询委员会委员和《电子学报》编委等。他曾任的社会职务有:国务院学科评议组成员,中国科协委员,中国电子学会副理事长。1979年和1980年先后被评为北京市和全国劳动模范。1990年被入选为中国科学院院士。

在苏联留学时的研究生论文中提出了半导体薄膜电导和光电导的晶粒间电子势垒理论受到同行学者重视。1958年初回国后,即投入清华大学半导体专业的创建,建成了国内工科大学第一个半导体实验室。在国际上半导体器件尚以锗为主导的情况下,他们毅然确定硅技术为自己的研究方向,并很快地在超纯硅提炼、硅单晶拉制、硅晶体管研制等方面取得了处于国内先进的成果。1963年他们首先研究成功高反压平面型晶体管,掌握了硅平面工艺,使他们仅落后美国3-4年便开始了集成电路的研究。文革后,李志坚恢复了学术领导职务。在大家支持下,他们集中力量研究MOS集成电路:加强了MOS工艺线建设,开展了MOS物理和器件、IC CAD和LSI设计、测试等系列研究,取得明显成果,使清华大学成为国家大规模集成电路研究开发的重要基地之一。1980年在国家支持下,清华建成了3微米MOS LSI工艺线并成立了微电子所,他担任副所长、所长。在"六五"、"七五"国家计划科技攻关中,他们独立自主地开发出全套3微米MOS集成电路工艺,并研制出16K位SRAM,8位、16位CPU等一系列大规模集成电路芯片;"八五"攻关中又建成了我国第一条1~1.5微米CMOS VLSI工艺线,开发出相应的整套工艺流程,研制成功1兆位汉字ROM,使我国集成电路进入VLSI阶段。这些成果基本上代表了当时我国微电子技术的先进水平。

在进行大量的研制开发同时,他十分重视基础性和前瞻性微电子科技的研究。认为这是培养高水平人才所必需,也是为加速以后的研发工作打好基础,关键是要选好课题,要勇于创新。如:他长期重视MOS界面物理的研究,为他们MOS技术的开发提供了坚实的基础;80年代初他们的EEPROM器件物理研究,导致了1990年初清华研制成功"中华第一(IC)卡";他支持钱佩信同志开发新的半导体高速退火技术和设备,并亲自指导其机理研究,这一项目的成功导致了我国一个重要的VLSI技术与先进设备的自主知识产权等等。在80年代末、90年代初,他已向国家基金委提出和得到重大项目资助,开创微电子系统集成技术的研究,并先后研究出微马达等一系列MEMS器件,神经网络、语音处理等多种SOC芯片,取得了一批美国专利。他被公认是我国MEMS和SOC技术研究的先驱者。

他长期在高等学校任教,是解放后我国首批博士生导师,培养了许多微电子和其他方面的优秀人才。编写著作4部,发表和共同发表学术论文200余篇。先后获国家科技进步奖二等奖2项,国家发明奖二等奖1项,国家教委和电子部科技进步奖一等和二等共5项。获得1997年度陈嘉庚信息科学奖和2000年何梁何利科技进步奖。

蒋民华院士

蒋民华院士(1935.8.16~2011.5.6)生于浙江省临海县,中国科学院院士、山东大学终身教授。

1956年毕业于山东大学化学系。第九届全国政协委员,第十届、十一届全国人大代表。历任山东大学晶体材料研究所所长、晶体材料国家重点实验室主任、山东大学副校长,兼中国材料研究学会副理事长、863计划新材料领域第三届专家委员会首席科学家、国际晶体生长组织理事、美国光学学会资深会员等学术职务。1991年当选为中国科学院院士(学部委员)。

蒋民华院士是我国著名的晶体材料科学家,是我国晶体材料领域的卓越开拓者之一。他创新性地提出了DKDP晶体的亚稳相生长理论和方法;在KTP晶体的助溶剂生长方面,取得了首次用助溶剂法批量生产非线性光学晶体的研究成果;首次探索、生长出新的半有机非线性光学晶体LAP,并在此基础上形成了有特色的、国际上称为半有机非线性光学材料的新方向。

何泽慧院士

何泽慧院士(1914~2011.6.20)出生于江苏苏州,我国著名物理学家,中科院高能物理研究所原副所长、中科院资深院士。

1932年考入清华大学物理系。1936年大学毕业后,到德国柏林高等工业大学技术物理系攻读博士学位,1940年以"一种新的精确简便测量子弹飞行速度的方法"论文获得实验弹道学专业工程博士学位。

1940年进柏林西门子工厂弱电流实验室参加磁性材料的研究工作,1943年她到海德堡威廉皇家学院核物理研究所,在玻特教授指导下从事当时已初露应用前景的原子核物理研究,曾首先观测到正负电子碰撞现象,被英国《自然》称之为"科学珍闻"。1946年何泽慧从德国到法国巴黎,与钱三强等人合作发现了铀核裂变的新方式——三分裂和四分裂现象(她首先捕捉到世界上第一例四分裂径迹),在国际科学界引起很大反响。1948年何泽慧同钱三强一起满怀爱国热忱历尽艰辛回到祖国,参加北平研究院原子学研究所的组建。新中国成立后,她全身心地投入中科院近代物理研究所(1953 年改称物理研究所)的创建工作。由她具体领导的研究小组,在十分简陋条件下开展工作,经过几年努力,于 1956 年研制成功性能达到国际先进水平的原子核乳胶。

1955 年初,何泽慧积极领导开展中子物理与裂变物理的实验准备工作。1958 年,中国第一台反应堆及回旋加速器建成后,她担任中子物理研究室主任,在相当长时间里领导当时的中子物理研究工作,为开拓中国中子物理与裂变物理实验领域做出重要贡献。她还看准快中子谱学的国际发展趋势,不失时机安排力量开展研究,使中国快中子实验工作很快达到当时的国际水平。

何泽慧 1964 年起担任原子能研究所副所长。1965 年赴河南安阳参加社会主义教育运动。"文革"中被作为"反动学术权威"受到错误的审查和批判;1969 年冬,下放到二机部在陕西合阳的"五七"干校参加农业劳动。1973 年,中科院高能物理研究所成立后,何泽慧担任副所长,积极推动宇宙线超高能物理和高能天体物理研究的开展。她倡导和全力支持开展交叉学科的研究,推动了中国宇宙线超高能物理及高能天体物理研究的起步和发展。在她的倡导与扶持下,高能物理研究所原宇宙线研究室通过国内、国际合作,在西藏甘巴拉山建成世界上海拔最高的(5500 米)高山乳胶室;还从无到有、从小到大地发展了高空科学气球,并相应发展了空间硬 x 射线探测技术及其他配套技术。

1980 年,何泽慧当选为中科院数学物理学学部委员(院士)。直到耄耋之年,她仍然坚持全天上班,关心中国高能物理和核物理事业的发展。

张永山院士

张永山院士(1932.11.12 ~ 2011.8.2)出生于中国河南,美国国籍。中国科学院外籍院士、国际著名材料科学与工程学家、美国威斯康星大学麦迪逊分校材料科学与工程系杰出教授。

1954 年毕业于美国加州大学伯克利分校化学工程系,1955 年获美国西雅图华盛顿大学化学工程硕士学位,1963 年获美国加州大学伯克利分校冶金学博士学位。1967 年起,先后任美国威斯康星大学密尔沃基分校和麦迪逊分校副教授、教授、系主任,1996 年当选为美国国家工程院院士,2000 年当选为中国科学院外籍院士。

张滂院士

张滂院士(1917.8 ~ 2011.11.29)原籍湖北枝江,著名有机化学家、化学教育家、中国科学院院士、原北京市化学研究会理事长、中国化学会常务理事、北京大学化学与分子工程学院教授、中国民主同盟盟员。

1942 年毕业于西南联合大学;1949 年毕业于英国剑桥大学,获得博士学位。1949 年回国任燕京大学副教授,1952 年院系调整后任北京大学化学系教授。

张滂先生长期从事有机化学和有机合成的教学与科研,注重基础理论研究,研究领域涉及以天然产物为中心的合成,新型化合物和试剂的设计及合成方法的研究等。曾发现了若干新的反应,取得了独创性的科研成果,为我国培养了众多化学专业人才。主要研究成果有内醚 5-去氧戊糖、维生素 B6、5-羟基嘧啶和天然芘醌的合成路线;氧杂环丁醇、含氧菁染料、水溶性氨基保护基和油水双溶性接肽试剂的设计与合成;以及共轭不饱和酮的合成新方法。张滂先生发现了三个新反应:3-取代-1,3-二甲氧基丙酮重排为 3-取代丙酮醛二甲缩醛,对羟基苯乙酮及其 3-取代和 3,5-二取代衍生物发生的烷羰碳碳链的断裂,1,3-二酮烯醇芳酯在酸催化下重排为 1,3,5-三酮或 4-吡喃酮。50 年代,先生翻译出版了美国费塞尔夫妇合著的名著《有机化学》;80 年代主编出版了《有机合成进展》。张滂先生共发表学术论文 50 余篇,取得了一系列的独创性科研成果。鉴于他的显著科研成果,先生于 1991 年当选为中国科学院学部委员(院士)。

闻立时院士

闻立时院士(1936.03.23 ~ 2010.04.06)生于湖北省武汉市,复合材料专家,中国工程院院士、中国科学院金属研究所研究员。1999 年当选为中国工程院院士。

1952 年入南开大学物理系,随后到北京俄文专修学校留苏预备部,1954. 年到莫斯科钢铁学院物理化学系学习,1960 年毕业于莫斯科钢铁学院,获冶金工程师称号。1960 年到中科院金属所工作,从实习研究员到研究员、博士导师。1979 ~ 1981 年获西德马普金属所奖学金,去马普作博士后访问学者。1996. 年还担任美国 ANCIonCoating, Inc. 总工程师兼科学顾问。

闻院士发表论文 250 余篇,专著 7 本。获 1986 年国家科技进步奖特等奖,1991 年中国科学院科技进步奖一等奖。

他长期从事表面工程和纳米技术研究工作。研制成功纳米多层膜和纳米膜/涂料复合层两系列电磁功能材料,并在国防建设中得到应用;六十年代初,建立了电弧等离子喷涂设备,研制成功各种用途的耐高温涂层和复合涂层;研制出 90 年代国际先进电磁脉冲偏压电弧离子镀膜机。

董海山院士

董海山院士(1932.10.18 ~ 2011.02.03)出生于河北省滦县,含能材料专家,中国工程物理研究院研究员、俄罗斯自然科学院(群众性学术团体)外籍院士。中物院化工材料研究所科技顾问,兼任北京理工大学、南京理工大学顾问教授和西北大学、西南科技大学兼职教授。

1956 年 8 月毕业于北京工业学院炸药专业,1957 ~ 1961 年在前苏联列宁格勒苏维埃化工学院研究生部学习,获化学科学副博士学位,同年 8 月分配到二机部第九研究院工作。历任科研组长、研究室副主任、研究所副所长、所科技委主任等职。1992 年,被选为俄罗斯自然科学院外籍院士。2003 年当选为中国工程院化工、冶金与材料工程学部院士。

长期从事高能炸药合成与应用研究,是我国这一领域重要专家和主要学术带头人之一。在科学方面,阐明了以硝仿为酸组份的曼尼希反应机理,发现了三硝基乙基-N-亚硝基化反应,合成了近 20 种文献未报道的新化合物,研究了炸药的能量判据以及炸药的热安定性与其分子结构的关系。2002 年获国家科技进步二等奖一项,排名第一。

2003 年当选为中国工程院院士。

陈国良院士

陈国良院士(1934.03.02~2011.05.25)生于江苏宜兴,著名材料科学家、教育家,中国工程院院士,美国金属学会会士,北京科技大学教授。

1955 年毕业于北京钢铁工业学院(现北京科技大学),曾在美国哥伦比亚大学、田纳西大学和德国马普所学习和研究,历任北京科技大学材料系主任,新金属材料国家重点实验室主任,学术委员会主任。1980 年作为第一作者获得第四届高温合金国际会议唯一最佳论文奖,1999 年当选中国工程院院士,2005 年获美国金属学会会士,2009 年获"何梁何利基金奖",曾多次获得国家科技进步奖、国家发明奖。

陈国良先生是我国高温合金领域的先驱,创建了我国第一个高温合金专业。七十年代初他用新的合金解决了我国主要歼击机歼—6 飞机发动机涡轮盘严重故障问题;研制成功了"石油催化裂化能量回收烟气轮机"铁基和镍基二代高温合金轮盘等关键部件;研发了具有我国特色的含镁镍基合金,填补了国内空白;突破了国外发展高温高性能金属间化合物合金的思路,创造性地发展出含高铌钛铝合金,被国际上誉为是钛铝合金领域的"里程碑";他在大块金属玻璃多元短程序合金设计理论方面取得突破性进展,其研究成果得到了国内外同行的高度评价;他较早地强化了针对核电和新火电技术的"能源新材料及其寿命评估基础研究"学术方向,领导开展能源新材料及寿命评估新方法的基础研究;在冷轧高硅硅钢片等研究方面取得了突破性的成果。

共获得国家科技进步二等奖 1 项,三等奖 1 项;国家发明奖四等奖 2 项;部级科技进步一等奖 5 项,二等奖 5 项,三等奖 7 项。专利 4 项。发表《有序金属间化合物结构材料物理金属学基础》,《高温合金》等 8 本著作和译著,学术论文 300 多篇。

2010 年度教育部"长江学者和创新团队发展计划"创新团队(材料相关)

2010 年度教育部"长江学者和创新团队发展计划"创新团队"入选名单共 86 个,其中与材料相关 19 个,项目资助年限为 2011~2013 年。

序号	带头人	研究方向	单位
IRT1008	刘黎明	基于绿色制造的焊接工艺与装备	大连理工大学
IRT1009	吴智深	纤维复合材料高性能化及工程结构创新	东南大学
IRT1014	黄云辉	新型能源材料与器件	华中科技大学
IRT1024	陈接胜	功能复合体系的组装设计与化学构筑	上海交通大学
IRT1026	王玉忠	环境友好高分子材料	四川大学
IRT1030	周 翔	生物医药材料的化学基础和应用研究	武汉大学
IRT1039	刘 旭	新一代微纳光子信息技术与工程应用	浙江大学
IRT1044	阳春华	复杂有色冶金过程控制理论、方法与应用	中南大学
IRT1048	吕昭平	块体非晶合金的原子结构、本征特征与应用潜力的基础研究	北京科技大学
IRT1056	余木火	高性能纤维成形及其结构调控	东华大学
IRT1061	张贵生	创新药物及医药材料的设计与合成	河南师范大学
IRT1063	黄 辉	脆性材料加工技术与装备	华侨大学
IRT1064	张 弛	功能分子材料及其非线性光学性能	江苏大学
IRT1065	李 梅	稀土湿法冶金及轻稀土应用	内蒙古科技大学
IRT1066	应汉杰	生物炼制化学品	南京工业大学
IRT1069	董育斌	分子与纳米探针的设计、组装及相关应用的探索性研究	山东师范大学
IRT1070	刘昭铁	表界面化学及其应用	陕西师范大学
IRT1080	郑学军	薄膜材料及其器件力学	湘潭大学
IRT1081	刘 浪	功能材料化学	新疆大学

2011年度教育部“长江学者和创新团队发展计划”创新团队(材料相关)

2011年度教育部“长江学者和创新团队发展计划”创新团队”入选名单共97个,其中与材料相关19个,项目资助年限为2012~2014年。

序号	带头人	研究方向	单位
IRT1104	王建祥	多功能材料与结构力学	北京大学
IRT1106	姜勇	低维功能材料	北京科技大学
IRT1107	孙克宁	电化学关键技术与化学电源	北京理工大学
IRT1117	金国新	功能导向分子自组装结构与材料	复旦大学
IRT1126	杜祖亮	特种高能效能源材料	河南大学
IRT1129	彭俊彪	有机/高分子光电材料及器件	华南理工大学
IRT1132	崔田	超高压诱导的典型凝聚态物质的新奇特性	吉林大学
IRT1138	翟宏斌	天然产物合成化学	兰州大学
IRT1139	王起才	西北干寒地区材料与结构耐久性研究	兰州交通大学
IRT1140	李有堂	有色冶金成套装备及信息集成技术	兰州理工大学
IRT1143	陈健	新型信息电磁材料与器件	南京大学
IRT1146	沈晓冬	无机非金属材料及应用	南京工业大学
IRT1156	张献明	磁性材料	山西师范大学
IRT1161	张金利	氯碱化工清洁生产与产品高值化	石河子大学
IRT1163	褚良银	生物医用高分子功能材料	四川大学
IRT1169	苏宝连	具有生命功能的仿生复合材料	武汉理工大学
IRT1177	雷自强	黏土基生态功能高分子材料研究	西北师范大学
IRT1187	方少明	多尺度复合功能材料	郑州轻工业学院
IRT1189	龚流柱	有机合成化学	中国科学技术大学

2010年度国家自然科学基金——杰出青年科学基金项目指南

国家杰出青年科学基金支持在基础研究方面已取得突出成绩的青年学者自主选择研究方向开展创新研究,促进青年科学技术人才的成长,吸引海外人才,培养造就一批进入世界科技前沿的优秀学术带头人。该基金资助全职在中国内地工作的优秀华人青年学者从事自然科学基础研究工作。本基金所指的中国内地,系指我国除港、澳、台地区之外的省、自治区和直辖市。

一、申请国家杰出青年科学基金应具备的条件

(1)申请当年1月1日未满45周岁;

(2)具有良好的科学道德;

(3)具有高级专业技术职务(职称)或者具有博士学位;

(4)具有承担基础研究课题或者其他从事基础研究的经历;

(5)在自然科学基础研究方面已经取得国内外同行承认的突出的创新性成绩或创造性科技成果,或对本学科领域或相关学科领域的发展有重要的推动作用,或对国民经济与社会发展有较大影响;

(6)拟开展的研究工作具有创新性构思,有明确的研究方向和重要的科学意义,属国际前沿且为国内所急需,可带动相关领域的发展或人才培养;

(7)与境外单位没有正式聘用关系;

(8)保证资助期内每年在依托单位从事研究工作的时间在九个月以上。

二、注意事项

(1)国家杰出青年科学基金评价申请人本人的学术水平及创新潜力,撰写申请书时均不填写“主要参与者”;

(2)在申请书摘要部分,应填写“主要学术成绩”;

(3)该基金为人才类基金,项目名称栏目亦应填写“研究领域”,而不是具体的研究课题名称;

(4)申请书附件部分关于论文被收录与引用情况仅需提

供统计表。

三、申请与报送

申请国家杰出青年科学基金使用通用的国家自然科学基金申请书,按照“国家杰出青年科学基金申请书正文撰写提纲”的要求,输入准确信息、撰写申请书并提交相关附件材料;依托单位的学术委员会或专家组对申请人严格按照规定条件择优推荐,并签署推荐意见;依托单位经对申请书认真审核并对申请人全职聘用情况进行核实后,按照《通告》的要求报送自然科学基金委。

2010年度国家杰出青年科学基金计划资助200人,资助期限为4年,资助经费200万元/人(数学和管理科学140万元/人)。

2010年杰出青年科学基金立项清单(材料相关)

项目名称	项目负责人	依托单位
超支化聚合物的功能化及应用	朱新远	上海交通大学
无机化学	张亚文	北京大学
稠环功能高分子的可控合成和光电性能研究	占肖卫	中国科学院化学研究所
基于芳杂环C-H键直接官能化反应的荧光功能材料的构筑	游劲松	四川大学
膜分离	徐铜文	中国科学技术大学
形貌和尺寸可控的纳米催化材料及其反应性能研究	申文杰	中国科学院大连化学物理研究所
复合性能无机固体材料的合成和结构研究	李广社	中国科学院福建物质结构研究所
金属有机化学	雷爱文	武汉大学
介观结构催化和吸附材料	何静	北京化工大学
人工晶体	张怀金	山东大学
轻元素化合物层状与有序介孔功能材料	尹龙卫	山东大学
液晶性功能材料的分子设计、微结构调控、制备及性能	杨槐	北京科技大学
金属磁性薄膜材料	许小红	山西师范大学
材料的力学化学交互作用机制研究	王俭秋	中国科学院金属研究所
多相凝聚的微界面过程与强化混凝工艺原理	王东升	中国科学院生态环境研究中心
大块非晶合金特种粉末冶金制备过程基础科学问题研究	沈军	哈尔滨工业大学
能源材料科学	邵宗平	南京工业大学
轻金属基储能材料	潘洪革	浙江大学
超导电工材料及强磁场应用研究	马衍伟	中国科学院电工研究所
磁性材料	柳忠元	燕山大学
高压下典型功能材料的新结构和新性质	刘冰冰	吉林大学
铁性NiO/ZnO基异质薄膜的制备及其磁、电、光的调制	林元华	清华大学
稀土湿法冶金及轻稀土应用	李梅	内蒙古科技大学
生物医用高分子界面材料	计剑	浙江大学
单壁碳纳米管控制生长和机理的基础研究	黄少铭	温州大学
生物降解高分子材料的结构调控和生物功能化	甘志华	中国科学院化学研究所
新型微波介质材料与器件应用基础研究	汪宏	西安交通大学
宽禁带半导体异质结构的材料生长与物性研究	顾书林	南京大学
超常材料非线性光学的基础理论及应用研究	文双春	湖南大学

2010 年度国家自然科学基金——青年科学基金项目指南

青年科学基金项目是国家自然科学基金人才项目系列的重要类型，支持青年科学技术人员在国家自然科学基金资助范围内自主选题，开展基础研究工作，培养青年科学技术人员独立主持科研项目、进行创新研究的能力，激励青年科学技术人员的创新思维，培育基础研究后继人才。

青年科学基金项目申请人应当具备以下条件：

（1）具有从事基础研究的经历；

（2）具有高级专业技术职务（职称）或者具有博士学位，或者有 2 名与其研究领域相同、具有高级专业技术职务（职称）的科学技术人员推荐；

（3）申请当年 1 月 1 日未满 35 周岁［1975 年 1 月 1 日（含）以后出生］。

符合上述条件、在职攻读博士研究生学位的人员，经过导师同意可以通过其受聘单位申请，但在职攻读硕士生学位的人员不得申请。作为负责人正在承担或者承担过青年科学基金项目的（包括批准研究期限 1 年的小额探索项目以及被终止或撤销的项目），不得再次申请。

青年科学基金项目申请、评审和管理机制与面上项目基本相同，重点评价申请人本人的创新潜力。申请人应当按照青年科学基金项目申请书撰写提纲撰写申请书。青年科学基金项目的合作研究单位不得超过 2 个，研究期限一般为 3 年。

2009 年度国家自然科学基金青年科学基金项目共资助 6 079 项，资助经费 120 304 万元；平均资助强度为 19.79 万元/项，与去年持平；由于申请量大幅增长，平均资助率为 21.31%，比去年降低 1.2%（资助情况见下表）。2010 年度青年科学基金项目将继续控制资助强度（平均 20 万元/项），着力提高资助率。

2009 年度青年科学基金项目资助情况

（金额单位：万元）

科学部	申请项数	批准资助				资助率（%）
		项数	金额	资助金额占全委比例（%）	单项平均资助金额	
数理科学部	2178	606	12176	10.12	20.09	27.82
化学科学部	2737	652	12568	10.45	19.28	23.82
生命科学部	10542	2020	40395	33.58	20	19.16
地球科学部	2422	682	13662	11.36	20.03	28.16
工程与材料科学部	5057	1152	23114	19.21	20.06	22.78
信息科学部	3958	727	14253	11.85	19.61	18.37
管理科学部	1633	240	4136	3.44	17.23	14.70
合　计	28527	6079	120304	100	19.79	21.31

关于青年科学基金项目资助范围见面上项目各科学部介绍，近年资助状况和有关要求见本部分各科学部介绍。

2010 年度国家自然科学基金——地区科学基金项目指南

地区科学基金项目是国家自然科学基金人才项目系列中快速发展的一个项目类型，支持特定地区的部分依托单位的科学技术人员在国家自然科学基金资助范围内开展创新性的科学研究，培养和扶植该地区的科学技术人员，稳定和凝聚优秀人才，为区域创新体系建设与经济、社会发展服务。

地区科学基金项目申请人应当具备以下条件：

（1）具有承担基础研究课题或者其他从事基础研究的经历；

（2）具有高级专业技术职务（职称）或者具有博士学位，或者有 2 名与其研究领域相同、具有高级专业技术职务（职称）的科学技术人员推荐。

符合上述条件，隶属于内蒙古自治区、宁夏回族自治区、青海省、新疆维吾尔自治区、西藏自治区、广西壮族自治区、海南省、贵州省、江西省、云南省、延边朝鲜族自治州和甘肃省的依托单位的科学技术人员，可以申请地区科学基金项目。除此以外的科学技术人员，不得作为申请人申请地区科学基金项目，但可以作为主要参与者参与申请。正在攻读研究生学位的人员不得申请地区科学基金项目，但在职人员经过导师同意可以通过其受聘单位申请。《条例》第十条第二款所列的科学技术人员不得申请地区科学基金项目。

地区联合资助项目的申请人应当符合上述条件，并注意各特定领域对申请人的特殊要求。

地区科学基金项目申请、评审和管理机制与面上项目基本相同，其特点是在面上项目管理模式的基础上，配合国家统筹区域发展的重大战略部署，加强与地方政府的沟通与合作，促进区域基础研究人才的稳定和成长。申请人应当按照地区科学基金项目申请书撰写提纲撰写申请书。地区科学基金项目的合作研究单位不得超过 2 个，研究期限一般为 3 年。

2009 年度国家自然科学基金地区科学基金项目共资助 922 项，资助经费 22 180 万元；平均资助强度为 24.06 万元/项，比 2008 年度降低 1.12 万元/项；由于申请量大幅增长，平均资助率为 19.09%，比 2008 年度降低 1.08%（资助情况见下表）。2010 年度地区科学基金项目将继续控制资助规模（25 万元/项左右），适度提高资助率。

2009 年度地区科学基金项目资助情况

(金额单位:万元)

科学部	申请项数	批准资助				资助率(%)
		项数	金额	资助金额占全委比例(%)	单项平均资助金额	
数理科学部	248	65	1338	6.03	20.58	26.21
化学科学部	411	76	1902	8.58	25.03	18.49
生命科学部	2840	533	12956	58.41	24.31	18.77
地球科学部	284	65	1702	7.67	26.18	22.89
工程与材料科学部	532	93	2310	10.41	24.84	17.48
信息科学部	308	56	1218	5.49	21.75	18.18
管理科学部	207	34	754	3.40	22.18	16.43
合　计	4830	922	22180	100	24.06	19.09

关于地区科学基金项目资助范围见面上项目各科学部介绍,近年资助状况和有关要求见本部分各科学部介绍。

2010 年度国家自然科学基金——创新研究群体科学基金项目指南

为稳定地支持基础科学的前沿研究,培养和造就具有创新能力的人才和群体,国家自然科学基金委员会设立创新研究群体科学基金。

创新研究群体科学基金资助国内以优秀科学家为学术带头人、中青年科学家为骨干的研究群体,围绕某一重要研究方向在国内进行基础研究和应用基础研究。

参加评审和遴选的候选创新研究群体由中国科学院、教育部、中国科学技术协会及自然科学基金委推荐产生。

被推荐的群体须提交申请书及附件材料。使用通用《国家自然科学基金申请书》,按照“创新研究群体科学基金正文撰写提纲”的要求,输入准确信息。依托单位对申请书审核并签署推荐意见后,将纸质申请书和附件材料一式两份报送自然科学基金委。

2010 年度创新研究群体科学基金计划资助群体 30 个,资助期限为 3 年,资助经费 500 万元/项(数学和管理科学 350 万元/项)。

2010 年创新研究群体科学基金立项清单(材料相关)

项目名称	项目负责人	依托单位
分子材料与器件的制备和性能研究	张德清	中国科学院化学研究所
功能配位化合物	郭子建	南京大学
高选择性的有机合成新反应与新策略	冯小明	四川大学
多功能防热陶瓷基复合材料研究	周玉	哈尔滨工业大学
生物降解高分子材料的基本科学问题	王献红	中国科学院长春应用化学研究所
具有重大应用前景的功能晶体材料	陶绪堂	山东大学
新型类钙钛矿氧化物功能材料的合成、微结构与性能研究	李晓光	中国科学技术大学
新型自旋电子学材料及其基础科学问题研究	韩秀峰	中国科学院物理研究所
特种粉末冶金材料应用基础研究	杜勇	中南大学
信息薄膜与 LTCC 集成器件	张怀武	电子科技大学
半导体集成光电子器件及其基础研究	祝宁华	中国科学院半导体研究所
微纳系统材料、制造与器件物理	封松林	中国科学院上海微系统与信息技术研究所

2010 年度国家自然科学基金——海外及港澳学者合作研究基金项目指南

为充分发挥海外及港澳科技资源优势,吸引海外及港澳优秀人才为国(内地)服务,国家自然科学基金委员会设立海外及港澳学者合作研究基金。该基金资助海外及港澳 50 岁以下华人学者与国内(内地)合作者开展高水平的合作研究。

一、申请海外及港澳学者合作研究基金应具备的条件

(1)具有良好学风和科学道德;

(2)申请当年 1 月 1 日未满 50 周岁;

(3)具有所在国(或所在地)相当于副教授级以上的专业技术职务;

(4)在海外或港澳从事科学研究,并独立主持实验室或重要的研究项目;

(5)资助期内每年在依托单位从事合作研究工作的时间应当在两个月以上;

(6)已取得国际同行承认的创新性学术成就或突出的创造性科技成果;拟开展的研究工作属国际前沿,在中国内地有合作者且具有一定的合作基础;

(7)申请人应当落实依托单位,并与其签订合作研究协议书(简称协议书),协议书中应当包括以下内容:

①合作研究的课题名称以及研究方向、预期目标等;

②依托单位应当提供合作研究项目实施所必需的主要实验设备以及人力、物力等条件;

③申请人应当承诺资助期内每年在依托单位的工作时间为两个月以上。

二、资助模式

海外及港澳学者合作研究基金采取2+4的资助模式,即对于获得该项基金资助的项目,先给予20万元/2年(10万元/年)资助,2年期结束时进行评估。对其中活跃在国际学术前沿,确实与合作者开展实质性合作并有明显发展潜力的项目,经申请、答辩、评审等程序,按照不超过先期资助总数的25%的比例给予80万~120万元4年的延续资助。

三、注意事项

(1)海外及港澳学者合作研究基金注重考察的是申请人学术水平及与合作者的合作基础。

(2)申请人在申请该项基金之前首先须落实在国内(内地)的合作者及依托单位,并与其签订合作研究协议书。

(3)合作者信息填写在主要参与者栏目的第一行。

(4)申请人供职单位及专业技术职务用英文填写。

(5)申请人或合作者同期只能申请一项且无该类(原海外及港澳青年学者合作研究基金与"两个基地"项目)在研项目。

(6)申请人应当对任职及承担项目情况提供有效证明材料。

四、申请与报送

申请海外及港澳学者合作研究基金使用国家自然科学基金申请书,按照"海外及港澳学者合作研究基金申请书正文撰写提纲"的要求,输入准确信息、撰写申请书并提交相关附件材料;通过依托单位提出申请。

依托单位的学术委员会或专家组对申请人及合作者严格按照规定条件审核并签署意见,依托单位科研管理部门在电子信息确认后,将电子版申请书发送到自然科学基金委,纸质申请书和附件材料(包括协议书)一份报送自然科学基金委。

2010年度海外及港澳学者合作研究基金计划资助80人,资助期限为2年,资助经费20万元。

2010年海外及港澳学者合作研究基金立项清单(材料相关)

项目名称	项目负责人	依托单位
钛基功能氧化物的合成及其性能研究	乔世璋	北京科技大学
新型高效染料敏化太阳能电池研究	黄维扬	华东理工大学
高性能热电材料与器件的研究及其工业应用	杨继辉	中国科学院上海硅酸盐研究所
高频谐振器用压电薄膜的制备及取向与性能关系研究	王庆明	清华大学
镍基高温合金扩散和相稳定性的理论和实验研究	刘梓葵	中南大学

2010年度国家自然科学基金——国家基础科学人才培养基金项目指南

2010年度,拟资助国家基础科学人才培养基金条件建设项目20项,能力提高项目40项,特殊学科点人才培养项目1项,共计1.8亿元(含教师培训110万元、全国大学生化学实验邀请赛20万元)。

一、国家基础科学人才培养基金的资助项目与要求

1. 人才培养支撑条件建设项目

本项目以实践能力培养为切入点,构建具有优势和特色的创新性人才培养平台,促进知识、能力、素质协调发展,为国家提供有力的高素质创新性人才支撑。

项目向西部地区和东北地区基地倾斜。

项目内容包括:本科生实践教学理念与培养目标、实验教学体系及内容、支撑条件建设内容及其教学功能、预期目

标等。

资助项目数:2010 年度拟资助 20 项。

资助强度:每项 200 万元/4 年。

2. 能力提高项目

能力提高项目包括两部分:一是基础学科本科生的科研训练及特殊学科点研究生科研能力的提高;二是支持地学及生物学野外实践能力的提高。

(1)科研训练及科研能力提高项目

旨在促进研究与教育的结合,加强本科生科研能力训练和综合素质的提高。申请单位应充分利用国家及省部级重点实验室、实验教学中心等已有科研平台,鼓励教师,特别是一线教学骨干,通过科研立项并结合高校 SRT 项目,加强理科基础科学本科生的科研训练及特殊学科点研究生科研能力的提高,使学生的知识、能力、素质全面协调发展。

项目内容:包括本科生科研训练的思路、基础情况、科研训练主要内容与计划安排、预期目标等。

项目要求:以院系为单位组织申报,指导教师作为子课题负责人。

项目数量:2010 年度拟资助 40 项。

资助强度:每项 300 万元/4 年。

(2)野外实践能力提高项目

面向地学和生物学 2 个学科,旨在提高学生野外实践能力及解决实际问题的能力。该项目鼓励校际间资源共享,联合培养,发挥地域和院校间优势互补,主申报单位应具备接收其他单位学生实习的能力。

项目内容:包括野外基地的自然优势、原有基础、实习内容与安排、接收实习能力情况与计划、预期目标等。

项目数量:2010 年度拟资助 4 项(地学 2 项,生物学 2 项)。

资助强度:每项 400 万元/4 年。

3. 特殊学科点人才培养项目

特殊学科点是指基础性强、具有长远的社会效益、对科学基金依赖性高、需要国家持续支持的某些学科点。项目重点支持放射化学特殊学科点的能力建设,以拓展其取得的研究成果,稳定、优化和培养特殊和濒危学科人才队伍,增强对社会的服务能力。资助经费主要应用于学科带头人和后备人才培养所需的科研业务费。

项目数量:拟资助 1 项。

资助强度:每项 200 万元/年,共 2 年。

4. 师资培训项目

在"十五"基础上,继续支持高水平师资队伍建设工作,通过基础课程研讨班、培训班等方式提高骨干教师学术及教学水平。鼓励面向西部地区和边远地区的师资培训,加大辐射效应。

项目内容:包括数学、物理学、化学、地学及生物学基础课(或实验课)青年骨干教师的培训、交流和研讨。

项目要求:该项目实行委托制,指定相关学校负责项目的具体实施及总结。

项目数量:拟资助 11 项。

资助强度:每项 10 万元/年。

二、申请代码

J0101 数学、J0102 力学、J0103 物理学(含天文学、大理科班)、J0104 化学、J0105 地学、J0106 生物学、J0107 心理学、J0108 基础(中)医(药)学、J0109 特殊学科点。

2010 年国家基础科学人才培养基金立项清单(材料相关)

项目名称	项目负责人	依托单位
华东师范大学物理学基地	张卫平	华东师范大学
中国科学技术大学物理学基地	尹民	中国科学技术大学
南京大学物理学基地	王炜	南京大学
清华大学物理学基地	阮东	清华大学
北京大学物理学基地	刘玉鑫	北京大学
山西大学物理学基地	郜江瑞	山西大学
厦门大学化学基地	朱亚先	厦门大学
中国科学技术大学化学基地	汪志勇	中国科学技术大学
国家基础科学人才培养基金——支撑条件建设项目和能力提高科研训练项目	裴坚	北京大学
建立兰州大学化学化工学院化学生物学实验平台	梁永民	兰州大学
武汉大学化学基地	程功臻	武汉大学

2011 年度国家自然科学基金——杰出青年科学基金项目指南

国家杰出青年科学基金项目支持在基础研究方面已取得突出成绩的青年学者自主选择研究方向开展创新研究，促进青年科学技术人才的成长，吸引海外人才，培养造就一批进入世界科技前沿的优秀学术带头人。

一、申请国家杰出青年科学基金项目应具备的条件

（1）具有中华人民共和国国籍；

（2）申请当年 1 月 1 日未满 45 周岁[1966 年 1 月日（含）以后出生]；

（3）具有良好的科学道德；

（4）具有高级专业技术职务（职称）或者具有博士学位；

（5）具有承担基础研究课题或者其他从事基础研究的经历；

（6）与境外单位没有正式聘用关系；

（7）保证资助期内每年在依托单位从事研究工作的时间在 9 个月以上。

不具有中华人民共和国国籍的华人青年学者，符合上述 2 至 7 条件的，可以申请。正在博士后工作站内从事研究、正在攻读研究生学位的人员不得申请；获得过国家杰出青年科学基金项目资助的，不得再次申请。

二、注意事项

（1）国家杰出青年科学基金考察申请人本人的学术水平及创新潜力，撰写申请书时不填写“主要参加者”；

（2）申请书摘要部分，应填写申请人的“主要学术成绩”；

（3）申请书项目名称栏目应填写“研究领域”，而不是具体的研究课题名称；

（4）申请书附件部分关于论文被收录与引用情况仅需提供统计表。

三、申请与报送

申请人按照国家杰出青年科学基金申请书撰写提纲的要求，输入准确信息、撰写申请书并提交相关附件材料；依托单位的学术委员会或专家组对申请人严格按照规定条件择优推荐，并签署推荐意见；依托单位经对申请书认真审核并对申请人全职聘用情况进行核实后，按照相关要求报送自然科学基金委。

2011 年度国家杰出青年科学基金项目计划资助 200 人，资助期限为 4 年，资助经费 200 万元/人（数学和管理科学 140 万元/人）。

2011 年杰出青年科学基金立项清单（材料相关）

项目名称	项目负责人	依托单位
超分子功能材料	易涛	复旦大学
材料化学工程	邢卫红	南京工业大学
光电功能聚合物	魏志祥	国家纳米科学中心
簇合物的设计、结构与性能	王泉明	厦门大学
无机化学	孙晓明	北京化工大学
聚合反应工程	罗英武	浙江大学
纳米催化材料可控合成的新方法及其性能研究	刘志敏	中国科学院化学研究所
无机化学	李彦	北京大学
超分子有机化学	江华	中国科学院化学研究所
新型聚合物光电材料及器件	黄飞	华南理工大学
有机非多孔膜	贺高红	大连理工大学
生物医用高分子	陈红	苏州大学
塑性加工工艺、模具与装备	周华民	华中科技大学
药物及基因传递高分子材料	张先正	武汉大学
高分子复合材料	于中振	北京化工大学
有机电致磷光关键材料的分子设计、合成及性能研究	杨楚罗	武汉大学
铁磁金属、铁磁半导体材料及其异质结的磁性和电输运	颜世申	山东大学
功能无机材料物理化学	薛冬峰	中国科学院长春应用化学研究所
高储量轻金属硼氢化物可逆储氢基础科学问题研究	王平	中国科学院金属研究所
染料敏化太阳电池	王鹏	中国科学院长春应用化学研究所

(续表)

项目名称	项目负责人	依托单位
高分子药物载体和缓释材料	王均	中国科学技术大学
多元多尺度氧还原电催化材料的结构调控与功能化	王峰	北京化工大学
微电子与光电子材料	王成新	中山大学
湿法冶金	齐涛	中国科学院过程工程研究所
高分子纳米复合材料	刘天西	复旦大学
液态金属的非平衡凝固及其相关固态转变	刘峰	西北工业大学
新型光电材料与薄膜太阳电池研究	黄富强	中国科学院上海硅酸盐研究所
金属粉体的湿法冶金制备及其形态结构控制	胡文彬	上海交通大学
磁性功能材料	侯仰龙	北京大学
新型信息功能材料	段纯刚	华东师范大学
纳米半导体材料及相关电子/光电子器件基础研究	戴伦	北京大学

2011年度国家自然科学基金——青年科学基金项目指南

青年科学基金项目是国家自然科学基金人才项目系列的重要类型,支持青年科学技术人员在国家自然科学基金资助范围内自主选题,开展基础研究工作,培养青年科学技术人员独立主持科研项目、进行创新研究的能力,激励青年科学技术人员的创新思维,培育基础研究后继人才。

青年科学基金项目申请人应当具备以下条件:

(1)具有从事基础研究的经历;

(2)具有高级专业技术职务(职称)或者具有博士学位,或者有2名与其研究领域相同、具有高级专业技术职务(职称)的科学技术人员推荐;

(3)申请当年1月1日未满35周岁[1976年1月1日(含)以后出生],其中女性申请人年龄限制为未满40周岁[1971年1月1日(含)以后出生]。

符合上述条件、在职攻读博士研究生学位的人员,经过导师同意可以通过其受聘单位申请,但在职攻读硕士生学位的人员不得申请。作为负责人正在承担或者承担过青年科学基金项目的(包括资助期限1年的小额探索项目以及被终止或撤销的项目),不得再次申请。

青年科学基金项目申请、评审和管理机制与面上项目基本相同,重点评价申请人本人的创新潜力。申请人应当按照青年科学基金项目申请书撰写提纲撰写申请书。青年科学基金项目的合作研究单位不得超过2个,资助期限为3年。

2010年度国家自然科学基金青年科学基金项目共资助8350项,资助经费164600万元;平均资助强度为19.71万元/项,与去年持平;平均资助率为23.02%,比去年增加1.71%(资助情况见下表)。2011年度青年科学基金项目将适度提高资助强度(预计平均25万元/项),着力提高资助率。

2010年度青年科学基金项目资助情况

(金额单位:万元)

科学部	申请项数	批准资助				资助率(%)
		项数	金额	资助金额占全委比例(%)	单项平均资助金额	
数理科学部	2992	929	18580	11.29	20.00	31.05
化学科学部	3242	808	15585	9.47	19.29	24.92
生命科学部	5185	1139	22490	13.66	19.75	21.97
地球科学部	3103	868	17390	10.57	20.03	27.97
工程与材料科学部	6378	1530	30715	18.66	20.08	23.99
信息科学部	4945	1033	20455	12.43	19.80	20.89
管理科学部	1948	340	6005	3.65	17.66	17.45
医学科学部	8487	1703	33380	20.28	19.60	20.07
合　计	36280	8350	164600	100.00	19.71	23.02

关于青年科学基金项目资助范围见面上项目各科学部介绍,近年资助状况和有关要求见本部分各科学部介绍。

2011 年度国家自然科学基金——地区科学基金项目指南

地区科学基金项目是国家自然科学基金人才项目系列中快速发展的一个项目类型，支持特定地区的部分依托单位的科学技术人员在国家自然科学基金资助范围内开展创新性的科学研究，培养和扶植该地区的科学技术人员，稳定和凝聚优秀人才，为区域创新体系建设与经济、社会发展服务。

地区科学基金项目申请人应当具备以下条件：

(1)具有承担基础研究课题或者其他从事基础研究的经历；

(2)具有高级专业技术职务(职称)或者具有博士学位，或者有 2 名与其研究领域相同、具有高级专业技术职务(职称)的科学技术人员推荐。

符合上述条件，隶属于内蒙古自治区、宁夏回族自治区、青海省、新疆维吾尔自治区、西藏自治区、广西壮族自治区、海南省、贵州省、江西省、云南省、延边朝鲜族自治州和甘肃省的依托单位的科学技术人员，可以申请地区科学基金项目。除此以外的科学技术人员，不得作为申请人申请地区科学基金项目，但可以作为主要参与者参与申请。正在攻读研究生学位的人员不得申请地区科学基金项目，但在职人员经过导师同意可以通过其受聘单位申请。《条例》第十条第二款所列的科学技术人员不得申请地区科学基金项目。

地区联合资助项目的申请人应当符合上述条件，并注意各特定领域对申请人的特殊要求。

地区科学基金项目申请、评审和管理机制与面上项目基本相同，其特点是在面上项目管理模式的基础上，配合国家统筹区域发展的重大战略部署，加强与地方政府的沟通与合作，促进区域基础研究人才的稳定和成长。申请人应当按照地区科学基金项目申请书撰写提纲撰写申请书。地区科学基金项目的合作研究单位不得超过 2 个，资助期限由 3 年延长为 4 年。

2010 年度国家自然科学基金地区科学基金项目共资助 1 326 项，资助经费 33 560 万元；平均资助强度为 25.31 万元/项，比 2009 年度增加 1.25 万元/项；预计平均资助率为 21.34%，比 2009 年度增加 2.25%(资助情况见下表)。2011 年度地区科学基金项目将大幅度提高资助强度(平均 50 万元/项左右)，适度提高资助率。

2010 年度地区科学基金项目资助情况

(金额单位：万元)

科学部	申请项数	批准资助				资助率(%)
		项数	金额	资助金额占全委比例(%)	单项平均资助金额	
数理科学部	289	83	2204	6.57	26.55	28.72
化学科学部	497	114	2902	8.65	25.46	22.94
生命科学部	1703	360	9039	26.93	25.11	21.14
地球科学部	324	85	2197	6.55	25.85	26.23
工程与材料科学部	714	155	4272	12.73	27.56	21.71
信息科学部	456	106	2 524	7.52	23.81	23.25
管理科学部	289	50	1108	3.30	22.16	17.30
医学科学部	1941	373	9314	27.75	24.97	19.22
合　计	6213	1326	33560	100.00	25.31	21.34

关于地区科学基金项目资助范围见面上项目各科学部介绍，近年资助状况和有关要求见本部分各科学部介绍。

2011 年度国家自然科学基金——创新研究群体科学基金项目指南

创新研究群体项目支持优秀中青年科学家为学术带头人和研究骨干，围绕某一重要研究方向开展创新研究，培养和造就具有创新能力的研究群体。

参加评审的候选创新研究群体由中国科学院、教育部、中国科协及自然科学基金委推荐产生。

被推荐的群体应提交申请书及附件材料。使用国家自然科学基金申请书，按照创新研究群项目正文撰写提纲的要求，输入准确信息。依托单位对申请书审核并签署推荐意见后，将纸质申请书和附件材料一式两份报送自然科学基金委。

2011 年度创新研究群体项目计划资助群体 30 个左右，资助期限为 3 年，资助经费 600 万元/项(数学和管理科学 420 万元/项)。

2011年创新研究群体科学基金立项清单(材料相关)

项目名称	项目负责人	依托单位
仿生多尺度智能界面材料体系的构筑与应用	江雷	中国科学院化学研究所
功能金属配合物的超分子化学与晶体工程	陈小明	中山大学
反应过程强化	陈建峰	北京化工大学
新型亚稳材料的设计原理、实验合成与结构调控	田永君	燕山大学
表界面纳米工程学	刘忠范	北京大学
高分子材料加工中的多层次结构演变与控制新技术	傅强	四川大学
高性能无机复合能量转换材料的研究	陈立东	中国科学院上海硅酸盐研究所

2011年度国家自然科学基金——海外及港澳学者合作研究基金项目指南

为充分发挥海外及港澳科技资源优势,吸引海外及港澳优秀人才为国(内地)服务,自然科学基金委设立海外及港澳学者合作研究基金,资助海外及港澳50岁以下华人学者与国内(内地)合作者开展高水平的合作研究。

两年期资助项目

一、申请条件

(1)具有良好学风和科学道德;

(2)申请当年1月1日未满50周岁;

(3)具有所在国(或所在地)相当于副教授级以上的专业技术职务;

(4)在海外或港澳从事科学研究,并独立主持实验室或重要的研究项目;

(5)资助期内每年在依托单位从事合作研究工作的时间应当在两个月以上;

(6)已取得国际同行承认的创新性学术成就或突出的创造性科技成果;拟开展的研究工作属国际前沿,在中国内地有合作者且具有一定的合作基础;

(7)申请人应当落实依托单位,并与其签订合作研究协议书(简称协议书),协议书中应当包括以下内容:

① 合作研究的项目名称以及研究方向、预期目标等;

② 依托单位应当提供合作研究项目实施所必需的主要实验设备以及人力、物力等条件;

③ 申请人应当承诺资助期内每年在依托单位的工作时间为两个月以上。

二、注意事项

(1)海外及港澳学者合作研究基金项目注重考察的是申请人学术水平及与合作者的合作基础。

(2)申请人在申请之前,应当首先落实在国内(内地)的合作者及依托单位,并与其签订合作研究协议书。

(3)合作者信息填写在主要参与者栏目的第一行。

(4)申请人供职单位及专业技术职务用英文填写。

(5)申请人或合作者同期只能申请一项且无该类在研项目。

(6)申请人应当对任职及承担项目情况提供有效证明材料。

三、申请与报送

申请海外及港澳学者合作研究基金项目使用国家自然科学基金申请书,按照海外及港澳学者合作研究基金项目申请书正文撰写提纲的要求,输入准确信息、撰写申请书并提交相关附件材料;通过依托单位提出申请。

依托单位科研管理部门在电子信息确认后,将电子版申请书发送到自然科学基金委,纸质申请书和附件材料(包括协议书)一份报送自然科学基金委。

2011年度海外及港澳学者合作研究基金项目计划资助80项,资助期限为2年,资助强度20万元/项。

延续资助项目

海外及港澳学者合作研究基金项目采取2+4的资助模式,获得资助项目两年资助期满后可申请延续资助。经评审,对其中有实质性合作并有明显发展潜力的项目,给予4年期的延续资助。

一、申请条件

(1)获得2008年度海外及港澳学者合作研究基金项目资助并已按时结题;

(2)项目执行期间,项目负责人每年在依托单位的工作时间得到保证;

(3)合作研究工作取得了实质性进展并为今后的合作奠定了良好基础;

(4)拟继续开展的合作研究工作有重要的科学意义,属于国际前沿,对推动学科发展和人才培养有重要作用;

(5)延续资助申请人应当与依托单位签订延续资助期间合作研究协议书(简称协议书)。协议书中应当包括以下内容:

① 合作研究的项目名称以及研究方向、预期目标等;

② 依托单位应当提供合作研究项目实施所必需的主要实验设备以及人力、物力等条件;

③ 申请人应当承诺延续资助期内每年在依托单位的工

作时间为两个月以上。

二、注意事项

(1)实施两年期满需要延续资助的,由项目负责人和合作者共同提出申请。

(2)申请人或合作者同期只能申请一项(两年期和4年期延续资助项目)且无同类型在研项目。

(3)合作者信息填写在主要参与者栏目的第一行。

三、申请与报送

申请海外及港澳学者合作研究基金项目延续资助项目使用国家自然科学基金申请书,按照海外及港澳学者合作研究基金项目延续资助正文撰写提纲的要求,输入准确信息、撰写申请书并提交相关附件材料;通过依托单位提出申请。

依托单位科研管理部门在电子信息确认后,将电子版申请书发送到自然科学基金委,纸质申请书和附件材料(包括协议书)一份报送自然科学基金委。

2011年度海外及港澳学者合作研究基金项目计划延续资助20项,资助期限为4年,资助强度120万元/项。

2011年海外及港澳学者合作研究基金立项清单(材料相关)

项目名称	项目负责人	依托单位
碳纳米管基新型无机-有机杂化膜的制备、传质与应用	王焕庭	中国科学技术大学
二维氮化硼材料的控制生长及其在拉曼光谱中的应用	孔敬	北京大学
共轭多孔高分子的可控合成及性能	江东林	复旦大学
铝合金激光焊接等离子体光谱诊断机理与应用基础	陆永枫	华中科技大学
基于有机/纳米复合结构的高效光电转换材料及器件研究	李振声	中国科学院理化技术研究所
新型镍钴基铸锻变形高温合金中的蠕变机理研究	谷月峰	中国科学院金属研究所
Cu_2O/TiO_2纳米阵列异质结的可控制备与物性研究	陈忠	合肥工业大学

2011年度国家自然科学基金——基础科学人才培养基金项目指南

国家基础科学人才培养基金项目2011年度拟资助条件建设项目26项,能力提高项目58项,教师培训14项。

一、项目类型与相关要求

1. 人才培养支撑条件建设项目

以实践能力培养为切入点,构建具有优势和特色的创新性人才培养平台,促进知识、能力、素质协调发展,为高素质创新性人才的培养提供有力支撑。

项目向西部地区、东北地区基地和新建基地倾斜。

项目内容:包括本科生实践教学理念与培养目标、实验教学体系及内容、支撑条件建设内容及其教学功能、预期目标等。

资助规模:2011年度拟资助26项。

资助强度:每项200万元,资助期限4年。

2. 能力提高项目

能力提高项目包括两部分:一是基础学科本科生的科研训练及特殊学科点研究生科研能力的提高;二是地学及生物学野外实践能力的提高。

(1)科研训练及科研能力提高项目

旨在促进科学研究与教育的结合,加强本科生科研能力训练,提高综合素质。申请单位应充分利用国家及省部级重点实验室、实验教学中心等已有科研平台,鼓励教师特别是一线教学骨干,通过科研立项并结合高校SRT项目,加强理科基础科学本科生的科研训练及特殊学科点研究生科研能力的提高,使学生的知识、能力、素质全面协调发展。

项目内容:包括本科生科研训练的思路、基础情况、科研训练主要内容与计划安排、预期目标等。

申请要求:以院系为单位组织申请,指导教师作为子课题负责人。

资助规模:2011年度拟资助52项。

资助强度:每项400万元,资助期限4年。

(2)野外实践能力提高项目

面向地学和生物学2个学科,旨在提高学生野外实践能力及解决实际问题的能力。鼓励校际间资源共享,联合培养,提倡地域和院校间优势互补。主申请单位应具备接收其他单位学生实习的能力。

项目内容:包括野外基地的自然优势、原有基础、实习内容与安排、接收实习能力情况与计划、预期目标等。

资助规模:2011年度拟资助6项(地学2项,生物学4项)。

资助强度:每项400万元,资助期限4年。

3. 师资培训项目

在"十一五"基础上,继续支持高水平师资队伍建设工作,通过基础课程研讨班、培训班等方式提高骨干教师学术及教学水平。鼓励面向西部地区和边远地区的师资培训,加强辐射效应。

项目内容:包括数学、物理学、化学、地学及生物学基础课(或实验课)青年骨干教师的培训、交流和研讨。

申请要求:该项目实行委托制,指定相关学校负责项目的具体实施及总结。

资助规模:拟资助14项。

资助强度:每项20万元,资助期限1年。

二、申请代码

J0101 数学、J0102 力学、J0103 物理学（含天文学、大理科班）、J0104 化学、J0105 地学、J0106 生物学、J0107 心理学、J0108 基础（中）医（药）学、J0109 特殊学科点。

2011 年基础科学人才培养基金立项清单（材料相关）

项目名称	项目负责人	依托单位
中国科学技术大学物理学基地	尹民	中国科学技术大学
南京大学多学科综合点（大理科试验班）	许望	南京大学
北京大学核物理基地	许甫荣	北京大学
兰州大学物理学基地	谢二庆	兰州大学
北京师范大学物理学基地	夏钶	北京师范大学
吉林大学物理学基地	王文全	吉林大学
复旦大学物理学基地	沈健	复旦大学
2011 年暑期物理实验系列课程骨干教师培训	阮东	清华大学
2011 年暑期计算物理课程骨干教师培训	阮东	清华大学
北京大学物理学基地	刘玉鑫	北京大学
山东大学物理基地	梁作堂	山东大学
南开大学物理学基地	李川勇	南开大学

（续表）

项目名称	项目负责人	依托单位
四川大学物理学基地	龚敏	四川大学
山西大学物理学基地	郜江瑞	山西大学
中山大学物理学基地能力提高项目	陈敏	中山大学
内蒙古大学数学物理学基地可持续发展条件建设	班士良	内蒙古大学
厦门大学化学基地	朱亚先	厦门大学
南京大学化学人才培养	朱成建	南京大学
郑州大学化学基地	杨贯羽	郑州大学
吉林大学化学基地	徐家宁	吉林大学
复旦大学化学基地	徐华龙	复旦大学
浙江大学化学基地	王彦广	浙江大学
强化实践环节，提高化学基地本科生科研能力和综合素质	王绪绪	福州大学
山东大学化学基地	宋其圣	山东大学
西北大学化学基地	申烨华	西北大学
兰州大学化学基地	梁永民	兰州大学
中国海洋大学化学（海洋化学）基地	李铁	中国海洋大学
四川大学化学基地 能力提高项目	李梦龙	四川大学
湖南大学理科化学基地	旷亚非	湖南大学
南开大学化学基地	程鹏	南开大学
武汉大学化学基地	程功臻	武汉大学
中山大学化学基地	巢晖	中山大学

产业发展篇

新材料产业发展相关政策

工信部《新材料产业“十二五”发展规划》

前　言

材料工业是国民经济的基础产业,新材料是材料工业发展的先导,是重要的战略性新兴产业。“十二五”时期,是我国材料工业由大变强的关键时期。加快培育和发展新材料产业,对于引领材料工业升级换代,支撑战略性新兴产业发展,保障国家重大工程建设,促进传统产业转型升级,构建国际竞争新优势具有重要战略意义。

根据《中华人民共和国国民经济和社会发展第十二个五年规划纲要》和《国务院关于加快培育和发展战略性新兴产业的决定》的总体部署,工业和信息化部会同发展改革委、科技部、财政部等有关部门和单位编制了《新材料产业“十二五”发展规划》。本规划是指导未来五年新材料产业发展的纲领性文件,是配置政府公共资源和引导企业决策的重要依据。

专栏1　新材料的定义与范围

新材料涉及领域广泛,一般指新出现的具有优异性能和特殊功能的材料,或是传统材料改进后性能明显提高和产生新功能的材料,主要包括新型功能材料、高性能结构材料和先进复合材料,其范围随着经济发展、科技进步、产业升级不断发生变化。为突出重点,本规划主要包括以下六大领域:①特种金属功能材料。具有独特的声、光、电、热、磁等性能的金属材料。②高端金属结构材料。较传统金属结构材料具有更高的强度、韧性和耐高温、抗腐蚀等性能的金属材料。③先进高分子材料。具有相对独特物理化学性能、适宜在特殊领域或特定环境下应用的人工合成高分子新材料。④新型无机非金属材料。在传统无机非金属材料基础上新出现的具有耐磨、耐腐蚀、光电等特殊性能的材料。⑤高性能复合材料。由两种或两种以上异质、异型、异性材料(一种作为基体,其他作为增强体)复合而成的具有特殊功能和结构的新型材料。⑥前沿新材料。当前以基础研究为主,未来市场前景广阔,代表新材料科技发展方向,具有重要引领作用的材料。

一、发展现状和趋势

(一)产业现状

经过几十年奋斗,我国新材料产业从无到有,不断发展壮大,在体系建设、产业规模、技术进步等方面取得明显成就,为国民经济和国防建设做出了重大贡献,具备了良好发展基础。

新材料产业体系初步形成。我国新材料研发和应用发端于国防科技工业领域,经过多年发展,新材料在国民经济各领域的应用不断扩大,初步形成了包括研发、设计、生产和应用,品种门类较为齐全的产业体系。

新材料产业规模不断壮大。进入新世纪以来,我国新材料产业发展迅速,2010年我国新材料产业规模超过6500亿元,与2005年相比年均增长约20%。其中,稀土功能材料、先进储能材料、光伏材料、有机硅、超硬材料、特种不锈钢、玻璃纤维及其复合材料等产能居世界前列。

部分关键技术取得重大突破。我国自主开发的钽铌铍合金、非晶合金、高磁感取向硅钢、二苯基甲烷二异氰酸酯(MDI)、超硬材料、间位芳纶和超导材料等生产技术已达到或接近国际水平。新材料品种不断增加,高端金属结构材料、新型无机非金属材料和高性能复合材料保障能力明显增强,先进高分子材料和特种金属功能材料自给水平逐步提高。

但是,我国新材料产业总体发展水平仍与发达国家有较大差距,产业发展面临一些亟待解决的问题,主要表现在:新材料自主开发能力薄弱,大型材料企业创新动力不强,关键新材料保障能力不足;产学研用相互脱节,产业链条短,新材料推广应用困难,产业发展模式不完善;新材料产业缺乏统筹规划和政策引导,研发投入少且分散,基础管理工作比较薄弱。

(二)发展趋势

当今世界,科技革命迅猛发展,新材料产品日新月异,产业升级、材料换代步伐加快。新材料技术与纳米技术、生物技术、信息技术相互融合,结构功能一体化、功能材料智能化趋势明显,材料的低碳、绿色、可再生循环等环境友好特性倍受关注。发达国家高度重视新材料产业的培育和发展,具有完善的技术开发和风险投资机制,大型跨国公司以其技术研发、资金、人才和专利等优势,在高技术含量、高附加值新材料产品中占据主导地位,对我国新材料产业发展构成较大压力。

从国内看,“十二五”是全面建设小康社会的关键时期,是加快转变经济发展方式的攻坚时期,经济结构战略性调整为新材料产业提供了重要发展机遇。一方面,加快培育和发展节能环保、新一代信息技术、高端装备制造、新能源和新能源汽车等战略性新兴产业,实施国民经济和国防建设重大工程,需要新材料产业提供支撑和保障,为新材料产业发展提供了广阔市场空间。另一方面,我国原材料工业规模巨大,部分行业产能过剩,资源、能源、环境等约束日益强化,迫切需要大力发展新材料产业,加快推进材料工业转型升级,培育新的增长点。

专栏2 战略性新兴产业对部分新材料的需求预测

01	新能源
	“十二五”期间,我国风电新增装机6000万千瓦以上,建成太阳能电站1000万千瓦以上,核电运行装机达到4000万千瓦,预计共需要稀土永磁材料4万吨、高性能玻璃纤维50万吨、高性能树脂材料90万吨,多晶硅8万吨、低铁绒面压延玻璃6000万平方米,需要核电用钢7万吨/年,核级锆材1200吨/年、锆及锆合金铸锭2000吨/年。
02	节能和新能源汽车
	2015年,新能源汽车累计产销量将超过50万辆,需要能量型动力电池模块150亿瓦时/年、功率型30亿瓦时/年、电池隔膜1亿平方米/年、六氟磷酸锂电解质盐1000吨/年、正极材料1万吨/年、碳基负极材料4000吨/年;乘用车需求超过1200万辆,需要铝合金板材约17万吨/年、镁合金10万吨/年。
03	高端装备制造
	“十二五”期间,航空航天、轨道交通、海洋工程等高端装备制造业,预计需要各类轴承钢180万吨/年、油船耐腐蚀合金钢100万吨/年、轨道交通大规格铝合金型材4万吨/年、高精度可转位硬质合金切削工具材料5000吨。到2020年,大型客机等航空航天产业发展需要高性能铝材10万吨/年,碳纤维及其复合材料应用比重将大幅增加。
04	新一代信息技术
	预计到2015年,需要8英寸硅单晶抛光片约800万片/年、12英寸硅单晶抛光片480万片/年,平板显示玻璃基板约1亿平方米/年,TFT混合液晶材料400吨/年。
05	节能环保
	“十二五”期间,稀土三基色荧光灯年产量将超过30亿只,需要稀土荧光粉约1万吨/年;新型墙体材料需求将超过230亿平方米/年,保温材料产值将达1200亿元/年;火电烟气脱硝催化剂及载体需求将达到40亿元/年,耐高温、耐腐蚀袋式除尘滤材和水处理膜材料等市场需求将大幅增长。
06	生物产业
	2015年,预计需要人工关节50万套/年、血管支架120万个/年,眼内人工晶体100万个/年,医用高分子材料、生物陶瓷、医用金属等材料需求将大幅增加。可降解塑料需要聚乳酸(PLA)等5万吨/年、淀粉塑料10万吨/年。

二、总体思路

(一)指导思想

深入贯彻落实科学发展观,按照加快培育发展战略性新兴产业的总体要求,紧紧围绕国民经济和社会发展重大需求,以加快材料工业升级换代为主攻方向,以提高新材料自主创新能力为核心,以新型功能材料、高性能结构材料和先进复合材料为发展重点,通过产学研用相结合,大力推进科技含量高、市场前景广、带动作用强的新材料产业化规模化发展,加快完善新材料产业创新发展政策体系,为战略性新兴产业发展、国家重大工程建设和国防科技工业提供支撑和保障。

(二)基本原则

坚持市场导向。遵循市场经济规律,突出企业的市场主体地位,充分发挥市场配置资源的基础作用,重视新材料推广应用和市场培育。准确把握新材料产业发展趋势,加强新材料产业规划实施和政策制定,积极发挥政府部门在组织协调、政策引导、改善市场环境中的重要作用。

坚持突出重点。新材料品种繁多、需求广泛,要统筹规划、整体部署,在鼓励各类新材料的研发生产和推广应用的基础上,重点围绕经济社会发展重大需求,组织实施重大工程,突破新材料规模化制备的成套技术与装备,加快发展产业基础好、市场潜力大、保障程度低的关键新材料。

坚持创新驱动。创新是新材料产业发展的核心环节,要强化企业技术创新主体地位,激发和保护企业创新积极性,完善技术创新体系,通过原始创新、集成创新和引进消化吸收再创新,突破一批关键核心技术,加快新材料产品开发,提升新材料产业创新水平。

坚持协调推进。加强新材料与下游产业的相互衔接,充分调动研发机构、生产企业和终端用户积极性。加强新材料产业与原材料工业融合发展，在原材料工业改造提升中，不断催生新材料，在新材料产业创新发展中，不断带动材料工业升级换代。加快军民共用材料技术双向转移，促进新材料产业军民融合发展。

坚持绿色发展。牢固树立绿色、低碳发展理念，重视新材料研发、制备和使役全过程的环境友好性，提高资源能源利用效率，促进新材料可再生循环，改变高消耗、高排放、难循环的传统材料工业发展模式，走低碳环保、节能高效、循环安全的可持续发展道路。

（三）发展目标

到2015年，建立起具备一定自主创新能力、规模较大、产业配套齐全的新材料产业体系，突破一批国家建设急需、引领未来发展的关键材料和技术，培育一批创新能力强、具有核心竞争力的骨干企业，形成一批布局合理、特色鲜明、产业集聚的新材料产业基地，新材料对材料工业结构调整和升级换代的带动作用进一步增强。

到2020年，建立起具备较强自主创新能力和可持续发展能力、产学研用紧密结合的新材料产业体系，新材料产业成为国民经济的先导产业，主要品种能够满足国民经济和国防建设的需要，部分新材料达到世界领先水平，材料工业升级换代取得显著成效，初步实现材料大国向材料强国的战略转变。

专栏3　“十二五”新材料产业预期发展目标

01	产业规模 总产值达到2万亿元，年均增长率超过25%。
02	创新能力 研发投入明显增加，重点新材料企业研发投入占销售收入比重达到5%，建成一批新材料工程技术研发和公共服务平台。
03	产业结构 打造10个创新能力强、具有核心竞争力、新材料销售收入超150亿元的综合性龙头企业，培育20个新材料销售收入超过50亿元的专业性骨干企业，建成若干主业突出、产业配套齐全、年产值超过300亿元的新材料产业基地和产业集群。
04	保障能力 新材料产品综合保障能力提高到70%，关键新材料保障能力达到50%，实现碳纤维、钛合金、耐蚀钢、先进储能材料、半导体材料、膜材料、丁基橡胶、聚碳酸酯等关键品种产业化、规模化。
05	材料换代 推广30个重点新材料品种，实施若干示范推广应用工程。

三、发展重点

（一）特种金属功能材料

稀土功能材料。以提高稀土新材料性能、扩大高端领域应用、增加产品附加值为重点，充分发挥我国稀土资源优势，壮大稀土新材料产业规模。大力发展超高性能稀土永磁材料、稀土发光材料，积极开发高比容量、低自放电、长寿命的新型储氢材料，提高研磨抛光材料产品档次，提升现有催化材料性能和制备技术水平。

稀有金属材料。充分发挥我国稀有金属资源优势，提高产业竞争力。积极发展高纯稀有金属及靶材，大规格钼电极、高品质钼丝、高精度钨窄带、钨钼大型板材和制件、高纯铼及合金制品等高技术含量深加工材料。加快促进超细纳米晶、特粗晶粒等高性能硬质合金产业化，提高原子能级锆材和银铟镉控制棒、高比容钽粉、高效贵金属催化材料发展水平。

半导体材料。以高纯度、大尺寸、低缺陷、高性能和低成本为主攻方向，逐步提高关键材料自给率。开发电子级多晶硅、大尺寸单晶硅、抛光片、外延片等材料，积极开发氮化镓、砷化镓、碳化硅、磷化铟、锗、绝缘体上硅（SOI）等新型半导体材料，以及铜铟镓硒、铜铟硫、碲化镉等新型薄膜光伏材料，推进高效、低成本光伏材料产业化。

其他功能合金。加快高磁感取向硅钢和铁基非晶合金带材推广应用。积极开发高导热铜合金引线框架、键合丝、稀贵金属钎焊材料、铟锡氧化物（ITO）靶材、电磁屏蔽材料，满足信息产业需要。促进高强高导、绿色无铅新型铜合金接触导线规模化发展，满足高速铁路需要。进一步推动高磁导率软磁材料、高导电率金属材料及相关型材的标准化和系列化，提高电磁兼容材料产业化水平。开发推广耐高温、耐腐蚀铁铬铝金属纤维多孔材料，满足高温烟气处理等需求。

专栏4　特种金属功能材料关键技术和装备

01	稀土功能材料技术 开发高纯稀土金属集成化提纯、磁能积加矫顽力大于65的永磁材料、高容量大功率储能材料、稀土合金快冷厚带等生产技术。
02	稀有金属材料技术 开发多元合金熔炼、大型合金铸锭成分均匀化控制、中间合金制备、超高纯(≥6N)金属加工及清洗、大尺寸超高纯金属靶材微观组织控制、硬质合金全致密化烧结及涂层沉积定向控制等技术。
03	半导体材料技术 实现8英寸、12英寸硅单晶生长及硅片加工产业化,突破12英寸硅片外延生长等技术,开发多晶硅绿色生产工艺。
04	其他功能合金技术 开发新一代非晶带材高速连铸工艺、薄规格(0.18～0.20mm)高磁感取向硅钢生产技术、超细超纯铜合金制备加工工艺。
05	特种金属功能材料关键装备 12～18英寸硅单晶生长的直拉磁场单晶炉,线切割机,高频电磁感应快速加热装置,等静压成套设备,大尺寸、超高真空、超高温烧结炉,熔盐电解精炼设备,高功率电子束熔炼炉,大型化学气相沉积炉等。

(二)高端金属结构材料

高品质特殊钢。以满足装备制造和重大工程需求为目标,发展高性能和专用特种优质钢材。重点发展核电大型锻件、特厚钢板、换热管、堆内构件用钢及其配套焊接材料,加快发展超超临界锅炉用钢及高温高压转子材料、特种耐腐蚀油井管及造船板、建筑桥梁用高强钢筋和钢板,实现自主化。积极发展节镍型高性能不锈钢、高强汽车板、高标准轴承钢、齿轮钢、工模具钢、高温合金及耐蚀合金材料。

专栏5　重大装备关键配套金属结构材料

01	电力 核电用汽轮机转子锻件、发电机转轴锻件、承压壳体材料、换热管材、堆内构件材料、锆合金包壳管等;超超临界火电机组锅炉管、叶片、转子;燃机用高温合金叶片、高温合金轮盘锻件;水电机组用大轴锻件、抗撕裂钢板、薄镜板锻件等。
02	交通运输 轨道列车用大型多孔异型空心铝合金型材、高速铁路车轮车轴及轴承用钢;车辆用第三代汽车钢及超高强钢、高品质铝合金车身板、变截面轧制板、大型镁合金压铸件、型材及宽幅板材等。
03	船舶及海洋工程 船用高强度易焊接宽厚板、特种耐腐蚀船板、货油舱和压载舱等相关耐蚀管系材料、殷瓦钢等;海洋工程用高强度特厚齿条钢、大口径高强度无缝管、不锈钢管及配件、深水系泊链、超高强度钢等。
04	航空航天 高强、高韧、高耐损伤容限铝合金厚、中、薄板,大规格锻件、型材、大型复杂结构铝材焊接件、铝锂合金、大型钛合金材、高温合金、高强高韧钢等。

新型轻合金材料。以轻质、高强、大规格、耐高温、耐腐蚀、耐疲劳为发展方向,发展高性能铝合金、镁合金和钛合金,重点满足大飞机、高速铁路等交通运输装备需求。积极开发高性能铝合金品种及大型铝合金材加工工艺及装备,加快镁合金制备及深加工技术开发,开展镁合金在汽车零部件、轨道列车等领域的应用示范。积极发展高性能钛合金、大型钛板、带材和焊管等。

专栏6　高端金属结构材料关键技术和装备

01	高品质特殊钢技术 开发超高纯铁(S+P<35ppm)冶炼、大规格铸锭熔铸、大锻件最佳化学成分配比、成型和热处理工艺技术，低成本、低能耗高品质特钢流程技术。
02	新型轻合金材料技术 发展高洁净、高均匀性合金冶炼和凝固技术，大规格铸锭均质化半连铸技术，大型材等温挤压、拉伸与校正技术，复杂锻件等温模锻、铝合金板材新型轧制、中厚板(80～200mm)固溶淬火、预拉伸与多级时效技术，高性能铸造镁合金及高强韧变形镁合金制备、低成本镁合金大型型材和宽幅板材加工、腐蚀控制及防护技术，钛合金冷床炉熔炼、15吨以上铸锭加工、2吨以上模锻件锻压、型材挤压、异型管棒丝材成型和残料回收技术。
03	高端金属结构材料关键装备 开发高功率(单枪功率≥500kW)电子束炉和等离子炉，大型特钢精炼真空电渣炉，高纯净大规格铝锭半连铸装备，等温模锻、等温挤压、固溶淬火、三级时效等装备，大型厚板预拉伸、时效成型热压及超声摩擦搅拌焊接装备，8吨以上钛合金熔炼真空自耗电弧炉，30MN以上镁合金压铸机和挤压机，大面积等温焊接等成套装备。

(三)先进高分子材料

特种橡胶。自主研发和技术引进并举，走精细化、系列化路线，大力开发新产品、新牌号，改善产品质量，努力扩大规模，力争到2015年国内市场满足率超过70%。扩大丁基橡胶(IIR)、丁腈橡胶(NBR)、乙丙橡胶(EPR)、异戊橡胶(IR)、聚氨酯橡胶、氟橡胶及相关弹性体等生产规模，加快开发丙烯酸酯橡胶及弹性体、卤化丁基橡胶、氢化丁腈橡胶、耐寒氯丁橡胶和高端苯乙烯系弹性体、耐高低温硅橡胶、耐低温氟橡胶等品种，积极发展专用助剂，强化为汽车、高速铁路和高端装备制造配套的高性能密封、阻尼等专用材料开发。

工程塑料。围绕提高宽耐温、高抗冲、抗老化、高耐磨和易加工等性能，加强改性及加工应用技术研发，扩大国内生产，尽快增强高端品种供应能力。加快发展聚碳酸酯(PC)、聚甲醛(POM)、聚酰胺(PA)、聚对苯二甲酸丁二醇酯(PBT)、聚苯醚(PPO)和聚苯硫醚(PPS)等产品，扩大应用范围，提高自给率。积极开发聚对苯二甲酸丙二醇酯(PTT)和聚萘二甲酸乙二醇酯(PEN)等新型聚酯、特种环氧树脂和长碳链聚酰胺、耐高温易加工聚酰亚胺等新产品或高端牌号。力争到2015年国内市场满足率超过50%。

其他功能性高分子材料。巩固有机硅单体生产优势，大力发展硅橡胶、硅树脂等有机硅聚合物产品。着力调整含氟聚合物产品结构，重点发展聚全氟乙丙烯(FEP)、聚偏氟乙烯(PVDF)及高性能聚四氟乙烯等高端含氟聚合物，积极开发含氟中间体及精细化学品。加快电解用离子交换膜、电池隔膜和光学聚酯膜的技术开发及产业化进程，鼓励液体、气体分离膜材料开发、生产及应用。大力发展环保型高性能涂料、长效防污涂料、防水材料、高性能润滑油脂和防火隔音泡沫材料等品种。

专栏7　先进高分子材料关键技术和装备

01	核心技术 加强基础聚合物制备、集成创新和成套工艺技术研究，开发分子结构设计、分子量控制及工艺参数控制等先进聚合技术。加快PA6高压前聚工艺技术、PBT直接酯化法生产技术、PC酯交换和PI技术产业化。突破ϕ4000mm甲基流化床、ϕ1200mm苯基沸腾床等有机硅单体合成技术。开发反应体系配方设计和后处理工艺，材料改性和加工成型技术以及配套助剂，可降解及回收材料技术等。
02	关键装备 开发大型在线检测控制聚合反应器、流化干燥床、脱气釜、汽提釜、直接脱挥装置、螺杆聚合反应器、先进混炼机、专用模具、高速挤出和大型注射成型设备、大型无水无氧聚合反应器等。

(四)新型无机非金属材料

先进陶瓷。重点突破粉体及先驱体制备、配方开发、烧制成型和精密加工等关键环节，扩大耐高温、耐磨和高稳定性结构功能一体化陶瓷生产规模。重点发展精细熔融石英陶瓷坩埚、陶瓷过滤膜和新型无毒蜂窝陶瓷脱硝催化剂等产品。积极发展超大尺寸氮化硅陶瓷、烧结碳化硅陶瓷、高频多功能压电陶瓷及超声换能用压电陶瓷。大力发展无铅绿色陶瓷材料。建立高纯陶瓷原料保障体系。

特种玻璃。以满足建筑节能、平板显示和太阳能利用等领域需求为目标，加快特种玻璃产业化，增强产品自给能力。重点发展平板显示玻璃(TFT/PDP/OLED)，鼓励发展应用低辐射(Low-E)镀膜玻璃、涂膜玻璃、真空节能玻璃及光伏电池透明导电氧化物镀膜(TCO)超白玻璃。加快发展高纯石英粉、石英玻璃及制品，促进高纯石英管、光纤预制棒产业化。积极发展长波红外玻璃、无铅低温封接玻璃、激光玻璃等新型玻璃品种。

其他特种无机非金属材料。巩固人造金刚石和立方氮化硼超硬材料、激光晶体和非线性晶体等人工晶体技术优势,大力发展功能性超硬材料和大尺寸高功率光电晶体材料及制品。积极发展高纯石墨,提高锂电池用石墨负极材料质量,加快研发核级石墨材料。大力发展非金属矿及其深加工材料。开发高性能玻璃纤维、连续玄武岩纤维、高性能摩擦材料和绿色新型耐火材料等产品。加快推广新型墙体材料、无机防火保温材料,壮大新型建筑材料产业规模。

专栏 8　新型无机非金属材料关键技术和装备

01	先进陶瓷技术 开发高纯超细陶瓷粉体及先驱体制备、陶瓷蜂窝结构设计技术。
02	特种玻璃技术 开发超薄玻璃基板成型、低辐射镀膜玻璃膜系设计与制备、高纯石英粉(≥5N)合成和光纤管(金属杂质<1ppm)制备技术、电子专用石英玻璃及制品制备技术、6 代以上 TFT-LCD 玻璃基板及 OLED 玻璃基板制备技术。
03	其他特种无机非金属材料技术 开发高纯石墨(≥4N)电加热连续式化学提纯、高温连续式绝氧气氛窑生产、柔性石墨碾压法和挤压法加工技术,半导体用石墨保温材料加工技术,人工晶体生长及加工等技术。
04	新型无机非金属材料关键装备 开发 6 代以上 TFT-LCD 用玻璃基板窑炉,气氛加压陶瓷烧结炉,超硬材料用大型压机、大功率(30～100kW)微波等离子体和超大面积(150～300mm^2)热灯丝 CVD 金刚石膜成套装备,高纯石墨用高温(3000～3500℃)各项同性等静压机,(炉内氧含量≤1000ppm)连续式绝氧气氛窑,石墨负极材料包覆和炭化装备等。

(五)高性能复合材料

树脂基复合材料。以低成本、高比强、高比模和高稳定性为目标,攻克树脂基复合材料的原料制备、工业化生产及配套装备等共性关键问题。加快发展碳纤维等高性能增强纤维,提高树脂性能,开发新型超大规格、特殊结构材料的一体化制备工艺,发展风电叶片、建筑工程、高压容器、复合导线及杆塔等专用材料,加快在航空航天、新能源、高速列车、海洋工程、节能与新能源汽车和防灾减灾等领域的应用。

专栏 9　高性能增强纤维发展重点

01	碳纤维 加强高强、高强中模、高模和高强高模系列品种攻关,实现千吨级装置稳定运转,提高产业化水平,扩大产品应用范围。
02	芳纶 扩大间位芳纶(1313)生产规模,突破对位芳纶(1414)产业化瓶颈,拓展在蜂巢结构、绝缘纸等领域的应用。
03	超高分子量聚乙烯纤维 积极发展高性能聚乙烯纤维(UHMWPE)干法纺丝技术及产品,突破纺丝级专用树脂生产技术,降低生产成本。
04	新型无机非金属纤维 积极发展高强、低介电、高硅氧、耐碱等高性能玻璃纤维及制品,大力发展连续玄武岩、氮化硼和岩棉等新型无机非金属纤维品种。
05	其他高性能纤维材料 积极发展聚苯硫醚、聚[2,5-二羟基-1,4-苯撑吡啶并二咪唑]、芳砜纶、聚酰亚胺、对苯基并双噁唑纤维等新品种。

碳/碳复合材料。以耐高温、耐烧蚀、耐磨损及结构功能一体化为重点,加强材料预成型、浸渍渗碳及快速制备工艺研究。积极开发各类高温处理炉、气氛炉所需要的保温筒、发热体和坩埚等材料,推广碳/碳复合材料刹车片、高温紧固件等在运输装备、高温装备中的应用。

陶瓷基复合材料。进一步提高特种陶瓷基体和碳化硅、氮化硅、氧化铝等增强纤维,以及新型颗粒、晶须增强材料及陶瓷先驱体制备技术水平,加快在削切工具、耐磨器件和航空航天等领域的应用。

金属基复合材料。发展纤维增强铝基、钛基、镁基复合材料和金属层状复合材料,进一步实现材料轻量化、智能化、高性能化和多功能化,加快应用研究。

专栏10　高性能复合材料关键技术和装备

01	核心技术 重点突破聚合、纺丝、预氧化、碳化等高性能聚丙烯腈基碳纤维产业化关键技术，芳纶纤维聚合、纺丝及溶剂回收技术等。开发陶瓷基复合材料烧结、渗透等制备加工技术，碳/碳复合材料液相浸渍、渗碳及快速制备工艺，开发纤维增强型树脂基复合材料缠绕、铺放、热融预浸、真空辅助树脂转移成型(VARTM)技术。
02	关键装备 重点突破碳纤维用大容量聚合釜、饱和蒸汽牵伸、宽口径高温碳化、恒张力收丝装置，芳纶用耐强腐蚀高精度双螺杆聚合装置，复合材料用多轴缠绕机、热融预浸机、纤维铺放机、超高温热压成型设备。

(六)前沿新材料

纳米材料。加强纳米技术研究，重点突破纳米材料及制品的制备与应用关键技术，积极开发纳米粉体、纳米碳管、富勒烯、石墨烯等材料，积极推进纳米材料在新能源、节能减排、环境治理、绿色印刷、功能涂层、电子信息和生物医用等领域的研究应用。

生物材料。积极开展聚乳酸等生物可降解材料研究，加快实现产业化，推进生物基高分子新材料和生物基绿色化学品产业发展。加强生物医用材料研究，提高材料生物相容性和化学稳定性，大力发展高性能、低成本生物医用高端材料和产品，推动医疗器械基础材料升级换代。

智能材料。加强基础材料研究，开发智能材料与结构制备加工技术，发展形状记忆合金、应变电阻合金、磁致伸缩材料、智能高分子材料和磁流变液体材料等。

超导材料。突破高度均匀合金的熔炼及超导线材制备技术，提高铌钛合金和铌锡合金等低温超导材料工程化制备技术水平，发展高温超导千米长线、高温超导薄膜材料规模化制备技术，满足核磁共振成像、超导电缆、无线通信等需求。

四、区域布局

按照国家区域发展总体战略和主体功能区定位，立足现有材料工业基础，结合各地科技人才条件、市场需求、资源优势和环境承载能力，大力发展区域特色新材料，加快新材料产业基地建设，促进新材料产业有序、集聚和快速发展。

推进区域新材料产业协调发展。巩固扩大东部地区新材料产业优势，瞄准国际新材料产业发展方向，加大研发投入，引领产业技术创新，着力形成环渤海、长三角和珠三角三大综合性新材料产业集群。充分利用中部地区雄厚的原材料工业基础，加快新材料产业技术创新，大力发展高技术含量、高附加值的精深加工产品，不断壮大新材料产业规模。积极发挥西部地区资源优势，加强与东中部地区经济技术合作，依托重点企业，加快促进资源转化，推进军民融合，培育一批特色鲜明、比较优势突出的新材料产业集群。

有序建设重点新材料产业基地。特种金属功能材料要立足资源地和已有产业基地，促进资源综合利用，着力提高技术水平；高端金属结构材料要充分依托现有大中型企业生产装备，加快技术改造和产品升级换代，严格控制新布点项目；先进高分子材料应坚持集中布局、园区化发展，注重依托烯烃工业基地，围绕下游产业布局；新型无机非金属材料应在现有基础上适当向中西部地区倾斜；高性能复合材料原则上靠近市场布局，碳纤维等增强纤维在产业化和应用示范取得重大突破前原则上限制新建项目。

专栏11　重点新材料产业基地

01	稀土功能材料基地 重点建设北京、内蒙古包头、江西赣州、四川凉山及乐山、福建龙岩、浙江宁波等稀土新材料产业基地。
02	稀有金属材料基地 重点建设陕西西安、云南昆明稀有金属材料综合产业基地，福建厦门、湖南株洲硬质合金材料基地。加快在中西部资源优势地区建设一批钼、钽、铌、铍、锆等特色稀有金属新材料产业基地。
03	高品质特殊钢基地 以上海、江苏江阴等为中心，重点建设华东高品质特殊钢综合生产基地。依托鞍山、大连等老工业基地，打造东北高品质特殊钢基地。在山西太原、湖北武汉、河南舞阳、天津等地建设若干专业化高品质特殊钢生产基地。
04	新型轻合金材料基地 重点建设陕西关中钛合金材料基地，重庆、山东龙口和吉林辽源新型铝合金材料基地，山西闻喜、宁夏石嘴山新型镁合金材料基地。

05	特种橡胶基地 重点建设北京、广东茂名、湖南岳阳、甘肃兰州、吉林、重庆等特种橡胶基地。
06	工程塑料基地 重点建设江苏苏东、上海、河南平顶山工程塑料生产基地及广东改性材料加工基地。
07	高性能氟硅材料基地 重点建设浙江、江苏、山东淄博、江西九江、四川成都高性能氟硅材料基地。
08	特种玻璃基地 重点建设陕西咸阳、江苏、广东、河南洛阳、安徽特种玻璃基地。
09	先进陶瓷基地 重点建设山东、江苏、浙江先进陶瓷基地。
10	高性能复合材料基地 重点建设江苏连云港、山东威海、吉林碳纤维及其复合材料基地，重庆、山东泰安、浙江嘉兴等高性能玻璃纤维及其复合材料基地，北京、广东、山东等树脂基复合材料基地，湖南碳/碳复合材料基地，四川成都综合性复合材料基地。

五、重大工程

“十二五”期间，集中力量组织实施一批重大工程和重点项目，突出解决一批应用领域广泛的共性关键材料品种，提高新材料产业创新能力，加快创新成果产业化和示范应用，扩大产业规模，带动新材料产业快速发展。

(一)稀土及稀有金属功能材料专项工程

工程目标：力争到2015年，高性能稀土及稀有金属功能材料生产技术迈上新台阶，部分技术达到世界先进水平，在高新技术产业领域推广应用达到70%以上。

主要内容：组织开发高磁能积新型稀土永磁材料等产品生产工艺，推进高矫顽力、耐高温钕铁硼磁体及钐钴磁体，各向同性钐铁氮粘结磁粉及磁体产业化，新增永磁材料产能2万吨/年。加快开发电动车用高容量、高稳定性新型储氢合金，新增储氢合金粉产能1.5万吨/年。推进三基色荧光粉，3D显示短余辉荧光粉，白光LED荧光粉产业化，新增发光材料产能0.5万吨/年。加快高档稀土抛光粉、石油裂化催化材料、汽车尾气净化催化材料产业化，新增抛光粉产能0.5万吨/年、催化剂材料0.5万吨/年。组织开发硬质合金涂层材料、功能梯度硬质合金和高性能钨钼材料，新增高性能硬质合金产能5000吨/年、钨钼大型制件4000吨/年、钨钼板带材能3000吨/年。推进原子能级锆管、银铟镉控制棒材产业化，形成锆管产能1000吨/年。

(二)碳纤维低成本化与高端创新示范工程

工程目标：到2015年，碳纤维产能达到1.2万吨，基本满足航空航天、风力发电、运输装备等需求。

主要内容：组织开发聚丙烯腈基(PAN)碳纤维的原丝产业化生产技术，突破预氧化炉、高低温碳化炉、恒张力收丝机、高温石墨化炉等关键装备制约，开发专用纺丝油剂和碳纤维上浆剂。围绕聚丙烯腈基(PAN)碳纤维及其配套原丝开展技术改造，提高现有纤维的产业化水平，实现GQ3522型(拉伸强度3500～4500MPa，拉伸模量220～260GPa)千吨级装备的稳定运转，降低生产成本。加强GQ4522(拉伸强度≥4500MPa，拉伸模量220～260GPa)、QZ5526(拉伸强度≥5500MPa，拉伸模量≥260GPa)等系列品种技术攻关，实现产业化。开展大功率风机叶片、电力传输、深井采油、建筑工程、交通运输等碳纤维复合材料应用示范。其中，GQ3522、GQ4522、QZ5526均为聚丙烯腈基碳纤维国家标准牌号(GB/T 26752—2011)。

(三)高强轻型合金材料专项工程

工程目标：到2015年，关键新合金品种开发取得重大突破，形成高端铝合金材30万吨、高端钛合金材2万吨、高强镁合金压铸及型材和板材15万吨的生产能力，基本满足大飞机、轨道交通、节能与新能源汽车等需求。

主要内容：组织开发汽车用6000系铝合金板材，实现厚度0.7～2.0mm、宽幅1600～2300mm汽车铝合金板的产业化；加快完善高速列车用宽度大于800mm、直径大于250mm、长度大于30m的大型铝型材工艺技术，促进液化天然气储运用铝合金板材等重点产品产业化；积极开发航空航天用2000系、7000系、6000系、铝锂合金等超高强80～200mm铝合金中厚板及型材制品，复杂锻件及模锻件。开发高强高韧、耐蚀新型钛合金和冷床炉熔炼、型材挤压技术，推进高性能φ300mm以上钛合金大规格棒材，厚度4～100mm、宽度2500mm热轧钛合金中厚板，厚度0.4～1.0mm、宽幅1500mm冷轧钛薄板，大卷重(单重3吨以上)钛带等产品产业化。推进低成本AZ、AM系列镁合金压铸，低成本AZ系列镁合金挤压型材和板材产业化，开展镁合金轮毂、大截面型材、宽幅1500mm以上板材、高性能铸锻件等应用示范。

（四）高性能钢铁材料专项工程

工程目标：到2015年，形成年产高品质钢800万吨的生产能力，基本满足核电、高速铁路等国家重点工程以及船舶及海洋工程、汽车、电力等行业对高性能钢材的需要。

主要内容：组织开发具有高强、耐蚀、延寿等综合性能好的高品质钢材。重点推进核电压力容器大锻件508-3系列、蒸汽发生器690传热管、AP1000整体锻造主管道316LN等关键钢种的研发生产，实现核电钢成套供应能力。提升超超临界锅炉大口径厚壁无缝管生产水平，形成年产50万吨生产能力。加快开发船用特种耐蚀钢和耐蚀钢管，分别形成年产100万吨和10万吨生产能力。开发高速铁路车轮、车轴、轴承等关键钢材，形成年产5万套生产能力。开发长寿命齿轮钢、螺栓钢、磨具钢、弹簧钢、轴承钢和高速钢等基础零件用钢，形成年产300万吨生产能力。开展DPT、TRIP、热成形、第三代汽车钢、TWIP等高强汽车板生产和应用示范，形成年产300万吨生产能力。大力实施非晶带材、高磁感取向硅钢等应用示范。

（五）高性能膜材料专项工程

工程目标：到2015年，实现水处理用膜、动力电池隔膜、氯碱离子膜、光学聚酯膜等自主化，提高自给率，满足节能减排、新能源汽车、新能源的发展需求。

主要内容：积极开发反渗透、纳滤、超滤和微滤等各类膜材料和卷式膜、帘式膜、管式膜、平板膜等膜组件和膜组器，满足海水淡化与水处理需求。提高氯碱用全氟离子交换膜生产工艺水平，组织开发动力电池用高性能电池隔膜、关键装备和全氟离子交换膜及其配套含氟磺酸、含氟羧酸树脂，实现产业化。建成氯碱全氟离子交换膜50万平方米/年、动力电池用全氟离子交换膜20万平方米/年、及其配套全氟磺酸树脂和全氟羧酸树脂，加快发展聚氟乙烯（PVF）太阳能电池用膜。

（六）先进电池材料专项工程

工程目标：先进储能材料、光伏材料产业化取得突破，基本满足新能源汽车、太阳能高效利用等需求。

主要内容：组织开发高效率、大容量（≥150mAh/g）、长寿命（大于2000次）、安全性能高的磷酸盐系、镍钴锰三元系、锰酸盐系等锂离子电池正极材料，新增正极材料产能4.5万吨/年，推进石墨和钛酸盐类负极材料产业化，新增负极材料产能2万吨/年，加快耐高温、低电阻隔膜和电解液的开发，积极开发新一代锂离子动力电池及材料，着力实现自主化。开发高转化效率、低成本光伏电池多晶硅材料产业化技术，研发新型薄膜电池材料。加快推进超白TCO导电玻璃等关键产品产业化，形成产能5000万平米/年。积极发展太阳能真空集热管，推动太阳能光热利用。开展大容量钠硫城网大储能电池研究，完成大功率充放电，电池寿命10年以上，实现10MW示范电站并网。

（七）新型节能环保建材示范应用专项工程

工程目标：到2015年，高强度钢筋使用比例达到80%，建筑节能玻璃比例达到50%，新型墙体材料比例达到80%，加快实现建筑材料换代升级。

主要内容：组织推广400MPa以上高强度钢筋、高效阻燃安全保温隔热材料、新型墙体材料、超薄型陶瓷板（砖）、无机改性塑料、木塑等复合材料、Low-E中空/真空玻璃、涂膜玻璃、智能玻璃等建筑节能玻璃。提高建筑材料抗震防火和隔音隔热性能，加快绿色建材产业发展，扩大应用范围，推动传统建材向新型节能环保建材跨越。

（八）电子信息功能材料专项工程

工程目标：提高相关配套材料的国产率，获取原创性成果，抢占战略制高点，力争掌握一批具有自主知识产权的核心技术。

主要内容：着力突破大尺寸硅单晶抛光片、外延片等关键基础材料产业化瓶颈；大力发展砷化镓等半导体材料及石墨和碳素系列保温材料，推动以碳化硅单晶和氮化镓单晶为代表的第三代半导体材料产业化进程；积极发展4英寸以上蓝宝石片、大尺寸玻璃基板、电极浆料、靶材、荧光粉、混合液晶材料等平板显示用材；促进碲镉汞外延薄膜材料、碲锌镉基片材料、红外及紫外光学透波材料、高功率激光晶体材料等传感探测材料的技术水平和产业化能力提升；突破超薄软磁非晶带材工程化制备技术，加快高频覆铜板材料、BT树脂、电子级环氧树脂、电子铜箔、光纤预制棒、特种光纤、通信级塑料光纤、高性能磁性材料、高频多功能压电陶瓷材料等新型元器件材料研发和产业化步伐。推动材料标准化、器件化、组件化，提高产业配套能力。

（九）生物医用材料专项工程

工程目标：提高人民健康水平、降低医疗成本，提高生物医用材料自主创新能力和产业规模。

主要内容：大力发展医用高分子材料、生物陶瓷、医用金属及合金等医用级材料及其制品，满足人工器官、血管支架和体内植入物等产品应用需求。推动材料技术与生命科学、临床医学等领域融合发展，降低研发风险和生产成本，提高产业规模。

（十）新材料创新能力建设专项工程

工程目标：提升新材料产业主要环节自主创新能力。

主要内容：进一步加大关键实验仪器、研发设备、控制系统的投入力度，建设一批具有较大规模、多学科融合的高层次新材料研发中心，重点开展材料的组份设计、模拟仿真、原料制备等基础研究，研发推广材料延寿、绿色制备、纳米改性、材料低成本和循环利用等共性技术，开发氧氮分析仪、高温测试仪、超声检测仪、扫描电子显微镜等专用设备。在重点新材料领域，建立和完善30个新材料研究开发、分析测试、检验检测、信息服务、推广应用等专业服务平台，推动新材料标准体系建设和应用设计规范制订，促进新材料创新成果产业化和推广应用。

六、保障措施

(一)加强政策引导和行业管理

落实《国务院关于加快培育和发展战略性新兴产业的决定》要求,建立和完善新材料产业政策体系,加强新材料产业政策与科技、金融、财税、投资、贸易、土地、资源和环保等政策衔接配合。制定和完善行业准入条件,发布重点新材料产品指导目录,实施新材料产业重大工程。推进组建新材料产业协会。建立健全新材料产业统计监测体系,把握行业运行动态,及时发布相关信息,避免盲目发展与重复建设,引导和规范新材料产业有序发展。

(二)制定财政税收扶持政策

建立稳定的财政投入机制,通过中央财政设立的战略性新兴产业发展专项资金等渠道,加大对新材料产业的扶持力度,开展重大示范工程建设,重点支持填补国内空白、市场潜力巨大、有重大示范意义的新材料产品开发和推广应用。各有关地方政府也要加大对新材料产业的投入。充分落实、利用好现行促进高新技术产业发展的税收政策,开展新材料企业及产品认证,完善新材料产业重点研发项目及示范工程相关进口税收优惠政策。积极研究制定新材料“首批次”应用示范支持政策。

(三)建立健全投融资保障机制

加强政府、企业、科研院所和金融机构合作,逐步形成“政产学研金”支撑推动体系。制定和完善有利于新材料产业发展的风险投资扶持政策,鼓励和支持民间资本投资新材料产业,研究建立新材料产业投资基金,发展创业投资和股权投资基金,支持创新型和成长型新材料企业,加大对符合政策导向和市场前景的项目支持力度。鼓励金融机构创新符合新材料产业发展特点的信贷产品和服务,合理加大信贷支持力度,在国家开发银行等金融机构设立新材料产业开发专项贷款,积极支持符合新材料产业发展规划和政策的企业、项目和产业园区。支持符合条件的新材料企业上市融资、发行企业债券和公司债券。

(四)提高产业创新能力

加强新材料学科建设,加大创新型人才培养力度,改革和完善企业分配和激励机制,完善创新型人才评价制度,建立面向新材料产业的人才服务体系。鼓励企业建立新材料工程技术研究中心、工程实验室、企业技术中心、技术开发中心,不断提高企业技术水平和研发能力。围绕材料换代升级,建立若干技术创新联盟和公共服务平台,组织实施重点新材料关键技术研发、产业创新发展、创新成果产业化、应用示范和创新能力建设等重大工程,发挥引领带动作用,促进新材料产业全面发展。

(五)培育优势核心企业

发挥重点新材料企业的支撑和引领作用,通过强强联合、兼并重组,加快培育一批具有一定规模、比较优势突出、掌握核心技术的新材料企业。鼓励原材料工业企业大力发展精深加工和新材料产业,延伸产业链,提高附加值,推动传统材料工业企业转型升级。高度重视发挥中小企业的创新作用,支持新材料中小企业向“专、精、特、新”方向发展,提高中小企业对大企业、大项目的配套能力,打造一批新材料“小巨人”企业。鼓励建立以优势企业为龙头,联合产业链上下游核心企业的产业联盟,形成以新材料为主体、上下游紧密结合的产业体系。

(六)完善新材料技术标准规范

瞄准国际先进水平,立足自主技术,健全新材料标准体系、技术规范、检测方法和认证机制。加快制定新材料产品标准,鼓励产学研用联合开发重要技术标准,积极参与新材料国际标准制定,加快国外先进标准向国内标准的转化。加强新材料品牌建设和知识产权保护,鼓励建立重要新材料专利联盟。加快建立新材料检测认证平台,加强产品质量监督,建立新材料产品质量安全保障机制。

(七)大力推进军民结合

充分利用我国已有军工新材料产业发展的技术优势,优化配置军民科技力量和产业资源,推进国防科技成果加速向经济建设转化,促进军民新材料技术在基础研究、应用开发、生产采购等环节有机衔接,加快军民共用新材料产业化、规模化发展。鼓励优势新材料企业积极参与军工新材料配套,提高企业综合实力,实现寓军于民。建立军民人才交流与技术成果信息共享机制,积极探索军民融合的市场化途径,推动军民共用材料技术的双向转移和辐射。

(八)加强资源保护和综合利用

高度重视稀土、稀有金属、稀贵金属、萤石、石墨、石英砂、优质高岭土等我国具有优势的战略性资源保护,加强战略性资源储备,支持有条件的企业开展境外资源开发与利用,优化资源全球化配置,为新材料产业持续发展提供保障。合理规划资源开发规模,整顿规范矿产资源开发秩序,依法打击滥采乱挖,提高资源回采率。积极开发材料可再生循环技术,大力发展循环经济,促进资源再生与综合利用。加大短缺资源地质勘查力度,增加资源供给。

(九)深化国际合作交流

鼓励企业充分利用国际创新资源,开展人才交流与国际培训,引进境外人才队伍、先进技术和管理经验,积极参与国际分工合作。鼓励境外企业和科研机构在我国设立新材料研发机构,支持符合条件的外商投资企业与国内新材料企业、科研院校合作申请国家科研项目。支持企业并购境外新材料企业和技术研发机构,参加国际技术联盟,申请国外专利,开拓国际市场,加快国际化经营。

工信部《新材料产业“十二五”重点产品目录》

编号	产品名称	主要性能指标	关键技术装备	主要应用领域
特种金属功能材料				
一	稀土功能材料			
(一)	稀土磁性材料			
1	烧结钕铁硼磁体	矫顽力30kOe以上,高使用温度,或磁体磁能积(MGOe)与矫顽力(kOe)之和在65以上	速凝薄带和氢粉碎制粉技术,甩带炉、氢破炉、连续烧结炉、自动成形压机	计算机、新能源汽车、风力发电机,节能家电
2	粘结钕铁硼磁体	各向同性:磁粉磁能积15MGO以上,磁体磁能积12MGOe以上;各向异性:磁粉磁能积38MGOe,磁体磁能积20MGOe以上	熔体快淬工艺、氢化-歧化-脱氢-重组工艺及热镦煅工艺,快淬炉、取向成型压制设备	汽车、数控机床
3	粘结钐铁氮	各向同性:磁粉磁能积16MGOe以上,磁体磁能积13MGOe以上,高使用温度;各向异性:磁粉磁能积38MGOe,磁体磁能积20MGOe以上	合金稳定成相技术、高效氮化工艺、细粉防氧化技术、磁场取向成型技术,控压熔炼连续快淬炉、氮化炉气流磨、取向成型压制设备	汽车、家电
4	烧结钕铁硼辐射多极磁环	$(BH)max=(215\sim318)kJ/m^3(\geq27MGOe)$,高使用温度	多级聚合辐射取向成型技术及装备	数控机床、航空航天、机器人、家电等
5	稀土合金速凝薄片	柱状晶比例>90%,厚度0.2~0.5mm,宽度2~5μm	快速凝固结晶技术,甩带炉	生产烧结稀土永磁体
(二)	稀土发光材料			
6	稀土三基色荧光粉	高亮度、低光衰红、蓝、绿灯用荧光粉,粒度5~6μm,制灯光效>80lm/W,寿命>5000小时	高温固相法烧成及后处理工艺,连续式空气及还原隧道窑	节能灯
7	液晶背光源(CCFL)用荧光粉	高光效型、宽色域型,制成器件亮度>43000cd/m^2(电流为5mA),显示色域>90% NTSC,光衰1000小时,不小于5%	连续焙烧及后处理工艺,超高温、连续动态焙烧装备,小粒度荧光粉直接合成工艺及装备	液晶显示背光源
8	PDP(3D)显示用荧光粉	粒度2~3μm,余辉<5ms	软化学法制备前躯体技术,共沉淀-喷雾干燥装备,小粒度荧光粉直接合成工艺及装备	等离子平板显示
9	白光LED用荧光粉	高亮度、高显色性,粒度3~6μm,制灯光效>130lm/W,色温3000~8000K,满足寿命>5万小时的LED器件	软化学法制备前躯体、高温常压氮化还原技术及工艺;高温常压规模化合成装备共沉淀-喷雾干燥设备	半导体照明,液晶显示背光源
10	陶瓷金卤灯发光材料	金属卤化物颗粒,粒重0.5~2mg,水氧含量均<50ppm,制成金卤灯光效>80lm/W,显色指数>75	高纯无水金属卤化物合成、提纯技术,卤化物颗粒成型技术;合成炉、提纯升华炉、造粒装置	室内、展台、舞台照明、汽车灯
(三)	稀土储氢材料			
11	动力电池用稀土储氢合金	最大放电容量≥300mAh/g、循环寿命≥1000次、7天自放电容量保持率≥60%、大电流冲放特性HRD≥80%	中频真空感应炉或电弧炉、水冷铜铸模、破碎机	新能源汽车
12	低自放电型稀土储氢合金	最大放电容量≥330mAh/g、循环寿命≥400周期、大电流冲放特性HRD≥80%、低自放电率≤10%	中频真空感应熔炼(快淬)炉、热处理炉、破碎机	小电流电器
13	高容量型稀土储氢合金	最大放电容量≥380mAh/g、循环寿命≥300周期、大电流冲放特性HRD≥80%	中频真空感应熔炼(快淬)炉、热处理炉、破碎机	电子设备及亮化灯

(续表)

编号	产品名称	主要性能指标	关键技术装备	主要应用领域
(四)	稀土催化材料			
14	清洁燃油生产用石油裂化催化材料	汽油中硫含量<10ppm,苯含量<1%,柴油中硫含量<10ppm,多环芳烃不>11%	深度脱硫工艺及技术,裂化催化剂制备装置、深度催化裂化系统	石油、天然气工业
15	高储氧高热稳定性稀土催化剂	使用温度 1000℃,4 小时老化后比表面达到 $40m^2/g$ 以上,500℃储氧能力>500μmol/g	均匀沉淀、粉体后处理技术,可控粉体制备设备、批量化后处理装备	汽车
16	超低排放汽车催化剂	满足国V排放标准,使用寿命>16 万公里	贵金属高效负载减量化技术、贵金属稀土循环利用技术、催化剂涂层涂布可控技术,高精度、智能化催化剂涂覆设备	汽车
(五)	其他稀土功能材料			
17	聚氯乙烯稀土改性助剂	耐老化性能提高 20%,抗冲击性能提高 10%	熔融一步法无溶剂清洁合成工艺和单包化调优复合技术,无溶剂反应釜、失重计量系统、高速混合系统、中央自动化控制系统	石油化工、化学建材、电子电器、汽车等行业
18	聚氨酯橡胶耐热性稀土助剂	耐热温度提高 30%	助剂均匀沉淀、粉体后处理技术、可控粉体制备设备、批量化后处理装备	汽车、石油化工、航空航天、医疗、农业、食品输送等
19	废旧轮胎胶粉改性沥青用稀土助剂	达到胶粉改性沥青通用性能,耐老化性能提高 20%	助剂均匀沉淀、粉体后处理技术、可控粉体制备设备、批量化后处理装备	道路交通、汽车工业
20	高档氧化铈基稀土抛光粉	密度 0.8 ~0.9g/cm^3,粒度 D50<100nm 或<2μm	粒度控制技术,连续沉淀结晶、煅烧装备	液晶玻璃、电子器件、半导体硅片等
21	有机合成高分子材料用稀土紫外屏蔽助剂	紫外屏蔽率>95%,提高有机合成高分子材料耐老化性能	稀土助剂的超细化制备技术及均匀分散技术;清洁沉淀、过滤等工艺装备	农用棚膜、橡胶、涂料等高分子材料
22	高端氧化铈半导体抛光液	抛光液中有害杂质离子总浓度<60ppm;尺寸分布窄,一次颗粒粒径中央值为 20 ~100nm,颗粒粒径中央值为 40 ~300nm,抛光液中最大颗粒尺寸<500nm;抛光速度≥100nm/min,表面粗糙度≤1nm	高压反应釜、精密控温高温炉、电热鼓风烘箱、化学机械抛光机	集成电路、LED 芯片
23	稀土磁致冷材料	1.5 特斯拉时,磁熵变 ≥6.0J/(kg·K),温变 ≥2.0;工作温度范围在 0 ~40℃	等离子制备颗粒设备,中频真空感应熔炼(快淬)炉,热处理炉,破碎机	制冷设备
24	稀土热障涂层材料	耐高温 1400℃,热扩散系数在 1400℃ 时为 $0.5m^2/s$ 左右,热导率在 1400℃ 时为 1.0W/(m·K)左右	振动筛、压机、烧结炉、搅拌球磨机	高温部件
25	稀土农用环保材料	稀土治污活性剂、有机无机活性剂、肥料、饲料添加剂	纳米化工工艺装备技术	水污染治理、土污染治理
二	稀有金属材料			
(一)	钨钼材料			
26	钨窄带	厚度 0.05 ~0.2mm,宽度 0.5 ~2.0mm,使用温度 1200℃以上	轧制工艺,13 辊窄带轧机	电子、汽车行业
27	宽幅钨板	厚度 5mm 以上,宽度>450mm,使用温度 1500℃以上	烧结、热轧工艺,轧机	靶材

（续表）

编号	产品名称	主要性能指标	关键技术装备	主要应用领域
28	高品质钼粉及钼坯	高纯度、低杂质、粒度可控	还原、烧结技术，还原炉、成形压机、烧结炉	高性能钼深加工材
29	大规格钼板	1500mm×2000mm	烧结及轧制工艺，轧机	高温炉、核电
30	大规格钼电极	ϕ100mm 以上，500 吨	烧结及锻造技术，烧结炉、锻造机	玻璃、稀土加工
31	钼铜合金	层状复合，Cu 含量 15% ~40%	合金化和轧制工艺，烧结炉、专用轧机	电子、新能源汽车
32	钛锆钼（TZM）合金	氧含量<200ppm、大规格	烧结工艺，真空烧结炉	电子、高温结构材料
33	喷涂钼丝	高品质单重>25kg、丝经均匀、低杂质	烧结炉、轧机、拉丝机	汽车零件表面喷涂
34	稀土钼合金	单一或复合掺杂稀土氧化物	合金均质化工艺，掺杂设备、烧结炉	电子
（二）	钽铌材料			
35	高比容钽粉	比容量 150000 ~ 250000μFV/g	金属钠还原剂还原工艺	电容器
36	细晶钽片	厚度 0.3 ~ 2.5mm、宽度 100 ~ 350mm、长度 100 ~ 1000mm，R_m ≥ 196MPa、R_p0.2 ≥ 100MPa、A≥30%，晶粒度 25μm 以下、平直度 6%、硬度<HV120	熔炼技术、塑性加工技术，电子束炉、锻造设备、真空热处理设备、轧制设备	电子、纺织
37	高品质铌片	厚度 0.1 ~ 4mm，R_m ≥ 125MPa、R_p0.2 ≥ 73MPa，伸长率 A≥20%，晶粒度≥5 级，维氏硬度应<80，Ra≤0.8μm	高纯铌熔炼、板材轧制与精度控制技术，电子束炉、多辊轧机（有效轧制宽度 500mm 以上）	超导线材
38	高性能铌合金	板材厚度 0.5 ~ 10mm，宽度 100 ~ 500mm，长度 200 ~ 1000mm；棒材直径 4 ~ 100mm，长度 100 ~ 2000mm，R_m≥450MPa，R_p0.2≥325MPa，A≥25%	熔炼、成型及加工技术、热处理技术，电子束炉、电弧炉、挤压机、锻造设备、轧制设备、热处理设备	航空航天
（三）	核级稀有金属材料			
39	锆合金材	管材：ϕ9.5×0.57mm；板带材厚：0.2 ~ 1.5mm；棒材直径：ϕ10mm	萃取分离、冶炼、轧制	核电
40	银铟镉材料	晶粒度：4 ~ 6 级，Ra ≤ 1.6μm，直线度< 0.25mm/300mm，密度 10.12 ~ 10.22g/cm^3，涡流探伤参考缺陷的面积是棒材横截面积的 3%	熔炼、热处理、精整和成型技术，真空感应炉、管棒材热处理设备、精整设备和变颈成型设备	核电
（四）	稀贵金属材料			
41	贵金属纳米催化材料	粒子粒度≤50nm，吸氢量≥1200ml/(g·min)	催化活性位结构和分布的调控技术、螯合体系还原技术和化学嫁接技术、助剂对催化剂性能的调变技术，载体处理装置、催化剂制备釜、还原釜、过滤装置	精细化工
42	铑催化材料	金属含量为 5%，金属粒子粒度≤30nm，吸氢量≥800mL/(g·min)	催化活性位结构和分布的调控技术、螯合体系还原技术和化学嫁接技术	医药行业
43	钯催化材料	金属含量为 5%，金属粒子粒度≤50nm，吸氢量≥1200mL/(g·min)	催化活性位结构和分布的调控技术、助剂对催化剂性能的调变技术，载体处理装置、催化剂制备釜、还原釜、过滤装置、分包装置	液晶材料
44	铂催化材料	金属含量为 3%，金属粒子粒度≤30nm，吸氢量≥1200mL/(g·min)	催化活性位结构和分布的调控技术、螯合体系还原技术和化学嫁接技术	颜料、染料
45	贵金属化合物及均相催化剂	辛酸铑，纯度>99%	一步法合成技术，双层有机反应釜、保护气氛过滤装置	抗生素合成

(续表)

编号	产品名称	主要性能指标	关键技术装备	主要应用领域
46	高活性铂系电极浆料	铂粉结晶度>10000,烧结厚度 7～12μm;响应时间:λ=0.98～1.02 时<150ms,λ=1.02～0.98 时<75ms;电压:λ=0.93～0.97 时>800mV,λ=1.05～1.10 时<200mV	超细铂粉制备、铂粉的高结晶度化技术、铂浆高温烧结活化,激光粒度分析仪、高温烧结炉、三辊研磨机、离心脱泡机	汽车、摩托车、燃气轮机、锅炉用氧传感器,燃料电池催化电极
三	半导体材料			
(一)	硅材料			
47	大直径硅单晶	直径 300～450mm,电阻率 1～15 Ω·cm,无位错,氧含量:$5\times10^{17}/cm^3$～$1.5\times10^{18}/cm^3$;碳含量<1ppma	目标电阻率范围控制、材料纯度与氧含量控制技术,大直径单晶炉、截断机	集成电路
48	冶金法太阳能级多晶硅	低成本、低能耗,纯度 6N 以上,$B<0.15$ppm,$P<0.35$ppm	熔炼炉、熔渣炉、先进湿法冶金系统、定向固化炉等	太阳能电池
49	电子级多晶硅	纯度在 9N 以上	三氯氢硅法、四氯氢硅法、硅烷法	集成电路
50	8 英寸重掺硅单晶片	直径 200mm,电阻率 1～25×10^{-3}Ω·cm,电阻率径向变化≤15%,TTV≤5μm,SBIR≤1μm	低阻重掺技术、背封和多晶硅沉积工艺,单晶炉、切片机	集成电路、高端功率器件
51	8 英寸轻掺硅单晶片	直径 200mm,电阻率 11～16Ω·cm,满足 0.13μm线宽集成电路要求,径向电阻率变化≤8%、TTV≤3μm、SFQR≤0.2μm	生长缺陷控制、抛光工艺,单晶炉、抛光机	存储器、微处理器
52	8 英寸硅单晶外延片	直径 200mm,外延厚度为目标值 ±1.5% 以内,电阻率片内均匀性能达到 3% 以内,表面颗粒 ≤30ea/wf	外延厚度和电阻率均匀性控制,表面清洗工艺,外延设备、清洗机	模拟电路、分立器件、功率集成电路
53	12 英寸硅单晶抛光片	直径 300mm,满足 90nm、65～32nm 线宽集成电路要求,GBIR≤1μm;SFQR≤65nm;翘曲<35μm;金属污染少于 0.5×10^{10} atom/cm^3;边缘去除 2mm	硅单晶生长的稳定控制技术、硅片精密加工和表面处理技术,直拉单晶炉、抛光机	微处理器、存储器、芯片
54	区熔硅单晶片	直径 125～150mm,电阻率 1～10000Ω·cm,无位错、无旋涡;径向电阻率不均匀性<15%	区熔硅单晶生长与缺陷控制技术,区熔单晶炉	电子电力器件、微波单片集成电路、探测器
(二)	新型半导体材料			
55	砷化镓单晶材料	直径 76.2～100mm、EPD≤10000	垂直布里奇曼法/垂直梯度冷凝法(VB/VGF),VB/VGF 砷化镓单晶炉	LED、LD 光电领域
56	蓝宝石材料	直径>50mm、位错密度<1000/cm^2	泡生法晶体生长工艺,泡生法蓝宝石单晶炉	LED 衬底
57	碳化硅晶片	直径≥100mm、微管密度为 8～10 个/cm^2	SiC 单晶生长技术;低缺陷、低成本 SiC 单晶片制备成套技术,单晶炉	电子电力器件、半导体照明
58	氮化镓外延片	直径 ≥100mm	高效外延生长技术,外延炉	半导体照明
(三)	薄膜光伏材料			
59	碲化镉薄膜	1 平方米以上模块,光电转化效率>10%	气相沉积技术	太阳能电池
60	铜铟镓硒薄膜	光电转化效率>10%	磁控溅射热蒸发、镀膜技术	太阳能电池
61	铜铟硫薄膜	光电转化效率>8%	铜带铜铟硫技术,电镀、热处理炉	太阳能电池
四	其他功能合金			
(一)	高性能靶材			

（续表）

编号	产品名称	主要性能指标	关键技术装备	主要应用领域
62	超高纯铝、钛、铜溅射靶材和蒸发颗粒	厚度3~30mm，直径50~600mm，矩形靶材长宽（100~800）mm×（20~200）mm，蒸发颗粒ϕ3~10mm，薄片（3~20）mm×（3~20）mm，纯度4N5~6N，晶粒细小均匀	超高纯金属提纯、微观组织控制、异种金属扩散焊接和精密加工技术，电子束熔炼炉、大吨位油压机、数控加工中心	集成电路镀膜、Low-E节能玻璃镀膜、太阳能电池镀膜
63	超大尺寸高纯铝、铜、铬、钼溅射靶材	长宽（500~3000mm）×（150~900mm），厚度6~40mm，纯度3N5~5N5，晶粒细小均匀、致密度>98%	大尺寸高纯金属熔炼、大尺寸难熔金属粉末烧结技术、靶材热机械处理技术、大面积钎焊焊接和精密加工技术，热等静压机、宽板轧机、钎焊台	平面显示用薄膜、工具镀膜、Low-E节能玻璃镀膜
64	高纯铜合金、镍合金和钼溅射靶材	纯度3N5~5N、合金成分偏差≤±10%、晶粒细小均匀、致密度>98%；管型靶材长宽1000~3000mm、外径80~200mm、壁厚3~30mm；平面靶材长宽（200~2000）mm×（50~300）mm、厚度3~30mm	多元合金熔炼技术，大尺寸管靶成型技术，靶材与背板焊接技术，真空熔炼炉、数控加工中心、平面磨床	太阳能电池镀膜
65	高纯钼及其靶材	厚度8mm以上，宽度>700mm，5N级高纯材料，密度>19.1g/cm³，组织均匀	大规格钨、钼板制备技术；靶材集成技术，稀有金属板材轧机、高功率电子束熔炼炉	微电子、新一代信息产业
66	高纯钨及其靶材	直径510mm，厚度5mm以上，宽度>450mm，5N级高纯材料，密度>19.1g/cm³，组织均匀	材料提纯与合金化、成型技术，热压烧结炉、大规格钨板制备技术，靶材集成技术	太阳能电池镀膜
67	高纯钽及其靶材和环件	8英寸硅片用靶材及环件、12英寸硅片用靶材及环件，纯钽纯度>99.99%、靶材晶粒尺寸100微米以下、焊接结合率>95%、靶材与环件加工尺寸精度0.05mm、靶材粗糙度<8μm、靶材与环件包装净化度100级、90~28nm配线	材料提纯与合金化；锻造与热处理；焊接；精密机加工；净化清洗与包装，轧机；热处理炉；电子束焊机、大型油压机、热等静压机；精密加工中心，净化清洗与真空包装设备、高功率电子束熔炼炉	半导体芯片配线镀膜
68	钨钛靶材	厚度5mm以上，宽度>300mm，纯度99.9%，高趋向，密度>10.4g/cm³，组织均匀	合金均匀化技术、取向技术，稀有金属板材轧机	微电子、新一代信息产业
69	钛铝、镉铝靶材	最大长度1m，纯度99.5%~99.8%，相对密度96%~99%	粉末冶金技术，热等静压机	工具镀膜
70	氧化锌铝太阳能电池系列靶材	纯度>99.95%，相对密度>99%；平面靶最大长度400mm；管靶长度>300mm	粉末烧结技术，冷等静压机、烧结炉、热等静压机	太阳能电池镀膜
71	硅铝太阳能电池系列靶材	管状靶最大长度4m或者5m，氧含量<6000ppm，氮含量<1000ppm	等离子喷涂技术及其设备	太阳能电池镀膜、Low-E玻璃镀膜
72	镍钒太阳能电池系列靶材	管状靶最大长度4m，纯度99.5%~99.9%	真空熔炼炉、锻锤、轧机	太阳能电池镀膜
73	铜铟镓硒太阳能电池系列靶材	纯度>99.9%，相对密度>99%	粉末烧结、真空熔炼、喷涂，烧结炉、热等静压机、真空熔炼炉、锻锤、轧机、等离子喷涂设备	太阳能电池镀膜
74	铟锡氧化物靶材	纯度>99.9%，相对密度>98%	热压烧结炉	平面显示镀膜
75	高纯铬靶材及蒸发颗粒	纯度99.9%~99.95%	电解铬提纯，制粉，热压工艺	平面显示薄膜
（二）	先进储能材料			
76	磷酸铁锂正极材料	比容量≥160mAh/g，循环寿命>3000次	前驱体制备技术、气氛控制烧结技术、纳米化技术、表面碳包覆技术	锂离子动力电池

(续表)

编号	产品名称	主要性能指标	关键技术装备	主要应用领域
77	镍钴锰三元氧化物正极材料	比容量≥150mAh/g,循环寿命>2000次	前驱体制备技术、高温固相合成技术	锂离子电池、锂离子动力电池
78	钴酸锂正极材料	比容量≥140mAh/g,循环寿命>1000次	材料合成、掺杂改性技术	锂离子电池
79	尖晶石锰酸锂正极材料	比容量≥110mAh/g,循环寿命>2000次	高温固相合成、元素掺杂改性技术	锂离子动力电池
80	高性能球形氢氧化镍电池材料	比容量≥250mAh/g,循环寿命>2000次	控制结晶、管道式合成连续生产技术及装备	镍氢动力电池
81	富锂锰基固溶体材料	比容量≥200mAh/g,循环寿命>2000次	前驱体制备技术、气氛控制烧结技术、纳米化技术、表面改性技术	锂离子电池、锂离子动力电池
82	锡基合金负极材料	比容量≥600mAh/g,循环寿命>500次	纳米化技术、表面处理及包覆技术	锂离子电池、锂离子动力电池
83	六氟磷酸锂	纯度≥99.9%,酸含量≤20ppm,水份含量≤10ppm	除水工艺以及除酸工艺,干燥室	锂离子电池、锂离子动力电池
(三)	新型铜合金			
84	铜锡锆、铜铬锆系铜合金	抗压强度≥500MPa,导电率≤80% IACS	合金设计、新型制备加工技术;高合金化线材连铸连轧设备	轨道交通、电子信息
85	铋、硅、碲系环保型铜合金	无铅易切削	合金设计、新型制备加工技术,可控气氛与真空连续铸造设备	微电子
86	高性能无铍弹性铜合金		合金设计,新型制备加工技术,可控气氛与真空连续铸造设备	航空电子
87	铜镍锰合金	20℃时体积电阻率 0.44±0.01μΩ·m,10~80℃时电阻温度系数(*K*-1)0±20ppm	合金熔炼、铸造及加工热处理工艺,熔炼炉、压力加工及热处理设备	智能电网、仪器仪表
88	高性能耐蚀镍铜合金	良好的耐强酸、强碱腐蚀性能和焊接性能良,抗拉强度≥580MPa,延伸率≥35%	合金熔炼、铸造及加工热处理工艺,熔炼炉、压力加工及热处理设备	船舶、海洋工程、石油化工、核电
89	复合铜芯丝	直径 1.0~4.0mm,抗拉强度 800~950MPa,泄露率≤1.01×10^{-7}(kPa·cm^3/S),膨胀系数(10~15)$\times10^{-6}$(mm/mm·℃)	密封复合技术、复合丝材加工技术,封焊设备、挤压设备、管棒材热处理设备	航空航天
90	铜包铝	厚度(5~15)mm×宽度(40~120)mm×长度不超过6000mm,密度3.5~3.9g/mm^3,电阻率<2.8×10^{-6}Ωm,导电率≥65% IACS	复合界面、质量控制技术	电器
91	钛包铜、钢包铜	TA2/T2:ϕ31.75mm×819mm, 11×68×1215mm;304/T2:11×68×1215mm,耐酸碱腐蚀	复合界面、表面质量控制技术,双动卧式挤压机	化工
(四)	硬质合金材料			
92	纳米晶碳化钨钴硬质合金	0.15微米级、HV硬度≥2200、平均抗弯强度≥4500MPa	原料粉末制备、成型、烧结中抑制 WC 晶粒长大技术,特种粉末合成设备、成形设备、特种压力烧结炉	集成电路微钻、高性能切削刀具、特耐磨零件

（续表）

编号	产品名称	主要性能指标	关键技术装备	主要应用领域
93	超粗晶碳化钨钴硬质合金	8～10 微米级、HV 硬度≥1100、平均抗弯强度≥3000MPa、高韧性、高耐磨	原料粉末制备和处理、烧结体中缺陷消除和组织结构控制技术，粉末合成设备、粉末处理装置、特种压力烧结炉	矿山开采、石油
94	微型刀具材料	钻径 $\phi \leq 0.2$mm、晶粒度 d:0.2～0.4μm、硬度（HA≥200、平均抗弯强度≥4500MPa	原料制备技术、成份设计、成型技术、烧结中抑制 WC 晶粒长大技术、刀具设计与加工技术，喷雾塔、大型流态化床、挤压机、气压烧结炉	电子信息
95	深孔加工工具材料	晶粒度 d:0.3～0.8μm，无夹粗、组织机构均匀，粘结相含量 6.0%～12.0%，直径 0.5～40.0；螺旋孔棒：带内螺旋冷却液孔，螺旋角公差±0.5°，直孔棒：同心度≤0.05mm	原料制备技术、螺距精度控制技术、精密模具制造技术、烧结中抑制 WC 晶粒长大技术，挤压装置、气垫装置、气压烧结炉	汽车、航空航天
96	功能梯度基体刀具材料	功能外层厚度 10～100μm，均匀性：±5μm，功能内核均匀、无夹粗、硬度可控	成分设计、烧结技术，多功能成型装备、多功能精密控制烧结炉	航空、汽车、电子
97	高性能多层复合化学涂层数控刀具材料	涂层硬度 HV:2000～2400，层厚偏差：±10%，涂层结合力≥60N，涂层晶粒≤1μm	涂层材料成份设计、材料气相成份流量精密控制技术、气相沉积晶粒生长控制技术、气相沉积定向控制技术，涂层前、后处理装备，多气氛精密控制涂层装备	航空、汽车、电子
98	纳米尺度和类金刚石物理涂层刀具表面硬质材料	纳米涂层晶粒≤20nm、类金刚石晶粒度≤50nm、涂层硬度 HV:3500～5000、涂层厚度 2～4μm、涂层厚度偏差±10%、涂层结合力 55～70N	钯材成份、涂层材料沉积控制、沉积晶粒生长控制和涂层沉积定向控制技术，石墨钯材纯度、致密和均匀性设计，类金刚石组织结构控制技术，涂层与基体结合强度的制造技术，涂层前、后处理装备，钯材涂层精密控制涂层装备	航空、汽车、电子
99	精密密封环材料	耐腐蚀、硬度 1050～1300HV3，密度 14.4～14.6g/cm^3，抗弯强度 2400MPa，密封面平面度≤0.6μm（凹球面）、粗糙度 Ra:0.03～0.06μm	成分设计、产品精度控制技术，平面研磨机、双端面数控机床、多台阶自动压力机、气压烧结炉	海洋工程、污水处理
100	特大型硬质耐磨制品材料	抗压、抗疲劳、高耐磨性，外径 $\phi \geq 640$mm	成型技术、压坯转移技术、碳梯度及产品密度控制技术，1000 吨以上吨位压力机、大型脱蜡－烧结一体炉	精密加工刀具制造
101	硬面材料	高致密、高结合强度、粒度规格系列为－45＋15μm、－38＋10μm、－30＋5μm 等，流速为＜15s/50g	压力式喷雾方式和离心喷雾方式集成于一体的闭式循环喷雾干燥制粒方式生产热喷涂材料的新技术，高能搅拌球磨机、喷雾干燥塔、真空烧结炉、气流分级机	航天、航空、海洋工程
102	微型拉拔模具	超细晶、高耐磨，孔直径公差±0.01mm，同心度公差±0.01mm	成型技术、烧结技术，成型设备、高精度孔加工设备	钢帘线、切割
（五）	新型金属纤维多孔材料			
103	铁铬铝金属纤维多孔材料	耐高温 1000℃	烧结工艺，真空－正压充气烧结炉	高温除尘、汽车尾气净化
104	不锈钢金属多孔材料	通气锥、过滤管，耐高温、耐腐蚀、长寿命	多孔材料烧结工艺，冷等静压机	煤气化工业
105	镍基金属多孔材料	耐海水腐蚀	纤维酸性分离，冷等静压机	气体分离、气体净化

(续表)

编号	产品名称	主要性能指标	关键技术装备	主要应用领域
106	钛基多孔材料	ϕ250mm 以上,耐蚀、耐高温、轻质	多孔材料烧结工艺,振动成型机	大功率电池材料
107	金属纤维多孔材料制品	过滤精度 5μm	铺毡工艺,气流铺毡机	化纤行业过滤
108	金属纤维屏蔽材料	抗电磁辐射达 30dB 以上	金属纤维制备工艺、多孔材料成形工艺,金属纤维集束拉拔设备、气流铺毡设备	特种服装、电磁防护、高压作业
(六)	金属粉体材料			
109	低松比铜粉	松比 0.6～0.8g/cm^3,0.8～1.0g/cm^3,1.2～1.6g/cm^3	电解、分级工艺,钢带炉、洗涤脱水机、分级机	摩擦材料、粉末冶金
110	铜/锡扩散粉	粉末流动性<40s/50g,制品烧结收缩率低于1%,成分均匀	扩散法使铜锡部分合金化技术,热扩散炉	微型含油轴承、金刚石工具
111	超细预合金粉	平均粒径 8～15μm,比表面积>1000cm^2/g,低烧结密度下可获得高胎体硬度	化学沉积法形成预合金技术,化学合成釜、气氛还原炉	金刚石锯片、取芯钻头
112	雾化铜粉	松装密度 2.0～5.0g/cm^3,流速<35s/50g,酸不溶物<0.1%	高压水雾化技术及其装备,氢气还原炉	热导管、焊粉、粉末冶金
113	超细金属/合金粉末	高纯、低氧、形貌和粒度分布可控,中位径 10～22μm,氧含量<150ppm,水<3000ppm	超高压水雾化、水气组合雾化、真空/非真空限制式气雾化技术;中频感应熔炼装备、高压气/水系统、先进雾化器及自动控制系统、粉末自动分级系统	海洋、核能、航空、高性能工模具
(七)	其他			
114	非晶合金	厚度 0.03mm,宽度 5～213mm,铁芯损耗小,电阻率高,频率特性好,磁感应强度高,抗腐蚀性强,热稳定性好	新一代非晶带材高速连铸工艺、非晶复合材料制备技术,非晶合金变压器制造工艺,真空熔炼炉,冷却辊	变压器、尾气净化和污水处理关键功能件
115	高等级高磁感取向硅钢	30QG095/100/105、27QG095/100、23QG085/090/095,实物磁感 B800>1.90T,实物铁损 P1.7/50≤1.00W/kg,绝缘涂层不含有害元素 Cr	RH 等炉外精炼设备、步进式高温加热炉、森吉米尔轧机、独立控制式连续退火炉、高频电磁感应加热装置、高温退火环形炉、刻槽式辊涂机、热拉伸平整设备	变压器、互感器
116	细化磁畴型高磁感取向硅钢	27QNRG095/090/085、27QFRG095/090、23QNRG085/080/075、23QFRG085/080/075、30QNRG100/095、30QFRG100/095,实物磁感 B80>1.90T,实物铁损 P1.7/50≤0.90W/kg,绝缘涂层不含有害元素 Cr,退火后磁性不劣化	RH 等炉外精炼设备、步进式高温加热炉、森吉米尔轧机、独立控制式连续退火炉、高频电磁感应加热装置、高温退火环形炉、刻槽式辊涂机、热拉伸平整设备、细化磁畴装置	输变电用变压器或互感器,低噪环保型配电变压器、节能型配电变压器
117	键合金丝	高纯度、高温、超细		微电子、新一代信息产业
118	键合铜丝	低成本、长寿命		微电子、新一代信息产业
119	复合钯铜键合丝	ϕ18～38μm,公差±1μm,ϕ20μm,延伸率 5～20%,断裂负荷≥5cN,ϕ25μm,延伸率 5～20%,断裂负荷≥9cN	电镀工艺与套管拉拔工艺	微电子、新一代信息产业
120	电极浆料	良好的丝网印刷适应性,烧结工艺适应性,对硅片附着力强,导电性和焊接性优越	液压三辊研磨机	太阳能电池

（续表）

编号	产品名称	主要性能指标	关键技术装备	主要应用领域
121	大型钛基钛锰合金涂层阳极	电解二氧化锰使用电流密度可达 100A/m^2 以上，槽电压低于 3V，与纯钛阳极板相比，槽电压可降低 0.5V 以上	全浸没式栅板状铸铝横担焊接组装工艺技术，改进升级的动态提拉法高温真空烧结技术，独创的动态提拉法高温真空烧结装置	电解二氧化锰
122	多层异型贵金属复合电接点带（片）	宽度 0.3～5mm、厚度 0.23～3mm，异型复合带 2 层：电接触层 Au 系、Ag 系、Pd 系合金，基底层为 Cu 系及 Ni 系合金	各层金属有效复合、精密成型、热处理、精密冲断工艺及技术，异温热复合设备、连续辊焊设备、精密轧机、异型拉丝机、精密高速冲断装置、连续光亮退火炉	电子元器件
123	低氢型气保护药芯焊丝	直径 1.2mm、1.4mm、1.6mm，碳钢或者低合金钢用药芯焊丝，扩散氢含量<5mL/100g	药芯中添加去氢化合物技术，生产制造过程控制润滑粉和药粉吸潮技术	造船、石化
124	大线能量气电立焊药芯焊丝	直径 1.6mm，碳钢及低合金钢用药芯焊丝，抗拉强度 490～660MPa，-20℃冲击韧性≥34J	微合金化处理技术	造船、石化
125	硬面堆焊药芯焊丝	直径 1.6mm、2.4mm、2.8mm、3.2mm、4.0mm，磨损量少，耐磨寿命长，焊接时无需焊剂和保护气体		水泥、火电、钢铁、矿山机械等行业
126	电子元器件焊接用 SMT（表面贴装技术）焊粉	典型粒度 20～38μm、5～15μm，氧含量<100ppm	离心雾化一体化制粉工艺、超声旋转雾化工艺，超声雾化成套设备、旋转超声装置	电脑、手机、家电等需各种电子元器件焊接
127	球栅阵列（BGA）锡球	无铅 BGA 锡球，锡球直径 0.15～0.76mm，直径公差<±15μm，光滑圆整、无缩孔、无划痕，氧含量<100ppm	射流断裂法制球、清洗、选分技术及包覆技术，制球机、选球机	芯片封装
128	太阳能高温真空集热管材料	玻璃管透光率>90%，真空管工作压力 1MPa、真空管最高实验压力 2MPa（工作温度下），金属吸热管表面太阳吸收比≥94%（空气指数 AM1.5），金属吸热管表面发射比≤15%（400℃）	外壁高效吸热涂层的均匀化制备技术、内壁高效阻氢涂层的均匀化制备技术；4 米真空集热管镀膜设备、集热管长期服役寿命预测、评估及检测平台	太阳能
高端金属结构材料				
一	高品质特殊钢			
（一）	核电用钢			
129	核电不锈钢	含硼不锈钢、含氮不锈钢，成分达到设计要求、力学性能稳定、板型达到要求	炼钢、浇铸、轧制工艺，精炼设备、板坯和钢板修磨设备	核电站废料储存和部分容器用板
130	安全壳高强度调质钢板	高强度、易成型、焊接性优良	全流程质量控制和重复稳定生产技术，炼钢、热处理关键工艺，精炼设备、连铸机、热处理装备	第三代核电站安全壳
131	核岛压力容器钢板	厚 20～135mm，强韧性匹配，加工性、焊接性良好，批次间质量稳定一致	精炼装备、大钢锭或电渣重熔锭、钢锭锻造设备、适合产品单重和厚度的热处理装备、探伤装备、钢板表面修磨设备、特厚板坯及钢板切割设备	核岛内安注箱、稳压器、蒸发器、反应堆压力容器
132	核电及火电发电机转子锻件合金钢	直径最大 ϕ1712mm（本体）·15000mm，重 180 吨（核电 1100MW 四极发电机），火电 1000MW 级二极发电机转子的屈服强度要求达到 730～830MPa，超声波检测灵敏度为ϕ1.6（缺陷当量直径）	真空碳脱氧工艺，WHF 法锻造工艺，井式炉热处理锻压机	300、600、1000 等二极发电机、汽轮机转子，核电 1100、1400 四极发电机、汽轮机转子

(续表)

编号	产品名称	主要性能指标	关键技术装备	主要应用领域
133	核岛压力容器用锻件	全厚度强韧性均匀、内质优良,加工性、焊接性良好,批次间质量稳定一致,$\sigma_b \geq 620MPa$,高落锤试验要求 ≤21℃	精炼浇铸技术、锻造技术、热处理技术、性能检测技术,精炼炉、电渣锭或钢锭、万吨以上锻压机、热处理装备	蒸发器、反应堆压力容器
134	不锈钢管	平直度≤0.4mm/m,晶粒度≥7级,拉伸性能:室温,$R_m \geq 687 \sim 830MPa$、$R_p0.2 \geq 490 \sim 620MPa$、$A \geq 25\%$;320℃,$R_m \geq 520 \sim 667MPa$、$R_{p0.2} \geq 412 \sim 516MPa$、$A \geq 12\%$	管坯成型、电加热处理工艺,挤压设备、电加热处理设备	核电
135	不锈钢导向管	平直度≤0.7mm/m;缩颈前直管室温 $R_m \geq 540MPa$、$R_{p0.2} \geq 225MPa$、$A \geq 40\%$;320℃ $R_m \geq 390MPa$、$R_{p0.2} \geq 195MPa$、$A \geq 30\%$;缩颈段室温 $R_p0.2 \geq 225MPa$、$A \geq 35\%$;320℃ $R_{p0.2} \geq 195MPa$、$A \geq 22\%$;晶粒度≥5级	管坯成型工艺、电加热处理工艺、缩颈成型工艺;挤压设备、电加热处理设备、缩颈成型设备	核电
136	蒸发器传热管材料	高强度、良好的冶金稳定性和优良的加工特性	挤压、轧制、真空热处理工艺,挤压机、真空退火炉	核电
137	核岛主管道材料	热段内径900mm、壁厚95mm,冷管内径700mm、壁厚75mm,高抗腐蚀性、高强度,良好的塑韧性和焊接性能	AOD精炼、ESR精炼、锻造、热处理AOD、ESR技术,锻压机	第三代核电承压管道
138	核岛压水堆内构件用钢	高抗腐蚀性、高强度、良好的焊接性能,高强度≥758MPa,高冲击侧膨胀≥1mm	不锈钢冶炼、构件加工技术	第三代核电支撑定位燃料组件
139	核岛屏蔽泵材料	主泵轴:403不锈耐热钢,屏蔽套:Hastelloy、C276镍基合金,外套环:C250钴合金、钨合金,高抗腐蚀性,高强度,屏蔽性能好	不锈钢冶炼、构件加工技术	第三代核电冷却剂回路强制循环
140	核电主焊缝用焊接材料	超低氢高碱度、高纯埋、超低氢焊、NDT温度达到 -60℃,-20℃冲击韧性达到160J		核电压力容器焊接
141	核电内壁不锈钢堆焊材料	稀释率5%~10%、合金元素烧损少、抗热裂纹敏感性强		核电压力容器内壁堆焊
142	蒸发器管板镍基堆焊材料	AT-ENi690焊条、AT-ERNi690焊丝、AT-DNi690/SMJ11(带极埋弧焊)、AT-DNi690/SMJ22(带极电渣焊)	焊丝化学成分和成材率的控制技术	核电蒸发器管板堆焊等
(二)	超超临界火电用钢			
143	超超临界火电机组用钢-1	铁素体系列,热膨胀系数小,抗高温烟气氧化腐蚀、抗高温汽水介质腐蚀、良好焊接性和冷热成形工艺性	锻造、热处理工艺,制管锻压机、热处理炉	主蒸汽管,再热蒸汽管
144	超超临界火电机组用钢-2	奥氏体系列,高热强性,持久强度高,抗氧化和抗高温腐蚀性能优越,使用温度高	锻造、热处理工艺,制管锻压机、热处理炉	过热器、再热器受热面
145	600℃蒸汽参数超超临界火电机组用钢	高中压电转子用钢:先进铁素体9%~10% Cr耐热钢,质量稳定	冶炼、锻造、热处理技术	600℃超超临界火电机组
146	650℃蒸汽参数超超临界火电机组用锅炉钢管	高中压电转子用钢和汽轮机汽缸铸件用钢:改进型先进铁素体9%~10% Cr耐热钢,650℃高温持久性能	冶炼、锻造、热处理技术	650℃超超临界火电机组
147	700℃蒸汽参数超超临界火电机组用钢	汽轮机高中压转子用钢和汽缸铸件用钢,奥氏体和镍基合金材料,700℃高温持久性能	冶炼、锻造、热处理技术	700℃超超临界火电机组

（续表）

编号	产品名称	主要性能指标	关键技术装备	主要应用领域
（三）	高品质不锈钢			
148	超纯铁素体不锈钢	0.02～10mm冷热轧产品，C+N总量稳定控制在150ppm以下	冶炼、连铸、轧制“三步法”冶炼工艺，连铸设备、热修磨装备、热连轧、炉卷轧机、冷连轧、可逆式轧机设备、退火和酸洗设备	汽车、家电、电梯、建筑装饰等
149	高氮控氮奥氏体不锈钢	0.2～100mm冷热轧产品	连铸设备、热修磨装备、热连轧、炉卷轧机、冷连轧、可逆式轧机设备、退火和酸洗设备	石化化工等耐腐蚀设备
150	超级奥氏体耐蚀不锈钢	高钼耐蚀不锈钢板和管，尿素级不锈钢板和管	精控成分与高纯洁度的冶金技术，特种耐蚀钢（合金）的连铸工艺技术，热、冷加工的材料成型技术，特种耐蚀钢（合金）的应用工艺；大口径穿管机	石化及氮肥制造设备
151	高温耐蚀合金	UNS、N06985、UNS、N08028、800系列、825、600、690等合金板和管，高温、高耐蚀	炼钢精炼设备、电渣重熔、大吨位热挤压机	航空航天、核能及各种耐高温、耐腐蚀部件
152	特种耐腐蚀油井管	超级13Cr油套管SM13Cr、SM13CRI等，双相不锈钢油套管SM25CR、SM25CRW等，镍基合金油套管SM-2242、SM-2535等；耐强腐蚀性液体和气体（高CO_2、H_2S、Cl）腐蚀，高强度、抗挤毁，优良的低温性能	微合金化技术，热处理挤压机、真空退火炉	高寒、高腐蚀环境和超深油井
153	油船用高品质耐蚀船板及管系材料	货油舱耐蚀船板，钢板厚度10～40mm，强度级别D32、D36，耐蚀性能执行IMO标准的加速腐蚀试验程序：货油舱上甲板模拟腐蚀速率≤2mm/25年，下底板模拟腐蚀速率≤1mm/年	高洁净钢冶炼、耐蚀合金化设计、耐蚀微合金化、夹杂控制、油船环境腐蚀评价技术，热处理宽厚板轧机，退火炉	大型油船货油舱、货油管系、海水管系、压载舱
154	氮合金化不锈钢	更高的强度和抗氧化性能，更低的材料成本，含氮双相不锈钢强度达400～500MPa	AOD精炼、平衡压力浇铸工艺，精确控制氮在不锈钢中的溶解度技术	能源、化工、造船、海洋工程等
（四）	高性能汽车钢			
155	高强汽车板	DP钢（双相钢），CP钢（多相钢），TRIP钢（相变诱导塑性钢），抗拉强度>780MPa，具有良好的成型性能，TRIP钢要求具有高的抗冲撞吸收性能，热成型钢屈服强度>1300MPa	洁净钢冶炼、RH精炼、微合金化、连续退火、控轧控冷工艺，热连轧机、冷连轧机	轿车结构板
156	汽车动力系统用钢材	齿轮钢、非调质钢和弹簧钢，易加工、长寿命	洁净钢（夹渣物控制）炼钢工艺、浇铸和轧制工艺精炼装置	汽车动力系统
157	高品质轴承钢	套圈：ϕ20～75mm，滚动体：ϕ5～16mm	炉外精炼技术及其装备	汽车
158	汽车用冷轧板	冷轧系列和镀锌系列的烘烤硬化钢、高强度IF钢、高强度低合金钢、具有高强度、高深冲性能、高表面质量、抗拉强度270MPa以上	洁净钢冶炼、RH精炼、微合金化、连续退火、控轧控冷工艺，热连轧机、冷连轧机	轿车面板
（五）	其他高品质特殊钢			
159	高强度低温和超低温用可焊接铸钢件	多元合金钢，厚度200mm、芯部屈服强度≥355MPa，-40℃冲击功AK(j)≥30	冶炼、锻造、热处理技术	海洋石油平台
160	超高强度钢	强度>1400MPa	电炉+炉外精炼超高纯冶炼、双真空超纯冶炼、高均质化冶炼技术，真空感应炉、真空自耗炉、挤压机	航空航天领域

(续表)

编号	产品名称	主要性能指标	关键技术装备	主要应用领域
161	殷瓦钢	36%镍的合金钢		液化天然气(LNG)运输船
162	高温合金	低偏析、无宏观冶金缺陷、γ'相体积含量达到50% ~ 60%的高性能合金,合金成分均匀,低离散性,低合金气体含量,低气体和夹渣物含量,高纯净度	VAC-HCC1000、水平连铸机、固溶高温热处理炉、水浸探伤机 LS-200、8MN 快速锻造液压机组、20MN 等温锻造液压机、Φ75mmPREP 制粉设备、真空/惰性气体保护粉末筛分机	航天航空、汽车、玻璃制造、人工关节等领域
二	新型轻合金材料			
(一)	铝合金			
163	高性能铝合金半固态坯料及零件	亚共晶铝硅合金坯料,直径 20 ~ 200mm,初生相晶粒平均尺寸<50μm,断面晶粒尺寸差<10%	均匀凝固控制技术及设备	汽车、电力、航空
164	涡轮发动机压叶轮材料	抗拉强度>450MPa、延伸率>8%、工作温度>200℃	先进成形技术,叶轮专用模具,专用压铸机	汽车
165	铝镁硅(铜)合金汽车车身板	厚度0.7 ~ 1.2mm、宽度1600 ~ 2300mm,在板材固溶处理水淬后再经预处理的交货状态下:$\sigma_{0.2}$≤150MPa、FLD0≥0.25、平均 n≥0.26,屈服强度 $\sigma_{0.2}$ ≥ 200MPa,抗拉强度 σ_b ≥ 300MPa,总延伸率≥15%	成分优化设计、形变热处理工艺、预时效工艺、板材冲制后的烘烤硬化性响应工艺,在线固溶处理及在线预时效处理炉	汽车
166	2 系列铝合金	高强高韧、耐蚀、高抗损伤容限	大规格铸锭技术与装备、新型轧制技术、合金成分设计与优化、熔体净化与铸造技术;大吨位真空熔炼炉、辊底式固溶处理及淬火系统、预拉伸系统、多级时效机组等技术与装备、多向等温模锻技术与装备、大型等温正反挤压技术与装备、时效成型技术与装备、铝材超声摩擦搅拌焊接技术与装备	航空航天
167	7 系列铝合金	超强高韧、耐蚀、耐疲劳		
168	铝锂合金	厚、中、薄板		
169	深冷铝合金板材	厚度30 ~ 170mm,低温性能(-190℃):抗拉强度≥400MPa、延伸率≥30%,室温性能:抗拉强度≥290MPa、延伸率≥25%	合金成分及熔铸、铝合金板材的生产技术,大型现代化的熔铸系统、热轧机、热处理系统、大型板材拉伸机、水浸式全自动超声探伤设备	LNG 运输及储存
170	大型及超大型铝合金工业型材	性能及尺寸精度满足轨道交通车辆型材要求	先进挤压工艺,大型模具设计技术,大型铝型材牵引技术,大型型材表面质量控制技术;应用等大型铝型材挤压装备控制系统、大型铝型材短行程挤压机、大型铝型材双牵引设备、模具设计及制造	高速列车、地铁及载重车辆
171	可焊铝合金薄板	厚度 2 ~ 8mm、抗拉强度≥340MPa、屈服强度≥315MPa,塑性≥8%,无晶间腐蚀	粗大金属间化合物的控制技术、均匀化退火工艺、固溶处理工艺及装备	航空航天
(二)	镁合金			
172	耐热铸造镁合金	200℃抗拉强度 σ_b≥230MPa、屈服强度 $\sigma_{0.2}$≥170MPa	合金化、高纯净化、细化熔炼技术,高纯净化精炼设备	汽车发动机
173	低成本挤压型材	抗拉强度 σ_b ≥ 220MPa、屈服强度 $\sigma_{0.2}$ ≥ 150MPa、伸长率≥8%	熔铸、高速挤压技术,矫直机	交通工具、运动器械等

（续表）

编号	产品名称	主要性能指标	关键技术装备	主要应用领域
174	高性能镁合金挤压型材	高强度、高延伸率	高纯净化精炼、模具设计，挤压工艺高纯净化精炼设备、挤压机	航空航天
175	大截面镁合金中空型材	宽幅、薄壁、中空型材，壁厚2～5mm，外接圆直径≥400mm抗拉强度 σ_b≥250MPa，屈服强度 $\sigma_{0.2}$≥150MPa、伸长率≥10%，弯曲度<2mm/m	模具设计，挤压和矫直技术大型挤压机、大型模具、矫直设备	通用机械、轨道交通、航空航天
176	宽幅镁合金板材	幅宽≥1500mm、厚度1～3mm、拉伸强度≥250MPa；伸长率≥18%	大压下量轧制和矫直大型宽辊轧机	汽车门内板、轨道交通装备
177	镁合金铸轧板材	幅宽1200～1500mm、厚1～2mm	均匀布流、流嘴材料及设计、精炼高速铸轧机、宽辊铸轧机	轨道交通、汽车、建筑、电子电器
178	镁合金热轧板材	厚度2～30mm、宽度1500mm、抗拉强度≥250MPa，延伸率≥15%	低温开坯技术，镁合金热轧机	纺织机械、医疗机械、通讯、航空航天
179	镁合金薄带材	厚度0.3～2.0mm、宽度300～1500mm、抗拉强度≥280MPa，延伸率≥25%	镁合金铸轧技术，温轧时宽幅板型控制技术镁合金铸轧机，镁合金专用高精度热轧机	3C产品壳体，汽车部件，飞机部件
180	镁合金精轧薄板材	厚度0.3～0.8mm、抗拉强度≥270MPa，延伸率≥18%	织构控制技术和冲压工艺轧机、板形控制装置	3C产品壳体
181	镁合金锻造汽车轮毂	17吋、19吋、20吋抗拉强度≥280MPa，轮缘伸长率≥8%、轮辐伸长率≥4%	模锻工艺技术、超高压流变成型技术、表面处理技术；等温模锻专用锻造机、超高压流变成型装备	轿车轮毂、赛车轮毂
182	镁合金锻件	合金抗拉强度≥280MPa，延伸率≥10%	热模锻和等温模锻工艺、等温模锻机	汽车、航空航天、运动器材
183	高强阻尼镁合金	镁合金厚板纵、横向室温力学性能：α_b≥300MPa、$\alpha_{0.2}$≥200MPa、δ_5≥15%、E≥60GPa、HBS≥110，室温阻尼性能Q-1：在10～1000Hz频率范围内，各典型应变振幅下，最小值≥0.1	高强高阻尼镁合金制备加工和热处理工艺优化，阻尼性能与力学性能平衡优化	航空航天
（三）	钛合金			
184	优质宽幅冷轧纯钛板材	厚度0.5～3.5mm，宽度800～1500mm，长度2000～6000mm，抗拉强度≥345MPa，屈服强度275～450MPa，伸长率≥25%	宽幅冷轧纯钛板材表面缺陷控制、冷轧纯钛板材板形控制、宽幅冷轧纯钛板材热处理、连续密闭式纯钛板材酸洗技术，2800mm四辊可逆热轧机、1700－1780mm六辊可逆冷轧机、1780m四辊可逆炉卷热轧机、在线辊底式加热炉	石化、核电等大型压力容器
185	钛合金型材	合金牌号TA15、TC4，规格形状“U”、“L”、“T”形	挤压润滑、挤压模具设计及制造、型材矫直技术，型材矫直设备、型材脉冲锻打设备	航空航天、医疗、石油化工、船舶等领域
186	钛及钛合金带材	TA1(Gr1)、TA2(Gr2)、TA3(Gr3)、TA4(Gr4)、TA9(Gr7)、TA10(Gr12)、TB5(Ti-153)各牌号的纯钛系列带材，力学性能及工艺性能均满足GB/T3621～94及N/BS5504－2002等标准，IE值≥10.0	带材轧制、带材热处理技术，带材平整、带材表面处理技术；连续式酸洗机组、20辊冷轧设备、真空退火设备、拉弯矫直设备、表面处理设备	石油化工、能源、冶金、轻工、医疗、海洋工程、建筑装饰、体育及航空航天

(续表)

编号	产品名称	主要性能指标	关键技术装备	主要应用领域
187	大规格宽厚钛合金板材	厚度40～100mm,宽度1000～2500mm,长度4000～10000mm,TC4:抗拉强度≥895MPa,TC4 ELI:抗拉强度≥841MPa,K_{IC}/KQ(T-L)≥93 MPa$\sqrt{m}$,超声检验:符合AMS2631的A1级	宽幅厚板材组织性能及板形控制技术,1780mm六辊可逆冷轧机、1780m四辊可逆炉卷热轧机、2800mm四辊可逆热轧机、在线辊底式加热炉	航空航天、海洋装备
188	高精度、宽幅钛合金薄板材	厚度0.4～3.5mm,宽度1000～1500mm,长度2000～6000mm;TA1:抗拉强度≥240MPa;弯曲:140°;TA2:抗拉强度≥345MPa,弯曲:4T;TC_4:屈服强度:870MPa;500℃时,抗拉强度≥440MPa	板材精轧及表面、板形精整技术,1700-1780mm六辊可逆冷轧机及表面连续处理设备	大型飞机,石化、核电等大型压力容器
189	大规格钛合金棒材及特种锻件	TA15:抗拉强度≥885～1130MPa,伸长率A≥8%,面缩Z≥20%;TC4:抗拉强度≥895MPa,屈服强度$R_{p0.2}$≥825MPa,伸长率A≥8%,面缩Z≥20%;TC11:抗拉强度≥1060MPa,伸长率A≥9%,面缩Z≥25%;TC25:抗拉强度≥980MPa,伸长率A≥8%,面缩Z≥18%	大规格棒材组织性能控制、锻造流线控制技术,大型快锻机	航空航天
190	大型钛铸锭及锻坯	TA15、TC4、TC4ELI等,ϕ800～1050mm(8～12吨)低偏析、无夹杂,化学成分偏差小	铸锭、成分均匀性控制及洁净度技术,大型真空自耗电弧炉、全自动钛合金混布料系统、大型等离子焊箱	装备制造
191	专用钛合金材料	TA22:屈服强度R_p0.2≥450MPa;TA24:屈服强度R_p0.2≥630MPa,K1C≥93MPa$\sqrt{m}$	长行程冷轧管机技术、板材轧制技术等大型挤压机、1780mm六辊可逆冷轧机、1780m四辊可逆炉卷热轧机、2800mm四辊可逆轧机、系列轧管机等	海洋装备、化工工业
192	大盘重钛带卷	厚度(0.4～1.0)mm×宽度(400～1500)mm	高效连轧机、平整机、表面处理设备等	石化、核电、热交换、航空
193	钛及钛合金模锻件	单重>500kg,钛合金形状、尺寸精度、组织、性能满足要求	钛合金棒材制备工艺研究、模锻工艺研究、组织控制技术研究、超声波探伤技术研究大型锻压机	航空航天、海洋装备
		先进高分子材料		
一	特种橡胶			
194	丁基橡胶	IIR1751、IIR1751F和IIR0745,优良的气密性,较好的耐热、耐老化、耐酸碱、耐臭氧、耐化学溶剂、电绝缘、减震及低吸水等性能	淤浆法、溶液法技术,聚合釜、流化干燥床、脱气釜和汽提釜、脱硫专用捏炼机,空压机	汽车轮胎、医用瓶塞、防水建材、减震材料
195	溴化丁基橡胶	优良的气密性和良好的耐热、耐老化、耐酸碱、耐臭氧、耐溶剂、电绝缘、减震及低吸水等性能	溶液法,聚合釜	汽车轮胎、医用瓶塞
196	卤化丁基橡胶	良好的耐热和相容性,更易于加工	氯化反应装置、凝聚釜、溶剂脱除装置	内衬密封层、医用瓶塞、防腐衬里等
197	氯丁橡胶	CR232,CR321/322,CR2441/2442,CR248,优异的耐候、耐酸碱、耐臭氧、阻燃、耐曲挠、耐热和耐油性能,良好的物理机械性能和电性能	乳液聚合法,聚合釜、凝聚釜、乳液搅拌装置	传动带、运输带、电线电缆、耐油胶板、耐油胶管、密封材料等

（续表）

编号	产品名称	主要性能指标	关键技术装备	主要应用领域
198	丁腈橡胶	NBR1704/3604/2907/3305/1504/2007/3606/2717/2737/2624/2625/2626/2741/2742/2743/4005、XNBR1753、3351 等，较好的耐油、耐苯、耐热、耐磨和物理机械性能优异，粘接力强	低温聚合法，聚合反应釜、凝聚釜、挤出脱水干燥装置	汽车、航空航天、石油开采、化工、电线电缆、印刷和食品包装等
199	氢化丁腈橡胶	良好耐油性能（对燃料油、润滑油、芳香系溶剂耐抗性良好）、耐热性能、耐化学腐蚀性能（对氟利昂、酸、碱的具有良好的抗耐性）、优异的耐臭氧性能、较高的抗压缩永久变形性能，高强度、高撕裂性能、优异耐磨性能	溶液法加氢工艺，加氢反应釜、凝聚釜、溶剂和催化剂脱除装置	汽车、航空航天、石油开采、化工等
200	二元乙丙橡胶	J-0010/0020/0030/0050/3080，低密度高填充性，优异的耐水蒸汽性、耐候、耐臭氧、耐热低温屈挠性和电绝缘性能等	聚合反应釜、凝聚釜、溶剂脱除装置	汽车部件、电线电缆、防水建材、仪表部件、润滑油添加剂等
201	三元乙丙橡胶	4045/2070，优异的耐氧化、抗臭氧、抗侵蚀能力、低密度高填充性	聚合釜、凝聚釜、溶剂脱除装置	汽车、电子电气
202	溶聚丁苯橡胶	3.0SSBRY833A/833B/833E/833AX/833BX、3.0SSBRF1204/1206/375/376/377，优异的抗湿滑、高耐磨和低滚动阻力性能	聚合釜、凝聚釜、溶剂脱除装置	高性能轮胎胎面胶
203	丙烯酸酯橡胶	较好的耐高温、耐油性能，力学性能和加工性能优于氟橡胶和硅橡胶，耐热、耐老化性和耐油性优于丁腈橡胶	溶聚法，悬浮聚合和乳液聚合，聚合釜、凝聚釜	汽车密封配件、深井勘探用橡胶制品等
204	氯化聚乙烯橡胶	CM135、CM140，优良的耐寒、耐老化、耐臭氧、耐油、耐燃性	聚合釜	电线电缆、胶管、输送带、橡胶水坝、汽车内胎、电梯扶手等
205	氯磺化聚乙烯橡胶	CSM2300/2910/3304/3305/3308/4010/4008，优异的耐臭氧性、耐大气老化性、耐化学腐蚀性，较好的物理机械性能、耐热及耐低温性、耐油性、耐燃性及耐电绝缘性	气相水相悬浮法，筒（塔、管）式主反应器	电线电缆、防水卷材、汽车等
206	稀土异戊橡胶	Nd-IR，优异的加工性能和物理机械性能	溶液法，聚合釜	胎面、胎面翻新、胎面基、胎面垫、轮胎胎壁等
207	稀土顺丁橡胶	Nd-BR，强度高、耐屈挠、低生热、抗湿滑及滚动阻力低	溶液法，聚合釜	高性能轮胎、节能轮胎、子午线轮胎
208	异戊橡胶	IR307、SKI-3S、SKI-5PM、SKI-3、IR2200 等	溶液聚合，串联釜，除渣装备，后处理装备，干燥装备	载重轮胎、帘布胶、输送带、机械制品、电线电缆、运动器械、医用材料等
209	聚硫橡胶	JLY-121、JLY-124、JLY-115、JLY-155、JLY-215、JLG-200，耐油、耐高温、耐老化、耐候、耐溶剂性能优异	氯乙醇合成装置、单体聚合釜、聚硫橡胶聚合釜、水洗釜、裂解釜、污水处理装置等	航空航天、电子元件等
210	聚氨酯热塑性弹性体	JM-80/85/90、SA-1G、SA-1，综合性能优良，加工容易，耐磨性优异、耐臭氧性极好、硬度大、强度高、弹性好、耐低温，良好的耐油、耐化学药品和耐环境性能	浇注型、混炼型和热塑型三种双螺杆反应挤出机	传动带、输送带、耐磨材料、油封、密封圈垫、合成革、减震材料
211	聚脲弹性体	高防腐、防护性能、长寿命	单体及预聚体合成，涂装施工设备	防腐、防护

（续表）

编号	产品名称	主要性能指标	关键技术装备	主要应用领域
212	苯乙烯类热塑性弹性体	高弹性、耐低温和耐磨性	阴离子（仲丁基锂）聚合技术，夹持系统、加热系统、真空和压缩空气系统及成型模具等	沥青改性剂及胶粘剂等
213	聚烯烃类热塑性弹性体	常温下呈现橡胶弹性，密度小、弯曲弹性模量高、流动性好，优异的耐候性、耐臭氧、耐紫外线及良好的耐高温、耐低温冲击性能（使用温度范围 -50～150℃）	合成共混，密炼机、双螺杆挤出机	汽车、电子电气、工业部件及日用品等
二	工程塑料			
214	聚酰胺	良好抗冲击、刚性、耐热性、耐磨性、耐腐蚀性、耐油性、自润滑性、韧性、尺寸稳定性、电绝缘性等综合性能	树脂合成设备、鼓冷却系统、流涎机、薄膜收卷机、薄膜涂胶机以及分切机	玻璃纤维和其他填料填充增强改性、汽车用底漆、粉末防腐蚀涂料、水性建筑涂料等
215	聚碳酸酯	优良的电性能、高透明性、抗冲击性，吸水率低、尺寸稳定性好，良好的机械性能	注塑成型技术，渐变压缩型螺杆，挤出机等	电子电器、光学透镜、光盘
216	聚甲醛	优异的耐疲劳、高刚性、耐磨损、尺寸稳定性、抗冲击性、自润滑性，电性能、气水密性较好，比重轻，良好的耐油、耐过氧化物性能	多釜串联反应釜，后处理和精制装置	齿轮、按钮、叶轮、喷灌器部件
217	聚对苯二甲酸丁二醇酯	较好的耐热性、韧性、耐疲劳性，有一定的自润滑性、耐候性、耐酸碱性，吸水率极低，电绝缘性佳	聚合釜和后处理装备	汽车、机械零部件，电子电器、仪表
218	聚苯醚	粉料级：SE1GFN1、SE1GFN2、SE100X、731、GFN3、PX1005X，注塑级：PX9406P、PX9406－701、SE1、PX1005X、540Z、G702V、S201，优良的尺寸稳定性和电绝缘性，可在－127～121℃范围内长期使用，优良的耐水性、抗冲击性、耐磨性	氧化偶联溶液聚合技术，聚合釜和后处理装备	机械零部件，电子电气零件
219	聚苯硫醚	优良的耐高温、耐化学腐蚀、耐辐射、阻燃、电绝缘性能，均衡的物理机械性能和极好的尺寸稳定性，易于加工成型，热变形温度一般>260℃	单釜加压聚合，聚合釜	电子电气、汽车、航空航天、机械仪表、家用电器、石化专用机械设备等的零部件
220	聚酰亚胺	特殊的耐高温性，分解温度 550～600℃，长期使用温度可达 200～380℃，短期在 400℃以上	二步法或一步法缩聚工艺，聚合反应器、鼓冷却系统、流涎机	航空航天、微电子、液晶、分离膜、激光等领域
221	聚砜	耐磨、高强度、热稳定性高、耐水解、尺寸稳定性好、成型收缩率小、无毒、耐辐射、耐燃，长期使用温度为 160℃，短期使用温度 190℃，优良的电性能、化学稳定性	成盐反应、缩聚反应，聚合釜	电子电气、食品和日用品、汽车用、航空、医疗
222	聚醚醚酮	优良的综合性能，良好的阻燃性，易加工成型，耐高温、自润滑、耐磨损、抗疲劳、耐化学腐蚀性能优异	合成工艺控制	航空航天、汽车工业、电子电气和医疗器械等领域
三	有机硅材料			
223	烷氧基硅烷	TEOS、KH550，KH560，KH570，KH792，DL602，DL171	反应釜、凝聚釜、溶剂脱除装置	粘合剂
224	液体硅橡胶	流动性好，硫化快，软弹性无毒无味	缩合反应、加成反应	模具制造、电子模块灌封

（续表）

编号	产品名称	主要性能指标	关键技术装备	主要应用领域
225	空间级硅橡胶	拉伸强度≥2MPa，断裂伸长率≥200%，剪切强度≥1MPa，TML≤1%，CVCM≤0.1%	分子真空泵	航空航天
226	硅油	温粘系数小、耐高低温、抗氧化、闪点高、挥发性小、绝缘性好、表面张力小、无毒、对金属无腐蚀，较高的耐热性、耐水性、电绝缘性和较小的表面张力	反应釜	高级润滑油、防震油、绝缘油、消泡剂、脱模剂、擦光剂、隔离剂和真空扩散泵油
227	彩色喷墨打印涂料	光泽高，吸墨速度快	粉体吸墨材料制备、阳离子表面改性、硅溶胶阳离子表面改性，反应釜、高速分散机、离子交换柱	纸张涂布工艺
228	氟硅粘结剂	拉伸强度≥2MPa，扯断伸长率≥200%，剪切强度≥1MPa，机油溶胀率≤5%	含氟单体的开环聚合反应	汽车发动机等密封
四	高性能氟材料			
229	高档聚四氟乙烯	悬浮类：低压缩蠕变，耐高低温，不燃性，高清洁度，可焊接性，低摩擦系数；分散类：高压缩比，超高分子量，低分子量；乳液类：化学改性，高极限膜裂厚度	高纯度单体装置、聚合釜、自动化、密闭式后处理装置，纺丝技术	化工防腐、电子电气、涂料涂层、减摩密封
230	可溶性聚四氟乙烯	可熔融加工，耐温260℃，其余性能类同聚四氟乙烯	高纯度单体装置，聚合斧，自动化、密闭式后处理装置	耐高温电线电缆、电子接插件、半导体用管件
231	聚全氟乙丙烯	可熔融加工，耐温200℃，其余性能类同聚四氟乙烯	聚合物组成控制、溶液聚合工艺、在线分析仪器与自动化控制	耐高温电线电缆、化工防腐
232	聚偏氟乙烯	可熔融加工，耐介质、压电性、介电性、热释电性、耐温150℃	常温固化PVDF树脂乳液的开发及其工业化、改性PVDF树脂的开发及其工业化、VDF裂解炉	石油化工、电子电气和氟碳涂料
233	可溶性氟树脂板、薄膜、管、制件	电绝缘性好、耐高温、耐介质	特殊材质挤出机、注射机、流延机	防粘材料、绝缘材料、化工防腐、汽车油路系统、飞机组件脱模、发电机组的热交换系统、光伏行业清洗设备
234	三氟乙酸、三氟甲基系列精细化学品	高纯度、低杂质	乙酸或其酰氯电解氟化、四氯乙烯异构化后氟化、三氟乙醇氧化，反应器	含氟医药、含氟农药和染料的合成
235	氟橡胶	氟橡胶23（耐酸）、26（通用性），246（耐介质），氟硅橡胶（兼具硅橡胶的耐高温和氟橡胶的抗腐蚀性、奶油性特点）	硫化点单体合成与工业化、聚合工艺控制、聚合物组成控制、在线分析仪器与自动化控制；聚合釜	汽车、航空航天
五	功能性膜材料			
236	烧碱用离子交换膜	强离子性和低电阻值		烧碱制备
237	光学聚酯膜	独特的环保性、良好的光学性能及物理性能、出色的稳定性	压延拉伸工艺，挤出压延双向拉伸装置	平面显示器面板
238	高性能聚烯烃薄膜介电材料	厚度2～4μm，A/B/C三层结构，介质损耗因数0.00018	精密拉伸工艺装备，流延挤出设备	新能源汽车、太阳能光伏、风能发电
239	耐温动力电池隔膜	厚度16～40μm，透气性优于500s/20μm，90℃热收缩<2%，穿刺强度>400g/20μm	湿法和干法，双螺杆挤出机、双向拉伸设备	电动汽车

(续表)

编号	产品名称	主要性能指标	关键技术装备	主要应用领域
240	热溶胶(EVA)封装胶膜	(0.5~1)m×100m×(0.2~0.7)mm,高排气性,高适应性,持久耐黄变性,高电阻率	螺杆结构与模具设计技术、快速除应力工艺,流延膜生产装备、薄膜测试装备、压延法生产装备	太阳能电池
241	单片型双极性膜	100mm×300mm×(0.16~0.23)mm,400mm×800mm×(0.16~0.23)mm	流延膜生产原料膜的装备、生成双极性膜的独特装置	化工行业
242	均质阴、阳离子交换膜	100mm×300mm×(0.16~0.23)mm,400mm×800mm×(0.16~0.24)mm	流延膜生产原料膜的装备,生成阴、阳离子交换膜的独特装备	化工行业
243	扩散渗透析阴、阳膜	良好的扩散、渗透析性能	一次浸胶成膜、后处理,制膜机	制备扩散渗透器
244	光伏用 PET 膜	良好的耐候性,抗紫外性,有益的热收缩性	挤出压延双向拉伸装置	太阳能电池背膜
245	光学聚乙烯醇(PVA)薄膜	良好的物理机械性能及品质均一性,与碘亲和能力强,光学特性优异	流延膜生产设备	偏光片
246	光学三醋酸纤维(TAC)膜	良好的光学各向同性、透明性优良、尺寸稳定、机械强度适中	流延膜生产设备	平板显示行业
247	扩散膜	良好的光扩散功能,表面平整,均匀性好,辉度高	精密涂布设备	LCD/LED 背光模组
248	透明导电膜	透过率高,导电性好,ITO 替代产品	精密涂布设备	触摸屏
249	电磁波屏蔽膜	透过率高,导电性好,良好的电磁屏蔽性	精密涂布设备、化学镀工艺设备	视窗、手机、触摸屏、PDP 显示器件
250	窗膜	良好的透光性,优异的隔热防 UV 性能,良好的可施工性	溅射工艺设备、江米涂布设备	建筑窗
251	注射成型表面(IMD)装饰膜	优异的防划伤性、图案多样性,制程简单,低成本	精密涂布设备	家电、汽车、电子消费品
252	热敏磁票	兼具磁记录性能及热敏显色性能,优异的耐化学性、耐高温性、耐沸水性,良好的印刷适应性	精密涂布设备	高速铁路、门票等
253	增亮膜	优异的亮度提升效果	真空蒸镀设备、棱镜成型设备	LCD 显示器件
254	PVDF 太阳能电池背板膜	厚度 0.03mm,收缩率(150℃,30min)<0.75,白色薄膜紫外线反射率 80%,表面张力 42Dyne/cm	可熔融加工氟塑料专用挤出流延薄膜生产线及专用挤出流延机头	太阳能电池组件、化工、电子、食品机械等
255	化工防腐用 FVDF 织物背衬板	幅宽 1200mm,厚度 2~5mm,拉伸强度≥45MPa,断裂标称应变≥10%,简支梁缺口冲击强度≥8MPa,弯曲强度≥49MPa,维卡软化温度≥170℃	可熔融加工氟塑料专用挤出板材生产线及织物复合设备	化工防腐衬里
256	反渗透膜	膜孔径符合要求	反渗透膜生产线	水处理行业
257	纳滤膜	膜孔径、操作压力、温度等符合要求	纳滤膜生产线	水处理行业
258	柔性有机聚合物薄膜	150mm 幅宽电池片,光电转化效率 5%~7%	卷对卷精密涂布设备	太阳能电池
六	其他			
259	己二胺	含量≥99.7%,1-胺基己腈含量≤0.2%,1,2-二氨基环己烷≤0.1%	连续加氢分离设备,高纯产品精馏设备	尼龙 66 和 610 树脂、聚氨酯树脂、离子交换树脂和亚基二异氰酸脂等

（续表）

编号	产品名称	主要性能指标	关键技术装备	主要应用领域
260	己二腈	含量>99.5%，沸点295℃	合成装置，精馏装置	己二胺，合成尼龙66盐、六亚甲基二异氰酸酯（HDI）
261	甲苯二异氰酸酯（TDI）	TDI-80/20，TDI-100和TDI-65/35，沸点247℃	由甲苯硝化生成二硝基甲苯，再经还原得到甲苯二胺，甲苯二胺与光气反应生成TDI	软质聚氨酯泡沫及聚氨酯弹性体、涂料、胶黏剂等
262	二苯基甲烷二异氰酸酯（MDI）	纯MDI、聚合MDI、液化MDI、改性MDI	碳酸二甲酯法	聚氨酯涂料、防水材料、密封材料、陶器材料等
263	六亚甲基二异氰酸酯（HDI）	含量≥99.5%，水解氯≤1ppm，总氯≤50ppm，沸点255℃	碳酸二甲酯、HDU合成、热解装置、精馏装置	航天航空、建筑涂料、塑料漆、工业漆、发泡材料等
264	异佛尔酮二异氰酸酯（IPDI）	IPDI三聚体，纯度≥99.5%，具有快干性、耐候性、硬度、耐油性、耐腐蚀、抗氧化等优点	由异佛尔酮二胺与光气反应生产IPDI	汽车、轻工、化工、电子、纺织、医疗、建材等领域
265	发泡酚醛树脂	固体含量：80±2%，粘度：3000～7000mPa·s，游离酚<1.5%	合成，反应釜	建筑
266	高性能环氧树脂	树脂混合体系初始粘度，≤150 mPa·s（60℃）；拉伸强度≥80 MPa，弯曲强度≥120 MPa，玻璃化转变温度≥70℃	合成、反应釜	风力发电
267	弹性树脂	良好的手感，优异的耐磨，耐化学性及抗回粘	树脂配方和聚合工艺，聚合反应釜	3C电子产品上的弹性涂料
268	亲水涂料	涂层划格附着力为0级，耐冲击性>50kg·cm，涂层耐中性盐雾性能达到1500小时，9.5级以上，亲水角<5°	合成反应釜、激光粒度仪、高低温交变恒温恒湿试验机	空调箔的亲水化处理
269	易拉盖内涂料	具有自润滑性能，符合FDA认证要求，具有优异的高速成型的机械加工性、耐高温消毒性、耐化性与超滑爽性	自润滑功能助剂的合成工艺与涂料配方，反应釜	易拉盖等食品包装内涂
	新型无机非金属材料			
一	特种玻璃			
270	离线Low-E中空玻璃	5+12A+6LE，辐射率 *E* 值：0.15～0.09，传热系数 *U* 值：1.8～1.4（W/m^2K）	磁控溅射镀膜技术，磁控溅射镀膜设备	建筑节能
271	在线Low-E中空玻璃	5+12A+6LE，辐射率 *E* 值：0.25～0.19，传热系数 *U* 值：2.3～1.8（W/m^2K）	高效节能镀膜玻璃表面功能镀层的膜系设计、多层匹配和微结构调控技术、浮法在线多层复合膜的大面积均匀稳定制备技术，大面积均匀镀膜装置、原料高效回收利用装置、生产工艺控制系统	建筑节能
272	离线Low-E真空玻璃	4+0.15V+4LE，辐射率 *E* 值：0.05；传热系数 *U* 值：0.6～0.4（W/m^2K）	磁控溅射镀膜技术、夹层真空玻璃制造技术、真空玻璃性能快速检验技术，支撑物排布装备、支撑物排布-边部钎焊料涂布-合片一体化机组、真空获得装备、Low-E镀膜玻璃高平整度钢化设备、超高应力钢化设备、表面应力在线快速检验设备、在线热导快速测量设备	建筑节能

(续表)

编号	产品名称	主要性能指标	关键技术装备	主要应用领域
273	超白太阳能浮法玻璃	厚度1.6～2.5mm、最大规格1250～3300mm,透光率:91.6%,热透过率:90%,密度:2.5g/cm^3,机械强度:70MPa(钢化后),莫氏硬度:6,杨氏模量:70GPa	低铁硅砂制备、熔窑设计、玻璃液熔制,熔窑、拉边机	薄膜太阳能电池TCO玻璃基板、太阳能聚热发电定日镜
274	超白太阳能压延玻璃	厚度3.2mm,透光率91.6%,热透过率91.1%,密度2.5g/cm^3,机械强度90MPa(钢化后),莫氏硬度6,杨氏模量70GPa	低铁硅砂制备、压延机辊子设计,压延机辊子	太阳能电池组件
275	液晶平板显示器(TFT-LCD)基板玻璃	无碱高硼硅酸盐玻璃,2160mm×2400mm×0.5mm	溢流成型及浮法成型技术,熔窑、特殊供料装备、特殊成型设备、加热与温控设备、退火设备等	彩色液晶显示屏
276	等离子显示(PDP)基板玻璃	高铝硅酸盐玻璃,1926mm×2328mm×1.8mm	浮法成型技术,熔窑、特殊供料装备、特殊浮法拉引设备、加热与温控设备、退火设备等	等离子显示屏
277	透明导电氧化物(TCO)玻璃	3.2mm,透光率:84%,表面电阻:10Ω/m^2,雾度>10%	镀膜、刻蚀工艺,镀膜设备、刻蚀设备	太阳能电池组件
278	高硼、高铝硅平板玻璃	高铝硅平板玻璃:厚度<1mm,玻璃软化点>770℃热膨胀系数40～50×10^{-7}/℃(20～300℃),密度2.2g/cm^3,莫氏硬度>6级,耐热冲击性能>180℃,最高使用温度450℃	玻璃的熔化、澄清、成型等关键技术,熔窑、特殊供料装备、特殊浮法拉引设备、加热与温控设备、退火设备	航空、仪器仪表、家电、照明、防火平板保护
279	平板耐热与高强度玻璃	高硼、高铝硅酸盐玻璃,玻璃合格板宽1600mm,最大玻璃尺寸1600×3200mm	玻璃熔化、成型、退火、深加工技术,熔窑特殊浮法拉引设备、加热、温控与退火设备	建筑防火、航空、家电、交通、照明、仪器仪表
280	高品质石英玻璃制品	金属杂质含量<12ppm、金属杂质含量低于1ppm、纯度5～6N	高品质石英玻璃锭合成生产线集成、石英玻璃深加工集成技术,高效合成石英玻璃沉积装置、高精度无接触吊拉炉、精密水平热顶炉、精密二次扩管机	半导体用石英坩埚、半导体扩散管、光纤包层管等核心器件
281	高纯四氯化锗	金属杂质总含量≤5ppb,氢杂质总含量≤3ppm,纯度8N	精馏提纯,蒸馏釜,精馏塔	通讯光纤
282	四氯化硅材料	金属杂质总含量≤6ppb,306波数透过率≥85%,3100～3020波数透过率≥99%,2970～2925波数透过率≥90%	精馏提纯,蒸馏釜,精馏塔	通讯光纤
283	无铅低熔封接玻璃	绝缘性能≥10^{13}Ω.cm,与金属膨胀系数高度匹配($\Delta\alpha<4\times10^{-7}$)	封接前预先处理技术、烧结夹具材料石墨的预处理技术、玻璃表面处理技术、新型熔封玻璃烧结技术、围封封接技术、管状封接技术,白金池窑、拉力仪、氦质谱检漏仪	电子元器件、显示器、汽车、真空玻璃
284	锗锑硒玻璃和锗砷硒玻璃	ϕ≥150mm,透过8～12μm波长红外波段电磁辐射	大尺寸产品的熔制技术和高精度加工技术,原料高纯度提纯设备、高均匀性熔化炉和高精度模压设备	声光元件、光通讯等
285	涂膜反射隔热玻璃	可见光投射比≥50%,这比系数≤0.6,紫外老化240h后可见光透射比保持率≥95%,遮蔽系数保持率≥99%,近红外线阻隔率≥75%,涂膜玻璃硬度≥4H	精密玻璃涂膜成套设备生产线,隧道式烘干设备	建筑行业、汽车领域

（续表）

编号	产品名称	主要性能指标	关键技术装备	主要应用领域
286	压延微晶玻璃	高耐磨、高耐腐、耐机械冲击	压延微晶玻璃生产工艺:采用压延成型工艺技术,再经核化、晶化、退火而成	煤炭、钢铁、电力、化工、造纸、建材、冶金行业耐磨、耐腐蚀设备、部位的内衬材料
287	低膨胀微晶玻璃	耐高温 800℃,膨胀系数 $\pm 0.5\times10^{-6}$,透光透视、不导电、不导热,只导磁	浮法低膨胀微晶生产工艺:选用锂、铝、硅等做原料,经浮法成型,并经核化、晶化、退火而成	高温监控、家电、建材、建筑、航天航空、车船行业
二	先进陶瓷			
288	铌酸盐无铅压电陶瓷	$(Na_{0.5}K_{0.5})NbO_3$, $d_{33}=133pC/N$, $K_p=27\%$, $Q_m=27$, $\tan\delta=0.064$	水热法和半干压法,喷雾干燥机,耐压测试仪,粉末压片机,磨片机,切边机,自动喷胶机等,电滞回线测试仪,精密阻抗测试仪	传感器、驱动器、谐振器、滤波器、蜂鸣器、电子点火器
289	高压陶瓷电容器	直流耐压 10~50kV,电容量 100pF~5nF,使用温度范围:(-20~85)℃	玻璃陶瓷片漏铸批量制备工艺,金属膜电极批量制备,铂金坩埚漏铸炉,大腔体镀膜设备	高压输电、气体激光器、静电喷涂、脉冲功率源
290	高功率无铅PTC发热体材料	居里温度在 120~300℃范围可调,升阻比>10^3,室温电阻率<$10^3\Omega\cdot cm$	半干压法,喷雾干燥机,PTC 阻值分选机,PTC 测试机,PTC 打膜机,切边机,自动喷胶机	发热体、温度传感器、彩色电视机的自动消磁器、电冰箱起动器
291	高温绝缘陶瓷组件	抗弯强度 300MPa,击穿强度达到 22kV/mm	粉末合成技术,大尺寸、薄壁管件成型技术;等静压机、立式烧结炉	多晶硅铸锭炉、燃料电池
292	高纯熔融石英陶瓷粉料	球形粉料、高纯、超细	高纯、低成本熔融石英原料的规模化制备技术	新能源、电子信息
293	太阳能硅多晶铸锭用石英陶瓷坩埚	900 系列,使用温度 1500℃	热等成型、一次隧道炉烧结技术,热等静压机,隧道烧结窑	太阳能硅多晶铸锭生产
294	高档熔融石英陶瓷板	100×100mm~2880×3080mm,厚度 5~20mm	高纯、低成本熔融石英原料的规模化制备技术	平板显示器生产用载板
295	超大尺寸氮化硅陶瓷轴承	ϕ30~100mm,常压下分解温度 1900℃,介电常数 4.8~9.5	高纯、超细氮化硅粉体规模化制备技术,大尺寸氮化硅轴承球的低成本精密加工技术;高性能氮化硼纤维的一次高温氮化装备	风电
296	高磨耗比硅/碳化硅陶瓷	厚度 30mm,密度<2.9g/cm³,气孔率<1%,磨耗比达到 120	超厚多孔坯体均匀固化成型及干燥、液相溶渗技术,微波加热成型及干燥装备、液相反应溶渗炉	选煤、选矿机械
297	氮化硼陶瓷	六方 BN 和立方 BN,氩气下最高使用温度 2600℃,热传导率 25.1W/(m·K)	超薄、超大尺寸精细石英陶瓷水基注凝成型技术、薄壁大尺寸多孔陶瓷冷等静压近净尺寸成型技术、高性能连续氮化硼纤维的规模化制备技术	各种熔融体的加工材料及玻璃成型用的器具、热电偶保护管、高频电绝缘材料
298	选择性蜂窝式陶瓷催化剂	脱销率>92%,烟气温度>320℃	活性组分均布技术,强力真空挤出机、少空气快速干燥器、网带式烧成炉	工业窑炉、大型锅炉烟气脱销
三	新型建筑材料			
299	纸面石膏板	厚度 9.5~25mm,宽度 1200~1250mm,长度 1800~3660mm,表面吸水量≤160g/m²,棱边、端头硬度≥70N,,具有较好的耐潮(受潮挠度≤10mm)、耐火(遇火稳定性≥20min)或耐水(吸水率≤10%)等性能	挤出法、烘干工艺,面纸及板芯的特殊防潮处理技术,热风炉或沸腾炉、电除尘器、烘干锤式破碎机、烘干机	内墙建筑材料

(续表)

编号	产品名称	主要性能指标	关键技术装备	主要应用领域
300	多排密孔烧结保温空心砌块	导热系数0.22~0.30W/(m·K),防火、高孔洞率、节能、利废、保温、隔热	高掺量利用工农业固体废弃物和采用微孔造孔技术,砌块成型机、窑炉	建筑节能
301	聚苯颗粒注孔烧结保温空心砌块	导热系数0.22~0.30W/(m·K),具有安全、耐久、防火、节能、利废、高强度、低容量、保温、隔热、与建筑物同寿命等显著优点	高掺量利用工农业固体废弃物和采用微孔造孔技术,砌块成型机、窑炉	建筑节能
302	岩棉纤维材料	纤维直径3~7μm,容重50~200kg/m³,具有极佳的绝热和吸声性能,化学稳定性、耐腐蚀性及不燃性良好,导热系数:0.029~0.046W/(m·K)	原料高温熔融后离心成纤技术,冲天炉、离心机	建筑业、工业及造船业的吸声、隔热、节能保温工程
303	岩棉保温材料	厚度4~100mm,容重60~150kg/m³,具有极佳的绝热和吸声性能,化学稳定性、耐腐蚀性及不燃性良好,导热系数:0.035~0.045W/(m·K)	摆锤法,冲天炉、离心机、固化炉	建筑业、工业及造船业的吸声、隔热、节能保温工程
304	矿棉板	厚度8~18mm,吸声、不燃、隔热、装饰,平均吸音率0.5以上	抄取法,搅拌池、成型水线、干燥窑	室内天棚装饰材料,各种建筑吊顶,贴壁的室内装修
305	粒状棉	容重110~140kg/m³,保温、隔音性好,纤维强度(WT值)≥50.0mm,纤维平均直径4~6μm	矿渣经高温熔融,离心设备制成无机纤维后,再加上特制防尘油制成的不燃性纤维颗粒制品,冲天炉、离心机	建筑保温和吸声材料
306	超轻硅酸钙装饰板	密度<600kg/m³,抗折抗压>0.3MPa,导热系数<0.08W/m·K,隔热隔音防火防蛀	高压反应锅、抄取法流水线、压机	防火、隔热节能隔音的装饰板
307	超轻憎水硅酸钙材料	密度<150kg/m³,导热系数<0.035W/(m·K)、憎水	高压反应锅、压机、模具、干燥设备	建筑外墙保温
308	膨胀蛭石防火保温板	含水率≤3%、压缩强度≥1.6MPa,抗拉强度≥0.7MPa,受潮挠度≤2.0mm;降噪系数≥0.22,吸声系数(驻波法)0.05~0.24,隔声量(厚度)≥43dB;甲醛释放量每100g≤9mg	混料,浇注,压制烘干,切割,抛光,雕刻工艺	建筑行业
309	微纤维玻璃棉	纤维平均直径≤3.5μm,渣球含量≤1%,含水量≤0.5%,浸酸≤3%,溶出铁含量≤0.004%,溶出氧含量≤0.004%,纤维化学成分无碱:$Na_2O+K_2O\leq0.8$,中碱:$Na_2O+K_2O\leq12.0$,高碱:$Na_2O+K_2O\leq17.0$	熔制喷吹成纤、集棉	蓄电池隔板、真空绝热板芯材、喷涂
四	人工晶体			
310	高品级金刚石	黄色透明、杂质含量少、高硬度、高耐磨、高热导率金刚石单晶,粒径>2mm单晶以及微米和纳米级高纯度单晶;合成金刚石用200目和320目触媒粉等原辅材料;直径120~150mm高品级CVD膜片;直径>46mmPCD高品级复合片	6×42MN及更大的专用六面顶压机、压机精密数控装置及合成技术;75~100kW大功率金刚石膜生产设备及沉积技术;高纯度触媒粉雾化设备及工艺技术	石材、建材、建筑工程、电子信息、航空航天、LED照明、地质勘探、石油天然气钻井等
311	高品级立方氮化硼	高硬度、高耐磨、高热导率立方氮化硼单晶,粒度>40目单晶以及微米和纳米级高纯度单晶;直径>46mmPCBN高品级复合片	6×42MN及更大的专用六面顶压机、压机精密数控装置及合成技术	飞机、汽车、轧钢、数控机床、新能源等
312	高效精密超硬材料制品	满足高效精密加工需求的切、削、磨、钻、研、抛等工具及耐磨、散热、透光、抗辐射等功能性器件	超硬材料有序排列布料、高效精密激光焊接、高效精密成型等技术及装备	装备制造、新能源、航空航天、汽车、建筑工程

（续表）

编号	产品名称	主要性能指标	关键技术装备	主要应用领域
313	压电晶体	高品质、大尺寸石英晶体；氧化锌（ZnO）、硅酸镓镧（LGS）、铌锌酸铅（PZN-PT）、铌镁酸铅（PMN-PT）	晶体生长及加工技术、装备	电子元器件
314	闪烁晶体	NaI、CsI、LSO/LYSO、闪烁陶瓷体	晶体生长及加工技术、装备	闪烁探测器
五	其他			
315	镁铁尖晶石砖、镁铁铝复合耐火材料	RT-MFe-80、RT-MFe-85、RT-MFe-90、RT-MF，耐侵蚀，良好挂窑皮，荷重软化温度 $T_{0.6}$ ≥1700℃、抗热震性能950℃、风冷≥100次	原料制备和处理、微粉加工和均混、液压和机压成型工艺，强力混合碾机、莱斯液压机	水泥窑烧成带、上下过渡带
316	水泥窑用长寿命多功能系列不定形耐火材料	尖晶石质-氧化锆-刚玉质，化学结合铝硅质，刚玉-莫来石质-红柱石质；低钙，低铝酸钙，超微粉5～0μm	新型结合剂制备、微粉加工工艺，全自动配料数字化控制工艺和软件，原料破粉碎制作工艺；微粉加工设备，耐火原料破粉碎设备及其除尘防尘设备，计算机控制配料设备	2500t/d及以上水泥窑
317	特优硅砖	RT-TBG-97A；RT-TBG-98，$ASiO_2$≥97%，Fe_2O_3≤0.6%；SiO_2≥98%，Fe_2O_3≤0.4%	使用高纯原料和清洁制造工艺，自控烧结窑炉	玻璃窑上部结构关键部位
318	低导热熔铸耐火材料	抗剥离液侵蚀≤1.5mm/24h，容重≤3.45g/cm³，使用温度≥1600℃，1000导热系数≤3.6W/(m·K)复合制品导热率≤3.0W/(m·K)	强制快速熔融技术，均衡散热退火、控制晶相赋存处理、致密材料与轻质绝热材料镶嵌焊接复合工艺；新型专用程控电弧炉	玻璃熔窑
319	粉末冶金摩擦材料	F1001H、F1002、F1101H、F1001G、F1111S，具有稳定的高摩擦系数和良好的耐磨性、耐热性、耐蚀性及较高的力学性能		重型汽车、矿山机械、工程机械、航空、舰船
320	宽温域自润滑材料	涂层厚度5～30μm，硬度10GPa，结合力>30N，基体室温屈服强度700MPa，1000℃下屈服强度≥50MPa，室温至1000℃范围内的摩擦系数<0.3，磨损率≤$1\times10^{-6}mm^3/N\cdot m$	均匀分散技术	发动机、燃气轮机等润滑
321	精密修整滚轮及坯料	0.3～2.0mm，极高耐磨性、低摩擦系数	精密切割技术，高精度激光切割设备	机械加工、耐磨部件、电器器件用料
322	锂电池负极材料（采用天然石墨）	容量达到350mAh/g	连续式天然球形石墨高温提纯技术；天然球形石墨包覆技术，连续式高温化学法提纯炉；加温搅拌包覆和还原气氛下包覆炭化连续生产设备	新能源电池负极材料
323	各向同性石墨（采用部分天然石墨）	体积密度1.95～2.0g/cm³，电阻率的异向比1～1.05	连续式天然石墨高温提纯，连续式高温化学法提纯炉；大直径、高压力等静压机	核能、电火花加工、半导体工业
324	各向同性等静压石墨（以石油焦和沥青焦为原料）	大规格、高纯度等静压石墨。体积密度≥1.78g/cm³，灰分≤200ppm，最低灰分含量可达≤10ppm，各向同性≤1.05	细颗粒粉料混捏、大规格产品焙烧及浸渍、高温提纯及制品均质化技术，连续式高效混捏机、大直径等静压机、车底式焙烧炉、浸渍设备、可控气氛焙烧炉	太阳能、核电、冶金化工、航空航天、机械电子以及精密仪器制造
325	挤出细结构石墨（以石油焦和沥青焦为原料）	体积密度≥1.65g/cm³，抗压强度≥35.0MPa，抗折强≥20MPa，灰分≤50ppm	连续式人造石墨高温提纯工艺，混捏机、焙烧炉、压型机、浸渍设备、提纯炉	太阳能、核电、冶金化工、航空航天、机械电子以及精密仪器制造

(续表)

编号	产品名称	主要性能指标	关键技术装备	主要应用领域
326	挤出中粗细结构石墨(以石油焦和沥青焦为原料)	体积密度≥1.62g/cm^3,抗压强度≥24.30MPa,抗折强度≥10MPa,灰分≤50ppm	连续式人造石墨高温提纯,混捏机、焙烧炉、压型机、浸渍设备、提纯炉	太阳能、核电、冶金化工、航空航天、机械电子以及精密仪器制造
327	模压细结构高纯石墨(以石油焦和沥青焦为原料)	体积密度≥1.65g/cm^3,抗压强度≥18.5MPa,灰分≤50ppm	连续式人造石墨高温提纯,混捏机、焙烧炉、压型机、浸渍设备、提纯炉	太阳能、核电、冶金化工、航空航天、机械电子以及精密仪器制造
328	硅基粉体材料	比容量1000mAh/g以上,循环500周以上	纳米陶瓷成型和熔盐电解,电解设备	锂离子电池、锂离子动力电池
329	高性能白炭黑	具有多孔性、内表面积大、高分散性、质轻,化学稳定性好、耐高温、不燃烧、电绝缘性好等优异性能。能改善胶接性和抗撕裂性	气相法,沉淀法,非金属矿法,利用工农业副产物法,流化床、干燥器	橡胶、塑料等的填充剂、润滑剂和绝缘材料
330	二氧化硅气凝胶	优异的补强、增稠、触变、绝缘、消光、防流挂等	干式法、湿式法、电弧法,流化床、干燥器	橡胶、塑料、涂料、胶粘剂、密封胶等高分子工业领域
高性能纤维及复合材料				
一	高性能纤维及材料			
331	聚丙烯腈基碳纤维	GQ3522:拉伸强度3.53GPa、拉伸模量230GPa,伸长1.5%;GQ4522:拉伸强度4.9GPa;拉伸模量230GPa,伸长2.1%;QZ5526:拉伸强度≥5.49GPa;拉伸模量≥294GPa,伸长1.9%	高压水蒸气牵伸机、预氧化炉、低温碳化炉、高温碳化炉	航空航天、高档民用产品
332	通用级沥青基碳纤维	拉伸强度≥600MPa,拉伸模量≥30GPa	反应釜、热定型炉、碳化炉	高温绝热材料,以及耐热耐腐蚀材料
333	超高分子量聚乙烯纤维	200～1600D(dfp:2～4),强度25～35g/d,断裂伸长≤4%,模量900～1200g/d	密闭防爆多级连续萃取机、牵伸热箱、牵伸机、恒温干燥箱、高精度喷丝板、计量汞等纺丝组件、PPM级油水连续分离装置等	航空航天、安全防护、高强缆绳等
334	间位芳纶	拉伸强度≥3.5cN/dtex,断裂伸长20%～40%,干热收缩≤2%(300℃,15min),LOI≥28	先进纺丝技术,板框过滤机、计量泵、分散型控制系统	电气绝缘材料、阻燃织物、安全防护、高温过滤、蜂窝结构材料等
335	对位芳纶	拉伸强度≥25cN/dtex,断裂伸长3±1%,模量≥70GPa,分解温度≥500℃	大容量双螺杆反应器、耐强酸强碱精密计量及控制系统	安全防护、航空航天、光缆增强、蜂窝结构及橡胶骨架增强材料及绳缆
336	对位芳纶复合基材	对位芳纶电路板基材:比重1.44,耐高温500℃,介电常数2.4～2.8,介质损耗≤0.002,耐热循环冲击1万次以上,在x、y轴的平面方向上线性热膨胀系数4～0ppm/℃;对位芳纶窝蜂基材:厚度符合相关要求;抗张强3.6kN/m,MD;伸长率2.0%,MD;渗透时间7.6S,表面吸收性28.9%;撕裂强度(纵向610mN,横向650mN)	对位芳纶电路基材、蜂窝基材连续生产技术,芳纶纤维制浆分散技术,生产芳纶复合基材关键设备与技术,连续化生产芳纶复合基材密度控制技术,酚醛、环氧、聚暹亚胺、聚四氟乙烯树脂对不同密度芳纶基材渗透量的控制技术	电子设备、汽车工业、航空航天、轨道交通等

（续表）

编号	产品名称	主要性能指标	关键技术装备	主要应用领域
337	芳砜纶纤维	耐高温型、滤材及纺织用纤维（棉、中长、毛型），LOI≥33，拉伸强度≥3cN/dtex，断裂伸长≥18%，干热收缩≤0.8%（250℃，30min）	高精度高效过滤机、喷丝组件、高温欠伸机等	安全防护、高温过滤、水泥增强等
338	聚苯硫醚纤维	短纤维，长丝少量，LOI≥35，拉伸强度3.5～4.0cN/dtex，断裂伸长25%～55%，干热收缩≤3%（短纤维），≤7%（长丝）	熔融纺丝，熔体制备、熔体输送设备	高温过滤、耐腐蚀过滤、膜材料等
339	聚醚醚酮纤维	长丝：150～300dt/24～48F；熔点≥334℃，最高使用温度250℃，断裂强度≥4℃cN/dtex，伸长率15%～30%；单丝：断裂强度≥220MPa，伸长率10%～20%	熔融纺丝技术，熔体制备、熔体输送设备	航空航天、汽车工业、电子电器、医疗机械
340	聚酰亚胺纤维	耐热型、阻燃型，强度≥4.0cN/dtex，伸度≥15%，LO≥28，干热收缩≤0.4%（280℃，30min）	专用纺丝机、专用喷丝板	航空航天、高温介质及过滤材料等
341	聚对苯撑苯并二噁唑（PBO）纤维	高强型：拉伸强度≥5.8GPa，弹性模量≥200GPa；高模型：拉伸强度≥5.5GPa，弹性模量≥280GPa	反应性挤出－液晶纺丝、干喷湿纺一体化技术，聚合、纺丝设备	轻质结构部件、工业产品
342	热致性液晶纤维材料	熔点≥330℃，断裂强度≥3GPa，杨氏模量120GPa，断裂伸长2%～2.5%，最高使用温度250℃	高性能双螺杆挤出机和液晶纺丝工程装备，高精度计量汞纺丝组件，高性能卷绕，牵伸装备及控制系统，平行牵伸机等	太阳能材料、精密电子组件、航空航天、运动器材、绳缆及高性能包装材料
343	连续玄武岩纤维（CBF）	无捻纱、有捻纱，强度3800～4300MPa，断裂伸长2.5%～3.1%，模量85～110GPa，使用温度－269～650℃	熔融抽丝、全电熔炉生产技术，气电结合火焰炉技术，多漏板池窑技术，先进池窑及控制装备、多孔拉丝漏板、电熔炉	建筑道路增强、高温过滤等
344	无硼无氟改性玻璃纤维	拉伸强度>2500MPa，模量>80GPa或玻璃软化点温900℃以上，玻璃转化温度700℃以上	玻璃成分及熔制工艺、纤维成型工艺、浸润剂涂覆技术，纯氧燃烧窑炉与通路、电助熔装备、4000孔以上铂金漏板	风电叶片基材、压力容器及高压管道等
345	耐酸玻璃纤维	在H_2SO_4(96℃，10%）中24小时的重量损失10%以下，比普通无碱玻璃纤维减少2倍以上，具有较好的耐酸性	玻璃成分及熔制工艺、纤维成型工艺，纯氧燃烧窑炉与通路、电助熔装备、4000孔以上铂金漏板	烟气脱硫、化工及海洋工程用容器及管道等
346	耐碱玻璃纤维	碱性条件下失重比普通E减小2倍以上	玻璃成分、配合料、熔制工艺、纤维成型工艺，熔炉与通道、漏板及冷却装置	增强水泥
347	耐辐照玻璃纤维	累积中子通量1×10^{20}中子/cm^2、γ射线剂量3×10^{10}伦琴，温度>280℃时的绝缘电阻>$7\times10^9\Omega/m$	玻璃成分、高温玻璃熔制技术、纤维成型技术、浸润剂，高熔化温度窑炉、400孔以上纤维成型漏板	核电站绝缘材料和保温隔热材料
348	低介电玻璃纤维	高频条件下（1MHz）介电常数<5，介电损耗角正切值低于0.001，与普通无碱玻璃纤相比具有较好的介电性能	玻璃成分及熔制工艺、纤维成型工艺，高硅高硼低挥发玻璃熔化窑炉，一步法成型通路与400孔以上漏板	高温介电材料、印刷电路板、通讯器材、高速数字电子系统
349	高硅氧玻璃纤维	SiO_2含量96%～99%，纤维直4～10μm，密度2.2g/cm^3，耐温800～900℃、拉伸强度1.5GPa、弹性模量73GPa	纤维成型工艺、酸沥处理工艺、烘干工艺，高硅高硼低挥发玻璃熔化窑炉，一步法成型通路与400孔以上漏板、酸沥、烘干设备	耐热材料
350	石英玻璃纤维	SO_2含量≥99.9%耐温1200℃，介电常数3.78，损耗角正切值0.0001～0.0002	石英玻璃熔制工艺、棒法纤维成型工艺、浸润剂涂覆技术，真空加压电阻炉、脱羟炉、氢氧焰棒法拉丝炉	高温介电材料

(续表)

编号	产品名称	主要性能指标	关键技术装备	主要应用领域
351	高强玻璃纤维	新生态单丝强度 4020MPa 以上、纤维弹性模量 83GPa 以上,高强玻纤的拉伸强度,弹性模量分别比 *E* 玻纤提高 30% 15% 以上	玻璃成分和熔制工艺、纤维成型工艺、浸润剂涂覆技术,高熔化温度熔炉、漏板及冷却装置	航空航天、风电叶片
二	树脂基复合材料			
352	连续纤维增强热塑性复合材料	碳纤维增强 PPS,拉伸强度≥1500MPa,拉伸模量≥100GPa;碳纤维增强 PEEK,拉伸强度≥1800MPa,拉伸模量≥120GPa;	热塑性树脂对纤维的浸渍工艺,浸渍设备	汽车部件、能源等
353	碳纤维复合芯铝导线	碳纤维芯密度≤1.60g/cm^3,导线拉伸强度≥2600MPa	拉挤,拉挤机	电力输送
354	风力发电复合材料叶片	2.0MW、3.0MW、5.0MW 及以上规格,在规定的使用环境条件下,在使用寿命期内不损坏	液体成型(RIM),模具、真空系统	风力发电
355	复合材料桥和桥面板	主受力方向:拉伸强度≥400MPa,拉伸模量≥30GPa,压缩强度≥200MPa,压缩模量≥30GPa;面内纵横剪切强度≥10GPa	拉挤、真空罐注,拉挤机、真空系统	桥梁
356	高速列车机车车头材料	尺寸误差不>±2mm, 0.9kg 的方形钢块以350km/h 的速度撞击不击穿	真空罐注,模具、真空系统	铁路
357	复合材料杆塔	复合材料横担:额定弯曲负荷(SCL)≥27kN;最大设计弯曲负荷(MDCL)≥50kN;强度系数:2.5;1000h 盐雾实验、1h 淋雨实验;复合材料杆塔:耐电痕化≥3.5 级,1000h 盐雾实验、1h 淋雨实验	缠绕、拉挤,缠绕机、拉挤机	电力输送
358	储氢复合材料气瓶	工作压力≥70MPa,疲劳次数≥10000 次	缠绕,缠绕机	汽车
359	无机改性高聚物复合材料	浆料类:耐人工气候老化≥2000h,拉伸性能,断裂伸长率≥200%,拉伸强度≥1.5MPa,粘结力≥0.7MPa;型材类:抗压强度≥1.8MPa,抗折强度≥1.0MPa;导热系数≤0.06W/mK;系统耐候性:5 个循环无异常,材料还应具有装饰性、防水性,保温隔热性	无机接枝改性技术及无机改性聚合物系统生产线,保温隔热装饰、防水浆料集成系统配方技术及一体化生产线;高仿真陶瓷、金属、石材、木材效果的成型技术及一体化系统生产线	建筑行业、机械装备,电器行业、汽车领域
三	陶瓷基复合材料			
360	中低体分碳化硅铝复合材料	SiC 颗粒体积分数在 15% ~25% 范围内,密度< 2.9g/cm^3,弹性模量 97 ~115GPa,抗拉强度>500MPa,屈服强度>350MPa,延伸率>5%	粉末冶金工艺、塑性变形工艺,大尺寸坯锭真空热压或热等静压,精密成形等温锻造设备	电子、汽车
361	高体分碳化硅铝封装材料	SiC 颗粒体积分数为 55% ~70%,密度<3.0g/cm^3,弹性模量 145GPa,热膨胀系数 7×10^{-6},热导率>200W/m.K	浸渗复合工艺,高温高真空浸渗设备	电子
四	其他			
362	碳/碳材料	抗拉强度 310MPa,拉伸模量 152GPa,密度约 1.80g/cm^3	液相浸渍碳化法、化学气相浸渗法	刹车片,航空航天
363	铝基复合材料、铜基复合材料、钛基复合材料、镁基复合材料	高效热管理、低膨胀、高阻尼等,具有比强度和比刚度高、抗疲劳、抗高温蠕变、耐热、耐磨、高导热、低热膨胀、减振以及辐射屏蔽等优点	搅拌铸造、真空压力浸渍、原位自生合成、喷射成形等技术,大型压机、真空烧结炉及分析电镜、X 射线衍射仪等	航空航天、核电、电子、交通、石油、化工等

（续表）

编号	产品名称	主要性能指标	关键技术装备	主要应用领域
前沿新材料				
一	超导材料			
364	低温超导材料	直径0.5～2.0mm，工作在4.2K，NbTi超导线材临界电流密度达$2800A/mm^2$·4.2K，5T，Nb_3Sn超导线材临界电流密度达$2000A/mm^2$·4.2K	NbTi合金熔炼、大尺寸包套焊接挤压技术、单根万米级股线集束拉拔加工技术，八模拉丝机，连续涡流探伤，真空退火炉	超导核磁共振成像仪、超导磁共振谱仪、磁控直拉单晶硅用超导磁体
365	高温超导材料	工作于液氮温区（77K），铋系BiSrCaCuO～107K、钇系YBaCuO～92K，高上临界磁场，能产生20T以上强磁场；线材：通电能损低，通电能力是同等截面铜材料100倍；薄膜：直径3～4英寸，微波表面电阻≤0.6mΩ（77K，10GHz），临界电流密度（77K）≥$2.0MA/cm^2$，提升无线通信干扰能力20分贝以上	磁控溅射、电子束共蒸、脉冲激光制备薄膜工艺，磁控溅射等镀膜设备、制冷设备及绝热设备、合金冶炼装备，线材成型设备	输电线缆、超导电动机、变压器、储能，推动装置、高温超导滤波器
366	磁控直拉单晶硅用低温超导磁体	有效室温孔径1.5m，工作在4.2K，1.5m空间内磁场可达0.5T，磁场均匀度1/1000	磁体绕制技术、磁体固化技术、磁体保护技术、零液氦挥发低温杜瓦技术，绕线机、真空浸渍固化炉	300mm以上磁控直拉单晶硅炉
二	纳米材料			
367	纳米碳管及纳米碳管纤维	纳米碳管：层与层之间保持固定距离，约为0.34nm，直径2～20nm，抗拉强度50～200GPa，弹性模量1TPa；纳米碳管纤维：新型碳纤维技术，拉伸强度≥3GPa，拉伸模量≥200GPa，线密度<0.7Tex	金属型或半导体型碳纳米管的提纯、宏量制备技术，单壁碳管的制备工艺；电弧炉、管式炉气相生长与固态纺丝，连续自动CVD设备及纳米纤维纺丝设备	高强度复合结构材料，纳米结构电子器件，热电材料，电池电极材料，低温高灵敏度传感器，生物分子载体，催化剂载体
368	富勒烯	C_{60}－C_{80}	富勒烯的规模化生产与提纯，电弧炉	高强度材料，电子器件，太阳能电池
369	纳米环境材料	金属氧化物复合吸附材料，半导体光降解材料，选择性消除水体，空气中污染物	规模化制备技术，反应釜	水处理，大气治理
370	纳米粉体材料	氧化锌、氧化钛、钛粉、碳酸钙、氧化硅、氧化锆、氧化铁，尺度<100nm，尺度均匀度高	物理气相法、物理粉碎法、化学气相法、化学沉淀法，高温真空炉，高压高温釜	高端涂料，添加剂，催化剂，吸附剂
三	生物材料			
371	聚乳酸	热稳定性好，抗溶剂性能好	高转化率和能够高产乳酸的生产菌以及从乳酸合成丙交酯到聚乳酸的聚合技术，年产能PLA万吨级以上聚合装备	吹瓶、拉膜、发泡体、注射成型和纺织等领域
372	聚丁二酸丁二醇酯	良好的生物相溶性和可吸收性，耐热性能好	微生物发酵生产丁二酸技术，有效脱除高熔体粘度聚合物中小分子灰分的聚合装备	农膜、垃圾袋和注塑制品
373	生物基脂肪－芳香族共聚酯	优良的相容性、生物降解性、聚合物和降解产物无毒性	可有效脱除高熔体粘度聚合物中小分子灰分的聚合装备	农膜、垃圾袋和注塑制品
374	聚羟基脂肪酸酯	良好的生物相溶性、生物可降解性和塑料的可加工性能	快速生长、高效合成PHA的微生物菌种的获得技术	农膜、垃圾袋和注塑制品
375	镍钛支架及输送器材料	直径8～20mm，长度30～140mm，径向支撑力>1.3N（压缩50%），EO残留<10μg/g	热处理技术、花纹设计技术，真空热处理炉	医疗行业
376	不锈钢支架及输送器材料	直径15～35mm，长度40～75mm，径向收缩率<15%，焊点抗拉强度>230N	焊接、表面处理技术，花纹设计技术；激光焊接机	医疗行业

(续表)

编号	产品名称	主要性能指标	关键技术装备	主要应用领域
377	龋齿充填材料	后牙树脂、流动树脂、桩核树脂,压缩强度≥250MPa;抗折强度≥100MPa;聚合收缩率<2%,表面硬度≥55kg/mm²	高分子基复合材料制备及成形技术,喷雾干燥机、双行星搅拌机、高温熔炉	医疗行业
378	玻璃离子水门汀	银粉增强、树脂增强型,抗压强度>50MPa,净固化时间1.5～6s	高分子合成、粉体制备、复合技术,高温烧结炉	医疗行业
379	正畸托槽	金属注射托槽、透明陶瓷托槽,抗压强度>1500MPa,抗断裂强度300～450MPa	生物医用金属材料加工及表面处理技术,生物陶瓷材料制备技术,高温冶炼炉、高温雾化制粉设备、烧结炉、粉末注射成型机	医疗行业
380	非贵金属牙冠修复材料	钴铬合金、镍铬合金,拉伸强度>398MPa,硬度>110HV,延伸率>30%	激光熔附烧结技术、生物陶瓷材料制备技术,激光熔焊设备、高温冶炼炉、高温烧结炉	医疗行业
381	口腔种植体	钛合金,拉伸强度>500MPa,伸长率>10%	电化学表面处理技术,电解槽	医疗行业
四	智能材料			
382	铜基形状记忆合金	Cu-Zn-Al、Cu-Al-T系列,相变温度(-100～200℃)、恢复应力200MPa、应变4%	材料成分控制,金属掺杂,热处理,形状记忆处理,合金冶炼装备及器件成形装备	医疗器械、仪器仪表、自动控制、航空航天、及汽车工程、机器人
383	铁基形状记忆合金	Fe-M系列,相变温度(FePd:室温～300℃)	材料成分及晶相控制技术	医疗器械、仪器仪表、自动控制、航空航天、及汽车工程、机器人
384	钛镍基形状记忆合金	TiNi,相变温度(-200～100℃)、恢复应力400MPa、应变8%	材料成分及晶相控制技术	医疗器械、仪器仪表、自动控制、航空航天、及汽车工程、机器人
385	其他类型高性能形状记忆合金	Ag-Cd/Ag-Zn/Co/Co-Ni等	材料成分及晶相控制技术	医疗器械、仪器仪表、自动控制、航空航天、及汽车工程、机器人
386	金属磁致伸缩材料	镍钴合金、铁镍合金、铁铝合金、铁钴合金,磁致伸缩系数30～70×10⁻⁶	晶相、纯度、成分控制技术,材料冶炼装备、磁控溅射,离子束溅射,蒸镀等镀膜设备、定向凝固装置,快冷凝固装置	磁(电)-机转换器件、精度快速微位移驱动器、直线运动机构、高频激振平台
387	稀土磁致伸缩材料	磁致伸缩系数25～70×10⁻⁶	冶炼铸锭、锻造、冷热轧制、拉拔、热处理技术、材料性能测试技术及设备	磁(电)-机转换器件、精度快速微位移驱动器、直线运动机构、高频激振平台
388	其他高性能磁致伸缩材料	非晶态合金,磁致伸缩系数30～45×10⁻⁶	快冷凝固技术(急冷,大过冷技术),材料冶炼装备、磁控溅射,离子束溅射,蒸镀等镀膜设备、定向凝固装置,快冷凝固装置	磁(电)-机转换器件、精度快速微位移驱动器、直线运动机构、高频激振平台
389	超磁致伸缩材料	低场磁致伸缩系数600～1000×10⁻⁶;磁导率>8;温度范围:-45～85℃、温度系数<4.8×10⁻⁶/℃;沿轴向性能波动<4%;冲击振动下性能飘逸率<±5%	取向带材轧制、表面处理及叠加粘结技术	航天
390	铁镓巨磁致伸缩材料	带材,饱和磁致伸缩系数能够达到300PPM,具有低于300 Oe的饱和磁化场,驱动磁场低、能量消耗低	定向凝固技术,短流程集成制造技术装备、材料综合性能检测分析设备	磁(电)-机转换器件、精度快速微位移驱动器、直线运动机构、高频激振平台

（续表）

编号	产品名称	主要性能指标	关键技术装备	主要应用领域
391	高性能磁致伸缩波导线	较高的机电耦合系数，温度特性好，高的居里温度和机械品质系数	合金熔炼铸锭、热锻、棒材拉拔、热处理技术，材料综合性能检测分析设备	磁（电）-机转换器件、精度快速微位移驱动器、直线运动机构、高频激振平台
392	其他高性能压电材料	压电复合材料，压电常量（d33 = 10pC/N）	材料成分及晶相控制	电子信号处理器件
393	高性能电流变材料及弹性体	TiO_2、$SrTiO_3$基巨电流变液、沸石类高性能电流变液，零场粘度低于1Pa・s，高场强剪切强度>50kPa，高性能电流变弹性体，高场强作用下弹性模量调控比率10	颗粒粉体的湿法合成及研磨，湿法合成及研磨设备，电流变颗粒与高分子可交联分子的混合，混合及交联设备	大型建筑结构及车辆的减振隔振、离合及其他智能结构
394	高性能磁流变材料及弹性体	基于羰基铁粉的高性能磁流变液，低零场粘度，外场下剪切强度>50kPa，高抗沉降性能，高性能磁流变弹性体，高场强作用下弹性模量调控比率>10	颗粒的防沉降配方及混合工艺，铁粉与高分子的界面弹性及弹性模量匹配工艺；研磨设备，混合及交联设备	大型建筑结构及车辆的减振隔振、离合及其他智能结构
395	智能高分子凝胶	聚异丙基丙烯酰胺、聚乙烯醇、羧丙基纤维素	化学或物理交联技术，化学反应釜	传感器、驱动器、显示器、药物载体、生物催化、智能织物、智能调光材料、智能粘合剂等
396	形状记忆高分子聚合物	热致SMP、电致SMP、光致SMP、化学感应型SMP，变形量、恢复力、力学强度、材料刚度、导电导热性	化学成分控制，化学反应釜	传感器、驱动器、显示器、药物载体、生物催化、智能织物、智能调光材料、智能粘合剂等
397	智能高分子织物	防水透湿织物、调温纺织品、变色纺织品、电子纺织品、智能安全防护纺织品，防水、调温、变色、安全防护	功能纺织材料的制备，纺织设备及织物处理反应斧	传感器、驱动器、显示器、药物载体、生物催化、智能织物、智能调光材料、智能粘合剂等
398	智能高分子复合材料（机敏材料）	智能橡胶材料、智能塑料材料	物理复合和化学接枝技术，电子加工装备	传感器、驱动器、显示器、药物载体、生物催化、智能织物、智能调光材料、智能粘合剂等
399	智能高分子膜	智能分离膜、交换膜、传感膜、催化膜，分离、交换、传感、催化	物理复合、化学接枝、嵌段共聚，物理搅拌混合及化学反应斧	传感器、驱动器、显示器、药物载体、生物催化、智能织物、智能调光材料、智能粘合剂等
400	智能生物医用高分子材料	弹性蛋白、自组装水凝胶、组织材料、药物释放基材	高分子合成、化学物理交联技术，肽合成仪、化学反应斧	传感器、驱动器、显示器、药物载体、生物催化、智能织物、智能调光材料、智能粘合剂等

工信部《石化和化学工业“十二五”发展规划》

前 言

石化和化学工业是国民经济重要的支柱产业和基础产业,资源、资金、技术密集,产业关联度高,经济总量大,产品应用范围广,在国民经济中占有十分重要的地位。

“十二五”是国民经济发展的重要战略机遇期,也是石化和化学工业发展的关键时期。为适应国内外形势新变化,深入贯彻落实科学发展观,加快转变发展方式,促进石化和化学工业转型升级,提高行业整体质量和效益,增强国际竞争力和可持续发展能力,特编制本规划。规划期为2011～2015年。本规划内容包括石油化工、天然气化工、煤化工、盐化工和生物化工等。

本规划依据《国民经济和社会发展第十二个五年规划纲要》、《工业转型升级规划(2011～2015年)》编制,是引导市场主体行为、配置政府公共资源以及制定相关政策的重要依据,是指导石化和化学工业未来五年持续健康发展的行动纲领。

本规划配套发布《烯烃工业“十二五”发展规划》、《危险化学品“十二五”发展布局规划》、《化肥工业“十二五”发展规划》、《农药工业“十二五”发展规划》四个子规划。

一、发展现状

(一)取得的成绩

“十一五”期间,我国石化和化学工业经受了国际金融危机的严峻考验,结构调整步伐加快,产业规模进一步扩大,自主创新能力不断增强,技术装备水平明显提高,质量效益稳步提升,行业总体保持平稳较快发展。

1. 综合实力明显增强

据初步统计,截至2010年底,我国石化和化学工业规模以上企业约3.5万家,全部从业人员约608万人,资产总计约5.25万亿元。2010年,全行业实现工业总产值7.64万亿元(现行价格),“十一五”年均增长22.3%(见表1)。

表1 我国石化和化学工业主要经济指标表

序号	项目	2005年	2010年	年均增长(%)
1	工业总产值(亿元)	27961	76351	22.3
2	利润总额(亿元)	806	4793	42.8
3	固定资产投资(亿元)	2734	8959	26.8
4	进出口额(亿美元)	1489	3171	16.3

目前我国已成为世界石化化工生产和消费大国。成品油、乙烯、合成树脂、无机原料、化肥、农药等重要大宗产品产量位居世界前列,基本满足国民经济和社会发展需要(见表2)。

表2 主要产品产量表 单位:万吨

序号	产品名称	2005年	2010年	年均增长(%)
1	成品油(含汽煤柴油)	17477	25277	7.7
2	乙烯	756	1419	13.4
3	合成树脂	2141	4361	15.3
4	合成纤维单体	741	1374	13.1
5	合成橡胶	181	310	11.4
6	化肥(折纯)	5178	6620	5.0
7	农药(折100%)	115	234	15.3
8	硫酸(折100%)	4545	7060	9.2
9	纯碱(折100%)	1421	2029	7.4
10	烧碱(折100%)	1240	2087	11.0

2. 产业结构调整加快

产品结构进一步改善。车用汽油质量全面达到国Ⅲ标准,三大合成材料的保障能力、产品差别化率和档次进一步提高,高浓度化肥比重达80%,重质纯碱比重达50%,离子膜烧碱比重达80%,轮胎子午化率达80%,高毒高残留农药比重下降到5%左右。有机硅、有机氟、工程塑料等化工新材料开发步伐加快,高附加值产品比重不断增加。淘汰电石落后产能305万吨。资源密集型出口结构得到改善。

产业规模效应进一步显现。2010年千万吨级炼厂已达20个,占国内总能力的49.6%;形成6个百万吨级乙烯生产企业,现有蒸汽裂解制乙烯装置平均规模达54万吨/年。产业集中度不断提高,形成24个百万吨级大型化肥生产企业,大中型化肥企业产量占总产量的70%以上,聚氯乙烯、纯碱、染料、轮胎行业前十大企业产量分别占总产量的52%、60%、80%、70%。

投资主体呈多元化发展。石化化工产业已基本形成大中小企业并存、多种所有制经济协调发展的格局。大型石化化工企业集团国际化步伐加快,综合实力进一步提升,有4家企业进入世界500强。一批创新能力强、专业特色突出、生态环境友好的新兴化工企业进一步成长。

3. 基地化格局基本形成

目前我国已形成了长江三角洲、珠江三角洲、环渤海地区三大石化化工集聚区及22个炼化一体化基地。沿海地区依托市场和国内外资源,外向型经济发展迅速,建设了一批以高端产品为特色的化工产业园区。上海、南京、宁波、惠州、茂名、泉州、独山子等化工园区或基地已达到国际先进水平。

依托煤、盐、化学矿等资源,形成了一批各具特色的化工产业基地,包括蒙西、宁东等大型煤化工及煤电化一体化基地、环渤海湾碱业、云贵鄂磷肥、青海和新疆钾肥等一批大型生产基地。

4. 技术装备取得突破

“十一五”期间,我国石化和化学工业重大技术装备研制和创新水平进一步提高,部分达到世界先进水平。千万吨级炼油加氢反应器、循环氢压缩机等关键设备,百万吨乙烯“三机”(裂解气、乙烯、丙烯压缩机)立足国内制造;大型乙烯裂解炉、乙烯冷箱、聚乙烯、聚丙烯成套设备、化肥关键技术与装置、大型空气分离装置已基本实现自主化;千万吨炼油、百万吨乙烯、30 万吨合成氨等形成了成套工程化技术;大规模二苯基甲烷异氰酸酯(MDI)、巨型工程子午胎、全氟离子膜工程技术、膜极距复极式离子膜电解槽、煤制油、甲醇制烯烃、多喷嘴对置式水煤浆气化以及粉煤加压气化技术等一批关键技术及成套设备取得突破,并相继建设了煤制油、煤制烯烃、煤制乙二醇、煤制天然气等示范工程。

5. 节能减排初见成效

2010 年化学工业单位工业增加值能耗比 2005 年累计降低 35.8%,年均降低 8.5%。“十一五”期间化学工业污染物减排扎实推进,成果显著(见表 3)。

表 3　2005~2010 年化学工业减排情况　单位:万吨

	SO_2排放量	烟尘排放量	粉尘排放量	废水排放总量	固废排放总量
2005 年	116.8	53.6	17.5	339052	70
2010 年	104.0	43.6	14.1	309006	12.1
同比下降	11.0%	18.7%	19.4%	8.9%	82.7%

注:以上为化学原料及化学制品制造业数据。

(二)存在的问题

1. 部分产能增长过快,落后产能仍占一定比重

近几年我国传统煤化工产品产能扩张较快,2010 年,合成氨、甲醇和电石产能分别占全球产能的 35%、50% 和 97%。部分地区未充分考虑资源环境等制约因素,有盲目规划、发展煤化工项目的趋势。轮胎、纯碱、烧碱和电石法聚氯乙烯等传统化工产品过快增长,过剩态势日趋严峻。2010 年部分产品开工率见表 4。

表 4　2010 年部分产品开工率　　单位:万吨

产 品	产 能	产 量	开工率(%)
电 石	2400	1462	60.9
甲 醇	3840	1574	41.0
二甲醚	1000	250	25.0
醋 酸	630	384	61.0

在炼油、化肥、烧碱等行业仍存在一定比例的落后产能,资源消耗高,“三废”处理措施不到位,技术装备水平低,原料配套条件差,影响行业整体竞争力。

2. 产业布局不尽合理,安全环保隐患突出

我国石化化工产业存在区域布局分散,一体化、规模化、集约化水平偏低,产业内容雷同、特色不突出等问题。目前,部分非燃料型炼油企业不具备炼化一体化条件,石化资源利用不尽合理。部分地区化肥、甲醇等化工企业既远离资源产地,又不靠近市场,原料和产品均需长距离调运。

随着经济社会不断发展,城镇化快速推进,众多老化工企业逐渐被城镇包围,安全防护距离不足等问题凸显。部分处于城镇人口稠密区、江河湖泊上游、重要水源地、主要湿地和生态保护区的危险化学品生产企业已成为重大安全环保隐患。

3. 高端产品比重偏低,技术创新能力不强

目前我国石化化工产品仍以中低端和通用品种为主,高端产品短缺。新技术新产品产业化进程较慢,缺少具有知识产权的核心技术。部分大型成套技术装备和高端产品主要依赖进口,化工新材料及其部分单体缺口严重,工程塑料、特种橡胶和高性能纤维总体保障能力不足 50%。

4. 能源资源约束加大,节能减排任务艰巨

目前,我国原油、天然气、钾资源、天然橡胶、硫资源等大宗原料对外依存度较高,国内外能源资源价格大幅震荡上行,北方及沿海地区淡水资源短缺等,已成为影响行业持续健康发展的主要制约因素。部分原料对外依存情况见表 5。

表 5　2010 年部分原料对外依存情况

	原 油	天然气	钾资源	天然橡胶	硫资源
对外依存度(净进口量/表观消费量,%)	53.8	11.7	44.3	72.0	59.4

据初步统计,化学原料及化学制品制造业排放的废水、废气、废固总量分别居全国工业行业第 2 位、第 4 位和第 5 位,化学需氧量(COD)、氨氮、二氧化硫、氮氧化物等主要污染物排放也均位居全国工业前列。

二、发展环境

(一)面临形势

“十二五”是全面建设小康社会的关键时期,也是加快转变经济发展方式的攻坚时期,经济全球化深入发展,国内外经济形势将继续发生深刻变化,我国石化和化学工业发展既面临有利的机遇,也面临诸多严峻挑战。

从国际看,随着国际经济秩序深入调整,全球石化产业发展重心快速向具有资源优势的中东地区和拥有市场优势的亚太地区转移,产业格局将会发生变化。“和平、发展、合作”的国际环境,总体上有利于我国石化化工企业广泛、深入参与国际合作与竞争。国际金融危机之后,世界各国竞相加快开发新技术,发展绿色低碳新兴产业,发达国家继续占据国际竞争的制高点。世界局部地区政治冲突和经济动荡,国际原油价格将会出现大幅波动。一些自由贸易区的建立,在促进部分行业良性发展、改善境外产品市场准入条件的同时,也加剧了部分石化化工产品的市场竞争。国际贸易保护主义抬头,使化工领域贸易摩擦频发,围绕市场、资源、能源、技术等方面的竞争更趋激烈。而应对全球气候变化又对石化和化学工业的发展提出新的挑战。

从国内看,“十二五”期间,我国经济将继续保持平稳较快发展,工业化和城镇化不断深入,石化化工产品内需市场潜力巨大。随着经济结构的战略性调整,工业转型升级的步伐不断加快,要求石化和化学工业必须加快调整和升级,大力发展高端化学品和化工新材料,以满足战略性新兴产业和相关产业的更高需求。随着我国建设资源节约型、环境友好型社会战略的实施,石化和化学工业在资源保障、节能减排、淘汰落后、环境治理、安全生产等方面,面临着更加严峻的形势和任务。

(二)需求分析

以“十一五”国内石化化工产品消费情况为基础,综合考虑“十二五”国民经济和相关行业发展情况,采用多种方法测算,预计“十二五”时期大宗石化化工产品的需求增长低于同期GDP的增长,高端石化化工产品增长率略高于GDP增长速度。其中,需求仍有较大增长空间的产品有:成品油、烯烃、钾肥等刚性需求较大的产品,对二甲苯(PX)、己内酰胺、乙二醇等进口量较大的产品,天然气、轻烃等低碳原料与产品,工程塑料等化工新材料及专用化学品。主要产品需求预测见表6。

表6 主要产品“十二五”需求预测

单位:万吨

类型	产品名称	2005年消费量	“十一五”消费情况		“十二五”需求量预测	
			2010年	年均增速	2015年	年均增速
油品	成品油	16859	24515	7.8%	32000	5.5%
烯烃	乙烯(当量)*	1785	2960	10.6%	3800	5.1%
	丙烯(当量)*	1346	2150	9.8%	2800	5.4%
合成树脂	聚乙烯	1049	1706	10.2%	2100	4.2%
	聚丙烯	823	1295	9.5%	1650	5.0%
	聚氯乙烯	792	1255	9.6%	1600	5.0%
合成纤维单体	己内酰胺*	70.5	111	9.5%	200	12.5%
	乙二醇	509	800	9.5%	1020	5.0%
	精对苯二甲酸*	1205	1720	7.4%	2400	6.9%
	丙烯腈*	122	165	6.2%	210	4.9%
合成橡胶	丁苯橡胶*	61	115	13.5%	140	4.0%
	丁二烯橡胶*	45	84	13.3%	100	3.5%
有机原料	甲醇	666	2092	25.7%	3500	10.8%
	苯乙烯	428	690	10.0%	880	5.0%
无机原料	纯碱	1251	1850	8.1%	2350	4.9%
	烧碱	1159	1940	10.9%	2450	4.8%
	电石	885	1700	13.9%	2200	5.3%
化肥	氮肥(折纯)	3550	4086	2.9%	4350	1.3%
	磷肥(折纯)	1136	1475	5.4%	1490	0.2%
	钾肥(折纯)	735	712	-0.6%	770	1.6%
新材料	工程塑料*	135	235	11.7%	380	10.1%
	有机硅单体*	55	110	14.9%	190	11.6%
	聚四氟乙烯*	2.4	4.5	13.4%	6.8	8.6%
其他	农药(折100%)*	54	61	2.5%	65	1.6%
	染料	47	58	4.3%	70	3.8%
	轮胎 亿条*	1.15	2.85	19.9%	4.00	7.0%

注:(1)除乙烯、丙烯外,2005、2010数据均为表观消费量。(2)带*的为行业统计数据。

三、指导思想、基本原则及发展目标

（一）指导思想

以邓小平理论和“三个代表”重要思想为指导，深入贯彻落实科学发展观，以加快转变石化和化学工业发展方式为主线，加快产业转型升级，优化产业布局，增强科技创新能力，进一步加大节能减排、联合重组、淘汰落后、技术改造、安全生产、两化融合力度，提高资源能源综合利用效率，大力发展循环经济，实现石化和化学工业集约发展、清洁发展、低碳发展、安全发展和可持续发展。

（二）基本原则

坚持内需为主。立足国内经济社会发展需要，适当增加成品油、烯烃等刚性需求及化工新材料等市场缺口较大产品的生产能力，提高农用化学品的保障供应能力，为全社会及其他行业的发展提供有效供给。

坚持结构调整。继续坚持原料多元化、上下游一体化、集约化、基地化发展模式。发展高端石化化工产品，提高差异化、高附加值产品比重，淘汰落后产能。优化产业布局，规范园区建设。加快推进兼并重组，提高产业集中度。

坚持技术进步。加强关键技术和大型成套装备研发，提高科技创新对产业发展的支撑和引领作用。加快化工新材料、石油替代、低碳环保等新兴产业技术的研发和产业化步伐。加大传统产业的技术改造力度，提升产业整体技术与装备水平。

坚持绿色发展。发展循环经济，推行清洁生产，加大节能减排力度，推广新型、高效、低碳的节能节水工艺，积极探索有毒有害原料（产品）替代，提高资源能源利用效率，减少污染物产生和排放。积极推进城市人口集中地和重要水源地等环境敏感地区的石化化工企业转型或搬迁改造，消除重大安全环保隐患。

坚持国际合作。继续实施“走出去”战略，积极参与国际化学品管理机构相关活动，加强国际交流与合作。继续支持有条件的企业开展境外能源和矿产资源开发利用与合作，积极参与国际并购和重组。

（三）发展目标

1. 总量目标

“十二五”期间，全行业经济总量继续保持稳步增长，总产值年均增长13%左右。到2015年，石化和化学工业总产值增长到14万亿元左右。

2. 结构调整目标

组织结构：到2015年，全国炼厂平均规模超过600万吨/年，石油路线乙烯装置平均规模达到70万吨/年以上。氮肥、农药、氯碱、纯碱、电石、轮胎等行业产业集中度进一步提高；全行业销售收入过千亿的企业达到10个以上。

原料结构：烯烃原料多元化率达到20%，采用先进煤气化（000968）技术的氮肥产能比例提高到30%，低阶煤和低品位矿产资源的利用率进一步提高。

产品结构：发展高档润滑油、工艺用油、高等级道路沥青、特种沥青；石化化工产品质量全面提升，烯烃国内保障能力保持合理水平，烯烃下游产品品种进一步丰富；单质肥复合化率逐步提高，专用肥规模逐步扩大；子午线轮胎、离子膜烧碱、环境友好型涂料和绿色工艺的染料等比重明显提升；高毒高残留农药比例降至3%以下；氟硅材料、工程塑料、特种合成橡胶、聚氨酯及中间体、高性能纤维、功能高分子材料及复合材料、新型专用化学品等高端产品国内保障能力进一步提高。

布局结构：成品油“北油南运”状况得到改善。长三角、珠三角、环渤海地区三大石化产业区集聚度进一步提高，形成3-4个2000万吨级炼油及3个200万吨级乙烯生产基地；配合国家油气战略通道建设，完善东北、西北、西南石化产业布局。传统煤化工布局分散状况得到改善，现代煤化工产业向资源地集中；原料产地化肥比重提高到70%，专用化肥等深加工产品和精细化学品向消费地集中。园区和基地建设更加规范完善。

3. 技术创新目标

到2015年，行业科技投入达销售收入的1%以上。突破一批关键、共性技术和重大装备，产业核心竞争力得到大幅提升。一批处于国际先进水平的新产品实现产业化。建立和完善一批企业技术中心。

4. 节能减排目标

全面完成国家“十二五”节能减排目标，全行业单位工业增加值用水量降低30%、能源消耗降低20%、二氧化碳排放降低17%，化学需氧量（COD）、二氧化硫、氨氮、氮氧化物等主要污染物排放总量分别减少8%、8%、10%、10%，挥发性有机物得到有效控制。炼油装置原油加工能耗低于86千克标准煤/吨，乙烯燃动能耗低于857千克标准煤/吨，合成氨装置平均综合能耗低于1350千克标准煤/吨。

四、重点任务

（一）加快产业结构调整升级

1. 促进企业兼并重组

充分发挥市场机制作用，推动产业关联企业，以资产、资源、品牌和市场为纽带，通过整合、参股、并购等多种形式，实施兼并重组，实现优势互补，提高产业集中度，形成若干个国际化大型石化化工企业集团。支持和引导各类所有制石化化工企业间的合作和发展。鼓励中小石化化工企业向“专、精、特、新”方向发展。支持有条件的企业“走出去”，广泛参与国际间的重组活动。加快形成大、中、小企业结构合理，上下游企业协作配套的产业组织体系。

专栏1 促进企业兼并重组

01	石化 推动大型石化企业强强联合,开展战略合作,优化产业布局和上下游资源配置。鼓励企业间、相关产业间联合布局和一体化发展,建设具有国际竞争力的产业集群。鼓励有条件的企业开展境外并购、重组或投资合作,增强抵御国际市场风险能力。
02	煤化工 突破现有煤化工企业的生产经营格局,鼓励石化化工企业与煤炭、电力等企业联合,形成若干个以大型企业为主体的"煤电化热一体化"产业集群和大型煤化工生产基地。
03	化肥 促进基础肥料向优势企业集中。引导大型能源企业与氮肥企业联合重组或结成战略联盟,实现优势互补,提高竞争力。到2015年大中型氮肥企业产能比重达到80%以上,大型磷肥企业产能比重达到70%以上,支持钾肥行业龙头企业开展产业整合,形成以大型企业集团为主的集约化产业格局。
04	农药 以市场为导向,鼓励优势企业跨地区整合农药企业,促进原药、制剂上下游一体化;实现农药企业大规模、多品种、国际化经营。到2015年农药原药生产企业销售额在10亿元以上的达到20家,培育2~3家具有国际竞争力的大型农药企业集团。
05	化工新材料与新型专用化学品 鼓励有实力的化工新材料与新型专用化学品生产企业跨地区兼并重组,提高企业规 模,促进产品开发,形成若干个具有行业领先地位的高科技企业。

2.优化产业布局

坚持基地化、一体化、园区化、集约化发展模式,立足现有企业,严格控制项目新布点。炼油布局要贴近市场、靠近资源、方便运输,缓解区域油品产销不平衡的矛盾,鼓励原油、成品油管道建设,改善"北油南运"状况;乙烯、芳烃布局应坚持炼化一体化,降低成本,提高竞争力。现代煤化工需综合考虑煤炭、水资源、环境容量、区域二氧化碳和主要污染物减排指标等条件,适度布局;煤制烯烃是石油制烯烃的重要补充,要在对现有国家示范工程进行技术经济评价的基础上进一步深入总结研究和优化提升,与石油制烯烃项目实现差别化布局。

引导基础肥料向资源产地或粮棉主产区转移,二次加工产品向消费区域集中。能源产地特别是具有能源优势的粮棉主产区实现尿素自给;进一步提高云、贵、鄂、川四省磷肥产能比重;继续建设青海、新疆两大钾肥基地,鼓励企业在国外钾资源地建设钾肥生产基地;在化肥消费区域基本形成复混肥料、缓控释肥料和掺混肥料加工、集散、分销和使用服务体系。农药原药生产向工业园区或化工集中区聚集,制剂加工向交通便捷、靠近市场的地区转移,在基础条件较好的地区建成3~5个生产企业集中、配套设施齐全、管理水平较高的专业农药工业园区,形成具有国际竞争力的产业集群。综合考虑资源和市场条件,优化氯碱、纯碱、轮胎等产业布局。

推进安全风险高、环境风险大、安全防护距离不足的城镇危险化学品生产、储存企业搬迁进入化工园区,不能搬迁的,限期转产或关闭。坚持高标准、有特色的原则,规范和完善现代化工园区建设,全面提升我国化工园区整体水平。在临港地区依托国内外资源与市场,建设以大型炼化、特色精细化工等为代表的外向型化工园区;在内陆地区依托本地资源能源优势,建设以大型煤化工、盐化工、磷化工等为代表的资源优势型化工园区。

专栏2 重大生产力布局

01	石化 依托海上进口原油,在沿海地区完善炼油生产力布局;依托中缅、中俄、中哈和沿江原油管线,提高华中、西南炼油能力,发展以武汉、成都、昆明等为核心的中西部内陆石化产业集中区,建设规模以满足当地成品油市场为主。到2015年我国地区间油品供需不平衡的矛盾得到较大缓解。优先依托条件好的现有大型石化企业,结合炼油能力改扩建,完善炼化一体化;在资源供给有保障、物流成本较低、下游市场发达、环境容量大的广东、浙江、江苏、海南、天津等沿海地区布局建设世界级石化产业基地,做强长三角、珠三角等石化产业群,支持海峡西岸发展石化产业;为满足中西部市场需求,加快武汉、成都乙烯项目建设;促进东北地区石化现有装置改造升级,推动大庆、抚顺等乙烯项目建设。对二甲苯原则上依托炼油项目布局,要充分考虑极端自然灾害发生可能性,确定合理的安全防护距离,提高项目建设安全环保标准。

02　现代煤化工 煤制油、煤制天然气、煤制烯烃、煤制二甲醚、煤制乙二醇等现代煤化工项目要按照有关产业政策，综合考虑煤炭、水资源、生态环境、交通运输、地区经济发展情况及区域二氧化碳、节能和主要污染物减排指标等综合条件，在蒙、陕、新、宁、贵等重点产煤省区，适度布局，并采取集中集约、上下游一体化方式建设现代煤化工生产基地及煤电化热一体化示范基地；其余省区，尤其是煤炭调入和基本平衡省区、生态环境脆弱地区、大气联防联控重点区域、主要污染物排放总量超标和节能评估审查不合格的地区，严格限制现代煤化工的发展。新建项目烯烃规模要达到50万吨/年以上；"十二五"重点组织实施好煤制烯烃升级示范项目建设。在原料可以保证稳定、持续供应的前提下，在沿海地区慎重布局进口甲醇制烯烃项目。研究集中利用已建成的符合经济规模的甲醇生产能力建设大型烯烃项目。
03　化工园区 按照主体功能区定位及城市发展规划，结合危险化学品分布及产业特点，统筹区域危险化学品发展规划及化工园区或化工集聚区布局，与城市发展和环境保护相协调。新建危险化学品生产企业必须设置在化工园区等专业工业园区内，并严格准入条件。对不在规划区域内的危险化学品生产储存企业制定"关、停、并、转(迁)"计划，推动重大危险源过多或分散、安全距离不足、安全风险高以及在城市主城区、居民集中区、饮水源区、江河水资源保护地、生态保护区、风景名胜区等环境敏感区域内的危险化学品生产企业搬迁进入化工园区等专业工业园区。化工园区要定期开展区域安全、环保风险分析，园区内建设要遵循产品项目一体化、公用工程一体化、物流运输一体化、安全消防应急一体化、园区管理服务一体化的原则。危险化学品生产企业逐步实现"生产上规模、工艺上水平、管理上台阶、企业进园区"的目标。

3. 调整产品结构

保障基础石化化工产品有效供给。立足国内市场，合理安排具有刚性需求的石化化工产品产能增长，兼顾优化产业布局和工艺流程；有效增加烯烃、有机原料、合成材料、化工新材料和专用化学品等国内短缺石化化工产品的供给能力。严格控制烧碱、纯碱、氮肥、磷肥、农药等供需基本平衡产品产能的过快增长。

专栏3　2015年主要产品生产能力目标

01　石化 全国一次原油加工能力6亿吨/年左右。乙烯生产能力达到2700万吨/年左右。对二甲苯总产能达到1200万吨/年以上。聚丙烯、聚乙烯、ABS(丙烯腈-丁二烯-苯乙烯共聚物)、聚苯乙烯、聚氯乙烯等五大通用合成树脂与合成橡胶的产能分别达到6800万吨和460万吨，己内酰胺、乙二醇、丙烯腈等合成纤维单体国内供应能力显著提高。
02　化工 化肥总产能控制在7760万吨左右(折纯，下同)，其中氮肥5110万吨/年，磷肥2150万吨/年，钾肥500万吨/年。其他化工产品总量得到有效控制，烧碱、纯碱、甲醇、电石的产能分别控制在3100万吨/年、3000万吨/年、4000万吨/年、2800万吨/年，农药、染料总体生产规模基本控制在现有水平。

加快发展高端石化化工产品。围绕培育壮大战略性新兴产业、改造提升传统产业，重点发展国民经济建设急需的化工新材料及中间体、新型专用化学品等高端石化化工产品。大力发展工程塑料、特种合成橡胶等先进结构材料，促进结构材料的轻质化；加快发展以氟硅材料、功能性膜材料为代表的非金属功能材料；加速发展高性能纤维及其增强复合材料；注重发展电子化学品、食品添加剂、饲料添加剂、水处理化学品、环保型塑料添加剂等高性能、环境友好、本质安全的新型专用化学品。

专栏4　"十二五"高端石化化工产品发展重点

01　基础有机原料 双酚A、多乙烯多胺、己二酸、1,3-丙二醇、脂肪族和脂环族二异氰酸酯(ADI)、环氧丙烷(过氧化氢法)。
02　合成树脂 聚乙烯、聚丙烯专用料，ABS树脂、电子级环氧树脂。

(续表)

03　合成纤维及单体 己内酰胺、己二腈。
04　合成橡胶及弹性体 溶液丁苯橡胶、乙丙橡胶、(卤化)丁基橡胶、丁腈橡胶、异戊橡胶、氯丁橡胶(丁二烯路线)、丙烯酸酯橡胶、聚硫橡胶、苯乙烯类热塑性弹性体、聚烯烃类热塑性弹性体、硫化橡胶弹性体、聚氨酯弹性体等。
05　农药 高效环保型农药新品种:新型菊酯类农药(氯氟醚菊酯、七氟甲醚菊酯等)、新型杂环农药(烯肟菌酯、烯肟菌胺等)等。
06　工程塑料 聚碳酸酯、聚甲醛、尼龙工程塑料、聚对苯二甲酸丁二醇酯(PBT)、聚苯醚、特种工程塑料(聚苯硫醚、聚砜、聚酰亚胺等)、聚甲基丙烯酸甲酯(PMMA)、特种聚酯 。
07　高性能纤维 芳纶、碳纤维、对苯二甲酸丙二醇酯(PTT)纤维、超高分子量聚乙烯纤维、聚苯硫醚纤维。
08　氟硅材料 高性能含氟聚合物、环保型含氟消耗臭氧层物质(ODS)替代品、功能性氟材料、烷氧基硅烷、液体硅橡胶、硅油、高性能有机硅深加工产品。
09　可降解材料 聚乳酸、聚丁二酸丁二醇酯(PBS)可降解塑料、CO_2降解塑料。
10　功能性膜材料 含氟离子交换膜、太阳能电池背板膜、高性能纳滤膜、溶胶(EVA)封装膜、光学聚酯膜、耐热动力电池隔膜、单片型双极性膜、均质离子交换膜、扩散渗析膜、光伏用聚对苯二甲酸乙二醇酯(PET)膜、光学聚乙烯醇(PVA)薄膜、光学三醋酸纤 维(TAC)膜、透明导电膜、电磁波屏蔽膜、反渗透膜、柔性有机聚合物膜等。
11　其他新材料 高性能聚氨酯材料、水相法氯化高聚物、液晶聚合物、特种塑料合金、特种功能性高分子材料(高吸水性树脂、复合型聚丙烯酰胺等)、高性能复合材料、风力发电叶片专用环氧树脂、感光材料,以及磷酸铁锂、钴酸锂及六氟磷酸锂等先进储能材料。
12　专用化学品 高性能、环保型专用化学品,包括高性能无机颜料(如氯化法钛白粉等)、环保和特种功能高档涂料、新型含氟染料、安全型高性能食品及饲料添加剂(如蛋氨酸等)、环保型水处理剂、环保型塑料添加剂、高性能电子化学品、无卤阻燃剂、低汞/无 汞催化剂等。
13　其他 绿色节能乘用车胎、高性能乘用车胎、航空轮胎、高性能绿色轮胎添加剂、高等级道路沥青和水工沥青、高铁沥青、机场沥青等特种沥青。

加快淘汰落后产能。按照《国务院关于进一步加强淘汰落后产能工作的通知》(国发〔2010〕7号)、产业结构调整指导目录、部分工业行业淘汰落后生产工艺装备和产品指导目录、禁限用高毒农药管理措施公告等相关产业政策的要求和履行国际公约淘汰部分消耗臭氧层物质(ODS)及持久性有机污染物(POPs)等的承诺,充分发挥市场的作用,综合运用法律、经济、技术及必要的行政手段,加快淘汰危及生产和人身安全、严重污染环境、资源消耗高、安全隐患多的落后生产工艺装备和产品,推进石化化工产业结构调整和优化升级。新增产能要严格执行产业准入条件,严格控制主要污染物排放总量。

专栏5　落后产能淘汰重点

01　氯碱、电石 单台炉容量小于 12500 千伏安的电石炉及开放式电石炉，高汞催化剂（氯化汞含量 6.5% 以上）和使用高汞催化剂的乙炔法聚氯乙烯生产装置。
02　农药 加快淘汰钠法百草枯生产工艺、敌百虫碱法敌敌畏生产工艺以及部分高毒、高残留农药品种。
03　其他 淘汰单台产能 5000 吨/年以下和不符合准入的黄磷、有钙焙烧铬化合物（2013 年）、隔膜法烧碱、5000 吨/年以下和工艺技术落后及污染严重的氢氟酸生产装置，逐步削减并淘汰含氢溴氟烃、溴氯甲烷、甲基溴等消耗臭氧层物质（ODS）、以及多氯联苯类持久性有机污染物（POPs）等。

（二）大力推动行业技术进步

1. 增强科技创新能力

推进原始创新、集成创新和消化吸收再创新，结合国家科技计划（专项），加大对行业可持续发展具有重要意义的基础性研究，做好技术储备。突破一批核心、共性和关键技术。

专栏6　技术创新重点

01　石化 百万吨乙烯成套装备、直接氧化法环氧丙烷技术、环氧乙烷大型反应器、高档润滑油成套技术开发，基于非茂体系的聚烯烃合成及后续改性技术、ABS 本体法聚合大型成套技术、五大通用树脂高性能化技术、顺式和反式异戊橡胶合成及加工关键技术、10 万吨/年以上大型氯乙烯流化床反应器、万吨级脂肪族异氰酸酯生产技术开发与应用，乙烯-醋酸乙烯树脂、聚偏二氯乙烯等高性能阻隔树脂、聚异丁烯、特种共聚单体的聚烯烃开发等。
02　现代煤化工 大型煤液化、甲醇制烯烃（MTO）、流化床甲醇制丙烯（FMTP）工艺完善和技术升级，超大型甲醇、甲烷化、煤制乙二醇、合成气制多元醇、甲醇制芳烃等大型煤化工成套技术和装备。
03　化肥及无机盐 大型成套氮肥技术和装备、大型煤气化炉成套技术、湿法磷酸精制技术、磷石膏综合利用技术、铬盐清洁生产技术、高纯锂盐制备技术等。开展非水溶性钾资源开发、优化海水提钾的示范工作。
04　农药 吡啶及其衍生物定向氯化、氟化技术，羧酸盐系列农用专用助剂，农药生产三废处理技术，废弃农药包装瓶回收再利用技术等。
05　化工新材料与新型专用化学品 新型臭氧层消耗物质替代品、高性能含氟聚合物、特种有机硅材料、工程塑料、丁基橡胶、乙丙橡胶、异戊橡胶、稀土顺丁橡胶、高性能热塑性弹性体、碳纤维、芳纶等生产技术和复合材料生产技术。

2. 加强企业技术改造

立足现有企业和基础，加大技术改造投入，加快新技术、新材料、新工艺、新装备升级，提升传统产业，推进涉及光气化、硝化等十五种危险化工工艺装置的自动化改造、重大危险源配套监控设备以及企业安全生产标准化工作。淘汰落后产能，加快形成高端产品的生产能力，提高核心竞争力，促进产业优化升级。鼓励企业积极开发新产品，提高技术含量和附加值，改善品种质量。加强节能减排和安全生产，提高能源资源的综合利用率。加强信息化与工业化的深度融合，推进石化化工企业信息化建设，提升化工园区和产业集群信息化水平。建立健全技术标准，加强过程控制，提升检验检测能力，推广先进质量管理方法和质量管理体系认证，推进重点产品质量对标达标工作。

专栏7　技术改造要点

01	石化 继续实施油品质量升级、对不同品质原油加工适应性和综合利用技术改造；加快现有大型乙烯及副产资源综合利用技术改造。
02	化肥 氮肥工业继续开展原料及动力结构调整。磷肥工业提高磷资源加工利用率和氟资源回收。钾肥工业重点加强镁、锂、钠等钾矿伴生资源综合利用，加大国内钾资源开发，重点推进新疆罗布泊钾肥基地、青海固液转化氯化钾项目建设。复混肥 工业重点开发和推广缓控释肥和掺混肥生产技术和装备，以及新型包裹材料生产技术，实现相关技术和装备产业化。
03	农药 加大对高效、低毒、低残留农药创制产品的产业化扶持力度，优化农药生产工艺，大力推进农药剂型的水基化、无尘化，提高环境友好型农药产品比例。
04	盐化工、染料、涂料、无机盐、轮胎等传统产业 围绕提升产品档次和资源综合利用，加强节能减排和安全生产，促进产业升级和结构调整的技术改造。
05	危险化学品 实施城市主城区、居民集中区、饮水源区、江河水资源保护地、生态保护区、风景名胜区等环境敏感区域内石化化工企业搬迁、转产；通过行业技术进步、兼并重组淘汰落后高危工艺，优化危险化学品的产品结构。
06	两化融合 推进先进过程控制系统的应用，普及实时在线产品质量成分分析系统，发展工艺流程仿真技术，优化调度、故障诊断，提高集约化生产水平。推进安全生产防控信息系统建设。

3. 健全产业创新体系

加快建立以市场为导向，企业为主体的“产学研”技术创新体系和产业联盟。整合资源，鼓励联合开展关键的共性和核心技术研发。加强专业石化化工人才队伍建设，培养创新人才。加大研发投入，加强企业技术中心和研发平台建设，建立产业技术联盟，促进科技进步与产业升级。支持和促进重大科技成果工程化、产业化，加快推进技术和装备自主化，提升产业技术发展水平。

(三)促进绿色低碳安全发展

1. 推进节能降耗治污减排

全面贯彻落实环境保护相关法律法规和国家有关节能减排的政策措施，建立和完善石化化工行业节能减排指标体系、检测体系和考核体系。鼓励企业采用先进的节能、环保技术和装备，实施余热余压利用、节约和替代石油、能量系统优化项目，严格控制新建高耗能、高污染项目，提高企业能源利用效率、减少污染物排放。

加大工业废水处理和循环利用力度，节约水资源。减少化学需氧量(COD)、粉尘、二氧化硫、氨氮、氮氧化合物、挥发性有机物等污染物及二氧化碳排放。重点做好煤化工、农药、染料等排放量较大行业的污染防治；做好基础化学原料制造和涂料、油墨、颜料等行业重金属污染防治，减少重金属排放；推进磷矿石等化学矿产资源综合利用；加强与钢铁、建材企业合作，联合处置铬渣。

2. 发展循环经济及资源再利用

推广化工园区产业集聚、能源有效利用、排放集中治理等先进生产方式，实现废弃物减量化和资源化，构建循环经济产业链。支持企业清洁生产技术改造，加强有毒有害原料(产品)替代，提升清洁生产水平。加大石化化工废弃物和副产品回收再利用。

提高炼厂轻烃回收利用率，优化乙烯裂解原料；提高氢气、乙烯、丙烯、丁二烯、苯等产品的总收率；优化配置、集中利用碳四、碳五、碳九等裂解副产物资源。加强煤炭资源的综合利用，在有条件的地方利用高硫煤和低阶煤发展煤化工产业，鼓励利用焦炉气和电石炉气生产高价值产品，提高资源综合利用水平。探寻温室气体减排路径，开发二氧化碳捕捉、封存、综合利用技术和装备并推广应用。积极开展硫化物回收利用、炉渣综合利用等工作。加强化肥、农药副产物和废旧轮胎的回收再利用，初步建立农药包装瓶回收、处理、再利用体系。

专栏 8　节能减排和资源综合利用要点

01	石化 进一步提高重质原油的综合加工和利用水平扩大加氢裂化、加氢精制的规模水平,推广各项节能技术,降低能耗和污染物排放量。采用国内外先进适用技术对乙烯生产装置进行节能降耗改造。综合利用炼油乙烯副产资源。
02	化肥 在化肥生产中推广先进煤气化和煤基多联产技术、推广清洁节能生产工艺加大测土配方施肥等科学施肥工作,提高肥料利用率,减少资源浪费和环境污染。
03	现代煤化工 提高现代煤化工能效水平。鼓励采用节水型工艺,充分利用再生水、矿井水发展煤化工。开发二氧化碳捕捉、封存、综合利用技术和装备并推广应用。探索建设燃气蒸汽联合循环发电(IGCC)热电化一体化可行性。
04	精细化工 采用新技术,提高对农药、染料等精细化工生产特征污染物的处理能力,加大环境友好型涂料、胶粘剂、水处理剂等产品的开发力度。
05	提高资源综合利用率 提高低品位矿产资源综合利用水平。提高废胶粉沥青、翻旧沥青的利用率。推进固体废弃物的资源化综合利用。综合利用磷矿伴生和电解铝副产氟资源减少萤石资源消耗;重点抓好磷石膏、碱渣、电石渣、铬渣等固体废物无害化科学治理和综合利用;推广磷石膏制建材、碱渣脱硫、电石渣制水泥、多种氯产品联产工艺技术,构建循环经济产业链。推广大型密闭电石炉、零极距电解槽、氧阴极电解技术、低汞触媒的应用,实现电石炉和黄磷炉尾气的回收利用。选择有条件的地方改造氯碱-异氰酸酯联合生产工艺。

3. 强化危险化学品安全发展

贯彻落实《危险化学品安全管理条例》,完善危险化学品法规和标准体系,加快实施全球化学品统一分类和标签制度(GHS)。规范设计、高效管理,淘汰落后高危工艺,全面提升危险化学品产业本质安全水平。强化企业安全管理,规范生产行为,完善作业场所安全设施、警示标志,杜绝违章操作事故。鼓励企业对新建的石化化工装置进行危险和可操作研究分析(HAZOP)和安全完整性评价(SIL)。优化危险化学品生产企业布局,实施园区准入制度,科学规划园区或产业集聚区内危险化学品产业规模、结构、布局、工艺和产业链、运输风险、项目间安全相关性等,合理制定安全容量和环境安全防护距离。消除隐患,降低连锁事故发生的概率。整合应急救援资源,加快危险化学品安全生产应急平台体系建设,提高事故救援能力。加强安全宣传和教育,加强危险化学品企业安全专业人才培训。

加大三聚氰胺、增塑剂、瘦肉精、工业硫磺、荧光增白剂、染色剂等可能在食品中违法添加的化学品的生产及流通管理力度,按要求在产品标签和包装上印制“严禁用于食品和饲料加工”等警示标识。

积极倡导和推进责任关怀,引导企业关注安全、关注员工、关注社会,履行社会责任。

五、政策措施

(一)加强规划指导

本规划由工业行业主管部门会同有关部门共同组织实施。围绕规划提出的目标和任务,加强规划与产业政策、环境保护政策、年度计划的衔接,及时与相关部门进行信息沟通和工作协调,依据规划核准或备案相关建设项目。各地区石化化工发展规划应依据本规划制定,加强省级规划与本规划的衔接。建立规划实施的动态评估机制,对规划实施的阶段成果实行动态监测,及时发现、反馈规划实施过程中存在的问题,适时按程序调整规划内容。

(二)完善产业政策

严格行业准入,研究制定煤化工产业发展政策,制定和完善化肥、农药、铬化合物、氰化钠等行业准入条件。制定化工园区指导意见,规范园区规划和布局。积极研究支持石化化工企业兼并重组的政策。加强石化化工产业政策与财税、金融、土地、环保、安全生产等政策的衔接,支持本规划提出的发展重点、重大项目和示范工程。

(三)加大科技投入

积极利用国家技术创新激励政策,鼓励和引导企业加大科研投入,提高研发水平和自主创新能力,保护知识产权,支持有条件的企业建立国家工程实验室、企业技术中心等创新平台,加快科技成果产业化步伐。引导企业和社会资本,围绕产品升级、节能减排、安全生产、两化融合,加大技术改造投入,推动重大示范工程实施,提高行业技术装备水平,促进产业转型升级。

(四)健全标准体系

提高生产、技术、应用、安全、能耗、环保、质量等国家标准和行业标准水平,做好标准间的衔接,加强标准贯彻。完善标准体系,加快现代煤化工安全生产相关标准规范制定,提高石化化工行业的产品质量、安全生产、职业健康、环境保护等规范化管理水平,加强对标准执行情况的监管。大力发展先进的检测认证技术和体系,积极参与国际标准的制修订,推进我国标准与国际标准的双向转化。

(五)加强资源保障

建立和完善原油、煤炭、钾、硫、天然橡胶等重要石化化工原料的供应保障体系。深化国际合作,支持有条件的企业"走出去",开展境外资源合作勘探开发。完善原油、化肥、农药、天然橡胶储备机制,提高抗风险能力。完善化肥市场调控体系,增强农用化学品的保障能力。

(六)维护公平贸易

进一步完善石化化工产品进出口关税、出口退税及加工贸易政策,优化进出口产品结构。完善产业损害预警机制,依法运用贸易救济措施,维护公平贸易秩序,积极推动业界对话磋商与合作,努力化解贸易摩擦。严厉打击各种走私违法行为,维护进出口贸易秩序。

(七)改善行业管理

各级工业主管部门要建立健全行业管理体系,完善规划、政策、法规、标准等职能,加强行业管理和指导。加强行业经济运行监测,建立信息定期发布制度,及时协调解决行业发展中出现的重大问题。充分发挥行业协会和中介组织的桥梁和纽带作用,在信息交流、行业自律、人才培训、咨询研究、维护企业权益等方面积极开展工作。

工信部《有色金属工业"十二五"发展规划》

前　言

有色金属工业是国民经济重要的基础原材料产业,产品种类多、应用领域广、产业关联度高,在经济社会发展以及国防科技工业建设等方面发挥着重要作用。常用的有色金属有铜、铝、铅、锌、镍、镁、钛、锡、锑、汞等十种。

"十二五"时期是深入推进科学发展,加快转变发展方式的攻艰时期。有色金属工业"十二五"发展规划,根据《国民经济和社会发展第十二个五年规划纲要》和《工业转型升级规划(2011～2015年)》编制,是加快有色产业转型升级的具体部署,是推动未来五年我国有色金属工业健康发展的指导性文件。

一、发展现状

(一)取得的成就

"十一五"期间是我国有色金属工业发展最快的时期,技术装备、品种质量、节能减排等方面均取得显著成绩,基本满足了国民经济和社会发展的需要,也为进一步转变产业发展方式、实现由大到强转变奠定了坚实基础。

1. 生产持续增长。据初步统计,2010年10种有色金属产量3121万吨,表观消费量约3430万吨,"十一五"期间年均分别增长13.7%和15.5%。其中,精炼铜、电解铝、铅、锌、镍、镁等主要金属产量分别为458万吨、1577万吨、426万吨、516万吨、17万吨和65万吨,年均分别增长12%、15.1%、12.2%、13.7%、12.5%和7.7%,分别占全球总产量的24%、40%、45%、40%、25%和83%。

2010年有色金属行业规模以上企业完成销售收入3.3万亿元,实现利润总额2193亿元,"十一五"期间年均分别增长29.8%和28.1%。

专栏1　十种有色金属生产及消费量

品　种	生产量(万吨)				表观消费量(万吨)			
	2005年	2010年	年均增长率(%)		2005年	2010年	年均增长率(%)	
			十五	十一五			十五	十一五
十种有色金属	1639	3121	15.9	13.7	1670	3430	16.2	15.5
精炼铜	260	458	13.7	12.0	374	753	14.0	15.0
电解铝	780	1577	21.1	15.1	712	1592	14.0	17.5
铅	239	426	16.6	12.2	198	424	25.0	16.5
锌	278	516	7.1	13.7	325	560	16.9	11.5
镍	9.5	17.1	13.2	12.5	19.7	52	27.9	21.4
锡	12.2	16.4	1.9	6.1	10.2	12.4	15.3	4.0
锑	13.8	18.7	4.1	6.3	7.45	7.1	14.4	-0.1
汞	0.11	0.16	40.0	7.8	0.11	0.16	2.4	7.8
镁	45.1	65.4	17.4	7.7	10.7	23	33.2	16.5
钛	0.92	7.4	37.1	51.7	1.1	7.1	26.5	45.2

2. 工艺技术及装备水平提高。“十一五”时期国内自主开发的液态高铅渣直接还原、底吹炼铜、海绵钛大型还蒸炉等技术实现了产业化，新型阴极结构铝电解等技术居世界领先水平。目前技术装备具有国际先进水平的铜、镍冶炼产能占95%，大型预焙槽电解铝产能占90%以上，先进铅熔炼及锌冶炼产能分别占50%和80%。多条具有国际先进水平的铜、铝加工生产线投入生产。

3. 产品结构有所改善。铜、铝、铅、锌、镍等10种产品的64个品牌已先后在伦敦金属交易所（LME）注册。通过引进技术及装备并经过消化吸收与再创新，铝板带箔、大型工业铝型材、精密铜管箔、钛棒、镁压铸件等产品实物质量接近或达到了国际先进水平，基本满足了电子信息、航空航天及国防科技工业等重点领域对高精尖产品的需要。

4. 节能减排取得初步成效。“十一五”期间累计淘汰了落后冶炼能力铜50万吨、电解铝84万吨和铅40万吨。2010年综合能耗氧化铝508千克标煤/吨、铜347千克标煤/吨、铅376千克标煤/吨、镁5吨标煤/吨和精锡1.5吨标煤/吨，比2005年分别下降41.6%、43.7%、15.1%、38%和60%，铝锭综合交流电耗为14013千瓦时/吨，比2005年下降620千瓦时。二氧化硫回收率由2005年的90%提高到2010年的95%。

5. 循环经济实现较快发展。2010年再生铜、再生铝及再生铅产量分别达到240万吨、400万吨和135万吨，“十一五”期间年均分别增长11.1%、15.6%和37%。高铝粉煤灰提取氧化铝进入了产业化应用阶段，赤泥回收铁、铝电解槽废内衬回收、镁渣回收等综合利用技术开发取得初步成果。

6. 产业集中度明显提高。中铝公司重组云南铜业、焦作万方、包头铝厂、兰州铝厂、连城铝厂、抚顺铝厂等，成为全球第二大氧化铝和第一大电解铝生产企业；中冶集团重组葫芦岛有色集团，中信集团重组白银有色金属集团，中电投集团重组青铜峡铝厂以及鲁能晋北铝业等，企业实力得到显著增强。2010年，前10家企业的冶炼产量占全国的比例分别为铜76%、电解铝67%、铅45%、锌50%、镁55%。

7. 产业布局进一步优化。有色金属冶炼产能已开始逐步向资源能源丰富的地区转移，2010年西部地区电解铝产量占全国比重达到51%，锌占56%，镁占50%，分别比2005年提高5个百分点、2个百分点和3个百分点。

（二）存在的问题

1. 产业结构不尽合理。随着生产要素的变化，部分产品产业布局亟待优化。电解铝、镁冶炼等产能严重过剩，2010年开工率分别只有70%、60%。航空航天用铝厚板、集成电路用高纯金属仍主要依靠进口。企业数量多，实力弱。铜、镍等资源对外依存度高。

2. 自主创新能力不强。有色金属企业研发经费支出占主营业务收入的0.65%，低于国内平均水平。自主开发的新材料少，新合金开发方面基本是跟踪仿制国外，关键有色金属新材料开发滞后于战略性新兴产业发展需求。

3. 环境污染问题突出。长期的矿产资源开采、冶炼生产累积的重金属污染问题近年来开始逐渐显露，污染事件时有发生，尤其是近年来发生的重金属环境污染事件以及血铅污染事件，对生态环境和人民健康构成了严重威胁。

4. 节能减排任务繁重。2010年，有色金属行业能耗占全国能源消耗的2.8%，但工业增加值只占全国的1.99%；国内电解铝平均吨铝直流电耗13084千瓦时，距国内先进水平12100～12500千瓦时水平仍有一定差距；吨海绵钛电耗比国外先进水平高约0.7～1万千瓦时。废金属回收再利用率低。此外，到2010年底，国内尚有部分落后冶炼产能没有淘汰。

二、发展环境

（一）环境分析

“十二五”期间，是有色金属工业加快转变发展方式，实现由大变强的关键时期，既面临着难得的发展机遇，也面临着严峻挑战。

从国际环境看，全球经济逐步恢复增长，发展中国家尤其是新兴经济体快速发展，为全球有色金属工业提供了持续的发展空间。经济全球化深入发展，有利于我国企业广泛参与全球经济合作与竞争。同时国际金融危机影响深远，全球经济治理和均衡增长趋势明显，国际贸易保护主义抬头，围绕资源、市场、技术、标准等方面的竞争更加激烈。应对全球气候变化，减少二氧化碳等温室气体排放的新形势，使有色金属工业发展的外部环境更趋复杂。

从国内发展环境看，“十二五”是我国全面建设小康社会的关键时期，工业化、城镇化、信息化深入发展，内需进一步扩大。交通、能源、保障性住房、城镇基础设施和新农村建设等重大工程继续实施，为有色金属工业发展带来了更大市场空间。战略性新兴产业及国防科技工业的发展，需要有色金属工业提供重要支撑，在高精尖产品发展方面需要重大突破。上下游产业相互融合、企业重组步伐加快，为有色金属工业发展增添了新的活力。同时，随着建设资源节约型、环境友好型社会战略的推进，对节能减排、保护环境提出了新的、更高的目标和任务，能源、资源和生态环境的制约因素日趋强化，迫切要求有色金属工业加快转变发展方式，加速实现转型升级。

（二）需求预测

“十二五”期间有色金属需求将保持一定的增长，但与“十一五”相比，增速将明显放缓。综合应用弹性系数法、消费强度法、专家经验法以及线性回归模型等多种方法分析预测了2015年十种有色金属的消费量。

专栏2　2015年主要有色金属需求预测

品种	2010年表观消费量(万吨)	"十一五"年均增长率(%)	2015年表观消费量(万吨)	"十二五"年均增长率(%)
十种有色金属	3430	15.5	4900	7.4
精炼铜	753	15.0	970	5.2
电解铝	1592	17.5	2400	8.6
铅	424	16.5	620	7.9
锌	560	11.5	720	5.2
镍	52	21.4	70	6.1
锡	12.4	4.0	19.1	9.0
锑	7.1	-0.1	11	9.2
汞	0.16	7.8	0.18	2.4
镁	23	16.5	75	26.7
钛	7.1	45.2	15	16.1

三、指导思想及主要目标

(一)指导思想

以邓小平理论和"三个代表"重要思想为指导,深入贯彻落实科学发展观,走中国特色新型工业化道路,以加快转变有色金属工业发展方式为主线,以科技进步为支撑,以推进节能减排、技术改造、兼并重组和环境治理为重点,立足国内需求,严格控制冶炼产能过快扩张,积极发展有色金属精深加工产品,大力发展循环经济,加强国际合作,提高资源保障能力,增强有色金属工业核心竞争力和可持续发展能力,加快实现我国有色金属工业由大到强的转变。

(二)基本原则

1.坚持结构调整。立足国内需求,严格控制总量扩张,着力调整和优化企业组织结构、产品结构和布局结构,全面淘汰落后生产能力,积极发展精深加工产品及新材料等。

2.坚持科技创新。充分发挥科技对有色金属工业发展的引领和支撑作用,着力突破核心关键技术和共性基础技术,促进重大技术成果的产业化,提高产业核心竞争力。

3.坚持绿色发展。把建设资源节约型、环境友好型工业作为有色金属工业发展的着力点。大力发展循环经济,提高能源资源综合利用水平,推广绿色、节能、低碳技术,实现可持续发展。

4.坚持国际合作。把国际合作作为提升有色金属工业竞争力的重要途径。积极利用两种资源、两个市场,提高资源保障能力,加快国内电解铝等过剩产能向境外转移,提高企业国际化经营水平。

5.坚持两化融合。把工业化和信息化融合作为有色金属工业结构调整的重要抓手。充分发挥信息化在企业技术进步中的推动作用,提高生产智能化、工艺自动化和管理信息化水平。

(三)主要目标

"十二五"期间,有色金属工业结构调整和产业转型升级取得明显进展,工业增加值年均增长10%以上,产业发展质量和效益明显改善。

1.产量目标。十种有色金属产量控制在4600万吨左右,年均增长率为8%,其中精炼铜、电解铝、铅、锌产量分别控制在650万吨、2400万吨、550万吨和720万吨,年均增长率分别为7.3%、8.8%、5.2%和6.9%。

2.节能减排。按期淘汰落后冶炼生产能力,万元工业增加值能源消耗、单位产品能耗进一步降低。铜、铅、镁、电锌冶炼综合能耗分别降到300千克标煤/吨、320千克标煤/吨、4吨标煤/吨和900千克标煤/吨及以下,电解铝直流电耗、全流程海绵钛电耗分别降到12500千瓦时/吨和25000千瓦时/吨及以下。

3.技术创新。重点大中型企业建立完善的技术创新体系,研发投入占主营业务收入达到1.5%,精深加工产品、资源综合利用、低碳等自主创新工艺技术取得进展,绿色高效工艺和节能减排技术得到广泛应用。

4.结构调整。产业布局及组织结构得到优化,产品品种和质量基本满足战略性新兴产业需求,产业集中度进一步提高,2015年,前10家企业的冶炼产量占全国的比例为铜90%、电解铝90%、铅60%、锌60%。企业生产经营管理信息化水平大幅提升。

5.环境治理。重金属污染得到有效防控,2015年重点区域重金属污染物排放量比 2007 年减少 15%。

6. 资源保障。资源综合利用水平明显提高，国际合作取得明显进展，主要有色金属资源保障程度进一步增强。

专栏 3　“十二五”时期有色金属工业发展主要目标

指　标	2010 年	2015 年
工业增加值年均增速（%）	15.8	10
新材料增加值占工业增加值比重（%）	8	15
规模以上企业研发支出占主营业务收入比重（%）	0.65	>1.5
10 种有色金属产量(万吨)	3121	4600
淘汰落后		
淘汰落后铜冶炼产能(万吨)	[50]	[30]
淘汰落后电解铝产能(万吨)	[84]	[80]
淘汰落后铅冶炼产能(万吨)	[40]	[120]
淘汰落后锌冶炼产能(万吨)	[20]	[40]
节能减排		
单位工业增加值能耗降低(%)		[18]
单位工业增加值二氧化碳排放量降低(%)		[18]
二氧化硫排放总量减少(%)		[10]

注:[ ]内为五年累计数

四、主要任务

(一)大力调整产业结构

1. 调整优化产业布局

统筹规划，坚持上大与压小相结合、新增产能与淘汰落后相结合，优化有色金属生产力布局。以满足内需为主，严格控制资源、能源、环境容量不具备条件地区的有色金属冶炼产能。积极引导能源短缺地区电解铝及镁冶炼产能向能源资源丰富的西部地区有序转移。逐步推进部分城市有色企业转型或环保搬迁。在沿海地区，利用进口原料有序布局建设若干铜、镍基地。选择条件合适的区域，依托拆解园区，充分利用国内外废杂铜、铝资源建设若干规模化的再生金属基地。提升企业国际化经营水平，鼓励在境外建设氧化铝、电解铝、铜、铅、锌、镍等产业园区。

按照循环经济发展模式，支持建设若干资源基础雄厚、产业链完整、特色鲜明、资源高效利用、环境友好的有色金属新型工业化示范基地。支持建设优势互补、合作双赢的东、中、西部产业转移合作示范区。

2. 大力发展精深加工产品

以发展精深加工、提升品种质量为重点，以轻质、高强、大规格、耐高温、耐腐蚀、低成本为发展方向，大力发展铝、镁、钛等高强轻合金材料，以提高性能、降低成本为方向，加快发展高性能铜合金材料、铅锌镍各种合金及其他功能材料，满足战略性新兴产业以及国家重大工程的需求，形成若干布局合理、特色鲜明、产业聚集的有色金属精深加工产业生产基地。

铝:开展航空用高抗损伤容限合金、高强度铝合金品种开发，以及铝合金薄板、厚板、型材和锻件的工程化技术开发，满足航空及国防科技工业对高性能铝合金材料的要求。开发具有自主知识产权的轨道交通用大型铝合金型材、具有较好成形性能的汽车车身用 6016 类及 6022 类合金，以及液化天然气船(LNG)船用 5083-O 态合金板材生产技术。大力发展高纯高压电子铝箔，满足特高压铝电解电容器的需求。

镁:以开发生产汽车、高速列车及轨道交通车辆、电子信息、国防科技工业、电动工具等领域应用的大截面型材、板材、大型压铸件为重点，采用产学研用相结合，通过增强创新能力及示范工程建设，加快高性能、低成本镁合金及深加工技术及产品研发，实现重大关键共性技术突破，建设以镁合金铸件、型材、锻件、板材为主体，终端产品相配套的完整产业化体系。

钛:针对国家航空航天等重大工程需求，着力发展大规格棒材和锻件、紧固件用丝材、宽幅板材和钛—钢复合板、大直径管材、大型铸件和粉末冶金件。积极发展钛带材、焊接钛管及挤压型材等,并进一步延伸产业链,提高产品附加值。

其他有色金属:重点发展镍及镍合金板带材、高性能锌合金,高强高导引线框架材料、水箱铜带、变截面带材、高精度异型铜合金材、超细毛细管、高速列车及铁路电气化高性能专用铜材、5ppm(百万分之一)以下高纯无氧铜、小于18微米压延铜箔等高性能铜合金,锡锑精细深加工产品、高性能稀有金属材料等。

专栏4　精深加工产品发展重点

01	铝 高性能铝合金半固态坯料及零件,涡轮发动机压叶轮材料,汽车铝合金板,航空航天用2系、7系列铝合金及材料,铝锂合金,深冷设备用铝合金板材,大型、超大型及微型铝合金工业型材,可焊铝合金薄板,超高纯铝,高压阳极铝箔等。
02	镁 耐热铸造镁合金,低成本挤压型材,高性能镁合金挤压型材,大截面镁合金中空型材,宽幅镁合金板材,镁合金铸轧板材,镁合金热轧板材,镁合金薄带材,镁合金精轧薄板材,镁合金锻造汽车轮毂,镁合金锻件等。
03	钛 优质宽幅冷轧纯钛板材,高性能宽幅钛及钛合金厚板,钛合金型材,钛及钛合金带材,大规格宽厚钛合金板材,高精度、宽幅钛合金薄板材,大规格钛合金棒材及特征锻件,紧固件用丝材、大型钛铸锭及锻件,新型钛合金结构材料,专用钛合金材料,钛及钛合金模锻件,钛基多孔材料等。
04	铜 铜合金引线框架,高强高导新型铜合金接触导线,无铅新型环保铜合金,高性能无铍弹性铜合金,高性能耐蚀镍铜合金,铜包铝,低松比雾化铜粉,高纯铜合金溅射靶材,压延铜箔等。
05	其他有色金属 镍基高温合金、镍基合金无缝管,镍基金属多孔材料,高性能球形氢氧化镍,高性能锌合金,无铅锡焊料、锡化合物,先进锑阻燃材料,纳米晶及特粗晶粒等高性能硬质合金、ITO靶材、大规格钨钼靶材、核级锆材等高性能稀有金属材料等。

3.积极推进企业重组

按政府引导、企业为主体、市场化运作的原则,结合优化布局,大力支持优势大型骨干企业开展跨地区、跨所有制兼并重组,提高产业集中度。积极推进上下游企业联合重组,提高产业竞争力。充分发挥大型企业集团的带动作用,形成若干家具有核心竞争力和国际影响力的企业集团。

4.发展有色金属生产服务业

大力支持科技实力雄厚的有色金属企业从生产型制造向服务型制造转变,鼓励有色金属企业开展技术研发、工业设计、信息咨询、现代物流等生产性服务。建立和完善有色金属的电子商务、期货交易等市场手段。支持发展工程咨询、设计、装备集成、安装调试、运营服务一体化的工程承包服务。鼓励发展有色金属工业检测认证、科技成果推广等中介服务,扶持壮大节能服务产业。

(二)提高资源保障能力

1.加快资源基地建设

以加快境外铜、铝、铅、锌、镍、钛等原料供应基地建设为重点,积极推动境外资源勘探,在资源丰富的国家和地区,依托具有国际化经营能力的骨干企业,建立与资源所在国利益共享的对外资源开发机制,加快境外资源开发项目建设,形成一批境外矿产资源基地。进一步加强国内重点成矿地带的普查与勘探,增加资源储量,提高查明资源储量利用率,积极开展现有矿山深部边部找矿,延长矿山服务年限。以云南、新疆、甘肃、青海、西藏、内蒙古、黑龙江等省(区)有色金属成矿带资源开发为重点,加快建设西部矿产资源基地。在广西、贵州、山西适度发展具有资源保障的氧化铝产能。

2.大力发展循环经济

鼓励低品位矿、共伴生矿、难选冶矿、尾矿和熔炼渣等资源开发利用。促进铜、铅、锌等冶炼企业原料中各种有价元素的回收,冶炼渣综合利用,以及冶炼余热利用。建立完善铜、铝再生资源利用体系,规范回收、拆解,建设一批规模化再生利用示范工程。完善废旧铅酸电池回收利用体系,鼓励将废旧铅酸电池回收利用纳入矿铅生产体系,最大限度地降低重金属污染。支持改扩建形成一批锌、钴、镍、锡、锑、锗、铟、贵金属等回收利用及冶炼废渣综合利用示范工程。依托内蒙古等高铝煤炭资源,有序推进高铝粉煤灰资源开发利用,大力推进《赤泥综合利用指导意见》的组织实施工作。

(三)加快企业技术进步

1.增强创新能力

围绕有色金属工业发展重点和难点,在矿产资源勘查、节能减排、提高资源利用率、先进材料制备等领域,加快建立以企业为主体、市场为导向、产学研相结合的技术创新体系,大力培育企业的应用技术研发与创新能力,创新投入机制,强化共性技术研究平台建设,推动企业、科研院所和高校共同开展前沿共性技术攻关,着力突破核心关键技术和共性基础技术,充分发挥科技对产业升级的支撑作用,提高产业核心竞争能力。

专栏5　科技开发重点

01	重点开发技术 氧气底吹及侧吹连续炼铜技术、闪速炉短流程一步炼铜技术、高温高浓度溶出浆液高效分离技术、底吹电热熔融还原炼铅技术、闪速炼铅新工艺、红土镍矿绿色湿法冶金技术、镍锍连续吹炼技术、新法炼钛技术、等温熔炼炉关键技术及配套设备、赤泥分选用超导磁选机和赤泥综合利用技术等。
02	重大节能技术 氧化铝节能技术、铝电解节能技术、多热源内热式电热法生产镁技术与装备、低品位红土镍矿生产镍铁节能技术、海绵钛节能降耗技术、镁电解多极槽技术、大型充气机械搅拌式浮选机、烟气制酸低温位热回收技术等。
03	精深加工技术 高洁净、高均匀性合金冶炼和凝固技术，中厚板固溶及预拉伸技术，高性能铸造镁合金及变形镁合金制备及深加工技术，镁合金腐蚀控制及防护技术，18 微米及以下压延铜箔压延及表面处理工艺技术，高质量引线框架材料合金制备及加工工艺技术，钛铝合金及加工成型技术，钛合金模锻件锻压、型材挤压、大型铸件、异型管棒丝材成型技术。
04	重点前沿技术 有色金属矿产资源潜力快速评估与勘查基地优选、地下金属矿山智能化采矿关键技术与装备、生物提取金属、有害元素的无害化处理及资源化利用、金属复合材料及难加工金属电塑性加工技术、先进材料制备技术、低碳技术等。

2. 加强技术改造

支持有色金属企业运用先进适用技术和高新技术，以质量品种、节能减排、环境保护、安全生产、两化融合等为重点，对现有企业生产工艺及装备进行升级改造，加快淘汰落后，实现清洁、安全生产，提高企业生产自动化、管理数字化水平。

专栏6　技术改造重点

01	采选 推广电动液压采矿凿岩设备如掘进台车和深孔凿岩台车、低矮式破碎机等大型高效节能自动化采选装备以及新型高效药剂，实现采选装备机械化、自动化和大型化，加强矿山现场监测，提高矿山管理信息化水平。
02	铝冶炼 重点推广新型结构铝电解槽、低温低电压铝电解等高效节能技术；低品位铝土矿高效节能生产氧化铝技术、氧化铝生产过程余热回收利用技术。
03	铜冶炼 推广氧气底吹炉炼铜等技术。
04	铅冶炼 推广富氧底吹熔炼、液态铅渣直接还原炼铅工艺等先进技术，加快对落后熔炼、鼓风炉还原等进行技术升级改造。
05	镁冶炼 推广套筒竖窑及蓄热式竖式还原炉技术。
06	钛冶炼 重点推广植物油除钒技术、铝粉除钒技术、新型节能还蒸炉、多极槽镁电解等技术。
07	铜铝加工 推广铜铝加工短流程生产技术，积极开发引进大断面、复杂截面铝合金型材制造技术、大型高性能铝合金预拉伸板制造技术及装备，高强高导新型铜合金制造技术及装备。
08	稀有金属 推广微量杂质低成本高效分离技术、高纯金属制备新技术、高功率电子束熔炼炉及难熔金属的提纯技术及装备等，生产高档硬质合金、高纯化合物、高纯金属细粉、大卷重丝材、大规格高性能板、棒材及特种钨、钼制品等精深加工产品。

3. 推进两化深度融合

认真总结和推广行业先进企业的信息化经验,建立和完善有色金属工业信息化标准规范工作体系。通过技术改造,提高企业生产自动化水平。鼓励企业建设信息化集成管理系统,推广使用企业资源计划(ERP)和生产制造执行系统(MES),提高管控效率。

4. 加强标准化建设

适应有色金属工业加快产品结构调整、发展新材料的需要,建立、修订、完善技术和产品标准。进一步做好能耗、安全生产、清洁生产标准的制订。制订再生有色金属能源消耗标准和环保标准。加大参与国际标准化工作的力度,实现国际国内标准接轨和双向转化。

(四)加大重金属污染防治力度

以重有色金属污染防治为重点,按照《重金属污染综合防治"十二五"规划》和《重点区域大气污染联防联控"十二五"规划》要求,遵循源头预防、过程阻断、清洁生产、末端治理的全过程综合防控原则,加快重点区域重金属污染防治。

1. 限制重金属污染排放项目

严格准入条件,优化产业布局,禁止在在自然保护区、饮用水水源保护区等需要特殊保护的地区,大中城市及其近郊,居民集中区等对环境条件要求高的区域内新建、改建、扩建增加重金属污染物排放的项目。到"十二五"末,仅保留少数符合环保排放要求的原生汞冶炼企业,取缔其他原生汞冶炼企业。汞触媒回收企业应配套有汞蒸汽回收装置,严格控制其他地区新建的汞触媒回收企业。

2. 积极推行清洁生产

大力推广安全高效、能耗物耗低、环保达标、资源综合利用效果好的先进生产工艺,强化从源头防控重金属污染。依法实施强制性清洁生产审核。加强重金属污染治理设施建设,鼓励企业在达标排放的基础上进行深度处理。实施区域综合整治,以湘江流域为重点,推进污染产业密集、历史遗留污染问题突出、风险隐患较大的重金属污染区域综合整治。

3. 强化监管能力建设

加强重金属污染环境监测能力,推行污染源自动监控,重金属废气、废水排放企业要安装相应的重金属污染物在线监控装置,并与环保部门联网。

(五)大力推进节能减排

1. 控制高耗能产业过快增长

提高节能环保市场准入门槛,严把土地、信贷两个闸门,严格控制新建高耗能、高污染项目。建立高耗能产业新上项目与地方节能减排指标完成进度挂钩、与淘汰落后产能相结合的机制。继续运用提高资源税、调整出口退税、将部分产品列入加工贸易禁止类目录等措施,控制高耗能、高污染产品出口。加大差别电价实施力度,提高高耗能产品差别电价标准。

2. 加快淘汰落后产能

依靠法律、经济和必要的行政手段以及技术进步,按期淘汰落后产能。

专栏7　落后产能淘汰目录

01	铜 鼓风炉、电炉、反射炉炼铜工艺及设备(2011年),铜线杆(黑杆)生产工艺,无烟气治理措施的再生铜焚烧工艺及设备,50吨以下传统固定式反射炉再生铜生产工艺及设备。
02	铝 铝自焙电解槽及100KA及以下预焙槽(2011年),利用坩埚炉熔炼再生铝合金、再生铅的工艺及设备,铝用湿法氟化盐项目,1万吨/年以下的再生铝,4吨以下反射炉再生铝生产工艺及设备。
03	铅 采用烧结锅、烧结盘、简易高炉等落后方式炼铅工艺及设备,1万吨/年以下的再生铅项目,未配套制酸及尾气吸收系统的烧结机炼铅工艺,烧结-鼓风炉炼铅工艺。
04	锌 采用马弗炉、马槽炉、横罐、小竖罐等进行焙烧、简易冷凝设施进行收尘等落后方式炼锌或生产氧化锌工艺装备。
05	锑 采用地坑炉、坩埚炉、赫氏炉等落后方式炼锑。
06	汞 采用铁锅和土灶、蒸馏罐、坩埚炉及简易冷凝收尘设施等落后方式炼汞。
07	其他有色金属 采用土坑炉或坩埚炉焙烧、简易冷凝设施收尘等落后方式炼制氧化砷或金属砷工艺装备,烟气制酸干法净化和热浓酸洗涤技术,再生有色金属生产中采用直接燃煤的反射炉项目。

3. 加大节能力度

严格执行《节约能源法》,按照国家节能减排总体要求,降低有色金属工业单位增加值能源消耗。积极推进有色金属行业电力需求侧管理试点示范。大力推广高效节能采选工艺和设备、自热强化熔炼工艺、低温低电压铝电解节能技术、湿法冶金节能先进技术等。积极开展节能技术和项目示范，推进能源转换和梯级利用，加强企业能源管理中心建设，提高能源利用效率。

五、重大专项

（一）资源开发专项

目标：通过境外、国内资源勘探、开发，有效增加境外权益资源量和国内资源储量。到2015年，新增铜精矿生产能力130万吨/年，新增铅锌精矿生产能力230万吨/年，新增镍产能达到6万吨/年。

主要内容：依托符合国家产业政策、具有实力的骨干企业，在境外以及资源丰富的中西部地区建设原料基地。

专栏8　资源开发重点工程

01	资源勘探工程 重点是新疆天山地区、西南“三江”（金沙江、澜沧江、怒江）地区、藏东、青海西南部、内蒙古东部等资源前景较好成矿带的地质勘探工作，使资源量上升为储量和基础储量。扩大现有矿山深部及周边地区的找矿，延长矿山服务年限。
02	铜矿山建设工程 重点是国内云南大红山铜矿二期、内蒙古乌努格吐山铜钼矿二期、云南普朗铜矿、黑龙江多宝山、江西朱砂红铜矿区、青海德尔尼铜钴矿区、青海铜峪沟铜矿区、西藏玉龙、西藏甲玛铜多金属矿、西藏驱龙多金属矿、西藏谢通门铜矿等矿山建设。在资源丰富的赞比亚、刚果、秘鲁、阿富汗、老挝、蒙古巴基斯坦、厄瓜多尔等国，结合资源勘探、外部条件落实情况，重点推进境外铜矿山项目建设。
03	铅锌资源建设工程 以内蒙古、云南、甘肃、青海、西藏、新疆等省区铅锌成矿带矿产资源开发以及境外资源丰富国家和地区为重点，加快推进铅锌资源基地建设，形成新的原料基地。
04	铝土矿资源开发工程 在国内山西、贵州、广西等省区以及境外铝土矿资源丰富地区建设氧化铝项目。国内重点项目有中铝山西兴县年产100万吨氧化铝，山西同德年产100万吨氧化铝，贵州清镇年产80万吨氧化铝项目，山西阳泉年产100万吨氧化铝项目等。

（二）节能技术改造专项

目标：结合技术进步，到2015年力争完成1500万吨及以上电解铝技术改造，电解铝直流电耗降到12500千瓦时/吨以下，年节约电力100亿千瓦时；完成120万吨落后铅熔炼以及300万吨铅鼓风炉还原能力改造，年节约标煤80万吨；完成骨干镁冶炼企业技术改造，力争年节约标煤100万吨。铜冶炼、电解铝、铅冶炼、钛冶炼等主要行业技术指标居世界领先。

主要内容：采用先进适用技术，对现有生产能力进行技术改造，提高产业技术装备水平，淘汰落后，增加品种，改善质量，降低物耗、水耗和能耗等。

（三）精深加工产品专项

目标：到2015年，关键新合金品种开发取得重大突破，形成汽车用铝合金板等高端铝合金板材20万吨、高强镁合金压铸及型材和板材15万吨、高端钛合金材2万吨的生产能力，重要功能材料取得突破，基本满足大飞机、轨道交通、节能与新能源汽车、电子信息等领域的需求。

主要内容：组织开发汽车用6系铝合金板材，实现6016、6022、6111类铝合金和汽车铝合金板的产业化；积极开发航空航天用2000系、7000系等超高强铝合金中厚板；加快完善高速列车用大型铝型材工艺技术，促进深冷设备用铝合金板材等重点产品产业化。开发高强高韧、耐蚀新型钛合金和冷床炉熔炼、型材挤压技术，推进高性能钛合金大规格棒材、紧固件用丝材、热轧钛合金中厚板、宽幅冷轧钛薄板、大卷重钛带、钛合金大型铸件及锻件等产品产业化。推进低成本AZ、AM系列镁合金压铸，低成本AZ系列镁合金挤压型材和板材产业化，开展镁合金轮毂、大截面型材、宽幅1500毫米以上板材、高性能铸锻件等应用示范。

专栏9　精深加工重点工程

01	铝 汽车铝合金板，高速列车用大型铝型材，深冷设备用铝合金板材，航空航天用铝合金中厚板等项目。
02	镁 低成本高强度镁合金压铸、型材产业化项目，镁合金轮毂、大截面型材、宽幅板材等应用示范项目。

(续表)

03 钛 高强高韧、耐蚀新型钛合金及其型材,大规格棒材,热轧钛合金中厚板,冷轧钛薄板,钛合金卷带和焊管等产品生产项目。
04 铜及其他 高强高导新型铜合金接触导线、绿色无铅环保型铜合金等项目,高性能铅合金、锌合金等项目,耐高温、耐腐蚀铁铬铝金属纤维多孔材料等项目,无铅锡焊料、电子级锡焊粉、锡化合物等项目,高纯锑、高纯氧化锑、锑酸钠、阻燃母粒料等项目,核级锆合金材料、高性能钨钼合金材料、大尺寸高纯稀有金属靶材等项目。

(四)重金属污染防治专项

目标:到2015年,重金属相关产业结构进一步优化,污染源综合防治水平大幅度提升,突发性重金属污染事件高发态势得到基本遏制,重点企业实现稳定达标排放,湘江等流域、区域治理取得明显进展,重金属污染得到有效控制。

主要内容:重金属污染防控共分为污染源综合治理、落后产能淘汰、民生应急保障、技术示范、清洁生产、基础能力建设、解决历史遗留污染问题试点等七类项目。

专栏10　重金属污染治理重点工程

01 污染源综合治理工程 包括治污设施升级改造、污染源环境风险防控设施建设、工业园区重金属“三废”集中处理处置、工业企业污染治理项目等。
02 落后产能淘汰工程 包括列入产业结构调整指导目录、区域产业政策中处于淘汰类别的生产工艺和生产能力;符合产业政策但经过限期治理难以稳定达标的项目。
03 民生应急保障工程 包括对饮用水源形成严重威胁的尾矿库加固项目、饮用水水源地土壤修复项目、应急饮水工程建设项目等。
04 技术示范工程 对采选冶炼清洁生产技术、含重金属污染综合处理处置、废铅蓄电池资源化利用、污染源治理技术、污染修复等技术开展示范试点。
05 清洁生产工程 主要是以通过加大清洁生产技术改造力度,减少生产工艺过程中重金属副产物或污染物产生,从源头降低环境风险的项目。
06 基础能力建设工程 按照重金属污染特征和监测的实际需要,逐级配置重金属实验室监测仪器、在线监测仪器、应急监测仪器、重金属采样和前期处理设备以及监察执法设备。
07 解决历史遗留污染问题试点工程 包括污染隐患严重的尾矿库、废弃物堆存场地、废渣、受重金属污染农田、矿区生态环境修复工程项目。

(五)发展循环经济专项

目标:按照减量化、再利用、资源化的原则,建设以提高资源产出效率和提高资源保障为目标的有色金属工业循环经济项目。到2015年,主要再生有色金属产量达到1200万吨,其中再生铜、再生铝、再生铅占当年铜、铝、铅产量的比例分别达到40%、30%、40%左右。

主要内容:遵循循环经济理念,建设和改造各类产业园区。推行清洁生产,从源头和全过程控制污染物产生和排放,降低资源消耗。加强共伴生矿产、尾矿及冶炼渣综合利用,提高资源综合利用水平。完善再生资源回收体系,推进再生资源规模化高效利用。

专栏 11　循环经济重点工程

01	资源综合利用工程 支持在有产业基础的地区改扩建形成一批利用废渣回收有价金属综合利用示范工程，在氧化铝产区建设赤泥综合利用示范工程。
02	高铝粉煤灰综合利用工程 按照国家统一规划要求，在内蒙古、山西等高铝煤炭资源丰富地区，依托有技术基础和实力的骨干企业建设高铝粉煤灰综合利用工程。
03	再生金属回收利用工程 在珠江三角洲、长江三角洲、环渤海和成渝经济区等具备一定产业基础的区域，改扩建形成若干规模化再生铜和再生铝等示范工程。

六、保障措施

（一）强化规划指导

加强规划与产业政策、年度计划的衔接，及时与相关部门进行信息沟通和工作协调。做好省级有色金属工业规划与本规划的衔接，有关地区有色金属工业发展规划应依据本规划制定。建立规划实施的动态评估机制，及时反馈规划实施过程中存在的问题，按程序对规划内容进行调整。

（二）完善产业政策

严格执行《产业结构调整指导目录(2011 年本)》、《部分工业行业淘汰落后生产工艺装备和产品指导目录》、行业准入条件及相关产业发展政策。进一步提高行业准入门槛，严格行业准入管理。加强有色金属产业政策与财税、金融、贸易、土地、环境保护和安全生产等政策的衔接。进一步规范废金属进口通关秩序，完善废金属进口通关的检测场地、设备和标准。

（三）加大科技投入

强化企业在技术创新中的主体地位，引导和鼓励企业加大研发投入和技术改造力度，支持传统产业改造升级和大力发展精深加工产品。扩大新技术、新产品财税政策支持力度，提高科技成果奖励标准，进一步完善科研创新激励机制。鼓励和支持新技术的推广应用。

（四）加强资源保护与储备

对重要有色金属矿产资源，继续实行国家规定实行保护性开采的特定矿种政策。严格矿山资源开发利用方案、矿山生态保护与治理恢复方案、矿山地质环境保护与治理恢复方案、环境影响评价、安全评价的管理，依法加强监管，坚决制止和打击违法勘查开采行为。对于保护性开采的稀有金属特定矿种，按国家下达的指令性计划组织生产，严格出口控制。研究建立矿产地和实物相结合、国家战略储备和商业储备相结合的有色金属战略储备体系。

（五）推进国际交流与合作

优化产品进出口结构，规范进出口秩序，积极应对国际贸易摩擦。鼓励进口有色金属资源和产品，在符合世贸组织规则的情况下，严格限制高能耗、高排放、资源性产品及初级深加工产品出口。积极推动制定境外矿产资源勘查开发支持政策，鼓励有条件的企业积极开展国际合作，增强“走出去”主体实力，提高境外投资质量。

（六）健全节能减排政策

严格执行节能减排淘汰落后产能问责制，对未完成节能减排、淘汰落后产能任务的地区和企业，暂停投资项目核准和技术改造政策支持。对按期完成节能减排任务的企业给予奖励。地方各级政府要对限期淘汰的落后装备严格监管，禁止落后产能异地转移。

（七）完善行业管理

各级工业主管部门要加强有色金属行业政策、规划、标准的制订和实施，及时解决行业发展中出现的重大问题。建立健全有色金属工业运行监测网络和指标体系，强化行业信息统计和信息发布。积极发挥协会在信息交流、行业自律、企业维权、科技创新、节能减排、诚信建设等方面的作用。

工信部《钢铁工业“十二五”发展规划》

前　言

钢铁工业是国民经济的重要基础产业，包括采矿、选矿、烧结(球团)、焦化、炼铁、炼钢、轧钢、金属制品及辅料等生产工序。经过改革开放以来特别是近十年的发展，市场配置资源的作用不断加强，各种所有制形式的钢铁企业协同发展，产品结构、组织结构、技术装备不断优化，有效支撑了国民经济平稳较快发展。

“十二五”时期是深入推进科学发展、加快转变发展方式的攻坚阶段。钢铁工业“十二五”发展规划，根据《国民经济和社会发展第十二个五年规划纲要》和《工业转型升级规划(2011～2015 年)》编制，主要阐明钢铁行业发展战略和目标，明确发展重点，引导市场优化配置资源，对钢铁工业转型升级进行部署，作为“十二五”期间我国钢铁工业发展的指导性文件。

一、发展现状

“十一五”时期是我国钢铁工业发展速度最快、节能减排成效显著的五年，钢铁工业有效满足了经济社会发展需要。但与此同时，行业发展的资源、环境等制约因素逐步增大，结构性矛盾依然突出。

(一)"十一五"主要成就

1. 支撑了国民经济平稳较快发展。"十一五"时期,我国粗钢产量由3.5亿吨增加到6.3亿吨,年均增长12.2%。钢材国内市场占有率由92%提高到97%。2010年,钢铁工业实现工业总产值7万亿元,占全国工业总产值的10%;资产总计6.2万亿元,占全国规模以上工业企业资产总值的10.4%,为建筑、机械、汽车、家电、造船等行业以及国民经济的快速发展提供了重要的原材料保障。

2. 品种质量明显改善。"十一五"时期,我国钢铁产品结构进一步优化,钢材品种齐全,产品质量不断提高,大部分品种自给率达到100%。关键钢材品种开发取得长足进步,高强建筑用钢板、抗震建筑用高强螺纹钢筋、航天器用合金材料、高性能管线钢、大型水电站用钢、高磁感取向硅钢、高速铁路用钢轨等高性能钢铁材料有力支撑了相关领域的发展,保障了北京奥运会场馆、上海世博会场馆、灾后重建、载人航天、探月工程等国家重大工程建设以及西气东输、三峡工程、京沪高铁等国家重点项目的顺利实施。

3. 技术装备水平大幅度提高。"十一五"时期,重点统计钢铁企业1000立方米及以上高炉生产能力所占比例由48.3%提高到60.9%,100吨及以上炼钢转炉生产能力所占比例由44.9%提高到56.7%,大部分企业已配备铁水预处理、钢水二次精炼设施,精炼比达到70%。轧钢系统基本实现全连轧,长期短缺的热连轧、冷连轧宽带钢轧机分别由26套和16套增加到72套和50套。宝钢、鞍钢、武钢、首钢京唐、马钢、太钢、沙钢、兴澄特钢、东特大连基地等大型钢铁企业技术装备达到国际先进水平。

4. 节能减排成效显著。"十一五"期间,共淘汰落后炼铁产能12272万吨、炼钢产能7224万吨,高炉炉顶压差发电、煤气回收利用及蓄热式燃烧等节能减排技术得到广泛应用,部分大型企业建立了能源管理中心,促进了钢铁工业节能减排。2010年,重点统计钢铁企业各项节能减排指标全面改善,吨钢综合能耗降至605千克标准煤、耗新水量4.1立方米、二氧化硫排放量1.63千克,与2005年相比分别下降12.8%、52.3%和42.4%。固体废弃物综合利用率由90%提高到94%。

5. 联合重组步伐加快。跨地区重组不断推进,宝钢重组新疆八一钢铁、韶钢和宁波钢铁,武钢重组鄂钢、柳钢和昆钢股份,鞍钢联合重组攀钢,首钢重组水钢、长治钢铁、贵阳钢铁和通化钢铁,沙钢重组河南永钢,华菱钢铁重组无锡钢厂等基本完成。区域联合重组取得新进展,相继组建了河北钢铁集团、山东钢铁集团、渤海钢铁集团、新武安钢铁集团,河北钢铁集团还探索以渐进式股权融合方式重组了区域内12家钢铁企业。

6. 布局优化取得进展。建成了曹妃甸、鲅鱼圈、宁波等现代化沿海钢铁基地,宝钢、武钢、沙钢、马钢等沿江钢厂的影响力进一步增强。宝钢湛江和武钢防城港沿海钢铁精品基地已完成前期筹备,首钢、重钢、大连钢厂等城市钢厂搬迁工程基本完成。以国内资源为主导的钢铁工业布局逐步向国际、国内资源并举和贴近市场的战略布局转变。

7. 两化融合水平不断提升。钢铁行业工业化和信息化相互促进,融合程度不断加深。钢铁企业在工艺装备、流程优化、企业管理、市场营销和节能减排等方面的信息化水平大幅提升,并加速向集成应用转变。基础自动化在全行业普及应用,重点统计钢铁企业已全面实施生产制造执行系统,主要钢铁企业实现了企业管理信息化,逐步形成了多层次、多角度的信息化整体解决方案。

8. 铁矿资源勘探开采迈出新步伐。"十一五"期间,我国新增查明铁矿石资源储量151亿吨,平均每年增加30.2亿吨,国内铁矿石年产量从4.2亿吨增加到10.7亿吨,年均增长20.6%,增强了我国钢铁工业发展的资源基础。

(二)面临的主要问题

1. 品种质量亟待升级。我国钢材产品实物质量整体水平仍然不高,只有约30%可以达到国际先进水平。量大面广的热轧螺纹钢筋等品种升级换代缓慢,规范和标准不能适应减量化用钢的要求。产品质量不稳定,下游行业尚不能高效科学使用钢材。少数关键品种钢材仍依赖进口,高强度、耐腐蚀、长寿命、减量化等高性能产品研发和生产技术水平有待进一步提高。钢铁行业尚未形成为下游产业提供完整材料解决方案的服务体系。

2. 布局调整进展缓慢。钢铁工业"北重南轻"的布局长期未能改善,东南沿海经济发展迅速,钢材需求量大,长期供给不足。环渤海地区钢铁产能近4亿吨,50%以上产品外销。部分地区钢铁工业布局不符合全国主体功能区规划和制造业转移的要求。16个直辖市和省会城市建有大型钢铁企业,已越来越不适应城市的总体发展要求。

3. 能源、环境、原料约束增强。重点统计钢铁企业烧结、炼铁、炼钢等工序能耗与国际先进水平相比还有一定差距,二次能源回收利用效率有待进一步提高,企业节能减排管理有待完善,成熟的节能减排技术有待进一步系统优化。高炉、转炉煤气干法除尘普及率较低。烧结脱硫尚未普及,绿色低碳工艺技术开发还处于起步阶段,二氧化硫、二氧化碳减排任务艰巨。铁矿石价格大幅上涨极大地挤压了钢铁行业的盈利空间,严重制约了钢铁行业的健康发展。

4. 自主创新能力不强。重点统计钢铁企业研发投入只占主营业务收入的1.1%,远低于发达国家3%的水平。多数钢铁企业技术创新体系尚未完全形成,自主创新基础薄弱,缺乏高水平专家带头人才,工艺技术装备和关键品种自主创新成果不多。轧钢过程控制自动化技术和部分关键装备仍然主要依靠引进,非高炉炼铁、近终形连铸轧等前沿技术研发投入不足。

二、市场消费预测

"十二五"期间,我国发展仍处于可以大有作为的重要战略机遇期,钢铁工业将步入转变发展方式的关键阶段,既面临结构调整、转型升级的发展机遇,又面临资源价格高涨,需求增速趋缓、环境压力增大的严峻挑战,产品同质化竞争加剧,行业总体上将呈现低增速、低盈利的运行态势。

(一)发展环境

从国际环境看,世界经济复苏与增长有利于拉动全球钢铁工业发展,发展中国家特别是新兴经济体国家经济持续快速增长为钢铁工业提供了新的市场空间，同时也将加剧各国钢铁企业间的竞争。经济全球化深入发展将有利于我国钢铁企业广泛参与国际合作与竞争。同时，国际金融危机影响深远，国际钢铁市场各种形式的贸易保护主义抬头，围绕市场、资源、标准等方面的竞争更加激烈。全球铁矿石等原燃料供应及价格波动将对我国钢铁工业运行继续产生重大影响。应对气候变化和环境保护等因素对钢铁工业发展提出了更高的要求。我国钢铁工业发展的国际环境更趋复杂。

国内环境方面，我国在"十二五"期间将以内需拉动为主，经济发展仍将保持平稳较快势头，但国内生产总值增长速度比"十一五"期间将有所降低，固定资产投资增速将减缓，消费及第三产业对经济增长的拉动作用将逐渐增强。我国经济发展对钢铁消费需求还将继续增长，但增速减缓。转变经济发展方式将降低单位国内生产总值钢铁消费强度，新型材料将取代一部分钢铁产品，下游行业转型升级和战略性新兴产业发展将对钢材品种质量提出更高和更新的要求，钢铁工业与其他产业之间的融合发展将进一步加强。资源环境约束趋紧，节能减排将继续抑制钢铁产能释放。受进口大宗原燃料价格不断提高和其他要素成本上升的影响，钢铁生产成本压力继续增大，经营风险进一步增加。

(二)2015年粗钢消费量预测

钢材消费量主要受经济总量和经济结构、发展阶段、固定资产投资规模等因素影响。"十二五"时期，工业化、城镇化不断深入，保障性安居工程、水利设施、交通设施等大规模建设将拉动钢材消费。同时，我国将加快转变发展方式，推动工业转型升级，培育发展战略性新兴产业，钢材"减量化"和材料替代等因素将对钢材消费量和消费结构产生重大影响。综合考虑以上因素，规划采用以下三种方法对2015年国内粗钢消费量进行了预测：

行业消费调研法。调查分析建筑、机械、汽车、交通、矿山、石油化工等13个主要下游行业的"十二五"用钢需求，预测2015年消费量为7.5亿吨左右。

地区消费平衡法。根据各省市公布的"十二五"国内生产总值发展目标，结合各地区现有钢材消费水平和发展趋势，预测2015年消费量为8.2亿吨。

消费系数和回归分析法。根据《国民经济和社会发展第十二个五年规划纲要》提出的目标，设定了"十二五"期间国民经济快速、较快和适度等三种不同发展情景，综合采用国内生产总值钢材消费系数法、固定资产投资钢材消费系数法和回归分析法，预测2015年消费量分别为8.1亿吨、7.5亿吨和7.1亿吨。

综合预测，2015年国内粗钢导向性消费量约为7.5亿吨。

(三)中远期粗钢消费量预测

参考美、德、日等国钢铁工业发展规律，考虑我国地域广阔，各地区经济发展不平衡，对钢材消费总量和持续时间都将产生较大影响。综合各种因素，采用国内生产总值消费系数法和人均粗钢法，预测我国粗钢需求量可能在"十二五"期间进入峰值弧顶区，最高峰可能出现在2015年至2020年期间，峰值约7.7～8.2亿吨，此后峰值弧顶区仍将持续一个时期。随着工业化、城镇化不断深入发展，以及经济发展方式转变和产业升级，城乡基础设施投资规模增速放缓，我国钢铁需求增速将呈逐年下降趋势，进入平稳发展期。

(四)关键钢材品种需求预测

根据各行业用钢需求，预测了2015年关键钢材品种消费量。

专栏1　2015年关键钢材品种消费预测

序号	品种	2010年(万吨)	2015年(万吨)
1	铁路用重轨	400	380
2	铁路车轮、车轴钢	54	60
3	高强钢筋	5650	11200
4	轴承钢	370	500
5	齿轮钢	207	250
6	合金弹簧钢	260	450
7	合金模具钢	30	50
8	造船板	1300	1600
9	高压容器用钢板	100	160
10	汽车用冷轧及镀锌薄板	835	1400
11	油井管	380	470
12	电站用高压锅炉管	48	70
13	硅钢片	572	650
14	不锈钢	940	1600

三、指导思想、基本原则和主要目标

(一)指导思想

以邓小平理论和"三个代表"重要思想为指导，深入贯彻落实科学发展观，坚持走中国特色新型工业化道路，满足下游行业转型升级和战略性新兴产业发展的要求，以钢铁工业结构调整、转型升级为主攻方向，以自主创新和技术改造为支撑，提高质量，扩大高性能钢材品种，实现减量化用钢，推进节能降耗，优化区域布局，引导兼并重组，强化资源保障，提高资本开放程度和国际化经营能力，加快实现由注重规模扩张发展向注重品种质量效益转变。

(二)基本原则

坚持结构调整。把扩大品种、提高质量、增进服务和推进钢材减量化以及加快节能减排、淘汰落后、优化布局作为结构调整的重点，严格控制产能扩张，加快发展钢铁新材料和生产性服务业，继续推进兼并重组，进一步提高产业集中度。

坚持绿色发展。积极开发、推广使用高效能钢材，推进两化深度融合，加快资源节约型、环境友好型的钢铁企业建设，大力发展清洁生产和循环经济，积极研发和推广使用节能减排和低碳技术，加强废弃物的资源化综合利用。

坚持自主创新。把自主创新作为钢铁工业可持续发展的重要支撑,强化钢铁企业技术创新主体地位,加快原始创新、集成创新和引进消化吸收再创新,完善技术创新体系,培育自主知识产权核心技术和品牌产品。

坚持区域协调。落实国家区域发展总体战略和主体功能区战略,根据资源能源条件、市场需求、环境容量、产业基础和物流配套能力,统筹沿海沿边与内陆、上下游产业及区域经济发展,优化产业布局,满足各地区经济社会发展需求。

强化资源保障。把提高资源保障能力提升到行业发展安全的战略高度。充分利用国内外两种资源两个市场,加大境外矿产资源合作开发,整合国内铁矿资源开发,规范国内铁矿石市场秩序,建立健全铁矿石资源战略保障体系。

(三)主要目标

“十二五”末,钢铁工业结构调整取得明显进展,基本形成比较合理的生产力布局,资源保障程度显著提高,钢铁总量和品种质量基本满足国民经济发展需求,重点统计钢铁企业节能环保达到国际先进水平,部分企业具备较强的国际市场竞争力和影响力,初步实现钢铁工业由大到强的转变。

1. 品种质量。产品质量明显提高,稳定性增强,满足重点领域和重大工程需求,支撑下游行业转型升级和战略性新兴产业发展。进口量较大的高强高韧汽车用钢、硅钢片等品种实现规模化生产,国内市场占有率达到90%以上;船用耐蚀钢、低温压力容器板、高速铁路车轮及车轴钢、高压锅炉管等高端品种自给率达80%。400兆帕及以上高强度螺纹钢筋比例超过80%。

2. 节能减排。淘汰400立方米及以下高炉(不含铸造铁)、30吨及以下转炉和电炉。重点统计钢铁企业焦炉干熄焦率达到95%以上。单位工业增加值能耗和二氧化碳排放分别下降18%,重点统计钢铁企业平均吨钢综合能耗低于580千克标准煤,吨钢耗新水量低于4.0立方米,吨钢二氧化硫排放下降39%,吨钢化学需氧量下降7%,固体废弃物综合利用率97%以上。

3. 产业布局。产能过剩地区的盲目扩张得到抑制,建成湛江、防城港钢铁精品基地,从根本上解决“北钢南运”问题。

4. 资源保障。基本建立利益共享的铁矿石、煤炭等钢铁工业原燃料保障体系,新增境外铁矿石产能1亿吨以上。

5. 技术创新。重点统计钢铁企业建立起完善的技术创新体系,研发投入占主营业务收入达到1.5%以上。绿色低碳冶炼和资源综合利用等自主创新工艺技术取得进展,高效生产和节能减排等共性关键技术得到广泛应用。

6. 产业集中度。大幅度减少钢铁企业数量,国内排名前10位的钢铁企业集团钢产量占全国总量的比例由48.6%提高到60%左右。

专栏2 “十二五”时期钢铁工业发展主要指标

序号	指标	2005年	2010年	2015年	“十二五”时期累计增长[%]
1	行业前十家产业集中度提高(%)	34.7	48.6	60	11.4 *
2	单位工业增加值能耗降低(%)				18
3	单位工业增加值二氧化碳排放降低(%)				18
4	企业平均吨钢综合能耗降低(千克标煤)	694	605	≤580	≥4
5	吨钢耗新水量降低(立方米)	8.6	4.1	≤4.0	≥2.4
6	吨钢二氧化硫排放量降低(千克)	2.83	1.63	≤1	≥39
7	吨钢化学需氧量降低(千克)	0.25	0.07	0.065	7
8	固体废弃物综合利用率提高(%)	90	94	≥97	≥3 *
9	研究与实验发展经费占主营业务收入比重(%)	0.9	1.1	≥1.5	≥0.5 *

注:* 为2015年比2010年增加或减少的百分点。

四、重点领域和任务

(一)加快产品升级

全面推进钢材品种、质量和标准的提升。为适应国家产业转型升级需要,钢铁企业要将产品升级放在首位,将提高量大面广的钢材产品质量、档次和稳定性作为产品结构调整的重中之重,全面提高钢铁产品性能和实物质量,加快标准升级,有效降低生产成本。进一步提高铁水预处理、炉外精炼比例,注重铁合金等辅料对产品质量的影响,以洁净钢平台建设为重点,理顺工艺流程,推广使用新一代控轧控冷等工艺技术。从生产和使用两方面开展工作,加强钢铁产品标准与下游建设、制造标准规范的衔接,建立健全产品质量检测体系,进一步提升建筑、机械、轻工、造船等行业用钢材的产品质量,增强质量稳定性。

加大高强钢筋的推广应用。支持钢铁企业围绕高强度螺纹钢筋生产和品种开发实施技术改造,提高产品质量,保障供应能力,完善高强度螺纹钢筋生产及市场配送体系。修订钢筋混凝土用钢标准,研究开发高强度螺纹钢筋联接技术,满足高强度螺纹钢筋生产要求。结合国家城乡基础设施建设重大工程、保障性安居工程和重点水利工程建设项目,

在抓好江苏、河北、云南等地应用高强度螺纹钢筋试点工作基础上，在全国大中城市全面推广使用400兆帕、500兆帕高强度螺纹钢筋，促进建筑钢材升级换代和减量应用。

发展关键钢材品种。鼓励有实力的钢铁企业开发高端钢材品种，同时防止产品高档次同质化发展，避免投资浪费和高端产品的无序竞争。

专栏3　下游行业主要用钢材产品升级方向

01	建筑业 适应减量化用钢趋势，升级热轧螺纹钢标准，重点发展400兆帕及以上高强度螺纹钢筋、抗震钢筋、高强度线材（硬线）；在钢结构建筑领域重点推广高强度、抗震、耐火耐候钢板和H型钢的应用。
02	机械行业 重点发展高强度、低合金中厚板和高强度棒材，提高钢材产品质量稳定性。
03	造船业 重点发展油船用高品质耐蚀船板、大型液化天然气（LNG）运输船用低温压力容器板和高强度船板。
04	汽车业 重点发展700兆帕及以上高强度汽车大梁板，780～1500兆帕高强度汽车板，高强、超高强帘线钢等产品。提高产品表面质量和质量稳定性。
05	家电业 重点发展高强度、薄规格家电钢板，提高板材表面质量、平整度，推广使用钝化或耐指纹膜处理的镀铝锌钢板、热镀锌无铬钝化板、无铬彩涂板、电工钢环保涂层板等绿色环保用材。
06	电力业 重点发展超临界、超超临界火电机组用大口径耐热、耐高压管，核电机组用高性能铁素体和奥氏体不锈钢、锰镍钼类合金钢管，低铁损、高磁感硅钢，非晶带材。

促进特钢品质全面升级。支持特钢企业兼并重组，增强太钢、中信泰富、东北特钢、宝钢特钢等特钢龙头企业的引领作用，鼓励特钢企业走“专、精、特、新”的发展道路，大力推进特钢企业技术进步和产品升级换代，开发绿色低碳节能环保型钢材以及装备制造业、航空航天业所需的高性能特钢材料。着重提高轴承钢、齿轮钢、工模具钢、不锈钢、高温合金等特钢产品的质量和性能，特别是延长使用寿命。支持大力发展特钢废钢回收体系等特钢配套产业。

专栏4　特殊钢发展重点

01	推广应用特钢生产技术 特殊钢高洁净冶炼技术，电渣熔铸、真空冶金等特种冶炼技术，均质化、细晶化凝固技术，精准成分控制技术，控制成型技术，特种成型技术，精准热处理技术。
02	重点发展的关键特钢品种 高铁等重大装备用高品质轴承钢、车轴钢、车轮、弹簧钢，超超临界火电机组用耐热钢，高档不锈钢，汽车等制造业用高档齿轮钢，高抛光性能、高耐蚀性能工模具钢，特种耐腐蚀油井管，航空航天零部件用特殊钢，高档数控机床用特殊钢，核电机组用特殊钢，工程机械用高强度高硬度合金结构钢，高温合金及特种合金材料，特种合金钢管、银亮材、精密冷带等深加工产品。
03	特钢重点工艺技术开发 大型锻件生产线，超大规格圆坯连铸，特种钢板热处理，高等级特钢型材及不锈钢无缝钢管，合金钢丝生产线。

（二）深入推进节能减排

按照国家节能减排总体要求和地区分解任务指标，降低钢铁企业单位增加值能源消耗、二氧化碳排放和用水量，减少二氧化硫排放总量。烧结机全部加装烟气脱硫和余热回收装置，鼓励实施脱硝改造，钢铁企业焦炉基本采用干法熄焦，高炉全部配备高效喷煤和余热余压回收装置，提升转炉负能炼钢水平，进一步推广普及应用干法除尘、蓄热式燃烧等节能技术。加强冶金渣、尘泥等固体废弃物的综合利用，加快钢铁行业资源能源回收利用产业发展。促进钢铁与其他产业的融合,发展循环经济。健全能源计量管理制度,完善能源管理体系,依法开展能源审计、清洁生产审核和清洁生产方案的实施。

专栏5　节能减排技术推广应用重点

01	铁前节能减排技术 低温烧结工艺技术,烧结烟气脱硫、脱硝技术,小球烧结技术,链篦机-回转窑球团技术,球团废热循环利用技术,高温高压干熄焦技术,煤调湿技术,捣固炼焦技术,焦炉、高炉利用废塑料技术,高炉高效喷煤技术,高炉脱湿鼓风技术,高炉干法除尘技术,高炉热风炉双预热技术,转底炉处理含铁尘泥技术。
02	炼钢、轧钢节能减排技术 转炉煤气干法除尘技术,转炉负能炼钢工艺技术,电炉烟气余热回收利用除尘技术,蓄热式燃烧技术,低温轧制技术,在线热处理技术,轧钢氧化铁皮综合利用技术。
03	综合节能减排技术 燃气-蒸汽联合循环发电技术,原料场粉尘抑制技术,双膜法污水处理回用技术,能源管理中心及优化调控技术。冶金渣综合利用技术,综合污水处理技术,余热余压综合利技术。

(三)强化技术创新和技术改造

推进企业技术创新,提高钢铁工业自主创新能力。鼓励开发应用新一代可循环钢铁流程技术,低品位、难选冶、共伴生矿资源开发与尾矿综合利用技术,非高炉炼铁技术,高效低成本洁净钢生产技术,近终形连铸轧成套装备技术,高强、长寿、耐腐蚀产品制造技术,以及烧结脱硝脱二噁英等节能减排前沿技术。支持企业围绕战略性新兴产业开发钢铁新材料。

加快建立以企业为主体、市场为导向、产学研用相结合的技术创新体制和机制。增强冶金科研院所、高校和工程设计单位创新动力,鼓励大型钢铁企业加大研发投入,推动建立企业、科研院所、高校、工程设计单位和下游用户共同参与的创新战略联盟。完善钢铁工业国家工程实验室、重点实验室、工程技术(研究)中心、企业技术中心、技术创新示范企业、高新技术产业化基地和高效钢材应用示范等技术创新平台。

专栏6　技术创新重点

01	新工艺、新装备、新技术 非高炉炼铁技术,新一代可循环钢铁流程技术,钢材强韧化技术,新一代控轧控冷技术,大型电炉设备成套技术,薄带连铸短流程产业化技术,煤针状焦产业化技术,工业核心工艺控制器系统(CCTS)研究与开发。
02	新产品、新材料技术 核电不锈钢、核岛压力容器钢板、核电发电机转子锻件合金钢、核电蒸发器传热管用钢生产技术;超超临界火电机组蒸汽管、过热器、再热器用钢,高中压电转子用钢生产技术;超纯铁素体不锈钢、高氮控氮奥氏体不锈钢、超级奥氏体耐蚀不锈钢生产技术;油船用高品质耐蚀船板、特种耐腐蚀油井管生产技术;高强高韧汽车用钢、高品质轴承钢、齿轮钢等生产技术。
03	节能减排新技术及资源、能源循环利用技术 高炉富氧喷吹焦炉煤气技术,高炉炉顶煤气循环氧气鼓风炼铁技术,烧结脱硝脱二噁英技术,电炉炼钢中二噁英类物质的减排技术,转底炉直接还原钒钛磁铁矿技术,矿产资源综合利用新流程技术,高炉渣、钢渣等显热回收利用技术,共伴生矿、难选冶矿应用技术。

加快技术改造,促进钢铁工业优化升级。围绕品种质量、节能降耗、清洁生产、“两化”融合和安全生产等重点,加快应用新技术、新工艺、新装备,对企业现有生产设施、装备、生产工艺条件进行改造,不断优化生产流程,升级企业技术装备,提高资源综合利用水平,增强新产品开发能力,加快产品升级换代,加强安全生产保障。

专栏7　技术改造重点

01　品种质量 重点开发满足下游行业和战略性新兴产业发展需要的关键钢材品种，提高产品质量、档次和稳定性。依托有实力的企业发展高速铁路用钢、高磁感取向硅钢、高强高韧汽车用钢、高强度机械用钢、低温压力容器板、船舶行业用耐蚀钢、高性能油气输送管线钢、高强度机械用钢、海洋工程用钢、油气储罐用钢、电力行业用高压锅炉管和核电用钢等高精尖产品和关键钢材品种。建筑钢材生产企业全面改造升级，生产400兆帕及以上高强度螺纹钢筋。
02　资源开发 低品位、伴生矿采选冶炼，尾矿综合利用，废钢加工等。
03　节能减排 转炉、高炉烟气干法净化与余热余压综合利用系统集成优化，电炉烟气余热回收，烧结工序节能减排系统集成优化，冶金渣等固废处理利用与过程中余热利用系统集成优化。
04　工艺技术 洁净钢生产、新一代控轧控冷(TMCP)等工艺技术改造和工艺流程优化。
05　两化融合 钢材性能在线监测、预报、控制技术改造，信息化集成系统技术改造，建设能源管理中心。

(四)淘汰落后生产能力

“十二五”时期是淘汰落后的攻坚期，继续严格执行节能、土地、环保等法律法规，综合运用差别电价、财政奖励、考核问责等法律手段、经济手段和必要的行政手段，加大淘汰落后产能力度，公告淘汰落后产能企业名单，切实落实淘汰落后年度计划，严禁落后产能转移。要将上大与压小相结合，淘汰落后与新上项目相结合，根据各地区淘汰落后产能情况，优先核准淘汰落后任务完成较好地区和企业的技术改造项目。

专栏8　落后生产工艺装备和产品

01　烧结、球团和炼焦生产工艺装备 90平方米以下烧结机，土烧结矿、热烧结矿工艺，8平方米以下球团竖炉，土法炼焦(含改良焦炉)，单炉产能7.5万吨/年以下或无煤气、焦油回收利用和污水处理达不到准入条件要求的半焦(兰炭)生产装置，炭化室高度4.3米(捣固焦炉3.8米)以下常规机焦炉。
02　炼铁、炼钢生产工艺装备 400立方米及以下的炼铁高炉，200立方米及以下的专业铸铁管厂高炉，生产地条钢、普碳钢的工频和中频感应炉(机械铸造用钢锭除外)，30吨及以下炼钢转炉，15000千伏安及以下(30吨及以下)炼钢电炉，5000千伏安及以下(公称容量10吨及以下)高合金钢电炉。
03　轧钢生产工艺装备 复二重线材轧机，叠轧薄板轧机，横列式棒材及型材轧机，普钢初轧机及开坯用中型轧机，热轧窄带钢(600毫米及以下)轧机，三辊劳特式中板轧机，直径76毫米以下热轧无缝管机组，三辊横列式型线材轧机(不含特殊钢生产)。
04　落后产品 热轧硅钢片，Ⅰ级螺纹钢筋产品，Ⅱ级螺纹钢筋产品(按建筑行业用钢标准和建筑规范要求淘汰)，25A空腹钢窗料，普通松弛级别的钢丝、钢绞线。工频和中频感应炉等生产的地条钢、普碳钢及以其为原料生产的钢材产品。

(五)优化产业布局

结合兼并重组和淘汰落后，在不增加生产能力的前提下，围绕提高产品质量和降低物流成本，统筹考虑市场需求、交通运输、环境容量和铁矿、煤炭、供水、电力等资源能源保障条件，有保有压，优化产业布局。重大布局调整项目要进行能耗、水耗、环境容量、运输等综合平衡，把完成能耗和环保约束性指标作为项目核准的必要条件。

环渤海、长三角地区原则上不再布局新建钢铁基地。河北、山东、江苏、辽宁、山西等钢铁规模较大的地区通过兼并重组、淘汰落后，减量调整区域内产业布局。湖南、湖北、河南、安徽、江西等中部地区省份在不增加钢铁产能总量条件下，积极推进结构调整和产业升级。西部地区部分市场相对独立区域,立足资源优势,承接产业转移,结合区域差别化政策,适度发展钢铁工业。

继续推进东南沿海钢铁基地建设。"十二五"期间,加快建设湛江、防城港沿海钢铁精品基地,彻底改变东南沿海钢材供需矛盾,推进福建宁德钢铁基地建设,促进海峡西岸经济发展。通过上述重大布局项目的建设,抑制过剩地区钢铁产能盲目扩张。

西部地区已有钢铁企业要加快产业升级,结合能源、铁矿、水资源、环境和市场容量适度发展。新疆、云南、黑龙江等沿边地区,积极探索利用周边境外矿产、能源和市场,发展钢铁产业。充分发挥攀西钒钛资源和包头稀土资源优势,发展具有资源综合利用特色的钢铁工业。

有序推进与城市发展不协调的钢厂转型或搬迁。对于经济支撑作用下降和资源环境矛盾突出的钢铁企业,实施转型或搬迁改造。综合实力弱、技术水平低的企业应实行转型,发展钢铁服务业或其他产业。有实力、有技术、有特色的城市钢厂,要结合区域钢铁企业兼并重组、淘汰落后和产业升级,综合考虑城市总体发展规划、企业承受能力,特别是人员安置等因素,有序实施环保搬迁,严禁借搬迁之名扩大钢铁生产能力。"十二五"期间根据条件成熟情况,支持广州、青岛、昆明、合肥、唐山(丰南)、杭州、芜湖等城市钢厂搬迁改造或转型发展,科学论证西宁、抚顺、石家庄、贵阳等城市钢厂发展定位。

(六)增强资源保障能力

强化铁矿石资源保障体系建设。积极优化铁矿资源全球配置,鼓励钢铁企业建立与资源所在国利益共享的对外资源开发机制,实施投资区域多元化,在具有资源优势国家和地区以及周边国家,有序建立稳定、可靠的铁矿石、铬矿、锰矿、焦煤等原燃料供应基地和运输保障体系。规范国内铁矿石市场秩序,加大国内铁矿资源的勘探力度,提高尾矿回收综合利用水平。对闭坑矿山的生态恢复和复垦给予必要的支持。鼓励国内现有矿山资源的整合,提高产业集中度,保证有序开发,严禁大矿小开,乱采滥挖。

加快建立适应我国钢铁工业发展要求的废钢循环利用体系。依托符合环保要求的国内废钢加工配送企业,重点建设一批废钢加工示范基地,完善加工回收配送产业链,提高废钢加工技术装备水平和废钢产品质量。积极研究制定进口废钢的优惠政策措施,鼓励在海外建立废钢回收加工配送基地。

(七)加快兼并重组

按照市场化运作、企业为主体、政府引导的原则,以符合国家钢铁产业政策和《钢铁行业生产经营规范条件》的企业为兼并重组主体,结合淘汰落后、技术改造和优化布局,加快钢铁企业兼并重组步伐。鼓励社会资本参与国有钢铁企业兼并重组。

重点支持优势大型钢铁企业开展跨地区、跨所有制兼并重组。充分发挥宝钢、鞍钢、武钢、首钢等大型钢铁企业集团的带动作用,形成3~5家具有核心竞争力和较强国际影响的企业集团。重点推进完善鞍钢与攀钢、本钢、三钢等企业,宝钢与广东钢铁企业,武钢与云南、广西钢铁企业,首钢与吉林、贵州、山西等地钢铁企业兼并重组。

积极支持区域优势钢铁企业兼并重组,大幅减少钢铁企业数量,促进区域钢铁企业加快产业升级,不断提升发展水平,形成6~7家具有较强市场竞争力的企业集团。巩固河北钢铁、山东钢铁重组成果,积极推进唐山渤海钢铁、太原钢铁开展兼并重组,引导河北、江苏、山东、山西、河南、云南等省内钢铁企业兼并重组。

加强兼并重组协调管理,保持各钢铁企业间的和谐健康发展,避免形成恶性竞争。重组企业要发挥协同效应,注重体制和机制创新,在战略管理、规划发展、技术创新、人财物、产供销等方面进行实质性整合,再造业务流程。重组企业要加大淘汰落后和节能减排力度,切实保障职工合法权益。

(八)加强钢铁产业链延伸和协同

转变服务理念、增强服务意识,建立钢铁企业与下游用户战略合作机制,发展钢材深加工,完善物流配送体系,提升产品价值和企业服务功能,促进由钢铁生产商向服务商转变。加强政府引导,推进产业结合,推广钢材新产品应用。鼓励钢铁企业建立钢材服务中心,联合下游行业开发钢铁新材料和下游产品,为用户提供全方位钢铁材料解决方案,实现钢铁工业与下游行业互利共赢。积极发展咨询服务、技术中介、工业设计、电子商务等钢铁服务业。积极开展维修、仓储、物流等服务外包,以及制氧、石灰、渣处理、废钢分类加工等辅助工序外包。

(九)进一步提高国际化水平

充分利用两个市场、两种资源,统筹"引进来"与"走出去",加强国际化经营,深化经济技术合作。进一步扩大钢铁工业对外开放程度,鼓励国外先进知名钢铁企业参股和投资国内钢铁企业和项目,在钢材产品深加工领域投资设立企业和研发中心,提升我国钢铁企业的创新能力和管理水平。

将在国外投资建设钢铁厂作为我国钢铁工业实施"走出去"的重大战略,研究适合钢铁产业转移的境外地区和国家,制定鼓励政策措施,支持国内钢铁企业及其他企业在境外投资建设钢铁厂及经贸合作区,参与国外钢铁企业的兼并重组,开拓市场营销网络等,提高国内钢铁企业参与国际竞争的能力和水平,打造具有较强国际竞争力水平的国际化企业集团。支持部分沿边地区发展市场、原料及能源在外的钢铁产业。

五、政策措施

(一)完善行业管理体系

建立健全钢铁工业运行监测网络和预警体系,强化行业信息统计和信息发布。加强行业管理,及时协调解决行业发展中出现的重大问题,减轻企业负担,严格安全生产管理,促进行业平稳运行发展。发挥协会等中介组织在加强信息交流、行业自律、企业维权等方面的积极作用。

(二)营造公平竞争的市场环境

充分发挥市场配置资源的基础性作用,加强和改善宏观调控。规范钢铁行业生产经营秩序,完善钢铁工业市场进入和退出机制,营造各种所有制钢铁企业依法平等使用生产要素、公平参与市场竞争的市场环境,坚决制止偷税漏税、生产假冒伪劣产品、严重污染环境等违法行为。

（三）加强行业标准化工作

强化标准化在产品质量、企业管理、生产经营、市场开拓中的作用。抓紧修改完善落后于发展实际的标准。加强钢铁企业与下游用钢企业的合作，共同促进钢铁行业标准化体系建设。加强标准化工作的组织管理和监督，发挥企业在标准化中的主体作用。

（四）加强政策宏观引导

加强财税、金融、贸易、土地、节能、环保、安全生产等各项政策与钢铁产业政策的衔接。适时发布钢铁工业先进技术、产品和装备指导目录，引领钢铁工业先进生产力发展方向。加强现有钢铁企业生产经营规范管理，强化产品质量、节能减排、环境保护、装备水平、合理规模、安全生产和社会责任对企业的约束和引导作用，分批公告符合生产经营规范条件的企业名单。制定钢铁工业兼并重组指导意见，指导地方和企业开展兼并重组工作。

（五）促进国际交流合作

完善中外钢铁交流机制，促进各方在信息、技术、管理等方面的沟通。适时调整产品进出口贸易政策，积极应对国际贸易摩擦。建立高效协调机制，支持企业有序开发境外资源。引导具有国际竞争力的境外钢铁企业集团参与国内兼并重组和合资合作。支持大型优势企业围绕低碳制造技术开展国际合作。

（六）推动两化深度融合

推动钢铁行业“两化”融合发展水平评估，建立和完善钢铁工业信息化标准规范工作体系。推进企业建设产供销一体、管控衔接、三流同步（信息流、资金流、物质流）的信息化集成系统，支持跨地区企业集团建立完善异地分布的信息系统，提高管控效率。加强信息安全和系统安全的保障体系建设，提高信息化系统安全性和稳定保障能力。

（七）健全规划实施机制

各地区行业主管部门要将推进钢铁工业发展与本地区的兼并重组、淘汰落后、上大压小、能耗和环境容量等项工作结合起来，要联系本地区发展实际，落实规划提出的任务和政策措施。有关企业要制订与本规划相衔接的规划方案，做好与本规划提出的主要目标和重点任务的协调。中国钢铁工业协会等行业组织要发挥桥梁和纽带作用，及时反映钢铁行业贯彻落实规划的新情况、新问题，提出政策建议。

工信部《建材工业“十二五”发展规划》

前　言

建材工业是国民经济的重要基础产业，主要包括建筑材料及制品、非金属矿及加工制品、无机非金属新材料等相关产业。为加快建材工业转型升级，工业和信息化部会同有关单位编制了《建材工业“十二五”发展规划》及《水泥工业“十二五”展规划》、《平板玻璃工业“十二五”发展规划》、《建筑卫生陶瓷工业“十二五”发展规划》、《新型建筑材料工业“十二五”发展规划》、《非金属矿工业“十二五”发展规划》等5个子规划。建材工业“十二五”发展规划是落实《国民经济和社会发展第十二个五年规划纲要》和《工业转型升级规划（2011～2015）》的具体部署，是推进未来五年我国建材工业健康发展的指导性文件。

一、发展现状

“十一五”时期是我国建材工业发展速度最快、质量效益最好的五年。全行业继续实施“由大变强、靠新出强”的发展战略，在产业结构调整、方式转变、节能减排等方面取得了长足进步，为国民经济和城乡建设的快速发展提供了重要的原材料保障。

（一）主要产品产量和效益大幅提高

受国民经济快速发展的拉动，建材工业保持高速增长。2010年，水泥产量18.8亿吨，平板玻璃产量6.6亿重量箱，建筑陶瓷产量78亿平方米，卫生陶瓷产量1.7亿件，年均分别增长11.9%、10.5%、13.2%和15.7%。规模以上建材工业企业完成销售收入2.7万亿元，实现利润2000亿元，年均分别增长29.5%和42%。

（二）部分工艺技术、装备水平接近或达到世界先进水平

全面掌握了大型新型干法水泥、大型浮法玻璃、大型玻璃纤维池窑拉丝等先进生产技术，并具备了成套装备的制造能力。12万吨超大型无碱玻璃纤维池窑拉丝及全氧燃烧技术达到国际领先水平，水泥的大型原料均化、预分解窑节能煅烧、节能粉磨、自动控制以及工程设计和装备制造等方面达到或接近世界先进水平，大规格建筑陶瓷薄板研发取得突破性进展。

（三）结构调整取得重大进展

五年间新增新型干法水泥熟料产能7.7亿吨，2010年新型干法产能达到12.6亿吨，占总产能比重81%。浮法玻璃比重达到87%，其中优质浮法玻璃比重35%。新型墙体材料比重达到55%。累计淘汰落后水泥产能3.4亿吨、落后平板玻璃产能6000万重量箱。2010年前10家水泥企业产量4.7亿吨，约占全国的25%，前两家产能已超过1亿吨。前10家浮法玻璃生产集中度达到57%。东、中、西部水泥熟料生产能力占比由2005年的54%、25%、21%调整为2010年的41%、29%、30%，一批浮法玻璃和建筑陶瓷生产线在西部地区相继建成。

（四）节能减排成效显著

2010年建材工业单位工业增加值综合能耗比2005年降低52%。主要污染物排放总量呈明显下降趋势，其中烟气粉尘排放量、二氧化硫排放量分别比2005年减少46%和12%。建材工业利用各类工业固体废弃物超过6亿吨，其中利用煤矸石量占全国50%以上，综合利用粉煤灰量占全国30%以上。700多条水泥生产线配套建成余热发电，总装机容量超过4800兆瓦。玻璃熔窑余热发电技术得到推广应用，利用水泥窑无害化最终协同处置城市生活垃圾、城市污泥、有毒有害废弃物及工业废弃物（以下简称协同处置）关键技术已经全面掌握，一批示范工程陆续实施并推广应用。

(五)国际合作进一步深化

2010年建材工业出口总额193亿美元,同比增长17.3%。同时,依托具有国际先进水平的大型新型干法水泥成套技术,带动水泥工业大型成套装备批量出口,国内企业广泛参与国际工程服务领域竞争,占有国际水泥工程总承包建设市场40%以上份额。

专栏1　建材工业"十一五"发展情况

指标	2005年	2010年	年均增长(%)
工业增加值增速(%)			26
单位工业增加值综合能耗降低(%)			[52]
年利用工业废渣量(亿吨)	4.6	6.8	8
烟气粉尘排放量减少(%)			[46]
二氧化硫排放量减少(%)			[12]
水泥产量(亿吨)	10.7	18.8	11.9
新型干法水泥熟料比重(%)	40	81	[41]*
前10家水泥企业生产集中度(%)	15	25	[10]*
平板玻璃产量(亿重量箱)	4.0	6.6	10.5
浮法玻璃比重(%)	81	87	[6]*
前10家浮法玻璃生产集中度(%)	50	57	[7]*
新型墙体材料比重(%)	42	55	[13]*
淘汰落后水泥产能(亿吨)		[3.4]	
淘汰落后玻璃产能(万重量箱)		[6000]	
低温余热发电生产线比例(%)		55	

注:[　]内为五年累计数;*为2010年比2005年增加或减少的百分点。

总体看,建材工业快速发展仍主要依靠规模扩张和固定资产投资拉动,发展方式较为粗放。具体看,行业发展还存在以下几个主要问题:一是总体能耗高、排放多,落后产能规模大,节能减排任务依然艰巨。二是产业链短、产品附加值低,加工制品业发展缓慢。三是技术创新不足,安全环保节能的绿色建材和无机非金属新材料发展滞后。四是企业平均规模小,生产集中度低。

二、发展环境

(一)环境分析

"十二五"时期是全面建设小康社会的关键时期,国民经济仍将保持平稳较快增长。建材工业既面临着发展机遇,也面临着更大挑战。行业发展的内外部环境将发生深刻变化,既有投资和消费结构调整带来的深刻影响,也有经济发展方式转变提出的紧迫要求,建材工业发展将由"增量扩张"转向"提质增效",由高速增长转向平稳发展。

1.工业化、城镇化和农业现代化的同步推进,为建材工业发展提供了持续增长空间。未来五年,国内投资比重将有所下降,增速也将放缓,但经济总量仍将保持适度增长,大规模基础建设仍将持续。城镇基础设施、保障性安居工程、农业设施和新农村建设,以及水利、高铁、公路、港口、机场等重大项目实施,为建材工业带来了新的市场需求。

2.战略性新兴产业和绿色建筑的发展,对建材工业提出了更高要求。培育和发展新材料产业,对无机非金属新材料品种、质量、性能等均提出了新的要求。推广绿色建筑也促使材料向安全、环保、节能等方向发展,进一步增强抗震减灾、防火保温、舒适环保等新的功能,同时在生产和使用全生命周期内减少对资源的消耗和对环境的影响。

3.能源资源和生态环境约束日趋强化,迫使建材工业加快转型升级。随着资源节约型、环境友好型社会加快推进,高能耗、高排放和资源型的建材工业面临着进一步降低单位能耗和二氧化碳排放量,进一步削减氮氧化物和二氧化硫排放总量等多重约束,迫切要求建材工业更加注重发展质量和效益。

4.市场化与国际化的深入发展,要求进一步提升建材工业核心竞争力。建材工业主要产品水泥、平板玻璃等产能总体过剩,未来市场竞争势必日趋激烈。随着经济全球化不断深入,技术、管理、品牌、资本等要素将决定建材企业能否有效应对国际化带来的严峻挑战。

（二）需求预测

随着国民经济长期平稳较快增长，预计建材工业主要产品需求将呈现市场规模持续增长、发展速度渐趋平缓的态势。

专栏2　2015年主要建材产品需求预测

产　品	2010年	“十一五”年均增长（%）	2015年	“十二五”年均增长（%）
水泥（亿吨）	18.8	11.9	22	3.3
平板玻璃（亿重量箱）	6.6	10.5	7.5	2.6
建筑陶瓷（亿平方米）	78	13.2	95	4.0
卫生陶瓷（亿件）	1.7	15.7	2.0	3.3

注：2010年数据为实际产量数；2015年平板玻璃、建筑陶瓷、卫生陶瓷需求预测数据包括国内市场需求及兼顾国际产业分工可能出口量。

三、指导思想、基本原则和主要目标

（一）指导思想

以邓小平理论和“三个代表”重要思想为指导，深入贯彻落实科学发展观，加快转变建材工业发展方式，立足国内需求，严格控制总量，优化产业结构，加快技术进步，发展循环经济，提升发展质量和效益，进一步加大节能减排、联合重组、淘汰落后、技术改造和两化融合力度，走安全、环保、节能、高效的可持续发展道路，促进建材工业长期平稳较快发展。

（二）基本原则

坚持结构调整。从严控制水泥、平板玻璃等产能盲目扩张，加快产业结构优化升级，推进企业兼并重组、淘汰落后和技术进步，提高产业集中度。

坚持绿色发展。加强节能减排和资源综合利用，大力发展循环经济，推进清洁生产，着力开发集安全、环保、节能于一体的绿色建筑材料，促进建材工业向绿色功能产业转变。

坚持技术进步。加强自主创新，强化创新驱动，大力开发推广先进节能环保技术与装备，加快无机非金属新材料产品研发与应用，增强新产品开发能力和品牌创建能力。

坚持优化布局。统筹资源、能源、环境容量和物流成本等因素，立足区域市场需求，合理布局大宗产品产能。充分发挥水运优势，促进形成沿江沿河产业带。在循环经济园区和城市周边，配套发展协同处置和消纳固体废弃物项目。

（三）主要目标

“十二五”期间，建材工业增加值年均增长10%以上。大力淘汰落后的水泥、平板玻璃产能。单位工业增加值能耗和二氧化碳排放降低18%～20%，主要污染物排放总量减少8%～10%，实现稳定达标排放。协同处置推广应用，综合利用固体废弃物总量提高20%。行业安全生产和职业健康水平进一步提高，生产安全事故和职业危害得到有效防范。规模以上企业生产经营管理和信息化水平大幅提升，水泥、玻璃行业重点企业信息系统集成技术达到世界先进水平。生产集中度进一步提高，1～2家企业进入世界500强。

专栏3　“十二五”时期建材工业主要发展目标

指标	2010年	2015年	年均增长
经济发展			
规模以上工业增加值年均增长（%）			10
结构调整			
水泥基材料及制品比重[①]（%）	24	50	[26]*
平板玻璃深加工率（%）	35	45	[10]*
新型墙体材料比重[②]（%）	55	65	[10]*
淘汰落后水泥产能（亿吨）		[2.5]	
淘汰落后平板玻璃产能（万重量箱）		[5000]	
前10家水泥企业生产集中度（%）	25	35	[10]*
前10家浮法玻璃企业生产集中度（%）	57	75	[18]*

(续表)

指标	2010 年	2015 年	年均增长
新材料产品综合保障能力(%)		70	
节能减排			
单位工业增加值能耗降低(%)			[18~20]
单位工业增加值 CO_2 排放量降低(%)			[18]
氮氧化物排放总量减少(%)			[10]
二氧化硫排放总量减少(%)			[8]
综合利用废弃物总量增加(%)			[20]
技术进步			
规模以上企业研究与试验发展经费支出占销售收入的比重(%)		1.5	

注:①水泥基材料及制品比重指用于工厂化生产水泥基材料及制品的水泥占水泥总产量的比例;②新型墙体材料是指墙体材料中粘土实心砖以外的部分;[ ]内为五年累计数;*为2015年比2010年增加或减少的百分点。

四、发展重点

(一)优化产业结构

1. 优化组织结构

支持水泥、平板玻璃等规模效益明显的行业优势骨干企业,以技术、管理、资源、资本、品牌为纽带,加快联合重组、淘汰落后、"上大压小"和技术改造。支持优势骨干企业实施横向产业联合和纵向产业重组,通过资源整合、研发设计、精深加工、物流营销和工程服务等,进一步壮大企业规模,延伸完善产业链,提高产业集中度,增强综合竞争力。

充分发挥新型墙体材料、加工玻璃、陶瓷、非金属矿等行业中小企业多、贴近市场、机制灵活、创新能力强等优势,积极培育"专、精、特、新"的"小巨人"企业,引导产业链各类企业加强分工协作,形成优势骨干企业为龙头、大中小企业协调发展的格局。

2. 优化产品结构

着力延伸产业链,提升产业综合竞争能力。大力发展精深加工制品,提高产品附加值和技术含量,提升产品档次。重点发展具有安全、环保、节能、降噪、防渗漏等功能的新型建筑材料及制品,满足绿色建筑发展需要。加快培育无机非金属新材料,支撑战略性新兴产业发展。

专栏4　重点发展的产品

01　水泥

42.5 级及以上水泥、C40 及以上预拌混凝土、高性能专用混凝土、预拌砂浆、工程预制件、高性能外加剂等。

02　玻璃

光伏玻璃、超薄基板玻璃、镀膜玻璃、特种石英玻璃、风挡玻璃、耐热玻璃等材料和绿色照明配套材料。钢化玻璃、中空玻璃和夹层玻璃等新型安全节能玻璃制品。

03　陶瓷

薄型建筑陶瓷砖(板)、轻型节水卫生洁具等产品。

04　新型建筑材料

安全环保、经济适用的高性能防火保温材料。烧结空心制品、蒸压加气混凝土等轻质、高强、隔热、环保型墙体材料。环保型涂料、防水、密封、隔音等装饰装修材料。

05　非金属矿

石墨、膨润土、高岭土、菱镁矿等非金属矿及精深加工制品。

06　其他新材料

特种玻璃纤维、碳纤维、碳化硅纤维等高性能增强纤维,风电叶片、高压容器、高速列车及汽车用复合材料和无机改性材料等复合材料制品。氮化硅陶瓷、氧化铝陶瓷、氧化锆陶瓷、陶瓷过滤器、分离膜以及泡沫陶瓷等特种陶瓷。无铬等新型耐火材料及制品。特种石墨、人工晶体、超硬金刚石、微晶玻璃、云母陶瓷、石英陶瓷等其他新材料。耐高温、抗渗漏、耐腐蚀的特种工程材料。

3. 优化区域结构

水泥。立足服务区域市场，着眼降低物流成本，统筹资源、能源、环境、交通和市场等因素，优化生产力布局。在石灰石资源丰富地区集中布局熟料生产基地。支持大型熟料生产企业，在有混合材来源的消费集中地合理布局水泥粉磨站、水泥基材料及制品生产线。在大中城市周边，利用已有水泥窑开展协同处置。人均新型干法水泥熟料产能超过900千克的省份，要严格控制产能扩张，坚持减量置换落后产能，着重改造提升现有企业。人均新型干法水泥熟料产能不足900千克的省份，结合技术改造、淘汰落后和兼并重组，适度发展新型干法水泥熟料。

平板玻璃。产能较为集中的东部沿海和中部地区，除优质浮法技术外，严格控制新增产能，重点围绕发展高端品种、提高质量、强化节能减排及深加工等环节，改造和提升现有生产线，鼓励生产加工一体化。支持资源富集的西部地区有序适度发展平板玻璃。引导玻璃深加工企业集中布局和集聚发展。

建筑陶瓷。东部沿海地区要控制总量，淘汰落后，引导产业转移，原则上不再新建产区，重点提高产品质量与档次，打造知名品牌，支持新工艺、新技术、新产品研发与产业化，发展陶瓷机械装备、物流、商贸会展等配套产业。中部地区和东北地区坚持高起点、高水平、高标准地适度承接东部地区陶瓷产业转移，重点是提高技术装备水平、产品质量、档次及配套能力，培育区域品牌。西部地区可根据市场、资源、能源和环境条件，适度布局生产能力。

新型建筑材料。按照循环经济、节能减排、集聚发展的模式，在符合土地利用总体规划和城市规划的前提下，在部分城镇周边合理布局若干产业链完整、特色鲜明、主业突出的新型建筑材料工业加工基地，推进部品化。

非金属矿。严格行业准入，加大资源保护。以矿产资源规划确定的矿业经济区为基础，依托优势矿产资源集中地，统筹规划，建设石墨、石材、萤石、耐火粘土、高岭土和膨润土等深加工产业基地，形成一批特色产业集聚区。

4. 发展建材服务业

促进建材工业生产制造与技术研发、工业设计、现代物流、电子商务和定制加工等生产性服务业融合发展。支持设计咨询服务单位开展工程咨询、试验设计、装备集成、安装调试、运营服务一体化的建材生产工程承包服务，积极开拓国内外业务。发展建筑陶瓷、石材等装饰及装修材料的创意设计和产品设计。推进水泥、平板玻璃、陶瓷、石材等大宗材料物流配送网络建设，探索建立建材下乡营销配送体系，发展电子商务。积极发展面向建材行业的能效评估、资源综合利用评价、检测认证、科技成果推广等服务，扶持壮大节能服务产业。

（二）推进节能减排

1. 加大节能降耗

推广先进节能技术，对现有生产线实施节能改造，建立健全能源计量管理体系，全面提高建材工业能效水平。

专栏5　重点推广的节能减排技术

01	水泥 推广低温余热发电、变频调速、立磨、辊压机、烟气脱硝等技术。
02	平板玻璃 推广熔窑余热综合利用、全氧燃烧、配合料高温预分解、烟气脱硫脱硝等技术。
03	建筑陶瓷 推广干法制粉、陶瓷砖塑性挤压成形、一次烧成等工艺技术，以及球磨机、干燥塔和窑炉等装备实施节能减排改造。
04	卫生陶瓷 推广高压注浆等技术。
05	墙体材料 推广烧结砖隧道窑余热利用技术、窑炉风机变频调速技术。
06	非金属矿 推广低品位矿石选矿提纯技术。

2. 淘汰落后产能

严格执行水泥、平板玻璃行业准入条件和淘汰落后产能计划，坚持减量置换，推进兼并重组，加强技术改造，支持“上大压小”，控制产能扩张，加快淘汰能耗和主要污染物排放不达标、产品质量不稳定、存在安全生产隐患的落后水泥生产线、水泥粉磨站以及落后平板玻璃生产线。2015年末，水泥、平板玻璃等淘汰落后产能工作取得阶段性进展。

3. 推进清洁生产

积极开展清洁生产审核，完善清洁生产评价体系，优化工艺流程，实施清洁生产技术改造，控制生产全过程污染物的产生、治理和排放。重点推进窑炉烟气二氧化硫、氮氧化物源头消减，减轻末端治理压力，削减大气污染物排放总量。推广高效除尘技术与装备，加强生产过程粉尘排放控制，降低粉尘排放量。推广降噪新技术，降低声污染。加大污水处理回用力度，降低水资源消耗，减少水污染。

4. 发展循环经济

充分发挥建材工业无害化最终消纳固体废弃物的优势，建立与国民经济相关产业以及城市和谐发展相衔接的循环经济体系。加快推进协同处置示范工程建设。减少资源消耗，鼓励综合利用矿渣、粉煤灰、煤矸石、副产石膏、尾矿等大宗工业废弃物和建筑废弃物,生产水泥、墙体材料等产品,扩大资源综合利用范围和固体废弃物利用总量。发展绿色矿业,强化非金属矿资源节约与综合利用,提高矿产资源开采回采率、选矿回收率和综合利用率。

(三)加快技术进步

1. 加强自主创新

重点突破制约建材工业的窑炉烟气脱硫脱硝一体化、二氧化碳减排以及低品位原燃料利用等关键技术,大力开发无机非金属新材料加工制造核心技术,加快研发促进产业升级的新技术、新材料、新工艺和新装备。

专栏6 技术创新与技术进步方向

01	水泥 协同处置技术、综合节能技术、脱硫脱硝技术、二氧化碳减排技术、特种水泥基材料及制品制备技术。
02	平板玻璃 在线表面改性、全氧燃烧、分段式窑炉、低温余热发电、脱硫脱硝一体化与综合节能减排技术,光伏玻璃、超薄屏显基板玻璃、低辐射镀膜玻璃、智能化复合玻璃等产品制备技术,功能膜系材料和覆膜技术。
03	墙体材料 轻质高强、施工便利的防火保温外墙材料制造和应用技术,复合型墙体工业化制造和应用技术,高性能节能门窗材料和制造技术,防火防水保温一体化屋面材料和制造技术。
04	非金属矿 原料配料均化技术装备,短流程磨矿提纯技术装备,功能材料改性、复合、纳米精细化加工技术装备。
05	其他新材料 高纯超细陶瓷粉体及前驱体制备、陶瓷蜂窝结构设计技术,超薄玻璃基板成型、高纯石英粉合成和光纤预制棒制备技术,玻璃纤维浸润剂技术,高纯石墨电加热连续式化学提纯、高温连续式绝氧气氛窑生产、柔性石墨碾压法和挤压法加工技术、人工晶体生产及加工等技术,超硬材料制备技术,纤维增强复合材料成型新技术。

2. 推进技术改造

支持建材企业运用高新技术和先进适用技术,以品种质量、节能降耗、环境保护、装备完善、安全生产、两化融合等为重点,大力推进技术改造。

水泥。对新型干法生产线实施以余热发电、协同处置、综合节能、粉磨节电、高效收尘、氮氧化物和二氧化硫减排等为主的技术改造。

平板玻璃。原料优化和标准化控制、配合料高温预分解、全氧燃烧、熔窑余热综合利用、烟气脱硫脱硝、生产线智能化控制等技术改造。

建筑卫生陶瓷。陶瓷砖干法制粉、薄型化、一次烧成,卫生陶瓷高压注浆、真空挤出等技术改造。

墙体材料。以节能型隧道窑逐步替代轮窑、变频电机替代传统电机为主的技术改造。

非金属矿。以超细超纯选矿加工、尾矿综合利用和改性复合深加工为主的技术改造。

3. 完善标准规范

加快制修订特种玻璃、精深加工玻璃、特种玻纤、水泥基材料及制品、防火保温材料、混凝土外加剂、特种陶瓷、非金属矿及加工制品等的技术和产品标准,加强与应用标准衔接。制修订建材工业节能减排、综合利用、协同处置、产品质量、包装贮存运输使用、安全卫生防护等标准和技术规范。加强与国际标准对标,提升国内相关标准的水平。积极参与国际标准制修订工作。

五、重点工程

(一)节能减排工程

工程目标:推动建材工业节能减排,到2015年水泥、玻璃、陶瓷、玻璃纤维等主要行业能耗和排放水平接近或达到世界先进水平。

主要内容:在大中型建材企业建立能源管理中心,推进合同能源管理,提升能效水平,最大限度实现能源梯级利用。推广和应用重点节能技术、设备和产品,提高企业能源利用效率。制订主要行业能耗标准,在重点行业开展能效对标达标活动,对不达标企业实施节能专项改造。推广高效减排技术与装备,重点推进窑炉烟气二氧化硫、氮氧化物源头消减,削减大气污染物排放总量。

(二)协同处置示范工程

工程目标:开展协同处置,利用水泥窑帮助缓解城市生活垃圾处置压力,减少土地占用,实现城市垃圾无害化最终处置,推动水泥工业向绿色功能产业转变。

主要内容:选择若干座大中型城市,依托周边现有水泥生产企业,对水泥熟料生产装置进行适应性改造,配套建设城市生活垃圾、城市污泥和各类废弃物的预处理设施,开展协同处置试点示范和推广应用。争取到2012年,在国内主要大中城市周边布局协同处置生产线,到2015年,部分中等城市周边布局协同处置生产线。

(三)产能优化工程

工程目标:淘汰落后水泥产能2.5亿吨,淘汰落后平板玻璃产能5000万重量箱。

主要内容:严格执行产业结构调整指导目录和行业准入条件,落实淘汰落后产能年度计划和国家财政支持政策,加大技术改造力度,完善落后产能压缩和疏导机制,确保淘汰落后和产能优化工程目标实现。

(四)绿色建筑材料发展工程

工程目标:为绿色建筑发展提供安全环保节能的新型建

筑材料支撑，适当提高建筑材料耐久性，推动绿色建筑材料及制品产业发展。

主要内容：结合绿色建筑、建筑节能、旧城改造、安居工程、新农村建设、防灾减灾及灾后重建等专项工作，以节能门窗、节能墙体、节能屋面系统为重点，生产并推广使用低辐射镀膜中空/真空玻璃制品等建筑节能玻璃、外墙用防火保温材料、阻燃隔热防水材料、轻质节能墙体材料、环保型装饰装修材料等绿色建筑材料及制品，以及新型抗震节能集成房屋。

（五）无机非金属新材料培育工程

工程目标：以战略性新兴产业需求为牵引，以产业技术进步为支撑，推动无机非金属新材料及制品产业化发展。

主要内容：实施新材料产业发展战略，大力推进技术产业化及制造规模化。积极发展太阳能光伏玻璃、超薄屏显基板玻璃等特种玻璃，特种玻璃纤维、碳纤维、碳化硅纤维等高性能无机纤维，风电叶片、高压容器等纤维增强复合材料制品，氮化硅陶瓷、氧化铝陶瓷、石英陶瓷以及陶瓷分离膜等特种陶瓷，人工晶体、超硬材料和特种石墨等其他新材料。

（六）示范基地创建工程

工程目标：创建以产业链为纽带、资源要素集聚为特征的建材领域新型工业化产业示范基地。

主要内容：在具有资源和市场优势、产业集聚发展基础好、产业链较为完善的地区，依托龙头企业，按照“布局合理、特色鲜明、集约高效、生态环保”的原则，壮大主导产业，完善研发设计、信息网络、污染治理、公共服务平台等产业链配套体系，创建若干玻璃、陶瓷、新型建筑材料、非金属矿等生产精深加工一体化的新型工业化产业示范基地。

六、保障措施

（一）强化规划指导

本规划由工业主管部门会同有关部门共同组织实施，要围绕规划提出的目标和任务，加强规划与产业政策、年度计划的衔接，加强部门间信息沟通和工作协调，依据规划和产业政策等核准或备案相关建设项目。各地方行业主管部门要依据本规划制订省级建材工业规划，并加强与本规划的衔接。建立规划实施的动态评估机制，对规划实施的阶段成果实行动态监测，及时发现规划实施过程中存在的问题，必要时按程序对规划内容进行调整。

（二）创新行业管理

建立健全建材工业运行监测网络和指标体系，强化行业运行监测，定期发布行业运行信息。加强行业管理，及时协调解决行业发展中出现的重大问题，促进行业平稳运行发展。发挥行业协会等中介组织在加强信息交流、行业自律、企业维权等方面的积极作用。

（三）完善产业政策

制修订水泥、玻璃、非金属矿、新型建筑材料等行业产业政策，行业污染物排放标准，能源使用和污染排放管理办法。研究制订鼓励发展的绿色建筑材料、非金属矿精深加工产品和无机非金属新材料产品目录。研究制定鼓励协同处置的相关政策。提高行业准入门槛，严格行业准入管理，推进能效对标和清洁生产审核，完善落后产能退出机制。在项目核准（备案）、财税、信贷等方面统筹对本规划提出的发展重点和示范工程的支持。

（四）加强质量管理

推动行业建立全员、全方位、全生命周期的质量管理体系，深入推进水泥、玻璃、防火保温材料等重点建材产品的质量对标和达标工作。适应绿色建筑发展需要，制修订建材产品标准。结合产品标准、质量管理规程与市场准入制度的实施，加强质量基础能力建设。建设行业诚信体系，培育知名品牌。

（五）加大资源保护

加强非金属矿资源开发利用和保护。在矿山开采、土地复垦、地质灾害防护、环境保护、安全生产与职业健康、产品质量、能源消耗、低品位矿综合利用等方面提高行业准入门槛。对萤石、耐火粘土等重要非金属矿产资源，实行生产指令性计划管理，严格生产总量控制。研究建立重要非金属矿产资源储备制度。

（六）推进国际合作

鼓励进口重要非金属矿产资源和节能环保产品。严格控制水泥、平板玻璃等初级产品出口，支持扩大建材工业高附加值产品及装备出口。按照互利共赢的原则，鼓励企业开展海外工程总承包，开展境外资源开发、生产加工合作和投资建厂，提升企业国际化经营水平。积极搭建海外资源开发、项目建设、营销体系和技术输出的专业服务平台。

北京市“十二五”时期基础和新材料产业调整发展规划

序言

“十一五”时期，北京基础产业调整升级，节能减排成效显著。新材料产业快速发展，已成为北京主要战略性新兴产业之一。“十二五”时期，是北京落实“世界城市”和“人文北京、科技北京、绿色北京”战略构想，走新型工业化道路，发展循环经济，全面推进工业结构优化升级的关键时期。基础和新材料产业是北京工业的重要基础和有力支撑，为继续保持稳健的发展步伐，必须进一步推进产业结构升级，提升自主创新能力，加强产业的研发配套能力，优化产业空间布局，实现产业集聚、布局集中、资源集约的产业发展格局，为“十二五”时期北京工业发展做出应有的贡献。

依据《北京市国民经济和社会发展第十二个五年规划纲要》、《北京市“十二五”时期工业发展规划》等文件特制订本规划。

本规划实施期限为2011年~2015年。

一、“十一五”期间产业发展回顾

“十一五”期间，北京基础产业进行了一系列重大结构调整，产品结构不断优化，节能降耗成果显著。新材料产业渐成规模，重点领域科技创新不断涌现，为北京经济和社会发展作出了贡献。2010年全市基础产业实现工业总产值5152亿元，占全市规模以上工业总产值的37.6%，实现工业增加值963.4亿元，占全市规模以上工业增加值的35%。

（一）基础产业实施重大调整，新材料产业渐成规模

产业结构调整继续加快。在冶金领域，顺义冷轧薄板生

产线建成投产,2010 年底首钢石景山厂区冶炼、热轧能力全部停产,实现产业结构升级;在石化领域,北京焦化厂、北京化工二厂等企业完成搬迁调整,燕山石化、北化集团等企业实现了技术升级改造及产品结构调整;在建材领域,淘汰区域内全部立窑水泥及平板玻璃平拉工艺生产线,建成投产水泥窑协同处置城市废弃物示范工程,加大兼并重组力度,产业集中度进一步提高。

新材料产业发展迅速。北京新材料产业涉及领域丰富,产品种类繁多,拥有上市企业 15 家。2010 年全市新材料产业产值约为 600 亿元。产业布局集聚形态初显,初步形成了以北京石化新材料科技产业基地和北京永丰国家新材料高新技术产业化基地为核心的两大新材料产业发展集群。

(二)产品结构不断优化,节能降耗成效显著

高附加值产品比重上升。在冶金领域,结合下游产业的市场需求,大力发展汽车、家电、高档建筑装饰用冷轧薄板,加快研发高端金属深加工产品,推进非晶微晶带材、稀土功能材料、高温合金等产品生产线建设;在石化领域,积极发展清洁油品、高档润滑油、特种橡胶、超高分子量聚乙烯树脂等高端化工产品;在建材领域,绝热保温材料、高性能节能保温窗、多功能幕墙、自洁型洁具等新型建材产品得到快速发展。

节能降耗成效显著。通过一系列重大节能减排项目的完成,2010 年北京基础产业总能耗 2037 万吨标准煤,其中冶金、石化、建材三大产业能耗 1103 万吨标准煤,较 2005 年下降 40.3%,为北京工业节能降耗做出了重要贡献。重点推进了首钢石景山地区涉钢流程冶炼、热轧高耗能生产工艺退出,燕化废水、废气回收再利用,金隅集团北水、琉璃河、太行前景三个水泥厂纯低温余热发电技改等项目。

(三)科技实力突出,骨干企业竞争力增强

科技研发实力处于全国领先地位,在多个领域取得突破,形成了一批具有自主知识产权的技术成果及国内领先的产业化项目。溴化丁基橡胶、乙烯-醋酸乙烯(EVA 树脂)等多个重大项目,打破国外垄断,填补国内空白;非晶带材、新型钕铁氮稀土永磁材料、钕铁硼挤出成形粘结磁体、非线性光学晶体、红外光学材料、形状记忆合金等方面的技术达到国内领先水平。在电子信息材料、磁性材料、生物医用材料、节能环保材料、高性能结构材料、新能源材料等领域,涌现出一批国内乃至全球具有较强竞争力的骨干企业。

基础和新材料产业在取得较快发展的同时,也存在着许多不足。基础产业结构需要进一步调整,新材料所占比重需要进一步提高;产业布局尚需优化;产学研用联系不够紧密,技术优势没能充分转化为产业优势;下游配套能力有待提高,产业链有待完善。

二、“十二五”期间产业发展形势

“十二五”期间,北京基础和新材料产业将面临调整与转型的关键时期,基础产业在满足国民经济发展需求,保障城市运行的基础上,要继续加快调整产业结构,提高产业自主创新能力,推进企业技术改造升级,大力发展绿色经济、循环经济,实现可持续发展。在国家大力发展战略性新兴产业的环境下,基础和新材料产业将面临良好的发展机遇。

“中关村国家自主创新示范区”建设将提升产业创新能力。优惠的政策营造了良好的产业创新环境,企业可以利用中关村现有的国家工程中心、国家重点实验室、国家工程实验室等公共科技资源,开发新产品,提高市场竞争力;与科研院所、高等院校建立长期合作机制,通过合作研发、人才培训、技术交流等方式,提升企业研发能力,推进产业产学研用创新体系建设。

下游产业快速发展带来更大的市场需求。下游产业的快速发展带动基础和新材料产业不断向高端化发展,尤其是航空航天、交通运输、电子电气、建筑装饰、医疗器械、装备制造、国防军工等行业的发展,对材料性能提出了更高的要求,新材料发展市场前景广阔。

产业发展的区位优势明显。北京位于环渤海地区、京津冀核心区域的中心,良好的区位优势有利于合理配置区域资源、产品市场,实现产业转型升级,拓展产业发展空间。

“十二五”期间,基础和新材料产业有着很好的发展前景,同时面临着环境容量有限、资源日趋紧张、生产要素成本较高等不利因素,要求产业必须加快优化升级,走技术创新与绿色发展相结合的道路。

三、发展思路与目标

(一)发展思路

以科学发展观为统领,按照建设“世界城市”和“人文北京、科技北京、绿色北京”的战略部署,紧紧抓住中关村国家自主创新示范区建设机遇,充分发挥北京科技资源优势,以自主创新为驱动,以满足国民经济和社会发展重大需求为导向,以重大科研成果产业化为重点,坚持绿色发展、安全发展、和谐发展,进一步调整升级传统基础产业,发展壮大新材料产业,建立产学研用一体化发展模式,增强产业配套能力,优化产业布局,全面推进北京基础和新材料产业创新发展。

(二)发展目标

“十二五”期间,北京基础和新材料产业整体保持平稳发展。到 2015 年,预计实现工业总产值 6500 亿元,年均增长约 5%。

到 2015 年,在保持产业稳定增长的同时,规模以上企业总能耗控制在 1840 万吨标准煤左右,规模以上企业新鲜水用量控制在 1.84 亿立方米左右。通过推进高污染企业和落后生产工艺、设备退出,重点在石化、建材行业推进烟气脱硫脱硝改造,把工业生产过程二氧化碳排放控制在 2010 年水平。

四、主要任务

(一)积极推进基础产业调整升级

1. 大力发展石化新材料产业,推进产业链向下延伸

“十二五”期间,继续坚持石化产业向高端化、精细化方向发展,推进石化新材料重大项目建设,重点加快北京石化

新材料科技产业基地建设，促进产业集群化发展；着重推进产业链向下延伸，加强上下游产品衔接，提高石化新材料与电子信息、生物医药、装备制造、交通运输、新能源、节能环保等产业的配套能力，促进产业间协同发展；突出抓好企业技术改造，加大节能减排力度，提高资源综合利用水平，发展循环经济。

2. 继续推进冶金产业结构调整，重点发展高端金属材料

"十二五"期间，冶金产业继续以结构调整为主，加快推进新首钢高端产业综合服务区建设，大力发展高端金属材料、汽车零部件和高端装备制造、生产性服务业等替代产业。发挥北京地区的高端金属材料研发资源优势，围绕国家重大项目以及北京重点产业发展需求，着力推进稀土和稀有金属、高温合金等高端金属产业，延伸产业链，逐步形成完善的高端金属材料研发和生产体系。

3. 加快发展新型建材，鼓励企业集群化发展

"十二五"期间，建材产业要按照低碳、循环、绿色的发展理念，突出北京建材产业的比较优势，努力发展面向抗震、节能住宅的新型建筑材料，重点支持建筑保温节能防火材料的开发及产业化，推动新型节能门窗及玻璃幕墙集群化发展，推进住宅产业化，鼓励利用水泥窑处置城市垃圾废弃物等项目的建设，发展总部经济、循环经济，进一步优化新型建材产业布局。

4. 继续加强行业管理，加大调整力度

加快退出不符合首都城市功能定位的工艺和设备。进一步加大对炼油、水泥、沥青防水卷材和人造板等行业的调整力度。引导新建化工类项目进入北京石化新材料科技产业基地和大兴安定精细化工基地，优化产业空间布局。

（二）大力支持重点领域新材料发展

特种金属功能材料。重点支持稀土磁性材料、储氢材料、催化材料等稀土功能材料的开发；鼓励发展高纯度钨窄带、宽幅钨板、钛锆钼合金等稀有金属材料；积极发展电子级多晶硅、砷化镓等新型半导体材料；推进微晶带材、高纯金属及靶材、形状记忆合金等功能合金材料的研发及产业化。

高端金属结构材料。重点支持高强汽车板、高精度冷轧不锈钢带材等高品质特殊钢发展；积极推动核反应堆用不锈钢、核燃料包壳锆铌合金、高温合金等新型合金材料研究开发。

先进高分子材料。重点发展丁基橡胶、溴化丁基橡胶等特种橡胶；加快发展聚碳酸酯、聚酰胺等工程塑料，扩大EVA树脂、超高分子量聚乙烯等高附加值合成树脂生产规模；大力发展面向环保、电子信息、新能源汽车等产业的功能性高分子材料。

新型无机非金属材料。重点发展高温绝缘陶瓷、压电陶瓷等先进陶瓷材料；支持发展低辐射镀膜玻璃、真空节能玻璃、液晶平板显示器基板玻璃等特种玻璃产品；鼓励发展超硬材料、光学晶体、新型建筑材料等无机非金属材料。

高性能复合材料。大力发展碳纤维等高性能增强纤维，支持风电叶片、高压容器、复合杆塔等树脂基复合材料的发展；重点发展刹车片、高温紧固件等碳/碳复合材料制品；鼓励提升碳化硅、氧化铝等陶瓷基复合材料的制备、加工工艺；积极发展金属基复合材料。

（三）合理布局引导产业集群化发展

"十二五"期间，重点引导北京基础和新材料产业形成布局合理、特色鲜明、多点支撑、绿色安全的产业发展格局。着力打造中关村科学城新材料创新高地，建设北京石化新材料科技产业基地和北京永丰国家新材料高新技术产业化基地，培育大兴、顺义、昌平、怀柔等一批特色产业聚集区。

1. 构建中关村科学城新材料创新高地

积极整合在京科研机构、大专院校、央属企业等资源，支持新材料高端要素聚集发展，使中关村科学城成为我国新材料产业发展的创新引擎。重点支持中国钢研金属新材料创新园、中国中材非金属材料创新园、中国建材科技创新园、北科大新兴产业技术研究院等建设。

2. 打造千亿级北京石化新材料科技产业基地

加快推进燕房合作，以建设"国家新型工业化产业示范基地"为契机，发挥燕山石化炼油、乙烯前端资源优势，拓展石化产品下游产业链，实现北京石化新材料产业集群式、高端化、纵深型发展。到2015年，以石化新材料为核心的基地工业产值达到1000亿元。

3. 加快北京永丰国家新材料高新技术产业化基地建设

支持基地建设成为北京新材料技术成果转化和产业化的重要平台。重点发展电子信息材料、新能源与节能环保材料、生物医用材料、航空航天材料等高端产品，创新设计、评价、表征与规模制备加工技术，加快中关村重大科技成果落地转化。

4. 培育一批特色产业聚集区

积极培育大兴新能源材料、顺义高性能金属和新型建筑材料、昌平先进电池和高端金属材料、怀柔特种金属功能和纳米材料等特色材料产业聚集区。加快非晶微晶带材企业集群发展，打造国内领先的玻璃幕墙研发创新基地。推进大兴安定精细化工基地建设。

（四）加快促进两化深度融合

"十二五"期间，以绿色、安全、可持续发展作为基础和新材料产业两化融合的重要方向，以信息化创新研发设计手段，促进产业自主创新能力提升，支持建立持续改进、及时响应、全流程创新的产品研发体系。鼓励生产过程自动化，加快普及先进过程控制和制造执行系统，支持主要耗能设备和工艺流程的智能化改造，加强对能源资源的实时监测、精确控制和集约利用。

五、政策措施

（一）完善产业政策，加强政府引导

加强产业发展政策研究，充分发挥政府产业发展资金的引导作用，进一步推进产业结构调整，优化产业布局。强化行业指导，引导行业有序发展。充分发挥中介组织作用，健全行业专业化支撑体系。

(二)整合科技资源,提高创新能力

统筹创新资源,充分发挥央属科技资源优势,提升行业创新能力。坚持产学研用一体化发展思路,建立从材料到设备,从技术到工艺,从研发到应用,从关键设备及配套材料到整条生产线及供应链的产业联合创新发展模式。加强公共服务平台建设,推动基础性、公共性技术研究和成果推广。支持企业技术中心建设。

(三)培育核心企业,发挥重大项目带动作用

通过强强联合、兼并重组,加快培育一批具有一定规模、比较优势突出的骨干企业。大力推进一批重大项目建设,针对产业链缺失或薄弱环节,积极引进关键项目和配套企业,完善产业链。以下游应用为导向,推进基础和新材料产业与相关产业的紧密衔接。

(四)加强园区建设,发展绿色制造

支持特色产业聚集区建设,引导企业合理布局。鼓励产业基地及特色聚集区创建生态园区,发展循环经济,推进绿色制造。鼓励园区吸引社会资金及有实力的大型企业投资基础设施建设,提供公共服务设施。

(五)凝聚高端人才,强化队伍建设

以中关村科学城建设为契机,鼓励引进一批拥有先进科技成果的杰出科学家和研究团队;支持依托大型骨干企业、重点院校和科研院所,培育一批熟悉市场、拥有优秀科研实力的产业人才和创业团队。引导人才在企业、高等院校、科研院所之间的合理流动,支持优秀人才进入产业技术创新联盟等新型产业组织。

(六)推动对外交流合作,提高产业国际化水平

鼓励企业充分利用国际创新资源,引进先进技术和管理经验。支持企业参与国际分工合作,加强引进吸收再创新。支持企业参加国际技术联盟,开拓国际市场,加快国际化经营。鼓励境外企业和科研机构在京设立研发机构。

上海市新材料产业“十二五”发展规划

新材料产业作为先进制造业发展的基础,应用领域极其广泛,已成为当今国际科技和产业竞争的重点领域之一。2009年5月,上海市政府印发了《关于加快推进上海高新技术产业化的实施意见》,确定了新材料为推进高新技术产业化发展的九个重点领域之一。2010年10月,国务院印发了《关于加快培育和发展战略性新兴产业的决定》,将新材料产业列入七大战略性新兴产业。基于新材料在国民经济和社会发展中的基础性关键性作用,特编制本规划。

一、“十一五”发展回顾

(一)“十一五”期间发展成果显著

1. 新材料产业快速增长

“十一五”期间,上海新材料的年产值呈现良好的发展势头。据市统计局统计,2005年上海市新材料产值近600亿元、2007年突破800亿元、2008年达到了1235亿元。2009年虽然遭遇国际金融危机,但上海新材料全年总产值仍达到1105亿元。2010年,全市新材料产值达到1531亿元。“十一五”期间,年均增长20.7%。

2010年,全市规模以上材料生产企业工业总产值约为6119.41亿元,其中新材料产值已占到全市规模以上材料生产企业工业总产值的两成以上。

2. 关键新材料技术有所突破

“十一五”期间,上海新材料行业为先进制造业配套服务的理念不断增强,部分关键技术取得突破,出现了许多新的研发及产业化成果。如晶盟硅材料有限公司生产的8英寸硅外延片和埋层外延片产品已供台积电等知名企业正式使用;宝钢股份公司已经能批量提供超超临界火电机组的高温、高压锅炉用T23、P91合金钢管;首台采用宝钢高磁感取向硅钢制造的84万千伏安/500千伏主变压器在三峡水利枢纽地下电站正式并网运行;汽车内板强度由600兆帕(MPa)提升到1500兆帕(MPa),达到国际先进水平;汉源陶瓷公司研制出的陶瓷轴承球,可为风力发电机、高速列车等特种轴承供料;上海石化完成了碳纤维原丝——聚丙烯腈纤维中试线建设,碳纤维样品性能经测试,基本达到日本T-300的水平,正在建设生产线;中铝上海铜业公司已试制成功耐海水腐蚀铜镍合金管,以作为海洋平台和大型海轮的热交换管;上海涂料研究所和复旦大学已研制出高防腐、高抗污涂料;中科院上海硅酸盐研究所、上海海赛科技发展有限公司与医院、高校合作,在纳米涂层、人工陶瓷关节等方面取得系列研究成果。

3. 两大类材料成为上海新材料产业的主流

以高性能精品钢为主的新型金属材料和以高性能塑料及合金、特种橡胶、高性能纤维为主的新型有机材料,仍是上海新材料产业的主流;在蓬勃发展的建筑业带动下,新型建材已形成一定规模,而新型无机材料和新型复合材料领域增长比较缓慢。

上海市新材料构成表

新材料分类	企业数(户)	新材料产量(万吨)		新材料产值(亿元)			各类新材料产值比重(%)		
		2009年	2008年	2010年	2009年	2008年	2010年	2009年	2008年
新型有机材料	440	448.68	426.84	763.65	533.80	600.32	49.9	48.3	48.6
新型金属材料	135	615.76	584.29	615.90	449.76	516.41	40.2	40.7	41.8
新型建筑材料	129	52.12	43.77	69.48	63.90	61.98	4.5	5.8	5.0
新型无机材料	77	30.38	33.02	59.25	40.75	42.19	3.9	3.7	3.4
新型复合材料	20	88.56	82.72	23.20	16.81	14.7	1.5	1.5	1.2
总计	801	1235.50	1170.65	1531.48	1105.01	1235.56			

4. 新材料产业基地分工清晰

上海市新材料产业已逐渐形成精品钢基地、石油化工及

精细化工基地二个核心区，四个扩展区（青浦、嘉定、闵行、奉贤），多个区域协同发展的空间布局。

以宝山区高性能精品钢为主的新型金属材料核心基地，以上海石化及上海化学工业区为石化及精细化工的核心基地，在“十一五”期间加速发展，成效显著。

“十一五”期间，位于宝山区的新型金属材料基地已建成为国家综合性能最强的精品钢材基地，其核心企业——宝钢集团实施精品战略、低成本竞争战略和超前发展战略，集普钢、特钢、不锈钢、钛合金、镍基合金为一体，打造我国现代化程度最高、生产规模最大的钢铁联合企业，将实现跻身世界钢铁前三强的目标。2010 年上海精品钢材产值达 1710 亿元。

九十年代末开始筹建、“十五”开始全面实施的上海化学工业区，在“十一五”期间显示效益。截至 2010 年底，累计批准项目总投资 168.9 亿美元，累计完成固定资产投资 915.3 亿元，2010 年，实现销售收入 870.7 亿元，完成工业总产值 806.3 亿元。随着园区的不断发展壮大，园区对促进上海市化工产业集聚式发展的带动作用不断加强。

5. 投资多元化格局已经形成

上世纪 90 年代后期以来，材料生产企业重组步伐明显加快，继三钢联合跨入世界 500 强、跻身世界钢铁前五名后，又有不少于 15 家上市公司完成股改。中国铝业整编上海有色金属总公司的铜加工企业，浙江广厦集团并购飞轮实业公司，金龙与海亮两大民营铜管企业集团登陆上海；美铝和瑞典萨帕、美国新格等集团均到沪建厂，生产先进铜、铝及其合金加工材，加上台资企业的半导体硅材料，多元化投资格局已经形成。

6. 行业基础管理工作得到加强

为适应新形势发展的需要，“十一五”期间在行业内开展了多项调查研究，有力加强了行业的基础管理工作。开展的“先进制造业用关键材料发展战略研究”等调研，为确定上海市新材料产业“十二五”发展方向提供了依据。

新材料产业的统计数据是政府制定新材料产业政策的重要依据之一。2009 年，会同市统计局在行业内开展了大量的调查工作，完成了《上海市新材料产品统计指导目录》、《上海市新材料生产企业》、《上海市新材料统计方法》的编制工作。

7. 人才集聚优势明显

上海从事材料领域的科研机构 112 家，研发领域涵盖范围广。相关院所和高校针对新能源、信息产业、海洋工程、生物医药、航空航天业、新能源汽车、先进装备制造业等新兴产业发展和传统工业改造过程中出现的新材料需求，开展了大量的科技攻关工作。

全市高校和研究所与材料相关的本科生、研究生、博士生毕业生数量年均达 2500 人，进入本市企业、研究机构从事新材料工作的人数年均达 1500 人左右。

（二）上海新材料面临的问题

1. 自主创新能力有待加强

改革开放 30 年来，上海先进制造业以引进装备为主，工艺技术的引进则较少，对成套生产技术的消化吸收更少。科技投入实际比例不高，特别是用于消化、吸收、二次创新的费用通常占引进费用的 1/10，致使二次创新能力和集成创新能力不强。开发的一些高性能材料，往往无法进入商业化运行。现有的自主知识产权成果，远不能适应上海高新技术产业发展的需要。

2. 新材料发展水平仍不平衡

本市新型无机非金属材料和各类复合材料的科研成果不少，研制的样品性能甚至达到或接近国内外先进水平。然而，因粉体质量、装备水平等原因，产业化步伐不快；在已经形成的新材料产业中，行业间、企业间的技术装备水准差距较大，尚有不少仍停留在上世纪 70、80 年代的水平；另一方面，各类新材料生产的技术难度不一，需求量各不相同。企业从自身利益出发，对要求严、数量少的专用材料涉及较少，无法满足用户对关键材料的要求。

3. 产、学、研、用结合的机制有待完善

产、学、研、用结合的长效协作机制尚需进一步完善，人才定期流动的机制尚未建立，主导产业所需的关键材料及核心技术受制于人，影响了相关产业的发展，并成为产业发展的瓶颈。

4. 缺乏新材料的激励机制

缺乏持续的政策支持和稳定的资金投入，一些高新技术的研究成果受困于客观发展条件，难以成长为高技术产业的新增长点。

政策方面。由于高新技术关键新材料的特殊要求，决定了单纯依靠市场力量难以保证高新技术及其产业化的实施，离开政府的引导和支持很难实现跨越式发展。新产品进入市场的初期，政府尚需要对新材料的生产企业和用户制订一些激励措施，以加快材料本地化的进程。

资金方面。中国 80% 以上的新材料企业都是中小型企业，需由政府有关部门推动建设一个完善的科技金融服务体系，帮助解决科研成果产业化的融资问题。上海在政策扶持方面已经加大了力度，但在具体落实环节仍需进一步加强。

二、“十二五”发展环境和趋势

（一）全球新材料产业发展呈现新变化

1. 市场规模迅速扩大

全球新材料的市场规模随着制造业和高新技术产业的蓬勃发展而迅速扩大。截至 2008 年底，全球新材料的市场规模已接近 8000 亿美元，国家的重视与市场规模的扩大，给新材料产业发展注入了巨大的活力。

2. 产业链结合日趋紧密

随着高新技术的发展，新材料与基础材料产业结合日益紧密，基础产业正在向新材料产业拓展；伴随着元器件微型化的趋势，新材料技术与器件一体化趋势日益明显，上下游产业的合作和融合更加紧密，产业结构呈现垂直扩散趋势。

3. 创新成为新材料发展的灵魂

新材料发展方向是多功能、智能化、环保、复合和低成本、长寿命及按用户要求定制。新材料的发展正从革新走向革命,开发周期正在缩短,创新性已成为新材料发展的灵魂;国家战略带动明显,国际范围产业分工不断深入,美国、欧盟和日本都各自确定了自己的重点发展方向,并出台了相关政策。

4. 节能环保材料成为主流

当今世界各国都在积极谋求绿色、可持续的发展路径。绿色发展,就是要发展环境友好型产业,降低能耗和物耗,保护和修复生态环境,发展循环经济和低碳技术,使经济社会发展与自然相协调。在能源供需矛盾不断加剧的21世纪,节能环保新材料的开发应用日益演变为各国争相竞逐的新领域,成为新材料发展的主流。

5. 新材料产业呈现多学科交叉及多部门参与

新材料与信息、能源、医疗卫生、交通、建筑等产业的结合越来越紧密。材料学与其他学科交叉的领域和规模都在不断扩大,如物理、化学、生物学、医学电子学、光学等。对学科交叉的认知和有力推动,将对一个国家材料产业的超前发展起到举足轻重的作用。新材料的发展还跨越多个相关部门,因此各国都致力于将材料发展纳入到产、学、研、用一体化的平台,以满足材料开发对各个部门提出的不同要求。

(二)我国新材料产业处于快速上升过程

我国新材料产业正在经历一个加速发展的过程,“十一五”期间,年平均增长速度达到20%。在国际产业布局中,我国正处于由低级向高级阶段发展,随着对外开放和全球业界的广泛交流合作,我国新材料产业也呈现快速健康发展的良好态势,在一些关键材料的制备工艺技术、新产品开发及节能环保和资源综合利用等方面取得了明显成效,促进了一批新材料产业的形成与发展。“十五”期间我国发布了《国家计委关于组织实施新材料高技术产业化专项公告》,通过100多个产业化专项的实施,有力推动了我国具有自主知识产权的新材料产业的发展,在电子信息材料、先进金属材料、电池材料、磁性材料、新型高分子材料、高性能陶瓷材料和复合材料方面形成了一批高技术新材料的核心企业。

(三)上海新材料产业机遇与挑战并存

上海工业基础雄厚、科技资源密集、综合实力领先、要素流动迅捷,新材料产业整体规模和技术水平在全国范围内一直处于领先地位。依托国家发展战略性新兴产业方针和上海市促进高新技术产业化行动方案,面对“十二五”时期潜力巨大的市场需求,通过完善的政策保障、资金支持,上海新材料产业必将迎来新一轮高速发展的浪潮。

与此同时,在长三角经济一体化的背景下,上海周边地区也对上海新材料产业形成竞争和挑战。南京、苏州、无锡、杭州、宁波、常州、镇江、南通、扬州、泰州、嘉兴等地,都有各自突出的新材料产业,在运营成本优势的前提下,各地新材料企业的资金和技术积累日益加强,将使上海市新材料产业面临巨大的冲击和激烈的竞争。

三、“十二五”发展思路和目标

(一)“十二五”指导思想

坚持以人为本,深入贯彻落实科学发展观,加快转变经济发展方式。按照国家培育和发展战略性新兴产业的要求,以提高自主创新能力为主线,以对接国家战略、推进实施新材料重大专项为抓手,以制度创新和政策突破为保障,聚焦发展高端金属结构材料和先进高分子材料领域,兼顾高性能复合材料和前沿新材料的创新。通过培育若干新材料产业化示范基地,提升产业集聚度,使上海新材料产业向高端化、集约化发展,为国家战略性新兴产业的发展提供保障和支撑。

(二)“十二五”发展原则

1. 坚持创新驱动。加大科技投入,坚持以人为本、创新发展。通过引资与引智相结合,制造与研发、应用相结合,大力增强集成创新和引进消化吸收再创新能力,通过高新技术提升新材料产业的技术能级。

2. 坚持市场导向。市场需求是拉动上海新材料产业蓬勃发展的根本力量,要充分发挥市场配置资源的基础性作用,以企业为投资主体、研发主体和成果应用主体,用市场的力量带动更多高新技术实现产业化、规模化发展,实现市场价值和社会效益的双重收益。

3. 聚焦重点领域。新材料产业要加大与其他六大战略性新兴产业的对接力度,提升其他领域发展所急需解决的关键新材料的保障能力,尤其加大对高端金属结构材料、先进高分子材料等上海传统优势领域的支持力度,加快两大领域为支柱产业配套和战略性产业支撑所急需突破的新材料开发,巩固在全国的领先地位。

4. 注重产业延伸。通过上下游一体化发展模式,优化原料配置,实现在能源和原料供应、基础设施、物流管理、废物处理等方面的协同作用,降低生产成本、销售成本和其他财务费用。通过产业链延伸实现的一体化发展既能保证原料的稳定供应,又能节约成本,更能有效地降低外部市场波动带来的风险,提高了抗风险能力。

5. 促进产业集聚。引导和鼓励新材料上下游企业向工业园区和产业化基地集聚,提升产业集聚度,形成集聚效应和规模效应,提高产业化基地的专业程度。

6. 鼓励绿色发展。大力倡导节能环保、可持续发展的绿色新材料产品,降低材料生产的能耗与排放。加快传统材料生产企业的技术改造升级,严格贯彻国家“十二五”发展要求。

(三)“十二五”发展目标

上海市新材料产业要以加强对接、提高能级为重点,加快实现传统材料性能的升级,实现高品质基础材料生产能耗的大幅度降低。瞄准国家战略性新兴产业和本市先进制造业需求,大力发展高性能精品钢、高性能碳纤维、耐高温纤维、高温合金、钛合金、生物相容材料、环保节能材料、稀土材料等。要继续促进高端金属结构材料的发展,加快改造优化提升钢铁产业，提高精品钢比例；要重视先进高分子材料产业链的建设，建立完整的石油化工及其后续产品和精细化工产品的产业体系；加快新型无机非金属材料和高性能复合材料研究成果的产业化进程。

产业规模：2015年，新材料工业总产值达到2000亿元。

技术创新：建立一批新材料工程技术公共服务平台，基本形成上海新材料技术创新体系，重点新材料企业科技投入占销售收入比重达到5%，突破一批"十二五"期间国民经济和国防建设发展急需的关键新材料技术。

产业化目标：实现一系列关键新材料产品的产业化、规模化生产，部分材料的品质和性能达到或接近国际先进水平。新材料产业占材料行业工业总产值的比例进一步提升。

在规模化的基础上，优化高端金属结构材料的产品结构，提升产业能级；进一步做强先进高分子材料领域，增加高附加值产品的份额。"十二五"末，钢铁行业的高端精品钢材占商品材的比例超过50%以上，化工行业的先进高分子材料占化工行业的比例提升至30%左右。

在产业化的基础上，将新型无机非金属材料、高性能复合材料及其他前沿新材料的规模进一步做大，提高关键材料的保障能力。

四、"十二五"发展重点和任务

按照"聚焦重点、形成规模、突破瓶颈、抢占高端"总体思路，上海将重点发展技术有所突破、市场需求量大、产品附加值高的基础性关键性新材料，以及国家战略性新兴产业和尖端科技事业所需的新材料，使上海新材料产业发展与国家战略性新兴产业的发展同步。

重点发展为支柱产业配套新材料——加快发展为汽车、电站、船舶等支柱产业配套的高性能精品钢等关键材料，完善技术、品种，解决瓶颈制约。

重点发展为战略性产业支撑的新材料——加快为航空、航天、核电等国家战略产业配套的高强高模碳纤维、高温合金、钛合金等新材料，为新一代信息技术配套的大尺寸抛光硅片、外延片、光学膜片及其基膜材料和超净高纯电子化学品。

重点发展可持续发展和节能环保的新材料——主要支持以物理加工或后加工方式为主、其他加工方式为辅的低排放、可持续发展的项目，开发生产环保节能的新型墙体材料和三废处理、综合利用的功能性膜材料及新型添加剂。

（一）特种金属功能材料

稀土功能材料。以扩大稀土应用领域、提升技术能级、注重产业链体系建设为重点，大力发展稀土永磁材料、稀土发光材料、稀土催化材料、稀土储氢材料等，实现为汽车、电子设备和核工业专用材料配套，提升上海稀土深加工和应用领域在全国范围内的竞争力和影响力。

半导体材料。加速发展为新一代电子信息技术配套的大尺寸抛光硅片、外延片、光学膜片及其基膜等材料。实现$\phi8$英寸SOI晶片的规模化生产和$\phi8$英寸外延产品的产业化，建成国内唯一的$\phi8$英寸晶片产业化基地。进一步研发新一代SOI制备工艺，突破半导体材料切片、磨片、抛光等关键环节的工艺，争取实现全过程自主化生产。

其他功能合金。推进高磁感、低损耗取向硅钢的产业化生产，满足智能电网和电子产业发展需要；开发高性能的铜及铜合金材（管、型、线材、集成电路框架用的合金带材），为大规模集成电路工程配套；努力突破有色金属材料复合技术；开发超硬刀具材料和硬质合金等。

（二）高端金属结构材料

高性能精品钢。重点发展八类核心战略产品，包括汽车车身用超高强度钢板，高强度紧固件用钢，发动机和转动部件用特殊钢；大型船舶与海洋工程用耐腐抗撕裂特厚板、低温钢板及双相不锈钢管、超高强度钢；石油化工产业用耐蚀钢；大型电力设备用超大型铸锻件、高温合金U型管；耐高温、高压锅炉钢管；风电用高性能轴承钢、齿轮钢；港口机械、工程机械用高强度、耐磨钢板，宽厚钢板。航空航天装备用高性能高温合金、高性能轴承钢、超高强度钢、形状记忆合金；轨道交通设备用不锈钢、车轴与高性能轴承钢、弹簧钢等特殊钢。

新型轻合金材料。开发高强韧、高性能铝合金铸件、板带材及型材，高性能镁合金（压铸件、阻燃、变形镁合金等），加强航空、航天、核电、化工等行业用钛及钛合金材、核电用新型锆合金管件、铸锭的开发与示范应用。

（三）先进高分子材料

高性能特种纤维及制品。推进高性能碳纤维项目的建设，实现年产3000吨原丝、1500吨T-300级碳纤维生产能力，为航空、航天领域提供原料，并加快向T700、T800、M40以上的高端产品发展；实现千吨级芳砜纶生产线的稳定运行，发展F级和H级芳砜纶耐高温绝缘纸等，形成以芳砜纶为核心向下游产品延伸；加快超高分子量聚乙烯纤维的产业化项目。

工程塑料及其合金。积极推进本体法ABS自创技术产业化，并进一步开发本体ABS树脂共混、改性材料，满足汽车、电子信息产业的发展需要；支持PE、PP、PVC等通用高分子树脂通过共混、共聚、接枝嵌段、合金、交联等技术提高性能；推进聚氨酯泡沫塑料的发展，在异氰酸酯、多元醇、聚氨酯涂料、超纤合成革、密封材料、建筑节能材料、水性聚氨酯材料、聚氨酯弹性体等主要产品系列上，培育出一批具有市场影响力的企业群体；支持聚酰亚胺系列、聚甲醛系列发展，扩大生产规模。

特种橡胶。加快推进特种橡胶生产装置的建设，重点发展PDM三元乙丙橡胶，选准技术来源，建设新装置，开发新牌号；支持溶聚丁苯橡胶、丁基橡胶、异戊橡胶、有机氟硅橡胶材料等产品发展。

精细化工产品。瞄准新一代信息技术、城市建设、环境保护，能源开发、综合利用，为国防建设、IC行业的需求，结合自身条件，发展相关产品。包括食品添加剂、饲料添加剂、胶粘剂、表面活性剂、造纸化学品、超净高纯电子化学品、皮革化学品、油田化学品、水处理化学品、橡塑助剂及生物化工产品等。

其他功能性高分子材料。加快特种功能性膜的开发与应用,包括平板显示器光学膜与偏光膜、锂电池隔膜用聚四氟乙烯(PTFE)微孔膜等特种功能膜材料,质子交换膜、碳布的隔膜和高性能 PP 膜等满足燃料电池产品生产的关键材料;促进 SAP(高吸水性树脂)产业化,满足现代健康要求和农业发展的潜在需要;持续加大石化行业催化剂的开发研究,重点发展氧化、加氢、羰基合成、聚合及歧化等催化剂。

(四)新型无机非金属材料

突破几种粉体及新型工艺制备、烧制成型和精密加工关键技术,重点发展高能射线探测和核医学成像用闪烁材料、Na-β-Al_2O_3 为核心材料的大容量钠硫储能电池及 LED 用关键材料,逐步形成规模性产能;开发染料敏化电池和化合物半导体薄膜电池,努力提高光转化效率;探索高性能激光材料、新型及环境友好型功能陶瓷及其传感器件和能量收集系统等新材料;引导玻纤生产企业向高强玻纤、高性能玻纤转化;开发 Low-E 中空/真空玻璃,达到建筑物更好的保温节能效果;开发利用工农业废弃物(碎玻璃、建筑垃圾等)生产的达 A 级阻燃性能的保温材料。

(五)高性能复合材料

树脂基复合材料。开发生产超大规格风电叶片和特种结构的航空航天、高速列车零部件;研究开发树脂基复合材料在高压容器、建设工程、新能源汽车等方面的应用。

陶瓷基复合材料。研制碳化硅、氮化硅、氧化铝的纤维、颗粒、晶须及其增强的陶瓷基复合材料,开发其在航空、航天、耐磨器件、削切工具等方面的应用。

金属基复合材料。研究开发纤维、颗粒增强的铝基、钛基、镁基复合材料和原位自生强化的钛合金、铝基中子俘获带材等。

其他复合材料。研制飞机、高铁车辆用碳/碳复合材料刹车片、高温紧固件等。

(六)前沿新材料

纳米材料。积极开发纳米材料的生产技术,促进纳米涂层技术的后续开发,推广纳米材料在各领域的研究与示范应用。

生物医用材料。加大血管支架、心脏瓣膜等高附加值产品的开发和推广应用力度,加大对生物相容性好的制品如陶瓷牙、陶瓷关节产品的开发支持。

超导材料。积极发展高温超导材料、低温超导材料,为高端装备制造业提供保障。

(七)重大工程

根据国家培育和发展战略性新兴产业的规划和要求,上海新材料产业将抓住机遇,积极与国家战略性新兴产业对接。针对我国国民经济和社会发展过程所呈现的巨大市场需求,集中力量组织实施一批重大工程和重点项目,突出解决一批应用领域广泛的关键材料,提高新材料产业创新和保障能力。

上海市“十二五”发展重点和任务

产业名称	主要发展品种	发展趋势及规模	“十二五”重点解决的关键材料
节能环保	绿色照明	稀土节能灯 25～30 亿只/年	稀土荧光粉近 1 万吨/年
	新型建材	新型墙体 230～240 亿平方米/年	达 A 级和 B 级阻燃标准的保温材料
	三废处理及综合利用	火电脱硝、脱硫及其副产品综合利用,60 亿元/年;钢厂,水泥厂,垃圾焚烧炉袋式除尘;污水处理,海水淡化,净水净化	脱硝催化剂及载体;耐高温,抗腐蚀滤材;过滤膜,反渗透膜
新能源	风力发电机组	新增装机 6000～7000 万千瓦	50 万吨高强高模玻璃纤维和碳纤维;增强的树脂基复合材料共约 150 万吨叶片。
	光伏发电站	建成太阳能电站 500～600 万千瓦	晶体硅片,非晶硅片以及化合物半导体晶片,银与铝电子浆料,高透光率玻璃;
	核电设备	开工建设 4000 万千瓦,到 2020 年装机容量达 7000 万千瓦,在建 3000 万千瓦	大型合金钢大锻件,堆内构件用钢,Inconel 690 U 型管,核电焊接材料,共约 7 万吨/年,Zr 5 合金管 1200 吨/年等;
新能源汽车	纯电动汽车,混合动力汽车,燃料电池汽车及驱动电机等	“三纵三横”发展模式,2015 年产销 50 万辆,需动力电池模块能量型 150 亿瓦时/年,功率型 130 亿瓦时/年	电池隔膜 2 亿平方/年,六氟磷酸锂电解质盐 1800 吨/年,正极材料 2.5 万吨/年,碳基负极材料 1.2 万吨/年

（续表）

产业名称	主要发展品种	发展趋势及规模	“十二五”重点解决的关键材料
高端装备制造业	航空，航天器	“十二五”新支线飞机正式生产；大飞机C919试飞，2020年前批量生产；未来20年，我国需要3770架新飞机，约4900亿美元	高强高模碳纤维等增强的树脂基复合材料，铝锂合金板、型材4000吨/年；钛合金大型棒材和加有少量钌或铼的镍基高温合金单晶材料，钛基复合材料等2000吨/年，超高强度钢以及高性能装饰材料
	海洋工程	全球海洋产业总产值约3万亿美元，海洋石油储量约占全球45%，现有钻井平台中41%在今后5年中需更新。我国正在形成系列产品的制造能力，新型船舶生产迅速发展	耐腐蚀高强度合金钢（低温钢，抗撕裂钢）板材、特厚板1000万吨/年以上；防污，防腐，无毒涂料；双相不锈钢管，超纯马氏体不锈钢管和热交换器用耐蚀铜合金盘管
	轨道交通车辆	国内百万人以上的城市，将逐步建立轨交线，城际间也将有专线联接	200km/时以下的不锈钢车身为主，200km/时以上的铝合金为主，大规格铝合金型材量约4万吨/年
	超超临界火电设备	超超临界火电机组热效率45%左右，远高于中压机组，“上大压小”政策将使600～1000MW超超临界火电机组成为中国电网主动机组	29MPa/600℃耐温耐压锅炉管批量生产，并试产34MPa/650℃耐高温耐高压锅炉管（T24，S30432，S31042合金管）；10705AJ等叶片钢，超长U型管，汽轮机转子锻件，燃气轮机透平叶片热障涂层等。 此外高端装备制造要重点突破高端轴承钢生产技术，年需各类轴承钢180万吨，高精度可转位硬质合金切削工具5000吨
新一代信息技术	集成电路	晶圆尺寸主体由ϕ8“向ϕ12”过渡，特征尺寸大多为45nm及以上工艺；我国IC消费占全球1/3．但自给率不足1/4，已建、在建ϕ8“IC生产线20条以上，已建，在建和规划中ϕ12”IC生产线12条，大多在长三角	ϕ8“抛光片、外延片、SOI片1000万片/年，ϕ12”抛光片、外延片240万片/年；高端光阻洁洗液，高纯镀铜液及其添加剂等超净高纯试剂化学品；超大规模集成电路引线框架铜带，邻甲酚环氧树脂
	新型平板显示器	当前全球新型平板显示器产品销售额1000亿美元。以薄膜有源液晶显示器（TFT-LCD）为主，此外还有PDP、LED、OLED等。上海广电NEC建成国内第一条5代TFT-LCD，天马微电子4.5代在生产，广东等地至少有5条8代、8.5带线；上海建立了OLED研发中心；四川长虹引进了PDP及其关键材料生产线；LED大型显示屏产量较高	TFT-LCD液晶材料及其含氟化物单体材料、背光膜组用的光学膜片（含扩散膜、微透膜、棱镜膜、复合膜）及其基膜（光学级PET和PC）、反射膜等；偏光片、彩色滤光片；OLED有机发光材料和光刻胶；高亮度LED的外延生长和基片材料（如不同衬底上外延GaN），AlGaN、AlGaInP半导体单晶片等
生物产业	人工关节 血管支架 眼内人工晶体等	随着医保覆盖面的扩大，寿命的增长，2015年，预计全国需人工关节50万套/年、血管支架120万个/年、眼内人工晶体100万个/年；以及骨钉骨板，人工心脏瓣膜以及医疗器械	NiTi合金支架材料、Al_2O_3或ZrO_2陶瓷髋关节、膝关节（表面有纳米涂层）、共混聚醚砜中空纤维膜、透明闪烁陶瓷、热解石墨制人工心脏瓣膜、生物降解聚乳酸等

五、“十二五”发展空间布局

上海市进行统筹规划，合理布局，实现新材料产业错位发展、优势互补，根据各区域聚集特色，形成两个核心基地、四个扩展区、多个区域协同发展的空间布局。

两个核心基地。上海已基本建成宝山区精品钢为主的新型金属材料核心基地和金山及上海化学工业区为主的石化及精细化工核心基地。宝山区精品钢核心基地以特种金属功能材料及高端金属结构材料为发展重点，金山及上海化学工业区石化及精细化工核心基地以塑料、特种橡胶、光学膜片及其基膜、高性能纤维、聚氨酯及精细化学品为发展重点。

四个扩展区。青浦、嘉定、闵行、奉贤为扩展区。包括青浦区的高性能改性塑料与新型纺织材料产业区；嘉定区的稀土材料产业化基地、无机非金属新材料、汽车新材料及其零配件产业区；闵行区的先进高分子材料产业区；奉贤区的复合材料及精细化工产业区。

多个区域协同发展。包括浦东新区的生物医药材料、功能膜及其基膜产业区、松江区的半导体材料产业区。多个区域各有专攻,优势互补,形成上海市新材料产业各具特色的产业布局。

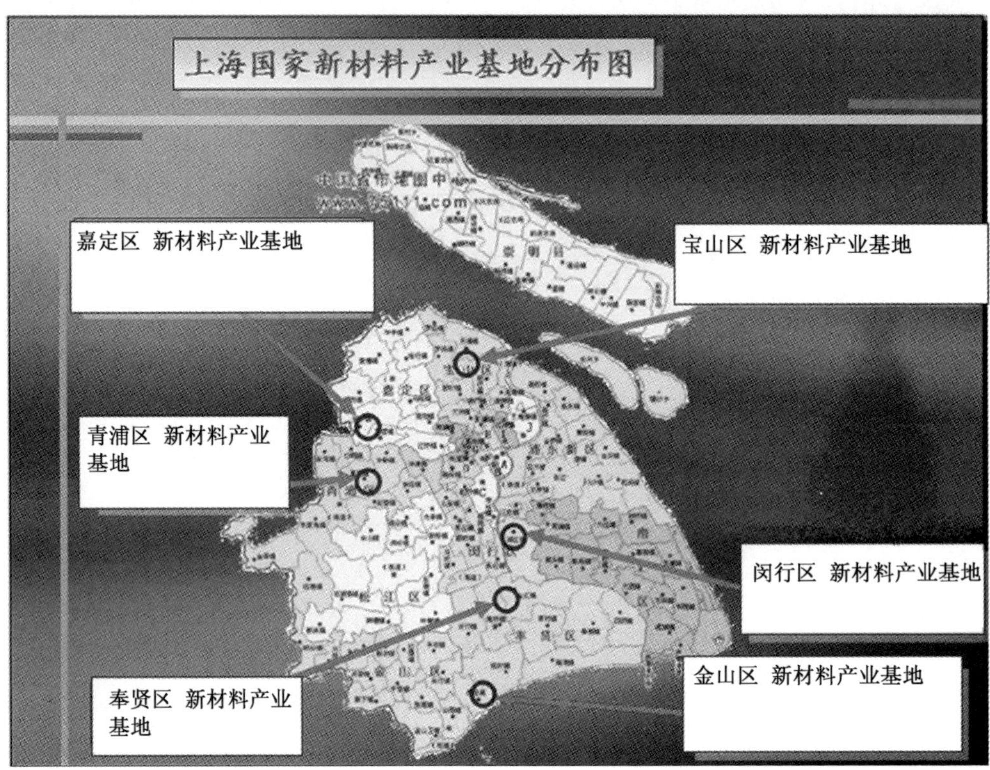

六、“十二五”发展政策措施

(一)依靠科技进步,坚持创新发展

加大对研发创新的支持力度和投入,围绕重点投资项目、重点科技创新项目、重点配套攻关项目和重点消化吸收项目,制定有针对性的资金支持计划。鼓励企业建立研发中心、培养研发团队,重点支持拥有自主知识产权和自主品牌的技术创新,瞄准国际高端技术,着手研发前瞻性的技术和产品,加快新材料产品更新换代,推动传统材料工业企业的产品转型升级,将技术创新作为产业健康发展的源动力。

(二)完善政府引导和管理机制

建立和完善新材料产业政策体系,为上海新材料产业的发展方向、发展重点制定导向性政策。针对国家对新材料产业发展的相关政策,完善并落实地方配套政策。同时,在市场资源配置的基础上合理引导企业对新材料产品进行研究和产业化投资,限制高能耗、低产出、低水平、重复性的产业项目投入,鼓励企业对需求量不大但国家战略性新兴产业发展急需的专用材料的开发和生产;加大对新材料产品的初步市场示范应用的政策扶持力度,设置生产企业和用户试用的激励机制。

(三)完善投融资保障能力

完善投融资体制,加强投融资平台建设,鼓励和支持引进国外和民间资本投资新材料产业,特别要加强对科技型中小企业和创新型企业的资金支持。协调并引导已有的种子基金和担保基金与新材料企业或产业化前景良好的项目进行对接,为符合政策导向和具有广阔市场前景的新材料项目提供灵活和丰富的投融资支持,为其快速发展提供资金保障。

(四)发挥龙头企业带动效应

通过各种优惠政策,鼓励本市新材料企业以资本为纽带的兼并和联合,加速形成现代化的企业大集团,鼓励企业做强做大,做精做优,以增强综合实力和抗风险能力。充分发挥龙头企业、骨干企业的规模效应和带动效应,推进大公司与产业链上下游的中小企业在技术开发、应用开发和应用服务等领域广泛合作,带动整个上海地区新材料产业的技术进步和能级提升,实现协调发展;鼓励有条件的大公司加大“跨出去”步伐,开展跨区域的行业重组兼并,发挥上海人才、管理和技术的优势。

(五)完善产、学、研、用的合作机制

以资金为纽带,政策为保证,组建新材料产、学、研、用的合作平台,统筹关键共性技术的攻关和产品开发;建立以市场为引导、企业为主体、高校和研究院所为技术后盾的长效合作机制。

充分利用产、学、研、用等各方资源,建立包括技术服务、法律服务等在内的公共服务平台,如新材料检测中心、开放实验室等,促进中小企业加快研究成果转化的步伐,并朝“专、精、特、新”方向发展。

(六)加大知识产权保护及技术标准研究力度

加强知识产权保护力度，激励科技人员创新动力，维护企业合法权益，完善并推进新材料产业知识产权预警机制的建立与实施。加强对行业及企业知识产权管理的指导，完善行业知识产权服务。

结合国家科技中长期发展规划，继续加强重点领域的标准化研究工作，采取各种优惠政策和改革措施，鼓励企业参与标准制定、标准研究，加快重点领域的标准化进程以适应其发展。

（七）建立人才激励机制

创造良好的人才发展环境，制定和实施新材料产业人才振兴规划，形成吸引人才市场化、尊重人才社会化、服务人才个性化的良好氛围。通过各种优惠政策吸引和培育一批新材料产业高级人才，创建和谐的人居和工作环境，引进人才，留住人才。

（八）加强国际科技交流与合作

积极参与国际组织的重要学术活动，推进国内企业和机构参与国际标准的研究和制定，提高参与国际标准的话语权。认真做好与欧、美等新材料产业发达地区的交流与合作，开展有关政策、产业和技术发展的研讨交流活动，增进沟通和了解，积极促进对外交流合作。

（九）充分发挥行业协会作用

行业协会在近年来的产业化工作推进过程中不断自我发展、拓展服务，成为政府与新材料产业（包括研发、教学、生产和用户单位）之间不可缺少的桥梁。“十二五”期间应进一步发挥行业协会“发展产业、服务产业、规范产业”的作用和功能，加强行业协会的力量和业务指导功能，制定符合企业发展需求的政策措施，为企业更好更快的发展提供政策支持。

天津市新能源新材料产业发展“十二五”规划

新能源新材料产业是我国重点发展的战略性新兴产业，也是未来五年天津优化产业结构、构筑高端产业高地、实现可持续发展的重要推动力。统筹规划好新能源新材料产业发展，对于加快产业结构调整，提升产业创新能力，壮大产业规模，带动天津工业创新发展，具有重要战略意义。依据《天津市国民经济和社会发展第十二个五年规划纲要》、《天津市工业经济发展“十二五”规划》和《天津市工业布局规划（2008～2020年）》，制定本规划。

一、“十一五”时期发展回顾

“十一五”时期，天津新能源新材料产业形成了一定的产业优势，引进了一批国际领先、市场急需的先进技术，策划实施了一批大项目好项目，研发了一批具有国际竞争力的拳头产品，形成了一批带动产业发展的骨干企业，在产业链条延伸、产业集聚和规模发展上取得了较大进步，为推动天津经济发展和产业结构转型提供了重要支撑。

（一）产业规模迅速扩大。

“十一五”时期，天津市新能源新材料工业总产值由2005年的111.05亿元迅速增长至2010年的604.12亿元，年均增长40.3%，占工业总产值的3.6%。新能源产业产值达到243亿元，形成了6亿只锂离子电池、3亿只镍氢电池、110MW光伏电池和6000MW风电整机生产能力，风电累计装机总量占全国的30%，成为国内最大的风力发电设备生产基地。新材料领域共有企业超过1000家，产业产值达到361亿元，膜材料、先进陶瓷材料、硅材料、钛材料等多种材料的研发制造能力处于全国领先水平。

（二）产业结构不断优化。

“十一五”时期，我市新能源新材料产业结构不断优化，在绿色电池、风电、光伏发电、金属新材料、电子信息材料、化工新材料等领域形成了较好的产业基础，创新能力得到明显提高，具备一定的比较优势。先进复合材料、新型功能材料等技术含量高、市场前景广阔、具有较强发展潜力的行业积累了一定的科技与产业资源，发展势头强劲。纳米新材料、生物医学新材料等前沿领域具备较强的科研实力，产业化潜力较大，企业成长速度和产业聚集程度得到明显提升。

（三）逐步形成较为完整的产业链。

天津新能源新材料正在形成以绿色电池、光伏发电、风力发电、金属新材料、化工新材料、电子信息新材料等为核心，较为完善的产业链和配套体系。在绿色电池领域覆盖了锂离子电池、六氟磷酸锂、锂离子电池正负极材料等配套材料生产体系；风力发电领域，形成了从主机设备的整套机组到电机、齿轮箱、叶片等配套零部件较为完整的产业链；金属新材料领域形成了以高温合金、耐蚀合金、记忆合金、钛合金、焊接材料等产品为代表门类齐全的产品体系；化工新材料在合成树脂、涂料、环保和膜材料等领域已形成规模；LED产业形成上游基础材料、外延材料，中游芯片封装以及下游应用产品的完整产业链。

（四）产业技术创新能力不断提高。

产业技术创新体系逐步完善，新能源新材料产业已建成25个国家级和39个市级创新机构、7个国家级和54个市级企业技术中心，形成了以国家级和市级重点实验室、工程中心、企业技术中心、研究院所、大专院校等为依托的较为完善的产业创新体系；具备了从基础研究、应用技术研究到支撑产业化制造技术的全方位的科研开发能力。突破了锂离子电池、镍氢电池、高分子材料、纳米材料、膜分离技术、大直径区熔硅单晶等一批国内领先的关键技术和工艺，自主研发了750kW定速定桨距型叶片和1.5MW变速变桨距型叶片系列产品，形成了具有国际竞争力的拳头产品，产业技术水平大幅提升。

（五）形成了一批优势骨干企业。

聚集了力神、津能、京瓷、苏司兰、歌美飒、东汽、巴莫、膜天膜、渤化集团、塑料所、中环半导体等一批规模大、效益好、研发制造能力强的骨干企业。力神公司产业化水平居国内领先地位，已形成4.5亿只锂离子电池生产规模；膜天膜公司中空纤维膜材料产业化国内领先，部分产品达到国际先进水平，年产100万平米中空纤维膜生产基地规模居亚洲第一。一批配套企业快速发展，正在迅速形成以龙头企业为主导、配套企业为基础、专业化分工为纽带的产业集群，产业竞争力不断提高。

尽管天津新能源新材料产业已取得很大进展,但还存在一些亟待解决的问题:一是产业总量规模偏小,产业产值仅占工业总产值的3.6%;二是企业规模不大不强,产业投融资渠道不健全,只有少数企业形成一定规模,中小型企业成长还不够快;三是产业内部发展不平衡,核电产业、生物质能等领域尚处于起步阶段;四是产业集群尤其是新材料产业集群发展程度低,企业散、小、弱的状况仍未根本改善;五是部分行业科研资源分散、产学研用结合不够紧密,促进成果转化和产业化的体制机制急需完善。

二、面临的国内外形势

(一)金融危机为新能源新材料产业发展提供重要历史机遇。

国际金融危机以来,各国纷纷将新能源新材料产业作为推进经济复苏与转型的战略性新兴产业,积极推进能源革命和新材料技术及产品的开发,将新能源和新材料领域作为支撑产业结构调整和未来经济发展的重大战略选择,将极大地激发新能源新材料产业的创新动力,加快产业化发展步伐。

(二)发展低碳经济对抢占新能源新材料产业制高点提出新挑战。

新能源产业作为低碳经济发展的内在要求,新材料作为高技术和新型工业化发展的基础和先导,大力发展新能源新材料产业,抢占产业发展制高点,是缓解全球气候变化、环境污染和资源能源持续挑战的重要途径,也是天津构筑绿色、循环、低碳的可持续发展模式,建设北方经济中心的必然要求。

(三)成为国家战略性新兴产业为新能源新材料产业发展注入强劲动力。

新能源、新材料产业已被列为国家战略性新兴产业,预计2020年我国非化石能源与一次能源消费比重达到15%左右,核电、风电和光伏装机总量将分别达到现在的9倍、6倍和61倍,将有力推动新能源产业发展。新材料、能源与信息并列为21世纪三大技术产业,是高新技术发展的基础和先导,产业规模和市场空间持续扩大,将有效推动新能源新材料产业迅速发展。

(四)滨海新区开发开放为新能源新材料产业带来重大发展机遇。

大力发展新能源新材料等战略性新兴产业,是落实滨海新区国家综合配套改革试验区的历史重任,发挥滨海新区在自主创新和改革开放中重大作用的重要内容。充分利用新区先行先试的政策优势、腹地广阔和交通发达的区位和基础原材料市场优势,将为新能源新材料产业的创新发展创造巨大的发展空间。

三、指导思想、发展原则和总体目标

(一)指导思想。

深入贯彻落实科学发展观,按照市委市政府着力"构筑三个高地"、全力打好"五个攻坚战"的决策部署,坚持"市场主导、创新驱动、重点突破、跨越发展"的发展方针,衔接国家战略重点,瞄准产业链高端环节,强化自主创新,聚集国内外创新资源,大力培育和引进龙头企业,发展上下游配套企业,完善产业链条,推进产业规模化、高端化、集约化发展,提高产业综合竞争力,建成国内领先、世界一流的新能源新材料产业基地。

(二)发展原则。

1. 市场主导与政府引导相结合。

充分发挥市场配置资源的基础性作用和市场需求巨大的优势,调动各类市场主体的积极性。充分发挥政府的规划布局、产业引导、政策激励和组织协调作用,创新有利于产业发展的体制机制,形成市场主导与政府引导共同推进产业发展的合力。

2. 创新驱动与开放合作相结合。

加大原始创新、集成创新和引进消化吸收再创新的力度,形成一批具有自主知识产权的关键技术和核心技术成果、知识品牌,带动产业总体水平和竞争力大幅提升。把握产业发展的新趋势,抓住产业转移的新机遇,充分利用国际国内资源,积极承接高端制造和研发产业转移,提升产业的国际化水平。

3. 重点突破与统筹兼顾相结合。

坚持有所为有所不为,集中力量在具有较好产业基础和优势的领域实现重点突破,形成优势产业和技术领域。提升产业聚集与集约发展水平,兼顾骨干大企业带动和广大中小企业配套发展,形成较为完整的产业链条和产业集群化布局。

4. 跨越发展与可持续发展相结合。

紧紧把握新的历史机遇,做大做强我市新能源新材料产业,促进全市及国家战略性新兴产业跨越发展。立足当前、着眼长远,加快新能源新材料产业科技进步和创新,积极培育先导产业,为实现可持续发展夯实基础。

(三)总体目标。

1. 产业规模。

到2015年,新能源新材料产业产值突破2500亿元,实现5年翻2番,产值规模占全市工业总产值的比重达到7%以上。

2. 产业布局。

到2015年建成2个国家级产业示范基地,打造一批特色产业集群,形成产业发展新格局。

3. 创新能力。

到2015年,通过技术引进、集成创新等,突破体现产业重点发展方向的共性技术或关键技术60项以上,国家级企业技术中心达到20家,市级企业技术中心达到80家,申请专利达到每年3000件,产业创新能力显著提高。

4. 品牌建设。

到2015年,中国驰名商标达到10个,培育十亿元以上自主品牌30个,打造百亿企业10家,50亿元以上企业20家,国内外知名度大幅提升。

5. 产业组织。

到2015年,依托产业集群、特色工业园和行业协会,培育中小企业群体,五年内使企业总数达到2500家,建成10

个以上行业协会或产业联盟组织，5个产学研用创新联盟组织。

四、主要任务

构筑高端产业高地，抓好重大项目建设，推动产业跨越发展；加快提高自主创新能力，在重点领域突破一批共性关键核心技术；大力培育优势企业，壮大"小巨人"规模；完善产业链条，促进产业聚集，形成两个国家级示范基地和一批特色产业集群的产业格局。

（一）抓好重大项目，壮大产业规模。

"十二五"时期，重点实施中海油新能源基地、友达光电多晶硅太阳能电池生产项目、华锐风电装运基地等160个规模大、效益好、带动作用强的大项目，总投资达到1310亿元（其中新能源产业721亿元，新材料产业589亿元），新增销售收入2540亿元（其中新能源产业1450亿元，新材料产业1090亿元）。通过项目建设，促进产业结构调整，带动配套企业发展，形成完整产业链条，提升产业总体规模水平。

（二）提高创新能力，推进科技支撑发展计划。

围绕产业发展的重点领域，着力突破重大关键技术和共性技术，支撑新能源新材料产业的可持续发展。集中力量攻克光伏发电集成技术、风电控制系统及检测技术、动力锂离子电池组设计及均衡控制技术等一批共性关键核心技术。大力发展复合、纳米、智能材料等共性基础材料，提升高性能结构材料、新型功能材料等特种材料的发展水平。大力推进新型动力电池、2MW以上风力发电成套设备、高效聚光太阳能电池、新型节能型功率器件、高性能氟材料研发及产业化等一批研发项目，制定引领行业发展的技术标准，生产具有自主知识产权、附加值高的新产品，提高产品质量，提升产业技术水平和核心竞争力。

（三）培育优势企业，壮大"小巨人"规模。

选择资产规模大、技术积累多的新能源新材料领军企业，引导要素集聚，加快发展步伐，壮大产业规模。发挥相关科研院所和产业化基地的技术优势，建设纳米技术与材料、生物医学材料等专业孵化器，激励广大科技人员创业，引导和支持高层次人才等资源向纳米新材料、核电、生物医学新材料等前沿产业领域聚集，培育一大批以先进技术为支撑、资本与技术紧密结合，具有高速成长能力和鲜明专业特色的"小巨人"企业。

（四）建成两个国家级产业基地和一批特色产业集群。

以滨海高新区和经济技术开发区绿色能源产业基地为基础，培育壮大力神、中环半导体、京瓷、东汽等一批名牌产品和若干具有辐射带动作用的重点龙头企业，建成绿色电池、光伏、风电为主的国家级新能源产业基地。以空港物流加工区和南港工业区为基础，培育壮大渤海化工、膜天膜等一批代表行业发展方向的优势企业，建成以航空先进复合新材料、化工新材料和电子信息新材料为主的国家级新材料产业基地。按照产业发展特点，依托区县示范工业园区，加快推进天津风电产业园、宝坻低碳工业区、东丽航空产业区、临港渤海化工园、西青高端金属制品工业区、京滨工业园、医药医疗器械工业园等一批特色产业集群建设，形成产业基础好、集聚程度高、产业特点鲜明的特色产业园区。

五、发展重点

依托我市产业优势，围绕国家新能源新材料重点布局，实施"壮大优势、发展新兴、培育前沿"的发展思路，在新能源产业，重点发展绿色电池、风力发电、光伏发电、核电、生物质能等五大领域；在新材料产业，重点发展先进复合材料、新型功能材料、电子信息新材料、金属新材料、化工新材料、生物医学新材料、纳米材料等七大领域，优化产品结构，取得关键核心技术突破，形成产业集群。

（一）新能源产业。

1. 绿色电池领域。

重点发展以动力电池和储能电池为代表的锂离子电池、超级电容器、镍氢电池等新能源汽车动力电池及电池组等关键产品和技术，发展高性能电池正负极材料、电解液、隔膜等关键电池材料，积极开发氢源、甲醇、乙醇等燃料电池新品种，开展动力电池回收利用技术研究，进一步扩大产业化规模。重点实施中海油动力电池新能源基地、比克电池新能源产业基地、建龙重工新能源新材料基地等项目。到2015年，形成50万套动力电池、20亿只锂离子电池、10000吨磷酸铁锂正极材料、2亿只聚合物电池、4000万只超级电容器的生产能力。

2. 风力发电领域。

重点发展2MW级以上整机、2.5MW风力发电机组、2.5MW以上叶片、2.5MW以上齿轮减速箱、5MW海上风机叶片。加大对电控系统技术，风电太阳能联合发电技术，风电和水能联合发电技术、变流器装置关键技术，整机设计技术，海上风电技术，大型并网风电机组短时蓄能技术，叶片、主轴、发电机、塔架等关键配套零部件及材料制造等共性技术或关键技术的研发。建立天津风电装备研究试验中心，推进风电产业创新发展。重点实施南车风电机组产业化基地、明阳2.5MW风力发电机组制造、西门子变速箱增资扩能、5MW海上风电机组叶片研制等项目，构建以整机为龙头、零部件配套及相关服务为支撑的完备的产业体系。到2015年，风电整机生产能力达到7000MW，2.5MW以上齿轮箱达到2000套。

3. 光伏发电领域。

壮大单晶硅、多晶硅、非晶硅薄膜太阳能电池产业规模，重点突破薄膜电池、聚光电池、BIPV系统集成等领域的共性技术或关键技术，积极开发砷化镓聚光太阳电池、铜铟镓硒太阳电池、太阳电池减反射玻璃、透明导电玻璃。重点实施中电科光电产业基地、英利光伏产业基地、京瓷太阳能电池板、高效太阳能电池的研发和产业化、非晶硅柔性太阳能电池产业化等项目。到2015年，太阳能光伏总产能达到7000MW，建成国内技术水平最高的太阳能电池研发基地和品种最全、生产规模最大的系列太阳能电池产业化基地。

4. 核电领域。

重点发展核电站汽水管道用高等级不锈钢无缝管及钛合金管材、核电站壳体用预应力钢材、核电站用海绵锆、大型高品质铸锻件等核电装备关键配件和材料，积极开展高等级压力容器、核电站用泵、阀门等核电有关设备技术攻关,加快主设备及配套设备制造能力建设,积极推进重点骨干企业进行关键零部件技术开发和产业化,形成规模生产能力。重点实施核电设备研制、核电站专用管件生产、核电设备乏燃料储运器制造等项目。

5. 生物质能领域。

充分利用非粮作物、植物和农林废弃物,大力开发低成本、规模化、集约化生物能技术,积极培育生物能产业,促进生物质能的大规模应用。重点实施生物能源产业基地、生物柴油、沼气容器等项目。到2015年,实现生物柴油20万吨、燃料乙醇10万吨的生产能力。

(二)新材料产业。

1. 先进复合材料领域。

围绕航空航天、轨道交通、造修船等领域,大力发展碳纤维、玻璃纤维和高强度高分子纤维增强树脂基复合材料,高性能碳/碳复合材料、金属基复合材料、超耐高温陶瓷基复合材料、新型柔性多功能纤维集合体材料等新型复合材料。重点实施航空橡胶件生产基地、波音复合材料二期工程、天塑双向拉伸聚丙烯新型基材生产等项目。

2. 新型功能材料领域。

重点发展高温超导材料、微电子材料、智能凝胶、智能纤维和智能粘合剂等智能材料等。开发化学表面活性剂、特种涂料、特种橡胶、环境友好型材料等新型功能材料。开发金属陶瓷、稀土钕铁硼永磁体材料、铁铬钴可加工永磁材料、喷涂铝箔及彩印复合包装材料等新型功能材料。重点实施新一代永磁材料制备、铁铬钴可加工永磁材料升级改造及产业化、功能陶瓷材料生产等项目。

3. 电子信息材料领域。

积极发展集成电路及半导体材料、光存储材料和器件、发光二极管材料、硅基材料、光电转换材料、能源转化及储存材料、光纤材料、新型电子元器件、单晶硅芯片材料、新型节能型功率器件等。掌握电子新材料制备的关键核心技术,重点突破大直径、高质量半导体晶体生长和晶体加工技术及外延技术,高性能柔性材料产业化技术,无铅大功率压电传感器材料关键制备技术,电子陶瓷材料和无源电子元件的复合化和集成化技术等。重点实施LED新光源外延片、区熔硅单晶片产业化制造、新型平面中高压MOSFET芯片研发及产业化等项目。

4. 化工新材料领域。

重点开发高性能工程塑料、高性能纤维材料、高性能聚氨酯、高性能聚烯烃、新型催化剂及加工助剂、纳米复合高分子材料等高分子合成材料及新型化工功能材料。推广可熔融含氟聚合物、特种工程塑料合成技术。开发关键中间体制备、塑料合金和复合材料相容性等技术。重点实施表面活性剂研发转化基地、天碱8万吨聚甲醛、渤化精细化工基地、高档气相二氧化硅等项目。

5. 金属新材料领域。

重点发展各种新型高强高韧、高比强高比模,高强耐蚀可焊,耐热耐蚀铝合金材料、镁合金、铬钼钢材料、钛合金材料、粉末冶金材料等高性能结构材料。突破金属定向凝固技术、精密锻压技术、热等静压技术、超细粉末制造技术。重点实施高性能磁性材料、稀土硅铁镁合金生产、高强度耐磨镍铬合金材料生产等项目。

6. 生物医学材料领域。

重点发展组织工程材料、仿生材料、生物活性材料、可降解和可吸收生物材料、组织和器官修复与替代材料、高档医疗器械材料、药物靶向和控释载体等生物医学材料,掌握一批高端材料制备关键技术。重点实施华圣蓝金膜生产基地、血液净化器、一轻医用塑料等项目。

7. 纳米材料领域。

重点发展高性能纳米纤维、纳米颗粒和纳米碳管、纳米磁性液体材料、纳米半导体、纳米隐身材料、纳米复合高分子材料、纳米界面材料、纳米功能涂层等材料,研究纳米技术与仿生、人工智能等集成技术,掌握纳米材料的制备技术,推进纳米碳功能材料在催化剂、涂料、填料、封装材料及医疗保健品等产品中的延伸应用。建设国家纳米技术与工程研究院纳米检测研发的公共服务平台,筹建全国纳米技术与材料产业创新战略联盟,创建国家纳米技术国际合作研发转化基地。

六、保障措施

(一)加强统筹规划,完善制度建设。

成立天津市新能源新材料产业发展协调小组,建立新能源产业发展联席会议制度,加强产业发展和布局的宏观指导,引导区域间分工合作,促进产业合理布局。建立专家咨询制度,聘请国内外专家担任产业发展的决策咨询顾问,成立若干个不同领域的专家小组,对重大技术问题提供咨询和指导。建立新能源新材料产业的经济核算统计制度,完善新能源新材料产业统计监测,建立科学的新能源新材料产业统计指标体系。

(二)加大政府扶持,提升发展速度。

加大政府投入,鼓励建立产业风险投资基金,形成以政府投入为引导,以企业投入为主体,金融资本、民间资本、海外资本广泛参与的多元化投入机制,为技术创新和成果产业化提供有力的支持。开通新能源新材料产业"绿色通道",对新能源新材料产业重大项目和关键项目的立项审批实行"绿色通道",采取专人负责、代理服务,加快项目推进。

(三)引进培养人才,构筑创新高地。

鼓励高校和职业技术院校加强对新能源新材料专业人才的培养,支持企业、科研院所和社会力量开展各种新能源新材料产业相关技术培训。鼓励企业采取多种措施加强对高水平研发人才、高技能生产人才和高层次管理人才的培养,全面提升各类人才的素质和能力。支持企业加大对各类高层次人才的引进力度,采取团队引进、核心人才引进、项目引进、共建研发机构等方式吸引海内外高技术人才,为产业发展提供支撑。

(四)搭建服务平台,提供保障服务。

建立天津市新能源研究院、风电研发中心、绿色电池等产业联盟,开展核心技术研究,加强技术跟踪,提升新能源新材料技术创新能力。依托现有高校重点实验室、有关研究院所等研究机构，建立公共服务平台。充分发挥行业协会、产业联盟组织及产学研用创新联盟组织的作用，加快行业内部信息交流，为产业发展提供保障服务。

（五）实施示范工程，带动产业发展。

大力推进光伏太阳能、风力发电、智能电网、LED 照明等在重点区域、重点行业的示范应用。以大神堂风电场为示范，加速设备部件及控制软件的研发配套，促进风电产业发展。以天津工业大学新校区 LED 半导体绿色照明示范工程为名片，积极推进 LED 产业的推广应用。通过示范应用，促进产业自主创新，拓展产业发展空间。

（六）加强区域合作，促进协调发展。

加强京津冀区域科技经济合作，实现优势互补、错位发展、互利共赢。充分利用北京等地雄厚的科技研发资源，加快京津冀企业、高校及研究机构间科技合作，增强我市技术研发能力，提高科技创新水平。建设高水平的新能源新材料成果转化基地，积极引入已具备产业化条件的科技成果，来津实现成果转化。加快建设跨区域公共技术平台、产业信息交流平台、政府间合作平台等公共平台，促进地区间新能源新材料产业资源共享。

福建省“十二五”战略性新兴产业暨高技术产业发展专项规划

前言

“十二五”时期，是福建加快转变经济发展方式，推动科学发展、跨越发展的关键时期，也是我省战略性新兴产业和高技术产业发展壮大的重要战略机遇期。大力发展高技术产业、加快培育战略性新兴产业，对提高我省自主创新能力，引领产业结构调整升级，转变经济发展方式，打造东南沿海先进制造业基地，推动以福建为主体的海峡西岸经济区建设，具有重要意义。

根据国家发展改革委、省政府关于“十二五”专项规划编制工作的要求和《福建省国民经济和社会发展第十二个五年规划纲要》，省发展改革委组织编制了本专项规划。规划阐述了未来五年战略性新兴产业暨高技术产业的发展基础、总体要求，明确了主要任务，提出了保障措施，是贯彻《国务院关于加快培育发展战略性新兴产业的决定》的重要行动计划和具体工作部署，是全省“十二五”规划纲要培育发展战略性新兴产业内容的深化细化，是推动全省战略性新兴产业和高技术产业发展工作的指导性文件。

本规划基期为 2010 年，规划期为 2011 ~ 2015 年。

第一章　发展基础

“十一五”时期，围绕建设“东部沿海地区先进制造业重要基地”的战略定位，我省高技术产业努力克服国际金融危机带来的不利影响，保持了稳定、良好的发展势头，基本实现“十一五”规划确定的目标任务。随着国家培育发展战略性新兴产业和支持海峡西岸经济区在两岸交流合作中发挥先行先试作用的各项政策措施出台，我省战略性新兴产业面临难得的跨越发展新机遇。

一、主要成效

（一）增长势头保持良好，产业结构持续改善。高技术产业产值，从 2005 年的 1438.8 亿元，增至 2010 年的 2630 亿元，增长 1.8 倍，年均增长 11.9%。高技术产业增加值 2010 年达到 591.97 亿元，比 2005 年增长 1.62 倍，年均增长 10%。

专栏一　战略性新兴产业和高技术产业

战略性新兴产业：是指由于科学技术的重大突破性进展所形成、对经济社会发展和国家安全具有重大和长远影响的新部门和新行业。

战略性新兴产业七大行业：新一代信息技术、生物与新医药、新材料、新能源、节能环保、高端装备制造、海洋高新产业。

战略性新兴产业 17 个领域：新型平板显示、新一代网络和高端通信设备、物联网、生物工程、新医药、新型光电材料、功能稀土材料、新一代轻纺化工材料、半导体照明（LED）和太阳能光伏、动力与储能电池、新一代生物质能、节能环保技术及装备、智能化装备、专用装备、海洋生物资源开发、海洋工程装备制造、海水综合利用。

战略性新兴产业主攻 5 个重点：新型平板显示、新一代网络和高端通信设备、生物医药、半导体照明（LED）和太阳能光伏、节能环保技术及装备制造。

高技术产业：通常是指那些以高技术、新技术为基础，从事相关产品的研究、开发、生产和技术服务的产业集合。主要包括电子信息、生物医药、新材料、航天航空、新能源、先进环保、高技术服务业、高新技术改造传统优势产业等。

医药制造业、医疗器械及仪器仪表制造业等发展相对较快，年均产值增幅分别达 19%、24%，在高技术产业中比重持续上升，高技术产业结构明显优化升级。

（二）主导产业规模扩大，继续保持全国前列。电子信息产业规模进一步扩大，全行业销售收入从 2266 亿元上升到 4135 亿元，五年平均增长 12.7%。2010 年信息产品制造业实现销售收入 2800 亿元，居全国第六位，出口交货值 1203 亿元，居全国第五位；软件及系统集成产业实现销售收入 575 亿元，五年平均增长 40%，增速居全国前列。移动通信设备、路由交换机、白光 LED、应用及信息安全软件等的研发处国内领先水平。

（三）高新园区发展壮大，产业集聚效应突显。全省基本建成福州、厦门、泉州 3 个国家高新技术产业开发区和漳州、三明、莆田等 3 个省级高新技术产业技术开发区；形成了福厦新型平板显示产业、计算机及网络产品、软件产业，厦泉移动通信产品、厦漳数字视听、漳州节能光电等产业集群；同时在闽西北、南平和三明等地初步形成了新材料、生物医药等特色产业集群。

（四）新兴产业培育加快，部分领域优势明显。新材料、新能源、生物与新医药和节能环保等产业形成了一定的产业规模和技术优势；光电材料、稀土材料等方面在国内同行业中占有一席之地；非晶硅薄膜太阳能电池生产在全国处于领先地位。节能环保产业规模和技术居全国中上游水平,除尘脱硫技术居全国领先地位。我省已成为国内基因工程蛋白质药物、体外诊断试剂、抗艾滋病药物、抗乙肝病毒药物等重要生产基地,农业生物育种技术和作物转基因技术跻身全国优势行列。

专栏二　主要高新技术产业开发区

福州国家高新技术产业开发区:主要产业为电子计算机及办公设备制造、电子及通信、软件及信息服务业等,其增加值约占全省高新技术产业增加值的6.3%。

厦门国家高新技术产业开发区:主要产业为光电显示器件、LED芯片及封装产品、软件、生物医药、数字视听、移动通信、新材料等,其增加值约占全省高新技术产业增加值的14.5%。

泉州国家高新技术产业开发区:主要产业为微波通信产业、光伏产业、数字视听、化工轻纺新材料产业等,其增加值约占全省高新技术产业增加值的3.1%。

漳州省级高新技术产业开发区:主要产业为数字视听、光伏材料、光电产业等,其增加值约占全省高新技术产业增加值的0.7%。

三明省级高新技术产业开发区:主要产业为生物医药、新材料等,其增加值约占全省高新技术产业增加值的2.0%。

莆田省级高新技术产业开发区:主要产业为液晶显示、新型电子元器件、LED产业、功能陶瓷材料、新型涂料、轻纺新材料、生物医药等。其增加值约占全省高新技术产业增加值的3.1%。

(五)平台建设成效明显,创新能力不断提高。中科院海西研究院启动建设,酶高效表达、现代发酵技术、纳米材料、下一代网络等一批国家级和省级工程研究中心和工程实验室相继建成,中国海峡项目成果交易会作为全省科技成果转化平台的作用进一步凸显,功能进一步完善,影响进一步扩大,大大提高了我省产业共性关键技术的研发与科技服务水平,对提升自主创新能力、产业技术升级起到了积极推动作用。

专栏三　主要科技创新平台

国家级工程研究中心1个,省级工程研究中心17个;国家级工程实验室2个,省级工程实验室10个;国家级工程技术研究中心4个,省级工程技术研究中心68个;国家级重点实验室5个,省级重点实验室52个;国家级企业技术中心19个,省级企业技术中心258个。

同时,必须清醒看到,我省战略性新兴产业、高技术产业发展仍存在不少困难和问题。一是产业总体水平相对较弱,2010年高技术产业增加值占全省GDP比重为4.3%,低于全国4.8%平均水平,对经济增长的拉动作用不够明显;二是企业创新能力仍显不足,2010年全社会R&D经费投入占GDP的比重为1.16%,低于全国平均水平,发明专利数和周边沿海省市相比仍有差距;三是区域发展还不平衡,虽各设区市都有高新园区,但约70%的产业和重点企业分布在福厦两地,山区产业规模偏小、大型骨干企业偏少。

专栏四“十一五”期间高技术产业发展主要情况(单位:亿元)

	2005年	2006年	2007年	2008年	2009年	2010年
地区生产总值(GDP)	6568.9	7534.36	9249.1	10823	12236.53	14357
高技术产业产值	1438.81	1654.78	1797.81	1980.73	2100	2630.09
高技术产业增加值	370.88	378.7	436.3	489.54	492.96	591.97
高技术产业增加值占GDP比重(%)	5.65	5.03	4.72	4.52	4.03	4.12
R&D经费内部支出	53.73	67.43	82.17	102.13	126.54	165
R&D经费内部支出占GDP比重(%)	0.82	0.89	0.9	0.94	1.03	1.16

资料来源:《2010福建统计年鉴》和《统计快报》。

二、机遇挑战

(一)科技革命带来的成果与技术不断涌现,催生了新产业新业态。当前,新一代宽带网络、物联网、云计算等新技术发展正推动信息产业实现质的飞跃;以基因工程为代表的现代生物技术不断取得重大突破,新产品、新业态加速形成;多元化新能源在能源结构中份额不断提升;纳米技术开始从应用研究向产业化方向迈进。世界各国都更加注重发展高成长性、高带动性、高附加值的战略性新兴产业;跨国公司继续加快研发设计、生产制造、营销服务的对外转移,这些都为发展战略性新兴产业、高技术产业带来新的契机。

(二)发展方式转变和消费结构升级,产生了发展内在动力和市场空间。受制于环境、资源等瓶颈约束,转变发展方式迫切需要大力发展新能源、新材料、节能环保等战略性新兴产业,迫切需要加大以高新技术改造提升传统产业力度;随着我省人均GDP超过5000美元,城镇化水平不断提高,消费结构将加速升级,对高技术产品及服务的需求持续增强。这一切为我省发展战略性新兴产业、高技术产业带来巨大动力和市场空间。

(三)海峡西岸经济区建设纵深推进,营造了闽台产业深度对接的新热点。闽台在电子信息产业等领域交流合作已有一定基础,台湾的集成电路、半导体制造业、新型平板显示、物联网等产业近来正加速向我省转移,创业风险企业也在寻求投资新机会,并带来现代管理与技术;最近台湾当局又提出大力发展精致农业、绿色能源、生物科技、文化创意等新兴产业,一批台商产业园、创业园即将启动建设,这必将成为新一轮闽台产业对接的热点。

（四）优势产业和特色资源的突显，奠定了新兴产业跨越发展的基础条件。整体规模、技术水平居全国前列的信息产业，拥有国家高技术产业基地、厦门国家 LED 照明工程产业化基地和泉州微波通信产业基地等，正加速形成平板显示、软件和信息服务、高端通讯设备等若干千亿级产业集群；丰富的稀土资源、生物资源、海洋资源奠定了新材料、生物医药和新能源等战略性新兴产业跨越发展的良好基础。

总的看来，"十二五"我省将面临难得的历史机遇，也面临新的挑战。一是我省承接世界先进技术及产业转移的基础和能力仍较薄弱；二是经济发展方式转变在体制机制上仍存在不少障碍；三是周边省域产业升级加剧，竞争激烈，我省的优势相对减弱；四是国际上高技术产业贸易和投资保护主义重新抬头，技术和产权壁垒更趋强化等。我们必须全面认识和深刻把握国内外形势变化的特点和规律，牢牢把握机遇，积极应对挑战，不断开创战略性新兴产业、高技术产业发展的新局面。

第二章　总体要求

"十二五"时期，要以转变经济发展方式为目标，以科学发展、跨越发展为主线，顺应世界科技飞速发展带来的新机遇新挑战，加快产业升级换代，积极谋划战略性新兴产业、高技术发展重点，培育壮大具有我省区域特色的产业集群。

一、指导思想

紧紧抓住国务院支持我省加快建设海峡西岸经济区和加快培育发展战略性新兴产业的新机遇，跟踪世界高技术产业发展动态，立足现有产业基础，充分利用国际和国内资源，加强创新引领，不断加快以电子信息产业为主的高技术产业的转型升级，进一步改造提升传统优势产业，大力培育壮大区域特色和比较优势的战略性新兴产业，力争建成一批有自主核心技术、有一定市场规模和良好经济社会效益的产业集群，推动产业结构转型升级，为建设创新型省份、海峡西岸先进制造业基地提供有力支撑。

二、基本原则

（一）坚持市场驱动与政府引导有机结合。把市场作为产业发展、创新能力提升的出发点，发挥企业在技术创新活动中的主体作用，使企业真正成为推动产业发展的决策主体、投资主体、研发主体和受益主体。同时加强政府规划指导和服务功能，整合资源、拓展需求、循序渐进、形成规模，努力营造政府、企业"双轮驱动"的战略性新兴产业、高技术产业发展格局。

（二）坚持重点突破与整体推进有机结合。紧紧围绕战略性新兴产业、高技术产业发展重点，有所为有所不为，把有限的科技资源集中到事关战略性新兴产业发展的关键技术、领域，集中到事关企业科技创新能力提升的重要环节，突出重点，合理布局，通过示范工程、基地建设和龙头企业培育，发挥导向、牵引、辐射和带动作用，延伸产业链，壮大产业集群，增强产业的发展水平和竞争能力。

（三）坚持自主创新与技术引进、利用全球创新资源有机结合。推进产学研联合攻关，构建政府—企业—高校—科研院所—金融机构相结合的产业技术研发模式，推动一批关键共性技术开发，大力推进科技成果产业化；同时，积极引进境外先进技术，加快引进、消化、吸收和再创新，主动承接台湾产业和技术转移。

（四）坚持发展高技术产业与提升改造传统优势产业有机结合。按照成长性、创新性、带动性和发挥比较优势的要求，大力培育战略性新兴产业、发展高技术产业，使之成为经济社会发展的主导力量。另一方面也要积极推进高技术产业与传统产业融合，用高新技术改造提升传统产业，促进产业结构优化升级。

三、主要目标

（一）产业增长目标

2015 年战略性新兴产业增加值 3000 亿元，占当年 GDP 的 12% 以上。高技术产业增加值为 1500 亿元，年均增长 20% 以上，占当年 GDP 的 6% 以上；高技术产品出口交货值年均递增 18% 以上，达到 3500 亿元。

（二）科技发展目标

"十二五"期间，力争突破 100 项具有重大支撑和引领作用的关键技术，实施 100 项技术水平国内领先国际先进重大科技成果的转化项目，培育 100 项具有自主知识产权和引领产业发展的重大战略产品。

2015 年全社会研究与开发经费（R&D）投入占地区生产总值的比重达 2.2%，达到全国平均水平；重点高技术企业研发经费投入占其当年销售收入达到 5% 以上。

（三）结构调整目标

2015 年电子信息产业增加值达 2500 亿元，其中新一代信息技术产业增加值 1200 亿元，继续保持主导产业地位；新能源产业增加值 600 亿元，节能环保产业 500 亿元，新材料产业增加值 400 亿元，成为新的主导产业；生物医药产业、高端装备制造产业、海洋高新产业等成为新的增长点。

拥有 10 个销售收入过百亿、100 个销售收入过 20 亿的高技术企业；形成一批产业链条完善、特色鲜明、创新能力强的高技术产业集群。

四、空间布局

依据福建省产业发展相关规划和战略性新兴产业和高技术产业发展的规律，根据各区域产业基础、资源禀赋、交通条件、公共配套等发展条件，以国家和省级高新技术园区、创业园与台商投资区等为重点，以沿海铁路和高速公路为主轴、以海西区综合交通网络为纽带，形成"一轴、两极、三集聚"的轴带相间、区块集聚、点线面结合的产业空间布局架构。

（一）"一轴"。系指北起宁德、南至漳州的沿海战略性新兴产业聚集带，以沿海交通主干道为主轴，依托区域产业基础，突出沿海资源特色，其中宁德以三都澳主要产业集聚地，重点发展锂电池、镍合金材料、高效节能电机及海洋功能性食品等；莆田主要以莆田高新技术产业园区、华林经济开发区、湄洲湾北岸经济开发区为平台,重点发展LED照明、液晶显示器、轻纺新材料等;泉州重点发展光伏产业、新型产业机械、新型纤维原料和织造技术、新型建筑石材与陶瓷材料、精细化工、生物医药、海水综合利用等;漳州重点发展光电、IT信息及数字视听、新材料、海洋工程机械、植物有效成分萃取、海洋功能食品、风机制造等;平潭重点承接台湾高新技术产业转移,优先发展新一代信息技术、新能源、海洋高新产业等战略性新兴产业。

(二)"两极"。系指以福州、厦门两个国家高新技术产业开发区为核心,强化厦门、福州高技术产业集聚效应和区域辐射带动作用,提升研发、设计服务水平,增强辐射带动能力,成为我省战略性新兴产业暨高技术产业发展的主要增长极。福州重点发展计算机及网络产品、软件和集成电路、数字视听产品、物联网、催化材料、环保技术和设备等,厦门重点发展光电材料与器件、高世代液晶面板、高端通讯、LED和太阳能光伏、生物医药、新能源汽车、海洋生物资源开发、海水淡化和海洋装备制造等。

(三)"三集聚"。系指闽北的武夷新区、闽中的三明生态工贸区、闽西的龙岩产业集中区三大板块。依据该板块现有产业基础和资源条件,合理规划,积极承接国内外高技术产业转移,大力构建有区域特色的高技术产业体系。武夷新区重点布局生物制药、电子信息、特种电缆、精细化工、竹木复合材料、环保设备、现代农业和创意产业等。三明生态工贸区重点发展数控机床、生物医药、高档纺织面料、稀土材料、精细化工、光机电一体化以及生物质能源等。龙岩产业集中区重点发展新型工程装备、环保设备、稀土材料、硬质合金材料、太阳能级多晶硅、精密机械铸锻件以及生物制药等。

第三章　主要任务

通过加强科技创新能力建设,拓展提升618成果转化平台服务功能,依托产业化示范工程,推动产业链上下游协同配套,支持各类产业园区加快资源整合和二次创业,着力打造产业聚集带,进一步做强主导优势产业,培育发展战略性新兴产业,推进新兴产业规模化、高新技术产业化、传统产业高端化。

专栏五 战略性新兴产业发展规模

新一代信息技术产业:2015年增加值1200亿元,年均增长超过20%,培育年销售收入百亿元企业20家以上,软件及信息服务业百亿元企业5家以上。

生物与新医药产业:2015年产值880亿元,年均增长22%;增加值250亿元。培育形成20家销售收入5亿元以上的龙头骨干企业。

新材料产业:2015年产值1600亿元,增加值400亿元。力争培育10家销售收入达10亿元以上、50家销售收入达5亿元的大企业(集团)。

新能源产业:2015年产值达2500亿元,年均增长35%,增加值600亿元。培育1-2家销售收入超100亿元、10家超50亿元的企业(集团)。

节能环保产业:2015年产值达2080亿元,年均增长20%,增加值500亿元,培育节能环保产业骨干企业40家,销售收入超20亿元的节能环保产业集团10家。

高端装备制造产业:2015年产值达2000亿元,年均增长20%以上,增加值600亿元,培育10家销售收入达30亿元以上的企业。

海洋高新产业:2015年产值达1000亿元,年均增长25%以上,增加值250亿元。

一、做大做强信息产业

抓住国家组织实施三网融合、新一代网络、北斗导航卫星应用等重大工程的机遇,突出数字化、网络化、国际化发展特点,强化集成创新,大力促进电子信息产品制造由外延型向内涵型、由加工组装为主向集研发、生产、服务、应用一体化转化,在做大产业规模同时,促进产业向高端、融合应用方向发展。

(一)软件和集成电路:加快海量数据处理软件、云计算软件、智能终端软件、信息安全软件的开发,重点支持面向电子政务、电子商务、农村信息化等领域的应用软件开发,支持软件出口及服务外包。大力扶持福州、厦门、泉州软件园建设,重点发展大尺寸芯片、集成电路陶瓷封装、大功率数模混合集成电路。发展高性能专用芯片设计技术,重点支持个人移动信息终端SOC核心处理芯片、音视频处理芯片、数字对讲机SOC芯片、物联网感知与信息识别芯片、面向三网融合的智能终端芯片、高可靠性的汽车或工业控制SOC芯片、北斗卫星导航系统芯片等研发和产业化。继续扶持福州、厦门等地IC设计公共服务平台建设。

(二)新型显示器件:围绕重点整机需求,开展影响大功率LED产品性能的关键技术攻关,提高芯片的光提取效率、降低器件热阻、提高器件寿命、优化控制与驱动电路等,促进高功率外延片和芯片制造发展。大力发展高世代TFT-LCD、OLED等新型平板显示器件以及平板显示用偏光片、彩色滤光片、触摸屏、背光零组件材料、ITO导电玻璃与电极材料、介质材料、荧光材料和OLED发光材料等关键材料。扶持E-paper、激光电视、三维显示电视、场发射显示器和微型投影仪等显示技术的研发和产业化。

(三)新一代网络和计算机:大力实施宽带战略,强化新一代网络技术开发,积极发展数字化、网络化、便携式电脑一体化产品;支持基于三网融合的各种新型升级换代数字产品和个性化网络产品。发展适合云计算的设备,支持云计算技术在数据中心网络、基础设施、高速城域网、信息安全、IT运维、无线自由组网等各类网络产品的研发应用。重点推进计算机设备、先进支付设备、网络产品、高性能路由器、网络融合和互通设备、软交换设备、无线宽带接入设备和配套产品生产。加快形成集研发、生产为一体的计算机及网络产品及其配套产品产业链。

(四)高端通信设备:推动3G增强型技术的研发和相关产品的产业化;重点支持具有自主知识产权的TD-LTE、4G、宽带无线接入等后续技术的研发和产业化,发展移动通讯关键配件及元器件,各种基站和直放站,微波通信直放站核心模块,射频无线电通信设备,移动通信功率放大器,密集型波分复用器,可视电话,卫星通信配套设备,导航定位系统设备等产品；推动对讲机“模转数”工程；实施北斗卫星导航系统系列应用产品研发和产业化；推广数字化广播电视网络建设和4C(计算机、通信、消费电子、内容)融合。

(五)物联网：重点发展物联网硬件、软件、系统集成及运营服务四大核心产业，培育形成从材料、技术、器件、系统到传输网络等较为完整的物联网产业链，大力支持智能识读机、智能卡、传感器、核心芯片、视频监控等物联网的关键设备的开发与产业化。支持智能电网、智能交通、智能家居等智能系统建设。加大应用研发，推进物联网示范，继续推动鼓楼、武夷山、龙岩等物联网示范区和平潭“智慧岛”建设，促进物联网在交通物流、环境保护、城市管理、公共安全、教育培训、工业监测、地质灾害预警监测、食品药品安全等领域的应用与普及。

(六)数字视听：重点研发数字电视产品专用集成电路芯片、显示模组、嵌入式控制软件、专用软件、基于我国自主标准的AVS/DMBT/三网融合的数字视听前端和终端产品制造技术，推动高清数字电视，激光视盘机，卫星接收机与数字电视机机顶盒，新型平板电视机，数码影像设备等多媒体终端产品的升级换代。

二、发展壮大生物与新医药产业

发挥我省在基因重组工程蛋白质药物、体外诊断试剂、抗艾滋病药物、抗乙肝病毒药物和氨基糖苷类抗生素等领域优势，大力促进重大疾病防治的生物技术药物、新型疫苗和新型诊断试剂、化学创新药物和现代中药研发和产业化。

(一)生物医药：加快在基因工程、酶工程、发酵工程等方面形成若干拥有自主知识产权的生物创新药物的开发，重点发展活性蛋白、人源化治疗抗体、戊肝疫苗、宫颈癌疫苗、尖锐湿疣疫苗、PEG(聚二乙醇)化重组蛋白质系列药物等一类新药以及新型生物制品的剂型制备技术等；支持发展高端生物保健食品。

(二)新化学药：推进化学创新药的研发，支持心脑血管、抗肿瘤、抗乙肝病毒、抗艾滋病等药品产业化；支持新型抗癌光敏剂、强效免疫抑制剂等一批创新化学药物研制；加快传统原料药及普药骨干生产企业的技术进步，支持头孢类、氨基糖苷类抗生素、以7-ACA为母核的下游产品以及拉米夫定、恩替卡韦和泰诺福韦酯形成生产规模。

(三)中药及天然药物：加快发展具有显著中医药特色和优势的中药复方药物及中药创新药；支持中药及天然药物提取、分离、纯化、合成技术研发及其产业化，重点支持多烯紫杉醇、雷公藤甲素研发及产业化；支持红豆杉、雷公藤、太子参、巴戟天、厚朴、泽泻、草珊瑚等道地中药材基地及良种繁育体系建设，并开展有效药用成分的提取和深加工；加快中药的剂型改造和二次研发，优先发展用于治疗肿瘤、免疫功能性疾病、病毒性疾病和老年性疾病的中成药。

(四)医疗器械：推进医学、信息、材料等领域的最新产业技术的交叉融合，提升生物医学工程产品的快速开发能力；重点发展快速、自动化的临床检验分析仪器设备、监护仪器设备；支持免疫组化、分子诊断等体外诊断试剂产业的发展壮大；支持利用磁感应(介导)技术治疗肿瘤、数字化口腔医学影像、轨道式腰硬联合麻醉穿刺包等新型医疗器械设备的开发应用；建设全球性助听器产品生产基地；支持发展利用新材料的骨科内固定产业，积极推动科技含量高、附加值高的新型医疗器械产品的开发和产业化。

(五)生物制造：大力推进工业催化、生物改性、生物转化等酶产品产业化，推进传统产业的技术进步；重点推广发酵工程、微生物分子育种和人工定向进化、代谢工程等技术应用研究，提高微生物制造技术水平。支持以农林可再生资源为原料发展生物材料、采用微生物发酵合成法制备生物基单体化工原料和生物基绿色化学品的技术研发和运用；支持开发利用我省生物质资源生产纤维素新材料、新产品技术的开发研究与应用，推进高值化利用。

(六)生物农业：围绕保障食品安全和农业现代化，支持利用细胞工程、基因工程等生物技术开展培育、选育农作物、畜禽、水产等动植物优良品种；开展优质种苗繁育关键技术研究；发展新型生物农药、生物饲料、有机复合肥、兽用渔用疫苗等产品。支持杀虫、防病、促生的新型高效多功能生物药肥、农药、杀菌剂、防菌剂的研究开发及产业化；利用生物技术推进特色农林产品深加工基地建设。

三、加快培育新材料产业

立足我省现有光电材料、催化及光催化材料、改性高分子材料、稀土材料等技术优势和综合实力，大力发展复合纳米、智能等共性基础材料，提升高性能结构材料、新型功能材料等特种材料的发展水平。

(一)光电材料：围绕做大做强具有优势和特色的晶体等光电材料，发展闪烁晶体、红外非线性光学晶体，蓝、绿光晶体组件和新型人工晶体等特殊高端产品；通过系统集成创新，推进激光器整机系统建设和应用步伐；着力发展电子级单晶硅产业，带动晶圆等微电子产业的发展。以全色系超高亮度LED外延及芯片产业化为先导，加快蓝宝石衬底、稀土荧光粉、超高亮度LED外延片和芯片等上游项目建设。发展激光显示中的核心光电子材料与器件的低成本规模化制备和加工关键技术。

(二)改性高分子材料：紧紧抓住市场对特种功能性材料的需求，发展建筑与交通防火涂层材料，工业阻燃涂层材料，聚氨醇等鞋材用粘胶剂，服装皮革涂层材料，汽车、船舶用抗冲耐刮、耐腐蚀等功能性涂层材料。发展埋地钢塑复合缠绕管和大口径波纹管、高温阻燃增强PET节能灯专用料、PVC无铅化管材以及高抗冲、高耐磨、静音等功能型塑料管材；高性能复合聚脂纤维材料，高吸油率、超吸水保水、车辆轻量化等复合材料；开发稀土无机粉体改性塑料及其产业。

(三)化工轻纺新材料：加快推动特种用途的化工纺织新材料的发展；推动竹纤维等纤维素纤维、新型差别化纤维或功能化纤维在面料中的应用，着力发展远红外、抗紫外、抗静电、相变等新型功能性纺织面料；扶持活性炭产业发展，积极扩大竹炭纤维，竹炭催化、竹炭净化、竹炭保健、车用活性炭等产品的生产。

(四)稀土材料：推广稀土开采新工艺，优化矿产资源配置，发展稀土金属材料和稀土功能材料，突破稀土掺杂物形态、绿色合成方法及其制备工艺的稀土速凝铸片工艺。发展稀土功能性材料,包括稀土磁性材料及稀土电机、稀土储氢材料及应用产品、稀土荧光粉及照明器件、稀土功能助剂、稀土转换膜、超大磁致伸缩材料、稀土硫化物涂料及颜料等。

(五)催化及光催化材料:推进煤化工、化肥催化、环保催化领域中新型、高效、节能、低污染催化材料的发展;突破实用化光催化复合技术,发展室内空气净化、水体净化、工业废水深度处理与回用的光催化材料和相关设备。

(六)高性能硬质合金材料:重点发展高性能真空挤压钨钢棒材、钨钢数控刀具、硬质合金螺旋刀片、数控刀具、超细碳化钨粉、超细晶粒硬质合金、高速工具钢及超硬负荷材料等,积极推进硬质合金产业园等基地建设,着力打造硬质合金产品制造基地和出口基地。

四、大力发展新能源产业

依托太阳能光伏的产业基础和风能、生物质能的资源优势,强化项目引进,完善产业链,形成区域产业集群优势,着力发展核能及相关配套产业,积极推进风电规模化,因地制宜开发生物质能。

(一)太阳能:以持续提高转化效率和降低光伏发电成本为目标,重点发展晶体硅电池、薄膜电池、聚光太阳能电池和多结砷化镓电池,完善晶硅铸锭、硅片切割、薄膜材料、电池组件、光伏发电产品、特种导电玻璃、辅助材料及装备、工程设计施工与应用产业链。重点开发太阳能热水器、太阳能LED一体化、空气集热器及太阳灶等相关产品和技术。重点支持开发或引进大容量太阳能并网发电系统集成设备。

(二)风电产业:继续推进陆上风力发电的规模化开发,积极推进海上风力发电项目建设;支持塔架、轴承、控制系统等关键零部件的研发与制造;加快推动变速恒频风力发电机组、中小型离网式风力发电设备和新型风光互补集成应用系统的产业化,扩大风电装备制造规模,建设东南沿海风电装备制造基地。

(三)生物质能:统筹各类生物质能源开发,利用农林废物、生物质植物,因地制宜发展生物质发电,充分利用荒山、坡地积极规划菌草、无患子等能源植物的规模化种植;开发以木本油料林、微藻为原料的生物柴油规模化生产新技术,发展非粮食生物质液体燃料规模化加工业;规范以餐饮业废油、油榨厂油渣为原料的生物柴油规模化生产;鼓励研发新型催化剂及高效生物转化酶,提高生物质液体燃料制备转化率。

(四)新型环保电池:推动锂离子动力电池、镍氢电池、燃料电池、大容量储能电池、动力聚合物锂离子电池及超级电容器的开发及产业化;积极发展新一代化学储能材料及器件产业;加快大容量动力电池的研发,促进新能源汽车的产业化。

(五)核能技术及相关配套产业:积极参与快堆、高温气冷堆等国家核电前沿技术的研发与示范,开展先进核燃料循环工程的研究与前期工作,积极支持厦门大学核能新技术研发工作,争取建设国家级核电实验室或国家核电工程技术中心。

五、着力提升节能环保产业

抓住国家大力推进节能减排的战略机遇,支持产品配套、集成和产业链延伸,加快培育一批拥有自主知识产权和知名品牌、核心竞争力强、主业突出、行业领先的大企业(集团)。

(一)高效节能:着力推动LED产业快速发展,完善从外延片、芯片制造、成品封装到产品应用的LED产业链。鼓励发展液晶显示背光源;隧道灯、路灯、汽车用灯等LED照明产品,支持开发生产医疗、农业等特殊用途的LED照明产品。支持开发生产LED驱动电源,推动高效照明产品的升级换代和产业化。加快高效电机、变压器、锅炉、窑炉、风机、泵类主要用能设备的技术开发和产业化。开发空气源热泵热水器等高效供热系统。发展新型节能建筑材料。发展节能家电和办公产品。大力推进合同能源管理新业态发展。

(二)先进环保:以解决突出环保问题为重点,着力发展脱硫、脱硝、高温滤料、电除尘和电袋复合除尘等技术和设备,提升有机废气回收和处置设备技术水平,加快臭气治理技术设备、饮食油烟治理技术与设备、三元催化剂等机动车尾气净化技术与设备的研发与推广。重点支持重金属脱除技术、废水治理技术、污水脱氮除磷技术的研发与产业化,大力发展废水膜治理回用、臭氧—活性炭自来水深度处理系统、紫外C消毒、油水分离器等技术设备,支持烟气、废水治理一体化技术与设备的研发与生产,发展污染源在线监测监控等技术与设备。

(三)资源综合利用:大力发展源头减量、资源化、再制造、零排放和产业链接等新技术,推进产业化、提高资源产出效率。发展清洁生产、工业固体废弃物、脱硫脱硝污染物回收利用、危险废物安全处置、生活垃圾及污泥资源化处理等技术与设备,支持开发生产垃圾低温裂解、焚烧、二恶英控制净化、高温微波消毒、高温高压粉碎处置医疗废物、有机垃圾微生物处理。

六、努力打造高端装备制造业

推动我省具有竞争优势的基础装备、基础工艺、基础零部件技术提升等高端装备制造产业发展壮大,增强企业核心技术创新能力,推进企业间协作,建设竞争力强的高端装备制造基地。

(一)智能化装备:大力发展高档数控机床;以提高装备综合自动化水平和高可靠性为切入点,发展冶金、石化、轻工、建材和包装等行业智能化装备、工业机器人、精密和智能仪器仪表与试验设备,推进制造、生产过程的自动化、智能化、绿色化。

(二)专用装备:积极研发特、超高压输变电设备;积极发展关键基础零部件、元器件及通用部件等;大力发展燃煤电站烟气治理设备、混合动力及先进环保发动机、新能源汽车,发展大型工程施工设备、大型制冷机组;攻克喷气织机、专用织造设备及关键零部件生产技术,扩大工程机械产品领域与品种。

(三)轨道交通装备:重点发展地铁车厢、轻轨车厢等轨道装备,形成轨道交通装备产业的特色产品。着力培育和提升轨道交通工程机械、工程材料和机电设备。大力发展轨道交通暖通、给水、排水、消防设备、变配电、动力照明、闭路电视、综合监控等系统设备。

(四)飞机维修装备:重点是扩大飞机最高级别(D检)的大型检修、飞机结构改装、客舱内部翻新、航电系统升级等飞机维修产业。

专栏六　战略性新兴产业主攻五大重点

新型平板显示:现有产业规模约1000亿元,主要分布在厦门火炬园区和翔安高新产业园、福州马尾和福清光电产业园、漳州高新区等。“十二五”期间,拟在厦门、福州、莆田市等新建、扩建若干新型平板显示企业,到2015年,产业规模将达2000亿元以上,整机产量将达到3000万台,其中新型面板约占一半以上。

新一代网络及高端通信设备:现有产业规模约1200亿元,在计算机及终端产品、3G直放站、网络系统设备和应用软件等方面产业基础较好,并拥有一批较强的技术开发和新产品研发人才队伍。主要产业分布在福州软件园、厦门软件园、泉州微波通迅产业基地等。到2015年,计算机及网络产业规模1000亿元以上;新一代移动通信产业规模1000亿元以上。

生物医药:现有产业规模约380亿元,在基因工程、酶工程、发酵工程、新型疫苗、诊断试剂和器械等方面具有一定的产业基础和规模。在厦大、福大、师大、医大、中医药大学和微生物所等拥有一批新药研发创新平台、人才队伍和科研成果。主要园区有厦门海沧、福州金山、泉州永春等生物医药产业园和南平、三明、莆田等生物产业基地。到2015年,产业规模将达880亿元。

LED和太阳能光伏:现有产业规模约200亿元,其中LED外延片和芯片产能占全国50%以上。主要分布在福州、厦门、漳州云霄、龙岩永定、泉州晋江和南安、莆田城厢等光电园区。到2015年,产业规模将突破1100亿元,其中LED500亿元,太阳能光伏600亿元。

节能环保技术及装备:现有产业规模约800亿元,在电除尘、污水及垃圾处理等领域具有较好的产业基础和规模。主要分布在福州、龙岩、泉州等。到2015年,产业规模将达到1800亿元。

七、积极开发海洋高新产业

通过人才培育、强化研发力度,发展海洋高端产业和海洋高技术新兴产业,调整优化海洋产业结构,推动海洋生物工程、海洋医药食品、海洋化工新材料、海洋能利用和海洋工程装备制造等海洋高新技术新兴产业发展,努力把我省建设成为“蓝色经济”强省。

(一)海洋生物制药:研发、生产一批新型海洋医药,大力支持海洋生物和海洋微生物高特异活性物质等海洋生物药源的开发,特别是河豚毒素以及甲壳素的提取及其系列产品开发;开发保健型和功能型海洋食品及海洋生物化妆品等。做大做强漳州诏安、厦门海沧、泉州石狮等海洋生物医药和保健品研发生产基地。

(二)海洋化工:开发海水化学资源和卤水资源综合开发利用技术,包括钾、镁、溴、氯、钠提取等及其二次产品制造;发展高端海藻化工产品及其衍生品,提高产品附加值;积极生产高性能、环保型、防腐蚀和防生物附着的新型功能涂料,扩大其在军工、海洋石油平台、船舶、海洋工程等领域的应用。

(三)海洋能利用:加快风能、海洋生物质能等海洋能源的开发利用,推动海洋微藻制备生物柴油和氢气的海洋生物质能源产业化。开展波浪能潮汐能利用的试验开发;推广发展海水源热泵技术。

(四)海水综合利用:发展海水淡化产业;推广电力、化工等行业应用海水直流冷却和循环冷却技术;开展海水农业技术研发;逐步扩大生活用海水的使用范围;建设若干海水综合利用的示范基地。

(五)海洋工程装备制造业:提升船舶工业装备技术,大力支持船舶关键零部件的研发与制造,推进专用汽车运输船、客滚船等新型船舶产业化。重点发展的海洋勘探、海底工程、海洋环保、海水综合利用、海上储油设备及油气生产平台、大功率风机、港口机械等海洋工程设备,形成特色产业链。

八、不断改造提升传统产业

结合我省传统优势产业发展需求,以市场为导向,通过战略性新兴产业引领,加强高新技术的研发和推广应用,实现产业结构优化升级,拓展传统产业发展的新空间。

(一)应用电子信息技术实现传统产业升级。着力促进企业发展集成平台技术、区域网络化制造平台技术、基于互联网络的产品异地协同设计与协同制造技术、基于动态服务器页面的网络化制造应用的集成技术、生产流程过程控制与自动化技术、基于数字信号处理的智能化控制高精密驱动技术、面向行业的三维数字化设计系统构件和专用工具等,加快技术改造与技术引进步伐,提高企业运营和管理水平。

(二)应用新材料技术提升产品质量和性能。着力利用新材料技术开拓轻纺及化工产业新的增长点,加快发展各种新型工程塑料、无纺布、合成纸、工程纤维等产品,推动造纸与包装等各类特种用途的化工新材料产业发展;发展新材料技术发展新型建材,发展环保抗污、抗菌的建陶新产品,积极推进外加剂新品种的开发与应用;积极发展新一代化学储能材料及器件产业,带动我省动力电池产业发展,并向下游的电动汽车领域辐射。

(三)采用高端装备提高生产加工水平。推广数字、智能化装备及技术,推动我省钢铁、石化、建材、造船等重工业和服装、食品、林产等轻工业加快技术装备更新、工艺优化和新产品研发,提升产品档次、技术含量和附加值,构筑有特色、竞争力强的传统产业基地。

(四)拓宽生物技术在优势产业中的应用范围。推动生物活性新材料在传统药用辅料和中医中药、生化制药、保健品产业的应用,促进传统秘方的产业化、规模化;积极推进造纸污染物的高效降解菌种构建和应用,研发造纸污水生物处理技术;借助先进生物技术,提升饲料产业的技术水平,壮大产业规模。

第四章　保障措施

进一步优化产业发展环境,加强政府政策扶持和规划引导,创新科技成果转化体制机制,推动官、金、产、学、研、用深度融合,不断提高战略性新兴产业、高技术产业发展质量和水平。

一、强化企业自主创新

鼓励高新区、产业集聚区、骨干企业与高校、科研院所进行产学研密切合作,布局建设一批科技研发平台和产业化基地。充分利用618平台开展项目成果和技术难题的双向推介,实现成果对接、技术转移、人才聚集。争取我省特色优势的工程研究中心、工程实验室等列入国家地方联合建设计划,扶持企业建立各种类型的企业技术中心、研发中心等,加大专利技术研发力度。鼓励企业和研发机构合作,申请国家、省科研项目。加强财税政策引导,完善激励自主创新政策体系,618成果转化资金等投入与企业纳税挂钩,鼓励企业增加研发投入,促进产业集聚区公共技术服务平台建设和中小企业创新发展,逐步建立以企业为主体技术创新体系。

二、推动产业集聚发展

充分发挥国家级、省级高新区的集聚、辐射和带动作用,优化资源配置,推动生产要素、科技资源向园区和基地集中。继续推进各类创业园、孵化器、生产力促进中心、大学科技园、软件园、产业基地建设。积极发挥行业协会在标准制定、信息发布、行业自律等方面的作用,推动产业协调发展。支持发展科技情报、知识产权、技术评估、检验检测、产权交易、成果转化等科技中介服务机构,提升科技服务水平,进一步推动中小企业走"专、精、特、新"的路子,不断延伸产业链。鼓励有条件企业开拓国际市场,"走出去"设立研发、生产基地,建立境外销售网络,实现规模化发展。

三、拓展投资融资渠道

加大科技创新资金投入力度,全社会研发资金投入占地区生产总值比重要逐年较大幅度提高,在"十二五"末力争高于全国平均水平。大力争取国家资金支持,省里给予适当配套。设立新兴产业发展专项资金,通过贷款贴息、补助和奖励等方式,扶持技术创新和成果转化。大力发展创业投资基金和风险投资基金,积极争取国家和省共同设立战略性新兴产业创投基金。支持有条件的企业上市融资或通过发行债券、票据等筹集发展资金;吸引私募股权投资基金支持企业发展;支持国家高新园区内非上市公司进入代办股权转让系统。鼓励引导金融机构加大对战略性新兴产业企业以及并购重组企业投融资的信贷支持,对发展前景、信用记录良好的企业提高授信额度,并给予利率优惠。

四、培育引进创新人才

发挥高校、科研单位学科建设作用,大力培养我省紧缺的行业高端人才。鼓励优势企业与高校、科研单位定向联合培养管理人才与高级技工。依托重大科技攻关项目,推行校企结合的高端人才培养方式,建立"海西高端创新创业人才数据库",引进行业领军人才。改革高校、科研院所评价体系和考核办法,鼓励科技人员面向企业开展合作研究和成果推广。落实人才培养、引进政策,实施优秀高技能人才奖励和紧缺人才培养政府购买制度,构建较为完善的高技能人才培养体系。鼓励和支持企业面向国内外有计划、有重点地引进各类高层次人才,逐步建立规范的人才有偿转让和自由流动机制。

五、深化对外产业合作

通过深化对外合作,尽快掌握一批关键核心技术,提升我省自主发展能力与核心竞争力。鼓励省外企业和科研机构在我省设立研发机构。支持省内有条件的企业在省外、境外开展联合研发和设立研发机构和跨国经营,提高国际化发展水平。充分发挥对台先行先试优势,积极承接台湾新型平板显示、集成电路、LED、生物技术等产业转移,引进台湾龙头企业,构建产业集群,延伸产业链。加强科技成果转化合作,对台湾高科技企业来闽投资创业,引入新品种、新技术、新设备等,给予用地审批、土地流转、贷款融资、税收等优惠政策。支持闽台科研机构、企业建立技术创新联盟,建设科研合作基地,开展联合攻关,并给予政策扶持。鼓励和支持有条件的企业到台湾投资,推动共同制定战略性新兴产业、高技术行业标准。

六、创新政府管理机制

各级各有关部门要统一思想,明确责任,分工协作,形成合力。由省发展改革委、省经贸委牵头,建立省直有关部门工作协调机制,督促检查有关政策的实施和规划编制的落实情况,及时解决战略性新兴产业、高技术产业发展中的重大问题。制定战略性新兴产业指导目录,加强宏观指导,试行政府投资的科技项目公开招标制度。建立健全反映战略性新兴产业、高技术产业发展状况的统计指标体系和统计制度。各市(县、区)政府要将推动战略性新兴产业、高技术产业发展和项目建设情况纳入工作绩效考核指标体系,确保规划目标实现。

安徽省战略性新兴产业"十二五"发展规划

大力培育和发展战略性新兴产业,是推动我省转型发展,促进产业结构战略性调整,保持经济持续快速增长的一项重要战略任务。根据《安徽省国民经济和社会发展第十二个五年规划纲要》和省委、省政府《关于加快培育和发展战略性新兴产业的意见》,编制本规划。规划中所指战略性新兴产业主要包括电子信息、节能环保、新材料、生物、新能源、高端装备制造、新能源汽车和公共安全产业。规划提出了未来五年我省战略性新兴产业发展的指导思想和发展目标,明确了发展重点,提出了相关保障措施,是指导我省战略性新兴产业发展的行动纲领。

第一章　战略性新兴产业发展背景

当前,世界经济格局正面临深度调整,气候变化、能源安全等全球性重大问题更加突出,科技革命和新一轮产业变革正在孕育,战略性新兴产业已成为引领未来经济社会发展的重要力量。党中央、国务院对加快培育和发展战略性新兴产业已作出总体部署,把培育和发展战略性新兴产业作为转变经济发展方式、推动产业结构升级的重要任务。我省战略性新兴产业发展具有良好的基础,正在成为引领我省经济加速发展的新引擎。

第一节　发展现状

(一)国内外发展情况及发展趋势

后危机时代,战略性新兴产业成为各国抢占新一轮发展制高点的共同选择,全球重点地区的战略部署出现新的特征,产业发展速度明显加快,对经济社会全局和长远发展呈现重要的引领作用。

电子信息技术仍将是产业革命的主导力量。下一代信息网络、新型平板显示、大规模集成电路、基础和嵌入式软件、LED光电、物联网、云计算等新兴产业领域,在知识密集及技术密集的前提下,呈现系统化、规模化、集群化发展趋势,已经成为全球电子信息产业新的经济增长点,未来将继续深刻改变人类的生产和生活方式。电子信息产业已成为我国主导产业和支柱产业。

节能环保产业将迎来黄金发展期。世界上主要发达国家均把发展节能环保产业作为调整经济结构、推动经济发展、抢占未来经济制高点的战略举措。火电节能、电网节能、冶金节能、化工节能、交通节能等领域的产业发展潜力巨大;建筑节能将朝绿色、低碳方向发展,新型节能环保建材市场广阔;节能环保服务业正成为新兴产业。城镇污水和污泥处理,工业废水、城镇垃圾处理,高效除尘,脱硫脱硝,环境监测和预警,土壤污染控制与修复等领域仍然是今后环保产业发展的方向。预计到2015年,节能环保产业将成为我国支柱产业。

新材料是现代高技术发展重要的基础和先导。新材料产业对电子信息、生物技术、航空航天等高技术产业的发展,具有重要的支撑作用。近年来,新材料产业快速扩张,目前全球新材料市场规模接近1万亿美元。新材料产品更新换代加快,生产经济性增强,制造过程绿色化,呈现出专业化、复合化、精细化发展趋势。

生物产业将成为又一巨大的主导产业。生物产业对解决人类社会发展中面临的人口、健康、粮食、资源、环境等重大问题具有不可替代的作用。生物技术与信息技术的结合正在成为改善和提升农业的革命性措施。目前,全球生物技术药物销售额超过1200亿美元,医疗器械市场销售额超过3500亿美元。生物技术已在功能基因组、蛋白质组、干细胞、生物芯片、转基因生物育种、生物反应器等领域取得重大突破,正进入大规模产业化阶段,将引发医药、农业、能源、化工等领域的系列变革。

新能源地位将进一步提升。新能源和可再生能源正改变人类经济活动和社会发展的各个方面。近年来,风力发电、太阳能光伏发电、太阳能光热利用、生物质能源等产业呈现快速发展态势,全球风机装机容量、光伏总装机容量、太阳能电池总产量保持20%以上的增速。目前我国风力发电装机容量连续三年实现"翻倍增长",太阳能光伏产业发展迅猛,已成为世界第一的制造大国。随着国家新能源补贴相关政策的陆续出台,国内新能源应用规模快速扩大,新能源产业将迎来巨大的发展空间。

高端装备制造业前景光明。高端装备制造业是经济发展的领跑者。全球高端装备制造业市场活跃,国内产业整体规模保持着快速增长势头,并在工程机械及部分单体设备上展现较强的国际竞争力。目前,装备制造业自主创新步伐明显加快,国际间的融合协作显著增强,资本和技术要素进一步向价值链高端集聚,呈现出集群化、信息化、品牌化发展趋势。

新能源汽车产业化稳步推进。随着储能电池等技术的快速进步和商业模式的成熟,纯电动汽车和混合动力汽车商业化前景广阔。燃料电池技术取得突破后,远期可能成为新能源汽车的最终解决方案。

公共安全产业发展将获得更多支持。随着广大民众对"安全感"的需求日趋强烈,发达国家的社会公共安全产业发展正酣,我国公共安全产业也将迎来快速发展的黄金期。预计"十二五"期间,我国公共安全产品市场规模将达到万亿元,通信安全、食品安全、生产安全、防灾减灾、交通安全、火灾安全、社会安全、国境检验检疫领域具有很大的发展空间

(二)我省战略性新兴产业发展特点

我省科教资源丰富,产业门类齐全,培育和发展战略性新兴产业具有较好基础。经过多年自主培育与招商引进,部分领域走在全国前列。

产业基础初步形成。近三年,我省战略性新兴产业快速增长,总产值年均增速超过40%,其中,电子信息、新能源等产业增速超过60%。2010年,我省战略性新兴产业产值2504亿元,占整个工业产值13.3%。涌现出一批领军企业和优势产品,产业竞争力逐渐增强。战略性新兴产业已成为我省经济发展的强大动力和重要支撑。

行业结构不断优化。电子信息产业,平板显示、信息家电、LED光电、电子材料和元器件、雷达装备制造等领域在全国的比较优势明显,软件、汽车电子、微电子等自主创新成效突出。节能环保产业,节能装备、节能产品、环保装备、环保产品、资源综合利用等重点领域有所突破,新产品研制和工程应用显著进展。新材料产业,我省铜基新材料、铁基新材料、硅基新材料处于全国领先地位。非金属材料深加工、水性高分子材料、纳米材料及应用等一批产品和工艺技术处于国内领先地位,球形石英粉、高纯超细硅酸锆、锂离子电池正极材料、超级碳负极材料等产品性能处于全国先进水平。生物产业,在生物制造、生物医药、生物育种等领域产业基础良好,产业集聚效应明显,现代中药具有明显的地方特色,生物制造在全国处于领先地位。新能源产业,主要以太阳能光伏为主,已形成"拉棒/铸锭—切片—电池片—电池组件—逆变器—电站建设"较为完善的产业链,我省光伏产业进入快速发展阶段。高端装备制造产业,以工程机械为龙头,大型专

用机械和基础件为支撑,呈现集聚发展的态势。新能源汽车产业,乘用车和商用车处于全国前列,拥有亚洲最大、国内首家的国家级汽车工程实验室,合肥跻身全国13个新能源汽车推广试点城市之列,入选国家首批启动私人购买新能源汽车补贴试点城市。拥有奇瑞、江淮、安凯三家新能源汽车自主品牌。公共安全产业,在通信及信息安全、矿山安全、交通安全、食品安全、火灾安全等领域的技术和产业基础相对较好,量子通信技术、应急信息技术等科技成果在国内外领先,产业区域特色初步成型。

区域特色较为鲜明。合肥新兴产业产值约占全省三分之一,电子信息、新能源、公共安全、高端装备制造、生物医药等产业规模均居全省前列;芜湖LED光电、汽车电子进入加速成长期,节能环保装备制造集群初具规模;滁州信息家电、绿色照明、玻璃(硅)材料具有一定优势;蚌埠新能源和生物制造、亳州现代中药、马鞍山高性能铁基新材料、铜陵电子材料及新型元器件、安庆高分子复合材料、阜阳循环经济产业等各具特色;其余各地也都有一些亮点。

创新能力持续提升。以企业为主体的创新体系初步形成。高校院所的研究活动与企业生产经营的关联度不断增加,与企业的合作方式和合作内容不断深入,全省共建有省级以上工程(技术)研究中心、工程实验室、重点实验室、企业技术中心近700个,对全省企业创新能力提升、产业发展起到了一定促进作用。随着产学研合作的稳步推进,一批产业战略联盟的成立,制约产业发展的共性技术、关键技术有望逐步获得突破。

但是,我省战略性新兴产业也存在一些问题,主要表现:一是我省新兴产业整体规模不大,产业集聚度不高。二是归属战略性新兴产业的企业数量较少,居行业龙头地位、带动力强的领军企业不多,难以形成大范围的以点带线、以线带面联动效应。三是企业技术创新能力不强,科技创新投入和应用机制不健全,掌握的关键核心技术少,科技转换水平比较低,产学研互动性不强,创新资源和科研优势没有转化为本地产业优势。四是区域发展不平衡,部分地区认识不到位,方向把握不准,支持力度较弱。

第二节　面临形势

(一)发展机遇

“十二五”是安徽大有可为的黄金发展期,也是战略性新兴产业加快难得的发展机遇期。

1. 受国际金融危机冲击和全球气候变化双重压力,世界主要国家把发展新能源、新材料、宽带网络、生物技术、节能环保等作为新一轮产业发展的重点,纷纷加大对科技创新的投入、加快对新兴技术和产业发展的布局,将促进技术更新换代,促进技术向发展中国家转移。

2. 国务院已发布《关于加快培育和发展战略性新兴产业的决定》(国发〔2010〕32号),明确了发展思路、发展目标、发展重点和发展举措。这标志着我国战略性新兴产业,已经进入具体实施与加快推进阶段。各省市积极响应,纷纷出台战略性新兴产业相关规划,制定政策措施,全国已形成发展战略性新兴产业的浓厚氛围。

3. 省委、省政府把培育战略性新兴产业作为推进产业结构升级、加快经济发展方式转变、实现可持续发展的重大举措,省“十二个”规划纲要将战略性新兴产业增加值翻番作为国民经济社会发展“六个翻番”的目标之一,把培育战略性新兴产业作为抢占未来发展制高点的重要突破口,作为加快新型工业化进程、构建现代产业体系的首要任务。

4. 我省正在全力推进皖江城市带承接产业转移示范区、合芜蚌自主创新综合试验区和国家技术创新工程试点省建设,这是安徽加速崛起的重大机遇,也是战略性新兴产业加快发展的重要舞台。国家级平台的品牌效应,尤其是合芜蚌试验区获批开展企业股权和分红激励试点的政策优势,有利于促进形成自主创新和科技成果转化的中长期机制,有利于建设技术含量高的重大项目,培育成长性好的高新技术企业,对战略性新兴产业健康快速发展意义重大。

5. 我省战略性新兴产业有较好的基础。我省教育资源比较丰富,科技实力比较强,聚集了中国科学技术大学、合肥工业大学等一批著名高校,中科院合肥物质科学研究院、中国电子科技集团一批电子类研究所、水泥设计研究院、玻璃设计研究院、通用机械研究院等一大批国家级科研机构,为培育和发展战略性新兴产业提供重要的知识支撑、技术支撑、人才支撑。

(二)面临挑战

从国际形势来看,战略性产业的竞争已经从产品竞争发展到知识产权保护、技术标准保护。当前知识产权纠纷不断增加,国际贸易摩擦日益增多,汇率波动较大,特别是欧美债务危机制约了部分产品出口,压制了市场需求。从国内发展情况看,各省市纷纷集中力量,主攻战略性新兴产业,抢占发展先机,产业发展极有可能出现同质同构现象,新一轮区域竞争将更加激烈。

未来五年,要充分认识加快培育和发展战略性新兴产业的重大意义,进一步增强发展的紧迫感和责任感,合理化解制约发展的不利因素,准确把握发展方向,抓住机遇,加大力度,实现战略性新兴产业的加快发展。

第二章　指导思想和发展目标

“十二五”时期是我省培育和发展战略性新兴产业的关键时期,必须创新发展思路,明确发展方向,找准发展着力点,持续不懈推进。

第一节　指导思想

深入贯彻落实科学发展观,牢牢把握战略性新兴产业快速发展和国家高度重视的历史机遇,集中力量,以领军企业为主体,以核心重大项目为主抓手,以技术和人才为支撑,着力完善产业链和产业集群,加快培育战略性新兴产业基地,力争经过一段时间努力,使战略性新兴产业成为全省先导产业和支柱产业。

第二节　基本原则

整合资源,形成合力。在充分发挥市场主导作用的同时,加强政策引导,促进资源汇集,共同聚焦战略性新兴产业,形成加快发展的强大合力。

明确重点,集中突破。根据未来产业发展方向和国家政策导向,立足我省的特色和优势,选准主攻方向,明确发展重点，在最有基础、最有条件的领域率先取得突破。

开放合作，加快发展。在加快省内科技成果转化、着力培育中小科技型企业的同时，瞄准重点领域的国内外领军企业和关键技术，加大招商引资和技术人才引进力度，实现跨越式发展。

创新驱动，强化支撑。强化创新体系建设，广泛集聚创新人才，加大核心关键技术攻关力度，形成一批具有自主知识产权成果，集聚一批创新创业团队，加快推进产学研联盟，牢牢掌握产业发展的主动权。

第三节　发展目标

到2015年，力争新兴产业产值突破1万亿元，电子信息、新能源、新材料等产业产值超过千亿元，部分行业居全国领先地位；自主创新能力和科技支撑产业发展能力明显提升，掌握一批对产业发展具有主导作用的核心关键技术；涌现出一批具有引领作用的骨干企业；建成2—3个千亿元产业基地，若干产值超百亿元产业基地；有利于战略性新兴产业发展的市场准入、技术标准、投融资机制、人才队伍建设等政策环境显著改善。战略性新兴产业成为全省经济增长的重要支撑力量。

第三章　发展重点

聚焦重点领域，突破产业链关键环节，培育骨干企业，建设特色鲜明、具有国际竞争力的产业集群，打造上中下游密切衔接、服务配套完善、具有核心知识产权支撑的新兴产业体系。

第一节　电子信息产业

坚持走规模化、集群化、外向型发展道路，加强自主创新，着力突破核心关键技术和产业发展瓶颈，在我省已有优势的领域实现向国际先进水平的跨越。加快合肥国家级电子信息产业基地建设步伐，引导建设合肥新型平板显示产业、芜湖LED产业，合肥软件与服务外包产业、滁州电子信息产业等基地；推进合肥和池州集成电路、芜湖汽车电子、铜陵电子元器件等产业链建设。到2015年，力争实现产值3000亿元。

重点领域。重点发展新型平板显示、集成电路、软件、下一代信息网络、物联网器件、云计算、汽车电子、电子元器件和智能家电。新型平板显示优先发展液晶显示器件、等离子体显示面板、有机发光显示器件（OLED）、激光显示，特种显示模块和组件等；集成电路优先发展芯片设计、封装、测试，鼓励引进芯片制造生产线等；软件优先发展云计算软件、数字语音系统、嵌入式软件及各类应用软件；下一代信息网络优先发展新一代移动通信、下一代互联网、数字电视网络；物联网器件优先发展传感器、射频元器件及中间件、服务于物联网络的各类电子元器件等；智能家电优先发展以模糊控制、神经网络技术为基础的人工智能产品。

1.新型显示。依托合肥京东方、鑫昊等离子、彩虹、友达、芜湖长信、华东光电、蚌埠华益等骨干企业，建设液晶显示器（TFT-LCD）、有机发光显示器（OLED）、激光显示、三维立体（3D）显示、透明导电薄膜（ITO）、大尺寸玻璃基板、特种显示器件、背光模组等相关项目，完善产业链，形成规模化配套能力，取得自主知识产权，突破国外专利壁垒。

专栏1：中国（合肥）国家级新型平板显示产业基地

依托合肥新站区和三十头产业园区，发挥合肥京东方、鑫昊等离子对我省平板显示产业发展的引领作用，组织实施京东方8.5代薄膜晶体管液晶显示器件、彩虹高世代玻璃基板、乐凯光学薄膜生产线，着力打造销售收入超过1500亿元的平板显示产业基地。

2.LED光电。重点发展LED外延片、芯片，LED显示、LED汽车大灯、背光源、照明灯具及配套器件，积极引进蚀刻、热处理、切割、测试分选等生产环节，积极发展蓝宝石衬底晶体、绿色照明等产品。攻克半导体照明产业共性关键技术和关键设备，提高LED照明的经济性。

专栏2：芜湖LED光电产业基地

抢抓国家支持光伏产业发展的政策机遇，依托芜湖经济技术开发区，发挥德豪润达、三安光电、安徽华东光电技术研究所的龙头作用，加快推进LED芯片、封装、照明和特种显示项目，加快建成芜湖光电产业基地，销售收入超过1000亿元。

3.智能家电。依托格力、海尔、美的、荣事达、三洋、美菱、长虹、日立家电、威灵电机、欧宝机电、康佳、西门子等企业，采用数字、环保、节能新技术，提高绿色设计水平，开发节能、节材、可回收可拆解家电产品，研究利用信息技术提高家电产品的智能化水平，延长产业链条，提升智能家电产业的本地配套能力，实现产业链的整体升级。

4.集成电路。依托科研院所、高等院校的技术优势，支持合肥、池州等地引进建设8英寸、12英寸集成电路晶圆制造生产线；支持合肥发展集成电路用重大装备开发制造；加快建设捷敏、芯硕、科大讯飞、东芯、国晶、合晶、三佳等企业，重点发展手机、移动通信、汽车等领域芯片设计，扩大集成电路封装测试产业规模。形成从集成电路设计、制造到封装测试，以及专用设备、材料的完整产业链。

5.软件。以嵌入式软件、应用软件开发为主，推进系统集成。支持网络化操作系统、海量数据库管理等为代表的系统软件，提升系统软件的开发能力。强化云计算软件、数字语音系统、过程控制软件、智能终端软件、公共安全管理软件等集成软件开发。瞄准数字电视、移动通讯、掌上电脑、互联网等广阔的市场，主要开发应用于物联网、云计算、工业控制、消费电子及通信等领域的嵌入式软件和网络信息安全管控软件。促进财务、收费、信息管理等应用软件产品的技术升级。依托科大讯飞等骨干企业，进一步加大投入力度，积极推动软件产品产业化。

6.物联网器件。重点发展传感器、射频器件及中间件、智能仪器仪表等物联网感知产品制造，推进物联网在经济社会中的应用。抓好光学传感器、压力传感器、温度传感器位移传感器等产品研发与生产，加紧特殊环境和工程项目传感技术的研究开发。优先发展射频芯片、射频收发器、噪声放大器、变频器等产品，鼓励中间件的研究与开发。

第二节　节能环保产业

建立节能环保产业可持续发展的长效激励机制，以重点工程建设为依托，加速现有先进适用技术、装备和产品推广应用,加强重要领域关键技术和装备创新,强化政策标准倒逼机制和引领作用,优化能源管理、推行清洁生产和低碳技术,培育合肥、芜湖、蚌埠节能环保装备制造产业基地,提升阜阳资源综合利用产业基地。推动产业高质量跨越发展。到2015年,形成一批具有国际先进水平、拥有自主知识产权、年销售额超过亿元的节能环保装备和产品,再制造领域形成较大产业规模;培育一批领军企业。力争产值达到1500亿元。

重点领域。重点发展节能环保装备和产品,促进资源综合利用。节能领域优先发展工业生产过程余热、余压利用系统及关键设备,智能电网输变电设备。节能产品优先发展绿色照明产品、节能家电、节能材料、节能建筑。环保领域优先发展大气污染及水污染防治技术及装备,生活垃圾、污泥等废弃物无害化处理技术及设备。资源综合利用优先发展再制造、大宗固体废弃物综合利用。

1. 节能领域。依托重大节能工程和示范项目,重点发展余热、余压综合利用设备和系统的开发、制造和应用。发展高效节能锅炉、炉窑、电机、余热余压利用和节能监测等技术和装备。智能电网输变电设备重点发展新能源接入与控制,智能变电站系统及智能设备,电力储能、智能配电网与智能用户端。在节能家电方面,发展空调、冰箱等高效压缩机及驱动控制器,各类智能控制节能技术和待机能耗技术家电;在节能照明方面,重点发展LED节能照明产品;在节能建筑方面,大力发展复合保温、轻质新型墙体材料、节能玻璃、节能涂料等节能建材产品,推进建筑节能成套技术及部件产业化进程;在节能服务方面,重点推行合同能源管理,培育专业化节能服务龙头企业,尽快形成节能服务产业体系。

2. 环保领域。推动高性能、低成本的污水、烟气、固体废弃物防治成套技术和装备开发与产业化,积极发展高效人工湿地、人工生态水处理技术设备,高效洁净催化燃烧和循环流化床锅炉、高效除尘器,城镇生活垃圾分选、焚烧发电和高效垃圾焚烧烟气处理设备,工业固体废弃物回收和综合利用设备,医疗垃圾、有毒有害废弃物处置设备,有机垃圾生物处理设备。鼓励发展能源计量和审计、能效测试、项目设计、节能监测、信息咨询等节能服务。推进高效膜材料及组件、生物环保技术与工艺、控制温室气体排放技术及其相关新材料与设备的创新发展。

3. 资源综合利用。重点发展再制造、废弃物资源化、资源回收利用技术。在矿产资源开采过程中对共生、伴生矿进行综合开发与合理利用;对生产过程中产生的废渣、废水(液)、废气等进行回收和合理利用;对社会生产和消费过程中产生的各种废物进行回收和再生利用;积极发展以汽车零部件、工程机械、机电产品再制造为主体的绿色再制造,加快研究各类再制造关键技术,研发再制造无损检测及评估技术、设备,构建系列再制造产品质量标准规范及产品认证体系。

专栏3:合肥、蚌埠、芜湖节能环保产业基地

合肥市依托国祯环保、元琛环保以及合肥水泥设计研究院、中科院合肥物质研究院等企事业单位,重点发展污水处理、污泥处置以及新型高效环保材料和空气污染监测技术等。蚌埠市依托蚌埠玻璃设计院、意义环保等大型企业,组建产业技术联盟,大力发展工业窑炉节能装备及系统、除尘及烟气脱硫装置、污水处理装置等,完善产业链。芜湖市依托海螺川崎、金鼎等骨干企业,重点发展水泥纯低温余热发电成套设备、冶金行业余热锅炉、电站锅炉、节能型变压器等节能成套装备和产品,推动余热余压利用装备成套化、系列化制造。建成开发设计、制造、安装调试、售后服务为一体的销售收入超过800亿元的环保装备产业化基地。

第三节　新材料产业

立足现有材料企业,提升我省材料工业整体技术水平和国际竞争力,进一步做大骨干企业,引进一批新材料知名生产企业,建设一批特色产业基地。建设马鞍山高性能铁基新材料、铜陵铜基新材料、滁州和蚌埠的硅基新材料、安庆高分子材料产业基地。到2015年,我省材料工业整体技术水平和国际竞争力进一步提升,骨干企业创新能力明显提高,实现总产值2000亿元。

重点领域。重点发展铜基新材料、铁基新材料、硅基新材料、新型高分子材料、纳米材料、碳纤维材料等。硅基新材料优先发展信息显示玻璃、光伏玻璃、单晶硅、多晶硅、半导体材料、高纯硅气体、节能建筑玻璃、生物活性有机硅等新型高性能有机硅等;铜基新材料优先发展高端电子铜带、超薄电子铜箔、金属粉体材料等;铁基新材料优先发展新型高强合金材料、多功能材料、磁性材料等;新型高分子材料优先发展新型工程塑料、可降解高分子材料。

1. 硅基新材料。重点发展特种玻璃新材料,包括显示玻璃、光伏玻璃、节能建筑玻璃、汽车玻璃、新型高性能有机硅、新型陶瓷功能材料。重点开发低辐射镀膜玻璃、高世代TFT-LCD基板玻璃、光伏用TCO玻璃。强化硅基资源管理,提升开采利用水平和开采效率。充分发挥蚌埠玻璃设计研究院的研发优势,开发硅基新产品,支撑硅基新材料产业快速发展。

专栏4:蚌埠、滁州硅基新材料产业基地

充分发挥凤阳硅基材料资源优势、蚌埠市硅基材料技术优势和产业基础,加大对硅基材料的研发投入力度,积极发展硅基电子材料、高纯度光伏材料,重点实施蚌埠玻璃新材料产业园、凤阳中国硅材料产业园建设项目,建成销售收入超过500亿元的蚌埠、滁州凤阳硅基新材料产业基地。

2. 铜基新材料。重点发展高精度电子铜带、超薄电子铜箔、低氧光亮铜杆、数据电缆、阳极磷铜材料、集成电路引线框架、特种电线电缆等。重点加强延伸产业链下游环节,推进产业集聚发展。

专栏5:铜陵铜基新材料产业基地

依托现有产业优势,积极发展铜—电解铜箔—高密度层积板,铜—高精度电子铜带—集成电路引线框架,铜—低氧化光亮铜杆—特种电线电缆,铜—铜粉—铜合金材料等铜基新材料,培育具有自主知识产权的铜基新产品,解决我国高端铜基电子材料主要依赖进口的局面,打造完整的、具有国际竞争力的产业链。

3. 铁基新材料。重点发展高速车轮及轮对、重载车轮、低噪音车轮和轮毂、耐腐蚀钢、新一代高强汽车用钢、激光拼

焊汽车板、高性能电工钢、功能化环保型涂镀板带、高强度机械用钢等高性能钢材和轻量化功能材料。以高强度、多功能为重点，大力发展合金材料。磁性材料重点发展稀土永磁、发光等高性能稀土功能材料，永磁铁氧体、纳米金属永磁材料、高性能软磁材料和器件。

专栏6：马鞍山铁基新材料产业基地

依托现有资源优势和产业基础，大力发展高速车轮及轮对、重载车轮、第三代汽车用钢、耐腐蚀钢、装备制造业用特种钢及高承载回转支承等高性能钢铁新材料，开发生产特种高效电机用磁性材料及电子元器件材料，培育一批高技术产业化示范企业和从事跨国经营的骨干企业，建成国内有较强竞争力的、具有区域特色的高技术新材料产业基地。

4. 新型高分子材料。以树脂基复合材料和碳复合材料为重点，推进高性能复合材料低成本化、高端品种产业化，积极开展高强、高模等系列碳纤维开发和产业化；加快发展芳纶、超高分子量聚乙烯等，扩大发泡聚丙烯材料产业化进程；着力提高树脂性能，大力发展高稳定性、易塑性复合材料品种。可降解高分子材料重点发展光降解高分子材料与生物降解高分子材料。开发汽车和家电零部件用复合材料及配件、新型滤膜、高档环保型塑料薄膜涂层材料、新型包装材料等产品。

第四节　生物产业

面向健康、农业、资源环境等经济社会发展重大需求，着力提升生物产业创新能力，构建现代生物产业体系，扩大产业规模，提升产业层次。建设合肥、芜湖生物医药产业基地，亳州现代中药产业基地，蚌埠生物制造产业基地，合肥、皖北生物育种产业基地。到2015年，产业规模进一步扩大，产业层次逐渐提升，涌现出一批领军企业，形成安徽生物产业的特色与优势，产值达1500亿元。

重点领域。重点发展生物制药、现代中药、生物制造和生物农业。生物制药优先发展各类新药、品牌仿制药、特色原料药、重大传染病疫苗和诊断试剂、生物芯片、再生医学、高端医疗器械等；现代中药优先发展中药新品种、动植物提取物、中药保健品等；生物制造优先发展生物及绿色化学品、生物基高分子材料、新型酶制剂等；生物农业优先发展生物育种、新型动物疫苗、绿色农用生物制品等。

1. 生物制药。优先发展各类新药、品牌仿制药以及特色原料药。培育发展基因工程蛋白多肽类药物、抗体工程药物、新型疫苗、诊断试剂等生物医药；提高通用名药物规模化生产水平；大力推动以重点企业为龙头，以点带面形成产业链；推进医学与信息、材料等领域新技术的交叉融合，提升生物医学工程产品的开发能力，发展诊断、治疗、康复、卫生应急等高端医疗器械和装备，大力开发新型生物医药材料。

2. 现代中药。依托我省药材优势，利用现代分离、分析技术，针对消化系统疾病、妇科疾病、老年性疾病等重大疾病，开发以天然药物为原料的中药新药制剂；大力发展中药提取物，中药养生保健品；推进技术优势企业联合开发；加强对传统特色优势中成药的二次开发；开展中药制药关键技术和工艺的研发；大力开发中药日化、中药杀菌剂、中药兽药、中药农药和食品添加剂等系列中药产品。

专栏7：亳州现代中药产业基地

以亳州工业园区、南部新区、经济开发区和现代中药产业园为载体，大力发展以中药饮片加工、中药提取物和中成药生产为主导，以药用辅料生产、包装材料生产为配套的现代中药加工业，重点支持建设修正药业、协和成中药提取物、康美、同仁堂中药保健品、济人、华佗新药研发等项目，加快形成现代中药大产业格局，建设销售收入达到1000亿元的亳州现代中药产业基地。

3. 生物制造。重点发展生物基材料、现代发酵产品，大力发展酶工程、发酵工程技术和装备。突破非粮原料与纤维素转化关键技术，培育发展生物醇、酸、酯等生物基产品。生物基高分子材料以农林可再生资源为原料，重点发展环氧乙烷、聚乙烯、聚乳酸等生物材料；生物基绿色化学品重点开发生物基1,3-丙二醇、丁二酸、脂肪酸甲酯、乙二醛、生物乙醇等；糖工程产品重点发展木糖醇、低聚异麦芽糖、低聚木糖等。促进生物制造产业链快速形成；新型酶制剂重点提高现有酶制剂产品的酶活水平，支持发展纤维素酶、半纤维素酶等核心关键酶制剂，大力推动绿色生物工艺、工程微生物与清洁发酵技术在化工、制浆、印染、制革等领域的示范应用。

4. 生物农业。采用现代生物技术，选育具突破性的水稻、小麦、玉米、棉花、蔬菜、水果等农作物新品种，提高禽、畜、水产品的良繁率，完善品种培育的技术体系、试验基地和示范推广基地。大力发展新型农业投入品，重点培育发展高活性微生物杀虫、杀菌剂等生物农药，有机复合肥、生物菌肥、发酵制剂等生物肥料，积极发展绿色安全的生物饲料和生物添加剂，推进生物兽药及疫苗的研发及产业化。

第五节　新能源产业

积极推进新能源技术开发，促进创新成果产业化，支持一批创新型企业做大做强。建设合肥、滁州、六安、马鞍山太阳能光伏产业基地，蚌埠、淮北生物质能源产业基地。到2015年，在新能源技术开发、创新成果产业化等方面取得重大进展，一批创新型企业做大做强，新能源产业实现产值达到1500亿元。

重点发展光伏、生物质能源、洁净煤。光伏优先发展晶体硅太阳能电池及组件、薄膜太阳能电池及组件、新能源并网发电装置及系统、电站用大容量储能电池、可再生能源发电接入智能电网关键技术等；生物质能源优先发展非粮生物乙醇、生物石油、生物柴油，秸秆成型燃料、气体燃料；洁净煤优先发展煤层气、煤基气体转换及利用。鼓励积极发展风能、核能相关技术与装备。

1. 光伏。以提高太阳能电池转化效率和降低光伏发电系统成本为目标，重点突破环保型高纯硅材料，低能耗硅棒制备技术，推进高效非晶硅薄膜太阳能电池及专用设备的产业化，加快太阳能电池生产和测试设备的产业化，做大做强太阳能光伏并网发电装备与站控系统，加强电站用大容量储能电池及管理系统技术研发，积极发展光伏预测、分析、设计、运行、调度与能量管理软件，突破光伏电站接入智能电网关键技术，在光伏产业的上、中、下游，形成完整“链条”，打造具有国际竞争力的太阳能光伏产业链。

专栏8：合肥、滁州光伏产业基地

依托塞维LDK、海润光伏、晶澳新能源、普乐新能源等骨干企业,中国科学院合肥物质研究院、中国科大、合工大等知名院所高校,重点发展晶体硅太阳能电池及组件、薄膜太阳能电池及组件、大容量储能电池、逆变器、变压器、新能源并网发电装置及系统,大力引进关键技术、重点设备,引进一批带动性大、支撑力强、具有标志性的百亿元龙头光伏企业,集聚一批技术含量高、市场前景广阔的产业链上下游科技企业。逐步拉长产业链、做大产业群。加快光伏企业的战略性调整和重组,鼓励支持一部分企业上市。基本建成拥有自主知识产权、技术先进、具有国际影响力的光伏产业研发基地、生产基地、应用示范基地,产值达到1000亿元。

2. 生物质能源。加强下一代生物燃料技术开发,利用各类农作物秸秆,促进非粮生物乙醇产业化;积极发展生物质精炼技术,生产芳香族类、糖类、有机酸酯等生物石油延伸产品;鼓励以油料植物、地沟油生产生物柴油,利用边际性土地种植能源植物;探索发展高温快速裂解秸秆生产气体燃料技术及其产业化。

专栏9:蚌埠生物产业基地

依托蚌埠高新技术产业园区,组织实施丰原集团秸秆利用、环球药业新药研发等项目,着力提高生物质产业的技术经济性,加快建设销售收入超过500亿元的生物产业基地。

3. 洁净煤。重点促进洁净煤生产、洁净加工、高效洁净转化、高效洁净燃烧发电和燃煤污染排放治理等技术产业化。促进煤层气安全高效生产,重点发展煤层气发电和液化等;煤基气体转换及利用重点加大煤基气体在气化甲烷化、二氧化碳的搜集和资源化利用。

第六节　高端装备制造产业

依托信息化和先进制造技术,提高重大装备产品的数控率,提升配套产品制造水平。以骨干企业为主体,培育若干个具有国际竞争力的大型企业集团,促进产业集聚化发展。到2015年,形成一批技术含量高、附加值高、市场需求量大的新产品,若干个具有国际竞争力的大型企业集团,以及一批在全国有特色的产业集群,高端装备制造业产值达1500亿元。

重点领域。重点发展数控机床等数字化、柔性化及系统集成的重大基础制造装备,平板显示、集成电路及电子制造装备,大型机械、能源、交通、采选、冶金、化工等领域的重大成套技术装备,新型基础零部件。

1. 重大基础制造装备。加强新型传感、高精度运动控制、系统集成等关键技术产业化,积极发展智能液压系统、智能化仪表、精密测试仪器、自动控制系统等典型智能装置,优先发展"绿色、节能、环保、智能"数控成形机床、工业机器人、数控金属切削机床、数控锻压机床,开发数字化和柔性化生产系统、数控系统、关键功能部件等。

2. 大型工程机械。依托合肥、芜湖、蚌埠、马鞍山、淮南、淮北等地的工程机械龙头企业,大力发展叉车等高端工业车辆,挖掘机、装载机、掘进机、起重运输机等大型工程机械;加快发展以数控技术为支撑、服务现代农业的大型农业机械。壮大主导产品,培育配套企业,延伸产业链条,建成若干国内外有影响的工程机械产业基地。

3. 行业成套技术装备。汽车装备重点发展超高强度热成形技术及成套装备、自动化成套技术及装备;平板显示装备制造重点引进平板显示产业装备;大力发展集成电路装备制造、现代传媒装备制造;能源技术装备重点发展太阳能、风能、地热能采集先进装备,太阳能光伏、大型风能发电成套设备及核心功能组件;采选技术装备重点发展大功率电牵引采煤机组、大型选煤、选矿成套设备;冶金技术装备重点发展大型冶金铸锻件和大型金属冶炼设备、高气压环形潜孔钻机、井下无轨钻机等。化工技术装备重点开发大型煤气化炉、大型聚合反应釜、大型合成塔、大型压缩机等关键和成套设备。

第七节　新能源汽车产业

依托奇瑞、江淮、安凯等重点企业,以纯电驱动为技术发展主导方向,积极发展新能源轿车、客车整车,建立新能源汽车整车开发平台,构建以产业链、价值链和技术链为纽带的产业技术创新联盟,突破关键零部件核心技术,大幅度降低成本。形成合肥、芜湖新能源汽车产业基地。到2015年,力争产值达到500亿元。

重点领域。重点发展纯电动汽车、混合动力汽车的高性能电机及其控制系统,单体电池、电池成组,车身电子,促进新能源汽车整车产业化。

1. 高性能电机及其控制系统。大力发展电机驱动技术,开发系列高效率、高功率密度和高性价比的电机本体产品,高比能量密度、高比功率密度、高效率的集成功率模块,高集成度和可靠性的电机控制器,开展基于模型的超快速响应动态特性的设计与工程应用,推进高性能电机及其控制系统产业化。

2. 其他重要零部件。研制开发新能源汽车全新底盘、动力总成、汽车电子等产品。大幅度提高动力电池性能,降低成本,推进动力电池本体技术、电池成组及系统管理技术、控制系统软件技术、控制系统硬件技术、动力耦合技术、自动变速箱技术和充电站关键技术等研发及产业化。加强增程器技术、整车集成技术和车用附件领域等相关技术研发,推动新能源汽车产业快速发展。

专栏10:合肥、芜湖新能源汽车产业基地

以促进新能源汽车整车产业化、完善光伏产业链为重点,加快实施纯电动客车、纯电动汽车和混合动力汽车等项目,促进江淮汽车、奇瑞汽车、安凯集团等发展壮大,打造合肥、芜湖新能源汽车产业基地,力争产值达到500亿元。

第八节　公共安全产业

面向国家公共安全重大需求,瞄准公共安全科技前沿,充分发挥我省公共安全产业的现有优势,以民生安全需求为导向,以关键和集成技术创新为动力,以企业为主体,以提升产业自主创新能力为核心,以技术创新推进产业集聚和产业升级,催生具有爆发性增长潜力的产业。到2015年,建成若干公共安全技术应用平台,一批国家工程(重点)实验室、工程(技术)研究中心,一批科研成果快速实现产业化,公共安全产业集聚化发展,力争产值达到500亿元。

重点领域。重点发展通信及信息安全、生产安全、食品安全产业。通信安全优先发展量子通信、北斗导航、语音安全监控、网络安全等系统和装备产业化;生产安全优先发展安全生产监控、大空间火灾探测报警、矿山采选灾害防控等系统与设备,新型阻燃材料;食品安全优先发展食品筛选检测材料、仪器和设备。

1. 通信及信息安全。量子通信重点开发量子密码通信技术及其相关器件。北斗导航重点发展北斗导航民用领域,积极研制新一代接收器和终端芯片。微波通信重点发展导航、气象、大地测量、工业检测、交通管理、卫星通信和中继通信等产业化。语音安全监控重点开发新型语音传输器、数字语音监控等产品。网络安全重点开发网络安全风险评估系统、无线自组网多媒体传输系统、自主安全电子政务系统、公安警情信息研判分析系统、移动应用信息安全产品等。

专栏11:合肥、淮南公共安全产业基地

依托国家级科研单位及重点实验室,发挥相关企业的生产制造优势,组织实施量子密码技术应用、煤矿瓦斯治理及综合利用、反恐机器人、民用浮空器等项目,提升矿用安全监控系统及预警系统、矿用数字化自动检测仪表,矿山采选、灾害防控技术与装备,力争产值达到500亿元。

2. 生产安全。安全生产重点发展安全监控系统;火灾安全重点开发早期视频火灾图像探测报警系统、隧道型紫外火焰探测器、工业场所自动消防灭火装置和应急决策系统等,新型阻燃材料重点发展低烟无毒的无机阻燃材料,积极研制绿色环保填充型阻燃材料、纳米阻燃材料等系列产品。矿山安全重点发展矿山生产安全预警系统、深层多灾源条件安全高效开采保障系统、矿山安全仿真培训与事故演练系统、基于光网和物联网体系的矿井先进自动化综合信息平台、基于WI-FI的矿山救援通信平台、高瓦斯矿井用抽采钻机、水环式真空泵、沿空留巷充填材料及输送泵和管路、高浓度瓦斯发电机等瓦斯治理与利用装备等。

3. 食品安全。重点发展食品安全快速检测设备、果蔬农药残留去除专用设备、数字化X光异物检测机、数字化广泛用途色选机、食品辐照加速器、食品安全检测试剂盒等。

第四章　保障措施

按照“领军企业—重大项目—产业链—产业集群—产业基地”的要求,实施战略性新兴产业“千百十工程”,推进要素集聚,加大政策支持力度,力争在重点领域和关键环节实现新突破,促进我省战略性新兴产业实现跨越式发展。

第一节　组织实施“千百十工程”

组织1000个重点项目。围绕战略性新兴产业重点发展领域,“十二五”期间组织实施1000个左右重点项目。引进和建设一批产业链核心环节重点项目。充实完善战略性新兴产业重点项目库,形成“建设一批、开工一批、推进一批、储备一批”的格局。省里每年重点抓好20个左右重大项目,各市抓好10个左右重点项目;积极创造条件,确保项目尽快落地、高效实施。

培育100个领军企业。有针对性地开展战略性新兴产业的专题招商,引进一批掌握核心技术、带动力强的大企业和战略投资者;充分发挥省内大企业特别是省属企业的作用,鼓励和引导企业依托技术优势和资本实力,积极发展战略性新兴产业;进一步优化投资环境,促进各类创新型中小企业发展壮大。

重点建设10个左右产业基地。鼓励现有各类园区培育发展战略性新兴产业,引导各种要素向园区集聚,重点打造合肥新型平板显示产业、合肥新能源产业、芜湖光电产业、芜湖节能环保、蚌埠生物产业、铜陵铜基新材料产业、亳州现代中药产业、马鞍山铁基新材料产业、滁州硅基材料产业、滁州电子信息产业等基地。

第二节　加强要素资源保障

集聚一批高端人才。实施“111人才聚集工程”,有针对性地培育引进扶持100个左右创新团队、1000名左右国内外技术领军人才和1万名左右高技能人才。加快实施股权和分红激励机制,鼓励专利、技术、管理等要素参与投资和分配。优化高校学科专业结构,发展与新兴产业相适应的新兴学科专业,大力推行“订单式培养”,积极培养产业发展亟需的各类专业和实用技术人才。

突破一批核心技术。围绕制约新兴产业发展的关键核心技术,制定技术路线图和技术发展指南,组织实施重大科技专项进行技术攻关,争取部分项目列入国家重大科技专项和计划。积极组建八大战略性新兴产业重点领域技术创新联盟,促进联合创新。引导社会资本投入新技术攻关、新产品研发领域,集中攻克一批关键核心技术,实施技术标准战略,促进核心技术转化为技术标准,提升产业核心竞争力。

建设一批创新平台。加快建设一批技术研发、鉴定实验、检验检测、技术转移等公共服务平台。建设一批成果转化基地,吸引国内外先进技术成果在我省转化。加强与国内外知名企业、高校、科研院所共建研究院(所)、实验室或设立分支科研机构。鼓励骨干企业建立企业技术中心、工程(技术)研究中心、博士后工作站等研发机构,提升企业核心竞争力。

培养一批中介组织。积极发展科技企业孵化器、生产力促进中心、技术交易、咨询、科技评估、科技招投标等各类中介服务机构,引导向专业化、规模化和规范化方向发展,促进企业之间、企业与科研机构之间的知识流动和技术转移,为各类企业的创新活动提供社会化、市场化服务。

第三节　加大政策支持力度

财政投入政策。统筹现有各类相关专项资金,形成支持战略性新兴产业发展的合力。省各类与产业培育、技术开发相关的专项资金,根据自身职能,在不改变现有管理权限和管理渠道的前提下,向战略性新兴产业倾斜。逐步扩大省战略性新兴产业发展引导资金规模,主要用于支持重大项目、重点企业、产业基地等。各市设立相关资金,共同推动战略性新兴产业发展。充分发挥市场配置资源的基础作用,用好用活各类政策资金,集中用于扶持重点项目,用出成效。

金融支撑政策。支持符合条件的骨干企业通过上市、发行企业债、中期票据和短期融资券等方式筹集资金。引导社会各方面力量发展创业投资企业和股权投资基金,拓宽战略性新兴产业融资渠道。积极引导金融机构加大对新兴产业的支持,因地制宜设计开发金融产品和服务,支持以专利等知识产权为抵押进行融资。加快设立多层次信用担保体系,加大服务战略性新兴产业的产品创新力度。

市场培育政策。选择尚处于产业化初期、社会效益好、市场机制暂时难以有效发挥作用的重大技术和产品,组织实施重大应用示范工程。鼓励有条件的创新型企业开展直供电试点。完善药品集中采购制度,支持创新药物优先进入医保目录。对于符合经济发展要求、代表先进技术发展方向的重大创新产品,由政府首购和订购。支持发展有利于扩大市场需求的专业化服务、增值服务等新业态和新商业模式,提高对新兴产业的综合服务能力。

开放合作政策。加大招商引资力度,引导国外、境外、省外企业投向我省战略性新兴产业。支持外资企业与省内企业、科研机构合作申请省科技开发项目和产业化项目。着力推进战略性新兴产业合作园区建设。支持我省企业开展全球研发服务外包,在境外设立研发机构,开展联合研发活动,申请国际专利和注册商标。

第四节　强力推进规划实施

充分发动各方面力量共同推进。一是战略性新兴产业领导小组的决策作用。二是领导小组办公室的统筹协调作用。办公室要积极统筹协调日常组织、协调、督查、调度和推进工作。三是部门间协调配合作用。各部门要整合资源,形成推动产业发展的合力。四是充分发挥企业主体作用,各地政府主导作用。五是政府手段与市场手段相结合,发动社会各界力量,共同推进产业发展。

实行责任制。各市要高度重视,进一步解放思想,明确目标任务,找准比较优势,明确1~2个产业发展重点,整合资源,集中扶持,促进产业规模迅速做大做强。省直相关单位要按照职责分工,制定支持战略性新兴产业具体政策措施,促进相关产业发展。

加强评估考核。领导小组办公室会同省统计局建立新兴产业统计指标监测体系,逐季对新兴产业发展状况和重大项目进展情况进行调度和通报。将各市、各省直部门推进新兴产业情况纳入政府考核体系,对工作扎实、成效明显的市予以表彰,在下一年度加大支持力度。

营造良好的发展环境。进一步提高行政效能,在项目核准备案、工商登记、高新技术企业、创新型企业认定等方面,减少、简化审批程序。对新兴产业领军企业、重点项目申报等开辟"绿色通道"。加强战略性新兴产业与高新技术产业的融合。健全政府信息网络,向企业界及时发布战略性新兴产业发展的优惠政策,使企业家能及时、全面、准确地了解产业政策。切实解决部门利益分割、多头管理和职能交叉错位等问题,使政府财政政策、产业政策、科技政策充分发挥协同作用。

陕西省新材料产业发展专项规划(2010~2015年)

新材料是指新出现或正在发展的、具有传统材料所不具备的优异性能和特殊功能的材料,主要包括高性能结构材料、先进复合材料、电子信息材料、新能源材料和新型功能材料等。新材料的生产水平和消耗量是体现一国综合实力的重要标志。发达国家和新兴大国都把新材料产业作为优先发展的基础性、战略性高技术产业。后金融危机时代的科技进步和创新,推动新能源、生物医药、节能环保、低碳技术、绿色经济成为新一轮产业发展重点,必将催生新经济的繁荣,为新材料产业发展带来巨大的市场空间。培育战略性新兴产业,抢占经济发展的战略制高点,是我国调整经济结构、建设创新型国家的重大任务。为抓住机遇,大力培育我省新材料产业,支撑战略性新兴产业发展,促进产业结构优化升级,加快转变经济发展方式,制定本规划。

一、基础条件

我省材料工业经过50多年的发展,取得了显著成绩,有力地支撑了全省经济社会的发展。近年来,一批产、学、研机构在新材料研发方面异军突起,发展潜力巨大,具备了形成新增长极的基础和条件。

高性能结构材料国际一流。我省西北有色金属研究院和宝钛集团不仅是钛及钛合金材料研发和生产龙头单位,也是国、军标的主要起草制订单位。在超导材料、大飞机用高性能钛合金材料及复合材料研制等方面达到了国际先进水平。2008年,国家发改委批准建设以钛产业为主体的宝鸡国家新材料高技术产业基地。2009年,我省钛产业年销售收入已达160亿元,钛材产量约占世界产量20%,国内产量80%,占我国国防军工市场95%,能够生产世界钛材75%的牌号产品,钛设备设计制造等深加工也具有一定规模。

先进复合材料国内尖端。航天四院43所、西安航空制动公司在高性能碳纤维、碳/碳复合材料及制品、树脂基复合材料等技术领域处于国内领先水平,在T300碳纤维生产、高温炉用碳/碳热场材料和飞机碳刹车盘等方面实现了规模化生产,主要产品市场占有率居国内主导地位。西北工业大学在陶瓷基复合材料开发方面具有雄厚的技术研发和人力资源优势,处于国内领先水平,产品应用正在拓展。

电子信息材料取得重大突破。我省天宏硅业通过引进消化吸收再创新,拥有了国际领先水平的多晶硅制备技术,使我国电子级多晶硅生产有了重大突破;比亚迪采用具有自主知识产权的多晶硅制备技术,较大幅度降低了多晶硅的生产成本。依托商洛中剑、比亚迪、天宏硅业、西安理工晶科、西京科技等一批龙头企业,初步形成了工业硅-多晶硅-单晶硅-单晶硅片(棒)等硅材料产业链。

新能源材料研制进展顺利。国核宝钛锆业股份公司正在整合国内锆业资源的基础上,引进消化吸收美国西屋全套AP1000第三代核电核级锆材生产加工技术,建设包括核级海绵锆2000吨、管材360吨和棒材40吨等完整的核级锆材产业体系;宝鸡海宝特种金属材料有限责任公司与核工业西南物理研究院开发成功国际热核反应堆用铍小球制备工艺技术,产品通过了ITER相关检测,使该公司成为世界上继日本之后唯一能够生产热核聚变反应堆用铍小球的供应商,正在建设中的200千克金属铍球生产线可保障我国ITER研究需要。

新型功能材料独占鳌头。我省西北有色金属研究院在以钼及钼合金材料为主导的深加工方面具有明显的人力资源、技术、装备等优势,已开发各种性能、规格的新产品接近

500种，获得相关授权发明专利10余项。依托金堆城钼业公司，形成了从地质勘探、采矿、选矿、冶炼、加工及科研、设计等较为完整的材料生产体系。

但是，我省新材料产业发展仍存在一些突出问题：一是研发资源分散，没有形成合力；二是产业聚集度不高，产业链短，规模小，带动辐射能力不强；三是技术装备水平相对落后，产业整体水平有待进一步提升。因此，我省应抓住机遇，统筹规划，加强技术攻关，加快新产品开发，努力抢占国际新材料产业制高点，推动战略性新兴产业快速发展。

二、总体思路

（一）总体思路

21世纪是新材料技术加速突破的重要时期，也是战略性新兴产业加快发展的关键时期，我们必须掌握最先进的材料技术，在新兴产业发展中力争占有主动权。"十二五"乃至以后更长时期，我省新材料产业发展的总体思路是：遴选有限目标，统筹战略集成，延伸产业链条，集约板块发展，支撑新兴产业。

遴选有限目标。充分发挥我省优势，突出重点，集中力量发展高性能结构材料、先进复合材料、电子信息材料、新能源材料和新型功能材料，做大做强五大新材料。

统筹战略集成。创新机制体制，坚持以市场为导向，统筹科技资源，汇集科技创新能力，以攻克核心、关键技术为着力点，研发新材料产品，抢占市场竞争的战略制高点。

延伸产业链条。以五大新材料为重点，以龙头企业为依托，以具有自主知识产权的核心、关键技术为支撑，延伸、完善产业链条，吸引优势产业要素向链条聚集，扩大新材料产业规模。

集约板块发展。按照"产业发展园区化、园区发展集群化"总体思路，以我省新材料产业领域优势特色产业链为纽带，以基地（园区）为载体，大企业引领，大项目支撑，中小企业研发、服务加强配套，推动新材料产业聚集发展。

支撑新兴产业。发挥我省新材料产业的基础和支撑作用，加强新能源、航空、航天、生物医药、电子信息等战略性新兴产业发展，促进产业结构调整和优化升级。

（二）发展目标

产业规模稳步扩大。到2015年，全省新材料产业实现销售收入1000亿元，其中钛产业达到600亿元。钛材及钛合金制品国内市场占有率超过90%，全球市场占有率超过20%；碳纤维及制品国内市场占有率达到10%；钼及制品占国内总产量达到30%；多晶硅与单晶硅产量占国内总产量的30%以上。到2020年，全省新材料产业实现销售收入达到2500亿元。

自主创新能力持续提升。到2015年，新材料创新能力基础建设迈上新台阶，建设国家级、省级工程研究中心和工程实验室20家，建成陕西新材料研究院，初步形成以企业为主导的创新体系。培育重大科技成果100项，专利申请量达到3000件，原始创新、集成创新和引进消化再创新能力全面提升，技术储备能力明显增强，创新领军人才带动作用突出，各专业研发团队结构合理、素质优良、技术水平大幅提升。

产业聚集效应显著增强。初步形成钛及钛合金、高性能碳纤维、硅材料和钼及钼合金等四大特色产业链，建成世界级新材料高技术产业基地，形成以宝鸡、西安为核心"一轴七园"的产业布局。

三、重点任务

抓住国家实施大型飞机、载人航天、新型船舶和发展新能源等重大机遇，在高性能结构材料、先进复合材料、电子信息材料、新能源材料和新型功能材料等五大新材料产业领域，组织实施2大创新工程、20大产业工程，着力构建钛及钛合金、碳纤维、钼及钼合金以及硅材料等四大核心产业链，加快推进一批重点产业化项目建设，不断提升技术水平、扩大产业规模，实现我省新材料产业的集群化、高端化发展。

（一）做精高性能结构材料产业

积极开展高性能钛合金、镁合金、铝合金等先进轻合金材料制备等关键技术的研发，组织实施钛及钛合金材料、钛部件、钛终端应用产品、钛材料专用设备和高性能镁合金等五大产业工程，完善钛及钛合金产业链，形成新型高性能钛板带材、精铸件、人体植入物、大型反应釜等一批高端产品。

专栏1　高性能结构材料五大产业工程

1. 钛及钛合金材料工程：依托宝钛集团、西部超导公司、西部钛业公司等骨干企业，加快建设高品质金属复合材、大规格宽厚钛合金板材、高精度薄板材及无缝管材、高性能钛合金丝棒材、大功率钛及钛合金熔炼用电子束冷床炉、高性能钛钢复合板、钛铜复合棒爆炸—轧制，以及钛及钛合金返回主辅料回收处理等一批重点产业化项目，实现高端钛及钛合金材料批量制备国产化。

2. 钛部件工程：依托西部金属材料公司、陕西宏远锻造公司、宝鸡力兴钛业公司等骨干企业，加快建设钛及钛合金铸件管道件、钛及钛合金异型锻件等一批重点产业化项目，明显提升钛部件加工制造水平。

3. 钛终端应用产品工程：依托西部超导公司、西安宝德公司、宝鸡鑫诺公司等骨干企业，加快建设低温超导用铌钛材、高性能钛合金粉末冶金零件、生物医用钛材等一批重点产业化项目，实现钛产品应用的功能化、多样化。

4. 钛材料专用设备工程：依托宝色特种设备公司、宝冶钛镍制造公司、西安优耐特容器制造公司、西部金属材料公司等骨干企业，加快建设钛合金加工装备、钛镍基离子膜节能电解槽等一批重点产业化项目，提升国内钛装备整体制造和应用水平。

5. 高性能镁合金材料工程：依托西北工研院、金航公司等，重点建设新型高性能耐热系列镁合金制备及产品开发项目；依托西安四方公司实施轻质高强度镁锂合金及镁锂基复合航空材料产业化项目，促进航空、航天、汽车等产业发展。

战略规划集成：统筹西北有色金属研究院、宝钛集团、西北工业大学等单位的科技资源，重点突破大规格钛板、钛钢、钛镍、钛铜复合板、大型钛锻件、管材及其设备制造技术，钛及钛合金在汽车、医疗等应用领域的拓展集成技术，实现高性能结构材料技术升级和产品高端化发展。

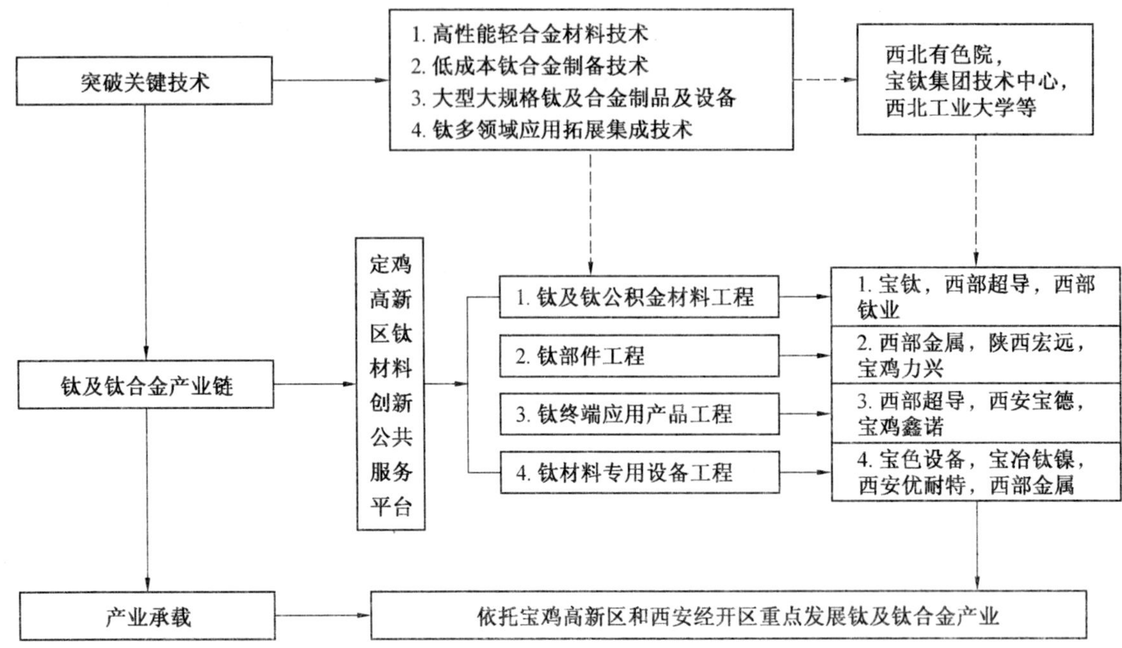

(二)做大先进复合材料产业

充分发挥我省先进复合材料领域技术优势，组织实施碳纤维材料、碳纤维制品和陶瓷基复合材料三大产业工程，在碳纤维材料 T300 的基础上，加快 T400 及以上级高性能碳纤维材料研发和产业化，构筑多元化、规模化的碳纤维材料产业链。

专栏2　先进复合材料三大产业工程

1. 碳纤维材料工程：依托西安康本公司重点建设高性能碳纤维材料产业化项目。

2. 碳纤维制品工程：依托航天四院 43 所重点建设复合电缆芯、大型飞机结构件、碳纤维预浸料、碳纤维预制体等产业化项目；依托超码公司实施飞机碳刹车盘、碳碳热场材料产业化项目；依托航空制动公司实施飞机、汽车用刹车材料产业化项目；依托科耐摩擦材料公司实施纸基摩擦片产业化项目。

3. 陶瓷基复合材料工程：依托帝邦公司重点建设特种复合陶瓷材料及制品产业化项目；依托航空制动公司实施碳/碳化硅陶瓷基复合材料刹车盘产业化项目。

战略规划集成：统筹航天四院、西北工业大学等单位的科技资源，重点突破 T400 及以上级高性能碳纤维材料制备和碳纤维制品工艺技术、设备制造技术，陶瓷基复合材料工程化技术，碳/碳化硅陶瓷基复合材料刹车盘工程化技术等，快速壮大先进复合材料产业规模。

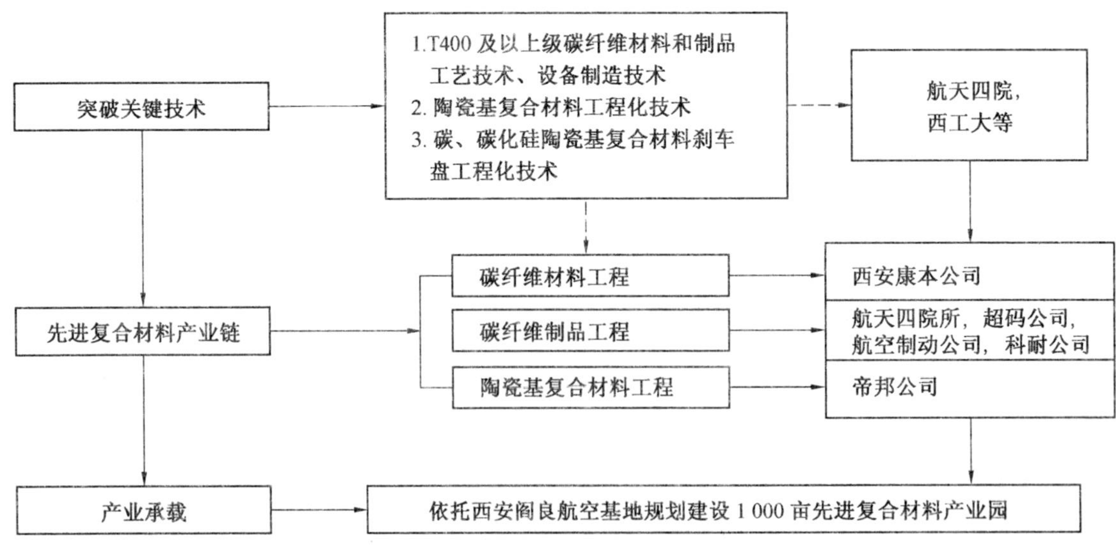

（三）做强电子信息材料产业

围绕电子信息材料高起点、规模化、前瞻性发展要求，依托我省电子信息产业优势领域，大力推进新型电子材料的研发和产业化，组织实施电子级晶硅材料、平板显示材料、电子浆料和其他电子专用材料四大产业工程，促进电子信息产业结构调整和优化升级。

专栏3　电子信息材料四大产业工程

1. 电子级硅材料工程：依托天宏硅材料公司重点建设年产3750吨微电子级多晶硅生产线项目；依托理工晶体科技公司和创联新能源设备公司重点建设单晶炉产业化项目；依托华山半导体材料公司重点建设单晶硅切片加工项目。

2. 显示材料工程：依托瑞联近代电子材料公司重点建设OLED显示发光材料高技术产业化项目；依托彩虹集团重点建设TFT-LCD玻璃基板产业化和PDP用荧光粉产业化项目。

3. 电子浆料工程：依托宏星浆料公司重点建设新型环保电子浆料、超细电子粉体材料、金导体浆料、银导体浆料、铝导体浆料、电致热有机系列电子浆料等产业化项目，形成电阻浆料、导体浆料、介质浆料、有机浆料等系列产品。

4. 其他电子材料工程：依托西北有色金属研究院重点建设大规模集成电路散热材料、CT机用高精度钨片、稀有金属靶材、铌合金加工材和钽板管带材等稀有金属电子材料深加工项目；依托西北工研院、西凯光电公司，重点建设室温核辐射探测器用CZT晶体制备及应用产品开发项目；依托航天四院建设高性能聚酰亚胺薄膜产业化项目，提升挠性印制电路板、液晶显示屏等电子产品制造水平。

战略规划集成：统筹西安电子科技大学、西安理工大学、西京公司、彩虹集团、天宏硅业等单位的科技资源，重点突破新型有机电致发光电荷转移材料工程化技术，电子浆料粉料制备技术，液晶玻璃基板6～8.5代量产技术，完善、优化微电子级多晶硅工艺与设备，开展高效率、低污染的硅材料制备技术研发，碲锌镉辐射探测材料（CZT晶体）工程化技术，支撑我省电子信息产业重点领域实现跨越发展。

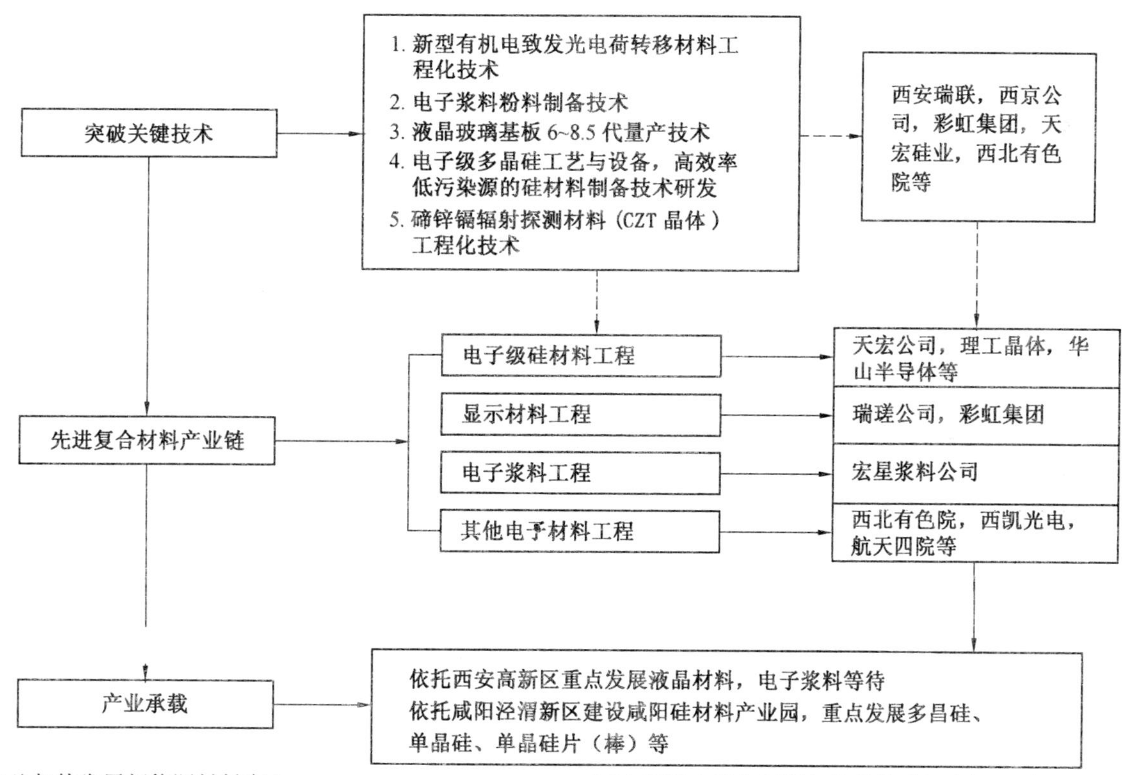

（四）加快发展新能源材料产业

抓住全球大力发展太阳能、核能等清洁能源的重大机遇，积极开展多晶硅制备综合利用新技术研发，组织实施太阳能级硅材料产业工程，构建多晶硅、单晶硅、单晶硅片（棒）等硅材料产业链；加大力度开发核电设备专用新型稀有金属材料，组织实施核电用材料产业工程，为我国核工业快速发展提供支撑。

专栏4　新能源材料两大产业工程

1. 太阳能级硅材料工程：依托西京科技实施高纯度单晶硅制备与加工产业化项目；依托隆基硅材料公司、华晶电子公司、骊晶电子公司等实施单晶硅切片加工项目。

2. 核电用材料工程：依托西北有色金属研究院实施核电用反应堆控制棒产业化、锆合金包壳材料产业化、高性能金属多孔材料产业化等项目；依托天力复合材料公司实施核电用层状金属复合材料产业化项目；依托国核宝钛锆业公司实施核电用锆合金管、棒、板带材产业化项目。

战略规划集成：统筹省内科技资源，重点突破多晶硅制备综合利用新技术，第三代核电用银铟镉合金控制棒的熔炼、热处理、变径、精整等关键生产技术，100万千瓦超临界核电机组用高性能层状金属复合材料制备技术，核电用新型锆合金材料制备工程化技术,核电用耐腐蚀 Ti35 铸锭制备、板材、管材轧制工程化技术等,有力支撑我省新能源产业发展。

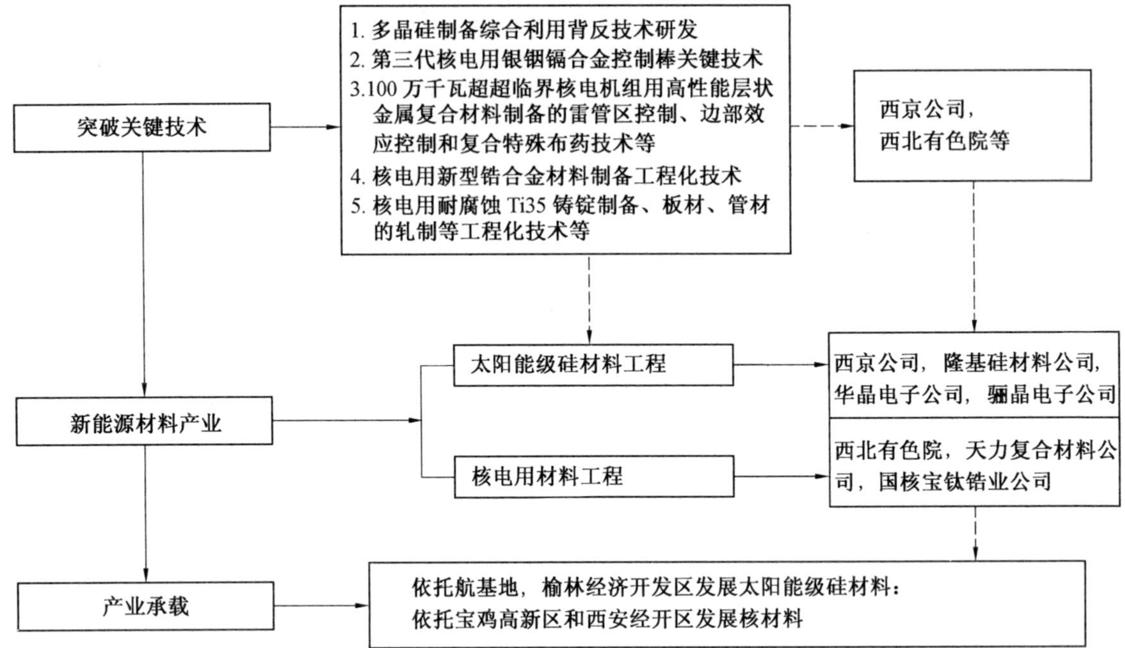

(五)做优新型功能材料产业

依托我省现有钼深加工技术、研究平台,加强钼合金材料制备技术研发,组织实施高质量钼及钼合金粉末及烧结制品、高性能钼及钼合金坯材料及器件和环保节能型钼化工产品三大产业工程,形成高附加值的钼产业链。组织实施新型生物材料、稀有金属粉末及金属多孔材料和其他稀贵金属材料三大产业工程,逐步形成我省新材料产业新的增长点。

专栏 5　新型功能材料六大产业工程

1. 新型生物材料工程:依托艾尔肤公司重点建设组织工程皮肤材料产业化项目;依托巨子生物公司重点建设类人胶原蛋白系列产品产业化项目;依托西部超导公司重点建设医用钛合金材料项目。

2. 高质量钼及钼合金粉末及烧结制品工程。依托金钼集团,大力推进高纯度钼粉、喷涂用球形钼粉、超细钼粉、注塑成型用钼粉等钼及钼合金粉末的系列化发展。

3. 高性能钼及钼合金坯材料及器件工程。依托金钼集团、西部鑫兴钼业公司,积极推进高精度钼箔、钼带、钼器件、钼靶材、超细钼丝等系列制品扩大规模,大力发展钼铜复合材料、TZM(掺杂钛锆)钼合金、稀土掺杂钼合金、复合强化钼合金等钼合金材料。

4. 环保节能型钼化工产品工程:依托西部鑫兴钼业公司,积极开发低硫、低污染环保型石油化工产品用含钼催化剂,形成系列化有机钼产品。

5. 稀有金属粉末及金属多孔材料工程:依托西北有色金属研究院重点建设稀有金属粉末及冶金制品、金属多孔材料及元件、铁铬铝纤维、不锈钢纤维、多层金属复合网等稀有金属粉末及金属多孔材料产业化项目。

6. 其他稀贵金属材料工程:依托西北有色金属研究院重点建设钨及钨合金板材、钨深加工制品、钨及钨合金棒材,贵金属毛细管材、窄带材、多层复合异型丝等产业化项目;依托陕西斯瑞公司、西安交大,加快实施电力开断触头 CuCr(铜铬)材料、高速机车牵引电机转子高性能 Cu-Cr-Zr(铜铬锆)合金材料、汽车焊接电极材料等高导高强铜基合金材料产业化项目。

战略规划集成:统筹西北大学、第四军医大学、西北有色金属研究院、金钼集团等单位的科技资源,重点突破类人胶原蛋白衍生物及系列复合高分子聚合物生物材料技术,高纯度钼粉、特大、异型钼及钼合金烧结制品关键技术,难熔金属高性能粉末冶金改性技术,石油化工、医药食品行业用铂、钯、钌、铑等贵金属系列催化剂制备技术,高导高强铜基合金材料工程化技术等,实现新型功能材料的规模化发展。

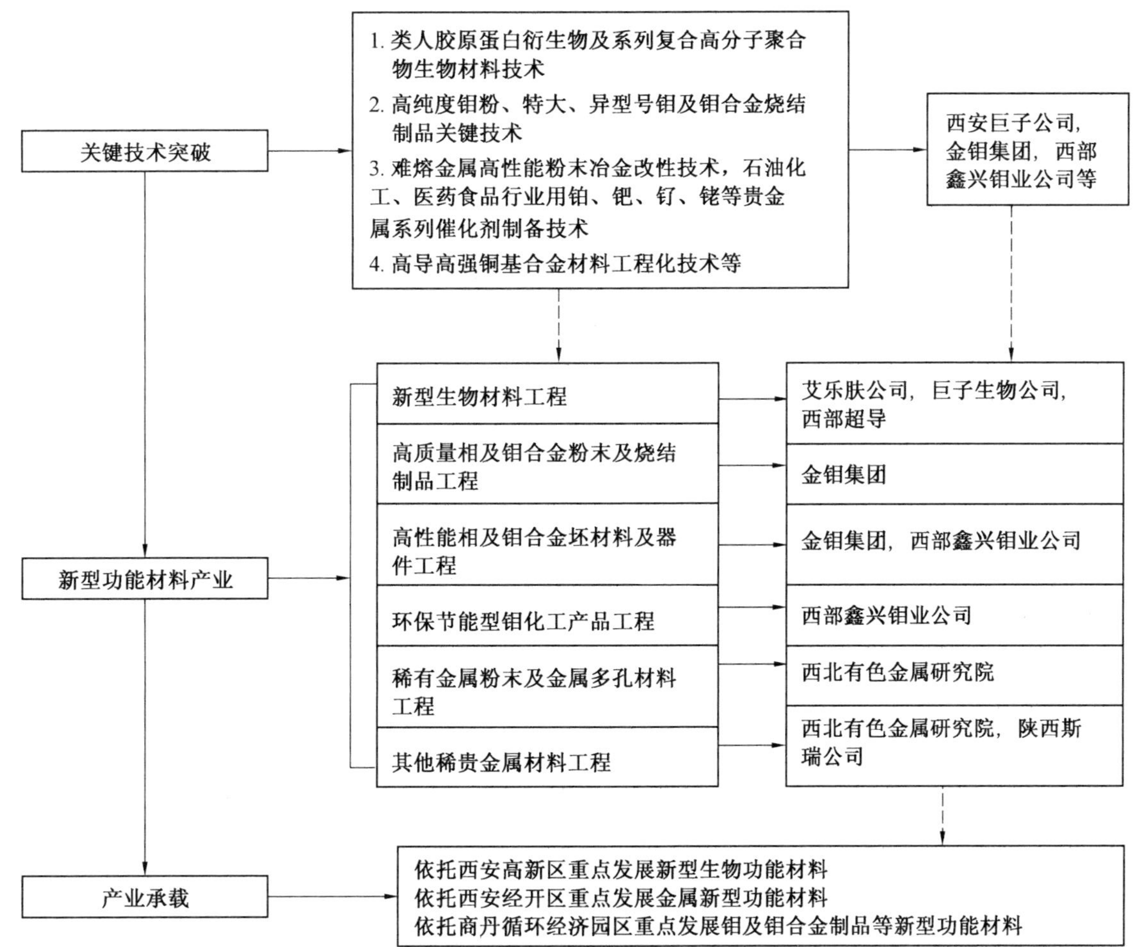

（六）促进产业聚集发展

以关中—天水经济区为轴，以宝鸡高新区、西安高新区、西安经开区为核心，以咸阳泾渭新区、阎良航空基地、商丹循环经济工业园、榆林经济开发区等为扩展，统筹规划、集聚发展，形成“一轴七园”的产业布局。

专栏6　新材料产业布局

1. 宝鸡新材料基地：规划面积33平方公里，主要建设宝钛工业园等，重点发展钛及钛合金、锆、铪等高性能结构材料和新能源材料。

2. 西安高新区：重点发展液晶材料、电子浆料等电子信息材料，组织工程皮肤、类人胶原蛋白等新型生物功能材料。

3. 西安经开区：重点发展超导材料、钛管、钛板带、钛复合板、镁合金、多孔材料、金属纤维和其他贵金属材料等高性能结构材料、新能源材料和新型功能材料。

4. 咸阳泾渭新区：建设咸阳硅材料产业园，重点发展多晶硅、单晶硅、单晶硅片（棒）等电子信息材料。

5. 阎良航空基地：规划建设1000亩碳纤维材料与制品产业园，重点发展高性能碳纤维和碳纤维应用等先进复合材料；建设特种新材料先进制造示范基地，重点发展陶瓷基复合材料、新型铝镁合金、镁锂合金、碲锌镉晶体材料及制品等。

6. 商丹循环经济园区：建设钼材料产业园，重点发展高质量钼及钼合金粉末、高品质钼及钼合金坯锭，以及高性能钼及钼合金制品等新型功能材料。

7. 榆林经济开发区：建设硅材料产业园，重点发展单晶硅、单晶硅片（棒）等电子信息材料。

（七）加强自主创新能力建设

发挥区域产学研优势，实施研究院建设和企业创新平台两大创新工程，构建基础研究、技术开发、技术转移转化、区域创新环境、市场推动应用、人才引进培养等完整的创新体系，大力推进军民技术融合，突破产业发展技术瓶颈制约，充分发挥自主创新对新材料产业发展的支撑引领作用。

专栏7　两大创新工程

1. 研究院建设工程：依托西北有色金属研究院，联合宝钛集团、西北工业大学等单位，组建陕西省新材料工业研究院，以开展新材料领域共性技术和关键性技术研发和集成创新为目标，以项目和技术资本为纽带，面向市场，整合资源，建设高端人才培养、核心关键技术集成创新、中试生产线、产品检验检测等平台，开展新材料产业新品种、新工艺、新装备研究，进一步提升我省新材料产业技术水平和产品竞争力。

2. 企业创新平台工程：依托骨干企业，重点建设和完善稀有金属材料加工国家工程研究中心、超导材料制备国家工程实验室、金属多孔材料国家重点实验室、陕西省航空材料工程实验室、陕西省核反应堆堆芯用稀有金属材料工程研究中心、高性能碳纤维制造及应用工程研究中心、高纯度多晶硅制备工程实验室,以及宝钛集团和金钼集团国家级企业技术中心等一批自主创新平台,突破产业发展技术瓶颈,为企业可持续发展提供技术支撑。

四、保障措施

(一)加强对新材料产业发展的统筹协调

为了推动我省新材料产业发展,由省发改委牵头,会同省科技厅、财政厅、工信厅、环保厅、教育厅等相关部门,统筹协调产业、科技和教育等资源配置,指导全省新材料产业各领域、各地区发展,对新材料产业发展中的重大政策、重大项目、重大问题组织研究,提出解决方案。

(二)大力推进新材料产业自主创新

大力推进新材料产业自主创新,充分发挥技术创新的引领作用。一是加强产业自主创新基础能力建设,重点支持西北工业大学、西安交通大学、西安理工大学等高校和西北有色金属研究院等科研院所,建设和完善一批国家和省级科研平台,为产业发展提供基础研究和原创技术。二是采取政府资助,高校、科研院所和企业共建的原则,加强国家和省级工程研究中心建设,进一步提高产业整体技术水平。三是充分发挥企业在创新体系建设中的主体作用,引导和鼓励龙头企业建立国家和省级企业技术中心,强化科研开发,提高企业的可持续发展能力。四是支持相关企业参与国际标准的制定,制定重大产业技术路线图。五是支持各类产业园区加强孵化器、实验开发、测试等公共服务平台建设,为产业发展提供良好的支撑。

(三)建立多元化投融资体系

建立多元化投融资体系,助推企业实现跨越式发展。一是加大政府资金引导。省上各类专项资金,重点支持创新技术平台建设、新材料产业关键技术和共性技术攻关、应用基础研究、创新型中小企业发展、高级人才培养和引进等,优先解决市场资源配置机制不能有效解决的早期投入等问题。二是发展多元化创业投资。组建新材料产业创业投资基金,首期募集资金3亿元,未来5年规模达到30亿元,吸引社会资本参与新材料产业发展。三是鼓励银行、证券、保险等金融机构加强金融信贷支持力度,引导各类金融机构资金支持我省新材料产业加快发展。四是支持符合条件的新材料产业化项目发行企业债券,鼓励新材料企业在国内主板、中小板和创业板上市融资。

(四)加快人才队伍建设

充分发挥我省丰富的教育资源优势,加快新材料产业人才队伍建设。一是积极培养新材料专业技术人才。依托西北工业大学、西安交通大学、西安理工大学等省内大专院校,根据产业发展调整学科设置,培养不同层次的专业技术人才。二是广泛吸纳用好新材料高层次人才。鼓励高等院校、科研机构和大型企业等面向海内外招聘具有跨学科知识、跨行业经验和广阔视野的新材料产业领军式人才。支持高校院所的高层次科技人才为新材料企业服务。三是培养新材料产业创新型企业家。支持行业组织对新材料企业负责人进行知识和能力的培训,提升企业家管理、创新能力。四是加强技能型人才培训。依托中等职校和新材料产业公共服务平台,加强新材料产业发展紧缺技能人才的培训。

(五)营造良好的产业发展环境

一是加大政府采购国产飞机、航天器、半导体照明灯具、太阳能电池、核电、风电设备等民用工业使用新材料产品力度,推动新材料及其应用产品市场培育。二是加快建设中国钛材期(现)货交易中心,力争建成全国最大、品种最全的国际性钛材交易市场,实现网上交易、物流交易、期货交易等功能,为企业提供快捷规范的信息、交易、物流平台。三是组建陕西省新材料协会,为企业发展提供行业信息、金融、法律、专业技术服务等方面的服务和指导。四是进一步完善知识产权保护机制,依法保障知识产权所有者的权益。以技术和资本为纽带,产学研相结合,加快组建企业主导的产业技术联盟和产业标准联盟,重点培育一批具有自主知识产权、成长潜力大的创新型企业发展,支持我省新材料产业研发成果优先在省内转化,促进新材料产业优化升级。

广西新材料产业发展规划

新材料是高新技术发展的基础和先导。当前,新材料技术已经渗透到国民经济、国防建设和社会生活的各个领域,支撑着高新技术产业的发展,对经济增长起着举足轻重的作用。为加快广西新材料产业发展,促进产业结构调整,推进新型工业化进程,根据《中共广西壮族自治区委员会、广西壮族自治区人民政府关于做大做强做优我区工业的决定》,特制定本规划。

一、发展现状及面临的形势

广西有色金属矿产资源丰富。在已探明矿藏储量97种中,居全国前10位的有64种,居全国第一位的有12种,居全国第2~6位的有25种;铝土矿保有储量占全国总储量的18.37%;锰矿保有储量占全国总储量的39%;锡、锑、铟保有储量分别占全国的28%、33%和32%;铟产量占全世界产量的三分之一。广西非金属矿产资源也十分丰富,石灰岩、高岭土、滑石、重晶石、膨润土等非金属矿储量均居全国前列。2008年,全区十种有色金属产量超过100万吨。这些都为我区发展新材料产业提供了基础和条件。经过近年的发展,全区基本形成了以柳州、河池为核心区,以南宁、百色、桂林、来宾、梧州、贺州等市为集中区的产业布局,涌现出稀土铝绞线、ITO靶材、建筑铝型材、高纯铟、PS版印刷材料等一批有影响力的产品,其中稀土铝绞线曾获国家科技进步二等奖。2008年全区新材料产业销售收入约为85亿元,工业增加值31亿元,约占同期工业增加值的1.18%。我区新材料产业起步晚,存在着科技成果转化率低、产品市场竞争力不强、缺乏拥有自主知识产权的产品及技术、资金投入不足和技术集成能力差等亟待解决的问题。目前,我区新材料产业正处于由低级向高级发展的阶段,面临着三个转变:即由粗放型向集约型转变;由分散型向集中型转变;由原料型向精深加工型转变。着力推进初级产品的精深加工,构建完善的新材料产业体系、科技支撑体系和产品营销体系,是我区新材料产业实现跨越式发展的必然选择。

二、指导思想、基本原则和目标

（一）指导思想。

牢固树立科学发展观，坚持走新型工业化道路，以产业快速发展为目标，以市场为导向，以科技创新为支撑，以提高竞争力为核心，以结构调整为重点，发挥政府宏观调控和引导作用，促进新材料产业向园区化、规模化和集约化方向发展，推动产业总量扩张、产业集群和产业结构优化升级，在开放开发中加快我区由传统材料生产大省向新材料生产强省转变。

（二）基本原则。

1. 坚持发挥资源优势与突出产业特色相结合。以资源优势为基础，遵循“有所为、有所不为”的方针，从区域特点出发，突出重点，做到特色资源优先开发、重点产品优先发展。

2. 坚持政府引导与市场配置相结合。通过编制规划、制定政策等方式，促进资金、技术、人才向优势企业集中，优化投资环境，促进产业集聚，壮大产业规模，发挥市场对优化新材料产品结构、提高新材料产品档次和各种生产要素聚集起基础性配置作用。

3. 坚持自主创新与加强引进相结合。着力推进源头创新和原始创新，开发具有自主知识产权的技术和产品，有选择地引进一批高精尖大项目和关键技术及设备，并做好技术集成创新和引进技术的消化、吸收与再创新。

（三）规划目标。

用10年左右时间，拉长新材料产业链，倾力打造新材料产业集群、新材料产业园区和新材料产业基地。

到2012年，全区新材料产业初具规模，新材料产业步入良性发展轨道，实现销售收入190亿元，工业增加值66亿元。

到2015年，全区新材料产业进入扩张期，关键技术、高端产品研发和应用取得新突破，一批重点项目建成投产，全年实现销售收入400亿元，工业增加值148亿元，约占同期工业增加值的3%左右。

到2020年，全区新材料产业进入快速增长期，产业园区和产业基地的格局基本形成，产业聚集效应扩大，产品影响力增强，全年销售收入达到1000亿元，工业增加值380亿元，约占同期工业增加值的5%左右。

三、主要任务

（一）以现有资源为依托，重点发展七大领域新材料。

1. 有色金属合金材料。铝基合金系列产品，依托南宁、百色铝业基地重点发展高纯、高强、高韧和耐高温铝基合金材料，包括航空、汽车与建筑用铝型材及其制品、新型与节能民用及工业铝型材、铝板、铝带、铝箔、铝轮毂、铝铸件、稀土铝绞线、铝塑复合管等铝基合金及复合材料，提高铝产品附加值，到2020年铝基合金材料产能达到200万吨；着力推进南宁南南铝业公司年产30万吨铝板带箔等项目。锡基合金及锡化工系列产品，依托柳州华锡集团等公司重点发展电子无铅焊料、硫酸亚锡、硫酸甲基锡、锡酸锌、焦磷酸亚锡等材料。锑基合金及锑化工系列产品，依托河池有色集团公司重点发展铅锡锑合金、高纯锑、三氧化二锑、五硫化二锑和三硫化二锑等材料。

2. 电子信息材料。高性能ITO靶材系列产品，以柳州高新区为依托，重点发展以铟锡化合物为中心的液晶显示器、等离子体显示、电致发光显示、镀膜玻璃等材料；推进柳州华锡铟材料公司通过技术改造上规模上档次上水平。铟化合物半导体材料，包括锑化铟、砷化铟等第三代半导体材料，重点发展电子信息材料、高亮度发光二极管材料、电致发光材料、热电材料、复印机感光鼓镀膜材料、太阳能电池光感材料、红外材料、高温超导材料、集成电路的特殊焊料、高性能合金材料等新材料。磷化铟系列产品，重点发展微波通讯、光纤通讯中的激光光源和太阳能电池材料。组织实施一批国家级、自治区级铟基新材料高技术产业化重大项目。

3. 纳米粉体材料。重点发展氧化铟粉体材料、氢氧化铟粉体材料、二氧化锆粉体材料、无汞锌粉、纳米级氧化锌、纳米级碳酸钙、纳米有机膨润土、纳米二氧化钛、纳米氧化铝、纳米氧化硅等粉体材料，使我区部分纳米粉体材料在短期内达到乃至超过国内先进水平。

4. 新型建筑材料。利用丰富的石灰岩、高岭土、石英砂、石膏等矿产资源，南宁、柳州、梧州、北海等地重点发展防水材料、密封材料、新型保温隔热材料、建筑装饰装修材料等环保、节能、多功能的新型墙体材料及结构与功能一体化建筑材料。主要生产加气混凝土砌块、高档玻璃、新型建筑陶瓷和高档卫生洁具、纸面石膏板、轻型复合墙板、多功能防水建材、矿棉制品和吸音板等产品。

5. 新型高分子材料。重点发展天然纤维、环保型涂料、医用高分子材料、特种树脂、粘合剂、阻燃剂、催化剂、试剂等各种功能性高分子材料与共混合复合高分子材料。扶持广西剑麻集团剑麻纤维热塑性复合材料在汽车上的开发与应用。

6. 新能源材料。重点发展氢能、燃料电池、太阳能电池和风能的关键材料，包括高能储氢材料、无汞碱锰电池材料、聚合物锂离子电池材料、质子交换膜燃料电池材料、多晶薄膜太阳能电池材料和汽车用电池泡沫镍材料等，努力取得突破性进展，形成一批在全国具有竞争优势的拳头产品。

7. 环境友好材料。重点发展生物降解塑料、光降解塑料、环境修复材料、环境净化材料、绿色建筑涂料、新型纸塑材料等。

重点扶持以木薯淀粉为主要原料年产万吨级的完全生物降解塑料颗粒项目，使之广泛用于生产农膜、购物袋、食品袋、包装袋、垃圾袋等可降解产品，从源头上防治“白色污染”。

（二）提高新材料产业集中度，发挥产业集聚效应。

依托现有工业基础，积极培育我区新材料产业创新体系及应用体系，通过传统材料产业调整与新材料产业发展相互融合渗透，提高新材料产业的集中度。建立功能各异、重点突出和各具特色的新材料产业园区或新材料产业基地，发挥其孵化、集聚和辐射带动效应。在新材料产业空间布局上，规划建设“四个园区、五个基地、六条产业链、七个研究中心”。

1.“四个园区”。即柳州新材料产业园、河池有色金属新材料产业园、贺州稀土材料产业园和北海镍铬新材料产业园。柳州新材料产业园重点实施高性能ITO靶材系列产品规模化等铟基材料项目,河池有色金属新材料产业园重点实施锡基、锑基、锌基合金材料系列产品项目,贺州稀土材料产业园重点实施稀土永磁、稀土发光和稀土功能材料等项目,北海镍铬新材料产业园重点实施镍铬合金等新材料产业化项目。

2.“五个基地”。即柳州以华锡铟材料公司铟基材料为主、河池以南丹有色金属合金材料为主、百色以平果铝基合金材料为主、贺州以钟山稀土材料为主、北海以铁山港镍铬合金材料为主的新材料产业基地。通过新材料产业基地的产业扩散和辐射效应,实现区内外上下游相关产业配套,推动产业基地的制度创新和技术创新,发挥引领作用,促进区域经济协调发展。

3.“六条产业链”。即铟基新材料产业链、锡基合金新材料产业链、铝基合金新材料产业链、锰基新材料产业链、稀土材料产业链和镍铬合金材料产业链,以技术含量高、产业关联度大、带动性强和市场前景好的产品为核心,使产业及产品在上下游之间拓展延伸,形成产业与产品优势。

4.“七个研究中心”。即在全区建设铟、铝、锡、锌、锑、锰、镍等七个以企业为主体的国家级或自治区级新材料工程技术研究中心和企业技术中心,培养一批新材料产业技术创新团队和领军人物,提高企业自主创新能力和市场竞争力。

四、政策措施

(一)以技术创新为主线,加快我区新材料产业与国际接轨。

加快发展技术密集型、资金密集型的新材料产业,提高全行业的工艺技术水平和产品开发能力,进一步构建和完善企业技术创新体系,促进产业链延伸和产业综合竞争力的提高。全面提升产业国际化水平,实施大项目引进战略,主动迎接国际新材料产业转移,争取国际资本与技术更多地在我区聚集发展。

(二)推进大园区、大基地、大项目建设,走产业集群的发展路子。

通过新材料大园区、大基地和大项目建设,引导包括信息、资金、市场、技术、人才等在内的各种生产要素在企业集聚,促成产业集群,增强集群内企业间的有效合作,提高企业的经济效益和产业的整体竞争能力,促进全区新材料产业结构的调整和优化升级。

(三)以龙头和骨干企业为核心,提升产业的整体实力。

积极培育壮大投资和经营主体,重点扶植一批有市场竞争力的新材料产业龙头企业和骨干企业,充分利用国内外两种资源和两个市场,积极引进国外资金、技术设备和管理经验,提高新材料企业的加工能力和产品档次,推动我区新材料产业由粗放型向质量效益型转变,促进新材料产业的持续稳定发展,提升新材料产业的整体实力。

(四)深化企业改革,形成新材料产业发展新格局。

采取上市、兼并、联合、重组等形式,加快现有新材料企业的改革、改组和重组步伐,形成产业适度集中、产品具有特色、企业间有序竞争、大企业为主导、大中小型企业协作发展的新格局。重点扶持一批年销售收入30亿元、10亿元和5亿元以上的大中型新材料企业。

(五)加大资金扶持力度,发挥财政资金引导作用。

自治区根据每年可用财力,安排适当资金,采取资本金投入、贴息、奖励和补助等形式,支持我区新材料产业开发,扶持新材料产业龙头企业的发展和新材料产业园区及产业基地的建设。设立有新材料产业园区或新材料产业基地的市县,要重视对产业园区或产业基地基础设施的资金投入,发挥财政资金的引导作用。

(六)健全风险投资机制,推进风险投资市场的发育。

完善新材料产业担保与信用体系,健全风险投资形成、运作和退出机制,促进风险资本与知识资本对接。鼓励风险投资公司和投资担保公司进入新材料产业领域。根据市场经济运作规律,按照“责、权、利”相统一原则,实行谁投资谁受益、谁管理谁得利的政策,充分调动社会各方面积极性,投资新材料产业。

广东省新材料产业发展“十二五”专项规划

新材料是指新出现的或正在发展中的具有优异性能和特殊功能的材料,或是传统材料改进后性能明显提高和产生新功能的材料。新材料产业是国家确定的七个重点发展的战略性新兴产业之一,也是我省重点培育的八大战略性新兴产业之一。

为贯彻落实省委、省政府关于培育发展战略性新兴产业的总体部署,积极抢占国际经济科技竞争制高点,加快提升新材料产业国际竞争力,培育我省新的经济增长点,促进经济发展方式转变和产业结构战略性调整,结合我省实际,制定本规划。

一、发展基础和发展环境

(一)发展基础。

我省既是新材料生产大省,也是新材料需求大省,具有良好的产业基础,技术水平与综合实力位居全国前列。在改性塑料、薄膜、涂料、化学建材等高分子材料,电子陶瓷及片式电子元器件,印刷电路板,铝、镁轻合金材料,新型建筑材料,新型二次电池材料,大功率LED(发光二极管)芯片,OLED(有机发光二极管)等新型发光显示材料及器件等领域均处于国内领先地位。

——产业发展初具规模,但整体带动作用不明显。据不完全统计,2010年全省新材料产业实现工业总产值4360亿元(较2005年增长,.1.98倍),实现工业增加值1100亿元(较2005年增长2.2倍),产业总体规模位居全国前列。新材料领域的高新技术企业470多家,约占全省高新技术企业总数的14%,其中新材料产品产值超亿元的企业300余家。近年来,我省新材料产业培育出一批我国新材料产业的龙头骨干企业，涌现出一批创新能力较强的“小巨人”企业。但从总体上看，我省新材料产业企业规模普遍偏小，产值超过10亿元的企业较少，综合竞争力不强，对地方经济和相关产业的辐射带动作用不明显。

——产业链条基本成型，但综合配套能力不够强。我省新材料产业的若干重要门类已初步形成了较为完整的产业链。先进高分子材料产业已经建立石油化工一合成树脂一改性塑料一塑料助剂一塑料加工-塑料机械一制品应用一再生塑料的产业链条；半导体照明材料基本形成衬底材料一外延片生产一芯片制造一封装一检测和应用示范的产业链条；新能源电池材料初步构建起正极材料一负极材料一电解液一隔膜一电池生产的产业链条。但其他新材料领域的产业链尚待培育和完善，新材料企业总体上仍集中在相关产业链的中低附加值环节，后续加工能力和应用推广偏弱，产业综合配套能力不强。

——产业集聚态势初步形成，但集群优势不突出。我省已建成国家级新材料产业基地1个、国家级特色材料产业基地15个、省级新材料特色产业基地32个，初步形成了广州新材料产业国家高技术产业基地、深圳国家半导体照明基地、佛山光伏产业基地等一批特色鲜明的新材料产业集聚区，并培育出一批处于国内领先地位的新材料龙头骨干企业，但大部分产业基地或园区内产业同质化竞争问题仍较突出，企业间专业化分工和差异化经营格局尚未形成，影响了新材料产业的核心竞争力和整体实力的发挥。

——自主创新能力基础较好，但缺乏关键核心技术。我省新材料领域的研发基础较好，已形成包括国家级和省级重点实验室、工程中心、企业技术中心以及高校、科研院所在内的新材料研发和科技创新体系。有国家级重点实验室5家，国家级工程中心11家，省级重点实验室15家，省级工程中心85家，在纳米冷阴极及其器件制备、电子陶瓷材料及器件制备、本质素磺酸盐资源化高效利用的改性技术、新型高分子光电功能材料及发光器件制备技术、微胶囊电泳显示的电子纸制备技术等领域取得了重大突破。但从总体上看，我省新材料产业中前沿领域比重仍较低，产品跟踪仿制的多，前瞻性技术储备不足，集成创新能力薄弱，关键核心技术和装备主要依赖进口。

——市场需求空间广阔，但产品应用推广进展缓慢。我省地区生产总值连续20多年位居全国第一，电子信息、电气机械、汽车、石化等支柱产业位居国内前列，新电子、新医药、新能源等新兴高端产业发展势头良好，，建筑材料、钢铁有色、纺织服装、轻工造纸等优势传统产业转型升级步伐加快，相关产业对新材料的应用规模逐年扩大，新材料对高新技术产业优化提升的先导和基础作用日益突出，对传统产业转型升级的支撑和促进作用日益增强，发展前景广阔。但目前我省新材料企业与下游应用企业之间尚未形成紧密纽带关系，与装备制造企业的同步开发合作不多，特别是一些品种比较新、技术含量比较高的新材料产品应用推广进展缓慢。

（二）发展环境。

——主要发达国家不断拓宽新材料应用领域。新材料产业是21世纪初发展最快的高新技术产业之一，世界各国特别是发达国家高度重视发展新材料产业，竭力抢占新材料技术和产业制高点，特别是国际金融危机之后，各国更是将发展包括新材料在内的战略性新兴产业作为启动新一轮经济增长的主要动力。同时，随着全球新兴高技术产业发展提速和传统材料高技术化步伐加快，新材料的市场需求将迅猛增长，应用领域将不断拓宽，发展空间也将不断拓展。

——我国新材料产业进入黄金发展期。《国务院关于加快培育和发展战略性新兴产业的决定》，明确将新材料等7大产业作为现阶段重点培育和发展的战略性新兴产业。国家有关部门制订了一系列加快战略性新兴产业发展的政策文件。同时，随着我国高新技术产业优化提升，传统产业转型升级，重大工程建设要求提高，以及资源环境保护力度加大，新材料市场需求越来越大。

——我省新材料产业发展基础较好，潜力巨大。经过改革开放30多年的发展，我省初步建立了较为完备的技术创新体系，基本形成了成熟的加工制造体系。随着我省现代产业体系建设稳步实施，经济发展方式转变深入推进，我省对新材料产品的需求不断增长，为发展战略性新兴产业创造了诸多有利条件。

二、指导思想和发展目标

（一）指导思想。

深入贯彻落实科学发展观，围绕“加快转型升级、建设幸福广东”这个核心任务，坚持政府引导推动与发挥市场基础性作用相结合，以推动新材料产业结构战略性调整为主线，以提升新材料产业国际竞争力为目标，以科技创新和产业化发展为突破口，以产业基地建设为抓手，加大政策和资金扶持力度，营造良好发展环境，突破一批关键核心技术，抢占产业发展制高点，支持鼓励新材料应用推广，推动新材料产业成为我省国民经济发展的先导产业，为全省建设现代产业体系、努力当好推动科学发展排头兵作出重要贡献。

（二）发展目标。

至2015年，新材料产业发展取得明显成效，对产业结构优化升级的支撑作用显著增强。工业总产值达11000亿元，年均增速达20%以上；工业增加值达3300亿元，年均增速达25%以上，带动相关产业实现工业总产值5万亿元以上。

——产业结构进一步优化。通过调整产业结构，优化产业布局，在新材料领域加快培育一批具有国际竞争力的龙头企业和创新能力较强的成长性企业。其中年销售收入超100亿元的企业（集团）10家以上，超50亿元的企业（集团）50家以上，超10亿元的企业（集团）100家以上。

——产业集聚进一步凸显。通过实施一批重大产业化项目，不断优化完善产业链条，培育3～5个具有国际竞争力的产业集群，提升全省新材料产业整体层次。依托可持续发展能力强的产业集聚区，培育15～20家创新能力强、创业环境好的特色新材料产业基地，进一步推进产业集聚发展。

——创新能力进一步提升。面向新材料产业关键核心技术和重大战略性产品，培育建设国家级技术创新平台20个以上，省级技术创新平台100个以上，公共检测服务平台10个以上，突破一批产业关键技术，开发一批高端产品，创新成为推动产业发展的主要动力。

三、主要任务和发展重点

(一)主要任务。

——实施重点产业扩容计划。针对我省已具有较强优势,产业链条相对完善,对高端新型电子信息、新能源汽车、LED、生物、高端装备制造、节能环保、新能源等产业具有重要支撑作用的新材料产业,统筹省内资源,实施扩容计划。大力支持龙头企业在保持既有优势的基础上,不断加大项目研发、技术改造和资金投入力度,不断扩大规模,提高市场占有率,发展成为具有国际竞争力的企业(集团),通过龙头企业带动形成我省重点新材料产业整体发展优势。

——实施优势产业提升计划。选取目前产业规模不大,但对高新技术产业发展具有重要支撑作用的新材料产业,实施提升计划。支持骨干企业不断增强自主创新能力,以产学研联合攻关的形式突破一批产业共性关键技术,不断补强产业链薄弱环节;支持一批重点产业项目建设,扶持骨干企业做强做大,引导形成产业集聚,不断提升优势新材料产业竞争力。

——实施潜力产业孵育计划。选择目前市场需求不大,产业市场尚未成型,但具有较好发展前景的新兴潜力新材料产业,实施孵育计划。鼓励投资创业,加大研发投入,加强关键核心技术公关和创新成果储备,加快推进产业化进程。

(二)发展重点。

根据我省新材料产业的发展基础和优势,重点为支柱产业进行配套,为战略性新兴产业提供支撑,不断延伸产业链,现阶段优先发展高端新型电子信息材料、半导体照明材料、新能源汽车材料等三大领域;重点发展先进金属材料、新型无机非金属材料、高性能有机高分子材料及复合材料、特种精细化工材料、新型稀土功能材料等五大领域。

1. 优先发展三大新材料

——高端新型电子信息材料。围绕完善高端新型电子信息材料产业链,重点发展高世代 TFT-LCD(薄膜晶体管液晶显示器)用玻璃基板、偏光片、滤光片材料,发展导电胶、非晶纳米晶合金材料、新型稀土功能材料、高性能铁氧体磁性材料、ZTO(氧化锌锡)、CIGS(铜铟镓硒)系列靶材等。大力扶持企业突破高性能液晶材料、金属氧化物 TFT(薄膜晶体管)材料、硅单晶片及外延层、引线框架和封装材料、非晶硅及化合物薄膜太阳能电池材料等制造技术。积极发展 OLED 有机发光材料、. 载流子输运材料、驱动芯片、电子墨水材料、非硅系半导体光伏材料、以及大规模集成电路生产所需的多晶硅、单晶硅等材料产品。

——半导体照明材料。围绕完善半导体照明材料产业链,重点发展半导体照明 LED 用荧光粉、散热材料、高纯气体等关键材料及 LED 用导热胶。大力扶持企业突破衬底材料、封装材料、电掇材料等制造技术。积极发展高纯金属有机源(MO 源)、光学硅胶等材料产品。

——新能源汽车材料。围绕完善新能源汽车材料产业链,重点发展动力或储能电池用新型隔膜、电解液、储氢、氢氧化亚镍、高纯石墨负极、锰酸锂、钛酸锂、磷酸铁锂等薪能源材料,高性能稀土磁性材料,汽车轻量化高性能镁铝合金材料、高分子材料及其先进复合材料等关键结构材料。大力扶持企业突破锂离子电池用电解液、燃料电池双极板材料等制造技术。积极发展氢能及燃料电池、超级电容器等电池材料产品。

2. 重点培育五大新材料

——先进金属材料。一是高性能特种钢铁材料:重点发展短流程薄板坯连铸连轧产品,高强、耐蚀、耐候、耐磨合金钢,石油天然气输送钢管,高性能轻量化汽车覆盖件钢、汽车用高强、高韧金属材料,3 兆瓦以上大型和特大型风力发电机组用风电齿轮箱、主轴、轴承材料等。大力扶持企业突破先进金属材料的熔融还原、洁净钢生产、连铸连轧、连铸连挤等高精度、高质量产品深加工等关键共性技术。积极培育发展新型耐磨涂层与薄膜、耐腐蚀涂层、耐高温表面涂层等材料。大力发展满足国家能源、桥梁、交通运输、军事等重大工程需要的高性能特种钢铁材料和板、管、线型材、大型构件等产品的产业链。

二是高端有色金属合金与金属基复合材料:重点发展高性能铝合金、轨道交通用大规格工业铝型材、高精度铝化成箔、亲水箔、电子铝箔等,钨基合金材料、高性能金属粉体材料,高纯阴极铜、高性能铜合金、超薄电解铜箔等,兼具高强、高韧、耐热和优异成形性能的高性能镁合金,以及钛合金、高纯和低偏析材料、快速凝固金属与合金(非晶态、准晶、微晶材料)、固相连续复合层状金属材料、颗粒或纤维增强金属基复合材料等高性能特殊功能金属材料。大力扶持企业突破电解铜的无种板电解工艺或无始极片电解工艺,高性能有色金属合金材料成分设计,以及触变挤压技术、半固态加工技术、电磁附加成形技术、激光快速成形技术、粉朱注射成形技术等。积极培育生物相容镁合金材料、特种用途轻质金属基复合材料、核

级海绵锆等。大力发展满足汽车、航空航天、生物医药等领域的特殊轻质料产业链。

——新型无机非金属材料。一是新型节能和绿色建筑材料:重点发展大尺寸玻璃基板,具有轻质、高强、隔热、保温等特性的新型墙体材料,隔音和吸音材料,环保涂层材料,高效密封材料,Low-E(低辐射)节能玻璃,高性能车用玻璃,超薄、超厚、超白等优质浮法玻璃,玻璃镀膜的镀层材料等。大力扶持企业突破建筑材料绿色制造中的关键技术以及生产高性能隔热保温建筑材料、超薄玻璃、镀膜玻璃等的关键技术。积极培育发展建筑物用自动调温和调湿材料、自动预警温度、压力等的智能材料等。大力发展新型节能建筑材料、高性能混凝土、功能性建筑材料产业链。

二是高性能陶瓷材料:重点发展节能环保陶瓷、新能源陶瓷、新型陶瓷色料、高强高韧结构陶瓷材料、特种用途的高性能陶瓷基复合材料、超薄建筑陶瓷材料、纤维和纳米颗粒增强材料、污水处理与过滤材料、自洁材料,抗菌材料等。大力扶持企业突破陶瓷过滤膜、高性能结构陶瓷等的关键共性技术以及节能环保生产技术等。积极培育发展医用高性能硬组织植入材料、导电无机非金属材料、水泥基磁性材料和电磁屏蔽材料。大力发展新能源陶瓷、陶瓷膜、超薄建筑陶

瓷及配套材料的产业链。

三是电子信息材料:重点发展片式无源电子元件用陶瓷材料、电子敏感陶瓷材料、磁控溅射用靶材、高压高功率电力电子元件用陶瓷材料、电子浆料以及电子工业用功能玻璃等。大力扶持企业进行电子陶瓷用高性能化合物粉体和氧化物粉体制备技术的研究和电子陶瓷成形、烧结等共性关键技术的研究。大力发展功能陶瓷粉体、器件及配套材料的产业链。

——高性能有机高分子材料及复合材料。重点发展高性能合成树脂、高档合成纤维、塑料合金、先进复合材料、多功能材料、生物材料、多用途专用料、橡胶与塑料制品产业。大力扶持耐高温尼龙、LED 封装有机硅树脂、电子级环氧树脂与电子用聚酰亚胺树脂(PI)、高性能聚丙烯、特种合成橡胶等合成材料产业,高性能芳纶、涤纶、尼龙、超高分子量聚乙烯等合成纤维产业,新型高性能塑料及其合金、先进复合材料、阻燃材料、热收缩材料、新型热塑性弹性体、高性能热熔胶、硅酮密封胶等改性塑料产业,电池隔膜材料,双轴拉伸聚乙烯薄膜、以塑代钢材料、轻量化材料、钢塑复合材料等加工产业。积极培育发展 ABS(工程塑料)、PMMA(有机玻璃)、聚醚醚酮、液晶聚合物、聚碳酸酯、MDI 聚氨酯、生物降解材料、聚丙烯酸类材料等合成材料产业,高性能碳纤维、特种玻璃纤维产业及纳米材料和功能填料产业,医用药用材料、有机发光材料、电池专用胶粘带、特种专用料等改性塑料产业,废弃高分子材料高附加值再生利用产业。

——特种精细化工材料。重点发展电子和 LED 封装材料、超净高纯试剂、光刻胶配套试剂、蚀刻溶剂、高分辨率感光干膜、导电胶、电解液等电子信息和能源产业配套用电子化学品,高性能、环境友好的涂料、粘合剂和油墨,高效、多功能、安全的食品、化学工业和高分子材料加工助剂,大力扶持精细功能粉体、新型催化剂、新型环境友好表面活性剂、以硅和氟为基础合成的表面改性剂、二氧化碳大规模富集吸附材料、分离材料、高效水处理剂,以及汽车、船舶和航空航天产业链配套用精细化工材料及配套材料产业发展。

——新型稀土功能材料。重点发展照明/显示用高性能稀土发光材料、高性能稀土烧结/粘结永磁材料、混合动力汽车用储氢材料、新型稀土功能助剂等稀土功能材料,以及满足不同应用要求的高性能稀土铝/镁合金材料等;大力扶持企业突破产业化关键共性技术;积极培育发展磁致冷材料、超磁致伸缩材料等特种用途的稀土磁性材料、高性能固态储氢材料、纳米稀土抗菌材料、稀土精密抛光材料等具有特殊物理性能的稀土粉体材料产业。完善满足高端电子信息、半导体照明、新能源汽车产业用新型稀土功能材料产业链。

(三)区域布局。

按照政府推动、市场主导、资源共享、优势互补、协调发展的原则,根据新材料行业的特征和各地区经济发展的实际,集合要素资源,通过调整产业结构,优化产业布局,促进产业聚集和专业化分工,完善产业配套体系,培育壮大一批具有国际竞争力的产业集群、产业基地或产业园区。

1. 高端电子信息材料产业布局。

——新型显示材料产业集群。以广州、深圳和佛山高世代平板显示项目为龙头,辐射带动东莞、惠州、肇庆、汕尾等地区,以平板显示面板模组、平板显示关键配套件及测试设备为重点,完善上下游产业在珠三角的配套。以佛山、东莞、惠州、汕尾、顺德为重点,依托广东 OLED 产业技术研究院,开展相关材料的开发研究工作,推动产业集聚,形成上下游产业链完整的 OLED 产业集群。

——新型半导体照明材料产业集群。依托深圳光明新区 LED 新光源产业基地、广州晶科电子芯片生产基地和广东新光源产业化基地开展外延片、蓝宝石等高端材料及技术的研发。依托东莞 LED 产业基地、惠州科锐 LED 芯片生产基地、深圳,曲江 LED 产业园侧重开展芯片加工研究工作。依托江门高新技术开发区绿色光源照明产业基地、中山新光源高新技术应用基地侧重开展制造、应用和销售工作。在此基础上推动 LED 产业链条的横向整合和纵向延伸,打造圜内一流并具有较强国际竞争力的 LED 材料产业集群。

——太阳能光伏材料产业集群。以深圳为重点,广州、佛山、东莞、河源、阳江为支撑,形成梯度布局,打造以深圳、河源、阳江太阳能光伏产业基地、佛山三水区广东薄膜太阳能产业基地、顺德国家光伏系统工程研究中心产业化基地、东莞薄膜太阳能光伏产业基地等为重要组成部分的太阳能光伏材料产业集群。

——绿色二次电池材料产业集群。以广州新材料国家高新技术产业基地、深圳高新区新材料产业基地、火炬计划佛山新材料产业基地、肇庆新材料基地等为依托,打造我国最大的锂离子电池、镍氢电池等绿色二次电池正、负极材料、隔膜材料、电解液等材料研发、生产产业集群。

2. 金属材料产业布局。

——特种钢铁材料产业基地。以广钢环保迁建(湛江)钢铁项目为依托,建设湛江精品钢铁材料生产基地。以韶钢为龙头打造韶关钢铁深加工基地。在广州、佛山重点发展集装箱板、花纹板、汽车板、不锈钢等高端钢铁材料,构建特种钢铁材料生产及深加工基地。在阳江建设年产 5 万吨纯镍合金及配套加工基地。

——有色金属材料产业基地。以广州为研发核心,构建佛山、东莞、顺德工业铝型材、铜合金、镁合金及河源钨合金等有色金属材料生产及深加工产业集群。构建梅州、清远、韶关电子箔材产业基地和汕头工业锆材产业基地。

3. 无机非金属材料产业布局。

——新型陶瓷材料产业基地。在佛山建设世界级新型陶瓷材料产业基地和研发中心,以促进我省陶瓷产业的技术进步,并通过产业转移、企业扩张、企业内部共享等模式,将新技术、新产品扩散到清远、肇庆、潮州、阳江、河源、韶关、茂名、云浮等地。以省市共建潮州陶瓷先进制造业基地为依托,打造国家日用陶瓷特色产业基地,推动我省新型陶瓷材料的发展。

——新型建筑材料产业基地。依托深圳、广州的国家级技术研发中心、高等院校和研究院所的技术力量,打造以深圳、广州为核心,辐射东莞、江门、佛山、惠州的环珠江口高性能建筑材料、节能建筑材料、智能建筑材料深加工产业基地。

——新型电子材料产业基地。以深圳、肇庆、潮州为核心,辐射带动东莞、惠州等区域新型电子材料产业基地发展,依托肇庆新材料基地和东莞电子基材研究生产基地,打造我国最大的新型电子陶瓷材料产业基地。

4. 有机高分子材料产业布局。

——合成树脂产业基地,以惠州大亚湾石化、茂名石化、广州石化、珠海高栏港石化、湛江新中美、汕头海洋以及未来建设的湛江中科石化、揭阳惠来石化等为依托,在沿海地区(广州—惠州—茂名—湛江—揭阳—汕头)打造合成树脂基地,为我省高分子材料产业提供原材料。

——改性塑料产业基地。以广州龙头企业为基础,在广州地区形成国内技术水平最高、规模最大的先进改性塑料产业基地,加快我省改性塑料的发展。

——塑料加工基地。以佛山、湛江、珠海、惠州等地的龙头企业为基础,打造国内加王技术水平最高的塑料加工基地,为我省重点发展的汽车、高端电子信息、新能源、半导体照明等产业提供新材料和零部件。

——化学建材基地。以佛山、阳江地区的龙头企业为基础,构建国内规模最大的化学建材基地,重点发展环保、隔热、保温等节能化学建材,为我省建设低碳社会提供商性能、多功能化学建材。

——合成纤维产业基地。以江门、珠海等地的龙头企业为基础,在江珠地区打造我国一流的合成纤维产业基地,为我省纺织业、先进复合材料等提供新材料。

5. 精细化工材料

——日用化工、涂料、油墨等精细化学品产业基地。以广佛肇经济圈中的龙头企业为基础,在广州创建国际水平、规模最大的日用化学品、胶粘剂、涂料等精细化学品产业基地。在佛山、顺德形成国内一流的涂料、油墨、塑料助剂等精细化工产业集群。在肇庆构建油墨、食品添加剂等精细化工产业基地。

——电子化学品基地。以深莞惠经济圈的龙头企业为基础,构建集成电路板加工、电子封装材料和其他相关电子化学品产业群,在珠海高栏港建设电子布生产基地。

——精细化工产业(转移)园。依托惠州市大亚湾石化产业园、恩平中国纳米碳酸钙产业基地等园区(基地),建设国际水平的精细化工产业园。依托南雄精细化工产业园、珠海(茂名)产业转移工业园、云浮硫化工基地等园区(基地),积极承接涂料、合成树脂、油墨、日用化工等珠三角精细化工产业转移,形成精细化工新材料产业集群。

6. 稀土功能材料产业布局。

——新型发光材料产业集群。依托佛山、江门高新技术开发区绿色光源(半导体)照明产业基地、中山新光源高新技术应用基地、佛山新材料产业基地,以及相关龙头企业,发展稀土发光材料及其下游应用产业集群。

——高端稀土金属功能材料产业集群。以广州、深圳等汽车工业(包括新能源汽车)为基础,依托广州、肇庆、深圳等国家级新材料基地或高新技术开发区,打造国内一流的高端稀土磁性材料、储氢材料以及应用于永磁电机、动力电池等的稀土金属功能材料产业集群,为我省汽车产业的可持续发展提供高性能材料支撑。

——新型稀土化合物材料产业集群。依托佛山、江门、阳江、清远等地区的陶瓷、建材等传统产业,发展稀土稳定剂、稀土陶瓷色料、稀土涂料、稀土陶瓷功能材料等产业,构建稀土化合物材料产业集群。

四、主要措施

(一)提高认识,加强统筹协调。

目前,我省新材料产业正处于培育发展的关键阶段,各地、各有关部门要进一步提高认识,加大工作力度,采取有力措施,促进新材料产业加快发展。省促进战略性新兴产业发展领导小组要统筹协调资源配置,及时研究解决新材料产业发展过程中的各种问题。推动组建省新材料行业协会,筹备成立新材料专家委员会,充分发挥社会各方在推动新材料产业发展中的积极作月。省直有关部门要结合各自职能,出台支持新材料产业发展的政策措施。各市要按照省总体部署,结合本地实际,明确发展重点,采取切实有效的办法,加快推进新材料产业发展。

(二)强化产业政策支持,做好产业发展引导。

制定发布新材料重点产业目录,引导资金流向重点领域。完善服务企业机制,对投资超10亿元的新材料产业重大项目,在项圈用地、规划、环保及市场对接等方面给予支持,并享受省重点企业直通车服务,经认定为高新技术企业的,可按国家规定享受高新技术企业优惠政策。进一步加大政府采购和市政工程建设对新材料产业发展的支持,按照“同等优先”原则,引导财政性资金优先购置我省企业自主研发的新材料产品,并通过政府应用示范工程体现对新材料产业发展的支持。开展新材料产业统计监测,适时发布新材料产业运行分析报告。

(三)加大财政投入力度, 优化投融资环境。

重点依托省战略性新兴产业发展专项资金,加大对新材料产业的财政投入,帮助并鼓励优势企业申报国家项目。省现有其他相关专项资金,要根据本规划的发展重点和产业布局,有针对性地扶持重点地区、重点产业,引导形成产业集聚。充分利用贴息、担保等方式,引导商业金融机构支持新材料产业自主创新和产业化。落实国家在鼓励高新技术产品出口、促进高新技术企业发展方面的税收优惠政策,用足用好现有的研究开发费用税前加计扣除、税收减免、资产加速折旧等优惠措施。

支持产业重大项目、重点产业基地开展非上市股份公司股权交易、知识产权交易、无形资产质押等融资工作。支持具有自主知识产权、自主核心技术的新材料企业通过上市等途径发展壮大。

(四)搭建公共服务平台,完善产业基础设施。

围绕新材料行业关键和共性技术的研发,加快重点实验室、企业技术中心、工程技术中心、国家级检验检测平台等建设。大力推进省部、省院产学研合作,鼓励省、市、企之间开展科技合作与技术联合攻关。加强科技园、科技成果孵化器和中试基地建设,促进新材料科技成果转化。积极搭建新材料生产企业和下游应用企业之间的交流平台,支持新材料企业与装备制造企业之间相互参股或组建产业技术创新战略联盟。引导新材料科研机构及专家与新材料企业对接，帮助企业解决技术上和发展中的难题。加大新材料人才引进和培养力度，对领军人才、创新团队和高级管理人才按我省人才政策给予优先支持。引导和扶持各高等院校、职业技术院校加强新材料学科专业建设，加大培养适应新材料产业发展需要的专业人才。建立完善新材料技术标准体系，鼓励支持企事业单位主导或参与制修订新材料地方标准、行业标准和国家标准。实施优势企业专利培育工程，加大对新材料企业专利申报、维护和权益保护的支持力度。大力推进新材料科技合作与交流，切实推动企业跨省、跨国经营。

（五）坚持增量推动，强化产业招商。

大力夯实存量基础，积极推动增量发展，加快完善产业链条，不断增强创新能力，进一步促进产业集聚，加快实现新材料产业的新突破。加大招商政策创新力度，进一步简化项目审批办理手续，营造良好投资环境。加大专业化招商引资力度，从项目招商向产业链和产业基地招商转变。立足我省新材料产业重点发展领域，面向国内外重点院校、科研院所，有针对性地引进产业链关键共性技术。积极引导跨国公司、大型央企和知名民企将新材料产业化项目落户广东，鼓励国内外创业投资机构投资广东新材料创业项目，吸引国内外新材料领域的优秀领军人才、创新团队在广东创业。

湖南省战略性新兴产业
新材料产业发展专项规划

为贯彻落实国家加快培育战略性新兴产业的发展战略，增强新材料领域自主创新能力，壮大新材料产业规模，促进我省经济结构调整和发展方式转变，特制订本规划。规划期为2010-2015年。

一、发展现状

新材料是指新近发展或正在研发的、比传统材料性能更加优异的一类材料，是高技术产业发展的基础和先导，成为各国竞争的焦点。我国一直将新材料产业列为重点支持领域，新材料产业增长态势良好，虽离材料强国还有一定差距，但已成为一个材料大国。我省新材料产业在全国具有举足轻重的位置，新材料总量位居全国的第一方阵，2009年全省新材料产值1826亿元，实现增加值450亿元，同比分别增长29%和28%，占高新技术产业总产值的40.6%；其中，归属战略性新兴产业的总产值约1000亿元、增加值290亿元。全省高新技术企业中，新材料企业188家，占全省高新企业总量的20%，居第1位。

一是产业基础良好。形成了先进储能材料、先进复合材料、先进硬质材料、金属新材料、化工新材料五个在国内具有比较优势的产业领域。其中先进储能材料品种最齐全、产业规模和市场占有率全国第一，硬质合金产量全国第一、世界第二，炭/炭复合材料、高分子复合材料异军突起，名列全国前茅，以钢铁、有色、石油化工等为基础的新材料开发取得长足发展。拥有科力远新能源、时代新材、有色控股、华菱集团、巴陵石化等龙头企业，形成了 长（沙）株（洲）（湘）潭"3+5"城市群为密集区的产业布局。

二是创新能力较强。形成了较为完善的新材料创新体系，拥有中南大学、国防科技大学、湖南大学、长沙矿冶研究院等重点高校和科研机构，19个国家和省（部）级研究中心，两院院士10多名，研发能力较强，近三年取得国家和省级科学技术奖励70多项，居全国前列。炭/炭复合材料、先进储能材料、高性能铝材制备技术及铝资源高效利用技术等处于国际先进水平，超硬材料、树脂基复合材料制备技术居国内前列，硬质合金工具产品等新材料技术标准由我省株洲硬质合金集团参与制定。

三是市场空间广阔。近几年来，国家的汽车、工程机械、风电装备、大飞机、高速铁路、新能源与节能环保等产业的快速发展，使我省新材料产业年均增长20%以上，为产业的发展提供了巨大的市场空间。

我省新材料产业面临新的机遇，也面临严峻挑战：关键核心技术较少，技术集成度较低；具有核心竞争力的企业少且规模小。

二、发展思路和发展目标

（一）发展思路

深入贯彻落实科学发展观，加速推进我省新型工业化，以装备制造、交通运输、新能源、节能环保和信息等高技术领域对新材料的需求为牵引，以自主创新为动力，以重大工程为抓手，以量大面广和重大工程亟需的高性能材料为重点，巩固和提高我省优势新材料产业的地位和水平，大力培育新兴材料，培育具有领先全国、跻身世界先进行列的新生长点，促进新材料产业跨越式发展。

（二）发展目标

到2015年，累计投入500亿元，新材料产业实现增加值1000亿元，年均增长23%左右，对全省高新技术产业的贡献率保持在40%以上。先进储能材料、先进硬质材料保持现有领先地位，先进复合材料、金属新材料和化工新材料进入全国第一方阵；培育年销售收入过100亿元的企业10家，50-100亿元的企业20家；建设国家和省级企业技术中心、工程（技术）研究中心、工程（重点）实验室达50家，材料研发和应用技术取得新突破，年专利申请量2000件以上。

到2020年，新材料产业总体水平进入全国前5名，增加值达到2500亿元以上，年均增长20%。

三、重点领域

根据国际前沿技术的发展趋势和我省的实际，将优先发展先进储能材料和先进复合材料，做强做精先进硬质材料和高性能金属结构材料，积极培育基础原材料的提质升级，扶持新兴材料发展，继续攻克新材料产业化共性关键技术，提高资源和能源利用率。

（一）先进储能材料

围绕电动汽车和大功率储能装备对电池材料的需求和制约瓶颈，攻克比容量和比功率不足、宽环境适应性和高安全性不强、生产自动化水平低等带来的成品一致性差、寿命短、成本高等关键技术，重点发展以下内容：一是电动汽车用大功率动力电池关键材料;二是动力型超级铅酸电池复合极板材料、超级电容器材料;三是全钒液流电池、燃料电池等储能器件用关键材料。到2015年,实现增加值220亿元。

(二)先进复合材料

围绕交通运输、能源和电力、航空航天、大型舰船等对复合材料的需求和制约瓶颈,攻克基于国产原材料的超长超厚整体部件液相浸渍工艺、快速化学气相沉积/渗透增密工艺、连续纤维增强热塑性复合材料制备工艺等关键技术,重点发展以下内容:一是复合材料关键原辅材料;二是高性能炭/炭复合材料;三是高性能纤维/高分子复合材料。到2015年,基本建立复合材料产业链,实现增加值100亿元。

(三)高性能金属结构材料

围绕先进装备对高性能金属结构材料的需求,攻克大规格铝型材和锻件、大盘重钛合金宽轧带卷的生产关键技术,重点发展以下内容:一是铝、钛等高性能有色金属结构材料;二是高品质板带箔,大规格板材、型材和锻件等产品。到2015年,实现增加值230亿元。

(四)先进硬质材料

主要围绕机床(车)、工程机械、装备制造、航天航空、交通运输等领域对先进硬质材料的需求和制约瓶颈,攻克超细超匀超纯粉体的合成技术、高强高韧功能结构一体化材料制备技术以及硬质材料的精深加工等关键技术,重点发展以下内容:一是超细晶硬质合金、超粗晶硬质合金、涂层硬质合金;二是高档聚晶金刚石复合片、新型超硬材料工具等产品;三是高强度、高硬度、耐磨损、耐高温新型陶瓷材料。到2015年,实现增加值100亿元。

(五)基础原材料

围绕优势规模基础原材料的提质升级,重点发展以下内容:一是第三代汽车板、高性能硅钢、管线钢、核电用钢等高端钢材品种;二是有色金属材料,主要是高纯钨、钼、铅、锌、锑、铋、铜等;三是稀土金属材料,包括稀土永磁材料、稀土发光材料,稀土高纯氧化物和高纯金属、稀土核探测材料和新型核燃料等;四是高档炼油催化新材料、锂系聚合物、特种环氧树脂、己内酰胺、特种有机纤维、盐化工材料等化工新材料。到2015年,传统优势材料产业水平上层次、规模上台阶,新材料与优势规模原材料融合发展,实现增加值300亿元。

(六)其他新兴材料

围绕培育新的增长点,主要发展电子元器件支撑材料、功能薄膜材料、环境友好材料、生物基材料、医用新材料、纳米材料及其器件等,实现增加值50亿元。

四、主要任务

(一)构建三类支撑平台

1.技术创新平台

一是高水平建设"粉末冶金国家工程研究中心"、"先进储能材料国家工程研究中心"成为国际领先水平的综合性技术成果转化中心和产业孵化器;二是建设"大型交电装备复合材料国家工程研究中心"、"炭/炭复合材料国家工程实验室";三是建设20多个钢铁、有色、石化等领域的国家级工程(或技术)研究中心、工程实验室以及企业技术中心等创新平台。通过技术渗透,全面带动新材料产品扩大市场份额。通过引进消化吸收再创新,并梯次集成和部分原始创新,使我省的整体创新能力迈入全国前三名的位置。

2.共性检测平台

根据技术创新平台建设的总体布局,在五大重点领域配套建设面向产业自身且服务社会的共性检测平台:一是在先进储能材料领域重点建设电池材料及电池检测中心;二是在先进复合材料领域重点建设高分子复合材料检测评价中心;三是在金属新材料领域重点建设金属新材料检测中心;四是在先进硬质材料领域提升国家级硬质合金分析测试中心技术水平;五是在化工新材料领域重点建设国家精细化工检测评价中心。

3.产业战略联盟

鼓励新材料企业与装备制造企业建立产业技术创新战略联盟,重点支持组建电动汽车关键材料及应用、交通装备关键材料及应用、高性能交通用铝合金材料、工程机械关键材料及应用、有色金属钨及硬质合金、节能环保关键材料及应用等产业技术创新战略联盟。依托入盟企业开展新材料及其应用关键技术的联合攻关,推动新材料产业与装备制造业的融合发展。

(二)发展五类产业基地

按照《湖南省主体功能区规划(2008-2020年)》原则,国家、省、市高技术产业基地、78个省级开发区的总体布局和现有工业基础,建立功能互补、特色鲜明、具有辐射和带动效应的新材料产业园区,提高新材料产业的聚集度:一是在长沙高开区、株洲高新区、湘潭高新区建设综合性的新材料产业园;二是在岳阳云溪区和衡阳松木工业园建设精细化工产业园;三是在湖南郴州建设有色金属新材料产业基地;四是在湘西自治州建设锌锰等深加工产业基地;五是在湖南汨罗和永兴建设循环经济产业园。

(三)实施六项材料工程

围绕我省重点发展的新能源汽车、交通装备、新能源装备、航空航天、节能环保等产业对关键材料的需求,及化工、钢铁、有色等优势规模材料产业提质升级的需要,着力扶持20多家重点企业,70多个重大项目,形成既有规模效益又有较强竞争力的龙头骨干企业集群。重点支持实施六大关键材料工程,有效支撑装备制造业等战略性新兴产业和优势规模材料产业的持续发展。

1.电动汽车关键材料工程

围绕电动汽车产业发展需求,重点实施四类电动汽车关键材料工程:一是大功率动力电池能量包材料工程;二是新型锂离子动力电池材料工程;三是超级电容器及超级电池材料工程;四是轻量化结构车体用铝合金和复合材料工程。

通过本工程的实施,有效支撑我省新能源汽车发展,带动新能源材料产业规模的快速增长。到2015年,形成年产汽车动力电池能量包20万台套、先进电池材料15万吨、超级电容器100亿法拉、汽车铝合金板和复合材料30万吨的生产能力。

2.工程机械关键材料工程

围绕工程机械对高强度结构钢、高性能刀具、耐磨材料等的需求，重点组织实施三类材料工程：一是超细晶高精度硬质合金以及超粗晶、耐磨损、长寿命硬质合金工程；二是功能梯度硬质涂层材料工程；三是精密超硬材料磨具与刀具（人造金刚石及制品、金刚石复合片、立方氮化硼复合片）、高性能工程陶瓷材料工程。

通过本工程的实施，彻底改变高性能刀具、耐磨件等关键零部件长期依赖进口的局面，提高工程机械关键零部件的技术水平，继续保持我省工程机械产业的优势地位。到2015年，形成年产高性能硬质合金600吨，精密超硬材料切割与磨削刀具100万套/（片）、人造金刚石精粉10亿克拉、金刚石复合片和立方氮化硼复合片500万片的生产能力。

3. 交通装备关键材料工程

围绕交通装备应用高端化、结构轻量化需要，重点组织实施三类关键材料工程：一是铝合金、钛合金和炭/炭刹车材料在航空航天、高档车辆上的应用工程；二是铝合金等有色金属、高分子及其复合材料在轨道交通车体、船体、汽车车体和桥梁等上的应用工程；三是新型高分子减振降噪材料在高速轨道交通装备、桥梁和车体上的应用工程等。

通过本工程的实施，推动轨道交通装备制造业保持国内领先地位，牵引轻质结构材料跨越式发展。到2015年，形成年产5000吨高性能航空钛合金材料、1万吨高性能海洋耐蚀宽幅钛卷板、轻质车体结构材料5000套、汽车用铝材30万吨、200套复合材料船体、5000万套新型高分子减振降噪材料及其弹性元件、200吨炭/炭航空刹车材料的生产能力。

4. 新能源装备关键材料工程

围绕新能源关键装备发展的需求，重点实施四类关键材料工程：一是超长风电叶片复合材料工程；二是核能装备用材料工程；三是全钒液流电池材料工程。四是太阳能光伏电池材料工程。

通过本工程的实施，为我省新能源装备制造业提供关键材料支撑，带动相关材料产业的发展。到2015年，形成年产各种型号风电叶片3000套，核电用高品质钛管5000吨，钒电池堆6万千瓦及其钒电解液2万吨，太阳能光伏电池用微细球形金属粉末3万吨的生产能力，太阳能功能薄膜材料实现产业化。

5. 节能环保产品关键材料工程

围绕节约资源能源、保护环境、改善生态质量的需要，主要推动实施四类材料工程：一是环境相容和降解材料工程（高性能水性功能涂料、建筑节能材料、可降解塑料、塑料回收利用等）；二是水处理材料工程（高端环保水处理反渗透膜、新型净水材料等）；三是高效输电材料工程（复合材料芯倍容量铝绞股线等）；四是节能家电材料工程（高性能永磁电机磁瓦、高性能发光材料）。

通过本工程的实施，提升我省节能环保产业竞争力，到2015年，形成年产水性功能涂料20万吨、高端水处理反渗透膜20万支、稀土永磁铁氧体2万吨、钕铁磁硼4000吨、高性能稀土发光材料1000吨、复合材料整体浴室50万套、节能建筑复合材料单元3万套、复合材料芯倍容量铝绞股线5700千米的生产能力。

6. 关键基础材料提升工程

围绕重大工程对优势规模基础材料提质升级的需要，主要推动实施五类材料工程：一是稀土及有色金属深加工工程；二是钢铁材料提升工程；三是石油化工材料提升工程；四是稀贵金属循环利用工程；五是新型精细化工材料提升工程。

通过本工程的实施，促进我省化工、钢铁、有色等优势规模产业的优化升级，培育新的新材料产业增长点。到2015年，形成年产高端钢铁材料500万吨、高性能三氧化二锑催化剂等锑深加工材料25万吨；有机高分子材料80万吨、己内酰胺40万吨、精细化工材料100万吨的生产能力。

五、保障措施

一是着力加大省财政对新材料产业创投基金和长（沙）株（洲）（湘）潭两型社会产业基金中的新材料产业子基金等的引导和配套力度，积极发展私募基金、中小企业集合债券，支持企业上市融资。二是在现有担保体系的基础上，建立新材料产业信用担保体系，运用风险准备金的财政贴息、风险补偿等政策，鼓励金融机构加大对新材料产业的信贷支持。三是对符合省以上规划的新材料重点项目，减少行政事业性收费，降低税收或抵补税收，优先安排用地计划，减少土地出让金。四是设立人才引进基金，重点引进一批拥有自主知识产权、专利技术的高端人才来湘发展新材料产业。

江苏省新材料产业发展规划纲要（2009～2012年）

为应对全球高技术产业发展的变化和挑战，全面落实省委、省政府发展创新型经济的要求，发挥我省新材料产业优势，抢占新材料技术制高点，推动新材料产业健康快速发展，特制定本规划纲要。规划期为2009-2012年。

一、发展背景和现状

（一）产业界定与特点

新材料指满足下列条件之一的材料：一是新出现或正在发展中的具有传统材料所不具备的优异性能的材料；二是高技术发展所需要的具有特殊性能的材料；三是由于采用新技术（工艺、装备），使新材料性能比原有性能有明显提高，或出现新功能的材料。新材料具有应用领域宽广，知识与技术密集度高，与其他产业关联度强等特点。鉴于新材料种类纷繁，涉及面广，结合我省新材料产业发展实际，本纲要针对我省具有特色的微电子材料、光电子材料、新型显示材料、纳米材料、高性能纤维复合材料、新型化工材料、新能源材料、功能陶瓷材料、新型金属材料和新型建筑材料等10类材料产业作出规划。

（二）发展背景与趋势

新材料产业是国民经济和国防现代化的重要支撑，是现代高新技术产业的基础。20世纪90年代以来，纳米材料、生物医用材料、环境友好材料、光电子材料、微电子材料和新型平板显示材料等蓬勃发展，各类新型化工新材料等层出不穷,为经济发展和社会文明进步提供了不竭动力。世界各国均把大力研究和开发新材料作为21世纪的重大战略决策。美国提出在纳米材料、生物材料、光电子材料、微电子材料、极端环境材料及材料科学等新材料产业保持全球领先地位,日本、欧盟、韩国等也制订了促进新材料产业快速发展的战略计划。我国新材料产业正处于强劲发展的阶段,有关资料表明,未来我国新材料产业市场年增长速度将保持在20%以上。随着新能源、光电子、微电子、航空、汽车等产业的发展,纳米材料、光电子材料、微电子材料、新型平板显示材料、新型化工材料等新材料产业将迎来高速发展阶段。

(三)发展现状

1.产业规模不断壮大

2008年,全省新材料产业销售收入达4881亿元,占全省高新技术产业比重由2004年的15.09%提高到2008年的24.03%,其中,10类重点发展的新材料产业销售收入达2000亿元,拥有国家级新材料特色产业基地18个,销售收入过亿元的企业近80家。

2.产业结构不断优化

目前,我省已在金属材料、纺织材料、化工材料等传统材料产业方面形成了较好的产业基础,新型电子信息材料、新能源材料、高性能纤维复合材料、功能陶瓷材料和纳米材料等新材料产业迅猛发展。苏州南大光电是国内唯一一家实现金属有机源(MO源)产业化的企业,市场占有率达70%。我省纳米技术研究和应用总体发展已达全国先进水平,骨干企业近20家。东海县是我国最大的石英材料集散中心,已初步形成具有鲜明区域特色的硅材料产业集群。中复神鹰是国内最大的碳纤维生产企业。2008年,我省已形成年产4000吨原丝和1320吨T300碳纤维的生产能力,实现了碳纤维生产的完全国产化。我省玻璃纤维总量居全国第4位,年收入超亿元的玻璃纤维企业有8家,江苏九鼎是全国最大的纺织型玻璃纤维企业。特纤、电子布、增强基材、织物等产品全国领先,全国玻璃纤维名牌产品中我省占38%。

3.企业支撑不断增强

我省新材料产业涌现出一批产品特色鲜明、企业知名度高、竞争力强、行业影响力大的骨干龙头企业,对整个产业发展起到了带动和支撑作用。昆山龙腾光电已成为我国平板显示器件最主要的生产基地,江阴兴澄和江苏诚德是全国特钢行业龙头,江苏兴达是全国最大的钢帘线研发和生产基地,江阴法尔胜是国内最大的高档金属制品和光纤预制棒生产企业,江阴申达是亚洲最大的双向拉伸薄膜生产基地。江苏顺大多晶硅、江苏安格特无卤阻燃改性高分子材料生产技术全国领先。苏州南大光电MO源、苏州华飞微电子光刻胶、南京久吾陶瓷膜等是国内独家掌握该领域技术的供应商。溧阳华晶、江苏久祥、常熟林芝、江苏玖川、盱眙博图凹凸、淮安澳特邦、江苏河海纳米、江苏卓群等是我国纳米技术领域的骨干企业。扬州惠通、中复神鹰、江苏恒神、中简科技、苏州兆达、江苏宝德、江苏双山、江苏海阳和丹阳中亚玻璃纤维等是我国高性能纤维复合材料产业的骨干龙头企业。久吾高科、九思高科、高淳陶瓷、宜兴丰峰、昆山攀特、金宁电子集团、无锡鑫圣慧龙和南京中电熊猫照明等是我国功能陶瓷和膜材料中为数不多的具有国际竞争力的企业。江苏江佳是我国中频陶瓷滤波器的最大制造商。

4.创新能力不断提升

目前,我省新材料领域拥有6个国家重点实验室、7个国家企业技术中心、8个国家和省属研究院所、80个省级工程技术研究中心、34个省级企业技术中心,1个纳米材料行业共性技术中心。建立了中科院苏州纳米技术与纳米仿生研究所、东南大学江阴新材料研究院等一批产学研合作基地。南大的微结构材料、中电科技集团55所的信息功能材料等研发实力居国内前列。近年来,我省一些核心关键材料取得了技术突破,新型电子信息材料方面有五代液晶玻璃基板、有机发光二极管(OLED)、集成电路关键材料、光刻胶、键合金丝、氮化镓衬底材料等;新能源材料方面有发光二极管(LED)用二代化合物半导体、MO源、太阳能级多晶硅、二次电池关键材料高纯石墨、锂电池电极材料等;新型金属材料方面有超硬金属复合材料,核级用钢、高温合金、高速列车用特种材料、超细铜线、镁合金、亲水铝箔等;高性能纤维复合材料方面有T300级碳纤维、玻璃纤维增强热塑片材等;新型化工材料方面有有机硅和有机氟原料和制品、全降解聚氨酯泡沫塑料、陶瓷膜等;新型建筑材料方面有位居全国前列的系列化混凝土用外加剂,新型水泥外加剂,防火、防腐和保温隔热的功能性涂料等。

我省新材料产业存在的主要问题:一是企业创新能力不够强,前沿领域新材料比重较低;二是布局比较分散,集约化程度不高,企业综合实力较弱;三是资源利用效率较低,能源消耗偏高,废弃资源的回收技术和水平较低。

二、发展思路和主要目标

(一)发展思路

以邓小平理论和"三个代表"重要思想为指导,深入贯彻落实科学发展观,坚持自主创新和引进消化吸收相结合,建立健全新材料产业技术创新体系,着力培育自主知识产权、自有核心技术和自主品牌,提升产业核心竞争力,促进产业可持续发展。围绕我省制造业高端化所需的关键新材料,以结构功能复合化、功能材料智能化、材料器件集成化、制备技术绿色化为目标,加强对新材料产业的规划引导,重点发展纳米材料、微电子材料、光电子材料、新型显示材料、高性能纤维复合材料、新型化工材料、新能源材料、功能陶瓷材料、新型金属材料和新型建筑材料等10类材料及其产业,培育一批创新型企业家加专家的人才团队,打造一批全国一流、世界先进、市场广阔的战略性产品,推进一批战略性产品进入国家创新布局,建设一批拥有自主知识产权、核心竞争力强、行业领先的大企业,努力实现新材料产业由低端向高端发展,由小规模分散型向大规模集约型发展,为实现向"创新型经济"转变打下良好基础。

(二)主要目标

进一步壮大产业规模。力争至2012年,全省新材料产业销售规模达11000亿元。其中,10类重点发展新材料产业销售规模达5400亿元,实现建设万亿元级产业目标,促进新材料产业成为我省支柱产业。至2015年,全省新材料产业销售规模达20000亿元。其中,10类重点发展新材料产业销售规模达10000亿元。

进一步优化产业结构。加快建设一批龙头企业和成长性企业。在10类重点发展新材料产业中培育5家销售收入超100亿元、50家超50亿元、150家超10亿元的企业(集团)。依托现有的国家级新材料基地,整合创新资源,优化发展环境,重点建设10个新材料特色产业基地,形成一批在国内外具有特色和影响力的产业集聚区,尽快培育出具有国际竞争力的新经济增长点。

进一步提升创新能力。瞄准一批重大战略性产品,提升自主创新能力,加强技术集成,在关键技术和高端产品开发上取得突破。重点培育纳米材料、碳纤维和膜材料等20个引领新材料产业向高端攀升的战略性产品。重点建设100个新材料创新平台。

进一步强化人才支撑。围绕新材料重点领域构建一批"企业家+专家"的人才团队,形成在领域内具有国际竞争力、集研发与产业化于一体的稳定的高层次人才队伍,增强新材料科技与产业的竞争力。

三、重点任务

(一)着力发展重点新材料产业,进一步巩固全国领先地位

依托现有产业的技术优势,整合全省资源,重点发展10类新材料产业,通过"重点发展"推动技术成果产业化,通过"重点突破"开展关键技术攻关,通过"重点培育"储备2012年后续产业化的技术,提升产业竞争力,促进产业可持续发展,确保我省新材料产业保持全国领先地位。

1. 纳米材料产业

重点发展半导体量子点纳米晶材料、纳米金属氧化物、超疏水和超亲水纳米二化硅、纳米水性杂化乳液、光电及微电子纳米材料、纳米陶瓷粉体材料、纳米结构膜材料、纳米生物医用材料的关键技术,纳米粉体的分级、分离及表面改性技术,材料表面纳米化技术;重点突破荧光纳米晶材料及聚合物复合材料、提高LED灯发光效率和寿命的纳米涂层、取代多晶硅的纳米银及纳米晶光电转化材料、纳米催化剂材料、纳米墨水与纳米印刷材料、纳米声波表面传感器等关键技术;大力发展纳米粉体材料、纳米能源材料、纳米环境材料、纳米电子、光子、传感材料及器件和重大疾病早期诊断与治疗用纳米材料及器件。在纳米水性杂化涂料、纳米医用材料、半导体纳米晶、纳米催化剂、纳米填料、纳米氧化物粉体材料、纳米碳材料等形成产业链。

2. 微电子材料产业

重点发展硅单晶片及外延层、电子化学品及电子浆料、键合金丝、引线框架和封装材料等制备技术;重点突破8英寸以上硅单晶及抛光片、绝缘衬底上的硅和光刻胶等电子关键材料技术;重点培育应用于物联网的微机电系统(MEMS)器件中的微纳电子材料技术。大力发展大规模集成电路、专用集成电路、特种电子元器件、高密度互连积层板、多层挠性板、刚挠印刷电路板和封装载板等硅基微电子产业链。

3. 光电子材料产业

重点发展III-V族半导体单晶及外延材料的制备技术;重点突破高纯度金属有机源(MO源)和氮化镓单晶等制备技术;重点培育应用于集成光学芯片中的微纳电子材料技术。大力发展半导体发光管、半导体激光管和高频集成电路等信息光电子产业链。

4. 新型显示材料产业

重点发展液晶显示技术中的相关材料,即:大尺寸玻璃基板、薄膜场效应晶体管(TFT)、液晶料、偏光片、彩色滤光片等制备技术;重点突破高性能液晶高分子的合成技术;重点培育等离子显示板(PDP)和OLED等新型平板显示技术中的荧光材料、介质材料、电极材料、载流子传输功能材料等制备技术。大力发展液晶显示及其他新型平板显示材料及其产业链。

5. 高性能纤维复合材料产业

重点发展基于高性能碳纤维、特种玻璃纤维、芳纶、芳砜纶、高强高模聚乙烯、聚苯硫醚、聚四氟乙烯和高性能陶瓷纤维等制备技术;重点突破纤维增强聚合物力学性能的关键技术、快速制备纤维聚合物复合材料技术、静电纺丝纳米复合功能高分子纤维技术;重点培育特种纤维增强不饱和聚酯树脂、聚丙烯酸酯、聚氨酯、玻纤增强热塑性片材、纤维增强片状模塑料等技术。大力发展风电、汽车、列车、飞机等设备用复合材料和产业链。

6. 新型化工材料产业

重点发展生物基材料、膜材料和高性能有机硅氟功能材料领域的关键技术;重点突破利用生物质为原料,通过生物、化学及物理等手段制造的一类新材料技术,无机膜材料的水处理技术,有机硅氟单体及延伸产品规模化制备技术;重点培育提高生物质原料的利用价值及基于生物基材料发展的二氧化碳减排技术,陶瓷分离膜成套装备集成技术,有机硅氟纳米复合材料。在生物基材料、无机多孔陶瓷膜和高性能有机硅氟材料方面形成产业化规模。

7. 新能源材料产业

动力型电池材料。重点发展锂电池用电解液、燃料电池双极板材料等制备技术;重点突破高效二次电池新型隔膜电解液材料、镍氢电池用关键材料的制备技术;重点培育高纯石墨负极材料、钴酸锂、磷酸铁锂和锰酸锂等正极材料、新型隔膜复合材料和超级电容器等制备技术。在此基础上壮大我省动力电池材料产业链。

光伏原辅材材料。重点发展光伏原辅材的制备技术;重点突破改良西门子法提纯高纯多晶硅及副产品循环和回收、低价格的工艺技术,冶金法从金属硅中提取高纯硅技术,高纯二氧化硅直接制取技术等;重点培育非晶硅、化合物和染料敏化薄膜太阳能电池材料等制备技术。大力发展光伏原辅材产业链。

宽禁带半导体材料及节能照明。重点发展氮化镓材料及半导体照明器件的制备技术;重点突破蓝宝石图形化衬底和氮化镓自支撑衬底、荧光粉和驱动芯片的制备技术;重点培育氮化镓外延生长技术、节能灯中有毒废物回收技术。大力发展大功率、高亮度、白光LED芯片及节能照明产业链。

8. 功能陶瓷材料产业

高性能结构陶瓷材料。重点发展基于氧化铝陶瓷的低成本制备技术和陶瓷纤维材料的制备技术;重点突破高纯超细氧化铝粉体、高性能氧化铝陶瓷、陶瓷膜的制备技术,高性能结构陶瓷的共性关键技术;重点培育高端和特种蜂窝陶瓷、特种耐火陶瓷材料、球形硅微粉、碳化硅和氮化硅等非氧化物陶瓷的制备技术。大力发展高纯超细氧化铝粉体、系列氧化铝陶瓷、陶瓷膜及其配套材料的产业链。

电子功能陶瓷材料。重点发展介质陶瓷(陶瓷电容器、微波介质陶瓷)、磁性陶瓷的制备技术;重点突破高活性、高纯功能陶瓷原料粉体制备、先进成型与烧结等的共性关键技术;重点培育透明陶瓷材料、陶瓷封装与基板材料、电子陶瓷材料等制备技术。大力发展功能陶瓷原料粉体、贱金属电子浆料、片式陶瓷电容器、微波介质陶瓷器件和铁氧体材料与器件及其配套材料的产业链。

9. 新型金属材料产业

高性能特种钢铁材料。重点发展新一代优质特钢、核电用钢、石油钻井及石油天然气输送管材、电站设备用管材、3兆瓦以上大型和特大型风力发电机组用钢铁材料、高速列车用钢、可替代进口的高性能金属基功能结构件等的冶炼和制备技术;重点突破上述优质特种钢铁材料的纯净化、组织控制和性能优化的关键技术和特殊型材、复杂构件的成形技术;重点培育满足国家沿海开发战略需求、适合于我省沿海地区设施建设的耐海洋性气氛腐蚀钢材和其他特殊性能用钢材等。大力发展满足国家能源、桥梁、交通运输、军事等重大工程需要的高性能特种钢铁材料,板、管、线型材、大型构件等产品的产业链。

轻质合金与金属基复合材料。重点发展兼具高强高韧和优异成形性能铝合金、耐热和变形镁合金、低成本高性能钛合金、轻质金属基复合材料的制备技术;重点突破上述轻质金属材料成分设计和工业化熔制技术、超轻金属结构和层板复合结构的设计及制备技术、增强体和基体的空间及尺度可控复合技术与精确成形技术;重点培育生物相容合金材料,动载和高能场作用的特殊连接复合材料等。大力发展满足汽车、航空航天等领域的特殊轻质材料,以及系列化、高安全性、低能耗、高附加值的轻质承载件、轻质耐热耐蚀件、防振屏蔽件等产品的产业链。

苛刻服役条件材料。重点发展高导高强耐电冲蚀铜合金和电触材料、大尺寸非晶材料、航天航空用高温合金、高温耐蚀材料、防火耐辐照核电用屏蔽材料、耐温磁性能材料的合成与制备技术;重点突破上述材料的成分设计和特种凝固技术及先进粉末冶金技术;重点培育金属基化合物材料、结构可控金属或陶瓷材料、金属基功能材料等。大力满足航天航空、冶金机械、电力电器等领域的特种材料,以及结构功能复合化、制备成形一体化的高速传动、高温介质输送、特殊器具等产品的产业链。

10. 新型建筑材料产业

重点发展高韧性、高抗裂、高耐久等高性能混凝土的外加剂及制备技术,防火、防腐和保温隔热的功能性涂料制备技术,性能稳定、性价比高的新型建筑节能材料和电磁屏蔽功能建筑材料制备技术;重点突破超高性能混凝土的外加剂及制备技术,利用湖泊和江河淤泥、农作物秸秆、脱硫石膏和固体废弃物生产节能建筑材料的关键技术,防辐射建筑功能材料的研发与应用技术,利用苏北速生杨树、杂树等低附加值树木生产高性能墙体材料技术;重点培育减少建筑结构建设对资源消耗的超高性能结构材料,建筑材料的再生利用技术,相变储能建筑材料,自诊断与自修复混凝土,自清洁涂料,自清洁玻璃,湿度自调节建筑材料等制备技术,建筑工业化构件预制及装配技术。在此基础上,大力发展新型建筑结构材料和新型节能建筑材料产业链。

(二)着力构建产业创新体系,提升产业核心竞争力

1. 充分利用现有科技创新平台。以我省现有固体微结构物理国家重点实验室、材料化学工程国家重点实验室和特种纤维复合材料国家重点实验室等,以及国家平板显示工程技术中心、超细粉体工程技术中心和中科院苏州纳米与纳米仿生研究所等国家级科技创新平台为依托,发挥其新材料的科研优势,积极做好新材料前沿技术的储备,抢占技术制高点,引领产业创新能力建设。

2. 构建企业创新支撑平台。以企业为主体,围绕新材料产业的攻关技术,建设100家国家和省重点实验室、工程中心、工程技术研究中心、企业技术中心和产学研合作基地等,重点打造10家国际知名、国内一流的创新研发平台。制定相应的优惠政策,鼓励建立系列管理制度,构建100家新材料创新平台的战略联盟,更好地发挥其服务作用,提升企业综合竞争力。

3. 建立产业创新公共服务体系。充分发挥扬州光电产品检测重点实验室和江苏法尔胜材料分析测试中心等国家级新材料检测中心的作用,制定激励政策,建立全省新材料检测和测试公共服务平台网络体系,提高其社会化服务功能,为新材料企业提供分析检测和知识产权服务等。

4. 搭建人才团队培育平台。鉴于目前新材料技术发展快、涉足新材料的研发人才面广量多、产品开发风险大等特点,积极做好培育人才团队顶层设计,制定切实可行的政策,率先在生物基材料、无机膜材料、纳米材料、光电子材料、微电子材料和新型显示等领域内建设"企业家+专家"的人才团队,探索和建立人才团队培育机制、小额风险投资资金机制等,通过示范,进一步推进在新材料产业其他领域建立"企业家+专家"的人才团队培育机制。

(三)加快建设特色基地,优化产业布局

1. 建设一批国家战略性产品基地

以培育战略性产品为宗旨,瞄准国际一流产品和技术,推进战略性产品进入国家创新布局,从国家层面的高度,建设具有江苏特色、国内一流、国际有知名度的产业基地,努力在创新水平和产业规模上形成国际竞争力。

江苏纳米材料及应用特色产业基地。以中科院苏州纳米技术与纳米仿生研究所为技术辐射源,加快纳米技术在我省具有明显资源优势和产业优势的电子信息、医药、环保及资源深加工产业的拓展应用,加快培育企业群,率先建设在全国具有原创技术、产业规模最大、有国际知名度的国家级纳米材料及应用特色产业基地。

江苏碳纤维及应用特色产业基地。以扬州等地碳纤维

生产骨干企业为龙头，加快无锡等地碳纤维应用产品开发企业的培育，建设国家层面的产业基地，促进我省碳纤维进入国家创新战略布局。

江苏膜材料特色产业基地。依托南京膜材料技术研发的高校和骨干企业，以国家创新需求为导向，围绕膜材料技术创新链，重点发展海水淡化膜材料、水处理及水回用膜材料、无机膜材料、二氧化碳捕集膜材料、渗透汽化膜材料和有机气体分离膜材料等规模制备技术及应用技术，形成一批具有国际影响力的膜材料生产企业和工程公司，提升我省膜材料产业的国际竞争力。

2. 建设一批省级特色产业基地

在产业已初具规模、特色鲜明、创新能力较强、成长性好的区域，建设新材料省级特色产业基地，使之成为我省新材料产业新的增长极。

南京新型节能建筑材料特色产业基地。以南京大学、东南大学和江苏省建筑科学研究院等高校院所为技术支撑，充分发挥建筑材料骨干企业的龙头带动作用，重点发展高韧性、高抗裂、高耐久等高性能混凝土的外加剂，性能稳定、性价比高的新型建筑节能材料和电磁屏蔽功能建筑材料的制备技术及产业链。

无锡微电子材料特色产业基地。以无锡新区为依托，重点发展物联网用微纳电子材料、集成电路用关键材料和配套材料产业，加快培育企业群，率先建设具有自主知识产权、国内一流的产业基地。

苏州（昆山）新型显示材料特色产业基地。以昆山平板显示生产骨干企业为龙头，加快研发新型显示材料的制备技术，加快企业群的培育，建设具有自主知识产权、规模最大的新型显示材料研发和产业化基地。

常州生物基化工材料特色产业基地。重点发展可降解骨固定材料、人工骨移植材料、神经修复生物活性材料等生物基医疗化工材料，以及利用生物质为原料，通过生物、化学及物理等手段制造、应用于环保的新材料产业，促进企业集聚发展，建设国内领先的生物基化工材料特色基地。

镇江（丹阳）轻质合金与金属基复合材料特色产业基地。以镇江新区经济开发区、丹阳国家新材料产业基地为依托，发展面向航空专用金属材料和金属基复合材料产业、苛刻服役条件下的金属材料和轻质合金产业链。

连云港（东海）硅材料特色产业基地。依托东海县重点建设硅资源深加工产业，加快培育硅材料应用于光伏、电子信息产业、新型点光源的企业群，将东海建成具有原创技术、国内独特、国际知名的硅材料产业基地。

泰州（兴化）高性能金属结构材料特色产业基地。以江苏兴达等骨干企业为龙头，加快发展面向汽车等交通运输领域，兼具高强高韧和优异成形性能的金属结构材料及产品，实现系列化、低能耗、高附加值的金属结构材料的自主研发和产业化。

四、保障措施

（一）加强组织领导

建立省新材料产业发展联席会议制度，由省政府领导牵头，省各有关部门负责同志参加，按照职责分工，加大产业组织协调力度，加强指导和监督检查，确保产业发展目标的实现。各地也应建立相应的组织领导体制。

（二）注重规划引导

围绕我省新材料产业发展现状，做好重点领域专项规划编制工作，科学确定产业园区和基地的功能定位，引导企业向园区集中，优化产业布局，促进产业集聚和规模发展。加强专项规划与国家、省总体规划的衔接，强化发展规划的指导性、约束性和权威性，完善规划实施机制和以规划为依据的绩效考核制度。

（三）严格目标考核

各地、各有关部门要围绕新材料产业发展规划纲要提出的主要目标和重点任务，制订年度工作目标和任务，提出工作计划，落实各项政策措施。认真抓好各项任务的分解和落实，强化目标考核，确保规划目标的实现和重点任务的完成。

（四）加大政策支持

加大科技投入和顶层设计，构建新材料发展的科技创新体系和产业化促进机制。发挥大企业的积极性和引领作用，大力发展新材料创新型研发平台和科技园区，提升新材料产业的国际竞争力。创造良好的投资环境。加强新材料重点项目的用地保障。根据环保法律法规要求，加强新材料产业固定资产投资项目环境影响评价工作，为符合产业政策的环境友好型项目开辟“绿色通道”。积极推行清洁生产，确保增产不增污。

（五）提升国际化水平

紧跟当前国际新材料产业发展的新动向，提升产业层次和国际竞争力。积极承接国际产业转移，引进一批技术含量高、产业规模大和带动支撑作用强的重大项目。加强省内高技术企业的融合互动，积极发展新材料应用及配套产业，努力形成新的产业链和经济增长点。加大与国外专业研发机构和专业生产企业的合作力度，鼓励国外制造厂商和研发机构来我省投资办厂及建立研发中心。支持有实力的企业到境外投资，合理利用境外资源，以购并、合资合作和租赁等方式开拓境外市场。

国家现代材料科技信息网络中心

国家现代材料科技信息网络中心成立于1997年，是由科技部主管，国家相关部委联合支持，依托清华大学运营，是国家新材料创新服务体系的一部分。

管理国家材料专业服务网站

中国新材料商城

中国新材料书城

中国材料人才在线

中国新材料项目网

国家新材料信息门户网站

国家材料学科公共信息平台

从事国家新材料发展战略研究

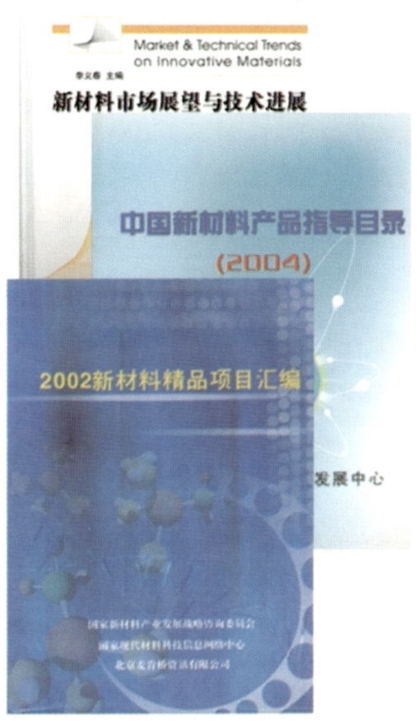

全国高校材料院长联谊会

全国高校材料院长联谊会发起于2004年，它是一个由全国高校材料院（系）主要领导组成的资源共享组织。

2004年

首届“中国高校材料院长论坛”在浙江台州成功举办。

2006年

第二届“中国高校材料院长论坛”在云南昆明举办。

2008年

第三届“中国高校材料院长论坛”在浙江余姚召开。

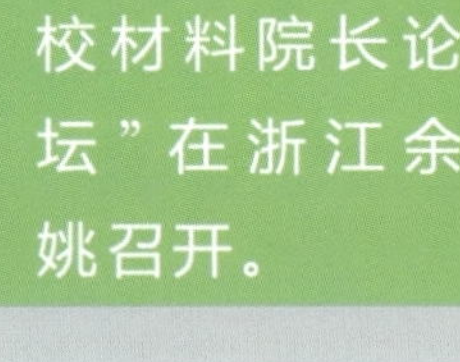

2010年

第四届“中国高校材料院长论坛”在江苏太仓举行。

2012年

第五届“中国高校材料院长论坛”在广东东莞举办。

联系电话：010-62773655 传真：010-62773655 网址：www.mat-res.com